Bestandserhaltung in Archiven

Jetzt diesen Titel zusätzlich als E-Book downloaden und 70 % sparen!

Als Käufer dieses Buchtitels haben Sie Anspruch auf ein besonderes Kombi-Angebot: Sie können den Titel zusätzlich zum Ihnen vorliegenden gedruckten Exemplar für nur 30 % des Normalpreises als E-Book beziehen.

Der BESONDERE VORTEIL: Im E-Book recherchieren Sie in Sekundenschnelle die gewünschten Themen und Textpassagen. Denn die E-Book-Variante ist mit einer komfortablen Volltextsuche ausgestattet!

Deshalb: Zögern Sie nicht. Laden Sie sich am besten gleich Ihre persönliche E-Book-Ausgabe dieses Titels herunter.

In 3 einfachen Schritten zum E-Book:

❶ Rufen Sie die Website **www.beuth.de/e-book** auf.

❷ Geben Sie hier Ihren persönlichen, nur einmal verwendbaren E-Book-Code ein:

30658861AF03K14

❸ Klicken Sie das „Download-Feld" an und gehen dann weiter zum Warenkorb. Führen Sie den normalen Bestellprozess aus.

Hinweis: Der E-Book-Code wurde individuell für Sie als Erwerber dieses Buches erzeugt und darf nicht an Dritte weitergegeben werden. Mit Zurückziehung dieses Buches wird auch der damit verbundene E-Book-Code für den Download ungültig.

Bestandserhaltung in Archiven und Bibliotheken

Thorsten Allscher

Anna Haberditzl

Bestandserhaltung in Archiven und Bibliotheken

Mit einer Einleitung von Mario Glauert

7., überarbeitete und erweiterte Auflage 2021

Herausgeber:
DIN Deutsches Institut für Normung e. V.

Beuth Verlag GmbH · Berlin · Wien · Zürich

Herausgeber: DIN Deutsches Institut für Normung e. V.

Berlin · Wien · Zürich
Saatwinkler Damm 42/43
13627 Berlin

Telefon: +49 30 2601-0
Telefax: +49 30 2601-1260
Internet: www.beuth.de
E-Mail: kundenservice@beuth.de

Titelbild: Bild von Free-Photos auf Pixabay
Satz: Beuth Verlag GmbH, Berlin
Druck: Drukarnia Skleniarz, Kraków
Gedruckt auf säurefreiem, alterungsbeständigem Papier nach DIN EN ISO 9706

ISBN 978-3-410-30658-0
ISBN (E-Book) 978-3-410-30659-7

Vorwort

Der **DIN-Normenausschuss Information und Dokumentation (NID)** wurde 1927 gegründet und sollte zunächst die Normungsarbeit für die Bereiche Dokumentation, Bibliothekswesen und Publizistik abdecken. Mittlerweile trägt der NID die Verantwortung für die nationale Normung im Bereich der Informationswissenschaften und angrenzender Sachgebiete. Er versteht sich als Dienstleister für Archive, Bibliotheken und Museen, aber auch für Buchhandel und Verlage.

Zum Zeitpunkt der Veröffentlichung dieses Handbuchs verantwortet der **DIN-Normenausschuss Information und Dokumentation (NID)** mehr als 320 gültige Veröffentlichungen sowie 37 aktuelle Normungsprojekte auf nationaler (DIN) und internationaler Normungsebene (ISO). Er besteht aus sechs Arbeitsausschüssen und sieben Arbeitskreisen, in denen die Spiegelarbeit zu 51 internationalen Gremien erfolgt. Die fachliche Arbeit wird dabei von 159 ehrenamtlichen Expert:innen durchgeführt.

Durch die Mitarbeit von Expert:innen sowohl in den nationalen Spiegelgremien als auch direkt in den ISO-Gremien werden die deutschen Interessen auf internationaler Ebene vertreten.

Neben den digitalen Themenbereichen, die im **DIN-Normenausschuss Information und Dokumentation (NID)** behandelt werden, wie beispielsweise digitale Langzeitarchivierung, Records Management, Datenaustausch, RFID-Technologien oder Dateiformaten, spielen auch weiterhin die über viele Jahre etablierten Normungsfelder eine große Rolle.

Zu diesen Normungsfeldern gehört unter anderem die physische Bestandserhaltung, für die der Arbeitsausschuss **NA 009-00-14 AA „Bestandserhaltung in Archiven und Bibliotheken“** zuständig ist. Die Normungsergebnisse auf diesem Gebiet sind seit Jahrzehnten umfangreich und rechtfertigen auch aufgrund des großen öffentlichen Interesses ein eigenes Handbuch, das hiermit vorliegt.

Für die Erarbeitung dieser 7. Auflage konnten sowohl Frau Dr. Anna Haberditzl als auch Herr Dr. Thorsten Allscher wieder als Autoren gewonnen werden.

Thorsten Allscher leitet das Referat Materialwissenschaft und Kunsttechnologie und ist stellvertretender Leiter des Instituts für Bestandserhaltung und Restaurierung der Bayerischen Staatsbibliothek in München. Thorsten Allscher ist seit November 2019 Obmann im **Arbeitsausschusses NA 009-00-14 AA „Bestandserhaltung in Archiven und Bibliotheken“.**

Anna Haberditzl leitet das Referat Konservierung, Restaurierung und Notfallvorsorge und ist stellvertretende Leiterin des Instituts für Erhaltung von Archiv- und Bibliotheksgut des Landesarchivs Baden-Württemberg in Ludwigsburg. Anna

Haberditzl war bis November 2019 Obfrau im **Arbeitsausschusses NA 009-00-14 AA „Bestandserhaltung in Archiven und Bibliotheken"**.

Der **DIN-Normenausschuss Information und Dokumentation (NID)** ist sehr erfreut darüber, dass die regelmäßig notwendigen Aktualisierungen an diesem Handbuch auch weiterhin durch Thorsten Allscher und Anna Haberditzl fortgesetzt werden.

Berlin, im März 2021

Gregor Roschkowski
DIN-Normenausschuss Information
und Dokumentation (NID)

Vorwort zur 7. Auflage

Normen begegnen uns schon früh und in allen Lebensbereichen. Vom Schulheftformat bis zum fast schon ubiquitären Qualitätsmanagementprüfsiegel wird so unsere Vorstellung geprägt, dass eine Norm präzise, eindeutig und verbindlich, eben einfach normierend ist.

Ein Einstieg in die Normung im Bereich „Bestandserhaltung in Archiven und Bibliotheken" und ein damit verbundener erster Blick in das vorliegende Normen-Handbuch mag daher im ersten Moment Enttäuschung oder Entmutigung auslösen. Auf knapp 800 Seiten findet man nur wenige Normen mit so konkreten Vorgaben wie den Papierformaten. Stattdessen werden Begriffe definiert, allgemeine Vorgehensweisen beschrieben und Übersichten oder Formulare bereitgestellt.

Was aber auf den ersten Blick vermeintlich wenig Konkretes zu bieten hat, entpuppt sich bei intensiverer Beschäftigung als wertvolles Hilfsmittel im immer komplexeren Alltag der Bestandserhaltung. Die in diesem Buch zusammengestellten normierten Konzepte und Vorgehensweisen bieten eine strukturierte Herangehensweise und Hilfestellungen zu allen Facetten der Bestandserhaltung, ob Magazinplanung, Bestandserhaltungs- und Integrated Pest Management oder Schutzhüllen und Transportverpackungen. Dabei bieten die Texte oftmals bewusst nur Orientierungshilfen und lassen gleichzeitig großen Spielraum zur Ausgestaltung, um auf die individuellen Anforderungen und Bedarfe der einzelnen Gedächtnisinstitutionen, Archive wie Bibliotheken, eingehen zu können. Mit einer einheitlichen Sprache, vereinheitlichten Vorgehensweisen und den aktuellen Erkenntnissen der Fachwelt bietet das Normen-Handbuch den idealen Einstieg, sich auch in komplexere Themenfelder der Bestandserhaltung einzuarbeiten.

Wir freuen uns ganz besonders, dass wir Herrn Prof. Dr. Mario Glauert, den Direktor des Brandenburgischen Landeshauptarchivs, für einen Einleitungstext gewinnen konnten. In der Archiv- und Bibliothekswelt nimmt Mario Glauert auf dem Gebiet der Bestandserhaltung seit vielen Jahren eine führende Rolle ein, ist Autor zahlreicher einschlägiger Veröffentlichungen und seit 2015 Vorsitzender des DIN-Normenausschusses Information und Dokumentation (NID). In dieser Funktion ist er besonders prädestiniert, die Bedeutung von Normen im Rahmen von Erhaltungsstrategien und Erhaltungsmaßnahmen zu bewerten und zum Erarbeiten von Normen wie auch zum Arbeiten mit Normen zu ermuntern.

Mit dieser 7. Auflage halten Sie das Normen-Handbuch erstmals als Hardcover in den Händen. Da der Umfang im Vergleich zur 6. Auflage um ein Drittel gesteigert wurde, soll der Band dadurch etwas an Stabilität gewinnen. Wir hoffen, dass sich sein Inhalt als ebenso (ge)wichtig wie sein Umfang entpuppt und dass er seinem Namen dennoch gerecht wird, nämlich als Begleiter für die tägliche Praxis in der Bestandserhaltung. Wie schon bei der letzten Auflage haben wir uns für einen Mix aus Normen entschieden, die in unterschiedlichen Arbeitsausschüssen entwickelt worden sind, ebenso haben wir wieder sowohl wichtige schon bekannte als auch neue Normen ausgewählt. Von den 26 abgedruckten Texten ist knapp die Hälfte neu (vom Umfang her sogar mehr als 60%): vier ganz neu erschienen, vier erstmals in diesem Handbuch veröffentlicht, zwei aktualisierte Normen und zwei fertiggestellte Normen, die vorher nur als Entwurf publiziert waren.

Die Gliederung umfasst wieder fünf Bereiche, die Zusammenstellung orientiert sich dieses Mal fachlich an der Gliederung der grundlegenden Technischen Regel für die Bestandserhaltung DIN SPEC 67701 (ehemals Fachbericht). In den einzelnen Abschnitten gelangt man vom Allgemeinen zum Speziellen und gleichzeitig von außen nach innen:

Der erste Abschnitt ist den Begriffen gewidmet und enthält die überarbeitete DIN EN 15898 „Erhaltung des kulturellen Erbes – Allgemeine Begriffe“ und die neue DIN CEN/TS 17135 mit Begriffen zur Beschreibung von Veränderungen an Objekten. Die Anwendung vereinheitlichter Begriffe erleichtert die tägliche Kommunikation sowohl innerhalb einer Einrichtung als auch mit externen Experten:innen oder Dienstleister:innen und bildet die Basis für ein konzertiertes Vorgehen in der Bestandserhaltung. Daher stehen diese beiden Normen auch am Anfang des Handbuchs.

Der zweite Abschnitt „Bestandserhaltung allgemein“ beginnt erwartungsgemäß mit der DIN SPEC 67701 „Information und Dokumentation – Bestandserhaltung für Archive und Bibliotheken“. Ergänzt wird dieses Kompendium durch die DIN EN 16853 über den „Erhaltungsprozess – Entscheidungsprozesse, Planung und Umsetzung“, die DIN EN 16790 zur integrierten Schädlingsbekämpfung (IPM) zum Schutz des kulturellen Erbes und die neu erschienene ISO 21110 zur Notfallvorsorge und Gefahrenabwehr in englischer Sprache. Gemeinsam enthalten diese Texte alle Bausteine des Bestandserhaltungsmanagements und bilden die Basis für die Konzeption einer aktuellen, faktenbasierten Bestandserhaltungsstrategie.

Mit dem dritten Abschnitt „Archiv- und Bibliotheksmagazine – Bau und Klima“ folgt das im letzten Band bereits angekündigte Schwerpunktthema dieser Auflage, das mit knapp 300 Seiten weit mehr als ein Drittel des Buches einnimmt. Insgesamt vier Normarbeitsausschüsse haben aus verschiedenen Blickwinkeln Normen hierzu ausgearbeitet, die erstmals alle gemeinsam in einem Band abgedruckt werden. In chronologischer Reihenfolge des Erscheinens sind dies die

DIN ISO 11799 „Anforderungen an die Aufbewahrung von Archiv- und Bibliotheksgut“ vom NID 14 (Bestandserhaltung in Archiven und Bibliotheken), die DIN 67700 „Bau von Bibliotheken und Archiven – Anforderungen und Empfehlungen für die Planung“ vom NID 7 (Qualität, Statistik und Leistungsevaluierung), die DIN EN 16893 „Festlegungen für Standort, Errichtung und Änderung von Gebäuden oder Räumlichkeiten für die Lagerung oder Nutzung von Sammlungen des kulturellen Erbes“ vom NA Bau 1-36 (Erhaltung des kulturellen Erbes), die DIN ISO 18934 „Bild-Aufzeichnungsmaterialien – Lagerungsbedingungen für die Archivierung von Beständen mit unterschiedlichen Medien“ vom NVBF 1 (Fotografische Medien) sowie die Technische Regel DIN/TR 67702 „Management der Aufbewahrungsbedingungen von Archiv- und Bibliotheksgut“, die jüngst auch vom NID 14 in Ergänzung zur DIN ISO 11799 als deutsche Fassung des ISO/TR 19815 „Management of the environmental conditions for archive and library collections“ publiziert wurde. Auch die bereits im zweiten Abschnitt abgedruckte DIN SPEC 67701 des NID 14 enthält größere Passagen über Magazine, insbesondere zu Regalen.

Beim Vergleich aller sechs Texte entdeckt man zwangsläufig Überschneidungen und auch gegenseitige Zitate. Manchmal wird man sogar auf widersprüchliche Angaben stoßen – wie Mario Glauert in der Einführung erläutert, ist die Harmonisierung bei so vielen Beteiligten eine große Herausforderung. Andererseits halten wir es für gewinnbringend, die Kompetenz und die Prioritätensetzung unterschiedlicher Normausschüsse für die bestandserhalterische Arbeit nutzen zu können.

Die drei Publikationen des NID 14 sind aufeinander abgestimmt: Während die recht kurze Norm DIN ISO 11799 sich darauf beschränkt, die Grundanforderungen an Magazine aus Bestandserhaltungssicht in komprimierter Form aufzulisten, erläutern die beiden dazugehörigen Technical Reports (ursprünglich ISO/TR 19814 und ISO/TR 19815) DIN SPEC 67701 und DIN/TR 67702 Zusammenhänge und sind zum Teil bewusst didaktisch gestaltet. Gerade die Letztgenannte könnte als kleines „Lehrbuch zur Klimatisierungstechnik“ bezeichnet werden.

Die „Baunorm“ DIN 67700 legt Schwerpunkte auf die Raumgestaltung, die Funktionsbereiche und deren Flächenberechnungen und behandelt Erhaltungsfragen eher am Rande, dafür aber knapp und eindeutig. Die DIN EN 16893 gibt gerade Archiv-, Bibliotheks- und Museumsangehörigen mit geringen technischen Vorkenntnissen einen besonders verständlichen Überblick über nachhaltiges Bauen und Einrichten, das den Schutz des kulturellen Erbes in allen Aspekten gewährleistet. Es kann allerdings schwierig werden, das Erfüllen der Normanforderungen zu überprüfen. Sie ist als einführende Lektüre zu empfehlen. Die DIN ISO 18934 (in der letzten Auflage nur im Entwurfsstadium enthalten, jetzt als fertige Norm) behandelt die speziellen klimatischen Lagerungsanforderungen für alle Arten von fotografischen und audiovisuellen Medien.

Schließlich wurden in diesen Abschnitt auch zwei weitere Normen aus dem Bereich „Erhaltung des kulturellen Erbes“ erstmals aufgenommen, die DIN EN 16242, die Verfahren und Geräte zur Messung der relativen Luftfeuchte (RH) behandelt, und die neue DIN EN 15759-2 zur Lüftungsregelung für die Verbesserung der Erhaltungsbedingungen von Gebäuden und den darin bewahrten Sammlungen.

Im vierten Abschnitt „Schutzhüllen und Transport“ ist die ganz neue Norm ISO 23404 hervorzuheben, die eine Messmethode zur Bestimmung der schädigenden Auswirkungen von flüchtigen, aus Verpackungsmaterial entweichenden Schadstoffen auf Dokumente vorstellt. Mit dieser Norm kann eine bisher nicht überprüfbare Anforderung der Verpackungsnorm DIN ISO 16245 abgesichert werden, die daher demnächst überarbeitet wird.

Das fünfte und letzte Kapitel widmet sich den eigentlichen Informationsträgern, nämlich „Papier und Karton“. In ihm hat sich wenig verändert, es sei hier nur auf die neuen Fassungen zweier Normen aus dem NPa „Papier, Pappe und Faserstoff“ hingewiesen, die DIN EN ISO 536 zur Bestimmung der flächenbezogenen Masse und die ISO 6588-1 zur Messung des pH-Werts aus dem Kaltextrakt.

Bewusst verzichtet wurde in diesem Band auf den erneuten Abdruck der Normen zur Mikroverfilmung, die umfassend in der 6. Auflage enthalten sind. Zusammen mit den Titeln anderer relevanter Normen aus den Bereichen „Foto/Film“, „Papier/Pappe“ und „Erhaltung des kulturellen Erbes“ wurden sie in einer Übersicht am Ende des Handbuchs zusammengefasst.

Wir danken wiederum Frau Julia Steinborn und dem Beuth Verlag für die stets hervorragende Zusammenarbeit sowie Herrn Gregor Roschkowski, dem Projektmanager des NID 14, für die engagierte und effiziente Betreuung unseres Normausschusses, gerade auch in den erschwerten Zeiten der Corona-Pandemie.

München/Ludwigsburg, im März 2021

Thorsten Allscher

Anna Haberditzl

Inhalt

Einleitung

Die Übersicht zu behalten und alle erforderlichen Normen für die tägliche Arbeit immer zur Hand zu haben, das ist das Ziel eines „Normen-Handbuchs". Die hier kompakt zusammengestellten Normen zur Bestandserhaltung in Archiven und Bibliotheken sind das Ergebnis intensiver fachlicher Diskussionen und Abstimmungen. Nach den Regeln der nationalen und internationalen Normungsgremien beruhen sie auf dem Konsensprinzip, der Beteiligung aller interessierten Kreise und der Möglichkeit öffentlicher Stellungnahmen. Sie spiegeln für ihren Anwendungsbereich zuverlässig den aktuellen Erfahrungs- und Forschungsstand wider. Auch wenn ihre Anwendung – anders als bei Gesetzen oder Verordnungen – nicht immer verpflichtend ist, gewährleisten Normen etwa bei Ausschreibungen oder Verträgen eine hohe Verbindlichkeit und geben Anwender:innen die rechtliche Sicherheit, den jeweils anerkannten Stand der Technik und Wissenschaft abzubilden.

Normen erleichtern die fachliche Verständigung in den Fachcommunities und darüber hinaus, denn sie sind nicht nur im Definitionsteil um Eindeutigkeit bemüht. Sie helfen zu überzeugen, geben Anforderungen eine hohe Legitimation und vermitteln zuverlässige Informationen. Auch die im vorliegenden Band versammelten Normen sollen in diesem Sinne die vielfältigen Kommunikations- und Argumentationsprozesse bei der Planung und Durchführung von Bestandserhaltungsmaßnahmen in Archiven, Bibliotheken und Museen unterstützen.

Normen können die kulturgutverwahrenden Einrichtungen allerdings nicht ihrer fachlichen Verantwortung entheben, individuelle Konzeptionen und Strategien zu entwerfen. Nach der Definition in der grundlegenden DIN SPEC 67701:2019-07 umfasst der Begriff Bestandserhaltung eben nicht nur sämtliche Maßnahmen, um die Unversehrtheit von Objekten oder Beständen dauerhaft aufrechtzuerhalten, sondern auch finanzielle und strategische Entscheidungen.

Konservatorische und restauratorische Maßnahmen sind mit erheblichen Kosten verbunden. Selbst wenn der Autor dieser Zeilen seit Langem propagiert, dass Bestandserhaltung im Kopf beginnt und nicht im Geldbeutel, so erfordern auch bewusstseinsbildende, konzeptionelle und organisatorische Maßnahmen, die dem präventiven Erhalt dienen, einen hohen Aufwand. Ein Grund mehr, durch gesicherte Standards und Verfahren nicht nur erfolgreiche, sondern auch wirtschaftliche und nachhaltige Ergebnisse zu erreichen.

Schwerpunktsetzungen und Priorisierungen für die Erhaltung von Beständen und Sammlungen sind oft schwierige, aber notwendige fachliche Vorüberlegungen, die sich auch an der Nutzung des Kulturguts orientieren müssen. Denn die Erhaltung von Beständen im Original ist kein Selbstzweck. Sie verfolgt immer das Ziel, auch späteren Generationen einen authentischen Zugang und Zugriff zu ermöglichen, um neue Fragen an die alten Objekte zu richten.

Es geht darum, neben der synchronen auch die diachrone Zugänglichkeit von Informationen und Kulturgütern zu bewahren. Dies ist kein einmaliger Vorgang, sondern eine Daueraufgabe. Unser schriftliches Kulturerbe, ob analog oder digital, ist kein Schatz, den man zur Erhaltung nur sicher wegschließen muss. Zugänglichkeit geht laufend verloren, muss neu geschaffen und immer wieder aktiv erhalten werden. Die Einsicht wächst, dass Kulturgut sich nicht von selbst erhält, sondern seine Bewahrung aktive präventive, konservatorische und restauratorische Maßnahmen mit hohem Aufwand und fachlichem Know-how erfordert. Und nicht nur bei der Verwendung alterungsbeständiger Papiere nach DIN EN ISO 9706 muss die vorausschauende Verantwortung sogar schon proaktiv bei der Entstehung von Unterlagen und Medien ansetzen.

Bewusstsein und Fachwissen zur Bestandserhaltung haben in der Praxis der Archive, Bibliotheken und Museen in Deutschland spürbar zugenommen. Dies ist auch Ausdruck der gewachsenen Wahrnehmung des Themas in den Fachcommunities und bei den Trägern. Infrastrukturen, Verbünde und Programme zur Beratung, Qualifizierung und Förderung wurden nahezu flächendeckend etabliert. Das zeigt erfreuliche Wirkung für die Bewahrung unseres Kulturguts und hat auch die Nachfrage nach Fachempfehlungen und Standards beflügelt. Die regelmäßig erforderlichen Nachdrucke und Neuauflagen dieses Normen-Handbuchs belegen den hohen Bedarf und eine gewachsene Selbstverständlichkeit. Ob bei der Entsäuerung von Papier, der alterungsbeständigen Verpackung von Objekten, dem Magazinklima oder beim IPM: Normen zur Bestandserhaltung sind im Alltag der deutschen Archive und Bibliotheken angekommen.

Auch die Zahl der Normen und fachlichen Spezifikationen zur Bestandserhaltung hat sich in den vergangenen Jahren stetig erhöht. Umfang und Dichte des Normen-Handbuchs erweisen dies eindrücklich. Und an Gewicht hat die spartenübergreifende Fach- und Querschnittsaufgabe Bestandserhaltung nicht zuletzt innerhalb der Organisation und Arbeitsabläufe von Archiven und Bibliotheken gewonnen.

Die zunehmende Zahl der Normen fordert die an der Normung beteiligten Expert:innen und Gremien aber auch heraus. Denn die nationalen, europäischen und internationalen Standards, die in vielen verschiedenen Ausschüssen und Arbeitsgruppen bei DIN, CEN und ISO erarbeitet werden, sollen widerspruchsfrei sein – und bleiben. Bei der Vielzahl der Normen die notwendige Harmonisierung und Anschlussfähigkeit im Blick zu behalten, stellt hohe Anforderungen an Umsicht und fachliche Ausgewogenheit der Arbeitsausschüsse. Zudem wächst mit der Zahl der Normen die Verknüpfung mit anderen Fachgebieten, etwa bei

Vorgaben für Materialien und Werkstoffe, bei Standards zu optischen, chemischen oder digitalen Verfahren oder bei Anforderungen an bauliche und gebäudetechnische Ausstattungen.

Trotz der zunehmenden Zahl und thematischen Vielfalt die Vorgaben zur Harmonisierung und zum Konsens zwischen den Interessengruppen und Normungsgremien zu moderieren, ohne vom Boden wissenschaftlicher Erkenntnisse und der Erdung fachlicher Praxis abzuheben, ist ein Balanceakt. Und oft wird bis in die Einspruchssitzungen hinein um ein „kann", „soll" oder „muss" gehadert.

Über die Mehrzahl der in Deutschland geltenden Bestandserhaltungsnormen wird dabei schon lange nicht mehr allein auf nationaler Ebene diskutiert und entschieden. Aufgaben und Herausforderungen der Bestandserhaltung bestehen in Archiven, Bibliotheken und Museen weltweit, auch wenn die Möglichkeiten und Rahmenbedingungen, oft auch die Gefährdungen und Prioritäten, variieren.

Die meisten Normen des vorliegenden Bandes sind internationale Standards. Sie in das deutsche Normenwerk zu übernehmen, erfordert indes weit mehr als eine Übersetzung. Wenn Normen in der Praxis der Kolleg:innen vor Ort Wirkung entfalten sollen, müssen gewachsene fachliche, sprachliche und spartenspezifische Begrifflichkeiten der Anwender:innen Berücksichtigung finden, ebenso wie nationale Regeln oder gesetzliche Vorgaben.

Und mit der Erarbeitung und Übernahme einer Norm allein ist es nicht getan. Wie Bestandserhaltung selbst bleibt auch ihre Standardisierung eine Daueraufgabe, bei der regelmäßig aktuelle Ergebnisse wissenschaftlicher Forschungen etwa zu den Einflüssen von Klima, Licht und Schadstoffen auf Objekte zu berücksichtigen sind, Anforderungen an die Beständigkeit neuer Materialien definiert oder Kriterien für die Qualität von Prozessen und Verfahren dem Stand der Technik angepasst werden müssen. Auch bestehende und aufkommende Widersprüche zwischen den zahlreichen nationalen und internationalen Normen zu adressieren, erfordert fortwährenden Dialog und Austausch.

Die Vielzahl der in den letzten Jahren neu erarbeiteten Nomen, die selbst im vorliegenden Band zur Auswahl und Schwerpunktsetzung zwingt, mag den Eindruck erwecken, inzwischen sei alles geregelt. Doch noch immer gibt es Aufgabenbereiche der Bestandserhaltung, bei denen sich in der Praxis von Ausschreibungen und Beschaffungen, bei der Begründung von baulichen und technischen Ausstattungsanforderungen oder auch beim Versuch, interne Abläufe und Handhabungen zu verbessern, empfindliche Lücken zeigen, für die von den Communities fachlich übergreifend abgestimmte Regelungen und daher für alle nachvollziehbare Vorgaben gewünscht werden.

Es bleibt mithin noch viel zu tun. Und ebenso bleibt die intensive Arbeit in den Gremien und Ausschüssen vom persönlichen und fachlichen Einsatz der Expert:innen abhängig sowie von der Bereitschaft ihrer entsendenden Einrichtungen und Unternehmen, diese bedeutungsvolle Aufgabe zu unterstützen. Allen Beteiligten an dieser Stelle für ihr hohes, oft Jahrzehnte andauerndes Engagement zu danken, ist ebenfalls ein herzliches Anliegen dieser Einleitung.

An der Erarbeitung von Normen mitzuwirken ist aber nicht nur Spezialist:innen vorbehalten, so sehr ihre Erfahrung und Expertise in den nationalen und internationalen Arbeitsgruppen gebraucht wird. Neue Normungsprojekte anzuregen oder vorgelegte Entwürfe kritisch mitzudiskutieren, steht allen Anwender:innen und Praktiker:innen offen. Und wenn bei der Lektüre und Nutzung der hier vorgelegten Vorgaben und Empfehlungen Fragen aufkommen oder Wünsche, mag das vielleicht der Anstoß sein, sich selbst einmal mit Anregungen und Ergänzungen in die Erarbeitung von Normen einzubringen.

Potsdam, im März 2021 — Mario Glauert

Begriffe

Februar 2020

DIN EN 15898

ICS 01.040.97; 97.195

Ersatz für
DIN EN 15898:2011-12

Erhaltung des kulturellen Erbes – Allgemeine Begriffe; Dreisprachige Fassung EN 15898:2019

Conservation of cultural heritage –
Main general terms and definitions;
Trilingual version EN 15898:2019

Conservation de patrimoine culturel –
Principaux termes généraux et définitions;
Version trilingue EN 15898:2019

Gesamtumfang 62 Seiten

DIN-Normenausschuss Bauwesen (NABau)

Nationales Vorwort

Dieses Dokument (EN 15898:2019) wurde vom Technischen Komitee CEN/TC 346 „Erhaltung des kulturellen Erbes" erarbeitet, dessen Sekretariat von UNI (Italien) gehalten wird.

Das zuständige deutsche Normungsgremium ist der Arbeitsausschuss NA 005-01-36 AA „Erhaltung des kulturellen Erbes (SpA zu CEN/TC 346)" im DIN-Normenausschuss Bauwesen (NABau).

Das Dokument enthält eine nationale Fußnote in Unterabschnitt 3.2.

Für die in diesem Dokument zitierten internationalen Dokumente wird im Folgenden auf die entsprechenden deutschen Dokumente hingewiesen:

ISO 10241-1:2011 siehe DIN ISO 10241-1:2019-11
ISO 11798:1999 siehe DIN ISO 11798:2001-01
ISO 11799:2015 siehe DIN ISO 11799:2017-04
ISO 16245:2009 siehe DIN ISO 16245:2015-05

Änderungen

Gegenüber DIN EN 15898:2011-12 wurden folgende Änderungen vorgenommen:

a) Zusätzliche Begriffe wurden hinzugefügt: Erhaltungsprozess, Integrierte Schädlingsbekämpfung, Konservierungsbericht, Lesbarkeit, Maßnahme, Notfallmaßnahmen, Objektidentifikation, Originalität, Schadensfaktor, Sekundärform, strukturelle Stabilität und Zugänglichkeit;

b) geringfügige Modifizierungen bei bestehenden Definitionen und Anmerkungen wurden vorgenommen;

c) die Literaturhinweise wurden aktualisiert und neu sortiert;

d) das Dokument wurde redaktionell überarbeitet.

Frühere Ausgaben

DIN EN 15898: 2011-12

Nationaler Anhang NA
(informativ)

Literaturhinweise

DIN ISO 10241-1:2019-11, *Terminologische Einträge in Normen — Teil 1: Allgemeine Anforderungen und Beispiele für ihre Darstellung (ISO 10241-1:2011); Text Deutsch und Englisch*

DIN ISO 11798:2001-01, *Information und Dokumentation — Alterungsbeständigkeit von Schriften, Drucken und Kopien auf Papier — Anforderungen und Prüfverfahren (ISO 11798:1999)*

DIN ISO 11799:2017-04, *Information und Dokumentation — Anforderungen an die Aufbewahrung von Archiv- und Bibliotheksgut (ISO 11799:2015)*

DIN ISO 16245:2015-05, *Information und Dokumentation — Schachteln, Archivmappen und andere Umhüllungen aus zellulosehaltigem Material für die Lagerung von Schrift- und Druckgut aus Papier und Pergament (ISO 16245:2009)*

EUROPEAN STANDARD

NORME EUROPÉENNE

EUROPÄISCHE NORM

EN 15898

November 2019

ICS 01.040.97; 97.195

Supersedes EN 15898:2011

English Version

Conservation of cultural heritage - Main general terms and definitions

Conservation de patrimoine culturel - Principaux termes généraux et définitions

Erhaltung des kulturellen Erbes - Allgemeine Begriffe

This European Standard was approved by CEN on 28 July 2019.

CEN members are bound to comply with the CEN/CENELEC Internal Regulations which stipulate the conditions for giving this European Standard the status of a national standard without any alteration. Up-to-date lists and bibliographical references concerning such national standards may be obtained on application to the CEN-CENELEC Management Centre or to any CEN member.

This European Standard exists in three official versions (English, French, German). A version in any other language made by translation under the responsibility of a CEN member into its own language and notified to the CEN-CENELEC Management Centre has the same status as the official versions.

CEN members are the national standards bodies of Austria, Belgium, Bulgaria, Croatia, Cyprus, Czech Republic, Denmark, Estonia, Finland, France, Germany, Greece, Hungary, Iceland, Ireland, Italy, Latvia, Lithuania, Luxembourg, Malta, Netherlands, Norway, Poland, Portugal, Republic of North Macedonia, Romania, Serbia, Slovakia, Slovenia, Spain, Sweden, Switzerland, Turkey and United Kingdom.

EUROPEAN COMMITTEE FOR STANDARDIZATION
COMITÉ EUROPÉEN DE NORMALISATION
EUROPÄISCHES KOMITEE FÜR NORMUNG

CEN-CENELEC Management Centre: Rue de la Science 23, B-1040 Brussels

Ref. No. EN 15898:2019 E

NORME EUROPÉENNE

EUROPÄISCHE NORM

EUROPEAN STANDARD

EN 15898

Novembre 2019

ICS 01.040.97; 97.195

Remplace l' EN 15898:2011

Version Française

Conservation de patrimoine culturel - Principaux termes généraux et définitions

Erhaltung des kulturellen Erbes - Allgemeine Begriffe

Conservation of cultural heritage - Main general terms and definitions

La présente Norme européenne a été adoptée par le CEN le 28 juillet 2019.

Les membres du CEN sont tenus de se soumettre au Règlement Intérieur du CEN/CENELEC, qui définit les conditions dans lesquelles doit être attribué, sans modification, le statut de norme nationale à la Norme européenne. Les listes mises à jour et les références bibliographiques relatives à ces normes nationales peuvent être obtenues auprès du Centre de Gestion du CEN-CENELEC ou auprès des membres du CEN.

La présente Norme européenne existe en trois versions officielles (allemand, anglais, français). Une version dans une autre langue faite par traduction sous la responsabilité d'un membre du CEN dans sa langue nationale et notifiée au Centre de Gestion du CEN-CENELEC, a le même statut que les versions officielles.

Les membres du CEN sont les organismes nationaux de normalisation des pays suivants: Allemagne, Autriche, Belgique, Bulgarie, Chypre, Croatie, Danemark, Espagne, Estonie, Finlande, France, Grèce, Hongrie, Irlande, Islande, Italie, Lettonie, Lituanie, Luxembourg, Malte, Norvège, Pays-Bas, Pologne, Portugal, République de Macédoine du Nord, République de Serbie, République Tchèque, Roumanie, Royaume-Uni, Slovaquie, Slovénie, Suède, Suisse et Turquie.

COMITÉ EUROPÉEN DE NORMALISATION
EUROPÄISCHES KOMITEE FÜR NORMUNG
EUROPEAN COMMITTEE FOR STANDARDIZATION

CEN-CENELEC Management Centre: Rue de la Science 23, B-1040 Bruxelles

Réf. n° EN 15898:2019 F

EUROPÄISCHE NORM
EUROPEAN STANDARD
NORME EUROPÉENNE

EN 15898

November 2019

ICS 01.040.97; 97.195

Ersetzt EN 15898:2011

Deutsche Fassung

Erhaltung des kulturellen Erbes - Allgemeine Begriffe

Conservation of cultural heritage - Main general terms and definitions

Conservation de patrimoine culturel - Principaux termes généraux et définitions

Diese Europäische Norm wurde vom CEN am 28. Juli 2019 angenommen.

Die CEN-Mitglieder sind gehalten, die CEN/CENELEC-Geschäftsordnung zu erfüllen, in der die Bedingungen festgelegt sind, unter denen dieser Europäischen Norm ohne jede Änderung der Status einer nationalen Norm zu geben ist. Auf dem letzten Stand befindliche Listen dieser nationalen Normen mit ihren bibliographischen Angaben sind beim CEN-CENELEC-Management-Zentrum oder bei jedem CEN-Mitglied auf Anfrage erhältlich.

Diese Europäische Norm besteht in drei offiziellen Fassungen (Deutsch, Englisch, Französisch). Eine Fassung in einer anderen Sprache, die von einem CEN-Mitglied in eigener Verantwortung durch Übersetzung in seine Landessprache gemacht und dem Management-Zentrum mitgeteilt worden ist, hat den gleichen Status wie die offiziellen Fassungen.

CEN-Mitglieder sind die nationalen Normungsinstitute von Belgien, Bulgarien, Dänemark, Deutschland, Estland, Finnland, Frankreich, Griechenland, Irland, Island, Italien, Kroatien, Lettland, Litauen, Luxemburg, Malta, den Niederlanden, Norwegen, Österreich, Polen, Portugal, der Republik Nordmazedonien, Rumänien, Schweden, der Schweiz, Serbien, der Slowakei, Slowenien, Spanien, der Tschechischen Republik, der Türkei, Ungarn, dem Vereinigten Königreich und Zypern.

EUROPÄISCHES KOMITEE FÜR NORMUNG
EUROPEAN COMMITTEE FOR STANDARDIZATION
COMITÉ EUROPÉEN DE NORMALISATION

CEN-CENELEC Management-Zentrum: Rue de la Science 23, B-1040 Brüssel

Ref. Nr. EN 15898:2019 D

Contents

Sommaire

Inhalt

European foreword

This document (EN 15898:2019) has been prepared by Technical Committee CEN/TC 346 "Conservation of cultural heritage", the secretariat of which is held by UNI.

This European Standard shall be given the status of a national standard, either by publication of an identical text or by endorsement, at the latest by April 2020, and conflicting national standards shall be withdrawn at the latest by May 2020.

Attention is drawn to the possibility that some of the elements of this document may be the subject of patent rights. CEN shall not be held responsible for identifying any or all such patent rights.

This document will supersede EN 15898:2011.

Avant-propos européen

Le présent document (EN 15898:2019) a été élaboré par le Comité Technique CEN/TC 346 « Conservation des biens culturels », dont le secrétariat est tenu par UNI.

Cette Norme européenne devra recevoir le statut de norme nationale, soit par publication d'un texte identique, soit par entérinement, au plus tard en avril 2020, et toutes les normes nationales en contradiction devront être retirées au plus tard en mai 2020.

L'attention est attirée sur le fait que certains des éléments du présent document peuvent faire l'objet de droits de propriété intellectuelle ou de droits analogues. Le CEN ne saurait être tenu pour responsable de ne pas avoir identifié de tels droits de propriété et averti de leur existence.

Le présent document est destiné à remplacer l'EN 15898:2011.

Europäisches Vorwort

Dieses Dokument (EN 15898:2019) wurde vom Technischen Komitee CEN/TC 346 „Erhaltung des kulturellen Erbes" erarbeitet, dessen Sekretariat von UNI gehalten wird.

Diese Europäische Norm muss den Status einer nationalen Norm erhalten, entweder durch Veröffentlichung eines identischen Textes oder durch Anerkennung bis Mai 2020, und etwaige entgegenstehende nationale Normen müssen bis Mai 2020 zurückgezogen werden.

Es wird auf die Möglichkeit hingewiesen, dass einige Elemente dieses Dokuments Patentrechte berühren können. CEN ist nicht dafür verantwortlich, einige oder alle diesbezüglichen Patentrechte zu identifizieren.

Dieses Dokument wird EN 15898:2011 ersetzen.

The main differences between this document and EN 15898:2011 are:

a) additional terms were added:
   - accessibility;
   - agent of deterioration;
   - conservation process;
   - conservation report;
   - emergency response;
   - Integrated Pest Management;
   - intervention;
   - legibility;
   - object identification;
   - originality;
   - structural stability;
   - surrogate;

b) modifications on some existing definitions and notes were carried out;

c) the Bibliography was updated and re-sorted;

Les principales différences entre le présent document et l'EN 15898:2011 sont les suivantes :

a) des termes supplémentaires ont été ajoutés :
   - accessibilité ;
   - agent de dégradation ;
   - processus de conservation-restauration ;
   - rapport d'intervention ;
   - mesures d'urgence ;
   - gestion intégrée des nuisibles ;
   - intervention ;
   - lisibilité ;
   - identification du bien ;
   - caractère d'origine ;
   - stabilité structurelle ;
   - reproduction pour substitution ;

b) quelques définitions et notes existantes ont fait l'objet de modifications mineures ;

c) la Bibliographie a été mise à jour et réorganisée ;

Die wesentlichen Unterschiede zwischen diesem Dokument und EN 15898:2011 sind:

a) Zusätzliche Begriffe wurden hinzugefügt:
   - Zugänglichkeit;
   - Schadensfaktor;
   - Erhaltungsprozess;
   - Konservierungsbericht;
   - Notfallmaßnahmen;
   - Integrierte Schädlingsbekämpfung;
   - Maßnahme;
   - Lesbarkeit;
   - Objektidentifikation;
   - Originalität;
   - strukturelle Stabilität;
   - Sekundärform;

b) Modifizierungen bei ein paar bestehenden Definitionen und Anmerkungen wurden vorgenommen;

c) die Literaturhinweise wurden aktualisiert und neu sortiert;

d) the document was editorially revised.

According to the CEN-CENELEC Internal Regulations, the national standards organisations of the following countries are bound to implement this European Standard: Austria, Belgium, Bulgaria, Croatia, Cyprus, Czech Republic, Denmark, Estonia, Finland, France, Germany, Greece, Hungary, Iceland, Ireland, Italy, Latvia, Lithuania, Luxembourg, Malta, Netherlands, Norway, Poland, Portugal, Republic of North Macedonia, Romania, Serbia, Slovakia, Slovenia, Spain, Sweden, Switzerland, Turkey and the United Kingdom.

d) le document a été révisé au niveau éditorial.

Selon le Règlement Intérieur du CEN-CENELEC les instituts de normalisation nationaux des pays suivants sont tenus de mettre cette Norme européenne en application : Allemagne, Ancienne République Yougoslave de Macédoine, Autriche, Belgique, Bulgarie, Chypre, Croatie, Danemark, Espagne, Estonie, Finlande, France, Grèce, Hongrie, Irlande, Islande, Italie, Lettonie, Lituanie, Luxembourg, Malte, Norvège, Pays-Bas, Pologne, Portugal, République de Macédoine du Nord, République Tchèque, Roumanie, Royaume-Uni, Serbie, Slovaquie, Slovénie, Suède, Suisse et Turquie.

d) das Dokument wurde redaktionell überarbeitet.

Entsprechend der CEN-CENELEC-Geschäftsordnung sind die nationalen Normungsinstitute der folgenden Länder gehalten, diese Europäische Norm zu übernehmen: Belgien, Bulgarien, Dänemark, Deutschland, die Republik Nordmazedonien, Estland, Finnland, Frankreich, Griechenland, Irland, Island, Italien, Kroatien, Lettland, Litauen, Luxemburg, Malta, Niederlande, Norwegen, Österreich, Polen, Portugal, Rumänien, Schweden, Schweiz, Serbien, Slowakei, Slowenien, Spanien, Tschechische Republik, Türkei, Ungarn, Vereinigtes Königreich und Zypern.

0 Introduction

0.1 General observations

This standard is part of a series of standards being developed by CEN/TC 346. It provides terms and their definitions for a set of general concepts which are widely used by those working in the field of conservation of tangible cultural heritage. Its purpose is to bring greater understanding and encourage collaboration amongst those who have responsibility for or an interest in cultural heritage. The need for such agreement and clarification in the use of conservation words — to avoid confusion, to ensure that what one person means by a word corresponds with what another person understands — has become increasingly recognized in recent years[1]. The definition of the terms here will also help to ensure consistent use of words and concepts within the other CEN/TC 346 conservation standards which define only those terms specific to each individual standard.

0 Introduction

0.1 Observations générales

La présente norme fait partie d'une série de normes élaborées par le CEN/TC 346. Elle fournit les termes et leurs définitions pour un ensemble de concepts généraux qui sont largement utilisés par les personnes travaillant dans le domaine de la conservation du patrimoine culturel matériel. Elle a pour objectif d'améliorer la compréhension et d'encourager la collaboration entre les personnes en charge du patrimoine culturel ou ayant un intérêt pour celui-ci. La nécessité d'une telle convention et d'une clarification dans l'usage des termes liés à la conservation restauration - afin d'éviter toute confusion et de s'assurer que la signification d'un terme pour une personne correspond à la compréhension qu'en a une autre personne - est devenue de plus en plus importante au cours des dernières années[1]. La définition des termes du présent document permettra également d'assurer un usage cohérent des termes et des concepts dans les autres normes relatives à la conservation des biens culturels, élaborées par le CEN/TC 346, qui définiront uniquement les termes spécifiques à chaque

0 Einleitung

0.1 Allgemeines

Die vorliegende Norm gehört zu einer Serie von Normen, die von CEN/TC 346 entwickelt werden. Sie bietet allgemeine Begriffe mit ihren Benennungen und Definitionen, die weithin von den im Bereich der Konservierung von materiellem Kulturerbe Tätigen verwendet werden. Der Zweck dieser Norm ist es, die Verständigung und Zusammenarbeit zwischen denjenigen zu verbessern, die Verantwortung für das Kulturerbe tragen. Die Notwendigkeit einer solchen Übereinkunft und vertieften Klärung von Fachausdrücken der Konservierung ist in den letzten Jahren zunehmend erkannt worden, um Verwechslungen zu vermeiden und um sicherzustellen, dass, was eine Person unter einem Wort versteht, auch dem entspricht, was eine andere damit meint[1]. Die Definition der Fachausdrücke hier wird auch entscheidend zur konsistenten Verwendung von Fachwörtern und Begriffen innerhalb der Gesamtheit der Normen des CEN/TC 346 beitragen. Diese übrigen Normen werden nur diejenigen Fachausdrücke definieren, die für den jeweiligen Gegenstand dieser Normen

1 See Bibliography [59] and [60].
Voir Bibliographie [59] et [60].
Siehe Literaturhinweise [59] und [60].

norme individuelle.

spezifisch sind.

The focus of all the CEN/TC 346 standards is on the tangible cultural heritage. However, every cultural object has intangible aspects. Conservation of the tangible, when properly carried out, respects the intangible.

Toutes les normes du CEN/TC 346 portent sur le patrimoine culturel matériel. Toutefois, chaque bien culturel a des dimensions immatérielles. La conservation-restauration de l'aspect matériel, lorsqu'elle est convenablement réalisée, respecte cette dimension immatérielle.

Im Fokus aller CEN/TC 346-Normen steht das materielle Kulturerbe. Jedes kulturelle Objekt hat aber auch immaterielle Aspekte. Die Konservierung des Materiellen, wenn sie angemessen ausgeführt wird, respektiert stets das Immaterielle.

The tangible cultural heritage comprises both immovable objects (e.g. buildings, structures) and movable objects (e.g. archival documents, works of art)[2]. This document is an attempt to unify terminology that is used by all those working in the field of conservation of cultural heritage. This may occasionally require compromise based on current usage with the possibility that not every definition will apply equally in every sphere of activity.

Le patrimoine culturel matériel comprend à la fois des biens immobiliers (bâtiments, structures, par exemple) et des biens mobiliers (documents d'archives, œuvres d'art, par exemple)[2]. Le présent document constitue une tentative d'harmonisation de la terminologie utilisée par toutes les personnes travaillant dans le domaine de la conservation du patrimoine culturel. Cela peut parfois nécessiter des compromis fondés sur l'usage courant, avec l'éventualité que les définitions ne s'appliquent pas toutes de façon égale dans chaque sphère d'activité.

Das materielle Kulturerbe umfasst sowohl ortsfeste Objekte (z. B. Gebäude und andere Bauwerke) als auch bewegliche (z. B. Archivalien, Kunstwerke)[2]. Dieses Dokument ist der Versuch zur Vereinheitlichung der Terminologie aller, die auf dem Gebiet der Konservierung des kulturellen Erbes tätig sind. Dazu sind gelegentlich Kompromisse erforderlich, die auf dem gegenwärtigen Gebrauch der Fachsprache basieren, was die Möglichkeit einschließt, dass noch nicht jede Definition jedem Arbeitsbereich mit gleichermaßen guter Feinabstimmung

2 This distinction is sometimes only approximate: a wall painting may be fixed to a building one day, but may be transferred to an art gallery another day. There are some buildings which have been moved, e.g. to museums. In some cases movable objects (e.g. curtains, tapestries, wood panelling etc.) are considered to be part of an immovable ensemble.

Cette distinction n'est parfois qu'approximative : une peinture murale peut, un jour, être solidaire de la structure d'un bâtiment, mais peut le lendemain se retrouver transposée sur un support mobile dans une galerie d'art. La plupart des bâtiments sont immeubles, mais il existe des musées dans lesquels des bâtiments ont été transférés. Dans certains cas, des biens mobiliers (par exemple : rideaux, tapisseries, boiseries, etc.) sont considérés comme faisant partie d'un ensemble immobilier.

Diese Unterscheidung gelingt manchmal nur annäherungsweise: ein Wandgemälde kann an einem Tag noch fester Bestandteil eines Gebäudes sein, aber bald darauf davon gelöst in einer Kunstgalerie gezeigt werden. Außerdem gibt es Gebäude, die beispielsweise in Museen umgesetzt worden sind. In einigen Fällen werden bewegliche Objekte als Teil eines ortsfesten Ensembles betrachtet (z. B. Vorhänge, Tapisserien, Holzvertäfelungen usw.).

The terms presented here have been selected by professionals working with the immovable and movable heritage. Even though landscapes, parks and gardens are also part of our human-made cultural heritage, this terminology does not yet wholly relate to them, nor to buried archaeological sites. Conservation of the digital heritage is likewise not fully embraced by this terminology, for which work is being undertaken in other frameworks and standards committees.

0.2 Development of this standard

This edition updates the first edition and takes into account additional general terms found necessary in other standards produced by CEN/TC 346. It is the result of wide consultation, within the CEN framework, amongst experts from the European conservation community. Individuals appointed by national standards bodies, together with their colleagues at national level, have helped to refine shared understanding and to improve these definitions.

Les termes définis dans le présent document ont été sélectionnés par des professionnels travaillant dans les domaines du patrimoine immobilier et mobilier. Même si les paysages, les parcs et les jardins font également partie de notre patrimoine culturel façonné par l'homme, cette terminologie ne leur est pas encore entièrement applicable, ni aux sites archéologiques enfouis. De la même manière, cette terminologie ne concerne pas complètement la conservation du patrimoine numérique pour laquelle des travaux sont en cours dans d'autres cadres et par d'autres comités de normalisation.

0.2 Élaboration de la présente norme

La présente édition met à jour la première édition et prend en compte les termes généraux supplémentaires jugés nécessaires dans les autres normes produites par le CEN/TC 346. Elle est le fruit d'une large consultation, dans le cadre du CEN, parmi les experts de la communauté européenne du domaine de la conservation-restauration. Des personnalités, désignées par les organismes nationaux de normalisation, ont, en collaboration avec leurs collègues au niveau national, contribué à affiner la compréhension commune et à améliorer ces définitions.

angepasst ist.

Die in dieser Norm enthaltenen Einträge wurden von Fachleuten ausgewählt, die mit beweglichem bzw. ortsfestem baulichen Kulturerbe arbeiten. Obgleich Landschaften, Parks und Gärten ebenfalls Teil unseres menschengemachten Kulturerbes sind, bezieht sich die vorliegende Terminologie nicht vollständig auf sie, und auch beispielsweise nicht auf vergrabene archäologische Denkmäler. Auch die Konservierung des digitalen Kulturerbes wird von dieser Terminologie nicht vollständig umfasst, sie wird in anderen Zusammenhängen und Normungskomitees erarbeitet.

0.2 Zur Entstehung dieser Norm

Diese Ausgabe der Norm aktualisiert die erste Ausgabe und berücksichtigt zusätzliche allgemeine Begriffe, die in den anderen Normen von CEN/TC 346 notwendig sind. Sie ist das Ergebnis einer umfassenden Beratungsphase im Rahmen von CEN durch europäische Konservierungsexperten. Die von den nationalen Normungsinstituten nominierten Experten, zusammen mit ihrer Kollegenschaft auf nationaler Ebene, haben daran mitgewirkt, ein vertieftes gemeinsames Verständnis zu erreichen und die vorliegenden Definitionen bestmöglich zu erstellen.

The conventions used are those recommended in the documents *CEN/CENELEC Internal Regulations — Part 3*, ISO 704 and ISO 10241-1.[3] Only nouns are defined, not verbs or adjectives. Each definition aims to be a succinct summary of the concept as used across the field of conservation. Where it is necessary, some notes and examples are added. As far as possible each definition should be able to replace its term when inserted into a relevant sentence.

Les conventions utilisées sont celles recommandées dans les documents Règlement intérieur du CEN/CENELEC - Partie 3, l'ISO 704 et l'ISO 10241-1:2011[3]. Seuls des noms sont définis, et non des verbes ou des adjectifs. Chaque définition a pour objectif de constituer un résumé succinct du concept tel qu'il est utilisé dans le domaine de la conservation-restauration. Lorsque cela est nécessaire, des notes et des exemples sont ajoutés. Il convient, dans la mesure du possible, que chaque définition puisse remplacer le terme correspondant dans une phrase pertinente.

Die in dieser Norm befolgten Konventionen sind die der folgenden Dokumente: *CEN/CENELEC Internal Regulations — Part 3*, ISO 704 und ISO 10241-1[3]. Es werden nur Substantive definiert, keine Verben oder Adjektive. Jede Definition zielt auf eine kurze und knappe Wiedergabe des Begriffs ab, wie er über das gesamte Feld der Konservierung hinweg verwendet wird. Wo es nötig erschien, sind Anmerkungen und Beispiele hinzugefügt. So weit wie möglich sollte jede Definition geeignet sein, an die Stelle der zu ihr gehörenden Benennung zu treten, wenn sie in den entsprechenden Satz eingefügt wird.

This standard has been adopted in the three official CEN languages (English, French and German) on the basis of a working document prepared in English. For some concepts there is no direct equivalent term between languages, so expanded phrasing is provided.

La présente norme a été adoptée dans les trois langues officielles du CEN (allemand, anglais et français) sur la base d'un document de travail rédigé en anglais. Pour certains concepts, il n'existe pas de terme directement équivalent entre les langues ; dans ce cas, une périphrase est fournie.

Diese Norm ist in den drei offiziellen Sprachen des CEN angenommen worden (Englisch, Französisch, Deutsch), basierend auf einem englischsprachigen Arbeitsdokument. Für einige Begriffe gibt es möglicherweise keine direkte Benennung in einigen anderen Sprachen, daher wird dann eine erweiterte Formulierung erstellt.

---

3 See Bibliography [71], [72] and [73].
Voir Bibliographie [71], [72] et [73].
Siehe Literaturhinweise [71], [72] und [73].

A CEN terminology standard in the field of conservation cannot be expected to resolve all issues and so is unlikely to meet with universal agreement. Like all standards, it will change in response to those using it and to changing practice, as well as the flux of language over the years.

On ne peut pas espérer d'une norme de terminologie du CEN dans le domaine de la conservation-restauration qu'elle résolve toutes les questions et il est donc peu probable qu'elle fasse l'objet d'un consensus universel. Comme toutes les normes, elle évoluera pour répondre aux besoins de ceux qui l'utilisent et en fonction du changement des pratiques, ainsi que des évolutions du langage au fil du temps.

Von einer Terminologie-Norm des CEN auf dem Gebiet der Konservierung kann nicht erwartet werden, bereits alle Fragen vollständig gelöst zu haben und sie trifft deshalb vielleicht nicht sofort auf vollständige Zustimmung von allen Seiten. Wie jede Norm wird sie sich im Dialog mit ihren Nutzern weiter entwickeln und auf die sich wandelnde Praxis ebenso reagieren wie auf die Sprachentwicklung im Lauf der Zeit.

Users are encouraged to suggest improvements to their national standards bodies. Comments will be compiled for use in the next edition.

Les utilisateurs sont encouragés à suggérer des améliorations à leurs organismes nationaux de normalisation. Les commentaires seront compilés afin d'être utilisés dans la prochaine édition.

Anwender dieser Norm werden ermutigt, Verbesserungsvorschläge ihren nationalen Normungsorganisationen zu unterbreiten. Solche Stellungnahmen werden für eine Verwendung in der nächsten Ausgabe vorgehalten.

0.3 References and sources

The references for the meanings of common English words used in the definitions follow established usage. Many sources listed in the bibliography have been valuable in guiding the development of the definitions, particularly charters and guidelines established by international professional bodies.

0.3 Références et sources

Pour ce qui concerne la signification des termes anglais courants utilisés dans les définitions, les références respectent l'usage établi. De nombreuses sources, énumérées dans la Bibliographie, se sont avérées très utiles lors de l'élaboration des définitions, en particulier les chartes et les règles de conduite élaborées par des associations professionnelles internationales.

0.3 Nachweise und Quellen

Bei den Bedeutungen der allgemeinen deutschen Wörter folgt die Norm dem Sprachgebrauch. Viele der im Literaturverzeichnis genannten Quellen waren wertvolle Hilfestellungen bei der Erstellung der Definitionen, insbesondere die Chartas und die Leitlinien, die von internationalen Fachorganisationen erstellt sind.

Since 1964, the Venice Charter, and later the Burra Charter, have guided reflection and development of the terms and practices used in conservation and restoration, especially of the

Depuis 1964, la charte de Venise, et plus tard la charte de Burra, ont guidé la réflexion et le développement des termes et des pratiques utilisés dans la conservation et la restauration,

Seit 1964 leiten die Charta von Venedig und später die Burra-Charta die Reflexion und Weiterentwicklung der Fachbegriffe und der Praktiken in Konservierung und Restaurie-

built heritage and historic environment[4]. The definitions of four terms presented here ('conservation', 'preventive conservation', 'remedial conservation', 'restoration') were developed in parallel with those of ICOM-CC[5] and so have considerable commonality, but they are not identical. Whereas the ICOM-CC terminology uses 'conservation' as the umbrella term, such is the strength of feeling about current practice in some European countries and organisations about the term 'conservation-restoration' that the latter is included as a synonym of 'conservation'. It should also be noted that the ICOM-CC definitions are used primarily in the field of movable heritage.

notamment du patrimoine bâti et de son environnement historique[4]. Les définitions de quatre termes (« conservation ou conservation-restauration », « conservation préventive », « conservation curative », « restauration ») ont été élaborées pour le présent document parallèlement à celles de l'ICOM-CC[5] et, de ce fait, ont énormément de points communs, mais ne sont pas identiques. Alors que la terminologie de l'ICOM-CC utilise le terme anglais « conservation » comme terme général, l'attachement à l'usage courant du terme « conservation-restauration » est si grand dans certains pays et au sein de certaines organisations en Europe que ce dernier figure ici comme synonyme de « conservation ». Il convient également de noter que les définitions de l'ICOM-CC sont principalement utilisées dans le domaine du patrimoine mobilier.

rung, speziell des baulichen Kulturerbes und historischer Stätten[4]. Die Definitionen von vier hier eingeführten Begriffen („Konservierung", „Präventive Konservierung", „Stabilisierende Konservierung", „Restaurierung") wurden zeitgleich mit ihrer Ausarbeitung im ICOM-CC (International Council of Museums Conservation Committee) entwickelt[5] und haben daher ein hohes Maß an Gemeinsamkeit, auch wenn sie nicht wortgleich übereinstimmen. Und während das ICOM-CC „Konservierung" als den übergreifenden Fachausdruck benutzt, hatte das CEN/TC 346 so sehr den Eindruck, dass „Konservierung-Restaurierung" der aktuellen Praxis in einigen europäischen Ländern und Organisationen mehr entspricht, dass dieser Doppelausdruck als Synonym zu „Konservierung" aufgenommen wurde. Es ist auch zu beachten, dass die ICOM-CC-Definitionen vorrangig im Bereich des beweglichen Kulturerbes verwendet werden.

In certain European countries some of the terms defined by the present standard (e.g. 'cultural heritage', 'alteration', 'restoration') have an official or legal meaning which can

Certains des termes définis par la présente norme ont une signification juridique ou officielle qui peut varier suivant les pays d'Europe (par exemple, « patrimoine culturel

In einigen europäischen Ländern haben einige der in dieser Norm definierten Begriffe (z. B. ‚Kulturerbe', ‚Veränderung', ‚Restaurierung') eine offizielle oder rechtlich relevante Bedeu-

4 See Bibliography [1] and [7].
Voir Bibliographie [1] et [7].
Siehe Literaturhinweise [1] und [7].

5 See Bibliography [11].
Voir Bibliographie [11].
Siehe Literaturhinweise [11].

vary amongst those countries. Most of the countries within the EU have endorsed in their national regulations the EU Directives relating to illicit trade and the export of cultural heritage. Some of those directives contain translations of some common terms and their meanings[6], which may differ from the definitions offered here. In this standard, "cultural heritage" has been chosen in preference to "cultural property", with its narrower connotations of ownership.

», « modification », « restauration »). La plupart des pays au sein de l'Union européenne ont cependant transposé dans leur réglementation nationale les Directives européennes concernant le commerce illicite et l'exportation du patrimoine culturel. Certaines de ces directives contiennent des traductions de certains termes courants et leurs significations[6], qui peuvent différer des définitions données dans le présent document. Dans cette norme, « patrimoine culturel » (« cultural heritage ») a été préféré à « biens culturels » (« cultural property »), porteur des connotations plus restrictives de propriété.

tung, welche zwischen diesen Ländern variieren kann. Die meisten EU-Staaten haben in nationalen Richtlinien die EU-Direktiven bezüglich verbotenem Handel und Export kulturellen Erbes umgesetzt. Einige dieser Richtlinien enthalten Übersetzungen mancher gebräuchlicher Fachausdrücke und ihrer Bedeutung[6], die von dem hier gegebenen Wortlaut der Definitionen etwas abweichen können. In der vorliegenden Norm wurde „Kulturerbe" bevorzugt gegenüber „Kulturgut", das enger gefasste Konnotationen von „Eigentümerschaft" hat.

0.4 Conservation practice

The practice of conservation varies between countries and cultures around the world. The process of making decisions in conservation is rarely straightforward[7]. Many factors have to be taken into account, some of them identified in the condition survey, others determined by 'significance', others deriving from the context and current use or following from discoveries

0.4 Pratique en matière de conservation-restauration

La pratique de la conservation-restauration varie d'un pays à l'autre et d'une culture à l'autre dans le monde. La prise de décisions en matière de conservation-restauration est rarement simple et évidente[7]. De nombreux facteurs doivent être pris en compte, certains d'entre eux étant identifiés lors de l'évaluation de l'état, d'autres lors de la détermination de «

0.4 Konservierungspraxis

Die Konservierungspraxis variiert zwischen Ländern und Kulturen weltweit. Der Prozess der Entscheidungsfindung in der Konservierung ist selten gradlinig[7]. Stets sind viele Faktoren in Betracht zu ziehen, von denen einige in „Zustandserhebungen" oder „Zustandsberichten" aufgeführt werden, andere zur Bestimmung der

6 See Bibliography [15] and [16].
Voir Bibliographie [15] et [16].
Siehe Literaturhinweise [15] und [16].

7 See Bibliography [19] and [52].
Voir Bibliographie [19] et [52].
Siehe Literaturhinweis [19] und [52].

made during the work. This document cannot be seen as a substitute for the exercise of professional judgement in making decisions, often in collaboration with others, backed up by appropriate education, training, skills, qualifications and experience[8].

l'intérêt patrimonial », d'autres dérivant du contexte et de l'utilisation courante ou faisant suite à des découvertes effectuées pendant le travail. Pour la prise de décision, souvent élaborée en collaboration avec d'autres, le présent document ne saurait remplacer l'exercice du jugement des professionnels, fondé sur leur éducation, leur formation, leurs compétences, leurs qualifications et une expérience appropriées[8].

„Bedeutung" gehören, wieder andere rühren aus dem Kontext oder dem gegenwärtigen Gebrauch des Objekts her oder von Entdeckungen, die während der Arbeit gemacht werden. Diese Norm allein kann daher nicht als Ersatz dafür genommen werden, ein fachkundiges Urteil im Entscheidungsprozess zu fällen, oft in Zusammenarbeit mit anderen, und gestützt auf adäquate Lehre, Ausbildung, Fertigkeiten, Qualifikation und Erfahrung[8].

Laws and regulations in some CEN member countries may contain specific rules relating to professional qualifications and/or methods of control for interventions. Furthermore, various international and national organisations have been developing professional qualifications, standards and guidelines which increasingly help to identify those who are equipped to contribute to conservation decisions and to implement them.

Dans certains pays membres du CEN, des lois et des règlements peuvent contenir des règles spécifiques concernant les qualifications professionnelles et/ou les méthodes de contrôle pour ces interventions. Par ailleurs, divers organismes internationaux et nationaux ont défini des qualifications, des normes et des règles de conduite professionnelles, aidant de plus en plus à identifier les personnes qui sont qualifiées pour contribuer en matière de conservation-restauration à la prise de décisions et à leur mise en œuvre.

Gesetzgebung und andere Vorschriften in einigen CEN-Mitgliedsländern können spezielle Regeln bezüglich beruflicher Qualifikationen und/oder Kontrollmethoden für konservatorische Eingriffe enthalten. Darüber hinaus haben verschiedene internationale und nationale Organisationen begonnen, Berufsbilder/Qualifikationsprofile, Standards und Richtlinien zu formulieren, die zunehmend dabei helfen, diejenigen Fachkräfte angeben zu können, die das geeignete Rüstzeug dafür haben, Konservierungsentscheidungen zu treffen und umzusetzen.

8 See Bibliography [19].
Voir Bibliographie [19].
Siehe Literaturhinweis [19].

0.5 The structure of the document and how to use it

The arrangement of terms reflects the ways in which professionals approach the conservation of cultural heritage. At its root is consideration of what is to be conserved, its significance and its condition.[9] Conservation terms reflect underlying principles and are divided between categories identifying, on the one hand preventive actions, and on the other, remedial and restoration actions. Terms such as 'rehabilitation' and 'renovation' straddle the boundary of what is considered conservation, depending on their adherence to underlying principles, such as respect for evidence.

0.5 Structure et mode d'emploi du document

L'organisation des termes reflète la manière dont les professionnels envisagent les actions de conservation du patrimoine culturel. En premier lieu est étudié le bien à conserver, son intérêt patrimonial et son état de conservation[9]. Les termes relatifs à la conservation-restauration reflètent les principes sous-jacents et sont divisés en catégories identifiant d'une part les actions préventives et d'autre part les actions curatives et de restauration. Des termes tels que « réhabilitation » et « rénovation » sont à la limite du champ de la conservation-restauration, selon qu'ils intègrent ou non le respect des principes fondamentaux, tels que la prise en compte des preuves (documentaires ou matérielles).

0.5 Zur Struktur und zur Benutzung der Norm

Die Anordnung der Fachbegriffe folgt der Vorgehensweise der Fachleute bei der Konservierung von Kulturerbe. Am Beginn steht das, was zu konservieren ist, seine Bedeutung und sein Erhaltungszustand.[9] Die darauf folgenden Fachbegriffe geben die zugrunde liegenden Prinzipien wieder und sind unterteilt in Abschnitte, die auf der einen Seite Handlungen der Präventiven Konservierung und auf der anderen solche der Stabilisierenden Konservierung sowie Restaurierung zeigen. Begriffe wie „Rehabilitation" und „Renovierung" können die Grenze dessen, was als Konservierung gilt, sprengen, je nachdem, ob sie die zugrundeliegenden Prinzipien wie die Achtung des Quellenwertes eines Objektes einhalten oder nicht.

[9] These concepts and their interrelations are specified in EN 16853, see Bibliography [19].
Ces concepts et leurs liens transversaux sont spécifiés dans l'EN 16853, voir Bibliographie [19].
Diese Konzepte und ihre Zusammenhänge sind in der EN 16853 spezifiziert, siehe Literaturhinweis [19].

An alphabetical index is provided (in the three languages) which readers may wish to consult, especially if searching for a particular term. Given the unpredictable, often complex and multi-faceted nature of conservation practice, the groupings of terms should not be considered rigid, though it is hoped that many will find it helpful. In order to improve consistency and to help with cross-referencing, definitions using terms which are defined elsewhere in the standard are distinguished by being printed in **bold** type.

Est fourni un index alphabétique (dans les trois langues), que les lecteurs peuvent consulter, notamment lorsqu'ils recherchent un terme particulier. Étant donné le caractère imprévisible, souvent complexe et multiforme de la pratique de la conservation-restauration, il convient cependant de ne pas considérer les regroupements de termes comme figés, bien que l'on espère que beaucoup les trouveront utiles. Pour améliorer la cohérence et faciliter le référencement croisé, lorsque des définitions sont rédigées en utilisant des termes définis ailleurs dans la norme, ceux-ci sont mis en évidence en caractères **gras**.

Nicht jeder wird vielleicht diese Struktur unmittelbar anwendbar finden, daher sind alphabetische Register (in allen 3 Sprachen) bereit gestellt, die die Leser u. U. aufsuchen werden, speziell, wenn sie nach einem einzelnen bestimmten Fachausdruck suchen. Angesichts des nicht vollkommen vorhersagbaren, häufig komplexen und vielschichtigen Charakters der Konservierungspraxis sollte die Gruppierung der Begriffe nicht als unverrückbar verstanden werden, auch wenn mit ihr die Hoffnung verbunden ist, dass viele Anwender sie hilfreich finden werden. Um die Konsistenz der Begriffe innerhalb der Norm zu stärken und durch Querverweise Hilfestellungen zu geben, wird durch **Fettdruck** hervorgehoben, wo Definitionen Fachausdrücke verwenden, die an anderer Stelle dieser Norm definiert sind.

1 Scope	**1 Domaine d'application**	**1 Anwendungsbereich**
This document defines the main general terms used in the field of conservation of cultural heritage with particular attention to those terms which have wide use or significance.	Le présent document définit les principaux termes généraux employés dans le domaine de la conservation-restauration du patrimoine culturel en accordant une attention particulière aux termes dont l'usage est répandu ou l'importance reconnue.	Dieses Dokument definiert die wichtigsten allgemeinen Begriffe im Bereich der Erhaltung des kulturellen Erbes unter besonderer Berücksichtigung von weithin verbreiteten und bedeutsamen Begriffen.
2 Normative references	**2 Références normatives**	**2 Normative Verweisungen**
There are no normative references in this document.	Le présent document ne contient aucune référence normative.	Es gibt keine normativen Verweisungen in diesem Dokument.
3 Terms and definitions	**3 Termes et définitions**	**3 Begriffe**
For the purposes of this document, the following terms and definitions apply.	Pour les besoins du présent document, les termes et définitions suivants s'appliquent.	Für die Anwendung dieses Dokuments gelten die folgenden Begriffe.
ISO and IEC maintain terminological databases for use in standardization at the following addresses:	L'ISO et l'IEC tiennent à jour des bases de données terminologiques destinées à être utilisées en normalisation, consultables aux adresses suivantes :	ISO und IEC stellen terminologische Datenbanken für die Verwendung in der Normung unter den folgenden Adressen bereit:
— Electropedia: available at http://www.electropedia.org/	— IEC Electropedia : disponible à l'adresse http://www.electropedia.org/	— IEC Electropedia: unter http://www.electropedia.org/
— ISO Online browsing platform: available at http://www.iso.org/obp	— ISO Online browsing platform : disponible à l'adresse http://www.iso.org/obp	— ISO Online Browsing Platform: unter http://www.iso.org/obp

3.1 Cultural heritage terms

3.1.1
cultural heritage

tangible and intangible entities of **significance** to present and future generations

3.1.2
tangible cultural heritage
material expression of **cultural heritage**

Note 1 to entry: Tangible cultural heritage may be movable or immovable.

3.1.3
object

single manifestation of **tangible cultural heritage**

Note 1 to entry: The term "object" is used in this standard for **cultural heritage**, both immovable and movable. In specific professional contexts, other terms are used: e.g. "artefact", "cultural property", "item", "site", "building", "monument", "specimen", "structure", "cultural landscape", "document".

3.1 Termes relatifs au patrimoine culturel

3.1.1
patrimoine culturel

entités matérielles et immatérielles présentant un **intérêt patrimonial** pour les générations présentes et futures

3.1.2
patrimoine culturel matériel
expression matérielle du **patrimoine culturel**

Note 1 à l'article : Le patrimoine culturel matériel peut être mobilier ou immobilier.

3.1.3
bien
bien culturel
élément du **patrimoine culturel matériel**

Note 1 à l'article : Le terme « bien » est utilisé dans la présente norme pour le **patrimoine culturel**, aussi bien immobilier que mobilier. Dans des contextes professionnels spécifiques, d'autres termes sont utilisés, par exemple : « artefact », « bien culturel », « élément », « site », « bâtiment », « monument », « spécimen », « structure », « paysage culturel », « document ».

3.1 Begriffe zum Kulturerbe

3.1.1
kulturelles Erbe
Kulturerbe
materielle und immaterielle Zeugnisse die für gegenwärtige und zukünftige Generationen von **Bedeutung** sind

3.1.2
materielles Kulturerbe
dingliche Ausdrucksform des **Kulturerbes**

Anmerkung 1 zum Begriff: Materielles Kulturerbe kann beweglich oder ortsfest sein.

3.1.3
Objekt

einzelne Ausdrucksform des **materiellen Kulturerbes**

Anmerkung 1 zum Begriff: In dieser Norm wird die Bezeichnung „Objekt" für bewegliches und ortsfestes **Kulturerbe** verwendet. In bestimmten fachlichen Zusammenhängen werden andere Bezeichnungen benutzt: z. B. „Artefakt", „Kulturgut", „Gegenstand" („item" im Englischen), „Gebäude", „Denkmal", „Exemplar" („specimen" im Englischen), „Struktur", „Kulturlandschaft", „Dokument".

3.1.4 **object identification** process of recognising the characteristics and **significance** of an **object**	**3.1.4** **identification du bien** processus de reconnaissance des caractéristiques et de l'**intérêt patrimonial** d'un **bien**	**3.1.4** **Objektidentifikation** Erfassung der Merkmale und der **Bedeutung** eines **Objekts**
Note 1 to entry: The same process may be applied to an ensemble or **collection**.	Note 1 à l'article : Le même processus peut être appliqué à un ensemble ou à une **collection**.	Anmerkung 1 zum Begriff: Der gleiche Prozess kann auch auf ein Ensemble oder eine **Sammlung** angewendet werden.
3.1.5 **collection** group of **objects** having shared or combined **significance**	**3.1.5** **collection** ensemble de **biens** présentant en commun ou en combinaison un **intérêt patrimonial**	**3.1.5** **Sammlung** Gruppe von **Objekten** mit einer gemeinsamen **Bedeutung**
Note 1 to entry: The term "collection" is mainly used within "movable **cultural heritage**". In the context of immovable cultural heritage other terms are used: e.g. historic ensemble, historic site, conservation area, historic garden.	Note 1 à l'article : Le terme « collection » est essentiellement utilisé dans le contexte du « **patrimoine culturel** mobilier ». Dans le contexte du patrimoine culturel immobilier, d'autres termes sont utilisés, par exemple : ensemble historique, site historique, espace protégé, jardin historique.	Anmerkung 1 zum Begriff: Die Bezeichnung „Sammlung" wird vor allem im Bereich des beweglichen **Kulturerbes** verwendet. Im Bereich des ortsfesten Kulturerbes werden andere Bezeichnungen benutzt: z. B. „Denkmal-Ensemble", „historische Stätte" („historic site" im Englischen), „erhaltenswert erachtete Fläche"/„Naturschutzgebiet" („conservation area" im Englischen), „historische Garten- oder Parkanlage".
3.1.6 **value** aspect of importance that individuals, communities or society assign(s) to an **object**, ensemble or **collection** in a particular **context**	**3.1.6** **valeur** indication de l'importance que des individus, des communautés ou une société attribuent à un **bien**, à un ensemble ou à une **collection** dans un **contexte** particulier	**3.1.6** **Wert** Wichtigkeit, die eine einzelne Person, Gemeinschaften oder die Gesellschaft einem **Objekt**, einem Ensemble oder einer **Sammlung** in einem bestimmten **Kontext** zuweisen
Note 1 to entry: Values can be of different types, for example: artistic, symbolic, historical, social, economic, scientific, educational, technological, functional etc.	Note 1 à l'article : La valeur peut être de différents types, par exemple : artistique, symbolique, historique, sociale, économique, scientifique, éducative, technologique, fonctionnelle, etc.	Anmerkung 1 zum Begriff: Werte können unterschiedlichen Typs sein, zum Beispiel: künstlerischen, symbolischen, historischen, sozialen, wirtschaftlichen, wissenschaftlichen, pädagogischen,

Note 2 to entry: The assigned value can change according to circumstance, e.g. how the judgement is made, the context and the moment in time. Value should always be indicated by its qualifying type.

3.1.7
significance

combination of all the **values** assigned to an **object**, ensemble or **collection**

3.1.8
authenticity
extent of alignment between an **object** and the identity attributed to it

Note 1 to entry: The concept of authenticity should not be confused with the concept of originality.

3.1.9
originality

extent to which an **object**'s properties match those at the time of its formation

Note 1 to entry: Claims of originality need to be made with reference to a time.

Note 2 à l'article : La valeur assignée peut varier selon les circonstances, par exemple selon la méthode d'évaluation, le contexte et le moment où cette évaluation est réalisée. Quand elle est indiquée, il convient que le type de valeur considéré soit toujours précisé.

3.1.7
intérêt patrimonial
signifiance
combinaison de toutes les **valeurs** assignées à un **bien**, à un ensemble ou à une **collection**

3.1.8
authenticité
degré de correspondance entre un **bien** et l'identité qui lui est attribuée

Note 1 à l'article : Il convient de ne pas confondre le concept d'authenticité avec le concept d'originalité.

3.1.9
caractère d'origine
originalité
qualité variable selon laquelle les caractéristiques d'un **bien** correspondent à celles qui existaient au moment de sa formation

Note 1 à l'article : Les affirmations relatives au caractère d'origine doivent être formulées avec une référence à une période donnée.

technologischen, funktionellen usw.

Anmerkung 2 zum Begriff: Der zugeschriebene Wert kann sich je nach den Umständen ändern, z. B. wie die Bewertung vorgenommen wird, ihrem Kontext und dem Zeitpunkt. Die Wertangabe sollte immer begleitet sein von der Angabe ihres spezifischen Typs.

3.1.7
Bedeutung

Kombination aller **Werte**, die einem **Objekt**, einem Ensemble oder einer **Sammlung** zugeschrieben werden

3.1.8
Authentizität
Grad der Übereinstimmung eines **Objekts** mit der ihm zugeschriebenen Identität

Anmerkung 1 zum Begriff: Der Begriff ‚Authentizität' sollte nicht mit ‚**Originalität**' verwechselt werden.

3.1.9
Originalität
Ursprünglichkeit
Grad, in dem die Eigenschaften eines Objekts mit denen zum Zeitpunkt seiner Entstehung übereinstimmen

Anmerkung 1 zum Begriff: Originalitätsbehauptungen müssen unter Bezugnahme auf einen Zeitpunkt erhoben werden.

3.1.10 **context** all circumstances, past, present and/or future, affecting **significance**	**3.1.10** **contexte** ensemble des circonstances passées, présentes et/ou futures ayant une incidence sur l'**intérêt patrimonial**	**3.1.10** **Kontext** vergangene, gegenwärtige und zukünftige Gegebenheiten, die sich auf die **Bedeutung** auswirken
Note 1 to entry: Context refers to the circumstances, tangible and intangible, in which an **object** is created, constructed, used, worshipped, found, excavated, collected, kept, presented etc.	Note 1 à l'article : Le contexte se rapporte aux circonstances, matérielles et immatérielles, dans lesquelles un **bien** est créé, construit, utilisé, vénéré, découvert, fouillé, collecté, conservé, présenté, etc.	Anmerkung 1 zum Begriff: „Kontext" bezieht sich auf die Umstände, materielle wie immaterielle, unter denen ein **Objekt** geschaffen, erstellt, benutzt, verehrt, gefunden, ausgegraben, gesammelt, aufbewahrt, präsentiert usw. wird.
3.1.11 **accessibility** opportunity to engage with an **object**, physically and/or intellectually	**3.1.11** **accessibilité** possibilité d'interagir avec un **bien**, physiquement et/ou intellectuellement	**3.1.11** **Zugänglichkeit** Möglichkeit, sich mit einem **Objekt** physisch und/oder intellektuell zu beschäftigen
3.2 Condition terms	**3.2 Termes relatifs à l'état**	**3.2 Begriffe zum Erhaltungszustand**
3.2.1 **condition** physical state of an **object** at a particular time	**3.2.1** **état** condition matérielle d'un **bien** à un moment donné	**3.2.1** **Erhaltungszustand** physische Beschaffenheit eines **Objekts** zu einem bestimmten Zeitpunkt
3.2.2 **environment** surroundings of an **object**, some aspects of which may affect its **condition**	**3.2.2** **environnement** milieu habituel d'un **bien** dont certains aspects peuvent avoir une incidence sur son **état**	**3.2.2** **Umwelt** Umgebung äußere Einflüsse auf ein **Objekt**, von denen sich bestimmte Aspekte auf dessen **Erhaltungszustand** auswirken können
Note 1 to entry: Such aspects could be of human, physical, chemical, biological, geological or climatic origin.	Note 1 à l'article : Ces aspects peuvent être d'origine humaine, physique, chimique, biologique, géologique ou climatique.	Anmerkung 1 zum Begriff: Solche Einflüsse können menschlichen, physikalischen, chemischen, biologischen, geologischen oder klimatischen Ursprungs sein.

3.2.3
integrity

extent of physical or conceptual wholeness of an **object**

3.2.4
alteration

change in **condition**, beneficial or not, intentional or not

3.2.5
defect

imperfection of an **object** due to its conception, its production or its construction process or to the nature of the materials employed

Note 1 to entry: "Malfaçon" is used in French in the field of immovable **cultural heritage** for a defect in the production of an **object**.

3.2.6
ageing
natural **alteration** over time

Note 1 to entry: The results of ageing can also be artificially achieved (artificial and/or accelerated ageing).

3.2.3
intégrité

état de complétude matérielle ou conceptuelle d'un **bien**

3.2.4
modification d'état
changement
changement de l'**état**, bénéfique ou non, intentionnel ou non

3.2.5
défaut
malfaçon
imperfection d'un **bien** due à son processus de conception, de fabrication ou de construction ou à la nature des matériaux employés

Note 1 à l'article : En français, « malfaçon » est utilisé dans le domaine du **patrimoine culturel** immobilier pour désigner un défaut d'exécution d'un **bien**.

3.2.6
vieillissement
modification naturelle de l'état dans le temps

Note 1 à l'article : Les résultats du vieillissement peuvent également être obtenus artificiellement (vieillissement artificiel et/ou accéléré).

3.2.3
Integrität
Unversehrtheit
Ausmaß an physischer oder ideeller Vollständigkeit eines **Objekts**

3.2.4
Veränderung

Änderung des **Erhaltungszustands**, vorteilhaft oder nicht, beabsichtigt oder nicht

3.2.5
Defekt

Beeinträchtigung eines **Objekts** infolge der Konzeption, des Herstellungsverfahrens oder der Beschaffenheit der verwendeten Materialien

Anmerkung 1 zum Begriff: „Malfaçon" wird im Französischen nur im Bereich ortsfesten **Kulturerbes** für einen Mangel in der Produktion eines Objekts verwendet.

3.2.6
Alterung
natürliche **Veränderung** im Lauf der Zeit

Anmerkung 1 zum Begriff: Die Ergebnisse der Alterung können auch künstlich erzielt werden (künstliche und/oder beschleunigte Alterung).

3.2.7
damage

non-beneficial **alteration**

Note 1 to entry: Although damage is non-beneficial to the **object**, it may sometimes be considered as broadening **significance**, e.g. traces of war on an object.

Note 2 to entry: According to the context, the French terms "dégradation" and "déterioration" can also be used to describe a complete worsening of **condition**, possibly intentional.

3.2.7
altération
dégradation
désordre
pathologie
détérioration
dommage
dégât

modification de l'état non bénéfique

Note 1 à l'article : Bien que les altérations ne soient pas bénéfiques au **bien**, elles peuvent parfois être considérées comme contribuant à enrichir l'**intérêt patrimonial**, par exemple : des traces laissées par la guerre.

Note 2 à l'article : Selon le contexte, les termes français « dégradation » et « détérioration » peuvent également être utilisés pour décrire une aggravation complète de l'**état**, qui peut être intentionnelle.

3.2.7
Schaden
Beschädigung

unvorteilhafte **Veränderung**

Anmerkung 1 zum Begriff: Obwohl ein „Schaden" für das **Objekt** nicht förderlich ist, kann er manchmal als Erweiterung der **Bedeutung** angesehen werden, z. B. Kriegsspuren an einem **Objekt**.

Anmerkung 2 zum Begriff: Abhängig vom Zusammenhang können die französischen Begriffe „dégradation" und „déterioration" auch für die Beschreibung einer kompletten — gegebenenfalls beabsichtigten — Verschlechterung des **Erhaltungszustands** verwendet werden.

3.2.8
deterioration

unintentional **alteration** that reduces **significance** and/or **stability**

Note 1 to entry: This term can also refer to the process itself.

Note 2 to entry: Degradation is gradual deterioration.

3.2.8
détérioration
dégradation
décomposition
délabrement

modification non intentionnelle de l'**état** qui réduit l'**intérêt patrimonial** et/ou la **stabilité**

Note 1 à l'article : Ce terme peut également se rapporter au processus lui-même.

Note 2 à l'article : La dégradation est une détérioration graduelle.

3.2.8
Abbau
Verfall
Zerfall

unbeabsichtigte **Veränderung**, die **Bedeutung** und/oder **Stabilität** mindert

Anmerkung 1 zum Begriff: Dieser Begriff kann sich auch auf den Vorgang selbst beziehen.

Anmerkung 2 zum Begriff: Abbau[N1)] ist graduеller Verfall.

N1) Nationale Fußnote: Die Begriffsunterscheidung ergibt sich hier aus der Unterscheidung der englischen Begriffe „degradation" und „deterioration", die so im deutschen Sprachgebrauch nicht besteht.

Note 3 to entry: The term "decay" is sometimes used as a synonym.	Note 3 à l'article : Le terme « decay » (délabrement) est parfois utilisé comme synonyme.	Anmerkung 3 zum Begriff: Der Ausdruck „Verfall", „Zerfall" (en: decay) wird manchmal als synonym zu „Abbau" benutzt.
3.2.9 **stability** capacity to resist physical, chemical or biological **alteration**	**3.2.9** **stabilité** capacité à résister aux **modifications d'état** physiques, chimiques ou biologiques	**3.2.9** **Stabilität** Fähigkeit physischer, chemischer oder biologischer **Veränderung** zu widerstehen
Note 1 to entry: The action of achieving stability is called stabilization.	Note 1 à l'article : L'action consistant à obtenir la stabilité est appelée « stabilisation ».	Anmerkung 1 zum Begriff: Die Maßnahme zum Erreichen von Stabilität wird Stabilisierung genannt.
3.2.10 **structural stability** capacity of an **object** to remain in equilibrium under applied forces without losing its mechanical strength	**3.2.10** **stabilité structurelle** capacité d'un **bien** à rester en équilibre sous l'action de forces appliquées, sans perdre sa résistance mécanique	**3.2.10** **strukturelle Stabilität** Fähigkeit eines **Objekts**, unter Einwirkung von Kräften im Gleichgewicht zu bleiben, ohne seine mechanische Festigkeit zu verlieren
3.2.11 **weathering** **alteration** due to exposure to outdoor environment	**3.2.11** **érosion climatique** **modification d'état** due à une exposition à l'environnement extérieur	**3.2.11** **Verwitterung** **Veränderung** aufgrund der Bedingungen im Freien
3.2.12 **agent of deterioration** hazard that is considered to cause **damage** and/or **deterioration** to **cultural heritage**	**3.2.12** **facteur d'altération** agent de dégradation facteur de risque considéré comme causant une **altération** et/ou une **détérioration** du **patrimoine culturel**	**3.2.12** **Schadensfaktor** Abbaufaktor schädlicher Einfluss Gefahr, die für den **Verfall kulturellen Erbes** als ursächlich angesehen wird
Note 1 to entry: The Canadian Conservation Institute lists the following agents: 1. physical forces; 2. thieves and vandals 3. fire; 4. water; 5. pests; 6. pollutants; 7. light, UV and IR; 8. incorrect temperature; 9. incorrect relative humidity; 10. disso-	Note 1 à l'article : L'Institut canadien de conservation recense les agents suivants : 1. forces physiques ; 2. vol et vandalisme ; 3. incendie ; 4. eau ; 5. nuisibles ; 6. polluants ; 7. lumière, ultraviolet et infrarouge ; 8. température	Anmerkung 1 zum Begriff: Das Canadian Conservation Institute führt die folgenden Faktoren auf: 1. physische Kräfte; 2. Diebe und Vandalen; 3. Feuer; 4. Wasser; 5. Schädlinge; 6. Luftschadstoffe; 7. Licht, Infrarot und Ultraviolett; 8. unsach-

ciation.	inadéquate ; 9. humidité relative inadéquate ; 10. dissociation.	gemäße Temperatur; 9. unsachgemäße relative Luftfeuchte; 10. Dissoziation.
3.3 Conservation terms	**3.3 Termes relatifs à la conservation-restauration**	**3.3 Begriffe zur Konservierung**
3.3.1 **conservation** conservation-restoration	**3.3.1** **conservation** conservation-restauration	**3.3.1** **Konservierung** Konservierung-Restaurierung Bestandserhaltung
measures and actions aimed at safeguarding **cultural heritage** while respecting its **significance**, including its **accessibility** to present and future generations	mesures et actions ayant pour objectif la sauvegarde du **patrimoine culturel**, dans le respect de son **intérêt patrimonial**, tout en garantissant son **accessibilité** aux générations présentes et futures	Vorkehrungen und Maßnahmen, die auf die Bewahrung des **Kulturerbes** bei gleichzeitiger Respektierung der **Bedeutung** abzielen, einschließlich der **Zugänglichkeit** für gegenwärtige und zukünftige Generationen
Note 1 to entry: Conservation includes **preventive conservation**, **remedial conservation** and **restoration** (see [11]).	Note 1 à l'article : La conservation comprend la **conservation préventive**, la **conservation curative** et la **restauration** (voir [11]).	Anmerkung 1 zum Begriff: Konservierung umfasst **präventive Konservierung**, **stabilisierende Konservierung** und **Restaurierung** (siehe [11]).
Note 2 to entry: The term "preservation" is also used, e.g. in libraries and archives.	Note 2 à l'article : Le terme « préservation » est également utilisé, par exemple dans les bibliothèques et les archives.	Anmerkung 2 zum Begriff: Die Bezeichnung ‚Bestandserhaltung' wird ebenfalls, vor allem in Bibliotheken und Archiven, verwendet.
Note 3 to entry: All conservation actions are based on documentary and/or material evidence (see [1]).	Note 3 à l'article : Toutes les actions de conservation sont fondées sur des preuves documentaires et/ou matérielles (voir [1]).	Anmerkung 3 zum Begriff: Alle Maßnahmen der Konservierung beruhen stets auf dokumentarischem und/oder materiellem historischen Nachweis (siehe [1]).
3.3.2 **conservation process** conservation-restoration process	**3.3.2** **processus de conservation-restauration**	**3.3.2** **Erhaltungsprozess** Konservierungs-Restaurierungsprozess
process of decision-making, planning and implementing **conservation**	processus de prise de décisions, de programmation et de mise en œuvre de la **conservation-restauration**	Prozess des Entscheidens, Planens und Umsetzens der **Konservierung materiellen Kulturerbes**

3.3.3
intervention
any intentional action on an **object**, ensemble or **collection**

3.3.4
legibility
extent to which the outcome of an **intervention** is detectable by visual observation

Note 1 to entry: Legibility also refers to the readability of the **object** itself.

3.3.5
reversibility
extent to which the outcome of an **intervention** can be undone without **damage** to the **object**

3.3.6
compatibility
extent to which one material can be used with another material without compromising the **significance** or the **stability** of the **object**

Note 1 to entry: This relates to conservation materials or to components of the **object**.

3.3.7
durability
capacity to resist the effects of wear and tear in performance situations

3.3.3
intervention
toute action intentionnelle réalisée sur un **bien**, un ensemble ou une **collection**

3.3.4
lisibilité
qualité variable selon laquelle le résultat d'une **intervention** est détectable par observation directe

Note 1 à l'article : La lisibilité se rapporte également à la lisibilité du **bien** en lui-même.

3.3.5
réversibilité
qualité variable selon laquelle le résultat d'une **intervention** peut être défait sans **endommager** le **bien**

3.3.6
compatibilité
qualité variable selon laquelle un matériau peut être employé avec un autre sans risquer de compromettre l'**intérêt patrimonial** ou la **stabilité du bien**

Note 1 à l'article : Cela se rapporte aux matériaux de conservation-restauration ou aux composants du **bien**.

3.3.7
durabilité
capacité à résister aux effets de l'usure en conditions d'utilisation

3.3.3
Maßnahme
jede beabsichtigte Handlung an einem **Objekt**, einem Ensemble oder einer **Sammlung**

3.3.4
Lesbarkeit
Ausmaß, in dem das Ergebnis einer **Maßnahme** durch visuelle Beobachtung feststellbar ist

Anmerkung 1 zum Begriff: Lesbarkeit bezieht sich auch auf die Verständlichkeit des **Objekts** selbst.

3.3.5
Reversibilität
Ausmaß, in dem das Ergebnis einer **Maßnahme** rückgängig gemacht werden kann ohne **Beschädigung** des **Objekts**

3.3.6
Kompatibilität
Ausmaß, in dem ein Material zusammen mit einem anderen Material verwendet werden kann, ohne Beeinträchtigung der **Bedeutung** oder **Stabilität** eines Objekts

Anmerkung 1 zum Begriff: Dies bezieht sich auf Konservierungsmaterialien oder auf Bestandteile des **Objekts**.

3.3.7
Haltbarkeit
Fähigkeit, Abnutzungswirkungen unter Belastungsbedingungen zu widerstehen

Note 1 to entry: Durability should not be confused with “permanence”.

[SOURCE: ISO 11798:1999, 3.3, modified — “ability” was replaced by “capacity”, note 1 to entry was added]

3.3.8
preventive conservation

measures and actions aimed at avoiding or minimizing future **damage**, **deterioration**, loss and consequently, any invasive **intervention**

Note 1 to entry: In the field of movable heritage, “preventive conservation” is generally indirect; namely, these measures and actions are carried out within the immediate environment of the **object**.

Note 2 to entry: Strategies combining preventive actions and measures are outlined in a conservation plan.

3.3.9
remedial conservation

actions applied directly to an **object** to arrest or slow **deterioration** and/or to limit **damage**

Note 1 à l'article : Il convient de ne pas confondre la durabilité avec la « permanence ».

[SOURCE : ISO 11798:1999, 3.3, modifiée — « capacité de » a été remplacé par « capacité à », et la Note 1 à l'article a été ajoutée]

3.3.8
conservation préventive
mesures de prévention

mesures et actions visant à éviter ou à limiter dans le futur une **dégradation**, une **détérioration**, une perte et, par conséquent, toute **intervention** invasive

Note 1 à l'article : Dans le domaine du patrimoine mobilier, la « conservation préventive » est généralement indirecte, c'est-à-dire que ces mesures et actions sont réalisées sur l'environnement immédiat du **bien**.

Note 2 à l'article : Des stratégies associant actions et mesures préventives sont détaillées dans un plan de conservation-restauration.

3.3.9
conservation curative
interventions curatives

actions entreprises directement sur un **bien** pour arrêter ou ralentir sa **détérioration** et/ou limiter sa **dégradation**

Anmerkung 1 zum Begriff: Haltbarkeit sollte nicht mit „Dauerhaftigkeit“ verwechselt werden.

[QUELLE: ISO 11798:1999, 3.3, modifiziert — in der englischen Fassung wurde „ability“ durch „capacity“ ersetzt, Anmerkung 1 zum Begriff wurde hinzugefügt]

3.3.8
präventive Konservierung

Vorkehrungen und Maßnahmen zur Vermeidung oder Minimierung von künftigem **Schaden**, **Abbau**, Verlust und folglich invasivem **Eingriff**

Anmerkung 1 zum Begriff: Im Bereich beweglichen **Kulturerbes** ist präventive Konservierung im Allgemeinen indirekt; d. h. diese Vorkehrungen und Maßnahmen werden in der unmittelbaren Umgebung des **Objekts** durchgeführt.

Anmerkung 2 zum Begriff: Strategien, die präventive Maßnahmen und Aktionen kombinieren, werden in einem Konservierungsplan beschrieben.

3.3.9
stabilisierende Konservierung
Sicherungsmaßnahme

Maßnahmen, die direkt an einem **Objekt** vorgenommen werden, um weiteren **Abbau** zu verhindern oder zu verzögern und/oder **Schaden** zu begrenzen

3.3.10
restoration
actions applied to a stable or stabilized **object** aimed at facilitating its appreciation, understanding and/or use, while respecting and/or revealing its **significance** and the materials and techniques used

Note 1 to entry: In some professional communities, especially in the field of immovable **cultural heritage**, the term **restoration** traditionally covers the whole field of **conservation.**

Note 2 to entry: **Remedial conservation** is often carried out at the same time as restoration.

3.3.10
restauration
actions entreprises sur un **bien** en état stable ou stabilisé, dans le but d'en améliorer l'appréciation, la compréhension et/ou l'usage, tout en respectant et/ou en révélant son **intérêt patrimonial** et les matériaux et techniques utilisés

Note 1 à l'article : Dans certaines communautés professionnelles, notamment dans le domaine du **patrimoine culturel** immobilier, le terme **restauration** couvre traditionnellement l'ensemble du domaine de la **conservation**.

Note 2 à l'article : La **conservation curative** est souvent mise en œuvre en même temps que la restauration.

3.3.10
Restaurierung
Maßnahmen an einem stabilen oder stabilisierten **Objekt**, die darauf abzielen, dessen Wertschätzung, dessen Verständnis und/oder dessen Benutzung zu erleichtern, wobei dessen **Bedeutung** sowie die vorgefundenen Techniken und Materialien respektiert werden

Anmerkung 1 zum Begriff: In einigen Professionen, speziell im Bereich des ortsfesten **Kulturerbes**, deckt der Begriff ‚**Restaurierung**' traditionell die gesamte **Konservierung-Restaurierung** ab.

Anmerkung 2 zum Begriff: **Stabilisierende Konservierung** wird oft gleichzeitig mit Restaurierung ausgeführt.

3.3.11
surrogate

reproduction of an **object**, possibly in a different form, in order to provide access to the substitute while protecting the object

Note 1 to entry: Mainly used in libraries and archives but also, e.g., in painted caves or for monumental sculpture.

Note 2 to entry: More specific terms such as facsimile, replica or copy are determined by the techniques and materials of reproduction.

3.3.11
reproduction pour substitution

reproduction d'un **bien**, éventuellement sous une forme différente, destinée à en permettre l'accès, tout en le mettant à l'abri

Note 1 à l'article : Principalement utilisé dans les bibliothèques et les archives, mais aussi, par exemple, dans les grottes ornées ou pour la sculpture monumentale.

Note 2 à l'article : Les termes plus spécifiques tels que fac-similé, maquette ou copie sont déterminés par les techniques et les matériaux utilisés pour la

3.3.11
Sekundärform
Ersatzform
Reproduktion eines **Objekts**, möglicherweise in einer abweichenden Form, um den Zugang zum Stellvertreter zu ermöglichen und gleichzeitig das Objekt zu schützen

Anmerkung 1 zum Begriff: Hauptsächlich in Bibliotheken und Archiven, aber auch z.B. bei Höhlenmalerei oder für monumentale Skulpturen.

Anmerkung 2 zum Begriff: Spezifischere Begriffe wie Faksimile, Replikat oder Kopie werden durch die Techniken und Materialien der Reproduktion

	reproduction.	bestimmt.
3.3.12 **Integrated Pest Management** IPM holistic strategy combining various approaches to reduce and deal with pest problems	**3.3.12** **gestion intégrée des nuisibles** IPM stratégie globale qui combine diverses approches visant à réduire et à faire face aux problèmes liés aux nuisibles	**3.3.12** **integrierte Schädlingsbekämpfung** IPM gesamtheitliche Strategie, die verschiedene Ansätze zur Reduzierung und Behandlung von Schädlings-problemen miteinander verbindet
Note 1 to entry: The building, the climate in the building, **collection management**, cleaning, monitoring, **documentation**, training and education are all included in the concept.	Note 1 à l'article : Le bâtiment, le climat dans le bâtiment, la **gestion des collections**, le nettoyage, le suivi, la **documentation**, la formation et l'enseignement sont inclus dans ce concept.	Anmerkung 1 zum Begriff: Das Gebäude, das Gebäudeklima sowie das **Sammlungsmanagement**, das Reinigen, die Überwachung, die **Dokumentation**, die Schulung und Ausbildung sind in diesem Konzept enthalten.
[SOURCE: EN 16790:2016, 3.6]	[SOURCE : EN 16790:2016, 3.6]	[QUELLE: EN 16790:2016, 3.6]
3.4 Preventive conservation terms	**3.4 Termes relatifs à la conservation préventive**	**3.4 Begriffe zur Präventiven Konservierung**
3.4.1 **maintenance**	**3.4.1** **entretien**	**3.4.1** **Objektpflege** Instandhaltung
periodic **conservation** actions aimed at sustaining an **object** in an appropriate **condition** to retain its **significance**	actions périodiques de **conservation** visant à maintenir un **bien** dans un **état** approprié afin d'en préserver l'**intérêt patrimonial**	regelmäßige Maßnahmen der **Konservierung** mit dem Ziel, ein **Objekt** in einem angemessenen **Zustand** zu erhalten, um damit seine **Bedeutung** zu bewahren
EXAMPLES Cleaning guttering, oiling working machinery, dusting furniture, etc.	EXEMPLES Nettoyage des gouttières, graissage des machines en état de fonctionnement, dépoussiérage du mobilier, etc.	BEISPIELE Dachrinnen reinigen, Maschinen ölen, Möbel abstauben usw.

3.4.2 **collection care** **preventive conservation** applied to a **collection**	**3.4.2** **entretien d'une collection** suivi d'une collection **conservation préventive** appliquée à une **collection**	**3.4.2** **Sammlungspflege** **präventive Konservierung** einer **Sammlung**
Note 1 to entry: In the UK "collection care" within historic properties is often termed "housekeeping".	Note 1 à l'article : Au Royaume-Uni, le terme « housekeeping » est souvent utilisé pour l'entretien appliqué aux propriétés historiques.	Anmerkung 1 zum Begriff: In Großbritannien wird „Collection Care" bei historischen Liegenschaften oft als „Housekeeping" bezeichnet.
3.4.3 **environmental control** management of one or more factors of the **environment**	**3.4.3** **maîtrise de l'environnement** gestion d'un ou plusieurs facteurs de l'**environnement**	**3.4.3** **Umgebungskontrolle** Kontrolle eines oder mehrerer Einflussfaktoren der **Umwelt**
Note 1 to entry: This applies to temperature, relative humidity, light, pollution, pests etc.	Note 1 à l'article : Cela concerne la température, l'humidité relative, la lumière, la pollution, les nuisibles, etc.	Anmerkung 1 zum Begriff: Diese bezieht sich gewöhnlich auf Temperatur, relative Luftfeuchte, Licht, Luftschadstoffe, Schädlinge usw.
3.4.4 **monitoring** collecting and assessing data pertaining to an **object**, ensemble or **collection** and/or their **environment** over time	**3.4.4** **suivi de l'état de conservation** contrôle monitorage surveillance collecte et évaluation de données relatives à un **bien**, un ensemble ou une **collection** et/ou à leur environnement au cours du temps	**3.4.4** **Überwachung** Sammeln und Bewerten von Daten zu einem **Objekt**, einem Ensemble oder einer **Sammlung** und/oder deren **Umwelt** im Verlauf der Zeit
3.4.5 **risk assessment** process of identification, analysis and evaluation of risks that might alter **significance**	**3.4.5** **appréciation des risques** processus d'identification, d'analyse et d'évaluation des risques susceptibles de modifier l'**intérêt patrimonial**	**3.4.5** **Risikobeurteilung** Risikoabschätzung Prozess der Identifizierung, Analyse und Bewertung von Risiken, die die **Bedeutung** verändern könnten

Note 1 to entry: Risk assessment is part of the overall process of "risk management" [ISO/IEC Guide 73:2009, 3.4.1 [23]].

3.4.6
emergency preparedness

measures and actions taken in advance to mitigate the effects of possible destructive events and to prepare for an effective response

Note 1 to entry: This includes drawing up an emergency plan.

Note 2 to entry: The effective emergency response contains series of decisions and/or actions taken in context of emergency, planned or not.

3.5 Remedial conservation and restoration terms

3.5.1
treatment

direct **intervention** to achieve stated conservation aims

Note 1 to entry: The least invasive treatment consistent with achieving the stated conservation aims is often referred to as minimum intervention.

Note 1 à l'article : L'appréciation des risques fait partie du processus global de « Management du risque » [Guide ISO/IEC 73:2009, 3.4.1 [23]].

3.4.6
plan de sauvegarde
plan de prévention des risques
mesures et actions prévues à l'avance en vue d'atténuer les effets d'événements destructeurs éventuels et de préparer une réponse efficace

Note 1 à l'article : Cela comprend l'élaboration d'un plan d'urgence.

Note 2 à l'article : La réponse efficace aux situations d'urgence contient une série de décisions et/ou d'actions prises dans le contexte d'une urgence, prévue ou non.

3.5 Termes relatifs à la conservation curative et à la restauration

3.5.1
traitement

intervention directe entreprise sur un bien selon des objectifs établis

Note 1 à l'article : Le traitement le moins invasif conforme à la réalisation des objectifs établis est souvent appelé intervention minimale.

Anmerkung 1 zum Begriff: Risikobeurteilung ist Teil des umfassenden Prozesses von ‚Risikomanagement' [ISO/IEC Guide 73:2009, 3.4.1 [23]].

3.4.6
Notfallvorsorge

Vorkehrungen und Maßnahmen, die im Vorfeld ergriffen werden, um die Auswirkungen möglicher destruktiver Ereignisse zu mindern und eine wirksame Reaktion vorzubereiten

Anmerkung 1 zum Begriff: Dies beinhaltet auch die Erstellung eines Notfallplans.

Anmerkung 2 zum Begriff: Die effiziente Notfallreaktion umfasst eine Reihe von Entscheidungen und/oder Maßnahmen, die im Zusammenhang mit einer geplanten oder nicht geplanten Notlage getroffen werden.

3.5 Begriffe zur Stabilisierenden Konservierung und Restaurierung

3.5.1
Eingriff
Behandlung
direkte Einwirkung zur Erreichung der festgesetzten Konservierungsziele

Anmerkung 1 zum Begriff: Die am geringsten invasive Behandlung, die mit den Konservierungszielen vereinbar ist, wird als minimale Intervention bezeichnet.

3.5.2
mass conservation treatment

bulk conservation treatment
uniform **remedial conservation** applied at the same time to a large number of **objects** in similar **condition**

3.5.2
traitement de masse en conservation-restauration

traitement uniforme de **conservation curative** appliqué simultanément à un grand nombre de **biens** se trouvant dans un **état** comparable

3.5.2
Massenkonservierung (Syn.) (ch)

gleichartige **stabilisierende Konservierung**, die gleichzeitig an einer großen Zahl von **Objekten** mit ähnlichem **Erhaltungszustand** durchgeführt wird

3.5.3
cleaning
removal of unwanted material from an **object**

Note 1 to entry: The criteria for something being "unwanted" always have to be stated, e.g. potentially damaging, obscuring detail, un-aesthetic, etc. and should acknowledge the time and context in which the decision was made.

3.5.3
nettoyage
enlèvement de matières indésirables d'un **bien**

Note 1 à l'article : Les critères qualifiant une matière « indésirable » doivent toujours être précisés, par exemple si elle peut provoquer des dégradations, obscurcir un détail ou être inesthétique, etc., et il convient qu'ils rendent compte du moment et du contexte dans lequel la décision a été prise.

3.5.3
Reinigung
Entfernung unerwünschten Materials von einem **Objekt**

Anmerkung 1 zum Begriff: Die Kriterien dafür, was „unerwünschtes Material" ist, sind stets festzulegen, z. B. potentiell schädigendes Material, Detail verdeckendes Material, unästhetisches Material usw., und sollten den Zeitpunkt wie auch den Kontext der Entscheidung anerkennen.

3.5.4
consolidation

improvement of internal cohesion or mechanical stability, usually involving the addition of material

Note 1 to entry: When only mechanical stability is considered, the term "strengthening" is also used.

3.5.4
consolidation

amélioration de la cohésion interne ou de la **stabilité mécanique**, impliquant généralement un ajout de matériau

Note 1 à l'article : Lorsque seule la **stabilité mécanique** est considérée, le terme « renforcement » est également utilisé.

3.5.4
Festigung
Sicherung
Verbesserung des inneren Zusammenhalts oder der **mechanischen Stabilität**, gewöhnlich unter Zufügen von Material

Anmerkung 1 zum Begriff: Wenn es sich nur um **mechanische Stabilität** handelt, wird auch die Bezeichnung ‚Verstärkung' benutzt.

E	F	D
3.5.5 **reassembly**	**3.5.5** **réassemblage** remontage	**3.5.5** **Wiederaufbau** Remontage
putting dismembered parts of an **object** back together	action de remettre ensemble les parties dissociées d'un même **bien**	Wiederzusammenfügung von getrennten Teilen eines **Objekts**
3.5.6 **reconstruction**	**3.5.6** **reconstitution** restitution	**3.5.6** **Rekonstruktion**
re-establishment of an **object** to an inferred earlier form using existing and/or replacement material	rétablissement d'un **bien** dans sa forme initiale présumée en utilisant des matériaux existants et/ou de substitution	Wiederherstellung eines **Objekts** zu einer angenommenen früheren Form unter Verwendung von erhaltenem oder ersetzendem Material
Note 1 to entry: Reconstruction respects the **significance** of the **object** and is based on evidence.	Note 1 à l'article : La reconstitution respecte l'**intérêt patrimonial** du **bien** et se fonde sur des preuves.	Anmerkung 1 zum Begriff: Eine Rekonstruktion respektiert die **Bedeutung** des **Objekts** und basiert auf Nachweisen.
Note 2 to entry: Reconstruction can be either physical or virtual.	Note 2 à l'article : La reconstitution peut être physique ou virtuelle.	Anmerkung 2 zum Begriff: Eine Rekonstruktion kann entweder physisch oder virtuell sein.
Note 3 to entry: The term "anastylosis" is sometimes used in relation to immovable **cultural heritage** when original materials are used.	Note 3 à l'article : Le terme « anastylose » est parfois utilisé dans le domaine du **patrimoine culturel** immobilier lorsque la reconstitution emploie des éléments d'origine.	Anmerkung 3 zum Begriff: Die Bezeichnung „Anastylose" wird manchmal im Zusammenhang mit unbeweglichem **Kulturerbe** verwendet, wenn Originalmaterialien verwendet werden.
3.5.7 **reintegration** action of **restoration** which consists of adding material for the reconstruction of appearance	**3.5.7** **réintégration** action de **restauration** qui consiste à ajouter du matériau dans le but de reconstituer l'apparence	**3.5.7** **Ergänzung** Maßnahme der **Restaurierung**, die aus dem Hinzufügen von Material besteht für die **Rekonstruktion** des Erscheinungsbildes
EXAMPLES Retouching, insertion, in-painting, infilling, etc.	EXEMPLES Retouche, incrustation, repeint, rebouchage, etc.	BEISPIELE Retusche, Einfügung, Fehlstellenergänzung usw.

3.5.8
rehabilitation

interventions on an immovable **object** in order to recover an inferred earlier functionality, to adapt it to a different function or to standards of comfort, safety and access

Note 1 to entry: Rehabilitation should be based on assessed evidence including **significance**.

Note 2 to entry: Rehabilitation is not generally a **conservation** activity but may involve some **conservation** actions.

3.5.9
renovation
action of renewing an **object** without necessarily respecting its material or **significance**

Note 1 to entry: Renovation is not a **conservation** activity.

Note 2 to entry: A renovation plan, however, may involve some **conservation** actions.

3.5.8
réhabilitation

interventions sur un **bien** immobilier afin de lui restituer une fonctionnalité antérieure présumée, de l'adapter à une fonction différente ou à des normes de confort, de sécurité et d'accès

Note 1 à l'article : Il convient de fonder la réhabilitation sur des preuves évaluées, en prenant en compte l'**intérêt patrimonial**.

Note 2 à l'article : En général, la réhabilitation n'est pas une activité de **conservation-restauration**, mais peut impliquer des actions de **conservation-restauration**.

3.5.9
rénovation
action de remettre à neuf un **bien** sans nécessairement respecter son matériau ou son **intérêt patrimonial**

Note 1 à l'article : La rénovation n'est pas une activité de **conservation-restauration**.

Note 2 à l'article : Un programme de rénovation peut cependant impliquer des actions de **conservation-restauration**.

3.5.8
Sanierung
Instandsetzung
Maßnahmen an einem ortsfesten **Objekt**, um eine angenommene frühere Nutzung wieder zu ermöglichen, es an eine andere Nutzung oder an bestimmte Standards für Wohnlichkeit, Sicherheit und Zugänglichkeit anzupassen

Anmerkung 1 zum Begriff: Eine Sanierung sollte auf überprüften Nachweisen basieren und die **Bedeutung** berücksichtigen.

Anmerkung 2 zum Begriff: Sanierung ist nicht automatisch eine Maßnahme der **Konservierung**, kann aber Konservierungsmaßnahmen einschließen.

3.5.9
Renovierung
Maßnahmen zur Erneuerung eines **Objekts**, ohne dass dabei notwendigerweise sein Material und seine **Bedeutung** respektiert sein müssen

Anmerkung 1 zum Begriff: Bloße Renovierung ist keine Maßnahme der **Konservierung**.

Anmerkung 2 zum Begriff: Ein Renovierungsplan kann aber einige Konservierungsmaßnahmen einschließen.

3.5.10 **repair** actions applied to an **object** or part of it to recover its functionality and/or its appearance	**3.5.10** **réparation** actions entreprises sur un **bien** ou une partie de celui-ci afin de lui restituer sa fonctionnalité et/ou son aspect	**3.5.10** **Reparatur** Maßnahmen an einem **Objekt** oder einem Teil davon, um dessen Funktionalität und/oder Erscheinungsbild wiederherzustellen
Note 1 to entry: Repair is a **conservation** action only if it respects **significance** and is based on evidence.	Note 1 à l'article : La réparation est une action de **conservation-restauration** uniquement si elle respecte l'**intérêt patrimonial** et si elle est fondée sur des preuves.	Anmerkung 1 zum Begriff: Eine Reparatur ist nur dann eine Maßnahme der **Konservierung/Restaurierung**, wenn sie die **Bedeutung** respektiert und auf Nachweisen basiert.
3.5.11 **emergency response** decisions and actions taken in the context of an emergency, planned or not	**3.5.11** **mesures d'urgence** décisions et mesures prises dans le contexte d'une urgence, planifiée ou non	**3.5.11** **Notfallmaßnahmen** Entscheidungen und Maßnahmen, die im Rahmen eines Notfalls getroffen werden, ob geplant oder nicht.
3.6 Planning and documentation terms	**3.6 Termes relatifs à la programmation et à la documentation**	**3.6 Begriffe zur Planung und Dokumentation**
3.6.1 **collection management** strategies, processes and procedures relating to a **collection's** development, information, access and care	**3.6.1** **gestion de collection** stratégies, processus et procédures en relation avec le développement, la documentation, l'accès et l'entretien d'une **collection**	**3.6.1** **Sammlungsmanagement** Sammlungsverwaltung Strategien, Arbeitsabläufe und Verfahren, die sich auf Bestandsaufbau, Erschließung, Zugänglichkeit und Pflege einer **Sammlung** beziehen
Note 1 to entry: This includes acquisition/disposal, accessioning, cataloguing, **documentation**, security, **collection care**, etc.	Note 1 à l'article : Cela comprend l'acquisition/cession, l'enregistrement, le catalogage, la **documentation**, la sûreté, le **suivi de la collection**, etc.	Anmerkung 1 zum Begriff: Dies beinhaltet Erwerbung/Abgabe, Akzessionierung, Katalogisierung, **Dokumentation**, Sicherheit, **Sammlungspflege** usw.
Note 2 to entry: It is assumed that institutions normally have strategies and policies in order to implement collection management.	Note 2 à l'article : Il est supposé que les institutions ont normalement des stratégies et des politiques établies afin de mettre en œuvre la	Anmerkung 2 zum Begriff: Es wird davon ausgegangen, dass Institutionen normalerweise über Strategien und Richtlinien für Sammlungs-

Note 3 to entry: The term is mainly used in the field of movable **cultural heritage**.

3.6.2
conservation planning

conservation-restoration planning
management tool for the development and coordination of **conservation** measures and actions

Note 1 to entry: An outcome of conservation planning may be a "conservation plan".

3.6.3
investigation
obtaining and gathering the information necessary for a **conservation** decision-making process

Note 1 to entry: This should include both qualitative and quantitative information.

gestion d'une collection.

Note 3 à l'article : Le terme « gestion de collection » est essentiellement utilisé dans le domaine du **patrimoine culturel mobilier**.

3.6.2
programmation de la conservation-restauration

outil de gestion pour le développement et la coordination des mesures et actions de **conservation-restauration**

Note 1 à l'article : Le résultat de la programmation de la conservation-restauration peut être un « plan de **conservation-restauration** ».

3.6.3
investigation
obtention et collecte des informations nécessaires au processus de prise de décision en **conservation-restauration**

Note 1 à l'article : Il convient qu'elle comprenne des informations qualitatives et quantitatives.

management verfügen.

Anmerkung 3 zum Begriff: Der Begriff wird im Bereich des beweglichen **Kulturerbes** verwendet.

3.6.2
Konservierungsplanung

Konservierungs-Restaurierungsplanung
Managementinstrument für die Entwicklung und Koordination aller Vorkehrungen und Maßnahmen der **Konservierung**

Anmerkung 1 zum Begriff: Ein Ergebnis der Konservierungsplanung kann ein ‚Konservierungsplan' sein.

3.6.3
Untersuchung
Beschaffung und Sammlung von Informationen, die für einen Entscheidungsprozess bei der **Konservierung** notwendig sind

Anmerkung 1 zum Begriff: Dies sollte sowohl qualitative als auch quantitative Informationen einschließen.

Note 2 to entry: Investigation is frequently invasive, entailing opening up floors or roofs, the making of holes for fibre-optics, taking samples, etc., and may be locally destructive, as is archaeological excavation. Non-invasive methods include inspection, photogrammetry, remote sensing, the study of documentary and/or oral sources, etc.

Note 2 à l'article : L'investigation est souvent invasive, nécessitant l'ouverture de planchers ou de toitures, la réalisation de trous pour le passage de fibres optiques, le prélèvement d'échantillons, etc., et peut être localement destructrice, comme le sont les fouilles archéologiques. Les méthodes non invasives comprennent l'inspection, la photogrammétrie, la télédétection, l'étude de sources documentaires et orales, etc.

Anmerkung 2 zum Begriff: Eine Untersuchung ist häufig invasiv, sie kann zum Beispiel das Öffnen von Böden oder Dächern, das Bohren von Löchern für Lichtleiter und Probenahmen usw. bedingen und lokal zerstörend sein wie z. B. archäologische Ausgrabungen. Nicht-invasive Methoden beinhalten Inaugenscheinnahme, Photogrammetrie, Fernerkundung, das Studium dokumentarischer und/oder mündlicher Quellen, usw.

3.6.4
condition survey
condition assessment
planned and methodical assessment of the **condition** of an object or a collection

3.6.4
évaluation de l'état

évaluation planifiée et méthodique de l'**état** d'un bien ou d'une collection

3.6.4
Zustandserhebung
Zustandserfassung
geplante und methodische Beurteilung des **Erhaltungszustands** eines **Objekts** oder einer **Sammlung**

3.6.5
condition report

record of **condition** for a specific purpose, dated and authored

3.6.5
constat d'état
rapport d'évaluation de l'état[10]
enregistrement de l'**état** d'un bien, daté et signé, établi dans un but déterminé

3.6.5
Zustandsbericht

Aufzeichnung des **Erhaltungszustands** für einen spezifischen Zweck, mit Datum und Verfasserangabe

Note 1 to entry: A condition report normally results from a **condition survey**.

Note 1 à l'article : Un constat d'état résulte normalement de l'**évaluation de l'état** du bien.

Anmerkung 1 zum Begriff: Ein Zustandsbericht geht üblicherweise aus einer **Zustandserhebung** hervor.

10) En français, le terme « constat d'état » est utilisé pour le patrimoine mobilier alors que « rapport d'évaluation de l'état » est utilisé pour le patrimoine immobilier.

3.6.6
diagnosis
process of identifying the present **condition** of an **object** and determining the nature and causes of any change, as well as the likely consequences

Note 1 to entry: Diagnosis is based on observation, **investigation**, historical analysis, etc.

3.6.6
diagnostic
processus d'identification de l'**état** actuel d'un **bien** et de détermination de la nature et des causes de tout changement, ainsi que des conséquences probables

Note 1 à l'article : Le diagnostic est fondé sur l'observation, l'**investigation**, l'analyse historique, etc.

3.6.6
Diagnose
Feststellung des gegenwärtigen **Erhaltungszustands** eines **Objekts** und Bestimmung von Art und Ursache jeglicher Änderungen, sowie der möglichen Konsequenzen

Anmerkung 1 zum Begriff: Diagnose basiert auf Beobachtung, **Untersuchung**, Ermittlung der Vorgeschichte, usw.

3.6.7
conservation proposal

recommendations resulting from **diagnosis**, for the purpose of **conservation planning**

Note 1 to entry: In some countries this often includes, or refers to, a document called "statement of significance".

3.6.7
proposition d'intervention
préconisations
recommandations résultant d'un **diagnostic**, en vue d'une **programmation** de la **conservation-restauration**

Note 1 à l'article : Dans certains pays, cela inclut souvent, ou se rapporte à, un document appelé « déclaration d'intérêt patrimonial ».

3.6.7
Konservierungsvorschlag

Empfehlungen, die aus der **Diagnose** folgen, für den Zweck der **Konservierungsplanung**

Anmerkung 1 zum Begriff: In einigen Ländern schließt dies häufig ein Dokument mit ein, das im englischen Sprachgebrauch „statement of significance" genannt wird, oder bezieht sich auf ein solches.

3.6.8
documentation
recorded information created, collected, held and maintained for the purpose of present and future **conservation** and for reference

EXAMPLES X-radiographs, drawings, photographs, written reports, computer files, photogrammetry, laser-scanning, etc.

3.6.8
documentation
ensemble d'informations produites, collectées, conservées et mises à jour pour les besoins de toutes actions et/ou mesures de **conservation-restauration** présentes et futures et pour comparaison

EXEMPLES Radiographies, plans, photographies, comptes rendus écrits, fichiers informatiques, photogrammétrie, relevés scanner à balayage, etc.

3.6.8
Dokumentation
aufgezeichnete Informationen, die für gegenwärtige und zukünftige **Konservierung** und für Referenzzwecke erzeugt, gesammelt, vorgehalten und dauerhaft aufbewahrt werden

BEISPIELE Röntgenaufnahmen, Zeichnungen, Photographien, schriftliche Berichte, digitale Dateien, Photogramme, Laserscans usw.

Note 1 to entry: This term can also refer to the process itself.	Note 1 à l'article : Ce terme peut également se rapporter au processus lui-même.	Anmerkung 1 zum Begriff: Dieser Begriff kann sich statt auf das Ergebnis auch auf den Vorgang selbst beziehen.
Note 2 to entry: Documentation of all stages of conservation is an essential part of the overall process of conservation planning.	Note 2 à l'article : Dans l'ensemble du processus de la programmation de la conservation-restauration d'un bien, la documentation de toutes les étapes constitue une part essentielle.	Anmerkung 2 zum Begriff: Die Dokumentation aller Stufen der **Konservierung** ist ein wesentlicher Bestandteil des gesamten Prozesses der **Konservierungsplanung**.
3.6.9 **conservation report**	**3.6.9** **rapport d'intervention** **rapport de conservation-restauration**	**3.6.9** **Konservierungsbericht** Restaurierungsbericht Konservierungs-Restaurierungsbericht
report of **interventions** and their justification as well as recommendations for the future	rapport consignant les **interventions** et leur justification, ainsi que des recommandations pour le futur	Bericht über die **Maßnahmen** und ihre Begründung sowie Empfehlungen für die Zukunft

Bibliography

International and European charters and declarations

[1] INTERNATIONAL COUNCIL ON MONUMENTS AND SITES (ICOMOS) International Charter for the Conservation and Restoration of Monuments and Sites (Venice Charter). Venice, 1964

[2] INTERNATIONAL COUNCIL OF MUSEUMS — COMMITTEE FOR CONSERVATION (ICOM-CC) The Conservator-Restorer: a Definition of the Profession, Copenhagen, 1984

[3] INTERNATIONAL COUNCIL ON MONUMENTS AND SITES (ICOMOS) New Zealand Charter for the Conservation of Places of Cultural Heritage Value, 1992 (Revised 2010)

[4] INTERNATIONAL COUNCIL ON MONUMENTS AND SITES (ICOMOS) Guidelines on Education and Training in the Conservation of Monuments, Ensembles and Sites, 1993

[5] INTERNATIONAL COUNCIL ON MONUMENTS AND SITES (ICOMOS) *The Nara Docu-*

Bibliographie

Chartes et déclarations internationales

[1] CONSEIL INTERNATIONAL DES MONUMENTS ET DES SITES (ICOMOS) Charte internationale sur la conservation et la restauration des monuments et des sites (Charte de Venise). Venise, 1964

[2] CONSEIL INTERNATIONAL DES MUSÉES — COMITÉ POUR LA CONSERVATION (ICOM CC) Conservateur-restaurateur : une définition de la profession, Copenhague, 1984

[3] CONSEIL INTERNATIONAL DES MONUMENTS ET DES SITES (ICOMOS), New Zealand Charter for the Conservation of Places of Cultural Heritage Value, 1992 (révisé en 2010)

[4] CONSEIL INTERNATIONAL DES MONUMENTS ET DES SITES (ICOMOS) Directives sur l'éducation et la formation à la conservation des monuments, ensembles et sites, 1993

[5] CONSEIL INTERNATIONAL DES MONUMENTS ET DES SITES (ICOMOS)

Literaturhinweise

Internationale und europäische Chartas und Deklarationen

[1] INTERNATIONAL COUNCIL ON MONUMENTS AND SITES (ICOMOS) International Charter for the Conservation and Restoration of Monuments and Sites (Venice Charter). Venice, 1964

[2] INTERNATIONAL COUNCIL OF MUSEUMS — COMMITTEE FOR CONSERVATION (ICOM-CC) The Conservator-Restorer: a Definition of the Profession, Copenhagen, 1984

[3] INTERNATIONAL COUNCIL ON MONUMENTS AND SITES (ICOMOS) New Zealand Charter for the Conservation of Places of Cultural Heritage Value, 1992 (Revised 2010)

[4] INTERNATIONAL COUNCIL ON MONUMENTS AND SITES (ICOMOS) Guidelines on Education and Training in the Conservation of Monuments, Ensembles and Sites, 1993

[5] INTERNATIONAL COUNCIL ON MONUMENTS AND SITES (ICOMOS) *The Nara Docu-*

ment on Authenticity. Nara (Japan), 1994

[6] INTERNATIONAL COUNCIL ON MONUMENTS AND SITES (ICOMOS) Principles for the Recording of Monuments, Groups of Buildings and Sites. Sofia, 1996

[7] AUSTRALIA ICOMOS The Burra Charter. The Australia ICOMOS charter for the conservation of places of cultural significance, 1999

[8] EUROPEAN CONFEDERATION OF CONSERVATOR-RESTORERS' ORGANISATIONS (E.C.C.O.) Professional Guidelines (2003) I — The Profession, 2002 — II Code of Ethics, 2003 — III Basic Requirements for Education in Conservation-Restoration, 2004

[9] INTERNATIONAL COUNCIL ON MONUMENTS AND SITES (ICOMOS) ICOMOS Ethical Commitment Statement for ICOMOS Members, adopted by the 18th General Assembly (Florence, Italy) on 12 November 2014

Document de Nara sur l'authenticité. Nara (Japon), 1994

[6] CONSEIL INTERNATIONAL DES MONUMENTS ET DES SITES (ICOMOS) Principes pour l'établissement d'archives documentaires des monuments, des ensembles architecturaux et des sites. Sofia, 1996

[7] ICOMOS AUSTRALIE Charte de Burra. Charte d'ICOMOS Australie pour la conservation des lieux et des biens patrimoniaux de valeur culturelle, 1999

[8] CONFÉDÉRATION EUROPÉENNE DES ORGANISATIONS DE CONSERVATEURS-RESTAURATEURS (E.C.C.O.) Règles professionnelles (2003) I - La Profession, 2002 – II Code éthique, 2003 – III Conditions requises pour l'enseignement de la conservation-restauration, 2004

[9] CONSEIL INTERNATIONAL DES MONUMENTS ET DES SITES (ICOMOS) Déclaration d'engagement éthique des membres de l'ICOMOS, adoptée par la 18ème Assemblée générale (Florence, Italie) le 12 novembre 2014

ment on Authenticity. Nara (Japan), 1994

[6] INTERNATIONAL COUNCIL ON MONUMENTS AND SITES (ICOMOS) Principles for the Recording of Monuments, Groups of Buildings and Sites. Sofia, 1996

[7] AUSTRALIA ICOMOS The Burra Charter. The Australia ICOMOS charter for the conservation of places of cultural significance, 1999

[8] EUROPEAN CONFEDERATION OF CONSERVATOR-RESTORERS' ORGANISATIONS (E.C.C.O.) Professional Guidelines (2003) I — The Profession, 2002 — II Code of Ethics, 2003 — III Basic Requirements for Education in Conservation-Restoration, 2004

[9] INTERNATIONAL COUNCIL ON MONUMENTS AND SITES (ICOMOS) ICOMOS Ethical Commitment Statement for ICOMOS Members, adopted by the 18th General Assembly (Florence, Italy) on 12 November 2014

[10] INTERNATIONAL COUNCIL ON MONUMENTS AND SITES (ICOMOS) ICOMOS Charter — Principles for the analysis, conservation and structural restoration of architectural heritage, 2003

[11] INTERNATIONAL COUNCIL OF MUSEUMS — COMMITTEE FOR CONSERVATION (ICOM-CC) Terminology to characterize the conservation of tangible cultural heritage, New Delhi, 2008

[12] UNITED NATIONS EDUCATIONAL, SCIENTIFIC AND CULTURAL ORGANIZATION (UNESCO) Convention concerning the protection of the world cultural and natural heritage, adopted by the General Conference at its seventeenth session, 16 November 1972, Paris

[13] EUROPEAN CONFEDERATION OF CONSERVATOR-RESTORERS' ORGANISATIONS (E.C.C.O.) Competences for access to the conservation-restoration profession, 2011.

[14] EUROPEAN NETWORK FOR CONSERVATION-RESTORATION EDUCATION (ENCoRE) Clarification of Conservation/Restoration Education at University Level or Recognised Equivalent, Munich, 2001

[10] CONSEIL INTERNATIONAL DES MONUMENTS ET DES SITES (ICOMOS) Charte ICOMOS — Principes pour l'analyse, la conservation et la restauration des structures du patrimoine architectural, 2003

[11] CONSEIL INTERNATIONAL DES MUSÉES — COMITÉ POUR LA CONSERVATION (ICOM CC) Terminologie de la conservation-restauration du patrimoine culturel matériel, New Delhi, 2008

[12] ORGANISATION DES NATIONS UNIES POUR L'ÉDUCATION, LA SCIENCE ET LA CULTURE (UNESCO) Convention concernant la protection du patrimoine mondial culturel et naturel, adoptée par la Conférence générale à sa dix-septième session, 16 novembre 1972, Paris

[13] CONFÉDÉRATION EUROPÉENNE DES ORGANISATIONS DE CONSERVATEURS-RESTAURATEURS (E.C.C.O.) Compétences requises pour l'accès à la profession de conservateur-restaurateur, 2011

[14] EUROPEAN NETWORK FOR CONSERVATION-RESTORATION EDUCATION (ENCoRE) Clarification of Conservation/Restoration Education at University Level or Recognised

[10] INTERNATIONAL COUNCIL ON MONUMENTS AND SITES (ICOMOS) ICOMOS Charter — Principles for the analysis, conservation and structural restoration of architectural heritage, 2003

[11] INTERNATIONAL COUNCIL OF MUSEUMS — COMMITTEE FOR CONSERVATION (ICOM-CC) Terminology to characterize the conservation of tangible cultural heritage, New Delhi, 2008

[12] UNITED NATIONS EDUCATIONAL, SCIENTIFIC AND CULTURAL ORGANIZATION (UNESCO) Convention concerning the protection of the world cultural and natural heritage, adopted by the General Conference at its seventeenth session, 16 November 1972, Paris

[13] EUROPEAN CONFEDERATION OF CONSERVATOR-RESTORERS' ORGANISATIONS (E.C.C.O.) Competences for access to the conservation-restoration profession, 2011.

[14] EUROPEAN NETWORK FOR CONSERVATION-RESTORATION EDUCATION (ENCoRE) Clarification of Conservation/Restoration Education at University Level or Recognised Equivalent, Munich, 2001

Equivalent, Munich, 2001

European legislation and Policies

[15] Directive 2014/60/EU of the European Parliament and of the Council of 15 May 2014 on the return of cultural objects unlawfully removed from the territory of a Member State and amending Regulation (EU) No 1024/2012 (Recast)

[16] Council Regulation (EC) No 116/2009 of 18 December 2008 on the export of cultural goods

ISO and CEN standards

[17] EN 16095, *Conservation of cultural property — Condition recording for movable heritage*

[18] EN 16096, *Conservation of cultural property — Condition survey and report of built cultural heritage*

[19] EN 16853, *Conservation of cultural heritage — Conservation process — Decision making, planning and implementation*

Législation et politiques européennes

[15] Directive 2014/60/UE du Parlement européen et du Conseil du 15 mai 2014 relative à la restitution de biens culturels ayant quitté illicitement le territoire d'un État membre et modifiant le règlement (UE) n°1024/2012 (refonte)

[16] Règlement (CE) n° 116/2009 du Conseil du 18 décembre 2008 concernant l'exportation de biens culturels

Normes ISO et CEN

[17] EN 16095, *Conservation des biens culturels — Constater l'état du patrimoine culturel mobilier*

[18] EN 16096, *Conservation des biens culturels — Évaluation et rapport sur l'état du patrimoine culturel bâti*

[19] EN 16853, *Conservation du patrimoine culturel — Processus de conservation — Prise de décisions, programmation et mise en œuvre*

Europäische Gesetzgebung und Richtlinien

[15] Richtlinie 2014/60/EU des Europäischen Parlaments und des Rates vom 15. Mai 2014 über die Rückgabe von unrechtmäßig aus dem Hoheitsgebiet eines Mitgliedstaats verbrachten Kulturgütern und zur Änderung der Verordnung (EU) Nr. 1024/2012 (Neufassung)

[16] Verordnung (EG) Nr. 116/2009 des Rates vom 18. Dezember 2008 über die Ausfuhr von Kulturgütern

ISO- und CEN-Normen

[17] EN 16095, *Erhaltung des kulturellen Erbes — Zustandsaufnahme an beweglichem Kulturerbe*

[18] EN 16096, *Erhaltung des kulturellen Erbes — Zustandserhebung und Bericht für das gebaute Kulturerbe*

[19] EN 16853, *Erhaltung des kulturellen Erbes — Erhaltungsprozess — Entscheidungsprozesse, Planung und Umsetzung*

[20] EN 16790, *Conservation of cultural heritage — Integrated pest management (IPM) for protection of cultural heritage*

[21] ISO 5127:2017, *Information and documentation — Foundation and vocabulary*

[22] ISO 13822:2010, *Bases for design of structures — Assessment of existing structures*

[23] ISO/IEC Guide 73:2009, *Risk management — Vocabulary*

[24] ISO 11798:1999, *Information and documentation — Permanence and durability of writing, printing and copying on paper — Requirements and test methods*

[25] ISO 11799:2015, *Information and documentation — Document storage requirements for archive and library materials*

[26] ISO 16245:2009, *Information and documentation — Boxes, file covers and other enclosures, made from cellulosic materials, for storage of paper and parchment documents*

[20] EN 16790, *Conservation du patrimoine culturel — Gestion de lutte intégrée contre les nuisibles (IPM) pour la protection du patrimoine culturel*

[21] ISO 5127:2017, *Information et documentation — Fondations et vocabulaire*

[22] ISO 13822:2010, *Bases de calcul des constructions — Évaluation des constructions existantes*

[23] Guide ISO/IEC 73:2009, *Management du risque — Vocabulaire*

[24] ISO 11798:1999, *Information et documentation — Permanence et durabilité de l'écriture, de l'impression et de la reprographie sur des documents papier — Prescriptions et méthodes d'essai*

[25] ISO 11799:2015, *Information et documentation — Exigences pour le stockage des documents d'archives et de bibliothèques*

[26] ISO 16245:2009, *Information et documentation — Boîtes, chemises et autres contenants en matériaux cellulosiques, pour le stockage des documents sur papier et parchemin*

[20] EN 16790, *Erhaltung des kulturellen Erbes — Integrierte Schädlingsbekämpfung (IPM) zum Schutz des kulturellen Erbes*

[21] ISO 5127:2017, *Information and documentation — Foundation and vocabulary*

[22] ISO 13822:2010, *Bases for design of structures — Assessment of existing structures*

[23] ISO/IEC Guide 73:2009, *Risk management — Vocabulary*

[24] ISO 11798:1999, *Information and documentation — Permanence and durability of writing, printing and copying on paper — Requirements and test methods*

[25] ISO 11799:2015, *Information and documentation — Document storage requirements for archive and library materials*

[26] ISO 16245:2009, *Information and documentation — Boxes, file covers and other enclosures, made from cellulosic materials, for storage of paper and parchment documents*

[27] EN ISO 9706:1998, *Information and documentation — Paper for documents — Requirements for permanence (ISO 9706:1994)*

[28] EN 1990:2002, *Eurocode — Basis of structural design*

National standards

[29] BS 7913:2013, *Guide to the conservation of historic buildings*

[30] BS 4971:2017, *Conservation and care of archive and library collections*

[31] NF Z 40-011:2005, *A methodology to assess the physical conditions of archive and library holdings*

[32] PAS 197:2009, *Code of practice for cultural collections management*

Websites

[33] International Council on Monuments and Sites (ICOMOS). www.icomos.org

[34] International Centre for the Study of the Preservation and Restoration of Cultural Property (ICCROM). http://www.iccrom.org/index.shtml

[27] EN ISO 9706:1998, *Information et documentation — Papier pour documents — Prescriptions pour la permanence (ISO 9706:1994)*

[28] EN 1990:2002, *Eurocode — Bases de calcul des structures*

Normes nationales

[29] BS 7913:2013, *Guide to the conservation of historic buildings*

[30] BS 4971:2017, *Conservation and care of archive and library collections*

[31] NF Z40-011:2005, *Méthode d'évaluation de l'état physique des fonds d'archives et des bibliothèques*

[32] PAS 197:2009, *Code of practice for cultural collections management*

Sites Internet

[33] CONSEIL INTERNATIONAL DES MONUMENTS ET DES SITES (ICOMOS). www.icomos.org

[34] CENTRE INTERNATIONAL D'ÉTUDES POUR LA CONSERVATION ET LA RESTAURATION DES BIENS CULTURELS (ICCROM). http://www.iccrom.org/index.shtml

[27] EN ISO 9706:1998, *Information und Dokumentation — Papier für Schriftgut und Druckerzeugnisse — Voraussetzungen für die Alterungsbeständigkeit (ISO 9706:1994)*

[28] EN 1990:2002, *Eurocode: Grundlagen der Tragwerksplanung*

Nationale Normen und Standards

[29] BS 7913:2013, *Guide to the conservation of historic buildings*

[30] BS 4971:2017, *Conservation and care of archive and library collections*

[31] NF Z 40-011:2005, *A methodology to assess the physical conditions of archive and library holdings*

[32] PAS 197:2009, *Code of practice for cultural collections management*

Websites

[33] International Council on Monuments and Sites (ICOMOS). www.icomos.org

[34] INTERNATIONAL CENTRE FOR THE STUDY OF THE PRESERVATION AND RESTORATION OF CULTURAL PROPERTY (ICCROM). http://www.iccrom.org/index.shtml

[35] ONLINE A.A.T.A. comprehensive database of over 100,000 abstracts of literature related to the preservation and conservation of material cultural heritage http://www.aata.getty.edu/NPS/	[35] A.A.T.A. ONLINE, base de données bibliographiques contenant plus de 100 000 résumés d'articles en rapport avec la préservation et la conservation du patrimoine culturel matériel http://www.aata.getty.edu/NPS/	[35] Online A.A.T.A. comprehensive database of over 100,000 abstracts of literature related to the preservation and conservation of material cultural heritage http://www.aata.getty.edu/NPS/
[36] Bibliographic Database of the Conservation Information Network http://www.bcin.ca/English/home_english.html	[36] Base de données bibliographiques du Réseau d'information sur la conservation http://www.bcin.ca/English/home_english.html	[36] Bibliographic Database of the Conservation Information Network http://www.bcin.ca/English/home_english.html
[37] CANADIAN HERITAGE INFORMATION NETWORK. http://www.chin.gc.ca/	[37] RÉSEAU CANADIEN D'INFORMATION SUR LE PATRIMOINE. http://www.chin.gc.ca/http://www.chin.gc.ca/	[37] CANADIAN HERITAGE INFORMATION NETWORK. http://www.chin.gc.ca/
[38] INTERNATIONAL COUNCIL OF MUSEUMS (ICOM). www.icom.org	[38] CONSEIL INTERNATIONAL DES MUSÉES (ICOM). www.icom.org	[38] INTERNATIONAL COUNCIL OF MUSEUMS (ICOM). www.icom.org
[39] INTERNATIONAL COUNCIL OF MUSEUMS — COMMITTEE FOR CONSERVATION (ICOM-CC). www.icom-cc.org	[39] CONSEIL INTERNATIONAL DES MUSÉES — COMITÉ POUR LA CONSERVATION (ICOM CC). www.icom-cc.org	[39] INTERNATIONAL COUNCIL OF MUSEUMS — COMMITTEE FOR CONSERVATION (ICOM-CC). www.icom-cc.org
[40] INTERNATIONAL INSTITUTE FOR CONSERVATION OF HISTORIC AND ARTISTIC WORKS (IIC). www.iiconservation.org	[40] INSTITUT INTERNATIONAL DE CONSERVATION DES ŒUVRES HISTORIQUES ET ARTISTIQUES (IIC). www.iiconservation.org	[40] INTERNATIONAL INSTITUTE FOR CONSERVATION OF HISTORIC AND ARTISTIC WORKS (IIC). www.iiconservation.org

[41] Convention for the Safeguarding of the Intangible Cultural Heritage. http://www.unesco.org/culture/ich/en/convention

Conservation references works and articles

[42] Principles of Monument Conservation. Venice Charter (1964), ICOMOS, M. Petzet — Hefte des Deutschen Nationalkomitees [Journals of the German national committee], 1992, pp. 7–43 (version trilingue allemand, anglais, français)

[43] Principles of Monument Conservation, ICOMOS — Hefte des Deutschen Nationalkomitees [Journal of the German National Committee], XXX, 1999, (Bilingual version English/French; version bilingue anglais, français)

[44] Guidelines I.S.C.A.R.S.A.H. *Recommendations for the analysis, conservation and structural restoration of architectural heritage.* ICOMOS, 2003

[41] Convention pour la sauvegarde du patrimoine culturel immatériel. http://www.unesco.org/culture/ich/en/convention

Ouvrages et articles de référence dans le domaine de la conservation-restauration

[42] PRINCIPLES OF MONUMENT CONSERVATION. Venice Charter (1964), ICOMOS, M. Petzet — Hefte des Deutschen Nationalkomitees [Journals of the German national committee], 1992, pp. 7–43 (version trilingue allemand, anglais, français)

[43] Principles of Monument Conservation, ICOMOS — Hefte des Deutschen Nationalkomitees [Journal of the German National Committee], XXX, 1999, (Bilingual version English/French; version bilingue anglais, français)

[44] Directives de l'I.S.C.A.R.S.A.H. *Recommandations pour l'analyse, la conservation et la restauration des structures du patrimoine architectural.* ICOMOS, 2003

[41] Convention for the Safeguarding of the Intangible Cultural Heritage. http://www.unesco.org/culture/ich/en/convention

Referenzdokumente im Bereich der Erhaltung des kulturellen Erbes

[42] Principles of Monument Conservation. Venice Charter (1964), ICOMOS, M. Petzet — Hefte des Deutschen Nationalkomitees [Journals of the German national committee], 1992, pp. 7-43 (version trilingue allemand, anglais, français)

[43] Principles of Monument Conservation, ICOMOS — Hefte des Deutschen Nationalkomitees [Journal of the German National Committee], XXX, 1999 (Bilingual version English/French; version bilingue anglais, français)

[44] ISCARSAH Guidelines, *Recommendations for the analysis, conservation and structural restoration of architectural heritage.* ICOMOS, 2003

[45] International Council on Monuments and Sites (ICOMOS) *Principles for the preservation and conservation/restoration of wall paintings*. Ratified by the ICOMOS 14th General Assembly, in Vicoria Falls, Zimbabwe, October 2003

[46] Document of Pavia. *Preservation of Cultural Heritage: towards a European Profile of the conservator — restorer*, Pavia 1997

[47] Beck J. *L'art défiguré, critique des restaurations contemporaines*. Aléas, Lyon, 2006

[48] Bestandserhaltung in Archiven und Bibliotheken. In: *Normen/DIN Deutsches Institut für Normung e. V.* (Hofmann R., Wiesner H.-J., eds.). Beuth, Berlin, Wien, Zürich, Second Edition, 2009

[49] Boito C. *Conservare o restaurare Questioni Pratiche Di Belle Arti. Restauri, Concorsi, Legislazione, Professione, Insegnamento*. Hoepli, Milano, 1893

[50] Boito C. *Conserver ou restaurer. Les dilemmes du patrimoine*, Editions de l'imprimeur, 2000

[45] CONSEIL INTERNATIONAL DES MONUMENTS ET DES SITES (ICOMOS) *- Principes pour la préservation et la conservation/restauration des peintures murales*. Ratifiés par
la 14ème Assemblée générale de l'ICOMOS à Victoria Falls, Zimbabwe, octobre 2003

[46] Document de Pavie. Protection du patrimoine culturel : vers un profil européen du restaurateur de biens culturels, Pavie *1997*

[47] BECK J. *L'art défiguré, critique des restaurations contemporaines.* Aléas, Lyon, 2006

[48] Bestandserhaltung in Archiven und Bibliotheken. *In: Normen/DIN Deutsches Institut für Normung e. V.* (HOF-MANN R., WIESNER H.-J., eds.). Beuth, Berlin, Wien, Zürich, Second Edition, 2009

[49] BOITO C. *Conservare o restaurare Questioni Pratiche Di Belle Arti. Restauri, Concorsi, Legislazione, Professione, Insegnamento*. Hoepli, Milano, 1893

[50] BOITO C. *Conserver ou restaurer. Les dilemmes du patrimoine*, Éditions de l'imprimeur, 2000

[45] International Council on Monuments and Sites (ICOMOS) *Principles for the preservation and conservation/restoration of wall paintings*. Ratified by the ICOMOS 14th General Assembly, in Vicoria Falls, Zimbabwe, October 2003

[46] Document of Pavia. *Preservation of Cultural Heritage: towards a European Profile of the conservator — restorer*, Pavia 1997

[47] Beck J., *L'art défiguré: Critique des restaurations contemporaines*, Aléas, Lyon, 2006

[48] Bestandserhaltung in Archiven und Bibliotheken In: *Normen/DIN Deutsches Institut für Normung e. V.*, (Hofmann, R., Wiesner, H.-J., eds.). Beuth, Berlin, Wien, Zürich, 2. Ausgabe, 2009

[49] Boito, C. *Conservare o restaurare. Questioni Pratiche Di Belle Arti. Restauri, Concorsi, Legislazione, Professione, Insegnamento*. Hoepli, Milano, 1893

[50] Boito, C. *Conserver ou restaurer. Les dilemmes du patrimoine*, Editions de l'imprimeur, 2000

[51] BRANDI C. *Teoria del restauro. Lezioni raccolte da L. Vlad Borrelli, J. Raspi Serra e G.Urbani*. Edizioni di Storia e Letteratura, Roma, 1963

BRANDI C. *Théorie de la restauration*. Éditions du Patrimoine, Paris, 2001

BRANDI C. *Theorie der Restaurierung*, Siegls Fachbuchhandlung, München 2007

[52] CAPLE C. *Conservation skills: judgement, methods and decision making*. London, 2000

[53] CHOAY F. *L'allégorie du patrimoine*. Seuil, 1992

[54] CHOAY F., CONRADS U., NEITZKE P. *Das architektonische Erbe: eine Allegorie*. Geschichte und Theorie der Baudenkmale, Braunschweig, 1997

[55] CHOAY F. *Le patrimoine en questions: Anthologie pour un combat*. Seuil, 2009

[56] CHOAY F. *The invention of the historic monument*. (O'CONNELL L.M., trans.). Cambridge University Press, 2001

[51] BRANDI C. *Teoria del restauro. Lezioni raccolte da L. Vlad Borrelli, J. Raspi Serra e G.Urbani*. Edizioni di Storia e Letteratura, Roma, 1963

BRANDI C. *Théorie de la restauration*. Éditions du Patrimoine, Paris, 2001

BRANDI C. *Theorie der Restaurierung*, Siegls Fachbuchhandlung, München 2007

[52] CAPLE C. *Conservation skills: judgement, methods and decision making*. London, 2000

[53] CHOAY F. *L'allégorie du patrimoine*. Seuil, 1992

[54] CHOAY F., CONRADS U., NEITZKE P. *Das architektonische Erbe: eine Allegorie*. Geschichte und Theorie der Baudenkmale, Braunschweig, 1997

[55] CHOAY F. *Le patrimoine en questions : Anthologie pour un combat*. Seuil, 2009

[56] CHOAY F. *The invention of the historic monument*. (O'CONNELL L.M., trans.). Cambridge University Press, 2001

[51] BRANDI C. *Teoria del restauro. Lezioni raccolte da L. Vlad Borrelli, J. Raspi Serra e G.Urbani*. Edizioni di Storia e Letteratura, Roma, 1963

BRANDI C. *Théorie de la restauration*. Éditions du Patrimoine, Paris, 2001

BRANDI C. *Theorie der Restaurierung*, Siegls Fachbuchhandlung, München 2007

[52] CAPLE C. *Conservation skills: judgement, methods and decision making*. London, 2000

[53] CHOAY F. *L'allégorie du patrimoine*. Seuil, 1992

[54] CHOAY F., CONRADS U., NEITZKE P. *Das architektonische Erbe: eine Allegorie*. Geschichte und Theorie der Baudenkmale, Braunschweig, 1997

[55] CHOAY F. *Le patrimoine en questions: Anthologie pour un combat*. Seuil, 2009

[56] CHOAY F. *The invention of the historic monument*. (O'Connell L.M., trans.). Cambridge University Press, 2001

[57] CONTI A. *Storia del restauro et del conservazione del opere d'arte*. Electa, Milano, 2002

CONTI A. *History of the restoration and conservation of works of art*. Butterworth-Heinemann, Elsevier, 2007

[58] DRURY P., MCPHERSON A. *Conservation principles, Policies and guidance for the sustainable management of the historic environment*. Historic England [formerly English Heritage], 2008, 73 p.

[59] DE GUICHEN G. Forbes Prize Lecture 2006: A common definition and Conservation and Restoration, in: IIC. *Studies in Conservation* 2007, 52 pp. 69–73

[60] MUÑOZ VIÑAS S.. *Contemporary Theory of Conservation*, Oxford, 2005

[61] THE NATIONAL TRUST. *The National Trust manual of housekeeping: the care of collections in historic houses open to the public*. London, 2011

[62] PHILIPPOT P. Pénétrer l'art, restaurer l'France, une vision humaniste: Hommage en forme de florilège, Bruxelles, Groeninghe, 1990

[57] CONTI A. *Storia del restauro et del conservazione del opere d'arte*. Electa, Milano, 2002

CONTI A. *History of the restoration and conservation of works of art*. Butterworth-Heinemann, Elsevier, 2007

[58] DRURY P., MCPHERSON *A. Conservation principles, Policies and guidance for the sustainable management of the historic environment*. Historic England [formerly English Heritage], 2008, 73 p.

[59] DE GUICHEN G. Forbes Prize Lecture 2006: A common definition and Conservation and Restoration, in: IIC. *Studies in Conservation* 2007, 52 pp. 69–73

[60] MUÑOZ VIÑAS S.. *Contemporary Theory of Conservation*, Oxford, 2005

[61] THE NATIONAL TRUST. *The National Trust manual of housekeeping: the care of collections in historic houses open to the public*. London, 2011

[62] PHILIPPOT P. *Pénétrer l'art, restaurer l'œuvre, une vision humaniste : Hommage en forme de florilège*, Bruxelles, Groeninghe, 1990

[57] CONTI A. *Storia del restauro et del conservazione del opere d'arte*. Electa, Milano, 2002

CONTI A. *History of the restoration and conservation of works of art*. Butterworth-Heinemann, Elsevier, 2007

[58] DRURY P., MCPHERSON A. *Conservation principles, Policies and guidance for the sustainable management of the historic environment*. Historic England [formerly English Heritage], 2008, 73 p.

[59] DE GUICHEN G. Forbes Prize Lecture 2006: A common definition of Conservation and Restoration, in: IIC. *Studies in Conservation* 2007, 52 pp. 69–73

[60] MUÑOZ VIÑAS S.. *Contemporary Theory of Conservation*, Oxford, 2005

[61] THE NATIONAL TRUST. *The National Trust manual of housekeeping: the care of collections in historic houses open to the public*. London, 2011

[62] PHILIPPOT P. Pénétrer l'art, restaurer l'France, une vision humaniste: Hommage en forme de florilège, Bruxelles, Groeninghe, 1990

[63] PYE E. *Caring for the past: issues in conservation for archaeology and museums.* London, 2001

[64] RIEGL A. *Der moderne Denkmalkultus, sein Wesen, seine Entstehung*, Wien, 1903

RIEGL A. *Le culte moderne des monuments, son essence et sa genèse.* Seuil, Paris, 1984

[65] RUSKIN J. *The seven lamps or laws of the Architecture*, London, London Smith, Elder & Co., 1849

RUSKIN J. *Les sept lampes de l'architecture*, Paris, Les presses d'aujourd'hui, 1980

RUSKIN J. *Die sieben Leuchter der Baukunst*, Leipzig 1900 (repr. Dortmund 1994)

Glossaries and vocabularies

[66] INTERNATIONAL COUNCIL OF MUSEUMS — INTERNATIONAL SCIENTIFIC COMMITTEE FOR STONE (ICOMOS-ISCS) *Illustrated glossary on stone deterioration patterns* = Glossaire illustré sur les forms d'altération de la pierre (English-French version; version anglais-francais). Paris: ICOMOS, 2008

[63] PYE E. *Caring for the past: issues in conservation for archaeology and museums.* London, 2001

[64] RIEGL A. *Der moderne Denkmalkultus, sein Wesen, seine Entstehung*, Wien, 1903

RIEGL A. *Le culte moderne des monuments, son essence et sa genèse.* Seuil, Paris, 1984

[65] RUSKIN J. *The seven lamps or laws of the Architecture*, London, London Smith, Elder & Co., 1849

RUSKIN J. *Les sept lampes de l'architecture*, Paris, Les presses d'aujourd'hui, 1980

RUSKIN J. *Die sieben Leuchter der Baukunst*, Leipzig 1900 (repr. Dortmund 1994)

Glossaires et ressources terminologiques

[66] CONSEIL INTERNATIONAL DES MUSÉES — COMITÉ SCIENTIFIQUE INTERNATIONAL DE LA PIERRE (ICOMOS-ISCS) *Illustrated glossary on stone deterioration patterns* = Glossaire illustré sur les formes d'altération de la pierre (English-French version; version anglais-francais). Paris: ICOMOS, 2008

[63] PYE E. *Caring for the past: issues in conservation for archaeology and museums.* London, 2001

[64] RIEGL A. *Der moderne Denkmalkultus, sein Wesen, seine Entstehung*, Wien, 1903

RIEGL A. *Le culte moderne des monuments, son essence et sa genèse.* Seuil, Paris, 1984

[65] RUSKIN J. *The seven lamps or laws of the Architecture*, London, London Smith, Elder & Co., 1849

RUSKIN J. *Les sept lampes de l'architecture*, Paris, Les presses d'aujourd'hui, 1980

RUSKIN J. *Die sieben Leuchter der Baukunst*, Leipzig 1900 (repr. Dortmund 1994)

Glossare und Wörterverzeichnisse

[66] INTERNATIONAL COUNCIL OF MUSEUMS — INTERNATIONAL SCIENTIFIC COMMITTEE FOR STONE (ICOMOS-ISCS) *Illustrated glossary on stone deterioration patterns* = Glossaire illustré sur les forms d'altération de la pierre (English-French version; version anglais-francais). Paris: ICOMOS, 2008

[67] THE MULTILINGUAL CONSERVATION DICTIONARY. (Project leader TEI of Athens Dept. of Conservation of Antiquities and Works of Art, Athens, Greece, 2001)) = C. V.Horie & A.Tzanne eds., Conservation Dictionary, PK Net International, 2001

[68] PÉROUSE DE MONTCLOS J.-M. *Architecture : méthode et vocabulaire/Inventaire général des monuments et des richesses artistiques de la France* ; par. 3e éd, Paris, Imprimerie Nationale, Éditions du patrimoine, 2001, 622 p., 2 vol. (Principes d'analyse scientifique)

[69] BERGEON-LANGLE S., CURIE P. *Peinture et dessin, vocabulaire typologique et technique.* Éditions du patrimoine. Paris, 2009

[70] VIOLLET-LE-DUC E.-E. *Dictionnaire raisonné de l'architecture française du XIe au XVIe siècle*, Tome 8, Article 'Restoration'

Rules for the presentation of European terminology standards

[71] ISO 704:2009, *Terminology work — Principles and methods*

[67] THE MULTILINGUAL CONSERVATION DICTIONARY. (Project leader TEI of Athens Dept. of Conservation of Antiquities and Works of Art, Athens, Greece, 2001)) = C. V.Horie & A.Tzanne eds., Conservation Dictionary, PK Net International, 2001

[68] PÉROUSE DE MONTCLOS J.-M. *Architecture : méthode et vocabulaire/Inventaire général des monuments et des richesses artistiques de la France* ; par. 3e éd, Paris, Imprimerie Nationale, Éditions du patrimoine, 2001, 622 p., 2 vol. (Principes d'analyse scientifique)

[69] BERGEON-LANGLE S., CURIE P. *Peinture et dessin, vocabulaire typologique et technique.* Éditions du patrimoine. Paris, 2009

[70] VIOLLET-LE-DUC E.-E. *Dictionnaire raisonné de l'architecture française du XIe au XVIe siècle*, Tome 8, Article « Restauration »

Règles de présentation des normes européennes de terminologie

[71] ISO 704:2009, *Travail terminologique — Principes et méthodes*

[67] THE MULTILINGUAL CONSERVATION DICTIONARY. (Project leader TEI of Athens Dept. of Conservation of Antiquities and Works of Art, Athens, Greece, 2001) = C. V.Horie & A.Tzanne eds., Conservation Dictionary, PK Net International, 2001

[68] PÉROUSE DE MONTCLOS J.-M. *Architecture : méthode et vocabulaire/Inventaire général des monuments et des richesses artistiques de la France* ; par. 3e éd, Paris, Imprimerie Nationale, Éditions du patrimoine, 2001, 622 p., 2 vol. (Principes d'analyse scientifique)

[69] BERGEON-LANGLE S., CURIE P. *Peinture et dessin, vocabulaire typologique et technique.* Éditions du patrimoine. Paris, 2009

[70] VIOLLET-LE-DUC E.-E. *Dictionnaire raisonné de l'architecture française du XIe au XVIe siècle*, Tome 8, Article 'Restoration'

Regeln zur Erstellung von Europäischen Terminologie-Normen

[71] ISO 704:2009, *Terminology work — Principles and methods*

[72] ISO 10241-1:2011, *Terminological entries in standards — Part 1: General requirements and examples of presentation*

[73] CEN/CENELEC Internal Regulations — Part 3: Principles and rules for the structure and drafting of CEN and CENELEC documents (ISO/IEC Directives — Part 2:2016, modified) 2017

[72] ISO 10241-1:2011, *Articles terminologiques dans les normes — Partie 1 : Exigences générales et exemples de présentation*

[73] Règlement intérieur du CEN/CENELEC — Partie 3 : Principes et règles de structure et de rédaction des documents CEN et CENELEC (Directives ISO/IEC – Partie 2:2016, modifiée) 2017

[72] ISO 10241-1:2011, *Terminological entries in standards — Part 1: General requirements and examples of presentation*

[73] CEN/CENELEC Internal Regulations — Part 3: Principles and rules for the structure and drafting of CEN and CENELEC documents (ISO/IEC Directives — Part 2:2016, modified) 2017

Index

Index

Stichwortverzeichnis

Februar 2021

	DIN CEN/TS 17135	DIN

ICS 97.195

Erhaltung des kulturellen Erbes – Allgemeine Begriffe zur Beschreibung von Veränderungen an Objekten; Dreisprachige Fassung CEN/TS 17135:2020

Conservation of cultural heritage –
General terms for describing the alterations of objects;
Trilingual version CEN/TS 17135:2020

Conservation du patrimoine culturel –
Termes généraux pour décrire les changements d'état des biens;
Version trilingue CEN/TS 17135:2020

Gesamtumfang 40 Seiten

DIN-Normenausschuss Bauwesen (NABau)

Nationales Vorwort

Dieses Dokument (CEN/TS 17135:2020) wurde vom Technischen Komitee CEN/TC 346 „Erhaltung des kulturellen Erbes" erarbeitet, dessen Sekretariat von UNI (Italien) gehalten wird.

Das zuständige nationale Normungsgremium ist der Arbeitsausschuss NA 005-01-36 AA „Erhaltung des kulturellen Erbes (SpA zu CEN/TC 346)" im DIN-Normenausschuss Bauwesen (NABau).

Technische Spezifikationen sind nicht Bestandteil des Deutschen Normenwerks.

Eine Technische Spezifikation ist das Ergebnis einer Normungsarbeit, das wegen bestimmter Vorbehalte zum Inhalt oder wegen des gegenüber einer Norm abweichenden Aufstellungsverfahrens von DIN noch nicht als Norm herausgegeben wird.

Erfahrungen mit dieser Technischen Spezifikation sind erbeten:

— vorzugsweise als Datei per E-Mail an nabau@din.de in Form in Form einer Tabelle. Die Vorlage dieser Tabelle kann im Internet unter www.din.de/stellungnahme abgerufen werden;

— oder in Papierform an den DIN-Normenausschuss Bauwesen (NABau) (Hausanschrift: Burggrafenstraße 6, 10787 Berlin).

Aktuelle Informationen zu diesem Dokument können über die Internetseiten von DIN (www.din.de) durch eine Suche nach der Dokumentennummer aufgerufen werden.

TECHNICAL SPECIFICATION

SPÉCIFICATION TECHNIQUE

TECHNISCHE SPEZIFIKATION

CEN/TS 17135

November 2020

ICS 97.195

English Version

Conservation of cultural heritage - General terms for describing the alterations of objects

Conservation du patrimoine culturel - Termes généraux pour décrire les changements d'état des biens

Erhaltung des kulturellen Erbes - Allgemeine Begriffe zur Beschreibung von Veränderungen an Objekten

This Technical Specification (CEN/TS) was approved by CEN on 10 August 2020 for provisional application.

The period of validity of this CEN/TS is limited initially to three years. After two years the members of CEN will be requested to submit their comments, particularly on the question whether the CEN/TS can be converted into a European Standard.

CEN members are required to announce the existence of this CEN/TS in the same way as for an EN and to make the CEN/TS available promptly at national level in an appropriate form. It is permissible to keep conflicting national standards in force (in parallel to the CEN/TS) until the final decision about the possible conversion of the CEN/TS into an EN is reached.

CEN members are the national standards bodies of Austria, Belgium, Bulgaria, Croatia, Cyprus, Czech Republic, Denmark, Estonia, Finland, France, Germany, Greece, Hungary, Iceland, Ireland, Italy, Latvia, Lithuania, Luxembourg, Malta, Netherlands, Norway, Poland, Portugal, Republic of North Macedonia, Romania, Serbia, Slovakia, Slovenia, Spain, Sweden, Switzerland, Turkey and United Kingdom.

EUROPEAN COMMITTEE FOR STANDARDIZATION
COMITÉ EUROPÉEN DE NORMALISATION
EUROPÄISCHES KOMITEE FÜR NORMUNG

CEN-CENELEC Management Centre: Rue de la Science 23, B-1040 Brussels

Ref. No. CEN/TS 17135:2020 E

SPÉCIFICATION TECHNIQUE
TECHNISCHE SPEZIFIKATION
TECHNICAL SPECIFICATION

CEN/TS 17135

Novembre 2020

ICS 97.195

Version Française

Conservation du patrimoine culturel - Termes généraux pour décrire les changements d'état des biens

Erhaltung des kulturellen Erbes - Allgemeine Begriffe zur Beschreibung von Veränderungen an Objekten

Conservation of cultural heritage - General terms for describing the alterations of objects

La présente Spécification technique (CEN/TS) a été adoptée par le CEN le 10 août 2020 pour application provisoire.

La période de validité de cette CEN/TS est limitée initialement à trois ans. Après deux ans, les membres du CEN seront invités à soumettre leurs commentaires, en particulier sur l'éventualité de la conversion de la CEN/TS en Norme européenne.

Il est demandé aux membres du CEN d'annoncer l'existence de cette CEN/TS de la même façon que pour une EN et de rendre cette CEN/TS rapidement disponible. Il est admis de maintenir (en parallèle avec la CEN/TS) des normes nationales en contradiction avec la CEN/TS en application jusqu'à la décision finale de conversion possible de la CEN/TS en EN.

Les membres du CEN sont les organismes nationaux de normalisation des pays suivants: Allemagne, Autriche, Belgique, Bulgarie, Chypre, Croatie, Danemark, Espagne, Estonie, Finlande, France, Grèce, Hongrie, Irlande, Islande, Italie, Lettonie, Lituanie, Luxembourg, Malte, Norvège, Pays-Bas, Pologne, Portugal, République de Macédoine du Nord, République de Serbie, République Tchèque, Roumanie, Royaume-Uni, Slovaquie, Slovénie, Suède, Suisse et Turquie.

COMITÉ EUROPÉEN DE NORMALISATION
EUROPÄISCHES KOMITEE FÜR NORMUNG
EUROPEAN COMMITTEE FOR STANDARDIZATION

CEN-CENELEC Management Centre: Rue de la Science 23, B-1040 Bruxelles

Réf. n° CEN/TS 17135:2020 F

TECHNISCHE SPEZIFIKATION
TECHNICAL SPECIFICATION
SPÉCIFICATION TECHNIQUE

CEN/TS 17135

November 2020

ICS 97.195

Deutsche Fassung

Erhaltung des kulturellen Erbes - Allgemeine Begriffe zur Beschreibung von Veränderungen an Objekten

Conservation of cultural heritage - General terms for describing the alterations of objects

Conservation du patrimoine culturel - Termes généraux pour décrire les changements d'état des biens

Diese Technische Spezifikation (CEN/TS) wurde vom CEN am 10. August 2020 als eine künftige Norm zur vorläufigen Anwendung angenommen.

Die Gültigkeitsdauer dieser CEN/TS ist zunächst auf drei Jahre begrenzt. Nach zwei Jahren werden die Mitglieder des CEN gebeten, ihre Stellungnahmen abzugeben, insbesondere über die Frage, ob die CEN/TS in eine Europäische Norm umgewandelt werden kann.

Die CEN Mitglieder sind verpflichtet, das Vorhandensein dieser CEN/TS in der gleichen Weise wie bei einer EN anzukündigen und die CEN/TS verfügbar zu machen. Es ist zulässig, entgegenstehende nationale Normen bis zur Entscheidung über eine mögliche Umwandlung der CEN/TS in eine EN (parallel zur CEN/TS) beizubehalten.

CEN-Mitglieder sind die nationalen Normungsinstitute von Belgien, Bulgarien, Dänemark, Deutschland, Estland, Finnland, Frankreich, Griechenland, Irland, Island, Italien, Kroatien, Lettland, Litauen, Luxemburg, Malta, den Niederlanden, Norwegen, Österreich, Polen, Portugal, der Republik Nordmazedonien, Rumänien, Schweden, der Schweiz, Serbien, der Slowakei, Slowenien, Spanien, der Tschechischen Republik, der Türkei, Ungarn, dem Vereinigten Königreich und Zypern.

EUROPÄISCHES KOMITEE FÜR NORMUNG
EUROPEAN COMMITTEE FOR STANDARDIZATION
COMITÉ EUROPÉEN DE NORMALISATION

CEN-CENELEC Management-Zentrum: Rue de la Science 23, B-1040 Brüssel

Ref. Nr. CEN/TS 17135:2020 D

DIN CEN/TS 17135:2021-02
CEN/TS 17135:2020 (E/F/D)

Contents

Page

Sommaire

Page

Inhalt

Seite

European foreword

This document (CEN/TS 17135:2020) has been prepared by Technical Committee CEN/TC 346 “Conservation of Cultural Heritage”, the secretariat of which is held by UNI.

Attention is drawn to the possibility that some of the elements of this document may be the subject of patent rights. CEN shall not be held responsible for identifying any or all such patent rights.

According to the CEN-CENELEC Internal Regulations, the national standards organizations of the following countries are bound to announce this Technical Specification: Austria, Belgium, Bulgaria, Croatia, Cyprus, Czech Republic, Denmark, Estonia, Finland, France, Germany, Greece, Hungary, Iceland, Ireland, Italy, Latvia, Lithuania, Luxembourg, Malta, Netherlands, Norway, Poland, Portugal, Republic of North Macedonia, Romania, Serbia, Slovakia, Slovenia, Spain, Sweden, Switzerland, Turkey and the United Kingdom.

Avant-propos européen

Le présent document (CEN/TS 17135:2020) a été élaboré par le Comité Technique CEN/TC 346 « Conservation des biens culturels », dont le secrétariat est tenu par UNI.

L'attention est attirée sur le fait que certains des éléments du présent document peuvent faire l'objet de droits de propriété intellectuelle ou de droits analogues. Le CEN ne saurait être tenu pour responsable de ne pas avoir identifié de tels droits de propriété et averti de leur existence.

Selon le Règlement Intérieur du CEN-CENELEC, les instituts de normalisation nationaux des pays suivants sont tenus d'annoncer cette Spécification technique : Allemagne, Autriche, Belgique, Bulgarie, Chypre, Croatie, Danemark, Espagne, Estonie, Finlande, France, Grèce, Hongrie, Irlande, Islande, Italie, Lettonie, Lituanie, Luxembourg, Malte, Norvège, Pays-Bas, Pologne, Portugal, République de Macédoine du Nord, République Tchèque, Roumanie, Royaume-Uni, Serbie, Slovaquie, Slovénie, Suède, Suisse et Turquie.

Europäisches Vorwort

Dieses Dokument (CEN/TS 17135:2020) wurde vom Technischen Komitee CEN/TC 346 „Erhaltung des kulturellen Erbes“ erarbeitet, dessen Sekretariat von UNI gehalten wird.

Es wird auf die Möglichkeit hingewiesen, dass einige Elemente dieses Dokuments Patentrechte berühren können. CEN ist nicht dafür verantwortlich, einige oder alle diesbezüglichen Patentrechte zu identifizieren.

Entsprechend der CEN-CENELEC-Geschäftsordnung sind die nationalen Normungsinstitute der folgenden Länder gehalten, diese Europäische Norm zu übernehmen: Belgien, Bulgarien, Dänemark, Deutschland, die Republik Nordmazedonien, Estland, Finnland, Frankreich, Griechenland, Irland, Island, Italien, Kroatien, Lettland, Litauen, Luxemburg, Malta, Niederlande, Norwegen, Österreich, Polen, Portugal, Rumänien, Schweden, Schweiz, Serbien, Slowakei, Slowenien, Spanien, Tschechische Republik, Türkei, Ungarn, Vereinigtes Königreich und Zypern.

DIN CEN/TS 17135:2021-02
CEN/TS 17135:2020 (E/F/D)

Introduction

The aim of conservation is to manage change in cultural heritage objects while respecting their significance for present and future generations. The aim of this document is to provide terminological tools for the description of alterations ("change in condition, beneficial or not, intentional or not", see EN 15898:2019, 3.2.4) to the appearance of objects. This document is part of a developing suite of tools aiming both to clarify the concepts used and to improve communication between those with responsibility for the heritage. It draws upon "EN 15898:2019 Conservation of cultural heritage – Main general terms and definitions". The terminology drawn up in both that and the current document should be used when preparing condition reports according to "EN 16095:2012 Conservation of cultural property – Condition recording for movable cultural heritage" and "EN 16096:2012 Conservation of cultural property – Condition survey and report of built cultural heritage".

Introduction

La conservation-restauration du patrimoine culturel a pour objectif la gestion du changement de l'état des biens tout en respectant leur intérêt patrimonial pour les générations présentes et futures. Le présent document vise à fournir des outils terminologiques pour la description des modifications de l'état (« changement de l'état, bénéfique ou non, intentionnel ou non », voir EN 15898:2019, 3.2.4) apparent des biens. Le présent document fait partie d'une gamme d'outils en cours de développement qui visent à la fois à clarifier les concepts utilisés et à améliorer la communication entre les personnes en charge du patrimoine culturel. Il repose sur la norme « EN 15898:2019, Conservation du patrimoine culturel — Principaux termes généraux et définitions correspondantes ». Il convient d'utiliser la terminologie établie dans cette norme et dans le présent document lors de la réalisation de constats d'état en suivant l'« EN 16095:2012, Conservation des biens culturels — Constater l'état du patrimoine culturel mobilier » et l'« EN 16096:2012, Conservation des biens culturels — Évaluation et rapport sur l'état du patrimoine culturel bâti ».

Einleitung

Das Ziel von Konservierung ist es, den Veränderungsprozess an Objekten des Kulturerbes unter Berücksichtigung seiner Bedeutung für heutige und zukünftige Generationen zu steuern. Ziel dieses Dokuments ist die Bereitstellung von terminologischen Werkzeugen zur Beschreibung solcher Veränderungen (s. Definition in EN 15898:2019, 3.2.4. „Änderung des Erhaltungs¬zustands, vorteilhaft oder nicht, beabsichtigt oder nicht"). Dieses Dokument ist Teil einer aufeinander aufbauenden Reihe von Normen, die dazu dienen sollen, sowohl die angewandten Konzepte zu verdeutlichen als auch die Kommunikation zwischen denjenigen zu verbessern, die für das kulturelle Erbe Verantwortung tragen. Es basiert auf EN 15898:2019, Erhaltung des kulturellen Erbes — Allgemeine Begriffe. Die darin enthaltene Terminologie und das aktuelle Dokument sollten bei der Erstellung von Zustandsberichten nach EN 16095:2012, Erhaltung des kulturellen Erbes — Zustandsaufnahme an beweglichem Kulturerbe und EN 16096:2012, Erhaltung des kulturellen Erbes — Zustandserhebung und Bericht für das gebaute Kulturerbe verwendet werden.

While it is recognized that changes in the fabric of an object can affect its significance, this document deals only with the tangible aspects of alteration, not focussing on any intangible implications.

In this document, an alteration is characterized as the difference between a previous state and the current state. The material state of an object can be characterized by many methods, including those involving instrumentation. This document concentrates, however, on those methods that can be readily appreciated by a person's senses with limited additional instrumental assistance. Visual inspection is normally the primary means of assessing condition but people routinely perceive properties by touch, smell, hearing, and even occasionally, taste. The validity of the assessment relies upon the accuracy, skills, knowledge and experience of the individual carrying it out.

When assessing the extent of alteration it is sometimes possible to work from the documentation of previous inspections such as condition reports, condition surveys, photographs etc. However, in the majority of cases, one can postulate and establish a supposed previous state, extrapolated from the observation of the present state. This extrapolation requires considerable

Bien qu'il soit admis que les changements dans la constitution d'un bien peuvent avoir une incidence sur son intérêt patrimonial, le présent document ne traite que des aspects matériels des modifications de l'état sans se concentrer sur leurs conséquences immatérielles.

Dans le présent document, une modification de l'état se caractérise comme la différence entre un état antérieur et l'état actuel. L'état matériel d'un bien peut être caractérisé à l'aide de nombreuses méthodes, y compris celles impliquant le recours à une instrumentation. Le présent document se concentre cependant sur les méthodes qui peuvent être facilement appréciées par les sens d'une personne, ne bénéficiant que d'une instrumentation complémentaire limitée. L'inspection visuelle constitue généralement le principal moyen d'évaluation de l'état, mais les personnes perçoivent fréquemment les propriétés par le toucher, l'odorat, l'ouïe et parfois même par le goût. La validité de l'évaluation repose sur la précision, les compétences, la connaissance et l'expérience de la personne qui la réalise.

Lors de l'évaluation de l'ampleur du changement, il est parfois possible de se référer à des documents provenant d'inspections antérieures, tels que des constats d'état, des évaluations d'état, des photographies, etc. Cependant, dans la plupart des cas, il est possible de définir et d'établir un état antérieur supposé, extrapolé à partir de l'observation de l'état actuel. Cette extrapolation nécessite une

Es ist klar, dass Veränderungen in der Struktur eines Objekts seine Bedeutung beeinflussen können. Dieses Dokument befasst sich aber nur mit den materiellen Aspekten der Veränderung und konzentriert sich nicht auf immaterielle Auswirkungen.

In diesem Dokument wird eine Veränderung als Unterschied zwischen einem vorherigen Zustand und dem aktuellen Zustand charakterisiert. Der materielle Zustand eines Objekts kann durch verschiedene Methoden beurteilt werden, dazu zählen auch instrumentell aufwendige Verfahren. Dieses Dokument konzentriert sich jedoch auf diejenigen Methoden, die bereits mit bloßen Sinnen und begrenzter instrumenteller Hilfe auskommen. Die Sichtprüfung ist normalerweise das primäre Mittel bei der Zustandsbeurteilung, sie kann aber auch durch Tastsinn, Geruch, Gehör und sogar Geschmack erweitert werden. Die Gültigkeit der Beurteilung ist abhängig von der Genauigkeit, der Qualifikation, dem Wissen und der Erfahrung des Ausführenden.

Wenn das Ausmaß einer Veränderung beurteilt wird, kann manchmal auf Dokumentationen vorheriger Zustandskontrollen wie z. B. Zustandsberichte, Zustandserhebungen, Fotografien usw. zurückgegriffen werden. In den meisten Fällen jedoch muss man den vermuteten Vorzustand aus der Beobachtung des aktuellen Zustands extrapolieren. Diese

knowledge and experience of the materials, the object types, production methods, ageing and damaging processes.

The terms and definitions in this document describe the results of alteration, not the processes, causes or defects, except when these can be identified unambiguously (e.g. chemical or biological alteration). Because results rather than processes of alteration are described, the adjective form of a term is often preferred. Be aware that there can be more than one cause for an observed change, and that some alterations cannot be recognized solely by visual observation.

connaissance et une expérience considérables des matériaux, des types de biens, des méthodes de production, ainsi que des processus de vieillissement et d'altération.

Les termes et définitions du présent document décrivent les résultats de la modification de l'état et non pas les processus, les causes ou les défauts, sauf dans le cas où ces derniers peuvent être identifiés sans ambiguïté (par exemple : modification chimique ou biologique). Étant donné que ce sont les résultats plutôt que les processus de la modification de l'état qui sont décrits, c'est la forme adjectivale d'un terme qui est souvent privilégiée. L'attention est attirée sur le fait qu'une modification observée peut avoir plusieurs causes, et que certaines modifications de l'état ne peuvent pas être identifiées par simple observation visuelle.

Extrapolation bedarf eines hohen Maßes an Wissen und Erfahrung über Werkstoffe, Objekttypen, Herstellungsarten, Alterungs- und Schadenvorgänge.

Die Begriffe in diesem Dokument beschreiben das Ergebnis von Veränderung und nicht die Prozesse, Ursachen oder Defekte, es sei denn, diese können eindeutig identifiziert werden (z. B. chemische oder biologische Veränderung). Weil die Resultate anstatt der Veränderungsprozesse beschrieben werden, wird oft die Adjektivform eines Begriffs bevorzugt verwendet. Es ist zu beachten, dass eine beobachtete Veränderung mehrere Ursachen haben kann und dass einige Veränderungen nicht allein per Sichtprüfung erkennbar sind.

The terms are chosen to help understand and describe changes which have occurred after the initial making of the object. Therefore, terms describing defects in the manufacture of the object are not included, though such defects may have contributed to the alterations observed.

Les termes sont sélectionnés de manière à faciliter la compréhension et la description des modifications postérieures à la fabrication initiale du bien. Par conséquent, les termes décrivant des défauts relatifs à la fabrication du bien ne sont pas intégrés, bien que ces défauts puissent avoir contribué aux changements observés.

Die Begriffe sind so gewählt, dass sie die Änderungen verstehen helfen und beschreiben, die nach der Herstellung eines Objektes auftreten. Deshalb sind Begriffe, die Fehler bei der Herstellung der Objekte beschreiben, nicht enthalten, obwohl auch diese Herstellungsfehler zu den beobachtbaren Veränderungen beitragen haben können.

This document is primarily addressed to professionals working in the field of moveable and immoveable heritage objects but also to a wider range of stakeholders.

Le présent document est principalement destiné aux professionnels travaillant dans le domaine des biens relevant du patrimoine culturel mobilier et immobilier, mais aussi à un éventail plus large de parties prenantes.

Dieses Dokument richtet sich hauptsächlich an Fachleute, die sich mit dem beweglichen und unbeweglichen Kulturerbe befassen, aber auch an weiter gefasste Kreise von Interessenten.

From a broad range of alteration terms, only those terms common across at least three materials or object types were chosen for inclusion. Common terms mentioned in general language dictionaries are not included except when they have a specific meaning in conservation. Established glossaries[1)] are acknowledged; the definitions in this document have been set up with a focus on consistency and coherence.

À partir d'une grande variété de termes relatifs au changement d'état, seuls les termes communs à au moins trois matériaux ou types de biens ont été retenus. Les termes communs figurant dans les dictionnaires généralistes ne sont pas intégrés, sauf s'ils ont une signification spécifique dans le domaine de la conservation-restauration. Les glossaires reconnus[1)] ont été pris en compte ; les définitions du présent document ont été établies en mettant l'accent sur leur format et leur cohérence.

Aus einer umfangreichen Liste von Veränderungsbegriffen wurden nur diejenigen ausgewählt, die auf mindestens drei Werkstoffe oder Objekttypen zutreffen. Solche, die in allgemeinsprachlichen Wörterbüchern zu finden sind, wurden nicht in dieses Dokument aufgenommen, es sei denn, sie haben eine spezielle Bedeutung in der Konservierung. Etablierte Glossare[1)] wurden herangezogen und bei den Definitionen in diesem Dokument wurde besonders Wert gelegt auf Konsistenz und Kohärenz.

The conventions used are those recommended in CEN and ISO design rules. Each definition aims to be a succinct summary of the concept as used across the field of conservation. Wherever it is

Les conventions utilisées sont celles recommandées dans les règles de rédaction du CEN et de l'ISO. Chaque définition a pour objectif de constituer un résumé succinct du concept tel qu'il est utilisé dans le domaine de la

Bei der Gestaltung wurden die Empfehlungen von CEN und ISO berücksichtigt. Jede Definition zielt darauf ab kurz und knapp den Begriff zusammenfassen, wie er in der Konservierung verwendet wird. Bei Bedarf

necessary, notes and examples are added. Each definition should be able to replace its term when inserted into a relevant sentence. Although terms and their definitions are provided across three languages, it has to be accepted that literal one-to-one translations are not always possible.

The structure of the document and how to use it

There are different possibilities for structuring the terms in this document. Not everyone may find the provided structure immediately applicable, so an alphabetical index is provided (in the three languages) which readers may wish to consult first, especially if searching for a particular term. Given the often complex origins of alterations, the groupings of terms should not be considered rigid, though it is hoped that many will find it helpful. In order to improve consistency and to help with cross-referencing, definitions using terms which are defined elsewhere in the document are distinguished by being printed in bold type.

1) See Bibliography.

conservation-restauration. À chaque fois que cela est nécessaire, des notes et des exemples sont ajoutés. Il convient que chaque définition puisse remplacer le terme correspondant dans une phrase pertinente. Bien que les termes et leurs définitions soient fournis dans trois langues, il faut accepter que les traductions littérales mot pour mot ne soient pas toujours possibles.

Structure et mode d'emploi du document

Il existe différentes possibilités d'organisation des termes du présent document. Il se peut que tous ne trouvent pas la structure fournie immédiatement utilisable ; un index alphabétique est donc fourni (dans les trois langues) afin que les lecteurs puissent le consulter dans un premier temps, notamment lorsqu'ils recherchent un terme particulier. Étant donné les origines souvent complexes des changements d'état, il convient de ne pas considérer les regroupements de termes comme figés, même si l'on espère que beaucoup les trouveront utiles. Pour améliorer la cohérence et faciliter le référencement croisé, lorsque des définitions contiennent des termes définis ailleurs dans la norme, ceux-ci sont mis en évidence en caractères gras.

1) Voir la Bibliographie.

werden Anmerkungen und Beispiele ergänzt. Jeder Begriff sollte im Satzgefüge durch seine Definition ersetzt werden können. Obwohl die Begriffe und ihre Definitionen in drei Sprachen erarbeitet wurden, ist zu berücksichtigen, dass eine wörtliche Übersetzung nicht immer möglich ist.

Die Struktur des Dokuments und wie es verwendet werden soll

Für die Strukturierung der Begriffe in diesem Dokument gibt es verschiedene Möglichkeiten. Nicht jeder wird die hier angebotene Struktur sofort für nachvollziehbar halten, so dass ein alphabetisches Stichwortverzeichnis in den drei Sprachen angefügt wurde. Hier werden Leser vielleicht zuerst fündig, insbesondere wenn sie nach einem bestimmten Begriff suchen. Angesichts der oft komplexen Ursprünge von Veränderungen sollten die Gruppierungen der Begriffe nicht als starr angesehen werden, obwohl sie hoffentlich für viele hilfreich sein werden. Um die Konsistenz zu verbessern, wurden Querverweise eingefügt: Wenn in den Definitionen Begriffe verwendet werden, die an anderer Stelle in dem Dokument definiert sind, sind sie durch fette Schrift gekennzeichnet.

1) Siehe Literaturhinweise.

1 Scope

This document defines terms used in the field of conservation of cultural heritage for the description of alteration of objects with particular attention to those terms which are applied to many types of objects.

This document applies to all types of material changes that can be observed.

2 Normative references

There are no normative references in this document.

3 Terms and definitions

For the purposes of this document, the following terms and definitions apply.

ISO and IEC maintain terminological databases for use in standardization at the following addresses:

— IEC Electropedia: available at http://www.electropedia.org/

— ISO Online browsing platform: available at https://www.iso.org/obp

1 Domaine d'application

Le présent document définit des termes utilisés dans le domaine de la conservation des biens relevant du patrimoine culturel pour la description du changement de l'état des biens, en accordant une attention particulière aux termes appliqués à différents types de biens.

Le présent document s'applique à tous les types de changements matériels pouvant être observés.

2 Références normatives

Le présent document ne contient aucune référence normative.

3 Termes généraux

Pour les besoins du présent document, les termes et définitions suivants s'appliquent.

L'ISO et l'IEC tiennent à jour des bases de données terminologiques destinées à être utilisées en normalisation, consultables aux adresses suivantes :

— IEC Electropedia : disponible à l'adresse http://www.electropedia.org/

— ISO Online browsing platform : disponible à l'adresse https://www.iso.org/obp.

1 Anwendungsbereich

Dieses Dokument legt Begriffe fest, die bei der Erhaltung des kulturellen Erbes zur Beschreibung von Veränderungen bei Objekten verwendet werden; besondere Beachtung gilt den Begriffen, die für unterschiedliche Objektarten verwendet werden.

Dieses Dokument gilt für alle Arten von beobachtbaren stofflichen Veränderungen.

2 Normative Verweisungen

Es gibt keine normativen Verweisungen in diesem Dokument.

3 Begriffe und Definitionen

Für die Anwendung dieses Dokuments gelten die folgenden Begriffe.

ISO und IEC stellen terminologische Datenbanken für die Verwendung in der Normung unter den folgenden Adressen bereit:

— IEC Electropedia: verfügbar unter http://www.electropedia.org/

— ISO Online Browsing-Plattform: verfügbar unter https://www.iso.org/obp

DIN CEN/TS 17135:2021-02
CEN/TS 17135:2020 (E/F/D)

3.1 General terms

3.1.1
alteration

change in condition, beneficial or not, intentional or not

[SOURCE: EN 15898:2019, 3.2.4]

3.1.2
damage

non-beneficial **alteration**

Note 1 to entry: Although damage is non-beneficial to the **object**, it may sometimes be considered as broadening significance, e.g. traces of war on an object.

Note 2 to entry: According to the context, the French terms "dégradation" and "déterioration" can also be used to describe a complete worsening of condition, possibly intentional.

[SOURCE: EN 15898:2019, 3.2.7]

3.1 Termes généraux

3.1.1
modification de l'état
changement

changement de l'état, bénéfique ou non, intentionnel ou non

[SOURCE : EN 15898:2019, 3.2.4]

3.1.2
altération
dégradation
désordre
pathologie
détérioration
dommage
dégât

modification de l'état non bénéfique

Note 1 à l'article : Bien que les altérations ne soient pas bénéfiques au **bien**, elles peuvent parfois être considérées comme contribuant à enrichir l'intérêt patrimonial, par exemple : des traces laissées par la guerre.

Note 2 à l'article : Selon le contexte, les termes français « dégradation » et « détérioration » peuvent également être utilisés pour décrire une aggravation complète de l'état, qui peut-être intentionnelle.

[SOURCE : EN 15898:2019, 3.2.7]

3.1 Allgemeine Begriffe

3.1.1
Veränderung

Änderung des Erhaltungszustands, vorteilhaft oder nicht, beabsichtigt oder nicht

[QUELLE: EN 15898:2019, 3.2.4]

3.1.2
Schaden
Beschädigung

unvorteilhafte **Veränderung**

Anmerkung 1 zum Begriff: Obwohl ein Schaden für das **Objekt** nicht förderlich ist, kann er manchmal als Erweiterung der Bedeutung angesehen werden, z. B. Kriegsspuren an einem Objekt.

Anmerkung 2 zum Begriff: Abhängig vom Zusammenhang können die französischen Begriffe „dégradation" und „déterioration" auch für die Beschreibung einer kompletten – gegebenenfalls beabsichtigten – Verschlechterung des Erhaltungszustands verwendet werden.

[QUELLE: EN 15898:2019, 3.2.7]

3.1.3
deterioration

unintentional **alteration** that reduces significance and/or stability

Note 1 to entry: This term can also refer to the process itself.

Note 2 to entry: Degradation is gradual deterioration.

Note 3 to entry: The term "decay" is sometimes used as a synonym.

[SOURCE:EN 15898:2019, 3.2.8]

3.1.4
object

single manifestation of tangible cultural heritage

Note 1 to entry: The term "object" is used in this document for cultural heritage, both immovable and movable. In specific professional contexts, other terms are used: e.g. "artefact", "cultural property", "item", "site", "building", "fabric".

[SOURCE: EN 15898:2019, 3.1.3]

3.1.3
détérioration
dégradation
décomposition
délabrement

modification non intentionnelle de l'**état** qui réduit l'intérêt patrimonial et/ou la stabilité

Note 1 à l'article : Ce terme peut également se rapporter au processus lui-même.

Note 2 à l'article : La dégradation est une détérioration graduelle.

Note 3 à l'article : Le terme « decay » (délabrement) est parfois utilisé comme synonyme.

[SOURCE : EN 15898:2019, 3.2.8]

3.1.4
bien
bien culturel
élément du patrimoine culturel matériel

Note 1 à l'article : Le terme « bien » est utilisé dans le présent document pour le patrimoine culturel, aussi bien immobilier que mobilier. Dans des contextes professionnels spécifiques, d'autres termes sont utilisés, par exemple : « artefact », « bien culturel », « élément », « site », « bâtiment », « monument », « spécimen », « structure », « paysage culturel », « document ».

[SOURCE : EN 15898:2019, 3.1.3]

3.1.3
Abbau
Verfall
Zerfall

unbeabsichtigte **Veränderung**, die Bedeutung und/oder Stabilität mindert

Anmerkung 1 zum Begriff: Dieser Begriff kann sich auch auf den Vorgang selbst beziehen.

Anmerkung 2 zum Begriff: Abbau ist gradueller Verfall.

Anmerkung 3 zum Begriff: Der Ausdruck „Verfall", „Zerfall" (en: decay) wird manchmal als synonym zu „Abbau" benutzt.

[QUELLE: EN 15898:2019, 3.2.8]

3.1.4
Objekt

einzelne Ausdrucksform des materiellen Kulturerbes

Anmerkung 1 zum Begriff: In diesem Dokument wird die Bezeichnung „Objekt" für bewegliches und ortsfestes Kulturerbe verwendet. In bestimmten fachlichen Zusammenhängen werden andere Bezeichnungen benutzt: z. B. „Artefakt", „Kulturgut", „Gegenstand" („item" im Englischen), „Gebäude", „Denkmal", „Exemplar" („specimen" im Englischen), „Struktur", „Kulturlandschaft", „Dokument".

[QUELLE: EN 15898:2019, 3.1.3]

3.2 Terms for describing optical alteration	**3.2 Termes pour décrire une modification optique**	**3.2 Begriffe zur Beschreibung der optischen Veränderung**
3.2.1 **colour alteration, discolouration (Syn.)**	**3.2.1** **changement de couleur** altération chromatique	**3.2.1** **Farbveränderung** Verfärbung Farbverschiebung
change in at least one of the three colour parameters hue, lightness and chroma	modification d'au moins un des trois paramètres de la couleur : la teinte, la luminosité et la saturation	Änderung mindestens eines der drei Farbparameter Ton, Helligkeit und Sättigung
Note 1 to entry: For definitions of hue, lightness and chroma see EN 15886:2010.	Note 1 à l'article : Pour connaître la définition de la teinte, de la luminosité et de la saturation, voir l'EN 15886:2010.	Anmerkung 1 zum Begriff: zu den Definitionen für Ton, Helligkeit und Sättigung siehe EN 15886:2010.
Note 2 to entry: **Darkened**, **faded** and **yellowed** are specific occurrences of colour alteration.	Note 2 à l'article : **Assombri, pâli** et **jauni** sont des occurrences spécifiques d'altération chromatique.	Anmerkung 2 zum Begriff: **Nachgedunkelt, verblasst** und **vergilbt** sind spezifische Erscheinungen von Farbveränderungen.
Note 3 to entry: The colour parameters are sometimes also referred to as tint (hue), clarity/brightness/value (lightness) and saturation (chroma).	Note 3 à l'article : Les paramètres de la couleur sont parfois aussi appelés la nuance (teinte), la clarté/valeur (luminosité) et l'intensité (saturation).	Anmerkung 3 zum Begriff: Die Farbparameter werden manchmal auch als Tönung (Ton), Klarheit/Wert (Helligkeit) und Farbsättigung (Sättigung) bezeichnet.
3.2.2 **darkened**	**3.2.2** **assombri** obscurci	**3.2.2** **nachgedunkelt** verdunkelt
exhibiting reduced light reflectivity, hue and/ or lightness	présentant une capacité réduite à réfléchir la lumière, une teinte et/ou une luminosité	mit reduziertem Lichtreflexionsvermögen, Ton und/oder Helligkeit
Note 1 to entry: Not to be confused with **loss of gloss**.	Note 1 à l'article : À ne pas confondre avec la **perte de brillant**.	Anmerkung 1 zum Begriff: Nicht zu verwechseln mit **Glanzverlust**.

3.2.3 **loss of gloss** shift from a shiny towards a matt surface appearance	**3.2.3** **perte de brillant** dépolissage passage d'une apparence de surface brillante à une apparence de surface mate	**3.2.3** **Glanzverlust** Übergang von einem glänzenden zu einem matten Oberflächenbild
3.2.4 **faded** exhibiting reduced chroma	**3.2.4** **pâli** décoloré présentant une saturation réduite	**3.2.4** **verblasst** ausgeblichen mit reduzierter Helligkeit
3.2.5 **yellowed** exhibiting a change of hue towards yellow or yellow-brown	**3.2.5** **jauni** présentant une modification de la teinte, devenue jaune à brun-jaune	**3.2.5** **vergilbt** verbräunt mit einer Änderung in Richtung eines gelben oder gelbbraunen Farbtons
3.2.6 **bloom** haze on a surface	**3.2.6** **voile** blanchiment apparence trouble d'une surface	**3.2.6** **Schleierbildung** Trübung auf einer Oberfläche
3.2.7 **stain** area of change of colour Note 1 to entry: Usually of irregular shape.	**3.2.7** **tache** changement de couleur localisé Note 1 à l'article : Généralement de forme irrégulière.	**3.2.7** **Fleck** Fläche mit einer Farbveränderung Anmerkung 1 zum Begriff: Für gewöhnlich in unregelmäßiger Form.

3.2.8
spot

small and rather round **stain**

Note 1 to entry: In case of multiple spots on paper or textile other terms may be used, e.g. “foxing”.

3.3 Terms for describing alteration of form

3.3.1
deformation

change, without a break, of the form and/or dimensions of an **object**

3.3.2
shrinkage

decrease in dimensions

3.3.3
swelling

increase in dimensions

3.3.4
depression, dent (Syn.)

local hollow **deformation**

Note 1 to entry: A depression can occur with or without a loss of material.

3.2.8
point
moucheture
macule
tache de petite taille et plutôt circulaire

Note 1 à l'article : En cas de points multiples sur du papier ou du textile, d'autres termes peuvent être utilisés, par exemple « rousseur » (« foxing »).

3.3 Termes pour décrire un changement de forme

3.3.1
déformation

changement, sans rupture, de la forme et/ou des dimensions d'un **bien**

3.3.2
retrait
rétrécissement
diminution des dimensions

3.3.3
gonflement

augmentation des dimensions

3.3.4
creux
enfoncement

déformation locale concave

Note 1 à l'article : Un enfoncement peut se produire avec ou sans perte de matériau.

3.2.8
Punkt
punktförmiger Fleck

kleiner und eher runder **Fleck**

Anmerkung 1 zum Begriff: Bei mehreren Punkten auf Papier oder Textil können andere Begriffe verwendet werden, z. B. „Stockflecken“.

3.3 Begriffe zur Beschreibung der Formänderung

3.3.1
Deformation
Verformung
bruchlose Veränderung der Form und/oder der Abmessungen eines **Objekts**

3.3.2
Schrumpfung
Schwindung
Verkleinerung der Abmessungen

3.3.3
Ausdehnung
Quellung
Vergrößerung der Abmessungen

3.3.4
Delle
Eindellung
Eindrückung
lokale hohle **Deformation**

Anmerkung 1 zum Begriff: Eine Delle kann mit oder ohne Materialverlust vorkommen.

3.3.5 **blister**	**3.3.5** **boursouflure** cloque	**3.3.5** **Blase**
domed surface with a cavity beneath	surface bombée sous laquelle se trouve une cavité	gewölbte Oberfläche mit einem Hohlraum darunter
Note 1 to entry: The cavity contains gas, liquids and/or solid substances.	Note 1 à l'article : La cavité contient des gaz, des liquides et/ou des substances solides.	Anmerkung 1 zum Begriff: Der Hohlraum enthält Gas, Flüssigkeiten und/oder feste Stoffe.
3.3.6 **buckled**	**3.3.6** **gondolé**	**3.3.6** **gewellt** bucklig wellig
exhibiting wavelike **deformations**	présentant des **déformations** en forme d'ondulation	wellenförmige **Deformationen** aufweisend
3.3.7 **warped**	**3.3.7** **gauchi** (pour le bois) voilé	**3.3.7** **verworfen**
exhibiting irregular **deformation** in more than one plane	présentant une **déformation** irrégulière sur plusieurs plans	unregelmäßige **Deformation** in mehr als einer Ebene aufweisend
3.3.8 **twisted**	**3.3.8** **vrillé** tordu	**3.3.8** **verdreht**
exhibiting deformation around a single axis	présentant une déformation autour d'un axe unique	**Deformation** um eine Achse aufweisend
3.3.9 **bend**	**3.3.9** **courbe** courbure cintre coude flambage flèche	**3.3.9** **Verbiegung** Krümmung
curved **deformation** in one plane without a crease or fold	**déformation** courbe dans le plan sans pli ou marque de pli	gekrümmte **Deformation** in einer Ebene ohne Knickung oder Faltenbildung

3.3.10 **roughened**	**3.3.10** **accroissement de rugosité** dépolissage	**3.3.10** **aufgeraut**
exhibiting a change of surface towards a more uneven one	présentant un changement de la surface, qui est devenue plus irrégulière	Veränderung in Richtung einer ungleichmäßigeren Oberfläche aufweisend
Note 1 to entry: Roughening can be accompanied by a loss of material.	Note 1 à l'article : L'accroissement de rugosité peut s'accompagner d'une perte de matériau.	Anmerkung 1 zum Begriff: Aufrauen kann mit einem Substanzverlust einhergehen.
3.4 Terms for describing the addition of material	**3.4 Termes pour décrire un ajout de matériau**	**3.4 Begriffe zur Beschreibung der Materialhinzufügung**
3.4.1 **deposit** exogenic substance on the surface of an **object**	**3.4.1** **dépôt** substance exogène à la surface d'un **bien**	**3.4.1** **Ablagerung** Fremdsubstanz auf der Oberfläche eines **Objekts**
Note 1 to entry: The type of deposit can be described with additional terms.	Note 1 à l'article : Le type de dépôt peut être décrit avec des termes supplémentaires.	Anmerkung 1 zum Begriff: Die Art der Ablagerung kann mit weiteren Begriffen beschrieben werden.
Note 2 to entry: With a few exceptions, deposits are unintended.	Note 2 à l'article : À quelques exceptions près, les dépôts sont involontaires.	Anmerkung 2 zum Begriff: Bis auf wenige Ausnahmen sind Ablagerungen unbeabsichtigt.
3.4.2 **dust**	**3.4.2** **poussière** empoussièrement	**3.4.2** **Staubablagerung**
deposit of airborne particles	**dépôt** de particules en suspension dans l'air	**Ablagerung** von luftgetragenen Partikeln
Note 1 to entry: Dust can become cemented, and thus be both compact and adherent.	Note 1 à l'article : La poussière peut s'agglomérer, et peut donc à la fois être compacte et adhérente.	Anmerkung 1 zum Begriff: Staub kann zementiert werden und somit sowohl kompakt als auch festhaftend sein.

3.4.3
concretion
hard adherent accumulation and coalescence of a **deposit**

3.4.4
film

continuous and adherent layer on the surface of an **object**

3.4.5
graffiti
human expressions by engraving, scratching, addition of paint, ink or other material applied to the surface of an **object**

Note 1 to entry: Modern graffiti are often considered an act of vandalism. Some graffiti have become part of the cultural heritage.

3.4.6
inclusion
exogenic substance, naturally, intentionally or unintentionally embedded within an **object**

EXAMPLE Bullet in a wall, mosquito in amber, pest remains.

3.4.3
concrétion
accumulation et coalescence solide et adhérente d'un **dépôt**

3.4.4
film

couche continue et adhérente à la surface d'un **bien**

3.4.5
graffiti
expressions humaines réalisées par gravure, grattage, ajout de peinture, d'encre ou d'autre matériau appliqué à la surface d'un **bien**

Note 1 à l'article : Les graffitis modernes sont souvent considérés comme des actes de vandalisme. Certains graffitis sont devenus partie intégrante du patrimoine culturel.

3.4.6
inclusion
substance exogène intégrée de façon naturelle, volontairement ou involontairement, à l'intérieur d'un **bien**

EXEMPLE Balle dans un mur, moustique dans l'ambre, traces de nuisibles.

3.4.3
Verkrustung
fest anhaftende Ansammlung und Verhärtung einer **Ablagerung**

3.4.4
Film
Filmbildung
zusammenhängende und haftende Schicht auf der Oberfläche eines **Objektes**

3.4.5
Graffiti
menschliche Ausdrucksformen durch Gravieren, Kratzen, Hinzufügen von Farbe, Tinte oder anderem Material, die auf die Oberfläche eines **Objekts** aufgebracht werden

Anmerkung 1 zum Begriff: Moderne Graffiti werden oft als Akt des Vandalismus angesehen. Einige Graffiti sind Teil des kulturellen Erbes geworden.

3.4.6
Einschluss
Fremdstoff, der natürlich, absichtlich oder unabsichtlich in ein **Objekt** eingebettet ist

BEISPIEL Geschoss in einer Wand, Moskito in Bernstein, Schädlingsreste.

3.5 Terms for describing the loss of material

3.5.1
loss

missing part of an **object**

3.5.2
lacuna

loss with a form defined by its relation to the rest of the **object**

3.5.3
erosion
gradual loss of surface material due to external factors

Note 1 to entry: The presumed causes of this loss can be qualified in more detail by terms such as **abrasion** (frictional causes), corrosion (chemical causes), **wear** (human causes) and **weathering** (environmental causes).

3.5.4
abrasion

loss of material from a surface due to frictional forces

[SOURCE: ISO 1382:2012]

Note 1 to entry: A localized area damaged by abrasion is called a chafe.

3.5 Termes pour décrire une perte de matériau

3.5.1
perte
manque
partie manquante d'un **bien**

3.5.2
lacune

perte dont la forme est définie par sa relation avec le reste du **bien**

3.5.3
érosion
perte progressive de matériau de surface causée par des facteurs externes

Note 1 à l'article : Les causes présumées de cette perte peuvent être qualifiées de façon plus détaillée à l'aide de termes tels qu'**abrasion** (friction), corrosion (causes chimiques), **usure** (causes humaines) et **érosion climatique** (causes environnementales).

3.5.4
abrasion
épidermage
perte de matière en surface, due à des forces de frottement

[SOURCE : ISO 1382:2012]

Note 1 à l'article : Une zone localisée altérée par abrasion est appelée « marque de frottement ».

3.5 Begriffe zur Beschreibung von Substanzverlust

3.5.1
Verlust

fehlender Teil eines **Objekts**

3.5.2
Fehlstelle
Lakune
Verlust mit einer Form, die durch ihre Beziehung zum Rest des **Objekts** definiert ist.

3.5.3
Erosion
allmählicher **Verlust** von Oberflächenmaterial Einwirkungen aufgrund externer Faktoren

Anmerkung 1 zum Begriff: Die angenommenen Ursachen dieses Verlustes können durch Begriffe wie **Abrieb** (Reibungsursachen), Korrosion (chemische Ursachen), Verschleiß (menschliche Ursachen) und **Verwitterung** (Umweltursachen) näher beschrieben werden.

3.5.4
Abrieb
Abrasion
Materialverlust von einer Oberfläche durch Reibungskräfte

[QUELLE: ISO 1382:2012]

Anmerkung 1 zum Begriff: Ein lokal begrenzter und durch Abrieb beschädigter Teil der Oberfläche wird als Scheuerstelle bezeichnet.

3.5.5
scratch

line of **loss** or displacement of material caused by sharp edge

Note 1 to entry: When scratches are expressing creative or communicative intentions the term **graffiti** might apply.

3.5.6
wear

surface **alteration** due to use

3.6 Terms for describing the loss of structural integrity

3.6.1
collapse

breakdown of the structure of an **object**

3.6.2
disintegrated

having fallen apart into numerous pieces

Note 1 to entry: According to the size and the nature of the pieces, different terms are used, e.g. crumbled, powdered.

3.5.5
griffure
rayure
ligne de **perte** ou de déplacement de matériau causée par une arête vive

Note 1 à l'article : Lorsque des rayures expriment des intentions créatrices ou une volonté de communiquer, le terme **graffiti** pourrait s'appliquer.

3.5.6
usure

modification de la surface causée par l'utilisation

3.6 Termes pour décrire une perte d'intégrité structurelle

3.6.1
effondrement
écroulement
rupture de la structure d'un **bien**

3.6.2
désagrégé
fragmenté

qui s'est brisé en de nombreux morceaux

Note 1 à l'article : Différents termes sont utilisés, en fonction de la taille et de la nature des morceaux, par exemple : émietté, pulvérulent.

3.5.5
Kratzer

Verlustspur oder Materialverschiebung durch scharfe Kanten

Anmerkung 1 zum Begriff: Wenn Kratzer kreative oder kommunikative Absichten zum Ausdruck bringen, kann der Begriff **Graffiti** zutreffend sein.

3.5.6
Gebrauchsspuren
Abnutzung
Verschleiß
Oberflächen**veränderung** durch Gebrauch

3.6 Begriffe zur Beschreibung von Kohäsionsverlust

3.6.1
Zusammenbruch

Zerfall der Struktur eines **Objekts**

3.6.2
fragmentiert
zersetzt
zerfallen
in zahlreiche Teile auseinandergefallen

Anmerkung 1 zum Begriff: Entsprechend der Größe und der Art der Teile werden verschiedene Begriffe verwendet, z. B. zerbröckelt, pulverisiert.

3.6.3
cut
separation with sharply defined edges throughout the thickness of a material

3.6.4
incision
separation with sharply defined edges limited to a part of the thickness of the material

3.6.5
crack

separation of a solid material without breaking apart

Note 1 to entry: Depending on the shape, size and number of cracks a specific term (e.g. hairline crack, star crack) can be used.

Note 2 to entry: A crack along a line of weakness in the material is also called a split.

Note 3 to entry: The German term "Riss" also applies to a crack in plaster or in a wall.

3.6.3
coupure
séparation présentant des arêtes vives sur toute l'épaisseur d'un matériau

3.6.4
incision
séparation présentant des arêtes vives limitée à une partie de l'épaisseur du matériau

3.6.5
craquelure
craquelé
fêlure
fendillement
fente
fissure

séparation d'un matériau solide sans qu'il se disjoigne

Note 1 à l'article : Selon la forme, la taille et le nombre de craquelures, un terme spécifique peut être utilisé (par exemple : microfissure, craquelure en étoile).

Note 2 à l'article : Une fissure le long d'une ligne de faiblesse naturelle du matériau est également appelée une fente.

Note 3 à l'article : Le terme allemand « Riss » s'applique également à une fissure dans du plâtre ou dans un mur.

3.6.3
Schnitt
Trennung mit scharf definierten Kanten durch die gesamte Materialstärke

3.6.4
Einschnitt
Trennung mit scharf definierten Kanten, die auf einen Teil der Materialstärke beschränkt ist

3.6.5
Sprung

Trennung eines fest gefügten Materials ohne Auseinanderbrechen

Anmerkung 1 zum Begriff: Je nach Form, Größe und Anzahl der Sprünge kann ein bestimmter Begriff (z. B. Haarriss, Kreuzriss) verwendet werden.

Anmerkung 2 zum Begriff: Ein Sprung entlang einer Schwachstelle im Material wird auch als Spalt bezeichnet.

Anmerkung 3 zum Begriff: Der deutsche Begriff „Riss" gilt auch für einen Sprung in Gips oder in einer Wand.

3.6.6 **fracture** separation of a solid material into detached parts	**3.6.6** **fracture** séparation d'un matériau solide en parties détachées	**3.6.6** **Bruch** Trennung eines fest gefügten Materials in lose Teile
3.6.7 **tear** separation with irregular edges through the thickness of a visco-elastic material	**3.6.7** **déchirure** séparation présentant des bords irréguliers à travers l'épaisseur d'un matériau viscoélastique	**3.6.7** **Riss** Trennung mit unregelmäßigen Kanten durch die Dicke eines viskoelastischen Materials
3.6.8 **open joint** gap between components of an object which once fitted together	**3.6.8** **joint ouvert** interstice entre des composants d'un bien auparavant assemblés	**3.6.8** **offene Fuge** **offene Verbindung** Lücke zwischen Komponenten eines Objekts, die ursprünglich zusammengefügt waren
3.6.9 **cavity** hollow space within the fabric of an **object** Note 1 to entry: The formation of numerous cavities of various shapes and sizes on stone is called "alveolisation".	**3.6.9** **cavité** trou espace creux à l'intérieur de la structure d'un **bien** Note 1 à l'article : Pour la pierre, la formation de nombreuses cavités de formes et de dimensions variées est appelée « alvéolisation ».	**3.6.9** **Hohlraum** Hohlstelle Hohllage Leerraum im Gefüge eines **Objekts** Anmerkung 1 zum Begriff: Die Bildung zahlreicher Hohlräume unterschiedlicher Form und Größe auf Stein wird als „Alveolisierung" bezeichnet.
3.6.10 **pitting** numerous, densely packed shallow **cavities** on a surface	**3.6.10** **piqûre** **cavités** nombreuses et regroupées de manière dense sur une surface	**3.6.10** **Pitting** Grübchenbildung zahlreiche, dicht angeordnete, flache **Hohlräume** auf einer Oberfläche

E	F	D
3.6.11 **delamination, exfoliation (Syn.)** separation into layers	**3.6.11** **délamination** exfoliation délitage déplacage séparation en couches	**3.6.11** **Delamination** Schichtentrennung Trennung in Schichten
3.6.12 **scale** thin piece of an **object** partly detached parallel to the surface	**3.6.12** **écaille** soulèvement desquamation (pour la pierre) mince fragment d'un **bien** parallèle à la surface et partiellement détaché	**3.6.12** **Scholle** dünnes Teil eines **Objekts,** das parallel zur Oberfläche teilweise abgelöst ist
Note 1 to entry: Scales usually appear as a pattern.	Note 1 à l'article : Les écailles se forment généralement selon un réseau.	Anmerkung 1 zum Begriff: Schollen kommen in der Regel als Muster vor.
3.6.13 **flake** thin piece completely detached from the surface of an **object**	**3.6.13** **écaille** éclat ébréchure épaufrure éclisse mince fragment complètement détaché de la surface d'un **bien**	**3.6.13** **Abplatzung** dünnes Stück, das vollständig von der Oberfläche eines **Objekts** gelöst ist
3.7 Terms for describing biodeterioration	**3.7 Termes pour décrire une biodétérioration**	**3.7 Begriffe zur Beschreibung von biologischer Zerstörung**
3.7.1 **biological colonisation** growth of organisms on or within an **object**	**3.7.1** **colonisation biologique** développement d'organismes sur ou à l'intérieur d'un **bien**	**3.7.1** **biologischer Befall** Wachstum von Organismen auf oder in einem **Objekt**
EXAMPLE Lichen, moss, plant, animals, microorganisms.	EXEMPLES Lichens, mousses, plantes, animaux, micro-organismes.	BEISPIEL Flechten, Moos, Pflanzen, Tiere, Mikroorganismen.

3.7.2 **biofilm** **film** consisting of an aggregation of microorganisms adhering to a surface	**3.7.2** **biofilm** **film** constitué d'une agrégation de micro-organismes adhérant à une surface	**3.7.2** **Biofilm** an der Oberfläche haftender **Film** aus einer Ansammlung von Mikroorganismen
3.7.3 **gallery** channel in an **object** made by an organism	**3.7.3** **galerie** trous d'envol canal creusé par un organisme à l'intérieur d'un **bien**	**3.7.3** **Fraßgang** Gang in einem Objekt, der von einem Organismus verursacht wurde
3.8 Terms for describing chemical alteration	**3.8 Termes pour décrire une modification chimique**	**3.8 Begriffe zur Beschreibung von chemischer Veränderung**
3.8.1 **charred** having degraded or lost material due to contact with fire or heat Note 1 to entry: Depending on the type of organic or inorganic material this can range from a simple change of colour, e.g. blackening or yellowing, to complete combustion (burning).	**3.8.1** **brûlé** dont le matériau est dégradé ou perdu en raison d'un contact avec le feu ou la chaleur Note 1 à l'article : Selon le type de matériau organique ou inorganique, cela peut aller d'un simple changement de couleur, par exemple un noircissement ou un jaunissement, à une combustion complète (carbonisé).	**3.8.1** **verkohlt** angebrannt abgebautes oder verloren gegangenes Material durch Kontakt mit Feuer oder Hitze Anmerkung 1 zum Begriff: Je nach Art des organischen oder anorganischen Materials kann dies von einer einfachen Farbänderung, z. B. Schwärzung oder Vergilbung, bis hin zur vollständigen Verfeuerung (Verbrennung) reichen.
3.8.2 **corroded** exhibiting transformation by chemical reaction with the environment	**3.8.2** **corrodé** présentant des signes de transformation par réaction chimique avec l'environnement	**3.8.2** **korrodiert** durch chemische Reaktion mit der Umgebung umgewandelt

3.8.3

crust

distinct outer layer more or less adherent to the surface of an **object**

3.8.4
efflorescence

accumulation of salt crystals on the surface of an **object**

Note 1 to entry: Sub-efflorescence and crypto-efflorescence are visible when the surface falls apart or away.

3.8.5
patina
aged surface appearance

Note 1 to entry: Patina generally results from natural ageing, typically corrosion. Artificial patina can result from the addition of various substances.

3.8.3

croûte
encroûtement
couche externe distincte adhérant plus ou moins à la surface d'un **bien**

3.8.4
efflorescence

accumulation de cristaux de sel à la surface d'un **bien**

Note 1 à l'article : La sub efflorescence et la crypto-efflorescence sont visibles lorsque la surface tombe ou se désagrège.

3.8.5
patine
aspect vieilli d'une surface

Note 1 à l'article : La patine résulte le plus souvent du vieillissement naturel, généralement de la corrosion. L'ajout de différentes substances peut produire une patine artificielle.

3.8.3

Kruste

ausgeprägte äußere Schicht, die mehr oder weniger an der Oberfläche eines **Objekts** haftet

3.8.4
Ausblühung
Effloreszenz
Ansammlung von Salzkristallen auf der Oberfläche eines **Objekts**

Anmerkung 1 zum Begriff: Bei Subeffloreszenz und Kryptoeffloreszenz handelt es sich um eine Ausblühung, die sichtbar wird, wenn die Oberfläche abbricht.

3.8.5
Patina
gealtertes Oberflächenbild

Anmerkung 1 zum Begriff: Patina entsteht im Allgemeinen durch natürliche Alterung, typischerweise durch Korrosion. Künstliche Patina kann durch Hinzufügen von Material erzeugt worden sein.

Bibliography

Standards

[1] EN 15886:2010, *Conservation of cultural property — Test methods — Colour measurement of surfaces*

[2] EN 15898:2019, *Conservation of cultural heritage — Main general terms and definitions*

[3] EN 16095:2012, *Conservation of cultural property — Condition recording for movable cultural heritage*

[4] EN 16096:2012, *Conservation of cultural property — Condition survey and report of built cultural heritage*

[5] EN 16572:2015, *Conservation of cultural heritage — Glossary of technical terms concerning mortars for masonry, renders and plasters used in cultural heritage*

[6] ISO 1382:2012, *Rubber — Vocabulary*

Bibliographie

Normes

[1] EN 15886:2010, *Conservation des biens culturels — Méthodes d'essai — Mesurage chromatique des surfaces*

[2] EN 15898:2019, *Conservation du patrimoine culturel — Principaux termes généraux et définitions correspondantes*

[3] EN 16095:2012, *Conservation des biens culturels — Constater l'état du patrimoine culturel mobilier*

[4] EN 16096:2012, *Conservation des biens culturels — Évaluation et rapport sur l'état du patrimoine culturel bâti*

[5] EN 16572:2015, *Conservation du patrimoine culturel — Glossaire des termes techniques relatifs aux mortiers de maçonnerie et aux enduits utilisés dans le domaine du patrimoine culturel*

[6] ISO 1382:2012, *Caoutchouc — Vocabulaire*

Literaturhinweise

Normen

[1] EN 15886:2010, *Erhaltung des kulturellen Erbes — Prüfmethoden — Farbmessung von matten Oberflächen*

[2] EN 15898:2019, *Erhaltung des kulturellen Erbes — Allgemeine Begriffe*

[3] EN 16095:2012, *Erhaltung des kulturellen Erbes — Zustandsaufnahme an beweg-lichem Kulturerbe*

[4] EN 16096:2012, *Erhaltung des kulturellen Erbes — Zustandserhebung und Bericht für das gebaute Kulturerbe*

[5] EN 16572:2015, *Erhaltung des kulturellen Erbes — Glossar für Mauermörtel und Putzmörtel zur Verwendung am kulturellen Erbe*

[6] ISO 1382:2012, *Rubber — Vocabulary*

[7] UNI 11182:2006, *Beni culturali — Materiali lapidei naturali e artificiali. Descrizione della forma di alterazione: termini e definizioni*

Glossaries and dictionaries

[8] Horie C.V., Tzanne A. (eds.) *The Conservation Dictionary*. European Community Programme (CONNECT) titled "Development of a multilingual dictionary of conservation/restoration terminology in printed and digital format", Project: No A2/GR.83-SI2.171361, Coordinator TEI of Athens, Partners: Fachhochschule für Technik und Wirtschaft Berlin (FHTW), Instituut Collectie Nederland (ICN), EVTEK Institute of Art and Design. P.K. Net Informatics Ltd., Athens, 2001

[9] Martinez Cabetas C., Rico Martinez L. (eds.) *Diccionario técnico Akal de conservación y restauración de bienes culturales. Español–Alemán–Inglés–Italiano–Francés*. Ediciónes AKAL. 2003

[10] Cobuild C., *Advanced learner's English dictionary*. 4. ed,. HarperCollins, Glasgow. 2004

[7] UNI 11182:2006, *Beni culturali — Materiali lapidei naturali e artificiali. Descrizione della forma di alterazione: termini e definizioni*

Glossaires et dictionnaires

[8] HORIE C.V., TZANNE A. (eds.) *The Conservation Dictionary*. European Community Programme (CONNECT) titled "Development of a multilingual dictionary of conservation/restoration terminology in printed and digital format", Project: No A2/GR.83-SI2.171361, Coordinator TEI of Athens, Partners: Fachhochschule für Technik und Wirtschaft Berlin (FHTW), Instituut Collectie Nederland (ICN), EVTEK Institute of Art and Design. P.K. Net Informatics Ltd., Athens, 2001

[9] MARTINEZ CABETAS C., RICO MARTINEZ L. (eds.) *Diccionario técnico Akal de conservación y restauración de bienes culturales. Español–Alemán–Inglés–Italiano–Francés*. Ediciónes AKAL. 2003

[10] COBUILD C., *Advanced learner's English dictionary*. 4. ed,. HarperCollins, Glasgow. 2004

[7] UNI 11182:2006, *Beni culturali — Materiali lapidei naturali e artificiali. Descrizione della forma di alterazione: termini e definizioni*

Glossare und Wörterbücher

[8] HORIE C.V., TZANNE A. (eds.) *The Conservation Dictionary*. European Community Programme (CONNECT) titled "Development of a multilingual dictionary of conservation/restoration terminology in printed and digital format", Project: No A2/GR.83-SI2.171361, Coordinator TEI of Athens, Partners: Fachhochschule für Technik und Wirtschaft Berlin (FHTW), Instituut Collectie Nederland (ICN), EVTEK Institute of Art and Design. P.K. Net Informatics Ltd., Athens, 2001

[9] MARTINEZ CABETAS C., RICO MARTINEZ L. (eds.) *Diccionario técnico Akal de conservación y restauración de bienes culturales. Español–Alemán–Inglés–Italiano–Francés*. Ediciónes AKAL. 2003

[10] COBUILD C., *Advanced learner's English dictionary*. 4. ed,. HarperCollins, Glasgow. 2004

[11] DORNSEIFF F. *Der deutsche Wortschatz nach Sachgruppen.* De Gruyter, Tübingen. 2010

[12] RESTAURO (ed.) *Restauratoren Fachwörterbuch. A conservators' dictionary. Deutsch, English, Français, Italiano, Español.* Callwey, Munich. 2013

[13] INTERNATIONAL COUNCIL OF MUSEUMS – INTERNATIONAL SCIENTIFIC COMMITTEE FOR STONE (ICOMOS-ISCS) *Illustrated glossary on stone deterioration patterns. Glossaire illustré sur les formes d'altération de la pierre. English-French version; version Anglais-Français.* ICOMOS, Paris. 2008

[14] INTERNATIONAL COUNCIL OF MUSEUMS – INTERNATIONAL SCIENTIFIC COMMITTEE FOR STONE (ICOMOS-ISCS). Illustrated glossary on stone deterioration patterns. Illustriertes Glossar der Verwitterungsformen von Naturstein. English-German Version; Englisch-Deutsche Fassung. ICOMOS, Paris, 2010

[15] POPART – Preservation of plastic artefacts in museum collections. *Damage atlas – Atlas of case studies presenting typical damages.*

[11] DORNSEIFF F. *Der deutsche Wortschatz nach Sachgruppen.* De Gruyter, Tübingen. 2010

[12] RESTAURO (ed.) *Restauratoren Fachwörterbuch. A conservators' dictionary. Deutsch, English, Français, Italiano, Español.* Callwey, Munich. 2013

[13] CONSEIL INTERNATIONAL DES MONUMENTS ET DES SITES – COMITÉ SCIENTIFIQUE INTERNATIONAL DE LA PIERRE (ICOMOS-ISCS) *Illustrated glossary on stone deterioration patterns. Glossaire illustré sur les formes d'altération de la pierre. English-French version; version Anglais-Français.* ICOMOS, Paris. 2008

[14] INTERNATIONAL COUNCIL OF MUSEUMS – INTERNATIONAL SCIENTIFIC COMMITTEE FOR STONE (ICOMOS-ISCS). Illustrated glossary on stone deterioration patterns. Illustriertes Glossar der Verwitterungsformen von Naturstein. English-German Version; Englisch-Deutsche Fassung. ICOMOS, Paris, 2010

[15] POPART – Preservation of plastic artefacts in museum collections. *Damage atlas – Atlas of case studies presenting typical damages.*

[11] DORNSEIFF F. *Der deutsche Wortschatz nach Sachgruppen.* De Gruyter, Tübingen. 2010

[12] RESTAURO (ed.) *Restauratoren Fachwörterbuch. A conservators' dictionary. Deutsch, English, Français, Italiano, Español.* Callwey, Munich. 2013

[13] INTERNATIONAL COUNCIL OF MUSEUMS – INTERNATIONAL SCIENTIFIC COMMITTEE FOR STONE (ICOMOS-ISCS) *Illustrated glossary on stone deterioration patterns. Glossaire illustré sur les formes d'altération de la pierre. English-French version; version Anglais-Français.* ICOMOS, Paris. 2008

[14] INTERNATIONAL COUNCIL OF MUSEUMS – INTERNATIONAL SCIENTIFIC COMMITTEE FOR STONE (ICOMOS-ISCS). Illustrated glossary on stone deterioration patterns. Illustriertes Glossar der Verwitterungsformen von Naturstein. English-German Version; Englisch-Deutsche Fassung. ICOMOS, Paris, 2010

[15] POPART – Preservation of plastic artefacts in museum collections. *Damage atlas – Atlas of case studies presenting typical damages.*

[16] DOBRUSSKIN B., GLAUS K., ROSSTON J. F., MENTZEL E. *Katalog der Schadensbilder – Spuren und Phänomene an Kunst und Kulturgut – Papier. Catalogue of Damage Terminology for Works of Art and Cultural Property – Paper.* Hochschule der Künste Bern. 2012

[17] GFELLER J., JARCZYK A., PHILLIPS J. *Kompendium der Bildstörungen beim analogen Video, Compendium of Image Errors in Analogue Video.* Schweizerisches Institut für Kunstwissenschaft SIK-ISEA (ed.), KUNSTmaterial 2. Scheidegger & Spiess, Zurich. 2012

[18] WEYER A., ROIG PICAZO P., POP D., CASSAR J., ÖZKÖSE A., VALLET J.-M., SRSA I. (Eds.) *EwaGlos. European illustrated glossary of conservation terms for wall paintings and architectural surfaces. English definitions with translations into Bulgarian, Croatian, French, German, Hungarian, Italian, Polish, Romanian, Spanish and Turkish.* Hornemann Institut. Michael Imhof Verlag, Petersberg. 2016

[19] BERGEON-LANGLE S., CURIE P., *Peinture et dessin – Vocabulaire typologique et technique*, Paris, Éditions du Patrimoine, Paris. 2009

[16] DOBRUSSKIN B., GLAUS K., ROSSTON J. F., MENTZEL E. *Katalog der Schadensbilder – Spuren und Phänomene an Kunst und Kulturgut – Papier. Catalogue of Damage Terminology for Works of Art and Cultural Property – Paper.* Hochschule der Künste Bern. *2012*

[17] GFELLER J., JARCZYK A., PHILLIPS J. *Kompendium der Bildstörungen beim analogen Video, Compendium of Image Errors in Analogue Video.* Schweizerisches Institut für Kunstwissenschaft SIK-ISEA (ed.), KUNSTmaterial 2. Scheidegger & Spiess, Zurich. 2012

[18] WEYER A., ROIG PICAZO P., POP D., CASSAR J., ÖZKÖSE A., VALLET J.-M., SRSA I. (Eds.) *EwaGlos. European illustrated glossary of conservation terms for wall paintings and architectural surfaces. English definitions with translations into Bulgarian, Croatian, French, German, Hungarian, Italian, Polish, Romanian, Spanish and Turkish.* Hornemann Institut. Michael Imhof Verlag, Petersberg. 2016

[19] BERGEON-LANGLE S., CURIE P., *Peinture et dessin – Vocabulaire typologique et technique*, Paris, Éditions du Patrimoine, Paris. 2009

[16] DOBRUSSKIN B., GLAUS K., ROSSTON J. F., MENTZEL E. *Katalog der Schadensbilder – Spuren und Phänomene an Kunst und Kulturgut – Papier. Catalogue of Damage Terminology for Works of Art and Cultural Property – Paper.* Hochschule der Künste Bern. 2012

[17] GFELLER J., JARCZYK A., PHILLIPS J. *Kompendium der Bildstörungen beim analogen Video, Compendium of Image Errors in Analogue Video.* Schweizerisches Institut für Kunstwissenschaft SIK-ISEA (ed.), KUNSTmaterial 2. Scheidegger & Spiess, Zurich. 2012

[18] WEYER A., ROIG PICAZO P., POP D., CASSAR J., ÖZKÖSE A., VALLET J.-M., SRSA I. (Eds.) *EwaGlos. European illustrated glossary of conservation terms for wall paintings and architectural surfaces. English definitions with translations into Bulgarian, Croatian, French, German, Hungarian, Italian, Polish, Romanian, Spanish and Turkish.* Hornemann Institut. Michael Imhof Verlag, Petersberg. 2016

[19] BERGEON-LANGLE S., CURIE P., *Peinture et dessin – Vocabulaire typologique et technique*, Paris, Éditions du Patrimoine, Paris. 2009

[20] GRIMMER A. E. *A glossary of historic Masonry Deterioration Problems and Preservation Treatments*. Department of the Interior National Park service Preservation assistance Division, USA. 1984	[20] GRIMMER A. E. *A glossary of historic Masonry Deterioration Problems and Preservation Treatments*. Department of the Interior National Park service Preservation assistance Division, USA. 1984	[20] GRIMMER A. E. *A glossary of historic Masonry Deterioration Problems and Preservation Treatments*. Department of the Interior National Park service Preservation assistance Division, USA. 1984
[21] FITZNER B.; HEINRICHS K.; KOWANATZKI R.; Weathering forms at natural stone monuments – classification, mapping and evaluation. Verwitterungsformen an Natursteinbauwerken – Klassifizierung, Kartierung und Auswertung. *Restoration of Buildings and Monuments*, 1997, 3, pp. 105–124.	[21] FITZNER B.; HEINRICHS K.; KOWANATZKI R.; Weathering forms at natural stone monuments – classification, mapping and evaluation. Verwitterungsformen an Natursteinbauwerken – Klassifizierung, Kartierung und Auswertung. *Restoration of Buildings and Monuments*, 1997, 3, pp. 105–124.	[21] FITZNER B.; HEINRICHS K.; KOWANATZKI R.; Weathering forms at natural stone monuments – classification, mapping and evaluation. Verwitterungsformen an Natursteinbauwerken – Klassifizierung, Kartierung und Auswertung. *Restoration of Buildings and Monuments*, 1997, 3, pp. 105–124.
[22] CNR-ICR *Normal 1/88: Alterazioni macroscopiche dei materiali lapidei: lessico*. Rome, 1988.	[22] CNR-ICR *Normal 1/88: Alterazioni macroscopiche dei materiali lapidei: lessico*. Rome, 1988.	[22] CNR-ICR *Normal 1/88: Alterazioni macroscopiche dei materiali lapidei: lessico*. Rome, 1988.
[23] GETTY CONSERVATION INSTITUTE AND ISRAELI ANTIQUITIES AUTHORITY. *Illustrated Glossary: Mosaics in Situ Project: Definitions of Terms Used for the Graphic Documentation of in Situ Floor Mosaics*. Getty Conservation Institute, Los Angeles. 2003	[23] GETTY CONSERVATION INSTITUTE AND ISRAELI ANTIQUITIES AUTHORITY. *Illustrated Glossary: Mosaics in Situ Project: Definitions of Terms Used for the Graphic Documentation of in Situ Floor Mosaics*. Getty Conservation Institute, Los Angeles. 2003	[23] GETTY CONSERVATION INSTITUTE AND ISRAELI ANTIQUITIES AUTHORITY. *Illustrated Glossary: Mosaics in Situ Project: Definitions of Terms Used for the Graphic Documentation of in Situ Floor Mosaics*. Getty Conservation Institute, Los Angeles. 2003

[24] INTERNATIONAL CENTRE FOR THE STUDY OF THE PRESERVATION AND RESTORATION OF CULTURAL PROPERTY (ICCROM) *GRADOC – Graphic documentation, systems in mural painting conservation*. Schmid W. (ed.). ICCROM, Rome. 2000

[25] FERRARI D., LARESE A., MECONCELLI NOTARIANNI G., VERITA M., *Glossario del Vetro*. Traduzione inglese David B. Whitehouse.

[26] FRANKE L., SCHUMANN I., VAN HESS R., VAN DER KLUGT L., NALDINI S., BINDA L., BARONIO G., VAN BALEN K., MATEUS J., *Damage atlas, Classification of damage patterns found in brick masonry*. Protection and Conservation of European Cultural Heritage, Research Report European Commission, no. 8, vol. 2. Frauenhofer IRB Verlag, Stuttgart. 1998

Websites

[27] Art and Archaeology Technical Abstracts (AATA) – Getty Edu, http://aata.getty.edu/Home

[24] CENTRE INTERNATIONAL D'ÉTUDES POUR LA CONSERVATION ET LA RESTAURATION DES BIENS CULTURELS (ICCROM) GRADOC – *Graphic documentation, systems in mural painting conservation*. Schmid W. (ed.). ICCROM, Rome. 2000

[25] FERRARI D., LARESE A., MECONCELLI NOTARIANNI G., VERITA M., *Glossario del Vetro*. Traduzione inglese David B. Whitehouse.

[26] FRANKE L., SCHUMANN I., VAN HESS R., VAN DER KLUGT L., NALDINI S., BINDA L., BARONIO G., VAN BALEN K., MATEUS J., *Damage atlas, Classification of damage patterns found in brick masonry*. Protection and Conservation of European Cultural Heritage, Research Report European Commission, no. 8, vol. 2. Frauenhofer IRB Verlag, Stuttgart. 1998

Sites Internet

[27] Art and Archaeology Technical Abstracts (AATA) – Getty Edu, http://aata.getty.edu/Home

[24] INTERNATIONAL CENTRE FOR THE STUDY OF THE PRESERVATION AND RESTORATION OF CULTURAL PROPERTY (ICCROM) *GRADOC – Graphic documentation, systems in mural painting conservation*. Schmid W. (ed.). ICCROM, Rome. 2000

[25] FERRARI D., LARESE A., MECONCELLI NOTARIANNI G., VERITA M., *Glossario del Vetro*. Traduzione inglese David B. Whitehouse.

[26] FRANKE L., SCHUMANN I., VAN HESS R., VAN DER KLUGT L., NALDINI S., BINDA L., BARONIO G., VAN BALEN K., MATEUS J., *Damage atlas, Classification of damage patterns found in brick masonry*. Protection and Conservation of European Cultural Heritage, Research Report European Commission, no. 8, vol. 2. Frauenhofer IRB Verlag, Stuttgart. 1998

Websites

[27] Art and Archaeology Technical Abstracts (AATA) – Getty Edu, http://aata.getty.edu/Home

Index

DIN CEN/TS 17135:2021-02

Index

Stichwortverzeichnis

S

V

W

Z

Bestandserhaltung allgemein

Juli 2019

DIN SPEC 67701

ICS 01.140.20

Information und Dokumentation – Bestandserhaltung für Archive und Bibliotheken

Information and documentation –
Collections management for archives and libraries

Information et documentation –
Gestion des collections pour les archives et les bibliothèques

Zur Erstellung einer DIN SPEC können verschiedene Verfahrensweisen herangezogen werden:
Das vorliegende Dokument wurde nach den Verfahrensregeln eines Fachberichts erstellt.

Gesamtumfang 78 Seiten

DIN-Normenausschuss Information und Dokumentation (NID)

DIN SPEC 67701:2019-07

Inhalt

DIN SPEC 67701:2019-07

DIN SPEC 67701:2019-07

Vorwort

Dieses Dokument wurde vom Arbeitsausschuss NA 009-00-14 AA „Bestandserhaltung in Archiven und Bibliotheken“ im DIN-Normenausschuss Information und Dokumentation (NID) erarbeitet.

Dieses Dokument stimmt sachlich mit den Festlegungen des internationalen Dokuments ISO/TR 19814:2017, *Information and documentation — Collections management for archives and libraries*, überein, das vom Technischen Komitee ISO/TC 46 „Information and documentation“, Unterkomitee SC 10 „Requirements for document storage and conditions for preservation“ unter Beteiligung deutscher Experten aus dem Arbeitsausschuss NA 009-00-14 AA „Bestandserhaltung in Archiven und Bibliotheken“ im DIN-Normenausschuss Information und Dokumentation (NID) erarbeitet wurde.

Dieses Dokument weist folgende Abweichungen gegenüber ISO/TR 19814:2017 auf:

a) Abschnitt „Normative Verweisungen“ aufgenommen;

b) sofern für zitierte ISO-Dokumente nationale Normen existieren, wurde auf diese verwiesen;

c) Abschnitt Begriffe wurde vollständig überarbeitet, Definitionen für Begriffe wurden erweitert bzw. neu aufgenommen ;

d) zum besseren Verständnis wurden Texte ergänzt, aktualisiert und gestrichen und normative Verweisungen und Literaturhinweise aufgenommen, angepasst und ergänzt.

Dieses Dokument ist dafür vorgesehen, zusammen mit DIN ISO 11799 und ISO/TR 19815[1] angewendet zu werden.

DIN SPEC sind nicht Bestandteil des Deutschen Normenwerks.

Es wird auf die Möglichkeit hingewiesen, dass einige Elemente dieses Dokuments Patentrechte berühren können. DIN ist nicht dafür verantwortlich, einige oder alle diesbezüglichen Patentrechte zu identifizieren.

1 Die Übernahme des ISO/TR 19815 als DIN SPEC 67702 ist in Vorbereitung.

1 Anwendungsbereich

Dieses Dokument gibt eine Anleitung und Empfehlung für die Planung, die Umsetzung, das Weiterführen und die Verbesserung von Bestandserhaltungsmaßnahmen an Archiv- und Bibliotheksbeständen in Form von:

— Empfehlungen und Anleitungen für die Vorbereitung von Bestandserhaltungsmaßnahmen und das laufende Management von physischen Beständen in Archiven und Bibliotheken;

— Verfahrensweisen zum Management von Beständen in den Magazinen, Forschungs- und Lesesälen, technischen Werkstätten, auf Ausstellungen sowie während des Transports;

— Anleitungen und Empfehlungen für geeignete Schutzverpackungen für Archiv- und Bibliotheksbestände.

Dieses Dokument gilt für die Erhaltung von physischen Archiv- und Bibliotheksbeständen von Institutionen mit Beständen jeder Größe. Es gilt für alle Bestände, die in einer Institution aufbewahrt werden, d. h. für ihre eigenen Bestände und ebenso für Dauerleihgaben oder Leihgaben von anderen Institutionen. In diesem Kontext enthält es zudem Informationen zu digitalen, d. h. digital erzeugten oder digitalisierten Beständen.

Dieses Dokument gilt auch für Bestände staatlicher Behörden.

Diese Anleitung und Empfehlung ist für Bestände vorgesehen, die dauerhaft aufbewahrt werden.

Beim Management von dauerhaft aufzubewahrenden Beständen müssen Risiken wie Verluste, einschließlich Katastrophenschäden durch Brände und Überschwemmungen, Vandalismus und Diebstahl bis hin zu materialimmanenten Schäden, wie beispielsweise bei Acetatfilmmaterial und säurehaltigem Papier, minimiert werden. Das Bestandsmanagement behandelt die Risiken aus einer ganzheitlichen Perspektive. Es wird anerkannt, dass auch aufgrund der unterschiedlichen Bestandsgrößen Kompromisse notwendig sind. Die Kompromisse sind vertretbar, wenn die Faktoren Nutzung, Bedeutung und Zustand der Bestände sowie die Fachkenntnisse und bewährten Verfahren aus mehreren Fachgebieten in den Entscheidungsprozess einbezogen werden.

Dieses Dokument behandelt speziell die Abläufe, die für das Management des Bestandsumfeldes erforderlich und für die Erhaltungsstrategie sowie die Planung der Institution maßgebend sind. Diese umfassen die Überwachung der Klimastabilität, die Steuerung der Lichtexposition, vorbeugende Reinigungsmaßnahmen der Bestände, deren Schutzverpackung und die Reinigung der Magazinbereiche.

Dieses Dokument behandelt nicht die Konservierung einzelner Objekte innerhalb von Beständen.

2 Normative Verweisungen

Die folgenden Dokumente werden im Text in solcher Weise in Bezug genommen, dass einige Teile davon oder ihr gesamter Inhalt Anforderungen des vorliegenden Dokuments darstellen. Bei datierten Verweisungen gilt nur die in Bezug genommene Ausgabe. Bei undatierten Verweisungen gilt die letzte Ausgabe des in Bezug genommenen Dokuments (einschließlich aller Änderungen).

DIN 15551-3, *Strahlungsempfindliche Filme — Zellhornfilm — Teil 3: Begriffe, Eigenschaften, Handhabung und Lagerung*

DIN 15549:2016-04, *Bild-Aufzeichnungsmaterialien — Materialien für Fotografien — Beschaffenheit von Aufbewahrungsmitteln*

DIN 31644, *Information und Dokumentation — Kriterien für vertrauenswürdige digitale Langzeitarchive*

DIN 32701, *Information und Dokumentation — Prüfung der Wirksamkeit von Mengenverfahren zur Papierentsäuerung anhand eines Testpapiers*

DIN SPEC 67701:2019-07

DIN 67700:2017-05, *Bau von Bibliotheken und Archiven — Anforderungen und Empfehlungen für die Planung*

DIN EN 10139, *Kaltband ohne Überzug aus weichen Stählen zum Kaltumformen — Technische Lieferbedingungen*

DIN EN 15095, *Kraftbetriebene verschiebbare Paletten- und Fachbodenregale, Umlaufregale und Lagerlifte — Sicherheitsanforderungen*

DIN EN 15898, *Erhaltung des kulturellen Erbes — Allgemeine Begriffe*

DIN EN 16242, *Erhaltung des kulturellen Erbes — Verfahren und Geräte zur Messung der Luftfeuchte und des Austausches von Feuchtigkeit zwischen Luft und Kulturgut*

DIN EN 16790, *Erhaltung des kulturellen Erbes — Integrierte Schädlingsbekämpfung (IPM) zum Schutz des kulturellen Erbes*

DIN EN ISO 9706, *Information und Dokumentation — Papier für Schriftgut und Druckerzeugnisse — Voraussetzungen für die Alterungsbeständigkeit*

DIN ISO 11798, *Information und Dokumentation — Alterungsbeständigkeit von Schriften, Drucken und Kopien auf Papier — Anforderungen und Prüfverfahren*

DIN ISO 11799:2005-06, *Information und Dokumentation — Anforderungen an die Aufbewahrung von Archiv- und Bibliotheksgut (ISO 11799:2003)*(zurückgezogen)

DIN ISO 16245:2012-05, *Information und Dokumentation — Schachteln, Archivmappen und andere Umhüllungen aus zellulosehaltigem Material für die Lagerung von Schrift- und Druckgut aus Papier und Pergament (ISO 16245:2009)*

DIN ISO 18906, *Bild-Aufzeichnungsmaterialien — Fotografische Filme — Festlegungen für den Sicherheitsfilm*

E DIN ISO 18934, *Bild-Aufzeichnungsmaterialien — Lagerungsbedingungen für die Archivierung von Beständen mit unterschiedlichen Medien*

ISO 5127:2017, *Information and documentation — Foundation and vocabulary*

ISO 15489-1, *Information and documentation — Records management — Part 1: Concepts and principles*

ISO 18911; *Imaging materials — Processed safety photographic films — Storage practices*

ISO 18933, *Imaging materials — Magnetic tape — Care and handling practices for extended usage*

BGR 234, DGUV-Regel 108-107, BG-Regel — *Lagereinrichtungen und -geräte*[2]

PD 5454:2012, *Guide for the storage and exhibition of archival materials*[3]

3 Begriffe

Für die Anwendung dieses Dokuments gelten die in ISO 5127:2017 und DIN EN 15898 angegebenen sowie die folgenden Begriffe.

2 Zu beziehen bei: Wolters Kluwer Deutschland GmbH, Luxemburger Straße 449, 50939 Köln.

3 Zu beziehen bei: Beuth Verlag GmbH, 10772 Berlin.

DIN und DKE stellen terminologische Datenbanken für die Verwendung in der Normung unter den folgenden Adressen bereit:

— DIN-TERMinologieportal: verfügbar unter https://www.din.de/go/din-term

— DKE-IEV: verfügbar unter http://www.dke.de/DKE-IEV

3.1
Übernahme
Organisation und Durchführung aller Prozesse, die zur Aufnahme eines Objekts oder einer Gruppe von Objekten in die Bestände eines Archivs oder einer Bibliothek führen

3.2
alterungsbeständiges Material
Material, das für eine unbegrenzte Aufbewahrung vorgesehen ist und dessen wesentliche Gebrauchseigenschaften sich dabei nicht oder nur geringfügig verändern und das keinen Schaden verursacht, wenn es mit *Objekten* (3.4) in Berührung kommt, oder deren Eigenschaften verändert

3.3
Archiv
Organisation oder Teil einer Organisation, die für die Auswahl, die Übernahme, die Erhaltung und die Verfügbarkeit von Archivgut verantwortlich ist

3.4
Objekt
kleinste intellektuell unteilbare Aufbewahrungseinheit oder zusammenhängende Aufzeichnung gleicher Herkunft, die von der Geschäftsführung einer Organisation oder der Tätigkeit einer Person stammt und die aufgrund gesetzlicher Vorschriften oder ihres nachhaltigen Werts dauerhaft aufbewahrt wird.

Anmerkung zum Begriff Hier wird die Bezeichnung „Objekt" für die gesamte Vielfalt von Archiv- und Bibliotheksgut verwendet.

3.5
Konservierung
Interventionsverfahren, die angewendet werden, um eine *Schädigung* (3.10) eines *Objekts* (3.4) zu verhindern, aufzuhalten oder zu verzögern

Anmerkung zum Begriff Konservierung umfasst *präventive Konservierung* (3.6), *stabilisierende Konservierung* (3.7) und *Restaurierung* (3.8).

3.6
präventive Konservierung
Vorkehrungen und Maßnahmen zur Vermeidung oder Minimierung von künftigem Schaden, Abbau und Verlust und folglich invasivem Eingriff

Anmerkung zum Begriff Im Bereich beweglichen Kulturerbes ist präventive Konservierung im Allgemeinen indirekt; d. h. diese Vorkehrungen und Maßnahmen werden in der unmittelbaren Umgebung des Objekts durchgeführt.

3.7
stabilisierende Konservierung
Maßnahmen, die direkt an einem Objekt vorgenommen werden, um weiteren Abbau zu verhindern und/oder Schaden zu begrenzen

DIN SPEC 67701:2019-07

3.8
Restaurierung
Maßnahmen an einem stabilen oder stabilisierten Objekt, die darauf abzielen, seine Wertschätzung, sein Verständnis und/oder seine Benutzung zu erleichtern, wobei seine Bedeutung sowie die vorgefundenen Techniken und Materialien respektiert werden

Anmerkung 1 zum Begriff In einigen Professionen, speziell im Bereich des ortsfesten Kulturerbes, deckt der Begriff „Restaurierung" traditionell die gesamte Konservierung-Restaurierung ab.

Anmerkung 2 zum Begriff Stabilisierende Konservierung wird oft gleichzeitig mit Restaurierung ausgeführt.

3.9
Erhaltungszustand
physische Beschaffenheit eines Objektes zu einem bestimmten Zeitpunkt

Anmerkung zum Begriff Die Bewertung des Zustands eines Objektes hängt vom Kontext ab und damit von dem Grund, dessentwegen sie durchgeführt wird.

3.10
Schädigung
schrittweiser Abbau und mögliche endgültige Zerstörung von Objekten, der/die durch eine Beschädigung inhärenter Eigenschaften oder durch eine Wechselwirkung mit Umgebungseinflüssen hervorgerufen wird

3.11
Gefährdung
Quelle einer möglichen *Schädigung* (2.10)

[QUELLE: ISO Guide 73:2009, 3.5.1.4]

3.12
Bestand
Objekte gleicher ursprünglicher Herkunft oder zu einem gleichen Thema oder Sachgruppe innerhalb eines Archivs oder einer Bibliothek; die innere Ordnung (Tektonik) der einzelnen Objekte in den Archiven und Bibliotheken erfolgt nach Beständen

3.13
Bestandsmanagement
Gesamtheit der Tätigkeiten in einem Archiv oder Bibliothek zur Verwahrung, Erhaltung und Nutzung von dauerhaft aufzubewahrenden Objekten

3.14
Zugangsbearbeitung
getroffene erste Maßnahmen im Rahmen des Bestandsmanagements, um neu übernommene Objekte und Bestände in den Gesamtbestand eines Archivs oder einer Bibliothek einzuarbeiten

3.15
Schutzverpackung
Maßnahme der präventiven Konservierung, um Objekte vor exogenen Schädigungen mit einer geeigneten alterungsbeständigen Umhüllung dauerhaft zu schützen

3.16
Bibliothek
Organisation oder Teil einer Organisation, deren Hauptziel darin besteht, die Nutzung von Informationsressourcen, -diensten und -einrichtungen zu ermöglichen, die erforderlich sind, um die Bedürfnisse ihrer Nutzer hinsichtlich Informationen, Forschung, Bildung, Kultur oder Erholung zu befriedigen

3.17
Eigentumskennzeichen
eindeutiges Erkennungszeichen des Eigentümers auf dem Objekt oder auf der dazugehörigen Schutzverpackung

3.18
Bestandserhaltung
sämtliche Maßnahmen, einschließlich finanzieller und strategischer Entscheidungen, die getroffen werden, um die Unversehrtheit von Objekten oder Beständen dauerhaft aufrechtzuerhalten

3.19
Bestandserhaltungsstrategie
Gesamtheit der Grundsätze und Methoden der Bestandserhaltung, die die Vorgehensweise zur Erreichung eines langfristigen Ziels oder Gesamtziels bestimmen

3.20
Bestandserhaltungsplanung
Prozess der Vorbereitung eines detaillierten Vorschlags zu Bestandserhaltungsmaßnahmen, was zu tun oder wie etwas zu erreichen ist

3.21
Radiofrequenz-Identifikation
RFID
Technologie zur berührungsfreien Verfolgung und Identifizierung von Objekten zur Einhaltung der Sicherheit und zur Bewegungsverfolgung

3.22
Konversion
Erstellen einer neuen Repräsentation vom Originalobjekt durch Digitalisierung, Reproduktion oder Schutzverfilmung

3.23
Schutzkopie
Anfertigung einer neuen Repräsentation vom Originalobjekt, um dieses, insbesondere bei einer Nutzung oder Ausstellung, zu ersetzen und damit zu schützen, deren Format oder der Aufbau sich vom ursprünglichen Format oder dem ursprünglichen Aufbau unterscheiden kann

3.24
Reversibilität
Ausmaß, in dem eine Behandlung rückgängig gemacht werden kann ohne Beschädigung des Objekts

3.25
Risiko
Auswirkung von Unsicherheit auf Ziele

[QUELLE: DIN ISO 31000:2018-10, 3.1 – modifiziert: Anmerkung gestrichen]

3.26
Risikomanagement
koordinierte Aktivitäten zur Minimierung von *Risiken* (3.25)

[QUELLE: DIN ISO 31000:2018-10, 3.2]

DIN SPEC 67701:2019-07

3.27
Magazin
Bereich in Archiven und Bibliotheken, in dem die Objekte und Bestände unter kontrollierten Bedingungen dauerhaft aufbewahrt werden

3.28
Behandlung
direkte Maßnahme zur *Bestandserhaltung* (3.18), die an einem *Objekt* (3.4) oder an einem *Bestand* (3.12) durchgeführt wird

3.29
Schadenspotential
intrinsisches Merkmal, das zu einer *Schädigung* (3.10) an einem Objekt und Bestand führen kann und damit negative Auswirkung auf die dauerhafte Erhaltung hat

[QUELLE: ISO Guide 73:2009, 3.6.1.6]

4 Bestandsmanagement im Kontext der Bestandserhaltungsstrategie

4.1 Verfahren des Bestandsmanagements

4.1.1 Allgemeines

Eine Bestandserhaltungsstrategie und die Planung der Bestandserhaltung sind entscheidend für die dauerhafte Erhaltung von Beständen in Archiven, Bibliotheken und anderen kulturellen Institutionen. Das Bestandsmanagement ist Bestandteil der Bestandserhaltungsstrategie und der Planung und somit in die Ziele und Aufgaben der Institution eingebunden.

Festgelegte Abläufe zum Bestandsmanagement, die vom gesamten Personal befolgt werden, sind entscheidend, um die Planungen zur Bestandserhaltung in Archiven und Bibliotheken umzusetzen und abzusichern.

Ein wissenschaftlicher und technischer Austausch mit anderen Bereichen der Erhaltung des kulturellen Erbes ist ratsam, um redundante Bestandserhaltungsmaßnahmen zu vermeiden.

4.1.2 Schulung des Personals

Alle Mitarbeiter, die für die Erhaltung und Benutzung von Beständen in Archiven, Bibliotheken und sonstigen kulturellen Institutionen verantwortlich sind, sollten über ihre Rolle und über die Grundsätze der Erhaltung der ihnen anvertrauten Objekte und Arten von Beständen informiert werden.

Jeder Mitarbeiter sollte bezüglich der Umsetzung des Notfallplans für die Bestände unterwiesen und geschult werden.

Die für die Anleitung anderer Mitarbeiter bezüglich der Betreuung von Beständen Verantwortlichen sollten speziell im Bestandsmanagement geschult werden, um die Anforderungen an die Erhaltung von Beständen und andere vorrangige Maßnahmen festzulegen und um Planungen zur Bestandserhaltung vorzubereiten sowie umzusetzen.

Diese Schulung kann etwa die Vermittlung von Kenntnissen über die jeweilige Gesetzgebung zum kulturellen Erbe, über die geltenden Normen zur Bestandserhaltung und über die Grundsätze und professionellen Techniken sowie über die Maßnahmen zur Bestandserhaltung beinhalten.

Die Schulung und Erfahrung des Personals sollte den Arten der Objekte in den Beständen und deren Bedeutung entsprechen. Die Schulung und Erfahrungen sollten Techniken für individuelle und serielle

Maßnahmen an den entsprechenden Beständen umfassen. Darüber hinaus sollte die Schulung auch chemische oder biologische Gesundheitsrisiken durch die Behandlung von Beständen einschließen.

Die fortlaufende Schulung bezüglich der Bestandserhaltung sollte in die Bestandserhaltungsstrategie aufgenommen werden.

4.1.3 Schulung externer Nutzer

Nutzer, Auftragnehmer, Ehrenamtliche und sonstige Personen, die Umgang mit Objekten aus den Beständen haben, sollten mit einfachen Informationen oder einer Schulung über die Erhaltung und die Leitlinien für den Umgang mit den Beständen ausgestattet werden. Das kann in Form von Merkblättern oder durch direkte Informationen vor Ort, wo mit Beständen umgegangen wird, erfolgen.

4.2 Bestandserhaltungsstrategie

4.2.1 Allgemeines

Eine formelle Bestandserhaltungsstrategie ist für das Bestandsmanagement entscheidend. Sie soll sicherstellen, dass sich alle Mitarbeiter und Verantwortungsträger ihrer Verantwortung für die Erhaltung der Bestände bewusst sind. Die Bestandserhaltungsstrategie ist ein Leitfaden für Mitarbeiter und Verantwortungsträger bezüglich geeigneter Maßnahmen, welche die Erhaltung von Beständen auf der Grundlage von Fachkenntnissen aus der Konservierung und Restaurierung sicherstellen. In einer die Bestandserhaltungsstrategie begleitenden Anleitung können Auswirkungen und Folgen einer Abweichung von der Strategie erläutert werden.

Die Bestandserhaltungsstrategie kann Folgendes umfassen: Regelungen zur Sicherheit und zum Umgang mit Beständen, Regelungen zu Ausstellung und Leihe, Transportregelungen sowie betriebliche Regeln für die Aufbewahrungsorte von Beständen, einschließlich Regelungen für die Reinigung. Darüber hinaus sollten Entscheidungen über den Erwerb, die Um- oder Verlagerung und über Leihgaben sowie über Konservierung/Restaurierung der Bestandserhaltungsstrategie der Institution entsprechen.

ANMERKUNG Regelungen, die das Rauchen, Essen und Trinken in allen Bereichen, in denen Bestände verwahrt oder genutzt werden, verbieten, sind eine vorrangige Beschränkung. Rauchen hinterlässt Teer- und Nikotinablagerungen. Speisen und Getränke ziehen Insekten und Nagetiere an, hinterlassen Rückstände, die zur Oberflächenverschmutzung führen, und stellen, wenn sie verschüttet werden, eine direkte Gefahr für die Bestände und die Ausstattung dar.

4.2.2 Dokumentation der Bestandserhaltungsstrategie und von Bestandserhaltungsmaßnahmen

Festgelegte Abläufe zum Bestandsmanagement, die vom gesamten Personal befolgt werden, sind entscheidend, um die Planung zur Bestandserhaltung in Archiven und Bibliotheken umzusetzen und abzusichern. Es ist ratsam, dass diese Verfahrensweisen in Form von Regelungen oder einer Anleitung dokumentiert und für die Zeit ihrer Gültigkeit dauerhaft gepflegt werden.

Die Dokumentation zur Bestandserhaltung sollte getroffene Entscheidungen einschließen, die sich auf die Erhaltung der Bestände auswirken können.

In der Dokumentation sollten das Datum der Entscheidung und der Name sowie die Funktion der Person, die die Entscheidung getroffen hat, angegeben werden. Weiterhin sollte festgehalten werden, unter welcher Zuständigkeit die Entscheidungen über die Verfahrensweisen zur Aufzeichnung, Weitergabe, Leihe, Erhaltung oder Konservierung/Restaurierung getroffen worden sind.

Die Aufzeichnung von Maßnahmen, die sich auf die Erhaltung der Bestände auswirken, kann Folgendes umfassen:

a) eine Dokumentation des Erhalts/der Übernahme/Katalogisierung, von Umlagerungen oder Entscheidungen über die Aussonderung entsprechend der Strategie oder den Regelungen der Institution;

DIN SPEC 67701:2019-07

b) eine Dokumentation von Konservierungs-/Restaurierungsmaßnahmen sowie von präventiven Maßnahmen, einschließlich Maßnahmen zur Behandlung von Schimmel- oder Insektenbefall, von Ausleihen und Leihfristen sowie zu Lagerungsorten für einzelne Objekte;

c) eine Dokumentation von Bestandserhaltungsmaßnahmen, einschließlich Klimadaten und Spezifikationen für verwendete Materialien, die mit den Beständen in Berührung kommen.

4.2.3 Eigentums- und Übernahmeformalitäten

In einer bestandsbezogenen Akte (Bestandsakte) werden die für den Erwerb oder die Um- oder Verlagerung von Beständen maßgebenden Angaben aufbewahrt.

Alle in die Bestände aufgenommenen Objekte sollten inventarisiert, eindeutig identifiziert und mit einer Angabe ihres Erhaltungszustands und Lagerungsortes beschrieben werden.

Bereits vorhandene Nummern, Regalpositionen oder Inventarnummern sollten nicht entfernt werden.

Bei der Identifizierung und Beschreibung eines Objektes sollten die für die Institution maßgebenden Regeln und Bezeichnungen angewendet werden.

In die Bestände aufgenommene bedeutsame Objekte sollten auf der Grundlage des Auftrags, ihres historischen oder erwerbsbestimmten Wertes identifiziert und mit einer entsprechenden Zustandsbewertung und einem Sicherheitsschutz versehen werden.

Es wird empfohlen, dass bedeutsame Objekte bei jedem Standortwechsel oder der Übertragung der Zuständigkeit mit einer Unterschrift übergeben werden.

Eine Liste dieser bedeutsamen Objekte kann für die Notfallplanung an einem sicheren Ort aufbewahrt werden. Um die Aktualität der Sicherheitsvorkehrungen sicherzustellen, ist die Liste jährlich oder wenn sich die Geschäftsführung ändert, gemeinsam zu verifizieren.

Es wird empfohlen, Bestände des kulturellen Erbes regelmäßig zu überprüfen und gänzlich zu inventarisieren. Dies kann zusammen mit einer Beurteilung ihres Zustands erfolgen.

Die Überprüfung oder Bestandsaufnahme sollte von mindestens zwei Personen bestätigt werden.

4.2.4 Eigentumskennzeichnung

4.2.4.1 Allgemeines

Es wird empfohlen, dass Institutionen schriftliche Regelungen für die Eigentumskennzeichnung mit eindeutigen Erkennungszeichen auf jedem Objekt erstellen und Schulungen für alle Mitarbeiter anbieten, die mit den Beständen arbeiten.

Traditionelle Sammelverfahren umfassten oftmals die Kennzeichnung des Eigentums auf den Objekten selbst. Gründe hierfür waren die Verhinderung von Diebstahl und die Feststellung der Eigentümerschaft, wenn das Objekt wiedergefunden werden sollte.

Die Eigentumskennzeichnung ist insbesondere für häufig benutzte Objekte oder für Objekte mit einem Risiko, z. B. einem kommerziellen Wert sowie für Leihgaben zu empfehlen. Eine Eigentumskennzeichnung kann in nationalen Regelungen gefordert werden.

Möglichkeiten zur dauerhaften Kennzeichnung von Papier-Objekten sind etwa Prägungen, Stanzungen oder Perforierungen und Stempelungen. Viele Institutionen kennzeichnen das Eigentum durch Stempelung mit dokumentenechter Tinte am Rand oder verwenden als Diebstahlsicherung elektronische Streifen, die auf der Rückseite oder im Buchblock eingesetzt werden und bei der Überwachung am Ausgang angewendet werden.

Bezüglich des Einsatzes elektronischer Streifen bei einzelnen Objekten gibt es allerdings Bedenken im Hinblick auf die verwendeten Klebstoffe und auf die Gefahr, dass beim Einsetzen der Streifen in den Buchrücken die Buchkonstruktion beschädigt werden kann.

Es ist zu beachten, dass die erforderlichen Ressourcen für die Eigentumskennzeichnung auf Objektebene hoch sein können.

Im Zusammenhang mit der Kennzeichnung aller Objekte und Bestände in einem Archiv oder einer Bibliothek entstehen beträchtliche Kosten. Es ist ratsam, alle Möglichkeiten für die Gewährleistung einer angemessenen Sicherheit in Erwägung zu ziehen.

4.2.4.2 Anbringung von Eigentumskennzeichen

Die Eigentumskennzeichnung erfordert sorgfältige Überlegungen, insbesondere wenn sie Diebstahl verhindern soll. Damit das Eigentumskennzeichen von Nutzen ist, sollte es unauslöschlich und nicht zu entfernen sein, was allerdings schwer zu erreichen ist. Das Anbringen des Kennzeichens erfordert eine Abwägung und Unterweisung der damit Beauftragten, damit das Objekt keinen Schaden nimmt. Es wird nicht empfohlen, seltene oder einzigartige Objekte eines Bestands mit Tinte zu stempeln. Es ist daher stets ratsam, Fachleute der Bestandserhaltung mit hinzuzuziehen.

Das Anbringen des Eigentumskennzeichens ist ein Balanceakt zwischen dem Versuch, Diebstahl zu verhindern, indem die Entfernung des Kennzeichens erschwert wird, ohne dadurch das Objekt oder dessen Erhaltungszustand zu schädigen und den Gebrauch nicht zu beeinträchtigen. Ist das Kennzeichen zu nahe am Rand angebracht, ist es durch Abschneiden oder Abreißen leicht zu entfernen. Ist das Kennzeichen in der Nähe oder über den Text oder die Schrift hinweg angebracht, kann es die Informationen, die in dem Objekt enthalten sind, verdecken oder beeinträchtigen.

Die Eigentumskennzeichnung sollte dennoch sichtbar und lesbar erfolgen.

Zur einfacheren Inventarisierung sollte das Eigentumskennzeichen für jede Art von Objekt an der gleichen Stelle angebracht werden, um den Aufwand bei der Handhabung der Bestände zu minimieren.

Es ist ratsam, eine Kennzeichnung auf restaurierten oder für die Handhabung verwendeten Bereichen zu vermeiden.

Die Eigentumskennzeichnung sollte das Objekt nicht beschädigen.

Es ist möglich, dass verschiedene Arten der Eigentumskennzeichnung für verschiedene Arten von Objekten oder Schutzverpackungen angewendet werden müssen.

Wenn die Eigentumskennzeichnung auf dem Objekt selbst dieses schädigen oder das Original im Wert beeinträchtigen würde, kann die Eigentumskennzeichnung auf der Schutzverpackung oder auf einem daran befestigten Kennblatt angebracht werden.

Reproduktionen des Objekts mit seiner Inventarnummer können als zusätzliche Dokumentation aufgenommen werden.

Stempeln ist eine Art der Eigentumskennzeichnung und ermöglicht Herausgabeansprüche, wenn das Objekt nach einem Diebstahl zurückerlangt wird.

Bei Archiv- und Bibliotheksbeständen werden häufig folgende zwei Verfahren angewendet:

— Verwendung eines Prägestempels, der die Eigentümerschaft auf dem Objekt oder der Schutzverpackung angibt.

DIN SPEC 67701:2019-07

— Verwendung ausschließlich lichtechter sowie wasser- und lösemittelfester Tinte ohne das Papiersubstrat schädigende Komponenten. Es wird empfohlen, dass das Pigment bzw. die Tinte DIN ISO 11798 entspricht.

Eine andere Art der Eigentumskontrolle ist die Anwendung von Barcodes. Der Barcode umfasst grafisch verschlüsselte digitale Daten, die eine schnelle Identifizierung ermöglichen, wenn er gescannt wird.

Ein an einem Objekt angebrachter Barcode kann mit den Metadaten des Objekts verknüpft werden. Das Barcode-Lesegerät kann zur Inventarisierungskontrolle und für die Übertragung von Kontrollinformationen auf Objektebene verwendet werden, so dass Fehler durch wiederholte manuelle Dateneingabe vermieden werden.

In einigen Bibliotheken werden Radiofrequenz-Identifikations(RFID)-Etiketten eingesetzt. Die RFID-Etiketten werden am Objekt angebracht und mit dessen Datensatz verknüpft. Das RFID-Signal wird zur Identifizierung von Objekten mittels Radio-Funkwellen beim Durchlauf durch das Lesegerät verwendet und kann zur Positionsverfolgung von Objekten angewendet werden. Dieser Prozess ermöglicht die Inventarisierung während einer Umlagerung oder des Transports eines Bestandes. Das RFID-Etikett kann an den Schutzverpackungen angebracht werden. Ein RFID-Etikett kann als Diebstahlsicherung verwendet werden, wenn ein Lesegerät an den Ausgängen positioniert ist.

4.3 Planung von Bestandserhaltungsmaßnahmen

4.3.1 Allgemeines

Zu Beginn einer jeden Bestandserhaltungsstrategie ist es ratsam, eine standort- und gebäudebezogene Gefährdungs- und Risikoanalyse vorzunehmen und diese zu dokumentieren. Planungen zu Bestandserhaltungsmaßnahmen, Regelungen der Bestandserhaltung, Zugangs- und Benutzungsrichtlinien, Sicherheitsplanung, Brandschutzvorkehrungen und die Notfallvorsorgeplanung im Katastrophenfall sind jeweils Teile der Bestandserhaltungsstrategie.

Es gibt keinen Standort, der vollkommen frei von Gefährdungen ist, aber beim Planen von Bestandserhaltungsmaßnahmen sollten die Wahrscheinlichkeit und das Ausmaß von Gefährdungen, die zu Verlust oder Beschädigungen der Bestände führen, eingeschätzt und entsprechend berücksichtigt werden.

Die Bestandserhaltungsplanung und daraus resultierende Maßnahmen und das Gebäudemanagement sind gemeinschaftliche und kooperative Tätigkeiten und Teil des Bestandsmanagements innerhalb einer Institution.

4.3.2 Vermeidung von Gefährdungen

Bei der Erstellung einer Bestandserhaltungsstrategie dokumentiert die Risikobewertung die möglichen Gefährdungen und das Schadenspotential der Bestände sowie deren Eintrittswahrscheinlichkeiten. Die Risikobewertung sollte zu präventiven Konservierungsmaßnahmen führen, die einen möglichen Verlust und Schaden auf einen annehmbaren Grad minimieren.

Gefährdungen lassen sich in eine der drei folgenden Kategorien einteilen:

1) Gefährdungen, die zum plötzlichen Verlust oder zu einer erheblichen Beschädigung der Bestände führen (z. B. der Zusammenbruch des Gebäudes, Brand, Überschwemmung und biologische oder radiologische Kontamination);

2) Gefährdungen, die zu einer offensichtlichen Beschädigung der Bestände führen können (z. B. durch Insekten oder Nagetiere);

3) Gefährdungen, die nicht zu einer kurzfristigen deutlich sichtbaren Beschädigung führen, aber irreparable langfristige Schäden verursachen können (z. B. Staubexposition und Exposition

gegenüber schadstoffbelasteter Luft). Hierzu gehören auch endogene Gefährdungen durch das Material der Bestände selbst (z. B. Papierzerfall, Tintenfraß, usw.).

Es wird empfohlen, in Zusammenhang mit den folgenden Punkten eine Bewertung von Gefährdungen vorzunehmen:

a) unterirdische Straßen- und Eisenbahntunnel, Tunnel ähnlicher Größe oder Standorte, die anfällig für Erdabsenkungen oder Erdrutsche sind;

b) Überschwemmung, unabhängig davon, ob natürlich oder vom Menschen herbeigeführt;

ANMERKUNG Überschwemmung stellt eine erhebliche Gefährdung dar. Es wird daher empfohlen, auch Standorte, die über dem 100-jährigen Hochwasserstand liegen und vermeintlich frei vom Risiko einer Überschwemmung sind, sorgfältig zu prüfen. Änderungen der Überschwemmungsrisiken sollten auf der Grundlage von klimatischen Änderungen und der Entwicklung des Grundwasserspiegels betrachtet werden.

c) Standorte oder Flächen, die für die Lagerung oder Verarbeitung von hochbrennbaren Stoffen verwendet werden (z. B. Erdölchemikalien, Sprengstoffe, Farben und Reifen) und die durch Brände oder Explosionen oder durch Wasser oder Chemikalien gefährdet sind, die für derartigen Gefährdungen eingesetzt werden;

d) Hochstraßen, Hochbahn- oder Straßenbahntrassen;

e) Kernkraftwerke, kerntechnische Anlagen oder sonstige radioaktive Einrichtungen;

f) Flughäfen und damit verbundene Flugstrecken;

g) Hochspannungsfreileitungen und Umspannwerke;

h) Verteidigungseinrichtungen;

i) Nähe zu einem Ort oder einem Gebäude, der/das zur Lagerung oder Verarbeitung von verderblichen Lebensmitteln verwendet wird, zu einer Entsorgungsanlage oder einem ähnlichen derartigen Standort, der insbesondere Nagetiere, Insekten und andere Schädlinge anziehen kann;

j) Nähe zu einer Müllverbrennungsanlage, einem in Betrieb befindlichem Steinbruch, einem Tagebau, einem Zementwerk, einer Steinbrechanlage oder einer anderen derartigen Einrichtung, die schädliche Gase, Rauch, Staub usw. ausstößt;

k) in einem Bereich, von dem bekannt ist, dass die Luft z. B. durch industrielle Prozesse verschmutzt ist;

l) Exposition des Gebäudes mit Wärme und starken Winden, die die Temperatur, den Lufteintritt und das Mikroklima des Standorts beeinträchtigen.

4.3.3 Bestandserhaltungs-Risikomanagement-Kreislauf

Von der Bestandserhaltungsplanung bis zur Umsetzung sind folgende eng zusammenhängende und ineinander übergehende Schritte erforderlich:

1) das Etablieren eines Erhaltungsvorhabens einer Institution aufgrund ihrer Zielsetzung, ihres Auftrags, ihres Mandats und gesetzlicher Regelungen;

2) das Zusammentragen der Dokumentation und der Daten, die erforderlich sind, um die aktuelle Situation oder die aktuellen Bedingungen zu verstehen;

3) eine Analyse der in 4.3.2 beschriebenen Gefährdungen, Anfälligkeiten und Risiken;

DIN SPEC 67701:2019-07

4) eine Entscheidung bezüglich der nächsten Schritte, einschließlich der Bestimmung von Prioritäten für Maßnahmen;

5) das Ergreifen von Maßnahmen, Durchführen von Praxistests und dann das Umsetzen der erfolgversprechendsten Maßnahmen;

6) die Überwachung und Bewertung der Resultate, um sicherzustellen, dass die vorgesehenen Ergebnisse erzielt werden;

7) die Überwachung und Pflege sowie Kommunikation der Ergebnisse.

Um den Management-Kreislauf zur Bestandserhaltung erfolgreich durchzuführen (siehe Bild 1) übernimmt ein Team von Mitarbeitern aus verschiedenen Spezialgebieten die Führungsrolle, wobei jedoch die Beratung und Kommunikation mit allen Mitarbeitern für die Bestandserhaltung unbedingt notwendig ist.

Bild 1 — Erhaltungsmanagement-Kreislauf

4.3.4 Dokumentation der Bestandserhaltungsplanung

Der Bestandserhaltungsplan sollte eine Zusammenfassung der Dokumentation enthalten, die den Auftrag und die Zuständigkeiten genau beschreibt, die für die Erhaltung und Nutzung der Bestände nach den Gesetzen, Vorschriften oder durch einen historischen Präzedenzfall maßgeblich sind.

Die Architektur, die baulichen Merkmale und die Baumaterialien der Magazinbereiche sind, sofern dokumentiert, von Bedeutung, um die Risiken und die präventiven Bestandserhaltungsmaßnahmen einschätzen zu können, die für das Bestandsmanagement Anwendung finden sollen. Darüber hinaus sollten auch der Zustand der Infrastruktur, der Ausstattung und alle Merkmale des Standorts dokumentiert werden. Falls keine Dokumentation vorhanden ist, kann auch ein Inspektions- oder Bauzustandsbericht zur Dokumentation verwendet werden. Für die bestandsbezogene Notfallvorsorgeplanung und Gefahrenabwehr ist diese Dokumentation als Teil des Bestandserhaltungsplans von Nutzen.

Die Dokumentation auf der Ebene einzelner Bestände sollte Bewertungen, Gutachten und einen Nachweis aller durchgeführten präventiven Maßnahmen oder von Konservierungs-/Restaurierungsmaßnahmen, von Reproduktionen oder einer Digitalisierung umfassen.

Die Objektdokumentationen können in einem Dossier oder als Teil der Bestandsakte auf Bestands- oder Objektebene beschrieben werden. Sie enthalten Angaben zum Aussehen des Objekts und zu Forschungen oder Analysen, die in Bezug auf den Zustand oder die Materialien durchgeführt wurden. Zudem sind darin frühere und aktuell festgestellte Beschädigungen sowie bei Ausstellungsobjekten die Dauer der Präsentation aufgeführt. Die Objektdokumentation kann mit derselben eindeutigen Kennung signiert werden, die das dokumentierte Objekt trägt. Die Objektdokumentation kann im Zugangsverzeichnis des Archivs oder im Bibliothekskatalog verzeichnet oder gepflegt werden.

4.4 Notfallvorsorge- und Gefahrenabwehrplan für Bestände

4.4.1 Allgemeines

Alle Archive, Bibliotheken und sonstigen kulturellen Institutionen sollten über ein Notfallvorsorge- und Gefahrenabwehrteam und einen Plan zur Notfallvorsorge und Reaktion auf Notfälle verfügen.

Der Notfallvorsorge- und Gefahrenabwehrplan sollte für die entsprechende Institution, ihre Umgebung und ihre Bestände angepasst und im Bedarfsfall, jedoch mindestens einmal jährlich, überprüft und aktualisiert werden.

Der Notfallvorsorge- und Gefahrenabwehrplan für die Bestände ist eine Schlüsselkomponente eines integrierten Bestandserhaltungsplans. Der Plan muss mit dem Anlagen- und Gebäudemanagement, der Personensicherheit sowie der generellen Notfallvorsorgeplanung abgestimmt werden.

Es ist ratsam, den Notfallvorsorgeplan für die Bestände mit den örtlichen Behörden, dem Katastrophenschutz und Notfall-Einsatzdiensten abzustimmen. Der Notfallvorsorgeplan für das kulturelle Erbe sollte in die Planung des örtlichen, regionalen und nationalen Risikomanagements einbezogen werden.

ANMERKUNG Eine Internationale Norm ISO 21110, *Information and documentation — Emergency preparedness and response* ist in Vorbereitung.

4.4.2 Notfallvorsorgeplan

Der Notfallvorsorge- und Gefahrenabwehrplan für die Bestände ist eine definierte Auswahl von Maßnahmen zur Verhinderung und Verringerung der Risiken für die Bestände und beschreibt Maßnahmen, die im Katastrophenfall zu ergreifen und so ausgelegt sind, dass sie die Auswirkungen eines Notfallereignisses auf die Bestände minimieren.

Der Notfallvorsorgeplan sollte diese Maßnahmen unter Berücksichtigung einer lagespezifischen Risikobewertung, in der die Ursachen und Auswirkungen der höchsten Risiken betrachtet werden, festlegen und beschreiben und Prioritäten auf Grundlage des Bestandstyps und der Bedeutung der Bestände enthalten.

Der Notfallvorsorgeplan sollte ein Organisationsschema der Verantwortlichkeiten und Rollen festlegen und Folgendes enthalten:

— Kontaktinformationen zu allen Zeiten für diejenigen, die im Organisationsschema aufgeführt sind;

— Handlungsabläufe, die von jeder Rolle zu befolgen sind und die zu treffenden Maßnahmen;

— Informationen, die für die Maßnahme benötigt werden;

— alle Partnerschaften mit anderen Notfalleinsatzdiensten;

— Lagerort und Auflistung von Notfallressourcen und der Räume, die während und nach dem Katastrophenereignis erforderlich sind.

Der Notfallvorsorge- und Gefahrenabwehrplan sollte, soweit es für seine Umsetzung im Notfall erforderlich ist, unter den Mitarbeitern bekannt gemacht werden. Über Aktualisierungen sollte ebenfalls informiert werden.

Es wird empfohlen, Orientierungs- und Schulungsveranstaltungen anzubieten, um alle Teilnehmer mit der Anwendung des Notfallvorsorgeplans vertraut zu machen. Es wird empfohlen, die Schulung jährlich zu wiederholen.

Es ist ratsam, in den Notfallvorsorgeplan Maßnahmen einzubeziehen, die für die Wiederaufnahme des alltäglichen Dienstbetriebes nach einem Notfall erforderlich sind.

Der Notfallvorsorgeplan für die Wiederherstellung digitaler Bestände und von Datensätzen, die sich auf alle Bestände beziehen, sollte festlegen, wie auf die Daten einer regelmäßig zu aktualisierenden und vorzugsweise außerhalb des eigentlichen Standortes aufbewahrten Sicherungskopie zugegriffen werden kann.

4.5 Sicherheit von Archiv- und Bibliotheksbeständen

4.5.1 Allgemeines

Der Schutz des Grundstücks mit Gebäuden, in denen Archiv- und Bibliotheksbestände gelagert, genutzt und ausgestellt werden und der Bestände selbst, ist für das Bestandsmanagement entscheidend. Das Ziel besteht darin, Diebstahl und Vandalismus an den Beständen zu vermeiden und zu vereiteln.

Der Sicherheitsplan sollte die erstellte Risikobewertung, die entsprechenden Risikomanagement-Strategien, den Plan zur Umsetzung von Risiko-Präventionsmaßnahmen und die Reaktion auf bestimmte Szenarien konkretisieren.

Ein Sicherheitssystem für Archiv- und Bibliotheksbestände umfasst miteinander verknüpfte integrierte Teilsysteme von Organisationsabläufen, physikalische Barrieren (z. B. Wände, Türen, Schlösser, Zäune usw.) und die Kontrolle, Überwachung sowie Alarmierung (z. B. Wachpersonal, Videoüberwachung, Bewegungsmelder) zur Kontrolle und Benachrichtigung.

Ein Sicherheitsplan für die Bestände und die Maßnahmen für seine Umsetzung sollten eindeutig festgelegt werden.

Der Sicherheitsplan gilt für das Gebäude und die Bestände rund um die Uhr, an allen Tagen und über das ganze Jahr.

Eine eindeutige Benachrichtigungskette sollte in einem Alarmierungsplan festgelegt werden, um die Entscheidungsfindung zu beschleunigen und auf Probleme zu reagieren.

Der Sicherheitsplan sollte die Überwachung und Benachrichtigung für alle Gefährdungen festlegen (z. B. Sturmschäden, Zutritt durch Unbefugte usw.).

Der Sicherheitsplan sollte außerdem auch Anforderungen an den Fortbestand des Schutzes bei Notfällen und Katastrophen festlegen (z. B. Unruhen, Erdbeben usw.).

Der Sicherheitsplan sollte Anforderungen für alle Orte und Zeiträume enthalten, wo Bestände vorhanden sind, einschließlich der Konservierung/Restaurierung und Bearbeitung, zudem für den Transport, für eigene Ausstellungen und Veranstaltungen oder für die Leihgabe an andere Institutionen sowie für die Zeit einer Instandhaltung und Renovierung des Gebäudes.

Der Sicherheitsplan sollte regelmäßig überprüft und aktualisiert werden, damit er Änderungen bei den Risiken und anderen Faktoren, beim Personal und bei den Abläufen wiedergibt.

Wenn ein Sicherheitsunternehmen mit dem Schutz beauftragt wurde, sollten die Anforderungen, die schriftlichen Abläufe und Schulungen umfassend, fallspezifisch und eindeutig sein und alle Verantwortlichkeiten und Rollen für den üblichen und den Notfallbetrieb enthalten.

Wenn die Überwachung von außerhalb des zu schützendes Standortes erfolgt, sollte die Reaktionszeit auf einen Vorfall im Vertrag mit dem Sicherheitsunternehmen festgelegt werden.

Es ist ratsam, wenn vertraglich möglich, das Wachpersonal von internen Mitarbeitern anleiten zu lassen.

4.5.2 Sicherheitsplan

Der Sicherheitsplan umfasst schriftliche organisatorische Maßnahmen für den Zutritt von Personen zu den Beständen und die Entnahme von Objekten oder Beständen aus gesicherten Bereichen.

Der Sicherheitsplan enthält Regeln und Abläufe für das Wachpersonal und für weitere Berufsgruppen, sowohl für interne Mitarbeiter als auch für externe Auftragnehmer und für die Nutzer. Er legt unterschiedliche Stufen der Sicherheitsfreigaben für jeden Bereich fest

Der Zutritt und Austritt von Personen sollte registriert werden und verfolgbar sein. Verzeichnisse für den Zugang und zur Identifizierung von Objekten sowie die Dokumentation zur Konservierung tragen zur Sicherheit der Bestände bei und weisen somit die Eigentümerschaft, das Vorhandensein und die Unversehrtheit eines Objektes nach.

Alle Funktionen und Berufsgruppen von Mitarbeitern, die Umgang mit den Beständen haben, sollten bei der Erstellung des Sicherheitsplans und bei dessen Umsetzung einbezogen werden.

Es ist ratsam und kann erforderlich sein, die Unversehrtheit der Bestände regelmäßig in Form einer Inspektion oder Revision zu überprüfen.

4.5.3 Sicherheitsauflagen für Transporte und Ausleihen

Überführungen von Beständen zu einem beliebigen Zweck, einschließlich der Bewegung zwischen internen Standorten und Institutionen außerhalb des Geländes, sollten dokumentiert werden. Für die Überführung von Beständen oder Objekten sollte eine beschreibende Bestands- oder Objektliste vorliegen. Weiterhin sollte die Dokumentation Angaben zu den Transportbedingungen und die Unterschriften der Verantwortlichen enthalten. Diese Dokumentation sollte ebenso lange aufbewahrt werden, wie die Bestände oder Objekte selbst.

Aus Sicherheitsgründen kann entschieden werden, dass die Bestände oder Objekte von Mitarbeitern der Institution befördert oder zugestellt werden. Die beauftragten Mitarbeiter der Institution sollten das Be- und Entladen der Bestände oder Objekte beaufsichtigen.

Alle Informationen, die Transportwege und -termine betreffen, sollten vertraulich sein.

4.5.4 Dokumentation von Leihgaben und Überführungen

Wenn Bestände verliehen oder zu einem Standort außerhalb des Geländes der Institution zur Nutzung durch eine andere Institution überführt werden, sollte eine Dokumentation der Ausleihe erstellt werden, welche die folgenden Angaben enthält: den Grund für die Leihanfrage, die Entscheidung und die Vereinbarung von Leihbedingungen sowie die Versicherungspflicht.

DIN SPEC 67701:2019-07

Die Dokumentation der Leihgabe sollte die Leihfrist, ein detailliertes Verzeichnis der Leihgaben, den Wert der verliehenen Objekte zu Versicherungszwecken sowie alle Bedingungen, die für den Transport und die Durchführung der Ausstellung erforderlich sind, enthalten.

5 Konservatorische Anforderungen an die Aufbewahrung von Beständen

5.1 Übersicht

Archiv- und Bibliotheksbestände werden am effizientesten erhalten, wenn die Umgebungsbedingungen dauerhaft kühl und trocken sind, d. h. in den Magazinen, Forschungs- und Lesesälen, in Ausstellungen, während des Transports und bei Bestandserhaltungsmaßnahmen. Selbst wenn die Bestände nicht regelmäßig genutzt und gehandhabt werden, wirken sich die Umgebungsbedingungen auf die Erhaltung der Bestände aus.

5.2 Management

5.2.1 Allgemeines

Die zuständigen Mitarbeiter einer Institution sollten die geeigneten Umgebungsbedingungen für die verschiedenen Magazine, in denen Bestände untergebracht sind, ermitteln. Die klimatischen Bedingungen in diesen Magazinen sollten nur minimal von den angegebenen Grenzwerten, die für das gesamte Jahr (unter Berücksichtigung jahreszeitlicher Schwankungen) festgelegt wurden, abweichen.

Tätigkeiten, die sich auf die Aufbewahrungsbedingungen der Bestände auswirken könnten, wie z. B. Reinigung, Wartung, Bauarbeiten oder Veranstaltungen, sollten überprüft werden, um den potenziellen Schweregrad der jeweiligen Auswirkung zu bestimmen. Wenn ein erhebliches umgebungsbedingtes Risiko besteht, kann eine Anpassung der betreffenden Tätigkeit gefordert werden, um das Risiko zu verringern, wie z. B. die vorübergehende Umlagerung der Bestände, die Bereitstellung einer Mikroumgebung für die Bestände oder eine andere örtlich begrenzte Lösung.

Wenn Raumumgebungen mittels Heizungs-, Lüftungs- und Klimaanlagen (HVAC, en: heating, ventilation and air conditioning) oder mit anderen Mitteln gesteuert werden, sollten diese Anlagen regelmäßig gewartet und entsprechend den Umgebungsspezifikationen der Institution geregelt werden, wobei Steuerungs- und Leistungsdaten aufzuzeichnen und für eine langfristige Analyse der Anlage und der Umgebung vorzuhalten sind. Die Leistungsdaten der Raumumgebung sind oftmals über ein Gebäudeleitsystem oder ein Gebäudeautomatisierungssystem verfügbar.

Spezifikationen für den Aufbau und das Management von sicheren und geeigneten Raumumgebungsbedingungen in Archiv- und Bibliotheksmagazinen werden detaillierter in DIN ISO 11799 und ISO/TR 19815[4] behandelt.

5.2.2 Überwachung der Raumumgebungsbedingungen

Räume, die für längere Zeiträume Bestände beherbergen, einschließlich aber nicht ausschließlich Magazinbereiche, Ausstellungsbereiche, Lesesäle, Arbeitsräume, Büros und Bereiche für Objekte, die als Leihgabe oder die übergangsweise dort gelagert werden, sollten hinsichtlich der Temperatur- und der relativen Luftfeuchte dauerhaft überwacht werden. Diese Räume sollten zudem auch regelmäßig hinsichtlich der Lichteinwirkung und der ultravioletten Lichtanteile überprüft werden.

Es gibt verschiedene Geräte zur Erfassung dieser Daten, z. B. mobile digitale Datenlogger verschiedener Art in unterschiedlichen Modellen. Diese Datenlogger verfügen im Allgemeinen über eine höhere Funktionalität

4 Eine Übernahme dieses ISO-Fachberichtes als DIN SPEC 67702 ist in Vorbereitung.

und Genauigkeit sowie einen besseren Bedienkomfort gegenüber traditionellen analogen Messgeräten wie z. B. Hygro-Thermographen oder anderen manuellen Messgeräten.

Verfahren und Geräte zur Messung der Luftfeuchte und des Austausches von Luftfeuchtigkeit zwischen Luft und Kulturgut sind in DIN EN 16242 festgelegt.

Die vom Überwachungsprogrammen aufgezeichneten Daten sollten analysiert werden, um die Entwicklung der Umgebungsbedingungen und dauerhafte oder jahreszeitlich bedingte Erhaltungsrisiken für die Bestände, wie z. B. hohe Temperaturen oder eine jahreszeitlich schwankende hohe oder niedrige relative Luftfeuchte, zu ermitteln. Es sollte eine Dokumentation über die Leistungsfähigkeit der Klimaregelung oder die Auswirkung klimatischer Anpassungen gepflegt werden. Die Daten sind für die Kommunikation mit internen und externen Partnern sehr nützlich.

Institutionen können auch andere Formen der Überwachung der Umgebungsbedingungen von Beständen in Betracht ziehen, wie z. B. eine Schadstoffüberwachung durch interne oder externe Quellen sowie eine Überwachung von Schwingungen, um die Auswirkung regelmäßiger oder periodischer Schwingungen auf Materialien oder Bauelemente zu messen. Diese beiden Arten der Überwachung können regelmäßig oder nach Bedarf vorgenommen werden, wenn ein bekanntes Ereignis zu einem erhöhten Risiko geführt hat.

5.2.3 Steuerung der Lichteinwirkung

Alle Räume, die für Bestände genutzt werden, insbesondere Magazin- und Ausstellungsräume, sollten so gestaltet und ausgerüstet sein, dass eine direkte Exposition der Bestände mit Sonnenlicht vermieden wird.

Die Bestände sollten vor den Auswirkungen sowohl von intensivem Lichteintrag als auch von kumulativer Lichtbelastung im Rahmen der zulässigen Grenzwerte geschützt werden. Dabei sollten sowohl für Mitarbeiter als auch Nutzer annehmbare Lese- und Sehbedingungen ermöglicht werden.

Die Exposition mit UV-Strahlung sollte so weit wie möglich begrenzt werden.

Interne und externe Lichtquellen umfassen Fenster, Türen, Schaukästen, Lampen und Oberlichter.

Eine Verringerung der Lichteinwirkung kann durch Schutzverpackung, durch Lagerungsmobiliar, wie z. B. massive Schränke oder Planschränke, durch die Verwendung von lichtundurchlässigen Jalousien, durch das Anbringen einer UV-Schutzfolie an Fenstern oder an sonstigen externen Lichtquellen sowie durch Bewegungsmelder für die Beleuchtung erreicht werden. Es sollte sichergestellt werden, dass Lichtquellen einschließlich einer Notbeleuchtung keine UV-Strahlung aussenden oder UV-Filter benutzt werden.

5.3 Präventive Maßnahmen bezüglich der Aufbewahrungsbedingungen

5.3.1 Allgemeines

Zum Bestandsmanagement in Archiven und Bibliotheken gehört die kontinuierliche Reinhaltung der Magazinbereiche durch präventive Maßnahmen. Die dauerhafte Erhaltung von Archiv- oder Bibliotheksbeständen kann durch Staub, Schadstoffe und flüchtige organische Verbindungen (VOC, en: volatile organic compounds) beeinträchtigt werden, einschließlich VOCs, die durch Materialabbau erzeugt werden. Die Sauberkeit in den Magazinbereichen ist eine grundlegende Voraussetzung zur Vermeidung von biologischen Schäden, einschließlich mikrobiellen Befalls.

5.3.2 Ausschließen äußerer Schadstoffquellen

Äußere Quellen von Staub, gasförmigen Schadstoffen und Schädlingen können aus Magazinbereichen wie folgt ausgeschlossen werden:

— durch Abdichtung aller Öffnungen und Risse, die nach außen oder in unkontrollierte Innenräume führen;

DIN SPEC 67701:2019-07

- Fenster sollten geschlossen gehalten und Türen so wenig wie möglich geöffnet werden. Türen sollten dicht schließen. Hierfür können Türdichtschienen und entsprechende Türdichtungen verwendet werden;
- durch eine regelmäßige Wartung aller Heizungs-, Lüftungs- und Klimaanlagen (HVAC) und den Einsatz von geeigneten Filtern wird die Ansammlung von Staub und öligen Feinstaubteilchen verringert.

5.3.3 Umgang mit internen Schadstoffquellen

Die folgenden Maßnahmen helfen im Umgang mit internen Schadstoffquellen:

- Ausreichender Luftaustausch, um eine übermäßige Konzentration flüchtiger organischer Verbindungen (VOC) zu verhindern. Neueste Forschungen bezüglich des Luftaustausches haben ergeben, dass nur wenig Luftwechsel benötigt wird, es sei denn, die Bestände dünsten große Mengen saure Gase aus (z. B. alternde Acetatnegative).
- Eine gesonderte Überwachung der Staubmenge und -quellen auf den Regalen und den Schutzverpackungen für die Objekte und deren periodische Reinigung wird ebenfalls empfohlen, wie auch die Sauberkeit des Bodens.
- Die Spezifikation, Durchsicht und Prüfung aller Stoffe und Produkte, die sich in direktem Kontakt oder in ständiger Nähe zu den gelagerten Beständen befinden, ist erforderlich. Stoffe, die für den Bau oder der Oberflächenbehandlungen des Gebäudes, der Möbel oder sonstigen Einrichtung verwendet werden oder mit denen die Bestände schutzverpackt werden, einschließlich Farben, Lacke, Dämmstoffe, Holz und Karton für Behältnisse, sollten inert sein und bei Alterung oder chemischer Veränderung keine flüchtigen organischen Verbindungen (VOC) oder Staub erzeugen.
- Nur notwendige Arbeiten sollten in den Magazinbereichen ausgeführt werden; die Bearbeitung von Beständen und sonstige Tätigkeiten sollten in den Magazinbereichen eingeschränkt werden.
- Die Vorratshaltung oder Lagerung unwesentlicher Materialien sollte nicht in Magazinbereichen stattfinden.
- Bau- oder Renovierungsarbeiten am Standort sollten eingegrenzt und überwacht werden. Staub oder Bauschutt sollten möglichst schnell entfernt und der Bereich gereinigt werden.
- Wenn mechanische Lüftungsanlagen verwendet werden, sollten die Filter regelmäßig nach den Angaben des Herstellers oder bei Routineprüfungen gewartet und ausgetauscht werden.
- Es wird empfohlen, die Luftqualität in den Innenräumen als Teil des Bestandserhaltungsplans zu überprüfen, um Grenzwerte festzulegen und Änderungen bei den gasförmigen Schadstoffen und Konzentrationen zu ermitteln.

5.4 Integrierte Schädlingsbekämpfung

5.4.1 Allgemeines

Die integrierte Schädlingsbekämpfung (IPM) und eine umfassende Methodologie zur Bekämpfung von Schädlingsproblemen zum Schutz des kulturellen Erbes werden in DIN EN 16790 behandelt.

Insekten stellen eine ernsthafte Bedrohung für Archiv- und Bibliotheksbestände dar, insbesondere in tropischen, warmen und feuchten Klimaregionen. Wenn der Befall nicht erkannt wird, können Schädlinge (einschließlich Nagetiere) eine Beschädigung der Bestände verursachen.

Wenn eine Beschädigung durch Insekten in Beständen nachgewiesen wird, ist ein Überwachungsprogramm ratsam, bei dem Klebefallen mit oder ohne Pheromone eingesetzt werden. Eine Beurteilung der gefundenen

Insekten durch einen Entomologen sollte vorgenommen werden, um die Art und die Stadien der vorhandenen Insekten zu beurteilen und um die Gefährdung zu ermitteln, die sie für die Archiv- und Bibliotheksbestände darstellen (siehe 8.3 für Behandlungsprotokolle).

Vorbeugende Schädlingsbekämpfung ist wesentlich besser als eine Behandlung. Die Sauberkeit in Aufbewahrungsbereichen von Beständen ist eine Grundvoraussetzung zur Vermeidung einer insektenfreundlichen Umgebung. Insektenfreundliche Umgebungen, weisen u. a. eine hohe Luftfeuchte, Wärme und eine schlechte Luftzirkulation auf, sind bezüglich Ordnung und Sauberkeit in einem schlechten Zustand und befinden sich an dunklen, ungestörten Orten.

5.4.2 Verhinderung von Schädlingsbefall

Mit den folgenden Maßnahmen kann das Gebäude vor Schädlingsbefall gesichert werden:

— Abdichten oder Verschluss aller Öffnungen, die in das Gebäude führen (z. B. Öffnungen für elektrische Leitungen, Wasserrohre, Telefonanschlüsse und Abflussrohre);

— Sicherstellen, dass Türen und Fenster eine Presspassung haben und geschlossen bleiben; Anbringen von Bürsten an der Unterseite der Türen, auch an Drehtüren;

— Verwendung eingepasster engmaschiger Insektenschutzgitter mit eng anliegender Randabdichtung bei Fenstern, die zur Lüftung genutzt werden. Die Gitter sollten entfernt werden können, um sie regelmäßig reinigen zu können;

— strenges Durchsetzen des Grundsatzes, dass Speisen und Getränke bei der Nutzung von Archiv- und Bibliotheksbeständen sowie in den Magazinbereichen nicht verzehrt werden dürfen;

— Wartung und Reinigung der Gebäudeausstattung durch nebelfeuchte Reinigung, verschüttetes Wasser aufwischen und beim Wischen von Böden und Putzen von Fenstern darauf achten, dass überschüssiges Wasser schnell trocknet;

— regelmäßige Reinigung von Kühlschränken und Geräten, die Wärme und Feuchte kombinieren;

— Platzierung der Klimaanlage mit Entfeuchter in der Art, dass Kondenswasser schnell abläuft, regelmäßige Wartung und Überwachung, dass sich kein stehendes Wasser ansammelt;

— Kaltwasserrohre mit Dämmstoff ummanteln, um Kondensation und eine Wasseransammlung zu vermeiden;

— Unterbringung von Räumen, in denen Speisen zubereitet und verzehrt werden, Toiletten und allen Räumen mit Wasserquellen in einem gesonderten Gebäude oder Trennung des Magazinbereichs von öffentlichen Bereichen oder Bereichen mit Lebensmitteln und Wasser;

— für Müll und wiederverwertbare Abfälle einen gegen Schädlinge gesicherten Behälter außerhalb des Lagerungsortes für Bestände verwenden;

— Anwendung einer breiten gepflasterten oder geschotterten Einfassung um die Außenmauern des Gebäudes mit Wasserabführung, um sicherzustellen, dass in der unmittelbaren Nähe des Gebäudes kein Wasser steht;

— Vermeidung von Kletterpflanzen (Wein, Efeu), die an Außenwänden des Gebäudes oder auf dem Dach wachsen;

— Vermeidung von Pflanzen, Sträuchern oder Bäumen in der Nähe des Gebäudes, insbesondere von blühenden Arten;

DIN SPEC 67701:2019-07

— alle Dachentwässerungen und Fallrohre frei von Schmutz und das Gebäude frei von Vogel- und anderen Tiernestern halten;

— das Anbringen von Beleuchtungen an den Außenwänden des Gebäudes vermeiden; besonders ultraviolettes Licht zieht fliegende Insekten an;

— Verschüttetes und Lebensmittelreste sorgfältig entfernen und Abfallbehälter regelmäßig leeren;

— Empfänge und Veranstaltungen, bei denen Speisen und Getränke gereicht werden, in einem Lesesaal oder neben einem Magazinbereich vermeiden.

Um zu vermeiden, dass Schädlinge in einen sauberen schädlingsfreien Aufbewahrungsbereich gelangen, sollten folgende Punkte Beachtung finden:

— Entwicklung einer Quarantänestrategie für Neuzugänge von Objekten und Beständen und Festlegung eines Raumes für die Überprüfung der Neuzugänge; der Quarantänebereich sollte nahe des Anlieferungs- oder Zugangsbereichs sein;

— Verpackung von angelieferten Beständen, die den Anschein eines Insektenbefalls aufweisen und möglicherweise aktiv befallen sind, mit Kunststofffolie; wenn ein aktiver Befall festgestellt wird, sollten die Bestände behandelt und erneut überwacht werden, bevor sie ins Magazin gebracht werden.

Wenn im Gebäude Schädlinge vorhanden sind:

— wird die Verbreitung der Insekten oder Schädlinge verringert, indem die Türen des Magazinbereiches abgedichtet und mit einer wetterfesten Dichtung versehen werden;

— werden Risse in den Innenwänden oder am Boden verfüllt, um zu verhindern, dass Insekten eindringen und Hohlräume befallen;

— werden Dichtungen verwendet, um Ausstellungsvitrinen und Aufbewahrungsbehälter abzudichten;

— wird regelmäßig gesaugt, um Insekten, Eier und Schalen zu entfernen und die Staubsaugerbeutel werden außerhalb des Gebäudes entsorgt.

5.5 Reinigung der Magazinbereiche

Die Magazinbereiche sauber zu halten ist eine vorrangige Tätigkeit der Bestandserhaltung. Die Sauberkeit von Magazinbereichen ist wichtig, da Staub und Öle als Nährstoffe für Schimmelpilze dienen und Insekten und Nagetiere anziehen. Es wird empfohlen, Magazinbereiche und öffentliche Bereiche regelmäßig nach einem aufgestellten Reinigungsplan zu säubern.

Für das sichere Reinigen der Magazinbereiche, der Regale und Arbeitsflächen, der Schutzverpackungen und der Bestände selbst sind dokumentierte Abläufe und Anweisungen sowie Schulungen ratsam.

Die Böden sollten abgesaugt und nur nebelfeucht mit Wasser gewischt werden, um das Risiko zu verringern, dass die Luftfeuchte steigt oder dass Objekte auf den untersten Regalablagen feucht werden. Wenn Reinigungsmittel zugelassen sind, sollten sie auf der Grundlage bekannter Produkte und einer Prüfung spezifiziert werden.

Eine angemessene Schutzverpackung von Beständen und das dichte Einstellen der Objekte tragen dazu bei zu verhindern, dass Staub und andere Partikel mit den Objekten in Berührung kommen. Elektrostatisch geladene und damit antistatisch wirkende Reinigungstücher können für Regale und Behälter verwendet werden und sollten häufig gewechselt werden. Reinigungstücher mit Ölen oder sonstigen Chemikalien können einen Rückstand hinterlassen.

Staubsauger, insbesondere solche mit Schwebstoff- (HEPA)-Filtern, können verwendet werden, um Staub von Teppichen, Böden, Schutzverpackungen und Regalen zu entfernen. Durch Fegen wird der Staub im Raum generell bewegt und kann mehr luftgetragene Partikel erzeugen. Staubsauger mit HEPA-Filtern sind in der Lage, auch Partikel einer Größe von weniger als 0,5 µm zurückzuhalten.

ANMERKUNG HEPA-Filter werden nach DIN EN 1822-1 in die Filterklassen H13 und H14 eingeteilt. In der Filterklasse H13 werden >99,95 % und in der Filterklasse H14 >99,995 % aller Partikel mit einer Korngröße von 0,1 µm bis 0,3 µm Durchmesser durch den Filter abgeschieden. Nach den bekannten Filtereffekten sind diese Partikel am schwersten abzuscheiden, größere oder kleinere Partikel werden aufgrund ihrer physikalischen Eigenschaften besser abgeschieden.

5.6 Zeitweilige Aufbewahrungsumgebung für Bestände außerhalb der Magazine und bei der Benutzung

Wenn Objekte oder Bestände von einem Bereich mit einer bestimmten Umgebungsbedingung in einen anderen Bereich transportiert werden, sollte sorgfältig vorgegangen werden, da schnelle und größere Änderungen der Temperatur oder der relativen Luftfeuchte schwere nachteilige Auswirkungen auf die Objekte oder Bestände haben können.

In Abhängigkeit von der Differenz der klimatischen Umgebungsbedingungen zwischen zwei Räumen kann es notwendig sein, die Bestände vor dem Transport zu verpacken oder sie in einer dritten, nicht schädlichen Umgebung akklimatisieren zu lassen.

Bestände sollten nach ihrer Nutzung so schnell wie praktisch möglich in die Magazinumgebung zurückgebracht werden.

Es sollten schriftliche Anweisungen und Schulungen zum Transport von Beständen zwischen Räumen mit voneinander abweichenden Klimaten vorhanden sein.

Wenn Bestände wiederholt genutzt und folglich regelmäßig vom Magazin zum Lesesaal und zurück transportiert werden, sollten bevorzugt Schutzkopien genutzt werden, damit die Langlebigkeit der Originale nicht beeinträchtigt wird.

5.7 Andere Umgebungen für Bestände?

Um die Auswirkung der Nutzung auf Bestände auf ein Mindestmaß zu verringern, wird empfohlen, den Unterschied zwischen dem Raumklima im Lesesaal und im Magazinbereich auf ein Mindestmaß zu verringern. Es ist ratsam, die Umgebung im Forschungs- bzw. Lesesaal möglichst nahe an den Bedingungen im Magazinbereich zu halten. Die klimatischen Bedingungen im Forschungs- bzw. Lesesaal sollten überwacht und mit dem Magazinklima verglichen werden. Beispielsweise kann der Transport von Objekten aus einem warmen Lesesaal zurück in ein kaltes Magazin zur Feuchtekondensation an der Innenseite von Polyesterhüllen oder sonstigen undurchlässigen Umhüllungen führen.

ANMERKUNG 1 Es wird empfohlen, hygroskopische Materialien (z. B. Pergament, Leder, Fotografien und Bücher mit Gelatineklebstoffen) bei über 40 % relativer Luftfeuchte zu lagern, um Austrocknung und Versprödung zu vermeiden. Wenn die relative Luftfeuchte in Lesesälen für diese hygroskopischen Materialien leicht über der relativen Luftfeuchte im Magazin gehalten wird, verringert sich das Risiko bei der Handhabung. Wenn z. B. ein gefaltetes oder gerolltes Pergament aufgrund trockenerer Bedingungen Feuchte verliert, schrumpft oder weniger biegsam wird, wird es wahrscheinlich nur mit Widerstand geöffnet werden können und kann brechen oder zerreißen. Wenn die relative Luftfeuchte des Lesesaals höher als die des Magazins ist, nimmt das Material Feuchte auf, gibt nach und wird biegsamer, wodurch sich das Risiko einer Beschädigung verringert.

Die Temperatur im Lesesaal darf höher als in einem Magazin sein, sollte jedoch unter 25 °C gehalten werden, um eine Beschädigung temperaturempfindlicher Objekte zu vermeiden. Der Lesesaal sollte so kühl sein, wie es der Komfort der Benutzer zulässt.

DIN SPEC 67701:2019-07

Zu den Maßnahmen zur Verringerung der Temperatur in einem Lesesaal gehören: Abblocken von direktem Sonnenlicht; Verbesserung der Dämmung; Verwendung von Kaltlicht (z. B. LED-Lampen); Abschalten der Heizung, wenn der Lesesaal geschlossen ist (z. B. nachts) und Verringerung oder Steuerung der Heizung, wenn er geöffnet ist; Einführung einer Belüftung.

Die Verringerung der Temperatur kann auch als Mittel zur Erhöhung der relativen Luftfeuchte genutzt werden, um übermäßige Trockenheit oder den Unterschied der relativen Luftfeuchte zwischen einem Lesesaal und einem Magazin zu verhindern.

Wenn es erforderlich ist, Objekte aus kühleren Magazinen herauszubewegen, sollten diese im Magazin in einen abgedichteten Transportbehälter gegeben und anschließend in den Lesesaal transportiert werden, um zu akklimatisieren. Der Transportbehälter sollte erst dann entfernt werden, wenn die Objekte die gleiche Temperatur wie der Lesesaal erreicht haben.

Objekte, die in eine kalte Aufbewahrungsumgebung zurückkehren, sollten stets neu konditioniert und anschließend in die geeigneten ursprünglichen Schutzverpackungen gebracht werden.

Direkt auf Objekte einfallendes Sonnenlicht sollte vermieden werden. Um das Sonnenlicht zu minimieren, sollten in einem Lesesaal Rollos oder andere Sonnenschutzvorkehrungen eingebaut werden.

Das Licht im Lesesaal sollte frei von ultravioletter (UV)-Strahlung sein. Die Lichtmenge und Zeiträume der Lichteinwirkung bei der Nutzung sollten überwacht werden.

ANMERKUNG 2 Weitere Angaben und eine Anleitung bezüglich der Auswirkungen von Licht auf Bestände, der Lichtmenge und die Überwachung sind in ISO/TR 19815 enthalten.

6 Regale für Archiv- und Bibliotheksbestände

6.1 Planung einer Regalausstattung

6.1.1 Allgemeines

Maßgeblich für die Planung einer Regalausstattung ist DIN 67700.

Regalanlagen sollten so geplant werden, dass sie die Anforderungen des jeweiligen Magazins erfüllen. Ein Regal sollte eine sichere und effiziente Aufbewahrung von Objekten und Beständen jeglicher Größe und Form bieten und dabei leichtes Ausheben und Reponieren ermöglichen.

Die Objekte sollten nicht über die Außenkante der Regale hinausragen.

Bei der Positionierung der Regale sollte darauf geachtet werden, dass für Reinigungszwecke alle Teile des Bodens und der Regale für Personen oder mechanische Reinigungsgeräte zugänglich sind, da die Ansammlung von Staub schädlich für die Objekte oder die Personen, die in dem Magazin arbeiten, sein kann.

Das kurzfristige und langfristige Verhalten der Bodenplatte oder des Unterbaus der Regalanlage sollte in der Planungsphase berücksichtigt werden, indem die Eignung des Bodens zum Stützen der Magazinausstattung und zum Tragen der Gesamtlast (Leergewicht der Regalanlage mit Traglast) bewertet wird.

ANMERKUNG 1 Die Lasten der Bestände in Archiven und Bibliotheken wirken im Allgemeinen über viele Jahre, weshalb es wichtig ist, das Langzeitverhalten des Gebäudes zu berücksichtigen. Abgehängte Beton- und Holzböden erfahren langfristige Durchbiegungen (Kriechen), die die anfängliche Durchbiegung des Bodens überschreiten könnten. Das heißt, dass ein Fußboden, der anfänglich geeignet war, mit der Zeit inakzeptabel werden könnte. Das kann insbesondere dann ein Problem darstellen, wenn Rollregalanlagen eingesetzt werden.

ANMERKUNG 2 Für Regalanlagen im Allgemeinen zur Sicherheit und speziell für Regalanlagen für Archiv- und Bibliotheksbestände gilt BGR 234, DGUV-Regel 108-007.

6.1.2 Empfehlungen für eine Regalausstattung

Es wird im Allgemeinen empfohlen, in neuen oder renovierten Magazinen pulverbeschichtete Metallregale zu verwenden. Holz oder Metall kann für Regale verwendet werden, da es für beide sowohl Vor- als auch Nachteile gibt. Ortsfeste oder fahrbare Magazinregale sollten:

a) über eine ausreichende Traglast verfügen;

b) aus einem Werkstoff bestehen, der dauerhaft ist und bei gewöhnlicher Nutzung oder im Brandfall keine für die Bestände schädlichen Stoffe abgibt;

c) ohne mechanische Hilfsmittel leicht einstellbar sein, um Objekte unterschiedlicher Größe und Form aufzunehmen und die gemeinsame Anordnung von zusammengehörenden Objekten in Bezug zueinander zuzulassen;

   ANMERKUNG Es ist nicht ratsam, Objekte mit ihren Schutzverpackungen auf den Regalen so dicht beieinander anzuordnen, dass sie nicht leicht entnommen werden können.

d) keine Eigenschaften oder Merkmale aufweisen, die Objekten oder Personen Schaden zufügen, z. B. spitze Ecken, vorstehende Teile, chemische Zusammensetzung;

e) eine unperforierte obere Abdeckung ohne Nähte enthalten, die breiter als das Regal ist, um zu verhindern, dass Staub und Schmutz auf den Regalinhalt fallen;

f) die freie Luftzirkulation zulassen und insbesondere nicht zu dicht an einer Außenwand aufgestellt sein;

g) die Etikettierung jedes Fachs, jedes Regalfelds und jede Regalreihe vorsehen (siehe Bild 2).

DIN SPEC 67701:2019-07

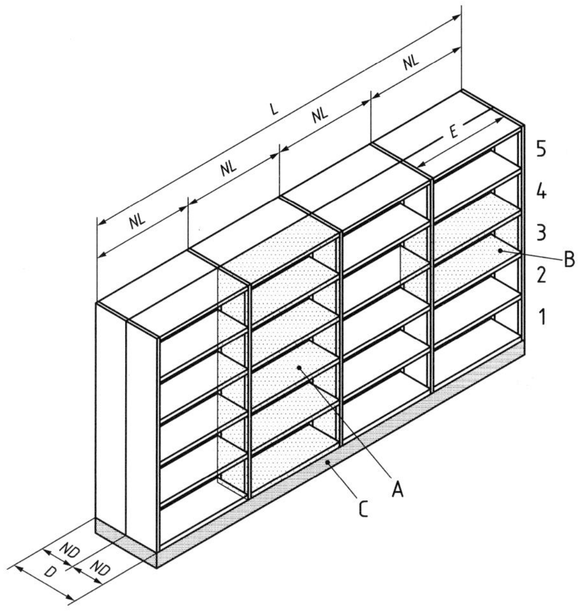

Legende

A	Regalfeld	E	Nutzbare Fachlänge
B	Fach	L	Länge der Regalreihe
C	Fahrgestell	NL	Nennlänge des Regalfelds
D	Regaltiefe (Gesamttiefe der zweiseitig bedienbaren Reihe)	ND	Nenntiefe des Fachs

Bild 2 — Regalanordnung (Quelle: PD 5454:2012)

Für die Auswahl der Werkstoffe für das Regal sollten vorab Informationen und Datenblätter von den Lieferanten angefordert werden, auf deren Basis ein Leistungsverzeichnis erstellt wird.

6.1.3 Anordnung der Reihen

Die Anordnung der Reihen sollte durch die Anforderungen des Magazins bestimmt sein. Um Platz zu sparen und die Lagerkapazität zu erhöhen, sollte eine unnötige Häufung von Fahrwegen und Gängen vermieden werden.

Die Reihen sollten so angeordnet werden, dass sie einen Abstand von den Wänden aufweisen. In nationalen Vorschriften kann ein bestimmter Abstand gefordert werden. Wenn das Regal parallel zur Wand steht, sollte die Reihe im Idealfall ortsfest in einem Abstand zur Wand angeordnet werden, der in nationalen Vorschriften festgelegt sein kann, oder in einem Abstand, der ausreicht, um die Reinigung zu ermöglichen. Möglich ist auch, die Reihe auf einem mobilen Fahrgestell oder Fahrwerk zu montieren, so dass sie für die Reinigung bewegt werden kann. Diese Trennung erleichtert die Luftzirkulation sowie die Reinigung des Magazins.

Wenn der direkte Einfall von Sonnenlicht in das Magazin unvermeidbar ist, sollten die Reihen in rechten Winkeln zu den Fenstern aufgestellt werden, um die schädlichen Auswirkungen des Sonnenlichts zu verringern.

6.1.4 Fahrwege und Gänge

Die Breite von Fahrwegen und Gängen sollte in Übereinstimmung mit maßgebenden nationalen Vorschriften und nach Belangen der Personensicherheit bestimmt werden.

Die Breiten von Fahrwegen und Gängen sollten ausreichen, um Bewegungsfreiheit und das Ausheben und Reponieren ohne Beschädigung der Objekte und ohne Risiken für das Personal zu ermöglichen.

Die Gangbreite sollte auf der Größe der Objekte und der Breite der für den Objekttransport verwendeten Geräte beruhen, zuzüglich eines Abstands, der es zulässt, dass sich eine Person sicher um das Transportgerät herumbewegen kann.

ANMERKUNG Nähere Angaben siehe DIN 67700:2017-05, 7.4.3.

6.1.5 Werkstoffe für Regale

6.1.5.1 Holzregale

Historische Holzregale können zulässig sein, wenn sie keine flüchtigen organischen Verbindungen (VOC) mehr abgeben und wenn ihre Verwendung für die historische Unversehrtheit der Bestände oder des Gebäudes von Bedeutung ist.

Holzregale werden aufgrund ihrer Entflammbarkeit oftmals als Brandgefahr verworfen. Wenn Holzregale jedoch dick genug sind und ein Brand ausbricht, glimmt das Holz wahrscheinlich für lange Zeit, bevor es sich entzündet. Wenn eine schnelle Reaktion auf den Alarm erfolgt, bleibt das Regal wahrscheinlich unversehrt.

Es gibt außerdem auch dahingehende Bedenken, dass bestimmte Holzarten Säuren abgeben können, die für die aufbewahrten Bestände schädlich sind, und dass sie selbst bei üblichem Lagerklima einige schädliche Insektenarten anziehen könnten. Dieses Problem kann durch sorgfältige Auswahl der Art des Holzes und durch ein Schädlingskontrollprogramm vermieden werden. Dieselbe Einschränkung gilt für Holz, das in Ausstellungsvitrinen verwendet wird. Holzprodukte, die mit Klebstoffen herstellt werden, geben bekanntermaßen flüchtige organische Verbindungen (VOC) ab und ihr Abbau erfolgt schneller, weshalb sie für die dauerhafte Aufbewahrung von Beständen nicht empfohlen werden.

6.1.5.2 Metallregale

Die Bauteile sollten frei von Graten, Rost, scharfen Kanten, abblätternden Oxidschichten und Fett sein.

Metallregale sollten aus Werkstoffen hergestellt werden, die mindestens DIN EN 10139 entsprechen.

Wenn Stahl oder Metall einer höheren Güte verwendet werden, sollte ihre Herstellerbescheinigung und ihre Spezifikation vom Lieferanten in einem Technischen Datenblatt enthalten sein.

Die Verwendung anderer Metalle ist nicht verboten.

Stützen und Regale sollten mit einer Pulverbeschichtung oberflächenbehandelt werden, um Korrosion im Magazinklima zu verhindern. Die verwendete Beschichtung sollte inert sein.

ANMERKUNG Obwohl Metallregale nicht brennbar sind, können sie sich in der Hitze eines Brandes verformen und plötzlich zusammenbrechen.

6.2 Konstruktion von Regalen

6.2.1 Allgemeines

Regale sollten eine Größe und eine Form haben, die die aufzunehmenden Bestände vollständig tragen und zudem genügend Platz lassen, damit der Inhalt leicht und sicher entnommen und wieder reponiert werden kann.

Eine übermäßige Durchbiegung von Regalen kann potenziell Schäden an den Beständen verursachen, entweder indem Spannungen auf die Bestände einwirken, die auf einem durchgebogenen Regalboden gelagert sind, oder durch das Aufstoßen eines durchgebogenen Bodens von oben herab auf die darunter befindlichen Objekte. Große Bücher sind besonders anfällig: Wenn sich das Regal längsseitig durchbiegt, kann sich die Unterseite des Buches spreizen, während seine Oberseite von anderen Büchern zusammengedrückt wird.

Die maximal zulässige Durchbiegung (Grenzwert der Durchbiegung) für die Regale sollte zwischen dem für die Ausstattung eines Archivs oder einer Bibliothek Verantwortlichen und dem Regalanbieter auf Grundlage der Lasten und der tatsächlichen Belastungsbedingungen vereinbart werden. Wenn kein Grenzwert für die Durchbiegung festgelegt wurde, sollte die maximal zulässige Durchbiegung der Kanten aller Metallregale der Spannweite/200 entsprechen, d. h. berechnet werden, indem die Regalbreite durch 200 dividiert wird. Zum Beispiel würde die maximal zulässige Durchbiegung der breiten Kante eines 1 000 mm breiten Regals 5 mm betragen (1 000/200).

Der Mindestabstand zwischen Fußboden und der Oberseite des untersten Regalbodens sollte 150 mm betragen, um eine Beschädigung von gelagerten Beständen durch Personen oder Transportwagen oder durch Wasser im Fall einer Brandbekämpfung oder einer Überflutung zu verhindern.

6.2.2 Stützen

Stützen sollten eine ausreichende Festigkeit besitzen, um die Last des Felds zu tragen, und Fachbodenhalter oder -träger sollten eine ausreichende Festigkeit besitzen, um die Tragfähigkeit eines Regals zu unterstützen.

Stützen und Regalträger sollten nicht das Ausheben oder Reponieren von Objekten oder ihrer Schutzverpackung behindern.

Es sollten Stützen mit offenen Seiten verwendet werden, um die freie Luftzirkulation zu ermöglichen.

In Bereichen, in denen Bände gelagert werden, sind gelochte Stützen zulässig. Die Stütze sollte so gestaltet sein, dass Bücher und Objekte nicht eingeklemmt oder beschädigt werden können.

6.2.3 Zugang

Die Regale und ihr Inhalt sollten generell einfach zugänglich und für eine auf dem Fußboden (oder auf einem eingebauten Boden bei einer Mehretagenanlage) stehende Person erreichbar sein.

Falls jedoch auf diese Weise kein leichter Zugang zu den Beständen möglich ist, dürfen Tritte oder eine Personen-Hebevorrichtung verwendet werden.

ANMERKUNG Für Arbeiten, die in der Höhe ausgeführt werden, können bestimmte Vorschriften gelten. Das Gewicht der Schutzverpackungen von Archiv- und Bibliotheksobjekten muss berücksichtigt werden, wenn erwogen wird, Tritte oder Leitern zum Ausheben und Reponieren zu verwenden.

6.2.4 Verstrebungen

Querverstrebungen in den Feldern von zweiseitig bedienbaren Reihen sollten auf ein Mindestmaß begrenzt bleiben, damit die Nutzung für durchgehende große Dokumente möglich ist.

6.3 Rollregalanlagen

6.3.1 Konstruktion

Rollregalanlagen sollten ausschließlich schienengeführt auf ebenem Boden eingebaut werden.

Um die Ausbreitung von Staub zu verhindern, sollten Bodenflächen aus Beton versiegelt werden, wenn Rollregalanlagen vorgesehen sind.

Rollregalanlagen sollten nicht direkt auf zusammendrückbaren Bodenbelägen verlegt werden.

Zur besseren Luftzirkulation sollte zwischen den Einheiten ein Zwischenraum von mindestens 25 mm vorhanden sein.

Die Durchbiegung des Fußbodens aufgrund der Nutzlasten sollte 1 : 1 000 nicht überschreiten. Diese Berechnung sollte angestellt werden, um sowohl kurzfristige als auch langfristige Durchbiegungen zu berücksichtigen.

Es wird empfohlen, dass diese Berechnung bei der anfänglichen Planung der Fußbodenkonstruktion durchgeführt wird.

ANMERKUNG Rollregalanlagen sparen Platz, erfordern jedoch eine größere Tragfähigkeit des Fußbodens und ebene Böden. Bei Lagermagazinen mit Problemen mit sich durchbiegenden Böden führt dies dazu, dass fahrbare Einheiten die geneigte Ebene hinunterrollen, was ein mögliches Sicherheitsproblem für die Benutzer der Anlage darstellt. Die Ausbesserung durchgebogener Fußböden ist schwierig, aufwändig und teuer.

Eine Maßnahme zur Verhinderung des Durchbiegens von über 1 : 1 000 kann die Einbeziehung eines sekundären Stahlgitters sein, das die fahrbaren Schienen stützt und regelmäßig angepasst werden kann, um während der Nutzungsdauer der Magazinanlage auf Durchbiegungen zu reagieren. Eine weitere Maßnahme ist die Anwendung einer Durchbiegung der Schienen nach oben (Überhöhung), um die vorhergesagte Durchbiegung nach unten auszugleichen. Es könnte sich jedoch als schwierig erweisen, eine annehmbare Lösung über die gesamte Nutzungsdauer der Magazinanlage zu erreichen.

6.3.2 Bewegung der Reihen

Rollregalanlagen sollten so gebaut sein, dass die Bewegung der Regalreihen nicht die in ihnen gelagerten Objekte beschädigen kann.

Objekte sollten vollständig in der Tiefe des Regals untergebracht sein. Die Technik und die Geschwindigkeit bei Betrieb, Beschleunigung und Abbremsen sollten so beschaffen sein, dass die Objekte nicht verrutschen oder aus den Regalen fallen.

Es wird nicht empfohlen, dass Rollregalanlagen, die nebeneinander aufgebaut sind, aneinanderstoßen, es sei denn, es ist ein Freiraum von mindestens 150 mm zwischen ihnen vorhanden. Bei elektromotorisch betriebenen Anlagen sollte der Freiraum mindestens 500 mm betragen.

ANMERKUNG BGR 234, DGUV-Regel 108-007 gibt lediglich einen Kantenabstand mittels Distanzhaltern von 25 mm vor.

Wenn Rollregalanlagen aufgrund von Anforderungen an das Fassungsvermögen eingebaut werden und die gelagerten Bestände empfindlich sind, wird die Verwendung eines elektromotorisch betriebenen Systems empfohlen, das mit „Soft-Start- und Soft-Stopp-"Funktion ausgestattet ist.

Die Anwendung eines Rollregalsystems richtet sich auch nach den spezifischen Gegebenheiten des Magazins, nach der Aushebe- und Reponierhäufigkeit und nach der Art der Lagerung, die für die aufzubewahrenden Objekte benötigt wird. Hierbei sollte der Rat des Herstellers eingeholt werden.

DIN SPEC 67701:2019-07

Rollregalsysteme sollten mit einer Hand bedienbar sein.

Bei der Auswahl eines Rollregalsystems sollte Folgendes berücksichtigt werden:

a) Last je Fahrgestell oder Fahrwerk; dies bestimmt den Kraftaufwand, der erforderlich ist, um ein mobiles Fahrgestell zu bewegen, und beeinflusst die Entscheidung über das anzuwendende Antriebsverfahren.

   Der Betrieb durch manuelles Schieben oder Ziehen eines Rollregals, um einen Gang zu schaffen, wird nicht empfohlen, es sei denn, bei dem System handelt es sich um ein kleines Seite-an-Seite-System, bei dem das vordere Feld bewegt wird, um Zugang zu dem Feld dahinter zu erhalten. Das sollte nur zugelassen werden, wenn die zur Bewegung des Rollregals erforderliche Last oder Kraft nicht mehr als 100 N beträgt. Wenn dieser Wert überschritten wird, sollte ein mechanisch unterstütztes System in Betracht gezogen werden. Die mechanische Unterstützung kann erhöht werden, um den zum Bewegen des Rollregals erforderlichen Kraftaufwand zu verringern.

   Beim Vergleich von mechanisch unterstützten Systemen mit elektromotorisch betriebenen Systemen sollte der Kraftaufwand zum Bewegen der Regale betrachtet werden.

b) Länge des Fahrgestells; diese hängt von der Magazinfläche und von den Beschränkungen des Herstellers ab.

c) Art der Lagerung und Häufigkeit der Nutzung; Rollregalsysteme können für einen großen Bereich von Aufbewahrungsanforderungen angewendet werden, von einer geringen bis hin zu einer hohen Nutzungshäufigkeit.

d) Schienen für Rollregalanlagen sollten bündig mit der Bodenoberfläche verlegt werden, damit sie keine Stolpergefährdung für die Anwender darstellen. Wenn es aufgrund baulicher Beschränkungen nicht möglich ist, eingelassene Schienen zu verlegen, sollte ein Verbundfußboden bis auf Schienenhöhe eingebaut werden, mit auf ein Mindestmaß beschränkten Rampen, die auf dieses Bodenniveau führen. Die andauernde Erschütterung von Transportwagen an Schienen und Rampen könnte die transportierten Objekte beschädigen.

Es sollten Überlegungen hinsichtlich des Verhältnisses zwischen der Anzahl der Gänge und der Anzahl der Benutzer, die möglicherweise gleichzeitig Zugang zu dem Regalsystem benötigen, angestellt werden. Eine Einrichtung, deren Entnahmerate bei einer Entnahme je Tag liegt, benötigt beispielsweise weniger Gänge als eine Einrichtung mit einer Entnahmerate von mehreren Vorgängen je Stunde. Die voraussichtlichen Aushebungen und Reponierungen aus und in das Regalsystem sollte über eine angegebene Zeitspanne berücksichtigt werden.

ANMERKUNG Aufgrund der Notwendigkeit, für jede mögliche Entnahme einen Gang zu schaffen, können Fahrregale mit einer hohen Entnahmerate als hinderlich/verzögernd wahrgenommen werden.

Bei Verwendung elektromotorisch betriebener Rollregalsysteme sollten die Motoren entweder vollständig ummantelt (Wechselstrommotoren) oder Niederspannungsmotoren (Gleichstrommotoren) sein. Ihre Auslegung sollte DIN EN 15095 entsprechen.

6.3.3 Standfestigkeit

Die Standfestigkeit von mechanisch unterstützten Rollregalanlagen wird vom Verhältnis zwischen Höhe und Tiefe, der Geschwindigkeit, der Beschleunigung oder Abbremsung sowie von Beladungsmustern beeinflusst.

Wenn rollbare Regalreihen ein solches Verhältnis zwischen Höhe und Tiefe aufweisen, bei dem plötzliches Bremsen, Beschleunigen oder ungleichmäßige Beladung zum Kippen oder zu Erschütterungen führen könnte, sollten Kippsicherungen eingebaut werden.

Reihen mit einem Verhältnis zwischen Höhe und Tiefe von weniger als 5 : 1 dürfen als standsicher betrachtet werden.

Es wird empfohlen, dass Reihen, deren Verhältnis zwischen Höhe und Tiefe zwischen 5 : 1 und 7,5 : 1 liegt, mit Kippsicherungen versehen werden.

Reihen mit einem Höhe-Tiefe-Verhältnis über 7,5 : 1 jedoch unter 10 : 1 sollten hinsichtlich ihrer Standfestigkeit besonders konstruiert werden.

Reihen mit einem Verhältnis zwischen Höhe und Tiefe von mehr als 10 : 1 sind instabil und sollten nicht verwendet werden.

Für Standfestigkeitsdaten bei elektromotorisch betriebenen Systemen gilt DIN EN 15095. Im Allgemeinen sind die Vorgaben der DGUV-Regel 108-007 zu beachten.

6.3.4 Schilder zur Regalbelastung mit Warnhinweisen und Regalnutzung

Schilder mit Warnhinweisen zur Regalbelastung, die vom Regalhersteller oder -lieferanten geliefert werden, um den Benutzer zur sicheren Verwendung der Regalsysteme anzuleiten, sollten in der Nähe oder an den Rollregalanlagen angebracht werden.

Betrieb und Wartung von Regalsystemen sollten jederzeit nach den Anweisungen des Herstellers durchgeführt werden.

ANMERKUNG Zur Beschilderung an Rollregalanlagen und Hinweisen oder Anweisungen können nationale Vorschriften gelten.

6.3.5 Brandschutz

Wenn eine automatische ortsfeste Feuerlöschanlage installiert ist, sollten die Reihen der Rollregalanlagen außerhalb der Betriebszeiten nicht weniger als 25 mm voneinander entfernt offengelassen werden, damit das Löschmittel in alle Teile der Regalanlage gelangen kann.

6.4 Lagerungsmobiliar für großformatige Objekte

6.4.1 Allgemeines

Hinsichtlich der Ausstattung für die Aufbewahrung von großformatigen Objekten (z. B. Karten, Pläne, Diagramme und Arbeitszeichnungen) sollten alle Empfehlungen für die Sicherheit, die Werkstoffe, die Oberflächenbeschaffenheit und das sichere sowie komfortable Ausheben und Reponieren befolgt werden, die insgesamt für Aufbewahrungsmobiliar für Archiv- und Bibliotheksbestände gelten.

ANMERKUNG Großformate können nicht in den Regalreihen im Magazin gelagert werden, die für den Hauptteil der Bestände ausgelegt sind. Dies kann am individuellen Gewicht oder den Abmessungen liegen.

Der Umgang mit großen und schweren Objekten kann in nationalen Vorschriften geregelt werden. Wenn keine derartige Anleitung vorhanden ist, sollten hinsichtlich großer und schwerer Objekte Anweisungen und Anleitungen für das Personal angeboten werden.

6.4.2 Magazinbereich

Zur einfachen Handhabung sollte sich der Aufbewahrungsbereich für Karten, Pläne und Zeichnungen innerhalb des Magazins so nahe wie praktisch möglich bei dem Raum befinden, in dem sie genutzt werden.

DIN SPEC 67701:2019-07

6.4.3 Risiko einer Dehnung und Deformation

Wann immer praktisch möglich, sollte es die Magazinausstattung ermöglichen, Karten, Pläne und Zeichnungen in nicht gerollter und nicht gefalteter Form zu lagern, um das Risiko einer Dehnung oder Verzerrung zu vermeiden. Dies gilt insbesondere für Karten, Pläne und Zeichnungen mit genauem Maßstab, anhand derer möglicherweise detaillierte Messungen vorgenommen werden müssen.

Die vertikale Lagerung wird für derartige Objekte nicht empfohlen. Für andere Objekte in Übergröße ist eine vertikale Lagerung nur unter den in 6.4.6 gestellten Bedingungen zulässig.

ANMERKUNG Siehe 6.5 für gerollte Dokumente.

6.4.4 Horizontale Lagerung von Objekten im nicht gerollten Zustand

Karten, Pläne und Zeichnungen sollten entweder plan in flachen Schubfächern in Planschränken oder auf einem Spezialregal gelagert werden.

Wenn möglich und aus Gründen der Zweckmäßigkeit sollten Schubfächer nicht in Höhen über 1 400 mm angebracht werden.

Die Anordnung von Planschränken ist besonders wichtig, da der für den Zugang zu den Objekten erforderliche Raum mindestens der Tiefe des Planschranks zuzüglich weiteren 450 mm entsprechen muss.

ANMERKUNG DIN 67700:2017-05, 7.4.3.1 legt fest, Fachtiefe +550 mm bzw. 650 mm.

6.4.5 Planschränke für Großformate

Wenn in Planschränken Schubfachreihen verwendet werden, sollte jedes Schubfach mit einer Auszugsperre ausgestattet sein, um zu verhindern, dass mehr als ein Schubfach gleichzeitig geöffnet wird.

Das unterste Schubfach sollte mindestens 150 mm über dem Fußbodenniveau angeordnet sein.

Schubfächer sollten sich entlang ihrer Schmalseiten ausziehen lassen.

Sie sollten einfach zu handhaben und leichtgängig sowie mit tragenden Elementen ausgestattet sein, die sie in vollständig geöffnetem Zustand vor dem Kippen bewahren.

Die Schubfächer sollten mit einem Sicherheitsanschlag ausgestattet sein, um das unbeabsichtigte vollständige Herausziehen des Schubfachs zu verhindern und eine Schutzklappe in der Vorderkante und einen Rand von mindestens 150 mm an der Rückseite aufweisen.

Es sollten Vorrichtungen zur Beschriftung jedes Schubfachs vorhanden sein.

6.4.6 Vertikale Lagerung von Großformaten

Falls notwendig können Karten, Pläne und Zeichnungen hängend gelagert werden, vorausgesetzt, ihr Gewicht kann über ihre gesamte Breite verteilt werden. Dadurch soll eine Deformation vermieden werden.

Objekte, die auf diese Weise gelagert werden, sollten entsprechend an Schutzvorrichtungen befestigt werden. Halterungen sollten an den entsprechenden Schutzvorrichtungen, nicht an den Objekten befestigt werden.

6.5 Regale für gerollte Objekte

6.5.1 Allgemeines

Regale, die für gerollte Objekte verwendet werden, sollten den Angaben in 5.2 entsprechen. Das Regal sollte das gesamte Objekt aufnehmen und stützen.

Die vertikale Lagerung sollte für gerollte Objekte nicht verwendet werden.

Gerollte Karten, Pläne und Zeichnungen können in Regalen gelagert werden, die von beiden Seiten zugänglich sind.

Sie sollten in einer einzelnen Reihe auf jedem Regal oder Regalpaar im rechten Winkel zum Fahrweg angeordnet werden.

Sie sollten nicht in den Fahrweg hineinragen.

Wenn Karten, Pläne und Zeichnungen im gerollten Zustand zu lang sind, um quer über das von beiden Seiten zugängliche Regal gelagert zu werden, sollten sie auf Regalen aufbewahrt werden, die für die richtige Tiefe ausgelegt sind, oder sie sollten längs auf Kragarmregalen gelagert werden.

6.5.2 Kragarmregale

Kragarmregale bestehen aus Stützen und einem oder zwei Träger(n) an der Ober- und/oder Unterseite, die für Standfestigkeit sorgen. Eine Reihe von Kragarmen wird daran befestigt, auf denen entweder ein Regalboden angeordnet wird oder die Last wird direkt durch die Arme getragen.

Um zu verhindern, dass Objekte herunterrollen, dürfen die Regale zur Rückseite des Feldes oder Regals hin in einem Winkel von höchstens 10° abgeschrägt oder mit einem abgerundeten Rand ausgestattet sein.

Kragarmregale sollten außerdem auch:

a) eine feste Rückwand besitzen, die über die gesamte Länge bis in mindestens 150 mm Höhe reicht;

b) mit der Längsseite parallel zu einem Gang oder einem Fahrweg angeordnet sein, um das einfache Ausheben und Reponieren zu ermöglichen;

c) gewalzte oder abgerundete Vorderkanten haben;

d) Vorrichtungen zur Beschriftung aufweisen;

e) im Fall einer Befestigung mit Wandhalterungen in einem Abstand von mindestens 75 mm zwischen der festen Rückwand und der Raumwand aufgestellt werden, damit die Luft zirkulieren kann.

6.6 Regale für großformatige oder schwere Bände

Um großformatige oder schwere Bände zu lagern, sollten die Regale so bemessen sein, dass die Bände flach, d. h. auf ihrer Vorder- oder Rückseite und nicht aufrecht stehend, gelagert werden können, um eine Beschädigung des Buchrückens zu vermeiden.

Das Regal sollte die gesamte Oberfläche jedes Bands stützen; daher sollte bei zwei Bänden unterschiedlicher Größe der größere unten im Stapel liegen.

Das Regal sollte eine Größe haben, die ermöglicht, dass die Buchrücken oder Signaturschilder (z. B. bei in Schachteln verpackten Bänden) nach außen zeigen, so dass die Bände zum Lesen ihrer Signatur nicht umgedreht werden müssen.

Zweiseitig bedienbare Regale sollten verwendet werden, wenn Bücher in Übergröße im Querformat zusammen mit Büchern im Hochformat gelagert werden.

Individuelle Anforderungen in Bezug auf die Durchbiegung der Regale sollten mit dem Regallieferanten abgestimmt werden.

6.7 Schränke

Die Lagerung in einem Schrank (en: cupboard, chest) sollte in Erwägung gezogen werden, wenn zusätzliche Sicherheit, klimatisch stabile Bedingungen sowie Widerstand gegen Feuer, Wasser und Licht möglicherweise nicht auf eine andere Art erreicht werden könnte.

Schränke sollten nicht an Außenwänden angeordnet werden. Sie sollten nicht aus Materialien bestehen, die die Objekte schädigen könnten.

ANMERKUNG Ohne zusätzliche Klimatisierung kann es kurzfristig einfacher sein, ein Mikroklima in einem Schrank zu stabilisieren als die Umgebungsbedingungen im Raum. Das ist vergleichbar mit der unterstützenden Wirkung von Schutzverpackungen bei der Aufrechterhaltung stabiler Umgebungsbedingungen für die in ihnen gelagerten Objekte.

Schränke sollten jedoch nicht als Mittel zur Korrektur problematischer Umgebungsbedingungen eingebaut werden.

7 Zugangsbearbeitung von Beständen

7.1 Allgemeines

Die Beurteilung von Beständen während der Übernahme ist notwendig, um die Erhaltung vom Eingang (bei der Institution) bis zur Nutzung durch den Forscher oder Leser sicherzustellen.

Zur Beurteilung gehört die Niederschrift aller Probleme oder Anforderungen, so dass nachfolgende Maßnahmen sicher und effizient sind:

Bei Empfang ist der Bestand zu überprüfen, um sicherzustellen, dass alle Objekte vorhanden sind und gezählt werden.

Es ist zu überprüfen, dass alle Bestände über eine angemessene verständliche Beschreibung verfügen, die den Zugang ermöglicht. Wenigstens eine einfache Beschreibung wird beim Eingang von Beständen bei der Institution erwartet.

Der Zustand und die Sauberkeit der Bestände sind zu überprüfen. Es wird empfohlen, die Bestände zu reinigen und sicherzustellen, dass sie in Quarantäne genommen werden und schädlingsfrei sind, bevor sie in den Magazinbereich transportiert werden.

Es ist zu überprüfen, ob alle Bestände über eine angemessene Schutzverpackung (z. B. Kassetten, Falt- oder Archivschachteln, Mappen oder Umschläge) nach Bedarf verfügen. Materialien, die für die Schutzverpackung verwendet werden und mit den Beständen direkt in Berührung kommen, sollten chemisch beständig und inert sein und die Bestände nicht beschädigen. Die Schutzverpackung sollte für die Größe, die konstruktionsbedingten Eigenschaften und den Zustand der enthaltenen Objekte geeignet sein.

Es ist zu kontrollieren, dass alle schädigenden Materialien (z. B. säurehaltige Mappen und Verpackungspapiere, Kunststoffmappen, Metallklammern, Haftnotizzettel, Gummibänder) entfernt werden, so dass die Bestände nicht durch Säure, Weichmacher und Klebstoffrückstände und/oder Rost beschädigt werden.

Viele dieser Tätigkeiten sind zeitaufwendig, jedoch für die dauerhafte Aufbewahrung der Bestände förderlich.

7.2 Schutzverpackungen für Papier, Pergament, Bände und weitere traditionelle Archiv- und Bibliotheksbestände

7.2.1 Allgemeines

Ungebundene Objekte, lose Karten, Pläne und Bände in einem gefährdeten Zustand sollten mit einer Schutzverpackung versehen werden. Bestände variieren im Format und es ist entscheidend, dass die Schutzverpackung die richtige Größe und Ausführung hat und aus einem Material besteht, das für die verpackten Objekte geeignet ist.

Die Schutzverpackung sollte:

a) für den vorgesehenen Zweck ausgelegt sein (d. h. Langzeit- oder Kurzzeitlagerung und Zugänglichkeit ihres Inhalts);

b) so ausgeführt sein, dass sie für das/die Objekt(e) passt, ohne das Objekt zu falten oder eine andere Anpassung vorzunehmen, damit es in den Behälter passt;

c) fest genug sein, um der Handhabung und dem Gewicht des Objekts/der Objekte, das/die sie enthält, standzuhalten;

d) so ausgeführt sein, dass sie den Inhalt vor Schadstoffen und Licht schützt;

e) aus Materialien hergestellt sein, die sich nicht infolge des Austauschs von Dämpfen oder durch direkte Berührung nachteilig auf das/die eingeschlossene(n) Objekt(e) auswirken, in Übereinstimmung mit Anhang A.

Schachteln sollten nicht überfüllt werden und schließen, ohne die Bestände zu beschädigen.

Bei der Auswahl von Schachteln sollte die leichte Handhabung sowohl der Schachtel als auch der darin befindlichen Objekte berücksichtigt werden. Die Schachtel sollte über eine Vorrichtung verfügen, um sie aus dem Regal herauszuziehen (z.B. ein Lasche oder Zugband). Die Schutzverpackung sollte zudem auch weder so klein sein, dass die Kanten der darin befindlichen Objekte beschädigt werden, noch so groß, dass sie sich in ihrem Inneren bewegen.

Schutzverpackungsmaterialien und ihre Verwendung sollten den relevanten Abschnitten in Anhang A entsprechen.

Für Schachteln und Mappen/Umschläge aus zellulosehaltigem Material gilt DIN ISO 16245 für die Langzeitlagerung von Schrift- und Druckgut aus Papier oder Pergament.

Schutzverpackungen bieten einen guten Schutz für die darin enthaltenen Objekte. Sie können verschiedene Formen annehmen und aus verschiedenen Materialien bestehen. Die gebräuchlichen Schutzverpackungen sind in Anhang A beschrieben.

Die Vorteile der Verwendung von Schutzverpackungen für die Aufbewahrung sind:

1) die Handhabung der Gegenstände wird auf ein Mindestmaß verringert;

2) sie bieten guten Schutz vor Katastrophen (z. B. Wasserschaden);

3) sie bieten Schutz vor Schadstoffen und langsamen Änderungen der Umgebungsbedingungen;

4) sie bieten Schutz vor mechanischer Beschädigung bei der Lagerung;

5) sie bieten Schutz während der Überführung;

DIN SPEC 67701:2019-07

6) sie halten loses Material sicher zusammen;

7) sie erleichtern die Handhabung und effektives Platzmanagement sowie die effektive Nutzung der Regale;

8) sie ermöglichen eine einfache Art der Beschriftung von Beständen zur Identifizierung/Lokalisierung von Objekten ohne direkte Handhabung.

Schachteln und Schutzhüllen, die als Schutzverpackung verwendet werden, sollten deutlich und dauerhaft mit einer Angabe gekennzeichnet werden, welche die eventuelle Neuverpackung des Inhalts und das richtige Reponieren ins Magazin ermöglichen.

Wenn ein Teil eines Bands oder des Inhalts an einem separaten Ort aufbewahrt wird, kann dies direkt auf der Schutzverpackung vermerkt werden, sollte jedoch auch separat in einem Lagerverzeichnis festgehalten werden.

Wenn Etiketten verwendet werden, um den Inhalt der Schutzverpackung anzugeben, sollten diese mit alterungsbeständiger Tinte gedruckt werden, und die Schutzverpackung selbst sollte ein Standortkennzeichen (Signatur) erhalten, falls das Etikett verloren geht.

7.2.2 Lose Blätter

Objekte in Form loser Blätter oder Folien, die mit anderen Objekten ähnlicher Form oder ähnlichen Inhalts aufzubewahren sind, sollten flach oder unter Beibehaltung ihrer ursprünglichen Faltung gelagert werden. Sie sollten in zur Seite hin offenen Umschlägen in Mappen und zusätzlich in festen Archivschachteln der Art, wie in A.1.5 empfohlen, aufbewahrt werden.

Es sollte darauf geachtet werden, Siegel auf Einzelblattdokumenten zu schützen. Einzelblätter, die als besonders gefährdet, bedeutsam oder wertvoll gelten, können montiert und in Planschränken untergebracht werden.

Einzelblätter können mit Fälzen auf schwerere Trägerpapiere montiert und in einen Ordner oder ein Heft eingebunden werden. Diese Methode sollte auch Maßänderungen in Betracht ziehen.

7.2.3 Großformate

Objekte in Übergröße, die nicht bequem in das verwendete Aufbewahrungssystem passen (z. B. Karten, Pläne und Arbeitszeichnungen) sollten für die Lagerung nicht zerschnitten oder zerlegt werden.

Je nach ihrer Art und ihrem materiellen Zustand sollten sie nach einer der folgenden Möglichkeiten schutzverpackt und gelagert werden:

a) flach in Mappen (siehe A.1.6);

b) aufgerollt auf einen Kern/eine Hülse (siehe A.1.8);

c) in einer geeigneten vertikalen Ablage (siehe 6.4.6).

7.2.4 Gerollte Objekte

Objekte, die als Rollen konzipiert wurden, wie z. B. Verzeichnis- und Inventarrollen, sollten für die Lagerung möglichst in ihrer gerollten Form bleiben.

Gerollte Dokumente sollten wie folgt schutzverpackt und gelagert werden:

a) falls notwendig zur Unterstützung auf einem zylindrischen Kern oder einer Hülse gerollt (siehe A.1.8);

b) in Papier verpackt und einzeln oder in Gruppen in Schachteln gelegt;

c) gesondert gelagert in einer Schachtel mit quadratischem Querschnitt.

Die Schachtel sollte auf der ganzen Länge zu öffnen sein, um Schäden durch das Hinein- und Herausziehen zu vermeiden. Daher sollten Objekte auch nicht in Hülsen aufbewahrt werden.

Wenn es erforderlich ist, gerollte Dokumente flach zu lagern, sollten sie mit einer Unterstützung aus Pappe versehen und in einer Mappe mit vier Klappen, die das Dokument vollständig bedecken (siehe A.1.7), schutzverpackt werden.

Von gerollten Objekten sollte für die Benutzung Schutzkopien angefertigt werden, da die Objekte durch das ständige Auf- und Entrollen während der Handhabung beschädigt werden können.

ANMERKUNG 2 Die Lagerung in Rollenform kann für große Objekte, wie z. B. Karten angewendet werden, die aufgrund ihrer Größe nicht flach gelagert werden können. Das Rollen derartiger Objekte um einen starren Kern/eine starre Hülse schützt sie sowohl bei der Lagerung als auch bei der Handhabung, allerdings wird bei der Aufbewahrung mehr Platz benötigt. Empfehlungen bezüglich des Materials und der Abmessungen des Kerns/der Hülse werden in A.1.8 gegeben.

Kleine Rollen können in einer Schachtel gelagert werden, wobei jede Rolle um einen Kern/eine Hülse gewickelt wird, um sie vor dem Druck anderer Rollen zu schützen. Es ist entscheidend, die Schachteln nicht zu überfüllen.

Das Gewicht der Schachteln sollte sorgfältig kontrolliert werden, damit die Schachteln für das Personal zumutbar handhabbar bleiben und leicht transportiert werden können.

Große Rollen, die nicht in Schachteln gelagert werden können, sollten verpackt werden. Empfohlene Verpackungsmaterialien sind Gewebe, Leinenbeutel oder Papier. In einigen Fällen kann Karton oder Packpapier, das den Spezifikationen für die Langzeitlagerung entspricht, verwendet werden.

Es kann in manchen Fällen günstiger sein, ein gerolltes Objekt flach zu lagern, z. B. wenn es geschwächt oder beschädigt ist.

7.2.5 Weitere traditionelle Bestände

Bestände aus z. B. Palmblättern oder Rindenpapieren können wie Papier behandelt werden.

Die Objekte sollten im Allgemeinen flach gelagert werden, Gewebe und große Bögen können jedoch gerollt werden.

Empfindliche oder fragmentarische Papyri können zwischen Glasscheiben gelagert werden.

Gegenstände aus Holz wie z. B. Kerbhölzer, können in säurefreies Vlies verpackt und mit anderen Beständen aufbewahrt werden.

Für die Lagerung empfindlicher, komplexer oder ungewöhnlicher Objekte, die einen Teil eines Bestandes bilden, sollte ein Restaurator hinzugezogen werden.

7.2.6 Bände

Zum Schutz von Bänden in den Regalen sind maßgefertigte Buchkassetten und Faltschachteln das wirksamste Mittel vor mechanischer Beschädigung, unabhängig davon, ob diese aufrecht oder liegend gelagert werden und sollten, wann immer praktikabel, verwendet werden (siehe 6.6 und A.1.2).

Der erforderliche Schutzgrad hängt vom materiellen Zustand des Bands und von der Art und der Häufigkeit seiner wahrscheinlichen Nutzung ab.

Wenn Bände aufeinander gelagert werden, sollte ihr Gewicht berücksichtigt werden, um einen übermäßigen Druck auf den untersten Band zu vermeiden. Größere Bände sollten unter kleineren Bänden angeordnet werden.

Flexible Pergamentbände oder Bände mit einem Buchblock aus Pergament (Pergamenthandschriften) sollten in einer maßgefertigten Buchkassette, ggf. mit Druckknopf, gelagert werden.

Wenn feste oder flexible Einbände größer als der Buchblock sind und die Bände senkrecht gelagert werden, sollte eine Buchblockstütze in die Schachtel eingebaut werden.

Gebundene Alben, die oftmals Objekte verschiedener Dicken und/oder Fotografien enthalten, können durch das Zusammendrücken beschädigt werden, wenn sie flach hingelegt oder in Stapeln gelagert werden. Sie sollten aufrecht in einer Buchkassette gelagert werden, die eine Buchblockstütze enthält, wenn der Einband größer ist als die Blätter im Inneren.

7.2.7 Siegel und Bleibullen

Objekte mit angehängten Siegeln sollten eine Schutzverpackung haben, die sowohl das Siegel als auch das Objekt schützt.

Zur Schutzverpackung von Objekten mit Hängesiegeln werden folgende Möglichkeiten empfohlen:

a) in Schachteln legen, die die Aufbewahrung von flachen, gefalteten oder gerollten Objekten mit ihren Siegeln in derselben Verpackung zulassen und im Regal liegend gelagert werden;

b) in säurefreie Schachteln legen, die fest genug sind, um einer Stauchung zu widerstehen;

c) besiegelte Objekte einzeln verpacken oder voneinander durch feststehende und stabile Abtrennungen separieren;

d) die Siegel in Siegelschutzhüllen legen, die leicht zu öffnen und zu schließen sind und aus Materialien hergestellt sind, die antistatisch, luftdurchlässig, jedoch nicht hygroskopisch (z. B. Polyestervlies) und faserfrei sind (d. h. sie enthalten keine losen Fasern).

Siegel sollten so gestützt werden, dass weder sie selbst, noch ihre Befestigungsmittel, noch das Objekt, an dem sie befestigt sind, Spannungen ausgesetzt sind.

ANMERKUNG Die Mehrzahl der Siegel besteht aus Wachs. Diese Siegel werden in Siegelschutzhüllen verpackt oder gesichert montiert. Daneben treten neben Gold- und Bleisiegeln vor allem noch Lack- und Papier- bzw. Oblatensiegel auf. Diese werden durch ein eingelegtes Vlies etc. oder durch eine separate Lagerung vor Druck und Bruch geschützt. Blei ist bei Vorhandensein geringer Konzentrationen organischer Säuren aus Lagerungsmaterialien besonders anfällig. Daher ist es nicht auf oder in der Nähe von Eichenholz, nicht abgelagertem Holz, frischer Farbe oder Klebstoff zu lagern, die derartige Säuredämpfe abgeben können.

Die zur Lagerung, Ausstellung und Befestigung von Bleibullen verwendeten Materialien sollten als inert gegenüber Blei bekannt sein. Andernfalls sollte das Blei in seiner eigenen Mikroumgebung eingeschlossen werden, z. B. in einer luftdichten Schachtel aus einem inerten Material.

Objekte mit Bleisiegeln sollten in stabilen Schutzverpackungen aufbewahrt werden, die keinen Druck auf das Siegel ausüben oder dagegen reiben und keine inneren Verpackungsstoffe enthalten. Die am besten erhaltene Seite der Bulle sollte mit der Vorderseite nach unten in der Schutzverpackung liegen.

Bei der Lagerung und Handhabung von Bleibullen sollten stets Handschuhe getragen werden, und die Bullen sollten während ihrer Nutzung einen vorübergehenden Schutz wie z. B. eine Stütze oder Halterung erhalten.

Siegel aus Celluloseacetat zerbrechen langsam, wobei sie gasförmige Essigsäure freisetzen. Jegliche Farbstoffe, die sie enthalten, können ebenfalls in die nächstgelegene Oberfläche migrieren. Sie sollten in säurefreien belüfteten Schachteln aufbewahrt werden, die, sofern praktikabel, aus einem Material bestehen, das Molekularsiebe oder andere Arten von Schadstoffadsorbern enthält (siehe A.2.3 und A.2.4.3).

7.3 Schutzverpackung analoger fotografischer Materialien und audiovisueller Medien

7.3.1 Fotografien auf Papierbasis

Fotografien auf Papier sollten nach DIN 15549 schutzverpackt werden.

Fotografien sollten niemals ohne Handschuhe angefasst werden, da die Öle und der Schweiß von den Fingern mit dem Silberhalogenid in den fotografischen Emulsionen reagieren, welches bei den meisten Schwarzweißformaten das Bild erzeugt.

Baumwollhandschuhe können Öl und Schweiß von den Händen auf die fotografische Emulsion übertragen.

7.3.2 Glasplattennegative und Dias

Zu Glasplattennegativen und Dias gehören Kollodium-Nassplattennegative und Silbergelatine-Trockenplattennegative, bei denen die Bildschicht auf dem Glas aufliegt.

Beim Umgang mit Negativen und Dias sollten Handschuhe getragen werden.

Sie sollten nur an den Kanten des Glases angefasst werden.

Glasplattennegative und Dias sollten stets auf eine saubere, trockene, staubfreie Oberfläche gelegt werden, wenn die Emulsionsseite (die Bildseite) aufliegt.

Wenn Negative oder Dias in Holzschachteln aufbewahrt werden, sollten sie daraus entfernt und in Papierhüllen und Schachteln umgelagert werden, die A.2.3 und A.2.4.3 entsprechen.

Dias, die einen Glasschutz auf der Emulsionsseite (der Bildseite) haben, können in Polyesterhüllen (siehe A.2.5) und/oder in Umschlägen nach A.2.4.3 aufbewahrt werden.

Diese sollten in Schachteln aufbewahrt werden, die den Vorgaben für die dauerhafte Lagerung von fotografischen Beständen entsprechen.

7.3.3 Fotografische Planfilmnegative

Planfilmnegative kommen häufig in vielen verschiedenen Formaten vor. Sie sollten nach DIN 15549 schutzverpackt werden.

Cellulosenitrat-Planfilm ist nicht so anfällig für Abbau wie Kinefilm (siehe 7.3.5), da sich die Zusammensetzung unterscheidet. Eine Antirollschicht aus Gelatine, die auf allen außer den frühesten Planfilmformaten vorhandenen ist, blockiert oder verlangsamt die Auswirkungen atmosphärischer Schadstoffe und von Sauerstoff, die den Beginn der Zersetzung auslösen können. Jedoch kann Cellulosenitrat in jeglicher Form im Brandfall nicht gelöscht werden. Große Mengen von Planfilmnegativen aus Cellulosenitrat erhöhen die Brandlast beträchtlich.

DIN SPEC 67701:2019-07

Cellulosenitrat-Planfilmnegative in großer Anzahl können im Brandfall explodieren und sollten einzeln in Papierhüllen schutzverpackt werden.

Die Aufbewahrung von auf Cellulosenitrat basierenden Filmmaterialien unterliegt darüber hinaus nationalen Vorschriften, die bei der Lagerung unbedingt beachtet werden müssen (siehe 7.3.5).

Acetylierte Cellulose-Kunststoffnegative und Diapositive aller Formen (Cellulosediacetat, Celluloseacetobutyrat und Cellulosetriacetat usw.) sind instabil, schrumpfen schließlich und setzen Essigsäuredämpfe frei (bekannt als Essig-Syndrom), die benachbarte Bestände beeinträchtigen können.

Planfilmnegative und Diapositive sollten in einzelnen Papierhüllen und doppelt umschlossenen Tiefkühlverpackungen schutzverpackt und kalt gelagert werden.

Siehe hierzu auch DIN ISO 11799:2005-06, Tabelle B.1.

7.3.4 Mikrofilm

Mikrofilm vom Silbergelatine-Typ sollte nach E DIN ISO 18934 aufbewahrt werden.

Ältere Mikrofilme können aus Cellulosenitrat- oder Celluloseacetatfilm bestehen und sollten nach 7.3.1 und 7.3.3 aufbewahrt werden. Die Aufbewahrung von Cellulosenitrat-basierten Filmmaterialien unterliegt darüber hinaus nationalen Vorschriften, die bei der Lagerung unbedingt beachtet werden müssen (siehe 7.3.5).

Sofern zulässig sollten Schutzkopien auf Polyesterfilm angefertigt werden.

7.3.5 Kinefilm

Kinefilme sollten mit der Emulsionsseite nach innen auf Kunststoffspulen oder -kerne aufgewickelt werden.

Die Filme sollten zum Schutz Startbänder an beiden Enden der Spule aufweisen.

Die Filme sollten dann einzeln in Dosen aus korrosionsbeständigem Metall oder inertem Kunststoff, die ihrem Format und ihrer Größe entsprechen, eingelegt werden. Wenn diese Dosen nicht bei einer Temperatur von 0 °C oder darunter gelagert werden oder ein Molekularsieb oder eine andere Art eines Schadstoffadsorbers enthalten, sollten sie über belüftete Deckel verfügen, die den Luftaustausch ermöglichen.

Andere Materialien, wie z. B. säurehaltiges Papier, sollten entfernt werden.

Sofern praktikabel, sollten magnetische Tonspuren, die zu Kinefilmen gehören, getrennt vom zugehörigen Film unter Bedingungen gelagert werden, die für magnetische Medien geeignet sind (siehe 7.4.2 und ISO 18911).

Filmdosen sollten flach in Regalen gestapelt werden. Die Stapel sollten nicht höher als 300 mm sein.

Die meisten kinematografischen Filme, die vor 1951 hergestellt wurden, sind wahrscheinlich auf Cellulosenitratbasis. Cellulosenitrat ist hochbrennbar und kann durch die Erzeugung giftiger Gase gefährlich sein und in extremen Fällen im Brandfall explodieren. Es ist unumgänglich, hinsichtlich der Aufbewahrung, der Vervielfältigung oder Entsorgung derartiger Filme Experten hinzuzuziehen.

Der Umgang mit fotografischen Filmen auf Cellulosenitratbasis und deren Aufbewahrung können in Gesetzen geregelt sein, die Sprengstoffe oder Chemikalien behandeln. Aus Sicherheitsgründen ist es wichtig, bei der Handhabung und Lagerung alle maßgebenden Gesetze und Vorschriften einzuhalten. Alle Aufbewahrungs- und Arbeitsräume sollten identifiziert und entsprechend gekennzeichnet werden.

ANMERKUNG In Deutschland unterliegt Cellulosenitrat der Gefahrstoffverordnung, dem Sprengstoffgesetz als „sonstiger explosionsgefährlicher Stoff" und den Gefahrgut-Transportvorschriften als „entzündbarer fester Stoff".

Es empfiehlt sich, fotografische Aufnahmen und kinematografische Filme auf Cellulosenitratbasis nicht im Magazin aufzubewahren, sondern auf einen Sicherheitsfilm (Polyester) nach DIN ISO 18906 und DIN 15551-3 umzukopieren.

Wenn die Originale aufbewahrt werden, ist es unumgänglich, dass sie in einem separaten, gut belüfteten Magazin bei niedriger Temperatur gelagert werden. Darüber hinaus sind alle maßgebenden Gesetze und Vorschriften einzuhalten.

Celluloseacetat-Filme sollten auf Hinweise für einen Essigsäure-Zerfall untersucht werden. Die Essigsäureausgasungen können für andere Bestände schädlich sein.

Magnetische Tonspuren auf einem Acetatfilm-Trägermaterial sind besonders anfällig für Essigsäure-Zerfall. Geschädigte magnetische Tonspuren sollten von anderen Beständen getrennt, dupliziert (sofern zulässig) und eingefroren werden.

Bezüglich Kinefilmen sollte frühestmöglich der Rat von Fachleuten eingeholt werden.

ANMERKUNG E DIN ISO 18934 behandelt die Lagerungsbedingungen für Filme.

7.4 Maschinenlesbare Dokumente

7.4.1 Allgemeines

Maschinenlesbare Dokumente und Kopien solcher Dokumente sollten regelmäßig auf ihre fortwährende Funktionsfähigkeit überprüft werden.

Falls notwendig sollten sie kopiert werden, um Dokumente, deren Zustand sich verschlechtert, zu ersetzen und zukünftig zugänglich zu halten.

Aus Sicherheits- und Klimagründen sollten Papierausdruck-Formate getrennt von den Originalen aufbewahrt werden.

Wiederbeschreibbares Material sollte sowohl vor einer versehentlichen als auch einer absichtlichen Löschung geschützt werden.

Magnetbänder und -scheiben, optische Scheiben und Bänder sowie zugehörige Geräte benötigen einen besonderen Schutz, um eine Verzerrung oder Vernichtung der Aufzeichnung oder der Daten zu verhindern.

Wenn die Erlaubnis erteilt wurde, Kopien anzufertigen, sollten zwei Kopien erstellt werden und eine (oder mehr) Kopien außerhäusig aufbewahrt werden.

ANMERKUNG Siehe Literaturhinweis [89].

7.4.2 Magnetische Medien

7.4.2.1 Allgemeines

Bei Magnettonbändern wurden von Mitte der 1940er Jahre bis Mitte der 1970er Jahre oftmals dünne Acetatfilm-Träger verwendet, deren Zustand sich schnell verschlechtert. Moderne Ton- und Datenbänder verwenden Polyethylenterephthalatfilm-Träger (PET) mit einer Eisenoxidbeschichtung, gebunden mit Polyurethan. Chromdioxid wurde ebenfalls auf Bändern mit einer PET-Beschichtung verwendet.

Die meisten frühen Formen von Tonbändern sollten als instabil angesehen werden, wenn sie bei einer Temperatur über 20 °C und einer relativen Luftfeuchte über 40 % gelagert wurden oder werden.

DIN SPEC 67701:2019-07

Der Zustand von Magnetbändern auf Acetatfilm verschlechtert sich bis hin zu einem als „Verklebung" (en: sticky-shed) bezeichneten Zustand. In diesem Zustand verkleben die signaltragenden Magnetpartikel mit dem Wiedergabekopf des Gerätes und das Tonsignal geht verloren. Diese Bänder entwickeln auch das charakteristische „Essig-Syndrom", das die weitere Schädigung und Verzerrung des Films beschleunigt. Der Film schrumpft, verwirft sich und wird schließlich spröde, was es schwierig bis hin zu gänzlich unmöglich macht, das Band abzuspielen. Die einzige Möglichkeit, den Inhalt zu erhalten, ist eine Schutzkopie (siehe 8.7.1).

Bis von den Magnetbändern eine Schutzkopie erstellt werden kann, sollten Bandformate auf Celluloseacetat-Trägern kalt gelagert werden. Die Behälter können ein Molekularsieb oder eine andere Art eines Schadstoff-adsorbers enthalten oder sollten einen Luftaustausch zulassen, beispielsweise indem sie entweder einen belüfteten oder einen locker sitzenden Deckel haben, damit sich das Konzentrieren von Säuren aufgrund des Zerfalls des Acetatfilms verringert.

Magnetbänder sollten in der Mitte und nicht am Rand unterstützt werden. Behälter haben oftmals einen Stift in der Mitte, der die Spule stützt.

Jedes Band sollte in einem Behälter aus Aluminium, säurefreiem Karton oder inertem Kunststoff aufbewahrt werden, um Staub auszuschließen.

ISO 18933 behandelt Magnetbänder.

Bänder auf stabilen Materialien in Archivqualität, wie z. B. Polyester, können in einen weichen selbstschließenden Polyethylen-Beutel gegeben werden.

Magnetische Disketten sollten aufrechtstehend in Behältern aus Polypropylen oder anderen inerten Kunststoffen gelagert werden.

ANMERKUNG 1 Eine spezielle Anleitung zur Lagerung magnetischer Medien ist in ISO 12606 gegeben.

ANMERKUNG 2 Es wird empfohlen, der Erhaltung von Magnettonbändern in Form einer Schutzkopie eine hohe Priorität einzuräumen. Die Erstellung einer Schutzkopie ist eine Tätigkeit, die am besten von Fachleuten durchgeführt wird.

ANMERKUNG 3 Wie bei den meisten Arten von Tonaufzeichnungen ist die Wartung des Wiedergabegeräts von wesentlicher Bedeutung. Es wird empfohlen, Wiedergabegeräte zusammen mit den Beständen aufzubewahren und zu erhalten.

ANMERKUNG 4 Aufgrund der Verdrängung verschiedener Techniken und der damit verbundenen, immer schlechteren Verfügbarkeit von Wiedergabegeräten und Medien sollte nicht nur die Erstellung von Schutzkopien, sondern auch die Migration der Information in aktuelle Speichersysteme bedacht werden.

7.4.2.2 Auswirkungen eines Magnetfelds

Magnetische Medien können durch Magnetfelder und Wärmequellen beschädigt oder gelöscht werden. Elektrische oder elektronische Geräte, die zu einer solchen Löschung führen könnten, sollten in der unmittelbaren Umgebung oder im gleichen Aufbewahrungsbereich von Magnetbändern nicht zugelassen werden.

Magnetische Medien sollten nicht in der Nähe von Stromzuführungen, Stromerzeugern und Leitungen oder Blitzableitern gelagert oder in deren Nähe gebracht werden.

7.4.2.3 Umspulen

Ein magnetischer Kopiereffekt (en: print-through) (bei dem die Informationen auf einer Schicht des Magnetbands auf die nächste übertragen werden können) ist unwahrscheinlich, wenn regelmäßig genutzte Materialien nach Anhang A gelagert werden.

Das Umspulen sollte daher auf ein Mindestmaß begrenzt werden, wobei die Bänder jedoch nach der Nutzung und vor der Lagerung jeweils zu einem Ende gespult werden sollten.

Einspurige Bänder dürfen im umgekehrten Zustand oder mit dem Ende außen (en: tail out) gelagert und vor der Nutzung in Abspielgeschwindigkeit zurückgespult werden.

Nach der Nutzung sollten alle Bänder ordentlich gewickelt gelagert werden, wobei keine Wicklung des Bandes aus der allgemeinen Masse hervorstehen sollte. Um dies zu erreichen, sollte das Band gegebenenfalls mit der Abspielgeschwindigkeit aufgewickelt werden.

7.4.3 Schallplatten

Die meisten Schallplatten in den Beständen sind aus Polyvinylchlorid oder Schellack mit Rußschwarz als Pigment und Holzmehl als Füllstoff hergestellt. Es gibt im Allgemeinen zwei Formate für Schallplatten mit insgesamt drei Abspielgeschwindigkeiten: 30 cm (12 Inch) Durchmesser (übliche Langspielplatten mit einer Abspieldrehzahl von 33 1/3 min^{-1} und Schallplatten mit einer Abspieldrehzahl von 78 min^{-1} und 17,5 cm (7 Inch) Durchmesser (Abspieldrehzahl 45 min^{-1}). Schallplatten sind oft in ihrer ursprünglichen kommerziellen Kartonhülle mit Aufschrift, die den Inhalt identifiziert, untergebracht. Die Tonqualität kann durch Staub und Schimmel, die sich in den Rillen ansammeln, sowie durch eine Verformung oder Schädigung der Oberfläche beeinträchtigt werden.

Jede Schallplatte ist in einer Innenhülle aus Papier mit einer äußeren Hülle aus Karton aufzubewahren. Die Innenhülle sollte so ausgerichtet werden, dass die Schweißnaht an der Öffnung der Kartonhülle sichtbar ist, um die Schallplatte vor Staub und Schimmel zu schützen. Die Staubverschmutzung kann durch einen dicht schließenden Stahlschrank weiter verringert werden.

Wenn die Bestandserhaltungsstrategie vorschreibt, dass die Schallplatten in einer festeren Kartonumhüllung mit Klappen aufzubewahren sind, können die kommerziellen Originalhüllen und Begleithefte gesondert gelagert werden. Es ist sicherzustellen, dass die Information des Labels und der Aufbewahrungsort der Originalhülle auf der neuen Schutzverpackung verzeichnet werden.

Es wird empfohlen, Schallplatten vollkommen aufrecht und gestützt zu lagern, um sicherzustellen, dass sie sich nicht verziehen. Schallplatten können aufrecht in Regale in Metallschränken einsortiert werden, die in Abschnitte zwischen 150 mm und 225 mm unterteilt sind. Dabei sollte ein ausreichender seitlicher Druck auf die Schallplatten ausgeübt werden, um ein Verziehen zu verhindern.

Es wird empfohlen, Schallplatten nach ihrer Größe in Gruppen einzuteilen, um das Problem zu vermeiden, dass eine größere Schallplatte, die neben einer kleineren Größe gelagert wird, beschädigt wird.

Für die Metallschränke werden Lüftungsöffnungen oder andere Öffnungen mit Partikelfilterung empfohlen, die für eine gewisse Luftzirkulation sorgen.

Schellackplatten sind zerbrechlich und werden mit zunehmendem Alter noch spröder. Diese Platten sollten eher auf ortsfesten als auf fahrbaren Regalen gelagert werden, um eine Beschädigung durch Schwingungen und physikalische Erschütterungen zu vermeiden.

7.4.4 Schallzylinder

Wachszylinder sind Tonaufzeichnungen, die im späten 19. Jahrhundert üblich waren. Zylinder können spröde sein und erfordern eine sorgfältige Lagerung und Handhabung. Zylinder können in einer säurefreien Schachtel als Schutzverpackung aufbewahrt werden, die in Fächer unterteilt ist, so dass mehrere Zylinder zusammen untergebracht werden können. Es wird empfohlen, dass an der Unterseite der Schachtel eine Hülse angebracht wird, damit die Zylinder senkrecht in der Schachtel stehen. Die Wachsoberfläche sollte nicht berührt werden.

DIN SPEC 67701:2019-07

7.5 Elektronische Medien

7.5.1 Allgemeines

Viele Archiv- und Bibliotheken verfügen über Ressourcen und Bestände, die entweder bereits ursprünglich als digitale Objekte erzeugt (en: born digitals) und so erworben wurden oder durch Migration und Erstellung einer Schutzkopie im Zuge der Bestandserhaltung zu einem digitalen Objekt transformiert wurden, wie z. B. insbesondere Audio- und Videoressourcen.

Die Erhaltung und Verwaltung der Bestände in einer digitalen Form sollte in die Verwaltung der physischen Bestände einbezogen werden, damit die Nutzer auf die Informationen in der am einfachsten zugänglichen und nachhaltigsten Form zugreifen können.

Es gibt Vorteile der digitalen Erhaltung, die von aktuellem und von langfristigem Nutzen sind.

Dieses Dokument hebt besonders die grundlegenden Herausforderungen einer digitalen Bestandserhaltung hervor, die Folgendes einschließen:

— schnelles Wachstum bis hin zu einem konstanten Zustrom an neu erzeugten digitalen Informationen und die Verwaltung großer Datenvolumen, so dass der Zugang zu den Informationen nach Bedarf möglich ist;

— der Bedarf an einer aktiveren stetigen Verwaltung digitaler Informationen im Vergleich zu den dauerhafteren physischen Beständen;

— der Bedarf an neuen und sich ständig ändernden Fähigkeiten, um die Herausforderungen der sich entwickelnden Datenverwaltung und Kommunikationstechnik zu bewältigen;

— Bedarf an einer alternativen Infrastruktur bezüglich Aufbewahrung und Auslieferung einschließlich Netzwerken und elektronischen Speichersystemen;

— neue und sich ständig entwickelnde technologische Veränderungen.

Aufgrund der Schnelligkeit der Änderungen in Technologie und Infrastruktur gibt es nur wenige Bezugsnormen. Die Erhaltung digitaler Informationen ist vergleichbar mit der Verwaltung elektronischer Aufnahmen, wie in ISO 15489-1 für elektronische Schriftgutverwaltungssysteme festgelegt. Darüber hinaus ist DIN 31644 hilfreich für die Konzepte der Speicherung digitaler Quellen.

ANMERKUNG Das in ISO 14721 ausgewiesene Referenzmodell für ein offenes Informationsarchivierungssystem OAIS beschreibt ein digitales Langzeitarchiv als eine Organisation, in dem Menschen und Systeme mit der Aufgabenstellung zusammenwirken, digitale Informationen dauerhaft über einen langen Zeitraum zu erhalten und einer definierten Nutzerschaft verfügbar zu machen. Das OAIS wird mittlerweile weltweit von Initiativen zur Langzeitarchivierung digitaler Ressourcen als Referenzmodell wahrgenommen und akzeptiert. Weiterführende Literatur zum OAIS und zur Langzeitarchivierung im Nestor-Handbuch und im Beuth-Kommentar zur vertrauenswürdigen digitalen Langzeitarchivierung nach DIN 31644.

Das Ziel der digitalen Bestandserhaltung ist die Erhaltung von Informationen so lange wie notwendig und in einer Form, die für die Nutzer authentisch und zugänglich ist.

7.5.2 Optische Disks

Optische Disks sollten in alterungsbeständigen Schutzverpackungen aufbewahrt werden. Cover, Booklets oder andere informationstragende Einlagen können separat aufbewahrt werden.

ANMERKUNG 1 Kunststoffummantelungen, Speichen und nicht alterungsbeständige Papiereinlagen können bei der Aufbewahrung korrosive Gase abgeben.

ANMERKUNG 2 Aufgrund der Verdrängung verschiedener Techniken und der damit verbundenen, immer schlechteren Verfügbarkeit von Wiedergabegeräten und Medien sollte neben der Erstellung von Schutzkopien auch die Migration der Information in aktuelle Speichersysteme und -formate bedacht werden.

8 Behandlungen und Konversion

8.1 Allgemeines

Objekte, die für eine Ausstellung oder zur Digitalisierung ausgewählt wurden oder die häufig genutzt werden und in einem schlechten Erhaltungszustand sind, und für die sichere Handhabung eine Restaurierung oder Konservierung benötigen, können von ausgebildeten Fachleuten behandelt werden.

Solche Behandlungen, für deren sichere Durchführung restauratorische Fachkenntnisse erforderlich sind, schließen Folgendes ein, wobei diese Aufzählung nicht erschöpfend ist: Feuchten und Glätten, Ausbesserung oder Reparatur, Kaschierung, Anfasern, Delaminierung, Entfernung von Klebestreifen, Konsolidierung von Pigmenten und sonstige Eingriffe, die das Risiko haben, unumkehrbare Veränderungen und Verluste zu verursachen. Es sollte erwähnt werden, dass eine Laminierung aufgrund der Instabilität der Materialien nur noch selten durchgeführt wird, und dass eine Delaminierung sehr schwierig ist.

Die Behandlung kann durch nationale oder Internationale Normen, Leitlinien und Praxisregeln geregelt sein (z. B. International Council of Museums (ICOM)).

Der Hauptzweck einer solchen Behandlung sollte die Stabilisierung des Zustands eines Objekts sein. Es kann angemessen sein, die Durchführung einer Behandlung nicht zu empfehlen, wenn das Nichteingreifen der Erhaltung eines Objekts am meisten dienlich ist.

Alle Maßnahmen sollten von einer fundierten Achtung vor dem originalen Objekt, seinem einzigartigen Charakter, seiner Nutzung und kulturellen Bedeutung bestimmt sein.

Die angewandten Verfahren und die verwendeten Materialien sollten die einzigartigen Eigenschaften jedes Objekts erhalten.

Die bei der Behandlung angewendeten Verfahren und Materialien sollten nach bestem aktuellen Wissen und Gewissen auf der Grundlage wissenschaftlicher Standards und von Forschungsergebnissen ausgewählt werden.

Die Vorteile der gewählten Materialien und Methoden sollten gegenüber ihren möglichen nachteiligen Auswirkungen auf künftige Untersuchung, naturwissenschaftliche Forschung, Behandlungen und auf die Funktion abgewogen werden.

Restaurierung und Konservierung umfassen die Untersuchung, naturwissenschaftliche Erforschung und Behandlung sowie die dauerhafte Dokumentation.

Die Untersuchung eines Objekts schließt Folgendes ein:

— die Identifizierung der Materialien und Techniken;

— eine Zustandsbewertung, welche die Veränderungen oder Beschädigungen, ihre Art und ihr Ausmaß identifiziert;

— die Bewertung der Schadensherkunft und -ursachen;

— die Bestimmung der Art und des Ausmaßes des zur Stabilisierung des Zustands erforderlichen Eingriffs.

Alle hinsichtlich des Objekts getroffenen Aussagen sollten auf der Grundlage fundierter Nachweise, insbesondere von Angaben zum Alter, zur Herkunft oder der Echtheit erfolgen.

Bevor eine Untersuchung oder Prüfungen durchgeführt werden, die zu Veränderungen an einem Objekt führen können, sollte ein Restaurierungsexperte die Notwendigkeit derartiger Maßnahmen feststellen. Bevor Material von einem Objekt entfernt wird, sollte die Zustimmung des Kurators oder der verwahrenden Institution eingeholt werden. Nur der kleinstmögliche erforderliche Materialanteil sollte entfernt werden, und wenn möglich, sollte das entfernte Material aufbewahrt werden.

Eine Dokumentation der Entnahmestelle und des Ablaufs der Prüfung oder Untersuchung sollte aufbewahrt werden und zugänglich sein.

Jede Behandlung sollte das Gebot der Reversibilität beachten und eindeutig identifizierbar sein.

Durch begrenzte Ressourcen für eine bestimmte Restaurierung oder Konservierung sollte die Qualität bei der Durchführung keinesfalls beeinträchtigt werden.

Alle Behandlungen sollten in einer Weise durchgeführt werden, die die persönlichen Risiken und Gefährdungen sowie die Gefährdungen für die Mitarbeiter, die Öffentlichkeit und die Umwelt auf ein Mindestmaß reduzieren.

8.2 Entfernung von Schimmel

Alle Archive und Bibliotheken sehen sich mitunter mit der Notwendigkeit konfrontiert, die Entfernung von Schimmel aus Archiv- und Bibliotheksbeständen bewältigen zu müssen, der unabhängig davon, ob er von einer Beschädigung vor der Übernahme herrührt oder aufgrund eines Wasser- oder Feuchtigkeitsschadens infolge zu hoher Luftfeuchtigkeit entstanden ist, die Bestände bedroht. Die nationalen Vorschriften bezüglich Gesundheit und gefährlicher Stoffe sind zu berücksichtigen.

ANMERKUNG 1 Unter „Schimmel" werden hier vereinfachend alle Mikroorganismen zusammengefasst, die Schriftgut befallen. Siehe auch TRBA 240:2015, *Technische Regeln für Biologische Arbeitsstoffe — Schutzmaßnahmen bei Tätigkeiten mit mikrobiell kontaminiertem Archivgut*.

In der Vergangenheit haben Behandlungen von Schimmelbefall die Anwendung verschiedener Chemikalien eingeschlossen, einschließlich Ethylenoxid in einer Vakuumkammer, jetzt in vielen Ländern aufgrund von gesundheitlichen Bedenken verboten, und erwärmtes Thymol und Paradichlorbenzol, was sich als meist unwirksam erwiesen hat. Das Abtöten von Schimmel durch Chemikalien würde die Bestände auch nicht schützen, wenn sie in die gleiche Umgebung zurückgebracht werden, die den Schimmel hat entstehen lassen. Gammastrahlung hinterlässt zwar keine zurückbleibenden Auswirkungen, schädigt jedoch die Cellulose, wenn die Strahlung in einer wirksamen Konzentration angewendet wird.

Bei Schimmelbefall sollten Maßnahmen ergriffen werden, um sowohl den Bereich als auch die Bestände vor Ort unter Quarantäne zu stellen. Eine Kreuz-Kontamination während der Bewegung ist zu vermeiden. Bevor die Behandlung beginnen kann, sollten die Bestände trocken sein. Man beachte, dass Schimmel durch diese Behandlung nicht vollständig entfernt wird.

Für die Behandlung von verschimmelten Beständen mittels Trockenreinigung ist ein Laborabzug oder eine Sicherheitswerkbank oder ein gesonderter Raum erforderlich, um eine Kreuz-Kontamination zu vermeiden. Es sollte für gute Belüftung und einen Atemschutz für die Person, die die Bestände behandelt, gesorgt werden. Personal, das mit schimmligen Beständen umgeht, sollte HEPA-Atemschutzmasken oder Atemschutzgeräte und Gummi- oder Nitril-/Latexhandschuhe tragen. Zur Entfernung des nicht aktiven Schimmels von den befallenen Objekten sollte ein Staubsauger mit HEPA-Filter (siehe 5.5) verwendet werden. Wenn kein Staubsauger mit HEPA-Filter zur Verfügung steht, dürfen elektrostatisch aufgeladene Reinigungstücher verwendet werden, welche jedoch häufig gewechselt und ordnungsgemäß entsorgt werden sollten, damit keine zusätzlichen Sporen in die Luft freigesetzt werden.

Nach dem Saugen oder Wischen können die Außenseite der Verpackung oder die Einbände der Objekte mit Ethanol abgewischt werden, um Schimmel zu entfernen, wobei jedoch darauf zu achten ist, das Verpackungs- oder Einbandmaterial nicht zu sättigen.

ANMERKUNG 2 Am effektivsten wirkt 70%iges Ethanol gegen Schimmel, allerdings ist zu beachten, dass sich Farbstoffe aus farbigen Materialien lösen können. Dies führt unter Umständen zu Verfärbungen oder Veränderungen der behandelten Materialien und Oberflächen.

Die Verwendung von Bleichmitteln zur Entfernung von Schimmelflecken wird nicht empfohlen, da Bleichmittel dazu führen können, dass das Papier schnell geschädigt wird, insbesondere unter feuchten Bedingungen.

Nach der Behandlung sollten die Objekte an eine ausreichend niedrige relative Luftfeuchte angeglichen werden, um die erneute Schimmelbildung zu vermeiden.

ANMERKUNG 3 Zusätzlich zur Entfernung von Schimmel aus Archiv- und Bibliotheksbeständen sind die allgemeinen und klimatischen Bedingungen für die Aufbewahrung zu überprüfen und gegebenenfalls anzupassen. Ein Zurückführen gereinigter Archiv- und Bibliotheksbestände in eine dem Schimmelwachstum förderliche Umgebung erhöht das Risiko eines erneuten Schimmelwachstums.

8.3 Schädlingsbekämpfung in den Beständen

Es wurden bisher mehrere Verfahren mit unterschiedlichem Erfolg angewendet. Jedes dieser Verfahren hat Vor- und Nachteile. Abhängig vom gewählten Verfahren ist es wichtig, Fachleute sowohl hinsichtlich der Bestandserhaltung in Archiven und Bibliotheken als auch hinsichtlich der Anwendung der Verfahren zur Schädlingsvernichtung hinzuzuziehen.

Gegenwärtig wird eine Kombination aus kalten/einfrierenden Temperaturen und einer Niedrig-Sauerstoffumgebung angewendet, um schädliche Insekten in Archiv- und Bibliotheksbeständen abzutöten. Die Vorteile sind, dass es keine Chemikalienrückstände gibt und dass die Cellulose der Objekte nicht zersetzt wird. Die Tests bezüglich des Einfrierens aller Arten von Beständen, einschließlich Materialien wie Pergament, Fotografien und Magnetbändern dauern an.

Die Behandlungsmethode mit Niedrig-Sauerstoffumgebung umfasst die Anwendung einer abgedichteten Verpackung, die Vakuumextraktion von Sauerstoff, mit oder ohne sauerstoffzehrende Chemikalien und mitunter Wärmeeinsatz. Hinsichtlich der Zeitvorgaben und Vorkehrungen, die für diese Behandlungen zur Vernichtung verschiedener Schädlingsarten erforderlich sind, stehen weitere Informationen in der Fachliteratur zur Bestandserhaltung zur Verfügung.

Gammastrahlung wurde sowohl bei der Bekämpfung von Insekten- als auch von Schimmelbefall eingesetzt. Gammastrahlung hat den Vorteil, dass sie keine Restwirkungen hinterlässt, jedoch wurde in Studien nachgewiesen, dass sie die Cellulose der Objekte schädigt.

Zu den Chemikalien, die bei Archiv- und Bibliotheksbeständen angewendet wurden, gehören Ethylenoxid (ETO), Methylbromid und Formaldehyd. Die meisten chemischen Begasungsmittel erfordern eine Einkapselung der Bestände, in Falle von ETO in einer Vakuumkammer und in anderen Fällen in einer undurchlässigen Kunststofffolie. Bei einigen dieser Verfahren gibt es Gesundheitsrisiken während der Behandlung und auch im Anschuss können diese Behandlungen langfristig gesundheitliche Probleme verursachen.

ANMERKUNG Die Verwendung von Chemikalien zur Schädlingsbekämpfung stellt nicht nur ein Gesundheitsrisiko für Personal und Nutzer dar, sondern wirkt sich auch auf die behandelten Materialien aus. Langzeitfolgen für Mensch und Material sind nur schwer einzuschätzen. Behandlungen sind zu dokumentieren, die nationalen Vorschriften bezüglich Gesundheit und gefährlicher Stoffe sind zu berücksichtigen.

8.4 Entsäuerung von Papier

Die Forschung hat Verfahren hervorgebracht, mit denen die Säuren im Papier neutralisiert werden können. Diese Verfahren werden als Entsäuerung bezeichnet und werden sowohl mittels manueller Behandlungen als auch mittels automatisierter Verfahren durchgeführt. Eine Entsäuerung verbessert nicht die Flexibilität von Papier.

DIN SPEC 67701:2019-07

Eine Massenentsäuerung sollte das Papier chemisch stabilisieren, ohne andere Bestandsteile zu beschädigen. Eine andere Voraussetzung ist die Fähigkeit, große Bestandsmengen sicher innerhalb kurzer Zeit bei geringen Kosten je Einheit und geringen Nebenwirkungen für die Umwelt zu behandeln.

Die Wirksamkeit von Massenentsäuerungsverfahren kann nach DIN 32701 bestimmt werden.

8.5 Festigung von Papier

Alle Archive und Bibliotheken haben Probleme mit sprödem und brüchigem Papier. Neben dem Erstellen einer Schutzkopie zur Sicherung des Informationsgehalts kann für gänzlich brüchige Bestände, einschließlich Zeitungspapier, wenig getan werden.

Es gibt Techniken, die traditionell zur Verstärkung von Objekten auf Papier angewendet werden, einschließlich Kaschierung und Laminierung. Mancherorts werden Papierspaltverfahren einschließlich manueller als auch mechanischer Prozesse durchgeführt. Heutzutage ist es üblicher, durch eine Einkapselung für eine zusätzliche Stabilität zu sorgen (siehe A.1.9.2).

8.6 Binden

In Anbetracht von Archiv- und Bibliotheksbeständen ist die Rücksichtnahme auf die ursprüngliche Form wichtig. Das Binden und Neubinden von Bibliotheks- und Archivbeständen kann in Betracht gezogen werden, um den Gebrauch von Büchern und Dokumenten zu erleichtern oder ihr ursprüngliches Format als Bände beizubehalten. Jedoch ist es ratsam, lose Archivalien in ihrer natürlichen Form von einzelnen Blättern zu belassen. Wenn Binden als ein Verfahren zur Bestandserhaltung gewählt wird, sollten die Kanten von Büchern oder Einzelblattdokumenten unbeschnitten gelassen werden.

Die Originaleinbände von gebundenen Dokumenten und Büchern sollten möglichst erhalten werden.

Einige Bindungsarten können eine Digitalisierung der Bücher schwierig oder unmöglich machen, einschließlich schmaler Ränder und sehr enger Bindungen.

8.7 Konversion

8.7.1 Allgemeines

Für die Planung des Bestandsmanagements ist es empfehlenswert, Verfahren zur Erstellung von Schutzkopien und/oder Digitalisaten von Beständen mit einzubeziehen. Es gibt viele Verfahren und Techniken für die Reproduktion von Objekten in Abhängigkeit von der ursprünglichen Materialart. Es wird empfohlen, den sicheren Umgang mit den Archiv- und Bibliotheksbeständen bei allen Verfahren zur Erstellung von Sicherungskopien zu bedenken.

Planung und Strategie zur Bestandserhaltung können die Kriterien für eine Sicherheitskopie bestimmen, einschließlich der Fragen, ob die Schutzkopie für die Bestandserhaltung oder für den Zugriff oder für beides erstellt wird, ob gleichzeitig von ganzen Reihen bzw. einem ganzen Bestand Schutzkopien erstellt werden, sowie nach den Kosten für die Erhaltung der Kopien, der Dauerhaftigkeit der Medien und der erforderlichen Vorbereitung für die vollständige Erfassung.

Die Erstellung von Schutzkopien ist der Prozess des Kopierens von Archiv- und Bibliotheksbeständen und eine wichtige Maßnahme jedes Bestandserhaltungsprogramms. Eine Schutzkopie wird zu Erhaltungs- und/oder Zugangszwecken durchgeführt. Es ist zu beachten, dass die Schutzkopie nicht das Original ersetzt.

8.7.2 Digitalisierung

Durch Digitalisierung oder digitale Bildgebung wird eine Kopie durch Scannen eines Originaldokuments erstellt. Ein digitales Bild kann die Information und Darstellung des Originals wie eine Fotografie genau wiedergeben. Die digitale Bildgebungstechnologie wird seit den 1990er Jahren weithin angewendet, da der technische Fortschritt zur Verbesserung der Bilderfassung, zu geringeren Kosten und einer größeren weltweiten Zugänglichkeit zusammen mit den Vorteilen durch das Internet geführt hat, das für globalen Zugang sorgt.

Als ein Verfahren bei der Bestandserhaltung von Archiv- und Bibliotheksbeständen umfasst die Digitalisierung, die Identifizierung, Erstellung, Überprüfung und Katalogisierung digitaler Informationen, um sie über den Scan oder die Abbildung hinaus zugänglich zu machen.

Es wird empfohlen, den sicheren Umgang mit den Archiv- und Bibliotheksbeständen beim Scanvorgang zu bedenken.

Der Scanner muss möglicherweise überprüft werden, ob er für das sichere Scannen der Bestände geeignet ist.

Wenn es Mikrofilme der Bestände gibt, ist es einfacher, digitale Kopien vom Mikrofilm zu erstellen.

Der Plan für Digitalisierungsarbeiten kann Folgendes einschließen:

— Schulung von Scanpersonal für den sicheren Umgang mit den Objekten;

— Untersuchung und Vorbereitung von Objekten vor dem Scannen, um gefährdete oder zerbrechliche Objekte zu stabilisieren, einschließlich Glätten, Oberflächenreinigung und Reparatur von Rissen und Fehlstellen, wenn die Risiken zu einer Beschädigung der Objekte führen und die Qualität der gescannten Bilder verringern könnten;

— Bereitstellung von Sicherheitsmaßnahmen, um die Objekte vor Diebstahl und unerlaubter Handhabung zu schützen;

— Entwicklung eines Plans zur Unterbringung nach dem Scannen.

Die weit verbreitete Verfügbarkeit digitaler Bilder hat mitunter ein größeres Interesse an der Betrachtung der Originalobjekte befördert, weshalb Strategien hinsichtlich der Bereitstellung gefährdeter oder empfindlicher Objekte für die Nutzung in Betracht zu ziehen sind.

Die Methodik für die Erhaltung der digitalen Archiv- und Bibliotheksressourcen ist immer noch in Entwicklung und es werden diesbezüglich immer noch Prüfungen durchgeführt und Regelungen festgelegt.

Digitale Bilder unterscheiden sich von anderen elektronischen Dateien. Ein digitales Bild wird als Raster von Punkten oder Bildelementen (Pixeln) abgetastet und abgebildet. Die Binärzahlen (Bits) für jeden Pixel werden zu einer mathematischen Darstellung reduziert, die vom Computer gelesen werden kann, um eine analoge Darstellung zur Ausgabe oder für den Druck zu erzeugen. Die Qualität eines digitalen Bildes hängt auch von der Auflösung ab.

Digitale Bilder können nicht wie alphanumerische Textdateien wie z. B. ASCII durchsucht oder verarbeitet werden. Um digitale Bilder zur Erzeugung von durchsuchbaren Dateien zu verwenden, sollten Programme zur optischen Zeichenerkennung (OCR, en: optical character recognition) angewendet werden. Die Genauigkeit derartiger Programme schwankt in Abhängigkeit von den Merkmalen der Ursprungsdokumente und der erzeugten digitalen Bilder erheblich.

8.7.3 Digitalisierte Archiv- und Bibliotheksbestände

Digitalisierte Bestände haben gegenüber den analogen Originalen bezüglich der Zugänglichkeit Vorteile. Das digitale Bild kann näher am Original bleiben, wenn es angemessen verwaltet, migriert (Medienmigration), emuliert und/oder von einer Generation zur nächsten transformiert (Dateiformatmigration) wird. Der aktive Managementzyklus wird auf 18 Monate bis drei Jahre geschätzt. Es gibt zunehmende Möglichkeiten für die

DIN SPEC 67701:2019-07

Bilderfassung und Bildverbesserung sowie einen deutlich erweiterten Zugang durch die Verbreitung im Internet. Die digitale Technologie bietet Potenzial für Raum- und Kostenersparnisse, wenn gemeinsame und geteilte Netzwerk- und Speicherinfrastrukturen angedacht werden.

Die Überlegungen zur Umsetzung von Programmen, basierend auf digitalisierten Beständen, schließen Folgendes ein:

— die schnelle Änderungsgeschwindigkeit bei den Technologien, auf denen das System beruhen wird;

— Übergangskosten, einschließlich derer für Fachpersonal und Spezialausrüstungen,

— Kosten für die Aufbewahrung der Originale und die elektronische Speicherung der neuen Kopien, insbesondere bei Archiven;

— gesetzliche Beschränkungen, einschließlich Urheberrechten, insbesondere bei Bibliotheken;

— ständiger Bedarf zur Überprüfung der Technologien zur Auslösung von Transformation, Emulation oder Migration sowie Verifizierung und Prüfung einer zuverlässigen digitalen Ablage;

— der Bedarf an Spezifikationen und Normen;

— der Bedarf an soliden Beschaffungs- und Vergaberessourcen der Institution sowie Herstellerunterstützung und Stabilität.

8.7.4 Fotokopieren

Das Fotokopieren wurde zu kommerziellen Zwecken entwickelt. Die Technik wird in Archiven und Bibliotheken eingesetzt, um empfindliche Objekte für deren zusätzliche Nutzung zu vervielfältigen und um fehlende Objekte in Archiv- und Bibliotheksbeständen zu ersetzen. In seiner Substanz gefährdetes Papier kann durch Fotokopien ersetzt werden, sofern nicht andere Kopien zur Verfügung stehen (z. B. große Reihen oder Serien auf Mikrofilm, Nachdrucke oder Neuauflagen). Fotokopiergeräte können genaue Farbkopien und Graustufenbilder erzeugen, die bei der Benutzung als Kopien von Schwarzweiß-Fotografien verwendet werden können.

Das Fotokopieren sollte DIN ISO 11798 entsprechen, d. h. beispielsweise, dass beim Fotokopieren zur Bestandserhaltung sowohl Geräte als auch Tinte mit einer geprüften Qualität eingesetzt werden, um wischfeste Bilder zu erzeugen. Das Papier sollte nach DIN EN ISO 9706 alterungsbeständig sowie im Allgemeinen säurefrei und gepuffert sein. Das Bild sollte die gleiche Größe wie das Original haben und das ursprüngliche Layout mit gutem Kontrast erhalten.

Eine hochwertige Fotokopie kann verwendet werden, um Schutzkopien oder Faksimiles von Originaldokumenten und -fotografien herzustellen. Diese Kopien können von Forschern/Lesern und in Ausstellungen verwendet werden, wenn das Originalobjekt zu lichtempfindlich für die Ausstellung oder zu brüchig für die Handhabung ist.

Der Zustand einiger älterer Fotokopien hat sich aufgrund von bei der Bilderzeugung eingesetzten, instabilen Chemikalien oder aufgrund von minderwertigem Papier schnell verschlechtert. Dokumente, die mittels älterer Verfahren hergestellt wurden, einschließlich Thermofax, Mimeographie und Diazotypie, sind ausgeblichen und müssen möglicherweise mit moderner Ausrüstung und modernem Zubehör erneut fotokopiert werden.

Es wird empfohlen, den sicheren Umgang mit den Archiv- und Bibliotheksbeständen beim Fotokopiervorgang zu bedenken. Das Fotokopieren kann für lose Seiten angewendet werden und wird generell nicht empfohlen für Bände und für gebundene Objekte, die größer als der Vorlagentisch des Fotokopierers sind.

8.7.5 Mikroverfilmung

Die Mikrofilmtechnik umfasst sowohl Mikrofilme als auch Mikrofiches. Sie wurde vor über 100 Jahren als Teil der konventionellen Fotografietechnologie entwickelt. Die Mikroverfilmung ist generell ein alterungsbeständiges Kopierverfahren, wenn ein Filmträger aus Polyester verwendet wird, wenn bezüglich der Belichtung und Entwicklung internationale Normen angewendet werden, sowie wenn die Mikrofilme in stabile Schutzverpackungen verpackt und unter den angemessenen Bedingungen gelagert werden. Die Alterungsbeständigkeit der Medien ist ein Hauptunterschied zwischen der Mikroverfilmung und anderen Schutzkopierverfahren, insbesondere der digitalen Bildgebung.

Mikrofilme kommen in Rollenform vor, jedoch können von den Rollen Filmstreifen geschnitten und gesondert aufbewahrt werden. Mikrofilme stehen in Breiten von 16 mm oder 35 mm zur Verfügung, wobei 35 mm die Norm für die Schutzverfilmung bildet. Bei einem Mikrofiche werden mehrere einzelne Seiten in einem Raster auf Planfilm vervielfältigt.

Zu Mikroform-Techniken gehören Silbergelatine-, Diazo- und Vesikularformen. Silbergelatine-Mikrofilm ist der einzige Typ, der für Bestandserhaltungszwecke anerkannt wird. Ausschließlich nassentwickelte Silberfilme entsprechen der Archivqualität, da durch chemische Behandlung und Waschung die Filme fixiert werden.

Halbtonfilmtechniken können Grautöne erzeugen, die von den bei der üblichen Verfilmung angewendeten kontrastreichen Filmen nicht erfasst werden. Halbtöne können mit verschiedenen Verfahren erzeugt werden. Diese schließen die Aufnahme von Silbergelatine-Filmen mittels verschiedener Belichtungsdauer und mit geringem Kontrast ein.

Farbfilme sind im Allgemeinen anfälliger für das Verblassen bei Lichteinwirkung.

Es wird empfohlen, den sicheren Umgang mit den Archiv- und Bibliotheksbeständen bei der Mikroverfilmung zu berücksichtigen.

ANMERKUNG Auf Grundlage der Haager Konvention zum Schutz von Kulturgut bei bewaffneten Konflikten vom 14. Mai 1954 verfilmen Sicherungsverfilmungsstellen in den Bundesländern im Auftrag des Bundes seit 1961 Archivbestände unterschiedlicher Träger von besonderem Wert. Ziel ist die Fertigung einer Zweitüberlieferung auf alterungsbeständigem Mikrofilm und dessen Einlagerung in den Zentralen Bergungsort der Bundesrepublik Deutschland in Oberried bei Freiburg im Breisgau. Der Brand der Herzogin Anna Amalia Bibliothek wie auch der Einsturz des Stadtarchivs Köln haben die Zweckmäßigkeit solcher Sicherungsmaßnahmen auch jenseits bewaffneter Konflikte deutlich vor Augen geführt. Für die Benutzung werden von den Silberfilmen Diazokopien bzw. Digitalisate hergestellt.

Anhang A
(informativ)

Schutzverpackungen und Materialien

A.1 Arten von Schutzverpackungen

A.1.1 Allgemeines

Die folgenden Arten von Schutzverpackungen können für die dauerhafte Lagerung verwendet werden. Die Eignung für den Inhalt und die gegebenen Empfehlungen sind zu berücksichtigen.

Schutzverpackungen sollten DIN ISO 16245 entsprechen.

Klebstoffe sollten die Anforderungen in A.2.2 erfüllen.

Schachteln und Hüllen beliebiger Ausführung sollten:

a) bei der Entnahme der Objekte keinen Abrieb an diesen hervorrufen;

b) über eine Technik zum Öffnen und Schließen verfügen, die einfach und klar verständlich ist;

c) mit Angaben zum Inhalt und zur richtigen Lage beim Tragen und für die Lagerung, z. B. ob liegend oder aufrecht zu lagern, beschriftet werden;

d) über eine Auskleidung verfügen, die weich und inert ist, und kein Risiko für den Inhalt darstellt.

A.1.2 Buchkassette (für gebundene oder ungebundene Objekte)

Eine Buchkassette ist eine starre Konstruktion, die für die individuellen Bedürfnisse des Inhalts maßgefertigt ist; sie kann einen klappbaren Rücken oder eine herunterklappbare Vorderlasche haben.

Schutzverpackungen für gebundene Bücher sollten so geschnitten sein, dass die Laufrichtung parallel zum Außengelenk des gebundenen Buches ist.

Eine Buchkassette sollte:

a) so ausgeführt sein, dass sie die genaue Form des gebundenen Buches aufnimmt, damit sich das Buch bei einer Bewegung der Kassette nicht mitbewegt, wobei für alle hervorstehenden Teile der Bindung genügend Platz vorgesehen ist (z. B. Buckel, Ketten, Schließen), und dass sie bei jeglicher besonderen Empfindlichkeit der Struktur Schutz bietet und über ein glattes Kaschiermaterial zum Schutz von empfindlichen Oberflächen verfügt;

b) so konstruiert sein, dass sie fest genug ist, um einem Druck von mindestens 20 kPa standzuhalten und den Inhalt vor Beschädigungen schützt;

c) einen leichten Gesamtdruck auf den geschlossenen Band ausüben, insbesondere wenn sie Pergament-Buchblöcke und Pergamenteinbände aus steifer Pappe umschließt;

d) den Inhalt beim Öffnen sofort offenlegen, um eine vorsichtige Handhabung zu unterstützen;

e) die leichte Entnahme eines verpackten Buches ermöglichen.

Wenn das Buch keine Deckel hat, können bis zu einer Konservierungsbehandlung Pappen, die etwas größer als der Buchblock sind, an der Stelle befestigt werden, um den Buchblock zu stützen.

Die Verpackung sollte das Buch vollständig umschließen und kann mit weichem Baumwollband so festgebunden werden, dass eine Beschädigung des Inhalts verhindert wird.

Bücher, die aufrecht in einer Buchkassette mit offenen Seiten gelagert werden, benötigen möglicherweise eine Unterstützung des Buchblocks.

A.1.3 Faltschachteln (hauptsächlich zur Lagerung von gebundenen Objekten)

Eine Faltschachtel ist ein halbstarre Schutzverpackung, die aus einem ein- oder zweiteiligen Faltkarton in Archivqualität hergestellt wird. Die Pappe wird auf die genauen Abmessungen ihres Inhalts zugeschnitten und gefalzt.

Die Verwendung von Heftklammern oder einer Drahtheftung sollte vermieden werden; wo diese aber dennoch verwendet werden, sollten sie aus korrosionsbeständigem Material sein und nicht mit dem Inhalt der Schachtel in Berührung kommen.

A.1.4 Schuber

Ein Schuber ist eine ein- oder zweiteilige starre oder halbstarre Konstruktion, die den Inhalt umschließt und für die Lagerung von Objekten mit starrer Bindung verwendet werden darf.

ANMERKUNG Schuber können bei unvorsichtiger Verwendung Schäden an den Originalen verursachen und sind auf einer Seite offen, so dass das Original nicht vollständig von der Schutzhülle umschlossen wird und einseitig Umweltfaktoren wie Licht, Raumklima und Verschmutzung ausgesetzt ist.

A.1.5 Archivschachteln

Zusätzlich zu den in DIN ISO 16245 geltenden Anforderungen (siehe A.1.1) gilt folgendes:

Schachteln und Deckel sollten aus säurefreier, 2 mm dicker Pappe bestehen. Die Deckel sollten leicht schließen.

Schachteln und Deckel sollten so hergestellt sein, dass die Anzahl hervorstehender Kanten, die den Inhalt der Schachtel beschädigen oder das Ausheben und Reponieren erschweren könnten, auf ein Mindestmaß reduziert ist.

Wenn möglich sollten keine Heftklammern oder Drahtheftungen verwendet werden. In den Fällen, in denen sie dennoch verwendet werden, sollten sie aus korrosionsbeständigem Material, wie z. B. nichtrostendem Stahl, bestehen.

A.1.6 Mappen (für dünnere gebundene und ungebundene Objekte)

Eine Mappe ist eine maßgefertigte mit Gewebe bezogene Hülle, die aus einer oberen und einer unteren Pappe gleicher Größe besteht, die jedoch beide etwas größer als der Inhalt sind. An der rückseitigen Pappe können drei Klappen befestigt sein, um ein Herausrutschen der Inhalte wirksam zu verhindern.

Gewebebänder können nur an der Vorderkante, oder aber an allen drei Kanten vorhanden sein, um den Inhalt sicherer zu halten.

A.1.7 Klappumschläge mit zwei oder vier Klappen/Jurismappen

Ein Klappumschlag mit zwei oder vier Klappen (auch: Jurismappe) besteht aus leichtem Material, gewöhnlich Papier oder leichter Karton, obwohl er aus einer Vielzahl an Materialien in Archivqualität gefertigt werden kann. Er kann aus ein oder zwei Teilen bestehen, die aber stets Klappen haben, welche das Dokument umschließen, um ein Herausrutschen der Inhalte wirksam zu verhindern, und sich im geschlossenen Zustand überlappen. Der Rücken des Umschlags/der Jurismappe sollte zudem eine Mehrfachrillung für eine variable Füllhöhe (20 mm bis 60 mm) vorsehen.

Für diese Umschläge und Mappen gilt DIN ISO 16245:2012-05, Abschnitt 5.

Die verwendeten Materialien sollten für das enthaltene Dokument kein Risiko darstellen.

Die Schutzverpackung kann mit einer Schnur oder mit Archivband befestigt werden.

ANMERKUNG Eine Jurismappe sollte so gefalzt werden, dass sie genau dem Format der eingelegten Dokumente entspricht und eine zusätzliche Verschnürung nicht notwendig ist.

Eine bestimmte Anzahl befüllter Klappumschläge sollte zusätzlich in eine weitere Schutzverpackung (Schachtel) eingelegt werden.

A.1.8 Schutz von gerollten Objekten auf Hülsen oder Kernen

Hülsen bzw. Kerne für gerollte Objekte sollten entweder aus säure- und ligninfreier Pappe oder aus säurefreier Pappe hergestellt werden, die mit einer doppelten Papierschicht nach DIN EN ISO 9706 kaschiert ist.

Die Länge der Hülse/des Kerns sollte mindestens 100 mm länger sein als die Breite des um sie herum gerollten Objektes, und die Dicke, Festigkeit und der Durchmesser der Hülse/des Kerns sollten durch die Größe und das Gewicht des Objektes bestimmt werden. Der Durchmesser der Hülse/des Kerns sollte so bemessen sein, dass das Objekt im entrollten Zustand flach liegen bleibt.

Die Hülse/der Kern kann mit dem um sie/ihn herum gerollten Objekt doppelt mit einer Gewebelage umwickelt werden, die breit genug ist, um die Kanten der Hülse/des Kerns zu überdecken und an den Enden hineingesteckt zu werden, um das Eindringen von Staub zu verhindern. Diese Lage sollte mit Bändern mit einer Breite von mindestens 25 mm befestigt werden.

Leinenbeutel und Papier dürfen ebenfalls zum Verpacken von auf Hülsen bzw. Kernen gelagerten Objekten verwendet werden. Die Hülse/der Kern kann zusätzlich in einen Karton mit Deckel eingelegt werden, wobei zu beachten ist, dass die Enden der Hülse/des Kerns auf einer Auflage ruhen, damit das aufgerollte Objekt druckfrei bleibt.

Objekte sollten nicht in Hülsen aufbewahrt werden.

Es sollte auch in Betracht gezogen werden, für gerollte Materialien Schachteln oder Hülsen mit quadratischem Querschnitt zu verwenden; idealerweise sollte jede Schachtel nur ein Dokument enthalten.

A.1.9 Weitere Schutzmaßnahmen

A.1.9.1 Heftung

Hefte bestehen aus einer Anzahl gefalteter Blätter, die im Falz fadengeheftet sind und eine einzelne Lage bilden.

Hefte können als eine sichere und effiziente Methode für den Schutz und die Erhaltung von Einzelblättern in den Beständen von Archiven und Bibliotheken angewendet werden.

Sie können auch für etwas größere Objekte angewendet werden, wie z. B. dünne Flugschriften oder eine Reihe von Blättern, bei denen wichtig ist, dass sie zusammenbleiben.

Ausgleichsfalze sollten eingefügt werden, um die zusammengefasste Dicke der zu schützenden Einzelblätter aufeinander abzustimmen. Dafür sollten schmale Streifen geschnitten werden, die aus dem gleichen Papier wie die eingehefteten Lagen bestehen und in der Mitte gefalzt werden. Sie werden abwechselnd mit den einzelnen Lagen geheftet. Alternativ wird ein Blatt, das etwas breiter ist als der fertige Band, im Zickzack gefalzt und um die Lagenrücken der einzelnen Lagen gelegt und mitgeheftet. So kommen wiederum die Ausgleichsfalze zwischen den einzelnen Lagen zu liegen.

Jedes Heft sollte mit einem Umschlag aus dünner Pappe oder Umschlagkarton versehen werden.

Um die besten Ergebnisse zu erzielen, sollte ein schmaler Streifen Japanpapier als Falz mit Stärkekleister am Objekt befestigt werden. Dieser sollte möglichst an der Rückseite angebracht werden und keine Textbereiche abdecken.

Für zusätzlichen Schutz kann eine Anzahl fertiger Hefte zusammen in einer Schachtel aufbewahrt werden.

Geheftete Objekte haben folgende Vorteile:

— es findet nur ein geringfügiger Eingriff in das Originalobjekt statt;

— sie stellen einen ausgezeichneten Schutz vor mechanischen Schäden dar;

— jedes Objekt ist separiert und daher geschützt;

— während der Nutzung werden die Objekte nicht oder nur geringfügig mit den Fingern berührt;

— die Entnahme von Objekten für eine Ausstellung oder Vervielfältigung ist einfach.

Die Nachteile der Nutzung von Heften sind:

— sie ändern vorübergehend das ursprüngliche Format des Objekts;

— sie sind nicht vollständig gegen Diebstahl gesichert.

A.1.9.2 Einkapselung

Der Vorgang der Einkapselung ist die Anordnung eines Objekts, üblicherweise eines einzelnen Blatts, zwischen zwei Bögen einer durchsichtigen inerten Polyesterfolie (siehe A.2.5), die um die Kanten herum mittels eines elektromagnetischen oder Ultraschall-Schweißverfahren versiegelt oder befestigt wird. Um das Dokument zu fixieren, sollten keine Klebstoffe verwendet werden. Vorzugsweise sollten die Kanten nicht vollständig durch Punktschweißung versiegelt oder zumindest eine Seite offen gelassen werden.

Die Einkapselung einzelner Blätter ist am gebräuchlichsten, jedoch können auch mehrere eingekapselte Blätter in Buchform zusammengestellt werden.

Vor der Einkapselung sollte ein Objekt bewertet werden, um festzustellen, ob es chemisch stabilisiert werden muss. Diesbezüglich sollte ein Urteil durch einen Fachmann abgegeben werden.

Die Vorteile einer Einkapselung sind folgende:

— es ist ein Schutzverfahren mit nur geringfügigem Eingriff in das Originaldokument und die Unversehrtheit eines Objekts wird erhalten;

— sie stellt eine Unterstützung für brüchige oder empfindliche Objekte dar;

— es ist ein Verfahren, das schnell und einfach rückgängig gemacht werden kann;

DIN SPEC 67701:2019-07

— sie bietet Schutz vor Abrieb und Berührung der Oberfläche während der Lagerung und Nutzung;

— im Katastrophenfall bietet sie in gewissem Maße Schutz vor Kontakt mit Wasser oder anderen Schadstoffen.

Die Nachteile einer Einkapselung sind folgende:

— das Gewicht und die Füllmenge von Lagerungssystemen wie z. B. Planschränken erhöht sich dadurch;

— die Betrachtung einiger bibliographischer Merkmale ist vorübergehend nicht möglich;

— Polyester wird leicht abgerieben, so dass möglicherweise regelmäßig eine Neu-Einkapselung erforderlich ist;

— die durch Polyester erzeugten statischen Aufladungen können lose Medien einschließlich Pastell, Gouache oder Holzkohle entfernen.

Das hier beschriebene Verfahren der Einkapselung kann beispielsweise Mikroklimata erzeugen und zur Anreicherung von VOCs innerhalb der Polyesterfolie führen. Daher sollte es nur im Ausnahmefall angewendet werden.

A.1.9.3 Passepartouts

Ein Passepartout ist eine biegesteife Unterstützung für ein Objekt, das mechanischen Schutz bietet und verwendet werden kann, um das Objekt in einer ästhetisch ansprechenden Weise zu präsentieren.

Üblicherweise besteht ein Passepartout aus einem Rahmen, der an einer Rückwand eingehängt ist. Das Objekt wird so an der Rückwand befestigt, dass das Fenster es einrahmt. Der Fensterausschnitt kann die Kanten des Dokumentes gerade noch abdecken, oder er kann leicht größer geschnitten sein, so dass sie sichtbar bleiben.

Passepartouts können zum Schutz der Objekte bei Lagerung, Ausstellung, Handhabung und beim Transport verwendet werden.

Die Vorteile der Passepartourierung von Objekten sind folgende:

— ein Passepartout bietet eine biegesteife Unterstützung und einen wirksamen mechanischen Schutz;

— es ist eine anpassbare Konstruktion, die zur Erfüllung einer Reihe von Anforderungen konzipiert werden kann;

— es bietet wirksamen Schutz für Dokumente mit empfindlichen Oberflächen und Materialien;

— es verbessert die Sicherheit, da Dokumente im Passepartout fixiert sind;

— es verbessert das Erscheinungsbild des Dokuments;

— es kann eine ungeeignete Aufbewahrungsform ersetzen, die die Ursache einer Schädigung sein kann;

— es verringert die Notwendigkeit einer direkten Berührung während der Nutzung.

Die Nachteile der Passepartourierung von Objekten sind folgende:

— die Methoden zur Befestigung am Passepartout sind üblicherweise mit einem Eingriff am Objekt verbunden;

— es verändert die Art und Weise, wie ein Objekt betrachtet wird, die sich von seinem ursprünglichen Kontext, Zweck oder seiner ursprünglichen Anmutung unterscheiden kann.

Passepartoutkartons sollten:

a) für die kurzzeitige Lagerung aus Konservierungspappe sein, die aus chemisch gereinigtem Zellstoff mit einem Calciumcarbonat-Puffer besteht;

b) für die langfristige Lagerung aus Baumwollfasern und Baumwolllinters mit einem Calciumcarbonat-Puffer bestehen;

c) für besondere Anwendungen (z. B. Fotografien) aus reinen Baumwollfasern bestehen, ungepuffert und schwefelfrei.

Weitere Stoffe, die mit dem Dokument in Berührung kommen, sollten den Empfehlungen für Materialien, die während der Konservierungs-/Restaurierungsbehandlung und Schutzverpackung eingesetzt werden, entsprechen (8.2 und 8.3).

A.2 Materialien für Schutzverpackungen

A.2.1 Allgemeines

Während der Aufbewahrung können die Bestände einer Reihe von Schadensrisiken ausgesetzt sein. Diese können aus der unmittelbaren Umgebung stammen, von den natürlichen Abbauprozessen der Objekte selbst oder gelegentlich von den Materialien, aus denen die Behälter für die Aufbewahrung der Objekte bestehen. Daher ist es wichtig, geeignete Verpackungsmaterialien zu wählen.

A.2.2 Klebstoffe

Die in Schutzverpackungen für Bestände verwendeten Klebstoffe sollten säurefrei sein und sich so wenig wie möglich mit der Zeit zersetzen.

Bei der Zersetzung von Klebstoffen können Nebenprodukte entstehen, die für die gelagerten Bestände schädlich sind. Stärkeklebstoffe, wie sie bei der Konservierung/Restaurierung von Papierobjekten verwendet werden, bleiben üblicherweise stabil und zersetzen sich nicht.

A.2.3 Pappe

Pappe sollte DIN ISO 16245:2012-05, 4.2 erfüllen.

Pappen, die Molekularsiebe oder andere Arten von Schadstoffadsorbern enthalten, bieten erhebliche Vorteile für die Erhaltung.

Pappe, die für die Verpackung fotografischer Materialien verwendet wird, sollte DIN 15549:2016-04, 5.1. und 5.2. erfüllen.

ANMERKUNG Pappen werden weithin eingesetzt. Sie werden zur Anfertigung von Buchkassetten verwendet, sowie um Mappen und anderen Schutzverpackungen eine größere Steifigkeit zu geben und um einzelne Blätter und Objekte in Übergröße für die flache Lagerung zu montieren.

DIN SPEC 67701:2019-07

A.2.4 Gewebe und Papier

A.2.4.1 Hintergrund

Es ist wichtig, säurefreie und inerte Materialien für die Schutzverpackung von Objekten zur dauerhaften Lagerung zu wählen, die sich nicht mit der Zeit zersetzen.

Für die meisten Anwendungen (mit Ausnahme einiger Fotografien und anderer alkaliempfindlicher Materialien, siehe nachstehende Ausführungen) werden säurefreies Papier und säurefreie Pappe mit einem Alkalipuffer empfohlen.

Säurefreie(s) Papier und Pappe sind während ihrer Alterung naturgemäß verschiedenen säurebildenden Verbindungen ausgesetzt und versäuern mit der Zeit, selbst wenn sie ursprünglich mit einem neutralen pH-Wert hergestellt wurden. Eine alkalische Reserve von 2 % bis 3 % sorgt bei Verpackungsmaterialien für den Schutz vor sauren Abbauprodukten.

Eine Schutzverpackung mit einem alkalischen Puffer ist insbesondere für die langfristige Erhaltung von Papier von Bedeutung. Da Papier einem natürlichen Abbauprozess unterliegt, oxidieren verschiedene im Papier enthaltene Fremdbestandteile (wie z. B. Lignin) und erzeugen saure Abbauprodukte, welche die Abbaugeschwindigkeit der Cellulose im Papier erhöhen.

Saure Gase und Schadstoffe aus der Atmosphäre (wie z. B. Stickstoffoxide und Schwefeldioxid) bilden Salpetersäure und Schwefelsäure, während andere (wie z. B. Ozon, ein starkes Oxidationsmittel) ebenfalls zur Schädigung von Papier beitragen.

Weitere schädigende Stoffe, wie z. B. Formaldehyd und Essigsäure, können von Möbeln oder Baustoffen abgegeben werden, und Säuren migrieren auch aus anliegenden Materialien.

Es gibt im Handel erhältliche Produkte wie Molekularsiebe oder Schadstoffadsorber, die Objekte vor den Auswirkungen dieser schädigenden Stoffe schützen, wenn sie in den Schutzverpackungen eingesetzt werden.

Papier und Pappe können schutzverpackte Bestände vor schnellen Änderungen der Umgebungsbedingungen schützen. Pappe wirkt auch als Schadstofffänger, indem sie bis zu einem gewissen Maß Schadgase aus der Umgebung und aus den Objekten selbst aufnimmt.

Molekularsiebe oder andere Arten von Schadstoffadsorbern können während der Herstellung in Pappe und andere Verpackungsmaterialien eingearbeitet werden. Diese Verbindungen absorbieren und fangen andere chemische Stoffe ein und beseitigen sie, wodurch sie die Absorptionseigenschaften des Verpackungsmaterials ergänzen.

Im Fall eines Wasserschadens nehmen Pappschachteln große Mengen von Wasser auf, halten dieses und können somit den Inhalt über eine relativ lange Zeitspanne vor Nässe schützen.

Papier wird für die Archivierung in Form von Taschen, Hüllen und als Umschlagsmaterial verwendet.

Weitere diesbezügliche Angaben können DIN ISO 16245 entnommen werden.

Die Schutzverpackung von fotografischen Beständen birgt verschiedene Herausforderungen. Diese Bestände haben komplexe chemische Strukturen und sind besonders anfällig für die Zersetzung durch den Kontakt mit Verpackungsmaterialien, die nicht DIN 15549 erfüllen.

Die fotografischen Blaupausen oder Cyanotypien und die heutigen Farbtransferverfahren sind gegenüber einer alkalischen Umgebung empfindlich, in der eine Entfärbung vorkommen kann. Daher scheint es sinnvoll zu sein, ungepufferte Schutzverpackungen für diese Bestände zu verwenden, bis endgültige Informationen zur Verfügung stehen.

A.2.4.2 Gewebe

Gewebe zur Kaschierung von Schachteln sollte säurefrei, ungefärbt, fest und haltbar sein.

Gewebe zum Beziehen von Schachteln sollte mit einer nicht-migrierenden harzartigen Verbindung, z. B. Acrylharz ausgerüstet sein.

Die Oberfläche sollte durch eine vollständige Beschichtung der Oberflächenfasern abriebfest sein.

Falls das Gewebe nass wird, sollte es nicht an anliegenden Objekten kleben und nicht ausbluten.

A.2.4.3 Papier

Papier für Schutzverpackungen, das mit den Objekten direkt in Berührung kommt, sollte DIN ISO 16245:2012-05, 5.2 erfüllen.

Papiere, die Molekularsiebe oder andere Arten von Schadstofffängern enthalten, bieten erhebliche Vorteile für die Erhaltung.

Papier für die Lagerung von Fotografien sollte DIN 15549:2016-04, 5.1. und 5.2. entsprechen.

A.2.5 Kunststoffe

Kunststoffe, die mit Objekten direkt in Berührung kommen, sollten aus Polyester, Polystyrol, Polyethylen, Polypropylen oder spinngebundenem Polyolefin, sämtlich ohne Weichmacher, hergestellt sein.

Wegen der statischen Aufladung von Kunststoffen sollten Objekte mit abriebgefährdeten Oberflächenmaterialien, wie z. B. Pastell und weichem Bleistift, nicht in Kunststoffverpackungen aufbewahrt werden.

Für die Einkapselung sollte ausschließlich Polyesterfolie verwendet werden, die chemisch inert und frei von Weichmachern ist und keine Oberflächenbeschichtungen, Strukturen und Musterungen, Farben und sonstigen imprägnierten Stoffe aufweist.

Verfügbare Polyesterfolien können verschiedene Gleiteigenschaften haben. Einige rutscharme Polyesterfolien sind sehr weich und können unansehnlich aussehen, wenn zwei Oberflächen einander berühren.

Polyesterfolien stehen in verschiedenen Dicken zur Verfügung, wobei 50 µm, 75 µm und 100 µm die gebräuchlichsten sind. Die Wahl der Dicke sollte auf der Größe und dem Grad der Unterstützung beruhen, die für das eingelegte Objekt benötigt wird.

Kunststoffschutzhüllen für fotografisches Material sollten DIN 15549:2016-04, 5.3. erfüllen.

Die Verwendung von Kunststoffen, die für die dauerhafte Aufbewahrung geeignet sind, ist jetzt weit verbreitet. Dennoch sind viele im Handel erhältliche Kunststoffprodukte aus Polyvinylchlorid (PVC) hergestellt, das für die dauerhafte Aufbewahrung nicht geeignet ist. Es zersetzt sich mit der Zeit, bildet dabei eine starke Säure und setzt Weichmacher und andere Chemikalien frei, die bei seiner Herstellung eingesetzt wurden.

Mehrere Kunststoffe, die als sicher für die dauerhafte Aufbewahrung angesehen werden, stehen in verschiedenen Qualitäten zur Verfügung, wobei einige jedoch Zusätze enthalten, die ihre Eignung wiederum herabsetzen.

Da die Identifizierung von Kunststoffen ohne chemische Analysen schwierig ist, ist es wichtig, die für die Aufbewahrung von Objekten eingesetzten Stoffe sorgfältig auszuwählen.

A.2.6 Band zum Verschließen von Schutzverpackungen

Das Band sollte aus ungebleichtem weißen Leinen oder Baumwolle bestehen und mindestens 10 mm breit sein.

A.2.7 Heftfaden

Ein Heftfaden sollte aus reinem ungebleichtem Leinen hergestellt sein.

Anhang B
(informativ)

Ausstellung von Archiv- und Bibliotheksbeständen

B.1 Allgemeines

Es wird empfohlen, für Ausstellungen sowohl allgemeine schriftlich festgelegte Regelungen, Arbeitsabläufe und Steuerungsmechanismen festzulegen als auch bestandsspezifische Kriterien und Besonderheiten hinsichtlich einer Ausstellung vorzuhalten. Auf dieser Grundlage sollte die Zustimmung oder Ablehnung von Ausstellungsanfragen für einzelne Objekte behandelt werden.

Bei der Ausstellung von Originalen sollten Mindestanforderungen an die Konservierung, Sicherheit und den Transport befolgt werden. Ausstellungen schließen alle kontrollierten öffentlichen Präsentationen von Einzelobjekten oder Beständen mit ein. Die Regelungen dafür sollten schriftlich niedergelegt werden. Besondere Situationen (z. B. ungewöhnliche Ausstellungsorte oder die Art oder der Wert der angefragten Exponate oder Bestände) können eine zusätzliche Überprüfung erforderlich machen.

Wenn die konservatorischen Anforderungen, Sicherheits- oder Gebäudestandards für eine Ausstellung nicht erfüllt werden, sollte eine Prüfroutine entwickelt werden, um zu ermitteln, ob Behelfsmaßnahmen, wie z. B. ein verbesserter Schutz durch Schaukästen, Vitrinen, versiegelte Rahmen oder Gehäuse, andere Schutz- und erhöhte Sicherheitsmaßnahmen, wo benötigt, angewendet werden können.

Die Anforderungen an Ausstellungen sollten für die von der Institution verwahrten Objekte und Bestände gelten. Sie können auch für Objekte oder Bestände, die als Leihgaben von anderen Institutionen stammen, herangezogen werden.

Insbesondere empfindliche Objekte erfordern eine sorgfältige Überprüfung durch das mit der Verwaltung und Erhaltung der Bestände betraute Personal, bevor eine Entscheidung zur Ausstellung getroffen wird. Empfindliche Objekte schließen Objekte mit ein, die aufgrund von endogenen Schadensursachen, einer vorherigen Beschädigung oder beschleunigtem Abbau in einem instabilen Zustand sind, oder Objekte, die aufgrund ihrer Zusammensetzung oder ihres Formats besonders anfällig für Beschädigungen sind. Nicht abschließend seien hierfür beispielhaft genannt: Elfenbein, Lackwaren, Fotografien auf Glas, Tafelbilder, Pastell- oder Kohlezeichnungen, zusammengesetzte Artefakte, Artefakte mit empfindlichen Beilagen, brüchiges Papier, Bände, Dokumente mit Beilagen, lose oder zerrissene Seiten und Objekte mit abblätternden Oberflächen, Rissen, Spalten oder ausgefransten Kanten. Der Zustand und die Bedingungen für Ausstellung werden durch die leihgebende Institution ermittelt und können spezielle und zusätzliche Konservierungs- oder Sicherheitsmaßnahmen erforderlich machen.

Es kann entschieden werden, dass ein Gegenstand für eine sichere Ausstellung oder einen Transport zu empfindlich ist.

Eine vorübergehende Verwahrung durch einen Leihnehmer zu Ausstellungszwecken sollte mit einem schriftlichen Leihvertrag abgesichert werden.

Der Transport eines Objektes durch einen Kurier, eine von der Institution zum Transport von Beständen geschulte und bevollmächtigte Person, kann erforderlich werden. Das Objekt sollte dabei jederzeit unter Aufsicht der bevollmächtigten Person sein. Eine schriftliche Anleitung und Schulung bezüglich des Transports von Objekten und Beständen sollte gefordert werden.

ANMERKUNG DIN EN 16648 behandelt Transportmethoden von beweglichem kulturellem Erbe.

DIN SPEC 67701:2019-07

Objekte und Bestände, die nach Festlegung der Institution mit einem erheblichen historischen, juristischen oder monetären Wert eingestuft worden sind, können spezielle und zusätzliche Sicherheits- oder Konservierungsmaßnahmen erforderlich machen.

B.2 Verantwortlichkeiten für die Ausstellung

Alle an der Ausstellung, dem Transport und der Ausleihe von Beständen beteiligten Personen sind für die Sicherheit und die ordnungsgemäße Handhabung, den ordnungsgemäßen Transport und die ordnungsgemäße Ausstellung von Originalgegenständen und Beständen verantwortlich.

Es wird dem mit der Verwaltung und Erhaltung der Bestände betrauten Personal empfohlen, sich hinsichtlich der Anfragen für eine Ausstellung zu beraten. Zusätzliche Beratung mit der Institutionsleitung, dem Wachdienst, der Haustechnik und anderen Beteiligten ist empfehlenswert.

Das mit der Verwaltung und Erhaltung der Bestände betraute Personal überprüft alle Anfragen zur Ausstellung von Originalgegenständen und Beständen, begutachtet den Zustand der angefragten Bestände, legt Bedingungen für die Ausstellung, die Schutzverpackung und den Transport einschließlich der Dokumentation und Transportverfolgung fest und erarbeitet Pläne für Notfälle.

Es wird empfohlen, bezüglich der technischen Anforderungen an die Ausstellungsräume und -vitrinen Restauratoren hinzuzuziehen. Konservatorische und restauratorische Vorgaben zur Behandlung empfindlicher oder beschädigter Gegenstände sind vor einer Ausstellung zu erfüllen. Dies trifft auch für klima- und sicherheitsrelevante Parameter während der Ausstellung zu, die von konservatorisch geschultem Personal festgelegt werden sollten.

Bezüglich besonders geschützter Objekte oder Bestände von hohem Wert und internationalen Leihgaben sowie bezüglich der Anforderungen an den Schutz während des Transports, einschließlich der Frage, ob ein Kurier benötigt wird, sollten Sicherheitsfachleute hinzugezogen werden.

B.3 Konservatorische Vorgaben für die Ausstellung von Originalen

Bei der Entscheidung über eine Ausstellung von Originalen sollten die Ziele der Ausstellung, der Erhaltungszustand der Objekte, die Ausstellungshistorie der einzelnen Objekte einschließlich der Lichteinwirkung und die Ausstattung des Ausstellungsortes berücksichtigt werden.

Die Originale sollten sich in einem so stabilen Erhaltungszustand befinden, dass sie den Ausstellungs- und Transportvorgang ohne Beschädigung überstehen.

Ein Digitalisat oder eine andere Kopie des Originals kann verwendet werden, wenn das für die Zwecke der Ausstellung ausreichend ist oder wenn eine Kopie ein Originalobjekt vor Verlust oder einer unnötigen Beschädigung schützt.

Spezifische konservatorische Vorgaben auf Basis einer Begutachtung des Objekts für eine sichere Ausstellung und einen sicheren Transport sollen vor einer Entscheidung über eine Ausstellung erfolgen.

Objekte in einer Ausstellung sollten von geschultem Personal unter Anwendung geeigneter konservatorischer Methoden gehandhabt, vorbereitet, montiert und transportiert werden.

Ausstellungstransporte sollten Verluste, Beschädigungen oder die Verschlechterung des Zustands der Originalobjekte vermeiden.

Orte, an denen Originalobjekte ausgestellt, bearbeitet oder für eine Ausstellung vorbereitet werden, sollten den Vorgaben der verwahrenden Institution hinsichtlich der Aufbewahrung entsprechen.

Spezielle Vorgaben für die Ausstellungsbedingungen können Folgendes einschließen:

- Vorgaben zu Temperatur und der relativen Luftfeuchte;
- zulässige Werte für sichtbares Licht, Infrarot- und Ultraviolett-Strahlung;
- Dauer der Ausstellung und kumulative Lichtexposition;
- Exposition gegenüber Feinstaub, Aerosolen und gasförmigen Schadstoffen;
- Einschränkungen bei Speisen und Getränken, von Bau- oder Installationswerkzeugen und -materialien oder allen Materialien, die die Objekte beschmutzen, beschädigen oder Schädlinge anziehen könnten;
- Anforderungen an Schaukästen und Ausstellungsvitrinen, Montagetechniken und -verfahren;
- Vorkehrungen, um die unnötige oder nicht angemessene Handhabung sowie Schwingungen, Erschütterungen, Schläge und sonstige mechanische Belastungen zu vermeiden;
- Zugangskontrollen und Kontrolle der Raumnutzung, in dem die Objekte ausgestellt, bearbeitet oder vorbereitet werden;
- Risiken von möglichen natürlichen oder vom Menschen verursachten Katastrophenfällen oder von gebäudebezogenen Fehlfunktionen/Havarien.

Falls die Anforderungen an die Umgebungsbedingungen in den Ausstellungsräumlichkeiten nicht erfüllt werden können oder wenn ein Objekt eine besondere klimatische Umgebung benötigt (z. B. eine höhere Luftfeuchte als andere Objekte), können die geforderten Bedingungen ggf. durch geeignete Ausstellungsvitrinen erfüllt werden.

Der Zustand des Objekts oder des Bestandes sollte vor und nach der Ausstellung oder dem Transport dokumentiert werden.

Das Raumklima sollte während der gesamten Ausstellung, der Leihgabe und des Transports ständig überwacht werden.

Jede Veränderung des Zustands des Objektes oder des Raumklimas ist aufzuzeichnen und anzusprechen.

B.4 Sicherheitsleitlinien für die Ausstellung von Originalen

Bei der Ermittlung der Sicherheitsauflagen für die Ausstellung und den Transport von Originalen sind der Wert und die Gefährdung durch Diebstahl oder Verlust zu berücksichtigen.

Während einer Ausstellung sind Sicherheitsvorkehrungen für den Zugang zu den Originalen zu treffen. Diese können die Schließsysteme an Fenstern und Türen, gesicherte Ausstellungsvitrinen und/oder das Montageverfahren einschließen.

Der Zugang zu den Originalen ist während der Ausstellung und beim Transport jederzeit zu vermeiden, wenn unbedingt nötig, zu überwachen.

Es ist in Erwägung zu ziehen, die Exponate während der Ausstellung mit einem Überwachungs- und Sicherheitssystem rund um die Uhr zu schützen. Häufig wird dies auch seitens der leihgebenden Institution gefordert.

Zusätzliche Maßnahmen können gefordert werden, um besonders geschützte Bestände oder Objekte von hohem Wert zu sichern.

Für im Freien außerhalb eines Ausstellungsraumes ausgestellte Objekte sind Absperrungen, Bewegungsmelder, Erschütterungsmelder oder weitere gleichwertige Maßnahmen empfehlenswert.

DIN SPEC 67701:2019-07

Während der Öffnungszeiten der Ausstellung mit Besuchern ist die Vollständigkeit der Objekte täglich zu überprüfen.

Während der gesamten Ausstellung und beim Transport von Originalen ist eine dokumentierte eindeutige Überwachungskette aufrecht zu erhalten.

B.5 Transport von Originalen außerhalb der Institution

Die Bestände oder Objekte sollten in einem stabilen Zustand und damit verpackbar und transportierbar sein.

Der Schutz und der Erhalt sollten bei der Wahl der Transportverpackung sowie der Versand- und Transportmethode im Vordergrund stehen.

Die Verpackungs- und Transportmethode sollte dem Zustand, der Empfindlichkeit, der Größe, dem Volumen und dem Wert der transportierten Originale angemessen sein.

Es kann ein Mitarbeiter oder eine Person als Kurier bestimmt werden, der die Objekte persönlich überbringt oder sie während des Transports begleitet. Der Kurier sollte die Befugnis haben, angemessene und notwendige Maßnahmen zu ergreifen, um die Sicherheit der Objekte während des Transports, des Auf-/Abbaus und im Notfall sicherzustellen und um Beschädigungen zu verhindern.

Es kann erforderlich sein, dass ein Kurier besonders geschützte Objekte von hohem Wert oder besonders empfindliche Objekte beim Transport begleitet. Es kann ebenso erforderlich sein, dass eine ausgebildete Fachkraft den Auf- und Abbau unterstützt oder bestätigt, dass die Vorgaben des Leihgebers für die Ausstellung von der leihnehmenden Institution erfüllt werden.

Versand und Transport sollten im Einklang mit nationalen Gesetzen, Vorschriften und internationalen Gesetzen erfolgen.

ANMERKUNG DIN EN 16648 behandelt Transportmethoden von beweglichem kulturellem Erbe.

B.6 Ausstellungsumgebung

Originalobjekte sollten nicht dauerhaft ausgestellt werden.

Die jeweilige Ausstellungsdauer sollte im Bewusstsein der Auswirkungen der Ausstellungsumgebung auf die Objekte berechnet werden.

Die Dauer der Ausstellung sollte auf der Grundlage der Lichteinwirkung berechnet werden, die gewöhnlich in Luxstunden gemessen wird, wenn der einzige Unterschied zwischen der Aufbewahrungsumgebung (siehe 5.2) und der Ausstellung die Beleuchtung der Objekte ist.

Herkömmliche Archiv- und Bibliotheksobjekte sollten stets in Schauvitrinen ausgestellt werden, die in der Lage sind, die relative Luftfeuchte über die gesamte Dauer der Ausstellung innerhalb des nach 5.2 empfohlenen Bereichs zu halten.

Die Temperatur für die Ausstellung von Büchern, Papier- und Pergamentobjekten, die in einem stabilen und nicht geschädigten Zustand sind, sollte:

a) nicht unter den unteren Grenzwert des durch die Institution individuell festgelegten Bereichs (siehe 5.2) fallen;

b) 25 °C nie überschreiten;

c) für die Dauer der Ausstellung nicht länger über 22 °C bleiben.

Objekte, die in einem schlechten und abgebauten Zustand sind oder bei höheren Temperaturen gefährdet wären, sollten, falls eine Ausstellung überhaupt möglich ist, nur innerhalb der durch die Institution individuell festgelegten Bereiche (siehe 5.2) ausgestellt werden.

B.7 Beleuchtung bei Ausstellungen

Bei der Beleuchtung von Ausstellungen sollten die Leitlinien und Verfahren für die Auswahl geeigneter Beleuchtung für Innenausstellungen nach DIN CEN/TS 16163 (DIN SPEC 11524) berücksichtigt werden.

Objekte aus Papier, insbesondere Fotografien, werden durch die Einwirkung von UV-Strahlung beschädigt. Verschiedenartige Objekte unterscheiden sich in ihrer Lichtempfindlichkeit gegenüber Beleuchtungsstärke (gemessen in Lux) und Expositionszeit (gemessen in Luxstunden).

Kalotypien und Cyanotypien sind beispielsweise hochempfindlich gegenüber Lichteinwirkung, während bei Schwarzweiß-Silbergelatine-Fotografien von einer niedrigen Lichtempfindlichkeit ausgegangen wird. Bei hohen Beleuchtungsstärken verblasst gefärbtes Papier und verfärbt sich holzschliffhaltiges Papier schnell, während sich nicht gefärbtes Papier, das aus Baumwollfasern hergestellt wird, wahrscheinlich nur langsam verändert. Farbige Tinten, insbesondere Digitaldruck-Tinten, sind sehr anfällig für Lichtschäden, während Tinten auf Rußbasis (Carbon Black) einer geringfügig höheren Lichteinwirkung standhalten können.

Verantwortliche, die Objekte für eine Ausstellung vorschlagen, sollten deren spezielle Empfindlichkeit gegenüber Licht feststellen. Davon hängt dann die Beleuchtungsstärke in der Ausstellung ab, um ein Verblassen und Verfärben der Objekte zu verhindern.

Die Lichtquellen für Ausstellungen sollten frei von UV-Strahlung sein, oder die UV-Strahlung sollte mittels Filtern entfernt werden. Es ist wichtig, sowohl die Hintergrundbeleuchtung im Ausstellungsbereich wie auch die Beleuchtung in der Schauvitrine zu berücksichtigen.

B.8 Schauvitrinen

B.8.1 Allgemeines

Für die Auswahl und Planung von Schauvitrinen sollte der Leitfaden für die Konstruktion von Schauvitrinen zur Ausstellung und Erhaltung von Objekten nach DIN EN 15999-1 beachtet werden.

Schauvitrinen sollten nicht in Bereichen aufgestellt werden, die extremen oder schnellen Temperaturschwankungen ausgesetzt sind.

Schauvitrinen sollten mit einer Sicherheitsverglasung ausgestattet sein, einem schlagfesten Glas-Polymer-Verbund, um starken mechanischen Angriffen zu widerstehen und um die UV-Strahlung zu absorbieren.

Die Glasabdeckungen der Schauvitrinen sollten stabile Streben und Scharniere haben, so dass sie angehoben und so lange und so weit offen gehalten werden können, dass große Gegenstände leicht hinein und hinaus bewegt werden.

Aufrechte Schaukästen sollten ähnliche Eigenschaften haben und den Zugang von den Seiten ermöglichen.

B.8.2 Ausstellung von Bänden

Ein Band sollte auf einer festen Oberfläche so unterstützt werden, dass keiner seiner Teile unter Spannung steht. Die Art der erforderlichen Stütze hängt von der Größe, der Form und der Masse ab, und ob der Band offen oder geschlossen auszustellen ist.

DIN SPEC 67701:2019-07

Unabhängig davon, ob der Band geschlossen oder offen ausgestellt wird, sollte der Buchblock eine eigene, angemessene Unterstützung haben. Offen ausgestellte Bände sollten stets von einer individuell angepassten Buchstütze gehalten werden.

Wenn ein Band auf einer Buchstütze ausgestellt wird, sollte ihn die Buchstütze vollständig stützen und genauso tief oder tiefer als der ausgestellte Band sein sowie stabil genug, um ihn zu tragen.

ANMERKUNG Eine ausführliche Übersicht über Buchstützen findet man in Hanka Gerhold, Michaela Brand, Buchstützen für geöffnete Bücher in Ausstellungen. Eine Anleitung für die Bemaßung eines Buches und zur Konstruktion der Münchener Buchstützen findet man unter https://www.bsb-muenchen.de/ibr/ausstellungen/.

Eine Schauvitrine für Bände sollte tief genug sein, um einem Band mit begrenztem Öffnungswinkel genügend Platz zu bieten, damit er auf einer Buchstütze ausgestellt werden kann.

Die Präsentationsfläche sollte waagerecht oder leicht geneigt mit einem Neigungswinkel von nicht mehr als 25° von der Horizontalen sein. Es ist empfehlenswert, dass die Präsentationsfläche höhenverstellbar ist, um den Abstand zur Vitrinendecke einzustellen.

Wenn ein Band offen zu halten ist, können Montagebänder verwendet werden, um die Seiten zu fixieren. Die Montagebänder sollten aus einem inerten Material bestehen, das keine chemischen Auswirkungen auf die ausgestellten Bände hat. Die Bänder sollten nicht direkt am Band befestigt werden.

Um die Zugspannung und den Druck zu verringern, können zwei Montagebänder verwendet werden. Das verdeckte Montageband führt über eine Seite mit wenig oder keinem Text bzw. wenig oder keinen Abbildungen. Die ausgestellte Seite benötigt dann nur noch ein leicht fixierendes Montageband. Das Montageband sollte die Seiten fest, aber nicht zu straff halten.

Eine typische Kodexbindung kann ernsthaft überdehnt werden, wenn sie offen und unter einem Neigungswinkel von mehr als 25° ausgestellt wird. Je größer der Neigungswinkel ist, desto größer ist die Spannung. Bei einer gealterten Bindung kann ein zu hoher Öffnungswinkel kritisch sein.

B.8.3 Ausstellung von an Dokumenten befestigten Objekten

Wenn ein Siegel oder ein ähnliches schwereres Objekt an einem ausgestellten Dokument befestigt ist, sollte das schwerere Objekt durch eine Stütze so unterstützt werden, dass das Gewicht des schwereren Objekts von der Halterung und nicht vom Dokument oder seinen Schnüren oder Anhängen getragen wird.

ANMERKUNG Für eine Anleitung zu Bleibullen siehe 8.2.7.

Literaturhinweise

[1] DIN EN 2, *Brandklassen*

[2] DIN EN 54-20, *Brandmeldeanlagen — Teil 20: Ansaugrauchmelder*

[3] DIN EN 12845, *Ortsfeste Brandbekämpfungsanlagen — Automatische Sprinkleranlagen — Planung, Installation und Instandhaltung*

[4] DIN EN 15004 (alle Teile), *Ortsfeste Brandbekämpfungsanlagen — Löschanlagen mit gasförmigen Löschmitteln*

[5] DIN EN 15635, *Ortsfeste Regalsysteme aus Stahl — Anwendung und Wartung von Lagereinrichtungen*

[6] DIN EN 15878:2011-01, *Ortsfeste Regale aus Stahl — Begriffe; Deutsche Fassung EN 15878:2010*

[7] DIN EN 50131-1 (VDE 0830-2-1), *Alarmanlagen — Einbruch- und Überfallmeldeanlagen — Teil 1: Systemanforderungen*

[8] DIN CEN/TS 16163 (DIN SPEC 11524), *Erhaltung des kulturellen Erbes — Leitlinien und Verfahren für die Auswahl geeigneter Beleuchtung für Innenausstellungen*

[9] DIN EN 1822-1, *Schwebstofffilter (EPA, HEPA und ULPA) — Teil 1: Klassifikation, Leistungsprüfung, Kennzeichnung*

[10] DIN EN 15999-1, *Erhaltung des kulturellen Erbes — Leitfaden für die Konstruktion von Schauvitrinen zur Ausstellung und Erhaltung von Objekten — Teil 1: Allgemeine Anforderungen*

[11] DIN EN 16648, *Erhaltung des kulturellen Erbes — Transportmethoden*

[12] DIN EN 15898, *Erhaltung des kulturellen Erbes — Allgemeine Begriffe*

[13] DIN EN 15946, *Erhaltung des kulturellen Erbes — Verpackungsverfahren für den Transport*

[14] DIN EN 16095, *Erhaltung des kulturellen Erbes — Zustandsaufnahme an beweglichem Kulturerbe*

[15] DIN EN ISO 8130 (alle Teile), *Pulverlacke*

[16] DIN ISO 31000:2018-10, *Risikomanagement — Leitlinien (ISO 31000:2018)*

[17] ISO Guide 73:2009, *Risk management — Vocabulary*

[18] ISO 12606, *Cinematography — Care and preservation of magnetic audio recordings for motion pictures and television*

[19] ISO 14721, *Space data and information transfer systems — Open archival information system (OAIS) — Reference model*

[20] ISO 15489-1, *Information and documentation — Records management — Part 1: Concepts and principles*

[21] ISO 15686-1, *Buildings and constructed assets — Service life planning — Part 1: General principles and framework*

DIN SPEC 67701:2019-07

[22] ISO 16363:2012, *Space data and information transfer systems — Audit and certification of trustworthy digital repositories*

[23] ISO 18902:2013, *Imaging materials — Processed imaging materials — Albums, framing and storage materials*

[24] ISO 18933, *Imaging materials — Magnetic tape — Care and handling practices for extended usage*

[25] ISO/TS 18344, *Effectiveness of paper deacidification processes*

[26] ISO 18934, *Imaging materials — Multiple media archives — Storage environment*

[27] ISO/TR 19815, *Information and documentation - Management of the environmental conditions for archive and library holdings*

[28] ISO 21110 *Information and documentation — Emergency preparedness and response* (in Vorbereitung)

[29] ISO 27730:2012, *Information and documentation — International standard collection identifier (ISCI)*

Technische Regeln

[30] TRBA 240, *Schutzmaßnahmen bei Tätigkeiten mit mikrobiell kontaminiertem Archivgut,* Ausgabe Dezember 2010 , in: Gemeinsames Ministerialblatt (GMBl.) Nr. 68–80/2010 und 29/2015 mit Änderung vom 15. Juli 2015

Gesetze und Verordnungen

[31] GefStoffV, *Verordnung zur Neufassung der Gefahrstoffverordnung und zur Änderung sprengstoffrechtlicher Verordnungen (Artikel 1 Verordnung zum Schutz vor Gefahrstoffen (Gefahrstoffverordnung — GefStoffV))*

[32] SprengG; *Gesetz über explosionsgefährliche Stoffe (Sprengstoffgesetz — SprengG)*

Empfehlungen

[33] *Betriebsrisiken von Archivgebäuden. Empfehlungen der Archivreferentenkonferenz (ARK),* in: Der Archivar 1/2011, S. 63–65 (online: https://www.landesarchiv-bw.de/web/51984; letzter Zugriff: 30.01.2019).

[34] *Bilder und Töne bewahren. Empfehlungen der Konferenz der Leiterinnen und Leiter der Archivverwaltungen des Bundes und der Länder (KLA) zur Erhaltung von analogen Fotomaterialien und audiovisuellen Medien,* in: Der Archivar 4/2016, S. 352–360 (online: http://www.bundesarchiv.de/DE/Content/Downloads/KLA/bewahrung-bild-ton.pdf?; letzter Zugriff: 30.01.2019).

[35] Digitalisierung von Archivgut im Kontext der Bestandserhaltung. Positionspapier der Archivreferentenkonferenz (ARK), in: Der Archivar 4/2008, S. 395–398 (online: https://www.landesarchiv-bw.de/web/42351; letzter Zugriff: 30.01.2019).

[36] Notfallvorsorge in Archiven. Empfehlungen der Archivreferentenkonferenz ausgearbeitet vom Bestandserhaltungsausschuss im Jahr 2004, zuletzt überarbeitet 2010, in: Richtlinien zu Kulturgut und Notfallbewältigung. Neue Strategien der Schadensprävention und -behebung bei Archivgut, hg. von C. Rehm und W. Reininghaus, Düsseldorf 2011 (Veröffentlichungen des Landesarchivs Nordrhein-Westfalen 42), S. 57-111 (online: https://www.landesarchiv-bw.de/web/51979 ; letzter Zugriff: 30.01.2019).

DIN SPEC 67701:2019-07

[37] Prävention und Behandlung von Schädlingsbefall in Archiven, Empfehlungen der Konferenz der Leiterinnen und Leiter der Archivverwaltungen des Bundes und der Länder (KLA), in: Der Archivar 4/2016, S. 361–366.
(online: http://www.bundesarchiv.de/DE/Content/Downloads/KLA/schaedlingspraevention.pdf?; letzter Zugriff: 30.01.2019)

[38] Schimmelvorsorge und -bekämpfung in Archiven. Empfehlungen der Archivreferentenkonferenz (ARK), in: Der Archivar 4/2007, S. 329–336
(online: https://www.landesarchiv-bw.de/web/43103; letzter Zugriff: 30.01.2019).

[39] Verpackungen für Archivgut. Empfehlungen der Archivreferentenkonferenz (ARK), in: Der Archivar 1/2011, S. 57–62
(online: https://www.landesarchiv-bw.de/web/51982; letzter Zugriff: 30.01.2019)

Literatur (ab Veröffentlichungsjahr 2000)

[40] Anleitung für die Bemaßung eines Buches und zur Konstruktion der Münchener Buchstützen (**nur** online: https://www.bsb-muenchen.de/ibr/ausstellungen/; letzter Zugriff: 05.03.2019).

[41] Bestandserhaltung in Archiven und Bibliotheken, 6. überarbeitete und erweiterte Auflage, hrsg. von T. Allscher und A. Haberditzl, Berlin/Wien/Zürich 2019.

[42] Deggeller, K., Bestandserhaltung audiovisueller Dokumente, Berlin, Boston 2014.

[43] Deutscher Bundestag. 18. Wahlperiode, Drucksache 18/7920 vom 18.3. 2016, S. 1–3 (betr. Nitrofilme)

[44] Erhaltung des kulturellen Erbes. DIN-Taschenbuch 409[5]

[45] Für die Zukunft sichern! Bestandserhaltung analoger und digitaler Unterlagen (78. Deutscher Archivtag in Erfurt 2008), hrsg. vom Verband deutscher Archivarinnen und Archivare e. V., Fulda 2009.

[46] Gerhold, H., Brand, M., Buchstützen für geöffnete Bücher in Ausstellungen, Irene Brückle (Hg.), Stuttgart, 2019

[47] Hähner, U., Schadensprävention im Bibliotheksalltag, München 2016 [2. Auflage]

[48] Hilbert, G., Fischer, B., Sammlungsgut in Sicherheit. Beleuchtung und Lichtschutz, Klimatisierung, Schadstoffprävention und Schädlingsbekämpfung, Sicherungstechnik, Brandschutz, Gefahrenmanagement, Berlin 2002

[49] Kobold, M., Moczarski, J., Bestandserhaltung. Ein Ratgeber für Verwaltungen, Archive und Bibliotheken, Darmstadt 2010

[50] Müller, A.-M., Zürcher, R., Zelluloseazetat-Filme – vorprogrammiertes „Essig-Syndrom" (vinegar syndrome), in: Der Archivar 4/2007, S. 346–349

[51] Nestor-Handbuch. Eine kleine Enzyklopädie der digitalen Langzeitarchivierung, Version 2.3 von 2010, hg. v. H. Neuroth, A. Oßwald, R. Scheffel, S. Strathmann und M. Jehn, Glückstadt 2016

5 Zu beziehen bei: Beuth Verlag GmbH, 10772 Berlin.

DIN SPEC 67701:2019-07

[52] Präventive Konservierung. Ein Leitfaden, hg. von F. Waentig, M. Dropmann, K. Konold, E. Spiegel und Ch. Wenzel, ICOM Deutschland e. V. 2014

[53] Richtlinien zu Kulturgut und Notfallbewältigung. Neue Strategien der Schadensprävention und -behebung bei Archivgut, hg. von C. Rehm und W. Reininghaus, Düsseldorf 2011 (Veröffentlichungen des Landesarchivs Nordrhein-Westfalen 42)

[54] Schadensprävention und Notfallvorsorge in Archiven. Vorträge des 71. Südwestdeutschen Archivtags am 21. Mai 2011 in Wertheim, hg. von A. Haberditzl und P. Müller, Stuttgart 2012

[55] Sicherheit und Katastrophenschutz für Museen, Archive und Bibliotheken. Handlungsleitfaden und Checkliste, hg. von der Konferenz Nationaler Kultureinrichtungen, Dresden 2007

[56] Sicherheitsleitfaden Kulturgut (SiLK). Ein Projekt der Konferenz nationaler Kultureinrichtungen (**nur** online: http://www.konferenz-kultur.de/SLF/index1.php; letzter Zugriff: 30.01.2019)

[57] Vertrauenswürdige digitale Langzeitarchivierung nach DIN 31644 (Kommentar), hg. von Ch. Keitel und A. Schoger, Berlin 2013

[58] Verwahren, Sichern, Erhalten. Handreichungen zur Bestandserhaltung in Archiven, hg. von M. Glauert und S. Ruhnau, Potsdam 2005

[59] Wenzel, Ch., Notfallprävention und –planung für Museen, Galerien und Archive, Köln 2007

[60] NF Z40-010-2002, Preservation requirements for exhibiting graphic and photographic materials

[61] NF Z40-011-2005, A methodology to assess the physical conditions of archive and library holdings

[62] NF Z40-012-2011, Information and documentation — Plastic materials used for the storage of paper and parchment documents

[63] NF Z40-014-2011, Information and documentation — Requirements and criteria for the selection of paper and boards for the storage of paper and parchment documents

[64] XP X80-002-2007, Conservation of cultural heritage — recommendations for designing, building, selecting and using a showcase for the exhibition of cultural heritage

[65] XP X80-020-2014, Conservation of cultural heritage — Guidelines and procedures for choosing appropriate lighting for indoor exhibitions

[66] BS 5454:2012, Guide for the storage and exhibition of archival materials

[67] BS 476 (all parts), Fire tests on building materials and structures

[68] BS 4783 (all parts), Storage, transportation and maintenance of media for use in data processing and information storage

[69] BS 5306-0, Fire protection installations and equipment on premises — Part 0: Guide for selection of installed systems and other fire equipment

[70] BS 5306-8, Fire extinguishing installations and equipment on premises — Part 8: Selection and installation of portable fire extinguishers — Code of practice

[71] BS 7273-1, Code of practice for the operation of fire protection measures — Part 1: Electrical actuation of gaseous total flooding extinguishing systems

[72] BS 7273-3, Code of practice for the operation of fire protection measures — Part 3: Electrical actuation of pre-action watermist and sprinkler systems

[73] BS 8418:2010, Installation and remote monitoring of detector-activated CCTV systems — Code of practice

[74] BS 8533, Assessing and managing flood risk in development — Code of practice

[75] DD 8489-1:2011, Fixed fire protection systems — Industrial and commercial watermist systems — Part 1: Code of practice for design and installation

[76] PD 6662, Scheme for the application of European Standards for intrusion and hold-up alarm systems

Weitere Dokumente

[77] Health and Safety Executive. The Dangerous Substances and Explosive Atmospheres Regulations. The Stationery Office, London, UK. 2002

[78] Health and Safety Executive. The Dangerous Substances and Explosive Atmospheres Regulations (Northern Ireland). The Stationery Office, Belfast, Northern Ireland. 2003

[79] UNITED KINGDOM. The Copyright, Designs and Patents Act. The Stationery Office, London, 1988

[80] UNITED KINGDOM. The Data Protection Act. The Stationery Office, London, 1998

[81] UNITED KINGDOM. The Building (Amendment) Regulations. The Stationery Office, London, 2011

[82] NORTHERN IRELAND. The Building Regulations (Amendment) Act (Northern Ireland). The Stationery Office, Belfast, 2009

[83] UNITED KINGDOM. The Work at Height (Amendment) Regulations. The Stationery Office, London, 2007

[84] NORTHERN IRELAND. The Work at Height (Amendment) Regulations (Northern Ireland). The Stationery Office, Belfast, 2007

[85] UNITED KINGDOM. The Equality Act 2010 (Disability) Regulations 2010. The Stationery Office, London, 2010

[86] UNITED KINGDOM. The Manual Handling Operations Regulations. The Stationery Office, London, 1992

[87] UNITED KINGDOM. The Regulatory Reform (Fire Safety) Order. The Stationery Office, London, 2005

[88] HEALTH AND SAFETY EXECUTIVE. *The dangers of cellulose nitrate film*. London: HSE 2010. http://www.hse.gov.uk/pubns/cellulose.pdf

[89] CANADIAN CONSERVATION INSTITUTE. CCI notes 16/2: *Care of black-and-white photographic glass plate negatives*. Ottawa: Canadian Heritage, 2007. ISSN 0714 6221. http://publications.gc.ca/collections/collection_2011/pc-ch/NM95-57-16-2-2007-eng.pdf

[90] THE NATIONAL ARCHIVES. Digital Preservation Guidance Note 3: *Care, handling and storage of removable media*. Kew: TNA, August 2008

DIN SPEC 67701:2019-07

[91] AIR TIGHTNESS TESTING AND MEASUREMENT ASSOCIATION. *Technical Standard L2: Measuring air permeability of building envelopes (non-dwellings)*. Northampton: ATTMA, October 2010. http://www.attma.org/downloads/ATTMA%20TSL2%20Issue%201.pdf

[92] FIRE PROTECTION ASSOCIATION. The design guide for the fire protection of buildings: Essential principles. FPA, London, 2003

[93] MUSEUM AND GALLERIES COMMISSION. *Integrated pest management: A guide for museums, libraries and archives.* London: MLA, 2004. Available online: http://www.aboutrestoration.eu/text/integratedpestmanagement.pdf

[94] Child R.E. Insect pests in archives: detection, monitoring and control. J. Soc. Arch. 1999, **20** p.[Issue 2], [pp.141–148]

[95] COMMUNITIES AND LOCAL GOVERNMENT. *The Building Regulations 2000 — Approved Document B — Volume 2: Fire safety — Buildings other than dwelling houses.* London, 2006. ISBN 978 1 859 46201 0

[96] HEALTH AND SAFETY EXECUTIVE. Manual handling — Manual handling operations regulations 1992 (as amended) — Guidance on Regulations L23. HSE Books, Sudbury, Third Edition, 2004

[97] COMMUNITIES AND LOCAL GOVERNMENT. *The Building Regulations 2010 — Approved Document A — Structure (incorporating 2010 amendments).* London, 2010. ISBN 978 1 859 46200 3

[98] FIRE INDUSTRY ASSOCIATION. *Code of practice for design, installation, commissioning and maintenance of aspirating smoke detector (ASD) systems.* Hampton: FIA, June 2006

[99] MUSEUM AND GALLERIES COMMISSION. Standards in the museum care of photographic collections. MLA, Birmingham, 1996

[100] COUNCIL ON LIBRARY INFORMATION RESOURCES (CLIR) and CORNELL UNIVERSITY LIBRARY, supported by Henry Luce Foundation. Library Preservation and Conservation Tutorial: Southeast Asia. https://www.library.cornell.edu/preservation/librarypreservation/management_and_planning/pest1c.htm

Weiterführende Literatur

Allgemeines

[101] GREEN L.R., THICKETT D., 'Testing materials for use in the storage and display of antiquities — A revised methodology'. *Stud. Conserv.* 1995, **40** p. [Issue 3], [pp. 145–152]

[102] UNITED NATIONS EDUCATIONAL, SCIENTIFIC AND CULTURAL ORGANIZATION. *Safeguarding the documentary heritage: A guide to standards, recommended practices and reference literature related to the preservation of documents of all kinds.* Brussels: Memory of the World Programme, 1998

Raumklima

[103] BATTERHAM I., WIGNALL J., *The mitigating effects of packaging on temperature and humidity fluctuation.* Canberra: National Archives of Australia 5th AICCM book, paper and photographic materials symposium, July 2008. The Australian Institute for the Conservation of Cultural Material can be contacted in writing at: AICCM, PO Box 1638, Canberra ACT 2601, Australia

[104] BIGOURDAN J.L., REILLY J.M., Effects of fluctuating environments on paper materials: Stability and practical significance for preservation. Image Permanence Institute, New York, 2002

[105] BOGAARD J., WHITMORE P.M., 'Exploration of the role of humidity fluctuations in the determination of paper. In: Works of Art on Paper, Books, Documents and Photographs, (Daniels V., Donnithorne A., Smith P., eds.). International Institute of Conservation of Historic and Artistic Works, September 2002 [pp. 11–15]

[106] CANADIAN COUNCIL OF ARCHIVES. *Basic conservation of archival materials*: Chapter 3 — Environment, revised edition. Ottawa: Canadian Council of Archives, 2003. Available online: http://www.cdncouncilarchives.ca/RBch3_en.pdf

[107] MCCORMICK-GOODHART M. *Methods for creating cold storage environments.* In: Care of photographic moving image and sound collections. Institute of Conservation, London, 1998 [pp.19–25]

[108] MCCORMICK-GOODHART M., *The allowable temperature and relative humidity range for the safe use and storage of photographic materials.* J. Soc. Arch. 1996, 17 p. [Issue 1], [pp. 7–21]

[109] MECKLENBURG M., *Determining the acceptable ranges of RH and temperature in museums and galleries, Parts 1 and 2.* Maryland: Smithsonian Museum Conservation Institute, 2007. Available online:
http://www.si.edu/mci/downloads/reports/Mecklenburg-Part1-RH.pdf and
http://www.si.edu/mci/downloads/reports/Mecklenburg-Part2-temp.pdf

[110] NOVOTNÁ P., DERNOVŠKOVÁ J., *Surface crystallisation on beeswax seals.* Restaurator (Copenh.). 2002, **23** p. [Issue 4] [pp. 256–269]

[111] PADFIELD T., LARSEN P.K., JENSEN L.A., RHYL-SVENDSEN M., *The potential and limits for passive air conditioning of museums, stores and archives.* Creative Commons, 2007. Available online: http://www.conservationphysics.org/musmic/musmicbuf.pdf

[112] RYHL-SVENDSEN M., CLAUSEN G., *The effect of ventilation, filtration and passive sorption on indoor air quality in museum storage rooms.* Stud. Conserv. 2009, **54** p. [Issue 1] [pp. 35–48]

[113] PADFIELD T., LARSEN P.K., JENSEN L.A., RHYL-SVENDSEN M., *Does a standard temperature need to be constant?* Creative Commons, 2010. Available online: http://www.conservationphysics.org/ppubs/standard_temperature.pdf

Brandbekämpfung

[114] ANDERSSON P., HOLMSTEDT G., *Limitations of water mist as a total flooding agent.* In: Journal of Fire Protection Engineering, 1998, Volume 9 [Issue 4], pp.31–50

[115] KIM A.K., SU J.Z., *Full-scale evaluation of halon replacement agents.* In: Journal of Fire Protection Engineering, 1999, Volume 10 [Issue 2], pp.21–23

[116] LIU Z., KIM A.K., *A review of water mist fire suppression systems — Fundamental studies.* In: Journal of Fire Protection Engineering, 1999, Volume 10 [Issue 3], pp. 32–50
A version of this article is also available online: http://nparc.cisti-icist.nrc-cnrc.gc.ca/npsi/ctrl?action=rtdoc&an=5754469&lang=en&fd=main

[117] SU J.Z., KIM A.K., CRAMPTON G.P., LIU Z., *Fire suppression with inert gas agents.* In: Journal of Fire Protection Engineering, 2001, Volume 11 [Issue 2], pp. 72–87

[118] WOODS C., 'Meeting the Montreal Protocol: alternative fire suppression systems for archives'. *J. Soc. Arch.* 2002, **23** p. [Issue 2], [pp. 179–186]

DIN SPEC 67701:2019-07

Tintenstrahltinten

[119] BUGNER D.E., LINDSTROM B.L., *'A closer look at the effects of temperature and humidity on inkjet photographic prints'*, in NIP 21: International conference on digital printing technologies, Baltimore, 18–23 September 2005. Springfield: Society for imaging science and technology, September 2005. Volume 21, [pp. 348–352]

[120] HILL P., SUITOR K., ARTZ P., *'Measurement of humidity effects on the dark keeping properties of inkjet photographic prints'*, in NIP 16: International conference on digital printing technologies, Vancouver, 15–20 October 2000. Springfield: Society for Imaging Science and Technology, November 2005. Volume 16, [pp. 70–73]

[121] KAIMOTO H., SHIBAHARA Y., *'Test methods of humidity fastness of inkjet printing materials'*, in NIP 23: International conference on digital printing technologies, Anchorage, 16–21 September 2007. Springfield: Society for Imaging Science and Technology, September 2007. Volume 23, [pp. 728-731]

[122] MCCORMICK-GOODHART M., WILHELM H., *'Humidity-induced colour changes and ink migration effects in inkjet photographs in real-world environmental conditions'*, in NIP 16: International conference on digital printing technologies, Vancouver, 15–20 October 2000. Springfield: Society for Imaging Science and Technology, November 2005. Volume 16, [pp. 74–77]

[123] WILHELM H., *'Yellowish stain formation in inkjet prints and traditional silver-halide colour photographs'*, NIP 19: International conference on digital printing technologies, New Orleans, 28 September–3 October 2003. Springfield: Society for Imaging Science and Technology, September 2003. Volume 19, [pp. 444-449]

Erhaltung fotografischer und audiovisueller Materialien

[124] ADELSTEIN P.Z., REILLY J.M., NISHIMURA D.W., ERBLAND C.J., *Stability of cellulose ester base photographic film: Part 1 — Laboratory testing procedures.* In: SMPTE Journal (Society of Motion Picture and Television Engineers), 1992, Volume 101 [Issue 5], [pp. 336–346]

[125] ADELSTEIN P.Z., REILLY J.M., NISHIMURA D.W., ERBLAND C.J., *Stability of cellulose ester base photographic film: Part 1 — Laboratory testing procedures.* In: SMPTE Journal (Society of Motion Picture and Television Engineers), 1992, Volume 101 [Issue 5], [pp. 347–353]

[126] BLADES N., BORDASS W., ORESZCZYN T., CASSAR M., Guidelines on pollution control in heritage buildings. The Council for Museums, Archives and Libraries, London, 2000

[127] INTERNATIONAL ASSOCIATION OF SOUND AND AUDIOVISUAL ARCHIVES (IASA). *Guidelines on the production and preservation of digital audio objects*, TC04, Second edition, Canberra: IASA, 2009. ISBN 978 91 976192 3 3

[128] INTERNATIONAL ASSOCIATION OF SOUND AND AUDIOVISUAL ARCHIVES (IASA). *The safeguarding of the audio heritage: Ethics, principles and preservation strategy*, TC 03, IASA, 2005. Available online: http://www.iasa-web.org/tc03/ethics-principles-preservation-strategy

[129] LEE D.M., Best practice guideline 6: *Film and sound archives in non-specialist repositories. Taunton: Society of Archivists,* 2009. Available online: http://www.archives.org.uk/images/Film_BPG.pdf

[130] REILLY J.M., NISHIMURA D.W., ZINN E., *New tools for preservation: Assessing long-term environmental effects on library and archives collections.* Washington DC: Commission on Preservation and Access, 1995. ISBN 1 887334 46 7

[131] YOUNGS K., *Managing the digitisation of library, archive and museum materials*, London: NPO. ISBN 07123 4733 X. Available online: http://www.bl.uk/blpac/pdf/digitisation.pdf

Leitlinien für die Konservierung

[132] ICOM code of ethics for museums, 2006

[133] European Confederation of conservator-restorator's organizations, Professional guidelines, 2002. [Accessed: 01/2017] Available from: http://www.ecco-eu.org/fileadmin/user_upload/ECCO_professional_guidelines_II.pdf

[134] BROWN A., Practical Digital Preservation: A How-to Guide for Organizations of any size. First published in the UK by Facet Publishing and simultaneous US Edition published by Neal-Schuman as an imprint of the American Library Association. ALA, 2013

[135] Emergency Response and Salvage Wheel, National Institute for the Conservation of Cultural Property, Inc., 1997

Zusätzliche Literatur zur präventiven Konservierung und zum Risikomanagement

[136] MICHALSKI S., An overall framework for preventive conservation and remedial conservation, Preprints of the International Council of Museums, Committee for Conservation, 9th Triennial Meeting, Dresden, 26-31 August 1990.,589–591

[137] WALLER R., Risk management applied to preventive conservation. Storage of natural history collections: a preventive conservation approach, Society for the Preservation of Natural History Collections (1995) [Accessed: 01/2017] Available from: http://museum-sos.org/docs/WallerSPNHC1995.pdf

[138] ELKINGTON N., RLG preservation microfilming handbook. Research Libraries Group (1992). [Accessed: 01/2017] Available from: http://library.oclc.org/cdm/singleitem/collection/p267701coll33/id/271/rec/4

Juli 2017

	DIN EN 16853	

ICS 97.195

Erhaltung des kulturellen Erbes – Erhaltungsprozess – Entscheidungsprozesse, Planung und Umsetzung; Deutsche Fassung EN 16853:2017

Conservation of cultural heritage –
Conservation process –
Decision making, planning and implementation;
German version EN 16853:2017

Conservation du patrimoine culturel –
Processus de conservation –
Prise de décisions, programmation et mise en oeuvre;
Version allemande EN 16853:2017

Gesamtumfang 18 Seiten

DIN-Normenausschuss Bauwesen (NABau)

Nationales Vorwort

Dieses Dokument (EN 16853:2017) wurde vom Technischen Komitee CEN/TC 346 „Erhaltung des kulturellen Erbes“ erarbeitet, dessen Sekretariat von UNI (Italien) gehalten wird.

Für die deutsche Mitarbeit ist der Arbeitsausschuss NA 005-01-36 AA „Erhaltung des kulturellen Erbes, SpA zu CEN/TC 346“ im DIN-Normenausschuss Bauwesen (NABau) verantwortlich.

EUROPÄISCHE NORM
EUROPEAN STANDARD
NORME EUROPÉENNE

EN 16853

April 2017

ICS 97.195

Deutsche Fassung

Erhaltung des kulturellen Erbes — Erhaltungsprozess — Entscheidungsprozesse, Planung und Umsetzung

Conservation of cultural heritage — Conservation process — Decision making, planning and implementation

Conservation du patrimoine culturel — Processus de conservation — Prise de décisions, programmation et mise en œuvre

Diese Europäische Norm wurde vom CEN am 27. Februar 2017 angenommen.

Die CEN-Mitglieder sind gehalten, die CEN/CENELEC-Geschäftsordnung zu erfüllen, in der die Bedingungen festgelegt sind, unter denen dieser Europäischen Norm ohne jede Änderung der Status einer nationalen Norm zu geben ist. Auf dem letzten Stand befindliche Listen dieser nationalen Normen mit ihren bibliographischen Angaben sind beim CEN-CENELEC-Management-Zentrum oder bei jedem CEN-Mitglied auf Anfrage erhältlich.

Diese Europäische Norm besteht in drei offiziellen Fassungen (Deutsch, Englisch, Französisch). Eine Fassung in einer anderen Sprache, die von einem CEN-Mitglied in eigener Verantwortung durch Übersetzung in seine Landessprache gemacht und dem Management-Zentrum mitgeteilt worden ist, hat den gleichen Status wie die offiziellen Fassungen.

CEN-Mitglieder sind die nationalen Normungsinstitute von Belgien, Bulgarien, Dänemark, Deutschland, der ehemaligen jugoslawischen Republik Mazedonien, Estland, Finnland, Frankreich, Griechenland, Irland, Island, Italien, Kroatien, Lettland, Litauen, Luxemburg, Malta, den Niederlanden, Norwegen, Österreich, Polen, Portugal, Rumänien, Schweden, der Schweiz, Serbien, der Slowakei, Slowenien, Spanien, der Tschechischen Republik, der Türkei, Ungarn, dem Vereinigten Königreich und Zypern.

EUROPÄISCHES KOMITEE FÜR NORMUNG
EUROPEAN COMMITTEE FOR STANDARDIZATION
COMITÉ EUROPÉEN DE NORMALISATION

CEN-CENELEC Management-Zentrum: Avenue Marnix 17, B-1000 Brüssel

Ref. Nr. EN 16853:2017 D

DIN EN 16853:2017-07
EN 16853:2017 (D)

Inhalt

DIN EN 16853:2017-07
EN 16853:2017 (D)

Europäisches Vorwort

Dieses Dokument (EN 16853:2017) wurde vom Technischen Komitee CEN/TC 346 „Erhaltung des kulturellen Erbes" erarbeitet, dessen Sekretariat von UNI gehalten wird.

Diese Europäische Norm muss den Status einer nationalen Norm erhalten, entweder durch Veröffentlichung eines identischen Textes oder durch Anerkennung bis Oktober 2017, und etwaige entgegenstehende nationale Normen müssen bis Oktober 2017 zurückgezogen werden.

Es wird auf die Möglichkeit hingewiesen, dass einige Elemente dieses Dokuments Patentrechte berühren können. CEN ist nicht dafür verantwortlich, einige oder alle diesbezüglichen Patentrechte zu identifizieren.

Entsprechend der CEN-CENELEC-Geschäftsordnung sind die nationalen Normungsinstitute der folgenden Länder gehalten, diese Europäische Norm zu übernehmen: Belgien, Bulgarien, Dänemark, Deutschland, die ehemalige jugoslawische Republik Mazedonien, Estland, Finnland, Frankreich, Griechenland, Irland, Island, Italien, Kroatien, Lettland, Litauen, Luxemburg, Malta, Niederlande, Norwegen, Österreich, Polen, Portugal, Rumänien, Schweden, Schweiz, Serbien, Slowakei, Slowenien, Spanien, Tschechische Republik, Türkei, Ungarn, Vereinigtes Königreich und Zypern.

Einleitung

Kulturerbe besitzt sowohl eine Bedeutung als auch einen Wert für gegenwärtige und zukünftige Generationen. Zum Erhalt und zum Schutz dieser Bedeutung sowie für die Teilhabe daran sind konservatorische Maßnahmen von zentraler Wichtigkeit; ferner bietet die Konservierung eine einmalige und kostbare Chance, Kulturerbe zu verstehen, aufzuwerten und zu schützen. Daraus folgt, dass Entscheidungen zur Durchführung von Konservierungsmaßnahmen gesellschaftlich relevant sind und sowohl verantwortungsvoll als auch mit Sachkenntnis getroffen werden sollten.

An konservatorischen Maßnahmen beteiligen sich häufig unterschiedliche Akteure; der Dialog interessierter Parteien kann erforderlich sein. Konservierung stellt eine interdisziplinäre Tätigkeit dar, an der Experten mit geschichtswissenschaftlichen, wissenschaftlichen, technischen und anderen Kompetenzen beteiligt sind. Die Art und Weise, in der Konservierungsmaßnahmen erarbeitet, geplant und durchgeführt und Konservierungsziele erreicht werden, ist nicht nur für Restauratoren, sondern auch für Fachleute verwandter Disziplinen, Eigentümer und Verwalter von Bedeutung und ist Gegenstand dieser Norm.

Es ist das Anliegen von Konservierungsfachleuten, das ihnen vorliegende Objekt und die Entwicklung hin zu seinem gegenwärtigen Erhaltungszustand zu verstehen. Sie wenden das Wissen über das Objekt, über seine frühere und gegenwärtige Verwendung sowie die Diagnostizierung an, um zu entscheiden, ob Maßnahmen, und gegebenenfalls welche, zur Sicherung der zukünftigen Nutzung des Objekts erforderlich sind. Die Konservierung materieller Objekte des Kulturerbes berücksichtigt auch dessen immaterielle Aspekte und kann einige oder alle präventiven (einschließlich der Objektpflege), stabilisierenden oder restaurierenden Arbeiten umfassen.

Das Ziel von Konservierung ist es, in die Veränderungsprozesse so einzugreifen, dass die Bedeutung von Kulturerbe sowohl bewahrt als auch aufgewertet wird. Die Konservierung ist mehr als eine mechanische Abfolge von Maßnahmen mit definiertem Beginn und Ende. Eine erfolgreiche Konservierung führt zum Erreichen klar definierter Ziele. Sie umfasst üblicherweise folgende Komponenten: Dokumentation, Festlegung des Konservierungsziels, Sammlung von Informationen, Risikobewertung, Formulierung der Konservierungsoptionen sowie die Entwicklung und Umsetzung eines Konservierungsplans. Obgleich die Konservierung als ein fortschreitender Prozess zu verstehen ist, der sich in der Zukunft fortsetzt, kann ein spezifischer Eingriff oder ein spezifisches Projekt durch Erreichen und positive Evaluierung seiner vereinbarten Ziele einschließlich Empfehlungen abgeschlossen werden. Letztlich ist der Schwerpunkt, der auf jede Komponente gelegt wird, von den Umständen abhängig, unter denen die Konservierung durchgeführt wird.

Dieses Dokument legt die gute Konservierungspraxis hinsichtlich der konzeptionellen und praktischen Elemente der Konservierung fest. Es ist unabhängig von nationalen Vorschriften entwickelt worden, berücksichtigt jedoch solche und gilt für alle Arten von Objekten, ob gesetzlich geschützt oder nicht. Es kann bei öffentlichen und privaten Ausschreibungsverfahren und bei Verfahren in Unternehmen angewendet werden.

Diese Norm ist Teil einer Normenreihe, die von CEN erarbeitet wird und in der ein europäischer Konsens in Bezug auf eine aktuelle, gute Konservierungspraxis für Kulturerbe dokumentiert werden sollte. Vorgesehene Anwender dieses Dokuments sind alle Personen, die in der Konservierung des kulturellen Erbes tätig sind oder Verantwortung dafür tragen.

1 Anwendungsbereich

Diese Europäische Norm legt das Verfahren für die Planung und Umsetzung von Maßnahmen zur Erhaltung von materiellem Kulturerbe sowie die dafür notwendigen Entscheidungsprozesse fest. Sie gilt für dingliche Ausdrucksformen des materiellen Kulturerbes, wie einzelne Objekte, Sammlungen, die bebaute Umgebung, historische und archäologische Stätten sowie Kulturlandschaften.

ANMERKUNG Diese Europäische Norm behandelt weder die Identifizierung von Kulturerbe noch die Personen und ihre Qualifikationen, die für Entscheidungen oder andere Bestandteile des Konservierungsprozesses erforderlich sind.

2 Normative Verweisungen

Die folgenden Dokumente, die in diesem Dokument teilweise oder als Ganzes zitiert werden, sind für die Anwendung dieses Dokuments erforderlich. Bei datierten Verweisungen gilt nur die in Bezug genommene Ausgabe. Bei undatierten Verweisungen gilt die letzte Ausgabe des in Bezug genommenen Dokuments (einschließlich aller Änderungen).

EN 16095, *Erhaltung des kulturellen Erbes — Zustandsaufnahme an beweglichem Kulturerbe*

EN 16096, *Erhaltung des kulturellen Erbes — Zustandserhebung und Bericht für das gebaute Kulturerbe*

3 Begriffe

Für die Anwendung dieses Dokuments gelten die folgenden Begriffe.

3.1
kulturelles Erbe
Kulturerbe
materielle und immaterielle Zeugnisse von Bedeutung für die gegenwärtigen und zukünftigen Generationen

[QUELLE: EN 15898:2011, 3.1.1]

3.2
Bedeutung
Kombination aller Werte, die einem Objekt zugeschrieben werden

[QUELLE: EN 15898:2011, 3.1.6]

3.3
Wert
Wichtigkeit, die eine einzelne Person oder die Gesellschaft einem Objekt zuweisen

Anmerkung 1 zum Begriff: Werte können unterschiedlichen Typs sein, zum Beispiel: künstlerischen, symbolischen, historischen, sozialen, wirtschaftlichen, wissenschaftlichen, technologischen, usw.

Anmerkung 2 zum Begriff: Der zugeschriebene Wert kann sich je nach den Umständen ändern, z. B. wie die Bewertung vorgenommen wird, ihrem Kontext und dem Zeitpunkt. Die Wertangabe soll immer begleitet sein von der Angabe ihres spezifischen Typs.

[QUELLE: EN 15898:2011, 3.1.5]

3.4
Objekt
einzelne Ausdrucksform des materiellen Kulturerbes

Anmerkung 1 zum Begriff: In dieser Norm wird die Bezeichnung „Objekt" für bewegliches und ortsfestes Kulturerbe verwendet. In bestimmten fachlichen Zusammenhängen werden andere Bezeichnungen benutzt: z. B. „Artefakt", „Kulturgut", „Gegenstand" (en: „item"), „Ensemble", „Stätte"/"Flächendenkmal" (en: „site"), „Gebäude", „Erzeugnis"/ "Stoffaufbau" (en: „fabric").

[QUELLE: EN 15898:2011, 3.1.3]

3.5
Konservierung
Konservierung-Restaurierung
Bestandserhaltung
Vorkehrungen und Maßnahmen, die auf die Bewahrung des Kulturerbes bei gleichzeitiger Respektierung der Bedeutung abzielen, einschließlich der Zugänglichkeit für gegenwärtige und zukünftige Generationen

Anmerkung 1 zum Begriff: Konservierung umfasst „präventive Konservierung", „stabilisierende Konservierung" und Restaurierung.

Anmerkung 2 zum Begriff: Die Bezeichnung „Konservierung-Restaurierung" wird vor allem im Bereich des beweglichen Kulturerbes verwendet.

Anmerkung 3 zum Begriff: Die Bezeichnung „Bestandserhaltung" wird ebenfalls, vor allem in Bibliotheken und Archiven, verwendet.

Anmerkung 4 zum Begriff: Alle Maßnahmen der Konservierung beruhen stets auf dokumentarischem und/oder materiellem historischen Nachweis.

[QUELLE: EN 15898:2011, 3.3.1]

3.6
Dokumentation
aufgezeichnete Informationen, die für gegenwärtige und zukünftige Konservierung und für Referenzzwecke erzeugt, gesammelt, vorgehalten und dauerhaft aufbewahrt werden

BEISPIELE Röntgenaufnahmen, Zeichnungen, Photographien, schriftliche Berichte, digitale Dateien, Photogramme, Laserscans usw.

Anmerkung 1 zum Begriff: Dieser Begriff kann sich statt auf das Ergebnis auch auf den Vorgang selbst beziehen.

[QUELLE: EN 15898:2011, 3.6.8]

3.7
Konservierungsplanung
Managementinstrument für die Entwicklung und Koordination aller Vorkehrungen und Maßnahmen der Konservierung

Anmerkung 1 zum Begriff: Ein Ergebnis kann ein „Konservierungsplan" sein.

[QUELLE: EN 15898:2011, 3.6.2]

3.8
Behandlung
Eingriff
jegliche direkte Einwirkung auf ein Objekt

Anmerkung 1 zum Begriff: „Behandlung" ist eine der möglichen Interventionen zur Konservierung.

[QUELLE: EN 15898:2011, 3.5.1]

3.9
Zustandsbericht
Aufzeichnung des Erhaltungszustands für einen speziellen Zweck, mit Datum und Verfasserangabe

Anmerkung 1 zum Begriff: Ein Zustandsbericht geht üblicherweise aus einer Zustandserhebung hervor.

[QUELLE: EN 15898:2011, 3.6.5]

3.10
Untersuchung
Sammlung aller Informationen, die für einen Entscheidungsprozess bei der Konservierung notwendig sind

Anmerkung 1 zum Begriff: Dies sollte sowohl qualitative als auch quantitative Informationen einschließen.

Anmerkung 2 zum Begriff: Eine Untersuchung ist häufig invasiv, sie kann zum Beispiel das Öffnen von Böden oder Dächern, das Bohren von Löchern für Lichtleiter und Probenahmen usw. bedingen und lokal zerstörend sein wie z. B. archäologische Ausgrabungen. Nicht-invasive Methoden beinhalten Inaugenscheinnahme, Photogrammetrie, Fernerkundung, das Studium dokumentarischer und/oder mündlicher Quellen, usw.

[QUELLE: EN 15898:2011, 3.6.3]

3.11
Diagnose
Prozess der Angabe des gegenwärtigen Erhaltungszustands und der Bestimmung der Art und Ursache eingetretener Änderungen, sowie die daraus abgeleiteten Schlussfolgerungen

Anmerkung 1 zum Begriff: Diagnose basiert auf Beobachtung, Untersuchung, Ermittlung der Vorgeschichte, usw.

[QUELLE: EN 15898:2011, 3.6.6]

3.12
Abbau
Verfall
Zerfall
graduelle Veränderung des Erhaltungszustands, die Bedeutung oder Stabilität mindert

Anmerkung 1 zum Begriff: Dieser Begriff kann sich statt auf das Ergebnis auch auf den Vorgang selbst beziehen.

Anmerkung 2 zum Begriff: Die Ausdrücke „Verfall" und „Zerfall" werden manchmal als Synonyme für „Abbau" benutzt.

Anmerkung 3 zum Begriff: Bei beweglichem Kulturerbe wird im Französischen der Ausdruck „détérioration" auch verwendet, um eine vollständige und plötzliche Verschlechterung des Erhaltungszustands zu bezeichnen.

[QUELLE: EN 15898:2011, 3.2.8]

3.13
Erhaltungszustand
Zustand
physische Beschaffenheit eines Objekts zu einem bestimmten Zeitpunkt

Anmerkung 1 zum Begriff: Die Bewertung des Zustands eines Objekts hängt vom Kontext ab und damit von dem Grund, dessentwegen sie durchgeführt wird.

[QUELLE: EN 15898:2011, 3.2.1]

3.14
Veränderung
Wechsel des Erhaltungszustands, vorteilhaft oder nicht, intendiert oder nicht

[QUELLE: EN 15898:2011, 3.2.4]

3.15
präventive Konservierung
Vorkehrungen und Maßnahmen zur Vermeidung oder Minimierung von künftigem Schaden, Abbau und Verlust und folglich invasivem Eingriff

Anmerkung 1 zum Begriff: Im Bereich beweglichen Kulturerbes ist präventive Konservierung im Allgemeinen indirekt; d. h. diese Vorkehrungen und Maßnahmen werden in der unmittelbaren Umgebung des Objekts durchgeführt.

[QUELLE: EN 15898:2011, 3.3.5]

3.16
stabilisierende Konservierung
Maßnahmen, die direkt an einem Objekt vorgenommen werden, um weiteren Abbau zu verhindern und/oder Schaden zu begrenzen

[QUELLE: EN 15898:2011, 3.3.6]

3.17
Restaurierung
Maßnahmen an einem stabilen oder stabilisierten Objekt, die darauf abzielen, seine Wertschätzung, sein Verständnis und/oder seine Benutzung zu erleichtern, wobei seine Bedeutung sowie die vorgefundenen Techniken und Materialien respektiert werden

Anmerkung 1 zum Begriff: In einigen Professionen, speziell im Bereich des ortsfesten Kulturerbes, deckt der Begriff „Restaurierung" traditionell die gesamte „Konservierung-Restaurierung" ab.

Anmerkung 2 zum Begriff: Stabilisierende Konservierung wird oft gleichzeitig mit Restaurierung ausgeführt.

[QUELLE: EN 15898:2011, 3.3.7]

3.18
Sammlung
Gruppe von Objekten mit einer gemeinsamen Bedeutung

Anmerkung 1 zum Begriff: Die Bezeichnung „Sammlung" wird vor allem im Bereich des beweglichen Kulturerbes verwendet. Im Bereich des ortsfesten Kulturerbes werden andere Bezeichnungen benutzt: z. B. „Denkmal-Ensemble", „historische Stätte" (en: „historic site"), „erhaltenswert erachtete Fläche", „Naturschutzgebiet", „historische Garten- oder Parkanlage".

[QUELLE: EN 15898:2011, 3.1.4]

3.19
Umwelt
Umgebung
äußere Einflüsse auf ein Objekt, von denen bestimmte Aspekte sich auf seinen Erhaltungszustand auswirken

Anmerkung 1 zum Begriff: Solche Einflüsse können menschlichen, physikalischen, chemischen oder klimatischen Ursprungs sein.

[QUELLE: EN 15898:2011, 3.2.2]

4 Gesamtrahmen

Der Konservierungsprozess muss folgende Bestandteile umfassen:

— Dokumentation und Kommunikation;

— Einrichtung des Konservierungsprojekts;

— Risikobewertung;

— Identifizierung, Bewertung und Auswahl der Konservierungsmöglichkeiten;

— Entwicklung und Vereinbarung eines Konservierungsplans;

— Umsetzung;

— Fertigstellung.

Abhängig von den Umständen und Arten von Objekten können einige dieser Bestandteile zum Erreichen der Ziele eine größere oder geringere Rolle spielen. Die Reihenfolge der Bestandteile kann variieren und bei einigen können an unterschiedlichen Punkten während eines Projekts Überprüfungen notwendig sein.

5 Dokumentation und Kommunikation

Die Dokumentation von Kulturerbe ist eine fortlaufende Aktivität. Alle Konservierungsprojekte müssen dokumentiert werden. Diese Dokumentation umfasst mehr als die Angaben zur durchgeführten Intervention. Die Dokumentation von Plänen, Entscheidungen, Maßnahmen und Handlungen ist unerlässlich. Ein systematisches Rahmenwerk oder eine systematische Struktur für Daten ist festzulegen, in dem/der alle Informationen über den Prozess aufzuzeichnen sind. Die Elemente dieser Dokumentation, die der Zustandsaufnahme von Objekten dienen, müssen EN 16095 und/oder EN 16096 entsprechen.

Die Verantwortlichkeit für die Dokumentation, deren Form und Inhalt sowie die interne Kommunikation zwischen den Beteiligten muss bei Prozessbeginn festgelegt werden.

Das Ausmaß der Dokumentation des Konservierungsprojekts wird durch den Projektkontext bestimmt. Im Verlauf eines Projekts entstehen verschiedene Arten von Dokumenten:

a) rechtliche, z. B. in Bezug auf Eigentum und Provenienz (des Objekts);

b) finanzielle und verwaltungstechnische, z. B. Budgets, Versicherung;

c) vertragliche, z. B. Dokumente zu Ausschreibung, Fertigstellung;

d) historische, z. B. Archivbestände;

e) technische, z. B. Informationen zu Objekt und Erhaltungszustand, Untersuchungsergebnisse und Diagnosen, zu Handlungen und Eingriffen, Protokolle von Besprechungen, Empfehlungen für zukünftiges Management sowie weitere Analysen usw.

Wo auch immer diese Dokumente erstellt werden, müssen sie als Dokumentation des Konservierungsprozesses zusammengestellt werden.

Die Dokumentation muss die Phasen und die kritischen Elemente des Arbeitsplans sowie Argumente für die Entscheidungsfindung enthalten.

Dokumentarische Aufzeichnungen sollten einen Detaillierungsgrad und eine Deutlichkeit aufweisen, die für ihre jeweilige Zweckbestimmung geeignet ist, und in einer Form vorliegen, die eine Aufbewahrung für zukünftige Referenzzwecke ermöglicht. Die Dokumentation über Objekte des kulturellen Erbes muss die relevanten zeichnerischen Informationen einschließen.

Konservierungsprojekte können für eine breitere Öffentlichkeit von Interesse sein. Konservierungsfachleute und Auftraggeber müssen über den Umfang jeder Kommunikation nach außen Einvernehmen erzielen. Die Kommunikation während und nach der Intervention ist eine wichtige Gelegenheit, ein Bewusstsein in der Bevölkerung für die Verbreitung der Konservierungsziele und -ethik zu schaffen. Wo die Umstände dies zulassen, sollte eine Publikation und weiter gehende Bekanntmachung von Projekten in Betracht gezogen werden. Darüber hinaus können Fragen bei Maßnahmen oder Eingriffen zur Initiierung von Forschungsprojekten führen. Dabei müssen Erfordernisse der Vertraulichkeit oder des Urheberrechts (z. B. bei Verwendung persönlicher Angaben oder von Bildern) berücksichtigt werden.

6 Festlegen des Konservierungsprojekts

6.1 Festlegung der Projektziele

Ein Konservierungsprojekt oder –programm beginnt mit einer Bedarfsbekundung, Willenserklärung oder bereits mit einer Zielvorstellung, in einem spezifischen Kontext: Warum es für notwendig oder wünschenswert erachtet wird, eine Konservierung durchzuführen und welche Ziele damit verfolgt werden. Dies erfordert, das Folgende zu klären:

a) Eigentums- und Besitzverhältnisse und Entscheidungskompetenz sowie etwaige ethische Erwägungen;

b) Identifizierung der interessieren Parteien;

c) Identifizierung der Fachkenntnisse, die für die Festlegung und Durchführung von Projekten erforderlich sind;

d) Identifizierung der verfügbaren Ressourcen;

e) Beratung, sofern zutreffend, zu jeglichen rechtlichen und fachlichen Anforderungen, einschließlich der Handlungsvollmacht;

f) Überlegungen zu jeglichem sozialen, öffentlichen oder pädagogischen Zugang, zur Nutzungsstruktur oder Nutzungsänderung;

g) Risiken für Gesundheit, Sicherheit oder Umwelt;

h) Identifizierung der Verantwortlichkeiten in Bezug auf Versicherungen und Berufshaftpflicht.

Im Verlauf des Projekts kann es erforderlich sein, die Ziele zu überprüfen, z. B. nach einer Diagnose.

6.2 Identifizierung, Untersuchung und Diagnose

Um den Entscheidungsprozess zu den Konservierungsmaßnahmen zu leiten, müssen Informationen zum Objekt erfasst und beurteilt werden. Folgende Merkmale sind zu berücksichtigen:

a) Identifizierung;

b) Charakterisierung von Materialien und Konstruktion;

c) Bedeutung des Objekts und seiner Materialien;

d) Bewertung des Erhaltungszustands (einschließlich eines Zustandsberichts) nach EN 16095 und EN 16096;

e) Bewertung und Aufzeichnung der Umgebung und Nutzung einschließlich Risiken;

f) konservatorische Vorgeschichte, z. B. früherer Eingriff, frühere Nutzung, Berichte usw.;

g) wissenschaftliche Analyse der Art des Abbaus oder Veränderungen;

h) Umgebungsinformationen;

i) Bedarf an weiterführenden Nachforschungen, z. B. müssen erfasste historische, künstlerische oder wissenschaftliche Informationen hinsichtlich Gültigkeit, Relevanz, Zulänglichkeit und Zuverlässigkeit beurteilt werden. Das Erfassen der Informationen erfordert die Einbeziehung verschiedener Beteiligter. Alle interessierten Parteien sollten Zugang zu den relevanten Informationen erhalten.

Eine Diagnose zur Feststellung des gegenwärtigen Erhaltungszustands des Kulturerbes muss durchgeführt werden, um die Art und Ursachen des Veränderungsprozesses und seine möglichen Folgen (Prognose) zu bestimmen. Während des Konservierungsprozesses kann eine Anpassung der Diagnose erforderlich sein. Wenn neue Informationen verfügbar werden, kann die Diagnose sich verändern und es kann erforderlich sein, die Konservierungsoptionen neu zu beurteilen.

7 Risikobewertung und -management

Die Risiken sind während des gesamten Prozesses zu managen. Unterschiedliche Konservierungsprojekte können mit unterschiedlichen Risiken einhergehen, die sich auf zukünftige Nutzung, Ausstellung und auf die Entscheidungsfindung auswirken können. Die Risikobewertung muss umfassen:

a) Risiken für Gesundheit, Sicherheit und Umwelt;

b) Gefährdungen für Objekte durch Handeln oder Nichthandeln und/oder durch Verfahren;

c) Verträglichkeit von Maßnahmen und Tätigkeiten und/oder Wechselwirkung zwischen Materialien;

d) Bedeutungsverlust des Objekts, z. B. historische oder künstlerische Informationen;

e) Folgen für die zukünftige Verwendung und/oder Ausstellung;

f) Unverträglichkeit mit möglichen weiteren Eingriffen.

8 Identifizierung, Beurteilung und Auswahl von Konservierungsoptionen

8.1 Identifizierung der Konservierungsoptionen

Im Hinblick auf die Konservierung muss mindestens eine der folgenden Optionen berücksichtigt werden:

a) Aufrechterhaltung des Ist-Zustands, aktives Eintreten für den Ist-Zustand oder Fortsetzen der gegenwärtigen Managementregelung;

b) Maßnahmen der präventiven Konservierung (einschließlich z. B. Änderung der Nutzung, des Managements, der Umgebungsparameter, usw.);

c) Maßnahmen und Handlungen der stabilisierenden Konservierung;

d) Maßnahmen und Handlungen der Restaurierung (die Wiederaufbau oder Rekonstruktion einschließen können);

e) Erstellung eines Ersatzobjekts oder einer Replik.

8.2 Beurteilung und Auswahl von Konservierungsoptionen

Die bei der Beurteilung der Konservierungsoptionen erforderliche Detailtiefe sowie die Art und Weise, in der die Beurteilung ausgeführt wird, variieren in Abhängigkeit von z. B. der Komplexität, der Neuartigkeit oder der Dringlichkeit des Projekts und den verfügbaren Ressourcen. Die Beurteilung der Optionen kann die Darstellung einer Auswahl an textlichen, grafischen, tabellarischen oder anderen Formaten erfordern und kann Beispiele für mögliche Lösungen enthalten. Diese Beurteilung führt zu einer Auswahl bevorzugter Konservierungsoptionen.

Die Kriterien, anhand derer Konservierungsoptionen beurteilt und/oder verglichen werden müssen, schließen ein:

a) ob oder wie gut die Projektziele durch die Konservierungsmaßnahmen erreicht werden;

b) wissenschaftliche Analyse zur Bewertung der zur Konservierung eingesetzten Verfahren und Materialien;

c) Testergebnisse, aus denen geeignete Behandlungsmethoden abgeleitet werden;

d) Übereinstimmung mit Normen, ethischen Grundsätzen und guter Praxis;

e) Auswirkungen auf die Gesellschaft und die Umwelt, z. B. Zugänglichkeit, CO_2-Bilanz;

f) vergleichbare Projekte;

g) Vorhandensein von Handlungsalternativen zur Minderung absehbarer Risiken;

h) Auswirkungen hinsichtlich der Ressourcen.

Die Auswirkungen hinsichtlich der Ressourcen müssen u. a. Zeit, Materialien, Energieverbrauch, Personal und/oder freiwillige Mitarbeiter, Projektmanagement, Expertenwissen, Qualifikationen, handwerkliche Fähigkeiten, Finanzierungsquellen oder Sachleistungen berücksichtigen.

Für die bevorzugte(n) Konservierungsoption(en) sind Empfehlungen oder Leitlinien zu entwickeln. Falls relevant, ist auf bestehende Gesetzgebung, öffentliche Leitlinien oder interne Grundsätze zu verweisen, die Auswirkungen auf die Auswahl dieser Konservierungsoption(en) haben könnte(n).

Konservierungsoptionen können neuartige oder angepasste Maßnahmen erfordern oder die Entwicklung oder die Beauftragung solcher.

9 Entwicklung und Vereinbarung eines Konservierungsplans

Ein Konservierungsplan muss auf den Folgerungen aus den Abschnitten 5 bis 8 beruhen und muss beinhalten:

a) die Ziele und die vereinbarten Maßnahmen und Handlungen;

b) eine Aussage zum Verfahren, dass die vorgesehenen Behandlungsmethoden und Materialien sowie deren Anwendung beschreibt, wenn nötig mit Bezug auf bestehende technische Spezifikationen oder veröffentlichte Quellen;

c) die zur Umsetzung des Plans notwendigen Ressourcen, einschließlich, falls relevant, einer Aufschlüsselung der verschiedenen Elemente des Plans (z. B. Zeit, Personal, Materialien, Versicherung, Sicherheit und Schutz, usw.);

d) die Form, den Zeitplan und die Koordination von Überprüfungen, Kommunikation oder Informationsaustausch zwischen den am Plan beteiligten Gruppen;

e) den Zeitraum, in dem Plan und Teilschritte erreicht werden sollten, einschließlich aller Beratungen, wichtigen Entscheidungsphasen und kritischen Wege;

f) das Management und die Verantwortlichkeiten;

g) die Vorgaben für das zukünftige Management.

Dem erarbeiteten Konservierungsplan einschließlich der angegebenen Konservierungsoptionen muss vor Beginn der Arbeiten durch alle maßgebenden Beteiligten zugestimmt werden. Als Folge unvorhergesehener Ereignisse oder Befunde muss eine Neubewertung und Nachverhandlung des Plans zusammen mit Zeit und Ressourcen möglich sein.

10 Umsetzung

10.1 Genehmigung des Arbeitsbeginns

Vor Beginn der Arbeiten muss eine formale Vereinbarung zwischen allen maßgebenden Beteiligten getroffen werden, die bestätigt, dass die Arbeiten beginnen dürfen und bis wann sie abgeschlossen sein sollten. Die Kriterien für die Beurteilung des Erfolgs der Arbeiten müssen vereinbart und dokumentiert werden. Die Genehmigung des Arbeitsbeginns kann die der Ressourcenplanung einschließen.

Eine derartige Genehmigung kann einen rechtlich bindenden Vertrag zwischen dem Auftraggeber und Auftragnehmer(n) oder eine Genehmigung durch eine öffentliche Behörde usw. umfassen.

10.2 Umsetzung des Konservierungsplans

Die vereinbarten Konservierungsmaßnahmen und –handlungen werden in Übereinstimmung mit dem Konservierungsplan durchgeführt. Die Beteiligten müssen die Kompetenz besitzen, aktiv zu werden, und die Fähigkeit, ihre Aktionen fortlaufend zu überprüfen.

10.3 Qualitätsmanagement

Maßnahmen und Handlungen müssen in Übereinstimmung mit allgemein akzeptierten Standards, Verfahrens- und Verhaltensregeln auf dem Gebiet der Konservierung durchgeführt werden. Bei der Umsetzung des Plans müssen Qualität und Wirksamkeit der Ausführung durchgehend gegenüber den Zielen des Plans beurteilt und, falls nötig, verbessert werden. Plan oder Methodik sind zu überarbeiten, wenn die Umstände dies erfordern. Das Management kann Workshops oder Besichtigungen vor Ort durch alle Beteiligten beinhalten.

11 Fertigstellung

Die Fertigstellung muss Folgendes umfassen:

a) die Beurteilung der Arbeiten gegenüber den vereinbarten Zielen;

b) die Aufzeichnung des Ergebnisses, die Fertigstellung und die Übermittlung der gesamten Projektdokumentation an alle Anspruchsberechtigten;

c) sofern zutreffend, die Unterzeichnung einer Abnahmeerklärung zwischen den Vertragsparteien, einschließlich der Festlegung, wie die noch ausstehenden Aufgaben zu erledigen sind;

d) die Bereitstellung einer Anleitung für die laufende Pflege des Objekts oder der Sammlung, einschließlich z. B. der Nutzung, der Objektpflege und dem Management der Umweltbedingungen;

e) die Rückgabe oder Übertragung der Verantwortung für das Objekt, aller separaten Teile des Objekts und der Dokumentation an den Eigentümer oder den Verwalter.

ANMERKUNG Es gehört zur guten Praxis, eine Kopie der Dokumentation für zukünftige Bezugnahmen darauf zu behalten.

Im Falle bedeutender Entdeckungen, neuer wissenschaftlicher Erkenntnisse oder innovativer Konservierungsverfahren wird empfohlen, die Ergebnisse zu veröffentlichen oder auf andere Weise bekannt zu machen.

DIN EN 16853:2017-07
EN 16853:2017 (D)

Literaturhinweise

Hauptwebseiten

[1] International Council on Monuments and Sites: http://www.icomos.org/en/

[2] International Council of Museums – Committee for Conservation: http://www.icom-cc.org

[3] International Institute for Conservation of Historic and Artistic Works: https://www.iiconservation.org/

[4] International Centre for the Study of the Preservation and Restoration of Cultural Property: http://www.iccrom.org/

[5] Online A.A.T.A. comprehensive database of over 100,000 abstracts of literature related to the preservation and conservation of material cultural heritage: http://aata.getty.edu/Home

[6] Bibliographic Database of the Conservation Information Network: http://www.bcin.ca/English/home_english.html

[7] Canadian Heritage Information Network: http://www.rcip-chin.gc.ca/index-eng.jsp

[8] European Confederation of Conservator-Restorer's Organisation. http://www.ecco-eu.org

Internationale, Europäische oder nationale Normen

[9] EN 15898:2011, *Erhaltung des kulturellen Erbes — Allgemeine Begriffe*

[10] EN 16085:2012, *Erhaltung des kulturellen Erbes — Verfahren der Probenahme an Materialien des kulturellen Erbes — Allgemeine Regeln*

[11] EN ISO 9001:2015, *Qualitätsmanagementsysteme — Anforderungen (ISO 9001:2015)*

[12] ISO/Guide 73:2009, *Risk management — Vocabulary*

[13] ISO 11799:2015, *Information and documentation — Document storage requirements for archive and library materials*

[14] ISO 13822:2010, *Bases for design of structures — Assessment of existing structures*

[15] ISO 31000:2009, *Risk management — Principles and guidelines*

[16] BS 7913:1998, *Guide to the principles of the conservation of historic buildings, BSI British Standards Institution, 1998*

[17] PAS 197:2009, *Code of practice for cultural collections management, Collections Trust and BSI British Standards Institution, 2009*

Auswahl an Dokumenten, die von ICOMOS, ICOM und ECCO veröffentlicht wurden

[18] ICOMOS *Charter — Principles for the analysis, conservation and structural restoration of architectural heritage (2003)*

DIN EN 16853:2017-07
EN 16853:2017 (D)

[19] Guidelines S.C.A.R.S.A.H. *Recommendations for the analysis, conservation and structural restoration of architectural heritage.* ICOMOS, 2003

[20] Principles of Monument Conservation Venice Charter (1964), ICOMOS, Michael Pretzet - Hefte des Deutschen Nationalkomitees, X, 1992, ISBN 3-87490-615-9, S. 7-43 (dreisprachige Fassung, Deutsch, Englisch und Französisch)

[21] E.C.C.O., Competences for access to the conservation-restoration profession, 2011

Weitere Literaturhinweise

[22] English Heritage. Conservation principles - Policies and guidance for the sustainable management of the historic environment: http://www.english-heritage.org.uk/professional/advice/conservation-principles/ConservationPrinciples/
http://www.english-heritage.org.uk/professional/advice/advice-by-topic/buildings/maintenance-and-repair/practical-building-conservation/

[23] Spectrum, the UK museum collections management standard, Collection Trust http://www.collectionstrust.org.uk/spectrum/

[24] The National Trust. The National Trust Manual of Housekeeping: the care of collections in historic houses open to the public, London 2006, ISBN 0750655291

[25] Guide pratique – Le maître d'ouvrage et les travaux sur les immeubles protégés au titre des monuments historiques, Livret I, conduire une opération de travaux sur un immeuble classé, ministère de la culture et de la communication, direction générale des patrimoines, Paris, 2012, 21 p

[26] Guide pratique – Le maître d'ouvrage et les travaux sur les immeubles protégés au titre des monuments historiques, Livret II, conduire une opération de travaux sur un immeuble inscrit, ministère de la culture et de la communication, direction générale des patrimoines, Paris, 2012, 21 p

[27] International Federation of Library Associations and Institutions (IFLA), First, do no harm. A Register of Standards, Codes of Practice, Guidelines, Recommendations and Similar Works relating to Preservation and Conservation in Libraries and Archives. Compiled by John McIlwaine on behalf of the IFLA Preservation and Conservation Section March 2005

[28] C2RMF, Fiches techniques: http://c2rmf.fr/conserver/fiches-techniques

[29] Département de la conservation préventive du C2RMF (réd: Etienne Féau et Nathalie Le Dantec), vademecum de la conservation préventive, MCC-C2RMF, 2005 (réédition 2013), 46 pages http://c2rmf.fr/sites/c2rmf.fr/files/vademecum_cc.pdf

[30] Projet d'exposition – Guide des bonnes pratiques, Fédération des entreprises publiques locales (EPL) et Association Scénographes, 2014

[31] http://scenographes.fr/scenographes.fr/documents/guideexpo_nogloss.pdf

[32] E.C.C.O. Professional guidelines http://www.ecco-eu.org/documents/

[33] ICON, the Institute of Conservation's Professional Standards http://icon.org.uk/system/files/documents/icon_professional_standards.pdf

[34] Le cahier des charges en conservation-restauration, vademecum du C2RMF, Mars 2016, 23p. http://c2rmf.fr/restaurer/conseil-et-expertise

Dezember 2016

	DIN EN 16790	

ICS 97.195

Erhaltung des kulturellen Erbes – Integrierte Schädlingsbekämpfung (IPM) zum Schutz des kulturellen Erbes; Deutsche Fassung EN 16790:2016

Conservation of cultural heritage –
Integrated pest management (IPM) for protection of cultural heritage;
German version EN 16790:2016

Conservation du patrimoine culturel –
Gestion intégrée des nuisibles (IPM) pour la protection du patrimoine culturel;
Version allemande EN 16790:2016

Gesamtumfang 33 Seiten

DIN-Normenausschuss Bauwesen (NABau)

Nationales Vorwort

Dieses Dokument (EN 16790:2016) wurde vom Technischen Komitee CEN/TC 346 „Erhaltung des kulturellen Erbes“ erarbeitet, dessen Sekretariat vom UNI (Italien) gehalten wird.

Das zuständige nationale Normungsgremium ist der Arbeitsausschuss NA 005-01-36 AA „Erhaltung des kulturellen Erbes (SpA zu CEN/TC 346)“ im DIN-Normenausschuss Bauwesen (NABau).

EUROPÄISCHE NORM
EUROPEAN STANDARD
NORME EUROPÉENNE

EN 16790

Juni 2016

ICS 97.195

Deutsche Fassung

Erhaltung des kulturellen Erbes — Integrierte Schädlingsbekämpfung (IPM) zum Schutz des kulturellen Erbes

Conservation of cultural heritage — Integrated pest management (IPM) for protection of cultural heritage

Conservation du patrimoine culturel — Gestion intégrée des nuisibles (IPM) pour la protection du patrimoine culturel

Diese Europäische Norm wurde vom CEN am 5. Mai 2016 angenommen.

Die CEN-Mitglieder sind gehalten, die CEN/CENELEC-Geschäftsordnung zu erfüllen, in der die Bedingungen festgelegt sind, unter denen dieser Europäischen Norm ohne jede Änderung der Status einer nationalen Norm zu geben ist. Auf dem letzten Stand befindliche Listen dieser nationalen Normen mit ihren bibliographischen Angaben sind beim Management-Zentrum des CEN-CENELEC oder bei jedem CEN-Mitglied auf Anfrage erhältlich.

Diese Europäische Norm besteht in drei offiziellen Fassungen (Deutsch, Englisch, Französisch). Eine Fassung in einer anderen Sprache, die von einem CEN-Mitglied in eigener Verantwortung durch Übersetzung in seine Landessprache gemacht und dem Management-Zentrum mitgeteilt worden ist, hat den gleichen Status wie die offiziellen Fassungen.

CEN-Mitglieder sind die nationalen Normungsinstitute von Belgien, Bulgarien, Dänemark, Deutschland, der ehemaligen jugoslawischen Republik Mazedonien, Estland, Finnland, Frankreich, Griechenland, Irland, Island, Italien, Kroatien, Lettland, Litauen, Luxemburg, Malta, den Niederlanden, Norwegen, Österreich, Polen, Portugal, Rumänien, Schweden, der Schweiz, der Slowakei, Slowenien, Spanien, der Tschechischen Republik, der Türkei, Ungarn, dem Vereinigten Königreich und Zypern.

EUROPÄISCHES KOMITEE FÜR NORMUNG
EUROPEAN COMMITTEE FOR STANDARDIZATION
COMITÉ EUROPÉEN DE NORMALISATION

CEN-CENELEC Management-Zentrum: Avenue Marnix 17, B-1000 Brüssel

Ref. Nr. EN 16790:2016 D

DIN EN 16790:2016-12
EN 16790:2016 (D)

Inhalt

Seite

Europäisches Vorwort

Dieses Dokument (EN 16790:2016) wurde vom Technischen Komitee CEN/TC 346 „Erhaltung des kulturellen Erbes“ erarbeitet, dessen Sekretariat vom UNI gehalten wird.

Diese Europäische Norm muss den Status einer nationalen Norm erhalten, entweder durch Veröffentlichung eines identischen Textes oder durch Anerkennung bis Dezember 2016, und etwaige entgegenstehende nationale Normen müssen bis Dezember 2016 zurückgezogen werden.

Es wird auf die Möglichkeit hingewiesen, dass einige Elemente dieses Dokuments Patentrechte berühren können. CEN [und/oder CENELEC] sind nicht dafür verantwortlich, einige oder alle diesbezüglichen Patentrechte zu identifizieren.

Entsprechend der CEN-CENELEC-Geschäftsordnung sind die nationalen Normungsinstitute der folgenden Länder gehalten, diese Europäische Norm zu übernehmen: Belgien, Bulgarien, Dänemark, Deutschland, die ehemalige jugoslawische Republik Mazedonien, Estland, Finnland, Frankreich, Griechenland, Irland, Island, Italien, Kroatien, Lettland, Litauen, Luxemburg, Malta, Niederlande, Norwegen, Österreich, Polen, Portugal, Rumänien, Schweden, Schweiz, Slowakei, Slowenien, Spanien, Tschechische Republik, Türkei, Ungarn, Vereinigtes Königreich und Zypern.

Einleitung

Der Schutz kulturellen Erbes vor Schädlingen, einschließlich Insekten, Nagetieren und Mikroorganismen, wie z. B. Pilzen, ist ein wichtiges Anliegen für viele Institutionen des kulturellen Erbes. Dies ist Teil der vorbeugenden Konservierung. Die Herausforderung der Kontrolle dieser Schädlinge wächst, da etliche wirksame biozide Produkte auf Grund von Gesundheits- und Umweltrisiken durch die europäische Gesetzgebung verboten wurden. Weltweiter Handel, Tourismus und der globale Klimawandel mit einer steigenden mittleren Temperatur könnten zu einer erhöhten Aktivität von Mikroorganismen und der Einwanderung von Schadinsekten führen, die zuvor in vielen europäischen Ländern nicht bekannt waren. Ferner nehmen Leihgaben zwischen Museen und anderen Institutionen des kulturellen Erbes zu, wodurch das Risiko der Ausbreitung von Schädlingen erhöht wird. Bisher gibt es keinen Konsens in Bezug auf Quarantäne oder andere Vorbeugungsmaßnahmen, um diese Probleme anzugehen. Aus diesem Grund besteht ein Bedarf an einer integrierten Schädlingsbekämpfung (IPM, en: integrated pest management), d. h. an einer langfristigen, kontinuierlichen und gesamtheitlichen Strategie, die das Risiko von Schäden am kulturellen Erbe und dessen Umgebung auf ein Mindestmaß reduziert und die Verwendung biozider Produkte verringert. Das Ziel dieser Norm ist es, als ein Managementinstrument zu dienen, das Leitlinien und Verfahren der integrierten Schädlingsbekämpfung beschreibt.

Die integrierte Schädlingsbekämpfung für Kulturerbe geht von eindeutigen Grundsätzen aus, die Folgendes umfassen:

— eine Ausgestaltung, bei der die Aufgaben und Verantwortlichkeiten von Mitarbeitern auf allen Ebenen definiert sind;

— eine umfassende Risikobewertung;

— die fortlaufende Inspektion und Überwachung;

— Vorbeugungsmaßnahmen, die das Vorhandensein und die Entwicklung von Schädlingen physisch verhindern sollen;

— abhelfende Maßnahmen, bei denen nichttoxische Verfahren vorzuziehen sind.

Als Teil eines Programmes zur vorbeugenden Konservierung ist IPM ein wirksamer Weg zur Verringerung von Schäden und Kosten sowie zur Minimierung von Eingriffen.

Bei allen Tätigkeiten zur Schädlingsbekämpfung gelten sowohl europäische Vorschriften als auch nationale Gesetze in Bezug auf geschützte Arten sowie bewegliches und unbewegliches Kulturerbe.

Bei allen Tätigkeiten zur Schädlingsbekämpfung gelten sowohl europäische Vorschriften als auch nationale Gesetze zu Gesundheit und Sicherheit in Bezug auf Anwendungen.

Sofern der Einsatz biozider Produkte zur Kontrolle von Schädlingen in Betracht gezogen wird, sollte dieser sowohl europäischen Vorschriften als auch nationalen Gesetzen zu Gesundheit und Sicherheit entsprechen.

DIN EN 16790:2016-12
EN 16790:2016 (D)

1 Anwendungsbereich

Diese Europäische Norm definiert die integrierte Schädlingsbekämpfung (IPM) und beschreibt eine umfassende Methodologie zur Bekämpfung von Schädlingsproblemen zum Schutz von kulturellem Erbe.

Diese Europäische Norm gilt für Objekte und Gebäude, in denen Sammlungen aufbewahrt werden, wie beispielsweise Museen, Archive, Bibliotheken, historische Häuser und Gebäude, Gebetsstätten, sowie für Kunsthändler und Auktionshäuser, Kunsttransportunternehmen und gewerbliche Lagerunternehmen.

Diese Europäische Norm gilt nicht für Höhlen, Gärten und Parkanlagen.

2 Normative Verweisungen

Die folgenden Dokumente, die in diesem Dokument teilweise oder als Ganzes zitiert werden, sind für die Anwendung dieses Dokuments erforderlich. Bei datierten Verweisungen gilt nur die in Bezug genommene Ausgabe. Bei undatierten Verweisungen gilt die letzte Ausgabe des in Bezug genommenen Dokuments (einschließlich aller Änderungen).

EN 15898, *Erhaltung des kulturellen Erbes — Allgemeine Begriffe*

3 Begriffe

Für die Anwendung dieses Dokuments werden die Begriffe „Kontamination" und „Befall" in separaten Begriffen definiert, um zwischen den verschiedenen Schädlingen zu unterscheiden. Neben den in EN 15898 angegebenen allgemeinen Begriffen gelten auch die folgenden Begriffe.

3.1
Kontamination
Auftreten von Pilzen, photosynthetisch aktiven Organismen und Bakterien auf/in Materialien, das ein Risiko für kulturelles Erbe darstellt

3.2
Tilgung
Tätigkeit zur Eliminierung von Schädlingen

3.3
Insektenkot
Abfallprodukte und Exkremente von Insekten

3.4
Sammlungspflege
allgemeine Verfahren zur Verringerung der Ansammlung von Staub, toten Insekten und anderen organischen und anorganischen Materialien

BEISPIEL Reinigung

3.5
Befall
Auftreten tierischer Schadorganismen auf/in Materialien, das ein Risiko für kulturelles Erbe darstellt

3.6
integrierte Schädlingsbekämpfung
IPM
(en: integrated pest management)
gesamtheitliche Strategie, die verschiedene Ansätze zur Reduzierung und Behandlung von Schädlingsproblemen miteinander verbindet

Anmerkung 1 zum Begriff: Das Gebäude, das Gebäudeklima sowie das Sammlungsmanagement, das Reinigen, die Überwachung, die Dokumentation, die Schulung und Ausbildung sind in diesem Konzept enthalten.

3.7
Isolation
Maßnahme zur getrennten Aufbewahrung von Gegenständen des kulturellen Erbes, um der Ausbreitung eines möglichen Befalls oder einer möglichen Kontamination vorzubeugen

Anmerkung 1 zum Begriff: Falls das Objekt über einen festgesetzten Zeitraum regelmäßig überprüft wird, wird diese Maßnahme als Quarantäne bezeichnet, siehe „Quarantäne".

3.8
Überwachung
Messen, Kontrollieren und Bewerten über einen Zeitraum hinweg, der Materialeigenschaften eines Objekts oder einer Sammlung und/oder der Einflussfaktoren der Umwelt

[QUELLE: EN 15898, Begriff 3.4.4, geändert – „oder einer Sammlung" wurde hinzugefügt]

3.9
Schädling
lebender Organismus, der kulturelles Erbe verunstalten, beschädigen und zerstören kann

BEISPIEL Insekten, Nagetiere, Pilze, Bakterien.

3.10
Pheromon
chemische Verbindung, die Insekten anlockt

3.11
Aufzeichnungsliste
Formblatt zur Aufzeichnung der Tätigkeit und des Ortes von Schadinsekten, die durch Beobachtung oder Überwachung gefunden wurden

3.12
Quarantäne
Zeitraum, während dessen isolierte Objekte auf Anzeichen von Befall oder Kontamination überwacht werden

Anmerkung 1 zum Begriff: Der Begriff „Quarantäne" kann auch einen festgelegten Bereich bezeichnen.

3.13
Risikobereiche
Klassifizierung von Bereichen auf der Grundlage einer Bewertung des potentiellen Befalls bzw. der potentiellen Kontamination zur Priorisierung von vorbeugenden oder abhelfenden Maßnahmen

3.14
Personal
Beschäftigte, die in den Räumlichkeiten arbeiten, z. B. in der Organisation/im Unternehmen beschäftige Mitarbeiter, Mitarbeiter eines externen Unternehmens oder Ehrenamtliche

3.15
Falle
Einrichtung zum Fangen von Nagetieren und Insekten

Anmerkung 1 zum Begriff: Kann in Verbindung mit Lockmitteln, z. B. Pheromonen, Licht und Ködern, verwendet werden.

3.16
Behandlung
jegliche abhelfende Maßnahme, die für ein Objekt oder einen Bereich unternommen wird, um auf Befall/Kontamination mit einem oder verschiedenen Schädling(en) zu reagieren

[QUELLE: EN 15898, Definition 3.5.1, geändert – „oder einen Bereich, um auf Befall/Kontamination mit einem oder verschiedenen Schädling(en) zu reagieren" wurde hinzugefügt]

4 Symbole und Abkürzungen

KBE	koloniebildende Einheit (CFU, en: colony forming unit)
EMC	Gleichgewichtsfeuchte (en: equilibrium moisture content)
IPM	integrierte Schädlingsbekämpfung (en: integrated pest management)
HVAC	Heizung, Lüftung und Klimatisierung (en: heating, ventilation and air conditioning)
HEPA	hochwirksame Abscheidung von Partikeln (en: High Efficiency Particulate Air filter)

5 Grundsätze und Strategie integrierter Schädlingsbekämpfung

5.1 Einführung zu integrierter Schädlingsbekämpfung

Die integrierte Schädlingsbekämpfung (IPM) ist ein wesentlicher Bestandteil des Risikomanagements in einer Organisation, wie in ISO 31000 festgelegt.

Wenn alle Risikofaktoren für das Auftreten von Schädlingen identifiziert, analysiert und bewertet wurden, sind die geeigneten Maßnahmenpläne zu erstellen. Diese bezwecken die Vorbeugung, Überwachung und erforderlichenfalls Behandlung des Befalls bzw. der Kontamination.

Das Ziel der integrierten Schädlingsbekämpfung entspricht den Bedürfnissen der Institution, des Gebäudes, der Sammlungen oder der Umgebung und sollte möglichst viele örtliche Informationen und Fachkenntnisse verwenden. Es sollte ebenfalls hinsichtlich personeller, finanzieller und logistischer Ressourcen erreichbar sein.

Um eine IPM-Strategie zu entwickeln, müssen folgende Schlüsselelemente Teil einer erfolgreichen Schädlingsbekämpfung sein:

— Verständnis für die Anfälligkeit der Materialien;

— Erkennen von Schädlingen (Hauptarten und Schäden, die sie verursachen);

— Bewertung der Situation, Inspektion und Überwachung;

— Risikoreduzierung;

— Lösen von Schädlingsproblemen;

— Überwachung nach der Behandlung.

Kontinuierliche Kommunikation und Konsultation sowie die Überprüfung des Maßnahmenplans müssen integrale Bestandteile jeder Stufe bzw. der IPM-Strategie sein.

5.2 IPM-Methoden

Die IPM-Methoden müssen von der Leitung genehmigt und in die Dokumentation der Grundsätze der Institution aufgenommen werden. IPM muss ein ständiger Tagesordnungspunkt sowohl der oberen Leitungsebene als auch der Konservierungsabteilung sein, sofern vorhanden. IPM muss in Arbeitsziele des Personals einbezogen werden sowie durch die Grundsätze gefördert und als Kerntätigkeit unterstützt werden.

Bei Renovierung oder Planung eines Gebäudes, eines Lagers oder einer Ausstellung sowie beim Umzug oder bei Aufnahme von Sammlungen oder Objekten muss die IPM von Anfang Teil des Prozesses sein.

Die IPM-Methoden beruhen auf einem Rahmen, der alle Funktionen und Verantwortlichkeiten festlegt. Sie umfassen verschiedene Instrumente, Techniken, Strategien und Maßnahmen und fördern Kohärenz, Kommunikation und die Verbreitung von Informationen. Die Gesamtverantwortlichkeit für die IPM muss bei der obersten Leitungsebene der Organisation liegen, die:

— die zu erreichenden Ziele festlegt;

— die Funktionen und Verantwortlichkeiten unterstützt, einschließlich Verträgen mit externen Schädlingsbekämpfungsunternehmen mit eindeutig festgelegten Verantwortlichkeiten;

— Kommunikationsverfahren und den Gebrauch hierarchischer Ebenen festlegt;

— die erforderlichen personellen und finanziellen Ressourcen bereitstellt;

— die Möglichkeiten zu Schulung und Entwicklung (Information und Kommunikation) bereitstellt.

Alle folgenden Aspekte von IPM sind von gleicher Wichtigkeit. Für ein Beispiel von IPM-Leitlinien für eine Kulturerbe-Institution siehe Anhang A.

5.3 IPM-Koordinator

5.3.1 Stelle

Eine Stelle im Personal ist mit einem zu ernennenden Koordinator des IPM-Programms zu besetzen, im Folgenden als IPM-Koordinator bezeichnet. Der IPM-Koordinator muss für die Entwicklung und Umsetzung einer IPM-Strategie verantwortlich sein. Er/Sie muss als Projektmanager agieren, Information wirksam sammeln und an die obere Leitungsebene und andere maßgebende Stellen kommunizieren können.

Der IPM-Koordinator muss in Bezug auf die integrierte Schädlingsbekämpfung sachkundig und erfahren sein, einschließlich der Identifizierung von Schädlingen an kulturellem Erbe, der Biologie von Schädlingen und der auf Kulturerbe angewendeten Behandlungsverfahren. Erforderlichenfalls muss eine besondere Schulung angeboten werden, um die Kompetenz zu erhöhen.

5.3.2 Funktion des IPM-Koordinators

Der IPM-Koordinator muss die laufende Verantwortlichkeit für das IPM-Programm besitzen, und er muss regelmäßig der Leitung Bericht erstatten. Dem IPM-Koordinator ist ausreichend Zeit (abhängig von der Größe der Sammlung und spezifischen Risiken) und ein angemessenes Budget zu geben, um ihm die Durchführung der übertragenen Aufgaben zu ermöglichen. Finanzielle Mittel für die integrierte Schädlingsbekämpfung dürfen nicht projektbezogen sein, sondern als ein kontinuierlicher Bestandteil der Bereitstellung einer IPM angesehen werden. Eine zusätzliche Bewilligung finanzieller Mittel könnte erforderlich sein, wenn signifikante Maßnahmen notwendig werden (z. B. während eines Schädlingsbefalls).

Die IPM-Funktion muss beinhalten:

— das Analysieren von Risiken durch biologische Faktoren;

— das Festlegen von Prioritäten von Vorbeugungsmaßnahmen und/oder Behandlungen;

— das Einführen geeigneter IPM-Leitlinien und -Verfahren;

— die Umsetzung nachhaltiger und geeigneter technischer Lösungen;

— das Identifizieren der Funktionen und Verantwortlichkeiten der verschiedenen Mitglieder des Personals;

— das Leiten und Lenken regelmäßiger Überwachung und Datensammlung;

— die Schulung von Mitgliedern des Personals und Freiwilligen sowie das Präsentieren von maßgebenden Informationen für die Öffentlichkeit;

— die Beratung von Subunternehmern und externen Unternehmen in Bezug auf die besonderen Bedingungen bei kulturellem Erbe (Anfälligkeit usw.) und die Aufsicht über ihre Arbeit in der Institution;

— Analyse-, Bewertungs- und regelmäßige Überprüfungsverfahren zur Verbesserung der Strategie.

5.4 Schulung und Ausbildung

5.4.1 Information und Schulung

Dem gesamten Personal sind allgemeine Informationen zur integrierten Schädlingsbekämpfung sowie zu Zweck und Umsetzung des auf den Grundsätzen der IPM beruhenden Programms zu geben. Das gesamte, für die Umsetzung der IPM verantwortliche Personal muss eine Fachschulung zu IPM-Vorbeugungsmaßnahmen in Form von mündlichen Präsentationen oder Informationsblättern, z. B. informativen Postern mit Bildern von Schädlingen, erhalten. Nach der ersten Schulung sind Aufbauschulungen in regelmäßigen Abständen durchzuführen. Dies schließt Informationen über die gängigsten Schädlinge, die eine Gefahr für das kulturelle Erbe darstellen könnten, mit ein.

Literatur zur integrierten Schädlingsbekämpfung und Hilfe bei der Erkennung von Schädlingen muss bereitgestellt werden und im Intranet der Institution oder in Ähnlichem leicht zugänglich sein. Zusätzlich kann Hilfe bei der Identifizierung üblicherweise bei in Naturkundemuseen beschäftigten Wissenschaftlern (Biologen, Entomologen), bei Universitäten oder bei privaten und öffentlichen Beratern gefunden werden.

5.4.2 Gesundheit und Sicherheit

Als Teil der Information und Schulung muss das gesamte relevante Personal in regelmäßigen Abständen über schädlingsbezogene Gesundheitsgefährdungen, z. B. Allergien und Infektionen, unterrichtet werden. Schulungen zur sicheren Durchführung von Behandlungen sind abzuhalten. Die Kenntnis von früheren Behandlungen, wie z. B. Lindan, Naphthalin und DDT sowie Arsen- und Quecksilberderivate, die möglicherweise in der Vergangenheit auf Sammlungen angewendet wurden und noch immer gefährlich sind, muss ebenfalls Teil der Schulung sein. Das Personal ist über mögliche Gesundheitsgefährdungen durch Behandlungen zu informieren. EU- und nationale Vorschriften in Bezug auf Gefahrstoffe gelten und sind bei der Information und Schulung zu berücksichtigen.

6 IPM-Verfahren

6.1 Entwicklung von vorbeugenden Maßnahmen

Die Vorbeugung muss auf einer Bewertung der Umgebung und Materialzusammensetzung sowie des Zustands der Objekte unter Berücksichtigung der organisatorischen Aspekte der Tätigkeiten der Institution beruhen.

Die Bewertung zeigt auf, für welche Arten von biogenen Risiken die Objekte wahrscheinlich anfällig sind, und definiert die Prioritäten der vorbeugenden und/oder abhelfenden Maßnahmen, die einzurichten sind. Die Überprüfung von Daten und Zuordnung in Verbindung mit der Bewertung der Anfälligkeit der Objekte (siehe 6.2) ermöglicht die Festlegung von Risikobereichen (sehr hohes, hohes, geringes, sehr geringes/kein Risiko). Für Informationen zu Risikobereichen, siehe Anhang B.

6.2 Bewertung der Materialanfälligkeit

Nahezu jede Sammlung und jedes Gebäude kann Materialien enthalten, die durch Schädlinge beschädigt werden können. Die von Natur aus vorgegebene Anfälligkeit von Objekten ist abhängig von Material, Fertigung, historischem Kontext oder Erhaltungszuständen. Die Anfälligkeit der Objekte muss bei der Risikobewertung berücksichtigt werden.

Materialien und Einzelobjekte, die ein hohes Risiko aufweisen und/oder wiederkehrend befallen wurden, sind zu identifizieren und ihnen ist eine erhöhte Priorität für IPM-Maßnahmen zu geben. Bei der Überwachung gesammelte Daten können helfen, Ausmaß, Art, Lage und jahreszeitlichen Verlauf eines Schädlingsproblems abzubilden.

6.3 Bewertung der Außenumgebung

Das Gebäude an sich und sein Umfeld können sich signifikant auf die Innenumgebung auswirken und zu vermehrtem Eindringen von Schädlingen in das Gebäude führen. Gefährdungen können unbeabsichtigt durch Personen und Ausrüstung auf dem Transportweg, aber auch durch Luftzufuhr von Klima- und Lüftungsanlagen in das Gebäude eingeschleppt werden. Unterholz, Kletterpflanzen, Äste, die über Dächer ragen, sowie Dachbepflanzungen stellen Risiken dar, die bewältigt werden sollten.

Unzureichende Entwässerung kann zu erhöhter Luftfeuchtigkeit führen, die das Schädlingswachstum begünstigt.

Im Freien befindliche Ausrüstung, Abfalleimer oder Brennholz müssen ordnungsgemäß gelagert werden und dürfen nicht an die Außenwände von Gebäuden gelehnt werden.

Vögel, Ratten und Mäuse können in Gebäude eindringen, in denen kulturelles Erbe untergebracht ist und Schäden verursachen. Sie müssen vom Nestbau abgehalten und Nester müssen entfernt werden, da sie Schadinsekten aufweisen könnten. Die Vorschriften über bedrohte Arten sind zu berücksichtigen.

Nächtliche Außenbeleuchtung sollte so angebracht werden, dass keine Schädlinge angelockt werden, ohne aber die Sicherheit des Gebäudes zu gefährden.

Skulpturen und andere Einrichtungen, die im Freien aufgestellt sind, sind sehr anfällig für Schädlinge. IPM-Maßnahmen sollten angewendet werden.

6.4 Verhindern des Eindringens von Schädlingen

Das Verhindern des Eindringens von Schädlingen in Gebäude muss eine hohe Priorität besitzen und auf verschiedenen Ebenen stattfinden, ohne die Integrität und Bedeutung des historischen Kontexts des Gebäudes/seines Inneren oder der Bausubstanz sowie von Lagerräumen, Lagerregalen, Ausstellungen, Lesesälen, Cafeterien, Büros, öffentlichen Räumen und anderen geschlossenen Räumen zu beeinträchtigen.

Die Gebäudehülle, bestehend aus Dächern, Dachböden, Kellern, Rinnen und Wänden, bildet die erste Ebene von Schutzmaßnahmen. Sie ist kontinuierlich instand zu halten. Dies gilt ebenfalls für Außenrohre. Risse, die für das Eindringen von Schädlingen groß genug sind, müssen abgedichtet werden. Schutzeinrichtungen gegen Eindringen sind auf Öffnungen von Entlüftungsanlagen und Schornsteinen (auf Dachebene) anzubringen. Fliegengitter, die den Brandschutzanforderungen entsprechen, sollten an Fenstern eingebaut werden, die geöffnet werden dürfen. Fenster sollten mit Lippendichtungen/abdichtenden Barrieren oder Streifen/Bürstenstreifen aus Materialien, die gegen Schädlinge beständig sind, ausgestattet werden. An Eindringstellen für Schädlinge, wie z. B. an Innenrohren, Leitungsrohren, Abwasserkanälen und -leitungen, sind regelmäßige Inspektionen und Wartungsarbeiten durchzuführen. Bürstenleisten sollten an allen Außentüren angebracht werden, um das Eindringen sowohl von Schädlingen verschiedener Größen als auch von Staub und Schmutz von außen zu verhindern, und sie sollten ebenfalls in Türen zwischen Sammlungsräumen und anderen Bereichen (insbesondere in Bereichen mit hohem Risiko) verwendet werden. Die Inneneinrichtungen des Gebäudes (z. B. Schaukästen, Schränke, Türen) müssen eine zweite Ebene von Schutzmaßnahmen um die Sammlungen bilden.

6.5 Festlegung der Bedingungen der Innenumgebung

Die für die Bestandteile der Objekte angemessenen Feuchtigkeits- und Temperaturwerte müssen kontinuierlich aufrechterhalten und bei der IPM berücksichtigt werden. Es ist schwierig, Leitlinien über die richtigen Werte der relativen Luftfeuchte und Temperatur zur Vermeidung von Schädlingen bereitzustellen. Empfehlungen sind davon abhängig, ob ein Gebäude beheizt wird oder nicht, sowie von seiner Verwendung und von anderen Faktoren, wie z. B. der Art der Objekte, der Anzahl der Besucher usw. Eine hohe relative Luftfeuchte und hohe Temperaturen fördern jedoch Bedrohungen der Objekte durch Schädlingsbefall/-kontamination. Die Entwicklung von Schädlingen wird durch niedrige Temperaturen und/oder eine niedrige relative Luftfeuchte verlangsamt.

Schlechte Lüftung erhöht das Risiko von Mikroklimaten, die Schädlinge begünstigen. Mikroklimate können außerhalb der festgelegten Klimaparameter auftreten, z. B. hinter Gemälden, die an Außenwänden hängen, und sind in geeigneter Weise zu berücksichtigen. Bei Verwendung von Klimatisierung ist eine regelmäßige Kontrolle und Instandhaltung durchzuführen. Ein Maßnahmenplan muss für jede Fehlfunktion bzw. jeden Unfall, wie z. B. einen Ausfall der raumlufttechnischen Anlage, Rohrbrüche oder Wasseraustritt, vorhanden sein.

Der Zusammenhang zwischen Lichteinwirkung bzw. Lichtmangel und einigen Schädlingen ist zu berücksichtigen. Wärme, die von Licht, abhängig von der Art des Lichtes, erzeugt wird, kann für Schädlinge günstige Mikroklimate erzeugen.

Pflanzen (Schnittblumen, Zimmerpflanzen, Weihnachtsbäume, usw.), die in die Räumlichkeiten gebracht werden, werden als Risiken für das Eindringen von Schädlingen betrachtet. Das Personal und Floristik-Zulieferfirmen müssen darauf hingewiesen werden.

6.6 Sammlungspflege und Instandhaltung

Eine gute Instandhaltungspraxis und Sammlungspflege können das Auftreten von Schadorganismen signifikant verringern und müssen ein grundlegender Bestandteil jedes IPM-Programms sein. Schriftliche Anweisungen sind bereitzustellen, in denen beschrieben wird, wie alle Bereiche sicher zu reinigen sind, einschließlich befallener/kontaminierter Bereiche, der Entsorgung toter Schädlinge und der Exkremente von Insekten, Vögeln, Nagetieren usw. Schädlinge gedeihen an Staub, Müll, toten Insekten, früherem Befall/früherer Kontamination und insbesondere an ungestörten und dunklen Orten. Eine nähere Untersuchung kann Ansammlungen von organischem Schmutz und Ablagerungen für gewöhnlich z. B. in Ecken, Wand- oder Boden-Anschlüssen, hinter Einbauten, unter Böden und unter sperrigen Gegenständen sowie in Rissen aufzeigen. Diese Räume bieten günstige Bedingungen für das Wachstum von Schädlingen.

Die Räumlichkeiten sollten insgesamt eine für Schädlinge ungünstige Umgebung erzeugen. Essen und Trinken sind in Lagerbereichen zu untersagen und, sofern möglich, in anderen Bereichen, in denen kulturelles Erbe untergebracht ist, einzuschränken. In Bereichen, in denen Kulturerbe untergebracht ist und in denen Essen und Trinken nicht ganz zu vermeiden sind, müssen Richtlinien für den Umgang mit Lebensmitteln und für die Reinigung bereitgestellt werden. Lebensmittel dürfen nie in Büros und anderen Arbeitsbereichen aufbewahrt werden, sondern ausschließlich in Personalküchen und Restaurants/Cafeterien. In Geschenkartikelläden verkaufte Lebensmittel werden als großes Risiko angesehen und sind zu überwachen. Informationen über Einschränkungen in Bezug auf Lebensmittel sind Gästen und Besuchern bereitzustellen.

Alle Innenbereiche müssen in einer Art und Weise instand gehalten werden, die die Reinigung und Überwachung ermöglicht. Reinigungs- und Wartungsanweisungen müssen für jeden Bereich, in dem Kulturerbe untergebracht ist, festgelegt und angepasst werden sowie durch den IPM-Koordinator überprüft werden, der erforderlichenfalls Verfahren zur Abfallentsorgung usw. hinzufügen muss.

Das bevorzugte Verfahren für die Entfernung von Staub und toten Insekten sowie für kleine Räume und Risse muss das Staubsaugen sein. Staubsauger sind mit HEPA-Filtern auszurüsten. Staubsaugerbeutel bergen das Risiko, Quellen für Befall/Kontamination zu sein, und müssen in festgelegten Abständen entsorgt werden. Alle Bereiche, in denen Objekte untergebracht sind, müssen einer jährlichen Intensivreinigung (einschließlich hinter und unter Regalen und Objekten) unterzogen werden.

Das Personal von relevanten externen Unternehmen muss über eine Grundausbildung in IPM verfügen, externe Mitarbeiter müssen vor Beginn der Arbeit in den Räumlichkeiten durch den IPM-Koordinator unterwiesen werden. Dies ist vertraglich festzulegen.

Falls Räumlichkeiten für Unternehmensveranstaltungen oder andere Tätigkeiten genutzt werden, müssen schriftliche Vereinbarungen und Verträge Bedingungen enthalten, die das vorstehend Genannte behandeln.

Falls Räumlichkeiten geteilt oder gemeinschaftliches Eigentum sind, sind die Verantwortlichkeiten und Maßnahmen in einer Vereinbarung eindeutig festzulegen. Ein Verfahren zur Berichterstattung jeglicher Sichtung, z. B. von Nagetieren, muss für das Personal vorhanden sein.

6.7 Bewertung der Lagerung und Ausstellung

Depot- und Ausstellungsräume sind zu bewerten und so zu wählen, dass das Risiko des Auftretens von Schädlingen vermieden oder minimiert wird. Depot- und Ausstellungsmöbel sowie Exponate sind so aufzustellen, dass Luftzirkulation, Inspektion und Reinigung ermöglicht werden.

Unzugängliche Räume sind zu vermeiden, da sich in ihnen Staub ansammeln kann und sie Schädlinge beherbergen können. Ausstellungs- und Depotmaterialien, Requisiten und Möbel müssen möglichst widerstandsfähig gegen Schädlinge sein und vom IPM-Koordinator genehmigt werden.

6.8 Überprüfung von eingehenden und ausgehenden Materialien/Objekten

Alle eingehenden Materialien (Objekte, Transportkisten, Verpackung usw.), ob neu eingegangen/erworben oder aus der Leihgabe zurückgekehrt, können potentiell befallen/kontaminiert sein und können zu einem weitverbreiteten Befall bzw. zu einer weitverbreiteten Kontamination in einem Gebäude oder einer Sammlung führen. Um die Ausbreitung eines Befalls bzw. einer Kontamination zu verhindern, muss eine Risikobewertung durchgeführt werden, die berücksichtigt, woher das Objekt kommt und ob es sich um ein risikoreiches Material handelt. Geeignete Maßnahmen, z. B. Inspektion, Isolation, Quarantäne, eine vorbeugende oder abhelfende Behandlung, sollten in einem festgelegten Bereich, der sowohl von der Ausstellung als auch von den Lagerräumen getrennt ist, durchgeführt werden. Entsprechende Quarantänestrategien müssen in den IPM-Leitlinien enthalten sein.

Kreuzkontamination und -befall zwischen internem und externem Transport sind zu minimieren. Versendete und empfangene Objekte und Verpackung sind auf Schädlinge zu überprüfen und bei Befall/Kontamination zu behandeln.

ANMERKUNG Mehr Informationen zu Verpackung können EN 15946 entnommen werden.

IPM muss Bestandteil von Leihvereinbarungen/sicherheitstechnischer Berichterstattung sein.

6.9 Quarantäne

Objekte können isoliert und über einen festgelegten Zeitraum auf Anzeichen für Befall/Kontamination überprüft werden. Dieser Prozess wird üblicherweise als Quarantäne bezeichnet. Für die Quarantäne müssen Zugangsbeschränkungen bestehen. Kreuzkontamination und -befall sind zu minimieren. Falls ein Anzeichen aktiven Befalls bzw. aktiver Kontamination entdeckt wird, müssen die befallenen/kontaminierten Objekte behandelt werden. Besondere Aufmerksamkeit ist auf weitere Objekte im Umfeld der befallenen Objekte zu richten.

6.10 Bewertung der Aktivität von Schädlingen

6.10.1 Inspektion der Umgebung, des Gebäudes und der Sammlungen

Regelmäßige Sichtprüfungen sind in festgelegten Abständen durchzuführen, vorzugsweise in Verbindung mit Überwachung in und um alle Räumlichkeiten, auch im Außenbereich, wobei der Schwerpunkt auf den Bereichen liegt, in denen Sammlungen/Objekte untergebracht und ausgestellt werden. Der Zweck der Inspektion ist die Suche nach Schädlingen und Anzeichen für die Aktivität von Schädlingen.

Ein Plan, eine Prüfliste und geeignete Hilfsmittel sind zu verwenden, um dem Personal bei der Überwachung zu helfen. Ein Beispiel einer Prüfliste ist in Anhang D angegeben.

Zu überprüfende Bereiche müssen Ausstellungsbereiche einschließen, wie z. B. unter/hinter Glasschaukästen, sowie Dachböden, Kellergeschosse, Feuerstellen, Technikräume, Läden, Restaurants/Cafés und Bürobereiche. Besondere Aufmerksamkeit ist auf Beleuchtungseinrichtungen, Fensterbänke und andere Lichtquellen zu richten, von denen Schadinsekten angezogen werden könnten, sowie auf Toträume, wie z. B. abgehängte Decken. Objekte, Möbel und Umgebungsbereiche sind ebenso auf Sichtungen von Schadinsekten und Nagetieren zu überprüfen.

Zum Abschluss jeder Inspektion ist ein Bericht anzufertigen, der maßgebenden Leitungsebene vorzulegen und zu den Akten genommen werden.

Falls ein Schädlingsbefall nachgewiesen wird, siehe 6.11.

Für besondere Informationen zu den einzelnen Schädlingsarten siehe Anhang C.

6.10.2 Überwachung

Überwachung ist ein systematischer Ansatz, um die Aktivität von Schädlingen kontinuierlich zu bewerten. Dies schließt ein strategisches Aufstellen von Fallen und wiederkehrende Inspektionen ein. Für Angaben zum Fangen spezifischer Schädlinge, siehe Anhang C. Die Aufbewahrung von Aufzeichnungen ist Teil der Überwachung. Die Informationen sind unter Verwendung eines Arbeitsblatts, einer Aufzeichnungsliste oder Ähnlichem aufzuzeichnen, wobei Datum, Ort, Bereich, Anzahl, Art, Stadium (Adulte, Larven usw.), Fundart (Flügel, Insektenkot usw.), Anzahl der Funde und weitere Schädlinge aufzulisten sind. Ein Plan des Bereichs mit der Lage der Fallen und der gefundenen Schädlinge und/oder Schäden muss die Aufzeichnungsliste ergänzen. Andere Anzeichen oder Spuren sowie jede ergriffene Maßnahme in Verbindung mit den Funden und Vorschlägen für die nächste Inspektion sind ebenfalls zu dokumentieren.

Die IPM-Überwachung ist durch gründliche Überwachung der Umgebung zu unterstützen.

Gesammelte Überwachungsdaten können helfen, Ausmaß, Art, Lage und jahreszeitlichen Verlauf eines Schädlingsproblems darzustellen.

Die getroffenen Maßnahmen sind als Teil der Aufzeichnungen zu dokumentieren.

Alle Überwachungs- und Fallensysteme könnten sich unbeabsichtigt auf Arten auswirken, die keine Zielorganismen sind, wie z. B. Fledermäuse. Es sind Maßnahmen zu ergreifen, um dies zu verhindern.

6.11 Reaktion auf Befall/Kontamination

Der Befall/die Kontamination und die jeweilige Quelle müssen sobald wie möglich identifiziert, lokalisiert und bewertet werden, um die geeignete Behandlung zu finden. Für kurze Beschreibungen verschiedener Behandlungsverfahren siehe Anhänge C und E.

Wird ein Befall/eine Kontamination identifiziert, müssen die Objekte oder der Bereich isoliert werden, um eine weitere Ausbreitung zu verhindern. Die Reaktion muss abhängig von der Art des Schädlings, der Beschaffenheit und Menge der Objekte sein sowie davon, ob es notwendig ist, den befallenen/kontaminierten Bereich zu behandeln.

Liegt ein Befall/eine Kontamination vor, muss ein umfassender Maßnahmenplan zur Bekämpfung des Problems vorhanden sein, der zur Umsetzung bereit steht. Der Nachweis des Auftretens von Schädlingen muss nicht zwangsläufig einen tatsächlichen Befall/eine tatsächliche Kontamination darstellen. Die Kenntnis der Art und eine gründliche Dokumentation werden dabei behilflich sein, die beste Reaktion auf jegliche Funde festzulegen. Die Reaktion auf einen Befall/eine Kontamination muss in einem angemessenen Verhältnis zum Ausmaß des Befalls und des davon ausgehenden Risikos stehen. Eine intensivere Reinigung kann eine geeignete Reaktion sein. Staubsaugerbeutel können Quellen für einen Befall bzw. eine Kontamination sein und sind sofort außerhalb des Gebäudes zu entsorgen.

Die Behandlung eines von Schädlingen befallenen/kontaminierten Objekts kann ein Risiko darstellen, dass das Objekt selbst beschädigt wird. Daher ist es von größter Wichtigkeit, dass jegliche durchgeführte Behandlung auf der Grundlage einer Empfehlung in einem Konservierungsgutachten genehmigt und, sofern erforderlich, durch die zuständige Dienststelle autorisiert wird. Verfahren werden kontinuierlich erforscht und verbessert, und daher sollten Fachleute für die aktuellsten Kenntnisse und entsprechendes Fachwissen zu Rate gezogen werden.

ANMERKUNG Die Wirksamkeit der Behandlung kann durch Prüforganismen, die als Referenz dienen, nachgewiesen werden.

Alle Behandlungen und Maßnahmen sind zu dokumentieren und aufzuzeichnen. Informationen über zu ergreifende Vorsichtsmaßnahmen sind dem gesamten Personal bereitzustellen.

6.12 Nachbehandlung nach Befall/Kontamination

6.12.1 Nachbehandlung

Die Räumlichkeiten sind gründlich zu reinigen, einschließlich der Schränke, Möbel und behandelten Objekte. Falls der Befall/die Kontamination durch Umgebungsbedingungen verursacht wird, sind diese zu ändern, bevor das behandelte Objekt an seinen Aufstellungsort zurückgebracht wird. Im Anschluss an die Behandlung des Befalls/der Kontamination muss die Inspektion des Bereichs für einen gewissen Zeitraum intensiviert werden, um sicherzustellen, dass es zu keinem Wiederauftreten kommt. Tägliche Tätigkeiten sind zu überprüfen und erforderlichenfalls zu ändern.

6.12.2 Beurteilung

Nach einem Befall/einer Kontamination muss eine Bewertung durchgeführt werden. Die verwendeten Ressourcen, z. B. Behandlungskosten, Personalarbeitszeit, zusätzliche Reinigung, Konservierung, möglicher Verlust usw. werden berechnet. Sofern möglich, müssen die Ursachen für den Befall/die Kontamination festgestellt werden. Die Wirksamkeit des Behandlungsverfahrens und der Reaktion muss beurteilt werden, und neue oder verbesserte Präventivmaßnahmen müssen diskutiert und beschlossen werden; dasselbe gilt für Schulung und Informationen für Personal, Freiwillige, Vertragspartner usw. Dabei sind IPM-Verfahren erforderlichenfalls zu überarbeiten. Die Beurteilung muss dokumentiert und zu den Akten genommen werden.

6.13 Dokumentation und Aufzeichnungen

Daten und Informationen, wie z. B. Analysen, Bewertungen und Ergebnisse bezüglich der IPM, müssen ein grundlegender Bestandteil des Dokumentationssystems einer Organisation sein, nicht nur zu Referenzzwecken, sondern auch um eine kontinuierliche Überarbeitung und Verbesserung der IPM zu ermöglichen.

Anhang A
(informativ)

Beispiel von Grundsätzen für die integrierte Schädlingsbekämpfung

Grundsätze für die integrierte Schädlingsbekämpfung des/der [Name der Institution].

Alle Objekte sind gefährdet und sie können Risiken für andere Teile der Sammlung in sich bergen. Besonders gefährdet sind organische Materialien, wie z. B. Textilien, Papier, Möbel, Drucksachen, naturhistorische und ethnographische Sammlungen. [Ziel festlegen.]

Es ist die Aufgabe des gesamten Personals, wachsam und sich der Bedrohung bewusst zu sein, die für Objekte von Insekten und anderen Schädlingen ausgeht.

Ein IPM-Koordinator wird damit beauftragt, das IPM-Programm, einschließlich Kommunikationsverfahren und Berichterstattung an die Leitungsebene, zu entwickeln und so umzusetzen, dass dessen Wirksamkeit sichergestellt ist.

Angemessene finanzielle und personelle Ressourcen werden bereitgestellt.

Das Personal erhält geeignete Schulung und Unterstützung zu Grundlagen der IPM und Identifizierung von Schädlingen.

Alle in das Gebäude eingehenden Sammlungen werden Überprüfungsverfahren unterzogen, unabhängig davon, ob es sich um eigene Objekte oder Leihgaben handelt.

Materialien und Textilien, die für Dekorations- und Ausstellungszwecke verwendet werden, sind sorgfältig dahingehend auszuwählen und zu überprüfen, dass sie keine Nahrungsquellen darstellen oder Schädlinge in sich tragen.

Aktive Überwachungsprogramme werden Informationen über Ausmaß und Ort von Schädlingsaktivität liefern.

Wenn das Ausmaß der Aktivität eine Bedrohung für ein Objekt oder Sammlungen darstellt, werden abhelfende Maßnahmen ergriffen.

Die zur Schädlingsbekämpfung eingesetzten Verfahren werden für die Institution und Sammlungen geeignet sein, und sie müssen durch das Restaurierungspersonal genehmigt werden.

Das IPM-Programm wird einer jährlichen Bewertung unterzogen, um sicherzustellen, dass es aktuell ist und sich ändernden Erfordernissen und Prioritäten entspricht.

ANMERKUNG Diese Grundsätze beruhen auf den von D. Lauder und D. Pinniger erarbeiteten Leitlinien von „English Heritage" zu IPM.

Anhang B
(informativ)

Risikobereiche

Die Anwendung eines Risikobereich-Konzepts ist ein geeigneter Weg, komplexe Standorte, in denen Kulturerbe untergebracht ist, zu verstehen und zu erfassen sowie um eine wirksame integrierte Schädlingsbekämpfung mit begrenzten Ressourcen zu erreichen.

ANMERKUNG Anhang B enthält ein Beispiel für ein allgemeines Verfahren, die auf dem von D. PINNIGER entwickelten Verfahren [7] beruht und auf Insekten anwendbar ist.

Die Hauptbestandteile des Konzepts von Risikobereichen sind:

1) die Erkenntnis, dass die meisten Gebäude, die Kulturerbe enthalten, wahrscheinlich eine ansässige Schädlingspopulation aufweisen;

2) eine Analyse der Anfälligkeit der Sammlungen oder Objekte gegenüber Schädlingen;

3) die Beurteilung des Risikos der Sammlung, von Schädlingen befallen zu werden;

4) jeder Gebäudebereich ist einem der vier Risikobereiche zuzuweisen;

   A. sehr hoch (rot);

   B. hoch (orange);

   C. gering (gelb);

   D. sehr gering oder kein (grün).

5) die Bestimmung der geeigneten Protokolle für Überwachung, Inspektion, Reinigung und Instandhaltung für jeden Bereich.

Es ist sicherzustellen, dass Risikobereiche auf Grundrissen gekennzeichnet und in dem Bereich selbst ausgehängt werden.

Anhang C
(informativ)

Schädlinge – Allgemeine Merkmale, Vorbeugung, Nachweis und Diagnose sowie Reaktion und Behandlung

C.1 Insekten

C.1.1 Allgemeine Merkmale

Insekten machen einen großen Anteil der weltweiten Tiervielfalt aus, und viele Arten sind stark angepasst und spezialisiert. Von den vielen tausenden verschiedenen Insektenarten, die in jedem Land auftreten, stellen nur wenige eine Bedrohung für Kulturerbe dar und werden regelmäßig in Gebäuden vorgefunden. Sie finden im Gebäude ein geeignetes Biotop oder einen Unterschlupf oder dringen zufällig ein. Insekten ernähren sich von organischem Material, können jedoch aus anderen Gründen (Nestbau, Verpuppung usw.) sowohl organisches als auch anorganisches Material beschädigen. Insekten entwickeln sich in den Stadien Ei, Larve, Puppe und ausgewachsen. Die meisten Schäden entstehen durch Larvenfraß auf Objekten (z. B. Textilien) oder im Objekt (z. B. Holz). Die Hauptfunktion erwachsener Insekten ist die Fortpflanzung, aber sie können sich auch vom Material ernähren.

Die Dauer eines vollständigen Lebenszyklus kann je nach Art, Nahrung und Umgebungsbedingungen zwischen weniger als einer Woche und bis zu vielen Jahren variieren. Die meisten Arten gedeihen in warmer und häufig feuchter und dunkler Umgebung und bevorzugen ungestörte Bedingungen.

C.1.2 Vorbeugung

Nahezu alle Insekten werden bei Temperaturen unter 12 °C inaktiv (kein Fortpflanzen oder Fressen). Kühle Temperaturen führen zu langsamerer Entwicklung und können Insektenschäden vorbeugen.

Der erste wichtige Schritt (siehe 6.4), um einem Insektenbefall vorzubeugen, ist die Abdichtung des Gebäudes. Alle eingehenden Objekte und Materialien sollten frei von Schädlingen sein, um Befall vorzubeugen. Eine intensive Überwachung sollte ein Teil vorbeugender Verfahren sein.

C.1.3 Nachweis und Diagnose

Ein Insektenbefall kann durch Sichtprüfung und/oder durch Fallen nachgewiesen werden. Verschiedene Fangvorrichtungen wie z. B. Klebefallen, Pheromon- oder andere Lockstofffallen oder Lichtfallen mit Klebebrett (mit oder ohne UV-Licht) können zum Nachweis von Schadinsekten verwendet werden. Nicht alle Fallen funktionieren bei allen Arten in gleicher Weise.

ANMERKUNG Beim Einsatz von UV-Strahlung in Sammlungen des kulturellen Erbes ist besondere Sorgfalt geboten. Eine nachträgliche Identifizierung und Zählung gefangener Insekten ist bei elektrischen Insektenvernichtern nicht möglich.

Das Fallenstellen gibt gute Hinweise darauf, welche Arten auftreten und wo sie im Gebäude zu finden sind.

C.1.4 Reaktion und Behandlung

Wird ein Schädlingsbefall mit Insekten nachgewiesen, sollten die befallenen Objekte vor dem Ergreifen jeglicher weiterer Maßnahmen isoliert werden, um der Ausbreitung des Befalls vorzubeugen. Der Bereich sollte auf aktiven Befall überprüft und gereinigt werden. Das Objekt sollte auch nach der Behandlung gereinigt werden. Ist das Problem gebäudebezogen, müssen weitere Maßnahmen in Bezug auf Umgebung, Instandhaltung (zum Beispiel Feuchtigkeit), Dächer, Rinnen, Fallrohre und Reinigung ergriffen werden.

Es gibt mehrere Möglichkeiten, von Schadinsekten befallenes Kulturerbe zu behandeln. Das Behandlungsverfahren ist abhängig von der Art des befallenen Objekts, der Schädlingsart und den zur Verfügung stehenden Ressourcen. Für eine kurze Beschreibung von häufig bei Kulturerbe angewendeten Behandlungen siehe Anhang E.

C.2 Nagetiere

C.2.1 Allgemeine Merkmale

Die Ordnung Rodentia (Nagetiere) bildet die größte Gruppe der Säugetiere und repräsentiert annähernd 43 % aller Säugetierarten. Einige Nagetiere, am häufigsten Ratten und Mäuse, sind Schädlinge und könnten dem Menschen durch Verbreiten von Krankheiten gefährlich werden. Diese Nagetiere leben hauptsächlich in städtischen Gebieten und dringen in Gebäude ein, um sich von gelagerten Produkten oder Lebensmittelvorräten zu ernähren. Das Auftreten von Nagetieren steht in direktem Verhältnis zu der verfügbaren Nahrungsmenge. Sie bauen ihre Nester in Gebäuden und haben eine hohe Fortpflanzungsrate.

Die Nagezähne von Nagetieren wachsen kontinuierlich und müssen durch Nagen abgerieben werden. Dieses Benagen könnte elektrische Kabel, Wasserrohre oder Dämmstoffe und kulturelles Erbe beschädigen. Ausscheidungen und Absonderungen von Nagetieren drohen ebenfalls, Kulturerbe zu beschädigen.

C.2.2 Nachweis und Diagnose

Ein aktiver Nagetierbefall kann durch Tierkot, Anzeichen für Benagen, Tiersichtungen und manchmal durch Geruch nachgewiesen werden. Köder und Fallen können als Teil der Überwachung verwendet werden.

C.2.3 Vorbeugung

Jede Nahrungsquelle muss als ein potentielles Lockmittel für Nagetiere betrachtet werden (Risikobereiche umfassen Geschäfte, Restaurants, Kantinen, Abfallentsorgung usw.) und sollte für diese unzugänglich gemacht werden. Es sollte Teil der IPM-Verfahren sein, sicherzustellen, dass alle Köderstandorte regelmäßig auf Aktivität überprüft und die Köder erforderlichenfalls erneuert werden. Bei Ausführung durch ein externes Schädlingsbekämpfungsunternehmen sollte der Prozess als Teil der IPM-Verfahren überprüft und kontrolliert werden. Tote Nagetiere und Köder können Quellen eines Befalls sein.

Es ist wichtig, das Gebäude soweit wie möglich abzudichten, um dem Eindringen von Nagetieren vorzubeugen. Der Abfall sollte täglich entfernt werden.

C.2.4 Reaktion und Behandlung

Nichtchemische Behandlungen, wie z. B. Schlagfallen, sollten zuerst in Betracht gezogen werden. Gesteigerte Resistenz gegen Rodentizide erhöht die Wichtigkeit vorbeugender Maßnahmen.

ANMERKUNG Gewerbliche Schädlingsbekämpfungsunternehmen können durch eine unabhängige Zertifizierungsstelle abgedeckt sein; siehe EN 16636.

Es besteht das Risiko, dass vergiftete Nagetiere schwerwiegende Probleme hervorrufen können, sollten sie unter Dielen und in unzugängliche Toträume kriechen und dort sterben. Dies kann durch die ausschließliche Verwendung von Fallen vermieden werden. Während eines schweren Befalls sollten alle Routinen für den Umgang mit Lebensmitteln und die Abfallentsorgung beurteilt werden, Hygienemaßnahmen verstärkt und andere vorbeugende Maßnahmen erneut beurteilt werden. Wenn der Befall unter Kontrolle ist, sollte die Anzahl der Fallen wieder verringert und abgebaut werden, um zu verhindern, dass andere Tiere und Schädlinge von den Nagetierködern und den toten Körpern angelockt werden.

C.3 Pilze

C.3.1 Allgemeine Merkmale

Pilze stellen einen der wichtigsten Verursacher von Kontamination von Kulturerbe dar. Der Hauptparameter für die Entwicklung von Pilzen ist Wasser in Verbindung mit dem Feuchtegehalt und der Wasseraktivität sowie mit der Gleichgewichtsfeuchte, der relativen Luftfeuchte und der Temperatur. Staub stellt einen Hauptrisikofaktor für die Entwicklung von Pilzkontamination dar, weil er den Feuchtegehalt auf der Objektoberfläche erhöhen, als Nahrungsquelle dienen und große Mengen von Sporen ansammeln könnte.

Eine relative Luftfeuchte von mehr als 60 % bei einer Temperatur von mehr als 18 °C wird als Risikobereich betrachtet, ab dem die Pilzaktivität beginnen kann. Erhöhte Temperaturen erhöhen die Wachstumsrate, die Entwicklung kann jedoch auch bei niedriger Temperatur auftreten.

Pilze können unter optimalen Bedingungen sehr schnell wachsen und in kurzer Zeit (Tage) irreversible Schäden verursachen.

Holzzerstörende Pilze können die Standsicherheit von Holzbauteilen ernsthaft beeinträchtigen.

C.3.2 Vorbeugung

Die Vorbeugung gegen Pilzkontamination erfolgt durch das Aufrechterhalten von Umgebungsbedingungen, die in Bezug auf Luftfeuchte und Temperatur ungünstig für das Pilzwachstum sind, durch Vermeiden plötzlicher Schwankungen und durch Begrenzung des Eintrags kontaminierender Stoffe durch eine wirksame Luftfiltration.

Die Geschwindigkeit der Luftzirkulation ist ein weiterer Parameter bei der Vorbeugung von Kontamination, da eine schwache Luftzirkulation die Pilzentwicklung fördert, sofern die Luftfeuchte das Wachstum begünstigt. Eine hohe Luftzirkulation kann aktivem Wachstum vorbeugen. Im Kontaminationsfall wird die Luftzirkulation jedoch die Kontamination verbreiten, sofern die kontaminierten Objekte nicht isoliert werden.

Notfallmaßnahmen bei Havarien wie Überflutungen, weiteren Wasserschäden und technischem Versagen sollten vorhanden sein und Trocknung und Entfeuchtung umfassen, um das Risiko der Kontamination zu minimieren.

C.3.3 Nachweis und Diagnose

Die Sichtprüfung ist der gängigste Weg zur Entdeckung von Pilzbefall. Pilzwachstum ist üblicherweise visuell durch das Wachstum fadenartiger Organismen und/oder farbige Flecken auf der Oberfläche der Materialien gekennzeichnet. Beweise für Schäden, die durch Holz zersetzende Pilze verursacht werden, wie z. B. Moderfäule, Braunfäule und Weißfäule, zeigen ein typisches Zersetzungsmuster des Holzes.

„Pilzgeruch" kann Pilzwachstum anzeigen. Andere Ursachen für Oberflächenverfärbung können irrtümlich für Pilzaktivität gehalten werden, z. B. Salzausblühen.

Verschiedene Probenahmeverfahren können für die Bewertung des Kontaminationsrisikos angewendet werden, wie z. B. ein steriler Abstrich zur Schätzung der Pilzaktivität in Sammlungen oder eine Probenahme aus der Luft zur Abschätzung der Luftkontamination. Die Zählung und Identifizierung der koloniebildenden Einheiten (CFU) helfen beim Festlegen des Risikoausmaßes und beim Bestimmen der geeigneten Bekämpfungsmaßnahmen.

Es ist erforderlich, Pilzaktivität zu bestätigen, bevor eine Behandlung mit bioziden Produkten durchgeführt wird. Probenahme und Kultivierung sollten durch Unternehmen und/oder Labore durchgeführt werden, die spezifische biologische Protokolle anwenden, die der Untersuchung von Mikroorganismen, die Materialien des kulturellen Erbes besiedeln, angepasst sind.

C.3.4 Reaktion und Behandlung

Wird Pilzkontamination nachgewiesen, sollten kontaminierte Objekte und Bereiche vor dem Ergreifen jeglicher weiterer Maßnahmen isoliert werden, um der Ausbreitung der Kontamination vorzubeugen. Die unmittelbare Umgebung sollte auf aktive Kontamination überprüft und erforderlichenfalls behandelt werden. Das Objekt sollte nach der Behandlung ebenfalls gereinigt werden. Ist das Problem gebäudebezogen, müssen abhelfende Maßnahmen ergriffen werden.

Klimatisierungsanlagen im kontaminierten Bereich sollten ausgeschaltet werden, wenn sie zur Verbreitung der Sporen im Gebäude beitragen, und die Filter sollten geprüft werden.

Die Behandlung wird immer von Ausmaß und Schwere des Befalls sowie vom Ausmaß des Schadens und von der Art des kontaminierten Objekts abhängig sein.

Ziel der Behandlung ist, die Pilzbelastung auf das Niveau zu senken, das vor Eintreten der Kontamination vorherrschte, und dem Pilzwachstum Einhalt zu gebieten. Maßnahmen zur Verringerung des biologischen Wachstums auf einer Oberfläche können mechanisches Entfernen, Staubsaugen mit HEPA-Filter, Bürsten usw. sein. Als Teil der Nachbehandlung nach Kontamination könnten Luftproben genommen werden, um Informationen über die Menge lebensfähiger Pilze in der Luft zu gewinnen, um die Notwendigkeit für die Behandlung der Innenumgebung zu bestimmen.

C.4 Photosynthetische Organismen

C.4.1 Allgemeine Merkmale

Photosynthetische Organismen wie Algen, Moose und Flechten sind häufige Merkmale auf Steinen im Freien, aber unter günstigen Bedingungen können sie eine Vielzahl von Untergründen besiedeln, einschließlich Glas, Holz und Metall. Sie besiedeln den Untergrund, wobei sie sich ausbreiten und an der Oberfläche anhaften. Wasser und Licht sind grundlegend für ihr Wachstum.

Grünalgen und Cyanobakterien sind in Innenräumen und Außenbereichen zu finden. Sie sind mikroskopische Organismen ohne Stiel oder Blätter.

Flechten sind symbiotische Verbindungen zwischen Alge und Pilz. Der Körper besteht aus einem Thallus, der auf der Oberfläche des Untergrunds mittels Hyphen oder Rhizinen verwurzelt ist. Sie wachsen sehr langsam, indem sie ihren Thallus nach außen ausdehnen. Sie besitzen eine hohe Toleranz für Extrembedingungen und werden als Erstbesiedler bezeichnet.

Der Wachstumsprozess und die vegetative Entwicklung dieser Organismen haben eine direkte Konsequenz für die Konservierung. Sie speichern Wasser, das die chemische Zersetzung verstärkt, und sind verantwortlich für Farbeffekte auf Untergründen. Sie sind eine Nahrungsquelle für Mikroorganismen und Tiere. Ihr Auftreten ist stets ein Anzeichen für einen hohen Feuchtegehalt des Untergrunds.

C.4.2 Nachweis und Diagnose

Algenvorkommen sind gekennzeichnet durch grüne oder dunkelbraune Farbflecken im unteren Bereich von feuchten Wänden im Schatten oder um Entwässerungsrohre und an anderen Orten, für die hohe Feuchtigkeit kennzeichnend ist. Zur Identifizierung der Arten sind Fachleute heranzuziehen. Die Identifizierung kann sowohl anhand von frischen Feldproben als auch von Material, das aus Kulturen stammt, durchgeführt werden.

Flechten sind pflanzliche Organismen, die abgerundete krustige oder buschige farbige Flecken im Millimeter- oder Zentimeterbereich bilden, die häufig ein lederartiges Erscheinungsbild aufweisen. Sie sind am häufigsten grau, gelb, orange, grün oder schwarz.

C.4.3 Vorbeugung

Besondere Aufmerksamkeit sollte auf Faktoren gerichtet werden, die das biologische Wachstum steigern, um den Lebensraum für photosynthetische Organismen ungünstig zu gestalten. Die Bekämpfung kann häufig durch die Kontrolle der Oberflächenfeuchtigkeit erreicht werden, indem die Entwässerung repariert oder verbessert wird, die schützenden Auswirkungen nahe stehender Vegetation verringert werden oder durch Begrenzung der Lichtmenge. Regelmäßige Kontrollen und Reinigung sollten durchgeführt werden (mechanisch sanfte Reinigung der Oberfläche unter Verwendung nicht schleifender Werkzeuge).

C.4.4 Reaktion und Behandlung

Die erste Maßnahme zum Beenden biologischen Wachstums sollten mechanische Verfahren, wie z. B. Reinigung, sein. Danach könnte eine Behandlung mit bioziden Produkten (Algizid, Flechtenbekämpfungsmittel) mit regelmäßigem Wiederaufbringen erforderlich sein. Physikalische Verfahren, wie z. B. UV-Strahlung und Gammastrahlung, sind in Entwicklung.

C.5 Bakterien

C.5.1 Allgemeine Merkmale

Bakterien sind aufgrund ihrer extremen Anpassungsfähigkeit an unterschiedliche Bedingungen einer der Verursacher von Zersetzung von kulturellem Erbe. Sie weisen eine Vielzahl von Stoffwechseltypen, verschiedenen Arten von Nährmedien und organischen/anorganischen Nahrungsquellen auf. Sie werden anhand ihrer Energiequelle in heterotroph und autotroph unterschieden, sowie anhand ihrer Atmung in anaerob/nicht anaerob unterschieden. Es besteht das Risiko von äußerst schnellem Wachstum und Reproduktion.

Der Hauptparameter für die Entwicklung von Bakterien ist Wasser in Verbindung mit dem Feuchtegehalt, der Wasseraktivität, der Gleichgewichtsfeuchte und der relativen Luftfeuchte. Staub kann durch Bildung mikroklimatischer Nischen (hohe relative Luftfeuchte) das Bakterienwachstum unterstützen, als Nahrungsquelle dienen und große Mengen von Sporen ansammeln.

Eine relative Luftfeuchte von mehr als 80 % bis 90 % wird als Risikobereich betrachtet, ab dem eine bakterielle Aktivität bei Umgebungstemperatur einsetzen könnte (mesophile Bakterien). Hohe Temperaturen erhöhen die Wachstumsgeschwindigkeit (thermophile Bakterien), die Entwicklung kann jedoch auch bei niedrigen Temperaturen (psychrophile Bakterien) auftreten.

Bakterien können besondere Strukturen, Biofilm genannt, erzeugen, in denen sie eine komplexe Anordnung von Zellen und extrazellulären Bestandteilen aufweisen, die Sekundärstrukturen bilden, wie z. B. Mikrokolonien, durch die Netzwerke von Kanälen führen, die die bessere Diffusion von Nährstoffen ermöglichen.

C.5.2 Vorbeugung

Die Vorbeugung gegen bakterielle Kontamination wird erreicht, indem die Umgebungsbedingungen für das Bakterienwachstum ungünstig gehalten werden, insbesondere im Hinblick auf die Luftfeuchtigkeit.

Notfallmaßnahmen bei Havarien wie Wasserschäden sollten vorhanden sein und Trocknung und Entfeuchtung umfassen, um das Risiko einer Kontamination zu minimieren.

C.5.3 Nachweis und Diagnose

Eine bakterielle Kontamination wird am häufigsten optisch durch farbige Flecken gekennzeichnet. Zum Nachweis einer bakteriellen Kontamination reicht eine Sichtprüfung jedoch nicht aus. Probennahme und Kultivierung sollten durch Unternehmen und/oder Labore durchgeführt werden, die spezifische biologische

Protokolle anwenden, die der Untersuchung von Mikroorganismen, die Materialien des Kulturerbes besiedeln, angepasst sind.

Verschiedene Probenahmeverfahren können für die Bewertung des Kontaminationsrisikos durchgeführt werden, wie z. B. ein steriler Abstrich zur Abschätzung der bakteriellen Aktivität in Sammlungen oder Probenahme aus der Luft (KBE je Kubikmeter) zur Abschätzung der Luftkontamination. Das Zählen und die Identifizierung von KBE helfen bei der Definition des Risikoniveaus und der Festlegung der angemessenen Bekämpfungsmaßnahmen.

Nach einem Ausbruch kann ein erheblicher bakterieller Befall auf Materialien oder in stehendem Wasser einen unangenehmen Geruch verursachen.

C.5.4 Reaktion und Behandlung

Wird eine Kontamination festgestellt, sind die wichtigsten Parameter für die Entwicklung von Bakterien zu kontrollieren. Zur Vorbeugung und Vermeidung einer Ausbreitung der Kontamination auf andere Kulturerbeobjekte oder die Umgebung sollten allgemeine Maßnahmen angewendet werden. Notfallmaßnahmen sind im Kontaminationsfall zu ergreifen, z. B. nach einem Ausfall der raumlufttechnischen Anlagen oder nach einer Überflutung.

Die Behandlung wird immer von Ausmaß und Schwere des Befalls sowie vom Ausmaß des Schadens und von der Art des kontaminierten Objekts abhängig sein. Als Maßnahmen zur Verringerung des Wachstums von Bakterien auf einer Oberfläche können mechanische Verfahren, z. B. das Reinigen, in Frage kommen. Als Teil der Maßnahmen nach einer Kontamination könnten Luftproben genommen werden, um Informationen über die Luftkontamination zu gewinnen, um die Notwendigkeit für die Behandlung der Innenumgebung zu bestimmen.

C.6 Weitere Gefährdungen

C.6.1 Allgemeine Merkmale

Abhängig von örtlichen Bedingungen können weitere Organismen auftreten, die üblicherweise nicht als Schädlinge betrachtet werden, aber eine Gefährdung von kulturellem Erbe und unter Umständen der Gesundheit von Menschen darstellen können, z. B. Vögel, Fledermäuse, Eichhörnchen, Dachse, Waschbären und Füchse.

C.6.2 Vorbeugung

Die beste Möglichkeit ist, die Räumlichkeiten für Schädlinge unattraktiv zu gestalten, und sie vom Brüten und Nestbau im Nahbereich des fraglichen Gebäudes abzuhalten, z. B. durch Vogelspikes oder Metallnetze. Ein Rat von Fachleuten kann in Naturkundemuseen, Universitäten oder Stiftungen für Naturkunde und Naturschutz eingeholt werden. Nistende Fledermäuse und Vogelkolonien können eine Gefahr für kulturelles Erbe darstellen, die Arten können jedoch in den meisten europäischen Ländern auf der Liste der geschützten Arten stehen. Es gibt Maßnahmen, um Fledermäuse und Vögel vom Nisten abzuhalten, obwohl keine aktive Behandlung erlaubt ist. Es gelten die nationalen und EU-Vorschriften zu bedrohten Arten.

Anhang D
(informativ)

Beispiel für eine Prüfliste für eine IPM-Untersuchung

D.1 Einleitung

Dieses Beispiel sollte als Ausgangspunkt für eine Organisation zur Erarbeitung einer geeigneten Prüfliste für die Institution betrachtet werden, um einen Bereich (Raum, Galerie oder Lager) zu untersuchen und eine IPM-Bewertung durchzuführen.

D.2 Allgemeine Angaben

Datum der Inspektion und die für die Inspektion und Kontrolle der Prüfliste verantwortliche Person (Name und Funktion).

Vor der Untersuchung – Folgendes ist zu überprüfen und zu bewerten:

— aktuelle Kopie des Gebäudeplans/Grundrisses;

— Umgebungsdaten (Temperatur, relative Luftfeuchte, Licht, Klima- und Lüftungsanlagen, Filtration);

— Bekämpfungsmaßnahmen;

— gewöhnliche und außergewöhnliche Instandhaltung;

— neuester Untersuchungs- und/oder Überwachungsbericht;

— Berichte über Eingänge und Ausgänge von Materialien/Gegenständen.

D.3 Inspektion

Die Umgebung der Institution wird sorgfältig untersucht werden, Fotos werden aufgenommen und biologische Proben gesammelt, benummert und aufgezeichnet. Es ist nach guten und schlechten Stellen zu suchen. Ein Grundriss ist zu verwenden oder ein grober Plan der Anordnung zu erstellen, und die Hauptmerkmale sind zu kennzeichnen.

Liste der Inspektionsausrüstung:

— angemessene persönliche Schutzausrüstung (Handschuhe, Masken, usw.);

— Material zur Sammlung von Schädlingsproben;

— Kamera;

— Notizblock;

— Thermohygrometer;

— Lampe;

— Vergrößerungsglas;

— weitere Ausrüstung, sofern zutreffend.

Umgebung – Folgendes ist hinsichtlich des Risikos der Schädlingsentwicklung zu überprüfen:

— Temperatur;

— relative Luftfeuchte;

— Licht;

— Luftumwälzung und -filtration;

— Geruch;

— Qualität der Reinigung;

— Schwierigkeit der Reinigung;

— Qualität der Instandhaltung des Gebäudes und technischer Einbauten;

— Toträume in Lagerschränken oder Schaukästen und in den Räumen;

— das Material, aus dem die Objekte bestehen;

— Anfälligkeit der Materialien für Schädlingsbefall;

— Ausstellungs- oder Lagerungsmaterialien;

— Versperren von Behältern oder Schränken;

— Auflistung aller Problembereiche, wie z. B. Leitungsrohre, unzugängliche Räume, Kamine, Fenster, Türen, Beleuchtungskörper usw.;

— Auflistung weiterer Faktoren, wie z. B. Cafés oder Ruhebereiche;

— Auflistung weiterer zu berichtender Faktoren (z. B. offenes Fenster usw.).

Schädlinge:

— Gibt es Anzeichen für tierische Schädlinge, und wenn, welcher Art gehören sie an und wo sind sie?

— Sind sie lebendig oder tot?

— Gibt es Fallen oder Köder? Sind diese ordnungsgemäß platziert?

— Gibt es Anzeichen für Schimmel oder anderes Wachstum von Mikroorganismen? Ist der Schimmel bzw. das Wachstum aktiv?

— Gibt es Schäden an Objekten? Wo sind diese ausgestellt?

— Handelt es sich um Material in Ausstellung oder Lagerung?

— Gibt es Anzeichen für Fledermäuse oder andere geschützte Arten? Wo sind sie?

Außenbereich – Folgendes ist hinsichtlich des Risikos der Schädlingsentwicklung zu überprüfen:

- Dachbodenräume und Lüftungseinrichtungen;
- Vogelnester und Schlafplätze;
- Anzeichen von Fledermäusen oder anderen geschützten Arten;
- Schornsteine;
- Undichtheiten von Ablaufrinnen und Fallrohren;
- Vordringen von Vegetation;
- Erdboden an Wänden und blockierte Lüftungsziegel und Luftspalte;
- andere Stellen, sofern zutreffend.

Am Ende des Berichts sind die Mängel zu identifizieren und mit den in den Räumlichkeiten festgestellten Risiken in den Gebäudeplan einzutragen. Jeder unsachgemäße Gebrauch von bioziden Produkten ist hervorzuheben.

D.4 Empfohlene Maßnahmen

Maßnahmen, die zur Bekämpfung von Befall/Kontamination und/oder zur Verringerung des Risikos ergriffen werden müssen, sind zu identifizieren:

- Reinigung;
- Reparaturen;
- Abdichtung;
- Behandlung von Objekten;
- Behandlung der Umgebung;
- Verbesserung der Lagerung des Objekts und der Ausrüstung;
- Änderung der Praxis.

Anhang E
(informativ)

Behandlungen

E.1 Einleitung

Es gibt kein einzelnes Verfahren, das auf alle Arten von Schädlingsbefall angewendet werden kann. Nachfolgend ist eine kurze Beschreibung unterschiedlicher Behandlungsverfahren angegeben, die regelmäßig bei der Behandlung von kulturellem Erbe angewendet werden, das von Schädlingen befallen ist. Neue Verfahren werden fortlaufend entwickelt. Da alle Behandlungsverfahren potentiell Objekte beschädigen könnten, sollte vor jeder Behandlung der Rat von Restaurierungsexperten eingeholt werden. Geeignete Maßnahmen zur Vermeidung von Gesundheitsgefährdungen müssen vorhanden sein.

E.2 Niedrige Temperatur

Niedrige Temperaturen werden zur Behandlung von Objekten gegen Insektenbefall verwendet, entweder weil diese befallen sind oder als Vorsichts-/Vorbeugungsmaßnahme. Die betroffenen Objekte sollten in Polyethylen-Kunststoff verpackt, überschüssige Luft soweit wie möglich entfernt und die Verpackung abgedichtet werden, um Kondensation zu verhindern. Die Behandlungsdauer kann in Abhängigkeit von der Temperatur, dem Material des Objekts, der Schädlingsart und ihrem Entwicklungsstadium schwanken.

Die Behandlung von Objekten mit Pilzkontamination bei niedriger Temperatur wird keine Sporen töten, aber das Wachstum verzögern oder zeitweilig stoppen. Niedrige Temperaturen werden als Notfallmaßnahme angewendet.

Niedrige Temperaturen könnten sich auf Oberflächenbehandlungen und -beschichtungen auswirken, z. B. Schellack oder Alkyd auf Holz und Metall.

E.3 Erhöhte Temperatur

Objekte können mit erhöhten Temperaturen behandelt werden, entweder weil sie von Schadinsekten befallen sind oder als Vorsichts-/Vorbeugungsmaßnahme. Die relative Luftfeuchte um das Objekt sollte auf einem geeigneten Niveau gehalten werden und Luft muss zirkulieren können. Es ist nicht erforderlich, Objekte einzeln zu verpacken. Eine Behandlung mit erhöhter Temperatur kann zuvor aufgebrachte biozide Produkte an der Oberfläche freisetzen und zur Abgabe an die Innenraumluft führen.

Mögliche Nebenwirkungen sind Veränderungen der Oberfläche einiger organischer Materialien, sowie das Erweichen von Klebstoffen und die Kristallisation von Lipiden.

Das Mikrowellenverfahren ist ein weiteres Verfahren mit erhöhter Temperatur, das hauptsächlich von spezialisierten Vertragspartnern zur Behandlung von befallenen Objekten angewendet wird. Es bietet einen schnellen Temperaturanstieg im Material. Das Verfahren kann Schäden an Objekten aus gemischten Materialien verursachen, z. B. Metallelementen und Oberflächenbeschichtungen.

E.4 Sauerstoffentzug oder veränderte/geregelte Atmosphären

Dieses Verfahren wird für die Behandlung von Objekten oder Materialien angewendet, um in einer Kammer oder einem Zelt mit einer sehr geringen Sauerstoffatmosphäre Insekten zu töten. Verschiedene veränderte/geregelte Atmosphären enthalten inerte Gase (zum Beispiel Stickstoff, Helium oder Argon) und Kohlenstoffdioxid, wobei Stickstoff am gebräuchlichsten ist. Die Wirksamkeit und Geschwindigkeit der Behandlung beruht auf der Regelung der vier Hauptparameter: Sauerstoffgehalt, Temperatur, relative Luftfeuchte und Behandlungsdauer. Der Sauerstoffentzug kann durch dynamische (Spülung) oder statische

Verfahren (mit Sauerstoffabsorbern) erfolgen. Während der Behandlung sollte die relative Luftfeuchte geregelt werden.

E.5 Strahlung

Gammabestrahlung ist eine ionisierende Strahlung mit bakteriziden, fungiziden und insektiziden Eigenschaften. Ihre Verwendung ist auf spezialisierte Unternehmen begrenzt und wird durch diese kontrolliert. Pilze sind weniger empfindlich gegen ionisierende Strahlung als Insekten und erfordern eine höhere Dosis. Einige Materialien sind gegenüber ionisierenden Strahlungen empfindlich.

E.6 Biozide Produkte

Biozide Produkte werden nach der Verordnung (EU) Nr. 528/2012 geregelt und definiert als „Wirkstoffe und Zubereitungen, die einen oder mehrere Wirkstoffe enthalten, in der Form, in welcher sie zum Verwender gelangen, und die dazu bestimmt sind, auf chemischem oder biologischem Wege Schadorganismen zu zerstören, abzuschrecken, unschädlich zu machen, Schädigungen durch sie zu verhindern oder sie in anderer Weise zu bekämpfen".

Die Anwendung von bioziden Produkten umfasst Stoffe, die nicht nur zur Behandlung, sondern auch zur Vorbeugung verwendet werden. Die Verwendung biozider Produkte bei kulturellem Erbe sollte nur dann in Betracht gezogen werden, wenn keine anderen Verfahren zur Verfügung stehen. Biozide Produkte werden in verschiedenen Formen aufgebracht, wie z. B. fest, flüssig und gasförmig. Beispiele sind Bakterizide, Insektizide, Algizide, Fungizide und Flechtenbekämpfungsmittel. Die Verwendung muss gezielt erfolgen und hängt von einer Vielzahl von Faktoren ab, z. B. der Art des Schädlings, Ursache und Wirkung, Empfindlichkeit von Materialien oder Exposition von Menschen.

E.7 Weitere Behandlungen

Trocknungsmittelstäube sind Silikatprodukte, die zur physikalischen Insektenbekämpfung eingesetzt werden, z. B. in Hohlräumen, Bodendielen und Toträumen.

Freisetzen von Parasitoiden, die natürliche Widersacher mancher Arten sind; dies kann dazu verwendet werden, Schädlingspopulationen in Räumlichkeiten, in denen kulturelles Erbe untergebracht ist, zu reduzieren und zu bekämpfen.

Fallen für Nagetiere und andere Schädlinge können zur Überwachung, Verringerung oder Tilgung der Populationen verwendet werden.

Luftfiltrations- und Dekontaminierungsgeräte können die Belastung der Innenraumluft mit Bakterien, Sporen, Pollen, Staub usw. verringern. Geräte, die kein Ozon (das für die Materialien, aus denen die Objekte hergestellt sind, schädlich ist) erzeugen, sollten bevorzugt werden.

DIN EN 16790:2016-12
EN 16790:2016 (D)

Literaturhinweise

[1] CEN/TS 12404, *Dauerhaftigkeit von Holz und Holzprodukten — Bestimmung der Wirksamkeit eines Schutzmittels gegen das Überwachsen von Echtem Hausschwamm Serpula lacrymans (Schumacher ex Fries) S.F. Gray vom Mauerwerk auf das Holz — Laboratoriumsverfahren*

[2] EN 15946, *Erhaltung des kulturellen Erbes — Verpackungsverfahren für den Transport*

[3] EN 16636, *Schädlingsbekämpfungsdienstleistungen — Anforderungen und Kompetenzen*

[4] EN 16141, *Erhaltung des kulturellen Erbes — Richtlinien für den Umgang mit Umwelt- und Umgebungsbedingungen — Schaudepots: Definitionen und Merkmale von Sammlungszentren bestimmt für die Bewahrung und Pflege des kulturellen Erbes*

[5] EN 15999-1, *Erhaltung des kulturellen Erbes — Leitfaden für die Konstruktion von Schauvitrinen zur Ausstellung und Erhaltung von Objekten — Teil 1: Allgemeine Anforderungen*

[6] Florian, Mary-Lou, Fungal facts - Solving fungal problems in heritage collections, Archetype Publications, 2002

[7] INTEGRATED PEST MANAGEMENT FOR COLLECTIONS. Proceedings of 2011: A Pest Odyssey, 10 Years Later. Winsor, P., Pinniger, D., Bacon, L., Child, B., Harris, K., Lauder, D., Phippard, J., Xavier-Rowe, A., (Eds.), English Heritage, Swindon, 2011

[8] ISO 31000, *Risk management — Principles and guidelines*

[9] MICHALSKI, S. A Systematic Approach to Preservation: Description and Integration with Other Museum Activities. In: Preventive Conservation Practice, Theory and Research. Preprints of the Contributions to the Ottawa Congress, 12-16 September 1994, International Institute for Conservation of Historic and Artistic Work. Ed. Roy & Smith, pp. 8-11

[10] PINNIGER, D., MEYER, A. *Integrated pest management in cultural heritage*. Archetype, London, 2015

[11] Verordnung (EU) Nr. 528/2012 des Europäischen Parlaments und des Rates vom 22. Mai 2012 über die Bereitstellung auf dem Markt und die Verwendung von Biozidprodukten

[12] ROQUEBERT M.-F. *Les contaminants biologiques des biens culturels*, Paris, Elsevier, 2002.

[13] Standards for the Professional User, DSV (Deutscher Schädlingsbekämpfer-Verband e.V.) 2005-07-14

[14] STRANG, T., KIGAWA, R. *Combatting Pests of Cultural Property. Technical Bulletin 29*. Canadian Conservation Institute, Ottawa, 2009. Im Internet abrufbar unter http://www.cci.ca.

Webseiten und Netzpublikationen:

1) BROKERHOF, A.W., VAN ZANEN, W.B., VAN DE WATERING, K., PORCK, H., 2007. Buggy Biz: Integrated Pest Management in Collections. Netherlands Institute for Cultural Heritage (ICN) and IADA, Amsterdam http://www.cultureelerfgoed.nl/sites/default/files/publications/fluffy-stuff-integrated-pest-management-in-collections.pdf

2) English Heritage-Internetseite: Advice and guidance - Pests http://www.english-heritage.org.uk/learn/conservation/collections/advice-and-guidance/

3) MUSEUMPESTS. NET. http://www.museumpests.net

4) Insectes du Patrimoine Culturel/Pest insects of our Cultural Heritage, http://www1.montpellier.inra.fr/CBGP/insectes-du-patrimoine/?q=en

5) NATIONAL PARK SERVICE. (2005) Museum Handbook Part I, Chapter 5 (biological infestations) http://www.nps.gov/museum/publications/MHi/mushbki.html

6) RAGER, G. 2004. La conservation des objets mobiliers dans les églises. Outil d'auto-évaluation. DAPA. http://www.culturecommunication.gouv.fr/Politiques-ministerielles/Conservation-restauration/Ressources-documentaires/Fiches-pratiques-livres-et-revues/Ouvrages-en-ligne

7) SEIFERT, B. 2002. Leitfaden zur Vorbeugung, Untersuchung, Bewertung und Sanierung von Schimmelpilzwachstum in Innenräumen. Bundesumweltamt Berlin. http://www.apug.de/archiv/pdf/Schimmelpilze_Leitfaden.pdf

INTERNATIONAL STANDARD

ISO 21110

First edition
2019-08

Information and documentation — Emergency preparedness and response

Information et documentation — Préparation et réponse aux situations d'urgence

Reference number
ISO 21110:2019(E)

ISO copyright office
CP 401 • Ch. de Blandonnet 8
CH-1214 Vernier, Geneva
Phone: +41 22 749 01 11
Fax: +41 22 749 09 47
Email: copyright@iso.org
Website: www.iso.org

Published in Switzerland

Contents

Foreword

ISO (the International Organization for Standardization) is a worldwide federation of national standards bodies (ISO member bodies). The work of preparing International Standards is normally carried out through ISO technical committees. Each member body interested in a subject for which a technical committee has been established has the right to be represented on that committee. International organizations, governmental and non-governmental, in liaison with ISO, also take part in the work. ISO collaborates closely with the International Electrotechnical Commission (IEC) on all matters of electrotechnical standardization.

The procedures used to develop this document and those intended for its further maintenance are described in the ISO/IEC Directives, Part 1. In particular, the different approval criteria needed for the different types of ISO documents should be noted. This document was drafted in accordance with the editorial rules of the ISO/IEC Directives, Part 2 (see www.iso.org/directives).

Attention is drawn to the possibility that some of the elements of this document may be the subject of patent rights. ISO shall not be held responsible for identifying any or all such patent rights. Details of any patent rights identified during the development of the document will be in the Introduction and/or on the ISO list of patent declarations received (see www.iso.org/patents).

Any trade name used in this document is information given for the convenience of users and does not constitute an endorsement.

For an explanation of the voluntary nature of standards, the meaning of ISO specific terms and expressions related to conformity assessment, as well as information about ISO's adherence to the World Trade Organization (WTO) principles in the Technical Barriers to Trade (TBT) www.iso.org/iso/foreword.html.

This document was prepared by Technical Committee ISO/TC 46, *Information and documentation*, Subcommittee SC 10, *Requirements for document storage and conditions for preservation*.

Any feedback or questions on this document should be directed to the user's national standards body. A complete listing of these bodies can be found at www.iso.org/members.html.

INTERNATIONAL STANDARD ISO 21110:2019(E)

Information and documentation — Emergency preparedness and response

1 Scope

This document provides a context for emergency planning, response and recovery for all types of an archive, library or museum collections in light of other existing plans. It provides responders and other stakeholders with an outline for planning, responding and recovering. This document does not address the causes of a critical event, but the consequences and wider impacts. This document outlines a cycle for developing, exercising and reviewing a plan, and how to present a plan. It aims to encourage responders to develop their capabilities in emergency preparedness and touches on some elements of response and recovery, where relevant, by highlighting indicators of good practice.

It is not intended to be an operations manual as there is no single approach that meets the needs of every site, nor is there one single set of organizational arrangements that is appropriate to each and every type of emergency.

2 Normative references

There are no normative references in this document.

3 Terms and definitions

For the purposes of this document, the following terms and definitions apply.

ISO and IEC maintain terminological databases for use in standardization at the following addresses:

— ISO Online browsing platform: available at https://www.iso.org/obp

— IEC Electropedia: available at http://www.electropedia.org/

3.1
business continuity
capability of the organization to continue delivery of products or services at acceptable levels following disruptive incident

[SOURCE: ISO 22300:2018, 2.3.10]

3.2
business continuity plan
BCP
documented procedures that guide organizations to respond, recover, resume, and restore to a pre-defined level of operation following disruption

Note 1 to entry: Typically, this covers resources, services and activities required to ensure the continuity of critical business functions.

[SOURCE: ISO/IEC 27031:2011, 3.3]

3.3
collection
documents and items under the stewardship of an archive, library or museums regardless of format

3.4
emergency management
overall approach preventing emergencies and managing those that occur

Note 1 to entry: In general, emergency management utilizes a risk-management approach to prevention, preparedness, response and *recovery* (3.11) before, during and after potentially destabilizing and/or disruptive events.

[SOURCE: ISO 22300:2018, 3.78]

3.5
emergency preparedness
measures and action taken in advance to mitigate the effects of possible destructive events

Note 1 to entry: This includes drawing up a disaster response plan.

[SOURCE: EN 15898:2011, 3.4.6]

3.6
emergency response
immediate phase in the aftermath of an event, consisting of gaining control, limiting the extent of the emergency and minimizing further damage

3.7
hazard
source of potential harm

Note 1 to entry: Hazard can be a risk source.

[SOURCE: ISO Guide 73:2009, 3.5.1.4]

3.8
incident response
actions taken in order to stop the causes of an imminent *hazard* (3.7) and/or mitigate the consequences of potentially destabilizing or disruptive events, and to recover to a normal situation

Note 1 to entry: Incident response is part of the *emergency management* (3.4) process.

[SOURCE: ISO 22300:2018, 3.115]

3.9
mutual aid agreement
written agreement between institutions that provides for assistance upon request, by furnishing personnel, equipment, and/or expertise

3.10
pre-impact phase
phase of warning

3.11
recovery
restoration and improvement, where appropriate, of operations, facilities, *collections* (3.3), livelihoods or living conditions of affected organizations, including efforts to reduce risk factors

[SOURCE: ISO 22300:2018, 3.187, modified — The term "collections" has been added.]

3.12
review
activity undertaken to determine the suitability, adequacy and effectiveness of a subject matter to achieve established objectives

[SOURCE: ISO Guide 73:2009, 3.8.2.2]

3.13
risk
effect of uncertainty on objectives

Note 1 to entry: An effect is a deviation from the expected — positive and/or negative.

Note 2 to entry: Objectives can have different aspects (such as financial, health and safety, and environmental goals) and can apply at different levels (such as strategic, organization-wide, project, product and process).

Note 3 to entry: Risk is often characterized by reference to potential events and consequences or a combination of these.

Note 4 to entry: Risk is often expressed in terms of a combination of the consequences of an event (including changes in circumstances) and the associated likelihood of occurrence.

Note 5 to entry: Uncertainty is the state, even partial, of deficiency of information related to, understanding or knowledge of an event, its consequence, or likelihood.

[SOURCE: ISO Guide 73:2009, 1.1]

3.14
risk assessment
overall process of risk identification, risk analysis and risk evaluation

[SOURCE: ISO Guide 73:2009, 3.4.1]

3.15
risk management
coordinated activities to direct and control an organization in regard to *risk* (3.13)

[SOURCE: ISO Guide 73:2009, 2.1.1]

3.16
risk management plan
scheme within the risk management framework specifying the approach, the management components and resources to be applied to the management of risk

[SOURCE: ISO Guide 73:2009, 2.1.3]

3.17
triage
prioritizing or sorting system to assess the severity of affected collections and to assign stabilization priorities

4 Planning

4.1 Process of preparing

4.1.1 General

Preparing is a continuous cycle of planning, organizing, equipping, training, evaluating and improving procedures to ensure effective co-ordination and the enhancement of capabilities to respond and recover in the event of an emergency.

Figure 1 illustrates this process.

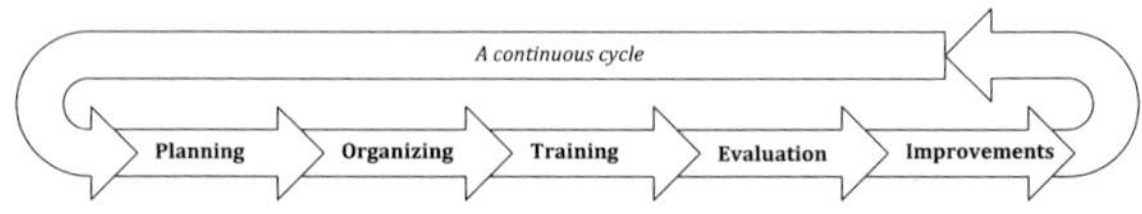

Figure 1 — Process of preparing

NOTE See Annex C for a detailed diagram of emergency planning.

4.1.2 Establishing an emergency committee

An emergency committee shall be established.

This committee is responsible for the emergency preparedness and response plan. Senior management should be directly involved in the committee. This committee shall be responsible for:

— preparing an emergency preparedness and response plan;

— managing an integrated response and recovery to an emergency affecting or threatening collections and their environment.

The emergency committee should include:

— the emergency preparedness and response plan coordinator with a background in conservation and/or collections care or substantial knowledge of collections and buildings;

— senior management with knowledge of the different emergency plans within the institution (i.e. business continuity plan, emergency communication plan, etc.);

— full range of service groups;

— experts with knowledge of:

  — logistical implementation issues such as financing, insurance, and governmental support;

  — different emergency plans within the institution;

  — conservation and preservation;

  — collections and their priorities;

  — stacks and storage management;

  — heating, ventilation and air-conditioning (HVAC) and other building systems.

— other stakeholders.

Expertise may be recruited from outside the institution as needed.

NOTE Annex A gives a list of stakeholders and their roles during an incident.

4.1.3 Establishing a documented program

The institution shall have a documented and scheduled program that includes:

— written policy approved by the leadership;

— established program goals and objectives;

— established program plans and procedures that safeguard the collections;

— budget, purchase, and maintenance of standard emergency supplies and equipment;

— review process for continuous improvement;

— training plan and training programme.

4.1.4 Stating the emergency preparedness and response plan's objective

The emergency preparedness and response plan for collections shall have a clearly stated objective.

The objective is a brief summary of the purpose of the emergency preparedness and response plan to reduce damage to the collections and their environment with procedures to address hazards that present the highest risks.

The objective shall include planning for small and large emergencies and the appropriate actions under a range of circumstances, with emergency procedures to address each situation.

NOTE 1 Emergency levels are defined in 4.3.

NOTE 2 Lack of preparedness can lead to inadequate or inappropriate response and the escalation of a small-scale emergency to a larger incident, with greater impact on more of the collection and/or building, over a longer period of time.

The objective shall specify the limitation on planning, sectors or areas out of the scope.

4.2 Understanding identified risks and their impact

4.2.1 General

The emergency committee shall identify conditions or events that could contribute to loss or damage to collections to proactively address hazard mitigation, emergency response and emergency recovery.

Building regulations mainly relate to life safety and mechanical system operations. Therefore, a risk assessment shall be conducted with regard to the protection of the building and collections.

Risk assessment can be used to support decisions about disaster prevention or protection of collections in a new or existing building. It can be used to provide general guidance or to support choices in the selection of scenarios. A risk assessment shall be carried out to identify the specific risks to collections and the site.

Risk assessment can identify:

— compliance with safety code and regulations;

— compliance with preservation standards and requirements;

— corrective and compensatory measures against the identified hazards;

— balance between cost and risk reduction benefit;

— special events or temporary exhibitions that can compromise existing fire protection systems;

— acceptable risks especially for severe events;

— reliability of the emergency preparedness and response plan and/or the overall crisis management.

Effective risk assessment and management requires information about:

— collections and the building;

— hazards to these;

— collections and building vulnerabilities;

— potential impacts on these;

— controls that can be put in place.

It is important that gaps in information or the need to gather more information (such as risk assessments, surveys, etc.) are identified during the planning process.

The expertise of emergency services (such as representatives of local fire and police departments, occupational health and safety officer, etc.) shall be requested for assessing the site risks and reviewing the plan.

4.2.2 Identifying hazards

Accurately assessing hazards and identifying vulnerabilities is critical to understanding the risks to collections.

NOTE 1 ISO 11799 contains information on risks and requirements for a new construction or for reviewing an existing building and for their maintenance.

NOTE 2 ISO/TR 19815 contains information on risks and requirements for managing the environment of collections in a repository.

NOTE 3 ISO/TR 19814 contains information on risks and requirements for managing library and archives collections.

Table 1 ranks the likelihood of hazards.

Table 1 — Ranking the likelihood of hazards

Established	The site is periodically affected by natural hazards (i.e. more than every 10 years). The area includes buildings or other activities which can be targets for damage, vandalism or unauthorized access. Technical failures like leakages, power failures, etc. occur on a frequent basis or have been registered in the recent past years. Collections have been affected by technical failures in the recent past years. Activities in the area are hazardous to the site.
Credible	The site is prone to natural hazards which affect the site on a sporadic basis (i.e. less than once every 10 years). No damage, vandalism or unauthorized access against archives, libraries or museums has been registered in the area but in immediate vicinity other buildings could be a target. Technical failures like leakages or power failures have been registered in the past years but with no harm to collections. Activities in the area can be hazardous to the site.
Potential	The region is prone to natural hazards, but the site has never been affected. No damage, vandalism or unauthorized access against archives or libraries has been registered in the area. The maintenance of the building and its equipment is made according to regulations and documented. Activities in the area are not hazardous to the site.
Minimal	The region is not prone to natural hazards and no critical event has been registered. The maintenance of the building and its equipment is made according to regulations and documented. Activities in the area are not hazardous to the site.

4.2.3 Identifying building vulnerability

The building vulnerability assessment considers the potential impact of loss after an event, and determines if critical systems will continue to function during an emergency.

It shall consider the age, function and style of the building to determine inherent risks, including fire risks.

The building vulnerability assessment shall consider the following factors:

— local area risks such as severe weather, tsunamis, mudslides, volcanoes, floods;

— site;

— building envelope;

— physical structure and design;

— heating ventilation air-conditioning;

— plumbing and gas systems;

— electrical systems;

— fire detection and fire suppression systems;

— fuel load constituted mainly of paper-based collections;

— use of non-storage areas for storage;

— adjacency with science laboratories or chemical storage;

— changing exhibition and display areas;

— prior or chronic infrastructure problems.

The vulnerability assessment shall consider external factors, including:

— access conditions for rescue vehicles;

— fire-fighting water supply;

— time of response to an alarm;

— criminal activities.

Table 2 ranks the severity of the building vulnerabilities.

Table 2 — Building vulnerability rankings

Devastating	One or more major weaknesses have been identified that make the building extremely susceptible to a hazard. All or part of the building will be lost or have structural problems. Critical installations will be interrupted. Side effects are not manageable. The facility is closed.
Severe	One or more major weaknesses have been identified that make the building very susceptible to a hazard. Critical installations can be interrupted. The entire facility can be closed for a period of up to two weeks and a portion of the facility can be closed for an extended period of time.

Table 2 *(continued)*

Noticeable	A weakness has been identified that makes the building susceptible to a hazard. Critical installations can be interrupted. Facility remains open but one or several repositories are affected requiring the relocation of a part of the collections.
Minor	A minor weakness has been identified that slightly increases the vulnerability of the building. Critical installations will continue to function. Side effects of an event are manageable. The collections environment can be affected with no need of relocation of collections.

4.2.4 Identifying collections vulnerability

The collections vulnerability assessment shall consider consecutively physical damages and the loss of value.

The vulnerability assessment shall consider special hazards to collections and the side effects on their preservation conditions in the case of an incident. Only hazards that have a significant probability shall be considered.

Potential physical, biological or chemical effects on materials and on their enclosures and furnishings shall be evaluated but not be limited to the following:

— fire hazards, heat, smoke and soot;

— discharge of sprinklers;

— clear and contaminated water;

— interruption of core services;

— hazards from the collection itself (radioactivity, poisons, asbestos, explosives, etc.);

— Use of stack areas for non-collection storage purposes, including staff work areas and facility maintenance equipment and supply storage.

The collections vulnerability assessment shall be based upon an accurate documentation of the collections preservation conditions, including:

— conditions of collections;

— all types of materials and media;

— all types of enclosures and their description;

— all storage furnishings in which collections are kept.

Special attention should be drawn to some collections materials that emit volatile compounds. This list shall reflect all changes in location.

The collections vulnerability assessment shall include an independent evaluation of the effectiveness of fire suppression systems and their full compliance with standards. The system shall be periodically tested to ensure that it can extinguish or control the fire in the fuel package.

NOTE Changes in type of storage, ceiling construction and room elevations can alter the effectiveness of the fire suppression systems.

The collections vulnerability assessment shall consider an individual event and the accumulative effect of multiple minor events, including:

— physical forces;

— thieves, vandals, displacers;

— fire;

— water;

— pests;

— pollutants;

— light;

— incorrect temperature;

— incorrect relative humidity;

— custodial neglect and dissociation.

Table 3 ranks the severity of collection vulnerability.

Table 3 — Collections vulnerability rankings

Devastating	A large proportion of collections or high priority collections are at risk of being lost, destroyed or damaged beyond restoration. Enclosures are non-existent or unreliable.
Severe	Parts of sensitive collections are at risk of damage beyond restoration. A large proportion of collections or irreplaceable collections can be damaged or contaminated but treatment is possible. One or several repositories need to be evacuated.
Noticeable	A limited number of collections are at risk of damage beyond restoration. The repositories environment is under control.
Minor	There is no risk of loss of irreplaceable collections. Irreplaceable collections and sensitive materials are protected by enclosures. Provisions for basic treatment or replacement of enclosures are available.

4.2.5 Assessment of potential damage or loss

The emergency committee shall identify the conditions that could provoke damage or loss of collections. Scenarios shall consider the possible multiplier effects and their adverse effects including:

— Requirements of overall plans or local authorities plans;

— Damage to essential building installations such as electricity, water, ventilation, air conditioning, security systems;

— Damage to equipment such as storage furniture;

— Inaccessibility to the building for an extended period of time.

4.2.6 Risk analysis

The risk analysis shall consider consecutively distinct risks.

For each risk, the ranking specified in Table 4 can be applied.

Table 4 — Risk rankings

Very high	The risk is totally unacceptable. Immediate measures shall be taken to reduce these risks and mitigate hazards.
High	The risk is unacceptable. Measures to reduce risk and mitigation hazards should be implemented as soon as possible.

Table 4 *(continued)*

Medium	The risk may be acceptable over the short-term. Plans to reduce risk and mitigate hazards should be included in future plans and budgets.
Low	The risks are acceptable. Measures to further reduce risk or mitigate hazards should be implemented in conjunction with other security and mitigation upgrades.

4.2.7 Security strategy

Objectives shall be established to determine the level of protection required for the collections.

A security strategy shall include specific measures relating to the protection of the collections. It shall be drawn up in accordance with the risk assessment. It shall be based on knowledge of the collection materials' vulnerability and the collections' value.

The security strategy shall be drafted in consultation with fire safety and building security specialists, such as local firefighter or police.

4.2.8 Risk management and monitoring measures

Regardless of the nature of the threat, institutions shall limit or manage risks from these threats to the extent possible. The emergency preparedness and response plan shall address the risks identified. Research findings can lead to revisions in the plan.

The purpose of risk management is to reduce the risks identified during the risk assessment. institutions shall address those risks that are not acceptable; otherwise, it would be difficult to define priorities and to finance the mitigation of all the identified risks.

Risk management includes the following activities:

— avoidance;

— detection;

— protection;

— response.

Building vulnerabilities shall be addressed to reduce risks. Where collections are at risk, they shall be relocated. If relocation is not possible, the collection shall be protected until vulnerability can be eliminated or reduced.

NOTE See NOTES 1 to 3 in 4.2.2.

4.3 Definition of emergency levels and phases

The emergency preparedness and response plan of the institution shall have a clear definition of an emergency.

A small-scale incident can affect part of a collection, a small number of shelves or be restricted to a single floor, but essentially the definition of scale is proportional to the resources an institution has available to respond and deal with an emergency incident. A large-scale emergency can affect a whole building. Large-scale incidents can be caused by natural hazards (earthquakes, widespread flooding, hurricanes, uncontrolled forest fires), or other causes such as gas or bomb explosions. Large-scale incidents can affect areas beyond the institution and collections can be at additional risk of looting or vandalism.

The plan should distinguish between small incidents, which can have a limited impact, and larger or more serious incidents, which can have a widespread impact. For example, internal leaks can affect a small area or natural emergencies can affect a city or a region.

An incident can escalate from one level to the next. The three main levels can be defined as:

— Level 1: minor incident requiring commitment of resources within current capabilities of the institution;

— Level 2: major incident requiring more resources than the current capabilities of the institution;

— Level 3: critical incident requiring extensive resources, and additional external resources.

Hazards such as floods or storms often provide a pre-impact phase (warning) that shall be time-lined in order to plan for precautionary tasks.

4.4 Alignment with other emergency plans

An emergency preparedness and response plan should be aligned or coordinated with other existing local, regional or national emergency management plans (for example crisis management plans). Emergency preparedness and response plans for collections shall be coordinated with the institution's business continuity plan.

4.5 Plan content

An emergency preparedness and response plan should at least include the following basic elements. The order may vary according to needs.

a) management, control and coordination;

b) chain of command;

c) communication with the command centre and the responders;

d) roles and responsibilities;

e) key principles of intervention;

f) procedures for alerting key decision makers and activating response team;

g) operational procedures to support the execution of the emergency preparedness and response plan, including:

   1) health, safety and welfare for responders;

   2) containment and stabilization in affected area(s);

   3) requirements for shelter;

   4) access;

   5) security of any facilities locations where collections are temporarily held;

   6) facility access protocol for contractors brought in to assist with collections salvage.

h) protocol for securing utility shut-offs (such as electrical power or water main). This is listed below in o) "Annexes", but should be included as an operational procedure;

i) salvage priorities criteria and lists;

j) salvage procedures;

k) decontamination protocols for building or collections;

l) communication with the command centre and between response team;

m) tracking of collection moves and relocations;

n) monitoring (program, processes, building stability, climate and people) and reporting on activities, performance and compliance);

o) annexes, for example:

   1) contacts lists;

   2) location of resources and supplies including contact information of specialist contractors and suppliers;

   3) location of alternate sites for storage of collections, treatment of collections and incident control;

   4) location and access to specific facilities, e.g. freezing facilities;

   5) site plans and floor plans with the following mapped:

      i) priority and vulnerable collections;

      ii) shut-offs for utilities;

      iii) hazards, including hazardous collections and building materials e.g. asbestos;

      iv) fire extinguishers;

      v) entry/exit routes;

      vi) meeting point;

      vii) response supplies and equipment;

      viii) list of location of response supplies and equipment.

p) salvage forms including:

   1) risk assessment;

   2) tracking;

   3) key communications, decisions and events log;

   4) on-site attendance;

   5) expenditure and time.

NOTE Annex B gives an example template of an emergency preparedness and response plan.

4.6 Plan validation

The emergency preparedness and response plan shall be authorized by the management.

4.7 Plan publication and distribution

The emergency preparedness and response plan shall be distributed to designated positions within organizations rather than to individuals. Copies of the plan or parts of it are distributed to at least:

— those involved in the planning process;

— related planning committees;

— decision-making unit;

— experts and team responders.

Provisions for the dissemination of the current approved version of the emergency preparedness and response plan shall be clearly defined in a project records management system and controlled in accordance with it.

The dissemination of the emergency preparedness and response plan should be tracked. Each authorized copy of the plan shall contain a version identification number and shall be dated.

A master distribution list shall be maintained for backup purposes and shall include a hard copy in case of IT failure.

Electronic access to the current approved version of the emergency preparedness and response plan shall be limited to the staffs that need to know the content, based on their work assignments, emergency response team duties, managerial functions, and other appropriate considerations.

Distribution of printed and electronic copies of the plan to external stakeholders shall be limited to those, with a legitimate need, such as local authorities and response organizations.

A list of approved external stakeholders shall be maintained in the current version of the emergency preparedness and response plan.

Draft or superseded print copies of the emergency preparedness and response plan shall be physically retrieved and destroyed (except for copies retained for legal or regulatory purposes).

Proof of distribution (such as transmittal letters) of original copies, additional copies, and revisions to external stakeholders, shall likewise be maintained in a project records management system.

Unauthorized copying or distribution of the Emergency Preparedness and Response Plan shall be prohibited.

4.8 Plan presentation

The planning process shall result in integrated or single plan documents, or a combination thereof.

The planning process shall result in a written program and a set of actions and operational procedures.

The emergency preparedness and response plan shall provide staff members with written instructions about their particular emergency duties. Duties should be assigned based on response team title rather than name of staff member. If that staff member is away, others should be able to step in and fulfil the duties outlined for that position.

The emergency preparedness and response plan shall include systematic procedures to guide situation and damage assessment, situation reporting and incident action planning.

4.9 Plan maintenance procedures

4.9.1 Principles

Plans shall be reviewed and adjusted to reflect organizational changes, including restructurings, new policies, changes in technology and facilities such as renovation work, changes in the location of collections or the redesign of a permanent or installation of a temporary exhibition. Plans shall continuously reflect changes in the details of key personnel, including names, job titles, and contact arrangements. The emergency preparedness and response plan maintenance shall be completed according to an established schedule.

The emergency preparedness and response plan, its procedures and capabilities shall be evaluated through periodic reviews, testing and exercises.

The plan maintenance includes the designation of a review team, the establishment of a review schedule and the identification of the issues that can impact the frequency of changes.

Additional evaluations shall be based on post-incident analysis and reports, lessons learned and performance evaluations.

Responsibility for updating the plan shall be allocated to a named individual, and formally integrated into their job description. In addition to regular updating (such as personnel/contact detail changes) a formal review period should be set and adhered to.

NOTE An emergency preparedness and response plan that has not been properly updated or properly tested is in general more dangerous than not having one. Out-of-date plans create a sense of false security in the organization and can obstruct or delay valid responses during an actual emergency.

4.9.2 Maintenance in co-ordination with other plans

The emergency preparedness and response plan shall be reviewed in co-ordination with updates to other related institutional plans, in particular:

— crisis management plan;

— communication management;

— business continuity plan;

— building security;

— building operation and support;

— first aid;

— data protection.

4.9.3 Procedures for maintaining the plan

Procedures shall be in place to ensure the plan is up to date by:

— recording contact and employment details of personnel;

— testing the communication systems on an established schedule;

— updating checklists and forms;

— recording the locations of collections;

— ensuring version control;

— reviewing plan objectives, roles, methods;

— documenting trainings and recording who has been trained.

Corrective action shall be taken on any deficiency discovered during testing or an actual event.

Major changes shall be advertised by a publication announcement to all personnel.

Procedure manuals should be reviewed regularly and updated as necessary to allow for organizational and procedural changes.

4.10 Identifying tasks and resources

4.10.1 Principles

Effectiveness of measures taken during the response and recovery phases depends on interrelated activities.

Tasks and resources shall be identified and managed during the planning phase.

Planning should take into account the main tasks that need to take place and the resources that need to be in place to support them, including:

— health, welfare and safety;

— security;

— legal, financial and administrative framework;

— logistics;

  — personnel needs (food, coffee, etc.);

  — operation's needs (transport, supplies, etc.);

— communication;

— building stabilization and securing;

— collections (identification, prioritization, quantification, conservation).

For each activity strategies and arrangements shall be identified, based upon valid assumptions regarding the effects of hazards. They shall be consistent with the overall emergency management arrangements.

Each activity shall have emergency procedures ready to implement.

For each of these procedures, supporting tools and resources should be in place to guide people's actions before, during and after a critical event.

4.10.2 Priorities for response and recovery

Priorities for the response and recovery phases shall be identified during the planning phase. Knowing where the most vulnerable collections are is important when allocating appropriate resources before, during and after an emergency, for example a flood event.

Setting priorities will make it easier to plan effectively particularly for the delivering of warnings and managing an evacuation.

Setting priorities for response and recovery phases consist in establishing a decision-making process to fit into the three key phases of pre-impact, impact and post-impact.

Priorities shall result from a collection survey combining both quantitative and qualitative approaches by identifying in advance the following collections:

— to be protected, moved, evacuated during a warning phase;

— that need consideration due to vulnerability of items;

— that need special consideration due to their significance.

Criteria shall be defined according to the institution's policy, considering the following factors[10]:

— value, authenticity;

— rarity, integrity, significance, uniqueness, function or difficulty of replacement;

— legal status of the collections;

— fragility of items;

— difficulty of treatment: expensive, rarely successful or requiring special expertise;

— cost of replacement or surrogates;

— existing protection such as boxes or shelving or other protective measures;

— moveability of items or collections.

Priorities can be set for a whole institution and for each repository, floor, area or department.

Priorities for response and recovery phases shall be documented according to requirements established in 4.10.6.

Priorities for response and recovery phases shall be available for coordinators and those in charge of writing response and recovery procedures.

NOTE 4.7 gives recommendations to protect the confidentiality of this sensitive information.

4.10.3 Legal, financial and administrative framework

The emergency preparedness and response plan shall be developed to the level required to meet the institution needs.

Regulations establish a framework for civil protection and define a clear set of roles and responsibilities at the local level. The planning process should include representatives of local organizations and local government departments with identified roles in response and recovery.

The full legal status of the collections shall be established as follows.

— Category of ownership: for example, is it owned privately, or by a public institution, or by a commercial corporation?

— Responsible administration: Who is legally responsible for safekeeping of the material, and how is that responsibility being exercised?

The preparation phase includes the review and documentation of the procedures to request financial resources to cover the costs of dealing with the consequences of an emergency on the collections and their environment.

NOTE Examples include self or commercial insurance.

The review of the coverage in the event of damage shall consider:

— protection against loss or damage by identified hazards;

— coverage of the costs for conservation, replacement and duplication;

— coverage of the costs for temporary storage at a remote site against theft, loss due to fire, water or poor environmental conditions;

— coverage during transport to/from a remote site in the case of an emergency;

— authorized level of spending;

— coverage of the costs for re-organizing and re-housing;

— clean-up and the decontamination costs of the affected areas following a chemical, biological or nuclear incident or as a consequence of a fire or water incident;

— clean-up and decontamination costs for the affected collections.

This phase shall identify any extra insurance needed to cover collections in a temporary storage space or staff working outside of working hours or under deteriorated conditions.

Special financial arrangements need to be considered. The planning committee shall identify the state and local financial procedures and review the emergency procurement procedures.

Pre-agreements with commercial disaster response vendors can be considered. Such agreements can contain institution commitments to request a quote from that vendor when occasion arises, and vendor commitments to receive requests, and respond to the institution before responding to non-commitment organizations or individuals. Such agreements can also contain registration of facility plans and priorities for salvage; agreed upon salvage procedures; and/or costs per unit.

Preparing agreements of mutual assistance between entities facilitates cooperation when an emergency occurs. A mutual aid agreement is a written agreement between institutions in which they commit to assist one another upon request by furnishing resources. These agreements are to be established before an emergency occurs. A mutual aid agreement involves at least two institutions agreeing to help each other in the event of an emergency.

The preparedness phase includes procedures for making arrangements for funding emergency needs and receiving and reporting donations or grants during an emergency whether solicited or unsolicited.

4.10.4 Emergency supply and equipment and resupply

Supplies for initial use should be easily accessible and kept in an easy-to-carry or easy-to-push emergency kit.

The emergency equipment kit is designed to enable rapid response to collections including means of protection, evacuation and stabilization measures.

Emergency supplies include personal protective equipment.

NOTE 1 Annex F provides examples of personal protective equipment.

Flexible, comprehensive and scalable response arrangements shall be in place to deal with relatively simple critical event, which can be scaled up to deal with more serious challenges. The site should have readily available supplies and equipment to effectively and immediately respond to the effects of relatively small emergency situations threatening or directly affecting the collections.

The kit designed for immediate response shall be supplemented by additional resources available on site or by contractors or vendors.

The inventory shall be completed, and an inspection of emergency supplies and equipment shall be conducted on a regular basis to ensure that supplies are available and equipment functioning properly.

The type of emergency equipment available on site shall be reviewed periodically to reflect changes in risks or developments in materials and equipment available for purchase.

NOTE 2 Annex F provides a typical list of supplies.

A list of special service suppliers shall be prepared that includes conservators, security contractors, alarm companies, conservation centres, companies controlling mould and indoor air quality, emergency recovery companies, transport.

4.10.5 Facilities

The institution shall establish a primary and an alternate emergency operations centre including a place to meet, a place for temporary storage for collections and a place for treatments.

The emergency preparedness and response plan should identify places on the grounds of the building and places off site if the building is too small, too damaged, unsecured or inaccessible.

In determining alternate facility locations, planners shall consider the following factors:

— location that provides a safe environment;

- road access;
- adequate space;
- access to electricity and equipment including power generator;
- communication capabilities;
- security levels and controlled access;
- access to water, food, and other necessities.

If lecture rooms or exhibition rooms could be commandeered, planners shall consider the additional disruption it can cause by activation and what arrangements need to be put in place to minimize these consequences. The pre-identification of alternate sites or rooms allows issues such as safety, fire and change of use regulations to be addressed, additional requirements to be identified and the pre-deployment of supplies or equipment.

The emergency preparedness and response plan shall specify the conditions for mobilizing these spaces in the case of an emergency.

Transport needs to be arranged.

NOTE Requirements for administration and public services are part of a business continuity plan.

A large-scale, widespread incident can affect a number of organizations simultaneously, some of whom may have agreements to provide mutual support, or who may find they are in competition for the use of the same spaces. Consider alternative options as part of the planning process.

4.10.6 Documentation and forms

Documents and forms that support each activity shall be drafted.

A list of priority collections should be drawn up, reviewed and updated.

The emergency preparedness and response plan shall give information on how to access the list and specify the dissemination policy of this list (see 4.7, for site and floor plans see 4.5).

Written specifications should be prepared for execution of the following tasks:

- assessing affected collections;
- handling, packing and transport of affected collections;
- operation centre for stabilization and sheltering of collections;
- freezing methods allowed;
- drying techniques required for small and large quantity of collections;
- cleaning of repositories, shelving, exhibition rooms and other affected areas;
- decontamination treatments allowed;
- return of collections;
- documentation and tracking.

All methods shall be conceived with consideration to the material.

Forms shall be prepared in the planning phase in particular, and electronic devices considered for the following functions:

- tracking of collections;

— tracking of resources;

— assignments;

— assessment;

— key communications, decisions and events log;

— financial authorization;

— attendance log.

4.11 Organization

Emergency management requires collaboration, coordination and integration to facilitate complementary and coherent action by all partners to ensure the most effective use of emergency management resources and execution of activities. Complementary emergency management systems at all levels are provided for concerted efforts to facilitate timely and effective prevention and mitigation, preparedness, response and recovery measures to deal with emergencies. Coherency of action relies on the existence of clear and appropriate roles, responsibilities, authorities and capacities of emergency management partners and is based on widely shared expectations, understanding and support.

The emergency preparedness and response plan for collections is only one of the emergency plans necessary in an institution, but it shall be compatible with all other emergency plans of the institution. It is essential that the roles and responsibilities are consistent across all emergency plans including external local planning.

The emergency preparedness and response plan shall detail the management systems to be used in various phases (such as warning, response and recovery) of an event.

The emergency preparedness and response plan shall include the identification of activation methods.

The emergency preparedness and response plan shall establish clear lines of authority and define the responsibilities of the various managerial and supervisory positions for dealing with the response and recovery phases. In particular, it shall specify the following.

— Who is in charge of activating the plan?

— Who is notified of its activation and what information is provided to them?

— Who is in charge of implementing the plan and to whom do they report?

The emergency preparedness and response plan shall specify lines of authority, policies and procedures during an institution-wide emergency.

Strategies and procedures detailed within preparedness, response and recovery plans shall be coordinated with established warning systems, to ensure that the emergency preparedness and response plan is mobilized at an early stage, and that guidance is given for response to different types of warnings.

The emergency preparedness and response plan describes the relationship to emergency management plans and business continuity plans already in place.

The emergency preparedness and response plan coordinator shall be appointed and authorized to develop, implement and keep the plan current.

The emergency preparedness and response plan specifies how the different units and responders will cooperate and share information. The plan shall identify the process for managing communication, the communication media to be used, and the flow of information between the different units and responders. It clarifies the reporting relationships for all staff involved.

Workforce rotation principles shall be detailed in the plan and include principles for break times and meals.

If necessary, grief counselling shall be available for staff.

4.12 Responsibilities

Specific duties, responsibilities, authority and resources shall be clearly defined, distinguishing those within the sphere of the decision-making unit and those within the sphere of the operational unit. Institutions with a small number of employees shall consider the possible need of support.

NOTE 1 4.10.3 provides information on the financial and administrative framework for the use of vendors or possible mutual agreements for assistance.

Responsibilities and duties in the sphere of the decision-making unit may already be documented in a crisis management plan. The emergency preparedness and response plan coordinator shall be informed of the procedures already in place.

Responsibilities of the decision-making unit, include:

— activating the response plan for collections;

— assuming overall command;

— ordering evacuation of collections;

— requesting external aid;

— communicating with media and stakeholders including lenders;

— advising all personnel;

— alerting external agencies;

— allocating funds.

Responsibilities of the operational unit include:

— liaising between different plans;

— mobilizing response teams;

— confirming evacuation is complete;

— coordinating activities of various groups including response teams.

Responsibilities of the emergency response team, include:

— assessing of incident and needs;

— securing;

— ensuring health, welfare and safety;

— evacuating;

— stabilizing of collections;

— ongoing monitoring of environmental conditions in affected storage areas;

— inspecting;

— informing collection and dissemination;

— resource management;

— logistics.

NOTE 2 See Annex E.

The assignment of roles and responsibilities shall be prepared by the emergency committee and agreed upon by the management.

Responsibilities shall be clearly aligned with emergency objectives and tasks spelled out and on organizational framework. The emergency preparedness and response plan specifies the process of decision and validation for all phases, including preparedness, response and recovery.

Responsibilities shall be assigned on the basis of realistic expectations on management and personnel.

Roles and responsibilities shall be described to ensure that all required functions and tasks are accounted for, and that there is no overlap. The limits of responsibilities in performance of the roles shall be specified. The description of responsibilities shall consider exposure to danger and the welfare of personnel.

A succession plan shall be documented. For each key role at least one substitute should be identified. Naming key personnel consists of a delegation of authority and the definition of orders of succession. Delegations of authority ensure officials are trained to perform their emergency duties.

Required competencies and staff qualified for the designated tasks shall be identified.

Ensure that all staff members are trained in the appropriate use of fire extinguishers, and that all are aware of the procedures to quickly direct facility managers to valve and switch locations as needed.

An updated list of key personnel and response team with off-duty telephone numbers shall be maintained.

It is advisable that all relevant contact details for all staff on the response team, also for agencies and experts are available.

4.13 Training

4.13.1 General

Emergency response and recovery activities shall be integrated in a training policy and program with the purposes of raising awareness, exercising operational procedures and testing the plan.

The emergency preparedness and response plan shall develop actions to enhance awareness of the types of potential emergencies at all levels of the hierarchy and among all professions.

Education programs shall be repeated periodically in order to maintain high levels of understanding of the threats, their effects and the plans to mitigate the risks.

The emergency preparedness and response plan shall develop measures to maintain continuous awareness, commitment and enthusiasm.

Every employee shall be informed of the main principles of the emergency preparedness and response plan, including alarm systems, collection materials salvage options, reporting and tracking procedures.

NOTE When delivering training, extensive literature, press clippings, pictures and videos of relevant emergencies in other institutions can be useful.

4.13.2 Exercising and testing the plan

The emergency preparedness and response plan shall develop and implement a training program to support the emergency and response procedures. Exercises shall be designed to test individual essential elements, interrelated elements, or the entire plan.

NOTE 4.10.3 provides information on the financial and administrative framework for the use of vendors or possible mutual agreements for assistance. The primary purpose of an exercise is to enhance knowledge and skills of staff and to test the effectiveness of the plan. The secondary purpose is to identify areas that require additional training or planning.

Training shall include on-site training of staff, volunteers, and board members.

The frequency and scope of training shall be specified. A regular exercise should be conducted at least annually. Additional training is needed when employees are hired or when their jobs change, when collections have moved, when procedures have been updated or revised, or when exercises show that performance is inadequate. Training can be acquired through a mutual aid network or other venues.

Different types of exercises include the following.

— Emergency response team members shall receive specific training for the duties they are to undertake. Training for emergency response team personnel will include relevant topics related to their roles including:

  — handling and moving damaged materials;

  — evacuating undamaged materials;

  — packing;

  — tracking procedures;

  — reporting;

  — practice in specialized skills or treatments.

— Table top may be used, based on simulation. The exercise involves a realistic scenario and a time line. Players are expected to know the emergency preparedness and response plan and are invited to test how the plan works.

— Hands-on drills are useful for testing procedures, logistics and physical facilities and can be held at random or at otherwise required intervals and can include outside emergency response agencies.

The preparation of the exercise shall rely on documentation including:

— objectives of the exercise;

— methodology;

— basic scenario;

— evaluation form.

Exercise records shall be maintained including the names and functions of participants, date, type of exercise and results.

4.13.3 Debrief and evaluation

A debrief shall be held immediately after the exercise or testing.

The exercise report draws on the debrief and on written comments from the key players. Comments shall also be sought from observers.

The exercise report shall include recommendations for improvement of the emergency preparedness and response plan.

NOTE Comments from observers with knowledge in emergency planning from outside the exercising institution are valuable sources for plan improvement.

5 Response and recovery

5.1 Principles of effective response and recovery

Every emergency situation is different and the approach to response varies significantly depending on the location, the materials and personnel involved, weather conditions and other variables.

An emergency can consist of three phases, pre-impact, impact and post impact as shown in Figure 2.

NOTE Pre-impact does not always occur.

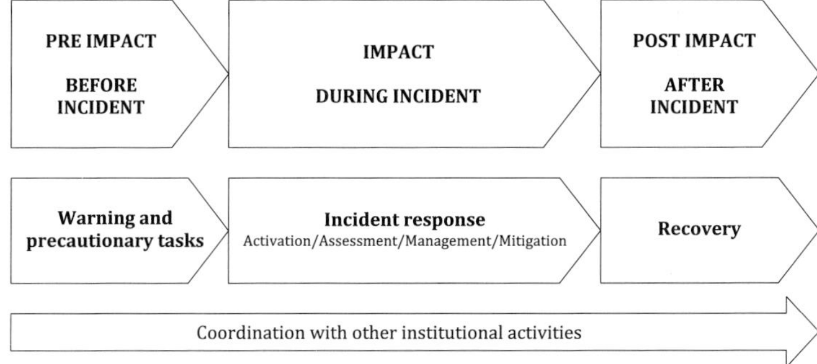

Figure 2 — Three phases of an emergency

The objective of the response phase is to gain control, to limit the extent of the emergency and to minimize further damage to the collections and their environment. The response phase will determine when it is safe for recovery to begin.

The initial response phase begins in the immediate aftermath of an event. The length of time it takes to recover depends on the magnitude of the emergency, the preparedness of the institution, the vulnerability and accessibility of the affected building, the vulnerability and accessibility of the affected collections and the resources that are immediately or locally available.

The initial response phase can have two components.

— Response by emergency services (fire brigades, police and ambulance). This response will have precedence over internal procedures.

— The response by internal organizational personnel through mobilization of first responders in the affected area with appropriate support and coordinating action by key personnel.

The sequence of steps can include:

— making the decision to activate the plan;

— alerting people required to be on site;

— activating the communications process.

If an event is imminent, such as a hurricane, the pre-impact phase shall be used for preparing to undertake actions in subsequent phases.

The plan shall specify precautionary tasks such as:

— warning and evacuation, of both people and/or collections;

— establishing operational readiness;

— identifying potential collections impacted;

— pre-deploying resources for protection of collections;

— readying resources for salvage and stabilization of the affected collections;

— restricting access to areas likely to be impacted;

— readying resources for protection of staff during evacuation and recovery.

5.2 Responding to an emergency

5.2.1 Levels of command

The order in which authority is wielded and delegated from top management to the teams of responders shall be implemented. Instructions flow downward along the chain of command and accountability flows upward.

Lines of communication and authority within team, and between teams, should be agreed upon.

Team leaders shall be appointed with a defined role and provided with detailed instructions and reporting.

5.2.2 Management and co-ordination of the response phase

The response phase can be coordinated by the fire brigade or other responder and the access to the affected area forbidden to institution's staff.

Instructions for prioritized measures shall be ready to be communicated to the command staff. (See 4.8 and 4.10.3.)

The emergency preparedness and response plan coordinator for the safeguarding of collections shall be mobilized at the earliest stage to give guidance on measures to be taken to protect the collections, salvage damaged collections materials, and monitor impacted storage area environments.

The response phase includes the mobilization of the necessary emergency services and first responders in the affected area and the off-site operation centre.

The first priority in any emergency situation is the safety of the employees, first responders, and any other persons potentially exposed to the hazards associated with the emergency.

No employee, visitor or contractor on site should respond to an emergency by taking actions for which the individual is not trained or qualified which puts the individual or others at risk.

A liaison shall be appointed with the task of transmitting information and facilitating communication between separated teams.

It is advisable to select team leaders with training experience and knowledge of the emergency procedures and forms.

The response team shall be briefed by the emergency preparedness and response plan coordinator on the assessment needs, response strategy and procedures, priorities to be observed and safety issues. Appropriate personal protective equipment shall be distributed according to the context. Periodic breaks shall be established and enforced.

Reporting procedures to the command staff shall be specified.

5.2.3 Assessments

In the early stage of an emergency, timely and accurate information shall be provided for effective decision-making.

Incident initial assessment is a process of collecting information after an emergency in order to estimate actual or expected casualties or damages, and the needs for response, recovery and future prevention.

Where there are no identified priorities in an affected area, decisions about what to retrieve or protect in situ will need to be made by assessing which items are most at risk of damage or which require stabilization most urgently.

It is therefore important during the initial response to an emergency to be able to rapidly classify the situations so that all emergency response personnel subsequently contacted understand the potential nature and extent of the emergency and the full range of response personnel, qualifications and equipment that will be required.

The incident classification system described in 4.3 is designed to quickly communicate the required level of response to emergency responders and other stakeholders.

As soon as possible, after initially responding to an emergency, the incident classification shall be made by the first responder(s) to the incident or by those personnel most familiar with what has happened in discussions with first responders and/or the incident coordinator. Classifications and subsequent actions may be revised with the concurrence of the incident coordinator as warranted based on new or revised information.

Two types of assessment can be conducted concurrently, impact and needs.

— Impact assessment examines the way hazards have affected collections and their environment. It shall collect information on damages or losses resulting from direct contact with the hazard and indirect damages or losses resulting from the event.

— Needs assessment deals with the amount and priorities of salvage and stabilization needed for collections.

An assessment shall be conducted to identify the resource capability shortfalls and the steps necessary to overcome any shortfalls.

Depending on the extent of the event, assessment can last for 10 min to several days after the event. The time immediately following the event requires a fast response to avoid degradation of collections in imminent danger and prevent further damages.

The assessment shall be consistent, standardized to enable comparisons and be replicable. Structured data shall be produced using assessment forms prepared in advance.

The assessment documents evidence of damage with photos, video and written reports. The assessment forms shall be concise and easy to complete.

Refer assessment results to those responsible for operational decision-making. The assessment shall provide the communication decision-making unit with the information requested.

5.2.4 Decision making and planning

5.2.4.1 General

Not all collection items can be protected equally in an emergency; the first response consists of prioritizing efforts. Response shall be guided by the response plan, ensuring that the plan is applicable to the on-going situation.

A comprehensive record shall be kept of all events, decisions, reasoning behind key decisions and actions taken. A daily log shall be kept in a chronological order. This record will provide an audit trail.

A named individual shall be appointed to fulfil this role.

NOTE 1 Other daily occurrence reports can be fulfilled by those responsible for actions in other fields.

NOTE 2 Table G.1 in Annex G gives an example for a daily occurrence report form.

5.2.4.2 Triage

Triage refers to the methods used to assess the severity of damage within a short time after their retrieval, assign priorities and transfer each item to the appropriate place for stabilization.

Registration of wetness signs alone is not suitable for identification of critically affected documents in an emergency. Several factors shall be considered during triage, including:

- whether there is no on-going degradation with risks of loss when dry (soluble ink and coated papers for instance);
- the quantity of affected materials;
- whether it can be air-dried;
- whether it can be frozen;
- if it cannot be salvaged;
- if it requires special treatment or examination by specialist.

Triage shall be consistent with the tracking procedures (see 5.2.4.5).

5.2.4.3 Facilities

An alternate room or site is a place where collections can be held and/or treated for a few hours, several weeks or even longer. The housing in an alternate room or site shall be coordinated with the evacuation planning.

Facilities on site shall be considered for no-notice events when:

- there is no time to evacuate before the hazard occurs;
- moving the collections would expose them to greater harm or dangerous conditions;
- immediate risk is unclear.

The advantages of keeping the collections on site will depend on the event and its effects on the building or the collections. In some cases, it can be suitable to evacuate immediately and disperse the collections to different sites.

Once the risk is understood, a decision shall be made about how long the collections can remain on site, whether an evacuation is possible (such as building stable enough to enter, collection moveable) and whether an evacuation is necessary and could be conducted without exposing them to increased risks.

Access for the institution staff shall be made possible to off-site storage facilities for regular inspections, inventory and treatment. Planning shall consider the following actions:

— eliminate hazards;

— undertake protective measures for safety and health;

— control and secure affected repositories;

— protect unaffected collections items from sustaining any damage during the recovery process;

— prepare for relocation of collection materials to on-site or off-site locations;

— Ttriage;

— establish treatment options for damaged collection items based on type and extent of damage, and resources available;

— prepare suitable work areas for recovery treatments.

5.2.4.4 Relocation of collection materials

The purpose of relocation is to move collections away from potential danger to a place that is safer. This action can pre-empt an event or occur in the wake of an incident.

NOTE 1 4.10.3 and 4.10.4 provide information on pre-arranged agreement for relocation of collections.

Planning shall consider how many collections can be moved to another area within the building.

The decision to relocate or protect in situ shall be taken quickly. It shall be based on an assessment of the threat to the integrity of collections and/or the impact of an event. The assessment will be taken as the event unfolds on the ground. And it will be improved by planning.

The merits and challenges of relocating materials and the alternative of moving the collections to another area within the building or of protecting in place shall be assessed.

Relocation planning shall be proportionate to the risk identified. Relocation should be considered within a wide range of risks, such as:

— natural hazards (coastal floods, river or surface water floods, reservoir failures, forest fires);

— vicinity of fires or clearance of bombs;

— military conflicts.

There are risks where it is necessary to consider the trigger point for a decision to relocate, protect *in situ* or move the collections to another area within the building.

The decision shall depend on several factors, including:

— human health and safety;

— available means;

— capacity of routes away from the affected area;

— risks of building collapse.

There are a number of cross-cutting issues in evacuation planning. These include registration of collections, logistics, security and disruption of current activities.

When deciding whether or not to relocate collections, the institution shall check potential risks on the identified evacuation routes including flooding, civil disorder or demonstrations. Stationary traffic can expose collections to greater risks, and measures in accordance with the police shall be taken to maintain the flow of the traffic on evacuation routes.

Communication and information sharing are important to ensure an effective evacuation and the security of the collection during transport and moving in and out of a building.

NOTE 2 Annex D provides information on roles and responsibilities during relocation.

5.2.4.5 Tracking

Tracking is a key component of a response plan.

Tracking procedures shall be implemented to document every movement of collections. Tracking shall result in procedures and forms prepared and tested in advance.

Tracking procedures and forms shall be consistent with both the safety policy of the institution and the conditions of an emergency.

Tracking forms shall include the identification of priorities of treatment during response and recovery phases when possible.

Tracking procedures shall facilitate the reunification of collections when returned after treatment.

NOTE Establishing a list of each item cannot be applicable in an emergency situation.

5.2.5 Working with contractors and voluntary sector

Contractors can be hired to work in tandem with the emergency response team or as an alternate. The emergency response team should monitor the activities of the contractors and their staff.

There shall be a liaison with the contractor.

The institution shall provide feedback to the contractors.

The voluntary sector and professional organizations can play a significant role in providing assistance in the response phase. Working with voluntary sector requires agreed-upon joint working arrangements.

Volunteer management, which should include basic training of volunteers, is necessary to prevent loss or damage to collections and potential injury of volunteers. Procedures of work shall include the registration of the persons who are allowed into affected areas, and clear ways to identify them.

5.3 Recovering from an emergency

5.3.1 Principles

Recovery starts when the emergency is determined to be over, for example, fires are out, spills are stopped and contained, any other situation prompting the emergency is under full control, and the chance of a recurring emergency is deemed minimal.

Recovery is defined as the process of restoring both the emergency site and the affected collections to a stable and usable condition following an emergency. Recovery actions often continue long after the incident itself. Each emergency is a unique event that requires careful assessment. And because recovery can take a long time, it is important to create a strategic plan to identify and protect or stabilize the most vulnerable and severely affected collections. In reality, the stages of recovery do not always follow a neatly defined timeline. Yet there are several phases that unfold.

The recovery process includes:

— follow-up communication with emergency response personnel including notification to any outside agencies or emergency response personnel that were notified during the emergency;

— mitigation strategies to prevent hazards from developing into emergencies altogether, reduce or avoid the effects of emergencies on the collections and their environment;

— assessment of collection needs and priorities;

— clean-up or replacement of all emergency equipment and verification that all emergency equipment is fit for use;

— conservation treatment, replacement, and/or reformatting of damaged collection items.

This phase considers both collections that have been directly affected and those that can be indirectly affected or threatened.

The program is based upon priorities for conservation work, the best methods and options, and cost estimates.

5.3.2 Management and coordination

Recovery management shall embrace the measures taken before, during and subsequent to any event.

NOTE 1 The success of operational actions in the recovery phase depends on the decisions and priorities established during the initial response to the emergency.

Specifications to dry and clean the building and the collections shall be discussed with the emergency preparedness and response plan coordinator for collections and the insurance adjuster.

When the building is affected, the recovery process may be overseen by building management.

In any case, a recovery committee shall include the emergency preparedness and response plan coordinator for the recovery of collections to advocate for the collections needs.

In some situations, recovery may be overseen by a construction manager answerable to the insurance adjuster. In this case, and to provide better control of works and costs, an onsite manager shall be named.

Cost estimates to dry and clean the building and the collections shall be ready and available for all stakeholders including insurance adjuster and decision makers. Cost estimates shall include conservation consultancy for the assessments of further treatments.

NOTE 2 The interventions for works covered by insurance are determined by the insurer's agreement.

The provision of recovery services is most effective when coordinated by a unique co-ordination team, represented by an identified coordinator.

Resources management shall involve the management of all physical resources needed to deliver effective recovery services. Such resources include locations, equipment, vehicles, office supplies, records, finance, staff and volunteers.

Services to the public may be phased in over time, depending on the magnitude of recovery needs, and shall be coordinated with ongoing recovery operations.

Adequate physical resources are essential for recovery teams to be able to perform the tasks required of them. Management of these resources involves their continuing availability and accountability for their purchase, hire, maintenance and return.

Recovery workers are part of a multidisciplinary team. Care and support shall be provided to the recovery teams engaged in stressful duties in disrupted circumstances.

Debriefing and recovery support shall be organized daily to ensure that the details of the experience are reviewed, along with the mental and physical health of staff.

NOTE 3 4.10.3 provides information on recovery funding.

5.3.3 Assessment

Assessment is an on-going process during the recovery phase.

Assessment during the recovery phase establishes priorities for further treatments including:

- cleaning;
- relabelling, refoldering and reboxing;
- conservation;
- stabilization for creating surrogates;
- replacement.

Assessment shall be conducted with full knowledge of the collections' legal status. It will include comparisons of costs based on preservation needs and different scenarios.

Assessment can rely on conservation centres or preservation consultants for specialized items.

Assessment shall result in reports for planning purposes.

5.3.4 Operations planning

This phase covers the period from the hours immediately following activation up to 30 days. It shall be established if the emergency will extend beyond a 30-day period. The planning should start as soon as possible after the emergency. Operations to salvage, restore and recover the building and the collections shall be initiated after approval of the appropriate local or emergency services.

Stabilization treatments and cleaning of collections shall be identified as a priority through a prior planning process. Procedures and resources shall be ready to use.

Planning should take into account works covered by insurance. Collection recovery may be postponed by the clean-up and security-related infrastructure improvements to the building.

Coordinators and response teams for collections shall be prepared to follow a strict schedule, in particular, those working in the affected area.

5.3.5 Post-emergency mitigation

5.3.5.1 Security

The affected area and the rehabilitation rooms or site shall be monitored and secured against unauthorized entrance.

A policy shall be established to provide a list of personnel and contractors authorized to enter these spaces.

5.3.5.2 Protection of collections

When collections shall stay in the building during its recovery, they shall be protected in order to avoid further damage.

Protection shall be comprehensive and safeguard against further risks, including mould, soot and construction airborne particles.

In the case of mould, before moving affected items, unaffected collections shall be isolated by draping the shelves or the area from ceiling to the floor with a tarp. The tarp should remain in place until the end of evacuation of the affected collections.

5.3.5.3 Clean-up

While every situation will be different, typical actions will include:

— assessment;

— initiation of clean-up;

— treating, storing or disposing of waste, contaminated water, and other material impacted by the incident.

Clean up measures shall include walls, floors and storage and display furniture in the affected area. Clean up measures shall include protection of collections, such as isolation or covering as needed. For the cleaning of collections, time is an important element to avoid further damage, so action shall be carried out as soon as possible. Conservators shall be consulted when deciding on methods of cleaning.

5.3.5.4 Decontamination

It is common during emergency response activities for ambient air to be impacted by the emergency and/or response actions. For example, fires impact the ambient air; firefighting often generates significant water runoff; mould appears rapidly as a result of elevated levels of relative humidity. During an emergency response action, the institution shall evaluate whether or not environmental sampling should be performed, and if so, if the sampling should be performed during (if safe to do so) or immediately after the emergency response.

Sampling can be required to determine:

— if biological or chemical contamination is ongoing;

— health risks;

— extent of contamination;

— degree of facility impacted;

— appropriate treatments required.

In the aftermath of a fire, decontamination can be needed to treat damage caused by smoke and soot.

NOTE 1 Hazardous gases and particulates can be produced when collections and building materials, most notably plastics, burn, smolder, or off-gas, when subjected to high temperature.

Depending on the extent of the damage, decontamination of the collections can be part of an overall operation including the building renovation. Decontamination of air shafts or ventilation shafts shall be required.

Protocol of decontamination as well as all information on products used for the building recovery shall be validated to meet preservation needs. The institution shall have written specifications regarding the disclosure of materials used in cleaning to ensure that collections are not harmed chemically or physically during decontamination operations.

NOTE 2 Ozone which is often used for decontamination after a fire can be detrimental to collections.

5.3.5.5 Rehabilitation space

A rehabilitation space is a site for the reorganization and treatment of a collection. Depending on the extent of the damage, this space can be needed for a period of several months or years.

The rehabilitation space is indispensable for the storage of affected materials after drying to allow:

— moisture equilibrium;

— triage and reunification of dispersed collections before their return;

— re-boxing, re-foldering, relabelling and cataloguing when needed;

— storage of collections that need further treatments.

Collections in the rehabilitation space shall be stored under conditions that allow their ventilation and be separated from the treatment space. The ventilation system of the rehabilitation space shall be completely separated from other storage areas.

The rehabilitation space shall provide space for movement of collections. It shall be equipped at a minimum with shelves and tables and include electrical outlets for vacuum cleaners, fans, computers and other devices.

The rehabilitation space shall be accessible for inspections.

When the rehabilitation space is hosted at a remote site, insurance coverage shall be checked.

NOTE 4.10.3 provides information on requirements for insurance coverage.

5.3.5.6 Inspection

Post-emergency mitigation procedures shall include inspection measures of the affected area and collections.

Inspections in the affected area include measuring the water content of the walls, ceilings, floors and storage and display furniture to ensure they are dry.

Books and the contents of boxes shall be checked, using a calibrated humidity measurement device, before they are returned to a repository ensuring that their water content does not exceed 10 % per weight.

Collections are checked against inventory sheets in the affected repository and the treatment room, when returned from a contractor.

Regular inspections of the collections after treatment shall be conducted before they are returned to the main collections and random inspections shall be organized after their return in order to identify any potential mould growth. Inspections shall be continued throughout seasonal changes after collections are returned.

5.3.6 Funding for recovery

An assessment shall be conducted to identify the resource shortfalls and the steps necessary to overcome any shortfalls.

Donation of goods, services, personnel and facilities solicited and unsolicited shall be addressed. The institution shall demonstrate needs for preservation of collections against external criteria.

NOTE Fund raising can include precautionary actions and unforeseen costs in dealing with the aftermath of an emergency incident.

5.3.7 Ending of operations

Ending of operations is the orderly, safe and efficient return of an impacted area to a stabilized status. A plan shall provide agreed-upon procedures to help facilitate return to normal conditions. The faster an institution can become fully operational, the less the incident will cost. Issues to consider include:

— establishing priorities;

— notifications of the end of operations;

— human resources needed for ending the emergency operations;

— human resources needed for resuming normal operations;

— clean-up of rehabilitation room and return of unused supplies;

— finalized inventory of used items.

5.3.8 Review

Following an emergency, reviewing and reporting shall be conducted in an effort to understand the impacts of the event and to inform any necessary changes to response plans.

During any emergency incident, documentation of the emergency begins with the initial report of the emergency by the first responder. All documents generated throughout the emergency become part of the emergency record. In addition, corrective and preventive actions shall be taken to ensure that such emergencies can be prevented in the future.

Once the emergency is declared over, the incident investigation process begins, with the purpose of determining:

— the root cause of the emergency;

— if appropriate emergency response was taken;

— if the emergency preparedness and response plan, emergency and response organization, and emergency procedures need to be modified;

— corrective and preventive actions to prevent recurrence.

It is essential that the incident and subsequent corrective/preventive actions are documented. A post-emergency analysis shall include:

— description of the emergency including photographic, video and social media text documentation of all phases of the event;

— chronological summary of the emergency response;

— details of the effects on the collections;

— formal notification of lost collections;

— impacted collections and their subsequent replacement or conservation;

— damage to infrastructure;

— interruption of services;

— assessment of any barriers to communication among the emergency responders;

— safeguards taken for staff working in the emergency area;

— quantity of collections evacuated, stabilized or treated, the mitigation efforts to avoid risks during the emergency response and recovery phases;

— positive and/or negative impact on the image of the institution;

— costs of the emergency (rescue of collection items, building renovation, personnel, etc.) plus any revenue loss (for example, when the institution is closed to the public).

6 Indicators of performance

6.1 General

Benchmarking is a strategic process used to evaluate and measure performance in relation to best practices.

The criteria fall into the categories of:

- human resource development, training and education;
- planning;
- funding;
- vulnerability assessment;
- information systems;
- collections care;
- coordination.

To achieve these criteria is a long-term process, and the guiding principle is that institutions will need to prioritize their interventions based on their existing capacity.

6.2 Indicators and methodology

Indicators provide a tool for planning emergency preparedness plans and activities. The framework as outlined in this document consists of a benchmark and its corresponding standards. Each benchmark has 5 standards and each standard has 5 indicators against which monitoring can take place. The indicators are as specific as possible to make them measurable but remain generic. It is up to each institution to formulate precise and measurable indicators that apply to its situation.

Although the implementation of some indicators might not be the mandate of the preservation sector, they are important to consider when planning and evaluating the collection preservation sector emergency preparedness activities. This will help guide analysis of the existing situation and thus facilitate the establishment of the baseline against which progress will be evaluated (see Table 5).

Use the following chart to assess progress in complying with each indicator (see Table 5).

Table 5 — Scoring mechanism

Score	Progress scoring
0	Unknown. The information is not available
1	Does not meet the indicator at all
2	Meets indicator to some extent; marginally effective
3	Meets indicator; partially achieved
4	Meets indicator to a great extent; effective
5	Very effective

Table 6 provides an example of how the above criteria are used to assess progress for a specific indicator.

Table 6 — Indicators

N°	Benchmark	Standards	Indicators	Clause/ Subclause	Score
1	Human safety	International and national regulations	Procedures for response team include safety and health information and recommendations	4.10.1	
			Personal protective equipment is listed to meet potential threats such as, biological and chemical contamination, water	4.10.4 5.2.2	
			Personal protective equipment is pre-positioned	4.10.4	
			Workforce rotation principles are detailed in the emergency preparedness and response plan	4.11 5.2.2	
			The emergency preparedness and response plan includes the possible need for care and support for teams engaged in stressful duties in disrupted situations	5.2.2	
2	Advocacy and awareness Pre-, during and post- event	Advocacy for improved awareness of emergency preparedness measures for collections	Information on hazards, their sequential development and how to reduce impacts to the collections and their environment is disseminated with various stakeholders and across all levels	4.2	
			Information related to the building and the collection vulnerabilities is available for the emergency committee	4.2	
			Basic information on how to respond to an emergency is disseminated to all staff	4.13.1	
			The emergency preparedness and response plan coordinator is part of all emergency and recovery committees to advocate for the collections needs whether directly or indirectly impacted	5.3.2	
			Experiences during a drill or an emergency response involving collections preservation are disseminated to all staff	4.13.3	
3	Exercises to test and validate the plan		Emergency preparedness and response plan awareness activities for collections safeguarding are integrated in a training policy and program	4.13.2	
			Training programs developed to reflect anticipated needs /gaps in the development of the emergency preparedness and response plan	4.13.2	
			Exercises designed for key functions in emergency response and for the implementation of procedures (tracking, handling, etc.)	4.13.2	
			Emergency drills based on the emergency preparedness and response plan and involving all essential sectors are conducted annually	4.13.2	
			Exercises and drills involve a formal assessment to improve procedures and the performance of the emergency preparedness and response plan	4.13.3	

Table 6 *(continued)*

N°	Benchmark	Standards	Indicators	Clause/ Subclause	Score
4	Capacity to understand the effects of risks on collections and their environment	Capacity to assess vulnerability is developed among various stakeholders	The nature of threats and their sequential developments are identified	4.2.1	
			Potential effects of identified hazards on collections are evaluated based upon the knowledge of the materials' vulnerability	4.2.1 4.2.3	
			The expertise of emergency services is requested for assessing the site risks, determining appropriate level of response, and reviewing the emergency preparedness and response plan	4.2	
			The building and the collection vulnerability assessments consider the effectiveness of the means of protection in place	4.2.3	
			Gaps in the knowledge or resources on the nature of threats and their sequential developments are identified	4.2	
		Methods and tools	Information including maps required for the vulnerability assessment of the building and the collections is shared among the various stakeholders	4.2 4.2.2	
			A scoring method has been established to assess the severity of the collections' vulnerability	4.2.2 4.2.3 4.10.6	
			A participatory approach to understand the vulnerability of collections is developed to reflect the relationships between criteria and interdisciplinary knowledge	4.2 4.2.4	
			The documentation of the collections' preservation conditions includes lists and location of all types of materials and media, enclosures and storage furnishings	4.2.3 4.10.6	
			The assessment of potential damage is documented through scenarios and based upon knowledge of possible multiplier effects	4.2.4	
5	Provision of essential services and supplies	The minimum need for essential collection preservation needs in an emergency has been determined	The emergency preparedness and response plan lists essential supplies and logistic requirements for the needs of affected or threatened collections in the phase of response and recovery	4.10.4	
			Alternate facilities have been identified	4.10.5	
			The arrangements to provide an operation centre for the shelter or the treatments of collections are identified	4.10.5 Annex E Annex G	
			Suppliers and transportation means are identified	4.10.4 Annex F	
			Essential supplies and equipment are pre-positioned in strategic locations	4.10.1 4.10.3	

Table 6 *(continued)*

N°	Benchmark	Standards	Indicators	Clause/ Subclause	Score
5	Provision of essential services and supplies	Financial arrangements for emergency needs are checked	Arrangements for funding emergency needs are checked/made	4.10.3 5.3.6	
			Costs estimates for stabilization treatments including conservation consultancy are ready for all stakeholders including insurance adjuster and decision makers	5.3.2	
			Arrangements for receiving donations or grants in an emergency are made	4.10.3 5.3.6	
			Insurance coverage has been checked to meet the needs for collection preservation in an emergency for response and recovery phases	4.10.3	
			Insurance coverage has been checked for the protection of staff and volunteers working in deteriorated situation and after regular working hours		
6	Preparedness and response based on vulnerability assessment	Giving vulnerable items special attention	Vulnerable items have been identified and located	4.2.4	
			The identification of the collections' vulnerability results in scenarios of possible effects of identified hazards on materials	4.2.4	
			The identification of the collections' vulnerability results in a programme of protection measures	4.2.7	
			The emergency preparedness and response plan specifies special treatments for vulnerable items	4.10.2	
			Criteria for prioritized collections are established, documented and validated	4.10.2	
		Documentation and procedures	Priorities of actions in the key phases of an emergency are detailed in procedures	4.10.6	
			Prioritization of collections results in a list and a quantification	5.2	
			Exceptions are accurately recorded in a vulnerability management system	4.2.4	
			Procedures specify that initial response to an incident begins with an assessment of the situation and the collections impacted	5.2	
			Procedures and treatment for vulnerable collections have been tested	4.10.6	
7	Early warning	Early warning for identifying collections concerns established	Information systems for sharing and interlinking information between sectors include the emergency preparedness and response plan coordinator	5.1 5.2.2	
			The emergency preparedness and response plan coordinator is committed at an early stage in the case of an emergency	4.11 4.12 5.2.2	
			Time to initiate an effective response is specified	4.3	

Table 6 *(continued)*

N°	Benchmark	Standards	Indicators	Clause/ Subclause	Score
			Early warning systems for identified hazards are in place and a response mechanism for collection preservation is attached	4.11 4.12	
			Roles and responsibilities are clearly defined and described to ensure that all required functions and tasks are accounted for	4.12 Annex E	
7	Early warning	Procedure for determining whether an emergency has occurred	Emergency levels have been defined	4.3	
			The emergency preparedness and response plan identifies the person who should determine whether an emergency has occurred	4.11 4.12	
			The emergency preparedness and response plan specifies the activation methods, the process of decision and validation	4.11 4.12	
			The emergency preparedness and response plan specifies how the initial assessment shall be conducted	5.2.3	
			The emergency preparedness and response plan specifies who should be consulted in making the decision and who should be informed once the decision has been made	4.11 4.12 5.2.1	
			An updated list of key personnel and services and off-duty telephone numbers is maintained	4.5 4.10.6 4.12	
			A succession plan is documented. For each key role a substitute is identified	4.12	
			A call-out system is in place to save limited resources on-site early in an incident when the situation requires a large number of people	4.5	
			Mandates defined	4.11 4.12 5.2.1	
			Documents and forms that support each activity have been drafted	4.10.6	

Table 6 *(continued)*

N°	Benchmark	Standards	Indicators	Clause/ Subclause	Score
8	Emergency planning is systematic and a continuous process	Procedures for updating and maintaining the plan to ensure it reflects any changes	The emergency preparedness and response plan coordinator is appointed and authorized to develop, implement and keep the plan current	4.11	
			Changes in key personal, organizational structure, building renovation, and collection relocations are noted	4.9.3	
			Following an emergency or a drill, reviewing and reporting is conducted systematically to understand the impacts of the event and to inform on the necessary changes to the emergency preparedness and response plan	4.9.3 5.3.8	
			The procedure of revision includes assessing the impact of changes introduced in other emergency plans inside the institution or at a local level	4.9.3	
			Frequency of revision is attached to the plan	4.7	
9	Standard operating procedures	Documentation	Information in words, plans, lists and forms about collections needs for an outsider to understand the area and the actions required for collection preservation	4.10.6	
			The emergency preparedness and response plan includes and specifies the importance of the initial report	5.2.4 5.3.8 Annex G	
			Procedures include that a person is appointed to maintain a record of all key decisions, actions taken and documentation	5.2.4 5.3.8	
			Tracking procedures and forms are drafted and tested in advance	5.2	
			Supporting documentation and procedures for response teams have been drafted in advance	4.10.6	
		Management of teams	Key members are readily identifiable	4.10.6	
			Procedures specify information chain between teams and with the strategic unit	4.10.6	
			Daily briefing and debriefing are organized to ensure that work instructions are clear and that details of the experience are reviewed	4.10.6 5.3.2	
			Activities of contractors and/or volunteers are monitored by the institution teams	5.2.5	
			The emergency preparedness and response plan identifies the process for communication and the flow of information between responder teams	4.11	

Table 6 *(continued)*

N°	Benchmark	Standards	Indicators	Clause/ Subclause	Score
10	Mitigation	Risk treatment	Priorities defined in a security strategy are based on risk ratings	4.2.5	
			Risk treatment results from a security strategy that includes the knowledge of the materials' vulnerability and the collections' value	4.2.6	
			Risk treatment includes detection, the protection of the collections and the protection of their environment	4.2.7	
			The effectiveness of monitoring measures is controlled	4.2.7	
			The resources of the emergency preparedness and response plan capability (size and structure) are based on a risk strategy	4.2.7	
		Mitigation during response and recovery phases	The process for assessing and addressing resource shortfalls during an emergency is specified and available	5.2.3 5.3.6	
			The emergency preparedness and response plan includes the validation by the preservation sector of all protocols of decontamination of the building	5.3.5	
			The emergency preparedness and response plan includes written specifications regarding the disclosure of products used during decontamination operations	5.3.5	
			The institution is able to demonstrate needs for preservation of collections against external criteria	5.3.5	
			The emergency preparedness and response plan includes post-emergency inspections of affected collections and repositories	5.3.5	

Table 6 *(continued)*

N°	Benchmark	Standards	Indicators	Clause/ Subclause	Score
11	Evidence of senior management commitment	Senior management's influence on emergency performance	Senior management has convened an emergency committee	4.1.1	
			Senior management demonstrates active support of the emergency committee by full engagement and cooperation of all main parties who have a role in the emergency preparedness and response plan	4.1.1 4.1.2 4.10 4.12	
			The emergency committee covering all sectors has defined a project plan and a schedule for the emergency preparedness and response plan	4.1.3	
			The emergency committee has defined the validation process of the emergency preparedness and response plan	4.6	
			Adequate resources are available for emergency training and exercising	4.1.3 4.13.1	
		Coordination	During an emergency, senior management and emergency stakeholders and teams share a common picture of the situation	5.2.3 5.2.5	
			The dissemination of the emergency preparedness and response plan is tracked	4.7	
			The emergency preparedness and response plan is consistent with other emergency plans within the institution	4.4 4.9.2 4.11	
			The emergency preparedness and response plan is consistent with local emergency plans	4.4 4.9.2	
			Lines of authority and procedures are specified in emergency preparedness and response plan	4.11	

Table 6 is a self-assessment guide that can serve as a tool to benchmark the progress the organization is making in achieving standards.

For example, the average score of "2,5" in benchmark n^{0}9, standard operating procedures would indicate that, overall, there is evidence of limited, but demonstrable progress in meeting the expectation. This would indicate that the organization is on Level 2 or 3 of Table 7. Although this scoring mechanism provides a quantitative descriptor of each indicator, the scoring process has a number of methodological limitations.

— The benchmarks focus primarily on process measures. It is assumed that meeting these process measurements will result in improved outcomes measured during exercises.

— Despite the objectivity of the evaluation methodology, it still relies on the qualitative judgments by those completing the assessment.

— Despite efforts to make the document objective, it is difficult to provide complete operational definitions for some terms. One assessment to another will vary considerably, depending on the experience and expertise of the assessor.

Table 7 — Measure of implementation level for each benchmark

Level 0: Immature	Few measures implemented to strengthen the organization. No coherent framework and no management direction.
Level 1: Basic	Organization strengthened through specific disciplines. No formal communication on organizational resilience across the organization.
Level 2: Managed	Activities are controlled and maintained with results specified. Limited co-ordination between related activities. Improvements made in isolation.
Level 3: Established	Management has set direction and understands the internal and external environment and how it is changing. Programme to strengthen the organization in operation.
Level 4: Predictable	Strengthening measures implemented and agreed, continual improvement on-going.
Level 5: Optimizing	Activities are repeated, measured, evaluated and continuously improved to meet objectives. Divisions are proactively cooperating for improvement.
NOTE Based on BS 65000:2014.	

Figure 3 is an example of a visualization of this bench-marking process.

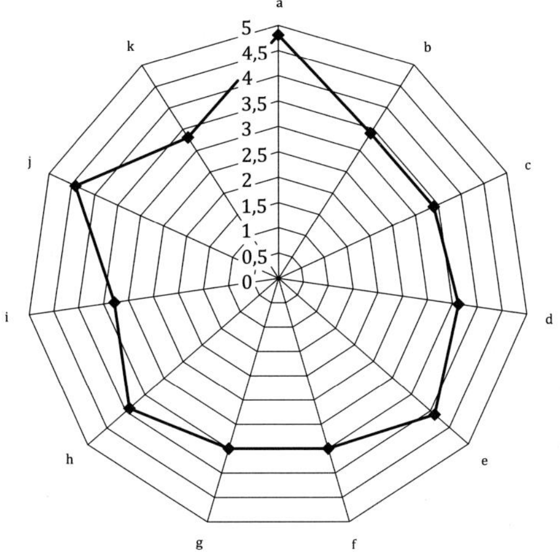

a Human exposure.

b Awareness.

c Training.

d Understand the effects of risk.

e Provision of supplies.

f Vulnerability assessment.

g Early warning.

h Updating.

i Standard operating procedures.

f Mitigation.

g Senior management commitment.

Figure 3 — Indicators of performance applied

Annex A
(informative)

Stakeholders and their roles during an incident

1. Local, state, government agencies
   a. Police
      — Assists individuals as needed;
      — Protects public and private property.
   b. Fire brigade
      — Initial search and rescue;
      — Suppresses fires;
      — Assists with damage assessment and damage control.
   c. Utility companies (water, power, sewer, telephone, internet providers)
   d. First responders, emergency medical response teams/ambulance
   e. Locally elected officials
      — Establish and maintain an emergency management program;
      — Report the status of the recovery effort to the general public;
      — Provision of technical assistance and funding;
      — Local needs assessment.
   f. Local floodplain management authority
   g. Civil protection
2. Citizens (public, donors, etc.)
   — Apply for emergency recovery assistance;
   — Volunteer with emergency relief organizations.
3. Media
   — Supply information and directions to the public;
   — Disseminate information on preparedness, recovery and mitigation following emergencies;
   — Stimulate volunteerism and donations;
   — Gain an understanding of the recovery process.
4. Non-profit agencies
   a. International Red Cross and Red Crescent Moon
   b. Blue Shield

   c. International Council on Archives (ICA)
   d. International Federation of Library Associations and Institutions (IFLA)
   e. International Council of Museums (ICOM)
   f. International Centre for the Study of the Preservation and Restoration of Cultural Property (ICCROM)
   g. International Council on Monuments and Sites (ICOMOS)
   h. Emergent local groups

5. Contractors
   a. Emergency planning and response companies;
   b. Debris management;
   c. Physical removal of debris;
   d. Implementation of post-emergency grant programs;
   e. Recovery planning;
   f. Recovery vendors for collections (e.g. preservation and conservators specialists, etc.);
   g. Insurance:
      — Advise service;
      — Loss assessment.

6. Associations and collaborative partnerships;

7. Neighbours.

Annex B
(informative)

Example template of response and recovery plan

Table B.1 is an example of a simplified response and recovery plan. This plan could be used as a basis for a much more expanded plan as detailed in 4.5.

The Pocket Response Plan™ (PReP™) was developed by the United States Council of State Archivists (CoSA) as part of its Framework for Emergency Preparedness. For additional information, see www.statearchivists.org.

Table B.1 — State Archives Pocket Response Plan™ (PReP™)

INSTITUTIONAL CONTACTS	FIRST RESPONDERS	ARCHIVES FACILITY	RECORDS CENTER	EMERGENCY SERVICE PROVIDERS	OTHER CONTACTS
Agency Head	Police Department	Building Manager	Building Manager	Conservator	SHRAB — designated contact
[name]	[phone]	[name]	[name]	[name]	[name]
[office phone]/[home phone]/ [cell]	Fire Department	[office phone]/[home phone]/ [cell]	[office phone]/[home phone]/ [cell]	[phone]	[phone]
	[phone]		Building Staff	Data Recovery Service [name]	Local government records commission
Deputy Director	Emergency medical/ ambulance service	Building Staff	[name]	[phone]	[name]
[name]	[phone]	[name]	[office phone]/[home phone]/ [cell]	Dehumidification Services (building)	[phone]
[office phone]/[home phone]/ [cell]	Security	[office phone]/[home phone]/ [cell]		[name]	Local govt association(s)
					[phone]
State Archivist	[phone]	Utilities	Utilities	[phone]	National Archives Regional Office [phone]
[name]	State EMA	Electricity/gas	Electricity/gas	Document Recovery Services	
[office phone]/[home phone]/ [cell]	[phone]	[name]	[name]	(freeze drying)	National Archives (Washington DC)
	Local EMA	[phone]	[phone]		
State Records Manager	[phone]	Telephone	Telephone	[name]	[name]
[name]	State Command Center [phone]	[name]	[name]	[phone]	[phone]
[office phone]/[home phone]/ [cell]		[phone]	[phone]	Exterminator	Natl Endowment for the Humanities
				[name]	
Department/Section Manager1	State Police	Water	Water	[phone]	[name]
	[phone]	[name]	[name]	Freezer Space	[phone]
[name]	Highway Patrol	[phone]	[phone]	[name]	Institute for Museum and Library Services
[office phone]/[home phone]/ [cell]	[phone]	Internet provider	Internet provider	[phone]	[name]
	Sheriff	[name]	[name]	Industrial Hygienist (mould)	
Department/Section Manager2	[phone]	[phone]	[phone]	[name]	[phone]
	Centers for Disease Control	Elevators	Elevators	[phone]	Natl Historical Publications and Records Commission
[name]	[phone]	[name]	[name]	Refrigerated Trucking Service	
[office phone]/[home phone]/ [cell]		[phone]	[phone]	[name]	[name] [phone]
Preservation Manager	Red Cross	Security / fire system provider(s)	Security / fire system provider(s)	[phone]	American Association for State and Local History
[name]	[phone]	[name]	[name]		
[office phone]/[home phone]/ [cell]		[phone]	[phone]		

Table B.1 *(continued)*

Conservator	TEAM	STATE GOVT OFFICIALS	MUTUAL AID PARTNERS	REGIONAL PRESERVATION SERVICES	ARMA International
[name]					[name]
[office phone]/[home phone]/ [cell]					[phone]
Local Governments Manager	Team Leader	Chief Information Officer/IT Dept	[institution]	[name]	National Association of Government Archives & Records Administrators
[name]	[name]	[name]	[name]	[phone]	
[office phone]/[home phone]/ [cell]	[office phone]/[home phone]/ [cell]	[phone]	[phone]	[name]	[name]
Parent agency contact	Member 1	Risk Manager	[institution]	[phone]	[phone]
[name]	[name]	[name]	[name]	[name]	
[office phone]/[home phone]/ [cell]	[office phone] / [home phone]/ [cell]	[phone]	[phone]	[phone]	Society of American Archivists
			[institution]		
	Member 2	Department of Public Health	[name]		Council of State Archivists (CoSA)
	[name]	[phone]	[phone]		[name]
	[office phone]/[home phone]/ [cell]	Purchasing Agent			[phone]
		[phone]			
	Member 3				
	[name]				
	[office phone]/[home phone]/ [cell]				
	Member 4				
	[name]				
	[office phone]/[home phone]/ [cell]				

Table B.1 *(continued)*

Response checklist for emergency in a state archives or records facility	Assessment, salvage, recovery	Response checklist for state-wide response	Provide or coordinate emergency services	Protect vital records or those containing sensitive or personal data	Using the FEMA Conference Line
Follow these steps as you respond to an emergency in the state archives or records centre. Coordinate your Archives response	☐ Ensure that all hazards are cleared before entry ☐ Assess and document damage to collections, building, information systems ☐ What type of an emergency was it (fire, smoke, chemical, clean water, dirty water, heat, humidity)?	Follow these steps as you respond to an emergency with a regional or statewide impact. Identify and contact agencies or repositories that might be affected	☐ Obtain appropriate permissions to enter disaste site from public safety authorities, public health department ☐ Deliver services to repositories in need:	☐ Assess status of secure storage facilities ☐ Check condition of vital records ☐ Obtain appropriate storage space for threatened vital records	800–320–4330 The toll-free conference line may be used by any state archives and/or records management agency for records-related planning or response purposes.
☐ Recognize and define the emergency ☐ Notify public authorities and first responders	☐ What areas have been affected?	☐ Use directories to locate state agency field offices, local governments, and archival repositories	☐ Connect institutions in need with services (send vendor/supplier list from state ARM emergency plan)	☐ Determine if microfilm or other duplicates of vital records are stored elsewhere	To schedule a call on the line, contact a CoSA representative: [name]
☐ Ensure that all staff and visitors are safe and accounted for	☐ What is the nature of the e?	☐ Establish mechanism for local governments to call in and for state archives to reach out	☐ Recruit volunteers ☐ Provide supplies	☐ Assist affected agency or repository to establish salvage priorities	[phone]
☐ Contact risk manager and insurance agent ☐ Activate the Disaster Plan ☐ Activate the Disaster Team ☐ Activate Archives command centre ☐ Establish communication with staff, public	☐ How much of the collection has been affected? ☐ What types of materials have been damaged? ☐ Are critical information systems functional / safe? ☐ Maintain security	using the dedicated toll-free number provided by FEMA (see last column) ☐ Account for all affected repositories ☐ Determine if state ARM is holding a copy of affected organizations' emergency response plans	☐ Facilitate trips ☐ Conduct assessments ☐ Assist with public relations ☐ Provide recovery assistance ☐ Contact outside emergency service providers	**Educate and train responders** ☐ Coordinate deployment of staff and volunteers to affected areas ☐ Train response and salvage crews	The CoSA representative will relay your request to FEMA staff who will lock in the schedule for the calls (to prevent overlap of conferences) and maintain a log of all conference line activity.

Table B.1 *(continued)*

Phone tree [customize to fit your repository] __________	☐ Stabilize the environment at your facility ☐ Identify and gather emergency supplies	**Establish and maintain channels of communication** ☐ Make contact with state and local EMA (emergency management agency)	☐ Confirm funding sources for emergency services	CoSA will provide you with the pin number that call participants will use to connect to the conference call.
	☐ Locations: ☐ Contact aid partners ☐ Contact outside emergency service providers	☐ Post staff at EMA Command Center ☐ Contact CoSA to schedule “meet me” call on the toll-free line		The toll-free line is for official use only, either (1) during emergencies and disasters or (2) for coordination calls for planning purposes.
	☐ Begin salvage ☐ Contact news media ☐ Report status to constituents	☐ Establish communication with appropriate local government networks ☐ Post emergency information and instructions on Website ☐ Contact NARA Regional Archives ☐ Establish communication with FEMA, other NARA officials ☐ Contact risk manager and insurance agent ☐ Contact the news media		The conference call line can hold up to 50 separate callers at one time. There is no maximum time limit on the length of a conference call; however each conference should be properly scheduled so there are no conflicts with other’s use of the conference number.

Annex C
(informative)

Emergency planning — Principal components

Figure C.1 illustrates the general process of preparing and planning for any emergency threatening collections.

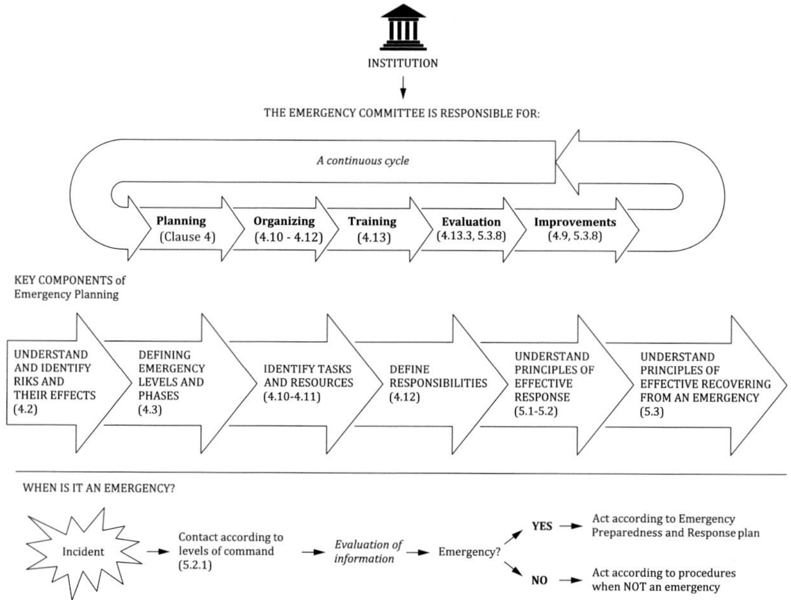

Figure C.1 — Emergency planning — Principal components

Annex D
(informative)

Suggested roles and responsibilities during relocation

Table D.1 summarizes certain roles and responsibilities which are highlighted in this document.

Table D.1 — Suggested roles and responsibilities during relocation

Decision to relocate	
Information and communication	— Inform the emergency committee — Inform the staff — Communicate with authority — Inform the public
Mobilization of the response teams and experts	
Coordination of response teams	— Register team members — Assign roles including team leaders — Brief and debrief — Provide with information on progress — Inform decision-making authority
Evacuation route planning (inside or outside the building)	Inside the building: — Avoid public areas if not closed Outside: — Identify best routes according to on-going risks — Verify access and conditions of parking
Logistics	— Gather and disseminate crates and packing materials — Resupply — Administer contact lists — Contact external specialist — Contact contractors
Transport	— Specify the type of vehicle needed — Check the availability of vehicles and drivers — Identify the need of escort
Handling and packing	
Registration	— List outgoing collections from the affected area — List incoming collections in the alternate room or site
Consignment of tracking forms	— Maintain files

Annex E
(informative)

Typical list of tasks in the case of water leakage

Upon arrival at the affected zone, the emergency response team would typically follow the general steps below, recognizing that all situations are different and can call for different actions (see Table E.1).

Table E.1 — List of tasks in the case of water leakage

Function	Tasks	Staff[a]
Containment	— Stop the water at its source — Deploy absorbent roll and pads — Evacuate water on the floor	
Provide needed supplies	See list in Annex F, Table F.1	
Protection	Tarps	
Assessment	— Identify the extent of the situation — Quantify the extent of damages — Qualify the damage: materials required/treatment required affected/treatment	
Stabilization	— Dehumidify — Freeze when required — Check residual flow of water or remaining water. Check for damp items or remaining water in the affected area	
Evacuation of affected documents	— Retrieval — Triage of most vulnerable materials — Crating documents according to triage	
Tracking the evacuated documents	In the affected zone, tracking includes: — Labeling the crates — Counting documents/crates and treatment scheme — Fulfil tracking forms In the treatment zone, tracking includes: — Checking the number of crates — Checking the number of document/crate — Checking the number of document/ treatment scheme — Establish a list of documents / treatment scheme	
Preparation of a treatment zone	Requisitioning of a room Arrangement of the room providing separated zones for actions including: — Reception of crates — Treatment schemes according to special materials or techniques — Stock of needed supplies	

[a] Number of staff will depend on the incident. Staff could have multiple roles.

Table E.1 *(continued)*

Function	Tasks	Staff[a]
Conservation specialist / contractors	— Contact — Check the funding policy and insurance coverage — Insurance coverage for transport — Safety of the remote site or contractors site	
Prepare for evacuation to a remote site or contractor	— Crating and tracking — Check transport means and routes, parking possibilities — Convoy — Specifications and procedures for treatment	
Treatments	— For air drying, blotting paper and fans — Periodical change of blotting paper (average period of 1 week) — Pressing for an average period of 1 week	

[a] Number of staff will depend on the incident. Staff could have multiple roles.

Annex F
(informative)

List of supplies

Table F.1 — List of supplies

Health and safety	Caution tape
	Work gloves
	Nitrile gloves
	Properly fitted articulate respirator tested by wearer and dust masks
	Safety goggles
	Medical cabinet
	Boots
	Chemical resistant gloves
	Personnel Protective Equipment (PPE) suit
	Hand sanitizer
	Flash lights or head lamp
In affected zone	Wet vacuum
	Camera
	Tarps including fire retardant polyethylene sheeting sized to cover stack ranges
	Supply to secure the tarps (sturdy metal clips...)
	Paper towels
	Absorbent rolls and pads
	Clotheslines and clips
	Blotting paper
	Mops and buckets
	Fans for drying ceiling and floor
	Crates and openwork crates
	Ladder
	Scissors
	Utility knife
	Carts/hand trucks
	Dehumidifier
	Tape
	Screw drivers
	Wrenches
	Tracking labels
	Clip boards
	Pencils and sharpeners or mechanical pencils and lead refills
	Mallets or hammers
	Large trash cans

Table F.1 *(continued)*

	Crowbars
	Pre-printed forms and labels
In treatment room	Polyethylene sheeting
	Large trash cans
	Ziplock polyethylene bags (various sizes)
	Dry cleaning sponges
	Blotting paper
	Tables
	Fans
	Carts/hand trucks
	Distilled water
	Kraft paper
	Mops and buckets
	Forms: condition assessment, tracking, etc.
	Tracking labels
	Clip boards
	Pencils
	Scissors
	Clotheslines and clips
	HEPA vacuum cleaner
Communication	Cell phone
	Walkie talkie

Annex G
(informative)

Example of a daily occurrence report form

Table G.1 — Example of a daily occurrence report form

NAME
Function

Date	Hour	Name/role (or function) of the person who called	Information given	Actions recommended/done

Bibliography

[1] CHUO-KORON BIJUTSU Shuppan, Risk preparedness for heritage properties, Development of Guidelines for Emergency Response, Tokyo, 1999

[2] INTERNATIONAL COUNCIL ON ARCHIVES, Committee on Prevention, "ICA study n°11: Guidelines on Disaster Prevention and on Control in Archives", ICA, 2011. Available at http://www.ica.org/sites/default/files/ICA_Study-11-Disaster-prevention-and-control-in-archives_EN.pdf

[3] OCTO LTD AND CRANFIELD UNIVERSITY, Performance indicators for the assessment of emergency preparedness in major accident hazards, HSE, 2001. Available at http://www.hse.gov.uk/research/crr_pdf/2001/crr01345.pdf

[4] OCTO LTD AND CRANFIELD UNIVERSITY, Benchmarking emergency management good practice, Symposium series, 2001. Available at

[5] Regional Emergencies & Disaster Support, (REDS)

[6] M25 Consortium of Academic Libraries disaster control plan site, 1998, revised 2004

[7] Information management and communication in emergencies and disasters: manual for disaster response teams, Area on Emergency Preparedness and Disaster Relief, Washington, D.C., 2009

[8] ROPER (M.), *Planning for emergencies: a procedures manual,* International Council on Archives, International Records Management Trust, 1999

[9] WISE , (C.), Thinking the unthinkable: disaster planning for the M25 Consortium of Academic Libraries

[10] Unesco, Memory of the world, General guidelines to safeguard documentary heritage, 2002

[11] Unesco, Disaster planning: Prevention, Preparedness, Response, Recovery, part of safeguarding our documentary heritage website. http://webworld.unesco.org/safeguarding/en/pdf/txt_sini.pdf

[12] ISO 22300:2018, *Security and resilience — Vocabulary*

[13] ISO 22320, *Societal security — Emergency management — Requirements for incident response*

[14] ISO Guide 73:2009, *Risk management — Vocabulary*

[15] ISO/TR 19083-1:2016, *Intelligent transport systems — Emergency evacuation and disaster response and recovery — Part 1: Framework and concept of operation*

[16] ISO 14001:2015, *Environmental management systems — Requirements with guidance for use*

[17] ISO 31000:2018, *Risk management — Guidelines*

[18] ICCROM, First Aid to Cultural Heritage in Times of Crisis, Handbook, Available at: https://www.iccrom.org/sites/default/files/2018-10/fac_handbook_print_oct-2018_final.pdf

[19] ICCROM, First Aid to Cultural Heritage in Times of Crisis, Toolkit, Available at: https://www.iccrom.org/sites/default/files/2018-10/fac_toolkit_print_oct-2018_final.pdf

[20] ICCROM, UNESCO Endangered Heritage, Emergency Evacuation of Heritage Collections, Available at: https://www.iccrom.org/sites/default/files/2017-12/endangered-heritage_interactive.pdf

[21] CCI, ICCROM Guide to Risk Management, Website: https://www.iccrom.org/publication/guide-risk-management

[22] ISO/IEC 27031:2011, *Information technology — Security techniques — Guidelines for information and communication technology readiness for business continuity*

[23] EN 15898:2011, *Conservation of cultural property — Main general terms and definitions*

[24] ISO 11799, *Information and documentation — Document storage requirements for archive and library materials*

[25] ISO/TR 19814, *Information and documentation — Collections management for archives and libraries*

[26] ISO/TR 19815, *Information and documentation — Management of the environmental conditions for archive and library collections*

[27] BS 65000:2014, *Guidance on organizational resilience*

ICS 97.195; 01.140.20
Price based on 59 pages

Archiv- und Bibliotheksmagazine – Bau und Klima

April 2017

DIN ISO 11799 DIN

ICS 01.140.20

Ersatz für
DIN ISO 11799:2005-06

Information und Dokumentation – Anforderungen an die Aufbewahrung von Archiv- und Bibliotheksgut (ISO 11799:2015)

Information and documentation –
Document storage requirements for archive and library materials (ISO 11799:2015)

Information et documentation –
Prescriptions pour le stockage des documents d'archives et de bibliothèques
(ISO 11799:2015)

Gesamtumfang 17 Seiten

DIN-Normenausschuss Information und Dokumentation (NID)

Inhalt

DIN ISO 11799:2017-04

Nationales Vorwort

Diese Deutsche Norm ist die Übersetzung der Internationalen Norm ISO 11799:2015, die im Technischen Komitee ISO/TC 46 „Information and documentation" unter Mitwirkung deutscher Experten erarbeitet wurde.

Das zuständige deutsche Normungsgremium ist der Arbeitsausschuss NA 009-00-14 AA „Bestandserhaltung in Archiven und Bibliotheken" im DIN-Normenausschuss Information und Dokumentation (NID).

Es wird auf die Möglichkeit hingewiesen, dass einige Elemente dieses Dokuments Patentrechte berühren können. DIN [und/oder die DKE] sind nicht dafür verantwortlich, einige oder alle diesbezüglichen Patentrechte zu identifizieren.

Änderungen

Gegenüber DIN ISO 11799:2005-06 wurden folgende Änderungen vorgenommen:

a) Die vorliegende Norm beschränkt sich in ihrer Neuausgabe auf die grundsätzlichen Anforderungen an die Lagerung von Archiv- und Bibliotheksgut. Sie wurde technisch und redaktionell komplett überarbeitet.

b) Weitergehende Empfehlungen zur Aufbewahrung von Dokumentenbeständen werden in zwei ISO Technischen Reports beschrieben, die im Jahr 2017 erscheinen werden.

Frühere Ausgaben

DIN V 33901: 2001-02
DIN ISO 11799: 2005-06

DIN ISO 11799:2017-04

Information und Dokumentation — Anforderungen an die Aufbewahrung von Archiv- und Bibliotheksgut

Einleitung

Archive und Bibliotheken sind Institutionen mit der Aufgabe, zur Benutzung vorgesehene Dokumente zu sammeln, aufzubewahren und zur Verfügung zu stellen.

Die Bestände der Archive und Bibliotheken, unabhängig davon, wo sie aufbewahrt werden, weisen für gewöhnlich eine Fülle unterschiedlicher Materialien und Formate auf. Dies sind vor allem Dokumente auf Papier, Pergament, Palmblätter, Papyrus; sie können auch fotografische, audiovisuelle Dokumente und digitale Formate auf verschiedenen Trägerarten (wie mechanische, magnetische, optische oder Fototräger) umfassen. All diese Materialien erfordern besondere Aufbewahrungsbedingungen zur Sicherstellung einer langfristigen Bestandserhaltung und -nutzung.

ANMERKUNG Informationen zur Aufbewahrung bestimmter Materialien können den in den Literaturhinweisen angegebenen ISO-Normen entnommen werden.

Die in dieser Internationalen Norm angegebenen Bilder und Mengen dienen als allgemeiner internationaler Leitfaden. Diese Internationale Norm stellt einige Fakten und allgemeine Regeln dar, die hinsichtlich Energieeffizienz und nachhaltiger Entwicklung beim zweckbestimmten Neubau eines Magazins, bei der Umwidmung eines schon bestehenden Gebäudes mit ursprünglich anderer Zweckbestimmung oder bei der Renovierung eines bereits genutzten Magazins zu berücksichtigen sind.

Diese Internationale Norm gilt für die Langzeitaufbewahrung von Archiv- und Bibliotheksgut für ihre gesamte Lebensdauer. Sie berücksichtigt, dass die Materialien sowohl aufbewahrt werden als auch für die Benutzung bestimmt sind.

Abhängig von der klimatischen und ökonomischen Situation in den einzelnen Ländern, kann es schwierig sein, ideale Bedingungen für die Langzeitaufbewahrung von Archiv- und Bibliotheksgut zu schaffen und aufrechtzuerhalten.

DIN ISO 11799:2017-04

1 Anwendungsbereich

Diese Internationale Norm legt die Merkmale von Magazinen für die Langzeitaufbewahrung von Archiv- und Bibliotheksgut fest. Sie bezieht sich auf die Lage, Bauweise und Renovierung des Gebäudes sowie auf die erforderlichen Installationen und Einrichtungen, die sowohl innerhalb und außerhalb des Gebäudes benötigt werden.

Diese Norm gilt für sämtliche Arten von Archiv- und Bibliotheksgut in Magazinen, in denen Medien verschiedener Art zusammen mit papierbasierten Materialien aufbewahrt werden können. Sie schließt nicht die Einrichtung getrennter Bereiche oder Abteilungen innerhalb einzelner Magazine aus, in denen die Umgebung so beeinflusst werden kann, dass geeignete Bedingungen gemäß den Erfordernissen bestimmter Archivmaterialien geschaffen werden können.

In vielen Bereichen können nationale oder lokale Gebäudevorschriften die Errichtung, die Sicherheit und den Schutz öffentlicher Gebäude und Gebäude mit wertvollen Objekten (durch Brandschutz, Notausgänge, Erdbebensicherheit, Einbruch- und Diebstahlsicherung, Schutz vor Terrorattacken usw.) sowie Dienstleistungen und professionell genutzte Ausstattungen umfassen. Diese Internationale Norm vermeidet daher ausführliche Regeln und Vorschriften in diesen Bereichen, außer wenn sie weitergehende Maßnahmen empfiehlt.

2 Begriffe

Für die Anwendung dieses Dokuments gelten die folgenden Begriffe.

2.1
Archiv- und Bibliotheksgut
Dokumente aller Art, die unabhängig von ihrer physischen Form in Archiven und Bibliotheken aufbewahrt werden, hauptsächlich Bücher und Handschriften, Akten, Karten, graphische Sammlungen und andere Dokumente aus Papier, daneben auch Pergament, Papyrus, Filme, fotografische Materialien, audiovisuelle Medien, magnetische und optische Medien sowie Einbände und Schutzverpackungen

2.2
Dokument
Informationsträger oder materielles Objekt, welches eine Einheit in einem Dokumentationsprozess darstellt

2.3
Langzeitaufbewahrung
Lagerung auf unbegrenzte Zeit von Material, das zur ständigen Aufbewahrung bestimmt ist

2.4
Wartung
Maßnahmen zur Prävention oder Korrektur zur Unterstützung der Langzeitfunktionalität von Magazinen und ihren unterstützenden Systemen

[QUELLE: EN 13306:2010]

2.5
Magazin
Gebäude oder Raum - gebaut oder eingerichtet - mit der ausschließlichen Zweckbestimmung für die Langzeitaufbewahrung von Archiv- oder Bibliotheksgut

3 Risikomanagement

Eine Gesamteinschätzung einschließlich der Beurteilung der Notwendigkeit und des Risikos sollte insbesondere unter Berücksichtigung möglicher Gefahren erfolgen.

DIN ISO 11799:2017-04

Der Standort für ein Archiv- und/oder Bibliotheksmagazingebäude sollte die folgenden Risiken berücksichtigen:

— Überschwemmung;

— Erdabsenkungen oder Erdrutsche;

— Tsunamis, häufige Vulkanaktivitäten oder Erdbeben;

— Feuer oder Explosionen durch Aktivitäten in angrenzenden Örtlichkeiten;

— Unfälle auf nahegelegenen Fahrbahnen oder Gleisen;

— Nähe zu strategischen Einrichtungen, die in einem bewaffneten Konflikt, bei Terroranschlägen oder Bürgerunruhen anvisiert werden könnten;

— Nähe zu einer Fabrik, Einrichtung oder natürlichen Quelle, die schädliche Gase oder schädlichen Rauch oder Staub usw. ausstößt;

— Nähe zu einem Ort oder einem Gebäude, der/das Nagetiere, Insekten und andere Schädlinge anlockt.

Das Gebäude muss so beschaffen sein, dass es die Bestände durch Abschwächen von Gefahren, einschließlich der folgenden, schützt:

— absichtliche Beschädigung;

— Feuer;

— Wasser;

— Schädlinge;

— Verunreinigungen;

— Licht, ultraviolette Strahlung und Infrarotstrahlung;

— extreme Temperaturen oder schädliche Temperaturschwankungen;

— extreme Feuchtigkeit oder schädliche Feuchtigkeitsschwankungen.

Zur Minimierung der schädlichen Auswirkungen externer klimatischer Schwankungen sollten der Orientierung des Gebäudes, der Landschaft, dem Gesamtklima der Örtlichkeit und der Konstruktion des Gebäudes besondere Aufmerksamkeit zukommen.

Das Gebäude muss so beschaffen sein, dass der sichere Transport von Beständen erleichtert wird und die Bergung bei großen Bedrohungen unterstützt werden kann, d. h. Berücksichtigung von Rauchabzügen, Bodenabläufen und Rampen.

Eine Auswertung nach dem Bezug des Gebäudes stellt sicher, dass die Ziele erreicht und die gewünschten Ergebnisse erzielt wurden.

DIN ISO 11799:2017-04

4 Gebäudekonstruktion

4.1 Sicherheit

Das Magazin muss gegen Diebstahl, Einbruch, Vandalismus und terroristische Angriffe geschützt sein. Präventivmaßnahmen zur Verhütung von Brandstiftung sollten getroffen werden. Das Magazin muss entweder ein zu diesem Zweck errichtetes eigenständiges Gebäude oder aber eine in sich geschlossene Einheit innerhalb eines Bauwerkes sein. Vorkehrungen gegen unbefugtes Eindringen müssen getroffen werden. Die Beschaffenheit des Gebäudes sollte die Überwachung erleichtern.

ANMERKUNG 1 Weitere Informationen zu Präventivmaßnahmen gegen Brandstiftung können Literaturhinweis [8] entnommen werden.

ANMERKUNG 2 Weitere Informationen zur Sicherheit in Archiven und Bibliotheken können Literaturhinweis [14] entnommen werden.

Die Notausgänge müssen so beschaffen sein, dass sie leicht von innen, nicht dagegen von außen geöffnet werden können, ausgenommen von der Feuerwehr.

Aus Gründen der Sicherheit wird empfohlen, dass Magazine weder über Fenster noch Oberlichter verfügen sollten, oder dass diese so ausgestattet sind, dass sie geeignete Sicherheit bieten (siehe auch 5.5).

4.2 Klimastabilität im Inneren

Temperatur und relative Luftfeuchte haben Einfluss auf die Bestände. Die Aufbewahrungsbereiche sollten daher so beschaffen sein, dass sich darin ein stabiles Raumklima einstellt, welches für die Erhaltung der Materialien geeignet ist (siehe Anhang C).

Das kann teilweise dadurch erreicht werden, dass Außenmauern, Dach und Boden des Gebäudes aus Materialien bestehen, die das Innere weitestgehend von äußeren Klimaschwankungen isolieren, ohne dabei die Luftzufuhr und -zirkulation, die sowohl für die Aufbewahrung der Bestände als auch für den Aufenthalt von Menschen benötigt wird, einzuschränken. Im Innern des Magazins sollten Wände, Böden und Decken aus Materialien bestehen, die eine hohe thermische Trägheit und Feuchtepufferung haben.

Es wird ein Luftüberdruck oder zumindest ein neutraler Luftdruck in Magazinen empfohlen, um eine geeignete, klimatisierte Umgebung zu erhalten und Staub und unklimatisierte Luft daran zu hindern, in den Raum zu gelangen.

ANMERKUNG Weitere Informationen können Literaturhinweis [15] entnommen werden.

4.3 Anforderungen an Innengliederung und Belastbarkeit

Zur wirksamen Klimasteuerung und aus Gründen des Feuerschutzes sowie zur Begrenzung von Bestandsverlusten im Brandfall sollte der Magazinbereich mehrfach unterteilt sein.

Die Wände (einschließlich der Türen), Böden und Decken zwischen den einzelnen Räumen und Bereichen im Magazin sowie zwischen Aufbewahrungsbereichen und anderen Gebäudeteilen müssen so konstruiert sein, dass ein Übergreifen von Feuer (und ein Eindringen von Wasser) in den angrenzenden Bereich unmöglich ist.

Die Belastbarkeit des Bodens muss einschließlich des spezifischen Umfangs und der Art(en) archivierten Schriftguts, der Behältnisse und der statischen oder beweglichen Regale, Schränke und/oder Gehäuse berechnet werden.

Die Statik sollte im Ganzen oder in besonderen Bereichen hoher Belastung besonders verstärkt werden.

Es wird empfohlen, bei der Gestaltung die Regalkonfiguration so zu berücksichtigen, dass Regalstatik, Gangbreiten und Transportwege für die jeweiligen zu lagernden Materialtypen und Behälter geeignet sind.

Wenn Wasser zum Brandschutz verwendet wird, werden Abflüsse empfohlen, wobei die Abflüsse über einen Schutz vor Eindringen von Schädlingen und Wasser verfügen müssen. Die Abflüsse müssen so gestaltet sein, dass das Wasser vollständig vom Gebäude weg transportiert wird.

Platz für die sichere und effiziente Bewegung von Beständen ist bereitzustellen. Innere Stützkonstruktionen und Türöffnungen müssen so gestaltet sein, dass eine sichere und ungehinderte Bewegung aller Materialsammlungen mit allen verfügbaren Transportmitteln möglich ist.

Die Innenausstattung, insbesondere die Regale, sollte mit Verstärkungen versehen sein, um Bewegungen oder Umkippen zu vermeiden, was zu einem Einstürzen oder einer Schädigung der Bestände führen könnte.

5 Installation und Ausstattung

5.1 Versorgung

Versorgungssysteme für Strom, Gas und Wasser dürfen weder in noch oberhalb oder in der Nähe eines Magazinraumes verlegt sein, außer wenn sie in diesem Raum eine direkt mit den Beständen verbundene Funktion erfüllen. [N1)]

Eine Systemsteuerung für das Gebäudemanagement sollte in einem vom Magazin getrennten Brandabschnitt liegen.

5.2 Brandverhütung

Das Ziel besteht darin, einen Brand im Magazin zu vermeiden und die Außenhülle des Magazins für Feuer undurchdringbar zu machen.

ANMERKUNG Weitere Informationen können Anhang A entnommen werden.

5.3 Feuermeldesystem

Alle Gebäudeteile müssen mit einem Feuermeldesystem ausgestattet sein, das mit einer zentralen Anzeigeneinrichtung verbunden ist. Das Feuermeldesystem muss bei Brandausbruch automatisch auf Rauch oder andere Verbrennungsprodukte reagieren. Hitzedetektoren als einziges Feuermeldesystem dürfen nur in solchen Räumen installiert werden, wo andere Melder unzweckmäßig erscheinen.

Alle Gebäudeteile müssen zusätzlich mit manuellen Brandmeldern ausgestattet sein, die von den Benutzern zur Anzeige von Feuer verwendet werden können.

Das zentrale Feueralarm-Kontrollfeld sollte die Überwachung aller Komponenten des Systems ermöglichen und optisch den Status des Systems anzeigen.

Die Kontrollfelder sollten sich an einem geeigneten, zentral gelegenen Ort befinden, der regelmäßig überwacht wird, während das Magazin genutzt wird. Befindet sich das Kontrollfeld nicht am oder in der Nähe des Zutrittspunktes für die Feuerwehr, sollte ein zusätzliches Kontrollfeld für die Nutzung durch die Feuerwehr zur Verfügung gestellt werden.

N1) Nationale Fußnote: Lassen sich Wasserleitungen im Magazin nicht vermeiden, sollten sie mit Wannen unterfangen werden.

DIN ISO 11799:2017-04

5.4 Feuerlöschsystem

Das Magazin muss mit Feuerlöschern ausgestattet sein.[N2] Die Vorteile eines automatischen Feuerlöschsystems sollten in Betracht gezogen werden. In Magazinräumen kann ein Feuerlöschsystem mit Gas oder mit Wasser ohne Zusätze zum Einsatz kommen.

Feuerlöschmaßnahmen sollten so gestaltet sein, dass sie auf das aufbewahrte Material und die Gebäudekonstruktion abgestimmt sind und die Größe der Brandabschnitte, die verdichtete Lagerung, die Art der Regale usw. berücksichtigen.

ANMERKUNG Weitere Informationen können Anhang B entnommen werden.

5.5 Lagerungsbedingungen

5.5.1 Beleuchtung

Die von Lichteinwirkung ausgehende Schädigung ist kumulativ. Intensität, Dauer und Strahlungsspektrum jeglicher Beleuchtung in einem Magazin sollten kontrolliert werden, um die schädliche Wirkung so gering wie möglich zu halten. Unterschiedliche Materialien reagieren unterschiedlich auf Licht. Einige reagieren empfindlicher als andere. Licht ist generell schädigend und sollte auf ein Mindestmaß reduziert werden. Direktes Tageslicht muss ausgeschlossen sein.

In einem Gebäude, das nicht als Magazin gebaut, sondern für diese Nutzung umgerüstet wurde, sollten die Fenster verdunkelt werden, mindestens aber durch Vorhänge, Rollos und/oder Sonnenschutzfilter (gegen IR-, UV- und sichtbare Strahlung) an den Fensterscheiben abgedeckt werden.[N3]

Ähnliche Abschirmungsmaßnahmen werden für Büros, Lesesäle und Räume empfohlen, in denen Archiv- und Bibliotheksgut ausgestellt wird. An leicht zugänglicher Stelle außerhalb des Magazins sollte sich eine zentrale Schaltanlage befinden, an der zu erkennen ist, ob alle Lichter und andere elektrische Geräte im Magazin ausgeschaltet sind. Durch Zeitsteuerung, Bewegungsmelder oder andere Maßnahmen sollte sichergestellt werden, dass die Beleuchtung ausgeschaltet ist.

Ein Magazinraum darf nicht länger und stärker beleuchtet werden als zum Ausheben und Reponieren der Dokumente, zur Raumkontrolle und zur Reinigung unbedingt nötig ist.

In den beiden letzteren Fällen ist eine Lichtstärke von 100 lux, bezogen auf den Fußboden, ausreichend. Der Abstand zwischen der Lampe und dem nächstgelegenen ungeschützten Material sollte hinsichtlich der Hitze, die die Lampe ausstrahlt, berücksichtigt werden.

5.5.2 Luftfeuchte und Temperatur

Die relative Luftfeuchte in Magazinen für Archiv- und Bibliotheksgut muss unterhalb der Grenze gehalten werden, die mikrobiologisches Wachstum ermöglicht.

Magazine für Archiv- und Bibliotheksgut sollten kühl gehalten werden, idealerweise in einem Gebäude mit hoher thermischer und hygrischer Trägheit (siehe 4.2).

ANMERKUNG Nach derzeitigem Kenntnisstand besteht bei mehr als 60 % relativer Luftfeuchte zunehmend die Gefahr mikrobiologischer Aktivität; bei sehr niedriger relativer Luftfeuchte dagegen die Gefahr der Brüchigkeit. Die niedrigste zulässige Luftfeuchte bei Langzeitaufbewahrung von Archiv- und Bibliotheksgut ist derzeit in der Diskussion.

N2) Nationale Fußnote: Für das manuelle Löschen eignen sich Handfeuerlöscher mit Wasser, denen keine Zusatzstoffe beigemischt sein sollten.

N3) Nationale Fußnote: Ein von außen angebrachter Sonnenschutz ist immer wirkungsvoller als ein innen liegender.

Für unterschiedliche Materialien werden verschiedene Grenzwerte empfohlen; allerdings gibt es keine einhellige Meinung über die Temperatur oder über die Feuchtigkeit. Im Allgemeinen erhalten sich Materialien bei niedriger Temperatur und Luftfeuchte länger. Als Orientierungshilfe können die Daten im Anhang C dienen.

5.5.3 Belüftung und Luftqualität

5.5.3.1 Allgemeines

Zweck der Belüftung ist die Sicherstellung einer geeigneten Luftqualität in Magazinen, um das Schriftgut sauber und trocken zu halten, das Wachstum von Mikroorganismen zu hemmen, die Gesundheit durch Vermeidung von Schimmelausbrüchen zu schützen und Schäden an den Beständen zu vermeiden.

5.5.3.2 Belüftung

Belüftung umfasst sowohl Luftaustausch als auch Luftzirkulation in den Bereichen der Magazine. Luftzirkulation ist in allen Bereichen und Etagen notwendig, um das Risiko der Entwicklung von Mikroklimata zu minimieren, welche das Wachstum von Schimmel verursachen können. Luftaustausch ist notwendig, um das Ansammeln von Ausgasungen der Bestände zu vermeiden (z. B. Essigsäure und Ameisensäure).

5.5.3.3 Partikel

Partikelansammlungen können das Wachstum von Mikroorganismen begünstigen. Manche Partikel enthalten verbrannte Kohlenwasserstoffe, Schwefel und andere Bestandteile, welche die Sammlungen beschädigen können. Ist ein Partikelfiltersystem nötig, sollte es für die Luftzufuhr als auch die Rückluftkanäle ausgelegt sein.

Um eine interne Partikelquelle und Partikelansammlungen im Inneren der Magazine zu vermeiden, wird empfohlen, dass alle Betonwände grundiert und angestrichen werden, und dass Estrichböden mit einer Versiegelung gehärtet werden.

5.5.3.4 Gasförmige Schadstoffe

Gasförmige Verunreinigungen können irreversible Schäden an Beständen verursachen (d. h. Verfärbungen silberbasierter Fotobestände und Verformung von Kunststofffilmen aufgrund eines erhöhten Säuregehaltes usw.). Schäden durch gasförmige Verunreinigungen sind kumulativ. Sie werden auch durch andere Umweltfaktoren wie relative Luftfeuchte und Temperatur beeinflusst (siehe Anhang D für weitere Informationen).

ANMERKUNG 1 Die häufigsten Schadstoffe aus externen Quellen, die in Magazinen gefunden wurden, sind aus der Verbrennung von Kohlenwasserstoffen resultierende Formen von NO(x) und SO(x). Ozon aus externen Quellen, das in urbanen Gebieten in höherer Konzentration auftritt, wandelt sich schnell in eine inaktive Form um und wird in den meisten Magazinen nicht in hohen Konzentrationen gefunden.

Archive und Bibliotheken sollten die Verwendung von Quellen flüchtiger organischer Verbindungen und Partikel einschränken.

ANMERKUNG 2 Beispiele für übliche Quellen sind: Verbundfaserplatten, Teppichböden, Farben und Lacke, die ölbasiert sind oder Polyurethan enthalten, Schäume, die Polyurethan enthalten, säurehärtende Silikondichtstoffe und Klebstoffe, Zellulosenitratlacke und -klebstoffe, Vinyl, selbstklebende Materialien, die flüchtige organische Verbindungen abgeben, instabile Chlorpolymere (PVC) und schwefelhaltige Materialien.

DIN ISO 11799:2017-04

5.6 Möblierung und Einrichtung

Möbel und Einrichtung zur Aufbewahrung von Beständen müssen an das Gewicht und die Größe der Bestände angepasst sein.[N4)]

Im Magazin sind nur die zur Aufbewahrung sowie zum Umgang mit den Dokumenten erforderlichen Möbel und anderen Einrichtungen zu verwenden.

Die Materialien für Möbel und Einrichtung müssen chemisch inaktiv und nicht brennbar sein und dürfen Staub weder absondern noch anziehen oder binden. Wenn sie sich im Brandfall oder aus anderen Gründen, z. B. natürliche Alterung, zersetzen, dürfen sie keine für die magazinierten Objekte schädlichen Substanzen freisetzen, wie z. B. saure Gase. Die Emission von schädlichen Stoffen sowie von Rauch und Ruß im Brandfall ist durch die Auswahl des Materials zu minimieren.

Um das Prinzip der Klimastabilität (siehe 5.2) nicht zu beeinträchtigen, dürfen keine Bestände direkt an einer Außenmauer aufgestellt werden. Der Abstand zwischen Beständen und Mauer sollte mindestens 200 mm betragen.

Um in kompakten Regalen die Luftzirkulation zu unterstützen, sollte zwischen Regaleinheiten ein Abstand von mindestens 25 mm außerhalb der Benutzungszeiträume eingehalten werden.

Schriftgut sollte mindestens 100 mm über dem Boden aufbewahrt werden, um das Risiko der Beschädigung durch Wasser zu minimieren.

Um den ungehinderten Zugang sowohl für die normale Benutzung wie auch im Notfall sicherzustellen, und auch wegen der Luftzirkulation, sollten die Abstände zwischen den Regalen (oder Regalblöcken) großzügig bemessen sein, ebenso auch die Abstände zwischen den Regalen (oder Regalblöcken) und den Wänden.

6 Wartung

Die Einrichtung muss regelmäßig Veränderungen im Gebäude und der Umgebung überwachen. Falls Veränderungen das Schutzniveau der Archiv- und Bibliotheksräume beeinträchtigen, sind sofort geeignete Maßnahmen zu ergreifen, um den Schutz wiederherzustellen.

Alle Installationen im Magazin müssen gewartet und auf Funktionsfähigkeit geprüft werden und alle Mängel müssen korrigiert werden. Funktionsprüfungen und durchgeführte Maßnahmen müssen dokumentiert werden.

ANMERKUNG Beispiele für Funktionsprüfungen sind regelmäßige Prüfungen der Temperatur und relativen Luftfeuchte in den Magazinen, Inspektion von Feuermeldern, Brandschutzklappen, Rauchabzugsventilatoren, Rauchabzüge, Feuerlöschausrüstungen, Feuchtigkeitsmeldern, Einbruchmeldern, automatischen Türschließ-vorrichtungen und Beleuchtungsanlagen.

Die Einrichtungen müssen interne Abläufe und Regeln zur Nutzung der Magazine entwickeln und anwenden.

Um die Überwachung und den Betrieb des Magazins zu gewährleisten, sollte die Institution Unterlagen über das Gebäude und die Räumlichkeiten, den Brandschutz und die technischen Installationen, die in den Räumen verbaut sind oder die die Funktionen der Räumlichkeiten beeinträchtigen können, sammeln und aufbewahren.

N4) Nationale Fußnote: Die Möbel sollten keine spitzen Ecken, keine scharfen Kanten sowie keine Vorsprünge an den Seiten zu den Objekten haben.

Anhang A
(informativ)

Brandverhütungssysteme

Ein hypoxisches System beruht auf der stetigen Zuführung von Stickstoff in einen Speicherraum, um die Sauerstoffkonzentration unter 15 % zu halten. Das heißt, dass es für ein Feuer physisch unmöglich ist, sich auszubreiten. Das System unterscheidet sich damit von allen anderen Systemen, welche darauf beruhen, dass das Feuer ausreichend Hitze, Rauch oder Flammen produziert, um die Auslösevorrichtung des Löschmittels zu aktivieren. Diese Technologie ist relativ neu, jedoch wahrscheinlich am effektivsten für Kompaktregale oder hochdichte Regale. Ein Nachteil dieser Systeme ist, dass das Gebäude so konstruiert sein muss, dass es den sehr hohen Ansprüchen an Luftdichte genügt.

DIN ISO 11799:2017-04

Anhang B
(informativ)

Brandbekämpfungssysteme

Mögliche Brandbekämpfungssysteme umfassen Wassersprinkler, Wassernebel und Inertgas, sind aber nicht auf diese beschränkt. Die Eignung eines Systems sollte im Zusammenhang mit dem spezifischen Speicherraum eingeschätzt werden, einschließlich Berücksichtigung der Größe, Konstruktionsverfahren und -materialien, Zustand, Art der Sammlung, Art der verwendeten Regale.

Wassersprinkler (sowohl Nass- als auch Trockenlöschanlagen) haben den Vorteil, dass sie bekannt und verständlich sind. Sie sind in den meisten Fällen effektiv, obwohl nur schwer garantiert werden kann, dass genug Wasser den Brandherd bei Kompaktregalen oder hochdichten Regalen erreicht.

Wassernebelsysteme haben den Vorteil, dass sie sehr geringe Wassermengen benötigen, sodass der Schaden an den Beständen, die an den Brandherd angrenzen, minimiert werden kann. Da die Technologie jünger als bei konventionellen Sprinkleranlagen ist, könnten Installateure und Anwender mit ihr weniger vertraut sein. Wie bei Sprinkleranlagen kann es auch bei Wassernebelsystemen vorkommen, dass die Effektivität im Fall von Kompaktregalen oder hochdichten Regalen nur schwer garantiert werden kann.

Ein Inertgassystem speist beim Entladen genügend Gas (häufig Argon oder Stickstoff) in einen Magazinraum ein, sodass die Sauerstoffkonzentration auf unter 15 % reduziert wird. Bei dieser Konzentration kann sich Feuer nicht ausbreiten. Diese Systeme sind nur für kleine Magazine geeignet, die möglicherweise die wertvollsten oder die gegenüber Wasser am empfindlichsten reagierenden Bestände enthalten. Ein Nachteil dieser Systeme ist, dass das Gebäude so konstruiert sein muss, dass es den sehr hohen Ansprüchen an Luftdichte genügt.

ANMERKUNG Ordnungsgemäß konstruierte, installierte und gewartete Wassernebel- oder Sprinklersysteme verursachen deutlich weniger Schaden als das manuelle Bekämpfen eines Feuers, welches nicht durch ein automatisches Feuerlöschsystem erfasst wurde. Das Risiko einer unbeabsichtigten Entladung ist äußerst gering.

Sollen wasserbasierte Brandschutzsysteme installiert werden, müssen Vorkehrungen für den zügigen Abfluss von allen geschützten Bereichen getroffen werden. Es müssen Vorkehrungen für adäquate Bodenabläufe einschließlich der Installation von Schmutzwasserpumpen als zusätzliche Schutzmaßnahme getroffen werden. Schächte, Treppen und Abläufe sollten so beschaffen sein, dass das aus einem Bereich herauslaufende Wasser nicht in einen anderen Bereich eindringt. Geschossdecken in mehrstöckigen Magazinen sollten wasserdicht sein.

Auch wenn automatische Feuerlöschsysteme vorhanden sind, wird die Installation folgender Vorrichtungen empfohlen:

— tragbare Feuerlöscher;

— Schlauchrollen oder Schlauchgestelle;

— Hydrantensysteme;

— trockene Steigleitungen.

Anhang C
(informativ)

Empfohlene Klimabedingungen für die Langzeitaufbewahrung von Archiv- und Bibliotheksgut

Ganz allgemein gilt, dass ein Absenken der Temperatur und/oder der relativen Luftfeuchte die Lebensdauer der Dokumente erhöht. Eine hohe relative Luftfeuchte und Temperatur verstärken den Zerfallsprozesse sowie das Risiko für Schimmelbefall.

Für einige Dokumentengruppen auf modernen Materialien existieren Normen zur Langzeitaufbewahrung, z. B. für fotografische Dokumente unterschiedlicher Art und audiovisuelle und Tonaufnahmen. Für die Aufbewahrung von Dokumenten aus eher traditionellen Materialien, wie Palmblätter, Papier, Papyrus, Pergament, sowie aus vielen andere Materialien, die für Schriftgut weltweit verwendet werden, gibt es keine internationalen Normen.

Es ist notwendig, dass ein Archiv, eine Bibliothek oder Organisation die Bestände beurteilt, um festzulegen, welche Aufbewahrungsumgebung ihren Anforderungen entsprechen könnte. Auch die Außenumgebung in der spezifischen Region sollte berücksichtigt werden.

Der am weitesten verbreitete Ansatz zur Steuerung der relativen Luftfeuchte und Temperatur ist die Verwendung energiebetriebener Anlagen (aktive Klimatisierung der Umgebung). Alternativ kann die gewünschte Innenumgebung durch den Bau eines Magazins, in welchem die Baustoffe und die Struktur dazu beitragen, das Klima auf dem gewünschten Niveau zu halten und größere Veränderungen am Innenraumklima zu verhindern, erreicht werden (passive Klimatisierung der Umgebung).

Die untenstehende Tabelle basiert auf ISO 18934:2011.

Diese kann als allgemeiner Leitfaden verwendet werden. Es wird jedoch dringend empfohlen, Veröffentlichungen zu diesem Thema zu Rate zu ziehen, um weiterführende Informationen über Anwendungsbereiche, alternative Aufbewahrungsbedingungen für unterschiedliche Zwecke, geografische Vielfalt usw. zu erhalten.

Tabelle C.1 — Klimabedingungen[N5)]

Bedingung[a]	Temperaturbereich °C	Eignung
Raum	16 bis 23	Ausreichend
Kühl	8 bis 16	Gut
Kalt	0 bis 8	Sehr gut
Tieftemperatur	−20 bis 0	Für einige Materialien wie Farbfotos und-filme notwendig
[a] Ausgehend von einer relativen Luftfeuchte von 30 % bis 50 % je Bedingung.		

N5) Nationale Fußnote: Bei einer kühlen Lagerung soll vor und nach einer Nutzung auf Akklimatisierung geachtet werden.

DIN ISO 11799:2017-04

Anhang D
(informativ)

Leitfaden für Luftschadstoffe

In einem Raum mit Überdruck kommen Ventilatoren zum Einsatz, welche die Luft gleichmäßig aus dem Raum herausbefördern, wobei die Luft im Inneren durch eine gefilterte Quelle ersetzt wird. Die Ventilatoren können entweder Luft von Innen herausdrücken oder durch Unterdruck von außen aus dem Raum herausziehen und in umgebende abgeschlossene Bereiche abgeben.

Bevorzugte Überdruck-Lüftungsanlagen in Aufbewahrungsräumen für Schriftgut sind durch folgende Merkmale charakterisiert:

- separate Überdruck-Lüftungsanlagen in Aufbewahrungsräumen für Schriftgut;
- Abgrenzung von Schadstoffquellen (d. h. Ladeplattform, Maschinenraum oder Speisebereitstellung);
- außenliegende Lufteintritte, die das Eindringen von Staub und Schadstoffen begrenzen, die Luft filtern und für ausreichenden Luftaustausch zur Wahrung der Luftqualität (Temperatur, relative Luftfeuchte, Schadstoffniveau) sorgen, wobei Raumgröße sowie Umfang und Art des Schriftguts (d. h. Schriftgut, das flüchtige organische Verbindungen abgibt, wie Acetat usw.) berücksichtigt wird.

Zur Reduzierung der Auswirkungen durch gasförmige Luftschadstoffe ist die Verwendung eines Luftfiltersystems ratsam.

Literaturhinweise

[1] ISO 18911, *Imaging materials — Processed safety photographic films — Storage practices*

[2] ISO 18918, *Imaging materials — Processed photographic plates — Storage practices*

[3] ISO 18920, *Imaging materials — Reflection prints — Storage practices*

[4] ISO 18923, *Imaging materials — Polyester-base magnetic tape — Storage practices*

[5] ISO 18925, *Imaging materials — Optical disc media — Storage practices*

[6] ISO 18934:2011, *Imaging materials — Multiple media archives — Storage environment*

[7] EN 13306:2010, *Begriffe der Instandhaltung*

[8] NFPA 909, *Code for the Protection of Cultural Resource Properties — Museums, Libraries, and Places of Worship*, 2013

[9] CHRISTOFFERSEN L.D.: *Zephyr: Passive climate controlled repositories: Storage facilities for museum, archive and library purposes.* Lund University, Department of Building Physics, 1996. 139 pp. ISRN LUTVDG/TVBH-96/3028 – SE (1 - 139). ISBN 91-88722-06-6

[10] ADELSTEIN P.Z. *IPI Media Storage Quick Reference.* Image Permanence Institute, Rochester Institute of Technology, Rochester, NY, 2004, http://www.imagepermanenceinstitute.org/shtml_sub/MSQR.pdf [Zugriff am 10.09.2015]

[11] Step-by-Step Workbook: *Achieving a Preservation Environment for Collections* (Rochester, NY: Image Permanence Institute, Rochester Institute of Technology, 2005) http://www.imagepermanenceinstitute.org/shtml_sub/cnbworkbook.pdf [Zugriff am 10.09.2015]

[12] LAVEDRINE B. *Preventive Conservation of Photograph Collections.* The Getty Conservation Institute, Los Angeles, 2003

[13] MICHALSKI S. *Ten agents of deterioration*, Canadian Conservation Institute, http://www.cci-icc.gc.ca/resources-ressources/agentsofdeterioration-agentsdedeterioration/index-eng.aspx [Zugriff am 10.09.2015]

[14] Papers of the Collection Security Conference, in Liber Quarterly 18, 2, 2008 pp. 65 – 123

[15] PACIFICO M.F., WILSTED T.P. *Archival and special collections facilities: guidelines for archivists, librarians, architects, and engineers.* Chicago: Society of American Archivists, 2009 (Society of American Archivists approved standard)

[16] IPI's guide to sustainable preservation practices for managing storage environments. Image Permanance Institute, 2013

[17] PEDREGAL P.D. *Climat des Magasins d'archives: Objectifs, Moyens, Méthodes — Petit Manuel de Climatologie Appliquée À la Conception des Bâtiments d'archives.* Direction des Archive de France, 2009

DIN ISO 11799:2017-04

[18] KUHN S. *L'intégration de la conservation préventive dans les phases de la programmation architecturale*, In Situ, 19 | 2012, http://insitu.revues.org/9980 [Zugriff am 10.09.2015] DOI: 10.4000/insitu.9980

[19] AVRAMI, Erica, *Sustainability and the built environment: forging a Role for Heritage Conservation*, Conservations Perspectives: the GCI Newsletter, 26, 1, 2011

[20] Ministère de la culture et de la communication, *Concevoir et construire une bibliothèque du projet à la réalisation*, 2011

[21] LINDEN, Jeremy, *Getting greener and creating the optimal: the state of sustainability research and the preservation environment*, in AIC News, 37,2 2012

[22] MADSEN C.N., JANSEN G., HOLMBERG J. *Hypoxic air venting, Fire protection for library collections.* IFLA, Oslo, 2005

Mai 2017

DIN 67700

ICS 01.140.20; 91.040.10

Ersatz für
DIN-Fachbericht 13:2009-11

Bau von Bibliotheken und Archiven – Anforderungen und Empfehlungen für die Planung

Constructing libraries and archives –
Requirements and recommendations for planning

Construction de bibliothèques et d'archives –
Exigences et recommandations pour la phase de planification

Gesamtumfang 75 Seiten

DIN-Normenausschuss Information und Dokumentation (NID)

DIN 67700:2017-05

Inhalt

DIN 67700:2017-05

Vorwort

Dieses Dokument wurde vom Arbeitskreis NA 009-00-07-01 AK „DIN 67700“ im DIN-Normenausschuss Information und Dokumentation (NID) erarbeitet.

Es wird auf die Möglichkeit hingewiesen, dass einige Elemente dieses Dokuments Patentrechte berühren können. DIN ist nicht dafür verantwortlich, einige oder alle diesbezüglichen Patentrechte zu identifizieren.

Änderungen

Gegenüber DIN-Fachbericht 13:2009-11 wurden folgende Änderungen vorgenommen:

a) Inhalt technisch und redaktionell überarbeitet.

Frühere Ausgaben

DIN-Fachbericht 13: 1988, 1998, 2009-11

1 Anwendungsbereich

Diese Norm gilt für den Bau von Bibliotheken und Archiven. Sie legt Anforderungen und Empfehlungen fest, die bei der Planung von Bibliotheken und Archiven zu berücksichtigen sind. Sie gilt sowohl für den Neubau von Bibliotheken und Archiven als auch für die Umnutzung bestehender Gebäude oder Räume. Sie bezieht Archive, Öffentliche und Wissenschaftliche Bibliotheken unterschiedlicher Größe und Aufgabe ein.

Diese Norm unterstützt die Planung, regelt aber nicht die notwendigen konzeptionellen Vorüberlegungen zur Planung von Bibliotheken und Archiven. Sie regelt auch nicht die konkrete bauliche bzw. Raumgestaltung.

Die spezifischen Anforderungen einer Bibliothek bzw. eines Archivs können über die in dieser Norm behandelten Anforderungen hinausgehen. Diese Norm bietet keine Vollständigkeit möglicher Funktionen und Aufgaben von Bibliotheken und Archiven oder der von ihnen angebotenen Services sowie der in ihnen gelagerten und bereitgestellten Medienarten.

Diese Norm trifft nur Regelungen für archiv- und bibliotheksspezifische Funktionsbereiche und deren Ausstattung und Flächen. Auch die technischen Vorgaben für Lastannahmen, die Sicherung, die Belüftung und Klimatisierung, die Beleuchtung, die Akustik und die Bodenbeläge beschränken sich auf bibliotheks- und archivspezifische Funktionsbereiche. Alle Funktionsbereiche oder Teile davon, die keine archiv- und bibliotheksspezifischen Anforderungen aufweisen, sind nicht Teil des Anwendungsbereiches dieser Norm. Hierfür sind die gültigen Normen und Richtlinien für Hochbauten im Allgemeinen zu berücksichtigen.

Für alle öffentlichen Gebäude sind gültige Bau- und Sicherheitsvorschriften sowie gesetzliche Vorgaben des Baurechts, des Arbeitsschutzes oder des Brandschutzes ergänzend zu beachten.

Diese Norm beschränkt sich auf Anforderungen und Empfehlungen für die Nutzungsfläche von Bibliotheken und Archiven. Vorgaben für die Größe und Ausstattung der Technikfläche und der Verkehrsfläche sind nicht Teil des Anwendungsbereiches dieser Norm. Vorgaben für den Außenbereich von Bibliotheken und Archiven sind ebenfalls nicht Teil des Anwendungsbereiches dieser Norm.

2 Normative Verweisungen

Die folgenden Dokumente, die in diesem Dokument teilweise oder als Ganzes zitiert werden, sind für die Anwendung dieses Dokuments erforderlich. Bei datierten Verweisungen gilt nur die in Bezug genommene Ausgabe. Bei undatierten Verweisungen gilt die letzte Ausgabe des in Bezug genommenen Dokuments (einschließlich aller Änderungen).

DIN 277-1, *Grundflächen und Rauminhalte im Bauwesen — Teil 1: Hochbau*

DIN 18041:2016-03, *Hörsamkeit in Räumen — Anforderungen, Empfehlungen und Hinweise für die Planung*

DIN EN 1991-1-1:2010-12, *Eurocode 1: Einwirkungen auf Tragwerke — Teil 1-1: Allgemeine Einwirkungen auf Tragwerke — Wichten, Eigengewicht und Nutzlasten im Hochbau; Deutsche Fassung EN 1991-1-1:2002+ AC:2009*

DIN EN 1991-1-1/NA:2010-12, *Nationaler Anhang — National festgelegte Parameter — Eurocode 1: Einwirkungen auf Tragwerke — Teil 1-1: Allgemeine Einwirkungen auf Tragwerke — Wichten, Eigengewicht und Nutzlasten im Hochbau*

DIN EN 12464-1:2011-08, *Licht und Beleuchtung — Beleuchtung von Arbeitsstätten — Teil 1: Arbeitsstätten in Innenräumen; Deutsche Fassung EN 12464-1:2011*

DIN EN 14041, *Elastische, textile und Laminat-Bodenbeläge — Wesentliche Merkmale*

DIN 67700:2017-05

DIN EN ISO 10874:2012-04, *Elastische, textile und Laminat-Bodenbeläge — Klassifizierung (ISO 10874:2009); Deutsche Fassung EN ISO 10874:2012*

DIN ISO 11799, *Information und Dokumentation — Anforderungen an die Aufbewahrung von Archiv- und Bibliotheksgut*

TRBA 240, *Technische Regeln für Biologische Arbeitsstoffe — Schutzmaßnahmen bei Tätigkeiten mit mikrobiell kontaminiertem Archivgut*, Ausgabe Dezember 2010, Änderung vom 21. Juli 2015 [Zugriff am: 2017-01-20]. Verfügbar unter: http://www.baua.de/de/Themen-von-A-Z/Biologische-Arbeitsstoffe/TRBA/TRBA-240.html

Verordnung über Arbeitsstätten (Arbeitsstättenverordnung — ArbStättV) vom 12. August 2004 (BGBl. I S. 2179), die zuletzt durch Artikel 1 der Verordnung vom 30. November 2016 (BGBl. I S. 2681) geändert worden ist [Zugriff am: 20.01.2017]. Verfügbar unter: https://www.gesetze-im-internet.de/bundesrecht/arbst_ttv_2004/gesamt.pdf

3 Begriffe

Für die Anwendung dieses Dokuments gelten die folgenden Begriffe.

3.1 Flächen, Räume, Funktionsbereiche

3.1.1
Nutzungsfläche
Teilfläche der Netto-Raumfläche, die der wesentlichen Zweckbestimmung des Bauwerks dient

Anmerkung 1 zum Begriff: setzt sich aus Stellfläche und Bewegungsfläche zusammen.

[QUELLE: DIN 277-1:2016-01, 3.1.4, modifiziert — Anmerkung 1 zum Begriff wurde hinzugefügt]

3.1.2
Technikfläche
Teilfläche der Netto-Raumfläche für die technischen Anlagen zur Versorgung und Entsorgung des Bauwerks

[QUELLE: DIN 277-1:2016-01, 3.1.5]

3.1.3
Verkehrsfläche
Teilfläche der Netto-Raumfläche für die horizontale und vertikale Verkehrserschließung des Bauwerks

[QUELLE: DIN 277-1:2016-01, 3.1.6]

3.1.4
Stellfläche
Teilfläche der Nutzungsfläche, auf der Möbel und Geräte stehen

3.1.5
Bewegungsfläche
Teilfläche der Nutzungsfläche, die zum Erreichen und zur Nutzung/Bedienung von Möbeln, Geräten und Arbeitsplätzen dient

Anmerkung 1 zum Begriff: Die Bewegungsfläche setzt sich aus der Erschließungsfläche und der Bedienfläche zusammen.

Anmerkung 2 zum Begriff: Die Bewegungsfläche innerhalb von Räumen gehört nicht zur Verkehrsfläche.

3.1.6
Erschließungsfläche
Teilfläche der Bewegungsfläche, die zum Erreichen von Bediengängen und von Möbeln, Geräten und Arbeitsplätzen dient

Anmerkung 1 zum Begriff: Die Erschließungsfläche setzt sich aus der Fläche der Haupt- und Nebengänge zusammen.

3.1.7
Bedienfläche
Teilfläche der Bewegungsfläche, die zur Nutzung/Bedienung von Möbeln, Geräten und Arbeitsplätzen dient

3.1.8
Hauptgang
übergeordneter Gang in einem Raum, der zur Durchquerung und Erschließung des Raumes dient

Anmerkung 1 zum Begriff: Hauptgänge sind durch ihre zentrale Lage im Raum und ihre größere Breite Nebengängen übergeordnet.

Anmerkung 2 zum Begriff: Hauptgänge sind Teil der Erschließungsfläche.

3.1.9
Nebengang
untergeordneter Gang in einem Raum, der zur Erschließung von Teilen des Raumes dient

Anmerkung 1 zum Begriff: Nebengänge sind durch ihre dezentrale Lage im Raum und ihre geringere Breite Hauptgängen untergeordnet.

Anmerkung 2 zum Begriff: Nebengänge sind Teil der Erschließungsfläche.

3.1.10
Bediengang
untergeordneter Gang in einem Raum, der zur Nutzung/Bedienung von Möbeln, Geräten und Arbeitsplätzen dient

Anmerkung 1 zum Begriff: Bediengänge sind Teil der Bewegungsfläche.

3.1.11
offener Bereich
Nutzungsfläche, die Erschließungsfläche enthält

Anmerkung 1 zum Begriff: Antonym: abgetrennter Raum.

3.1.12
abgetrennter Raum
Nutzungsfläche, die innerhalb des Raumes keine Erschließungsfläche enthält

Anmerkung 1 zum Begriff: Antonym: offener Bereich.

3.1.13
großflächige Bibliothek
Bibliothek, bei der die zur Verfügung stehenden Flächen im Bestandsbereich für den größeren Teil der Fläche die Aufstellung freistehender Doppelregale in parallelen Reihen zulässt

Anmerkung 1 zum Begriff: Antonym: kleinflächige Bibliothek.

3.1.14
kleinflächige Bibliothek
Bibliothek, bei der die zur Verfügung stehenden Flächen im Bestandsbereich nur für den kleineren Teil der Fläche die Aufstellung freistehender Doppelregale in parallelen Reihen zulässt

Anmerkung 1 zum Begriff: Antonym: großflächige Bibliothek.

DIN 67700:2017-05

3.1.15
Freihandbereich
Bestandsbereich, in dem Medien für Nutzer zugänglich im Publikumsbereich aufgestellt sind

Anmerkung 1 zum Begriff: Antonym: Magazin.

3.1.16
Magazin
Bestandsbereich, in dem Medien für Nutzer unzugänglich im internen Bereich aufgestellt sind

Anmerkung 1 zum Begriff: Antonym: Freihandbereich.

3.2 Möbel, Einrichtung, Geräte

3.2.1
Tischlänge
Länge eines Tisches

Anmerkung 1 zum Begriff: siehe Bild 1.

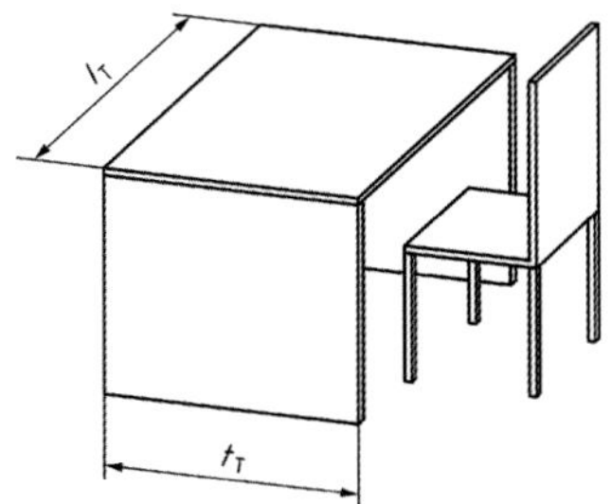

Legende

1 Tischlänge l_T

2 Tischtiefe t_T

Bild 1 — Tischlänge und -tiefe

3.2.2
Tischreihe
regelmäßige Anordnung von Tischen entlang einer Linie, die von Haupt- und Nebengängen begrenzt wird

3.2.3
Tischblock
Summe in regelmäßigen Achsabständen angeordneter und durch dieselben Haupt- und Nebengänge erschlossener Tischreihen gleicher Länge, die nur durch Bediengänge voneinander getrennt sind

Anmerkung 1 zum Begriff: Der Tischblock ist eine idealtypische Anordnung von Tischreihen, die der Ermittlung des Faktors für Erschließungsfläche zugrunde gelegt wird.

Anmerkung 2 zum Begriff: Jeder Tischreihe in einem Tischblock ist ein Bediengang gleicher Breite zugeordnet.

3.2.4
Doppelregal
zwei mit der Rückseite gegeneinander gestellte und verbundene Regalfelder

Anmerkung 1 zum Begriff: siehe Bild 2.

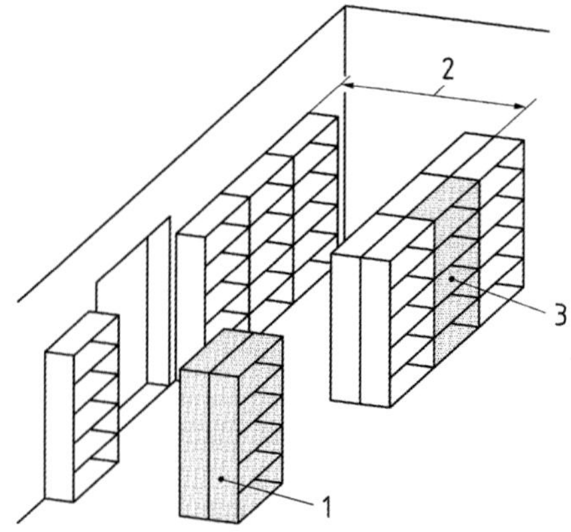

Legende

1 Doppelregal
2 Achsabstand
3 Regalfeld

Bild 2 — Regalaufstellung

3.2.5
Regalreihe
regelmäßige Anordnung von Regalen entlang einer Linie, die von Haupt- und Nebengängen begrenzt wird

3.2.6
Regalblock
Summe freistehender, parallel zueinander angeordneter und durch dieselben Haupt- und Nebengänge erschlossener Doppelregalreihen gleicher Länge, die nur durch Bediengänge voneinander getrennt sind

Anmerkung 1 zum Begriff: Der Regalblock ist eine idealtypische Anordnung von Doppelregalreihen, die der Ermittlung des Faktors für Erschließungsfläche zugrunde gelegt wird.

Anmerkung 2 zum Begriff: Jeder Doppelregalreihe in einem Regalblock aus Standregalen ist ein Bediengang gleicher Breite zugeordnet. Jedem Regalblock einer Rollregalanlage ist ein Bediengang zugeordnet.

3.2.7
Rollregalanlage
Regalsystem mit Doppelregalreihen auf schienengebundenen verfahrbaren Wagen

Anmerkung 1 zum Begriff: Die Regalreihen können manuell oder elektromotorisch direkt aneinander geschoben werden.

Anmerkung 2 zum Begriff: Teile einer Rollregalanlage können auch aus einfachen Regalreihen bestehen.

3.2.8
Standregal
Regal, das einen dauerhaft vorzuhaltenden Bediengang aufweist

Anmerkung 1 zum Begriff: Standregale können auf Rollen gelagert sein.

DIN 67700:2017-05

3.2.9
Regalhöhe
Höhe eines Regals

Anmerkung 1 zum Begriff: siehe Bild 3.

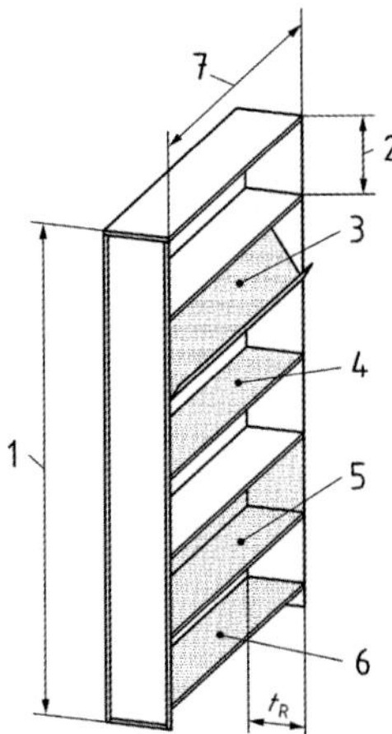

Legende

1 Regalhöhe
2 Fachhöhe
3 Schrägboden
4 Fachboden
5 Fach
6 Sockelboden
7 Fachlänge
t_R Fachtiefe

Bild 3 — Regal, verwendete Begriffe

3.2.10
Schrägboden
schräg montierter Fachboden eines Regals zur Frontalpräsentation von Medien

Anmerkung 1 zum Begriff: siehe Bild 3.

3.2.11
Schrägablage
Form der Präsentation für Zeitschriften und Zeitungen, bei der einzelne Zeitschriftenhefte oder Zeitungen frontal auf einem schräg vor dem Fach stehenden und nach oben klappbaren Fachboden präsentiert werden

3.2.12
Bereitstellungsregal
für Nutzer nicht zugängliches Regal an Mitarbeiterarbeitsplätzen im Servicebereich, in dem bestellte Medien bis zur Abholung durch den Besteller bereitgestellt werden

3.2.13
Abholregal
für Nutzer zugängliches Regal, in dem bestellte Medien bis zur Abholung durch den Besteller bereitgestellt werden

3.2.14
Medienschrank mit Auszug
Möbel zur Lagerung von Medien, bei dem schrankhohe Auszüge in Form von Doppelregalen im rechten Winkel zum Bediengang herausgezogen und von zwei Seiten bedient werden können

3.2.15
Planschrank
Schrank mit Schubfächern für liegende Lagerung von großformatigen Medien

3.2.16
Rollcontainer
abschließbares, transportables Behältnis für Nutzer zur kurzfristigen gesicherten Aufbewahrung von Medien und persönlichen Gegenständen

3.2.17
Selbstverbuchungsstation
Anlage, an der Nutzer Medien selbstständig ausleihen oder zurückgeben können

3.2.18
Rückgabeautomat
Anlage, an der Nutzer Medien selbstständig zurückgeben können

3.2.19
Bereitstellungsautomat
Anlage, die bestellte Medien zur Ausleihe an den Nutzer ausgibt

3.3 Bestand, Medienformen, Bestandsaufstellung

3.3.1
Bestand
Gesamtheit bzw. Teilmenge aller Medien einer Bibliothek oder eines Archivs

3.3.2
Medium
Informationsträger verschiedener Form, der in Bibliotheken und Archiven verwahrt, erschlossen und zur Nutzung bereitgestellt wird

3.3.3
Nichtbuchmedium
Medium in Bibliotheken, das von der Buchform abweicht

3.3.4
Noten
musikalische Werke in Form von gedruckten Noten

DIN 67700:2017-05

3.3.5
Karte
Medium bestehend aus einem Blatt, das graphische Aufzeichnungen enthält

Anmerkung 1 zum Begriff: hier synonym verwendet auch für: Plan, Zeichnung.

Anmerkung 2 zum Begriff: umfasst auch andere Medienarten wie Plakat und Poster.

3.3.6
Großformat
Medienformat mit einer Höhe bzw. Rückenhöhe > 0,45 m

3.3.7
Findmittel
Erschließungsinstrument für Archivbestände

Anmerkung 1 zum Begriff: Zu Findmitteln gehören z. B. Findbücher, Findkarteien, Ablieferungslisten, Datenbanken, Bestandsübersichten.

3.3.8
Schachtel
Behälter zur Aufbewahrung von Medien

3.3.9
Safer
Diebstahl und Nutzung verhindernde Sicherheitsverpackung für CDs und DVDs im Freihandbereich, die sowohl den Datenträger als auch die für die Ausleihe vorgesehene Verpackung aufnimmt

Anmerkung 1 zum Begriff: Der Safer kann nur mit einem mechanischen oder elektronischen Gerät geöffnet werden.

3.3.10
Ablagestapel
übereinander gelagerte Hefte eines Zeitschriften- oder Zeitungstitels

3.3.11
Numerus-currens-Aufstellung
Aufstellung von Medien nach einer Ordnungsnummer, die zur Registrierung oder Inventarisierung fortlaufend für alle Neuzugänge vergeben wird, und nach Buchformaten

Anmerkung 1 zum Begriff: Wird meist im Magazin angewendet.

3.3.12
systematische Aufstellung
Aufstellung von Medien nach einer fachlichen Systematik

Anmerkung 1 zum Begriff: Wird meist im Freihandbereich oder in Archiven mit tektonischer Lagerung angewendet.

Anmerkung 2 zum Begriff: Die systematische Aufstellung trennt in der Regel nicht nach Medienformaten und benötigt Platz für Ergänzungen an jeder Systemstelle sowie einen größeren mittleren Abstand zwischen den Fachböden als die Numerus-currens-Aufstellung.

3.4 Technische Begriffe

3.4.1
charakteristischer Wert der Nutzlast q_k
wichtigster repräsentativer Wert für eine veränderliche freie Einwirkung

Anmerkung 1 zum Begriff: Siehe DIN EN 1991-1-1:2010-12 und DIN EN 1990:2010-12 [1].

3.4.2
Wichte γ
Wichte ist das Gesamtgewicht je Volumeneinheit eines Stoffs einschließlich Mikro- und Makrohohlräumen und Poren

Anmerkung 1 zum Begriff: Im Sprachgebrauch wird auch der Begriff „Dichte" verwendet, der sich auf die Masse je Einheitsvolumen bezieht.

[QUELLE: DIN EN 1991-1-1:2010-12, 1.4.1]

3.4.3
Bereich der Sehaufgabe
Bereich, in dem die Sehaufgabe ausgeführt wird

[QUELLE: DIN EN 12464-1:2011-08, 3.7]

3.4.4
Wartungswert der Beleuchtungsstärke $\bar{E}_m$
minimale mittlere Beleuchtungsstärke (Einheit: lx)

Anmerkung 1 zum Begriff: Wert, unter den die mittlere Beleuchtungsstärke auf einer bestimmten Fläche nicht sinken sollte.

Anmerkung 2 zum Begriff: Zum Zeitpunkt der Unterschreitung sollte eine Wartung durchgeführt werden.

[QUELLE: DIN EN 12665:2011, 3.2.14]

DIN 67700:2017-05

4 Symbole und Abkürzungen

Tabelle 1 gibt einen Überblick über Symbole, Bezeichnungen und Einheiten, die in dieser Norm verwendet werden.

Tabelle 1 — Symbole, Bezeichnungen und Einheiten

Symbol	Bezeichnung	Einheit
A_N	Nutzungsfläche für Standardnutzerplätze	m^2
$A_{R,R}$	Nutzungsfläche für Rollregalanlagen	m^2
$A_{R,S}$	Nutzungsfläche für Standregale	m^2
b_N	Bediengangbreite der Standardnutzerplätze	m
b_R	Bediengangbreite der Regale	m
$\bar{E}_m$	Wartungswert der Beleuchtungsstärke	lx
g_k	Charakteristischer Mittelwert für das Eigengewicht	kg/m
l_T	Tischlänge	m
N_N	Faktor für Erschließungsfläche der Standardnutzerplätze	—
N_R	Faktor für Erschließungsfläche der Regale	—
n_M	Anzahl der unterzubringenden Medien	—
n_N	Anzahl der Standardnutzerplätze	—
n_1	Anzahl der einem Bediengang zugeordneten Doppelregalreihen bei Rollregalanlagen	—
n_2	Anzahl Fächer je Regalfeld	—
n_3	Anzahl der Medien/Schachteln/Ablagestapel je 1 m Fachlänge	1/m
q_k	Charakteristischer Wert der Nutzlast	kN/m^2
R_a	Farbwiedergabe-Index	—
t_R	Fachtiefe	m
t_T	Tischtiefe	m
U_0	Gleichmäßigkeit der Beleuchtungsstärke	—
UGR_L	Grenzwert der Blendungsbegrenzung	—
γ	Wichte	kN/m^3

5 Organisationsformen

5.1 Allgemeines

Für die Planung von Bibliotheken und Archiven werden folgende Organisationsformen zugrunde gelegt:

— Öffentliche Bibliothek;

— Wissenschaftliche Bibliothek;

— Archiv.

Die Planung von Bibliotheken und Archiven ist abhängig von deren Aufgabenstellung und den damit verbundenen Angeboten. Dabei dient die Organisationsform nur als Basismerkmal, insbesondere Bibliotheken lassen sich in eine Vielzahl weiterer Bibliothekstypen differenzieren, die aber viele Gemeinsamkeiten aufweisen. Bibliotheken und Archive unterscheiden sich deutlich in der Art der dort bereitgestellten und aufbewahrten Medien sowie deren Nutzung. Wichtige Planungskriterien sind darüber hinaus vor allem:

— Nutzergruppen;

— Nutzeraktivitäten;

— Anzahl und Verweildauer der Nutzer;

— Serviceangebote;

— Bestandsgrößen;

— Medienarten;

— Anforderungen an die dauerhafte Erhaltung von Medien;

— Art der Medienpräsentation/-aufbewahrung.

Mögliche Entwicklungen und Änderungen der Aufgaben und Angebote über die Nutzungsdauer des Gebäudes sollten bei der Planung berücksichtigt werden.

5.2 Öffentliche Bibliothek

Öffentliche Bibliotheken richten sich an eine allgemeine oder eingeschränkte Öffentlichkeit, meist an die Bürger eines bestimmten Gemeinwesens. Sie dienen der allgemeinen Informationsversorgung, der Unterstützung des lebenslangen Lernens und der Freizeitgestaltung. Darüber hinaus stellen sie Orte gesellschaftlicher Kommunikation und kultureller Teilhabe dar. Sie variieren in Bezug auf Größe, Angebotsspektrum, Nutzergruppen und Organisation. Zu ihnen gehören neben Stadt- und Gemeindebibliotheken sowie Bibliotheken regionaler Gemeindeverbünde auch Bibliotheken für spezielle Nutzergruppen, z. B. Schulbibliotheken, Blindenbibliotheken, Bibliotheken religiöser Gemeinschaften, Patientenbibliotheken und Gefangenenbibliotheken.

Beispiele Öffentlicher Bibliotheken für bestimmte Nutzergruppen oder Medien, die sowohl als eigenständige Bibliothek als auch als Teil einer Öffentlichen Bibliothek organisiert sein können, sind Kinderbibliotheken, Jugendbibliotheken, Musikbibliotheken und Artotheken.

In Öffentlichen Bibliotheken können andere kommunale Einrichtungen bzw. Services räumlich integriert sein. Die kommunalen Einrichtungen bzw. Services können als getrennter Teil innerhalb der Bibliothek, aber auch integriert in die Funktionsbereiche der Bibliothek ausgebildet sein. Beispiele hierfür sind Bürgerservice bzw. -büro und Touristeninformation. Diese kommunalen Einrichtungen bzw. Services sind nicht Teil dieser Norm.

5.3 Wissenschaftliche Bibliothek

Wissenschaftliche Bibliotheken dienen primär der wissenschaftlichen Informationsversorgung und dem wissenschaftlichen Arbeiten. Sie variieren in Bezug auf Größe, Angebotsspektrum, Nutzergruppen und Organisation. Zu ihnen gehören Universitäts- und Hochschulbibliotheken inklusive Fakultäts- bzw. Institutsbibliotheken, aber auch wissenschaftliche Universalbibliotheken, Bibliotheken außeruniversitärer Forschungseinrichtungen, Bibliotheken der Wissenschaftsakademien sowie selbstständige Forschungsbibliotheken. Einige Wissenschaftliche Bibliotheken haben als Staats- oder Landesbibliotheken einen länderbezogenen oder regionalen Versorgungs- und Archivierungsauftrag.

Beispiele für Wissenschaftliche Bibliotheken, die sowohl als eigenständige Bibliothek als auch als Teil einer Wissenschaftlichen Bibliothek organisiert sein können, sind Forschungsbibliotheken, Bibliotheken für Studierende im grundständigen Studium, Musikbibliotheken und Speicherbibliotheken.

Universitäts- bzw. Hochschulbibliotheken und andere Einrichtungen der Universität bzw. Hochschule können organisatorisch verbunden sein. In diesem Fall existieren gemeinsame Funktionsbereiche. Beispiele hierfür sind Rechenzentren, Medienzentren und Universitäts-/Hochschularchive. Rechen- und Medienzentren sind nicht Teil dieser Norm.

5.4 Archiv

Archive übernehmen von ihren Trägerinstitutionen archivwürdige Bestände, verwahren, sichern und erhalten diese auf Dauer, erschließen sie und stellen sie zur Nutzung zur Verfügung. Die Medien sind in der Regel nur einmalig überliefert und stellen aufgrund ihrer Format- und Materialvielfalt sowie des Auftrags zur unbegrenzten Erhaltung besondere Anforderungen an die Aufbewahrung und Nutzung. Archive unterscheiden sich vor allem hinsichtlich ihrer Trägerschaft und der inhaltlichen und regionalen Zuständigkeit.

6 Funktionsbereiche

6.1 Allgemeines

Für die Planung von Bibliotheken und Archiven werden Funktionsbereiche nach Tabelle 2 zugrunde gelegt. Die Funktionsbereiche lassen sich nach ihrer Zugänglichkeit unterscheiden: Publikumsbereiche sind für Nutzer zugänglich, interne Bereiche nur für Mitarbeiter.

Tabelle 2 — Funktionsbereiche

Funktionsbereich	Zugänglichkeit
Nutzerplätze	Publikumsbereich
Servicebereich	
Veranstaltungsbereich	
Bestandsbereich: Freihandbereich	
Bestandsbereich: Magazin	interner Bereich
Medienlogistik	
Verwaltungsbereich	
Werkstätten	

Hinzu kommen Bereiche für betriebstechnische Anlagen sowie der Außenbereich, welche in die Planung einzubeziehen, aber nicht Teil des Anwendungsbereiches dieser Norm sind.

Die räumliche Differenzierung und Gestaltung der einzelnen Funktionsbereiche ist abhängig von

— der Organisationsform,

— der Funktion der Bibliothek bzw. des Archivs,

— der Größe und dem Angebot der Bibliothek bzw. des Archivs,

— den Nutzergruppen und

— der Bestandsgröße.

6.2 Anordnung von Funktionsbereichen

Die räumliche Anordnung der Funktionsbereiche richtet sich nach den spezifischen Funktionsabläufen der Bibliothek bzw. des Archivs. Eine enge räumliche Verbindung der für Nutzer zugänglichen Funktionsbereiche sowie deren zentrale Erschließung sollten sichergestellt sein.

Für Nutzer, Mitarbeiter und Medientransporte sollten separate Zugänge und Verkehrswege eine getrennte, barrierefreie, kurze und mit einem Leitsystem unterstützte Wegeführung innerhalb einer Bibliothek bzw. eines Archivs ermöglichen. Der Zugang zum Veranstaltungsbereich und zu betriebstechnischen Anlagen sollte nicht durch Bestands-, Service- und Verwaltungsbereiche führen und auch außerhalb der Öffnungszeiten möglich sein.

Publikumsbereich und interner Bereich sind mindestens organisatorisch voneinander zu trennen; Magazine sind immer baulich von anderen Funktionsbereichen zu trennen.

DIN 67700:2017-05

6.3 Verbindung von Funktionsbereichen

Eine räumliche Verbindung von Nutzerplätzen, Bestandsbereich (Freihandbereich) und Servicebereich ist üblich. Vor allem in Bibliotheken unterscheiden sich die Gestaltung und die jeweiligen Flächenanteile dieser räumlichen Verbindung sehr. Unterschieden wird in die freie räumliche Verteilung von verschiedenen Nutzerplätzen einerseits und die Ausgestaltung als Lesesaal andererseits.

Der Lesesaal in Bibliotheken findet z. B. Anwendung für die Nutzung besonderer Medienarten oder für bestimmte Nutzergruppen.

Zum Lesesaal eines Archivs bzw. zum Lesesaal für schützenswerte Medien in der Bibliothek gehören meist Nutzerplätze, ein Bestandsbereich (Freihandbereich) für Bücher und Findmittel sowie ein Servicebereich, welcher die Funktionen der Aufsicht, der Registrierung und Beratung der Nutzer sowie der Aus- und Rücknahme von Medien erfüllt. Arbeitsplätze im Archiv und für schützenswerte Medien in der Bibliothek sind so zu gestalten, dass alle Plätze vom Servicebereich (Aufsicht) aus einsehbar sind.

Eine weitere räumliche Verbindung aus mehreren Funktionsbereichen ist der Eingangsbereich einer Bibliothek bzw. eines Archivs. Der Eingangsbereich kann sich zusammensetzen aus Nutzerplätzen (z. B. Plätzen für informelles Arbeiten, Steharbeitsplätzen), Servicebereich (z. B. Anmeldung und Information der Nutzer, Kassenautomat, Schließfächer) und weiteren Funktionen, die nicht Teil des Anwendungsbereiches dieser Norm sind.

Sind Bibliotheken für bestimmte Nutzergruppen (Kinderbibliothek, Jugendbibliothek, Bibliothek für Studierende im grundständigen Studium) oder Medien (Musikbibliothek, Artothek) ein Teil von Öffentlichen oder Wissenschaftlichen Bibliotheken, umfasst dieser Teil eigene Nutzerplätze und Freihandbereiche. Kinder- und Jugendbibliotheken haben häufig auch eigene Veranstaltungs- und Servicebereiche.

In Kinderbibliotheken muss die Planung des gesamten Publikumsbereiches differenziert für die verschiedenen Altersgruppen erfolgen:

— Kleinkinder (0 bis 3 Jahre);

— Kindergarten- und Vorschulkinder (4 bis 5 Jahre);

— Grundschulkinder (6 bis 9 Jahre);

— Kinder der Klassen 5 bis 7 (10 bis 12 Jahre).

Für Kinderbibliotheken sollten die Anforderungen nach DGUV Vorschrift 81 [2] erfüllt werden. In Bibliotheken für Kinder bis 5 Jahre sollten die Anforderungen nach DGUV Regel 102-002 [3] erfüllt werden.

Bei allen räumlichen Verbindungen von Funktionsbereichen sollten benachbarte Funktionen ähnliche akustische, statische, klimatische und sicherheitstechnische Anforderungen aufweisen.

Die Verbindung von Funktionsbereichen kann eine flexible Nutzung von Flächen ermöglichen. Eine klare Zonierung, die erforderlichenfalls auch eine separate Nutzung sicherstellt, ist dennoch vorzusehen.

6.4 Nutzerplätze

6.4.1 Allgemeines

Nutzerplätze dienen der Nutzung von Medien und Angeboten in Bibliotheken und Archiven.

Für die Planung der benötigten Arten von Nutzerplätzen sind folgende Aspekte zu berücksichtigen:

— Bedarf an Einzel- und/oder Gruppenarbeit;

— Bedarf an optischer/räumlicher Abgrenzung von Nutzerplätzen (z. B. Carrels, Gruppenarbeitsräume);

— Bedarf an akustischer Abgrenzung (unterschiedliche Lautstärke der Nutzerplätze);

— Bedarf an Nutzerplätzen für spezifische Funktionen (z. B. Nutzung von Großformaten, Gaming);

— Notwendigkeit einer Aufsicht (z. B. für Arbeitsplätze im Archiv und für schützenswerte Medien in der Bibliothek).

Für die Planung der Nutzerplätze wird zwischen

— Standardnutzerplätzen,

— weiteren Nutzerplätzen in offenen Bereichen und

— Nutzerplätzen in abgetrennten Räumen

unterschieden.

Der gesamte Bereich der Nutzerplätze muss mit WLAN ausgestattet sein.

6.4.2 Anzahl der Nutzerplätze

6.4.2.1 Öffentliche Bibliothek

Die notwendige Anzahl von Nutzerplätzen ist abhängig von

— den Öffnungszeiten,

— dem Einzugsgebiet der Bibliothek,

— dem Umfang digitaler Angebote, die eine Online-Recherche bzw. eine Online-Nutzung von digitalem und digitalisiertem Bestand ermöglichen und

— Angeboten und Medien, die nur in der Bibliothek genutzt werden können.

Die Anzahl von Nutzerplätzen in Öffentlichen Bibliotheken sollte mindestens

— 1 Nutzerplatz je 750 Einwohner oder

— 30 Nutzerplätze

betragen. Der größere Wert ist maßgebend.

ANMERKUNG In Bibliothekssystemen mit Zentral- und Zweigbibliotheken bezieht sich die Einwohnerzahl und die Anzahl von Nutzerplätzen auf das Gesamtsystem.

6.4.2.2 Wissenschaftliche Bibliotheken

Die notwendige Anzahl von Nutzerplätzen in Wissenschaftlichen Bibliotheken ist abhängig von

— den Öffnungszeiten,

— den Bereitstellungsfristen für Medien aus Magazinen,

— dem Umfang digitaler Angebote, die eine Online-Recherche bzw. eine Online-Nutzung von digitalem und digitalisiertem Bestand ermöglichen und

— Angeboten und Medien, die nur in der Bibliothek genutzt werden können.

Die notwendige Anzahl von Nutzerplätzen in Universitäts- und Hochschulbibliotheken ist darüber hinaus abhängig von

— der Anzahl der Studierenden,

— den an der Universität bzw. Hochschule vertretenen Fächern und

— den weiteren Arbeitsplätzen zum Selbststudium außerhalb der Bibliothek.

Die Anzahl von Arbeitsplätzen für das Selbststudium an Universitäten und Hochschulen sollte die Werte in Tabelle 3 nicht unterschreiten. Der überwiegende Teil davon wird in der Regel als Nutzerplatz in der Bibliothek (Gesamtsystem aus Universitäts- bzw. Hochschulbibliothek, Fakultäts- und Institutsbibliotheken) angeboten.

Tabelle 3 — Minimale Anzahl von Arbeitsplätzen für das Selbststudium je Studierender an Universitäten und Hochschulen

Fächergruppe	Arbeitsplätze je Studierender[a]	
	Universität	Hochschule
Kulturwissenschaften	0,12	0,11
Recht	0,23	keine Angabe
Sozialwissenschaften	0,12	0,07
Wirtschaftswissenschaften	0,15	0,08
Naturwissenschaften	0,11	0,07
Medizin	0,09	keine Angabe
Gesundheitswissenschaften	keine Angabe	0,10
Agrarwissenschaften	0,07	0,09
Ingenieurwissenschaften	0,15	0,11
Lehramt	0,12	keine Angabe

[a] Nach Vogel, Bernd und Woisch, Andreas, Orte des Selbststudiums [4].

Die Verteilung auf die verschiedenen Arten von Nutzerplätzen in Universitäts- und Hochschulbibliotheken ist abhängig von

— den an der Universität bzw. Hochschule vertretenen Fächern,

— der Verteilung der Studierenden auf die unterschiedlichen Studienphasen (Bachelor, Master) und

— dem Bedarf an Nutzerplätzen für Wissenschaftler.

6.4.2.3 Archiv

Die notwendige Anzahl von Nutzerplätzen im Archiv ist abhängig von

— der aktuellen bzw. erwarteten Auslastung,

— den Öffnungszeiten,

— den Bereitstellungsfristen für Medien aus Magazinen,

— dem Umfang digitaler Angebote, die eine Online-Recherche bzw. eine Online-Nutzung von digitalem und digitalisiertem Bestand ermöglichen, und

— Angeboten und Medien, die nur im Lesesaal des Archivs genutzt werden können.

Nutzerplätze für die Arbeit mit Findmitteln und besonderen Medienarten bzw. -formaten sind zusätzlich einzurichten.

6.4.3 Standardnutzerplätze

Standardnutzerplätze sind in Wissenschaftlichen Bibliotheken und Archiven die häufigsten Nutzerplätze. Sie sind in offenen Bereichen angeordnet. Es werden abhängig von ihrer Funktion drei Standardnutzerplätze unterschieden:

— Arbeitsplatz für konzentrierte Einzelarbeit;

— Arbeitsplatz mit Computer- und sonstiger technischer Ausstattung;

— Arbeitsplatz im Archiv und für schützenswerte Medien in der Bibliothek.

Die Möblierung eines Standardnutzerplatzes besteht aus einem Tisch und einem Stuhl. Der Tisch darf die Tischtiefe t_T und Tischlänge l_T in Tabelle 4 nicht unterschreiten.

Tabelle 4 — Standardnutzerplätze

Nutzerplatz	Minimale Tischtiefe t_T m	Minimale Tischlänge l_T m
Arbeitsplatz für konzentrierte Einzelarbeit	0,80	1,20
Arbeitsplatz mit Computer- und sonstiger technischer Ausstattung	0,80	1,60
Arbeitsplatz im Archiv und für schützenswerte Medien in der Bibliothek	0,80	1,60

Jeder Standardnutzerplatz muss mit mindestens einer Steckdose ausgestattet sein.

6.4.4 Weitere Nutzerplätze in offenen Bereichen

6.4.4.1 Arbeitsplatz für Großformate

Der Arbeitsplatz für Großformate dient der Arbeit mit aufliegenden, großformatigen Medien (z. B. Karten, Plakaten), ohne dass die Medien dafür gedreht werden müssen.

Die Möblierung besteht aus einem Tisch und einem Stuhl. Der Tisch muss so angeordnet und gestaltet sein, dass die Großformate von allen Seiten aus einsehbar sind. Die Arbeit an mindestens zwei Großformaten gleichzeitig sollte möglich sein.

Der Arbeitsplatz für Großformate sollte mit mindestens einer Steckdose ausgestattet sein.

6.4.4.2 Carrel

Das Carrel dient der konzentrierten Arbeit über einen längeren Zeitraum. Es ist eine von der Raumumgebung abgetrennte, verschließbare Arbeitskabine. Die Abtrennung erfolgt durch in den Raum gestellte Wände, die eine optische Abgrenzung ermöglichen.

Die Möblierung besteht aus einem Tisch und einem Stuhl.

Das Carrel muss mit mindestens einer Steckdose ausgestattet sein.

6.4.4.3 Steharbeitsplatz

Der Steharbeitsplatz dient dem kurzzeitigen Arbeiten (z. B. Recherche, Anlesen von Büchern, Nutzung von Nachschlagewerken).

Die Möblierung besteht aus einem Tisch.

6.4.4.4 Platz für informelles Arbeiten

Der Platz für informelles Arbeiten dient sowohl dem Lernen und Arbeiten als auch der Entspannung und Kommunikation.

Die Möblierung besteht aus bequemen Sitzmöbeln, die zu Sitzgruppen verbunden sein können.

Der Platz für informelles Arbeiten sollte mit mindestens einer Steckdose ausgestattet sein.

6.4.4.5 Gruppenarbeitszone

Die Gruppenarbeitszone dient dem Lernen und Arbeiten in Gruppen ab zwei Personen.

Die Möblierung besteht aus Tischen und Stühlen. Die Tische sollten von den Nutzern — entsprechend der Gruppengröße — flexibel anzuordnen sein.

Die Gruppenarbeitszone sollte mit mindestens einer Steckdose je Nutzer ausgestattet sein. Die Steckdosen sollten bei flexibler Möblierung leicht erreichbar sein.

6.4.4.6 Gruppenarbeitsabteil

Das Gruppenarbeitsabteil dient dem Lernen und Arbeiten in Gruppen von zwei bis sechs Personen in einem geschützten Rahmen. Es ist eine von der Raumumgebung abgetrennte, an einer Seite offene Kabine mit festem Mobiliar. Die Abtrennung erfolgt durch in den Raum gestellte Wände, die eine optische Abgrenzung ermöglichen.

Die fest installierte Möblierung besteht aus einem Tisch und zwei gegenüberliegenden Bänken.

Das Gruppenarbeitsabteil muss mit mindestens einer Steckdose je Nutzer ausgestattet sein. Es sollte mit fest installierter Präsentationstechnik ausgestattet sein.

6.4.4.7 Sitzstufen

Die Sitzstufen dienen dem Lesen, dem entspannten Aufenthalt und der Kommunikation sowie als platzsparende Sitzflächen für Veranstaltungen.

Sie können als Podest in den Raum gestellt oder — verbunden mit einer der Erschließung dienenden Treppe — Teil des Gebäudes sein. Für Kinder haben die Sitzstufen eine Höhe × Tiefe von 0,30 m × 0,60 m, für Erwachsene von 0,40 m × 0,80 m.

Die Sitzstufen, die für Veranstaltungen genutzt werden, sollten auf eine Veranstaltungsfläche mit Präsentationstechnik ausgerichtet sein.

6.4.4.8 Gaming-Zone

Die Gaming-Zone dient der Nutzung elektronischer Spiele (PC- und Konsolenspiele). Die Nutzung erfolgt in der Regel zu zweit. Es wird vor einem großen Bildschirm gespielt, meist im Sitzen, Bewegungsspiele auch im Stehen.

Die Möblierung besteht aus bequemen Sitzmöbeln, Möbeln zur Unterbringung der Technik (Gaming-Stationen, Controller, Ladegeräte, Kopfhörer) und einem Bildschirm.

Die Gaming-Zone muss mit mindestens einer Steckdose je Nutzer ausgestattet sein.

ANMERKUNG Für Gaming an Tischen orientiert sich die Möblierung an Standardnutzerplätzen.

6.4.5 Nutzerplätze in abgetrennten Räumen

6.4.5.1 Einzelarbeitsraum

Der Einzelarbeitsraum dient der besonders konzentrierten Arbeit über einen längeren Zeitraum.

Die Möblierung besteht mindestens aus einem Tisch, einem Stuhl und einem Regal.

Der Einzelarbeitsraum muss mit mindestens einer Steckdose ausgestattet sein.

6.4.5.2 Gruppenarbeitsraum

Der Gruppenarbeitsraum dient dem Lernen und Arbeiten in Gruppen ab zwei Personen.

Die Möblierung besteht aus Tischen und Stühlen. Die Tische sollten von den Nutzern flexibel anzuordnen sein.

Der Gruppenarbeitsraum muss mit mindestens einer Steckdose je Nutzer ausgestattet sein. Er sollte mit Präsentationstechnik ausgestattet sein.

6.4.5.3 Eltern-Kind-Raum

Der Eltern-Kind-Raum dient dazu, Eltern die Arbeit in einer Bibliothek mit ihrem Kind zu ermöglichen. Er besteht aus einem Eltern-Arbeitsplatz und einem Aufenthalts- und Spielbereich für Kinder.

Die Möblierung besteht mindestens aus einem Tisch und einem Stuhl für den Eltern-Arbeitsplatz sowie einem Tisch, einem Stuhl, einer Spielfläche, Spielgeräten und einem Regal mit Spielzeug für das Kind.

Der Eltern-Kind-Raum muss mit mindestens einer Steckdose ausgestattet sein.

6.4.5.4 Schulungsraum

Der Schulungsraum dient der Durchführung von Schulungsveranstaltungen für Nutzer.

Die Möblierung besteht mindestens aus Tischen und Stühlen. Sie sollte Möbel für Materialien und technische Ausstattung sowie für Garderobe umfassen. Die Tische sollten flexibel anzuordnen sein.

Der Schulungsraum muss mit mindestens einer Steckdose je Nutzer sowie Projektionstechnik ausgestattet sein.

6.4.5.5 Makerspace

Der Makerspace dient dem informellen und kollaborativen Erlernen der Benutzung von Geräten und Maschinen aus dem Hochtechnologiebereich, dem Experimentieren mit industriellen Herstellungsverfahren und Designs sowie dem Reproduzieren dreidimensionaler Prototypen von digitalen Vorlagen.

Die Möblierung besteht mindestens aus Tischen, Stühlen, den eingesetzten Geräten/Maschinen und Regalen für Werkstoffe, Lagerung begonnener Arbeiten bzw. Präsentation fertiger Arbeiten.

Der Makerspace muss mit mindestens einer Steckdose je Nutzer ausgestattet sein. Er sollte mit Präsentationstechnik ausgestattet sein.

6.5 Servicebereich

6.5.1 Allgemeines

Der Servicebereich umfasst alle Funktionen, die die Nutzung einer Bibliothek und eines Archivs unterstützen und nicht zu den Nutzerplätzen oder zum Bestandsbereich gehören. Zum Servicebereich gehören vor allem die Funktionen

— Anmeldung/Registrierung von Nutzern,

— Information/Beratung,

— Aufsicht,

— Bereitstellung von Medien,

— Ausleihe/Ausgabe und Rücknahme von Medien,

— Geldannahme/Kasse,

— Scannen/Kopieren und

— Schließfächer/Garderobe.

Alle Funktionen müssen nutzerorientiert geplant werden.

Bei Einsatz von RFID-Technik muss ein vom Hersteller vorgegebener Mindestabstand von RFID-Geräten zu metallischen Bau- und Möbelteilen sowie zwischen den RFID-Geräten selbst eingehalten werden.

Der Servicebereich unterscheidet sich nach Funktionen, die von Mitarbeitern ausgeführt werden, und Funktionen, die in Selbstbedienung erfolgen.

6.5.2 Funktionen an Mitarbeiterarbeitsplätzen

Alle Funktionen des Servicebereichs können grundsätzlich an Mitarbeiterarbeitsplätzen ausgeführt werden.

Die Möblierung des Mitarbeiterarbeitsplatzes im Servicebereich besteht für die Funktion Information/Beratung mindestens aus einem Stehtisch.

Für die Funktionen

— Anmeldung/Registrierung von Nutzern,

— Aufsicht,

— Ausleihe/Ausgabe und Rücknahme von Medien und

— Geldannahme, Kasse

besteht die Möblierung mindestens aus Tisch, Stuhl und Ablageregal.

Für eine Beratung in geschützter Gesprächssituation ist der Mitarbeiterarbeitsplatz mit einem geschützt angeordneten Tisch/Nutzerplatz zu möblieren.

Bei einer räumlichen Zusammenfassung mehrerer Funktionen und Mitarbeiterarbeitsplätze sollten die Mitarbeiterarbeitsplätze als Theke mit Sitz- oder Stehplätzen bzw. als höhenverstellbare Theke gestaltet sein.

Für weitere Funktionen kann der Mitarbeiterarbeitsplatz Bücher-/Aktenwagen, einen Anschluss an die Sortieranlage sowie weitere technische Ausstattung umfassen.

Je mehr Mitarbeiterarbeitsplätze benötigt werden, desto mehr sollte eine Aufteilung der Funktionen auf verschiedene Plätze und damit eine den jeweiligen Funktionen angepasste Lage, Anordnung und Gestaltung der Mitarbeiterarbeitsplätze erfolgen.

Mitarbeiterarbeitsplätze im Servicebereich sind als Bildschirmarbeitsplätze gemäß ArbStättV einzurichten.

6.5.3 Funktionen in Selbstbedienung

Folgende Funktionen des Servicebereichs sind in der Regel für die Selbstbedienung geeignet:

— Bereitstellung von Medien (Bereitstellungsautomat oder Abholregal);

— Ausleihe (Selbstverbuchungsstation);

— Rücknahme (Selbstverbuchungsstation);

— Scannen/Kopieren;

— Gebührenzahlung (Kassenautomat);

— Schließfächer.

In Archiven muss das Scannen/Kopieren in Selbstbedienung von der Aufsicht aus einsehbar sein.

6.6 Veranstaltungsbereich

Zum Veranstaltungsbereich gehören die Funktionen Veranstaltung und Ausstellung.

Der Veranstaltungsbereich sollte abhängig von der Aufgabe und Größe einer Bibliothek bzw. eines Archivs unterschiedliche Veranstaltungs- und Ausstellungsformen ermöglichen.

Zum Veranstaltungsbereich können folgende Räume bzw. Funktionen gehören, die nicht Teil des Anwendungsbereiches dieser Norm sind:

— Veranstaltungsraum;

— Seminarraum;

— Ausstellungsraum;

— Lager für Tische, Stühle, Vitrinen;

— Lager für Veranstaltungstechnik;

— Lager für Ausstellungstechnik;

— Teeküche/Cateringbereich.

6.7 Bestandsbereich

Der Bestandsbereich dient der Lagerung und Präsentation von Medien.

Als Bestandsgröße für die Planung ist der Zielbestand zu berücksichtigen. Der Zielbestand berücksichtigt den erwarteten Zugang und die erwartete Aussonderung/Kassation je Medienart über die Nutzungsdauer des Gebäudes. Für Archive sind die erwarteten Zugänge für mindestens 15 Jahre einzuplanen.

Der Bestandsbereich unterscheidet sich in Freihandbereich und Magazin.

Im Freihandbereich werden die Medien häufig systematisch aufgestellt, in Wissenschaftlichen Bibliotheken findet sich teilweise auch eine Numerus-currens-Aufstellung. Im Magazin erfolgt in der Regel eine Numerus-currens-Aufstellung bzw. eine Aufstellung nach Beständen.

Die Lagerung und Präsentation von Medien erfolgt in der Regel nach Medienarten und -formaten getrennt in Regalen oder gleichartigen Möbeln. Davon abweichend werden für einzelne Medienarten Spezialmöbel eingesetzt, z. B. Büchertröge für Kinderbücher und treppenförmige Möbel für CDs, DVDs und Blu-Rays.

Die Präsentation von Medien erfolgt häufig in der Rückenansicht; vor allem in Öffentlichen Bibliotheken wird diese durch eine zusätzliche Frontalpräsentation ergänzt.

Akten und Großformate sollten liegend gelagert werden.

Bei der Planung von Regalen und anderen Möbeln zur Medienunterbringung sollten für Fachtiefe und Fachlänge jeweils einheitliche Systemmaße gewählt werden.

6.8 Medienlogistik

6.8.1 Allgemeines

Die Medienlogistik umfasst die Funktionen Anlieferung, Sortierung und Transport von Medien sowie Lagerung von Transportmitteln und Geräten.

6.8.2 Anlieferung

Die Anlieferung dient der Entgegennahme, Eingangskontrolle, Zwischenlagerung und Verteilung ankommender Medien und Materialien.

Zur Anlieferung gehören folgende Räume bzw. Funktionen, die nicht Teil des Anwendungsbereiches dieser Norm sind:

— Anlieferungsraum (inklusive überdachtem Torbereich mit Lademöglichkeit und separatem Personenzugang);

— Lager für gesicherte Zwischenlagerung von Medien nach Aussonderung/Kassation;

— Lager (Quarantäneraum) mit kontrollierter Belüftung und Klimatisierung für mikrobiell kontaminierte Medien;

— Lager für Notfallmaterialien;

— Lager für Verpackungsmaterialien;

— Lager für Lagergeräte und Transportfahrzeuge.

Die Anlieferung sollte direkt an die Transportanlage für Medien angeschlossen sein.

6.8.3 Sortierung

Die Sortierung dient der Vorbereitung von zurückgegebenen Medien für den Transport und das Rückordnen in den Bestandsbereich.

Die Sortierung in Bibliotheken erfolgt manuell und/oder automatisch; in Archiven erfolgt die Sortierung ausschließlich manuell.

Die Möblierung eines Sortierarbeitsplatzes für die manuelle Sortierung besteht aus einem Sortiertisch, einem Stuhl, Sortierregalen und Bücher-/Aktenwagen.

Die automatische Sortierung an einer Sortierstation schließt sich in der Regel an einen Rückgabeautomaten im Servicebereich an. Sie umfasst ein Förderband und mehrere Sortierstationen mit darunter stehenden Sortierbehältern, welchen die Medien entsprechend ihrer Codierung zugeordnet werden. Für den Transport der Medien von der Sortierstation in den Bestandsbereich sind Bücherwagen bzw. Ersatzsortierbehälter vorzusehen. Alternativ kann der Transport automatisch über eine Medientransportanlage erfolgen. Die Anzahl der Sortierbehälter ist abhängig von

— der Anzahl der Standorte bzw. Ziele, die bei der Sortierung unterschieden werden sollen,

— der Anzahl der Medien, die zurückgegeben werden und

— der Anzahl der Medienarten.

DIN 67700:2017-05

6.8.4 Transport

Der Transport von Medien dient der Anbindung von Anlieferung und Sortierung an andere Funktionsbereiche (Servicebereich, Bestandsbereich, Verwaltungsbereich, Werkstätten), in denen Medien bearbeitet, ausgegeben oder angenommen werden.

Der Transport erfolgt manuell und/oder automatisch. Die Auswahl des Transportsystems ist abhängig von der benötigten Kapazität und Frequenz der Transporte sowie von der spezifischen Gebäudesituation. Bei großem Transportaufkommen über große Entfernungen und mehrere Etagen sollte eine automatische Medientransportanlage vorgesehen werden. Die Anlage muss einen schonenden Transport der Medien sicherstellen.

Für den manuellen Transport mit Bücher-/Aktenwagen sind alle Transportwege stufen- und schwellenlos auszuführen. Durchgänge sind dem Transportformat der Medien anzupassen. Türen auf Transportwegen sollten mit motorischem Antrieb ausgestattet sein.

Der automatische Transport kann über

— schienengebundene Transportanlagen,

— Behälterförderanlagen,

— Einzelbuchtransport auf Bändern oder

— fahrerlose Transportsysteme

erfolgen.

Schienengebundene Transportanlagen mit Eigenantrieb und Vorrichtung zur Zielerkennung befördern Behälter auf Schienen sowohl horizontal als auch vertikal und in der Schräge zwischen mehreren Stationen. Für den Transport in zwei Richtungen benötigen sie zwei Gleise nebeneinander.

Behälterförderanlagen transportieren Behälter über Rollen, Laufbänder und Aufzüge mittels Zielcodierung zu verschiedenen Stationen.

Die Anzahl der Stationen hängt von der Zahl der über die Transportanlage verbundenen Gebäudeteile und Etagen ab. Die Anzahl der an einer Station befindlichen Behälterplätze für ankommende oder abgehende Behälter bestimmt die Häufigkeit, mit der die Stationen beladen bzw. beräumt werden müssen.

6.9 Verwaltungsbereich

Der Verwaltungsbereich umfasst alle Büroarbeitsplätze und folgende Arbeitsplätze mit besonderen Funktionen im internen Bereich:

— Arbeitsplätze in Bibliotheken, an denen Medienerschließung erfolgt; sie dienen der Inventarisierung und Katalogisierung von Medien.

— Arbeitsplätze in Archiven, an denen Medienerschließung erfolgt; sie dienen der Durchsicht, Bewertung, Ordnung und Verzeichnung von Medien.

— Arbeitsplätze, an denen technische Bearbeitung erfolgt; sie dienen der Ordnung und Verpackung von Medien, der Durchführung von Einbandarbeiten, Reparaturen und Reinigungsmaßnahmen sowie dem Sichern, Etikettieren und Signieren von Medien. Die technische Bearbeitung erfolgt häufig seriell an großen Mengen von Medien. Die Arbeitsplätze für technische Bearbeitung sind in Archiven direkt an den Bestandsbereich (Magazin) anzuschließen.

Die Erschließung und technische Bearbeitung von Medien, die eine mögliche Staub- oder mikrobielle Belastung aufweisen, muss an Arbeitsplätzen erfolgen, die von Büroarbeitsplätzen und anderen Arbeitsplätzen räumlich getrennt sind.

Zum Verwaltungsbereich können darüber hinaus folgende Räume bzw. Funktionen gehören, die nicht Teil dieser Norm sind:

- Besprechungsraum;
- Poststelle;
- Registratur;
- Drucker-/Kopierraum;
- Materialager;
- Pausen-/Sozialraum;
- Teeküche;
- Sanitätsraum;
- Dusche;
- Umkleideraum.

6.10 Werkstätten

Werkstätten dienen der buchbinderischen, konservatorischen und restauratorischen Bearbeitung von Medien sowie deren Digitalisierung und Reprographie.

Die Möblierung eines Arbeitsplatzes zur Digitalisierung an einem Aufsichtscanner bis DIN A1 besteht aus einem Scannertisch (Aufsichtscanner), einem Ergänzungstisch, einem Stuhl und Regalen. Der Arbeitsplatz muss dauerhaft verdunkelt werden können.

Die Möblierung eines Arbeitsplatzes zur Mikroverfilmung an einer Aufsichtkamera bis DIN A1 besteht aus einem Kameratisch (Mikrofilmkamera), einem Ergänzungstisch, einem Stuhl und Regalen. Der Arbeitsplatz muss dauerhaft verdunkelt werden können.

Die Möblierung eines Arbeitsplatzes zur Trockenreinigung an einer Sicherheitswerkbank besteht aus einer Werkbank (mikrobiologische Sicherheitswerkbank der Klasse I), einem Ergänzungstisch, einem Stuhl und Regalen.

Zu Werkstätten können darüber hinaus folgende Räume bzw. Funktionen gehören, die nicht Teil des Anwendungsbereiches dieser Norm sind:

- Zwischenlagerung von Medien;
- Lagerung von Arbeitsmaterialien;
- Nassbehandlung von Medien;
- Trocknung von behandelten Medien und Arbeitsmaterialien;
- Bildbearbeitung und -kontrolle;
- Filmentwicklung und -kontrolle;
- Lagerung von Chemikalien und Filmmaterialien;
- Restaurierungsdokumentation.

7 Flächen

7.1 Allgemeines

Es wird die Flächengliederung nach DIN 277-1 zugrunde gelegt.

Die in 7.2 bis 7.7 angegebene Nutzungsfläche enthält die Stellfläche (Bodenfläche von Möbeln) und die Bewegungsfläche. Die Bewegungsfläche setzt sich aus der Bedienfläche (z. B. Bediengänge für Regale) und der Erschließungsfläche (Haupt- und Nebengänge innerhalb von Räumen) zusammen. Die Bewegungsfläche innerhalb von Räumen zählt nicht zur Verkehrsfläche.

In Fällen, in denen Flächen wechselnd genutzt werden (z. B. Entstehen von Veranstaltungsflächen durch das temporäre Entfernen von Nutzerplätzen oder Regalen), sind diese Flächen der überwiegenden Nutzung zuzuordnen.

7.2 Nutzerplätze

7.2.1 Allgemeines

Die minimale Nutzungsfläche für Nutzerplätze ist abhängig von der

— Anzahl der Nutzer,

— Art der Nutzerplätze,

— Anordnung der Nutzerplätze (bei Standardnutzerplätzen) und

— Aufenthaltsdauer der Nutzer.

Für Standardnutzerplätze wird die Ermittlung der Nutzungsfläche in Abhängigkeit verschiedener Anordnungen der Plätze in 7.2.2 beschrieben.

Für alle weiteren Nutzerplätze kann die Nutzungsfläche 7.2.3 und 7.2.4 entnommen werden.

Nutzerplätze für Kinder im Kindergarten- und Grundschulalter sind in Abhängigkeit vom Alter mit niedrigeren Werten zu planen als in 7.2.2 angegeben.

Werden Nutzerplätze mit Bücher-/Aktenwagen oder Rollcontainern ausgestattet, ist ein Zuschlag für die Nutzungsfläche in 7.2.2 bis 7.2.4 zu addieren. Der Zuschlag sollte den Wert in Tabelle 5 nicht unterschreiten.

Tabelle 5 — Minimale Nutzungsfläche für Ausstattung von Nutzerplätzen

Ausstattung je Nutzerplatz	**Bezeichnung** m^2
Bücher-/Aktenwagen, Rollcontainer	1,5

7.2.2 Standardnutzerplätze

7.2.2.1 Allgemeines

Für die Berechnung in 7.2.2 wird eine Anordnung der Nutzerplätze in Reihen mit regelmäßigem Achsabstand zugrunde gelegt.

Die Nutzungsfläche für Standardnutzerplätze A_N bestimmt sich mit Gleichung (1).

Für exemplarische Ausgangsbedingungen kann die Nutzungsfläche für Standardnutzerplätze A_N Tabelle 4 entnommen werden.

Es werden vier Varianten der Anordnung von Standardnutzerplätzen unterschieden (siehe Bild 4).

Variante 1: Einzelplätze

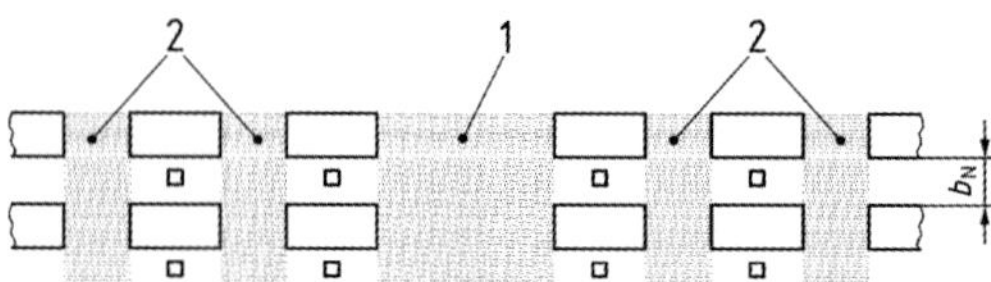

Variante 2: 2 Plätze nebeneinander

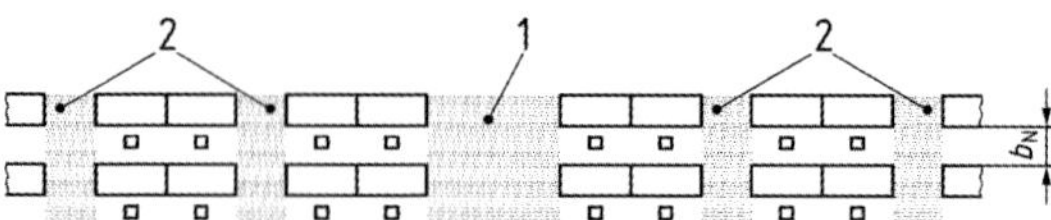

Variante 3: ≥ 3 Plätze nebeneinander

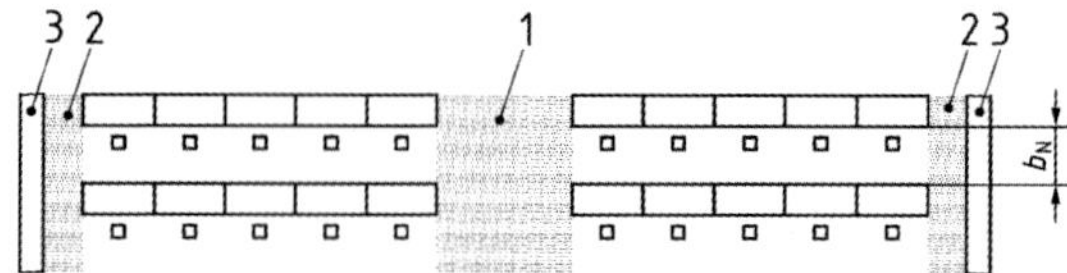

Variante 4: ≥ 3 Plätze nebeneinander in Doppelreihen

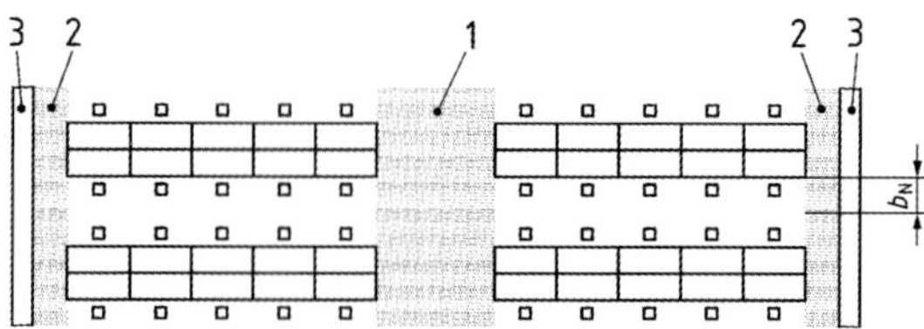

Legende

1 Hauptgang
2 Nebengang
3 Wand
b_N Bediengangbreite

Bild 4 — Typische Anordnungen von Standardnutzerplätzen

Für Standardnutzerplätze in Archiven sollte aufgrund der Nutzung datenschutzrelevanter Medien die Variante 1 als Anordnung gewählt werden.

7.2.2.2 Tischtiefe t_T und Tischlänge l_T

Die minimale Tischtiefe t_T und die minimale Tischlänge l_T sind abhängig von

- dem Medienformat, mit dem gearbeitet wird,
- der Anzahl der Medien, mit denen gearbeitet wird und
- der erforderlichen technischen Ausstattung zur Nutzung der Medien.

Die minimale Tischtiefe t_T und -länge l_T für verschiedene Standardnutzerplätze ist Tabelle 4 zu entnehmen.

7.2.2.3 Bediengangbreite der Standardnutzerplätze b_N

Die Bediengangbreite der Standardnutzerplätze b_N ist abhängig von

- der Nutzungsintensität,
- der Anordnung der Nutzerplätze und
- der Länge der Tischreihe.

Die minimale Bediengangbreite der Standardnutzerplätze b_N ist Tabelle 6 zu entnehmen.

Tabelle 6 — Minimale Bediengangbreite der Standardnutzerplätze b_N

Anordnung der Nutzerplätze[a]	Bediengangbreite b_N m
Variante 1, 2 und 4	1,00
Variante 3	1,40

[a] Varianten: siehe Bild 4.

7.2.2.4 Faktor für Erschließungsfläche der Standardnutzerplätze N_N

Die Erschließungsfläche der Standardnutzerplätze umfasst alle Flächen, die zur Erschließung der Standardnutzerplätze notwendig sind, sowie weitere nicht nutzbare Flächen.

Der Faktor für Erschließungsfläche der Standardnutzerplätze N_N ist der Quotient aus Gesamtfläche (Summe aus Erschließungs- und Tischblockfläche) und Tischblockfläche.

Für die Ermittlung des Faktors für Erschließungsfläche der Standardnutzerplätze N_N sind typische Anordnungen von Standardnutzerplätzen zugrunde gelegt (Bild 4).

Der Faktor für Erschließungsfläche der Standardnutzerplätze N_N ist abhängig von

- der Tischlänge der Nutzerplätze,
- der Länge der Tischreihen,
- der Breite der Haupt- und Nebengänge und
- weiteren nicht nutzbaren Flächen aufgrund ungünstiger Gebäudegrundrisse.

Es wird davon ausgegangen, dass ein Raum mit einem mittleren Hauptgang und parallel verlaufenden Nebengängen an den Außenseiten erschlossen wird. Bei Einzelplätzen und kurzen Tischreihen mit zwei Plätzen verlaufen darüber hinaus parallel zum Hauptgang zwischen den Plätzen weitere Nebengänge.

Die Erschließungsfläche besteht aus

— Hauptgängen, die eine Mindestbreite von 2,40 m nicht unterschreiten sollten und

— Nebengängen, die eine Mindestbreite von 0,90 m nicht unterschreiten sollten.

ANMERKUNG Die Fläche von Stützen und nicht anders nutzbaren Flächen in diesem Bereich wird vernachlässigt.

Der auf dieser Grundlage ermittelte Faktor für Erschließungsfläche der Standardnutzerplätze N_N ist Tabelle 7 zu entnehmen.

Tabelle 7 — Faktor für Erschließungsfläche der Standardnutzerplätze N_N

Anzahl Plätze je Hauptgangseite[b]	Faktor für Erschließungsfläche N_N [a]					
	Variante 1[c] (Einzelplätze)		Variante 2[c] (2 Plätze nebeneinander)		Variante 3 und 4[c] (≥ 3 Plätze nebeneinander)	
	Tischlänge l_T = 1,20 m	Tischlänge l_T = 1,60 m	Tischlänge l_T = 1,20 m	Tischlänge l_T = 1,60 m	Tischlänge l_T = 1,20 m	Tischlänge l_T = 1,60 m
8	—	—	—	—	1,25	—
7	—	—	—	—	1,25	—
6	—	—	1,55	—	1,30	1,25
5	1,95	—	—	—	1,35	1,30
4	2,00	1,75	1,65	1,50	1,45	1,35
3	2,10	1,85	—	—	1,60	1,45
2	2,25	1,95	1,90	1,70	—	—
1	2,75	2,35	—	—	—	—

[a] Es werden folgende Größen zugrunde gelegt:
Breite Hauptgang 2,40 m, Breite Nebengang 0,90 m, Bediengangbreite b_N 1,00 m (Variante 1, 2 und 4), b_N 1,40 m (Variante 3), Tischtiefe t_T 0,80 m.

[b] Es wird davon ausgegangen, dass der Abstand zwischen Hauptgang und Nebengang an der Wand ≤ etwa 10 m ist.

[c] Varianten: siehe Bild 4.

Ein größerer Faktor für Erschließungsflächen als in Tabelle 7 wird vor allem notwendig bei

— einer unregelmäßigen Anordnung der Nutzerplätze,

— einem ungünstigen Grundriss der Räume,

— zusätzlich notwendigen Hauptgängen parallel zu den Tischreihen, z. B. um andere Räume oder Bereiche zu erschließen.

DIN 67700:2017-05

7.2.2.5 Berechnung der Nutzungsfläche für Standardnutzerplätze A_N

Die Nutzungsfläche für Standardnutzerplätze A_N bestimmt sich als Produkt aus

- der Fläche für einen Nutzerplatz einschließlich Anteil am Bediengang,
- der Anzahl der Nutzerplätze und
- dem Faktor für die Erschließungsfläche.

Für Standardnutzerplätze, die nach Bild 4 angeordnet sind, bestimmt sich die Nutzungsfläche A_N für n_N Standardnutzerplätze mit den in 7.2.2.2 bis 7.2.2.4 ermittelten Werten nach Gleichung (1).

$$A_N = \left((t_T + b_N) \times l_T\right) \times n_N \times N_N \quad (1)$$

Dabei ist

A_N die Nutzungsfläche für n_N Standardnutzerplätze, in m^2;

t_T die Tischtiefe, in m (siehe 6.4.3, 7.2.2.2);

b_N die Bediengangbreite der Standardnutzerplätze, in m (siehe 7.2.2.3);

l_T die Tischlänge, in m (siehe 6.4.3, 7.2.2.2);

n_N die Anzahl der Standardnutzerplätze;

N_N der Faktor für Erschließungsfläche der Standardnutzerplätze (siehe 7.2.2.4).

Tabelle 8 kann für verschiedene Standardnutzerplätze und Anordnungen die jeweilige Nutzungsfläche A_N entnommen werden, welche durch Anwendung von Gleichung (1) für exemplarische Ausgangsbedingungen ermittelt wurde.

Tabelle 8 — Nutzungsfläche für Standardnutzerplätze für exemplarische Ausgangsbedingungen

Nutzerplatz	Variante[a]	Anzahl Plätze nebeneinander	Anzahl Plätze je Hauptgangseite	Tischtiefe t_T m	Tischlänge l_T m	Bediengangbreite b_N m	Faktor Erschließungsfläche N_N	Nutzungsfläche je Platz A_N m²	Plätze je 100 m² Nutzungsfläche
Arbeitsplatz für konzentrierte Einzelarbeit	1	1	3	0,80	1,20	1,00	2,10	4,5	22
	2	2	4	0,80	1,20	1,00	1,65	3,6	28
	3	6	6	0,80	1,20	1,40	1,30	3,4	29
	4	6	6	0,80	1,20	1,00	1,30	2,8	36
Arbeitsplatz mit Computer- und sonstiger technischer Ausstattung bzw. Arbeitsplatz im Archiv und für schützenswerte Medien in der Bibliothek	1	1	3	0,80	1,60	1,00	1,85	5,3	19
	2	2	4	0,80	1,60	1,00	1,50	4,3	23
	3	4	4	0,80	1,60	1,40	1,35	4,8	21
	4	4	4	0,80	1,60	1,00	1,35	3,9	26

[a] Varianten: siehe Bild 4.

DIN 67700:2017-05

7.2.3 Weitere Nutzerplätze in offenen Bereichen

Die Nutzungsfläche für weitere Nutzerplätze in offenen Bereichen sollte die Werte in Tabelle 9 nicht unterschreiten.

Tabelle 9 — Minimale Nutzungsfläche für weitere Nutzerplätze in offenen Bereichen

Nutzerplatz[a]	Nutzungsfläche[j] m^2
Arbeitsplatz für Großformate[b]	13,1
Carrel[c]	5,4
Steharbeitsplatz[d]	2,0
Platz für informelles Arbeiten (je Nutzerplatz)[e]	3,7
Gruppenarbeitszone (je Nutzerplatz)[f]	2,5
Gruppenarbeitsabteil (je Nutzerplatz)[g]	1,7
Sitzstufen (je Nutzerplatz)[h]	1,2
Gaming-Zone (je 2 Personen)[i]	12,8

[a] Es wird jeweils eine Möblierung nach 6.4.4 zugrunde gelegt.

[b] Tisch mit Tiefe × Länge: 1,60 m × 1,60 m.

[c] Tisch mit Tiefe × Länge: 0,80 m × 1,20 m.

[d] Tisch mit Tiefe × Länge: 0,80 m × 0,80 m.

[e] Sofa, je Nutzerplatz mit Tiefe × Länge: 0,90 m × 0,90 m; Beistelltisch.

[f] je Nutzerplatz Tisch mit Tiefe × Länge: 0,80 m × 0,80 m.

[g] Tisch, je Nutzerplatz mit Tiefe × Länge: 0,40 m × 0,85 m.

[h] Sitzstufe, je Nutzerplatz mit Tiefe × Länge: 0,60 m × 0,80 m.

[i] Tiefe × Länge: 3,00 m × 3,00 m.

[j] Die Nutzungsfläche enthält die Bewegungsfläche der jeweiligen Nutzerplätze (Bedienfläche sowie Haupt- und Nebengänge).

7.2.4 Nutzerplätze in abgetrennten Räumen

Die Nutzungsfläche für Nutzerplätze in abgetrennten Räumen sollte die Werte in Tabelle 10 nicht unterschreiten.

Tabelle 10 — Minimale Nutzungsfläche für Nutzerplätze in abgetrennten Räumen

Nutzerplatz[a]		Nutzungsfläche[g] m²
Einzelarbeitsraum[b]		5,0
Gruppenarbeitsraum (je Nutzerplatz)	Gruppengröße: 6 Personen[c]	2,5
	Gruppengröße: 4 Personen[c]	2,9
	Gruppengröße: 2 Personen[d]	3,7
Eltern-Kind-Raum (je Eltern-Kind-Paar)[e]		8,0
Schulungsraum (je Nutzerplatz)[f]		3,4
Makerspace		[h]

[a] Es wird jeweils eine Möblierung nach 6.4.4 zugrunde gelegt.

[b] Tisch mit Tiefe × Länge: 0,80 m × 1,60 m, Regal mit Tiefe × Länge: 0,25 m × 1,00 m.

[c] je Nutzerplatz Tisch mit Tiefe × Länge: 0,80 m × 0,80 m.

[d] je Nutzerplatz Tisch mit Tiefe × Länge: 0,80 m × 1,20 m.

[e] Tisch mit Tiefe × Länge: 0,80 m × 1,60 m, Regal mit Tiefe × Länge: 0,25 m × 1,00 m; Spielfläche mit 3,00 m².

[f] je Nutzerplatz Tisch mit Tiefe × Länge: 0,80 m × 0,80 m; Dozentenplatz Tisch mit Tiefe × Länge: 0,80 m × 2,00 m.

[g] Die Nutzungsfläche enthält die Bewegungsfläche innerhalb der Räume; sie enthält keine Erschließungsfläche außerhalb der Räume.

[h] Die Nutzungsfläche ist in Abhängigkeit der Möblierung individuell zu bestimmen.

7.3 Servicebereich

7.3.1 Allgemeines

Die Nutzungsfläche für den Servicebereich ist abhängig von

— der Anzahl der dortigen Mitarbeiterarbeitsplätze,

— dem Funktionsumfang,

— der spezifischen Ausstattung und

— den unterzubringenden Materialien und Medien.

7.3.2 Funktionen an Mitarbeiterarbeitsplätzen

Für den Servicebereich dient die Anzahl der dort vorhandenen Mitarbeiterarbeitsplätze als Basis für die Ermittlung der Nutzungsfläche. Die Nutzungsfläche je Mitarbeiterarbeitsplatz sollte den Wert in Tabelle 11 nicht unterschreiten.

Tabelle 11 — Minimale Nutzungsfläche für Mitarbeiterarbeitsplätze im Servicebereich

Funktion[a]	Nutzungsfläche[b] m^2
Anmeldung/Registrierung der Nutzer, Information/Beratung, Aufsicht	7,3

[a] Es wird eine Möblierung nach 6.5.2 in einem offenen Bereich zugrunde gelegt (Tisch mit Tiefe × Länge: 0,80 m × 1,60 m; Regal mit Tiefe × Länge: 0,25 m × 1,60 m).

[b] Die Nutzungsfläche enthält die Bewegungsfläche (Bedienfläche sowie Haupt- und Nebengänge).

Darüber hinaus sind für alle weiteren Funktionen, die an Mitarbeiterarbeitsplätzen im Servicebereich angeboten werden, Zuschläge zu addieren. Die Nutzungsfläche für diese Funktionen sollte die Werte in Tabelle 12 nicht unterschreiten.

Tabelle 12 — Minimale Nutzungsfläche für weitere Funktionen an Mitarbeiterarbeitsplätzen im Servicebereich

Funktion/Tätigkeit[a]	Nutzungsfläche (Zuschlag)[g] m^2
Ausleihe/Ausgabe und Rücknahme von Medien[b]	1,6
Geldannahme, Kasse[c]	0,9
Beratung in geschützter Gesprächssituation[d]	5,1
Zuführung zur Sortieranlage[e]	2,5
Bücher-/Aktenwagen, Transportkisten[f]	2,2

[a] Es wird jeweils eine Möblierung nach 6.5.2 in einem offenen Bereich zugrunde gelegt.

[b] Tisch vergrößert um Tiefe × Länge: 0,80 m × 0,50 m.

[c] Tisch vergrößert um Tiefe × Länge: 0,80 m × 0,30 m.

[d] Beratungstisch mit Tiefe × Länge: 0,60 m × 1,40 m.

[e] Förderband mit Tiefe × Länge: 0,80 m × 2,05 m.

[f] Bücher-/Aktenwagen mit Tiefe × Länge: 0,50 m × 0,80 m.

[g] Die Nutzungsfläche enthält die Bewegungsfläche (Bedienfläche sowie Haupt- und Nebengänge).

Flächen für Diskretions- und Wartezonen sind in Tabelle 11 und 12 nicht berücksichtigt und müssen gesondert ermittelt bzw. bei der Verkehrsfläche berücksichtigt werden.

7.3.3 Funktionen in Selbstbedienung

Für alle Funktionen, die in Selbstbedienung angeboten werden, sollte die Nutzungsfläche die Werte nach Tabelle 13 nicht unterschreiten.

Tabelle 13 — Minimale Nutzungsfläche für Funktionen in Selbstbedienung

Funktion/Gerät[a]	Nutzungsfläche[k] m^2
Bereitstellungsautomat (mit 1 000 Fächern)[b], je Gerät	9,8
Selbstverbuchungsstation (Ausleihe)[c], je Gerät	4,1
Selbstverbuchungsstation (Ausleihe und Rücknahme)[d], je Gerät	5,5
Rückgabeautomat mit Anschluss an Sortieranlage[e], je Gerät	2,7
Rückgaberegal mit automatischer Selbstverbuchung (für 150 Medien)[f], je Regal	4,1
Kassenautomat[g], je Gerät	2,3
Scannen/Kopieren in Selbstbedienung (inklusive Ablagefläche)[h], je Gerät	4,6
Taschenschließfach[i], je 10 Fächer	1,2
Mantelschließfach[j], je Fach	0,6

a Es wird jeweils eine Ausstattung nach 6.5.3 in einem offenen Bereich zugrunde gelegt.

b Tiefe × Länge: 1,45 m × 3,20 m.

c Tiefe × Länge: 0,70 m × 1,20 m.

d Tiefe × Länge: 0,70 m × 1,20 m; Bücherwagen zur Ablage mit Tiefe × Länge: 0,50 m × 0,80 m.

e Tiefe × Länge: 0,20 m × 1,00 m; die Nutzungsfläche für eine angeschlossene Sortieranlage (im internen Bereich) ist Tabelle 40 zu entnehmen.

f Tiefe × Länge: 0,40 m × 1,60 m; 5 Fächer je Regalfeld.

g Tiefe × Länge: 0,45 m × 0,90 m.

h Gerät mit Tiefe × Länge: 0,90 m × 0,80 m; Ablage mit Tiefe × Länge: 0,80 m × 0,80 m.

i Fach mit Tiefe × Länge: 0,52 m × 0,30 m; 5 Fächer je Regalfeld.

j Fach mit Tiefe × Länge: 0,52 m × 0,30 m, 1 Fach je Regalfeld.

k Die Nutzungsfläche enthält die Bewegungsfläche (Bedienfläche sowie Haupt- und Nebengänge).

Flächen für Diskretions- und Wartezonen sind in Tabelle 13 nicht berücksichtigt und müssen gesondert ermittelt bzw. bei der Verkehrsfläche berücksichtigt werden.

Die Nutzungsfläche für Bereitstellungs- und Abholregale bestimmt sich nach 7.4.

7.4 Bestandsbereich

7.4.1 Allgemeines

Die Nutzungsfläche für den Bestandsbereich ist abhängig von

— der Größe des Zielbestandes,

— der Aufstellung der Medien,

— der Art der Lagerung und Präsentation der Medien und

— der Nutzungsintensität.

Für alle Angaben in 7.4 wird davon ausgegangen, dass die Aufbewahrung und Nutzung gesondert nach Medienarten erfolgt.

Es werden freistehende Doppelregale bzw. Rücken an Rücken aufgestellte andere Möbel zur Medienunterbringung mit regelmäßigem Achsabstand (Standregale) sowie Rollregalanlagen mit Doppelregalen zugrunde gelegt.

Alle in 7.4 für Regale angegebenen Größen sowie die Berechnung der Nutzungsfläche gelten für verschiedene Regalformen (z. B. Rahmenregal, Mittelpfostenregal) und — soweit nicht explizit unterschieden — analog für gleichartige Möbel zur Medienunterbringung, wenn alle Fächer je Regalfeld die gleiche Fachtiefe besitzen. Andere Spezialmöbel sind nicht Teil des Anwendungsbereiches dieser Norm; für diese kann eine analoge Berechnung der Nutzungsfläche erfolgen.

Die Nutzungsfläche für Standregale $A_{R,S}$ bzw. Rollregalanlagen $A_{R,R}$ errechnet sich mit Gleichung (2) und (3).

Für exemplarische Ausgangsbedingungen kann die Nutzungsfläche $A_{R,S}$ bzw. $A_{R,R}$ auch Tabelle 29 bis 38 entnommen werden.

7.4.2 Fachtiefe t_R

Die minimale Fachtiefe t_R für verschiedene Medienarten ist Tabelle 14 zu entnehmen.

ANMERKUNG 1 Aus Gründen der Vereinfachung wird davon ausgegangen, dass Regaltiefe und Fachtiefe identisch sind.

ANMERKUNG 2 Bei Rollregalanlagen ist jedes Doppelregal aufgrund des vorgeschriebenen Fingerschutzes 0,025 m tiefer als die Summe seiner beiden Fachtiefen. Aus Gründen der Vereinfachung wird der Fingerschutz bei der Nutzungsfläche nicht berücksichtigt.

Tabelle 14 — Minimale Fachtiefe t_R für verschiedene Medienarten und Lagerungs-/Präsentationsarten

Medienart	Medienformat m	Art der Lagerung/Präsentation	Fachtiefe t_R[a] m
Bücher	< 0,35 (Rückenhöhe)	stehend, Rückenansicht	0,25 bis 0,30
	0,35 bis 0,45 (Rückenhöhe)	stehend, Rückenansicht	0,30 bis 0,40
	> 0,45 (Rückenhöhe)	liegend	0,40 bis 0,50
Zeitungen (Einzelnummern)		liegend	0,40 bis 0,60
Zeitschriften (Einzelhefte)		Schrägablage, dahinter liegend, Rücken an der Seitenkante	0,35 bis 0,45
		Schrägablage, dahinter liegend, Rücken an der Vorderkante	0,30 bis 0,40
		Schrägablage, dahinter schräg stehend	0,25 bis 0,35
		Schrägboden, Rücken an der Seitenkante	0,35 bis 0,40
Noten		stehend, Rückenansicht	0,25 bis 0,30
Karten	gefaltet	stehend, Frontalansicht	0,25 bis 0,30
	gerollt	liegend	0,60 bis 1,80
Akten	≤ 0,35 (Höhe)	liegend, kartoniert	0,35 bis 0,40
	> 0,35 (Höhe)	liegend, kartoniert	0,40 bis 0,60
Schallplatten		stehend, Rückenansicht	0,30 bis 0,40
		stehend, Frontalansicht	0,30 bis 0,40
CDs, CD-ROMs		stehend, Rückenansicht	0,20 bis 0,25
		stehend, Frontalansicht	0,25 bis 0,40
DVDs, Blu-Rays		stehend, Rückenansicht	0,20 bis 0,25
		stehend, Frontalansicht	0,25 bis 0,40

[a] Abhängig vom konkreten Medienformat.

Die minimale Fachtiefe t_R für Planschränke ist Tabelle 15 zu entnehmen.

Tabelle 15 — Minimale Fachtiefe t_R für Planschränke

Medienart	Art der Lagerung/Präsentation	Fachtiefe t_R m
Karten DIN A0	liegend	0,95

ANMERKUNG 3 Für die Lagerung von planliegenden Karten in Regalen sind die Angaben für Planschränke analog zu verwenden.

DIN 67700:2017-05

7.4.3 Bediengang

7.4.3.1 Bediengangbreite der Regale b_R

Die Bediengangbreite der Regale b_R ist abhängig von

— der Fachtiefe t_R,

— der Nutzungsintensität und

— der Länge der Regalreihe.

Tiefere Regale, eine intensivere Nutzung und längere Regalreihen erfordern einen breiteren Bediengang.

Die minimale Bediengangbreite der Regale b_R ist Tabelle 16 zu entnehmen.

Tabelle 16 — Minimale Bediengangbreite der Regale b_R

Bereich	**Bediengangbreite b_R** m
Magazin	Fachtiefe t_R + 0,55 (≥ 0,80)
Magazin, Regalreihen > 5 m oder mehr als eine Person gleichzeitig im Bediengang tätig	Fachtiefe t_R + 0,65 (≥ 0,90)
Freihandbereich	Fachtiefe t_R + 0,95 (≥ 1,20)

Die minimale Bediengangbreite nach Tabelle 16 gilt sowohl für Standregale als auch für Rollregalanlagen.

Für Arbeitsstätten nach ASR A 1.2 [5] beträgt die minimale Bediengangbreite bei Tätigkeiten in stehender nicht aufrechter Körperhaltung 1,20 m.

Die Mindestbreite bei barrierefreiem Bauen für öffentlich zugängliche Gebäude und Arbeitsstätten beträgt in Durchgängen 0,90 m. In allen anderen Fällen beträgt sie 1,20 m (bei geringer Länge und wenn keine Richtungsänderung erforderlich ist) bzw. 1,50 m (nach DIN 18040-1 [6]).

7.4.3.2 Anzahl der einem Bediengang zugeordneten Doppelregalreihen bei Rollregalanlagen n_1

Bei Rollregalanlagen ist die Anzahl der Bediengänge kleiner als bei Standregalen. Jedem Regalblock wird ein Bediengang zugeordnet. Ein Regalblock besteht aus n_1 Doppelregalreihen.

Die Anzahl der einem Bediengang zugeordneten Doppelregalreihen bei Rollregalanlagen n_1 ist abhängig von

— dem Stützenraster und

— der Anzahl gleichzeitig im Regalblock tätiger Personen.

Die Anzahl der einem Bediengang zugeordneten Doppelregalreihen bei Rollregalanlagen n_1 sollte nicht größer als 10 sein.

7.4.4 Länge der Regalreihen

Eine Regalreihe besteht aus 1 bis *n* Regalfeldern; die Länge eines Regalfeldes entspricht der Fachlänge.

Die Länge der Regalreihen ist abhängig von der Nutzungsintensität: Eine intensivere Nutzung erfordert kürzere Regalreihen.

ANMERKUNG 1 Aus Gründen der Vereinfachung wird davon ausgegangen, dass Regallänge und Fachlänge identisch sind.

Die Länge der Regalreihen sollte die Werte in Tabelle 17 nicht unter- bzw. überschreiten.

Tabelle 17 — Empfohlene Länge von in Blöcken aufgestellten Regalreihen

Bereich	Minimale Länge der Reihen m	Maximale Länge der Reihen m
Magazin	4	9
Freihandbereich	3	7
Freihandbereich Kinderbibliothek	2	5

ANMERKUNG 2 Rollregalanlagen dürfen nur bis zu einem Gesamtgewicht von 5 t manuell bewegt werden; daraus ergibt sich eine maximale Länge der Regalreihe von etwa 9 m.

ANMERKUNG 3 Bei frei im Raum beweglichen Doppelregalen auf Rollen sollte die Länge der Regalreihe 2 m nicht überschreiten.

7.4.5 Regalhöhe

Die Regalhöhe darf die in Tabelle 18 angegebenen Maximalwerte nicht überschreiten.

Tabelle 18 — Regalhöhe

Regal	Bereich	Maximale Regalhöhe[a, b] m	Empfohlene Regalhöhe m
Rollregalanlage	Bibliothek	2,25	2,25
	Archiv	2,40	2,05 bis 2,25
Standregal	Magazin	2,40	2,25
	Freihandbereich (Wissenschaftliche Bibliothek)	2,25	2,05
	Freihandbereich (Öffentliche Bibliothek)	2,25	1,80 bis 2,05
	Freihandbereich (Kinderbibliothek)	1,80	1,55 bis 1,80

[a] Der oberste belegte Fachboden darf die Höhe von 2,15 m nicht überschreiten.

[b] Der unterste belegte Fachboden sollte die Höhe von 0,15 m nicht unterschreiten.

7.4.6 Anzahl Fächer je Regalfeld n_2

In Regalen ist die Anzahl Fächer je Regalfeld n_2 von folgenden Faktoren abhängig:

— Höhe der unterzubringenden Medien bzw. Höhe und Anzahl übereinander liegender Schachteln; die benötigte Höhe je Fach ergibt sich aus der Höhe der unterzubringenden Medien (bei Büchern: Buchformate) zuzüglich einem lichten Mindestabstand von 0,05 m zum darüber liegenden Fachboden;

— Regalhöhe;

— Nutzungsintensität.

Die maximale Anzahl Fächer je Regalfeld n_2 ist Tabelle 19 zu entnehmen.

Tabelle 19 — Maximale Anzahl Fächer je Regalfeld n_2 bei Regalen

Medienart	Art der Lagerung/ Präsentation	Safer	Fächer je Regalfeld n_2			
			Regalhöhe 2,25 m bzw. 2,40 m	Regalhöhe 2,05 m	Regalhöhe 1,80 m	Regalhöhe 1,55 m
Bücher	stehend, Rückenansicht, ohne Sortierung nach Größe	—	6 bis 7[b]	5 bis 6[b]	4 bis 5[b]	4
	stehend, Rückenansicht, mit Sortierung nach Größe[a]	—	7	—	—	—
Zeitschriften (Einzelhefte), Zeitungen	Schrägablage, dahinter liegend/stehend oder Schrägboden	—	6	5	4	4
Noten	stehend, Rückenansicht	—	5	5	4	3
Karten gefaltet	stehend, Frontalansicht	—	3	3	3	2
Akten	liegend, kartoniert, bei 2 Schachteln übereinander	—	7 bzw. 8	7	6	—
Schallplatten	stehend, Rückenansicht	—	5	5	4	3
	stehend, Frontalansicht	—	—	—	2	1
CDs, CD-ROMs	stehend, Rückenansicht	ohne Safer	10	9	8	7
		mit Safer	9	8	7	6
	stehend, Frontalansicht	ohne/mit Safer	—	—	4	3
DVDs, Blu-Rays	stehend, Rückenansicht	ohne Safer	7	7	6	5
		mit Safer	7	6	5	4
	stehend, Frontalansicht	ohne/mit Safer	—	—	3	2

[a] Bei Aufstellung im Magazin mit unterstem Fach für größere Formate.

[b] Abhängig vom Medienformat.

Für Medienschränke mit Auszug ist die maximale Anzahl Fächer je Regalfeld n_2 Tabelle 20 zu entnehmen.

DIN 67700:2017-05

Tabelle 20 — Maximale Anzahl Fächer je Regalfeld n_2 bei Medienschränken mit Auszug

Medienart		Art der Lagerung/Präsentation	Fächer je Regalfeld n_2[a]
Mikrofilme	35 mm	stehend, Auszug mit beidseitiger Aufstellung	11
	16 mm		11
CDs, CD-ROMs			9
DVDs, Blu-Rays			6
[a] Die Angaben beziehen sich auf einen Medienschrank mit einer Höhe von 1,90 m und einer Tiefe von 0,70 m.			

Für Planschränke ist die maximale Anzahl Fächer je Regalfeld n_2 Tabelle 21 zu entnehmen.

Tabelle 21 — Maximale Anzahl Fächer je Regalfeld n_2 bei Planschränken

Medienart	Art der Lagerung/Präsentation	Fächer je Regalfeld n_2[a, b]
Karten	liegend	15
[a] Bei einem Planschrank entsprechen die Fächer den Schubfächern. [b] Die Angaben beziehen sich auf einen Planschrank mit einer Höhe von 1,25 m.		

ANMERKUNG Für die Lagerung von planliegenden Karten in Regalen sind die Angaben für Planschränke analog zu verwenden.

7.4.7 Anzahl der Medien/Schachteln/Ablagestapel je 1 m Fachlänge n_3

7.4.7.1 Bücher und gebundene Zeitschriften

Die Kapazität der Fächer ist abhängig von

— der Breite der Buchrücken und

— der Art der Aufstellung.

Bei systematischer Aufstellung muss von einer niedrigeren Regalkapazität ausgegangen werden als bei Numerus-currens-Aufstellung.

Die maximale Anzahl der Medien je 1 m Fachlänge n_3 bei Büchern und gebundenen Zeitschriften ist Tabelle 22 zu entnehmen.

Tabelle 22 — Maximale Anzahl der Medien je 1 m Fachlänge n_3 bei Büchern und gebundenen Zeitschriften (Rückenpräsentation, stehend)

Bereich, Medienart	Art der Aufstellung	Medien je 1 m Fachlänge n_3[a] 1/m
Freihandbereich, Magazin	Numerus currens	25 bis 35
	systematisch	20 bis 30
Freihandbereich, Kinderbibliothek	systematisch	25 bis 35
gebundene Zeitschriften	nach Titeln	15 bis 25

[a] Abhängig vom Medienformat.

Großformate werden in der Regel liegend mit dem Rücken an der Vorderkante gelagert, maximal drei Bände übereinander.

7.4.7.2 Ungebundene Zeitschriften und Zeitungen

Die Kapazität der Fächer ist abhängig von

— den Formaten der Zeitschriften und Zeitungen und

— der Art der Aufstellung.

Die maximale Anzahl der Ablagestapel je 1 m Fachlänge n_3 bei ungebundenen Zeitungen und Zeitschriften ist Tabelle 23 zu entnehmen.

Tabelle 23 — Maximale Anzahl der Ablagestapel je 1 m Fachlänge n_3 bei ungebundenen Zeitungen und Zeitschriften

Medienart	Art der Lagerung/Präsentation	Ablagestapel je 1 m Fachlänge n_3 1/m
Zeitschriften	Schrägablage, dahinter liegend, Rücken an der Seitenkante	3,5
	Schrägablage, dahinter liegend, Rücken an der Vorderkante	3,0
	Schrägablage, dahinter schräg stehend	3,5
	Schrägboden, Rücken an der Seitenkante	3,5
Zeitungen	liegend, Falz an der Vorderkante	1,8

Ablagestapel sollten eine Höhe nicht überschreiten, die das schonende Suchen, Entnehmen und Zurücklegen der Medien erlaubt.

Der minimale Bedarf an Ablagestapeln je Titel ist Tabelle 24 zu entnehmen.

Tabelle 24 — Minimaler Bedarf an Ablagestapeln je Titel

Medienart	Erscheinungsweise	Ablagestapel
Zeitschriften	monatlich	1 je Jahrgang
	14-tägig	2 je Jahrgang
	wöchentlich	4 je Jahrgang
Zeitungen	wöchentlich	4 je Jahrgang
	täglich	2 je Monat

7.4.7.3 Nichtbuchmedien in Regalen

Die Kapazität der Fächer ist abhängig von

— der Medienart,

— der Art der Präsentation bzw. Lagerung und

— dem Einsatz von Safern.

Eine Frontalpräsentation und die Verwendung von Safern bewirken eine niedrigere Regalkapazität.

Die maximale Anzahl der Medien/Schachteln je 1 m Fachlänge n_3 bei Nichtbuchmedien ist Tabelle 25 zu entnehmen.

Tabelle 25 — Maximale Anzahl der Medien/Schachteln je 1 m Fachlänge n_3 bei Nichtbuchmedien

Medienart	Art der Lagerung/Präsentation	Safer	Medien/Schachteln je 1 m Fachlänge n_3[a] 1/m
Noten	stehend, Rückenansicht	—	70 Medien
Karten, gefaltet	stehend, Frontalansicht	—	50 Medien
Akten	liegend, kartoniert	—	6 bis 9 Schachteln[b]
Schallplatten	stehend, Rückenansicht	—	200 Medien
	stehend, Frontalansicht	—	60 Medien
CDs, CD-ROMs	stehend, Rückenansicht	ohne Safer	80 Medien
		mit Safer	40 Medien
	stehend, Frontalansicht	ohne Safer	80 Medien
		mit Safer	50 Medien
DVDs, Blu-Rays	stehend, Rückenansicht	ohne Safer	50 Medien
		mit Safer	25 Medien
	stehend, Frontalansicht	ohne Safer	50 Medien
		mit Safer	20 Medien

[a] Bei einer Fachbelegung von 90 %.

[b] Abhängig von Schachtelhöhe, -breite und der Anzahl übereinander liegender Schachteln.

Auf eine Unterscheidung nach systematischer und Numerus-currens-Aufstellung wird verzichtet. Die maximale Anzahl der Medien/Schachteln je Fach n_3 kann abhängig von der Aufstellungsart vergrößert bzw. verringert werden.

Für die Lagerung von Akten in liegenden Schachteln sollte die Fachlänge der Schachtelbreite angepasst werden. Die Fachlänge zur Lagerung von Akten in liegenden Schachteln sollte abhängig von der Schachtelbreite etwa 0,95 m oder etwa 1,20 m betragen.

Die Lagerung von Akten in Schachteln erfordert bis zu 15 % mehr Regalfläche als die unverpackte Lagerung.

7.4.7.4 Nichtbuchmedien in Schränken

Die maximale Anzahl der Medien je 1 m Fachlänge n_3 bei Nichtbuchmedien in Medienschränken mit Auszug ist Tabelle 26 zu entnehmen.

Tabelle 26 — Maximale Anzahl der Medien je 1 m Fachlänge n_3 bei Nichtbuchmedien in Medienschränken mit Auszug

Medienart		Art der Lagerung/Präsentation	Medien je 1 m Fachlänge n_3[a] 1/m
Mikrofilme	35 mm	stehend, je Vertikalauszug mit beidseitiger (zweireihiger) Aufstellung der Medien	75
	16 mm		135
CDs, CD-ROMs			215
DVDs, Blu-Rays			175

[a] Die Angaben beziehen sich auf einen Medienschrank mit 0,70 m Tiefe.

Die maximale Anzahl der Medien je 1 m Fachlänge n_3 bei Karten in Planschränken ist Tabelle 27 zu entnehmen.

Das Schubfach eines Planschranks für Karten bis zum Format DIN A0 kann bei liegender Lagerung drei bis fünf Kartenmappen übereinander aufnehmen. Jede Mappe sollte nicht mehr als 20 Karten enthalten.

Tabelle 27 — Maximale Anzahl der Medien je 1 m Fachlänge n_3 bei Karten in Planschränken

Medienart	Medienformat	Karten je 1 m Fachlänge n_3[a, b] 1/m		
		3 Kartenmappen übereinander	4 Kartenmappen übereinander	5 Kartenmappen übereinander
Karten	DIN A0	48	64	80
	DIN A1	96	128	160
	DIN A2	192	256	320
	DIN A3	384	512	640

[a] Bei einem Planschrank entspricht die Fachlänge der Länge eines Schubfachs.

[b] Die Angaben beziehen sich auf einen Planschrank mit 0,95 m Tiefe.

ANMERKUNG Für die Lagerung von planliegenden Karten in Regalen sind die Angaben für Planschränke analog zu verwenden.

7.4.8 Faktor für Erschließungsfläche der Regale N_R

Die Erschließungsfläche der Regale umfasst alle Flächen, die zur Erschließung der Regalblöcke notwendig sind, sowie weitere nicht nutzbare Flächen (z. B. notwendige Abstandsflächen).

Der Faktor für Erschließungsfläche der Regale N_R ist der Quotient aus Gesamtfläche (Summe aus Erschließungs- und Regalblockfläche) und Regalblockfläche.

Für die Ermittlung des Faktors für Erschließungsfläche der Regale N_R sind typische Anordnungen von Regalblöcken für Standregale sowie für Rollregalanlagen zugrunde gelegt. Die Angaben für Standregalblöcke gelten in analoger Weise für Möbelblöcke.

Der Faktor für Erschließungsfläche der Regale N_R ist abhängig von

— der Länge der Regalreihen,

— der Breite der Haupt- und Nebengänge und

— weiteren nicht nutzbaren Flächen aufgrund ungünstiger Gebäudegrundrisse.

Eine intensivere Nutzung erfordert breitere Haupt- und Nebengänge sowie kürzere Regalreihen.

DIN 67700:2017-05

Für Standregale wird davon ausgegangen, dass in einem Raum zwei Regalblöcke Platz finden, die durch einen zwischen ihnen liegenden Hauptgang getrennt sind und die an den Außenseiten durch je einen parallel zum Hauptgang verlaufenden Nebengang erschlossen werden. Die Bediengänge verlaufen quer zu Haupt- und Nebengängen (siehe Bild 5).

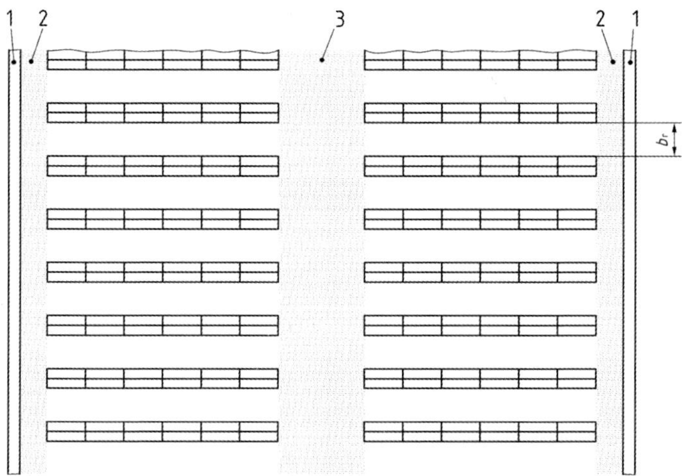

Legende

1 Wand
2 Nebengang
3 Hauptgang
b_R Bediengangbreite der Regale

Bild 5 — Typische Regalanordnung für Standregale

Für Rollregalanlagen wird davon ausgegangen, dass in einem Raum zwei Regalblöcke Platz finden, die durch einen zwischen ihnen liegenden Hauptgang und ohne Nebengänge erschlossen werden (siehe Bild 6).

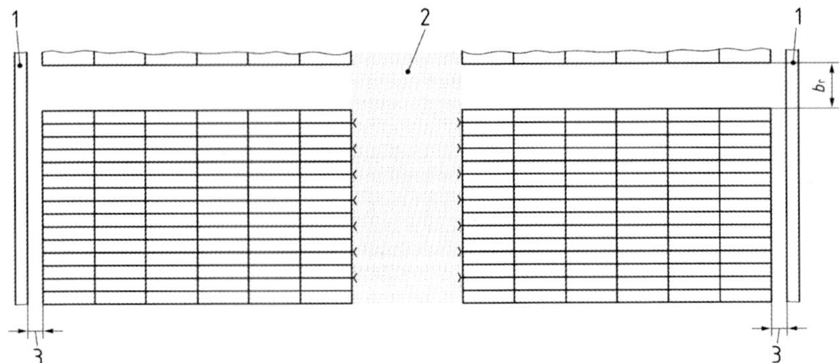

Legende

1 Wand
2 Hauptgang
3 Wandabstand
b_R Bediengangbreite der Regale

Bild 6 — Typische Regalanordnung für Rollregalanlagen

Die Erschließungsfläche für Standregale besteht aus

— Hauptgängen, die eine Mindestbreite von 2,40 m (Freihandbereich) bzw. 2,00 m (Magazin) nicht unterschreiten sollten und

— Nebengängen, die eine Mindestbreite von 0,90 m (Freihandbereich) bzw. 0,80 m (Magazin) nicht unterschreiten sollten.

ANMERKUNG 1 Die Fläche von Stützen und nicht anders nutzbaren Flächen in diesem Bereich wird vernachlässigt.

Die Erschließungsfläche für Rollregalanlagen besteht aus

— Hauptgängen, die eine Mindestbreite von 2,40 m nicht unterschreiten sollten und

— einem Wandabstand des Regalblocks von 0,15 m bis 0,18 m oder ≥ 0,50 m (nach DIN EN 15095 [7], DGUV Regel 108-007 [8]).

ANMERKUNG 2 Das Hereinragen der Handräder (zum Bewegen der Regale) in den Gang und nicht anders nutzbare Flächen in diesem Bereich werden vernachlässigt.

Der auf dieser Grundlage ermittelte Faktor für Erschließungsfläche der Regale N_R ist Tabelle 28 zu entnehmen.

DIN 67700:2017-05

Tabelle 28 — Faktor für Erschließungsfläche der Regale N_R

Durchschnittliche Länge der Regalreihen m	Faktor für Erschließungsfläche der Regale N_R		
	Standregale		Rollregalanlagen[c]
	Freihandbereich[a]	Magazin[b]	
10	1,25	1,20	1,15
9	1,25	1,20	1,15
8	1,30	1,25	1,20
7	1,30	1,30	1,20
6	1,35	1,30	1,25
5	1,45	1,40	1,30
4	1,55	1,45	1,35
3	1,70	1,60	1,45
2	2,05	1,90	1,70

[a] Es werden folgende Größen zugrunde gelegt: Breite Hauptgang 2,40 m (je zur Hälfte den angrenzenden Regalblöcken zugeordnet), Breite Nebengang 0,90 m.

[b] Es werden folgende Größen zugrunde gelegt: Breite Hauptgang 2,00 m (je zur Hälfte den angrenzenden Regalblöcken zugeordnet), Breite Nebengang 0,80 m.

[c] Es werden folgende Größen zugrunde gelegt: Breite Hauptgang 2,40 m, Wandabstand 0,15 m.

Ein größerer Faktor für Erschließungsflächen als in Tabelle 28 wird vor allem notwendig bei

- einer unregelmäßigen Regalaufstellung mit flexibler Anordnung im Raum,
- einem ungünstigen Grundriss der Räume oder einer großen Anzahl an Stützen,
- zusätzlich notwendigen Hauptgängen parallel zu den Regalreihen, z. B. um andere Räume oder Bereiche zu erschließen.

7.4.9 Berechnung der Nutzungsfläche für Standregale $A_{R,S}$ bzw. für Rollregalanlagen $A_{R,R}$

Die Nutzungsfläche für Standregale $A_{R,S}$ bzw. für Rollregalanlagen $A_{R,R}$ bestimmt sich als Produkt aus

- der Fläche für ein Regalfeld einschließlich dem Anteil am Bediengang,
- der notwendigen Regalanzahl für die aufzustellenden Medien und
- dem Faktor für die Erschließungsfläche.

Für Standregale, die nach Bild 5 angeordnet sind, bestimmt sich die Nutzungsfläche $A_{R,S}$ für n_M Medien mit den in 7.4.2 bis 7.4.8 ermittelten Werten nach Gleichung (2).

$$A_{R,S} = \frac{(2t_R + b_R)}{2} \times \frac{n_M}{n_2 \times n_3} \times N_R \qquad (2)$$

Dabei ist

$A_{R,S}$ die Nutzungsfläche für Standregale für n_M Medien, in m^2;

t_R die Fachtiefe, in m (siehe 7.4.2.);

b_R die Bediengangbreite der Regale, in m (siehe 7.4.3.1);

n_M die Anzahl der unterzubringenden Medien;

n_2 die Anzahl Fächer je Regalfeld (siehe 7.4.6);

n_3 die Anzahl der Medien/Schachteln/Ablagestapel je 1 m Fachlänge, in 1/m (siehe 7.4.7);

N_R der Faktor für Erschließungsfläche der Regale (siehe 7.4.8).

Für Rollregalanlagen, die nach Bild 6 angeordnet sind, bestimmt sich die Nutzungsfläche $A_{R,R}$ für n_M Medien mit den in 7.4.2 bis 7.4.8 ermittelten Werten nach Gleichung (3).

$$A_{R,R} = \frac{\left(2t_R + \frac{b_R}{n_1}\right)}{2} \times \frac{n_M}{n_2 \times n_3} \times N_R \qquad (3)$$

Dabei ist

$A_{R,R}$ die Nutzungsfläche für Rollregalanlagen für n_M Medien, in m^2;

t_R die Fachtiefe, in m (siehe 7.4.2);

b_R die Bediengangbreite der Regale, in m (siehe 7.4.3.1);

n_M die Anzahl der unterzubringenden Medien;

n_1 die Anzahl der einem Bediengang zugeordneten Doppelregalreihen bei Rollregalanlagen (siehe 7.4.3.2);

n_2 die Anzahl Fächer je Regalfeld (siehe 7.4.6);

n_3 die Anzahl der Medien/Schachteln/Ablagestapel je 1 m Fachlänge, in 1/m (siehe 7.4.7);

N_R der Faktor für Erschließungsfläche der Regale (siehe 7.4.8).

Tabelle 29 bis 38 kann für verschiedene Medienarten und Bibliotheks- bzw. Archivbereiche die jeweilige Nutzungsfläche $A_{R,S}$ bzw. $A_{R,R}$ entnommen werden, welche durch Anwendung von Gleichung (2) und (3) für exemplarische Ausgangsbedingungen ermittelt wurde.

DIN 67700:2017-05

Legende zu Tabelle 29 bis 38:

M (R)	Magazin mit Rollregalanlage
M (S)	Magazin mit Standregalen
F (WB)	Freihandbereich Wissenschaftlicher Bibliotheken mit Standregalen
F (ÖB gr)	Freihandbereich großflächiger Öffentlicher Bibliotheken mit Standregalen
F (ÖB kl)	Freihandbereich kleinflächiger Öffentlicher Bibliotheken mit Standregalen
F (K)	Freihandbereich von Kinderbibliotheken mit Standregalen
oS	ohne Safer
mS	mit Safer
Rü	Rückenpräsentation
Fr	Frontalpräsentation
Sch	Aufbewahrung liegend in Schachteln
lie	Aufbewahrung liegend

Tabelle 29 — Nutzungsfläche für Bücher für exemplarische Ausgangsbedingungen

Bereich	Art der Präsentation/ Lagerung	Fachtiefe t_R	Bediengangbreite Regale b_R	Anzahl Doppelregalreihen je Bediengang n_1	Anzahl Fächer je Regalfeld n_2	Anzahl Medien je 1 m Fachlänge n_3	Länge Regalreihen	Faktor für Erschließungsfläche Regale N_R	Nutzungsfläche je 1 000 Medien	Anzahl Medien je 1 m² Nutzungsfläche	Anzahl Medien je 1 m Doppelregal
		m	m			1/m	m		m²		
M (R)	Rü	0,25	0,90	8	7	30	6	1,25	1,82	549	420
M (S)	Rü	0,25	0,90	—	7	30	6	1,30	4,33	231	420
F (WB)	Rü	0,25	1,20	—	7	25	6	1,35	6,56	153	350
F (ÖB gr)	Rü	0,25	1,20	—	5	25	5	1,45	9,86	101	250
F (ÖB kl)	Rü	0,25	1,40	—	5	25	4	1,55	11,78	85	250
F (K)	Rü	0,25	1,40	—	4	30	3	1,70	13,46	74	240

Tabelle 30 — Nutzungsfläche für Zeitschriften (monatliches Erscheinen, 1 Jahrgang) für exemplarische Ausgangsbedingungen

Bereich	Art der Präsentation/ Lagerung	Fachtiefe t_R m	Bediengangbreite Regale b_R m	Anzahl Doppelregalreihen je Bediengang n_1	Anzahl Fächer je Regalfeld n_2	Anzahl Ablagestapel je 1 m Fachlänge n_3 1/m	Länge Regalreihen m	Faktor für Erschließungsfläche Regale N_R	Nutzungsfläche je 100 Titel m^2	Anzahl Titel je 1 m^2 Nutzungsfläche	Anzahl Titel je 1 m Doppelregal
M (R)	lie	0,35	1,00	8	6	3,5	6	1,25	2,46	40,7	42
M (S)	lie	0,35	1,00	—	6	3,5	6	1,30	5,26	19,0	42
F (WB)	Fr, lie	0,35	1,30	—	5	3,5	6	1,35	7,71	13,0	35
F (ÖB gr)	Fr, lie	0,45	1,40	—	4	3,5	5	1,45	11,91	8,4	28
F (ÖB kl)	Fr, lie	0,45	1,60	—	4	3,5	4	1,55	13,84	7,2	28
F (K)	Fr, lie	0,45	1,60	—	4	3,5	3	1,70	15,18	6,6	28

ANMERKUNG Im Magazin wird bei der Berechnung von einer Zeitschriftenablage liegend im Stapel, Rücken an der Seitenkante ausgegangen, für die anderen Bereiche von einer Schrägablage für das neueste Heft, dahinter liegend, Rücken an der Seitenkante.

Tabelle 31 — Nutzungsfläche für Zeitungen (tägliches Erscheinen, 1 Monatslieferung) für exemplarische Ausgangsbedingungen

Bereich	Art der Präsentation/ Lagerung	Fachtiefe t_R m	Bediengangbreite Regale b_R m	Anzahl Doppelregalreihen je Bediengang n_1	Anzahl Fächer je Regalfeld n_2	Anzahl Ablagestapel je 1 m Fachlänge n_3 1/m	Länge Regalreihen m	Faktor für Erschließungsfläche Regale N_R	Nutzungsfläche je 100 Titel m^2	Anzahl Titel je 1 m^2 Nutzungsfläche	Anzahl Titel je 1 m Doppelregal
M (R)	lie	0,45	1,10	8	6	1,8	6	1,25	6,00	16,7	22
M (S)	lie	0,45	1,10	—	6	1,8	6	1,30	12,04	8,3	22
F (WB)	Fr, lie	0,45	1,40	—	5	1,8	6	1,35	17,25	5,8	18
F (ÖB gr)	Fr, lie	0,45	1,40	—	4	1,8	5	1,45	23,16	4,3	14
F (ÖB kl)	Fr, lie	0,45	1,60	—	4	1,8	4	1,55	26,91	3,7	14

ANMERKUNG Im Magazin wird bei der Berechnung von einer Zeitungsablage liegend im Stapel, Falz an der Vorderkante ausgegangen, für die anderen Bereiche von einer Schrägablage für die neueste Nummer, dahinter liegend, Falz an der Vorderkante.

DIN 67700:2017-05

Tabelle 32 — Nutzungsfläche für Noten für exemplarische Ausgangsbedingungen

Bereich	Art der Präsentation/ Lagerung	Fachtiefe t_R m	Bediengangbreite Regale b_R m	Anzahl Doppelregalreihen je Bediengang n_1	Anzahl Fächer je Regalfeld n_2	Anzahl Medien je 1 m Fachlänge n_3 1/m	Länge Regalreihen m	Faktor für Erschließungsfläche Regale N_R	Nutzungsfläche je 1 000 Medien m²	Anzahl Medien je 1 m² Nutzungsfläche	Anzahl Medien je 1 m Doppelregal
M (R)	Rü	0,25	0,90	8	5	70	6	1,25	1,09	914	700
M (S)	Rü	0,25	0,90	—	5	70	6	1,30	2,60	385	700
F (WB)	Rü	0,25	1,20	—	5	70	6	1,35	3,28	305	700
F (ÖB gr)	Rü	0,25	1,20	—	4	70	5	1,45	4,40	227	560
F (ÖB kl)	Rü	0,25	1,40	—	4	70	4	1,55	5,26	190	560

Tabelle 33 — Nutzungsfläche für Karten, gefaltet für exemplarische Ausgangsbedingungen

Bereich	Art der Präsentation/ Lagerung	Fachtiefe t_R m	Bediengangbreite Regale b_R m	Anzahl Doppelregalreihen je Bediengang n_1	Anzahl Fächer je Regalfeld n_2	Anzahl Medien je 1 m Fachlänge n_3 1/m	Länge Regalreihen m	Faktor für Erschließungsfläche Regale N_R	Nutzungsfläche je 1 000 Medien m²	Anzahl Medien je 1 m² Nutzungsfläche	Anzahl Medien je 1 m Doppelregal
F (WB)	Fr	0,25	1,20	—	3	50	6	1,35	7,65	131	300
F (ÖB gr)	Fr	0,25	1,20	—	3	50	5	1,45	8,22	122	300
F (ÖB kl)	Fr	0,25	1,40	—	3	50	4	1,55	9,82	102	300
FK	Fr	0,25	1,40	—	2	50	3	1,70	16,15	62	200

Tabelle 34 — Nutzungsfläche für Karten in Planschränken DIN A0 für exemplarische Ausgangsbedingungen

Bereich	Art der Präsentation/ Lagerung	Fachtiefe t_R	Bediengangbreite Regale b_R	Anzahl Doppelregalreihen je Bediengang n_1	Anzahl Fächer je Regalfeld n_2	Anzahl Medien je 1 m Fachlänge n_3	Länge Regalreihen	Faktor für Erschließungsfläche Regale N_R	Nutzungsfläche je 1 000 Medien	Anzahl Medien je 1 m² Nutzungsfläche	Anzahl Medien je 1 m Doppelregal
		m	m			1/m	m		m²		
M (R)	lie	0,95	1,60	5	15	64	6	1,25	1,45	692	1 920
M (S)	lie	0,95	1,60	—	15	64	6	1,30	2,37	422	1 920

Tabelle 35 — Nutzungsfläche für Akten in Schachteln für exemplarische Ausgangsbedingungen

Bereich	Art der Präsentation/ Lagerung	Fachtiefe t_R	Bediengangbreite Regale b_R	Anzahl Doppelregalreihen je Bediengang n_1	Anzahl Fächer je Regalfeld n_2	Anzahl Schachteln[a] je 1 m Fachlänge n_3	Länge Regalreihen	Faktor für Erschließungsfläche Regale N_R	Nutzungsfläche je 1 000 Schachteln	Anzahl Schachteln je 1 m² Nutzungsfläche	Anzahl Schachteln je 1 m Doppelregal
		m	m			1/m	m		m²		
M (R)	Sch	0,40	1,05	8	7	6,6	6	1,25	12,60	79	92
M (S)	Sch	0,40	1,05	—	7	6,6	6	1,30	26,03	38	92

[a] Schachtelformat (Tiefe × Breite × Höhe: 0,39 m × 0,28 m × 0,11 m), zwei Schachteln übereinander gestapelt.

DIN 67700:2017-05

Tabelle 36 — Nutzungsfläche für Schallplatten für exemplarische Ausgangsbedingungen

Bereich	Art der Präsentation/ Lagerung	Fachtiefe t_R m	Bediengangbreite Regale b_R m	Anzahl Doppelregalreihen je Bediengang n_1	Anzahl Fächer je Regalfeld n_2	Anzahl Medien je 1 m Fachlänge n_3 1/m	Länge Regalreihen m	Faktor für Erschließungsfläche Regale N_R	Nutzungsfläche je 1 000 Medien m²	Anzahl Medien je 1 m² Nutzungsfläche	Anzahl Medien je 1 m Doppelregal
M (R)	Rü	0,35	1,00	8	5	200	6	1,25	0,52	1 939	2 000
M (S)	Rü	0,35	1,00	—	5	200	6	1,30	1,11	905	2 000
F (WB)	Rü	0,35	1,30	—	5	200	6	1,35	1,35	741	2 000
F (ÖB gr)	Rü	0,35	1,30	—	4	200	5	1,45	1,81	552	1 600
F (ÖB gr)	Fr	0,35	1,30	—	2	60	5	1,45	12,08	83	240
F (ÖB kl)	Rü	0,35	1,50	—	4	200	4	1,55	2,13	469	1 600
F (ÖB kl)	Fr	0,35	1,50	—	2	60	4	1,55	14,21	70	240

Tabelle 37 — Nutzungsfläche für CDs, CD-ROMs für exemplarische Ausgangsbedingungen

Bereich	Art der Präsentation/ Lagerung	Fachtiefe t_R m	Bediengangbreite Regale b_R m	Anzahl Doppelregalreihen je Bediengang n_1	Anzahl Fächer je Regalfeld n_2	Anzahl Medien je 1 m Fachlänge n_3 1/m	Länge Regalreihen m	Faktor für Erschließungsfläche Regale N_R	Nutzungsfläche je 1 000 Medien m^2	Anzahl Medien je 1 m^2 Nutzungsfläche	Anzahl Medien je 1 m Doppelregal
M (R), oS	Rü	0,25	0,90	8	10	80	6	1,25	0,48	2 090	1 600
M (S), oS	Rü	0,25	0,90	—	10	80	6	1,30	1,14	879	1 600
F (WB), oS	Rü	0,25	1,20	—	9	80	6	1,35	1,59	627	1 440
F (WB), oS	Fr	0,25	1,20	—	4	80	6	1,35	3,59	279	640
F (WB), mS	Rü	0,25	1,20	—	8	40	6	1,35	3,59	279	640
F (WB), mS	Fr	0,25	1,20	—	4	50	6	1,35	5,74	174	400
F (ÖB gr), oS	Rü	0,25	1,20	—	8	80	5	1,45	1,93	519	1 280
F (ÖB gr), oS	Fr	0,25	1,20	—	4	80	5	1,45	3,85	260	640
F (ÖB gr), mS	Rü	0,25	1,20	—	7	40	5	1,45	4,40	227	560
F (ÖB gr), mS	Fr	0,25	1,20	—	4	50	5	1,45	6,16	162	400
F (ÖB kl), oS	Rü	0,25	1,40	—	8	80	4	1,55	2,30	435	1 280
F (ÖB kl), oS	Fr	0,25	1,40	—	4	80	4	1,55	4,60	217	640
F (ÖB kl), mS	Rü	0,25	1,40	—	7	40	4	1,55	5,26	190	560
F (ÖB kl), mS	Fr	0,25	1,40	—	4	50	4	1,55	7,36	136	400
F (K), oS	Rü	0,25	1,40	—	7	80	3	1,70	2,88	347	1 120
F (K), oS	Fr	0,25	1,40	—	3	80	3	1,70	6,73	149	480
F (K), mS	Rü	0,25	1,40	—	6	40	3	1,70	6,73	149	480
F (K), mS	Fr	0,25	1,40	—	3	50	3	1,70	10,77	93	300

DIN 67700:2017-05

Tabelle 38 — Nutzungsfläche von DVDs, Blu-Rays für exemplarische Ausgangsbedingungen

Bereich	Art der Prä-sentation/ Lage-rung	Fach-tiefe t_R m	Bedien gang-breite Regale b_R m	Anzahl Doppel-regal-reihen je Bedien-gang n_1	Anzahl Fächer je Regal-feld n_2	Anzahl Medien je 1 m Fach-länge n_3 1/m	Länge Regal-reihen m	Faktor für Er-schlie-ßungs-fläche Regale N_R	Nut-zungs-fläche je 1 000 Medien m²	Anzahl Medien je 1 m² Nut-zungs-fläche	Anzahl Medien je 1 m Doppel-regal
M (R), oS	Rü	0,25	0,90	8	7	50	6	1,25	1,09	914	700
M (S), oS	Rü	0,25	0,90	—	7	50	6	1,30	2,60	385	700
F (WB), oS	Rü	0,25	1,20	—	7	50	6	1,35	3,28	305	700
F (WB), oS	Fr	0,25	1,20	—	3	50	6	1,35	7,65	131	300
F (WB), mS	Rü	0,25	1,20	—	7	25	6	1,35	6,56	153	350
F (WB), mS	Fr	0,25	1,20	—	3	20	6	1,35	19,13	52	120
F (ÖB gr), oS	Rü	0,25	1,20	—	6	50	5	1,45	4,11	243	600
F (ÖB gr), oS	Fr	0,25	1,20	—	3	50	5	1,45	8,22	122	300
F (ÖB gr), mS	Rü	0,25	1,20	—	5	25	5	1,45	9,86	101	250
F (ÖB gr), mS	Fr	0,25	1,20	—	3	20	5	1,45	20,54	49	120
F (ÖB kl), oS	Rü	0,25	1,40	—	6	50	4	1,55	4,91	204	600
F (ÖB kl), oS	Fr	0,25	1,40	—	3	50	4	1,55	9,82	102	300
F (ÖB kl), mS	Rü	0,25	1,40	—	5	25	4	1,55	11,78	85	250
F (ÖB kl), mS	Fr	0,25	1,40	—	3	20	4	1,55	24,54	41	120
F (K), oS	Rü	0,25	1,40	—	5	50	3	1,70	6,46	155	500
F (K), oS	Fr	0,25	1,40	—	2	50	3	1,70	16,15	62	200
F (K), mS	Rü	0,25	1,40	—	4	25	3	1,70	16,15	62	200
F (K), mS	Fr	0,25	1,40	—	2	20	3	1,70	40,38	25	80

7.5 Medienlogistik

7.5.1 Sortierung

7.5.1.1 Allgemeines

Die Nutzungsfläche für Sortierung ist abhängig von

— der Art und Organisation der Sortierung,

— den Medienformaten,

— der Anzahl der Sortierarbeitsplätze und

— den benötigten Hilfsmitteln (Bücherwagen oder Sortierbehälter).

Bei automatischer Sortierung ist die Nutzungsfläche zusätzlich abhängig von

— der Anzahl der Rückgabeautomaten,

— der Anzahl der Behälter,

— der Anzahl der Sortierstationen,

— der Art der Behälter und

— dem Anschluss an eine Transportanlage.

7.5.1.2 Manuelle Sortierung

Für die manuelle Sortierung dient die Anzahl der Sortierarbeitsplätze als Basis für die Ermittlung der Nutzungsfläche. Die Nutzungsfläche für manuelle Sortierung sollte die Werte in Tabelle 39 nicht unterschreiten.

Tabelle 39 — Minimale Nutzungsfläche für manuelle Sortierung

Funktion	Nutzungsfläche[b] m^2
Sortierarbeitsplatz[a]	9,0

[a] Es wird eine Ausstattung nach 6.8.3 in einem offenen Bereich zugrunde gelegt (Tisch mit Tiefe × Länge: 0,80 m × 1,60 m; zwei Bücherwagen mit Tiefe × Länge: je 0,50 m × 0,80 m; Regal mit Tiefe × Länge: 0,25 m × 1,60 m).

[b] Die Nutzungsfläche enthält die Bewegungsfläche (Bedienfläche sowie Haupt- und Nebengänge).

DIN 67700:2017-05

7.5.1.3 Automatische Sortierung

Die Nutzungsfläche für automatische Sortierung sollte die Werte in Tabelle 40 nicht unterschreiten.

Tabelle 40 — Minimale Nutzungsfläche für automatische Sortierung

Anzahl der Sortierstationen[a]	Nutzungsfläche[b] m^2
3	17,4
Zuschlag für jeweils zwei weitere Stationen	2,8

[a] Es wird eine Ausstattung nach 6.8.3 in einem abgeschlossenen Raum zugrunde gelegt (angeschlossener Rückgabeautomat, Sortierbehälter mit Tiefe × Länge: 0,60 m × 0,60 m; Transport mit Bücherwagen). Die Nutzungsfläche für den Teil des Rückgabeautomaten im Publikumsbereich ist Tabelle 13 zu entnehmen.

[b] Die Nutzungsfläche enthält die Bewegungsfläche innerhalb des Raumes; sie enthält keine Erschließungsfläche außerhalb des Raumes.

7.5.2 Transportanlage

Die Nutzungsfläche für die Stationen einer Transportanlage ist abhängig von

— der Art des Systems und

— der Menge der an der Station gleichzeitig ankommenden und/oder abgehenden Behälter.

Die Nutzungsfläche für eine Station einer Transportanlage, die sowohl Behälter empfangen als auch versenden kann, sollte die Werte in Tabelle 41 nicht unterschreiten.

Tabelle 41 — Minimale Nutzungsfläche für Station einer Transportanlage

Art des Systems		Gleichzeitig auf der Station befindliche Behälter	Nutzungsfläche[c] m^2
schienengebundene Transportanlage[a]	einfaches Gleis	3	6,4
		5	9,2
	doppeltes Gleis	3	9,5
		5	13,6
Behälterförderanlage[b]		3	7,7
		5	10,2

[a] Es wird eine Ausstattung nach 6.8.4 in einem offenen Bereich zugrunde gelegt (Station mit Tiefe × Länge: 0,30 m × 0,60 m je Behälter).

[b] Es wird eine Ausstattung nach 6.8.4 in einem offenen Bereich zugrunde gelegt (Station mit Tiefe × Länge: 0,45 m × 0,75 m je Behälter).

[c] Die Nutzungsfläche enthält die Bewegungsfläche (Bedienfläche sowie Haupt- und Nebengänge).

Die technischen Anlagenteile einer Transportanlage zählen zur Technikfläche und sind nicht Bestandteil dieser Norm.

7.6 Verwaltungsbereich

Die Nutzungsfläche für Büroarbeitsplätze richtet sich nach den Kennzahlen des jeweiligen Unterhaltsträgers der Bibliothek bzw. des Archivs. Für alle Arbeitsplätze, an denen Medienerschließung oder technische Bearbeitung erfolgt, ist ein Zuschlag zu addieren. Der Zuschlag sollte den Wert in Tabelle 42 nicht unterschreiten. Weitere Zuschläge richten sich nach individuellen Anforderungen (z. B. Erschließung von Großformaten).

Tabelle 42 — Minimale Nutzungsfläche für Funktionen an Arbeitsplätzen im Verwaltungsbereich

Funktion	Nutzungsfläche (Zuschlag) m^2
Medienerschließung oder technische Bearbeitung	3,0

7.7 Werkstätten

Die Nutzungsfläche für Arbeitsplätze in Werkstätten sollte die Werte in Tabelle 43 nicht unterschreiten.

Tabelle 43 — Minimale Nutzungsfläche für Arbeitsplätze in Werkstätten

Arbeitsplatz, Funktion	Nutzungsfläche[d] m^2
Trockenreinigung an Sicherheitswerkbank[a]	10,3
Digitalisierung an Aufsichtscanner bis DIN A1[b]	10,6
Mikroverfilmung an Aufsichtkamera bis DIN A1[c]	15,5

[a] Es wird eine Möblierung nach 6.10 in einem offenen Bereich zugrunde gelegt (Werkbank mit Tiefe × Länge: 0,90 m × 2,00 m; Ergänzungstisch mit Tiefe × Länge: 0,60 m × 1,90 m; Regal mit Tiefe × Länge: 0,60 m × 1,90 m).

[b] Es wird eine Möblierung nach 6.10 in einem offenen Bereich zugrunde gelegt (Scannertisch mit Tiefe × Länge: 1,00 m × 2,00 m; Ergänzungstisch mit Tiefe × Länge: 0,60 m × 2,00 m; Regal mit Tiefe × Länge: 0,60 m × 2,00 m).

[c] Es wird eine Möblierung nach 6.10 in einem offenen Bereich zugrunde gelegt (Kameratisch mit Tiefe × Länge: 1,20 m × 1,80 m; Ergänzungstisch mit Tiefe × Länge: 0,60 m × 2,20 m; Regal mit Tiefe × Länge: 0,60 m × 2,20 m).

[d] Die Nutzungsfläche enthält die Bewegungsfläche (Bedienfläche sowie Haupt- und Nebengänge).

Die Nutzungsfläche zur Zwischenlagerung von Medien bestimmt sich nach 7.4.

DIN 67700:2017-05

8 Lastannahmen

Die für die Bemessung der Tragkonstruktion erforderlichen Nutzlasten sind abhängig vom jeweiligen Funktionsbereich der Bibliothek bzw. des Archivs. Der charakteristische Wert der Nutzlast q_k ist Tabelle 44 zu entnehmen.

Tabelle 44 — Charakteristischer Wert der Nutzlast q_k

Funktionsbereich		Nutzungskategorie[a]	Nutzlast q_k[a] kN/m²
Nutzerplätze		C1	3,0
Servicebereich		C1/C3	3,0 bis 5,0
Bestandsbereich	Standregale	E1.2	6,0[b]
	Rollregalanlagen	—	[c]
Medienlogistik		E1.1	5,0
Verwaltungsbereich	Arbeitsplatz für Medienerschließung oder technische Bearbeitung	B1	2,0
Werkstätten	Trockenreinigung an Sicherheitswerkbank	E1.1	5,0
	Digitalisierung an Aufsichtscanner bis DIN A1	E1.1	5,0
	Mikroverfilmung an Aufsichtkamera bis DIN A1	E1.1	5,0

[a] Nach DIN EN 1991-1-1:2010-12 und DIN EN 1991-1-1/NA:2010-12.

[b] Mindestwert nach DIN EN 1991-1-1/NA:2010-12. In Fällen, in denen höhere Lasten vorherrschen, sind die höheren Lasten anzusetzen.

[c] Die Nutzlast q_k ist für jeden Einzelfall zu bestimmen.

Um eine Flexibilität in der Nutzung von Nutzerplätzen, Service- und Bestandsbereich sicherzustellen, sollte die Bemessung mit einer einheitlichen Nutzlast von $q_k = 6{,}0\ \mathrm{kN/m^2}$ für diese Bereiche erfolgen.

Der charakteristische Mittelwert für das Eigengewicht g_k von Medien je Fachboden ist Tabelle 45 zu entnehmen.

Tabelle 45 — Charakteristischer Mittelwert für das Eigengewicht g_k von Medien je Fachboden

Medienart	Medienformat m	Eigengewicht g_k[a] kg/m
Bücher	< 0,35 (Rückenhöhe)	26,0
	0,35 bis 0,45 (Rückenhöhe)	52,0
	> 0,45 (Rückenhöhe)	83,0
Akten	≤ 0,35 (Höhe)[b]	53,0

[a] Es wird eine Wichte von $\gamma = 6{,}0\ \mathrm{kN/m^3}$ nach DIN EN 1991-1-1:2010-12 zugrunde gelegt.

[b] Zwei Schachteln (Tiefe × Breite × Höhe: 0,39 m × 0,28 m × 0,11 m) übereinander gestapelt.

9 Sicherung

9.1 Sicherungsmaßnahmen gegen Einbruch, Diebstahl, Vandalismus und Gewalt

9.1.1 Allgemeines

Räume zur dauerhaften Aufbewahrung von Medien im Archiv und schützenswerten Medien in Bibliotheken sind gegen Einbruch, Diebstahl und Vandalismus zu sichern. Insbesondere unikale Bestände und Dokumente des kulturellen Erbes, die erhebliche Werte aufweisen und im Falle des Verlustes oder der Zerstörung nicht ersetzt werden können, sind bei der Aufbewahrung, Nutzung und Ausstellung durch besondere Sicherungsmaßnahmen zu schützen. Datenschutzrelevante Medien und elektronische Daten sind vor Missbrauch zu sichern.

9.1.2 Gebäudesicherung

Die Sicherung des Gebäudes gegen Einbruch muss an der Außenhaut der Bibliothek bzw. des Archivs ansetzen. Dazu zählen auch innenliegende Übergänge zu angrenzenden Gebäuden und Gebäudeteilen. Ein Einbruchmeldesystem sollte die Schließung von Außentüren und gefährdeten Fenstern kontrollieren und auch Gebäudebereiche erfassen, in denen sich Personen bis zur Schließung des Gebäudes unbemerkt aufhalten können.

Interne Funktionsbereiche von Archiven und Bibliotheken (Magazine, Medienlogistik, Verwaltungsbereich und Werkstätten) sowie betriebstechnische Anlagen sind für Nutzer unzugänglich zu planen. Alle Bereiche, in denen Medien in Archiven und schützenswerte Medien in Bibliotheken aufbewahrt werden, sowie IT- und Sicherheitszentralen sind als spezielle Sicherheitsbereiche auszubilden und mit einer Einbruchmeldeanlage auszustatten. In Bibliotheken mit Öffnungszeiten ohne bibliothekarische Mitarbeiter sollte die Zugangsberechtigung von Nutzern elektronisch kontrolliert werden können.

9.1.3 Personensicherung

Für die geordnete Räumung bei besonderen Vorkommnissen sollte eine Anlage für die Sprachalarmierung installiert sein. Zum zusätzlichen Schutz der Mitarbeiter sollten im Servicebereich verdeckte Notrufmelder vorhanden sein. In Bibliotheken mit Öffnungszeiten ohne Aufsicht sollten auch für Nutzer Notrufmelder installiert sein.

9.1.4 Mediensicherung

Nutzerplätze im Archiv und für die Arbeit mit schützenswerten Medien in Bibliotheken sind so zu gestalten, dass eine Aufsicht möglich ist, die die Medien vor Diebstahl und Beschädigung schützt; der Ein- und Ausgang ist durch eine Eingangskontrolle mit Registrierung der Nutzer besonders zu sichern.

An Ausgangs- und Kontrollpunkten vom Freihandbereich in Bibliotheken sollten elektronische Mediensicherungsanlagen installiert sein. Die Kontrollpunkte und Sicherungsanlagen müssen baulich so gestaltet sein, dass sie nicht umgangen werden können und die Datenerfassung nicht durch abschirmende Bauelemente und -materialien behindert wird.

DIN 67700:2017-05

9.2 Brandschutz

Archive und Bibliotheken sind mit einer flächendeckenden Brandmeldeanlage auszustatten. Der Feueralarm muss im Publikumsbereich sowohl akustisch als auch optisch angezeigt werden.

Magazine in Archiven und mit schützenswerten Medien in Bibliotheken dürfen sich nicht im Einzugsbereich von Feuer- und Explosionsgefahr auf angrenzenden Liegenschaften oder Gebäuden befinden und sind räumlich und brandschutztechnisch von Bereichen und Anlagen mit hohem Gefahrenpotenzial zu schützen.

Das Verlegen von Elektroleitungen innerhalb solcher Magazine ist auf ein unabdingbar notwendiges Mindestmaß zu reduzieren; eine automatische Nacht- bzw. Wochenendabschaltung über einen Hauptschalter wird empfohlen. Technische Geräte oder Anlagen, von denen eine Brandgefahr ausgeht, müssen außerhalb von Magazinen stehen.

Magazine von Archiven und Bibliotheken sollten baulich und technisch so gestaltet sein, dass eine automatische Feuerlöschanlage nicht erforderlich ist. Löschwasseranschlüsse und Löschtechnik zur Brandbekämpfung sollten außerhalb der Magazine bereitgestellt werden, zur Brandbekämpfung sollten Hochdruckvernebelungsverfahren eingesetzt werden. Bei Magazinen in Archiven und mit schützenswerten Medien in Bibliotheken darf keine Sprinkleranlage eingebaut werden.

Feuerlöschanlagen mit Gas sollten nur für kleine Magazine oder technische Betriebsräume eingesetzt werden. Ihr Einsatz erfordert eine hohe Raumdichtigkeit; Druckentlastungsöffnungen und technische Personenschutzeinrichtungen sind vorzusehen. Zudem ist ein separater Raum für den Löschmittelvorrat einzurichten. Die Vermeidung von Bränden durch dauerhafte Sauerstoffreduktion erfordert Magazine mit hoher Dichtigkeit und geringer Nutzungsintensität; in diesen Magazinen dürfen sich keine Arbeitsplätze befinden, die mehr als zwei Stunden je Tag genutzt werden.

Für das manuelle Löschen von Medien in Archiven und schützenswerten Medien in Bibliotheken sind aus konservatorischen Gründen Handfeuerlöscher mit Wasser zu verwenden, dem kein Netzmittel beigemischt sein sollte.

9.3 Havarieschutz und Notfallvorsorge

Räume zur dauerhaften Aufbewahrung von Medien in Archiven und schützenswerten Medien in Bibliotheken dürfen nur einer möglichst geringen Gefahr durch Hochwasser, Überflutungen, Erdbeben, Erdrutschen oder einer Bodensenkung ausgesetzt sein. Sie dürfen nicht in der Nähe eines Platzes oder Gebäudes liegen, welches als Anziehungspunkt für Nagetiere, Insekten und andere Schädlinge gilt. Medien in Archiven und schützenswerte Medien in Bibliotheken dürfen nicht in Räumen gelagert werden, die durch wasserführende Leitungen, Grundwasser, Überflutung oder Havarien in angrenzenden Gebäudebereichen gefährdet sind. Wenn diese Anforderungen nicht erfüllt werden können, müssen besondere Vorkehrungen zum Schutz gegen diese Gefahren getroffen werden.

Handwasch- und Sanitäreinrichtungen müssen baulich getrennt außerhalb der Magazine vorgesehen werden. Der Abstand des untersten belegten Fachbodens zum Fußboden muss mindestens 0,10 m betragen (nach DIN ISO 11799:2017-04). Der oberste Fachboden (Regalabdeckung) sollte nicht belegt sein.

Für Archive und Bibliotheken mit schützenswerten Medien ist ein gesonderter Bereich für die Lagerung von Notfallmaterialien vorzusehen, welche im Havariefall eine sofortige Versorgung und Sicherung der betroffenen Medien ermöglichen.

10 Lüftung und Klima

10.1 Publikumsbereich

Im Publikumsbereich müssen Lüftung und Klima gemäß der geltenden Technischen Regeln für Arbeitsstätten an die Bedürfnisse der Nutzer und der Mitarbeiter angepasst werden; sie sollten möglichst stabil und gleichmäßig sein. An Nutzerplätzen im Archiv und für die Arbeit mit schützenswerten Medien in der Bibliothek müssen Klimastabilität und der Schutz vor direkter Sonneneinstrahlung sichergestellt sein.

10.2 Magazin

Zum Schutz von Medien vor Schäden durch Mikroorganismen, Luftschadstoffe, chemische Abbauprozesse und mechanische Belastungen sind Luftqualität und Klima in Magazinen fortgesetzt zu kontrollieren.

Räume zur dauerhaften Aufbewahrung von Medien sollten so belüftet sein, dass sich in ihnen ein gleichmäßiges Raumklima einstellt und insbesondere Bereiche mit erhöhter Luftfeuchte vermieden werden. Regale und Schränke sollten so gestaltet und belegt sein, dass eine möglichst große Luftzirkulation sichergestellt ist. Tresore und andere luftdicht schließende Schränke sollten nicht zur dauerhaften Aufbewahrung oder Sicherung von Medien in Archiven und schützenswerten Medien in Bibliotheken verwendet werden.

Die Luft in Magazinen für Archive und für schützenswerte Medien in Bibliotheken sollte frei sein von Verschmutzungen, Staub (Partikeln) sowie von sauren und oxidierenden Gasen.

Magazine sollten so ausgebildet sein, dass für ein stabiles und gleichmäßiges Klima technische Maßnahmen in möglichst geringem Umfang erforderlich sind. Die tägliche Schwankung der Temperatur sollte den Wert von ± 1 K, die tägliche Schwankung der relativen Luftfeuchte den Wert von ± 3 % nicht überschreiten. Ein regelmäßiger Luftaustausch ist sicherzustellen.

Die Temperatur in Magazinen für Archive und für schützenswerte Medien in Bibliotheken sollte 21° C nicht überschreiten. Die relative Luftfeuchte muss unter einem Wert gehalten werden, an dem Schimmel aktiviert wird, und darf keinen Wert unterschreiten, an dem das Risiko einer verstärkten Brüchigkeit der gelagerten Medien steigt. Die relative Luftfeuchte sollte zwischen 30 % und 55 % liegen.

Die Ermittlung der genauen Klimawerte für verschiedene Materialien sollte nach ISO/TR 19815:2017 [9] erfolgen.

Weitere Vorgaben zur Aufbewahrung von Medien sind DIN ISO 11799 zu entnehmen.

DIN 67700:2017-05

11 Licht und Beleuchtung

11.1 Tageslicht

In Archiven und bei schützenswerten Medien in Bibliotheken müssen in allen Funktionsbereichen, in denen diese Medien genutzt, gelagert oder ausgestellt werden, Schutzmaßnahmen gegen Tageslicht erfolgen.

Magazine müssen vor Tageslicht abgeschirmt sein.

11.2 Kunstlicht

11.2.1 Allgemeines

Der gesamte Publikumsbereich sollte mit einer automatischen Lichtsteuerung ausgestattet sein.

11.2.2 Nutzerplätze

Bei allen Nutzerplätzen umfasst der Bereich der Sehaufgabe mindestens die gesamte Tischfläche.

Bei Standardnutzerplätzen sollte eine individuell verstellbare und dimmbare Arbeitsplatzbeleuchtung vorhanden sein.

Bei einem Eltern-Kind-Raum muss der Arbeitsplatz mit einer individuellen Arbeitsplatzbeleuchtung ausgestattet sein, um die unterschiedlichen Anforderungen an die Beleuchtungsstärke in diesem Raum zu erfüllen.

11.2.3 Freihandbereich

Im Freihandbereich sollte auch bei vorhandener Regalbeleuchtung aus Gründen der Flexibilität eine einrichtungsunabhängige Flächenbeleuchtung vorhanden sein. Wenn keine am Regal befestigten Leuchten zum Einsatz kommen, sollten die Leuchten für die Flächenbeleuchtung rechtwinklig zu den Regalreihen angeordnet sein.

11.2.4 Magazin

Im Magazin sollten die Leuchten für die Flächenbeleuchtung bei Rollregalanlagen rechtwinklig zu den Regalreihen angeordnet sein, bei Standregalen parallel zu den Regalreihen über den Bediengängen.

Zum Schutz der Medien muss durch Zeitsteuerung, Bewegungsmelder oder andere technische Maßnahmen wie Zentralschalter sichergestellt sein, dass es im Magazin keine Dauerbeleuchtung gibt.

In Magazinen, in denen empfindliche oder schützenswerte Medien offen gelagert werden, darf keine künstliche Beleuchtung mit UV-Strahlung verwendet werden.

11.3 Beleuchtungsstärke

Der Wartungswert der Beleuchtungsstärke $\bar{E}_m$ entspricht der minimalen mittleren Beleuchtungsstärke; er ist Tabelle 46 zu entnehmen.

Tabelle 46 — Wartungswert der Beleuchtungsstärke $\bar{E}_m$

Funktionsbereich		Referenznummer[a]	Wartungswert der Beleuchtungsstärke $\bar{E}_m$[a] lx
Nutzerplätze	Gaming-Zone	5.36.13	300
	Eltern-Kind-Raum	5.33.2/5.35.1	300 bis 500
	Schulungsraum	5.36.2	500
	sonstige Nutzerplätze	5.33.2	500
Servicebereich	Mitarbeiterarbeitsplatz	5.33.3	500
	Bereitstellungsautomat, Selbstverbuchungsstation, Rückgabeautomat, Kassenautomat	5.28.4	300
	Scannen/Kopieren in Selbstbedienung	5.26.1	300
Bestandsbereich		5.33.1	200[b, c]
Medienlogistik		5.4.2	300
Verwaltungsbereich	Arbeitsplatz für Medienerschließung	5.26.2	500
	Arbeitsplatz für technische Bearbeitung	5.19.3	300
Werkstätten	Trockenreinigung an Sicherheitswerk	5.19.3	500
	Digitalisierung an Aufsichtscanner bis DIN A1	—	[d]
	Mikroverfilmung an Aufsichtkamera bis DIN A1	—	[d]

[a] Nach DIN EN 12464-1:2011-08.

[b] Vertikal auf der Vorderkante jedes Fachbodens.

[c] Dieser Wert muss bei Rollregalanlagen in jedem Bediengang erreicht werden.

[d] Der Wartungswert der Beleuchtungsstärke $\bar{E}_m$ muss den Anforderungen der jeweiligen technischen Aufnahmeverfahren angepasst werden.

Die maximale mittlere Beleuchtungsstärke $\bar{E}_m$ im Bestandsbereich sollte bei Archiven und bei schützenswerten Medien in Bibliotheken ≤ 200 lx sein (vertikal auf der Vorderkante jedes Fachbodens).

DIN 67700:2017-05

11.4 Weitere Beleuchtungsanforderungen

Die weiteren Beleuchtungsanforderungen — im Besonderen zum maximalen Grenzwert der Blendungsbegrenzung UGR_L, dem Mindestwert der Gleichmäßigkeit der Beleuchtungsstärke U_0 und dem Mindestwert des Farbwiedergabe-Index R_a — sind DIN EN 12464-1:2011-08 zu entnehmen. Die Zuordnung der einzelnen Funktionsbereiche zu den Bereichen, Aufgaben und Tätigkeiten nach DIN EN 12464-1:2011-08 erfolgt über die Referenznummer in Tabelle 46.

Die Vorgaben nach DIN ISO 11799 zur Aufbewahrung von Medien sind einzuhalten.

12 Raumakustik und Schallschutz

Die raumakustischen Anforderungen zur Nachhallzeit und Empfehlungen für das Verhältnis von äquivalenter Absorptionsfläche zu Raumvolumen sind DIN 18041:2016-03 zu entnehmen. Die Zuordnung der einzelnen Funktionsbereiche von Bibliotheken und Archiven zu den Räumen bzw. Nutzungsarten nach DIN 18041:2016-03 ist Tabelle 47 zu entnehmen. Die Zuordnung ist darüber hinaus abhängig von der Planung der Nutzerplätze (still bzw. kommunikativ) und im Einzelfall vorzunehmen.

Tabelle 47 — Räume bzw. Nutzungsart nach DIN 18041:2016-03 für raumakustische Anforderungen und Empfehlungen

Funktionsbereich		Nutzungsart[a]
Nutzerplätze	Arbeitsplatz für konzentrierte Einzelarbeit	B4
	Arbeitsplatz mit Computer- und sonstiger technischer Ausstattung	B4
	Arbeitsplatz im Archiv und für schützenswerte Medien in der Bibliothek	B4
	Arbeitsplatz für Großformate	B4
	Carrel	B4
	Steharbeitsplatz	B3
	Platz für informelles Arbeiten	B3
	Gruppenarbeitszone	B3
	Gruppenarbeitsabteil	B3
	Sitzstufen	B3
	Gaming-Zone	B3
	Einzelarbeitsraum	B5
	Gruppenarbeitsraum	B4
	Eltern-Kind-Raum	B4
	Schulungsraum	A4
	Makerspace	B3/B5
Servicebereich	Mitarbeiterarbeitsplatz	B4
	Bereitstellungsautomat, Selbstverbuchungsstation, Rückgabeautomat, Kassenautomat	B2
	Scannen/Kopieren in Selbstbedienung	B3/B5
Bestandsbereich	Freihandbereich	B3
Medienlogistik	Sortierarbeitsplatz	B4/B5
Verwaltungsbereich	Arbeitsplatz für Medienerschließung oder technische Bearbeitung	B4
Werkstätten	Trockenreinigung an Sicherheitswerk, Digitalisierung an Aufsichtscanner bis DIN A1, Mikroverfilmung an Aufsichtkamera bis DIN A1	B4/B5

[a] Nach DIN 18041:2016-03.

13 Bodenbelag

In allen Funktionsbereichen von Bibliotheken und Archiven muss der Bodenbelag antistatisch nach DIN EN 14041 sein. Bei geringer Luftfeuchtigkeit und starker elektrostatischer Aufladung im Umfeld sollten elektrisch ableitende Beläge oder leitende Beläge nach DIN EN 14041 eingesetzt werden.

Beim Einsatz von textilen, elastischen oder Laminat-Bodenbelägen im Publikumsbereich muss der Bodenbelag mindestens der Klasse 33 nach DIN EN ISO 10874:2012-04 genügen.

In Magazinen, Werkstätten und der Medienlogistik muss nach TRBA 240 ein glatter, nicht-textiler Bodenbelag eingesetzt werden, der nicht-staubend gereinigt werden kann.

Literaturhinweise

[1] DIN EN 1990:2010-12, *Eurocode: Grundlagen der Tragwerksplanung; Deutsche Fassung EN 1990:2002 + A1:2005 + A1:2005/AC:2010*

[2] DGUV Vorschrift 81: Unfallverhütungsvorschrift „Schule" mit Durchführungsanweisungen, vom Juni 2002. 2001

[3] DGUV Regel 102-002, Kindertageseinrichtungen. 2009

[4] VOGEL, Bernd und WOISCH, Andreas, *Orte des Selbststudiums: Eine empirische Studie zur zeitlichen und räumlichen Organisation des Lernens von Studierenden.* HIS: Forum Hochschule, 2013

[5] ASR A 1.2, *Technische Regeln für Arbeitsstätten — Raumabmessungen und Bewegungsflächen.* August 2013

[6] DIN 18040-1, *Barrierefreies Bauen — Planungsgrundlagen — Teil 1: Öffentlich zugängliche Gebäude*

[7] DIN EN 15095, *Kraftbetriebene verschiebbare Paletten- und Fachbodenregale, Umlaufregale und Lagerlifte — Sicherheitsanforderungen*

[8] DGUV Regel 108-007 (bisher BGR 234), *Lagereinrichtungen und -geräte,* 1988, Aktualisierte Nachdruckfassung September 2006 [Zugriff am: 2017-01-20]. Verfügbar unter: http://publikationen.dguv.de/dguv/pdf/10002/bgr234.pdf

[9] ISO/TR 19815, *Information and documentation — Management of the environmental conditions for archive and library holdings*

[10] ISO 18934, *Imaging materials — Multiple media archives — Storage environment*

[11] ISO/TR 11219, *Information and documentation — Qualitative conditions and basic statistics for library buildings — Space, function and design*

April 2018

	DIN EN 16893	DIN

ICS 97.195

Erhaltung des kulturellen Erbes – Festlegungen für Standort, Errichtung und Änderung von Gebäuden oder Räumlichkeiten für die Lagerung oder Nutzung von Sammlungen des kulturellen Erbes; Deutsche Fassung EN 16893:2018

Conservation of Cultural Heritage –
Specifications for location, construction and modification of buildings or rooms intended for the storage or use of heritage collections;
German version EN 16893:2018

Conservation du patrimoine culturel –
Spécifications pour l'emplacement, la construction et la modification des bâtiments et des salles destinés au stockage ou à l'utilisation de collections;
Version allemande EN 16893:2018

Gesamtumfang 60 Seiten

DIN-Normenausschuss Bauwesen (NABau)

Nationales Vorwort

Dieses Dokument (EN 16893:2018) wurde vom Technischen Komitee CEN/TC 346 „Erhaltung des kulturellen Erbes“ erarbeitet, dessen Sekretariat von UNI (Italien) gehalten wird.

Das zuständige deutsche Gremium ist der Arbeitsausschuss NA 005-01-36 AA „Erhaltung des kulturellen Erbes (SpA zu CEN/TC 346)“ im DIN-Normenausschuss Bauwesen (NABau).

EUROPÄISCHE NORM
EUROPEAN STANDARD
NORME EUROPÉENNE

EN 16893

Februar 2018

ICS 97.195

Deutsche Fassung

Erhaltung des kulturellen Erbes — Festlegungen für Standort, Errichtung und Änderung von Gebäuden oder Räumlichkeiten für die Lagerung oder Nutzung von Sammlungen des kulturellen Erbes

Conservation of Cultural Heritage — Specifications for location, construction and modification of buildings or rooms intended for the storage or use of heritage collections

Conservation du patrimoine culturel — Spécifications pour l'emplacement, la construction et la modification des bâtiments et des salles destinés au stockage ou à l'utilisation de collections

Diese Europäische Norm wurde vom CEN am 20. November 2017 angenommen.

Die CEN-Mitglieder sind gehalten, die CEN/CENELEC-Geschäftsordnung zu erfüllen, in der die Bedingungen festgelegt sind, unter denen dieser Europäischen Norm ohne jede Änderung der Status einer nationalen Norm zu geben ist. Auf dem letzten Stand befindliche Listen dieser nationalen Normen mit ihren bibliographischen Angaben sind beim CEN-CENELEC-Management-Zentrum oder bei jedem CEN-Mitglied auf Anfrage erhältlich.

Diese Europäische Norm besteht in drei offiziellen Fassungen (Deutsch, Englisch, Französisch). Eine Fassung in einer anderen Sprache, die von einem CEN-Mitglied in eigener Verantwortung durch Übersetzung in seine Landessprache gemacht und dem Management-Zentrum mitgeteilt worden ist, hat den gleichen Status wie die offiziellen Fassungen.

CEN-Mitglieder sind die nationalen Normungsinstitute von Belgien, Bulgarien, Dänemark, Deutschland, der ehemaligen jugoslawischen Republik Mazedonien, Estland, Finnland, Frankreich, Griechenland, Irland, Island, Italien, Kroatien, Lettland, Litauen, Luxemburg, Malta, den Niederlanden, Norwegen, Österreich, Polen, Portugal, Rumänien, Schweden, der Schweiz, Serbien, der Slowakei, Slowenien, Spanien, der Tschechischen Republik, der Türkei, Ungarn, dem Vereinigten Königreich und Zypern.

EUROPÄISCHES KOMITEE FÜR NORMUNG
EUROPEAN COMMITTEE FOR STANDARDIZATION
COMITÉ EUROPÉEN DE NORMALISATION

CEN-CENELEC Management-Zentrum: Rue de la Science 23, B-1040 Brüssel

Ref. Nr. EN 16893:2018 D

DIN EN 16893:2018-04
EN 16893:2018 (D)

Inhalt

Europäisches Vorwort

Dieses Dokument (EN 16893:2018) wurde vom Technischen Komitee CEN/TC 346 „Erhaltung des kulturellen Erbes" erarbeitet, dessen Sekretariat von UNI gehalten wird.

Diese Europäische Norm muss den Status einer nationalen Norm erhalten, entweder durch Veröffentlichung eines identischen Textes oder durch Anerkennung bis August 2018, und etwaige entgegenstehende nationale Normen müssen bis August 2018 zurückgezogen werden.

Es wird auf die Möglichkeit hingewiesen, dass einige Elemente dieses Dokuments Patentrechte berühren können. CEN ist nicht dafür verantwortlich, einige oder alle diesbezüglichen Patentrechte zu identifizieren.

Entsprechend der CEN-CENELEC-Geschäftsordnung sind die nationalen Normungsinstitute der folgenden Länder gehalten, diese Europäische Norm zu übernehmen: Belgien, Bulgarien, Dänemark, Deutschland, die ehemalige jugoslawische Republik Mazedonien, Estland, Finnland, Frankreich, Griechenland, Irland, Island, Italien, Kroatien, Lettland, Litauen, Luxemburg, Malta, Niederlande, Norwegen, Österreich, Polen, Portugal, Rumänien, Schweden, Schweiz, Serbien, Slowakei, Slowenien, Spanien, Tschechische Republik, Türkei, Ungarn, Vereinigtes Königreich und Zypern.

Einleitung

Sammlungen des Kulturerbes sind für die Aufbewahrung für künftige als auch für gegenwärtige Generationen vorgesehen. Ihre langfristige Konservierung kann nur erreicht werden, wenn ihre Aufbewahrung in Stätten und Gebäude erfolgt, die dieses Ziel unterstützen und sie keinerlei Risiken ausgesetzt werden. Gebäudeeigenschaften, die dem Schutz von Sammlungen dienen, sind hauptsächlich baulicher Art und umfassen die Widerstandsfähigkeit gegen externe und interne Gefährdungen, einschließlich Feuer, Wasser, Schädlingen, krimineller Aktivitäten und Umweltfaktoren, die auf die Materialien des Kulturerbes einwirken können.

Umgebungsbezogene Überlegungen bezüglich Sammlungen werden durch die Beschaffenheit der Materialien, den Erhaltungszustand und die Art und Weise der Nutzung, beeinflusst. Sie werden ebenfalls durch sich auf Konservierungsziele beziehende Grundsätze, wie z. B. die Langlebigkeit von Sammlungen, und durch die zur Erreichung dieser Ziele erforderliche/n Energieart und -kosten, beeinflusst.

Diese Norm unterstützt die Verantwortlichen von Sammlungen des Kulturerbes, indem sie Kriterien und Informationen festlegt, die für die Schaffung erhaltungsbezogener Grundsätze notwendig sind, die wiederum das Ergebnis der Bauwerkserrichtung beeinflussen. Diese Norm soll dabei helfen, die erforderlichen Vorgaben für Neu- und Umbauten von Gebäuden festzulegen, damit diese zur sicheren Aufbewahrung von Sammlungen geeignet sind.

Diese Vorgaben sollten von Architekten, Ingenieuren und anderen Verantwortlichen verwendet werden, wenn sie die Gestaltung und den Bau neuer Archive, Bibliotheken und Museen oder den Umbau von Räumen innerhalb bestehender Gebäude für diese Zwecke planen.

Diese Vorgaben sind möglicherweise nicht in historischen Gebäuden anwendbar, die auch Objekte des Kulturerbes enthalten können, z. B. Kirchen.

1 Anwendungsbereich

Diese Europäische Norm gibt Vorgaben und Leitlinien für den Standort, die Errichtung und Anordnung von Gebäuden, die speziell für die Lagerung aller Arten und Formate von Sammlungen des Kulturerbes vorgesehen sind.

Diese Norm gilt für Gebäude, in denen Sammlungen dauerhaft aufbewahrt werden, und sie kann gegebenenfalls als Leitfaden für Räume für Ausstellungen mit kürzerer Laufzeit angewendet werden. In diesem Dokument werden Vorgaben, die sich ausschließlich auf Lagerräume beziehen, durchgehend als solche festgelegt. Wenn Spezifikationen auch für Bereiche wie Ausstellungsgalerien und Lesesäle gelten können, wird auf diese Einsatzbereiche ausdrücklich hingewiesen.

Abschnitte, die sich auf Sicherheitsrisiken, umgebungsbezogene Gefährdungen, Feuer, Wasser und Schädlinge beziehen, gelten für Gebäude als Ganzes und für jeden Raum, in dem Sammlungen aufbewahrt werden können.

Einige der in dieser Norm enthaltenen Abschnitte können in denkmalgeschützten Gebäuden angewendet werden. In diesen Fällen kann allerdings der Änderungsumfang oder das Erreichen von Bedingungen, die für Sammlungen geeignet sind, durch den historischen Charakter des Bauwerks eingeschränkt sein, insbesondere im Falle bestehender Denkmalschutzvorschriften.

ANMERKUNG Diese Norm behandelt den Aufbau von Gebäuden, die Sammlungen des Kulturerbes enthalten, unabhängig ob zur Lagerung und anderweitigen Nutzung. Für eine Beschreibung technischer Diensträume, die in der Gestaltung eines der Öffentlichkeit zugänglichen Lagerhauses speziell empfohlen sind, siehe EN 16141.

Diese Norm sollte als Ergänzung zu nationalen oder regionalen Bauvorschriften und Gebäudespezifikationen angesehen werden.

2 Normative Verweisungen

Die folgenden Dokumente, die in diesem Dokument teilweise oder als Ganzes zitiert werden, sind für die Anwendung dieses Dokuments erforderlich. Bei datierten Verweisungen gilt nur die in Bezug genommene Ausgabe. Bei undatierten Verweisungen gilt die letzte Ausgabe des in Bezug genommenen Dokuments (einschließlich aller Änderungen).

EN 1627, *Türen, Fenster, Vorhangfassaden, Gitterelemente und Abschlüsse — Einbruchhemmung — Anforderungen und Klassifizierung*

EN 1838, *Angewandte Lichttechnik — Notbeleuchtung*

EN 12056-3, *Schwerkraftentwässerungsanlagen innerhalb von Gebäuden — Teil 3: Dachentwässerung, Planung und Bemessung*

CEN/TS 16163, *Erhaltung des kulturellen Erbes — Leitlinien und Verfahren für die Auswahl geeigneter Beleuchtung für Innenausstellungen*

EN 62305-2, *Blitzschutz — Teil 2: Risiko-Management (IEC 62305-2)*

EN 60332-1-1, *Prüfungen an Kabeln, isolierten Leitungen und Glasfaserkabeln im Brandfall — Teil 1-1: Prüfung der vertikalen Flammenausbreitung an einer Ader, einer isolierten Leitung oder einem Kabel — Prüfgerät (IEC 60332-1-1)*

EN 60529, *Schutzarten durch Gehäuse (IP-Code) (IEC 60529)*

EN ISO 16890-1, *Luftfilter für die allgemeine Raumlufttechnik — Teil 1: Technische Bestimmungen, Anforderungen und Effizienzklassifizierungssystem, basierend auf dem Feinstaubabscheidegrad (ePM) (ISO 16890-1)*

3 Begriffe

Für die Anwendung dieses Dokuments gelten die folgenden Begriffe.

3.1
Klimaanlage
mechanisches System, das die vorgeschriebene Regelung der Temperatur, Luftfeuchte, Luftbeschaffenheit und Luftverteilung aufrechterhält

3.2
Luftinfiltration
unkontrollierter Eintritt von Luft durch nicht abgedichtete Stellen und durchlässige Baustoffe einer Gebäudehülle

3.3
Ansaugrauchmelder
ASD
(en: aspiration smoke detector)
Rauchmelder, in dem Luft und Aerosole mittels einer Ansaugeinheit (z. B. Ansauglüfter oder -pumpe) über eine Ansaugeinrichtung angesaugt werden und einer oder mehreren Rauchsensoreinheiten zugeführt werden

Anmerkung 1 zum Begriff: Jede Rauchsensoreinheit kann mehr als einen dem gleichen Rauch ausgesetzten Sensor enthalten.

[QUELLE: EN 54-20:2006, 3.1, modifiziert — Abkürzung *ASD* wurde hinzugefügt.]

3.4
automatische Feuerlöschanlage
in ein Gebäude integrierte Anlage, die dafür konzipiert ist, einen Brand zu kontrollieren, zu unterdrücken oder zu löschen, und die durch Meldesysteme ausgelöst wird

Anmerkung 1 zum Begriff: Diese Einheiten können ein- oder doppelseitig sein.

3.5
Gebäudemanagementsystem
GMS
in Gebäuden eingebautes computergestütztes Kontrollsystem, das die mechanische und elektrische Gebäudeausrüstung, wie z. B. Lüftung, Beleuchtung, Energieversorgungssysteme, Brandschutzanlagen und Sicherheitssysteme, regelt und überwacht

3.6
Auffangbehälter
aufgehendes Bauteil, das im Überflutungsfall Wasser in einem vorgegebenen Raum auffangen kann

3.7
Videoüberwachungsanlage
CCTV
(en: closed circuit televison)
Anlage, die aus Kameraausrüstung und/oder anderen Bildaufnahmegeräten, Detektor(en), Überwachungs- und Zubehöreinrichtungen für Übertragungs- und Steuerungszwecke besteht

3.8
Sammlung
Gruppe von Objekten mit einer gemeinsamen Bedeutung

Anmerkung 1 zum Begriff: Die Bezeichnung „Sammlung" wird vor allem im Bereich des „beweglichen Kulturerbes" verwendet.

[QUELLE: EN 15898:2011, 3.1.4, modifiziert — die Anmerkung wurde gekürzt]

3.9
Konservierung
Vorkehrungen und Maßnahmen, die auf die Bewahrung des Kulturerbes bei gleichzeitiger Respektierung der Bedeutung abzielen, einschließlich der Zugänglichkeit für gegenwärtige und zukünftige Generationen

Anmerkung 1 zum Begriff: Konservierung umfasst präventive Konservierung, stabilisierende Konservierung und Restaurierung.

Anmerkung 2 zum Begriff: Die Bezeichnung „Konservierung-Restaurierung" wird vor allem im Bereich des beweglichen Kulturerbes verwendet.

Anmerkung 3 zum Begriff: Die Bezeichnung „Bestandserhaltung" wird ebenfalls, vor allem in Bibliotheken und Archiven, verwendet.

Anmerkung 4 zum Begriff: Alle Maßnahmen der Konservierung beruhen stets auf dokumentarischem und/oder materiellem historischen Nachweis.

[QUELLE: EN 15898:2011, 3.3.1]

3.10
Kühllast
Energiebedarf (gemessen in Kilowatt), den eine Klimaanlage für die Aufrechterhaltung der in einem Raum erforderlichen Niveaus der Temperatur und relativen Luftfeuchte hat

3.11
Umwelt
Umgebung
äußere Einflüsse auf ein Objekt, von denen bestimmte Aspekte sich auf seinen Erhaltungszustand auswirken

Anmerkung 1 zum Begriff: Solche Einflüsse können menschlichen, physikalischen, chemischen, biologischen oder klimatischen Ursprungs sein.

[QUELLE: EN 15898:2011, 3.2.2]

3.12
Umgebungskontrolle
Kontrolle eines oder mehrerer Einflussfaktoren der Umwelt

Anmerkung 1 zum Begriff: Diese bezieht sich gewöhnlich auf Temperatur, relative Luftfeuchte, Licht, Luftschadstoffe usw.

[QUELLE: EN 15898:2011, 3.4.3]

3.13
Feuerwiderstand
Fähigkeit eines Bauteils oder eines Bauwerks, dem Durchtritt von Flammen und heißen Gasen sowie dem Temperaturanstieg für eine festgelegte Zeitspanne standzuhalten, einschließlich Tragfähigkeit, Raumabschluss und Wärmedämmung

3.14
Überwachung
Messen, Kontrollieren und Bewerten, über eine Zeitspanne hinweg, der Materialeigenschaften von Objekten und/oder der Einflussfaktoren der Umwelt

[QUELLE: EN 15898:2011, 3.4.4]

3.15
Objekt
einzelne Ausdrucksform des materiellen Kulturerbes

Anmerkung 1 zum Begriff: In dieser Norm wird die Bezeichnung „Objekt" für bewegliches und ortsfestes Kulturerbe verwendet. In bestimmten fachlichen Zusammenhängen werden andere Bezeichnungen benutzt: z. B. „Artefakt", „Kulturgut", „Gegenstand" („item" im Englischen), „Ensemble", „Stätte"/„Flächendenkmal" („site" im Englischen), „Gebäude", „Erzeugnis"/„Stoffaufbau" („fabric" im Englischen).

[QUELLE: EN 15898:2011, 3.1.3]

3.16
vorgesteuerter Sprinkler
Trockensprinkleranlage oder Sprinkleranlage in trockenem Betriebszustand, bei der das Alarmventil von einer unabhängigen Brandmeldeanlage im Schutzbereich geöffnet werden kann

3.17
präventive Konservierung
Vorkehrungen und Maßnahmen zur Vermeidung oder Minimierung von künftigem Schaden, Abbau und Verlust und folglich invasivem Eingriff

Anmerkung 1 zum Begriff: Im Bereich beweglichen Kulturerbes ist präventive Konservierung im Allgemeinen indirekt; d. h. diese Vorkehrungen und Maßnahmen werden in der unmittelbaren Umgebung des Objekts durchgeführt.

[QUELLE: EN 15898:2011, 3.3.5]

3.18
relative Luftfeuchte
RH
(en: relative humidity)
Verhältnis des tatsächlichen Dampfdrucks zum Sättigungsdampfdruck

[QUELLE: EN 15757:2010, 3.9]

3.19
stabilisierende Konservierung
Maßnahmen, die direkt an einem Objekt vorgenommen werden, um weiteren Abbau zu verhindern und/oder Schaden zu begrenzen

3.20
Risikobeurteilung
Risikoabschätzung
Identifizierung, Analyse und Bewertung von Gefahren, die die Bedeutung verändern könnten, sowie der Wahrscheinlichkeit ihres Eintretens

Anmerkung 1 zum Begriff: Risikobeurteilung ist Teil des umfassenden Prozesses von „Risikomanagement" [ISO Guide 73:2009, 3.1.7]

[QUELLE: EN 15898:2011, 3.4.5]

DIN EN 16893:2018-04

3.21
Sprinkleranlage
System aus Wasserrohrleitungen, die in festgelegten Abständen und Höhen mit Sprinklerköpfen ausgestattet sind, das dafür ausgelegt ist, einen Brand durch das automatische Verteilen von Wasser zu melden, zu kontrollieren oder zu löschen

3.22
Depot
ausgewiesener Bereich, in dem die erforderlichen Voraussetzungen zur Bewahrung und Sicherheit zur Unterbringung von Objekten gegeben sind, während sie nicht ausgestellt sind

Anmerkung 1 zum Begriff: Der Begriff „Depot" wird bei Archiven und Bibliotheken verwendet.

[QUELLE: EN 16141:2012, 3.8]

3.23
Glasübergangstemperatur
T_g
reversibler Übergang in amorphen Materialien (oder in amorphen Bereichen innerhalb halb-kristalliner Materialien) von einem festen und verhältnismäßig spröden „glasartigen" Zustand in einen geschmolzenen oder gummiähnlichen Zustand, wenn sich die Temperatur erhöht

Anmerkung 1 zum Begriff: Beispiele von temperaturempfindlichen Kulturerbematerialien, die die T_g beeinflussen, umfassen Gelatine, photographische Emulsionen und Wachse.

3.24
UV-A-Strahlung
ultraviolette Strahlung im Wellenlängenbereich von 315 nm bis 400 nm, die im Sonnenlicht und künstlichen Licht vorkommt und viele Materialien des Kulturerbes schädigt

3.25
Lebenszykluskosten
WLC
(en: whole life cost)
Gesamtkosten des Betriebs über die Lebensdauer eines Vermögenswerts, in diesem Zusammenhang, die eines Gebäudes

Anmerkung 1 zum Begriff: Übliche Kosten umfassen Planung, Entwurf, Errichtung, Betrieb, Instandhaltung, Erneuerung, möglichen Abriss, Baukosten und Abschreibung.

4 Grundsätze und Strategien

4.1 Nachhaltigkeit

Da Sammlungen des Kulturerbes dazu vorgesehen sind, zeitlich unbegrenzt erhalten zu werden, müssen die zu ihrer Aufbewahrung vorgesehenen Gebäude in Hinblick auf Langlebigkeit geplant sein. Unabhängig davon, ob es sich um einen Neubau oder eine Modernisierung eines bestehenden Gebäudes handelt, müssen bei der Planung die Lebenszykluskosten beurteilt und als Entscheidungsgrundlage herangezogen werden. Der geplante Energieeinsatz, Wasserverbrauch, CO_2-Ausstoß und die Instandhaltungskosten über die gesamte Nutzungszeit eines Gebäudes müssen zusätzlich zu den Investitionskosten enthalten sein.

Die Planung eines Neubaus oder eines modernisierten Gebäudes oder Raums muss sich auf die Bestimmung dessen ausrichten, ob, sofern möglich, Sammlungen durch passive oder Niedrigenergiemaßnahmen geschützt werden können. Wo immer eine Sammlung ständigen Energieeinsatz erfordert (z. B. Heizung, Tiefkühllagerung usw.), sollte zunächst der Einsatz erneuerbarer Energiequellen untersucht werden. Da in der Planungsphase der zukünftige Erfolg oder Misserfolg einer Strategie eines passiven Klimakonzepts für ein Gebäude möglicherweise nicht absehbar ist, müssen Steuerungsmöglichkeiten für künftige Nachrüstung berücksichtigt werden.

Bei Standorterwägungen muss auch der mögliche Energieverbrauch für das Erreichen des Gebäudes in Betracht gezogen werden. Zum Beispiel kann ein entfernter Standort ein geringes Risiko aufweisen, jedoch den Energieverbrauch erhöhen, sodass das Risiko und eine leichte Erreichbarkeit eines Standorts gegenübergestellt und bewertet werden sollten.

Die baubezogene Kostenbewertung muss ISO 15686-1 und ISO 15686-5 entsprechen.

4.2 Risikomanagement

4.2.1 Allgemeines

Wenn über den Standort eines neuen Gebäudes oder eines Raumes für die Unterbringung von Sammlungen des Kulturerbes, sei es Lagerung, Ausstellung oder anderweitige Nutzung, entschieden wird, muss eine Risikobeurteilung nach Abschnitt 5 durchgeführt werden. Bestehende Gebäude oder Räume, in denen Sammlungen untergebracht sind, müssen in regelmäßigen Abständen hinsichtlich der Risiken neu beurteilt werden, insbesondere wenn neue Gefährdungen bekannt sind. Es müssen Informationen und Daten gesammelt und bewertet werden, um Grundsätze für den beabsichtigten Umgebungs-, Brand- und Hochwasserschutz sowie die vorgesehenen Sicherheitsvorkehrungen zu formulieren, die inhärenter Teil der Gebäudeplanung oder der kontinuierlichen Nutzung sein sollen. Die nachstehende Verfahrensweise und Stufen müssen Teil der Risikobeurteilung sein. Die in den folgenden Abschnitten genannten Risiken müssen berücksichtigt werden, wenn:

a) das Gebäude oder der Sammlungsraum geplant und errichtet wird (einschließlich der Risiken im Zusammenhang mit den Bauarbeiten selbst in einem bestehenden Gebäude);

b) das Gebäude eingerichtet wird, und

c) das Gebäude, einmal in der Nutzung befindlich, verwaltet wird.

4.2.2 Gefährdungen für Sammlungen

Anhand der Beschaffenheit und der Nutzung der unterzubringenden Sammlungen müssen Anforderungen an die Eigenschaften und den Entwurf eines Gebäudes oder Raumes, in dem sie untergebracht werden, festgelegt werden. Die Organisation muss die Gefährdungen identifizieren, die ihre Sammlungen betreffen und die Wahrscheinlichkeit und Auswirkung ihres Eintretens bewerten. Die folgenden Gefährdungen betreffen allgemein Sammlungen des Kulturerbes und müssen bewertet werden:

a) Umgebung (interne und externe): Temperatur, Luftfeuchte, Licht und gasförmige sowie partikelförmige Verschmutzung (siehe Anhänge B bis E für beispielhafte Leitfäden bezüglich umgebungsbezogener Risiken und Empfindlichkeiten von Sammlungsmaterialien);

b) biologischer Abbau (Schädlinge und Schimmel);

c) Diebstahl, Raub;

d) Vandalismus;

e) Brände;

f) Wasser (Trinkwasserversorgung und Abwasser);

g) Naturereignisse (Starkregen, Überflutung, Erdrutsch, Erdbeben usw.).

Die Gefährdungen im Zusammenhang mit dem Standort eines Gebäudes müssen nach 5.1 identifiziert werden. Die Bereiche innerhalb eines Gebäudes, in denen Tätigkeiten oder Dienstleistungen ausgeübt werden, die eine Gefährdung verursachen können, wie z. B. Küchen, Labore, müssen in der Risikobeurteilung berücksichtigt werden.

4.3 Umgebungsbezogene Strategie

4.3.1 Allgemeines

Eine Strategie für das Umgebungsmanagement für die Sammlung muss auf der Grundlage einer Bewertung der Erfordernisse der Sammlungen erarbeitet werden. Die Strategie muss eine Aussage zu der erwarteten Lebensdauer der Sammlung enthalten, sowie zu dem Energiebedarf der für das Erreichen dieser Lebensdauer erforderlichen Umgebungsbedingungen unter Berücksichtigung der Empfindlichkeit, Bedeutung und Nutzung einzelner Sammlungsstücke.

Die Strategie muss den von der Organisation angestrebten Ausgleich zwischen Konservierungsanforderungen, Sammlungsnutzung und Energieeinsparung verdeutlichen.

4.3.2 Sammlungsinformation

Die sammlungsbezogenen Informationen müssen mindestens das Folgende enthalten:

a) die Bedeutung der Sammlung oder der darin enthaltenen Sammlungsstücke;

b) die gegenwärtige und erwartete Nutzung der Sammlung, einschließlich Ausstellung, Handhabung, Transport und Leihverkehr;

c) der Erhaltungszustand der Sammlung, ihre Zusammensetzung und die Materialien ihrer Objekte;

d) die frühere Umgebung der Sammlung und ihre Empfindlichkeit (gegen relative Luftfeuchte, Temperatur, Licht und Schadstoffe) wie in allen bestehenden Aufzeichnungen beschrieben mit Angabe insbesondere der Veränderungen im Zeitverlauf (siehe auch Anhänge B bis E);

e) das erwartete Anwachsen und die Entwicklung der Sammlung.

4.3.3 Vorgaben für den Schutz vor Umgebungseinflüssen

Jede umgebungsbezogene Vorgabe muss mit dem Ziel festgelegt werden, die betreffende Sammlung zu erhalten. Umgebungsbezogene Vorgaben müssen nach der Überprüfung

a) der vorgesehenen Lebensdauer der Sammlung und des damit verbundenen Energiebedarfs,

b) der Risikobeurteilung der umgebungsbezogenen Gefährdungen, durchgeführt nach 4.2.1 a),

c) der gesammelten Informationen nach 4.3.2

aufgestellt werden.

Die umgebungsbezogenen Vorgaben für Sammlungen müssen

1) die zulässigen oberen und unteren Grenzwerte für die Temperatur und einen gewünschten jahreszeitlichen Mittelwert,

2) die zulässigen oberen und unteren Grenzwerte für die relative Luftfeuchte und einen gewünschten jahreszeitlichen Mittelwert,

3) sofern zutreffend, den zulässigen oberen Grenzwert für die Lichtexposition, den oberen Grenzwert für die Beleuchtungsstärke und den oberen Grenzwert für den UV-Anteil im Licht,

4) Schadstoffe, von denen die Verursachung eines inakzeptablen Risikos erwartet wird,

enthalten.

ANMERKUNG Siehe auch 5.4.3.2.

Umgebungsbezogene Vorgaben müssen entsprechend dem jeweiligen Sammlungstyp für die allgemeine Lagerung, gekühlte Lagerung, Kaltlagerung, Ausstellung und den Transport festgelegt werden. Für gegebenenfalls erforderliche Mikroklimata sind separate umgebungsbezogene Vorgaben festzulegen.

4.4 Strategie für die Überwachung der Umgebung

4.4.1 Allgemeines

Nur durch fortlaufende Überwachung der Umgebung, in der Materialien aufbewahrt werden, kann ein Verständnis davon gewonnen werden, wie gut eine Sammlung geschützt ist und erhalten wird. Alle Räume, die für die zukünftige Aufstellung von Sammlungen vorgesehen sind, müssen vor der Aufstellung überwacht werden, um zu verstehen, wie sich die Räume verhalten und wie sie möglicherweise angepasst werden müssen. Überwachung muss auch an bestehenden Standorten durchgeführt werden, an denen bereits Sammlungen aufbewahrt werden, um den aktuellen Zustand der Sammlungen zu verstehen, insbesondere wenn sie an einen neuen Standort verlegt werden sollen. Die aus der Überwachung gewonnenen Informationen müssen regelmäßig überprüft werden, und die Auswirkungen von Trends der relativen Luftfeuchte, Temperatur, des Lichts und, wo erforderlich, der Luftschadstoffe müssen durch einen Konservator oder anderen Fachmann, der die Sammlung und das Gebäude und seine Infrastruktur kennt, ausgewertet werden. Überwachung allein trägt nicht zur Verbesserung des Erhaltungszustands bei; es ist wichtig, auf die Befunde aus der Überwachung, die anzeigen, dass die Bedingungen außerhalb der empfohlenen Bereiche liegen oder liegen werden, zu reagieren und die Situation zu berichtigen oder Verbesserungen zu planen.

4.4.2 Verfahrensweise

Überwachungsgeräte für umgebungsbezogene Gefährdungen müssen in Sammlungsräumen bereitgestellt und verwendet werden, ungeachtet des Verfahrens der Umgebungskontrolle. Die Überwachung der Temperatur und der relativen Luftfeuchte sollte üblicherweise kontinuierlich durchgeführt werden (z. B. mindestens eine Messung pro Stunde). Auch wenn ein Gebäudemanagementsystem verwendet wird, müssen unabhängige Überwachungsgeräte verwendet werden, um dessen fehlerfreien Betrieb zu verifizieren. Überwachungsgeräte und dazugehörige Sensoren müssen aufgestellt werden, um Messwerte bereit zu stellen, die die üblichen Bedingungen repräsentieren, in denen Sammlungen gegenwärtig oder zukünftig aufbewahrt werden; es sollten jedoch auch extreme und ungewöhnliche Bedingungen, die auftreten könnten, zum Beispiel in der Nähe von Außenwänden, Hitzequellen oder Lüftungen berücksichtigt werden. Zu Vergleichszwecken müssen auch im Außenbereich die Temperatur, die relative Luftfeuchte und, sofern notwendig, Schadstoffe überwacht werden.

ANMERKUNG 1 Da sich Konzentrationen von Innenraumschadstoffen nur selten plötzlich ändern, wird eine jahreszeitliche Überwachung ausreichen, es sein denn, ein durch Schadstoffe verursachter Schaden wird festgestellt oder die Ausstattung oder Gebäudeeigenschaften ändern sich wesentlich.

Wenn Sammlungen verpackt sind, wird die Überwachung der Raumumgebung keine ausreichenden Informationen über die Umgebung an den Objekten liefern. Sensoren sollten auch innerhalb ausgewählter Verpackungen platziert werden.

Überwachungsdaten müssen regelmäßig überprüft werden, mindestens einmal je Woche, falls festgestellt werden soll, wie sich eine unzureichend bekannte Umgebung verhält; oder, im Fall von bekannten

Umgebungen und langfristigeren Analysen, mindestens einmal in drei Monaten. Daten müssen unbegrenzt in einer abrufbaren Form aufbewahrt werden. Wenn Messwerte anzeigen, dass Bedingungen außerhalb der vorgesehenen Bereiche liegen, muss die Ursache jeder Abweichung ermittelt und Pläne zur Behebung sämtlicher festgestellter Probleme erstellt werden.

Überwachungsgeräte müssen nach der Herstelleranleitung kalibriert werden. Sie können ebenfalls mit unabhängigen Geräten gegengeprüft werden, wie z. B. mit tragbaren digitalen Hygrometern, falls eine Kalibrierung erforderlich ist oder eine Störung auftritt.

ANMERKUNG 2 Eine unabhängige Überwachung ist wünschenswert, weil sogar elektronische Messfühler zum Driften neigen und von Zeit zu Zeit rekalibriert werden müssen. Es wird empfohlen, die Kalibrierung in einem für diesen Zweck ausgestatteten Labor durchzuführen.

ANMERKUNG 3 Es wird auf EN 15757 und EN 15758 hingewiesen.

4.5 Facility-Management-Strategie

Die Facility-Management-Strategie muss die Art, den Zweck und die Nutzung des Gebäudes widerspiegeln, sowie die Betriebsabläufe und die darin untergebrachten Sammlungen. Sofern ein Gebäudemanagementsystem (GMS) angewendet wird, muss es die kontinuierliche Überwachung der Umgebung mit einbeziehen, und die Regelung des GMS und seine fortlaufende Entwicklung müssen unter enger Beteiligung von Sammlungsfachleuten stattfinden. Umgebungs- und Energiedaten, die durch das GMS erzeugt werden, müssen in einer abrufbaren Form archiviert werden.

Falls ein GMS verwendet wird, wird ebenfalls empfohlen, einige unabhängige Überwachungsgeräte zu haben, z. B. in Verpackungen, Schauvitrinen und für die Back-up-Überwachung. Ein GMS kann eingesetzt werden, um eine Überwachung an mehreren Standorten bereitzustellen.

ANMERKUNG Weitere Informationen zu Themen des Facility-Managements können der EN 15221-Reihe entnommen werden.

Das Personal für das Sammlungsmanagement und anderes Personal, das im Gebäude arbeitet (z. B. zur Sicherheit, für die Wartung technischer Anlagen, für allgemeine Gebäudedienste, für die Reinigung usw.) müssen in die Planung eines neuen Gebäudes einbezogen werden.

5 Gebäudevorgaben

5.1 Gebäudestandort

5.1.1 Identifizierung von Gefährdungen

Bei der Wahl eines Standorts für einen Neubau oder bei der Überprüfung eines bestehenden Gebäudes muss eine Risikobeurteilung durchgeführt werden, um die Gefahren jedes möglichen Standorts und die Wahrscheinlichkeit für einen Schadensfall für jede der festgestellten Gefahren zu identifizieren und zu dokumentieren. Bei der Wahl eines Raumes innerhalb eines bestehenden Gebäudes zur künftigen Nutzung für Sammlungen des Kulturerbes muss eine Risikobeurteilung bezugnehmend auf die Strategie nach Abschnitt 4 durchgeführt werden. Die Risikobeurteilung muss eine Aussage beinhalten, ob die vorbeugenden Maßnahmen zur Minimierung der identifizierten Risiken umgesetzt werden können, sowie ob es nach der Einführung der Maßnahmen wahrscheinlich ist, dass sich das Risiko auf akzeptablem Niveau befindet.

ANMERKUNG Örtliche Planungs- und Umweltvorschriften werden stets den Standort eines Gebäudes beeinflussen. Kein Standort kann vollständig gefährdungsfrei sein; jedoch ist bei der Auswahl und Planung eines Neubaus die Wahrscheinlichkeit bestimmter Gefährdungen, die zum Verlust oder zur Beschädigung von Kulturerbematerialien führen können, zu bewerten und zu berücksichtigen.

Bei einer Standortwahl muss eine Risikobeurteilung die Gefährdungen berücksichtigen, die zum plötzlichen Verlust von Sammlungen oder zu beträchtlichen Schäden an Sammlungen führen (z. B. Einsturz des

Gebäudes, Brand, Überflutung oder schwerwiegende Kontamination, durch die der Standort unzugänglich wird) sowie die Gefährdungen, die im Verlauf der Zeit zu Schäden führen können (z. B. durch Insektenbefall, Verschmutzung oder Klima).

Die Risikobeurteilung muss Gefährdungen in Verbindung mit Folgendem einschließen:

a) Straßen-, Schienen- oder ähnliche Tunnel unter oder in der Nähe des Gebäudes oder Hochstraßen, Hochbahnen oder Straßenbahnen (z. B. Einsturz oder übermäßige und regelmäßige Erschütterungen);

b) Erdrutsche, Erdfälle, Sohlenwasserdruck, seismische und vulkanische Aktivität;

c) Überflutung, einschließlich gegenwärtiger und voraussichtlicher Wasserstände;

d) Standorte oder Bereiche, die für die Lagerung oder Verarbeitung hochbrennbarer Materialien (z. B. Petrochemikalien, Sprengstoffe, Farben und Reifen) verwendet werden, bei denen ein Risiko durch Brand oder Explosion besteht oder bei denen ein Risiko durch das bei der Behandlung dieser Gefahren verwendete Wasser oder die verwendeten Chemikalien entsteht;

e) Standorte, die an oder in der Nähe eines Ortes liegen, an dem schädliche Gase, Schadstoffe, Rauch, Staub usw. ausgestoßen oder Erschütterungen erzeugt werden, wie Tagebaue, Verbrennungsanlagen, Zementwerke usw.;

f) Standorte in der Nähe von Stellen oder Tätigkeiten, die Nagetiere, Insekten und andere Schädlinge anziehen, wie z. B. Lebensmittellagerung oder -verarbeitung, Abfallwirtschaft usw.;

g) Kernkraftwerke, kerntechnische oder andere radioaktive Anlagen;

h) Flughäfen und zugehörige Flugschneisen;

i) Hochspannungsleitungen und Umspannwerke (z. B. Einsturz oder Brand); oder

j) militärische und andere entsprechende Einrichtungen.

Zusätzlich zur Bewertung der Wahrscheinlichkeit und Auswirkung des vorstehend Genannten muss eine Bewertung der ständigen Zugänglichkeit des Standorts für Notdienste durchgeführt werden.

Die Zugänglichkeit zum Standort schließt die wahrscheinliche Anfahrtzeit von Feuerwehr und anderen Notdiensten ein. Das ist besonders wichtig, wenn der Gebäudestandort abgelegen oder ausschließlich durch dichten Verkehr oder enge Straßen zugänglich ist. Zum Beispiel können abgelegene Gebäude zusätzliche Brandschutzmaßnahmen erfordern, um zusätzliche Zeit für die Brandursachenermittlung zu gewinnen.

5.1.2 Natürliche Gefährdungen

Um die schädigenden Auswirkungen von Sonneneinstrahlung und starkem Wind, der die Luftinfiltration beeinflusst, auf ein Mindestmaß zu beschränken, muss sorgfältig auf die Ausrichtung, die landschaftliche Gestaltung sowie das Mikroklima des Standorts geachtet werden.

Die Auswahl eines neuen Standortes, der unterhalb des Jahrhundert-Hochwasserstands liegt, muss vermieden werden. Falls frühere Quellen oder unterirdische Wasserläufe vorliegen, müssen diese berücksichtigt werden, weil starke und anhaltende Regenfälle diese reaktivieren können.

5.2 Kapazität des Standorts

5.2.1 Allgemeines

Bei der Planung von Neubauten für Sammlungen des Kulturerbes muss das vorgesehene Anwachsen der Sammlungen entsprechend der Verpflichtungen der Institution bewertet und zusätzliche Kapazität dafür eingeplant werden. Sofern durchführbar, muss der Standort eines neuen Gebäudes groß genug sein, um nachfolgende Erweiterungen zu ermöglichen.

5.2.2 Abgeschlossenheit

Wenn eine abgeschlossene Einheit in einem größerem Bauwerk für die Unterbringung von Sammlungen ausgewählt wird, müssen sämtliche zusätzlichen Risiken, die durch das größere Gebäude entstehen, bewertet und so weit wie möglich gemindert werden, sodass die Sicherheit, strukturelle Unversehrtheit und der Brandschutz der Sammlung nicht beeinträchtigt werden. Die Risiken müssen regelmäßig neu beurteilt werden, insbesondere wenn sich die Art der Nutzung im größeren Gebäude ändert.

5.3 Gebäudestruktur und Umweltschutz

5.3.1 Allgemeines

Dieser Abschnitt behandelt Vorgaben für die Errichtung eines neuen zweckbestimmten Gebäudes, das dafür vorgesehen ist, eine geschützte Umgebung für Sammlungen des Kulturerbes zu bieten, und sollte ebenso angewendet werden, wenn die Umgestaltung eines bestehenden Gebäudes oder Raums geplant ist, um deren Eigenschaften für die Nutzung von Sammlungen ausreichend zu verbessern.

Es sollte beachtet werden, dass die Änderungen, die zum Erfüllen dieser umgebungsbezogenen Vorgaben erforderlich sind, möglicherweise bei einem denkmalgeschützten Gebäude verboten sein können. Wenn in einem historischen Bauwerk, wie z. B. eine historische Bibliothek, ein historisches Archiv oder ein historisches Haus, bereits Sammlungen des Kulturerbes untergebracht sind, muss eine detaillierte Risikobeurteilung durchgeführt werden, um dessen Fähigkeit zu bestimmen, eine geschützte Umgebung zu bieten.

ANMERKUNG Sammlungen, die Bestandteil einer historischen Innenausstattung sind, müssen *in situ* verbleiben, sofern die Umgebung nicht schädigend auf sie wirkt (z. B. bei einem gestiegenen örtlichen Grundwasserspiegel, der Eindringen von Wasser verursacht).

Bei der Planung oder Neugestaltung eines Gebäudes muss eine fachliche Beratung durch Fachleute, die über geeignete Erfahrung in der Gebäudeplanung verfügen, eingeholt werden. Feuerwehr und Rettungsdienst, Sicherheitsexperten und Polizeibehörden müssen ebenfalls konsultiert werden, um Konflikten zwischen Sicherheits- und Brandschutzmaßnahmen und den Sicherheitsmaßnahmen für Personen und Sammlungen vorzubeugen. Die verschiedenen beteiligten Parteien könnten verschiedene Prioritäten setzen, und es ist wichtig, dass im Vorfeld der Gebäudeerrichtung Gespräche stattfinden. Die Konstruktion des Gebäudes muss mit 6.3 übereinstimmen.

Anhand des Umfangs und der Art einer Sammlung, wie nach 4.3.2 festgelegt, muss die Bestimmung der Art der Umgebungsbedingungen erfolgen, die ein Gebäude oder Raum bieten sollte. Kann eine geeignete Umgebung mit passiven Maßnahmen erreicht werden, sind diese umzusetzen. Einige empfindliche Sammlungsmaterialien könnten möglicherweise zusätzliche maschinelle Regelung erfordern, wie z. B. Tiefkühllagerung oder Heizung.

5.3.2 Baumaterialien

Wände, Böden und Decken müssen aus Materialien bestehen, die den Festlegungen nach 5.3.4 und 5.4.3 entsprechen. Oberflächenbehandlungen in Innenräumen dürfen nicht die thermischen oder hygroskopischen Eigenschaften des Gebäudes in ihrer Funktion, stabile Bedingungen zu schaffen, beeinträchtigen und sie dürfen keinen Staub erzeugen.

5.3.3 Stabilisierung des Gebäudeklimas

Im Fall neu errichteter Gebäude muss die Trocknungszeit des Baukörpers und das Ausgasen der Oberflächenbehandlungen, Farben und Lacke im Inneren berechnet und diese Trocknungszeit in den Bauzeitplan aufgenommen werden, um die Stabilisierung der Innenumgebung zu ermöglichen, bevor Objekte des Kulturerbes darin platziert werden. Diese Trocknungszeit darf bei Bauverzögerungen nicht verkürzt oder ausgelassen werden, muss jedoch in den Projektterminplan aufgenommen werden. Das Klima im Gebäude muss während dieser Trocknungszeit überwacht werden und nur nach Erreichen der festgelegten Bedingungen darf mit dem Einbringen der Materialien des Kulturerbes begonnen werden.

ANMERKUNG 1 Wenn die Verwendung von zwei oder mehr verschiedenen Bauweisen in einem Gebäude vorgesehen ist, ist es besonders wichtig, dass der Bauzeitplan die Trocknungszeiten berücksichtigt. Eine nasse Bauweise, die für eine hohe thermische Trägheit vorgesehen ist (z. B. vor Ort gegossene Betonfußböden, Wände aus Mauerwerk), braucht länger zum Austrocknen als z. B. eine leichte, vorgefertigte Trockenbauweise, die für öffentliche und Personalbereiche verwendet werden kann.

ANMERKUNG 2 Die Überführung von Sammlungen in ein neues Gebäude kann die Innenumgebungsbedingungen beeinflussen; in diesen Fällen kann eine weitere Anpassungszeit notwendig sein. Das kann kurzfristig eine negative Auswirkung auf die Leistung einer Klimaanlage, sofern vorhanden, haben. Das Bewegen von Materialien des Kulturerbes erzeugt außerdem Staub; deshalb ist es wichtig, danach den Zustand der Lüftungsleitungen, Filter und anderer Einrichtungen zu überprüfen.

5.3.4 Bauwerke mit passiver oder Niedrig-Energieumgebung

5.3.4.1 Allgemeines

Die meisten Sammlungsarten können in einer Umgebung (relative Luftfeuchte und Temperatur) gelagert und genutzt werden, die sich graduell im Lauf der Jahreszeiten ändert, was mit passiven Maßnahmen erreicht werden kann. Die Höchst-und Tiefstwerte in einem Jahreszyklus müssen durch die zulässigen Vorgaben für die Sammlungsarten bestimmt werden. Falls ein Neu- oder Umbau geplant ist, darf nicht angenommen werden, dass maschinelle Umgebungskontrollsysteme erforderlich sind, bevor eine vollständige Untersuchung aller verfügbaren Möglichkeiten zum Erreichen der festgelegten Bedingungen durchgeführt wurde.

Um zu bestimmen, welche Auswirkung Änderungen der Außenumgebung, wie z. B. extreme Wetterbedingungen, auf die Innenraumbedingungen und Gebäudestruktur haben könnten, die dafür ausgelegt sind, beim Auftreten dieser Änderungen innerhalb der geforderten Bedingungen zu bleiben, muss eine dynamische thermische und hygroskopische Modellierung eingesetzt werden. Die Vorgabe an die Gebäudestruktur (Dämm- und hygroskopische Eigenschaften) muss auch diejenige Zeitdauer berücksichtigen, nach der sich das Innenraumklima im Falle eines Ausfalls von Regeleinrichtungen (z. B. Heizung im Winter) nicht mehr im zulässigen Bereich befindet.

Die Dämm- und die hygroskopischen Eigenschaften eines neuen Gebäudes, das dafür ausgelegt ist, eine Umgebung zu schaffen, die Klimatisierung erfordert (z. B. Heizen im Winter), müssen in der Lage sein, festgelegte Bedingungen im Falle eines Ausfalls der Anlagen für mindestens 48 h, oder bis alternative Vorkehrungen getroffen werden können, aufrechtzuerhalten.

5.3.4.2 Lagerräume

Die Stabilität der Umgebung in einem Lagerraum muss durch einen Standort und eine Konstruktion erreicht werden, die sicherstellt, dass die Innentemperaturen des Lagers nicht schnell oder wesentlich durch die Außentemperaturen beeinflusst werden, die eine niedrige Luftinfiltrationsrate aufweist, die eine Barriere gegen Durchfeuchtung von außen besitzt und die im Inneren hygroskopische Materialien aufweist, um Schwankungen der relativen Luftfeuchte im Inneren abzumildern. Die Heizungsinfrastruktur

(Rohrleitungen), die nicht für den Lagerraum vorgesehen ist, darf nicht unter oder durch den Raum verlaufen. Alle Rohrleitungen in einem bestehenden Raum, die als Teil der Umbauten nicht entfernt werden können, müssen wärmegedämmt werden, um einen Wärmeeintrag zu minimieren und übermäßig trockene Bedingungen im Winter zu verhindern.

Ein neues Lagergebäude oder ein neuer Lagerraum muss so gebaut sein, dass die Luftdichtigkeit maximiert wird. Die Luftinfiltration muss weniger als 0,5 m^3 je Quadratmeter je Stunde bei 50 Pa betragen. Ein Lagerraum in einem bestehenden (nicht historischen) Gebäude sollte denselben Standard erfüllen und muss, falls nötig, verbessert werden, um ihn zu erfüllen.

Prüfungen, die für die Bewertung der Luftinfiltrationsrate eines geplanten Lagerraums vorgesehen sind, dürfen nicht das Abdichten von wahrscheinlichen Lufteintrittsstellen, wie z. B. Türen oder Leitungen, beinhalten, da diese, sofern sie nicht ausgetauscht oder entfernt werden, weiterhin die Infiltrationsrate beeinflussen werden, sobald die Sammlung vor Ort ist.

ANMERKUNG 1 In passiv geregelten Lagerumgebungen wird der jährliche Verlauf der Innentemperatur dem Verlauf der Außentemperatur ähneln, jedoch auf unterschiedlichem Niveau. In der Praxis ist es möglich, die Schwankung der Temperatur über das Jahr in einem oberirdischen Bauwerk in einem Bereich von 10 °C zu halten, während diese Schwankung in unterirdischen Bauwerken stark verringert (d. h. verbessert) ist. Da es schwieriger ist, die Luftinfiltration in oberirdischen Bauwerken zu verhindern, kann auch in Sommermonaten eine Entfeuchtung notwendig sein. Das Erreichen einer niedrigen Luftinfiltrationsrate verringert den Energieeinsatz, da hierdurch die Entfeuchtungslast gesenkt wird.

Das Ausmaß der hygroskopischen Eigenschaften im Inneren muss in Kenntnis der hygroskopischen Beschaffenheit der darin aufbewahrten Sammlungen und des Verhältnisses zwischen dem Raum und den Sammlungen bestimmt werden. Die Bauweise und die Bausubstanz, die für die Sicherstellung niedriger Luftinfiltration und hoher thermischer Stabilität gewählt wurden, dürfen keine Kondensation im Gebäudeinneren oder auf Oberflächen verursachen. Passive mikroklimatische Verpackungen sollten für Sammlungsmaterialien verwendet werden, die empfindlich gegenüber relativer Luftfeuchte sind, um die Änderungsrate des enthaltenen Objekts weiter zu verringern.

ANMERKUNG 2 Hygroskopische organische Materialien reagieren auf Änderungen der relativen Luftfeuchte, was wiederum Änderungen der Abmaße und mechanischen Eigenschaften verursacht. Die Reaktionszeit von Sammlungsstücken auf eine Änderung der relativen Luftfeuchte ist werkstoffabhängig und schwankt je nach Dicke und Durchlässigkeit. Verpackung, gepufferte Rahmen und Schaukästen verlangsamen die Reaktionszeit eines Sammlungsstücks in Abhängigkeit der Luftdichtigkeit und des Puffervermögens der Verpackung.

Eine Richtlinie, die einen regelmäßigen freien Besucherzugang zu Lagern fördert, ist mit der erfolgreichen Aufrechterhaltung einiger passiver Lagerungsklimata unvereinbar.

ANMERKUNG 3 Zum Beispiel wird ein Gebäude, das errichtet wurde, um niedrige Wintertemperaturen für die Aufrechterhaltung kühler Lagerbedingungen auszunutzen, nicht die zusätzliche Erwärmung, Feuchtigkeit und Luftinfiltration ausgleichen können, die durch regelmäßige Besucherströme entstehen.

Wenn zwei Lager miteinander verbunden sind oder ein Lager direkt an einen weiteren Raum oder Gang anschließt, in dem nicht dieselben Umgebungsbedingungen herrschen, müssen Luftschleusen verwendet werden. Die Gestaltung der Luftschleuse muss die Bewegung von Personal und Sammlungen zulassen.

5.3.4.3 Ausstellungs- und Leseräume

Luftinfiltrationsraten und Temperatur in einer Ausstellungsgallerie oder einem Leseraum werden zwangsläufig höher sein, als in einem Lagerraum, insbesondere wenn diese für den Benutzer komfortabel sein sollen. Wenn die Nutzung von Sammlungen in einem Gebäude geplant ist, muss die Beziehung von Gebäudeausrichtung, Wettergeschehen, Sonnenlicht und der vorgesehenen Sammlung berücksichtigt werden. In Ausstellungsräumen, die keine hygroskopische Beständigkeit bieten, müssen gepufferte Kästen und Rahmen verwendet werden, um Sammlungen zu schützen, die empfindlich gegenüber relativer Luftfeuchte sind.

Beleuchtungsanlagen müssen mit 5.8.3 übereinstimmen und dürfen nur geringfügig Wärme erzeugen.

Die gesamte Heizungsinfrastruktur (Rohrleitungen), die durch oder unter einem Raum verläuft, jedoch nicht dafür vorgesehen ist, den Raum zu erwärmen, muss wärmegedämmt sein, um einen Wärmeeintrag zu minimieren und übermäßig trockene Bedingungen im Winter zu verhindern.

Fenster müssen mit einen Filter ausgestattet sein, um UV-A-Strahlen abzuhalten sowie mit Jalousien oder anderen Vorrichtungen bestückt sein, um direktes Sonnenlicht und Wärmezunahme durch die Sonne zu verringern oder zu verhindern. Heizungen vor Ort müssen mit Handsteuerungen ausgestattet sein. Der jahreszeitliche Verlauf des Sonnenlichtes in Ausstellungsräumen sollte modelliert oder aufgezeichnet werden und die Nutzung von Sammlungen entsprechend angepasst werden, um das Risiko von Schäden durch Licht zu vermeiden.

ANMERKUNG Es wird auf EN 15999-1 verwiesen.

5.4 Luftbeschaffenheit

5.4.1 Allgemeines

Bestehende Gebäude und Stätten, die für Sammlungen vorgesehen sind, müssen auf Risiken durch Schadstoffe untersucht werden. Neue Gebäude müssen so gebaut sein, dass sie Materialien verwenden, die keine Schadstoffe abgeben, die Sammlungen schädigen können. Sammlungen sollten untersucht werden, um ihre unterschiedlichen Empfindlichkeiten gegen Schadstoffe zu identifizieren, sowie ob sie selbst Schadstoffe im Innenraum erzeugen.

5.4.2 Externe Schadstoffe

Bei der Planung eines neuen Gebäudes müssen veröffentlichte Daten zu örtlichen Konzentrationen gasförmiger Schadstoffe im Außenbereich überprüft werden, um zu bestimmen, welche Schadstoffe, sofern vorhanden, auch im Innenbereich überwacht werden müssen. Sammlungsstücke müssen beurteilt werden, um Materialien zu identifizieren, die dafür bekannt sind, dass sie mit im Außenbereich erzeugten gasförmigen Schadstoffen reagieren. Falls im Außenbereich eine hohe Konzentration gasförmiger Schadstoffe besteht und empfindliche Sammlungsstücke ausgestellt werden, müssen die Innenräumen hinsichtlich der Schadstoffe überwacht werden, um Orientierung für Maßnahmen zur Minderung sämtlicher festgestellten Risiken zu geben. Falls Risiken für eine Wechselwirkung zwischen Schadstoff und Werkstoff erkannt wurden, dürfen die Sammlungsstücke erst aufgestellt werden, wenn die Schadstoffniveaus verringert und/oder die Risiken beseitigt wurden.

ANMERKUNG Die bedenklichsten Außenschadstoffe umfassen u. a. Ozon, Stickstoffoxide, Schwefeldioxide und Staub. Für weiterführende Informationen zu Wechselwirkungen mit Außenschadstoffen und Empfindlichkeiten von Sammlungen siehe Literaturhinweise für weiterführende Literatur.

Lufteinlässe (z. B. für Lüftung) dürfen nicht in der Nähe von Schadstoffquellen, Quellen übermäßiger Feuchtigkeit oder Wärmequellen liegen. Wenn die Werte externer Luftschadstoffe, die durch Lüftungsanlagen eindringen, hoch genug sind, um die Sammlungen einem Risiko auszusetzen, sollten Lufteinlässe mit chemischen Filtern ausgestattet werden. Staub, der durch die Lufteinlässe in das Gebäude eindringt, muss durch einen Grobstaubfilter nach EN ISO 16890-1 und einen Feinstaubfilter nach EN ISO 16890-1 aufgefangen werden.

5.4.3 Interne Schadstoffe

5.4.3.1 Baumaterialien

Sammlungsstücke, die in passiven Lagerräumen oder Mobiliaren aufbewahrt werden, müssen beurteilt werden, um die Werkstoffe zu identifizieren, die empfindlich gegenüber gasförmigen Schadstoffen sind, die in oder durch Baustoffe/n, Oberflächen, Lagerbehälter/n oder Vitrinen erzeugt werden.

ANMERKUNG 1 Schadstoffe, wie z. B. Essigsäure (Ethansäure), Ameisensäure (Methansäure), Formaldehyd (Methanal), reduzierte schwefelhaltige Gase und flüchtige organische Verbindungen, weisen im Allgemeinen, verglichen mit der Außenumgebung, in Behältern höhere Konzentrationen auf. Wechselwirkungen zwischen Schadstoffen und Kulturerbematerialien werden durch hohe relative Luftfeuchte- und Temperaturniveaus gefördert.

Die bei der Konstruktion der Lagerbehälter und Schaukästen verwendeten Materialien müssen untersucht werden, um sicherzugehen, dass sie keine gasförmigen Schadstoffe in einem Ausmaß abgeben, das voraussehbar zu unzulässigen irreversiblen Änderungen am Inhalt der Behälter führen würde. Alle Verbesserungen sollten die Festlegungen in EN 15999-1 berücksichtigen.

Bei der Herstellung von Bauteilkomponenten in Bereichen, in denen Sammlungen untergebracht werden sollen, müssen Farben, Lacke und Beschichtungen, die keine flüchtigen organischen Verbindungen abgeben, verwendet werden. Alle Geräte (einschließlich Filter), die Ozon erzeugen, dürfen nicht in der Nähe von Sammlungen eingebaut oder betrieben werden, da Ozon Materialien des Kulturerbes beschädigen kann.

ANMERKUNG 2 Emissionen aus Oberflächen und Beschichtungen können über Jahre nach der Aufbringung andauern, insbesondere in gut abgedichteten Räumen mit niedrigem Luftaustausch. Gummi, Gelatine, Casein und Silikat enthaltende Farben können für Ziegelmauerwerk, Mauerwerk und Beton als sichere Alternativen verwendet werden.

Farben, Lacke und Dichtstoffe können während der Trocknung bzw. Aushärtung nach der Aufbringung hohe Konzentrationen von Schadstoffen abgeben. Sammlungsstücke dürfen nicht in die Nähe von neu aufgebrachten Beschichtungen gebracht werden, bis die Emissionen unter die Schwellenwerte gesunken sind.

ANMERKUNG 3 Beispiele von Innenschadstoffen und ihren Quellen können Anhang D entnommen werden.

ANMERKUNG 4 Die Schadstoffemission des Gebäudes und der Werkstoffe der Lagerbehälter können durch die Aufbringung von Barrierematerialien und/oder schützenden Beschichtungen oder Lacken verringert werden.

5.4.3.2 Emissive Sammlungen

Einige Sammlungsmaterialien geben flüchtige Verbindungen ab, deren Beschaffenheit und Volumen diese und andere Sammlungen einem Risiko aussetzen. Eine Beurteilung muss durchgeführt werden, um das Risikoniveau aller emissiven Sammlungen festzulegen, und wo dieses als ausreichend hoch erachtet wird, muss eine Lüftung in Lager- und Ausstellungsräume eingebaut werden. Bei mechanischen Lüftungsanlagen muss Kohlenstofffiltration für die Umluft eingesetzt werden, um diese Schadstoffe zu absorbieren. Fest zugeordnete Lagerräume müssen für hoch emissive Sammlungen gebaut oder genutzt werden, um sicherzustellen, dass Personen und andere Sammlungen nicht geschädigt werden. Die Auswahl der Lüftungsanlage, ob natürlich oder mechanisch, muss einschließlich der Faktoren Sicherheit und Energieverbrauch festgelegt werden.

ANMERKUNG Emissive Sammlungen, die wahrscheinlich die Einhaltung von 5.4.3.2 erfordern, umfassen: in Spiritus eingelegte naturgeschichtliche Proben, radioaktive Proben, umfangreiche Sammlungen von Celluloseacetat- und Nitrofilm.

5.4.4 Lüftung

Das Gebäude muss mit einer regelbaren Lüftung ausgestattet sein, um Luft auszutauschen, die verunreinigt ist, oder nach einer Änderung der atmosphärischen Bedingungen, die im Innenraum zu einer hohen relativen Luftfeuchte oder zu hohen Temperaturen führt. Um eine Belüftung zu ermöglichen, falls kein elektrischer Strom zur Verfügung steht, müssen Lüftungsverfahren festgelegt werden, die keine elektromechanischen Geräte verwenden, z. B. natürliche Lüftungssysteme, und sie müssen abgesperrt sein, wenn sie nicht im Betrieb sind.

ANMERKUNG 1 Natürliche Lüftung, entweder durch Windkraft oder Auftriebseffekt (Schornsteineffekt), nutzt natürlich auftretende Druckunterschiede für die Verringerung der Kosten und der Umweltauswirkung der aufgewendeten Energie.

Eine Lüftung, die Außenluft verwendet, muss über eine Filterung verfügen, um die Niveaus externer Schadstoffkonzentrationen entsprechend 5.4.2 zu verringern. Frischlufteinlässe für die Lüftung dürfen nicht in der Nähe von Schadstoffquellen, Quellen übermäßiger Feuchtigkeit oder Wärmequellen liegen. Für Filter verwendete Materialien dürfen Materialien des Kulturerbes nicht schädigen. Die Filterleistung sollte regelmäßig überwacht werden und die Filter sollten in Übereinstimmung mit den Herstellervorgaben instandgehalten werden. Es dürfen keine Filtereinrichtungen verwendet werden, die Ozon erzeugen, weil dadurch Materialien des Kulturerbes geschädigt werden könnten.

Die Lüftung muss für eine gleichmäßige Verteilung sorgen, sodass alle Bereiche des Raums erreicht werden. Luftverteiler für die gleichmäßige Verteilung der Luft müssen in einem Lagerraum so angeordnet sein, dass sie die Luftzirkulation um die beladenen Regale zulassen.

ANMERKUNG 2 Lüftungssysteme können dafür verwendet werden, Luft über Räume zu verteilen und auszugleichen, in denen die Bedingungen örtlich begrenzt zeitweise außerhalb der geforderten Bereiche liegen, jedoch werden sie nicht als eine dauerhafte Strategie zur Umgebungskontrolle angewendet.

Die Seiten und Rückseiten von sowohl ortsfesten als auch verfahrbaren Regalen müssen die freie Luftzirkulation zulassen. Zwischen Fußboden und dem untersten Regalboden sowie zwischen der Decke und der Mittellinie der Oberkanten der auf dem obersten Regalboden gelagerten Objekte muss ein ausreichender Abstand bestehen. Ebenso muss ein ausreichender Abstand zwischen der Oberseite des höchsten Objekts in jedem Regalfach und der Unterseite des darüber liegenden Regalbodens bestehen.

Wenn eine Anlage für Luftverteilung oder -regelung mit Leitungen eingebaut soll, muss dem erforderlichen Raum für die mit der Anlage verbundenen Leitungen Rechnung getragen werden. Die Anlage muss außerhalb der Lagerräume angeordnet sein. Eine Alarmanlage muss eingebaut werden, um das Personal auf sämtliche Fehlfunktionen der Anlage aufmerksam zu machen.

ANMERKUNG 3 Siehe auch 5.12.

5.5 Maschinelle Umgebungskontrolle

5.5.1 Allgemeines

Umgebungskontrolle muss durch die Gebäudeplanung oder Gebäudeverbesserungen erreicht werden, die den Festlegungen nach 5.3. entsprechen sowie durch die Verwendung von Verpackung und gepufferten Schaukästen und Rahmen usw. Bei Sammlungen, die bestimmte Umgebungen erfordern, die nicht allein durch die Gebäudestruktur (z. B. Kaltlagerung) erreicht werden können, können maschinelle Regeleinrichtungen, wie z. B. Klimaanlagen, eingebaut werden.

Quellen für die Infiltration feuchter, überschüssiger Luft oder Schwachstellen in der Wärmedämmung in einem bestehenden Bauwerk müssen zuerst festgestellt und behoben werden, bevor der Einsatz maschineller Mittel für die Umgebungskontrolle erwogen wird.

Einsteckbare ortsbewegliche Entfeuchtungsgeräte, Luftbefeuchter, Heizungen oder andere elektrische Geräte erhöhen das Brand- oder Überschwemmungsrisiko. Derartige Geräte sollten ausschließlich zeitweise verwendet werden, wenn keine anderen Mittel gefunden werden können, um für einen bestehenden Raum geeignete relative Luftfeuchte- oder Temperaturbereiche zu erzeugen, sowie in Verbindung mit einer geeigneten Einrichtung für die Sicherheitsabschaltung im Störfall; und sie sollten möglichst abgeschaltet sein, wenn das Gebäude geschlossen ist. Die Aufstellung ortsbeweglicher einsteckbarer elektrischer Anlagen für die Umgebungskontrolle darf nicht bei der Planung eines neuen Lagers eingeplant werden.

5.5.2 Klimaanlagen für Lager

Die Entscheidung, Klimaanlagen für die Regelung der Bedingungen in einem Lager einzuplanen, muss auf der Grundlage der Entscheidung getroffen werden, dass die festgelegte Umgebung für Sammlungen nicht ohne diese erreicht und aufrechterhalten werden kann.

Die Luftzirkulationsrate, die durch eine Klimaanlage erbracht werden soll, muss anhand der Kühllast bestimmt werden, die für die Aufrechterhaltung der erforderlichen Temperatur und relativen Luftfeuchte im Lager erforderlich ist. Um zu verhindern, dass ungeregelte Luft angesaugt und dadurch die beabsichtigte Regelung der relativen Luftfeuchte und der Temperatur unterlaufen wird, muss ein Überdruck aufrechterhalten werden, indem ausreichende frische Zuluft dem Luftstrom vor der Klimaanlage zugeführt wird, sowie indem die Rückluftventilatoren langsamer betrieben werden als die Zuluftventilatoren. Die seltene Anwesenheit von Menschen in Lagern erfordert keine für Büroräume typische Frischluftzufuhr. Die Frischluftzufuhr in Lagern darf deshalb nicht größer sein als für die Aufrechterhaltung eines Überdrucks nötig; üblicherweise weniger als 5 %.

Wenn eine Klimaanlage dafür ausgelegt ist einen Luftkühler zu verwenden, um Feuchtigkeit zu entfernen, muss das Kontrollsystem immer den Luftfeuchteniveaus den Vorrang vor den Temperaturniveaus geben, um zu verhindern, dass die Entfeuchtungskühlung bei Erreichen der erforderlichen Raumlufttemperatur abgeschaltet wird. Die vom Kühler kommende Luft muss wiedererwärmt werden, wenn sie durch die Entfeuchtungskühlung unter das festgelegte Raumtemperaturniveau gesenkt wird, gefolgt von einer geregelten Wiederbefeuchtung, falls durch die sich daraus ergebenden Bedingungen erforderlich.

Für die Regelung der Raumumgebung müssen mit der Steuerung der Klimaanalage verbundene Sensoren für Rücklufttemperatur, relative Luftfeuchte und interne Schadstoffe eingebaut sein. Die Lüftungsleitungen für Rück- und Zuluft, die durch Räume außerhalb des Lagers verlaufen, müssen wärmegedämmt sein, um Temperaturänderungen zu verringern, die die Sensoren für die Regelung der Klimaanlage beeinträchtigen, insbesondere, wenn sich die Sensoren in den Rückluftleitungen befinden.

Wenn Sensoren bestimmen, dass die Temperatur-, relative Luftfeuchte- oder Schadstoffniveaus innerhalb der geforderten Bedingungen liegen, müssen die Ventilatoren und Regeleinrichtungen der Lüftung oder Klimaanlage dafür ausgelegt sein, dass sie automatisch abschalten und in abgeschaltetem Zustand bleiben, bis die Bedingungen von den Vorgaben abzuweichen beginnen. Im Fall von Sammlungen, die nicht ohne Weiteres verpackt werden können und die anfällig gegen Schwankungen, z. B. von 10 %, sind, darf die Automationsstrategie der Klimaanlage nicht zu einer schnell und stark schwankenden relativen Luftfeuchte führen.

Während des Einbaus muss ein Lagerbestand von wichtigen Ersatzteilen (wie z. B. Ventilatorriemen, Filterbeutel, Heizelementen und Luftbefeuchterflaschen, elektronische Sicherung und Schaltmodule usw.) festgelegt und erworben werden, um jederzeit als Bestand vor Ort aufbewahrt zu werden, sodass Ausfälle dieser Teile nicht zu Ausfallzeiten während der Ersatzteilbeschaffung führen. Materialien des Kulturerbes können bei zu hohen oder niedrigen Temperaturen oder relativen Luftfeuchten dem Risiko einer Beschädigung ausgesetzt sein. Schimmel kann sich schnell ausbreiten, wenn die relative Luftfeuchte für die Dauer einer Woche oder länger über 65 % liegt; deshalb sollten Ausfallzeiten aufgrund von Anlagenstörung vermieden werden.

Bei der Planung von Installationen von Klimaanlagen muss berücksichtigt werden, dass sie sauber und in einem guten, betriebsfähigen Zustand zu halten sind.

5.6 Vorbeugung gegen Schädlings- und Schimmelbefall

Vegetation darf nicht in die Konstruktion eines neuen Gebäudes eingebracht werden oder in Kontakt mit seinen Außenwänden stehen. Das Äußere bestehender Gebäude muss möglichst frei von Pflanzenwuchs gehalten werden. Risse und Löcher in bestehenden Gebäuden müssen abgedichtet werden, um Schädlinge am Eindringen in das Gebäude zu hindern. Die Stellen, an denen neue Verkabelungen oder Kabelkanäle in das Gebäude führen oder dieses verlassen, müssen gegen Schädlinge abgedichtet sein sowie gegen Luftinfiltration und Staub. Lüftungsöffnungen für Zu- und Abluft von Lüftungen oder Klimaanlagen müssen mit Filtern oder Sieben ausgestattet sein, um das Eindringen von Schädlingen in das Gebäude zu verhindern. Türen müssen eingebaut sein und gut abgedichtete Rahmen besitzen.

Das Niveau der Schädlingsaktivität in und um ein Gebäude muss in Übereinstimmung mit EN 16790 überwacht und bewertet werden und, sofern notwendig, ein Programm zur Schädlingsbekämpfung begonnen werden. Die Bereiche müssen sauber gehalten werden und ungenutzte Räume müssen für die Reinigung zugänglich sein. Materialien und Tätigkeiten, die Schädlingen eine Nahrungsquelle bieten könnten, z. B. Speisen und Getränke, Topfpflanzen und Wollteppiche, dürfen niemals in einen Lagerraum eingebracht werden.

ANMERKUNG 1 Siehe EN 16790.

Kulturerbeobjekte dürfen nicht in das Gebäude gebracht werden, bevor sie auf Schädlings- oder Schimmelpilzbefall überprüft und, sofern notwendig, behandelt wurden. Für diese Zwecke muss ein gesonderter Bereich bereitgestellt werden und Vorkehrungen müssen getroffen werden, um Kontaminationen auf diesen zu beschränken.

Feuchte Objekte dürfen niemals in ein ansonsten trockenes Lager eingebracht werden, weil örtlich begrenzte feuchte Bedingungen das Schimmelpilzwachstum fördern. Räume mit kalten oder feuchten Wänden oder ungeregelten Lüftungsöffnungen dürfen für die Lagerung von Sammlungen nicht verwendet werden. Bestehende Gebäude oder Räume, die dafür vorgesehen sind, für die Verwendung als Räume für Sammlungen umgebaut zu werden, müssen vor Einrichtung der Sammlungen untersucht und sämtliche baulichen Schwachstellen behoben werden. Bereiche, in denen Feuchtigkeit durchtritt oder die mit schlechter Wärmedämmung ausgestattet sind, müssen festgestellt und Verbesserungen vorgenommen werden, um das Risiko von Schäden durch Schimmel oder Feuchtigkeit zu verhindern. Wenn physikalische oder mechanische Mängel, die den Durchtritt von Feuchtigkeit oder Kondensation in einem historischen Bauwerk verursachen, nicht behoben werden können, müssen die Sammlungen vom betroffenen Bereich ferngehalten werden. Lagerausrüstung wie Regale oder Schubfächer müssen so aufgestellt werden, dass sie einen Abstand zwischen Kulturerbematerialien und der Oberfläche von Wänden lassen.

ANMERKUNG 2 Eine kältere Stelle in einem Lagerraum könnte zu einem Anstieg der relativen Luftfeuchte führen, die über der der Umgebungsbedingungen im restlichen Raum liegt. Das kann zu Kondensation und zu einem höheren Feuchtegehalt in der Sammlung führen, wodurch das Wachstum von Schimmel gefördert wird.

ANMERKUNG 3 Falls Schimmelpilze keimen, sollte der Rat eines Experten zu den Gesundheitsrisiken und zur Verbreitung von Schimmelpilzsporen eingeholt werden.

5.7 Schutz gegen Wasser

5.7.1 Entwurf und Materialien

Räume, in denen Feuchtigkeit durch Wände, Fußböden, die Decke oder Öffnungen eindringt, dürfen nicht für Sammlungen verwendet werden. Gebäude oder Räume, die für die Unterbringung von Sammlungen vorgesehen sind, müssen so geplant und ihre Baumaterialien müssen so ausgewählt sein, dass das Risiko einer Beschädigung der Objekte des Kulturerbes durch Wasser auf ein Minimum reduziert wird.

Wenn eine Beurteilung ein hohes Risiko für einen Fremdwasseintritt anzeigt, etwa bei einer unterirdischen Unterbringung, müssen Schutzvorkehrungen vorgesehen werden, z. B. wasserdichte Beschichtungen oder die Konstruktion eines Damms. Einrichtungen zum Entfernen eingetretenen Wassers, z. B. Pumpensümpfe, müssen eingebaut und häufig überprüft werden. Eine Leckerkennung mit einem Alarm muss eingebaut werden.

ANMERKUNG Siehe 5.5.1.

5.7.2 Anlagen für den Regenwasserabfluss

Anlagen für den Regenwasserabfluss müssen entsprechend der Berechnungsregenspende nach EN 12056-3 bemessen werden. Die Bemessung muss eine Festlegung für ausreichende Überlaufwehre enthalten, um Wassereintritt in ein Gebäude zu verhindern, wenn ein Abfluss verstopft ist. Anlagen zum Regenwasserabfluss müssen sich außerhalb des Gebäudes befinden und Anlagen für die Bodenentwässerung müssen von den Wänden weg ableiten. Regenrinnen und Rohrleitungssysteme müssen so gestaltet sein, dass sie einen regelmäßigen und einfachen Zugang für die Reinigung ermöglichen.

5.7.3 Entwässerung und Rohrleitungen

Lagerräume, Ausstellungs- oder Sammlungsräume dürfen nicht so konstruiert sein, dass Wasserversorgung oder Entwässerung durch sie verlaufen. Es müssen jedoch Vorkehrungen für ein schnelles Entfernen oder Abfließen sämtlichen Wassers getroffen werden, das sich in einem Gebäude während z. B. der Brandbekämpfung oder des Sprinklerbetriebs ansammeln könnte. Es darf keine Hindernisse für die Ableitung von Überflutungswasser über die Entwässerung geben. Die niedrigste Höhe eine Lagerabschnitts (Regal oder Schubfach) muss mindestens 150 mm über dem Fußboden liegen.

Entwässerung in Bereichen, die keine Sammlungsräume sind (oder in bestehenden Räumen, die für die Lagerung oder Nutzung von Sammlungen verwendet werden), müssen mit Rückschlagventilen ausgestattet sein, um Rückstau von Wasser in das Gebäude zu verhindern, und sie müssen so gestaltet und angeordnet sein, dass sie das Risiko einer Überflutung oder eine Eintrittsmöglichkeit für verunreinigte Luft oder Schädlinge verhindern. Die Notwendigkeit für Notpumpsysteme, entweder als Alternative oder Ergänzung zu Abwasserleitungen, muss beurteilt werden. Zugangspunkte zur Entwässerung, Rohrleitungen und andere Wasserquellen müssen regelmäßig überwacht und mit Überflutungssensoren und einem entsprechenden Alarm ausgestattet sein, der außerhalb des Gebäudes gehört werden kann.

5.8 Fenster und Beleuchtung

5.8.1 Allgemeines

Belichtung kann Objekte beschädigen. Das Beleuchtungsniveau, das eine Oberfläche erreicht (Beleuchtungsstärke), die Belichtung (Dauer) und die spektrale Verteilung der Beleuchtungsquelle müssen geregelt werden, insbesondere in Ausstellungsbereichen und Leseräumen.

5.8.2 Verglasung und Beleuchtungsniveaus

Neue Lagerräume dürfen keine Fenster und Lichtkuppeln enthalten (siehe 7.7). In anderen neuen Räumen, die zur Unterbringung von Objekten des Kulturerbes vorgesehen sind, müssen Fenster mindestens doppelt verglast sein, mit einem UV-A-Filter, der im Glas enthalten ist oder als Abschirmung bereitgestellt wird. Ferner müssen möglichst Rollläden, Fensterlamellen oder Jalousien verwendet werden, um die Beleuchtungsniveaus zu regeln, sowie im Interesse der Sicherheit

ANMERKUNG 1 Siehe auch Abschnitt 7.

In bestehenden Lagerräumen müssen Fenster verdeckt werden. In anderen Bereichen müssen Fenster mit einem UV-A-Filter ausgestattet oder verhängt sein, z. B. mit Jalousien. Die UV-A-Filter sollten mindestens einmal im Jahr geprüft und dann ersetzt werden, wenn im Innenraum UV-A-Einstrahlung festgestellt wird.

ANMERKUNG 2 Es kann unzulässig oder nicht möglich sein, UV-A-Filter an historischen Verglasungen anzubringen. Unter diesen Umständen sind Alternativen, wie die Nutzung von Jalousien, zu berücksichtigen.

5.8.3 Künstliche Beleuchtung

Die Beleuchtung für die Ausstellung und Ausstellungsbereiche muss den Festlegungen nach CEN/TS 16163 entsprechen. Hinweise zu Lichtempfindlichkeiten von Sammlungsmaterial sind in Anhang E angegeben.

Die folgenden Festlegungen müssen bei der Bemessung von Beleuchtungsanlagen von Lagerräumen beachtet werden:

a) die Beleuchtung muss so installiert werden, dass sie entweder manuell oder automatisch abgeschaltet werden kann, wenn sie nicht benötigt wird. Insbesondere große Lagerräume müssen in gesonderte Beleuchtungszonen unterteilt werden;

b) die Beleuchtung muss entlang der Längsseite jedes Gangs und Fahrwegs und im rechten Winkel zu verfahrbaren Regalreihen angebracht werden, sofern diese nicht in das verfahrbare Regalsystem integriert ist. Die Beleuchtung darf nicht den Zugang zu den Regalen versperren;

ANMERKUNG Die Beleuchtung kann an Lagereinrichtungen angebracht sein. Bei verfahrbaren Regalen oder Trennwänden kann die Beleuchtung so eingerichtet werden, dass sie sich beim Öffnen und Schließen einzelner Gänge an- und ausschaltet.

c) sämtliche mögliche Hot Spots (siehe auch 6.3.7.3) müssen in sämtlichen Beleuchtungsplänen identifiziert und möglichst verhindert werden;

d) die Wärmestrahlung der Lampen und die Auswirkung auf die thermische Umgebung müssen bewertet werden und die Wärmeabstrahlung muss beim Erstellen der Beleuchtungsplanung und der Gerätespezifikation möglichst gering gehalten werden.

5.8.4 Lampen

Lampen sollten keine UV-A-Strahlung (d. h. mit einer Wellenlänge unter 400 nm) emittieren. Lampen oder Glühbirnen, die in bestehenden Räumen vorgefunden werden, müssen geprüft und, wenn festgestellt wird, dass sie UV-A-Strahlung emittieren, ersetzt werden. Leuchtstofflampen emittieren UV-A-Strahlung und dürfen in Neubauten nicht eingebaut werden. Die Energieeffizienz der Lampen muss festgestellt und Energiesparlampen müssen bestimmt und eingebaut werden.

Die Beleuchtungsniveaus in Lagerräumen sind durch nationale Gesundheits- und Arbeitsschutzvorschriften bestimmt; sie sollten jedoch so gestaltet sein, dass die Beleuchtung ausgeschaltet wird, wenn sie nicht gebraucht wird.

Die Beleuchtung für die Ausstellung und Ausstellungsbereiche muss mit CEN/TS 16163 übereinstimmen.

ANMERKUNG Siehe auch 6.3.7.

5.9 Notstromversorgung

Batterien oder andere Einrichtungen zur sekundären Energieerzeugung müssen für die Unterstützung der Notbeleuchtung und sämtlicher Umgebungskontrollsysteme für den Fall eines Ausfalls der Netzversorgung vorgesehen werden. Ein Notbeleuchtungssystem nach EN 1838 muss bereitgestellt werden.

5.10 Decken

In Lagern dürfen keine Zwischendecken verwendet werden, weil sie Hohlräume erzeugen, die Gefährdungen, wie z. B. Schädlinge, in sich bergen können. Wenn die Verwendung von Zwischendecken in Bereichen, die nicht der Lagerung dienen, nicht vermieden werden kann, müssen sie aus Materialien konstruiert werden, die nur begrenzt brennbar sind.

Die lichte Mindesthöhe eines Lagerraums muss die Höhe der Regallagerung und den darüberliegenden Bereich für die Versorgungseinrichtungen berücksichtigen, in Übereinstimmung mit 5.12.

5.11 Fußböden und Lastverteilung

5.11.1 Allgemeines

Fußböden in Lagerräumen und zwischen Lagern und Lesesälen oder Ausstellungsgalerien müssen eben sein und dürfen nicht durch Stufen, Türschwellen, Heizgitter oder Matten unterbrochen werden, um den sicheren Durchgang von Sammlungen und ortsbeweglicher Ausrüstung zu ermöglichen. Wenn eine Änderung der Fußbodenhöhe nicht vermeidbar ist, muss eine Bewertung vorgenommen werden, welches das sicherste

Mittel ist, um diese Änderung mit den zu transportierenden Objekten zu überwinden (Rampe oder Stufe). Fußbodenoberflächen müssen aus elastischen Materialien bestehen, die eine statische Aufladung verringern.

ANMERKUNG 1 Es wird auf EN 13813 und EN 1081 hingewiesen.

ANMERKUNG 2 Belastungssituationen durch Sammlungen des Kulturerbes bestehen üblicherweise über viele Jahre und daher ist es wichtig, das Langzeitverhalten des Gebäudes zu berücksichtigen. Abgehängte Beton- und Holzfußböden unterliegen langfristig Durchbiegungen (Kriechen), die die anfängliche Durchbiegung des Fußbodens überschreiten könnte. Das bedeutet, dass ein anfangs akzeptabler Fußboden mit der Zeit inakzeptabel werden könnte. Das kann ein besonderes Problem sein, wenn verfahrbare Lagereinrichtungen verwendet werden.

5.11.2 Berechnung der Bodenbelastung

Bei der Berechnung der Bodenbelastung ist ein hohes Maß an Genauigkeit erforderlich, insbesondere in Lagerräumen und wenn verfahrbare Regale eingebaut werden sollen. Doppelböden sollten in Neubauten vermieden werden. Die Masse und die Verteilung der Objekte des Kulturerbes, die gelagert werden könnten, und der ortsfesten oder verfahrbaren Regale müssen berechnet werden. Wenn der Einsatz von verfahrbaren Regalen erwogen wird, sollte eine Bewertung hinsichtlich der Eignung des Fußbodens und der Gebäudestruktur durch einen Statiker, in Verbindung mit dem Hersteller der Lagereinrichtungen, vorgenommen werden.

ANMERKUNG Siehe Anhang F für weitere Informationen zu gleichmäßig verteilten Lasten auf der Grundlage einer Lagerhöhe von bis zu 2,3 m.

5.12 Einteilungen von Lagerräumen

Die Form, Maße und Gestaltung eines Lagerraums müssen durch das Erfordernis bestimmt werden, ein maximales Fassungsvermögen zu bieten sowie eine(n) leichte(n) Entnahme und Austausch von Kulturerbeobjekten zu unterstützen. Bei Neubauten wird empfohlen, dass die baulichen Lösungen, insbesondere das Stützenraster, die effizienteste Gestaltung der Lagereinrichtungen ermöglichen sollten. Nach Möglichkeit müssen die Bereiche frei von Hindernissen sein, besonders wenn z. B. dicht beladene verfahrbare Fachbodenregale und Schubladenschränke verwendet werden.

ANMERKUNG 1 Es wird davon abgeraten, Objekte oder Behälter so dicht auf Regalböden zu lagern, dass sie nicht leicht entnommen werden können; es ist ausreichend Freiraum zu lassen, um das leichte Auslagern sicherzustellen.

Türöffnungen, durch die beladene Transportwagen oder andere Handhabungseinrichtungen hindurchpassen sollen, müssen für die untergebrachten Sammlungen geeignet sein. Der Freiraum um die Türen und die Enden von Lagereinrichtungen müssen das Manövrieren der größten Objekte ermöglichen. Wenn ein Lagerraum Zwischengeschosse oder -galerien enthält, sollten einfach zugängliche Treppenfluchten ausschließlich Zugang zu den oberen Räumen ermöglichen. Fahrwege und Treppen müssen breit genug sein, um Entnahme und Austausch der größten gelagerten Kulturerbeobjekte ohne Schwierigkeiten zu ermöglichen. Geeignete manuelle oder mechanische Mittel zum Transportieren von Gegenständen in eine Zwischengalerie müssen entsprechend für die Sammlungen, die untergebracht werden, vorgesehen sein.

ANMERKUNG 2 Siehe EN 16141.

Die Deckenhöhe in Lagerräumen muss so ausgelegt sein, dass ausreichend Abstand zwischen den höchsten Regalböden und der Decke oder dem niedrigsten abgehängten Element (einschließlich Lampen oder Leitungen usw.) vorgesehen ist, um ein sicheres Unterbringen von Gegenständen auf die Regalböden zuzulassen (siehe auch 5.4.4).

ANMERKUNG 3 Hochregallager werden einen ausreichenden Deckenabstand für den sicheren Einsatz von mechanischen Hüben und ihren Benutzern benötigen.

6 Brandschutz und Brandverhütung

6.1 Allgemeines

Eine Brandschutzstrategie muss in jedem neuen oder renovierten Gebäude oder Raum, in dem Sammlungen des Kulturerbes aufbewahrt werden, erarbeitet werden, die zusätzlich zu den Standardbestimmungen für die menschliche Sicherheit spezifische Maßnahmen für den Schutz der Sammlungen mit einschließt. Brandschutzmaßnahmen müssen für den Schutz des Inhalts und der Konstruktion eines Gebäudes sowohl vor Bränden als auch vor Schäden durch Brandbekämpfungstätigkeiten sowie für den Schutz des Personals ausgelegt sein. Die Brandstrategie für Sammlungen muss mit dem Rat und der Unterstützung von Brandschutzexperten erarbeitet werden.

Die meisten Kulturerbeobjekte bestehen aus brennbaren Werkstoffen und sollten daher von sämtlichen Zündquellen, wie z. B. Rauchen oder Arbeiten unter hohen Temperaturen, ferngehalten werden. Die Wahrscheinlichkeit für das Ausbrechen eines Feuers muss mithilfe einer Kombination aus Planung und Management auf das geringstmögliche realisierbare Maß begrenzt werden.

Die Brandrisikobeurteilung und die Brandschutzpläne, die die Sammlungen des Kulturerbes als Teil eines größeren Notfallplans einbeziehen, müssen in Zusammenarbeit mit Feuerwehr und Rettungsdiensten vor Ort und den Feuerversicherern entworfen werden, um Feuerwehr und Rettungsdiensten für den Notfall Informationen bereitzustellen. Die Brandrisikobeurteilung und die Brandschutzpläne müssen die Warnung einschließen, dass der wahllose Einsatz von Löschmitteln durch die Feuerwehr, beispielsweise Wasser, schwere Schäden an Sammlungen des Kulturerbes verursachen kann.

6.2 Beurteilung des Brandrisikos

Es muss eine Brandrisikobeurteilung, die der Brandstrategie für das Gebäude und dessen Inhalte zugrunde liegt, durchgeführt werden, um sicherzustellen, dass geeignete Festlegungen zu den erforderlichen Brandverhütungs- und Brandschutzmaßnahmen vorliegen. Dies muss von einem qualifizierten und erfahrenen Brandschutzingenieur oder einer anderen Person durchgeführt werden, die über die notwendige Erfahrung und Fachkompetenz im Bereich des Schutzes von Kulturressourcen verfügt.

Die Beurteilung muss durchgeführt werden:

a) in der Planungsphase eines Neubaus;

b) in der Planungsphase eines Umbaus eines bestehenden Gebäudes;

c) bei der Planung jeglicher Änderungen eines Gebäudes für Sammlungen und seiner Inhalte;

d) wenn am Gebäude für Sammlungen Änderungen von außen auftreten, die das Brandrisiko erhöhen können.

Die Risikobeurteilung muss eine Rangfolge der Risiken festlegen, die z. B. zwischen Räumen mit höherem Risiko, wie z. B. öffentlich zugängliche Räume, Bereichen mit mittlerem Risiko, wie z. B. Personalräume, sowie den feuerbeständigsten Räumen, wie z. B. Lagerräumen, unterscheidet.

6.3 Baulicher Brandschutz

6.3.1 Allgemeines

Die folgenden Abschnitte beziehen sich auf die Maßnahmen zum Einbeziehen des Feuerwiderstandes in ein bestehendes oder neues Bauwerk.

Brandschutzmaßnahmen, einschließlich der Begrenzung von Weglängen bei Fluchtwegen, sind Gegenstand nationaler Gesetzgebung, die durch regionale Gesetzgebung ergänzt werden kann. Brandschutzmaßnahmen müssen mit Feuerwehr und Rettungsdiensten und den Versicherern erörtert werden. Zu bestimmten Problemen oder Risiken muss der Rat von Fachleuten wie Brandschutzingenieuren, Brandschutzberatern und Versicherern eingeholt werden.

Das Ziel ist nicht nur, die Wahrscheinlichkeit eines Brandausbruchs im Gebäudeinneren auf ein Mindestmaß zu begrenzen, sondern auch, Sammlungsräume so widerstandsfähig wie möglich gegenüber Feuer zu machen, für den Fall, dass ein Brand in Bereichen entsteht, die an den Sammlungsraum angrenzen, darüber oder (in einem mehrstöckigen Gebäude) darunter liegen. Aus diesem Grund wird empfohlen, in der Planungsphase (siehe 6.2) eine allgemeine Brandrisikobeurteilung durchzuführen.

6.3.2 Baulicher Feuerwiderstand

Die Bauteile des Gebäudes oder des Sammlungsraumes müssen dafür ausgelegt sein, die Brandausbreitung auf ein Mindestmaß zu beschränken. Die Bauweise muss gegen ein Feuer, das außerhalb eines Sammlungsraums ausbricht, ein Niveau des Feuerwiderstandes aufweisen, das den Erkenntnissen der Risikobeurteilung in angemessener Weise entspricht.

Der Feuerwiderstand, insbesondere für Sammlungslager, muss sowohl gegen die Wärmeübertragung durch Wände, Fußböden und Decken als auch das Versagen dieser Elemente gerichtet sein.

Bei neuen Gebäuden oder Räumen darf keine Wand, kein Fußboden bzw. keine Decke des Lagers eine Trennwand zwischen der für die Kulturerbesammlung zuständigen Institution, die für die Inhalte des Lagers verantwortlich ist, und einer anderen Organisation sein, die nicht von der für die Sammlung verantwortlichen Institution geleitet und gelenkt wird.

Brandrisikobeurteilungen müssen angrenzende bauliche Anlagen miterfassen (z. B. gemeinsam genutzte Gebäude oder Nachbargebäude mit einer gemeinsamen Brandwand), um die Konformität der Vorgaben eines Feuerwiderstands zu bewerten (siehe auch 5.1).

Wenn die Risikobeurteilung, einschließlich der Reaktionszeiten zur Brandbekämpfung, auf eine Wahrscheinlichkeit eines Brandes hinweist, der sich von außerhalb eines Lagerraumes ausbreitet, muss die Struktur so ausgelegt sein, dass sie einen Feuerwiderstand von 4 h bietet.

ANMERKUNG Es wird auf die in EN 13501-Reihe dargelegten Klassen für den Feuerwiderstand von Bauprodukten und Bauarten hingewiesen.

6.3.3 Blitzableitung

Der Bedarf für ein Blitzschutzsystem muss nach EN 62305-2 bestimmt werden. Fangleitungen dürfen nicht innerhalb eines Brandabschnitts, insbesondere eines Ausstellungsbereiches oder Lagers, verlaufen.

6.3.4 Brandabschnitte

Das Gebäude muss aus Gründen des Brandschutzes unter Zuhilfenahme des Rates maßgebender Fachleute in Abschnitte unterteilt werden. Innen-/Außenwände, Fußböden, Decken und Türen zwischen einzelnen Räumen und Abschnitten sowie zwischen Lagerräumen und anderen Bereichen des Gebäudes müssen so konstruiert sein, dass Feuer, Wasser und Rauch an der Ausbreitung in eine benachbarte Einheit gehindert werden. Insbesondere der Feuerwiderstand von Lagerabschnitten sollte 6.3.2 entsprechen.

ANMERKUNG Brandabschnitte können eine Auswirkung auf die Innenraumumgebung haben und das kann sich besonders stark in einem Lagerraum zeigen.

6.3.5 Türen und andere Öffnungen

Öffnungen, einschließlich Rohrleitungen in Brandwänden, müssen geschützt sein, um die Ausbreitung von Rauch zu verhindern, und sie müssen in gleichem Maße feuerbeständig sein, wie die sie umgebenden Wände. Türen müssen im Brandfall selbstschließend sein.

ANMERKUNG Siehe 7.5 und 6.4.2.

Falls ein Lager mit Überdruckentlüftungen ausgestattet ist, um den Einbau einer Brandbekämpfungsanlage mit gasförmigen Löschmitteln zu ermöglichen, müssen diese abgedichtet sein und dürfen nicht die Standards des Lagers hinsichtlich der Stabilität der Umgebungsbedingungen, der Sicherheit und der Luftinfiltration beeinträchtigen.

6.3.6 Vertikale Öffnungen

Treppen, Aufzugsschächte, Lüftungssteigleitungen und andere vertikale Öffnungen, die als Kanäle für Feuer, Rauch oder giftige Gase dienen könnten, müssen durch Wände, Trennwände oder Brandschutzklappen und Türen aus einem Material mit geeignetem Feuerwiderstand umschlossen werden.

6.3.7 Verminderung der Brandgefahr in einer elektrischen Anlage

6.3.7.1 Kabel

Die Kabelisolierung sollte in Übereinstimmung mit EN 60332-1-1 schwer entflammbar sowie raucharm und halogenfrei sein (LS0H, en: low smoke zero halogen), um die Freisetzung schädlicher Dämpfe im Brandfall auf ein Mindestmaß zu beschränken. Die Stellen, an denen Kabel in einen Lager- oder Ausstellungsraum eintreten oder aus diesem austreten oder Zwischenwände durchqueren, müssen mit Brandabschlüssen versehen sein, um den Feuerwiderstand der Wände aufrechtzuerhalten. Elektrische Schaltkreise dürfen nicht durch ein Lager führen, außer sie versorgen diesen.

6.3.7.2 Hauptschalter

Außerhalb von Lager- oder Ausstellungsräumen müssen ein oder mehrere Hauptschalter vorhanden sein, um außerhalb der Öffnungszeiten die Stromkreise zu unterbrechen, mit Ausnahme der Schalter, die der Brandmeldung und dem Brandschutz oder der Notbeleuchtung dienen. Der Hauptschalter muss gekennzeichnet und gegen Vandalismus und Manipulation geschützt sein, und er sollte mit einer Warnleuchte ausgestattet sein, die anzeigt, ob der Strom eingeschaltet ist.

6.3.7.3 Elektrische Einbauten

Elektrische Einbauten sollten eine Schutzarteinstufung von mindestens IP20 nach EN 60529 besitzen.

Wenn Leuchtstofflampen und -systeme eingebaut sind, müssen diese durch LEDs ersetzt werden, um das Brandrisiko durch Wärme von Vorschaltgeräten zu verringern. Die ausgewählten elektrischen Beleuchtungsanlagen dürfen keinen Wärmestau (Gefahrenherde) verursachen, der ein Brandrisiko darstellen könnte.

ANMERKUNG Siehe 5.8.

6.4 Verminderung von Brandgefahren in der Lüftungsanlage

6.4.1 Leitungen

Eine Lüftungsanlage oder ein anderes Leitungssystem für ein Lager sollte weder an Leitungen anschließen, die Räumlichkeiten außerhalb des Lagers versorgen, noch sollten Leitungen, die andere Räumlichkeiten versorgen, durch das Lager verlaufen.

6.4.2 Brandschutzklappen

Wenn ein Sammlungsraum mit einer leitungsgeführten Lüftung versehen ist, müssen die Leitungen mit Brand- und Rauchschutzklappen ausgestattet sein. Brand- und Rauchschutzklappen mit einer Feuerwiderstandsklasse, die der Klasse des Brandabschnitts entspricht, müssen eingebaut werden, z. B. dort, wo Leitungen durch die Wände oder Fußböden eines Brandabschnitts verlaufen. Ein automatischer Brandmelder der rauchempfindlichen Bauart muss an der Auslassseite des Ventilators eingebaut sein.

6.5 Brandmeldung und Brandbekämpfung

6.5.1 Allgemeines

Sofern möglich, müssen automatische Brandmelde-, Alarm- und automatische Brandbekämpfungsanlagen zu einem durchgängigen System zusammengefasst werden, das einen Brand meldet, ein Alarmsignal abgibt, eine festgelegte Zeitspanne zulässt, in der Personen die Echtheit des Alarms überprüfen und das Gebäude verlassen können und danach sämtliche automatischen Brandbekämpfungsanlagen auslöst. Automatisierte Brandbekämpfungsanlagen sollten unabhängig arbeiten (siehe 6.3.4).

6.5.2 Melde- und Alarmanlagen

Eine hochempfindliche Rauchmeldeanlage muss in den Sammlungsräumen eingebaut sein. Dies können entweder eine Ansaugrauchmeldeanlage oder hochempfindliche punktförmige Melder sein. Die Anlage muss mit einem geeigneten Maß an Überwachung (siehe 6.3.3) unterstützt werden. Wenn eine Ansaugrauchmeldeanlage für einen passiv klimatisierten Lagerraum ausgewählt wird, sollte die zur Probe entnommene Luft dem Raum wieder zugeführt werden, um zu vermeiden, dass ein negativer Überdruck im Raum entsteht.

ANMERKUNG 1 Wenn eine ortsfeste automatische Brandbekämpfungsanlage nicht eingebaut werden kann, können Ansaugrauchmeldeanlagen besonders in historischen Innenräumen nützlich sein, sofern die Probenahmestellen und der Rohrleitungsverlauf verdeckt positioniert werden können.

ANMERKUNG 2 Weiterführende Informationen bezüglich Ansaugrauchmeldern können EN 54-20 entnommen werden.

6.5.3 Überwachung

Die zentrale Regeleinrichtung der automatischen Brandmeldeanlage muss eine Möglichkeit bieten, alle Bestandteile der Anlage zu überwachen, den Status der Anlage visuell anzuzeigen und ein Signal an eine entfernt gelegene Überwachungsstelle zu übermitteln. Die Regeleinrichtungen müssen an einem geeigneten und zentral gelegenen Ort angeordnet sein, der entweder durchgehend mit Personal besetzt ist oder zumindest besetzt ist, wenn sich Personen im Gebäude aufhalten oder wenn es geöffnet ist. Wenn sich die Regeleinrichtung nicht am wahrscheinlichsten Zugangspunkt für Feuerwehr und Rettungsdienste befindet, muss eine zusätzliche Regeleinrichtung oder eine Fernanzeigeeinrichtung für die Verwendung durch Feuerwehr und Rettungsdienste bereitgestellt werden. Der Betrieb der automatischen Brandbekämpfungsanlage muss sowohl vor Ort im Sammlungsraum als auch in einer entfernt gelegenen Alarmempfangsstelle überwacht werden.

6.5.4 Automatische Brandbekämpfungsanlagen

Eine Brandrisikobeurteilung muss sowohl innerhalb als auch außerhalb eines Raumes oder Gebäudes, in dem Sammlungen des Kulturerbes untergebracht sind, durchgeführt werden, um zu bestimmen, ob eine automatische Brandbekämpfungsanlage (auch als „ortsfeste Brandbekämpfungsanlage" bezeichnet) im Sammlungsraum eingebaut werden sollte. Das Risiko beinhaltet die Reaktionszeit von Notdiensten.

In Abhängigkeit des eingesetzten Anlagentyps können diese Anlagen Brände unterdrücken, kontrollieren oder löschen, die sowohl innerhalb der Räume als auch außerhalb in angrenzenden Räumen ausbrechen. Eine Anlage sollte im Fall eines Einsatzes keine Schäden an Sammlungen des Kulturerbes verursachen.

Räumliche und infrastrukturelle Beschränkungen, Nachhaltigkeit und Instandhaltungskosten müssen ebenfalls berücksichtigt werden.

ANMERKUNG 1 Siehe Anhang A.

ANMERKUNG 2 Wenn ein bestehendes historisches Gebäude für die Lagerung oder Ausstellung von Sammlungen angepasst wird, ist der Einbau von Gas- oder Sauerstoffunterdrückungsanlagen zur Brandbekämpfung nicht möglich, da jeder Versuch, das Gebäude gasdicht auszubauen, Schäden am baulichen Erbe verursachen könnte. Bei historischen Räumen, die für die Öffentlichkeit nicht zugänglich sind, können modulare Lager eingebaut werden, in denen eine Unterdrückungsanlage eingesetzt werden kann.

6.5.5 Tragbare Feuerlöscher

Tragbare Feuerlöscher bieten die Möglichkeit zum schnellen Löschen kleiner Brände; ein risikobasierter Ansatz muss jedoch verwendet werden, um die Löschmittel auszuwählen und Entscheidungen hinsichtlich ihrer Anordnung und ihrem Zweck im Gebäude zu treffen, einschließlich der Beschaffenheit der zu schützenden Sammlung. Die Risikobeurteilung muss Risiken sowohl für Sammlungen also auch für Personen einschließen.

6.5.6 Schutz von Bereichen, die an Sammlungsräume angrenzen

Wenn ein Sammlungsraum Teil eines größeren Gebäudes ist, müssen Brandbekämpfungseinrichtungen, die Wasser verwenden, außerhalb des Raumes und in Übereinstimmung mit dem Rat örtlicher Feuerwehr- und Rettungsdienste bereitgestellt werden. Tragbare Feuerlöscher müssen ebenfalls bereitgestellt werden, in Übereinstimmung mit 6.5.5.

Soweit dies möglich ist, müssen alle Sammlungsräume, einschließlich Lagern, Ausstellungsgallerien und Leseräumen, vor dem Oberflächenabfluss von Wasser aus angrenzenden Bereichen geschützt sein. Lagerräume und Nebenräume müssen mit einer Brandbekämpfungs-Entwässerungsanlage ausgestattet sein.

6.5.7 Rauchabsaugung

Es ist wichtig, die Verbrennungsprodukte nach einem Brand aus einem Sammlungsraum zu entfernen, um Schäden an der Sammlung zu minimieren. Wenn eine natürliche Entlüftung oder eine maschinelle Entrauchungsanlage eingebaut wird, muss sie in sämtliche Brandbekämpfungsanlagen integriert werden, und sie muss so gestaltet sein, dass Wassereintritt in den Sammlungsraum verhindert wird.

6.5.8 Brandschutz und verfahrbare Fachbodenregale

Aus Gründen des Brandschutzes in einem Sammlungslager müssen die Mittelrückwände von zweiseitig bedienbaren Regalen durch massive Metalltrennwände unterteilt werden, die in jeder fünften oder sechsten Reihe angeordnet sind. Wenn eine automatische Brandbekämpfungsanlage installiert ist, dürfen die Reihen der verfahrbaren Regale nicht weniger als 25 mm voneinander entfernt sein, wenn sich keine Personen im Lager aufhalten, damit das Brandbekämpfungsmittel in alle Teile des Raums gelangen kann.

ANMERKUNG Siehe 6.3.4.

7 Sicherheitsvorgaben

7.1 Allgemeines

Sammlungen müssen streng vor Diebstahl, Vandalismus, unbefugter Änderung und gewöhnlicher Beschädigung oder Störung durch unsachgemäße oder unvorsichtige Handhabung geschützt werden. Unbefugter oder unbeaufsichtigter Zugang zu jedem Raum, in dem Sammlungen aufbewahrt werden, muss verboten sein. Eine Sicherheitsgesamtstrategie auf der Grundlage einer Risikobeurteilung muss daher umgesetzt werden und das Gebäude, seinen Inhalt und seine Nutzung umfassen. Für die Strategie muss der Rat von Sicherheitsexperten eingeholt werden.

7.2 Beurteilung des Sicherheitsrisikos

Für die Sicherheitsstrategie muss eine Beurteilung des Sicherheitsrisikos eingeholt werden. Die Beurteilung muss durchgeführt werden, um die Vermeidungs- und Schutzniveaus zu bestimmen, die erforderlich sind, die Kulturerbesammlungen vor Diebstahl, Einbruchdiebstahl und vorsätzlicher Beschädigung zu schützen, in Übereinstimmung mit 4.2.

7.3 Sicherheit des Standorts

Wenn ein neues Gebäude nicht Teil eines größeren Gebäudes ist, muss es möglichst auf einem frei stehenden Standort oder vereinzelt stehen, und der Zugang zum gesamten Grundstück muss beschränkt sein. Die Grundstücksgrenzen müssen bei Dunkelheit gut beleuchtet sein und das Grundstück muss umzäunt und mit Sicherheitstoren ausgestattet sein. Vegetation und Gebüsche auf dem Gelände, die die Sicht verdecken, müssen entfernt werden.

Bei einem Gebäude, in dem Sammlungen untergebracht sind und das Teil eines größeren Gebäudes ist, muss eine Sicherheitsrangfolge (Räume und Zugang) eingeführt werden, die alle Benutzer berücksichtigt, wie z. B. Personal, Besucher, Reinigungs- und Instandhaltungspersonal.

7.4 Schutz gegen Eindringlinge

Das Gebäude muss gegen Diebstahl, Einbruchdiebstahl, Vandalismus, Terrorismus und andere kriminelle Handlungen geschützt werden, und es muss eine mit der Polizei oder einer Alarmmeldestelle verbundene Einbruchmeldeanlage bereitgestellt werden. Es ist wichtig, dass das Gebäude gegen Eindringlinge geschützt ist, ungeachtet dessen, ob das Gebäude für die Öffentlichkeit geöffnet oder geschlossen ist oder während einer Notfallevakuierung.

Alle eingebauten Sicherheitssysteme, wie z. B. externe Einbruchmeldeanlagen und Videoüberwachungsanlagen, sollten EN 50131-1, Grad 4, entsprechen. In historischen Gebäuden kann Grad 4 möglicherweise nicht erreicht werden, daher muss das höchstmögliche Niveau angestrebt werden.

7.5 Eingänge

Zugänge zu einem Gebäude, wie z. B. Türen, Aufzüge, Treppen, Fenster und Steigleitungen für die Lüftung, müssen so gestaltet sein, dass die Möglichkeit des Eindringens unbefugter Personen ausgeschlossen ist und sichergestellt ist, dass sogar das übliche Wartungspersonal des Gebäudes nur unter Aufsicht hineingelangen kann. Kein Teil eines Gebäudes, in dem Kulturerbematerial dauerhaft oder zeitweise gelagert wird, darf als Durchgang oder Notausgang für einen Bereich verwendet werden, der kein Lagerbereich ist. Es darf vorzugsweise nur einen Besuchereingang zu einem Gebäude geben, in dem sich eine Sammlung befindet. Türen eines Sicherheitsbereiches oder zwischen Sicherheitsbereichen müssen verschließbar sein.

7.6 Gebäudedienste

Um unnötigen Zutritt zum Gebäude auf ein Mindestmaß zu beschränken, müssen damit zusammenhängende Gebäudedienste so ausgelegt sein, dass sie unabhängig voneinander geregelt und getrennt werden. Die Klimaanlage, Heizung, Elektrizität, Wasserversorgung oder -entsorgung, einschließlich der Regenwasserleitungen, müssen möglichst außerhalb der Sammlungsräume eines Gebäudes oder des Gebäudes selbst liegen, und sie müssen ohne Zutritt zum Gebäude zugänglich und regelbar sein. Gas, Heizöl, Wasserversorgung und Entwässerung (einschließlich Wasserleitungen und Abwasser) dürfen nicht durch ein Lager verlaufen.

7.7 Fenster

Soweit dies möglich ist, dürfen bestehende Lagerräume keine Fenster haben und kein neuer Lagerraum darf so gestaltet sein, dass Fenster enthalten sind. Wenn Fenster in Ausstellungs- oder Lesebereichen oder in historischen bzw. bestehenden Lagergebäuden vorhanden sind, müssen diese im Interesse der Sicherheit nach EN 1627 sicherheitsverglast, vergittert und nicht öffenbar sein. Sofern notwendig, kann Sichtschutzglas verwendet werden, um den Einblick in das Gebäude zu verhindern.

In einen sicheren Lagerraum dürfen niemals Dachfenster eingebaut sein.

ANMERKUNG Siehe 5.6, 5.8 und 7.4.

7.8 Außentüren zum Gebäude

Türen, Türzargen, Befestigungen und Türbeschläge müssen so gebaut sein, dass sie unbefugtem Eindringen widerstehen. Die Widerstandsklasse muss auf Grundlage einer Risikobeurteilung festgelegt werden, die den Wert der Objekte des Kulturerbes in der Sammlung berücksichtigen muss. Die Widerstandsklasse für Sicherheitsbereiche des Gebäudes muss mindestens RC 4 nach EN 1627 betragen. Die Schlösser müssen von innen ohne Schlüssel zu öffnen sein.

Keine Tür eines Hochsicherheitsbereiches (wie z. B. eines Lagers) darf als Außentür des Gebäudes oder als Tür zu einem öffentlich zugänglichen Teil des Gebäudes dienen. Notausgangstüren müssen mit einem Alarm ausgestattet und so gestaltet sein, dass sie sich nur von innen öffnen lassen, und sie müssen sich zu einem Fluchtweg öffnen.

ANMERKUNG Siehe 5.3.4, 6.3.5 und 7.5.

Türen von Verladestellen müssen einer Widerstandsklasse entsprechen, die durch die Sicherheitsstrategie festgelegt wurde. Wenn Verladebereiche in andere Sicherheitsbereiche des Gebäudes führen, müssen diese internen Wege ebenfalls durch Türelemente der festgelegten Widerstandsklasse geschützt sein.

DIN EN 16893:2018-04
EN 16893:2018 (D)

Anhang A
(informativ)

Automatische Brandbekämpfungsanlagen

A.1 Allgemeines

Automatische Brandbekämpfungsanlagen sind im Allgemeinen für den Schutz menschlichen Lebens bestimmt (z. B. in Büros und Läden) und daraus folgt, dass Wassersprinkleranlagen für öffentliche Bereiche am häufigsten gewählt werden, weil sie seit langem als zuverlässig bei der Brandlöschung gelten. Für Lager von Sammlungen des Kulturerbes ist es üblich, Inertgas-Löschanlagen zu verwenden, einschließlich Anlagen, die eine dauerhaft sauerstoffreduzierte Umgebung (hypoxische Atmosphäre) aufrechterhalten, weil das Freisetzen dieser Gase für Sammlungen aus organischen Materialien sicher ist, und es unwahrscheinlich ist, dass Begleitschäden in Bereichen jenseits des Brandherds verursacht werden, oder umfangreiche Reinigungs- und Restaurierungskosten entstehen.

A.2 Brennbare Materialien

Sammlungen des Kulturerbes stellen häufig eine erhebliche Menge brennbarer Materialien (z. B. Bibliotheks- und Archivsammlungen) mit dem Potential für tiefgreifende Brände der Klasse A nach EN 2 dar. Wassersprinkler sind ein bewährtes Verfahren zur wirksamen Kontrolle derartiger Brände und zur Begrenzung des Ausmaßes des Brandschadens; jedoch sollten die Auswirkungen von Wasserschäden an Sammlungen des Kulturerbes berücksichtigt werden. Ferner besteht die Möglichkeit von Wasserschäden durch unbeabsichtigtes Auslösen. Es besteht die Möglichkeit, vorgesteuerte Sprinkleranlagen einzusetzen, um diesem Risiko vorzubeugen, es sollten jedoch die zusätzliche Komplexität und Kosten derartiger Anlagen vor ihrer Auswahl berücksichtigt werden. Leitfäden zur Gestaltung von Sprinkleranlagen können EN 12845 entnommen und weitere Leitfäden bezüglich der Betätigung und Regelung von vorgesteuerten Sprinkleranlagen können BS 7273-3 entnommen werden. Objekte des Kulturerbes in Lagern, in denen wasserbasierte Brandlöschanlagen verwendet werden, sollten zu ihrem Schutz für den Fall eines Wasseraustritts in Schachteln oder in einer anderen Form eingeschlossen aufbewahrt werden.

A.3 Gaslöschanlagen

Es gibt verschiedene Arten von Brandbekämpfungsanlagen mit gasförmigen Löschmitteln, die zum Schutz von Lagern eingesetzt werden, einschließlich der Anlagen, die Inertgas verwenden, wie z. B. Argon, und solcher, die halogenierte Kohlenwasserstoff-Löschmittel, wie z. B. Heptafluorpropan (HFC-227), verwenden, die häufig als chemische Wirkstoffgase bekannt sind. Diese Anlagen werden automatisch durch eine damit verbundene Rauchmeldeanlage ausgelöst. Leitfäden zu diesen Anlagen können EN 15004-1 und anderen Teilen dieser Normenreihe entnommen werden. Weitere Leitfäden in Bezug auf die Betätigung und Regelung von Anlagen mit gasförmigen Löschmitteln können BS 7273-1 entnommen werden. Gaslöschanlagen sind dafür ausgelegt, eine vollständige Entflammung lange genug zu verzögern, um den Brandherd oder die Brandursache zu untersuchen und zu sichern. Sollte der Brandherd nach einem durch die Melder ausgelösten Alarm nicht umgehend festgestellt werden können (z. B. in Zeiten, wenn das Gebäude geschlossen und unbesetzt ist), ist eine hochempfindliche Meldeanlage ebenfalls hilfreich, und das Vorsehen einer Gaslöschanlage wird die voraussichtlich in diesem Fall zur Verfügung stehende Zeitspanne erweitern.

Inertgasanlagen setzen ein Gas frei, das für Sammlungen des Kulturerbes unschädlich ist. Gasförmige halogenierte Kohlenwasserstoff-Löschmittel erzeugen beim Kontakt mit Feuer Zerfallsprodukte. Diese Produkte können organische Werkstoffe schädigen, die häufig in Sammlungen des Kulturerbes vorkommen; und die chemischen Arbeitsstoffe selbst können schädlich sein. Es ist ratsam, diesen Umstand bei der Auswahl der gasförmigen Löschmittel für den Einsatz in automatischen Brandbekämpfungsanlagen zu berücksichtigen. Wenn ein Lager Luftförderleitungen und eine externe Abführung besitzt, kann sofortige Belüftung nach einem Austrag des gasförmigen Löschmittels verwendet werden, um diese Auswirkung zu minimieren. In Räumen, die ohne Luftverteilung geregelt sind, könnte jedoch eine derartig schnelle Belüftung nicht möglich sein.

A.4 Überdruck

Alle Gaslöschanlagen erzeugen beim Austrag Überdruck in einen Raum (anfänglich wird sowohl die Raumluft als auch Gas des gleichen Volumens vorhanden sein). Vor der Beschaffung einer Anlage mit gasförmigem Löschmittel sollte deshalb die Konstruktion des Lagers durch einen Statiker untersucht werden, um festzustellen, ob es diesem Druck standhalten kann. Falls Überdruckentlüftungen eingebaut werden müssen, sollten diese nicht die Standards für die Stabilität der Umgebungsbedingungen, Sicherheit und Luftinfiltration des Lagers beeinträchtigen. Leitungen, die zu einem Haustechnikraum außerhalb des Lagers führen, können Entlüftungen enthalten, sodass sie als ein Weg für die entweichende Luft dienen können. Inertgasanlagen sollten EN 15004 (alle Teile) entsprechen.

A.5 Anlagen zur aktiven Brandvermeidung

Anlagen zur aktiven Brandvermeidung können zum Schutz von Sammlungen des Kulturerbes eingebaut werden, aber sie sind nicht so gängig wie Gaslöschanlagen. Bei der Auswahl einer derartigen Anlage sollte darauf geachtet werden, die Konsequenzen für die Sicherheit der in dem Lager arbeitenden Personen zu berücksichtigen, da die Sauerstoffkonzentrationen, die für die zuverlässige Vermeidung oder Unterdrückung einer Brandentwicklung erforderlich sind, niedriger sein können als für einen uneingeschränkten Zugang zulässig ist. Derartige Anlagen erfordern ein konstantes Auffüllen der Raumatmosphäre mit Stickstoff oder vorgemischter Luft mit reduzierter Sauerstoffkonzentration. Dadurch entstehen in Verbindung mit derartigen Anlagen fortlaufende Energiekosten, die als Teil der Lebenszykluskosten berücksichtigt werden sollten.

A.6 Wassernebel-Löschanlagen

Wassernebel-Löschanlagen können mit automatischen Düsen ausgelegt sein, ähnlich wie eine Sprinkleranlage oder als Wassersprühanlage ausgelegt sein, bei der alle Düsen in einem geschützten Bereich das Wasser gleichzeitig verteilen. Der Hauptvorteil von Wassernebel-Löschanlagen gegenüber Wassersprinkleranlagen ist der geringere Wasserverbrauch. Derartige Systeme sind weniger gängig als Sprinkler- oder Gaslöschanlagen. Zum Zeitpunkt der Veröffentlichung liegt kein Prüfprotokoll für Konfigurationen von in Lagern gelagerten Materialien vor, und die Auswirkung verfahrbarer Lagereinrichtungen auf die Verteilung des Sprühnebels ist wahrscheinlich ausgeprägter als bei Sprinklern. Wassernebel-Löschanlagen, die dafür ausgelegt sind, den gesamten Raum bei der Auslösung einer Ansaugrauchmeldeanlage Wasser über den gesamten Raum zu versprühen, können wirksamer sein, haben jedoch zur Folge, dass alle Oberflächen befeuchtet werden.

ANMERKUNG Siehe Literaturhinweise für weitere Informationen zu Gaslösch- und Löschanlagen.

Anhang B
(informativ)

Relatives Risiko von Beschädigung und Abbau aufgrund der Temperatur[1)]

Ein Beispiel einer visuellen Darstellung des relativen Risikos von Beschädigung und Abbau aufgrund der Temperatur, einschließlich des relativen Energieverbrauchs für die Aufrechterhaltung einer bestimmten Temperatur ist nachstehend angegeben. Fachliche Beratung durch einen Sammlungsexperten muss eingeholt werden, wenn die Temperaturstabilität bestimmter Materialien des Kulturerbes ermittelt wird.

[1] Diese Tabelle wurde erstmals durch die British Standards Institution in PAS 198:2012, *Specification for managing environmental conditions for cultural collections*, veröffentlicht.

Tabelle B.1 — Relatives Risiko von Beschädigung und Abbau aufgrund der Temperatur

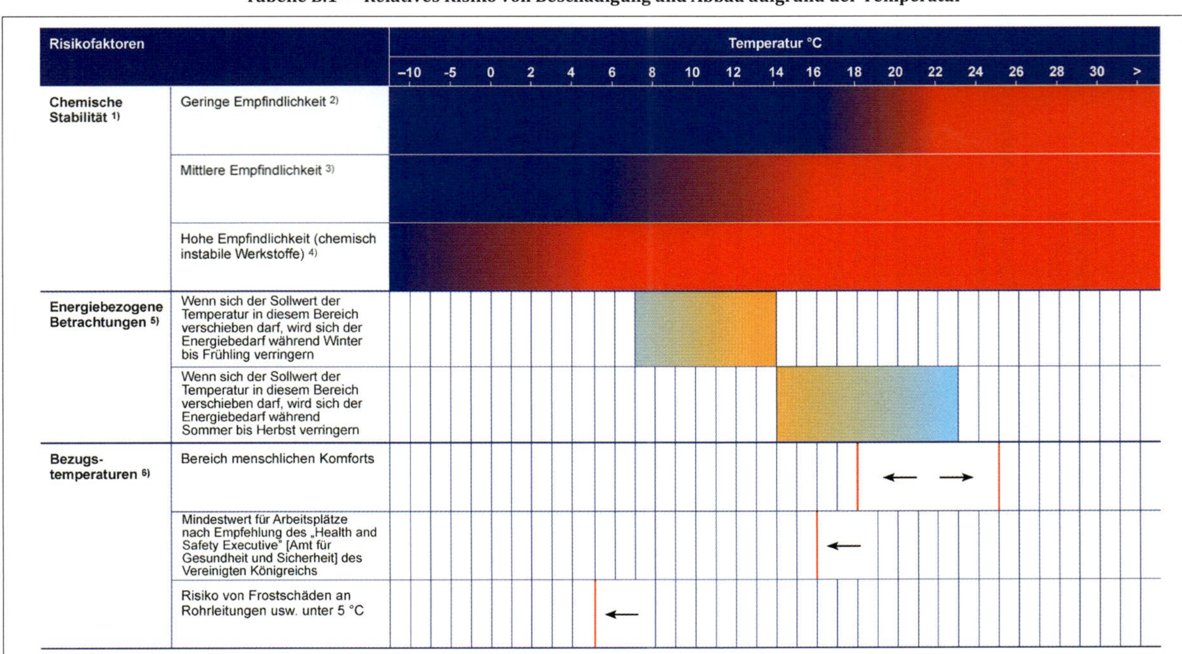

Legende

1 Geringe Empfindlichkeit: Werkstoffe, deren Reaktionsgeschwindigkeiten in geringem Maße durch die Temperatur beeinflusst werden, z. B. Keramik, Glas (jedoch keine Emaille).

2 Mittlere Empfindlichkeit: Werkstoffe, deren Reaktionsgeschwindigkeiten in mäßiger Weise durch die Temperatur beeinflusst werden, z. B. Papier.

3	Hohe Empfindlichkeit: Werkstoffe, deren Reaktionsgeschwindigkeiten in starkem Maß durch die Temperatur beeinflusst werden, z. B. Kunststoffe, Film.
4	Chemische Stabilität: Diese Bereiche zeigen, dass höhere Temperaturen zu beschleunigten Abbaugeschwindigkeiten führen, was durch die Farbabstufung von Blau zu Rot angezeigt wird.
5	Energiebezogene Betrachtungen: Diese Bereiche zeigen den Energiebedarf, wobei Hellblau den niedrigeren Bedarf angibt und Orange den höheren Bedarf. Das lokale Klima wird die energiebezogenen Betrachtungen und das Erreichen von sicheren Bereichen der relativen Luftfeuchte für die Sammlung beeinflussen.
6	Bezugstemperaturen: Bezugstemperaturen sind zu Vergleichszwecken enthalten. Der Bereich menschlichen Komforts könnte beispielsweise zwischen 18 °C und 25 °C liegen. Es gibt keinen unteren Grenzwert für Ausstellungen, die unter Bedingungen stattfinden, die außerhalb des Bereichs menschlichen Komforts liegen. Unter 0 °C besteht ein steigendes Risiko von Frostschäden an der Gebäudestruktur, gefrorenen Rohrleitungen usw., sodass ein Grenzwert von 5 °C einen vorbeugenden unteren Grenzwert darstellt, der auf den zu erwartenden räumlichen und zeitlichen Schwankungen beruht.

ANMERKUNG 1 Falls die Dauer der Exposition für eine thermische Reaktion ausreicht (bei den meisten Sammlungen Minuten bis Stunden), gibt es keinen Unterschied für die Möglichkeit physischer Beschädigung zwischen kurzen und langen Zeitspannen mit niedriger Temperatur, ausgenommen in wenigen Sonderfällen, wie z. B. die Migration von Weichmachern aus Kunststoffen oder von Schmierstoffen aus Magnetbändern.

ANMERKUNG 2 Viele völkerkundliche oder aus dem Bereich des Kunstgewerbes stammende Sammlungsstücke wurden während einer Exposition mit Temperaturen bis zu −30 °C beobachtet, die in Sammlungen in kalten Ländern oder nach einer Schädlingsbekämpfung mit niedrigen Temperaturen herrschten. Die übereinstimmende Meinung besagt, dass an der überwiegenden Mehrheit der Objekte, abgesehen von wenigen kleineren Rissen, keine sichtbaren Schäden auftraten.

ANMERKUNG 3 Niedrige Temperaturen können aufgrund einer T_g -Änderung zu Versprödung führen und können Schäden an einigen Werkstoffen, z. B. Video- und Audiokassetten, verursachen.

Anhang C
(informativ)

Relatives Risiko von Beschädigung und Abbau aufgrund relativer Luftfeuchte[2)]

Ein Beispiel einer visuellen Darstellung des relativen Risikos von Beschädigung und Abbau aufgrund der relativen Luftfeuchte, einschließlich des relativen Energieverbrauchs für die Aufrechterhaltung einer bestimmten Temperatur ist nachstehend angegeben. Fachliche Beratung durch einen Sammlungsexperten muss eingeholt werden, wenn die Stabilität bestimmter Materialien des Kulturerbes gegenüber der relativen Feuchte ermittelt wird.

---

[2] Diese Tabelle wurde erstmals durch die British Standards Institution in PAS 198:2012, *Specification for managing environmental conditions for cultural collections*, veröffentlicht.

Tabelle C.1 — Relatives Risiko von Beschädigung und Abbau aufgrund relativer Luftfeuchte

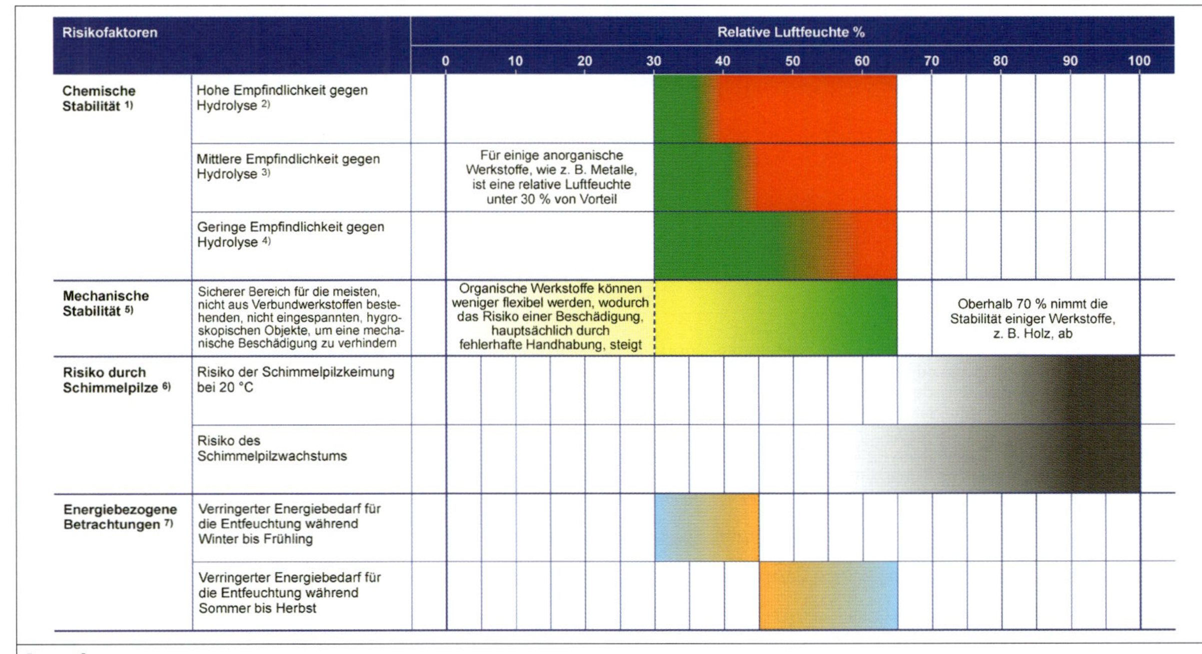

Legende

1 Hohe Empfindlichkeit gegen Hydrolyse: Werkstoffe mit einem verhältnismäßig hohen Gehalt an hydrolyseempfindlichen chemischen Gruppen in der Polymerkette, z. B. Leder und Textilien, die zuvor durch Schadstoffe angesäuert wurden, Zelluloseacetat- und -nitratfilm.

2	Beispiele für anorganische Werkstoffe, die ein geringeres Niveau relativer Luftfeuchte als organische Werkstoffe benötigen, umfassen beispielsweise archäologisches Eisen, Kupfer und Blei, historische Stähle, Kupferlegierungen, Zink, Blech, Zinn, Blei, salzhaltiges Gestein, salzhaltige Keramiken, Gestein mit quellendem Lehm. Diese erfordern möglicherweise trockene Lager oder mikroklimatische Verpackung.
3	Mittlere Empfindlichkeit gegen Hydrolyse: Werkstoffe mit einem relativ mäßigen Gehalt an hydrolyseempfindlichen chemischen Gruppen in der Polymerkette, z. B. einige holzhaltige Papiere.
4	Geringe Empfindlichkeit gegen Hydrolyse: Werkstoffe mit einem relativ niedrigen Gehalt an hydrolyseempfindlichen chemischen Gruppen in der Polymerkette, z. B. Hadernpapier, Polyesterfolie
5	Chemische Stabilität: Diese Bereiche zeigen, dass eine höhere relative Luftfeuchte zu beschleunigten feuchtigkeitsbedingten chemischen Abbauraten führt, angezeigt durch die Farbabstufung von Grün zu Rot.
6	Mechanische Stabilität: Der gelbe Bereich zeigt ein größeres Risiko für physische Beschädigung an, während Bereiche mit niedrigerem Risiko für physische Beschädigung grün gefärbt sind. Im Bereich unter 30 % relativer Luftfeuchte ist das Risiko von Schäden an organischen Werkstoffen durch fehlerhafte Handhabung erhöht, ungeachtet der niedrigen chemischen Abbaurate. Im Bereich über 70 % relativer Luftfeuchte nimmt die mechanische Stabilität einiger Werkstoffe, z. B. Holz, ab.
7	Risiko durch Schimmelpilze: Die grauen Flächen zeigen einen vorbeugenden oberen Grenzwert von 65 % relativer Luftfeuchte an, um die Schimmelpilzkeimung bei 20 °C zu verhindern. Die Abstufung zu dunklerem Grau zeigt ein steigendes Risiko von Schimmelpilzwachstum und kürzeren Keimungszeiten an. Es wird darauf hingewiesen, dass Schimmelpilzkeimung und -wachstum auch temperaturabhängig sind.
8	Das lokale Klima beeinflusst die energiebezogenen Betrachtungen und das Erreichen von sicheren Bereichen der relativen Luftfeuchte für die Sammlung.

DIN EN 16893:2018-04
EN 16893:2018 (D)

Anhang D
(informativ)

Beispiele zu internen Schadstoffen und ihren Quellen

Tabelle D.1 — Beispiele zu internen Schadstoffen und ihren Quellen

Schadstoff	Beispielquellen
Essigsäure (Ethansäure), Lösemittel	Acryl- und Nitrozelluloselacke
Essigsäure (Ethansäure)	Sammlungsgegenstände mit Zelluloseacetat, Zellulosetriacetatfilm
Campher, Formaldehyd (Methanal), Stickstoff	Sammlungsgegenstände mit Zellulosenitrat und Photographien
Säuredämpfe	Kunststoffe, Gummi
Reduzierte Schwefelgase	Polyisopren-Gummi (Teppichrückseite), vulkanisierter Gummi, Wolle und bestimmte Sulfidminerale
Essigsäure (Ethansäure)	Polyvinylacetat
Salzsäure	Polyvinylchlorid
Essigsäure (Ethansäure), Ameisensäure (Methansäure), Lösemittel	Harze/Beschichtungen
Essigsäure (Ethansäure), Ameisensäure (Methansäure)	Holz
Formaldehyd (Methanal)	Holzwerkstoffplatten (versiegelt mit Harnstoff- oder Phenolharzen)

ANMERKUNG Siehe auch in den Literaturhinweisen.

Anhang E
(informativ)

Lichtempfindlichkeit von farbigen Werkstoffen

Tabelle E.1 — Lichtempfindlichkeit von farbigen Werkstoffen

Keine Empfindlichkeit	Geringe Empfindlichkeit	Mittlere Empfindlichkeit	Hohe Empfindlichkeit
Werkstoffe, die ihre Farbe nicht aufgrund von Licht ändern. (Diese Werkstoffe können ihre Farbe aufgrund von Alterung oder Schadstoffen ändern.) Die meisten, aber nicht alle mineralischen Pigmente. Die „echte Fresko"-Farbpalette, eine Übereinstimmung mit der Anforderung an Alkalibeständigkeit. Die Farben echter Glasemaillen, Keramik (nicht zu verwechseln mit Emaillefarben). Viele monochrome Bilder auf Papier, wie z. B. Kohletinten, jedoch ist der Farbton des Papiers und der der Tinte zugesetzten Farbtöne häufig hochempfindlich. Das Papier selbst sollte mit Vorsicht als gering empfindlich betrachtet werden. Viele qualitativ hochwertige, moderne Pigmente, die für den Einsatz im Außenbereich und für Automobile entwickelt wurden.	Werkstoffe, eingestuft entsprechend den ISO-Lichtechtheitstypen 7 und 8 der Wollskala (und höher). Künstler-Farbpaletten, die als „beständig" eingestuft sind (eine Mischung aus Farben, die wirklich beständig sind *und* eine niedrige Lichtempfindlichkeit aufweisen, z. B. ASTM D4303 Kategorie I; Winsor and Newton AA). Strukturfarben bei Insekten (falls UV-geschützt). Wenige historische Pflanzenextrakte, insbesondere Indigo auf Wolle. Silbergelatine-Drucke in Schwarz-Weiß (kein harzbeschichtetes Papier), vorausgesetzt, sie sind UV-geschützt. Einige Schwarz-Weiß-Gelatine-Drucke auf Papier können unter die mittlere oder hohe Empfindlichkeit fallen; die Art muss identifiziert werden. Viele qualitativ hochwertige, moderne Pigmente, die für den Einsatz im Außenbereich oder für Automobile entwickelt wurden. Zinnober (schwärzt sich durch Licht). Mennige (hellt auf oder dunkelt nach). Polyester.	Werkstoffe, eingestuft entsprechend den ISO-Lichtechtheitstypen 4, 5 oder 6 der Wollskala. Farbstoffe und gefällte Farbstoffe (en: lakes) aus Alizarin. Wenige historische Pflanzenextrakte, besonders Krapprot, das hauptsächlich Alizarin enthält, als Farbstoff auf Wolle oder als Pigment gefällten Farbstoffs in allen Medien. In Abhängigkeit von Konzentration, Trägermaterial und Beizmittel variiert es über die Bandbreite der mittleren Empfindlichkeit und kann bis in die niedrige Kategorie reichen, Die Farbe der meisten Felle und Federn. Eisengallustinten. Die meisten Farbfotografien mit „-chrome" im Namen, z. B. Ilfochrome, Kodachrome. Auripigment, Realgar. Kreuzdorn, Färber-Wau, Ginster. Wolle, zellulosehaltige Werkstoffe, die kein Lignin enthalten, z. B. Baumwolle.	Werkstoffe, eingestuft entsprechend den ISO-Lichtechtheitstypen 1, 2 oder 3 der Wollskala. Die meisten Pflanzenextrakte und folglich die meisten historischen leuchtenden Farbstoffe und Pigmente gefällten Farbstoffs in allen Medien: Gelb, Orange, Grün, Purpur, viele Rottöne, Blau. Extrakte aus Insekten, z. B. roter Färbelack, Koschenille (z. B. Karmin) in allen Medien. Die meisten frühen synthetischen Farben, wie z. B. Anilinfarbstoffe, in allen Medien. Die meisten minderwertigen synthetischen Farbstoffe in allen Medien. Die meisten Faserschreiber einschließlich schwarze. Die meisten roten und blauen Kugelschreibertinten. Die meisten Papierfärbestoffe im 20. Jahrhundert. Die meisten Farbfotografien mit „-color" (oder „-colour") im Namen, z. B. Kodacolor oder Fujicolor. Einige Schwarz-Weiß ausgedruckte Fotografien, z. B. mattes Gelatine-Bromid. Viele in Alkohol konservierte zoologische Präparate und bestimmte mineralische Proben, z. B. Realgar, Silberhalogenide. Seiden, Polyamid, ligninhaltige Zellulosematerialien, z. B. Jute, stark abgebautes Leinen mit einem „ausgebleichten" Aussehen, holzhaltige Papiere, Zeitungspapier usw.

ANMERKUNG Die Tabelle wurde Michalski, S. (2010) *Light, ultraviolet and infrared*, Tabelle 3 auf der Webseite des Canadian Conservation Institute entnommen.

DIN EN 16893:2018-04
EN 16893:2018 (D)

Anhang F
(informativ)

Empfohlene Höchstlasten

Die nachstehend genannten Empfehlungen beruhen auf EN 1991-1-1.

Die folgenden Werte werden bei gleichmäßig verteilten Lasten auf der Grundlage einer Lagerhöhe von bis zu 2,3 m empfohlen:

Ortsfeste Regale: 4,0 kN je Meter Höhe, mit einem Mindestwert von 12 kN;

Verfahrbare Regale: 4,8 kN je Meter Höhe, mit einem Mindestwert von 15 kN.

In allen Fällen ist es wahrscheinlich, dass der Fußboden örtlich begrenzten (Punkt-)Lasten ausgesetzt ist, entweder durch die Stützen der Regaleinheit oder durch Lastrollen von Fahrgestellen. Zusätzlich zur gleichmäßigen Verteilung der Last sollte der Fußboden auf die Auswirkung von Punktlasten hin überprüft werden. Die folgenden Punktlasten werden empfohlen:

Ortsfeste Regale: 2,6 kN je Meter Höhe, mit einem Mindestwert von 7 kN;

Verfahrbare Regale: 3,0 kN je Meter Höhe, mit einem Mindestwert von 10 kN.

Große Objekte könnten höhere kN-Werte erfordern.

ANMERKUNG 1 Die Auswirkungen von Punktlasten sind besonders wichtig, wenn abgehängte Betondecken in Betracht gezogen werden.

ANMERKUNG 2 Feuchte Lasten, z. B. im Brand- oder Überflutungsfall, üben erheblich größere Kräfte aus als trockene Lasten. Es wird erwartet, dass eine derartige Situation kurzfristiger Natur ist, und sie kann als außergewöhnlicher Lastfall betrachtet werden. Es ist möglich, feuchte Lasten als langfristige Belastungssituationen zu berücksichtigen; das wird jedoch die Gestaltung der Lagereinrichtung und möglicherweise auch des Gebäudes verteuern.

ANMERKUNG 3 Es wird auf EN 15635 verwiesen.

Literaturhinweise

Normen usw.

[1] EN 2, *Brandklassen*

[2] EN 54-20, *Brandmeldeanlagen — Teil 20: Ansaugrauchmelder*

[3] EN 1081, *Elastische Bodenbeläge - Bestimmung des elektrischen Widerstandes*

[4] EN 1991-1-1, *Eurocode 1: Einwirkungen auf Tragwerke — Teil 1-1: Allgemeine Einwirkungen auf Tragwerke — Wichten, Eigengewicht und Nutzlasten im Hochbau*

[5] EN 12845, *Ortsfeste Brandbekämpfungsanlagen — Automatische Sprinkleranlagen — Planung, Installation und Instandhaltung*

[6] EN 13501, *Klassifizierung von Bauprodukten und Bauarten zu ihrem Brandverhalten*

[7] EN 13813, *Estrichmörtel, Estrichmassen und Estriche — Estrichmörtel und Estrichmassen — Eigenschaften und Anforderungen*

[8] EN 15004-1, *Ortsfeste Brandbekämpfungsanlagen — Löschanlagen mit gasförmigen Löschmitteln — Teil 1: Planung, Installation und Instandhaltung (ISO 14520-1:2006, modifiziert)*

[9] EN 15095 (alle Teile), *Kraftbetriebene verschiebbare Paletten- und Fachbodenregale, Umlaufregale und Lagerlifte — Sicherheitsanforderungen*

[10] EN 15221 (alle Teile), *Facility Management*

[11] EN 15635, *Ortsfeste Regalsysteme aus Stahl — Anwendung und Wartung von Lagereinrichtungen*

[12] EN 15757, *Erhaltung des kulturellen Erbes — Festlegungen für Temperatur und relative Luftfeuchte zur Begrenzung klimabedingter mechanischer Beschädigungen an organischen hygroskopischen Materialien*

[13] EN 15758, *Erhaltung des kulturellen Erbes — Verfahren und Geräte zur Messung der Temperatur der Luft und der Oberflächen von Objekten*

[14] EN 15898, *Erhaltung des kulturellen Erbes — Allgemeine Begriffe*

[15] EN 15999-1, *Erhaltung des kulturellen Erbes — Leitfaden für die Konstruktion von Schauvitrinen zur Ausstellung und Erhaltung von Objekten — Teil 1: Allgemeine Anforderungen*

[16] EN 16141, *Erhaltung des kulturellen Erbes — Richtlinien für den Umgang mit Umwelt- und Umgebungsbedingungen — Schaudepots: Definitionen und Merkmale von Sammlungszentren bestimmt für die Bewahrung und Pflege des kulturellen Erbes*

[17] EN 16242, *Erhaltung des kulturellen Erbes — Verfahren und Geräte zur Messung der Luftfeuchte und des Austausches von Feuchtigkeit zwischen Luft und Kulturgut*

[18] EN 16790, *Erhaltung des kulturellen Erbes — Integrierte Schädlingsbekämpfung (IPM) zum Schutz des kulturellen Erbes*

[19] EN 16883, *Erhaltung des kulturellen Erbes — Leitlinien für die Verbesserung der energiebezogenen Leistung historischer Gebäude*

[20] EN 50131-1, *Alarmanlagen —Einbruch- und Überfallmeldeanlagen — Teil 1: Systemanforderungen*

[21] EN 62676-1-1, *Videoüberwachungsanlagen für Sicherheitsanwendungen — Teil 1-1: Systemanforderungen — Allgemeines*

[22] EN 62676-4, *Videoüberwachungsanlagen für Sicherungsanwendungen — Teil 4: Anwendungsregeln*

[23] ISO 11799, *Information and documentation — Document storage requirements for archive andlibrary materials*

[24] ISO 15686-1, *Buildings and constructed assets — Service life planning — Part 1: General principles and framework*

[25] ISO 15686-5, *Buildings and constructed assets — Service life planning — Part 5: Life cycle costing*

[26] ISO 18934, *Imaging materials — Multiple media archives — Storage environment*

[27] ISO 31000, *Risk management — Principles and guidelines*

[28] ISO 31010, *Risk management — Risk assessment techniques*

[29] CLC/TS 50131-11, *Alarm systems — Intrusion and hold-up systems — Part 11: Hold-up devices*

[30] IEC 60364 (alle Teile), *Electrical Installations for Buildings*

[31] ISO Guide 73:2009, *Risk management — Vocabulary*

[32] BS 7273-1, *Code of practice for the operation of fire protection measures. Electrical actuation of gaseous total flooding extinguishing systems*

[33] BS 7273-3, *Code of practice for the operation of fire protection measures. Electrical actuation of pre-action watermist and sprinkler systems*

[34] PAS 198:2012, *Specification for managing environmental conditions for cultural collections*

Andere Veröffentlichungen — Kulturerbesammlungen

ADAMS, S.J. Dust deposition and measurement: a modified approach. *Environ. Technol.* ••• 1997, 18 (3) S. 345-350

AGNEW N. The corrosion of egg shells by acetic acid vapour. *ICCM Bulletin*. 1981, 7 S. 3-9

ALLEN G.C., BLACK L. Role of organic acids in lead patination. *Br. Corros. J.* 2000, 35 S. 39-42

ALLEN N.S. et al. Degradation of historic cellulose triacetate cinematographic film: the vinegar syndrome. *Polym. Degrad. Stabil.* 1987, 19 S. 379-387

ALLEN N.S. et al. Initiation of the degradation of cellulose triacetate base motion picture film. *Journal of Photographic Science*. 1990, 38 S. 54-59

ANDERSEN I., LUNDQVIST G.R., MØLHAVE L. Indoor air pollution due to chipboard used as a construction material. *Atmos. Environ.* 1975, 9 S. 1121–1127

DIN EN 16893:2018-04
EN 16893:2018 (D)

ARNI P.C., COCHRANE G.C., GRAY J.D. The emission of corrosive vapours by wood. I. Survey of the acid-release properties of certain freshly felled hardwoods and softwood. *Journal of Applied Chemistry*, 15 (7), S. 305-313. The emission of corrosive vapours by wood. II. The analysis of the vapours emitted by certain freshly felled hardwoods and softwoods by gas chromatography and spectrophotometry. *Journal of Applied Chemistry*. 1965, 15 (10) S. 463-468

ARNOLD A., ZEHNDER K. Salt weathering on monuments. In: *The conservation of monuments in the Mediterranean Basin: proceedings of the 1st international symposium, Bari, 7.-10. Juni 1989*. Brescia: Grafo, 1990, S. 31-58.

ASHLEY-SMITH J. *Risk assessment for object conservation*. Butterworth-Heinemann, Oxford, 1999

ASHLEY-SMITH J., DERBYSHIRE A., PRETZEL B. (2002) The continuing development of a practical lighting policy for works of art on paper and other object types at the Victoria and Albert Museum. In: *Preprints of the ICOM-CC triennial*, Rio, 2002, S. 3-8

ASHRAE. (2007) *ASHRAE Handbook, Chapter 21: HVAC applications, Museums, Galleries, Archives and Libraries*. Atlanta, GA: American Society of Heating, Refrigerating and Air-conditioning Engineers Inc. (ASHRAE).

AUBIER D. Degradation caused by cellulose diacetate: analysis and proposals for conservation treatment. Kopenhagen: Restaurator, 1996, 17 (2) S. 130-143

AYERST G. The effects of moisture and temperature on growth and spore germination in some fungi. *J. Stored Prod. Res.* 1969 August, 5 (2) S. 127-141

BAER N.S., BANKS P.N. Indoor air pollution: effects on cultural and historic materials. *Int. J. Mus. Manage. Curatorship*. 1985, 4 (1) S. 9-20

BARD C.C. et al. Predicting long-term dark storage dye stability characteristics of color photographic products from short-term tests. *J. Appl. Photogr. Eng.* 1980, 6 (2) S. 1980

BATAILLE P., VAN B.T. Mechanism of thermal degradation of poly(vinyl acetate). *J. Therm. Anal. Calorim.* 1975, 8 (1) S. 141-153

BLACKSHAW S.M., DANIELS V.D. The testing of materials for use in storage and display in museums. *The Conservator*. 1979, 3 S. 16-19

BOGAARD J., WHITMORE P.M. (2002) Explorations of the role of humidity fluctuations in the deterioration of paper. In: DANIELS, V., A. DONNITHORNE and SMITH P., ed. *Works of art on paper: books, documents and photographs: techniques and conservation: contributions to the Baltimore Congress*, 2.-6. September 2002, S. 11-15. London: IIC, 2002.

BOWDEN D., BRIMBLECOMBE P. Thermal response of parchment and leather to relative humidity changes. In: *Microanalysis of parchment*, (LARSEN R., ed.). London: Archetype Publications, 2002

BOWES J.H., RAISTRICK A.S. The action of heat and moisture on leather. Part VI: degradation of the collagen. *Journal of the American Leather Chemists Association*. 1967, 62 (4) S. 240-257

BRADLEY S.M., MIDDLETON A.P. A study of the deterioration of Egyptian limestone sculpture. *Journal of the American Institute for Conservation*. 1988, 27 (2) S. 64-86

BRATASZ Ł., JAKIEŁA S., KOZŁOWSKI R. (2005) Allowable thresholds in dynamic changes of microclimate for wooden cultural objects: monitoring in situ and modelling. In: *Preprints of the ICOM-CC triennial*. Den Haag, 2005, S. 582-589

DIN EN 16893:2018-04
EN 16893:2018 (D)

BRAUN R.C., WILSON M.J.G. The removal of atmospheric sulphur by building stones. *Atmos. Environ.* 1970, 1967 (4) S. 371-378

BRILL R. A note on the scientist's definition of glass. *J. Glass Stud.* 1962, (4) S. 127-138

BRILL R. Incipient crizzling in some early glasses. *Bulletin of the American Group – International Institute for Conservation of Historic and Artistic Works*, 1972, 12 (2), S. 46-7

BRILL R. Crizzling: a problem in glass conservation. In: *Conservation in archaeology and the applied arts, preprints of the contributions to the Stockholm Congress, 1975*, (BROMELLE N., SMITH P., eds.). London: IIC, 1975

BRIMBLECOMBE P., SHOOTER D., KAUR A. Wool and reduced sulphur gases in museum air. *Stud. Conserv.* 1992, 37 (1) S. 53-60

BUDD M.K. Corrosion of metals in association with wood. *Applied Materials Research.* 1965, 4 S. 124-125

BUGNER D.E., LINDSTROM B.L. A closer look at the effects of temperature and humidity on inkjet photographic prints. IS&T's NIP21: international conference on digital printing technologies, Baltimore, 18.-23. September 2005, S. 348-352. Springfield: Society of Imaging Science and Technology, 2005

BULLOCK L., SAUNDERS D. Measurement of cumulative exposure using Blue Wool standards. In: *Preprints of the ICOM-CC triennial*, Lyon, 1999, S. 21-26

BUYS, S. and V. OAKLEY *The conservation and restoration of ceramics.* London: Butterworth-Heinemann, 1996

BYNE L.S.G. The corrosion of shells in cabinets. *J. Conchol.* 1899, 9 (6) S. 172-178

CALNAN C.N. Ageing of vegetable tanned leather in response to variations in climatic conditions. In: *CALNAN, C.N. and B. HAINES, Leather: its composition and changes with time.* Leather Conservation Centre, Northampton, 1991, S. 41-50.

CASS G.R. et al. Protection of works of art from damage due to atmospheric ozone. *Atmos. Environ.* 1991, 25A S. 441-451

CASSAR M. *The conservation and technology of non-metallic seals.* The Department of Archaeological Conservation and Materials Science, Institute of Archaeology, University of London, 1982 (Unpublished manuscript)

CASSAR M. *Environmental management: guidelines for museums and galleries.* London: Routledge, 1995

CHARTERED INSTITUTE OF BUILDING SERVICES ENGINEERS (CIBSE). *Lighting for museums and art galleries.* London: CIBSE, 1994

CHEVREUL M.-E. Recherches chimiques sur la teinture. *Mémoires de l'Académie Royale des Sciences de l'Institut de France.* 1837, 16 S. 53-88

CLARKE S.G., LONGHURST E.E. The corrosion of metals by acid vapours from wood. *Journal of Applied Chemistry.* 1961, 11 S. 435-443

COLES E.L., GIBSON J.G., HINDE R.M. The corrosion of lead by dilute aqueous organic acids. *Journal of Applied Chemistry.* 1958, 8 (5) S. 341-348

COLLINS C. The environment and geological collections. *The Scottish Society for Conservation and Restoration Bulletin*, 1998, (10) S. 2-7

DIN EN 16893:2018-04
EN 16893:2018 (D)

COLLINS C. (ed.) Care and conservation of palaeontological materials. Oxford: Butterworth-Heinemann, 1995

COMMISSION INTERNATIONALE DE L'ECLAIRAGE (CIE). *Control of damage to museum objects by optical radiation: technical report* 157:2004. Wien: CIE.

CUMMINGS K., LANFORD W.A., FELDMANN M. Weathering of glass in moist and polluted air. *Nucl. Instrum. Methods Phys. Res. B.* 1998, 136-138 S. 858-862

CUNLIFFE P.W. Influence of temperature and humidity on fading. *Journal of the Society of Dyers and Colourists.* 1956, 72 (7) S. 373-381

DAVISON S. *Conservation and restoration of glass.* Oxford: Butterworth-Heinemann, 2003

DERNOVŠKOVÁ J., JIRSOVÁ H., ZELINGER J. An investigation of the hygroscopicity of parchment subjected to different treatments. *Restaurator (Copenh.).* 1995, 16 (1) S. 31-44

DONOVAN P.D., MOYNEHAN T.M. The corrosion of metals by vapours from air-drying paints. *Corros. Sci.* 1965, 5 (12) S. 803-814

DONOVAN P.D., STINGER J. Corrosion of metals and their protection in atmospheres containing organic acid vapours. *Br. Corros. J.* 1971, 6 S. 132-138

DOWN J.L. et al. Adhesive testing at the Canadian Conservation Institute – an evaluation of selected poly(vinyl acetate) and acrylic adhesives. *Stud. Conserv.* 1996, 41 (1) S. 19-44

DUPONT A.L., TÉTREAULT J. Cellulose degradation in an acetic acid environment. *Stud. Conserv.* 2000, 45 (3) S. 201-210

EDGE M. et al. Mechanisms of deterioration in cellulose nitrate base archival cinematographic film. *Eur. Polym. J.* 1990, 26 (6) S. 623-630

EDGE M. et al. Methods for predictive stability testing of archival polymers: a preliminary assessment of cellulose triacetate based motion picture film. *Polym. Degrad. Stabil.* 1992, 35 (2) S. 147-155

EDWARDS H.G. et al. Raman spectroscopic studies of Pedigree Doll disease. *Polym. Degrad. Stabil.* 1993, 41 (3) S. 257-264

EDWARDS R., BORDASS W., FARRELL D. Determination of acetic and formic acid in lead corrosion products by ion-exchange chromatography. *Analyst (Lond.).* 1997, 122 S. 1517-1520

EGERTON G.S. Some aspects of the photochemical degradation of nylon, silk, and viscose rayon. *Text. Res. J.* 1948, 18 (11) S. 659-669

FARMER R.H. *Chemistry in the utilization of wood.* Pergamon Press, Oxford, 1967

FENECH A. et al. Stability of chromogenic colour prints in polluted indoor environments. *Polym. Degrad. Stabil.* 2010, 95 S. 2481-2485

FITZHUGH E.W., GETTENS R. Calcite and other efflorescent salts on objects stored in wooden museum cases. In: *Science and archaeology*, (BRILL R.H., ed.). MIT Press, Cambridge, Mass., 1971, S. 91-102.

FRANEY J.P., KAMMLOTT G.W., GRAEDEL T.E. The corrosion of silver by atmospheric sulfurous gases. *Corros. Sci.* 1985, 25 (2) S. 133-143

FREUND, A. et al. On the occurrence of magnesium phosphates on ivory, *Stud. Conserv.* ••• 2002, 47 (3) S. 155-160

GIBSON L.T., WATT C.M. Acetic and formic acids emitted from wood samples and their effect on selected materials in museum environments. *Corros. Sci.* 2010, 52 (1) S. 172-178

GIBSON L.T. et al. Characterisation of an unusual crystalline efflorescence on an Egyptian limestone relief. *Anal. Chim. Acta.* 1997, 337 (2) S. 151-164

GIBSON L.T. et al. The mode of formation of thecotrichite, a widespread calcium acetate chloride nitrate efflorescence. *Stud. Conserv.* 2005, 50 (4) S. 284-294

GILES C.H., McKAY R.B. The lightfastness of dyes: a review. *Text. Res. J.* 1963, 33 (7) S. 527-577

GRAEDEL, T.E. (1992) Corrosion mechanisms for silver exposed to the atmosphere. *J. Electrochem. Soc.* •••, 139 (7) S. 1963-1970

GRASSIE N. The thermal degradation of polyvinyl acetate. I. Products and reaction mechanism at low temperatures. *Trans. Faraday Soc.* 1952, 48 S. 379-387

GRASSIE N. The thermal degradation of polyvinyl acetate. 2. Determination of the rate constants of the primary processes involved in the elimination of acetic acid. *Trans. Faraday Soc.* 1953, 49 S. 835-842

GREEN L.R., THICKETT D. *Interlaboratory comparison of the Oddy test. Conservation Science in the U.K., preprints of the meeting held in Glasgow, May 1993.* London: James & James, 1993, S. 111-6.

GROSJEAN D. et al. Ozone fading of organic colorants: products and mechanism of the reaction of ozone with curcumin. *Environ. Sci. Technol.* 1988, 22 (11) S. 1357-1361

GROSJEAN D., E. GROSJEAN and E.L WILLIAMS (1993) Fading of artists' colorants by a mixture of photochemical oxidants. *Atmos. Environ.* •••, 27 (5) S. 765-772

GRZESKOWIAK R., JONES G.D., PIDDUCK A. Identification and determination of volatiles derived from phenol-formaldehyde materials. *Talanta.* 1988, 35 (10) S. 775-782

GRZYWACZ C.M., STULIK D.C. Carbonyl pollutants in the museum environment. *Scottish Society for Conservation and Restoration Journal.* 1993, 4 (1) S. 16-19

GRZYWACZ C.M. *Monitoring for gaseous pollutants in museum environments.* Los Angeles: Getty Publications, 2006

HACKNEY S. *Paintings on canvas: lining and alternatives.* Tate Gallery, London, 2004., Erhältlich unter www.tate.org.uk/research/tateresearch/tatepapers/04autumn/hackney.htm

HANSEN E.F., LEE S.N., SOBEL H. The effects of relative humidity on some physical properties of modern vellum: implications for the optimum relative humidity for the display and storage of parchment. *Journal of American Institute of Conservation.* 1991, 31 S. 325-342

HATCHFIELD P.B. *Pollutants in the museum environment: practical strategies for problem solving in design, exhibition and storage.* London: Archetype Publications, 2002

HATCHFIELD P.B., CARPENTER J.M. The problem of formaldehyde in museum collections. *Int. J. Mus. Manage. Curatorship.* 1986, 5 (2) S. 183-188

HILL P., SUITOR K., ARTZ P. Measurement of humidity effects on the dark keeping properties of inkjet photographic prints. IS&T's NIP16: international conference on digital printing technologies and digital fabrication, Vancouver, 15-20 October 2000, S. 70-73. Springfield: Society of Imaging Science and Technology, 2000

HOKE, E. Investigations of weathering crusts on Salzburg stone monuments, *Stud. Conserv.* ••• 1978, 23 (3) S. 118-126

HONG S.H. et al. Climate change mitigation strategies for mechanically controlled repositories: the case of The National Archives, Kew. In: *Preprints of the ICOM-CC triennial*, Lissabon, 2011

HOWIE F.M. Physical conservation of fossils in existing collections, *Newsletter of the Geological Curators' Group* 1979, 2, S. 269-280

HOWIE F.M. Pyrite and marcasite. In: *The care and conservation of geological material: minerals, rocks, meteorites and lunar finds*, (HOWIE F.M., ed.). Oxford: Butterworth-Heinemann, 1992, S. 70-84

ILLUMINATING ENGINEERING SOCIETY OF NORTH AMERICA (IESNA) *Museum and art gallery lighting: a recommended practice*. New York: IESNA, 1996

JABLONSKI E. et al. *Conservation concerns for acrylic emulsion paints: a literature review*. Tate Gallery, London, 2004. Erhältlich unter www.tate.org.uk/research/tateresearch/tatepapers/04Autumn/jablonski.htm

JAKIEŁA S., BRATASZ Ł., KOZŁOWSKI R. Acoustic emission for tracing the evolution of damage in wooden objects. *Stud. Conserv.* 2007, 52 (2) S. 101-109

JAKIEŁA S., BRATASZ Ł., KOZŁOWSKI R. Numerical modelling of moisture movement and related stress field in lime wood subjected to changing climate conditions. *Wood Sci. Technol.* 2008, 42 (1) S. 21-37

JOHANSSON A., LENNHOLM H. Influences of SO2 and O3 on the ageing of paper investigated by in situ diffuse reflectance FTIR and time-resolved trace gas analysis. *Appl. Surf. Sci.* 2000, 161 (1-2) S. 163-169

JUTIER J.-J. et al. A nonisothermal Fourier transform infrared degradation study of nitrocelluloses derived from wood and cotton. *J. Appl. Polym. Sci.* 1987, 33 (4) S. 1359-1375

KAIMOTO H., SHIBAHARA Y. Test methods of humidity fastness of inkjet printing materials. IS&T's NIP23 international conference on digital printing technologies, Anchorage, Alaska, 16.-21. September 2007, S. 728-731. Springfield: Society of Imaging Science and Technology, 2007

KAMATH, Y.K., S.B. HORNBY and H-D. WEIGMANN. Irreversible chemisorption of formaldehyde on cotton cellulose. *Text. Res. J.* •••, 1985, 55 (11) S. 663-666

KELEN T. *Polymer degradation*. New York: Van Nostrand Reinhold Company Inc, 1983

KIM H., PAYER J.H. (1999) Tarnish process of silver in 100ppb H2S containing environments. Journal of Corrosion Science and Engineering, 1, paper 14. Erhältlich unter: www.jcse.org/volume1/paper14/v1p14.php

KNOTKOVÁ-ČERMÁKOVÁ D., VLČKOVÁ J. Corrosive effect of plastics, rubber and wood on metal in confined spaces. *Br. Corros. J.* 1971, 6 S. 17-22

KOLAR J., STRLIČ M. *Iron gall inks: on manufacture, characterisation, degradation and stabilisation*. Ljubljana, Slowenien: National and University Library, 2006

KOOB S.P. *Conservation and care of glass objects*. London: Archetype Publications, 2006

KUNICIKI-GOLDFINGER J.J. Unstable historic glass: symptoms, causes, mechanisms and conservation. *Reviews in Conservation*. 2008, 9 S. 47-60

LAFONTAINE H., WOOD P.A. The stabilization of ivory against relative humidity fluctuations. *Stud. Conserv.* 1982, 27 (3) S. 109-117

LARSEN R. *Microanalysis of parchment.* London: Archetype Publications, 2002

LAVÉDRINE B. et al. *A guide to the preventive conservation of photograph collections.* Los Angeles: Getty Publications, 2009

LEHMANN W.F. Effect of ventilation and loading in large chamber testing of formaldehyde emissions from composite panels. *For. Prod. J.* 1987, 37 (4) S. 31-37

LEVASHOVA S.V., KOBYAKOVA V.I. *Dust in the storages of cultural property (10).* European Commission – Environment and Climate Research Programme, Brüssel, 1997

LEYGRAF C., GRAEDEL T.E. *Atmospheric corrosion.* New York, Wiley- Interscience, 2000

LIGOCKI M.P. et al. Measurements of particle deposition rates inside Southern California museums. *Aerosol Sci. Technol.* 1990, 13 S. 85-101

LINNOW K., HALSBERGHE L., STEIGER M. Analysis of calcium acetate efflorescences formed on ceramic tiles in a museum environment. *J. Cult. Herit.* 2007, 8 (1) S. 44-52

LLOYD, H. et al. The effects of visitor activity on dust in historic collections. *The Conservator*, 2002, 26, S. 72-84.

LLOYD H., GROSSI C.M., BRIMBLECOMBE P. Low-technology dust monitoring for historic collections. *The Conservator.* 2011, 34 (1) S. 104-114

LÓPEZ-DELGADO A. et al. A laboratory study of the effect of acetic acid vapor on atmospheric copper corrosion. *J. Electrochem. Soc.* 1998, 145 (12) S. 4140-4147

LOVETT D., EASTOP D. (2004) The degradation of polyester polyurethane; preliminary study of 1960s foam-laminated dresses. In: *Modern Art, new museums, preprints of the IIC Congress*, 13-17 September 2004, Bilbao, S. 100-104. London: IIC, 2004.

LUXFORD N. *Reducing the risk of open display: optimising the preventive conservation of historic silks. Ph.D.* University of Southampton, 2009

MALLINSON, J.C. *Preservation of video recorded images. Environnement et conservation de l'écrit, de l'image et du son*: actes des deuxièmes journées internationales d'études de l'ARSAG, Paris, 16 au 20 Mai 1994 (Environment and conservation of writing, images and sound: proceedings of ARSAG's second international study days, Paris, 16.-20. Mai 1994.) Paris: Association pour la recherche scientifique sur les arts graphiques, 1994.

MATTHEWS T.G. et al. Surface emission monitoring of pressed-wood products containing urea-formaldehyde resins. *Environ. Int.* 1986, 12 (1-4) S. 301-309

McCORMICK-GOODHART M.H. The allowable temperature and relative humidity range for the safe use and storage of photographic materials. *J. Soc. Arch.* 1996, 17 (1) S. 7-21

McCORMICK-GOODHART M.H., WILHELM H. Humidity-induced color changes and ink migration effects in inkjet photographs in real-world environmental conditions. IS&T's NIP16: international conference on digital printing technologies, Vancouver, 15.-20. October 2000, S. 74-77. Springfield: Society of Imaging Science and Technology, 2000

MICHALSKI S. *Light, ultraviolet and infrared, Table 3.* Canadian Conservation Institute, 2010

MECKLENBURG M. *Determining the acceptable ranges of relative humidity and temperature in museums and galleries: Part 1, Structural response to relative humidity*. Washington DC: Smithsonian Conservation Institute, 2007. Erhältlich unter: http://hdl.handle.net/10088/7056. Part 2, Structural response to temperature. Washington DC: Smithsonian Conservation Institute. Erhältlich unter: http://hdl.handle.net/10088/7055

MECKLENBURG M., TUMOSA C.S., ERHARDT D. Structural response of painted wood surfaces to changes in ambient relative humidity. In: *Painted wood: history and conservation, proceedings of a symposium organized by the Wooden Artifacts Group of the American Institute for Conservation of Historic and Artistic Works*, Williamsburg, Va., November 1994, 6, S. 464-483. Los Angeles: Getty Publications, 1998. Erhältlich unter: http://www.getty.edu/conservation/publications_resources/pdf_publications/paintedwood6.pdf

MENART E., DE BRUIN G., STRLIČ M. Dose-response functions for historic paper. *Polym. Degrad. Stabil.* 2011, 96 S. 2029-2039

MEYER B., HERMANNS K., SMITH D.C. Formaldehyde release from urea-formaldehyde bonded wood products. *J. Adhes.* 1985, 17 (4) S. 297-308

MICHALSKI S. Damage to museum objects by visible radiation (light) and ultraviolet radiation (UV). In: Lighting: a conference on lighting in museums, galleries and historical houses, preprints of a seminar, Bristol, 9-10 April 1987, S. 3-16. London: Museums Association, United Kingdom Institute for Conservation (UKIC) and Group of Designers and Interpreters for Museums, 1987

MICHALSKI S. Relative humidity in museums, galleries and archives: specification and control. In: *Bugs, mold and rot II: a workshop on control of humidity for health, artifacts and buildings*. The National Institute of Building Sciences, Washington, D.C., 1993, S. 51-62.

MICHALSKI S. (1997) The lighting decision. In: Fabric of an exhibition: preprints of textile symposium 97, Ottawa, 22-25 September 1997, S. 97-104. Ottawa: Canadian Conservation Institute.

MICHALSKI S. Guidelines for humidity and temperature in Canadian archives. (CCI Technical Bulletin no. 23) Ottawa: Canadian Conservation Institute, 2000

MICHALSKI S. Double the life for each five-degree drop, more than double the life for each halving of relative humidity. In: *Preprints of the ICOM-CC triennial*, Rio, 2002, S. 66-72.

MICHALSKI S. The ideal climate, risk management, the ASHRAE chapter, proofed fluctuations, and toward a full risk analysis model. In: *Proceedings of experts' roundtable on sustainable climate management strategies, Tenerife, 2007*. Getty Publications, Los Angeles, 2007., Erhältlich unter http://www.getty.edu/conservation/our_projects/science/climate/climate_experts_roundtable.html

MICHALSKI S. *Incorrect relative humidity*, 2009

MICHALSKI S. *Light, ultraviolet and infrared*, 2010

MILES F.D. *Cellulose nitrate*. London: Oliver and Boyd, 1955

MURRELL V.J. A discussion of some methods of wax conservation and their application to recent conservation problems. In: *International congress on wax modelling in science and art*, Juni 1975, Florenz, 1-2, S. 715-718. Florenz: L. S. Olschki, 1977

MYERS G.E. Effect of ventilation rate and board loading on formaldehyde concentration: a critical review of literature. *For. Prod. J.* 1984, 34 S. 59-68

MYERS G.E., NAGAOKA M. Formaldehyde emission: methods of measurement and effects of several particleboard variables. *Wood Science*. 1981, 13 S. 140-150

NATIONAL MUSEUM DIRECTORS' CONFERENCE (NMDC). Guiding principles for reducing museums' carbon footprint. London: NDMC, 2009. Erhältlich unter: www.nationalmuseums.org.uk/media/documents/what_we_do_documents/guiding_principles_reducing_carbon_footprint.pdf

NAZAROFF W.W., CASS G.R. Protecting museum collections from soiling due to the deposition of airborne particles. *Atmos. Environ., A Gen. Topics.* 1991, 25 (5-6) S. 841-852

NICHOLLS J.R. Deterioration of shells when stored in oak cabinets. *J. Soc. Chem. Ind.* 1934, 53 S. 1077-1078

NOCKERT M., WADSTEN T. Storage of archaeological textile finds in sealed boxes. *Stud. Conserv.* 1978, 23 (1) S. 38-41

NOVOTNÁ P., DURNOVŠKOVÁ J. Surface crystallisation on beeswax seals. *Restaurator (Copenh.).* 2002, 23 (4) S. 256-269

ODDY W.A. An unsuspected danger in display. *Museums Journal.* 1973, 73 S. 27-28

ORGAN R.M. Aspects of bronze patina and its treatment. *Stud. Conserv.* 1963, 8 (1) S. 1-9

OXFORD UNIVERSITY PRESS. *Shorter Oxford English Dictionary.* Oxford University Press, Oxford, Sixth Edition, 2007

PADFIELD T. Condensation in film containers during cooling and warming. In: *Preserve, then show, The Danish Film Institute, December 2001.* Danish Film Institute, Kopenhagen, 2002, S. 67-77. Erhältlich unter www.conservationphysics.org/coolfilm/coolingfilm.pdf

PADFIELD T., LANDI S. The light-fastness of the natural dyes. *Stud. Conserv.* 1966, 11 S. 181-196. Erhältlich unter: http://www.conservationphysics.org/fading/fade.pdf

PADFIELD T. Why keep climate records – and how to keep them, In: *Museum microclimates.* The National Museum of Denmark, Kopenhagen, S. 157-163, 2007. Erhältlich unter. www.conservationphysics.org/datalog/climaterecords.pdf

PADFIELD T. et al. The potential and limits for passive air conditioning of museums, stores and archives. In: Museum Microclimates: conference on preventive conservation held in Copenhagen 19.-23. November 2007. National Museum of Denmark, Kopenhagen, 2007. Erhältlich unter: http://www.conservationphysics.org/musmic/musmicbuf.pdf

PAPAPELEKANOS A. The critical RH for the appearance of "bronze disease" in chloride contaminated copper and copper alloy artefacts. *e-conservation magazine*, 2010, 13, S. 43-52

PHILLIPS R.W., ORLICK C.A., STEINBERGER R. The kinetics of the thermal decomposition of nitro-cellulose. *J. Phys. Chem.* 1955, 59 S. 1034-1043

PLENDERLEITH H.J., WERNER A.E.A. *The conservation of antiquities and works of art: treatment, repair and restoration.* London: OUP, 1971

POPE D., GIBBENS H.R., MOSS R.L. The tarnishing of silver at naturally-occurring H 2 S and SO 2 levels. *Corros. Sci.* 1968, 8 (2) S. 883-887

PRETZEL B. Now you see it, now you don't: lighting decisions for the Ardabil carpet based on the probability of visual perception and rates of fading. In: *Preprints of the ICOM-CC triennial*, Neu Delhi, 2008, S. 759-765.

PRETZEL B. Predicting risks to artefacts from indoor climates. In: *Preprints of the ICOM-CC triennial*, Lissabon, 2011.

DIN EN 16893:2018-04
EN 16893:2018 (D)

PRICE C.A., ed. *An expert chemical model for determining the environmental conditions needed to prevent salt damage in porous materials: protection and conservation of the European Cultural Heritage*, Research Report no. 11, S. 3-12. (European Commission, Directorate-General XII, Science, Research, and Development) London: Archetype Publications, 2000

PUREWAL V.J. An investigation into the composition of botanical wax models with a view to their conservation. Collection Forum, 1997, 13 (1), S. 11-19.

QUYE A. Saving our polyesterdays: historical plastics research. *Chem. Ind.* 1998, 15 S. 599-603

QUYE A., WILLIAMSON C. *Plastics: collecting and conserving*. Edinburgh: National Museums of Scotland, 2009

RAM A.T. et al. The effects and prevention of the vinegar syndrome. *J. Imaging Sci. Technol.* 1994, 38 (3) S. 249-261

RAYCHAUDHURI M.R., BRIMBLECOMBE P. Formaldehyde oxidation and lead corrosion. *Stud. Conserv.* 2000, 45 (4) S. 226-232

REID OF ROBERTLAND D., ROSS A. The conservation of non-metallic seals. *Stud. Conserv.* 1970, 15 S. 51-62

RHYL-SVENDSEN M. et al. (2010) Does a standard temperature need to be constant? Meddelelser om konservering, 1, S. 13-20. Erhältlich unter: http://www.conservationphysics.org/ppubs/standard_temperature.pdf

RICHARD, M., M.F. MECKLENBURG and R.M. MERRILL Art in transit:handbook for packing and transporting paintings. Washington D.C.: National Gallery of Art, 1991

ROBINET L. et al. A Raman spectroscopic study of pollution-induced glass deterioration. *J. Raman Spectrosc.* 2004, 35 (8-9) S. 662-670

ROBINET L. et al. Effect of organic acid vapors on the alteration of soda silicate glass. *J. Non-Cryst. Solids.* 2007, 353 (16-17) S. 1546-1559

RUSSELL R., WINKWORTH K. Significance 2.0: a guide to assessing the significance of collections. Canberra: Commonwealth of Australia, 2009. Erhältlich unter: http://www.environment.gov.au/heritage/publications/significance2-0/

RUSSELL, W.J. and W. de W. ABNEY *The action of light on watercolours*. London: HMSO, 1888

RYAN J.L. *The atmospheric deterioration of glass: studies of decay mechanisms and conservation techniques. Ph.D.* University of London, 1996

SALMON L.G., CASS G.R. The fading of artists' colorants by exposure to atmospheric nitric acid. *Stud. Conserv.* 1993, 38 S. 73-91

SAUNDERS D. (1993) The environment and lighting in the Sainsbury wing of the National Gallery. In: *Preprints of the ICOM-CC triennial*, Washington D.C., 1993.

SAUNDERS D., KIRBY J. Wavelength-dependent fading of artists' pigments. In: *Preventive conservation: practice, theory and research, preprints of the contributions to the Ottawa Congress*, 12.-16. September 1994. London: International Institute for Conservation of Historic and Artistic Works, 1994, S. 190-194.

SCHILLING M.R., GINELL W.S. (1993) The effects of relative humidity changes on Dead Sea Scrolls parchment samples. In: Preprints of the ICOM-CC triennial, Washington D.C., 1993, S. 50-56.

SCOTT D.A. Bronze disease: a review of some chemical problems and the role of relative humidity. *Journal of the American Institute for Conservation*. 1990, 29 S. 193-206

SEASE C. et al. Problems with coated silver: whisker formation and possible filiform corrosion. *Stud. Conserv.* 1997, 42 (1) S. 1-10

SEBERA D.K. *Isoperms: an environmental management tool.* Commission on Preservation and Access, Washington, 1994

SEDLBAUER K., KRUS M. A new model for mold prediction and its application in practice. In: *Research in Building Physics*. Balkema, Lisse, NL, 2003, S. 921-8

SERVOTTE, A. and V. DESREUX (1968) Thermal degradation of some vinyl polymers. I. Poly(vinyl acetate), Journal of Polymer Science Part C: Polymer symposia, special issue: international symposium on macromolecular chemistry, Brüssel, 1967, Part 1, S. 367-376.

SHASHOUA Y. *Conservation of plastics: materials science, degradation and preservation*. Oxford: Butterworth-Heinemann, 2008

SPEDDING D.J., ROWLANDS R.P., TAYLOR J.E. Sorption of sulphur dioxide by indoor surfaces III.—Leather. *Journal of Applied Chemistry and Biotechnology*. 1971, 21 (3) S. 68-70

STANLEY M. *Standards in the museum care of geological collections*. London: Museums, Libraries and Archives Council, 2004

STREIGEL M. The effects of gas phase formaldehyde on selected inorganic materials found in museums. In: Postprints of the AIC Objects Speciality Group Meeting, Albuquerque, New Mexiko, 8. June 1991, S. 1-12. Washington D. C.: American Institute for Conservation of Historic and Artistic Works (AIC), 1992.

STRLIČ M., KOLAR J., eds. *Ageing and stabilisation of paper*. Ljubljana, Slowenien: National and University Library, 2005

STRLIČ M. et al. Test for compatibility with organic heritage materials – a proposed procedure. e-Preservation Science, 7 (2010), S. 78-86. Erhältlich unter: http://www.morana-rtd.com/e-preservationscience/2010/Strlic-15-05-2010.pdf

STRLIČ M. et al. The effect of volatile organic compounds and hypoxia on paper degradation. *Polym. Degrad. Stabil.* 2011, 96 S. 608-615

STRLIČ M. et al. 1 Damage functions in heritage science. (Submitted for publication in). *Stud. Conserv.* 2012, ••• S. 57

SVENSSON J.E., JOHANSSON L.G. The synergistic effect of hydrogen sulfide and nitrogen dioxide on the atmospheric corrosion of zinc. *J. Electrochem. Soc.* 1996, 143 (1) S. 51-58

TENNENT N.H., BAIRD T. The deterioration of mollusca collections: identification of shell efflorescence. *Stud. Conserv.* 1985, 30 (2) S. 73-85

TENNENT N.H., BAIRD T. The identification of acetate efflorescence on bronze antiquities stored in wooden cabinets. *The Conservator*. 1992, 16 S. 39-47

TENNENT N.H., CANNON L. The corrosion of lead artifacts in wooden storage cabinets. *Scottish Society for Conservation and Restoration Journal*. 1993, 4 (1) S. 8-11

TÉTREAULT J. (1992) La mesure de l'acidité des produits volatils. Journal of the International Institute for Conservation – Canadian Group (IIC-CG), 17, S. 17-25

DIN EN 16893:2018-04
EN 16893:2018 (D)

TÉTREAULT J. *Airborne pollutants in museums, galleries and archives: risk assessment, control strategies and preservation management.* Ottawa: Canadian Conservation Institute, 2003a

TÉTREAULT J. (2003b) Guidelines for pollutant concentrations in museums. (CCI Newsletter 31)

TÉTREAULT J., STAMATOPOULOU E. Determination of concentration of acetic acid emitted from wood coatings in enclosures. *Stud. Conserv.* 1997, 42 (3) S. 141-156

TÉTREAULT J., SIROIS J., STAMATOPOULOU E. Studies of lead corrosion in acetic acid environments. *Stud. Conserv.* 1998, 43 S. 17-32

THICKETT D. *Relative effects of formaldehyde, formic and acetic acids on lead, copper and silver.* London: British Museum, 1997

THICKETT D. (2004) Analysis of iron corrosion products with Fourier transform infra-red and Raman spectroscopies. In: Postprints of the sixth infra-red and Raman users group conference (IRUG 6), Florenz, 29. März – 1. April 2004, S. 86-93. Padua: Il Prato, 2004.

THICKETT D., ODLYHA M. Note on the identification of an unusual pale blue corrosion product from Egyptian copper alloy artifacts. *Stud. Conserv.* 2000, 45 S. 63-67

THOMSON G. *The museum environment. London: Butterworth-Heinemann. TIMÁR-BALÁZSY, Á. and D. EASTOP (1998) Chemical principles of textile conservation.* Oxford: Butterworth-Heinemann, 1986

Andere Veröffentlichungen - Brandbekämpfung

ANDERSSON P., HOLMSTEDT G. Limitations of water mist as a total flooding agent. *J. Fire Prot. Eng.* 1998,••• p. 9 [S. •••]

KIM A.K., SU J.Z. Full-scale evaluation of halon replacement agents. *J. Fire Prot. Eng.* 1999, ••• S. 10 [S. •••]

LIU Z. UND KIM, A.K. 'A review of water mist fire suppression systems – Fundamental studies', in Journal of Fire Protection Engineering, 1999. Volume 10 [Issue 3], [S. 32-50]. 15)

SU J.Z., KIM A.K., CRAMPTON G.P., LIU Z. Fire suppression with inert gas agents. *J. Fire Prot. Eng.* 2001 (Mai), ••• S. 11, [S. •••]

WOODS C. Meeting the Montreal Protocol: alternative fire suppression systems for archives. *J. Soc. Arch.* 2002, ••• S. 23 [S. •••]

August 2019

	DIN ISO 18934	

ICS 37.040.99

Bild-Aufzeichnungsmaterialien – Lagerungsbedingungen für die Archivierung von Beständen mit unterschiedlichen Medien (ISO 18934:2011)

Imaging materials –
Multiple media archives –
Storage environment (ISO 18934:2011)

Matériaux pour l'image –
Archives multimédia –
Environnement de stockage (ISO 18934:2011)

Gesamtumfang 17 Seiten

DIN-Normenausschuss Veranstaltungstechnik, Bild und Film (NVBF)

DIN ISO 18934:2019-08

Inhalt

Tabellen

DIN ISO 18934:2019-08

Nationales Vorwort

Dieses Dokument enthält die deutsche Übersetzung der Internationalen Norm ISO 18934:2011, die vom Technischen Komitee ISO/TC 42 „Photography" erarbeitet wurde, dessen Sekretariat von ANSI (Vereinigte Staaten von Amerika) gehalten wird.

Für die deutsche Mitarbeit ist der Arbeitsausschuss NA 149-00-01 AA „Fotografische Medien" im DIN-Normenausschuss Veranstaltungstechnik, Bild und Film (NVBF) verantwortlich.

Das internationale Dokument ISO 18934:2011 ist unverändert in diese Norm übernommen worden.

Diese Norm enthält neben den gesetzlichen Einheiten auch die Einheit Zoll, die in Deutschland nicht zugelassen ist. Es wird ausdrücklich darauf hingewiesen, dass die Anwendung dieser Einheit im nationalen amtlichen und geschäftlichen Verkehr auf Grund des Gesetzes über Einheiten im Messwesen und die Zeitbestimmung (EinhZeitG) nicht zulässig ist. Die Angabe dieser Einheit dient lediglich als Hilfe im amtlichen und geschäftlichen Verkehr (z. B. bei Einfuhr und Ausfuhr) mit solchen Staaten, die diese Einheit anwenden.

Umrechnung:

1 Zoll = 25,4 mm

Für die in diesem Dokument zitierten internationalen Dokumente wird im Folgenden auf die entsprechenden deutschen Dokumente hingewiesen:

ISO 10356 siehe DIN 15551-3

ISO 11799 siehe DIN ISO 11799

Nationaler Anhang NA
(informativ)

Literaturhinweise

DIN 15551-3, *Strahlungsempfindliche Filme — Zellhornfilm — Teil 3: Begriffe, Eigenschaften, Handhabung und Lagerung*

DIN ISO 11799, *Information und Dokumentation — Anforderungen an die Aufbewahrung von Archiv- und Bibliotheksgut*

DIN ISO 18934:2019-08

Vorwort

ISO (die Internationale Organisation für Normung) ist eine weltweite Vereinigung von Nationalen Normungsorganisationen (ISO-Mitgliedsorganisationen). Die Erstellung von Internationalen Normen wird normalerweise von ISO Technischen Komitees durchgeführt. Jede Mitgliedsorganisation, die Interesse an einem Thema hat, für welches ein Technisches Komitee gegründet wurde, hat das Recht, in diesem Komitee vertreten zu sein. Internationale Organisationen, staatlich und nicht-staatlich, in Liaison mit ISO, nehmen ebenfalls an der Arbeit teil. ISO arbeitet eng mit der Internationalen Elektrotechnischen Kommission (IEC) bei allen elektrotechnischen Themen zusammen.

Internationale Normen werden in Übereinstimmung mit den Gestaltungsregeln der ISO/IEC-Direktiven, Teil 2 erarbeitet.

Die Hauptaufgabe der Technischen Komitees besteht in dem Erarbeiten von Internationalen Normen. Die von den Technischen Komitees angenommenen Norm-Entwürfe werden den Mitgliedsorganisationen zur Umfrage zur Verfügung gestellt. Für eine Veröffentlichung als Internationale Norm wird eine Zustimmung von mindestens 75 % der Mitgliedsländer, die abgestimmt haben, benötigt.

Es wird auf die Möglichkeit hingewiesen, dass einige Elemente dieses Dokuments Patentrechte berühren können. ISO ist nicht dafür verantwortlich, einige oder alle diesbezüglichen Patentrechte zu identifizieren.

ISO 18934 wurde vom Technischen Komitee ISO/TC 42, *Photography*, erarbeitet.

Diese zweite Ausgabe ersetzt die erste Ausgabe (ISO 18934:2006), die technisch überarbeitet wurde.

Einleitung

In der Vergangenheit haben die Technischen Komitees ISO/TC 36 und ISO/TC 42 ISO-Lagerungsnormen publiziert, die auf einzelne Materialien abzielen. Viele dieser Empfehlungen für Temperatur und relative Luftfeuchte basieren auf Laboruntersuchungen unter Nutzung von Arrhenius-Prognosen, die eine Extrapolation von Inkubationstests bei hoher Temperatur für die Empfehlung von Lagerungsbedingungen bei reduzierter Temperatur zulassen. Dies erlaubt zugleich eine Vorhersage der Lebenserwartung von Materialien. Diese Herangehensweise und die daraus resultierenden Schlussfolgerungen sind dann logisch, wenn jedes Medium für sich betrachtet wird. Diese individuellen ISO-Lagerungsnormen sind fundiert und die vorhergesagten Lebenserwartungen haben mit der praktischen Erfahrung übereingestimmt. Die Lagerungsbedingungen für unterschiedliche Medien können sich jedoch sehr voneinander unterscheiden und die Verschiedenheiten der ihnen innewohnenden Stabilität widerspiegeln. Die Bedingungen für die Langzeitlagerung, die in den verschiedenen Normen empfohlen werden, umfassen weite Spannbreiten für die Luftfeuchte und setzen nur eine Grenze für die Maximaltemperatur mit einer beachtlichen Überlappung in den für verschiedene Medienarten zugelassenen Umgebungsbedingungen.

In der Realität sehen sich Archivare und Kuratoren oft mit der Aufgabe konfrontiert, viele Materialarten wie beispielsweise Filme, Drucke, Bänder usw. zu lagern. Archive enthalten oft Medien, die nicht voneinander getrennt werden können, ohne die Integrität des Bestandes zu zerstören. In anderen Archiven kann zwar ein Bestand in der Hauptsache aus nur einem Medium bestehen, aber daneben gibt es viele Bestände mit unterschiedlichen Medien. In beiden Fällen mag es für den Archivar weder praktikabel noch realistisch sein, für eine Vielzahl verschiedener Lagerungsumgebungen zu sorgen, die für jedes einzelne Material optimal sind. Die Kosten und der Aufwand wären unerschwinglich; Unterlagen der gleichen oder einer ähnlichen inhaltlichen Zugehörigkeit werden außerdem in der Regel in räumlichem Zusammenhang gelagert und nicht nach der Art des Mediums, um eine Zuordnung zu erleichtern. Der Archivar von Beständen verschiedener Medien könnte gezwungen sein, die Zahl der verschiedenen zur Verfügung stehenden Lagerungsumgebungen zu begrenzen. In einigen Fällen führt dies zu einer gewissen Abweichung von den ISO-Lagerungsempfehlungen und kann die in den Normen präzisierten Lebenserwartungen einander angleichen. Dieser Kompromiss kann auf dem Wert, der physischen Größe, der Menge oder auf gesetzlichen Anforderungen beruhen, um die Lebenserwartung bestimmter Bestände im Vergleich zu anderen zu vergrößern.

Diese Internationale Norm sieht eine Bewertung der Qualität der Aufbewahrung für vier Lagerungsumgebungen vor. Sie ist somit für Lagerräume mit vielen unterschiedlichen Materialarten sehr zweckmäßig, setzt sich jedoch nicht über die ISO-Empfehlungen für Bestände mit einem einzigen Medium hinweg.

Institutionen mit unterdurchschnittlichen Umgebungen und begrenztem Budget sind aufgefordert, für eine Verbesserung dieser Umgebungen zu planen, sobald die Möglichkeiten für einen vernünftigen Gebrauch von Klimaanlagen, Entfeuchtern (oder Befeuchtern), Luftumwälzungsanlagen oder Filtern gegeben sind. Obwohl praktische Umstände Kompromisse erzwingen können, wird jede Verbesserung schlechter Bedingungen die Lebenszeit der Materialien verlängern, sogar dann, wenn sie nicht die Lebenserwartungen erreichen, die bei den in den ISO-Normen empfohlenen Umgebungen möglich wären. Grundsätzliche Prinzipien der Klimatisierung, der verschiedenen Möglichkeiten und der zugehörigen Kosten werden in dieser Internationalen Norm nicht angesprochen. Zu diesem Thema gibt es sehr viel Literatur.

DIN ISO 18934:2019-08

1 Anwendungsbereich

Diese Internationale Norm gibt Vorschläge für Leitlinien für vier Temperatur und Luftfeuchte-Makroumgebungen für Archive vor, die eine Vielfalt an audiovisuellen Medien aufbewahren, wobei diese Leitlinien auf den entsprechenden ISO-Normen für derartige Medien beruhen. Wo immer möglich wird durch diese Internationale Norm empfohlen, dass die Nutzer die Lagerungsumgebungen dieser ISO-Lagerungsnormen anwenden.

Diese Internationale Norm ersetzt diese ISO-Lagerungsnormen nicht. Zusätzlich zu den Umgebungsempfehlungen beinhalten diese Normen auch andere wichtige Informationen, die sich auf die Langzeitaufbewahrung audiovisueller Medien beziehen, etwa die Inspektion, die Unterbringung und Leitlinien zur Handhabung. Obwohl Mikroumgebungen innerhalb eines Lagerungsbehältnisses von der Makroumgebung abhängen können, stehen sie nicht im Fokus dieser Internationalen Norm.

Die Lagerung herkömmlicher Papierbestände liegt nicht im Anwendungsbereich dieser Internationalen Norm. Dennoch beinhalten viele Archive mit einer Mischung aus audiovisuellen Medien auch solche Bestände. Archivare sind aufgefordert, die entsprechenden Normen (siehe Literaturhinweise [1] und [2]) für diese Materialien zu überprüfen.

Fotografische Filme auf Cellulosenitratbasis sind in dieser Internationalen Norm ebenfalls inbegriffen, da sie oft mit anderen Materialien zusammen gelagert werden.

ANMERKUNG Filme auf Cellulosenitratbasis stellen eine Brandgefahr dar und müssen in den Vereinigten Staaten im Einklang mit dem Nationalen Feuerschutzstandard [3] oder in anderen Ländern mit deren nationalen Normen gelagert werden. Außerdem können die Abgase von sich zersetzenden Cellulosenitratfilmen oder von Filmen auf Azetatbasis einen sehr schädlichen Einfluss auf andere Materialien im gleichen Lagerungsbereich haben [11]. Eine Lösung dieses Problems stellt die Unterbringung solcher Filme in einem separaten Lagerungsbereich dar.

Diese Internationale Norm zielt nicht darauf ab, die verschiedenen Strategien für eine Anhebung unterdurchschnittlicher Umgebungen anzusprechen, die von denjenigen abweichen, die in den ISO-Normen empfohlen werden.

2 Normative Verweisungen

Die folgenden in Bezug genommenen Dokumente sind für die Anwendung dieses Dokuments erforderlich. Bei undatierten Verweisungen gilt die letzte Ausgabe des in Bezug genommenen Dokuments (einschließlich aller Änderungen). Bei datierten Verweisungen gilt nur die in Bezug genommene Ausgabe.

ISO 10356, *Cinematography — Storage and handling of nitrate-base motion-picture films*

ISO 18911, *Imaging materials — Processed safety photographic films — Storage practices*

ISO 18918, *Imaging materials — Processed photographic plates — Storage practices*

ISO 18920, *Imaging materials — Reflection prints — Storage practices*

ISO 18923, *Imaging materials — Polyester-base magnetic tape — Storage practices*

ISO 18925, *Imaging materials — Optical disc media — Storage practices*

3 Begriffe

Für die Anwendung dieses Dokuments gelten die folgenden Begriffe.

3.1
Konditionierung
Aussetzen eines Probenstücks an der Luft bei einer vorgegebenen relativen Luftfeuchte und Temperatur bis zur Erreichung eines Gleichgewichts

3.2
Bedingungen der Langzeitlagerung
Lagerungsbedingungen, die für die Erhaltung aufgezeichneter Information von bleibendem Wert geeignet ist

3.3
Lebenserwartung
LE
Bemessungsgröße der Lebenserwartung audiovisueller Materialien und der zugehörigen Abspielgeräte

Anmerkung 1 zum Begriff: Die Zahl, die auf das LE-Symbol folgt, ist eine Vorhersage der minimalen Lebenserwartung in Jahren, in der die Information ohne erkennbaren Verlust abgerufen werden kann, wenn sie zu den in den relevanten Normen festgelegten Bedingungen gelagert wurde.

BEISPIEL LE-100 zeigt, dass die Information noch nach wenigstens 100 Jahren der Lagerung abgerufen werden kann.

3.4
Makroumgebung
Luftverhältnisse (Temperatur, relative Luftfeuchte und Verunreinigungen) in einem großen Raum, in dem die Unterlagen verwahrt werden

3.5
Magnetband
Material, bestehend aus einer magnetisch empfindlichen Schicht auf einem dünnen Kunststoffträger, das eine magnetische Aufzeichnung hervorbringen kann

3.6
mittelfristige Lagerungsbedingungen
Lagerungsbedingungen, die für die Erhaltung audiovisueller Information mindestens für die Dauer von 10 Jahren geeignet sind

3.7
Mikroumgebung
Luftverhältnisse (Temperatur, relative Luftfeuchte und Verunreinigungen) in einer Lagerungsumhüllung, in der Aufzeichnungen verwahrt werden

3.8
optische Platte
Plattenspeicher, der Information in der Form von Zeichen oder Dichteeinstellungen in einer aufzeichnenden Schicht, die mit einem optischen Strahl gelesen werden kann, annimmt und bewahrt

3.9
fotografischer Film
Material, das aus einer oder mehreren strahlenempfindlichen Schicht(en) besteht, auf einen durchsichtigen oder durchscheinenden Kunststoff aufgezogen ist, und das ein sichtbares Bild enthält

3.10
fotografische Platte
Material, das aus einer oder mehreren strahlenempfindlichen Schicht(en) besteht, auf einem festen Träger wie Glas oder Metall aufgezogen ist, und das ein sichtbares Bild enthält

3.11
fotografischer Druck
Material, das aus einer oder mehreren strahlenempfindlichen Schicht(en) besteht, auf Papier, Papier mit einer pigmentierten Schichtung oder einer Harzbeschichtung oder auf einem opaken Träger aufgezogen ist, und das ein sichtbares Bild enthält

Anmerkung 1 zum Begriff: Dieser Begriff wird mittlerweile zur Beschreibung für alle Arten von gedruckten fotografischen Bildern genutzt

DIN ISO 18934:2019-08

3.12
audiovisuelles Material
Medium, das Bilder, Texte oder Audioinformationen aufnimmt, die anschließend angesehen oder abgespielt werden können

3.13
relative Luftfeuchte
RH
(en: relative humidity)
Verhältnisangabe, angegeben in Prozent, des bestehenden anteiligen Dampfdrucks des Wasser zum Dampfdruck bei Sättigung bei vorgegebener Temperatur

Anmerkung 1 zum Begriff: Üblicherweise, aber nicht immer entspricht das dem Prozentsatz des Feuchtegehalts der Luft bei Sättigung.

3.14
Lagerungsumgebung
Bedingungen für die zu lagernden Materialien, d. h. Temperatur, relative Luftfeuchte, Sauberkeit der Räumlichkeiten und Verunreinigungen der Luft

Anmerkung 1 zum Begriff: Im Idealfall entspricht die Lagerungsumgebung den relevanten ISO-Kriterien.

4 Empfehlungen

4.1 Temperaturbereich

Die Leitlinien für die Bedingungen der Langzeitlagerung in dieser Internationalen Norm legen vier Temperaturbereiche für die Lagerung von Beständen mit verschiedenen Medien fest:

— Raum;

— kühl;

— kalt;

— unter Null (siehe Tabelle 1).

Raumbedingungen sind ausreichend für Materialien, die als chemisch stabil anzusehen sind, wie schwarz-weiß Silber- und Kohlenstoff-Bilder auf Polyesterbasis, Glas und Papier.

Kühle Bedingungen sind geeignet für Materialien, deren Stabilität bei kalten Temperaturen beeinträchtigt werden kann (magnetische Medien) und für instabile Materialien (z. B. schwarz-weiße Azetatfilme), falls eine niedrige relative Luftfeuchte aufrechterhalten werden kann.

Kalte Bedingungen werden für instabile Materialien empfohlen, beispielsweise für einige Farbfotografien und Filme auf Cellulosebasis.

Unter Null Bedingungen sollten zum Erreichen der maximalen Lebensdauer für alle Materialien genutzt werden, die diese Umgebung aushalten. Sie sollten auch für instabile Materialien genutzt werden, die eine geringe Verträglichkeit für höhere Temperaturen haben. In einigen Fällen kann die chemische Zersetzung bereits begonnen haben, erkennbar durch Essiggeruch von sich zersetzendem fotografischem Film auf Azetatbasis, durch rostende Behälter oder Bildabschwächung bei Filmen auf Nitratbasis oder durch Farbzerstörung. Diese Materialien sollten immer in einer unter-Null Umgebung gelagert werden.

DIN ISO 18934:2019-08

Der Archivar sollte den Temperaturbereich wählen, der am ehesten für den speziellen Bestand geeignet ist mit dem Ziel, einen Temperaturbereich so nah wie möglich an den ISO-Empfehlungen zu erreichen. Vergleiche der ISO-Lagerungsbedingungen in den Normen für spezielle Materialien mit den entsprechenden Leitlinien in dieser Internationalen Norm werden in Tabelle 2 angegeben. Es sollte in Erwägung gezogen werden, während der normalerweise kalten Perioden des Jahres einen niedrigeren Sollwert für die Temperatur zu wählen. Dies kann geringfügig höhere Temperaturen in anderen Jahreszeiten ausgleichen, in denen das Einhalten einer niedrigen Temperatur nicht praktikabel ist.

Tabelle 1 — Allgemeine Temperaturkategorien für Langzeitlagerungsbedingungen

Bedingung[a]	**Temperaturbereich** °C
Raum	16 bis 23
kühl	8 bis 16
kalt	0 bis 8
unter Null	−20 bis 0

[a] Es werden 30 % RH bis 50 % RH für jede Bedingung angenommen.

Tabelle 2 — ISO-Langzeitlagerungsbedingungen

Basismaterial	**Aufzeichnungsschicht**	**ISO-Norm**	**RH** % **min.**	**RH** % **max.**	**max. Temperatur** °C
Glasplatte	s/w-Foto	ISO 18918	30	40	18
Nitrat	s/w-Foto	ISO 10356	20	30	2
Azetat	s/w-Foto	ISO 18911	20	50	2
			20	40	5
			20	30	7
	Farbfoto	ISO 18911	20	50	−10
			20	40	−3
			20	30	2
Polyester	s/w-Foto	ISO 18911	20	50	21
	Farbe	ISO 18911	20	50	−10
			20	40	−3
			20	30	2
	Magnetband	ISO 18923	15	50	11
			15	30	17
			15	20	23

DIN ISO 18934:2019-08

Tabelle 2 (*fortgesetzt*)

<table>
<tr><th rowspan="2">Basismaterial</th><th rowspan="2">Aufzeich-
nungsschicht</th><th rowspan="2">ISO-Norm</th><th colspan="2">RH
%</th><th>max.
Temperatur</th></tr>
<tr><th>min.</th><th>max.</th><th>°C</th></tr>
<tr><td rowspan="2">Papier</td><td>s/w-Foto
Elektrofoto-
grafie
Silberfarb-
bleichung</td><td>ISO 18920</td><td>30</td><td>50</td><td>16</td></tr>
<tr><td>chromogene
Farbe
Tintenstrahl
Farbsubli-
mation</td><td>ISO 18920</td><td>30
30</td><td>50
40</td><td>2
5</td></tr>
<tr><td>Polycarbonat</td><td>CD</td><td>ISO 18925</td><td>20</td><td>50</td><td>23</td></tr>
</table>

4.2 Temperaturwechsel

Der Temperaturwechsel sollte in zwei Fällen kontrolliert werden: wenn ein Verdacht auf physische Schädigung besteht und wenn der Temperaturwechsel eine hohe Temperatur bedingt, die der ISO-Empfehlung nicht entspricht und die dann für die chemische Stabilität abträglich wäre. Die Zeiten der Temperaturkonditionierung sind generell sehr kurz.

Eine physische Beschädigung ist durch die Unterschiede der Wärmekoeffizienten von Ausdehnung oder Zusammenziehung der verschiedenen Lagen des Schichtstoffs möglich, was zu einer Beschädigung der Haftung führen kann. Optische Platten können für dieses Problem wegen der Dicke der Schichtbestandteile anfällig sein.

Temperaturverläufe innerhalb der empfohlenen Grenzen sollten kein Problem sein, es sei denn, die Durchschnittstemperatur liegt am oberen Grenzwert. Unter diesen Bedingungen sollte die Schwankung ±3 °C innerhalb eines 24-stündigen Zeitraums nicht übersteigen, wie in den ISO-Normen angegeben. Abweichungen der Temperatur unter den Grenzwert, der in Tabelle 1 angegeben ist, sind normalerweise kein Problem, da niedrigere Temperaturen die chemische Stabilität verbessern. Ausnahmen kann es bei optischen Platten, bei Glasplatten und bei Magnetbändern geben, die physische Schäden aufweisen könnten.

4.3 Bereich der relativen Luftfeuchte

Wie in Tabelle 2 zu sehen, bewegen sich die Bereiche der relativen Luftfeuchte in den ISO-Normen für die verschiedenen Medien zwischen 15 % bis 50 % in Abhängigkeit von dem Temperaturniveau, mit nicht mehr als ±5 % Abweichung innerhalb eines 24-stündigen Zeitraums. Ein sicherer Durchschnittswert der relativen Luftfeuchte für fast alle Materialien, der chemische Stabilität und physische Stabilität für die Handhabung ausgleicht, liegt zwischen 30 % RH und 50 % RH. Jedoch verbessert sich die chemische Stabilität vieler Materialien durch Absenken des oberen Werts der relativen Luftfeuchte.

Periodische, nicht normgerechte Bedingungen können teilweise durch Perioden besserer Bedingungen ausgeglichen werden, womit eine Lebenserwartung zu erreichen ist, die größer ist als sie unter den schlechten Bedingungen alleine wäre (siehe Literaturhinweise [4], [5] und [6]). In einigen Klimazonen könnte es möglich sein, einen Bereich von 30 % RH bis 40 % RH während bestimmter Jahreszeiten aufrecht zu erhalten, was die Wirkung höherer Bereiche in anderen Jahreszeiten teilweise aufheben würde.

4.4 Wechsel der relativen Luftfeuchte

Der Wechsel der relativen Luftfeuchte sollte in denselben zwei Fällen kontrolliert werden, die für den Temperaturwechsel diskutiert wurden, wenn er eine mechanische Schädigung verursachen kann und wenn er zu einer Luftfeuchte außerhalb der empfohlenen Grenzen führt, die die chemische Stabilität beeinträchtigen würde.

Mechanische Beschädigung oder Verlust der physischen Unversehrtheit des Mediums kann ein Problem für ältere fotografische Erzeugnisse mit einer geringen Haftung der Emulsion sein, beispielsweise historische Glasplatten. Ein Mangel an Haftung zwischen den Beschichtungen optischer Platten kann wegen der Unterschiede der Feuchteschrumpfung der verschiedenen Schichten ebenfalls problematisch sein.

Im Allgemeinen sind Verläufe der Luftfeuchte zwischen 30 % RH und 50 % RH nicht kritisch, es sei denn der Durchschnittswert ist nahe der oberen Grenze. Der Verlauf könnte zu einer beträchtlichen Abweichung unterhalb der Grenze führen. Dies wird vom Ausmaß des Verlaufs, der Zeitspanne der Abweichung vom empfohlenen Level und der Art der verwendeten Umhüllung abhängen. Tabelle 3 zeigt den enormen Unterschied in feuchtebedingter Zeit für verschiedene Materialien und Umhüllungen.

Wenn die Umhüllung keinen nennenswerten Feuchteschutz und keine hinreichende relative Luftfeuchte bewirkt, ist der Verlauf wichtig, der die ±5 % RH-Empfehlung über einen 24-stündigen Zeitraum jedoch nicht überschreiten sollte. Wenn aber Kunststoffboxen oder Metalldosen benutzt werden, ist es nicht notwendig eine sehr strikte Luftfeuchtekontrolle vorzusehen (siehe [7] und [8]). Ein Luftfeuchteverlauf größer als ±20 % RH über einen 24-stündigen Zeitraum ist nicht schädlich. Es ist wichtig, dass der Feuchtegehalt des Mediums innerhalb eines Bereichs von 30 % RH bis 50 % RH verbleibt.

Tabelle 3 — Typische Zeiten für 50 % Feuchtegleichgewicht bei 21 °C

Material oder Verschluss	**Zeit**[a] Tage	**Verweisung in den Literaturhinweisen**
16-mm-Rolle fotografischer Film in Metalldose[b]	20	[7]
35-mm-Rolle fotografischer Film in Kartonbox[b]	3	[8]
35-mm-Rolle fotografischer Film in Metalldose	40	[8]
35-mm-Rolle fotografischer Film in Kunststoffbox	130	[8]
150-Blatt-Film-Stapel in Kartonbox	3	[8]
150-Blatt-Film-Stapel in Metalldose	15	[8]
$\frac{3}{4}$-Zoll-Magnetband ohne Umhüllung	1	[9]
$\frac{3}{4}$-Zoll-Magnetband in Kassette	2	[9]

[a] Wenn zum Beispiel die Ausgangsfeuchte bei 20 % RH liegt und das Material in eine Umgebung mit 50 % RH verbracht wird, sind die Zeiten angegeben, um ein Feuchtegleichgewicht von 35 % RH zu erreichen.

[b] Geschlossene oder nicht versiegelte Dosen und Kisten.

DIN ISO 18934:2019-08

5 Auswahl von Umgebungsbedingungen für Archive mit verschiedenen Medien

Viele Institutionen haben Bestände, in denen eine oder zwei Medienarten überwiegen, zum Beispiel fotografische Drucke auf Papierbasis und Negative von Standfotos oder audiovisuelle Magnetbänder und Kinofilme. Andere Bestände können auch kleine Mengen anderer Materialien zusätzlich zu der überwiegenden Art haben. Diese können möglicherweise nicht nach Arten abgegrenzt werden, weil sie auf diese Weise eingebracht worden sind oder weil es nicht möglich war, sie zu trennen, ohne die Organisationsstruktur zu durchbrechen oder den Informationsinhalt zu verlieren.

Alle Institutionen müssen die angestrebten oder die gesetzlichen Anforderungen abwägen, um die Lebenserwartung ihrer Bestände mit den verfügbaren Mitteln zu maximieren. Im Allgemeinen ist die kostenwirksamste Lösung die, die Zahl der Lagerungsumgebungen zu minimieren. Die ISO-Lagerungsnormen legen unterschiedliche Umgebungsbedingungen für die verschiedenen Medien fest. Wie in 4.1 und Tabelle 1 angegeben, lassen sich die ISO-Lagerungsempfehlungen für verschiedene Medien in vier weit gefasste Temperaturbereiche einteilen. Wenn ein Maximum an Lebenserwartung angestrebt wird, ist es am besten, das Medium in Einklang mit den relevanten ISO-Empfehlungen zu lagern. Diese basieren auf Modellen für die prognostizierte Lebenserwartung für relativ neues Material. Ältere Medien, typischerweise von historischen Beständen, könnten bereits ein gewisses Maß an Verschlechterung durchlaufen haben, abhängig von früheren Lagerungsbedingungen und vom Alter, und könnten kältere Lagerungstemperaturen erfordern.

Bei der Auswahl von Umgebungsbedingungen für Bestände mit mehreren Medien könnte die Entscheidung von Faktoren wie den vorherrschenden Medienarten, der relativen Bedeutung der verschiedenen Bestände, der Größe des Bestands mit nur einer Medienart und dem gegenwärtigen Grad der Verschlechterung abhängen. Wenn beispielsweise die Mehrzahl der Bestände aus s/w-Papier oder Polyesterfilm in guter Verfassung mit einem sehr geringen Anteil an Farbmedien besteht, sollte ein Bereich mit Raumbedingung ausreichend sein, mit einem kleinen Kühlgerät oder einer Gefriertruhe für die eher instabilen Farbmaterialien. Wenn die Möglichkeiten es erlauben, sollten das niedrigere Temperatur- und RH-Niveau jeder Bedingung für optimale Ergebnisse vorgesehen werden.

Die ausschlaggebende Entscheidung für den Verwalter der Bestände hängt an den Konsequenzen der Auswahl einer Lagerungsumgebung, die nicht den ISO-Empfehlungen entspricht. Die Eignung jeder Umgebung für die verschiedenen Materialien ist in Tabelle 4 zusammengefasst. Ebenfalls angegeben sind die möglichen Konsequenzen, wenn die Lagerungsbedingungen im nicht empfohlen Bereich liegen. Diese Konsequenzen werden durch folgende qualitativen Begriffe beschrieben:

— „sehr gut" zeigt an, dass die Lebenserwartung größer sein wird, als wenn der ISO-Norm für dieses spezielle Material gefolgt wird;

— „gut" zeigt eine Lebenserwartung an, wie sie bei Einhaltung der ISO-Empfehlung zu erwarten ist;

— „ausreichend" gibt eine Qualität an, die hinreichend für gemäßigte Aufbewahrungszeiten ist, aber nicht gleichzusetzen ist mit denen bei Einhaltung der ISO-Bedingungen;

— „nein" ergibt eine unzureichende Aufbewahrung.

Tabelle 4 — Eignung der Lagerungsbedingung für die Stabilität des Mediums

Lagerbedingungen		Medien											
		Glasplatten	Nitrat[a]	Azetat[a]		Polyester		Fotoabzüge		Elektrofotografie, Farbstoffsublimation, Tintenstrahldruck	Magnetisch		CD, DVD
				s/w	Farbe	s/w	Farbe	s/w	Farbe		Azetat[a]	Polyester	
Raum	16 °C bis 23 °C 30 % RH bis 50 % RH	Ausreichend	Nein[c]	Nein[c]	Nein[c,d]	Gut[g]	Nein[d]	Gut[g]	Nein[d]	Nein[h] bis gut	Nein[c,e]	Nein[e]	Ausreichend
kühl	8 °C bis 16 °C 30 % RH bis 50 % RH	Gut	Nein[c]	Nein[c]	Nein[c,d]	Gut	Nein[d]	Gut	Nein[d]	Nein[h] bis gut	Ausreichend[c]	Gut	Gut
kalt	0 °C bis 8 °C 30 % RH bis 50 % RH	Sehr gut	Gut	Gut	Gut[i]	Sehr gut	Gut[i]	Sehr gut	Gut[i]	Gut	Gut	Gut	Gut
unter Null	−20 °C bis 0 °C 30 %RH bis 50 %RH	Sehr gut[b]	Sehr gut	Sehr gut	Sehr gut[i]	Sehr gut	Sehr gut[i]	Sehr gut	Sehr gut[i]	Sehr gut	Gut	Gut	Nein[i]

f Eine Abtrennung des Gleitmittels vom Bindungsstoff ist möglich[N1].

a Muss bei Temperaturen unter Null gelagert werden, wenn Zeichen fortgeschrittenen Verfalls erkennbar sind, zum Beispiel Ausfärbung, Ausgasen, verrostete Blechbüchsen, brüchige Filmbasis oder Bildabschwächung.
b Brüchigkeit oder Schichtablösung sind bei älteren Platten möglich.
c Kann zu grundlegender Abschwächung führen.
d Ein Verblassen des Bildes oder eine Veränderung der Farbbalance kann bei chromogener Farbe, mit Wärme übertragener Farbe und bei einigen Tintenstrahlbildern auftreten. Raumbedingungen sind gut für Elektrofotografien, Pigmente (Kohlenstoff, Kohle), Farbinhibition (Farbübertragung), Silberfarbbleichung und Farb/Silberdiffussion (Pulver).
e Abschwächung der magnetischen Schichtbindung kann vorkommen.
g Eine Änderung des Bildes ist möglich, wenn es unsachgemäß entwickelt wurde oder in Umhüllungen gelagert wurde, die Peroxide emittieren.
h Verfärbung, Gelbwerden oder Farbwanderung sind mögliche Probleme.
i Schichtablösung ist mit einigen optischen Platten möglich.

N1 Nationale Fußnote: Diese Fußnote hat keine Entsprechung in der Tabelle und hätte im ISO-Original gelöscht werden müssen.

DIN ISO 18934:2019-08

Anhang A
(informativ)

Stabilität von Elektrofotografien, Farbsublimationsdrucken, Tintenstrahldrucken

Elektrografiken, Thermosublimationsdrucke und pigmentbasierte Tintenstrahldrucke haben eine gute Stabilität im Dunkeln. Farbbasierte Tintenstrahldrucke im Allgemeinen haben auch eine gute Stabilität im Dunkeln, aber sie leiden unter Farbmigration bei erhöhter Feuchtigkeit und werden durch Kontakte mit Wasser beschädigt. Tintenstrahldrucke auf porösem Papier können gegen atmosphärische Verunreinigung anfällig sein, speziell gegen Ozon. Drucke, die mit anderen Prozessen hergestellt sind, z. B. thermische Leuko-Farbe, können mit der Zeit zerstört werden und kalte oder unter Null Bedingungen für die Langzeiterhaltung erfordern.

Der Grad der Schädigung und das Potential für physische Probleme bei Lagerung bei extrem niedriger Temperatur und/oder niedriger relativer Luftfeuchte sind nicht gut bekannt, weil sich Technologien wie zum Beispiel thermische Farbübertragung (Farbsublimation), thermische Wachsübertragung, Elektrofotografie und die vielen verschiedenen Tintenstrahlbildmedien rasch ändern.

Einige der gegenwärtigen Tintenstrahldrucke, speziell diejenigen, die Tinten aus stabilen Pigmenten oder verbesserte Tinten, gedruckt auf stabilen Trägern, nutzen, können bei Temperaturen bis zu 16 °C eine sehr gute Bildstabilität aufweisen. Dort, wo die Art der Tinte und der Basis nicht bestimmt werden kann, sollten kältere Temperaturen genutzt werden.

Anhang B
(informativ)

Handhabung der Kaltlagerung

Die Nutzungsdauer von Bildern und Medien kann durch Kaltlagerung verlängert werden. Alle Kaltlagerungsmethoden beinhalten das Risiko von Feuchtekondensation auf den Oberflächen, wenn sie in wärmere Bereiche gebracht werden, wo der Taupunkt überschritten wird. Dies kann vermieden werden, indem die Medien vor der Verlagerung von der Kaltlagerung in versiegelten, feuchtigkeitsbeständigen Behältern oder Taschen platziert werden und ihnen dort die Erwärmung auf eine Temperatur oberhalb des Taupunkts ermöglicht wird. Ein alternatives Vorgehen ist, dem Material die Erwärmung in einer Konditionierungskammer zu ermöglichen. Es sollte beachtet werden, dass der positive Effekt der Kaltlagerung durch die Verlagerung des Mediums von der Kaltlagerung zur Nutzung verloren geht und die Beschädigungsrate einen höheren Grad erreicht. Medien, die in kalten Gewölben oder in Gefriertruhen ohne Luftfeuchtekontrolle lagern, benötigen feuchtigkeitsbeständige Umhüllungen zum Schutz gegen extreme Luftfeuchte. Mehr Einzelheiten über den Nutzen und die Fortschritte der Kaltlagerung werden in ISO 18920 angegeben.

DIN ISO 18934:2019-08

Literaturhinweise

[1] ISO 11799, *Information and documentation — Document storage requirements for archive and library materials*

[2] NISO Z39.54, *Environmental Conditions for the Storage of Paper Publications and Documents in Libraries and Archives*

[3] NFPA 40, *Standard for the Storage and Handling of Cellulose Nitrate Motion Picture Film*. 2001 Edition, National Fire Protection Association, 1 Batterymarch Park, P.O. Box 1901, Quincy, MA 02269-9101, USA

[4] Reilly, J. M., Nishimura, D.W. and Zinn, E., *New Tools for Preservation*. The Commission on Preservation and Access, 1400 16th Street, NW, Suite 740, Washington, DC 20036-2217, USA, Nov. 1995

[5] Sebera, D.K., Isoperms: *An environmental Management Tool*. The Commission on Preservation and Access, 1400 16th Street, NW, Suite 740, Washington, DC 0036-2217, USA, June 1994

[6] McCormick-Goodhart, M., *The Allowable Temperature and Relative Humidity Range for the Safe Use and Storage of Photographic Materials*. Journal of the Society of Archivists, **17** (1), 1996, S. 7-21

[7] Adelstein, P.Z., Graham, C.L. and West, L. E., *Preservation of Motion Picture Colour Film Having Permanent Value*. Journal of Society of Motion Picture and Television Engineers, **79**, Nov. 1970, S. 1011-1018

[8] Bigourdan, J.L. and Reilly, J.M., *Environment and enclosures in Film Preservation. Report to National Endowment for the Humanities*, Washington, DC, USA, Sept. 15, 1997

[9] Voos, M., Ashton, G., VanBogart, J. and Ensminger, R., *Heat and Moisture Diffusion in Magnetic Tape Packs*. IEEE Transactions on Magnetics, **30** (2), March 1994, S. 237-242

[10] Reilly, J.M., *Storage Guide for Colour Photographic Materials*. Image Permanence Institute, Rochester Institute of Technology, 70 Lomb Memorial Drive, Rochester, NY, 14623-5604, USA, 1998

[11] Carroll, J.F. and Calhoun, J.M., *Effect of Nitrogen Oxide Gases on Processed Acetate Film*, Journal of Society of Motion Picture and Television Engineers, **64**, Sept. 1955, S. 501-507

[12] *Media Storage Quick Reference*, Image Permanence Institute, Rochester Institute of Technology, 70 Lomb Memorial Drive, Rochester, NY, 14623-5604, USA, March 2004

Dezember 2020

DIN/TR 67702

ICS 01.140.20; 97.195

Information und Dokumentation – Management der Aufbewahrungsbedingungen von Archiv- und Bibliotheksgut

Information and documentation –
Management of the environmental conditions for archive and library collections

Information et documentation –
Gestion des conditions environnementales pour les documents d'archive et de bibliothèque

Gesamtumfang 75 Seiten

DIN-Normenausschuss Information und Dokumentation (NID)

DIN/TR 67702:2020-12

Inhalt

Bilder

Tabellen

DIN/TR 67702:2020-12

Vorwort

Dieses Dokument wurde vom Arbeitsausschuss NA 009-00-14 AA „Bestandserhaltung in Archiven und Bibliotheken“ im DIN-Normenausschuss Information und Dokumentation (NID) erarbeitet.

Dieses Dokument basiert auf ISO/TR 19815 „Information and documentation - Management of the environmental conditions for archive and library collections“.

Technische Reporte sind nicht Bestandteil des Deutschen Normenwerks.

Es wird auf die Möglichkeit hingewiesen, dass einige Elemente dieses Dokuments Patentrechte berühren können. DIN ist nicht dafür verantwortlich, einige oder alle diesbezüglichen Patentrechte zu identifizieren.

Aktuelle Informationen zu diesem Dokument können über die Internetseiten von DIN (www.din.de) durch eine Suche nach der Dokumentennummer aufgerufen werden.

Einleitung

Dieses Dokument behandelt größtenteils dieselben Themen wie BSI/PAS 198 [46]. Der Hauptunterschied besteht darin, dass BSI/PAS 198 für die Anwendung unter britischen Bedingungen mit einem gemäßigten Klima entwickelt wurde. In den verschiedenen Klimazonen bestehen unterschiedliche Herausforderungen. Ungeachtet dessen gibt es allgemein anwendbare Grundsätze.

Da die Umgebungsbedingungen sowohl auf die Anforderungen einer bestimmten Sammlung als auch die Ressourcen der Institution, den Kontext ihres Betriebs und das lokale Klima zuzuschneiden sind, eignet sich eine Auswahl von Bedingungen nicht unter allen Umständen für alle Sammlungen. Dieses Dokument versteht sich als Rahmenwerk für die Entscheidungsfindung über geeignete Umgebungsbedingungen für Sammlungen in Archiven und Bibliotheken in unterschiedlichen Klimazonen.

Archive, Bibliotheken und andere Kulturinstitutionen sind Wächter des gemeinsamen kulturellen Erbes. Ihr Ziel ist, die Sammlungen langfristig zu erhalten. Außerdem sind sie verpflichtet, diese Aufgabe so zu erfüllen, dass Auswirkungen auf die weltweiten Ressourcen und das Klima minimiert werden. Da der Klimawandel sich auf Kulturinstitutionen mindestens so auswirken wird wie auf jede andere Einrichtung, sollte der Verbrauch von Energie und insbesondere nicht-erneuerbarer Ressourcen verringert werden. Wo immer möglich, sollten passive, also nicht energieverbrauchende Lösungen bevorzugt und Gebäude entsprechend konstruiert werden.

Zuerst sollten der Umfang und die Zusammensetzung der Bestände bedacht werden, ihre Bedeutung, ihr aktueller Zustand, ihre Verwendungsweise und die erhoffte Lebensdauer. So enthalten Archiv- und Bibliothekssammlungen - neben Papier, Pergament und anderen organischen Materialien in gebundener und ungebundener Form oder auch Schwarzweiß- und Farbfotodrucken und Negativen - häufig auch Grammophon-Schallplatten, Tonbänder oder Filme sowie eine zunehmende Zahl diverser elektronischer Medien. Weiterhin können Sammlungen alle möglichen Artefakte aus verschiedensten Materialien enthalten. Auch wenn viele dieser Materialien ähnliche umgebungsbedingte Empfindlichkeiten aufweisen, sind einige spezielle Anforderungen zu berücksichtigen.

Anschließend sollten das Umfeld, in dem man die Sammlungen aufbewahrt, nutzt oder ausstellt, durchdacht werden, wie auch die daraus folgenden Risiken. Aufgrund der zu Art und Zustand der Sammlungen beschafften Informationen können die Anfälligkeiten gegenüber Temperatur, relativer Feuchte, Licht und Schadstoffen beurteilt werden - und folglich auch die zur Minderung dieser Risiken zu treffenden Maßnahmen. Dazu gehören die Konstruktion von Gebäuden oder deren Modifikation, passive Maßnahmen zur Umfeldkontrolle oder Verbesserungen der Aufbewahrungs- oder Ausstellungstechniken.

Jede Institution, die Kulturgut verwahrt, kann und sollte in der Lage sein, diese Maßnahmen zu treffen, trotz aller Begrenztheit ihrer Ressourcen und klimatischer Widrigkeiten. Die Kenntnis der Bestände wie auch der Risiken ist unverzichtbar für die angemessene Verwaltung und den langfristigen Erhalt der Sammlungen.

Empfehlungen zu Umfeldfaktoren für Ausstellungen und Leihgaben werden von Konservierungsexperten laufend angepasst. Die Literaturhinweise [29], [206] und [236] enthalten zusätzliche Informationen hierzu. Eine kontrollierte Umgebung ist zweifelsohne wichtig für die Erhaltung von Sammlungen. Wenn die Werte für die Materialerhaltung aber ausreichend sind, wird heute grundsätzlich anerkannt, dass tägliche und jahreszeitliche Schwankungen der Temperatur und relativen Feuchte den meisten Sammlungen nicht schaden.

Dieses Dokument bietet darüber hinaus Zugang zu Forschungsergebnissen, die zu einigen Änderungen in ISO 11799 geführt haben.

DIN/TR 67702:2020-12

1 Anwendungsbereich

Dieses Dokument informiert über aktuelle Diskussionen und über Änderungen von Handlungsempfehlungen zum Umfeldmanagement im Aufgabenbereich Kulturerbe. Enthalten sind Informationen zur Konservierungsforschung im Bereich präventiver Methoden, zur passiven Kontrolle mittels spezifischer Konstruktionsverfahren und Neuerungen, zu Fortschritten der Technik bei der Umfeldkontrolle und zu Fragen des Energie- und Klimawandels. Dieses Dokument richtet sich an Archive, Bibliotheken und andere Institutionen, deren Sammlungen überwiegend aus Papier bestehen. Archive und Bibliotheken haben auch Bestände, die Filme, Magnetdatenträger, Leder oder andere organische, anorganische oder gemischte Materialien enthalten. Diese Institutionen stehen vor der Herausforderung, heute den Zugang zu diesen Materialien zu ermöglichen und für künftige Generationen die Nutzbarkeit sicherzustellen. Das Umfeld spielt eine Schlüsselrolle für eine langfristige Erhaltung dieser Materialien.

Dieses Dokument dient der Anwendung im Bestandserhaltungs- und laufenden Umfeldmanagement zur dauerhaften Aufbewahrung von Archiv- und Bibliotheksgut; es gilt für alle Bestände, die dauerhaft von Institutionen aufbewahrt werden.

2 Normative Verweisungen

Es gibt keine normativen Verweisungen in diesem Dokument.

3 Begriffe

Für die Anwendung dieses Dokuments gelten die folgenden Begriffe.

DIN und DKE stellen terminologische Datenbanken für die Verwendung in der Normung unter den folgenden Adressen bereit:

— DIN-TERMinologieportal: verfügbar unter https://www.din.de/go/din-term

— DKE-IEV: verfügbar unter http://www.dke.de/DKE-IEV

3.1
Luftwechselrate
Luftwechselrate in einem Raum, ausgedrückt als Volumen pro Zeiteinheit geteilt durch das Raumvolumen, ausgedrückt in konsistenten SI-Einheiten

Anmerkung 1 zum Begriff: Die Luftwechselrate wird oftmals als Luftwechsel pro Stunde angegeben.

Anmerkung 2 zum Begriff: Dieser Begriff wird verwendet, wenn eine aktive Belüftung besteht [siehe auch *Lüftungsrate* (3.40)].

[QUELLE: ISO 16814:2008, 3.5]

3.2
Wärmeschichtung
Neigung erwärmter Luft, aufzusteigen und sich mit steigender Temperatur zu schichten

3.3
Sammlung
Bestand
in Archiven und Bibliotheken aufbewahrte Dokumente unterschiedlicher Größe und Beschaffenheit

Anmerkung 1 zum Begriff: Hierbei handelt es sich hauptsächlich um Bücher, Manuskripte, Akten, Karten, grafische Sammlungen und andere Dokumente aus Papier, aber auch Pergament, Papyrus, Filme, fotografisches Material, audiovisuelle Aufzeichnungen, Magnet- und optische Datenträger sowie Einbände und Schutzmaterial.

Anmerkung 2 zum Begriff: Der Begriff „Bestand" wird häufiger in Archiven verwendet.

3.4
Taupunkt
Maßeinheit für atmosphärische Feuchte

Anmerkung 1 zum Begriff: Hierbei handelt es sich um die Temperatur, bei der die Luft mit Wasserdampf gesättigt ist und zu kondensieren beginnt.

3.5
Dokument
aufgezeichnete Informationen oder Materialien, die als Einheit in einem Dokumentationsprozess betrachtet werden können

3.6
Effektivität
Ausmaß, in dem geplante Tätigkeiten verwirklicht und geplante Ergebnisse erreicht werden

3.7
Energie
Elektrizität, Brennstoffe, Dampf, Wärme, Druckluft und ähnliche Medien

Anmerkung 1 zum Begriff: In diesem Dokument umfasst Energie die verschiedenen Energieformen, einschließlich erneuerbarer Energien, die gekauft, gespeichert, aufbereitet, in einer Ausrüstung oder in einem Prozess verwendet oder wiedergewonnen werden können.

Anmerkung 2 zum Begriff: Energie kann definiert werden als die Fähigkeit eines Systems, externe Aktivität zu erzeugen oder Arbeit zu leisten.

[QUELLE: ISO 50001:2011, 3.5]

3.8
Energieeinsparung
sorgfältiges Management von Energieressourcen

Anmerkung 1 zum Begriff: Dieser Begriff bezieht sich auf einen angemessen minimalen Verbrauch von Energie innerhalb einer Institution und umfasst die Kenntnis der energiebezogenen Leistung und der spezifischen *Energieeffizienz* (3.9) eines Gebäudes oder technischer Anlagen.

3.9
Energieeffizienz
Maßnahmen, um sicherzustellen, dass Gebäude und Anlagen durch effiziente Energienutzung in Übereinstimmung mit den Bemessungsparametern funktionieren

[QUELLE: ISO 16813:2006, 3.17]

3.10
Energiebezogene Leistung
messbare Ergebnisse im Hinblick auf *Energieeffizienz* (3.9), Energienutzung und Energieverbrauch

Anmerkung 1 zum Begriff: Im Kontext von *Energiemanagementsystemen* (3.12) können Ergebnisse in Bezug auf die Energiestrategie, die Ziele und andere energiebezogene Leistungsanforderungen der Organisation gemessen werden.

[QUELLE: ISO 50001:2011, 3.12]

3.11
Umwelt
Umgebung, in der eine Organisation tätig ist, einschließlich Luft, Wasser, Boden, natürlicher Ressourcen, Flora, Fauna, Menschen und deren wechselseitige Beziehungen

Anmerkung 1 zum Begriff: Umwelt kann sich vom Inneren einer Organisation bis zum lokalen, regionalen und globalen System erstrecken.

Anmerkung 2 zum Begriff: Umwelt kann mit Begriffen wie Biodiversität, Ökosysteme, Klima oder anderen Merkmalen beschrieben werden.

Anmerkung 3 zum Begriff: Für den Nahbereich von Objekten und Beständen werden statt des Begriffs Umwelt die Begriffe Umgebung und Umfeld verwendet. Der Nahbereich kann sich bis zu den inneren Begrenzungsflächen von Aufbewahrungs- und Benutzungsräumen erstrecken.

[QUELLE: ISO 14001:2015, 3.2.1, modifiziert]

3.12
Umweltmanagementsystem
Der Teil des Managementsystems, der dazu dient, Umweltaspekte zu handhaben, bindende Verpflichtungen zu erfüllen und mit Risiken und Chancen umzugehen

[QUELLE: ISO 14001:2015, 3.1.2]

3.13
umweltbezogene Leistung
Leistung bezogen auf das Management von Umweltaspekten

Anmerkung 1 zum Begriff: Für ein *Umweltmanagementsystem* (3.12) können Ergebnisse in Bezug auf die *Umweltstrategie* (3.14), die Umgebungsziele oder andere Kriterien der Organisation auf der Grundlage von Indikatoren gemessen werden.

[QUELLE: ISO 14001:2015, 03.04.2011]

3.14
Umweltstrategie
Die von der obersten Leitungsebene einer Organisation hinsichtlich ihres Umweltmanagements festgelegten Ziele und Ausrichtung

[QUELLE: ISO 14001:2015, 3.1.3]

3.15
Glasübergang
umkehrbarer Übergang in ein amorphes Polymer oder amorphe Regionen eines teilweise kristallinen Polymers von (oder zu) einem viskosen und gummiartigen Zustand zu (oder von) einem harten und relativ brüchigen Zustand

[QUELLE: ISO 11357-2:2013, 3.1]

3.16
Glasübergangstemperatur
T_g
charakteristischer Temperaturbereich, in dem der Glasübergang stattfindet

Anmerkung 1 zum Begriff: Die zugeordnete Glasübergangstemperatur (T_g) kann je nach spezifischen Eigenschaften und den zu ihrer Messung gewählten Verfahren und Bedingungen variieren.

[QUELLE: ISO 11357-2:2013, 3.2]

3.17
HVAC-Anlage
Anlage für die Beheizung, Belüftung und Klimatisierung von Gebäuden

Anmerkung 1 zum Begriff: HVAC steht im Englischen für die Begriffe Heating, Ventilation und Air Conditioning.

[QUELLE: ISO 16814:2008, 3.18, modifiziert]

3.18
Hydrolyse
chemische Zersetzung, in der ein Stoff durch Reaktion mit Wasser in andere Stoffe aufgespalten wird

3.19
Indikator
Maßstab für die Beschaffenheit oder den Status von Arbeitsabläufen, Verwaltungsabläufen oder Zuständen

[QUELLE: ISO 14031:2013, 3.15]

3.20
Infiltrationsluft
unkontrolliertes Einströmen von Luft in einen Raum durch undichte Stellen in einer Gebäudehülle

[QUELLE: ISO 16814:2008, 3.20]

3.21
Wärmedämmung
Materialien, die gering wärmeleitend sind und daher den Wärmeverlust aus einem Objekt oder Raum verlangsamen

3.22
Langzeitaufbewahrung
Dauerhafte, zeitlich nicht begrenzte Aufbewahrung eines zur Erhaltung vorgesehenen Materials

3.23
Instandhaltung
Präventiv- oder Korrekturmaßnahmen, die zur Aufrechterhaltung des langfristigen Funktionierens von Aufbewahrungseinrichtungen und der enthaltenen Anlagen getroffen werden

Anmerkung 1 zum Begriff: Während Präventivmaßnahmen einen Vorfall vermeiden sollen, dienen Korrekturmaßnahmen der Verhinderung eines Wiederauftretens.

3.24
Managementsystem
Zusammenhängende oder sich gegenseitig beeinflussende Elemente einer Organisation, um Strategien, Ziele und Prozesse zum Erreichen dieser Ziele festzulegen

Anmerkung 1 zum Begriff: Ein Managementsystem kann eine oder mehrere Fachdisziplinen behandeln (z. B. Qualität, Umwelt, Arbeits- und Gesundheitsschutz, Energie, Finanzmanagement).

Anmerkung 2 zum Begriff: Die Elemente des Systems beinhalten die Organisationstruktur, Rollen und Verantwortlichkeiten, Planung und Betrieb, Leistungsbewertung und Verbesserung.

Anmerkung 3 zum Begriff: Der Anwendungsbereich eines Managementsystems kann die gesamte Organisation, bestimmte Funktionen und Bereiche der Organisation oder eine oder mehrere Funktionen über eine Gruppe von Organisationen hinweg umfassen.

[QUELLE: ISO 14001:2015, 3.1.1]

3.25
ventilatorgestützte Lüftung
Lüftung mittels technischer Anlagen

[QUELLE: ISO 16814:2008, 3.22]

3.26
Überwachung
Bestimmung des Status einer Anlage, eines Prozesses oder einer Maßnahme

Anmerkung 1 zum Begriff: Zum Bestimmen des Status kann es erforderlich sein zu prüfen, zu kontrollieren oder detailliert zu beobachten.

[QUELLE: ISO 14001:2015, 3.4.8]

3.27
natürliche Lüftung
Lüftung durch undichte Stellen (Infiltration) wie auch beabsichtigte Öffnungen (Lüftung) in der Hülle des gesamten Gebäudes oder einzelner Räume bedingt durch Druckunterschiede, ohne Zuhilfenahme energiebetriebener Lüftungsanlagen

[QUELLE: ISO 16814:2008, 3.24]

3.28
genutzter Bereich
für die Nutzung vorgesehener Bereich, der von der Geometrie und der fallweise festzulegenden Verwendung des Raums abhängt

Anmerkung 1 zum Begriff: Wird üblicherweise für Bereiche verwendet, die für die Nutzung durch Menschen vorgesehen sind, und ist festgelegt als ein durch horizontale und vertikale Ebenen begrenztes Luftvolumen. Die vertikalen Ebenen verlaufen gewöhnlich parallel zu den Wänden des Raums.

[QUELLE: ISO 16814:2008, 3.28]

3.29
Außenluft
Unbehandelte Luft, wie sie von außen eintritt

[QUELLE: ISO 16814:2008, 3.31]

3.30
Außenlufteinlass
Öffnung, durch die Außenluft zugeführt wird

[QUELLE: ISO 16814:2008, 3.30]

3.31
Leistung
messbares Ergebnis

Anmerkung 1 zum Begriff: Leistung kann sich entweder auf quantitative oder qualitative Feststellungen beziehen.

Anmerkung 2 zum Begriff: Leistung kann sich auf das Führen und Steuern von Tätigkeiten, Prozessen, Produkten (einschließlich Dienstleistungen), Anlagen oder Organisationen beziehen.

[QUELLE: ISO 14001:2015, 03.04.2010]

3.32
Prozess
mehrere zusammenhängende oder sich gegenseitig beeinflussende Tätigkeiten, die zu Ergebnissen führen

Anmerkung 1 zum Begriff: Ein Prozess kann dokumentiert sein oder nicht.

[QUELLE: ISO 14001:2015, 3.3.5]

3.33
relative Feuchte
RH
Temperaturabhängiges Verhältnis des in der Luft enthaltenen Wasserdampfs zur jeweils maximal möglichen Masse (Sättigung)

[QUELLE: ISO 16814:2008, 3.34, modifiziert]

3.34
Magazin
Gebäude oder Raum, das/der speziell für die Langzeitaufbewahrung von Archiv- oder Bibliothekmaterial gestaltet, ausgestattet und genutzt wird

3.35
Anforderung
Bedingung oder Erwartung, die festgelegt, üblicherweise vorausgesetzt oder verpflichtend ist

Anmerkung 1 zum Begriff: „Üblicherweise vorausgesetzt" bedeutet, dass es für die Organisation und andere interessierte Parteien übliche oder allgemeine Praxis ist, dass die entsprechende Bedingung oder Erwartung vorausgesetzt wird.

Anmerkung 2 zum Begriff: Eine spezifizierte Anforderung ist eine, die beispielsweise in dokumentierter Form festgehalten ist.

Anmerkung 3 zum Begriff: Andere als rechtliche Anforderungen werden verpflichtend, wenn die Organisation sich zu ihrer Erfüllung entscheidet.

[QUELLE: ISO 14001:2015, 3.2.8]

3.36
Kondensationsentfeuchtung
Prozess der Kühlung von Luft unter ihren Taupunkt, um sie durch Kondensation zu entfeuchten

Anmerkung 1 zum Begriff: Auf die Kondensationsentfeuchtung folgt die Wiedererwärmungsphase zur Steuerung der Temperatur und der relativen Feuchte.

3.37
Nachhaltigkeit
Erhaltung der Bestandteile und Funktionen eines Ökosystems für zukünftige Generationen unter Berücksichtigung der wirtschaftlichen Effizienz, sozialer Aspekte und des Umweltschutzes

[QUELLE: ISO 16813:2006, 3.27]

3.38
Anlagen
Technische Prozesse, die gesteuert werden

Anmerkung 1 zum Begriff: Beispiele sind Heizung, Kühlung, Haushaltswarmwasser, Beleuchtung, Lüftung und die relevante Automatisierung oder Steuerung.

[QUELLE: ISO 23045:2008, 3.3]

3.39
Lüftung
Prozess der Zu- oder Ableitung von Luft in einen oder aus einem Raum anhand natürlicher oder technischer Hilfsmittel, zur Kontrolle des Luftverschmutzungsgrads, der Feuchte, von Gerüchen oder der Temperatur

[QUELLE: ISO 16814:2008, 3.44]

3.40
Lüftungsrate
Luftvolumenstrom, mit dem Außenluft in ein Gebäude oder einen geschlossenen Raum eintritt

[QUELLE: ISO 16814:2008, 3.45]

4 Allgemeines

Um das Umfeld in einem Archiv oder einer Bibliothek zu steuern, sollten Ziele für die Planungsphase und für das Treffen von Entscheidungen bestimmt werden. Es sollte festgelegt werden, welchem Zweck das Umfeldmanagement im Hinblick auf die Erfüllung von Erhaltungsanforderungen der Sammlungen dienen soll. Das Umfeldmanagement ist die wohl wichtigste Erhaltungsmaßnahme für alle Bestände, um die Verschlechterung des Zustands von in Archiv- und Bibliothekssammlungen vorhandenen Materialien größtmöglich zu verlangsamen. Die Bestimmung der in materieller Hinsicht zu erwartenden Lebensdauer der Sammlungen anhand von Bewertungsinstrumenten (vgl. 15.1.2 und 15.1.3) kann helfen, die Exposition gegenüber hohen Temperaturen und hoher relativer Feuchte zu begrenzen und innerhalb der Sammlungen die Prioritäten festzulegen, mit denen man die Aufrechterhaltung der bestmöglichen Umgebung erreicht. Dafür sind Kenntnisse der Sammlungen und der speziellen Anfälligkeiten ihrer Materialien und Formate erforderlich.

Es wird empfohlen, Daten zu den Sammlungen zu erheben, einschließlich:

— der in jeder Sammlung vorhandenen Materialien und ihrer jeweiligen Menge;

— die Bedeutung der Objekte und die dieser Bedeutung zugrundeliegenden Aspekte;

— der erhofften Lebensdauer der Objekte;

— des aktuellen Zustands der Sammlungen;

— der Art und Weise, in der die Sammlungen genutzt werden, einschließlich der Aufbewahrung, Handhabung, Ausstellung und Entleihung;

— der bisherigen Erhaltungsmaßnahmen oder anderen Eingriffe, die die Stabilität oder Anfälligkeit beeinflussen könnten.

Die Mengen können näherungsweise bestimmt werden, es ist jedoch wichtig, alle vorhandenen Materialien festzustellen.

Die Institution muss Daten zum dem jeweiligen Umfeld erheben, in dem Sammlungen aufbewahrt, gehandhabt, ausgestellt oder ausgeliehen werden, einschließlich:

— Aufzeichnungen der Innen- und Außentemperatur und der relativen Feuchte;

— Aufzeichnungen der Beleuchtungsstärke der Objekte durch sichtbares und UV-Licht und die Dauer dieser Exposition;

— Aufzeichnungen gas- und partikelförmiger Schadstoffe, denen die Objekte ausgesetzt sind;

— wenn aktive Verfahren zur Umfeldkontrolle eingesetzt werden, wie etwa Lüftung, Filterung, Kühlung, Befeuchtung und Entfeuchtung, müssen die Steuerungseinstellungen und alle daran vorgenommenen Änderungen (z. B. jahreszeitliche Änderungen) sowie die von diesen Anlagen verbrauchte Energiemenge aufgezeichnet werden.

Soweit möglich, sollten Aufzeichnungen der Bedingungen von sämtlichen Umgebungen, in denen Sammlungen aufbewahrt werden, erstellt werden.

Alle Geräte zur Überwachung des Umfelds sollten gemäß den Empfehlungen der Hersteller instandgehalten und regelmäßig kalibriert werden.

Die Aufzeichnungen sollten aufbewahrt und regelmäßig ausgewertet werden, um jahreszeitliche oder langfristige Trends zu erkennen.

Durch die beschafften Informationen ist eine Institution in der Lage, Umgebungsrisiken für Sammlungen zu beurteilen.

Nach Ermittlung der Risiken kann eine Institution eine Richtlinie für die Aufbewahrung, Handhabung, Ausstellung und Entleihung von Objekten erstellen. Darin können beispielsweise obere und untere Grenzwerte, Wechselrate und Schwankungen der Temperatur und der relativen Feuchte, die maximale Exposition unter sichtbarem und UV-Licht sowie die maximal zulässigen Konzentrationen gas- und partikelförmiger Schadstoffe festgelegt werden.

Wenn Anlagentechnik zur Umfeldsteuerung angewandt wird, sollte die Institution den Verbrauch nicht erneuerbarer Energie möglichst gering halten.

5 Umfeldmanagement zur Optimierung der Erhaltung und Nachhaltigkeit

Nachhaltigkeit bei der Bewahrung von Archiv- und Bibliotheksbeständen fordert von Institutionen, sich dem Erhaltungsprozess mit einer anderen Einstellung zu widmen, als es in der Vergangenheit üblich war. Festgelegte Umgebungsbedingungen oder Arten des Gebäudebetriebs sind nicht für alle Sammlungen unter allen Umständen geeignet, und eine Erhaltung unter Vernachlässigung der Energiekosten und des Verbrauchs nicht erneuerbarer Ressourcen ist nicht länger praktikabel. Für das Thema Nachhaltigkeit bei der optimierten Bewahrung ist es wichtig, den Gebäudebetrieb zu betrachten. Eine optimale Aufbewahrungsumgebung ist die Umgebung, die die bestmögliche Erhaltung von Sammlungen bei geringstmöglichen Energiekosten langfristig nachhaltig ermöglicht.

Die Optimierung erfordert ein ganzheitliches Verständnis der Sammlungen und der Gebäude, in denen sie aufbewahrt werden. Hierbei geht es nicht allein um Temperatur, relative Feuchte und andere Umgebungsfaktoren, sondern um das allgemeine Risikomanagement für die Sammlungen, ein Bewusstsein für die Herausforderungen oder Vorteile des lokalen Klimas und das Wissen, wie das Gebäude und alle technischen Anlagen gestaltet sind, um diese Außenbedingungen zu mildern. Die Kenntnis und die Beachtung dieser Faktoren führt zu drei grundlegenden Fragen, die zu berücksichtigen sind, wenn Institutionen den Wechsel von verbindlichen Umgebungsnormen zu örtlich erprobten und bewährten Verfahren der Erhaltung und Energienutzung bewältigen wollen.

— Welche Erhaltungsumgebung liegt vor?

— Kann oder muss diese Umgebung verbessert werden?

— Wird mehr Energie als notwendig verbraucht, um diese Bedingungen zu erreichen?

Wie bei vielen anderen Aspekten des Bestandserhaltungsmanagements handelt es sich auch bei der Erstellung und Optimierung einer nachhaltigen Aufbewahrungsumgebung nicht um ein einmaliges Projekt, sondern vielmehr um einen fortlaufenden Prozess, der dauerhaft betrieben und überwacht werden sollte.

Um diesen Wandel einzuleiten, ist ein interdisziplinär zusammengesetztes Umfeldmanagementteam aus Mitgliedern der Bereiche Sammlungsmanagement und Bestandserhaltung (präventive Konservierung), Gebäude- und Anlagenmanagement oder Ingenieurswesen und Institutionsverwaltung nötig, das über die erforderlichen Fertigkeiten und Kenntnisse verfügt. Der Prozess erfordert einen Leiter zur Steuerung der Arbeit der Gruppe, der möglichst aus dem Personal der Einrichtung stammt. Das Ziel besteht darin, die Entscheidungsfindung zur Gestaltung von Aufbewahrungsumgebungen zu fördern, wobei Bestandserhaltungs-, gebäudetechnische und Verwaltungsanforderungen zu berücksichtigen sind. Um dieses Maß an Kommunikation zu erreichen, sollten sich die Teammitglieder um ein breiteres Verständnis der Aufgaben ihrer Kollegen bemühen, d. h. es ist wichtig, dass das Sammlungspersonal die Räumlichkeiten und technischen Anlagen kennenlernt, und dass im Gegenzug das technische Personal mehr über die Sammlungen der Institution und ihre Erhaltungsanforderungen erfährt.

Es empfiehlt sich, als Gruppe die vorhandenen Lern- und Beurteilungstools (siehe Abschnitt 15) zu nutzen oder Fachkollegen in vergleichbaren Institutionen oder Umweltmanagementberater für Kultureinrichtungen heranzuziehen oder auch internationale (d. h. ICOM, IFLA und OCA) sowie nationale und akademische Institutionen oder Verbände zu konsultieren.

Sobald das Team gebildet wurde, beginnt ein auf Dauer angelegter Optimierungsprozess, der die folgenden Schritte umfasst:

— Dokumentation;

— Datenerhebung;

— Analyse;

— Erprobung und Implementierung;

— Beurteilung und Aufrechterhaltung.

Dokumentation ist der Prozess des Erstellens einer gemeinsamen Informationsdatenbank über Außenklima, Gebäudemerkmale, Sammlungen und ihre Erhaltungsanforderungen sowie alle technischen Anlagen, die sich auf die Sammlungsumgebung auswirken können. Manche Informationen stehen durch vorhandene Dokumente zur Verfügung, während andere, wie etwa der Aufbau technischer Anlagen oder die Lage verschiedener Sammlungen, gegebenenfalls im Rahmen des Prozesses ermittelt werden müssen.

Bei der Datenerhebung handelt es sich um Verfahren, die die Verwendung von Datenloggern, Gebäudemanagementsystemen oder anderen Quellen für Messwerte zu Temperatur, relativer Feuchte, Luftströmungen, Licht oder Schadstoffen, beinhalten und Informationen über längerfristige Umgebungstrends in Sammlungen und anderen Gebäudebereichen geben. Ziel ist es, repräsentative Informationen zu erhalten, die datenbasierte Entscheidungen zu Umfeldbedingungen für die Erhaltung von Sammlungen erlauben. Die Daten sollten aus jedem Bereich erhoben werden, in dem Sammlungen aufbewahrt, ausgestellt, benutzt oder bearbeitet werden oder aus anderen Gründen für längere Zeit lagern. Der Zeitraum der Datenerhebung kann variieren, sollte jedoch mindestens ein Jahr dauern, um das Verhalten des jeweiligen Umfelds in Abhängigkeit von wechselnden Außenbedingungen nachvollziehen zu können. Unter allen Umständen gilt: Je länger der Datenerhebungszeitraum, desto nützlicher werden die Informationen für die Beurteilung und Entscheidungsfindung sein, da sie ein Mittel sind, Aufbewahrungsbedingungen sowie die Leistung des Gebäudes und der technischen Anlagen längerfristig nachzuvollziehen.

Wenn automatisierte Überwachungssysteme verwendet werden, sollten diese so beschaffen sein, dass sie jeden Zustand jenseits der Grenzwerte unverzüglich durch einen Alarm oder eine ähnliche Vorrichtung anzeigen. Computerbasierte Datenüberwachungssysteme können installiert werden und so die Erhaltungsplanung unterstützen und darüber hinaus Trends aufzeigen. Die Sensoren sollten sorgfältig platziert werden, um sicherzustellen, dass die Daten für den gesamten Raum repräsentativ sind; es ist z. B. nicht ratsam, sich auf nur einen Sensor im Abluftkanal zu verlassen.

Bei der Analyse handelt es sich um den Prozess der Untersuchung der verfügbaren Daten zu Temperatur, relativer Feuchte, Licht, vorhandenen Schadstoffen oder Schädlingen (IPM) und anderen damit verbundenen Faktoren, um Erhaltungsrisiken zu identifizieren und zu beurteilen. Die Analyse kann darin bestehen, aufgezeichnete Daten einfach mit den Sollwerten zu vergleichen oder aber eine ausführliche Untersuchung mit verschiedenen Messgeräten durchzuführen (siehe Abschnitt 15). Über die Identifizierung hinaus ist ein weiterer wichtiger Aspekt der Analyse der Vergleich des Risikograds verschiedener Gefahren, um festzustellen, wo die Prioritäten bei der Risikominimierung liegen sollten (z. B. Senkung der relativen Feuchte zur Reduzierung des Schimmelrisikos oder Senkung der Temperatur zur Reduzierung der chemischen Abbaugeschwindigkeit). Darüber hinaus kann eine durch das Umfeldmanagementteam durchgeführte Analyse helfen, Möglichkeiten für eine nachhaltiger betriebene Sammlungsumgebung zu schaffen, indem man z. B. Fälle von Überhitzung oder Feuchtebildung in Räumen feststellt. Im Zuge der Analyse sollte das Team die identifizierten Risiken und Chancen für die Erhaltung der Sammlungen oder für Energieeinsparungen dokumentieren. Nach der Dokumentation sollte das Team den Risiken und Chancen jeweils Prioritäten zuweisen.

Das Experimentieren mit und die Implementierung von neuen Umgebungsbedingungen oder Einstellungen des Gebäudebetriebs oder technischer Anlagen ermöglicht es dem Team, neue Strategien zu prüfen und festzulegen, die entweder für die Erhaltung eingesetzt werden können oder zu Energieeinsparungen ohne negative Auswirkungen auf die Erhaltung oder auch zum Erreichen beider Ziele. Vorgeschlagene Änderungen in der Verwaltung oder der Methodik sollten üblicherweise zu verschiedenen Jahreszeiten für Zeiträume von zwei bis vier Wochen geprüft werden. Das Team sollte die Datenerhebung für den betroffenen Raum während der gesamten Prüfdauer fortsetzen und die Daten anschließend analysieren, um zu bestimmen, ob die Anpassung hinsichtlich des dokumentierten Risikos oder der Chance erfolgreich war, welche allgemeinen Auswirkungen auf die Erhaltungsumgebung aufgetreten sind und ob die geprüfte Strategie als Teil des regulären Betriebs des Gebäudes/der Anlage/der Umgebung beibehalten wird.

Sobald das Team mögliche Strategien für die Leistungsoptimierung der Aufbewahrungsumgebung geprüft und eine geeignete Strategie übernommen hat, tritt der Prozess in die Beurteilungs- und Aufrechterhaltungsphase ein. Während die Datenerhebung im Raum fortgesetzt wird, kann das Team die Daten in Kombination mit weiteren Instrumenten oder Messgrößen nutzen, um die Auswirkung der Änderungen auf die allgemeine Erhaltungsqualität des Raums oder die Auswirkung von Energieoptimierungsmaßnahmen auf die Nachhaltigkeit oder die Energieverbrauchsziele hin zu beurteilen und zu quantifizieren. Auf diese Weise wird geprüft, ob die Strategien den erwarteten Erfolg erzielen werden. Die Ergebnisse der Quantifizierung dienen jedoch auch als wertvolles Kommunikationsinstrument für die Verwaltung der Institution und gegenüber Kollegen. Der fortlaufende Prozess der Beurteilung sollte regelmäßige Prüfungen der Daten, Strategien und betrieblichen Richtlinien umfassen, um sicherzustellen, dass die Sammlungsumgebung, das Gebäude und alle technischen Anlagen weiterhin so funktionieren, wie durch das Team festgelegt. Wenn Veränderungen oder Anomalien festgestellt werden, kann das Team die Schritte des Arbeitsoptimierungsprozesses gegebenenfalls wiederholen, um geeignete Korrekturen der Umgebungsbedingungen vorzuschlagen und zu festzulegen. Wenn das Team die Aufrechterhaltungsphase des Prozesses erreicht hat, kann es geeignete Verfahren entwickeln, um den Optimierungsprozess in die normalen Betriebsverfahren und Arbeitsabläufe der Institution zu integrieren.

Ein Großteil dieses Prozesses wird ausführlicher in Literaturhinweis [91] beschrieben.

6 Temperatur

Vorgaben zu Umgebungsbedingungen müssen Parameter für die Temperatur enthalten, die es ermöglichen, die zu erwartende Lebensdauer der Sammlungen unter Berücksichtigung der Materialien und Strukturen der Sammlungsobjekte und ihrer Empfindlichkeit gegenüber Temperaturen und Temperaturänderungen zu erreichen. Diese Parameter müssen Folgendes enthalten:

a) den zulässigen oberen Temperaturgrenzwert;

b) den zulässigen unteren Temperaturgrenzwert;

c) die zulässige Temperaturänderungsgeschwindigkeit;

d) die zulässigen Temperaturschwankungen einschließlich des Zeitrahmens (täglich, wöchentlich und jahreszeitlich);

e) die Angabe eines Ziels oder Zielbereichs.

ANMERKUNG 1 Die Temperatureinstellungen richten sich nach der Taupunktsteuerung im Raum und den festgelegten relativen Feuchteparametern. Siehe Abschnitt 13.

ANMERKUNG 2 Die Punkte c) und d) waren Gegenstand von Forschungen und die Ergebnisse deuten darauf hin, dass die Wechselraten und Schwankungen weniger signifikant für Archiv- und Bibliothekssammlungen sind, als in vorherigen Normen angegeben [130].

DIN/TR 67702:2020-12

Die Geschwindigkeit vieler chemischer, biologischer und physikalischer Abbaumechanismen erhöht sich proportional zum Temperaturanstieg. Temperaturänderungen in einem Sammlungsraum können zu einer Verschlechterung des Zustands führen. In Anbetracht der unterschiedlichen Abhängigkeiten dieser Mechanismen von der Temperatur und ihrer unterschiedlichen Auswirkung auf Sammlungen kann weder ein allgemeingültiger Temperaturbereich und noch eine allgemeingültige zulässige Schwankung festgelegt werden.

Versuche, allgemein gültige Aufbewahrungsbedingungen für alle Bestände zu etablieren, indem man sich an Bedingungen orientiert, die nur für besonders empfindliche Bestände erforderlich sind, können ein Schadensrisiko für andere Bestände bedeuten und zu ungerechtfertigter Erhöhung des Energieverbrauchs führen. Wenn weniger empfindliche Bestände nur eine geringe Anzahl empfindlicher Objekte enthalten, kann es einfacher und kosteneffizienter sein, sie unter kontrollierten Kaltlagerungsbedingungen aufzubewahren.

Chemische Reaktionen beschleunigen sich exponentiell mit steigender Temperatur. Unterschiedliche Materialien reagieren unterschiedlich empfindlich auf Temperaturveränderungen (siehe Anhang A). Für organische Materialien gilt annähernd, dass sich die Reaktionsgeschwindigkeit mit jedem Temperaturanstieg um 5 °C verdoppelt. Obwohl bereits eine Reduzierung der Temperatur oder der relativen Feuchte die Abbaugeschwindigkeit der Materialien verringert, hat die gleichzeitige Reduzierung beider Faktoren eine erheblich größere Wirkung.

Ein einfacher Ansatz für die Umgebung vieler Bestände ist, eine möglichst kühle Temperatur bei einer moderaten relativen Feuchte von 30 % bis 55 % aufrechtzuerhalten. Die Risiken für spezifische Materialien können dabei jedoch erheblich variieren.

Viele in Sammlungen vorhandene Materialien können bei Raumtemperatur mehrere hundert Jahre erhalten werden, doch bei einigen Kunststoffen, wie Celluloseacetat, und auch bei säurehaltigen Papieren kann bei 25 °C nur von einer Beständigkeit ausgegangen werden, die einige Jahrzehnte währt. Die hydrolysebedingte Abbaugeschwindigkeit von Cellulose als organischem Material verdoppelt sich näherungsweise mit jedem Temperaturanstieg um 5 °C [70]. Wenn in Bezug auf Cellulose bei 20 °C von einer akzeptablen Beständigkeit auszugehen ist, reduziert sich diese demnach bei 25 °C zeitlich auf ungefähr die Hälfte und bei 30 °C auf etwa ein Viertel des Ausgangswerts.

Neben langsamen und kontinuierlichen Abbaumechanismen werden einige Materialien auch direkt durch hohe oder niedrige Temperaturen beeinflusst. Beispielsweise kann eine Temperatur von mehr als 30 °C auf der Oberfläche mancher Materialien zu dauerhaften Verformungen, zu Veränderungen des Glanzes oder zum Schmelzen führen.

ANMERKUNG 3 Materialien wie Polyethylen und Bienenwachs mit einer Glasübergangstemperatur (T_g) nahe oder unter der Raumtemperatur können bei Raumtemperatur erweichen. Wenn die Temperatur 30 °C für einen längeren Zeitraum überschreitet, kann langsames Kriechen oder Fließen von Materialbestandteilen auftreten und zu einer dauerhaften Verformung der Materialien führen. In Anwesenheit luftgetragener Schmutzstoffe steigt zudem die Verschmutzungsanfälligkeit dieser Materialien.

Sehr niedrige Temperaturen verlangsamen effektiv den chemischen Abbau und sollten für einige Arten hochempfindlicher Materialien aufrechterhalten werden.

ANMERKUNG 4 Einige Materialien verspröden unter ihrer T_g, so dass ein erhöhtes Risiko anderer physischer Schäden durch Bewegung oder Stoß besteht (z. B. Fotorollfilme, beschädigtes Leder).

Auch wenn viele Materialien vergleichsweise unempfindlich gegenüber hohen oder niedrigen Temperaturen sind, sind Temperaturveränderungen mit Veränderungen der relativen Feuchte verbunden, sofern die Umgebung nicht aktiv kontrolliert wird. Es ist anzunehmen, dass die Veränderungen der relativen Feuchte schädlicher sind als die Temperaturänderungen selbst (siehe Abschnitt 7). Es kann davon ausgegangen werden, dass die relative Feuchte pro Grad Celsius (°C) Temperaturrückgang um 3 % ansteigt und umgekehrt.

Zusätzlich zu den Auswirkungen hoher oder niedriger Temperaturen können manche Materialien durch plötzliche Temperaturveränderungen beschädigt werden. Wenn sich beispielsweise die Oberflächentemperatur eines Objekts über einen kürzeren Zeitraum ändert, als es seiner Reaktionszeit entspricht, tritt ein interner Temperaturgradient auf und verursacht innere Spannungen. Die thermische Reaktionszeit von Objekten liegt je nach Dicke und Beschaffenheit ihrer Materialien zwischen Minuten und Stunden. Plötzliche Temperaturveränderungen können beispielsweise auftreten, wenn direktes Sonnenlicht auf ein Objekt oder eine Vitrine fällt oder wenn Licht in Ausstellungen ein- oder ausgeschaltet wird. Daher sollte es Objekten ermöglicht werden, sich über einen Zeitraum anzupassen, der um ein Vielfaches länger ist als die langsamste Reaktionszeit der Objekte. Die Steuerung von Heiz- und Kühlanlagen sollte dahingehend geprüft werden, dass keine großen oder schnell schwankenden Temperaturveränderungen auftreten.

ANMERKUNG 5 Anhang B enthält eine grafische Darstellung der temperaturbezogenen Schadens- und Abbaurisiken und des Energiebedarfs in Korrelation zur Aufrechterhaltung einer bestimmten Temperatur.

ANMERKUNG 6 Anhang D enthält eine ausführlichere Orientierungshilfe zu Materialschäden und -abbau sowie temperatur- und feuchtebezogenen Risiken für eine repräsentative Auswahl von in Sammlungen vorhandenen Materialien.

ANMERKUNG 7 Weitere Anforderungen an die Temperatur und relative Feuchte zur Begrenzung klimatisch induzierter mechanischer Schäden in organischen hygroskopischen Materialien sind in DIN EN 15757 [18] enthalten.

7 Relative Feuchte

Bei den Umgebungsbedingungen müssen Parameter für die relative Feuchte (RH) so gewählt werden, dass sie es ermöglichen, die angestrebte Erhaltungsdauer von Beständen zu erreichen. Zu berücksichtigen sind Materialien und Strukturen der Sammlungsobjekte einschließlich ihrer jeweiligen Empfindlichkeit gegenüber bestimmten Werten der relativen Feuchte und die sich daraus möglicherweise ergebenden materiellen und strukturellen Veränderungen. Die Parameter müssen Folgendes enthalten:

a) den zulässigen oberen Grenzwert der relativen Feuchte;

b) den zulässigen unteren Grenzwert der relativen Feuchte;

c) die zulässige Veränderungsgeschwindigkeit der relativen Feuchte;

d) die zulässigen Schwankungen der relativen Feuchte einschließlich des Zeitrahmens (täglich, wöchentlich und jahreszeitlich);

e) die Angabe eines Ziels oder Zielbereichs.

ANMERKUNG 1 Die Parameter der relativen Feuchte hängen von der Taupunktsteuerung im Raum und den festgelegten Temperatureinstellungen ab. Siehe Abschnitt 13.

ANMERKUNG 2 Die Punkte c) und d) waren Gegenstand von Forschungen. Die Ergebnisse deuten darauf hin, dass die Veränderungshäufigkeit und die Schwankungen weniger signifikant für Archiv- und Bibliothekssammlungen sind, als in vorherigen Normen angegeben [130].

Die relative Feuchte (RH) beeinflusst die Geschwindigkeit vieler chemischer, biologischer und physikalischer Abbaumechanismen. Auch Schwankungen der relativen Feuchte können zu Veränderungen des Zustands führen. In Anbetracht der unterschiedlichen Abhängigkeiten der Abbaumechanismen von der relativen Feuchte und ihrer jeweiligen Auswirkung auf Bestände können weder allgemeingültig ein sicherer relativer Feuchtebereich noch eine zulässige Schwankung festgelegt werden.

Versuche, allgemein gültige Aufbewahrungsbedingungen für alle Bestände zu etablieren, indem man sich an Bedingungen orientiert, die nur für besonders empfindliche Bestände erforderlich sind, können ein Schadensrisiko für andere Bestände bedeuten und zu ungerechtfertigter Erhöhung des Energieverbrauchs führen. Wenn weniger empfindliche Bestände nur eine geringe Anzahl empfindlicher Objekte enthalten, ist es einfacher und kosteneffizienter, diese einzeln oder zusammen in einer Mikroumgebung mit kontrollierter relativer Feuchte aufzubewahren oder bei größeren Mengen in einem klimatisierten Schrank oder einem separaten Lagerraum.

DIN/TR 67702:2020-12

Archiv- und Bibliothekssammlungen enthalten viele hygroskopische organische Materialien, die bei hoher relativer Feuchte Wasserdampf absorbieren und bei geringer relativer Feuchte verlieren. Diese Veränderungen des Feuchtegehalts gehen mit Dimensionsveränderungen einher, die physische Schäden an Objekten verursachen können (z. B. Splittern, Verwerfen oder Verlust von Oberflächenpigmenten). Anorganische Materialien sind üblicherweise nicht hygroskopisch und daher dimensionsstabil, doch einige Materialien (z. B. Metalle, bestimmte Glasarten) können bei hoher relativer Feuchte korrodieren.

Hygroskopische organische Materialien umfassen Holz, Papier, die meisten natürlichen Textilfasern, Pergament, tierischen Leim, Gelatine, die meisten fotografischen Medien und die meisten Farbmedien. Sie reagieren jeweils unterschiedlich auf Veränderungen der relativen Feuchte mit Dimensionsveränderungen und der mechanischen Eigenschaften. Der obere Grenzwert ist in diesen Fällen abhängig von der relativen Feuchte, bei der ein Objekt sich im Ausgleichszustand befindet. Für ein Objekt, das bei 20 % relativer Feuchte im Gleichgewicht ist, könnte beispielsweise ein Anstieg auf 50 % relative Feuchte schädlich sein, während 55 % relative Feuchte für ein Objekt, dass sich bei 50 % relativer Feuchte im Gleichgewicht befindet, akzeptabel wären.

Die Reaktionszeit eines Objekts auf Veränderungen der relativen Feuchte hängt von den Materialeigenschaften ab und variiert hinsichtlich Dicke, Durchlässigkeit und Oberflächenexposition. Dünne Blätter organischen Materials bis zu einer Dicke von 1 mm, die vollständig der Luft ausgesetzt sind, reagieren innerhalb von Minuten, während unbeschichtete Objekte aus Holz mit einer Dicke von 1 cm oder mehr oder dichte Papierstapel Tage und stark beschichtetes oder massives Holz Wochen oder Monate für eine vollständige Reaktion benötigen.

Die Aufbewahrung von Objekten in Schutzverpackungen kann die Reaktionszeit je nach Luftdichtheit und Pufferkapazität der Schutzverpackung verlangsamen.

Auch wenn hygroskopische Materialien ihre eigene Umgebung zu einem gewissen Grad abhängig von Menge und Schutzverpackungen puffern, sollten empfindliche Materialien wie Metalle niemals in einem undurchdringlichen Behälter ohne Puffer zur Kontrolle der relativen Feuchte versiegelt werden.

Feuchte fördert viele Arten chemischen Abbaus, darunter insbesondere Hydrolyse, aber auch Oxidation und schadstoffbedingte Veränderungen. Die relative Feuchte sollte gering gehalten werden, um die chemische Abbaugeschwindigkeit zu verlangsamen, jedoch nicht unter 30 % liegen, wenn dies nicht zuvor als akzeptabel festgelegt wurde. Eine geringere relative Feuchte kann für einige Materialien von Vorteil sein und ist zulässig, wenn kein Risiko eines physischen Schadens besteht. Eine Akklimatisierung wird erforderlich sein, wenn bei einer geringen relativen Feuchte aufbewahrte Objekte in einen Bereich mit höherer relativer Feuchte gebracht werden und umgekehrt.

Bei einer relativen Feuchte von 75 % erhöht sich die Dimensionsveränderung pro 5 % Anstieg der relativen Feuchte exponentiell. Siehe ANMERKUNG 2 in Anhang C.

Anhang C enthält eine grafische Darstellung des relativen Schadens- und Abbaurisikos aufgrund der relativen Feuchte sowie des von der Aufrechterhaltung einer bestimmten Temperatur abhängigen Energiebedarfs. Während die Reduzierung der relativen Feuchte oder der Temperatur im Einzelnen die Abbaugeschwindigkeit der Materialien verringert, hat die gleichzeitige Reduzierung beider Werte eine erheblich größere Wirkung.

Anhang D enthält eine ausführlichere Orientierungshilfe zu Materialschäden und -abbau sowie temperatur- und feuchtebezogenen Risiken für eine repräsentative Auswahl von in Sammlungen vorhandenen Materialien. In dem Zusammenhang wird auch auf die Anforderungen an die Temperatur und relative Feuchte zur Begrenzung klimatisch induzierter mechanischer Schäden in hygroskopischen organischen Materialien in DIN EN 15757 [18] verwiesen.

Zusätzlich zum durch Hydrolyse und Oxidation verursachten chemischen Abbau und den durch Dehnung und Zusammenziehen verursachten physischen Schäden können organische Materialien auch mikrobiologisch durch Schimmel und Bakterien beschädigt werden. Keimung und Wachstumsgeschwindigkeit von Schimmelpilzen sind von der relativen Feuchte, Temperatur, Luftbewegung, Schimmelart und von der Nährqualität des organischen Substrates abhängig. Als vorsorglicher Grenzwert gelten 65 % relative Feuchte bei 20 °C. Bei geringeren Temperaturen würde ein Keimen des Schimmels länger dauern.

ANMERKUNG 3 Zur Einschätzung der Dauer des sichtbaren Wachstums von Schimmel bei höherer relativer Feuchte siehe Literaturhinweise [35], [141] und [199].

Schimmel entwickelt sich eher bei Vorhandensein von Kohlenhydraten, Proteinen (wie Gelatine und tierischer Leim) und einigen Wachsen sowie synthetischen Polymeren wie Polyvinylacetat. Diese finden sich beispielsweise auf verschmutztem oder geleimtem Papier und Textilien und auf stark verstaubten Objekten.

8 Klima und seine Konsequenzen für Sammlungen

8.1 Allgemeines

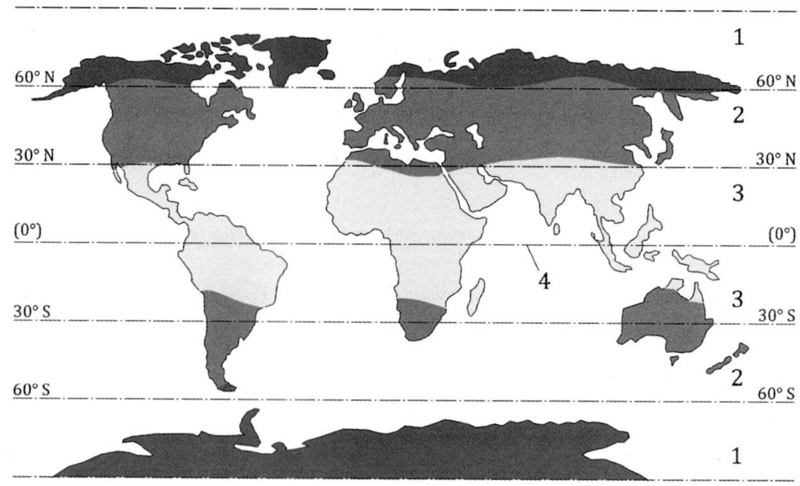

Bild 1 — Klimakarte

Die in Bild 1 dargestellten verschiedenen Klimata der Welt können auf unterschiedliche Weise eingestuft werden, beispielsweise durch die Köppen-Geiger-Klassifizierung. Aus Gründen der Einfachheit ist aber auch eine Einteilung in vier Kategorien möglich: kühl und trocken, kühl und feucht, warm und trocken und warm und feucht.

Dabei handelt es sich um eine sehr starke Vereinfachung, die jedoch für das Anliegen dieses Dokuments geeignet ist. Das lokale Klima kann erheblich durch Faktoren wie die Nähe zu großen Wasserflächen (Seen, Meere) und Höhe beeinflusst werden. Die Auswirkungen des Klimawandels sind noch nicht vollständig bekannt, doch ist zu erwarten, dass extreme Wetterereignisse in Zukunft häufiger auftreten und die Höchsttemperaturen steigen werden. Diese Faktoren sollten bei der Erhaltungsplanung berücksichtigt werden. Die Risiken für Bestände variieren in den verschiedenen Zonen und menschliche Reaktionen auf diese Risiken fallen unterschiedlich aus. Das Ziel der Gebäudegestaltung sollte immer darin bestehen, das Innenklima zu stabilisieren, indem es soweit wie möglich von äußeren Veränderungen abgeschirmt wird. Dies wird traditionell durch massive und kostenintensive Bauweisen erreicht. Im Vergleich dazu können Leichtbauisolierungen ebenso wirksam und kosteneffizienter sein. Die Innenraumbedingungen in gemäßigten Klimazonen können während des größten Teils des Jahres akzeptabel sein und nur im tiefen Winter und im Hochsommer eine technische Regulierung erforderlich machen.

DIN/TR 67702:2020-12

a) Kühl und trocken (mittlere Wintertemperatur unter 4 °C und mittlere relative Feuchte unter 40 %)

BEISPIEL Nördliche Regionen von Nordamerika, Zentralasien.

Geringe Temperaturen und eine geringe relative Feuchte sind im Allgemeinen vorteilhaft für die Erhaltung der meisten Materialien. Die Geschwindigkeit chemischer Reaktionen (z. B. Korrosion, Hydrolyse) sind reduziert und biologische Wirkstoffe (z. B. schädigende Insekten, Schimmelpilze) werden gehemmt. Aufbewahrungsbereiche ohne oder mit nur seltener Anwesenheit von Menschen brauchen gegebenenfalls nicht beheizt oder befeuchtet zu werden.

Für den menschlichen Komfort ist im Winter grundsätzlich eine Beheizung erforderlich. Die damit einhergehende geringere relative Feuchte der Umgebung führt zu einer gefährlich geringen relativen Feuchte im direkten Umfeld hygroskopischer organischer Materialien. Bereiche, in denen Sammlungen genutzt oder ausgestellt werden (z. B. Lesesäle, Ausstellungsvitrinen), werden daher zu befeuchten sein. Der Betrieb verursacht Investitions- und Energiekosten für die Einrichtungen. Darüber hinaus ergeben sich Konsequenzen für die Ausstattung des Gebäudes: Wasserdampf gelangt nach außen, und ohne effiziente Dampfbarriere wird Kondensation oder sogar Frost an den Außenwänden auftreten und möglicherweise schwere bauliche Schäden verursachen. Objekte müssen akklimatisiert werden, wenn sie aus einem unbeheizten Aufbewahrungsraum in warme befeuchtete Bereiche oder von dort zurück in den Aufbewahrungsraum gebracht werden.

b) Kühl und feucht (mittlere Wintertemperatur unter 4 °C und mittlere relative Feuchte über 60 %)

BEISPIEL Nord- und Mitteleuropa, große Teile von Nordamerika.

Die vorrangige Gefahr in diesem Klima ist das Wachstum von Schimmel.

Auch in diesen Klimaregionen ist eine Beheizung im Winter für den menschlichen Komfort erforderlich. Die relative Feuchte in beheizten Bereichen wird ebenfalls zu gering sein, sofern keine Befeuchtung erfolgt. Unbeheizte Aufbewahrungsbereiche hingegen werden zu feucht sein: Um eine akzeptable relative Feuchte zu erzielen und Risiken wie die Korrosion von Metallen oder Schimmelbefall von organischen Materialien zu reduzieren, müssen diese Räume entweder entfeuchtet oder mit einer hygrostatgeregelten Heizung (Konservierungsheizung) ausgestattet werden. In beiden Fällen entstehen Investitions- und Energiekosten.

c) Warm und trocken (mittlere Jahrestemperatur über 18 °C und mittlere relative Feuchte unter 40 %)

BEISPIEL Nordafrika, große Teile des Mittleren Ostens und Australiens.

Eine Gebäudegestaltung unter Nutzung passiver Methoden, wie z. B. der Isolierung der Aufbewahrungsbereiche gegenüber dem Außenklima, kühlender Winde, natürlicher Verschattungen, massiver Bauweise und effizienter Wärmedämmung, kann den Bedarf an technischer Kühlung reduzieren oder beseitigen. Die in diesen Regionen geringe relative Feuchte wird der erhöhten Abbaugeschwindigkeit des Materials durch hohe Temperaturen entgegenwirken. Wenn Sammlungen technisch gekühlt werden, kann eine Entfeuchtung erforderlich sein. Dies führt zu höheren Investitions- und Betriebskosten. Technische Kühlung und gegebenenfalls Befeuchtung können für den menschlichen Komfort erforderlich sein.

d) Warm und feucht (mittlere Jahrestemperatur über 18 °C und mittlere relative Feuchte über 60 %)

BEISPIEL Karibik, Südostasien, Amazonas.

Hohe Temperaturen und hohe relative Feuchte erhöhen die Abbaugeschwindigkeit der meisten Materialien. Eine Gebäudegestaltung unter Ausnutzung passiver Methoden, wie z. B. der Isolierung der Aufbewahrungsbereiche gegenüber dem Außenklima, kühlender Winde, natürlicher Verschattungen, massiver Bauweise und effizienter Wärmedämmung, kann den Bedarf an technischer Kühlung reduzieren oder beseitigen. Zur Erhaltung der Sammlungen kann es erforderlich sein, technisch zu kühlen und zu entfeuchten. Durch natürliche Belüftung und das Vermeiden von Bereichen mit stehender Luft können bestehende Risiken, wie Metallkorrosion oder Schimmelwachstum an organischen Objekten, gemindert werden. Für den menschlichen Komfort können technische Kühlung und Entfeuchtung erforderlich sein.

8.2 Jahreszeitliche Klimata

Außerhalb tropischer Regionen, in denen die Temperatur und die relative Feuchte während des gesamten Jahres recht gleichmäßig sind, bestehen jahreszeitliche Klimaschwankungen zwischen Wärme und Kälte oder Feuchte und Trockenheit usw. Aufgrund dieser natürlichen Schwankungen können die äußeren Bedingungen für die Erhaltung von Beständen in bestimmten Jahreszeiten besser sein als in anderen, sodass eine energieintensive Anpassung des Innenraumklimas während dieser Jahreszeiten weniger erforderlich ist.

9 Insekten und andere Schädlinge

Insekten oder andere Schädlinge können Archiv- und Bibliothekssammlungen erhebliche Verluste zufügen. Ein unentdeckter Schädlingsbefall (zum Beispiel mit Silberfischchen oder Termiten) kann den Sammlungen erheblich schaden. Auch chemische Behandlungen zur Eindämmung des Schädlingsbefalls können für Sammlungen sehr schädlich sein. Das wichtigste Ziel sollte darin bestehen, Insekten und andere Schädlinge zu vermeiden, ihnen den Zugang zu verwehren oder sie dort zu bekämpfen, wo dem sie eindringen, wie etwa am Boden, über die Wände oder das Dach von Gebäuden und durch alle äußeren Öffnungen. Gute Sammlungsmanagementpraktiken und ein integriertes Schädlingsbekämpfungsprogramm (en: Integrated Pest Management/IPM) sind wichtig für die Überwachung und Bekämpfung von Insekten und anderen Schädlingen. Siehe DIN EN 16790 [19].

Zum Ersten ist es wichtig, die Insekten und anderen Schädlinge zu kennen, die Teil des Ökosystems sind, in dem sich die Institution befindet. Das Land, die Region und die Lage (z. B. Nähe zu Wasserflächen, von Wald umgeben usw.) beeinflussen die Anfälligkeit der Sammlungen für bestimmte Insekten und andere Schädlinge, die sich im umgebenden Ökosystem befinden. Klimawandel und Warentransporte sind dafür verantwortlich, dass Insekten und andere Schädlinge auch außerhalb des erwarteten Bereichs angetroffen werden. Die Kontrolle auf Schädlinge und deren Identifizierung ist daher für Archive und Bibliotheken wichtig.

Zweitens müssen die Konstruktion und Instandhaltung des Gebäudes analysiert und die Eindringstellen in das Bauwerk (wie etwa Dichtungen an Tür- oder Fensterrahmen, Durchlässe für Elektro- und Telekommunikationskabel, Risse in Dächern und Wänden, Kanäle für die Luftzirkulation usw.) identifiziert werden. Eine regelmäßige Inspektion des Gebäudes ist erforderlich, da Materialien versagen und natürliche Belastungen wie Stürme neue Öffnungen verursachen können.

Zum Dritten kann die Wirksamkeit eines integrierten Schädlingsbekämpfungsprogramms (IPM) durch das Umfeldmanagement unterstützt werden. Kontrollen des Umfelds können verhindern, dass Schädlinge sich in einem bestimmten Bereich ansiedeln und dort gedeihen oder dass sie in diesen Bereich gelockt werden. Die zu steuernden Umgebungsfaktoren sind Sauberkeit, Temperatur, relative Feuchte, Lüftung und Beleuchtung. Ziel der Kontrolle des Umfelds sollte es sein, eine Situation zu erhalten, die für Insekten und andere Schädlinge unangenehm ist. Es gibt beispielsweise Schadinsekten, die eine höhere Feuchte bevorzugen (z. B. Silberfische), und einige Insekten nisten nicht bei andauernder Luftzirkulation. Eine gute Filterung der zirkulierten Luft kann helfen, solche Partikel zu entfernen, die Nahrung und Nistplätze für Insekten bieten.

10 Luftverschmutzung

Eine starke Luftverschmutzung kann die Verschlechterung des Zustands von Archiv- und Bibliotheksmaterial beschleunigen, insbesondere wenn Objekte längerfristig unterschiedlichen Schadstoffen ausgesetzt sind. Bereits publizierte Daten zur lokalen Schadstoffkonzentration in Außenbereichen sollten geprüft werden, um festzustellen, ob die Innenraumkonzentration überwacht werden muss.

Feinpartikel (Staub) sind feste oder flüssige luftgetragene Partikel mit einem sehr kleinen Durchmesser, die in jedes Gebäude eindringen können. So sind Partikel aus natürlichen Quellen wie Vulkanausbrüchen, Wald- und Graslandbränden, Meerwassersprühnebeln und Staubstürmen üblicherweise grob (Partikel mit einem aerodynamischen Durchmesser von mehr als 2,5 Mikrometer). Dagegen erzeugen von Menschen verursachte Entwicklungen wie etwa das Verbrennen fossiler Kraftstoffe in Fahrzeugen, landwirtschaftliche Brandrodung und verschiedene industrielle Prozesse erhebliche Mengen an Feinstaub (aerodynamischer Durchmesser von weniger als 2,5 Mikrometern). Partikel können darüber hinaus in Gebäuden entstehen (durch Schutt von Baumaterialien, Materialverschleiß, biologische Quellen oder die Aktivität von Menschen).

Organischer Staub biologischen Ursprungs ist eine Nährstoffquelle für Insekten, Schimmel und Bakterien. Er kann auch aktive Schimmelsporen enthalten. Feinpartikel (Staub) können mechanischen Oberflächenabrieb verursachen, der insbesondere magnetisches Material und andere audiovisuelle Dokumente, wie auch Metall oder Wachs oder andere Materialien mit abriebempfindlichen Oberflächen beeinträchtigen kann. Staub kann auch in die Oberfläche von Materialien mit Glasübergangstemperaturen (T_g) nahe der Raumtemperatur einsinken (z. B. Bienenwachssiegel, Polyethylenfolie) und nicht mehr zu entfernen sein.

Die Partikelbelastung kann den Abbauprozess von Cellulose oder Metallkorrosion beschleunigen. Die Ablagerung von hygroskopischen, öligen oder metallischen Partikeln auf einer Oberfläche kann den Abbauprozess sowie die Bildung schädlicher Stoffe wie Säuren auslösen oder beschleunigen [147].

Der Schaden an Sammlungen durch gasförmige Schadstoffe ist kumulativ, irreversibel und nicht unmittelbar sichtbar. Gasförmige Schadstoffe werden in Außen- und Innenräumen erzeugt. Häufige Quellen in Außenbereichen sind Automobilabgase und Industrieprozesse. Schadstoffe können außerdem im Depotbereich durch den Abbau von Archivmaterial oder mangelhafte Schutzverpackungen entstehen. Zur Herstellung von Behältnissen, Aufbewahrungs- und Ausstellungsvitrinen oder Möbeln verwendete Materialien müssen also überprüft werden, um sicherzustellen, dass sie keine gasförmigen Schadstoffe abgeben, die Archiv- oder Bibliotheksmaterial irreversibel beschädigen könnten. Durch Materialdegradation freigesetzte Schadstoffe können andere Materialien beschädigen, und zwar bei direktem Kontakt oder wenn sie sich im selben Aufbewahrungsbereich befinden. Aktivitäten wie Fotokopieren, allgemeine Instandhaltungsarbeiten oder Bautätigkeit können Ozon, Formaldehyd, Ammoniak und andere Schadstoffe eintragen.

ANMERKUNG Für Informationen zu Verpackung und Materialien siehe DIN SPEC 67701[3].

Relevante gasförmige Schadstoffe sind:

- Schwefeldioxid (SO_2) — Schwefeldioxid kann mit Wasser mittels Hydrolyse zu H_2SO_3 (schwefelige Säure) bzw. H_2SO_4 (Schwefelsäure) reagieren. Hohe relative Luftfeuchtigkeit und Licht können die Reaktion von Schwefeldioxid mit Papier auslösen oder beschleunigen und zu Vergilben und Versprödung führen. H_2SO_4 depolymerisiert die Celluloseketten und schwächt das Sammlungsgut. H_2SO_3 bleicht die Farbe von Tinten. Sammlungen von Papieren, Leder, Pelz, Textilien sowie die meisten Metalle und auch Fotos reagieren empfindlich auf Schwefelsäure.

- Stickoxide (NO_x) — Stickoxide können mit Wasser reagieren und in salpetrige Säure und Salpetersäure umgewandelt werden. Sammlungen von Papieren, Leder, Pelz, Textilien sowie die meisten Metalle und auch Fotos reagieren empfindlich auf salpetrige Säure und Salpetersäure.

- Ozon (O_3) — Ozon ist ein oxidierender Schadstoff, der organisches Material schädigt. Ozon kann die Festigkeit von Papier und anderen organischen Substraten sowie einige synthetische Materialien reduzieren. Es kann zum Verblassen von Pigmenten und organischen Farbstoffen führen. Ozon kann die Reaktion von Schwefeldioxid zu Schwefelsäure beschleunigen.

- Reduzierende Schwefelverbindungen — Einige Materialien sind anfällig für reduzierende Schwefelverbindungen wie Schwefelwasserstoff (H_2S) und Carbonylsulfid (COS), selbst wenn die Konzentrationen gering ist. Schwefelwasserstoff (H_2S) reagiert leicht mit Silber zu dunklem Ag_2S, das Fotonegative und Daguerreotypien schädigt.

- Formaldehyd — Materialien, die Harnstoff-Formaldehydharze enthalten, wie etwa Farbe, Teppichböden, Drucktinte und Holzprodukte wie Spanplatten und MDF-Platten können eine Formaldehydquelle sein. Formaldehyd kann mit unbelichteten Fotorollfilmen, Fotos, Textilien, Blei und Glas reagieren. Es kann die Struktur von Materialien verändern oder ihre mechanische Stabilität reduzieren.

- Organische Säuren — Organische Säuren können die Materialien der meisten Sammlungen beschädigen. Essigsäure reduziert die Festigkeit von Papier und anderen organischen Substraten sowie einiger synthetischer Materialien. Essigsäure entsteht am häufigsten durch den Zerfall von Acetatfolien und Bändern und kann den Abbau von Materialien beschleunigen. Holz und Papier sind ebenfalls häufige Quellen organischer Säuren.

— Naphthalin, *p*-Dichlorbenzol (PDCB) und Pentachlorphenol — Naphthalin war früher der Hauptbestandteil von Mottenkugeln, die zum Schutz von Sammlungen vor Insekten und Schädlingen eingesetzt wurden. PDCB wurde eingesetzt, um Schimmel zu bekämpfen und sublimiert bei Raumtemperatur. Naphthalin, PDCB und Pentachlorphenol sind schädlich für die menschliche Gesundheit.

11 Licht

Licht führt zu Veränderungen vieler Archiv- und Bibliothekssammlungen — je nach Lichtquelle, ihrer Nähe zur Sammlung, der Dauer der Exposition und der Empfindlichkeit des betroffenen Materials. Die Lichtexposition kann chemische (z. B. das Verblassen von Tinten) oder physikalische Veränderungen (z. B. den Verlust der Festigkeit) verursachen. Während einige Materialien nur wenig lichtempfindlich sind, sind die meisten Archiv- und Bibliotheksmaterialien lichtempfindlich. Organische Materialien sind lichtempfindlicher als anorganische Materialien.

Die Lichtempfindlichkeit lässt sich einfach durch Bezugnahme auf ISO 105-B08 beurteilen. Hochempfindliche Materialien (entsprechend den Blue Wool Standards Nr. 1, Nr. 2 oder Nr. 3 [239]) können nach nur wenigen Tagen Sonnenlichteinstrahlung merklich ausbleichen, wohingegen Materialien mit mittlerer Empfindlichkeit (entsprechend den Blue Wool Standards Nr. 4, Nr. 5 oder Nr. 6 [239]) erst nach einigen Wochen ausbleichen. Hochempfindliche Materialien umfassen Holzschliffpapier, das Lignin enthält (wie etwa Zeitungen), Kugelschreiber- und Filzschreibertinten, Farbfotografien und Wasserfarbenpigmente. Materialien mit mittlerer Empfindlichkeit sind z. B. Eisengallustinte, ligninfreies Papier und Pergament. Siehe BSI/PAS 198:2012, Tabellen F.1 und F.2 [46].

Es gibt keine einfache Empfehlung für die Festlegung ungefährlicher Lichtstärken. Präventive Strategien, die die Lichtexposition, also die Intensität und die Dauer der Einstrahlung, auf das erforderliche Mindestmaß reduzieren bzw. steuern, bieten den besten Schutz gegen den schädlichen Einfluss von Licht. Die Aufbewahrung von Archiv- und Bibliothekssammlungen in Kisten oder Schachteln bietet Schutz vor vielen Lichtquellen.

Für das Hantieren an Sammlungen einschließlich ihres sicheren Transports wird eine ausreichende Beleuchtung benötigt. Wenn jedoch kein Personal anwesend ist, ist in Depotbereichen über die Notbeleuchtung hinaus keine Beleuchtung nötig.

ANMERKUNG 1 Die Strahlung einer Lichtquelle wird grundsätzlich in drei Kategorien unterteilt: Ultraviolett (UV) (Wellenlängen kürzer als 400 nm), sichtbares Licht (Wellenlängen zwischen 400 nm und 760 nm) und Infrarot (IR) (Wellenlängen länger als 760 nm).

Die Lichtmenge, die auf die Materialoberfläche fällt, wird in Lux oder Candela gemessen. Ein Lux entspricht einem Lumen pro Quadratmeter. Ein Candela entspricht etwa 11 Lux. Ein junger Mensch benötigt etwa 50 Lux, um halbwegs deutlich sehen zu können, während ältere Menschen erheblich mehr benötigen können. Dunkel gefärbte Objekte oder Objekte mit feinen Details benötigen ebenfalls eine stärkere Beleuchtung. Siehe Literaturhinweis [46].

Sämtliche Wellenlängen einschließlich derer im sichtbaren Bereich des Spektrums können empfindliche Materialien beschädigen. Es empfiehlt sich, die Gesamtlichtexposition zu messen und zu kontrollieren. Dabei ist die Vermeidung der Exposition durch UV-Strahlung besonders wichtig.

Der UV-Anteil des Spektrums überträgt mehr Energie als der sichtbare oder IR-Anteil und kann daher Sammlungen deutlich mehr Schaden zufügen. Zu ihrem Schutz werden daher an Orten, an denen Sammlungen ausgestellt, verwendet und aufbewahrt werden, oft Folien eingesetzt, die UV-Licht aus natürlichem Licht und Lichtquellen filtern.

ANMERKUNG 2 Mit zunehmender Wellenlänge der Strahlung nimmt die damit verbundene Energie ebenso ab wie das Ausmaß des photochemischen Schadens, der hierdurch verursacht werden kann. Auch wenn dies weniger bedrohlich ist als UV-Strahlung, erzeugen Wellenlängen im IR-Anteil des Spektrums Wärme.

Strahlungswärme ist aus Sicht des Umfeldmanagements bedeutsam, denn sie fügt der Umgebung zusätzliche Wärme hinzu und erhöht die Temperatur, wenn sie nicht kontrolliert wird. Erhöhte Temperatur kann insbesondere in einem geschlossenen Raum wie einer Ausstellungsvitrine zu Übertrocknen oder zu einer ungleichmäßigen Verteilung des Wärme- oder Feuchtegehalts führen.

Die Lichtexposition und Wärme kann gesteuert werden durch:

— ein Mindestmaß an Beleuchtung für bestimmte Arbeiten, für die Benutzung und die Gebäudesicherheit;

— Abschalten der Beleuchtung in nicht genutzten Depotbereichen durch benutzeraktivierte oder zeitgesteuerte Beleuchtung;

— die Begrenzung der Anzahl der jeweils durch Einzelschalter gesteuerten Leuchten, um nicht mehr als den benötigten Arbeitsbereich zu beleuchten;

— Messung und Überwachung, um sicherzustellen, dass die Beleuchtung die Sammlung nicht erhitzt;

— Vermeiden der UV-Strahlung durch die entsprechende Lampenauswahl, Filter in den Leuchten oder der Gehäuseverglasung oder gegen natürliche Lichtquellen;

— Aufbewahrung der Sammlungen in einzelnen Schachteln oder Schubern oder unter einer Abdeckung.

ANMERKUNG 3 LED-Leuchten strahlen grundsätzlich kein UV-Licht aus und erzeugen weniger Strahlungswärme als andere Lichtquellen. Leuchtstoffröhren und -lampen strahlen unterschiedliche Mengen UV-Licht aus, die in Mikrowatt pro Lumen angegeben werden. Filter werden bei einem Austausch der Röhren beibehalten und können im Verlauf der Zeit ihre Wirksamkeit verlieren.

ANMERKUNG 4 Hocheffiziente Beleuchtung reduziert Energie- und Instandhaltungskosten sowie den Instandhaltungsaufwand in Sammlungs- und Ausstellungsbereichen.

12 Festlegung der Daten für Temperatur und relative Luftfeuchtigkeit

Die Festlegung der Parameter der Temperatur und der relativen Feuchte in einer Aufbewahrungsumgebung ist eine wichtige Komponente des Konservierungsmanagements für Bewahrung und Nachhaltigkeit. Während frühere Normen und Richtlinien spezifische Bedingungen und Grenzwerte festgelegt haben, hat die Materialforschung ein besseres Verständnis der Gegebenheiten von Räumen und ihrer Beziehung zu klimatischen Bedingungen erreicht. Verbesserungen der Gebäudetechnologie und technischer Anlagen sowie ein zunehmender Druck in Richtung Energieeffizienz und allgemeine Nachhaltigkeit haben zu einem Umdenken bei der Festlegung von Temperatur- und relativen Feuchtewerten für Archiv- und Bibliotheksinstitutionen geführt. Nachdem die Materialforschung geholfen hat, die Schwachstellen und die Bedingungen, unter denen Schäden auftreten können, zu beschreiben, ist das Umfeldmanagement heute der Schlüssel zur Minimierung dieser Risiken bei gleichzeitiger Nutzung aller Möglichkeiten, die Erhaltung zu verbessern und den Energieverbrauch zu verringern.

Die Richtlinien in diesem Abschnitt haben das Ziel, auf der Grundlage individueller institutioneller Faktoren einen Ausgleich zwischen Qualität, risikokontrollierten Erhaltungsumgebungen und reduziertem Energieverbrauch zu erzielen. Grenzwerte für Temperatur und relative Feuchte von Originalen sollten durch ein Umgebungsmanagementteam aus verschiedenen Disziplinen festgelegt werden, um den Anforderungen der Sammlung, der Gebäude- und Systemkapazitäten sowie den institutionellen Bedürfnissen und Prioritäten gerecht zu werden.

Es gibt sechs Faktoren, die sich direkt auf die endgültige Auswahl der Werte für Temperatur und relative Feuchte für gegebene Aufbewahrungsumgebungen auswirken:

— die Art der Sammlung und die Anforderungen an ihre Erhaltung;

— das Außenklima;

— die Art des Gebäudes und seine Bauweise, in dem die Sammlung aufbewahrt wird;

— das Vorhandensein (oder Fehlen) technischer Anlagen zur Abschwächung des Außenklimas;

— ob der jeweilige Aufbewahrungsraum als (für Menschen) ‚begehbar' festgelegt ist oder nicht;

— das Ausmaß, in dem die jeweilige Institution auf Erhaltung und Energienutzung achtet.

Bei der Berücksichtigung dieser sechs Faktoren ist es nötig, für unterschiedliche Institutionen oder Gebäude, selbst wenn sie auf den ersten Blick ähnlich erscheinen, abhängig von ihrer jeweiligen Situation entsprechend auch unterschiedliche Parameter zu wählen. So können Institutionen, die über eine technische Umfeldkontrolle verfügen, von einer größeren Flexibilität bei der Datenfestlegung profitieren, wohingegen Institutionen, die in einem passiven oder nicht klimakontrollierten Umfeld arbeiten, weniger betriebliche Optionen haben und möglicherweise unter verschiedenen physischen Standorten oder Gebäuden mit unterschiedlichen passiven Bedingungen auswählen müssen, anstatt sich für eine technisch gesteuerte Lösung zu entscheiden.

Nicht alle Materialien reagieren auf die gleiche Weise auf Umgebungsbedingungen. Wie in den Abschnitten 5 und 6 erläutert, beeinflussen diese Faktoren einen Großteil der Materialabbauprozesse — egal ob chemischer Verfall, physische Deformation, das Vorkommen von Schädlingen oder Schimmel, biologischer Verfall oder die Oxidation metallischer Elemente. Aus diesem Grund sollte die mögliche Anfälligkeit einer Sammlung für jeden dieser Faktoren als oberstes Entscheidungskriterium für die Gestaltung ihres Umfelds dienen.

Eine einfache Herangehensweise bei der Umfeldgestaltung der meisten Sammlungsmaterialien ist die, eine möglichst kühle Temperatur bei einer moderaten relativen Feuchte im Bereich von 30 % bis 55 % aufrechtzuerhalten. Jedoch können sich die Risiken für spezifische Materialien erheblich unterscheiden: Celluloseacetat reagiert auf hohe Temperaturen mit schnellem chemischen Verfall, wohingegen polyesterbasierte Filme unter denselben Bedingungen stabil sein können [15]. Holzschliffpapier aus der ersten Hälfte des 20. Jahrhunderts ist produktionsbedingt instabil und zerfällt bei warmen Temperaturen schnell, während säurefreies Papier aus der Zeit zwischen Ende des 20. Jahrhunderts und Anfang des 21. Jahrhunderts, das nach ISO 9706 [1] und/oder ISO 11108 [2] hergestellt wurde, sehr viel langsamer zerfällt. Zahlreiche Papiermaterialien können bei einer relativen Feuchte von bis zu 60 % sicher aufbewahrt werden, wohingegen Sammlungen, die silberbasierte Fotos oder Filme enthalten, eine relative Feuchte von 55 % oder weniger brauchen, um Silberoxidation und Bildverluste zu vermeiden. Anhang D enthält weitere Beispiele für Risiken in Verbindung mit spezifischen Medien.

Über allgemeine Risiken hinaus sollten Institutionen auch Anforderungen sowohl für die Gesamtheit der Sammlungen wie auch einzelne Teilbestände festlegen. Besondere Archive, Sondersammlungen oder Rara können wie die bereits genannten Materialien aufgrund ihrer einzigartigen, zerbrechlichen oder wertvollen Natur eine höhere Qualität des Erhaltungsumfelds erfordern als dauerhaft in Benutzung befindliche Sammlungen oder allgemeine Bestände. Üblicherweise legen Institutionen jeweils spezifische Temperatur- und relative Feuchtewerte für ihre unterschiedlichen Sammlungen fest. Dabei werden einige Sammlungen unter kühleren Bedingungen aufbewahrt (allgemein mit höheren Energiekosten verbunden), wohingegen andere Materialien unter wärmeren Konditionen (Raumtemperatur) aufbewahrt werden können, was zwar eine weniger gute Konservierungsleistung bietet, aber in der Regel mit geringeren Energiekosten verbunden ist.

Instrumente wie die, die in Abschnitt 15 aufgelistet sind, können zur vergleichenden Messung der Qualität verschiedener Erhaltungsumgebungen eingesetzt werden. Sobald die notwendige oder gewünschte Umgebungsbedingung bestimmt ist, kann sie als zugrundeliegende Leitlinie während der Betrachtung der positiven oder negativen Umgebungseinflüsse durch andere Faktoren verwendet werden.

Das Außenklima ist üblicherweise der größte Einflussfaktor auf die Innenraumumgebung und die zu ihrer Steuerung verwendete Energie. Außentemperaturen und -taupunkte stimmen nur selten mit den für die Innenraumumgebung gewünschten Bedingungen überein. Bisherige Richtlinien und Kenntnisse konzentrierten sich auf das Einhalten eng gesetzter Grenzwerte in Innenräumen und geringen Schwankungen ungeachtet der Außenumgebung, wobei der erforderliche Energieverbrauch zur Innenklimaregulierung weitgehend außer Acht gelassen wurde. Jüngste Forschung und praktische Erfahrungen haben gezeigt, dass an Stelle genauer Temperatur- und Feuchtewerte auch Temperatur- und Feuchtebereiche, die sogar durch die Außenbedingungen beeinflusst sein dürfen, für eine geeignete Unterbringung ausreichen.

Ohne technische Steuerung würden sich die Konditionen in den Räumen langsam an die Außenkonditionen annähern. Ein Gebäude kann von der äußeren Umgebung durch eine Reihe von Faktoren beeinflusst werden: vom direkten Luftaustausch (das Öffnen von Türen und Fenstern oder die absichtliche Zufuhr von Außenluft durch ein entsprechende Anlage) bis hin zu durch direkte Sonneneinstrahlung erzeugter Strahlungsenergie, der Übertragung von Wärmeenergie durch höhere Außentemperaturen oder dem Feuchteeinfall durch undichte Stellen oder durch Diffusion.

Nicht jede äußere Umgebung ist ungünstig für das Erreichen von Erhaltungs- und Energiezielen. Auch wenn ganzjährige oder jahreszeitliche warme/feuchte Umgebungen gleich doppelt eine Herausforderung für die Stabilisierung der Temperatur und der Taupunkte darstellen, können Umgebungen mit ganzjährigen oder jahreszeitlich kühlen/trockenen Außenbedingungen erhebliche Vorteile für die Erhaltungsumgebung bieten und den für das Erreichen günstiger Bedingungen nötigen Energiebedarf verringern.

Unabhängig von der Pufferwirkung oder der Klimakontrolle, die eine Gebäudestruktur oder eine Klimaanlage bieten können, sollte bei der Festlegung der Werte für Temperatur und relative Feuchte das Ziel sein, die Außenbedingungen so angemessen zu berücksichtigen, dass Risiken durch die äußere Umgebung möglichst gemindert werden. Derart sollten die natürlichen Gegebenheiten genutzt werden, um zur Erhaltung und einem geringeren Energieverbrauch beizutragen.

Beispiele für allgemein geeignete Temperatur- und relative Feuchtebereiche relativ zum Außenklima (leere Depoträume und Klimakontrollgeräte vorausgesetzt) können sein:

— kühl und trocken:

  — Temperatur: 10 °C oder tiefer

  — relative Luftfeuchtigkeit: mindestens 30 %, höher, soweit für bestimmte Materialien erforderlich

— kühl und feucht:

  — Temperatur: 10 °C oder tiefer

  — relative Luftfeuchtigkeit: maximal 60 %, weniger, soweit für bestimmte Materialien erforderlich

— warm und trocken:

  — Temperatur: 22 °C oder tiefer

  — relative Luftfeuchtigkeit: mindestens 30 %, höher, soweit für bestimmte Materialien erforderlich

— warm und feucht:

  — Temperatur: 22 °C oder tiefer

  — relative Luftfeuchtigkeit: maximal 60 %, weniger, soweit für bestimmte Materialien erforderlich

In Regionen mit jahreszeitlich unterschiedlichen Außenbedingungen — wie etwa warm und feucht in der einen Jahreszeit und kühl und trocken in der anderen — kann man die jeweils geeigneten jahreszeitlichen Temperatur- und relative-Feuchte-Bedingungen zur angemessenen Steuerung der Klimakonditionen nutzen und dabei die Energiekosten senken.

Konstruktion und Qualität der Außenwände und des Daches von Gebäuden entscheiden mit darüber, welchen Einfluss die Außenklimabedingungen auf Innenraumumgebungen haben. Konstruktionen mit besonderer Wärmedämmung (seien sie später hinzugefügt oder eine Eigenschaft des ursprünglichen Wandmaterials) sind eine gute Isolierung gegen kühle oder warme Außenbedingungen und gleichen das Innenklima langsam an die Außentemperaturen an. Bauwerke ohne ausreichende Wärmedämmung reagieren schneller auf Veränderungen der Außentemperatur. So können sie Innenraumtemperaturen haben, die über den Außentemperaturen liegen, wenn nämlich Energie aus direkter Sonneneinstrahlung durch das Dach, die Wände oder die Fenster übertragen wird. Depoträume, die Außenwände haben oder direkt unter dem Dach liegen, können unmittelbarer Temperaturfluktuation ausgesetzt sein.

Temperatureinstellwerte müssen in schlecht isolierten Bauwerken gegebenenfalls in warmen Jahreszeiten höher und in kühlen Jahreszeiten niedriger sein, um den Energieverbrauch zu begrenzen. In gut isolierten Gebäuden kann man mit wenig Energieverbrauch bei warmen Außenbedingungen niedrigere Temperaturen aufrechterhalten, und sie sind für den passiven Betrieb sowohl bei warmen als auch bei kühlen Außenbedingungen gut geeignet.

Je nach Klima und Konstruktion des Gebäudes kann eine Luftinfiltration durch die Gebäudehülle (absichtlich oder aufgrund von Undichtigkeiten) wünschenswert sein oder nicht. Grundsätzlich sollten maschinell klimatisierte Gebäude dicht sein, während passiv funktionierende Gebäude je nach Jahreszeit und relativen Innen-/Außenbedingungen mehr oder weniger Luftstrom benötigen.

Die Dampfdurchlässigkeit der Außenflächen von Bauwerken hat ebenfalls einen direkten Einfluss auf die Parameter für die Innenraumtemperatur und die relative Luftfeuchtigkeit. Dampfdurchlässigkeit ist ein Maß dafür, wie schnell Wasserdampf durch ein bestimmtes Material aus Bereichen mit hohem Dampfdruck in Bereiche mit niedrigem Dampfdruck eindringt.

Gebäudeaußenseiten mit hoher Durchlässigkeit lassen Feuchtigkeit schnell durch Wände-/Dachstrukturen dringen, sodass es schwieriger ist, die Feuchtigkeit draußen zu halten und in feuchter Umgebung zu entfeuchten oder den Feuchtegrad im Inneren während der Entfeuchtung konstant zu halten.

Gebäudeaußenseiten mit geringer Durchlässigkeit verlangsamen die Diffusionsrate und erleichtern damit die Kontrolle und Aufrechterhaltung geeigneter Taupunkte in Sammlungsumgebungen durch Be- und Entfeuchtung. Die Verwendung von Dampfbarrieren als Wandbestandteile führt zu einer geringeren Durchlässigkeit und kann die Dampfdiffusion erheblich reduzieren. Hierbei ist jedoch darauf zu achten, dass die Dampfbarriere richtig angebracht wird unter Berücksichtigung der Wärmedämmung, den üblichen Außenbedingungen und der Richtung der Dampfbewegung.

Darüber hinaus ist bei der Wahl der Einstellwerte für die Temperatur und relative Luftfeuchtigkeit in künstlich klimatisierten Gebäuden mit hoher Dampfdurchlässigkeit Vorsicht geboten. In Gebäuden mit hoch durchlässiger Außenhülle kann aktive Entfeuchtung zu einer erhöhten Feuchtediffusionsrate in das Gebäude führen und das kann Schäden an der Gebäudehülle und den Innenverkleidungen anrichten, wenn die Feuchtigkeit verdunstet und Ausblühungen oder die Schwächung des Mauerwerks verursacht. Das umgekehrte Problem kann bei aktiver Befeuchtung auftreten, wenn Dampf durch die Gebäudehülle gedrückt wird und an der Außenfläche verdunstet. Dieser Prozess kann zu Ausblühungen an den Außenflächen, Rissbildung und Abplatzungen am Mauerwerk führen.

Aufbewahrungsräume für Sammlungen, die sich in unterirdischen Gebäudeteilen oder Anlagen (von Höhlenkomplexen über neu genutzte Bergbauminen bis hin zu Kellern oder anderem) befinden, werden eher durch die Bodentemperatur und -feuchtigkeit als durch das Außenklima beeinflusst. Wenn die Feuchtediffusion und Undichtigkeiten kontrolliert werden können, dann ist die Temperatur des umgebenden Bodens oftmals recht günstig für die Wahl kühlerer Temperaturbereiche, und das mit geringeren Energiekosten.

Der größte Vorteil von Klimaanlagen liegt in der Möglichkeit der Feuchtigkeitskontrolle. Wie in Abschnitt 13 erläutert, ist es der Taupunkt, mit dem ein geeignetes Temperatur-Luftfeuchte-Verhältnis für eine bestimmte Umgebung eruiert werden kann. Sobald die Eignung einer Gebäudehülle festgestellt wurde, kann die Klimaanlage zur Entfeuchtung und/oder Befeuchtung beitragen und so geeignete Werte für Temperatur und relative Luftfeuchtigkeit erreichen. Wenn beispielsweise die bekannte Entfeuchtungskapazität das Äquivalent zu einem Taupunkt von 7 °C ist und eine Wiedererwärmung zur Temperatursteuerung möglich ist, können in einer warmen und feuchten Umgebung die folgenden Werte gewählt werden:

— Temperatur: 16 °C bis 22 °C

— relative Luftfeuchtigkeit: 38 % bis 55 %

DIN/TR 67702:2020-12

Bei Temperaturen im Bereich von 23 °C bis 26 °C würde die relative Feuchte über 30 % bleiben, aber die chemische Degradation kann aufgrund der hohen Temperaturen höher als gewünscht sein. Bei Temperaturen unter 16 °C wird die relative Feuchte über 55 % ansteigen und das Risiko von Metallkorrosion steigt, während sich bei geringeren Temperaturen und höherer relativer Feuchte manche Originale dehnen und die Gefahr von Mikroorganismenwachstum steigt. Bei der Wahl der Mittel ist zu beachten, dass Entfeuchtung über Herunterkühlen und Wiedererwärmen Energie zum Entfeuchten und Wiedererwärmen der Luft verbraucht.

Die Auswahl kühlerer Temperaturen am oberen Ende des akzeptablen Feuchtebereichs — beispielsweise 55 % bis 60 % — kann helfen, Energiekosten zu senken und gleichzeitig geeignete Bedingungen aufrechtzuerhalten. Der Energieverbrauch wird je nach Klimaanlage variieren; wie hoch er für verschiedene Temperatur- und relative Feuchtigkeitswerte jeweils ist, das kann in Zusammenarbeit mit dem technischen Personal ermittelt werden.

Klimaanlagen und Befeuchter sind üblicherweise darauf ausgelegt, eine bestimmte Menge an Feuchte pro Zeiteinheit für eine vorgegebene Umgebung zu liefern. Wenn der Befeuchter für eine maximale Befeuchtung bei 21 °C auf 30 % (bei einem Taupunkt von 3 °C) relative Feuchte ausgelegt ist, wäre er wahrscheinlich für die folgenden Beispiel-Einstellwertbereiche geeignet:

— Temperatur: 12 °C bis 21 °C

— relative Luftfeuchtigkeit: 30 % bis 54 %

Wären jedoch Einstellwerte von 21 °C und 45 % relative Luftfeuchtigkeit gewünscht (bei einem Taupunkt von 9 °C), könnte der Befeuchter die Feuchtigkeitsleistung wahrscheinlich nicht liefern. Das Gerät mag in der Lage sein, weniger Befeuchtung zu liefern — beispielsweise für eine Umgebung mit 15 °C und 30 % relativer Feuchte (bei einem Taupunkt von −3 °C) —, jedoch nicht mehr als das maximale Taupunkt-Äquivalent.

In ganzjährig oder jahreszeitlich kühlen und trockenen Klimaregionen kann die Wahl kühlerer Temperatureinstellwerte mit einer relativen Feuchte am unteren Ende des sicheren Bereichs — wie etwa 30 % bis 35 % — bei der Beheizung und Befeuchtung Energiekosten sparen. In warmen und trockenen Regionen kann die Beibehaltung einer geringeren relativen Feuchte bei moderaten Temperaturen die Energiekosten der Kühlung und der Befeuchtung senken, wobei gleichzeitig die meisten Risiken für die Kulturgüter vermieden werden.

Hilfsmittel wie das psychrometrische Diagramm oder der „Dew Point Calculator" des Image Permanence Institute können helfen, potenziell geeignete Temperatur- und relative-Luftfeuchte-Parameter bei verschiedenen bekannten Taupunkten oder Feuchtekontrollwerten zu ermitteln.

Besonders dann, wenn ein Klimaregulierungssystem für die Sicherstellung menschlichen Komforts in stark benutzten Räumen und nicht speziell für die Feuchtekontrolle in Sammlungen ausgelegt ist, kann es passieren, dass Entfeuchtung nur als ein Nebenprodukt der Kühlung auftritt und dass Befeuchtung als Option überhaupt nicht zur Verfügung steht. Unter diesen Umständen ist es wichtig, unter feuchten Bedingungen eine Überkühlung oder unter trockenen Bedingungen eine Überhitzung zu vermeiden.

Eine Kühlung ohne ausreichende Entfeuchtung kann in den Magazinräumen zu niedriger Temperatur und hoher relative Luftfeuchtigkeit führen und damit die Sammlungsstücke der Gefahr der Ausdehnung aussetzen oder z. B. zu Schimmelbewuchs führen. Wenn man die Umgebung überheizt, ohne sie zu befeuchten, kann es zu höheren Temperaturen mit gefährlich niedriger relativer Luftfeuchte kommen, was die Sammlungen dem Risiko mechanischer Beschädigungen und erhöhter Zerbrechlichkeit/Empfindlichkeit aussetzt.

Einige Einrichtungen haben eine teilweise Umfeldsteuerung durch Heißwasser- oder Dampfradiatoren, die in kühlen Klimazonen zur Innenraumbeheizung eingesetzt werden. Diese Systeme können weder eine Ent- noch Befeuchtung leisten, und daher müssen die Temperatureinstellungen für Magazinräume so sorgfältig gewählt werden, dass ein Übermaß an Beheizung vermieden wird, denn das beeinträchtigt die Erhaltungs- und die Energieverbrauchsziele.

Auch wenn empfohlen wird, Magazinbereiche ausschließlich für die Aufbewahrung von Artefakten zu nutzen, sind in vielen Einrichtungen die Aufbewahrungsbereiche auch für die Öffentlichkeit zugänglich, oder es sind dort Arbeitsplätze eingerichtet oder Magazine und Arbeitsplätze sind durch eine gemeinsame Klimaanlage verbunden. In diesen Fällen entscheiden vermutlich die Anforderungen an den menschlichen Komfort über die Temperatureinstellung.

Für ‚begangene' Räume in Klimazonen mit jahreszeitlichem Wechsel können die Aufbewahrungsbedingungen durch eine moderate Wärmekontrolle z. B. zwischen 20 und 22 °C verbessert werden. Energiereduzierungs- oder Nachhaltigkeitsziele können weiterhin erreicht werden, indem die Einstellwerte für die relative Feuchte passend zu den Außenbedingungen gewählt werden — bspw. eine geringere relative Luftfeuchtigkeit in trockenen Jahreszeiten oder Regionen sowie höhere Einstellwerte in feuchten Jahreszeiten oder feuchteren Regionen, jeweils in einem moderaten Rahmen. Um die Erhaltungs- und Energieverbrauchsparameter zu halten, sollte Personenverkehr in Sammlungsaufbewahrungsbereichen möglichst vermieden werden.

Erhaltungsziele sollen nicht aus Gründen der Energieeffizienz gefährdet werden. Ist die Energiereduzierung gewünscht oder erforderlich, ist zunächst danach zu streben, Einsparungen zu erzielen und zugleich geeignete Erhaltungsbedingungen aufrechtzuerhalten. Beispiele hierfür sind die Erweiterung der Einstellungswerte für die jahreszeitlich schwankende Temperatur und relative Luftfeuchtigkeit durch reduzierte Temperaturen in kühler Umgebung oder die Wahl eines breiteren Einstellwertbereichs für die relative Feuchte wie oben erläutert oder die Schaffung von gesonderten Klimabereichen für empfindlichere Materialien. Andere möglicherweise bestehende Energiesparmöglichkeiten können gegebenenfalls genutzt werden, ohne das Risiko für die Sammlungen zu erhöhen. Beispiele hierfür sind in Anhang A enthalten.

In Hochregallagern tritt oft das Problem von Wärmeschichtung auf. Wärmeschichtung kann durch Luftzirkulation gesteuert werden, entweder durch die Platzierung von Zuluftgeräten an der Decke und Rücklufteinlässe in Bodennähe oder durch die Anwendung von Deckenventilatoren.

13 Psychrometrie

Psychrometrie oder die Lehre von den Eigenschaften von Gas- bzw. Dampfgemischen ist wichtig, um die Beziehung zwischen der Lufttemperatur, der relativen Feuchte und dem Feuchtegehalt in einer Umgebung zu verstehen. Diese Beziehungen erzeugen die Temperatur- und relative Feuchte-Bedingungen, die auf vielfältige Weise zur Verschlechterung des Zustands von Sammlungen beitragen können. Technische Eingriffe in Gebäuden oder „Klimatisierung" beeinflussen direkt diese psychrometrischen Beziehungen durch Steuerung der Temperatur, des Feuchtegehalts und der Feuchtekonzentration einer Umgebung.

Sammlungsexperten müssen bei der Betrachtung von Sammlungsaufbewahrungsumgebungen drei psychrometrische Faktoren berücksichtigen: die Temperatur der Luft, ihren Taupunkt (nützlich als Darstellung des Feuchtegehalts) und die relative Luftfeuchtigkeit. Für die Konservierung ist die Kenntnis und das Verständnis des Taupunkts der wichtigste Faktor. Er gibt nicht nur an, welche Temperaturbereiche und relative Feuchtebereiche in jeder beliebigen gegebenen Umgebung erreicht werden können, sondern ist auch der begrenzende Faktor für die Fähigkeit eines technischen Systems, eine bestimmte Aufbewahrungsumgebung sicherzustellen.

Um den Taupunkt zu verstehen, empfiehlt es sich, mit der Rolle der Temperatur zu beginnen. Temperatur ist, einfach ausgedrückt, der Messwert der Wärmeenergie in einem Stoff. Wenn die Temperatur sinkt, nimmt die Fähigkeit der Luft, Wasserdampf zu halten, ab. Wenn die Temperatur steigt, nimmt die Fähigkeit der Luft, Wasserdampf zu halten, zu. Dieses Konzept wird in Bild 2 dargestellt.

DIN/TR 67702:2020-12

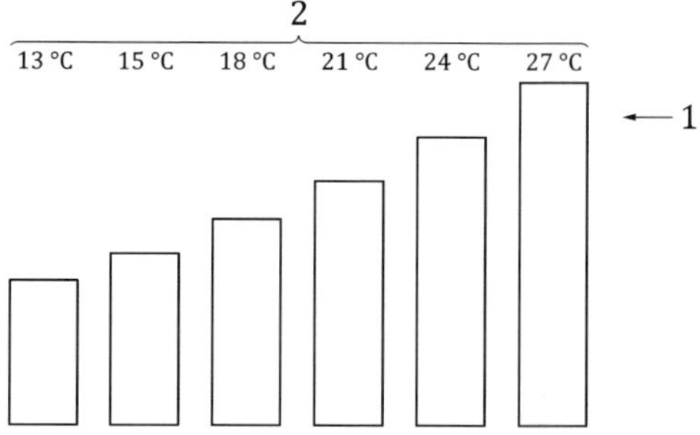

Legende

1 Fähigkeit, Wasser zu halten
2 Lufttemperatur

Bild 2 — Temperaturabhängigkeit des Wasserdampfgehalts von Luft

Neben der Temperatur enthalten Umgebungen jeweils eine bestimmte Menge an Feuchte in Form von Wasserdampf. Dieser Feuchtegehalt, die Feuchtemenge des Systems, ist ungeachtet der Temperatur des Systems konstant, wie in Bild 3 gezeigt.

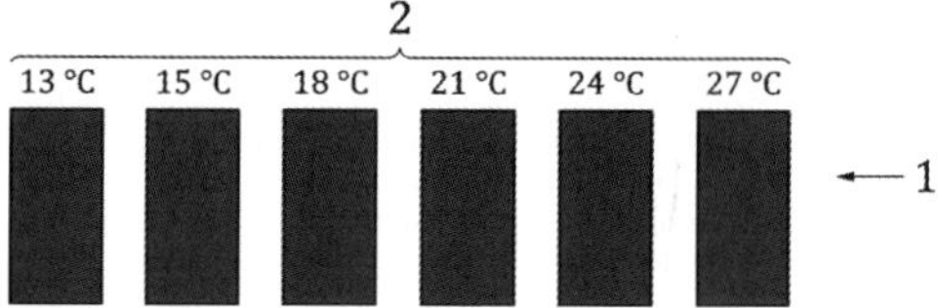

Legende

1 tatsächlich vorhandenes Wasser
2 Lufttemperatur

Bild 3 — Temperaturabhängigkeit der absoluten Luftfeuchtigkeit

Die relative Feuchte lässt sich am leichtesten als prozentuale Sättigung der Luft auf der Grundlage der Temperatur und vorhandener Feuchte erklären. Wenn die relative Luftfeuchtigkeit 100 % beträgt, ist das System vollständig gesättigt und kann keinen weiteren Wasserdampf mehr aufnehmen. Die entsprechende Temperatur ist die Taupunkttemperatur — die Temperatur, bei der überschüssiger Wasserdampf beginnen würde, sich als Tautropfen abzusetzen. In Bild 4 bestimmt die vorhandene Feuchte, die zur Erzeugung einer Taupunkttemperatur von 13 °C benötigt wird, welche relative Feuchte bei anderen Temperaturen besteht.

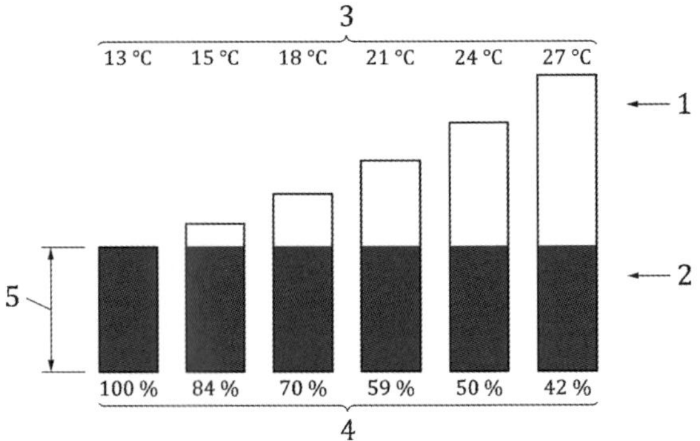

Legende

1 Fähigkeit, Wasser zu halten
2 tatsächlich vorhandenes Wasser
3 Lufttemperatur
4 relative Feuchte
5 absolute Feuchte (0,009 2 kg/kg)

Bild 4 — Temperaturabhängigkeit der relativen Luftfeuchtigkeit

In einer Umgebung mit einem gegebenen Taupunkt oder Feuchtegehalt sinkt die relative Feuchte bei steigender Temperatur. Umgekehrt steigt die relative Feuchte bei sinkender Temperatur. Diese psychrometrische Beziehung ist der Grund, warum es riskant ist, in einer Erhaltungsumgebung ausschließlich die Temperatur zu steuern — die Versuchung, die Temperatur zu reduzieren, um den chemischen Verfall der Originale zu verlangsamen, ohne gleichzeitig den Taupunkt zu senken, kann zu einer gefährlich hohen relativen Luftfeuchte führen. Bild 5 zeigt, dass es bei einem Taupunkt von 13 °C nicht möglich ist, eine zufriedenstellende Kombination aus Temperatur und relativer Feuchte zu erzielen. Bei einer akzeptablen Raumtemperatur ist die relative Feuchte für eine Langzeiterhaltung von Sammlungen zu hoch, während die Temperatur für die Erhaltung oder den Komfort zu weit angehoben werden müsste, um eine akzeptable relative Feuchte zu erzielen. Zur Erzielung eines niedrigeren Taupunkts bietet eine maschinelle Entfeuchtung die Möglichkeit, niedrige Temperaturen mit einer moderaten relativen Feuchte zu verbinden, wie Bild 5 zeigt.

DIN/TR 67702:2020-12

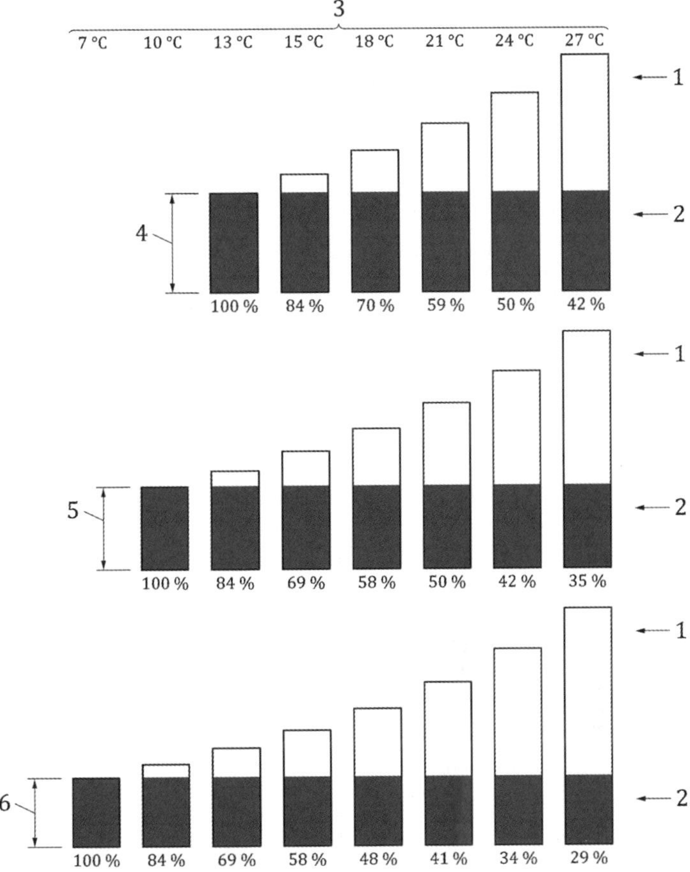

Legende

1 Fähigkeit, Wasser zu halten
2 tatsächlich vorhandenes Wasser
3 Lufttemperatur
4 absolute Feuchte (0,009 2 kg/kg)
5 absolute Feuchte (0,007 6 kg/kg)
6 absolute Feuchte (0,006 2 kg/kg)

Bild 5 — Temperaturabhängigkeit der relativen Feuchte bei verschiedenen absoluten Feuchten

Der Wunsch, die psychrometrischen und thermodynamischen Eigenschaften einer Umgebung zu ändern — wie etwa das Anheben oder Absenken der Temperatur oder die Veränderung des Feuchtegehalts oder der relativen Feuchte –, erfordert oftmals einen technischen Eingriff oder eine Klimatisierung. Ein vom Außenklima abweichendes Innenklima kann durch passive oder aktive Mittel erreicht werden. Passive Lösungen können Wärmedämmung, Dampfbarrieren oder -verzögerer, luftdichte Bauteile oder solche Teile, die nur minimalem Luftwechsel erlauben, sein — oder sie können andere Ansätze umfassen, um die Auswirkung der Außenbedingungen auf den Innenraum abzuschwächen, zu verlangsamen oder zu verhindern, dass die vorteilhaften Innenraumkonditionen nach außen entweichen (wie etwa durch bodengekühlte Gebäude). Auch wenn sich passive Verfahren üblicherweise vorteilhaft auf den Energieverbrauch auswirken, können sie durch widriges Außenklima und das potenzielle Erfordernis, bestimmte Bereiche der Innenraum-Umgebungsbedingungen aufrechtzuerhalten, eingeschränkt werden.

Die aktive Steuerung mit Hilfe verschiedener Klimaanlagenarten, die durch unterschiedliche Energiequellen betrieben werden (fossile Brennstoffe, erneuerbare Energie usw.), kann zur Erhaltung der Originale fünf grundlegende Schritte erreichen:

— Erhöhen der Temperatur (Heizung);

— Senken der Temperatur (Kühlen);

— Hinzufügen von Feuchtigkeit (Befeuchtung);

— Entfernen von Feuchtigkeit (Entfeuchtung);

— Entfernen von Feinstaub oder gasförmigen Schadstoffen (Filterung).

Wie oben gezeigt, werden die Temperatur und die relative Feuchte einer bestimmten Umgebung und damit ihre generelle Eignung für die Erhaltung von Kulturgut hauptsächlich durch den vorhandenen Feuchtegehalt bestimmt. In Umgebungen mit hohem Taupunkt wird es schwierig sein, bei moderater relativer Feuchte kühle Bedingungen aufrechtzuerhalten, während ein niedriger Taupunkt es schwierig macht, sicherzustellen, dass Materialien unter „Raumtemperaturbedingungen" nicht zu schnell austrocknen. Technische Anlagen und ihr Design unterscheiden sich erheblich. Es gibt Anlagen für die Zufuhr von Umluft- und Strahlungswärme (auch wasserbasiert). Dieses Dokument konzentriert sich auf die Umluftanlagen, die häufig eingesetzt werden, um die fünf vorgenannten Schritte auszuführen. In vielen historischen Gebäuden sind möglicherweise nur einfache Heißwasser-Heizanlagen vorhanden.

Klimatisierungssysteme wurden früher hauptsächlich für den menschlichen Komfort entworfen; ihr Schwerpunkt lag in der Kontrolle der Temperatur und weniger bei der Feuchtekontrolle. Für die Erhaltung von Kulturgut ist aber die Kontrolle der Luftfeuchtigkeit entscheidend, und dabei besonders die Möglichkeit, die Luftfeuchtigkeit zu erhöhen oder zu senken, um das gewünschte Umfeld herzustellen. In Klimazonen mit ganzjährigen oder jahreszeitlich bedingten hohen Taupunkten ist die Entfeuchtung — in den meisten Fällen durch Subkühlung oder Trocknungsprozesse — notwendig, um den Feuchtegehalt von Innenräumen zu reduzieren. Trocknungsanlagen, die mit Materialien wie Kieselgel oder Lithiumchlorid arbeiten, können eingesetzt werden, um in Umgebungen mit kühlen oder kalten Temperaturen den Taupunkt zu senken. Häufiger werden Anlagen mit Kühlmittel oder Kaltwasser verwendet, die die Luft herunterkühlen und wieder erwärmen. Der Luftstrom wird unter seinen Eintrittstaupunkt abgekühlt, um überschüssige Luftfeuchtigkeit aus dem System zu entfernen, einen neuen Taupunktzustand herzustellen und anschließend die Luft wieder zu erwärmen, um die geeignete relative Feuchte im Raum zu erreichen. Dieser Prozess wird in Bild 6 umrissen.

DIN/TR 67702:2020-12

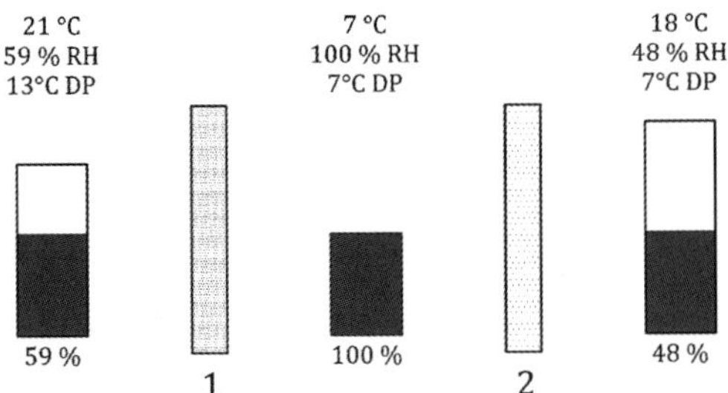

Legende

1 Kühlspirale

2 Heizspirale

Bild 6 — Prozess der Feuchtigkeitsregulierung eines Luftstroms

Ohne die Wiedererwärmungsstufe würde das System die Luft mit 7 °C und 100 % relativer Feuchte direkt dem Raum zuführen und ein erhebliches Risiko mechanischer Schäden und von Schimmelbewuchs bedeuten. Kehrt man die Reihenfolge dieser beiden Spiralen um (wobei die Luftstromrichtung unverändert bleibt), wäre das System nicht in der Lage, wirksam zu entfeuchten. Die Steuerung der Entfeuchtung konzentriert sich üblicherweise auf das Erreichen eines bestimmten Taupunkts am Entfeuchtungselement und die anschließende Anpassung der Temperatur, um die relative Feuchte zu erzielen.

Für Umgebungen mit ganzjährigen oder jahreszeitlich trockenen Bedingungen (niedriger Taupunkt) kann eine artifizielle Befeuchtung notwendig sein. Befeuchter führen üblicherweise dem Luftstrom durch eine Vielzahl von Verfahren direkt Dampf oder kühlen Nebel zu und dienen dazu, bei schwankenden Temperaturen durch die Zufuhr variabler Feuchtemengen in dem Luftstrom eine bestimmte relative Feuchte aufrechtzuerhalten.

Die maschinelle Kühlung zur Temperatursteuerung kann entweder in Verbindung mit der Entfeuchtung oder als einfacher Kühlprozess über eine Reihe technischer Anlagen erreicht werden, wobei die Anwendung von Kühlmitteln oder Kühlwasserspiralen und Verdunstungssystemen üblich ist. Eine Kühlung allein zur Temperatursteuerung kann in trockeneren Gegenden erfolgreich sein. In Gebieten mit hohen Taupunktbedingungen dagegen kann eine einfache Luftkühlung zu einer hohen Raumfeuchte aufgrund unzureichender Entfeuchtung führen (siehe Bild 3). Die Verwendung von Verdunstungskühlsystemen, die Luft über ein mit Wasser getränktes Medium leiten und die latente Verdunstungswärme zur Kühlung der Luft einsetzen, wird ebenfalls zu einem Anstieg des Feuchtegehalts im Luftstrom führen, der den Taupunkt erhöht. Verdunstungskühlsysteme können nicht entfeuchten und sind gegebenenfalls nicht die beste Wahl in Gegenden, die eine Kühlung erfordern, aber höhere Außentaupunkte haben.

Beheizung wird meistens in Klimazonen mit kühlen bis kalten jahreszeitlichen oder ganzjährigen Klimabedingungen eingesetzt und ist ebenfalls wesentlich für Subkühl- und Wiedererwärmungs-Entfeuchtungsprozesse, wie in Bild 5 gezeigt. Die Wärme wird über eine Reihe potenzieller Quellen einschließlich unter anderem Wasserspulen, Stromspulen, direkten Feuerquellen und Wärmetauschern einem Luftstrom zugeführt. In kalten Regionen mit einem niedrigen Taupunkt im Außenbereich muss oftmals aufgrund des geringen verfügbaren Feuchtegehalts aus dem Außenbereich eventuell die Beheizung mit Befeuchtung kombiniert werden. Generell sind Heizungs- und Befeuchtungsanlagen einfacher und kostengünstiger zu installieren und zu betreiben als Anlagen zur Kühlung und Entfeuchtung.

14 Gute Nachhaltigkeitspraktiken

14.1 Allgemeines

Die folgenden Beispiele zeigen, was nach einer gründlichen Beurteilung der Anforderungen des Gebäudes und der Sammlungen durch sorgfältige Gestaltung und Detailgenauigkeit erreicht werden kann. Die Liste erhebt keinen Anspruch auf Vollständigkeit, sondern dient lediglich als Beispiel. Das Klima in den beschriebenen Gebäuden wird größtenteils passiv oder mit minimalem Energieverbrauch gesteuert. In kalten oder polaren Regionen angewendete Strategien umfassen die Anpassung der Form von Gebäuden, um Strahlungs-, Konvektions- und Verdunstungswärmeverlust zu vermeiden und die Absorption von Sonnenstrahlung zu maximieren und Schutz vor Wind zu bieten. In gemäßigten Zonen können Gebäude so ausgerichtet sein, dass der Sonnenlichtgewinn im Winter maximiert und im Sommer minimiert wird. Luftbewegung sollte im Sommer unterstützt werden, während im Winter Schutz vor Wind geboten werden sollte. In heißen trockenen Regionen, die tagsüber heiß und nachts kalt sein können, sollte die Form der Gebäude kompakt sein und möglicherweise um einen schattigen Hof angeordnet werden. Weitreichende Überhänge werden Fenster abschatten und die Fläche der exponierten Verglasung sollte minimiert werden. Traditionelle Windtürme können eingesetzt werden, um die Verdunstungskühlung und nächtliche Lüftung zu unterstützen. In heißen und feuchten Regionen, in denen die Temperatur während des gesamten Jahres relativ einheitlich ist, dürfen ähnliche Gestaltungslösungen angewendet werden, bei denen jedoch die Minimierung der Sonnenlichtstärke durch Abschattung im Mittelpunkt stehen sollte.

14.2 Archiv des Arnamagnæan Institute, Kopenhagen, Dänemark

Das Arnamagnæan Institute beherbergt eine bedeutende Sammlung mittelalterlicher isländischer Handschriften. Das Archivmagazin befindet sich in der nordöstlichen Ecke im ersten Obergeschoss eines Bürogebäudes und wurde gut gegen das erwärmte Gebäude und dünn gegen die Außenseite isoliert. Die Innenwände bestehen aus hygroskopischen Aluminiumsilikatfaserblöcken, die gemeinsam mit dem Inhalt des Magazins dazu dienen, die relative Feuchte während des gesamten Jahres auf etwa 50 % zu puffern. Die Temperatur blieb bei minimalem Energieeinsatz über einen Zeitraum von sieben Jahren in einem Bereich von 14 °C bis 24 °C und die relative Feuchte in einem Bereich zwischen 48 % und 58 %. Siehe Literaturhinweis [171].

14.3 Territorialarchive, St Martin, Westindische Inseln

Das Gebäude ist so positioniert, dass es die Passatwinde nutzt, die eine natürliche Lüftung und Kühlung bieten. Der Haupttrakt in Nordrichtung ist mit einer strukturellen doppelten Außenhaut aus Verbundharzplatten mit dem westlichen Teil verbunden und durch ein Aluminiumschutzgeflecht mit dem nördlichen und östlichen Teil. Diese Wand ist mit einer Gitterkonstruktion ausgestattet, um das erforderliche Tageslicht hereinzulassen. Sie bietet Schutz vor Sonnenlicht an den vertikalen Wänden und vor Regen an den exponierten Seiten. Ein breiter Metalldachüberhang spendet Schatten und schützt in Kombination mit einer oberen Sonnenblende alle Wände. Die gesamte Ebene wird durch eine doppelte Metallabdeckung überdeckt, die einen Luftraum zwischen der Innenseite und dem Außendach schafft, das selbst aus Metallblech mit Imprägnierung auf einer dicken Isolierschicht besteht, die Schutz vor Sonnenlicht durch das leicht abgeschrägte Dach bietet. Solarzellen auf dem Dach liefern einen Großteil des benötigten Stroms. Siehe Literaturhinweis [119].

14.4 Japanisches kaiserliches Archiv in Tokio

Das Archivgebäude des kaiserlichen Haushaltsministeriums in Tokio wurde zwischen 1989 und 1992 nach den traditionellen Prinzipien der Shosoin-Schatzkammer in Nara aus dem 8. Jahrhundert gebaut. Das Shosoin-Gebäude beherbergt seit über 1200 Jahren gemischte Sammlungen von Manuskripten, Musikinstrumenten, Möbeln und Textilien in hervorragendem Zustand, hauptsächlich dank der Gebäudekonstruktion und der verwendeten Aufbewahrungsbehältnisse. Das Gebäude ist überirdisch aus massiven Holzbalken errichtet und verfügt über weit überhängende Traufen, die die Wände vor Starkregen und Sonnenlicht schützen. Die Artefakte werden in Holzkisten mit gut passenden Deckeln aufbewahrt, die nicht direkt auf dem Boden stehen.

Das Archivgebäude besteht aus Holz mit einem Kupferdach und die Wände sind mit Porzellanfliesen verkleidet. Das Haus wird natürlich belüftet, jedoch sind die Fenster und Türen mit Staubfiltern ausgestattet. Alle Objekte des Archivs werden in leichten Kisten aus Paulownienholz aufbewahrt, die die relative Feuchte im

Inneren wirksam puffern, selbst wenn die relative Feuchte in Tokio im Sommer auf 90 % steigen kann. Siehe Literaturhinweis [91].

14.5 Jersey Archive, Jersey, Kanalinseln

Das Jersey Archive ist ein frühes Beispiel für ein passives Gebäude, das die strengen Anforderungen des Literaturhinweises [238] erfüllt. Das Gebäude verfügt über dicke Wände aus dichten Blöcken und eine gut isolierte Dachplatte, die mit einer belüfteten Sonnenblende ausgestattet ist. Eine Niedertemperatur-Hintergrundheizung kontrolliert die hohe relative Feuchte im Winter und Sommer. Siehe Literaturhinweise [217] und [176].

14.6 Norwegische Nationalbibliothek, Mo i Rana

Die norwegische Nationalbibliothek hat seit 1993 eine Zweigstelle in Mo i Rana knapp südlich des Polarkreises. Pflichtexemplare von Büchern und Filme werden in einer in den Berg gehauenen Höhle aufbewahrt, wo die natürliche Temperatur stabil bei 8 °C und die natürliche relative Feuchte stabil bei 35 % liegen. Da das Lager automatisiert ist, ist eine Beheizung für den menschlichen Komfort nicht erforderlich. Dies ist ein extremes Beispiel dafür, was in extremen Klimazonen erreicht werden kann. Siehe Literaturhinweis [154].

14.7 Landesarchiv Sachsen, Dresden, Deutschland

Das fünfeckige Gebäude aus dem Jahr 1915 wurde renoviert und ein neues passives Magazin wurde 2008 errichtet. Der Lichtschacht des alten Gebäudes wurde in ein Atrium umgewandelt, indem ein Glasdach hinzugefügt wurde. Darüber hinaus wurden die Fenster modernisiert und so die Umweltleistung verbessert. Das neue Gebäude verfügt über gut isolierte Wände mit minimalen Öffnungen. Dies ermöglicht eine Temperatur von 18 °C (im Jahresverlauf schwankend zwischen 16 °C und 22 °C) und eine relative Feuchte von 50% (im Jahresverlauf schwankend zwischen 40% und 55%). Siehe Literaturhinweis [191].

14.8 Nationalbibliothek von Singapur

Die Umgebungstemperatur in Singapur liegt während des gesamten Jahres zwischen 28 °C und 32 °C. Die relative Feuchte beträgt gewöhnlich 60 % bis 90 % und erreicht gelegentlich 100 %. Das Gebäude wurde mit einem zentralen Atrium gestaltet, das die natürliche Lüftung durch den Kamineffekt unterstützt und darüber hinaus diffuses Tageslicht liefert. Das Dach verfügt über ein Vordach und horizontale Lichtschutzvorrichtungen, die direktes Sonnenlicht abhalten, wenn der Sonnenstand höher als 30 ° ist. Die Doppelverglasung minimiert den Wärmeeintrag von außen (im Gegensatz zu so einer Anwendung in kühleren Gegenden). Die Innenraumbedingungen werden hierdurch bei 23,5 °C und 55 % relative Feuchte gehalten. Siehe Literaturhinweis [215].

14.9 Archives départmentales du Nord, Lille, Frankreich

Dieses passive Gebäude wurde mit einer effizienten Isolierung (25 cm Styropor an den Wänden und 32 cm auf dem Dach) und sehr guten Abdichtung (Infiltration 0,045 m^3/m^2h) gestaltet. Es verfügt über einen Entfeuchter auf Trocknungsmittelbasis, der es ermöglicht, eine Temperatur von 16 °C bis 22 °C mit einer täglichen Drift von < 1 °C und einer relativen Feuchte von (50 ± 10) % mit einer täglichen Drift von < 1 % zu halten [153].

14.10 Schulbibliothek, Gando, Burkina Faso

Die Bibliothek ist eine moderne Konstruktion, die aber aus traditionellen Materialien erstellt wurde: elliptische Schlammziegelwände mit einem Betondach mit eingefügten Tontöpfen für Licht und Lüftung mit einem belüfteten Wellblechstahldach darüber. Auch wenn das Gebäude internationalen Normen nicht genügen würde, ist das Innenraumklima sehr viel besser, als es bei einer reinen Konstruktion aus Schlammziegeln und Wellblechstahl geblieben wäre. Siehe Literaturhinweis [106].

15 Lern- und Bewertungsinstrumente

15.1 Allgemeines

15.1.1 Übersicht

Um die potenziellen und berechenbaren Auswirkungen verschiedener Temperatur-, relativen Feuchte- und Lichtbedingungen auf die Konservierungsbemühungen zu quantifizieren, stehen verschiedene Lern- und Bewertungsinstrumente zur Verfügung. Diese Rechner und Modelle basieren üblicherweise auf Daten einzelner Materialien, sind jedoch als Referenzinstrumente für die Auswirkung der Temperatur, der relativen Feuchte und des Lichts auf Gruppen vergleichbarer Objekte nützlich. All diese Instrumente basieren auf der Datenerhebung und dem Umgebungsmonitoring mit Datenloggern, um Informationen zu Temperatur und relativer Feuchte als Eingabewerte zu liefern.

15.1.2 Isoperm

Das von Donald Sebera [198] entwickelte Isoperm-Verfahren kombiniert und quantifiziert die Konservierungswirkung von Temperatur und relativer Feuchte auf Papier und präsentiert sie in grafischer Form wie in Bild 7 als Linien konstanter Alterungsbeständigkeit (Isopermanenz, daher Isoperm). In einer gegebenen Umgebung wird ein Anstieg eines Umgebungsparameters zu einer Änderung der Altersbeständigkeit von Papier in dieser Umgebung führen — beispielsweise wird der Anstieg der Raumtemperatur (ohne Veränderung der relativen Luftfeuchte) die Rate des chemischen Abbaus im Papier erhöhen. Das Isoperm-Verfahren zeigt, dass, wenn eine genau entsprechende Änderung des zweiten Parameters, in diesem Fall eine entsprechende genaue Senkung der relativen Feuchte, stattfindet, die allgemeine Abbaurate gegenüber dem ursprünglichen Zustand unverändert bleiben kann. Die bestehende oder anfängliche Temperatur und relative Feuchte kann genutzt werden, um die Isopermanenz für diese Umgebung zu bestimmen. Sammlungsmanager können durch das Plotten einer neuen Reihe von Temperatur- und relativen Feuchtewerten eine neue Isoperm-Kurve ausgeben und damit die relative positive oder negative Auswirkung auf die Alterungsbeständigkeit bestimmen. Der anwendbare Nutzen des Verfahrens besteht nicht in der Angabe einer genauen Verschlechterungsrate für einen bestimmten Papiertyp, sondern in der vergleichenden Verschlechterungsrate bei verschiedenen Temperaturen und relativen Feuchten.

DIN/TR 67702:2020-12

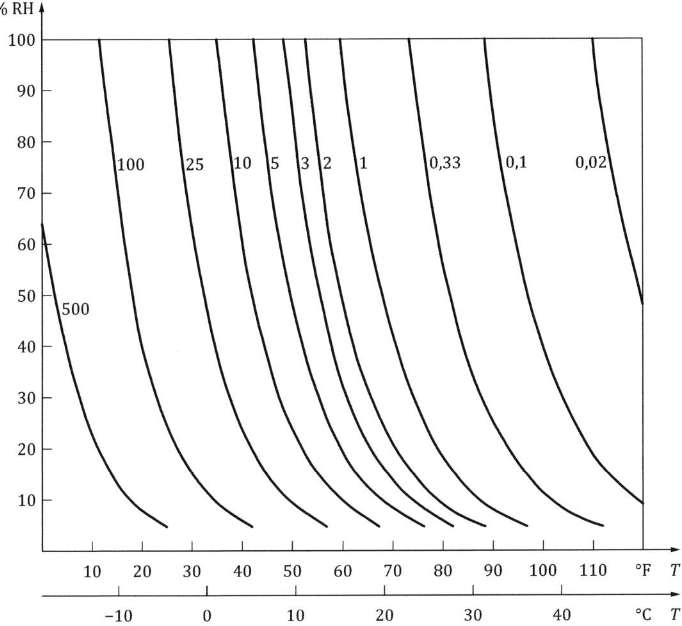

ANMERKUNG Quelle: Sebera [198].

Bild 7 — Isoperm-Grafik

15.1.3 Erhaltungsindex (PI) und zeitlich gewichteter Erhaltungsindex (TWPI)

Das Image Permanence Institute (IPI) führte eine mit dem Isoperm-Ansatz von Sebera vergleichbare Forschung an Acetatfilm durch und entwickelte zwei Messgrößen, den Erhaltungsindex und den zeitlich gewichteten Erhaltungsindex, als Messinstrumente zur Darstellung der relativen chemischen Abbaurate auf der Grundlage der Temperatur und relativen Feuchte für organische Materialien.

Der als chemische Abbaurate berechnete Erhaltungsindex PI (siehe www.dpcalc.org) gibt bei Anwendung auf frische Acetatfilmbestände die Anzahl der Jahre bis zur erkennbaren physischen Verschlechterung an. Wie bei dem Isoperm-Verfahren besteht jedoch auch hier der größere Nutzen darin, bei der Anwendung auf organische Materialien im Allgemeinen die relative Abbaurate oder die Qualität der Erhaltungsumgebung mit angemessener Genauigkeit darstellen zu können. Wenn die spezifische Temperatur und relative Feuchte einer Umgebung einen PI von 50 ergeben und eine Veränderung der Umgebungsbedingungen einen PI von 100 ergibt, kann angenommen werden, dass die Erhaltungsbedingung der neuen Umgebung die Lebensdauer von organischen Materialien verdoppelt oder die ursprüngliche chemische Abbaurate halbiert.

Der zeitgewichtete Erhaltungsindex (TWPI) ist die Antwort des IPI auf das Problem, dass die Isoperm-Werte und der PI-Wert auf einzelnen Sätzen von Temperatur- und relative-Feuchte-Bedingungen basieren. Diese Verfallmessgrößen funktionieren gut für Umgebungen, in denen unveränderte Bedingungen aufrechterhalten werden können, in denen sich also die Temperatur und relative Feuchte nur selten ändern. In der Realität unterliegen viele Aufbewahrungs- und Ausstellungseinrichtungen von Sammlungen jedoch im Jahresverlauf erheblichen Schwankungen der Temperatur und relativen Feuchte, sodass die Anwendung dieser Messgrößen zur Beurteilung der tatsächlichen veränderlichen Umgebung weniger zuverlässig ist. Das IPI entwickelte den TWPI, der die Temperatur und relativen Feuchtewerte und ihre Veränderung über die Zeit in einer einzigen Schätzung der kumulativen Auswirkungen der Umgebung auf die chemische Abbaurate integriert, um ein umfassenderes Verständnis der chemischen Abbauprozesse in Erhaltungsumgebungen zu ermöglichen.

Das IPI hat darüber hinaus Messgrößen entwickelt, die das relative Risiko anderer umgebungsinduzierter Abbauarten wie etwa der mechanischen Formänderung (physische Dehnung und Kontraktion durch Feuchtegehalt), Schimmelwachstum und Metallkorrosion abschätzen. Die Messgröße für den mechanischen Schaden, die den geschätzten Gleichgewichtfeuchtegehalt (EMC) hygroskopischer Materialien auf der Grundlage der relativen Umgebungsfeuchtebedingungen verwendet, beurteilt das Risiko auf der Grundlage der maximalen und minimalen Feuchterate im Objekt — ein zu hoher EMC wird ein Risiko für mechanische Dehnung und entsprechenden physischen Schaden wie etwa Quellen und Verwerfen von Papier, wohingegen ein zu geringer Wert zu Problemen wie Splittern und Abspalten in Pergament oder zu einem höheren Handhabungsrisiko für spröde Materialien führen wird. Die Schimmelrisiko-Messgröße vergleicht die Temperatur- und relative-Feuchte-Bedingungen in einer Umgebung mit den Keimungsraten üblicher Schimmelstämme und berechnet den Keimungsfortschritt. Die Metallkorrosionsmessgröße verwendet den bei diesen Bedingungen über die Zeit gemessenen maximalen prozentualen EMC zur Schätzung des relativen Risikos von Oxidationsreaktionen (Korrosion) in Eisen, Silber und Kupferlegierungen.

Der „Dew Point Calculator" des Image Permanence Institute ist verfügbar unter: http://www.dpcalc.org/

15.2 Umgebungsmanagement-Instrumente und Beurteilungen

15.2.1 Allgemeines

Eine Reihe nützlicher Instrumente sind online verfügbar. Siehe Literaturhinweis [168]. Diese Instrumente sind hilfreich für die Erläuterung grundlegender Konzepte der Klimaberechnungen wie etwa Wärmeleitfähigkeit, latente Wärme, gesättigter Dampfdruck usw. und der dem Verhalten von Gebäuden zugrundeliegenden physikalischen Prinzipien. Verschiedene Rechner ermöglichen es dem Anwender, die Auswirkungen veränderlicher Parameter wie etwa der Solltemperatur und relativen Feuchte auf den Energieverbrauch zu untersuchen.

15.2.2 Grundlegende mikroklimatische Konzepte

Ein Glossar der in der Konservierungsphysik verwendeten Mikroklima-Variablen und -Einheiten.

http://www.conservationphysics.org/intro/fundamentals.php

15.2.3 Luftwechsel zwischen einem abgeschlossenen Raum und seiner Umgebung

Dieses Dokument erläutert das Konzept des Luftwechsels in Gebäuden und Ausstellungsvitrinen, seine Bedeutung für die Festlegung von Aufbewahrungsumgebungen und wie der Luftwechsel gemessen werden kann.

http://www.conservationphysics.org/airex/airexchange.php

15.2.4 Rechner für die atmosphärische Feuchte

Dieses Instrument berechnet die Feuchtkugeltemperatur, den Taupunkt, den Dampfdruck, das Mischungsverhältnis und die Feuchtekonzentration bei gegebener Trockenkugeltemperatur und relativer Feuchte.

http://www.conservationphysics.org/atmcalc/atmocalc.php

15.2.5 Rechner für den Energieverbrauch in Museen

Dieses Instrument berechnet den Energieverbrauch eines Gebäudes pro Monat bei bekannten Außenbedingungen und gewünschten Innenbedingungen und der Qualität der Isolierung und der Luftwechselrate.

DIN/TR 67702:2020-12

http://www.conservationphysics.org/atmcalc/energyusecalc.php

15.2.6 Rechner für die Konservierungsbeheizung

Dieses Instrument berechnet die notwendige Temperatur, um einen gewünschten Wert der relativen Feuchte bei bekannter Umgebungstemperatur und relativer Feuchte zu erreichen.

http://www.conservationphysics.org/atmcalc/consheatcalc.php

15.2.7 Rechner für die Entfeuchtungs-Energielast

Dieses Instrument berechnet den Energieverbrauch eines Entfeuchters für die Aufrechterhaltung einer gegebenen relativen Feuchte in einem Gebäude unter Berücksichtigung der monatlichen Umgebungstemperatur und relativen Feuchte, der Pufferkapazität und der Luftwechselrate.

http://www.conservationphysics.org/atmcalc/dehumidcalc.php

Anhang A
(informativ)

Energieeinsparung

Die Steuerung der Lagerbedingungen für die Aufbewahrung von Sammlungen erfordert den Einsatz von Energie, üblicherweise bei mehreren Komponenten und bei verschiedenen Aktionen innerhalb einer technischen Anlage oder eines Gebäudes. Dabei sind die nachhaltigsten Lösungen für Magazine und Depots diejenigen, die passiv funktionieren, und die sich durch zweckmäßige ober- wie unterirdische bauliche Strukturen, mit geeigneten Wärme- und Dampfpuffern für das Außen- oder das Umgebungsklima auszeichnen, und die derart den Taupunkt, die Temperatur und die relative Feuchte innerhalb der von der jeweiligen Einrichtung festgelegten Parameter halten. Auch wenn sich Einrichtungen dieser Art in verschiedenen Klimaregionen bewährt haben, so benötigen eigentlich alle Einrichtungen einen gewissen Energieeinsatz, und sei es nur für die Beleuchtung oder für die Sicherheit des Personals, und bei vielen gibt es Möglichkeiten für größere Energieeinsparungen, als sie augenblicklich erreicht werden.

Einige Grundsätze sollten beachtet werden, wenn man Möglichkeiten zur Energieeinsparung bei Lagerlösungen prüft:

— Energieeinsparungen sollten nicht auf Kosten der erforderlichen Erhaltungsqualität erreicht werden.

— Soweit möglich sollte eine Passivlösung bei den Lagerbedingungen angestrebt werden.

— Die Risiken, die mit dem Versuch von Energiesparmaßnahmen verbunden sind, sollten geprüft und angemessen gesteuert werden.

— Überhöhter Energieverbrauch ist ein verbreitetes Phänomen.

— Überhöhter Energieverbrauch entsteht in der Regel nicht von allein.

Betrachtet man die Nachhaltigkeit und die Energieökonomie von Aufbewahrungseinrichtungen, so ist meist eine Neubewertung dessen erforderlich, was eine einwandfrei funktionierende Einrichtung ausmacht. Früher mochten Erfolge dadurch erreicht worden sein, dass man die gesetzten Stellwerte erreicht hat, ohne sonderlich zu beachten, wie sie erreicht wurden; nämlich welche Energiemenge erforderlich war, und wie effizient sie eingesetzt wurde. So, wie sich die nationalen und internationalen Erwartungen an die Nachhaltigkeit und die Energieökonomie geändert haben, so hat sich auch die Notwendigkeit für Kulturguteinrichtungen geändert, diese Erwartungen zu erfüllen. Bestandserhaltung und Lagerlösungen gehören zu den energiebedürftigsten Funktionen einer Kulturguteinrichtung. Die Einrichtungen haben die Verantwortung, Möglichkeiten zur Energieeinsparung zu entwickeln, die mit ihren Erhaltungszielen vereinbar sind.

Das institutionelle Ziel ist es, eine optimale Aufbewahrungslösung zu finden — eine, die die bestmögliche Erhaltung der verwahrten Bestände mit den geringstmöglichen Energiekosten verbindet, die man langfristig einhalten kann.

Passivlösungen haben das höchste Energieeinsparungspotenzial aller Magazine und Depots, und sie bedeuten, dass die Aufbewahrung ohne oder nur mit wenigen technischen Lösungen auskommt. Magazine und Depots können vollständig passiv sein, wie etwa in historischen Bauwerken oder bei unterirdischen Lagerlösungen, die die Bodentemperatur und die natürliche Feuchte zur Aufrechterhaltung der Lagerbedingungen nutzen. Oder sie sind teilweise passiv, wie etwa eigens errichtete Massivbauten, die Wärmedämmung, Dampfbarrieren und passive Bodenenergieübertragung mit geringen technischen Eingriffen verbinden, um den Innenraum zu konditionieren.

Bauwerke können auch vollständig passiv sein, indem Außenluft gegebenenfalls frei durch Fenster und Türen zirkulieren kann (oder muss) und man den Luftstrom unterbinden kann, wenn das Außenklima gefährdende Werte aufweist. In diesem Fall kann eine minimale Luftzufuhr durch Ventilatoren oder andere Kleingeräte eingesetzt werden, um die Luftbewegung aufrechtzuerhalten und die Wahrscheinlichkeit unerwünschter Mikroklimata oder der Schimmelbildung zu minimieren.

Auch mag der saisonale Passivbetrieb in bestimmten Klimaumgebungen möglich sein, wo eine technische Steuerung während der warmen/feuchten Jahreszeiten erforderlich sein kann, während in kühlen/trockenen Jahreszeiten ein vollständig oder teilweise passiver Betrieb des Gebäudes möglich ist.

Abhängig von den Gebäudeeigenschaften, der Verfügbarkeit und Leistungsfähigkeit technischer Anlagen sowie den Erhaltungsbedürfnissen der Sammlungen sollten Institutionen sorgfältig erwägen, wann und wo sie Passivlösungen benötigen oder anstreben. Mit Blick auf die Energieökonomie sollte das Ziel sein, Möglichkeiten der Reduktion technischer Eingriffe zu suchen und Magazine und Depots so passiv wie möglich zu gestalten.

Institutionen sollten vorsichtig sein mit Nachhaltigkeits- oder Energieeinsparungslösungen, die allein auf technischer Ausstattung beruhen. Auch wenn moderne Geräte oder Anlagen oft wesentlich weniger Energie verbrauchen als ihre Vorgänger, kann selbst die modernste und effizienteste Anlagentechnik unzureichend arbeiten, wenn sie falsch betrieben wird oder es nötig ist, mehr **Energie zu entfernen** als nötig. Üblicherweise sollte das Ziel sein, mit den vorhandenen technischen Anlagen einen optimalen Betrieb sicherzustellen, und sich bei diesem Prozess zu informieren, welche künftigen Ausstattungsänderungen oder -erweiterungen angemessen oder erforderlich sein können, um künftig sowohl die Lagerbedingungen als auch die Energiebilanz zu verbessern. Wenn neue Geräte ausgewählt werden, sollte darauf geachtet werden, ihren Betrieb zu optimieren.

Wie in den Abschnitten 6 und 7 erwähnt, kann eine Reihe von befriedigenden Erhaltungsmaßnahmen, insbesondere in jahreszeitlich wechselhaften Umgebungen, eingesetzt werden, um Energie einzusparen und die jahreszeitliche Lagerqualität zu verbessern. Das Ziel ist, weniger Energie zu verbrauchen, wenn die Außenbedingungen für das gewünschte Innenklima günstig sind. Der sicherste Weg, dies in einem Magazin oder Depot zu erreichen, ist üblicherweise, zuzulassen, dass das Innenklima sich auf natürliche Weise dem jahreszeitlichen Grenzwert nähert, ob mit höheren oder niedrigeren Temperaturen oder relativer Luftfeuchte. Indem man niedrigere innere Temperaturrichtwerte und eine niedrigere (aber immer noch innerhalb des sicheren Bereichs) relative Feuchte während kühler/trockener Jahreszeiten zulässt, können Institutionen oft Energie sparen, und zwar sowohl bei der Heizung wie Luftentfeuchtung. In warmen/feuchten Jahreszeiten können Institutionen eine höhere relative Feuchte zulassen, die zwar noch in einem für die Materialien vertretbaren Bereich liegt, aber insgesamt weniger Trocknung erfordert, wobei Energie gespart wird und es nur geringe Auswirkungen auf die allgemeine Erhaltungsqualität gibt.

Auch wenn die jahreszeitlichen Bedingungen weltweit unterschiedlich sind, können Regionen kühle/feuchte und warme/trockene Perioden oder nur geringe saisonale Änderungen überhaupt verzeichnen. Vier allgemeine Grundsätze gelten für Überlegungen zum Energiesparen:

— bei kühlen Außentemperaturen sind kühlere Temperatureinstellwerte zu wählen (bei Aufrechterhaltung der geeigneten relativen Feuchte);

— bei warmen Außentemperaturen sind wärmere Temperatureinstellwerte zu wählen (bei Aufrechterhaltung der geeigneten relativen Feuchte);

— wesentliche Ausnahme: Wärmere Temperatureinstellwerte werden mehr Energie verbrauchen, wenn durch Herunterkühlen und Wiedererwärmung entfeuchtet wird;

— höhere Einstellwerte für die relative Feuchte sind zu wählen, wenn feuchte Außenbedingungen herrschen oder entfeuchtet wird;

— niedrigere Einstellwerte für die relative Feuchte sind zu wählen, wenn trockene Außentemperaturen herrschen oder befeuchtet wird.

Der jahreszeitliche Übergang zwischen diesen Bedingungen kann die üblichen Schwankungen der Innentemperatur und relativen Feuchte aufweisen. Forschungen haben gezeigt, dass die Rate und der Grad der Umgebungsschwankungen im Allgemeinen aber nur wenig Auswirkung auf die Materialerhaltung haben, solange die Umgebung innerhalb der festgelegten geeigneten jahreszeitlichen Grenzwerte für die Temperatur und die relative Feuchte entsprechend der Temperatur- und relative-Feuchte-Spezifikationen bleibt [137]. Bevor jahreszeitliche Einstellwerte festgelegt werden, muss in Zusammenarbeit mit den Einrichtungen/den Technikern sichergestellt werden, dass diese allgemeinen Leitsätze auf die spezifische Gestaltung und den Betrieb der technischen Anlagen der Institution abgestimmt sind.

Es ist grundsätzlich nicht ratsam, Einsparstrategien mit Außenluft oder „Freikühlung" anzuwenden, wobei größere Mengen Außenluft direkt durch technische Anlagen in das innere Umfeld von Sammlungen transportiert werden. Diese Strategien werden üblicherweise durch eine anfällige Temperatur- oder Enthalpie-/(Gesamtenergieinhalt)-Steuerung angewendet, die den tatsächlich in das Gebäude eingeführten Feuchtegehalt nicht angemessen berücksichtigt. Jede Einsparstrategie unter Verwendung von Außenluft sollte die Differenz zwischen den äußeren und den gewünschten inneren Taupunkten als bestimmenden Faktor nutzen. Hierbei ist zu beachten, dass der Zeitraum, über den die Außenlufttemperatur und der Taupunkt für die Innenraumumgebung vorteilhaft sind, recht kurz sein kann.

In Fällen, in denen ein kleiner Teil der Sammlungen energieintensivere Umgebungen erfordert (wie etwa eine kalte Aufbewahrung von Acetat- und Nitrocellulosefilmen oder ein begrenzter relative-Feuchte-Bereich für Vellum und Pergament), werden diese Bedingungen üblicherweise durch die Einrichtung von Mikroumgebungen leichter erreicht als durch die Konditionierung der gesamten Sammlungsumgebung. Mikroumgebungen, egal ob gepufferte Verpackungen oder Behälter oder Kleinraumumgebungen, ermöglichen angemessene Umfeldbedingungen für die betreffenden Materialien und begrenzen gleichzeitig den zusätzlichen Energieverbrauch auf das kleinere Aufbewahrungsvolumen. Einige Mikroumgebungen können allein durch passive Mittel (wie etwa Vitrinen mit Dichtungen, gestapelte Aufbewahrung, Verwendung von Silikagel und ähnlichen Mitteln zur Feuchtepufferung) hergestellt werden, was die Energieeinsparung zusätzlich verbessert.

Viele Arten von Energieverbrauch sind nicht durch die übliche Beobachtung der Umfeldbedingungen zu erkennen. Auch wenn die Temperaturen und relativen Feuchten von Sammlungsumgebungen die gewünschten Bedingungen erfüllen, können manche technischen Verfahren dabei mehr Energie verbrauchen als zur Schaffung dieser Bedingungen notwendig ist. Es viele Ursachen für den ineffizienten Betrieb, und einige gängige Verfahren verbrauchen besonders viel Energie, ohne zur Verbesserung der Sammlungsumgebungen beizutragen, wie beispielsweise:

— übermäßige Außenluftnutzung;

— übermäßige Luftzirkulation;

— übermäßiger Anlagenbetrieb;

— unnötiger Spitzenbetrieb;

— Überfilterung;

— falsche jahreszeitliche Entfeuchtung.

Außenluft wird in nahezu allen Gebäuden als Mittel zur Aufrechterhaltung einer angemessenen Luftqualität verwandt, und zwar für die Nutzung durch Personen, den Luftwechsel zur Ableitung innerer Schadstoffe, zur Aufrechterhaltung des Überdrucks gegenüber der Außenumgebung sowie zur allgemeinen Lüftung. Üblicherweise wird für Magazine und Depots die gleiche Außenluftmenge wie für Büros und Öffentlichkeitsbereiche angesetzt. Magazine, die nicht dauerhaft von Personen genutzt werden, benötigen jedoch weniger Außenluft als voll begangene Bereiche von vergleichbarer Größe. Sammlungen benötigen keine frische Außenluft zu Gesundheitszwecken, und die Reduzierung der Außenluftmenge kann sowohl die allgemeine Filterlast (bei Partikel- und Gasbelastung) als auch den Aufwand für Temperatur- und Feuchtesteuerung verringern. Kohlendioxid-Überwachungssysteme und/oder der geplante Betrieb von Außenlufteinlässen können die in das System eingebrachten Außenluftgesamtmengen reduzieren und gleichzeitig eine angemessene Frischluftzufuhr sicherstellen.

Institutionen sollten sich bemühen, in Aufbewahrungsumgebungen nur eine Mindestmenge an Außenluft zu nutzen. Diese Menge kann sich von den für regelmäßig frequentierte Räume empfohlenen Außenluftmengen

DIN/TR 67702:2020-12

erheblich unterscheiden. Selbst wenn Aufbewahrungsräume an Werktagen begangen werden, kann oftmals außerhalb der Öffnungszeiten davon abgewichen werden.

Magazine und Depots erfordern nur selten eine konstante Luftzirkulation. Je nach den Umgebungsbedingungen oder der Qualität der Gebäudehülle können Energieeinsparungsstrategien entweder als risikokontrollierte technische Systemabschaltungen oder als Dämpfung angewandt werden. Steuerungen, die Lüftungsanlagen mit voller Drehzahl und ununterbrochen laufen lassen, sind häufig anzutreffen und nur selten optimal für die Energieeinsparung. Wenn Mikroklimata bestehen oder zum Problem werden, kann Luftzirkulation helfen, diese Bedingungen zu verringern und so Sammlungen vor extremen Umgebungsbedingungen und Schimmelbefall zu schützen.

Abschaltungen bedeuten das komplette Ausschalten der Lüftungsanlagen, üblicherweise nach einem festgelegten Zeitplan (für eine bestimmte Stundenzahl pro Tag). Das kann auch Sicherheitsgrenzwerte beinhalten, damit das System im Fall übermäßiger Schwankungen der inneren Bedingungen sich wieder einschalten kann, um die Umgebungsveränderungen auszugleichen.

Rücksetzungen können entweder als Verringerung der Gebläsedrehzahl mit einem stufenlosen Frequenzantrieb (nach Zeitplan oder bedarfsorientiert) oder als Änderungen der Einstellwerte geschehen, wobei Temperaturanpassungen die häufigste Form sind.

Diese beiden Strategien können helfen, einen passiven Betrieb von Magazinen oder Depots zu ermöglichen. Bei Abschaltungen wird zugelassen, dass der Raum ‚driftet', indem absichtlich eine natürliche tägliche Schwankung der Temperatur (normalerweise 1 °C bis 2 °C) und der relativen Feuchte zugelassen wird. Bei Rücksetzungen wird nur so viel Luftzirkulation oder Konditionierung genutzt, wie zur Aufrechterhaltung des Luftzustands erforderlich ist, unter effektiverer Nutzung des Puffers in der Gebäudehülle als erste Umfeldkontrolle. Es gibt keinen vorgeschriebenen Ansatz für diese Strategien — das Ziel besteht vielmehr darin, mit Betriebsdrehzahlen und -zeiten so zu experimentieren, dass bei akzeptablen Schwankungen der Bedingungen der notwendige minimale Lüftungsbetrieb zur Aufrechterhaltung der Erhaltungsbedingungen sichergestellt wird.

Das Verhältnis des Beständevolumens zur Luft in einem bestimmten Raum kann ebenfalls einen wesentlichen Einfluss auf die notwendige Energie zur Aufrechterhaltung von Umgebungsbedingungen haben. Bibliotheks- und Archivsammlungen können nämlich dank ihrer Fähigkeit, Wärmeenergie und Feuchtigkeit zu speichern, ihre eigene Umgebung puffern, wenn ein ausreichendes Materialvolumen im Vergleich zum Luftvolumen vorhanden ist. Die Pufferkapazität variiert zwar, aber in hochdichten Aufbewahrungsumgebungen und insbesondere bei Umgebungen mit kompakter Regallagerung kann die Pufferkapazität so groß sein, dass sie andere Energieeinsparungstechniken wie Abschaltungen und Rücksetzungen der Gebläsedrehzahl sowie die Reduzierung des Gesamtluftvolumens in dem zu konditionierenden Raum unterstützen kann.

Ein unnötiger „Spitzenbetrieb" wird häufig in Umgebungen beobachtet, in denen nur während eines geringen Teils des Jahres die extremsten Außenbedingungen herrschen (die extremsten Bedingungen des Jahres, egal ob heiß, kalt, trocken oder feucht). Technische Anlagen werden häufig so gestaltet, dass sie Spitzentemperaturen und extreme Feuchte bewältigen können. Wenn diese aber auch außerhalb von Extrembedingungen mit demselben Spitzenwert betrieben werden, wird sicherlich Energie verschwendet. Strategien zur Vermeidung dieses Problems reichen von der Reduzierung des Luftstroms bis hin zur Änderung der Einstellwerte während des Spitzenbetriebs. Das Umfeldmanagementteam sollte gemeinsam bestimmen, wie Lüftungsanlagen außerhalb der Zeiten extremer Außenbedingungen betrieben werden sollten.

Die Filterung unerwünschter Partikel- oder gasförmiger Medien aus dem Luftstrom erfordert Energie, um die Luft durch das Filtermedium zu drücken, und darüber hinaus ist der regelmäßige Austausch der Filter erforderlich. Außenluft ist üblicherweise die Hauptursache für den Eintrag von Partikel- und gasförmigen Schadstoffe. Die Filterung in Magazinen und Depots kann aus drei Stufen bestehen:

— Grobe Partikel: G4 (DIN EN 779) oder MERV-8-äquivalent, Standard-Faltfilter;

— Feine Partikel: F7 (DIN EN 779) oder MERV-13-äquivalent oder besser, Box- oder Beutelfilter;

— Gasfilterung: Aktivkohle, Kaliumpermanganat oder andere Filtermedien. Verwendet zur Beseitigung von Essigsäure, Stickstoffoxid (NO_2), Schwefeldioxid (SO_2), Ozon und anderen gasförmigen Schadstoffen (siehe Anhang E).

Die ersten beiden sind bei den meisten für Kulturgutverwahrung ausgelegten Lüftungsanlagen Standard, während die Gasfilterung meist nur in städtischen Umgebungen eingesetzt wird, oder wenn die Gefahr besteht, dass Sammlungen oder bauliche Elemente Schadstoffe abgasen. Im Interesse der Energieeinsparung und -effizienz sollten Partikelfilter regelmäßig ausgetauscht werden, entweder nach einem Zeitplan oder anhand eines Betriebsindikators wie etwa dem Luftdruckabfall über der Filterfläche (sobald die Filter zugesetzt sind, erhöht sich der Druckabfall).

Die Gasfilterung ist energieintensiv wegen des erforderlichen Luftstroms, um die Luft durch das Filtermedium zu leiten, und teuer durch den nötigen Austausch der Filter. Wegen der Schwierigkeiten und des Aufwands des Filteraustauschs werden Gasfilterbänke häufig verschlossen oder sie werden komplett entfernt. Blockierte Filter können aufgrund des höheren Lüftungsbetriebs zur Bewegung der Luft durch die Filter entweder mehr Energie verbrauchen oder sie erschweren die Aufrechterhaltung der Umgebungsbedingungen in dem Räumen, wenn das Gebläse die Luft nicht durch den blockierten Filter pressen kann. Wenn die Gasfilterbank entfernt wurde, kann es auch vorkommen, dass die Gebäude weiterhin mit der erforderlichen hohen Drehzahl für die zuvor installierten Filter betrieben werden. Eine Reduzierung der Außenluftmengen kann das Volumen der herauszufilternden gasförmigen Schadstoffe erheblich reduzieren. Jüngste Forschungen (siehe Literaturhinweis [240] deuten darauf hin, dass der Erhaltungsvorteil durch Luftfilterung möglicherweise nicht ausreichend ist, um die Energie-/Filtermedienkosten zu rechtfertigen. Um den potenziellen Bedarf an Luftfilterung zu bestimmen, wird empfohlen, eine Überwachung der inneren Schadstoffe durchzuführen.

Zusätzlich zu suboptimalen jahreszeitlichen Temperatur- und relative-Feuchte-Festlegungen können auch jahreszeitlich ineffiziente technische Prozesse in Verbindung mit der Temperatur- und Feuchtekontrolle die Energieeinsparung begrenzen. Während diese von der ineffizienten und ungeeigneten jahreszeitlichen Verringerung der Vorheizung bis hin zur suboptimalen Nutzung von Flächen- und Bypasssystemen reichen können, besteht eines der häufigsten Probleme in einem ungeeigneten Entfeuchtungsbetrieb in trockenen Jahreszeiten. In geografischen Regionen mit jahreszeitlich feuchten und trockenen Bedingungen ist eine Entfeuchtung häufig zumindest für einen Teil des Jahres erforderlich und wird oftmals durch Subkühlung/Wiedererwärmung oder Trocknungsmittelentfeuchtung erreicht. Ebenso häufig finden sich Szenarien, in denen im Interesse einer dauerhaft verfügbaren Entfeuchtung die Kühlspule oder der Trocknungsmittelentfeuchter so betrieben werden, als würden sie entfeuchten, selbst wenn die Taupunkte im Außenbereich weit unter dem gewünschten Innenraumtaupunkt liegen und keine innere Feuchtigkeitsquelle besteht. Das Ergebnis ist ein völlig überzogener Energieverbrauch. Subkühlung ohne ein Erfordernis zur Entfeuchtung bedeutet, dass die nachgeschalteten Heizspulen gegebenenfalls stärker arbeiten müssen, um entweder die ausreichenden Zuluftbedingungen herzustellen oder den Raum zu kühlen oder, noch schlimmer, zu heizen. Im Fall eines Trocknungsmittelentfeuchters wird dem Luftstrom Wärme zugeführt, was wahrscheinlich mehr Energie zur Kühlung der Zuluft erfordert als wenn das Trocknungsmittelsystem abgeschaltet würde. In beiden Fällen kann der Vorteil jeglicher nachgeschalteten Befeuchtung zunichtegemacht werden, da der Entfeuchtungsprozess diese Feuchte möglicherweise beim nächsten Durchlauf der Luft durch das System wieder entfernen würde. Wenn sichergestellt ist, dass der Betrieb der technischen Anlagen auf das erforderliche Minimum reduziert wird — insbesondere in Anbetracht des jahreszeitlichen Betriebs —, kann schnell eine erhebliche Steigerung der Energieeinsparung erreicht werden.

Die Effizienz und Wirtschaftlichkeit von technischen Anlagen kann darüber hinaus durch eigene Faktoren der Aufbewahrungsräume beeinflusst werden. Neben der Luft- und Feuchteinfiltration durch die Gebäudehülle ist nämlich die Beleuchtung üblicherweise der größte einzelne Einflussfaktor auf die Energielast eines Raums. Die meisten Beleuchtungsformen verursachen einen doppelten Energieverbrauch: Einmal zum Betrieb der Lichtquelle selbst und dann bei den technischen Anlagen zur Ableitung der durch das Licht erzeugten Wärme. Während die zunehmende Verwendung von LED-Lampen diese Form des Energieverbrauchs und der Wärmeerzeugung teilweise mindert, sollte eine effiziente Nutzung ungeachtet des Energieverbrauchs erfolgen. LED-Beleuchtung kann weiterhin lichtbezogene Schäden an Sammlungen verursachen. Alle Institutionen sollten nach Möglichkeiten für Einsparungen bei der Beleuchtung suchen, entweder durch die Implementierung besserer Programme, wann und welche Leuchten eingeschaltet werden sollen, oder durch Prüfung automatischer Steuerungsoptionen wie etwa Bewegungssensoren oder Timer. Die Sicherheitsbeleuchtung außerhalb der Öffnungszeiten kann ähnliche Energiemengen verbrauchen wie die Beleuchtung während der Öffnungszeiten.

Anhang B
(informativ)

Auswirkung der Temperatur

Bild B.1 enthält eine grafische Darstellung des relativen Schadens- und Abbaurisikos bei bestimmten Temperaturen im Verhältnis zum relativen Energiebedarf zur Aufrechterhaltung einer bestimmten Temperatur.

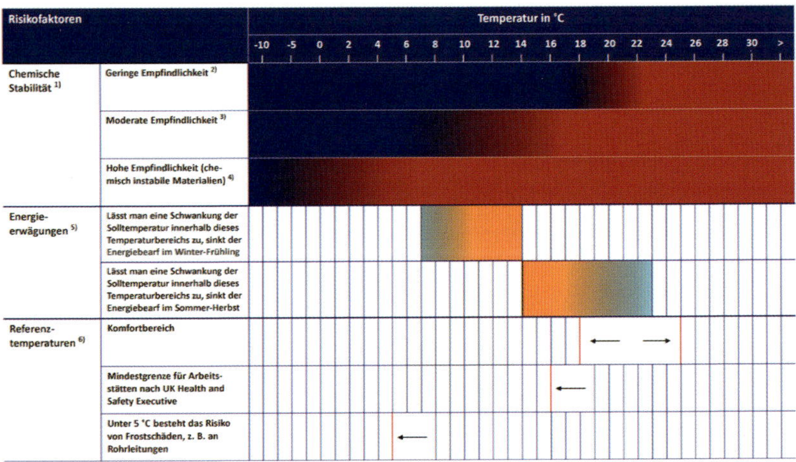

1) Chemische Stabilität: Diese Bereiche weisen höhere Temperaturen auf, was zu beschleunigtem Abbau führt, der an einem Farbverlauf von blau nach rot zu erkennen ist.

2) Geringe Empfindlichkeit: Materialien mit weniger von der Temperatur beeinflussten Reaktionsraten wie etwa Keramik oder Glas.

3) Moderate Empfindlichkeit: Materialien mit moderater von der Temperatur beeinflussten Reaktionsraten wie etwa Papier.

4) Hohe Empfindlichkeit: Materialien mit stark von der Temperatur beeinflussten Reaktionsraten wie etwa Kunststoff und Film.

5) Energieerwägungen: Diese Bereiche zeigen den Energiebedarf an, wobei hellblau für einen geringeren Energiebedarf und orangefarben für einen höheren Energiebedarf steht.

6) Referenztemperaturen: Referenztemperaturen sind zu Vergleichszwecken angegeben. Der menschliche Komfortbereich liegt zwischen 18 °C und 25 °C. Die Untergrenze für den Aufenthalt von Personen am Arbeitsplatz wird oftmals durch nationale Normen festgelegt. Es gibt keine Untergrenze für Ausstellungen, die unter Bedingungen außerhalb des menschlichen Komfortbereichs stattfinden. Unter 0 °C besteht ein zunehmendes Risiko von Frostschäden an der Gebäudestruktur wie etwa eingefrorene Leitungen usw. Auf dieser Grundlage ist 5 °C eine vorsichtige Untergrenze, basierend auf der Erwartung, dass keine räumlichen oder zeitlichen Schwankungen auftreten.

Bild B.1 — Relatives Risiko von Schäden oder Abbau durch Temperatur

ANMERKUNG 1 Die chemische Reaktionsgeschwindigkeit steigt exponentiell mit steigender Temperatur an. Eine praktische Annäherung für moderat stabile organische Materialien ist jedoch eine Verdoppelung der Reaktionsrate mit jedem Temperaturanstieg um 5 °C.

ANMERKUNG 2 Wenn der Expositionszeitraum ausreichend für eine thermische Reaktion ist (Minuten bis Stunden für die meisten Sammlungen), besteht kein Unterschied im Potenzial eines physischen Schadens zwischen kurzen oder langen Zeiträumen niedriger Temperaturen, außer einiger Sonderfälle wie der Migration von Weichmachern aus Kunststoffen oder Schmiermitteln aus Magnetband.

ANMERKUNG 3 Viele Objekte ethnografischer Sammlungen oder aus Kunstgewerbesammlungen wurden während der Exposition gegenüber −30 °C in Sammlungen in kalten Ländern oder nach der Anwendung von Niedertemperatur-Schädlingsbekämpfung beobachtet. Es wurde allgemein festgestellt, dass an den meisten Objekten kein sichtbarer Schaden außer einigen kleinen Rissen aufgetreten ist.

ANMERKUNG 4 Niedrige Temperaturen können zu einer Versprödung durch eine Veränderung von Tg führen.

ANMERKUNG 5 Siehe BSI/PAS 198:2012, Abbildung C.1 [46].

Anhang C
(informativ)

Auswirkung der relativen Feuchte

Bild C.1 enthält eine grafische Darstellung des relativen Schadens- und Abbaurisikos bei bestimmten relativen Feuchten im Verhältnis zum relativen Energiebedarf zur Aufrechterhaltung einer bestimmten Temperatur.

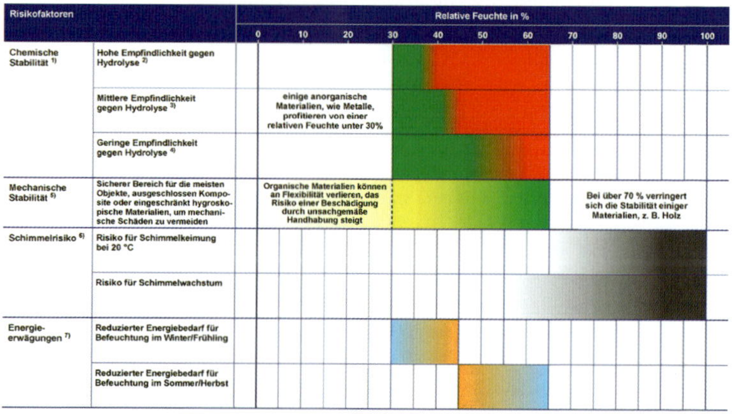

1) Chemische Stabilität: Diese Bereiche weisen eine höhere relative Feuchte auf, was zu beschleunigtem feuchteinduzierten Abbau führt, der an einem Farbverlauf von grün nach rot zu erkennen ist.

2) Hohe Empfindlichkeit für Hydrolyse: Materialien mit einem relativ hohen Gehalt an hydrolyseempfindlichen chemischen Gruppen innerhalb der Polymerkette wie etwa durch Verschmutzung gesäuertes Leder und Textilien oder Celluloseacetatfilm.

3) Moderate Empfindlichkeit für Hydrolyse: Materialien mit einem relativ moderaten Gehalt an hydrolyseempfindlichen chemischen Gruppen innerhalb der Polymerkette wie etwa Holzzellstoffpapier.

4) Geringe Empfindlichkeit für Hydrolyse: Materialien mit einem relativ geringen Gehalt an hydrolyseempfindlichen chemischen Gruppen innerhalb der Polymerkette wie etwa Hadernpapier und Polyesterfilm.

5) Mechanische Stabilität: Der gelb dargestellte Bereich zeigt den Bereich, in dem das Risiko physischer Schäden höher ist, während der grüne Bereich zeigt, wann das Risiko physischer Schäden geringer ist. In dem Bereich mit einer relativen Feuchte unter 30 % ist das Schadensrisiko für organische Materialien durch falsche Handhabung trotz der reduzierten chemischen Abbaurate erhöht. In dem Bereich mit einer relativen Feuchte von mehr als 70 % erhöht sich die mechanische Stabilität für einige Materialien wie etwa Holz.

6) Schimmelrisiko: Die grauen Bereiche zeigen eine vorsichtige Obergrenze für die relative Feuchte von 65 % zur Vermeidung von Schimmelkeimung bei 20 °C an. Der Verlauf zu einem dunkleren Grau deutet auf ein steigendes Risiko von Schimmelbefall und schnellerer Keimung hin. Schimmelkeimung und -wachstum sind außerdem temperaturabhängig.

7) Energieerwägungen: Diese Bereiche zeigen den Energiebedarf an, wobei hellblau für einen geringeren Bedarf und orangefarben für einen höheren Bedarf steht.

Bild C.1 — Relatives Risiko von Schäden oder Abbau durch relative Feuchte

ANMERKUNG 1 Aktuelle Forschungen an einfachen, geschichtet aufgebauten Prüfobjekten aus traditionellen Materialien (z. B. Holz, Ölfarbe, Kreidegrund und Gelatine) deuten darauf hin, dass eine Schwankung der relativen Feuchte von mindestens ±15 % benötigt wird, um Strecken oder Rissbildung durch Zug oder Kompression in einer der Schichten zu erzeugen. Manche Sammlungsobjekte sind in ihrer Struktur empfindlicher als Prüfgemische und manche Materialien wer-

DIN/TR 67702:2020-12

den mit zunehmendem Alter schwächer, sodass manche alten Sammlungsobjekte bei geringeren Schwankungen reißen können.

ANMERKUNG 2 Bei einer relativen Feuchte von 75 % erhöht sich die Maßänderung pro 5 % Anstieg der relativen Feuchte exponentiell. Unter Spannung stehende Schichten und insbesondere Holz beginnen unter irreversibler Kompression zu leiden und sind daher in Zeiträumen mit geringer relativer Feuchte anfälliger für Risse. Gelatine, beispielsweise in Tierleim, Papierleim und fotografischen Bildschichten, entwickelt sich von einem robusten starken zu einem klebrigen schwachen Material, sodass geklebte Einheiten sich ablösen und Fotografien beginnen, aneinander zu haften. Papier und Pergament beginnen, ihren fertigungsbedingten Spannungszustand zu verlieren und sich dauerhaft zu wellen. Alle Formen von Metallkorrosion erhöhen ihre Abbauraten um ein Mehrfaches.

ANMERKUNG 3 Siehe Literaturhinweis [146].

ANMERKUNG 4 Siehe BSI/PAS 198:2012, Abbildung D.1 [46].

Anhang D
(informativ)

Materialschäden in Verbindung mit Temperatur und relativer Feuchte

Eine Orientierung zu Materialschäden und -abbau und den Risiken, die mit der Temperatur und der relativen Feuchte (RH) verbunden sind, ist in Tabelle D.1 enthalten, für eine repräsentative Auswahl in Sammlungen vorhandener Materialien.

Die Schäden und der Materialabbau sowie die beschriebenen Risiken basieren auf Nachweisen aus den angegebenen Forschungspublikationen, die im Einzelnen in den Literaturhinweisen genannt sind. Einige Einträge sind vollständiger als andere; sie zeigen ein bestehendes Werk mit veröffentlichten empirischen Nachweisen. In einigen Bereichen sind selbstverständlich noch weitere Nachweise erforderlich.

Viele Sammlungsobjekte sind zusammengesetzte Gegenstände mit einer Struktur, in der eine Reihe verschiedener Materialien kombiniert ist. Jedes Element in einer solchen Struktur ist anfällig für Veränderung und Abbau im Lauf der Zeit, oftmals aufgrund widriger und veränderlicher Umgebungsbedingungen, die über längere Zeiträume einwirken. Solche Objekte werden am häufigsten von kurzfristig schwankender relativer Feuchte beeinflusst. Darüber hinaus verhalten sich zusammengesetzte Objekte komplexer als die Summe ihrer einzelnen Bestandteile. Frühere Instandsetzungen oder vorherige Konservierungsarbeiten können die Anfälligkeit eines Sammlungsobjekts ebenfalls erhöhen.

DIN/TR 67702:2020-12

Tabelle D.1 — Materialschäden und -abbau und Risiken in Verbindung mit der Temperatur und der relativen Feuchte für ausgewählte Materialtypen, die für Archiv- und Bibliothekssammlungen signifikant sind, aus Literaturhinweis [46]

Werkstoff	Schaden und Abbau	Risiko	Nachweis
Film	— Geringe relative Feuchte (unter 30 %): Wird einen Verlust der Feuchte mit Auswirkung auf die Gelatine und Emulsionsschichten verursachen und zu Abblättern und/oder Ablösung führen. — Dauerhaft hohe relative Feuchte (über 50 %): Die Gelatineschicht wird weich und klebrig, mikrobiologischer Abbau. — Hohe relative Feuchte (über 50 %) und Temperaturen über 7 °C werden die chemische Abbaurate von Farbbildern, Nitrat- und Acetatfilm beschleunigen und können zu chemischem Abbau wie etwa dem Auslaufen von Weichmachern führen.	— Dauerhafte Filmverformung (Versprödung oder Kräuseln); Verlust von Informationen; „Blockieren" von Filmspulen (Gelatineschicht haftet an Gehäusen oder angrenzenden Filmabschnitten). — Zerstörung der Emulsion durch Schimmelbefall. — Essigsäuresyndrom bei Acetatfilm. — Informationsverlust.	BS 1153 [237] ISO 18934 [14] Literaturhinweis [131] Literaturhinweis [144]
Tinte: Druckertinten und Toner	— Das Ausmaß der Veränderung richtet sich nach dem Untergrundmaterial (üblicherweise Papier), der Zusammensetzung der Tinte (ob farbstoff- oder tintenbasiert) und der Wechselwirkung zwischen denselben. — Temperatur: Bei 20 °C bis 30 °C (bei einer relativen Feuchte unter 60 %) sind die meisten Tinten stabil. — Hohe Temperatur (über 45° C): Farbstoffmigration. — Hohe Temperatur (über 35 °C): Bei 50 % relativer Feuchte Dichtezunahme und Gelbfärbung des Papieruntergrunds. — Hohe relative Feuchte: Über 60 % relative Feuchte, Farbstoffmigration; eine Verschiebung bei 60 % bei mittleren Temperaturen (16 °C bis 18 °C für einige Farbstoffe).	— Schrittweise Veränderung der digitalen Bildqualität, Bildverlust und damit verbundener Verlust des intrinsischen Werts.	Literaturhinweis [48] Literaturhinweis [90] Literaturhinweis [103] Literaturhinweis [134]

Tabelle D.1 (*fortgesetzt*)

Werkstoff	Schaden und Abbau	Risiko	Nachweis
Tinte: Eisengallus-tinte	— Daten deuten darauf hin, dass Eisengallustinte Oxidation und Hydrolyse verursacht. Letztere wird durch hohe relative Feuchte und hohe Temperaturen wesentlich beschleunigt. Eine Langzeiterhaltung kann durch Aufbewahrung bei kühlen oder kalten Temperaturen ähnlich wie der für harzgeleimtes saures Papier erreicht werden. Nach dem aktuellen Kenntnisstand gelten Schwankungen von ±10 % relativer Feuchte und ±5 °C als akzeptabel..	— Tintenkorrosion führt letztendlich zu einem Verlust von Materialuntergrund und hierdurch von Bereichen mit Tintenanwendung und Informationsverlust. Tintenlinien sind in den Frühphasen des Abbaus anfällig für Rissbildung während der Handhabung.	Literaturhinweis [112]
Leder	— Hohe Temperatur: Über 20 °C Anstieg der chemisch induzierten Abbaurate; Oxidation von Proteinen und Tanninen führt zu einem Verlust der Stabilität und zur Härtung. — Geringe relative Feuchte: Unter 50 %, Trocknung, die zu Brüchen und anderen physischen Veränderungen führt. — Hohe relative Feuchte: Bei über 60 % kann Schimmel entstehen und Schrumpfung tritt auf, die zu Versprödung führt.	— Struktureller Abbau und Verlust der Proteinstruktur; Fleckenbildung und Verfärbung durch Schimmelbefall; Verlust des intriensischen Werts.	Literaturhinweis [43] Literaturhinweis [51]
Papier	— Hohe relative Feuchte: Über 65 %, erhöhtes Risiko für mikrobiologischen Abbau. Säurehydrolyse beschleunigt sich erheblich, proportional zur relativen Feuchte. — Saures Papier und Papier, das Eisengallustinte enthält, baut sich im Allgemeinen 10-mal schneller ab als Hadernpapier und alkalisch/pseudoalkalisch geleimtes Papier und erfordert niedrigere Temperaturen und/oder relative Feuchte für die Langzeiterhaltung. — Schwankungen von ±10 % relativer Feuchte und ±5 °C gelten als akzeptabel.	— Versprödung durch Hydrolyse oder Oxidation. Verfärbung durch chemischen Abbau oder photoinduzierten Abbau. Steifigkeit von Bindungen bei einer relativen Feuchte unter 25 %. — Mechanische Schäden, die zu einem Verlust des Originalmaterials, von Informationen und des intrinsischen Werts führen.	Literaturhinweis [41] Literaturhinweis [138] Literaturhinweis [198] Literaturhinweis [207] Literaturhinweis [230]

Tabelle D.1 (*fortgesetzt*)

Werkstoff	Schaden und Abbau	Risiko	Nachweis
Pergament	— Die Festlegung der Umgebungsbedingungen hängt von den Anteilen an Kollagen und Gelatine im Pergament ab. — Hohe Temperatur: Verursacht strukturelle Schäden in Kollagen und setzt Pergament der Gelierung aus. — Niedrige Temperaturen: Temperaturen unter 0 °C werden strukturelle Veränderungen im Kollagen auslösen. Auswirkungen auf historisches Pergament sind noch zu untersuchen. — Schwankende relative Feuchte: Erhöhte Verwellung und Deformation führen zu einer Ablösung der Farb- und Tintenschichten vom Untergrundmaterial. — Hohe relative Feuchte: Über 65 % besteht ein erhöhtes Risiko mikrobiologischen Abbaus. — Eine relative Feuchte von 38 % bis 45 % sorgt für einen Wassergehalt von etwa 14 % und reduziert so innere Spannungen. — Niedrige relative Feuchte: Eine relative Feuchte unter 30 % erhöht die Steifigkeit von Bindungen.	— Ungeeignete Bedingungen werden zu einer dauerhaften Verformung und hierdurch zu dem Verlust von Informationen und einer Reduzierung des intriensischen Werts des Sammlungsobjekts führen.	Literaturhinweis [42] Literaturhinweis [61] Literaturhinweis [87] Literaturhinweis [117] Literaturhinweis [196]

Tabelle D.1 (*fortgesetzt*)

Werkstoff	Schaden und Abbau	Risiko	Nachweis
Fotografien	— Hohe Temperatur: Verblassende Farben, beschleunigter Abbau, z. B. Essigsäuresyndrom. — Niedrige relative Feuchte: Unter 20 % wird sie zur Trocknung der Bestandteile führen. — Hohe relative Feuchte: Über 50 % führt sie zu schnell steigenden Hydrolyseraten von Celluloseacetat- und nitratbasiertem Film. Fotos auf Silberbasis und insbesondere solche mit chemischen Wirkstoffrückständen werden unter Redoxreaktionen, Silberspiegelbildung, Sulfidierung und Transparenzverlust bei Glasnegativen leiden. — Hohe relative Feuchte: Bei über 70 % können Befall mit Mikroorganismen, Erweichung und Haftung der Gelatineschicht auftreten. — Schwankende Temperatur und relative Feuchte: Papierdrucke, Film, Gelatine und Albumin können unter Kondensation, unterschiedlicher Dehnung und Kontraktion, Verformung, Trocknung und Haarrissbildung leiden.	— Verlust physischer Eigenschaften und Totalverlust. — Versprödung, Bruch, Verformung, Ablösung von Celluloseacetatträgern, Papierdrucken, Gelatine, Albumin, Glasnegativen von Sammlungsobjekten. — Flecken, aneinanderklebende Fotografien, Verlust von Informationen und intrinsischem Wert. — Bruch, der zu einem Verlust von Informationen und des intrinsischen Werts führt.	ISO 18934 [14] Literaturhinweis [118] Literaturhinweis [133]

Anhang E
(informativ)

Quellen von Schadstoffen und ihre Auswirkung auf für Archiv- und Bibliothekssammlungen signifikante Materialien

Tabelle E.1 bis Tabelle E.4 enthalten Informationen zu den Ursachen von Schadstoffen und der Auswirkung von Schadstoffen auf ausgewählte, für Archiv- und Bibliothekssammlungen signifikante Materialien sowie unterstützende Forschungsliteraturhinweise. Insbesondere sind das:

a) Quellen intern erzeugter Schadstoffe, die in Tabelle E.1 angegeben sind;

b) Wechselwirkungen zwischen Schadstoffen und Material in Gehäusen, die in Tabelle E.2 angegeben sind;

c) Wechselwirkungen zwischen Schadstoffen und Material in offener Aufbewahrung oder offener Ausstellung, angegeben in Tabelle E.3;

d) ungefähre Schwellenkonzentrationen für verschiedene Wechselwirkungen zwischen Schadstoffen und Materialien, die in Tabelle E.4 angegeben sind.

Tabelle E.1 — Quellen intern erzeugter Schadstoffe

Quelle	Schadstoff	Bezugsnorm
Acryl- und Nitrocelluloselacke	Essigsäure (Ethansäure) Lösemittel	Literaturhinweis [242] Literaturhinweis [210]
Sammlungsobjekte aus Celluloseacetat, Cellulosetriacetat-Film	Essigsäure (Ethansäure)	Literaturhinweis [23] Literaturhinweis [24] Literaturhinweis [33] Literaturhinweis [66] Literaturhinweis [183] Literaturhinweis [210] Literaturhinweis [243]
Sammlungsobjekte und Fotografien aus Nitrocellulose	Kampfer Formaldehyd (Methanol) Stickstoff	Literaturhinweis [65] Literaturhinweis [102] Literaturhinweis [151] Literaturhinweis [176] Literaturhinweis [231] Literaturhinweis [232]
Kunststoff, Gummi	Säuredämpfe	Literaturhinweis [111]
Polyisoprengummi (Teppichunterlage), vulkanisiertes Gummi, Wolle und bestimmte Sulfidminerale	Reduzierende Schwefelgase	Literaturhinweis [245] Literaturhinweis [62] Literaturhinweis [246] Literaturhinweis [222]
Poly(vinylacetat)	Essigsäure (Ethansäure)	Literaturhinweis [38] Literaturhinweis [63] Literaturhinweis [79] Literaturhinweis [80] Literaturhinweis [200] Literaturhinweis [210]
Poly(vinylchlorid)	Salzsäure	Literaturhinweis [105]

Tabelle E.1 (*fortgesetzt*)

Quelle	Schadstoff	Bezugsnorm
Kunstharze/Beschichtungen	Essigsäure (Ethansäure) Ameisensäure (Methansäure) Lösemittel	Literaturhinweis [210] Literaturhinweis [213]
Holz	Essigsäure (Ethansäure) Ameisensäure (Methansäure)	Literaturhinweis [26] Literaturhinweis [247] Literaturhinweis [248] Literaturhinweis [242] Literaturhinweis [62] Literaturhinweis [71] Literaturhinweis [76] Literaturhinweis [85] Literaturhinweis [111]
Holzbasierte Platten (versiegelt mit Harnstoff-Formaldehyd oder Phenol-Formaldehydharzen)	Formaldehyd (Methanol)	Literaturhinweis [25] Literaturhinweis [84] Literaturhinweis [120] Literaturhinweis [132] Literaturhinweis [139] Literaturhinweis [156] Literaturhinweis [157]

Tabelle E.2 — Wechselwirkungen zwischen ausgewählten Schadstoffen und Materialien mit Signifikanz für Archiv- und Bibliothekssammlungen aus BSI/PAS 198

Werkstoff	Schadstoff	Schaden	Bezugsnorm
Bleibasierte Pigmente	Wasserstoffsulfid	Bildung schwarzer Flecken	Literaturhinweis [249]
Papier (Cellulose)	Essigsäure (Ethansäure) Flüchtige organische Verbindungen (VOC, en: Volatile Organic Compounds)	Erhöhte Versprödung, Zerreibbarkeit aufgrund der geschwächten Struktur	Literaturhinweis [64] Literaturhinweis [209]
Blei	Essigsäure (Ethansäure) Ameisensäure (Methansäure) Formaldehyd (Methanol) Reduzierende Schwefelgase	Umwandlung von Bleimetall in weiße Salze; schwerer Lochfraß und/oder vollständige Zerstörung kleiner Sammlungsobjekte wie Münzen/Ersatzgeld	Literaturhinweis [250] Literaturhinweis [248] Literaturhinweis [251] Literaturhinweis [242] Literaturhinweis [62] Literaturhinweis [252] Literaturhinweis [73] Literaturhinweis [89] Literaturhinweis [111] Literaturhinweis [253] Literaturhinweis [254] Literaturhinweis [255] Literaturhinweis [214] Literaturhinweis [216]

DIN/TR 67702:2020-12

Tabelle E.3 — Wechselwirkungen zwischen Schadstoffen und Material in offener Aufbewahrung oder Ausstellung

Werkstoff	Schadstoff	Schaden	Bezugsnorm
Farbfotografien	Essigsäure Stickstoffdioxid Ozon	Verbleichen, Gelbfärbung	Literaturhinweis [37] Literaturhinweis [72]
Lacke	Staub	Veränderung des Erscheinungsbilds, mechanischer Schaden durch Reinigung	Literaturhinweis [125]
Leder	Schwefeldioxid	Reduzierte mechanische Eigenschaften („Rotfäule“)	Literaturhinweis [202] Literaturhinweis [212]
	Staub	Veränderung des Erscheinungsbilds, Verschmutzung, mechanischer Schaden durch Reinigung, erhöhte Rate/Zufuhr von Katalysatoren für chemischen Abbau.	Literaturhinweis [125]
Natürliche organische Farbstoffe auf Papier	Ozon Stickstoffdioxid	Verblassen	Literaturhinweis [82] Literaturhinweis [192] Literaturhinweis [225] Literaturhinweis [226] Literaturhinweis [227] Literaturhinweis [229]
Papier und Papyrus (Cellulose)	Essigsäure Stickstoffdioxid Ozon Schwefeldioxid	Reduzierte mechanische Eigenschaften, Gelbfärbung (insbesondere auf ligninhaltigem Papier)	Literaturhinweis [36] Literaturhinweis [101]
Pigmente	Ozon	Verblassen	Literaturhinweis [52]
Synthetische Materialien	Stickstoffdioxid	Gelbfärbung	—
Gewebestoffe	Formaldehyd (Methanol) Stickstoffoxide Schwefeldioxid	Reduzierte mechanische Eigenschaften	Literaturhinweis [36] Literaturhinweis [104] Literaturhinweis [161]
Textilfarbstoffe	Ozon Stickstoffdioxid	Verblassen	Literaturhinweis [82] Literaturhinweis [217]

Tabelle E.4 — Ungefähre Schwellenkonzentrationen für bestimmte Wechselwirkungen zwischen Schadstoffen und Materialien

Werkstoff	Schadstoffe und damit verbundene ungefähre Schwellenkonzentrationen in Teilen pro Milliarde nach Volumen						
	Essigsäure (Ethansäure)	Ameisensäure (Methansäure)	Formaldehyd (Methanol)	Reduzierte Sulfide	Schwefel-dioxid	Distick-stoffoxid	Ozon
Historisches Natronsilikat-glas	—	500	300	—	—	—	—
Kalk, Keramik, Fossilien, Steinzeug	1 000	—	—	—	—	—	—
Schalen, Eier	1 000	500	—		—	—	—
Blei	100	—	—	10	—	—	—

Tabelle E.4 (*fortgesetzt*)

Werkstoff	Schadstoffe und damit verbundene ungefähre Schwellenkonzentrationen in Teilen pro Milliarde nach Volumen						
	Essigsäure (Ethansäure)	Ameisensäure (Methansäure)	Formaldehyd (Methanol)	Reduzierte Sulfide	Schwefeldioxid	Distickstoffoxid	Ozon
Kupfer	1 000	—	—	—	—	—	—
Silber	—	—	—	10	—	—	—
Zink	—	—	—	10	—	—	—
Bleibasierte Pigmente	100	—	—	10	—	—	—
Papier	100	—	—	—	1	10	10

ANMERKUNG 1 Die ungefähren Schwellenkonzentrationen für verschiedene Wechselwirkungen zwischen Schadstoffen und Materialien, für die Schwellenwerte veröffentlicht wurden. Schwellenkonzentrationen für andere Materialien wie etwa Textilien, Kunststoffe, organische Farbstoffe und Leder müssen noch vereinbart werden. Die meisten organischen Materialien sind jedoch anfällig für oxidierende Schadstoffe (z. B. Ozon und NO_2) und saure Verschmutzung (z. B. SO_2 und organische Säuren). In Ermangelung veröffentlichter Schwellenwerte sind die Werte für Papier als ungefährer Richtwert zu verwenden.

ANMERKUNG 2 Weitere Hinweise zu Schadstoffen bei Lagerlösungen sind in den Literaturangaben [86], [88] und [211] enthalten.

Anhang F
(informativ)

Wechselwirkungen zwischen Temperatur, relativer Feuchte, Licht und Verschmutzung

Tabelle F.1 enthält Beispiele für Wechselwirkungen zwischen in diesem Dokument behandelten Abbaufaktoren.

Tabelle F.1 — Beispiele für Wechselwirkungen zwischen Abbaufaktoren

Wechselwirkung	Beschreibung
Temperatur und relative Feuchte	— Einige Materialien reagieren unterschiedlich auf dieselbe Temperatur bei unterschiedlicher relativer Feuchte und umgekehrt, z. B. die meisten hygroskopischen Materialien.
Temperatur und Licht	— Lichtenergie wird zu einem Anstieg der Oberflächentemperatur von Sammlungsobjekten führen. Einige lichtinduzierte Veränderungen treten bei hohen Temperaturen schneller auf. — Selbst in einer moderat beleuchteten Ausstellungsvitrine kann die Oberflächentemperatur auf 2 °C über der Umgebungstemperatur ansteigen. Dies senkt wiederum die relative Feuchte in der Grenzschicht neben der Oberfläche der Sammlungsobjekte um etwa 6 % und verursacht Feuchtebewegung. — Direktes Sonnenlicht kann auch durch ein Glasfenster die Oberflächentemperatur dunkler Sammlungsobjekte auf mehr als 60 °C erhöhen, was zu einer sehr geringen relativen Feuchte der Oberfläche führt. — Kurzzeitige hohe Temperaturen werden oftmals durch direktes Sonnenlicht oder starke künstliche Beleuchtung wie etwa bei Filmaufnahmen verursacht. Einige lichtinduzierte Veränderungen treten bei hohen Temperaturen schneller auf.
Temperatur und Verschmutzung	— Mit steigender Temperatur nimmt die intern erzeugte Verschmutzung aufgrund der erhöhten Abbaurate der Materialien und der Diffusion von Gasen an der Materialoberfläche zu.
Relative Feuchte und Licht	— Hohe relative Feuchte erhöht die Geschwindigkeit photoaktivierter Abbaureaktionen bei Papier und vielen anderen Materialien.
Relative Feuchte und Verschmutzung	— Relative Feuchte erhöht die Absorption von Schadstoffen. Eine hohe relative Feuchte führt dazu, dass der Wassergehalt hydrophiler Materialien steigt, und dies fördert die Absorption der meisten Schadstoffe durch diese Materialien. — Hohe relative Feuchte führt zum Zerfließen wasserlöslicher Salze, die zu den häufigen Schadstoffen in Sammlungsmaterialien gehören. Das wässerige Medium ermöglicht die Ionisierung absorbierter Gase, sodass diese reagieren können. — Eine geringe relative Feuchte fördert den Transport von Staub durch elektrostatische Kraft, wie etwa bei der Reinigung von Glas und Kunststoff.

Literaturhinweise

[1] ISO 9706, *Information and documentation — Paper for documents — Requirements for permanence*

[2] ISO 11108, *Information and documentation — Archival paper — Requirements for permanence and durability*

[3] DIN SPEC 67701 (ISO/TR 19814:2017), *Information und Dokumentation — Bestandserhaltung für Archive und Bibliotheken*

[4] ISO 11357-2:2013, *Plastics — Differential scanning calorimetry (DSC) — Part 2: Determination of glass transition temperature and glass transition step height*

[5] ISO 11799, *Information and documentation — Document storage requirements for archive and library materials*

[6] ISO 14001:2015, *Environmental management systems — Requirements with guidance for use*

[7] ISO 14031:2013, *Environmental management — Environmental performance evaluation — Guidelines*

[8] ISO 16813:2006, *Building environment design — Indoor environment — General principles*

[9] ISO 16814:2008, *Building environment design — Indoor air quality — Methods of expressing the quality of indoor air for human occupancy*

[10] ISO 18911, *Imaging materials — Processed safety photographic films — Storage practices*

[11] ISO 18918, *Imaging materials — Processed photographic plates — Storage practices*

[12] ISO 18920, *Imaging materials — Reflection prints — Storage practices*

[13] ISO 18923, *Imaging materials — Polyester-base magnetic tape — Storage practices*

[14] ISO 18934, *Imaging materials — Multiple media archives — Storage environment*

[15] ISO 23045:2008, *Building environment design — Guidelines to assess energy efficiency of new buildings*

[16] ISO 50001:2011, *Energy management systems — Requirements with guidance for use*

[17] BS EN 13306, *Instandhaltung — Begriffe der Instandhaltung*

[18] DIN EN 15757, *Erhaltung des kulturellen Erbes — Festlegungen für Temperatur und relative Luftfeuchte zur Begrenzung klimabedingter mechanischer Beschädigungen an organischen hygroskopischen Materialien*

[19] DIN EN 16790, *Erhaltung des kulturellen Erbes — Integrierte Schädlingsbekämpfung (IPM) zum Schutz des kulturellen Erbes*

[20] NFPA 909, *Code for the Protection of Cultural Resource Properties — Museums, Libraries, and Places of Worship, 2013*

[21] ADAMS S.J. (1997), *Dust deposition and measurement: a modified approach. Environmental Technology*, 18 (3), pp. 345–350

[22] ADELSTEIN P.Z. (2004), *IPI Media Storage Quick Reference.* Image Permanence Institute, Rochester Institute of Technology, Rochester, NY

[23] ALLEN N.S., et al. (1987), Degradation of historic cellulose triacetate cinematographic film: the vinegar syndrome. *Polymer Degradation and Stability*, 19, pp. 379–387

[24] ALLEN N.S., et al. (1990), Initiation of the degradation of cellulose triacetate base motion picture film. *Journal of Photographic Science*, 38, pp. 54–59

[25] ANDERSEN I., G.R. LUNDQUIST, L. MOELHAVE, (1975), Indoor air pollution due to chipboard used as a construction material. *Atmospheric Environment*, 9, pp. 1121–1127

[26] ARNI P.C., G.C. COCHRANE AND J.D. GRAY (1965), The emission of corrosive vapours by wood. I. Survey of the acid release properties of certain freshly felled hardwoods and softwood. Journal of Applied Chemistry, 15 (7), pp. 305-313. The emission of corrosive vapours by wood. II. The analysis of the vapours emitted by certain freshly felled hardwoods and softwoods by gas chromatography and spectrophotometry. *Journal of Applied Chemistry*, 15 (10), pp. 463–468

[27] ASHLEY-SMITH J. (1999), *Risk assessment for object conservation*. Oxford: Butterworth-Heinemann

[28] ASHLEY-SMITH J., A. DERBYSHIRE AND B. PRETZEL (2002), The continuing development of a practical lighting policy for works of art on paper and other object types at the Victoria and Albert Museum. In: Preprints of the ICOM-CC triennial, Rio, 2002, pp. 3–8

[29] ASHLEY-SMITH J., A. BURMESTER & M. EIBL, EDS. (2013), *Climate for Collections: standards and uncertainties*. München: Doerner Institut. 2013. ISBN: 978-1-909492-00-4.

[30] ASHLEY-SMITH J. (2016), An overview of a process and specification: The British Standards Institution Publicly Available Specification (PAS) 198, "Specification for managing environmental conditions for cultural collections", in Stauderman S. and Tompkins W. (eds.) Proceedings of the Smithsonian Institution Summit on the Museum Preservation Environment. Washington, DC: Smithsonian Institution Scholarly Press, 2016. 57–67

[31] ASHRAE (2007), ASHRAE Handbook, Chapter 21: HVAC applications, Museums, Galleries, Archives and Libraries. Atlanta, GA: American Society of Heating, Refrigerating and Airconditioning Engineers Inc. (ASHRAE)

[32] ASHRAE (2011), Museum Galleries, Archives and Libraries. In: OWEN, M.S., ed. ASHRAE Handbook HVAC Application s. Atlanta: ASHRAE (American Society of Heating Refrigerating and Airconditioning Engineer), Kapitel 23 [Kapitel 21 in 2007 ed.], pp. 21.1–21.23

[33] AUBIER D. (1996), Degradation caused by cellulose diacetate: analysis and proposals for conservation treatment. *Restaurator*, 17 (2), pp. 130–143

[34] AVRAMI E. (2011), Sustainability and the Built Environment: Forging a Role for Heritage Conservation, Conservations Perspectives: the GCI Newsletter, 26, 1, 2011

[35] AYERST G. (1969), The effects of moisture and temperature on growth and spore germination in some fungi. *Journal of Stored Products Research*, 5 (2), August 1969, pp. 127–141

[36] BAER N.S. and P.N. BANKS (1985), Indoor air pollution: effects on cultural and historic materials. *The International Journal of Museum Management and Curatorship*, 4 (1), pp. 9–20

[37] BARD C.C., et al. (1980), Predicting long term dark storage dye stability characteristics of colour photographic products from short term tests. *Journal of Applied Photographic Engineering*, 6 (2), pp. 490–495

[38] BATAILLE P. and B.T. VAN (1975), Mechanism of thermal degradation of poly(vinyl acetate). *Journal of Thermal Analysis and Calorimetry*, 8 (1), pp. 141–153

[39] BLACKSHAW S.M. and V.D. DANIELS (1979), The testing of materials for use in storage and display in museums. *The Conservator*, 3, pp. 16–19

[40] BOERSMA F., ed. (2009), *Proceedings of Experts' Roundtable on Sustainable Climate Management Strategies, Tenerife, 2007.* Los Angeles: Getty Conservation Institute [Zugriff am 4. Januar 2014]. Verfügbar unter: http://www.getty.edu/conservation/our_projects/science/climate/climate_experts_roundtable.html

[41] BOGAARD J. and P.M. WHITMORE (2002), Explorations of the role of humidity fluctuations in the deterioration of paper. In: DANIELS V., A. DONNITHORNE and P. SMITH (eds.) Works of art on paper: Books, documents and photographs: Techniques and conservation: Contributions to the Baltimore Congress, 2-6 September 2002, pp. 11–15. London: IIC

[42] BOWDEN D. and P. BRIMBLECOMBE (2002), Thermal response of parchment and leather to relative humidity changes. In: LARSEN, R. (ed.) *Microanalysis of parchment.* London: Archetype Publications

[43] BOWES J.H. and A.S. RAISTRICK (1967), The action of heat and moisture on leather. Part VI: degradation of the collagen. *Journal of the American Leather Chemists Association*, 62 (4), pp. 240–257

[44] BRATASZ Ł., S. JAKIEŁA and R. Kozłowski (2005), Allowable thresholds in dynamic changes of microclimate for wooden cultural objects: monitoring in situ and modelling. In: Preprints of the ICOM-CC triennial, The Hague, pp. 582–589

[45] BRAUN R.C. and M.J.G. WILSON (1970), The removal of atmospheric sulphur by building stones. *Atmospheric Environment*, (4), pp. 371–378

[46] BSI/PAS 198:2012, *Specifications for Managing Environmental Conditions for Cultural Collections*

[47] BROWN J.P., ROSE W.B. (1997), Development of Humidity Recommendations in Museums and Moisture Control in Buildings [Zugriff am 31. Januar 2014]. Verfügbar unter: http://cool.conservation-us.org/byauth/brownjp/humidity1997.html (Full length version of 'Humidity and Moisture in Historic Buildings: the Origins of Buildings and Object Conservation', APT Bulletin, 27/3 (1996), pp. 12–24

[48] BUGNER D.E. and B.L. LINDSTROM (2005), *A closer look at the effects of temperature and humidity on inkjet photographic prints.* IS&T's NIP21: international conference on digital printing technologies, Baltimore, 18.-23. September 2005, pp. 348–352. Springfield: Society of Imaging Science and Technology

[49] BULLOCK L. and D. SAUNDERS (1999), Measurement of cumulative exposure using Blue Wool standards. In: Preprints of the ICOM-CC triennial, Lyon, 1999, pp. 21–26

[50] BURMESTER A. and M. EIBL. (2013a), *The Munich Position on Climate and Cultural Heritage.* München: Doerner Institut [Zugriff am 1. Januar 2014].

[51] CALNAN C.N. (1991), Ageing of vegetable tanned leather in response to variations in climatic conditions. In: CALNAN C.N. and B. HAINES (eds.), *Leather: its composition and changes with time*, pp. 41–50. Northampton: Leather Conservation Centre

[52] CASS G.R., et al. (1991), Protection of works of art from damage due to atmospheric ozone. Atmospheric Environment, 25A, pp. 441–451

[53] CASSAR M. (1982), The conservation and technology of non-metallic seals. The Department of Archaeological Conservation and Materials Science, Institute of Archaeology, University of London. (unveröffentlichtes Manuskript)

DIN/TR 67702:2020-12

[54] CASSAR M. (1995), *Environmental management: guidelines for museums and galleries.* London: Routledge

[55] Chartered Institute of Building Services Engineers (CIBSE) (1994), *Lighting for museums and art galleries.* London: CIBSE

[56] CHEVREUL M-E. (1837), Recherches chimiques sur la teinture. *Mémoires de l'Académie Royale des Sciences de l'Institut de France*, 16, pp. 53–88

[57] CHRISTOFFERSEN L.D. (1996), Zephyr: *Passive climate controlled repositories: Storage facilities for museum, archive and library purposes.* Lund University, Department of Building Physics, 1996. 139 pp. ISRN LUTVDG/TVBH-96/3028 — SE (1-139). ISBN 91-88722-06-6

[58] Collection Security Conference, (2008), Papers, in *Liber Quarterly* 18, 2, pp. 65–123

[59] Commission Internationale De L'Eclairage (CIE) (2004), *Control of damage to museum objects by optical radiation: technical report 157:2004.* Wien: CIE

[60] CUNLIFFE P.W. (1956), Influence of temperature and humidity on fading. *Journal of the Society of Dyers and Colourists*, 72 (7), pp. 373–381

[61] DERNOVŠKOVÁ J., H. JIRSOVÁ and J. ZELINGER (1995), An investigation of the hygroscopicity of parchment subjected to different treatments. *Restaurator*, 16 (1), pp. 31–44

[62] DONOVAN P.D. and J. STRINGER (1971), Corrosion of metals and their protection in atmospheres containing organic acid vapours. *British Corrosion Journal*, 6, pp. 132–138

[63] DOWN J.L., et al. (1996), Adhesive testing at the Canadian Conservation Institute — An evaluation of selected poly(vinyl acetate) and acrylic adhesives. *Studies in Conservation*, 41 (1), pp. 19–44

[64] DUPONT A.L. and J. TÉTREAULT (2000), Cellulose degradation in an acetic acid environment. *Studies in Conservation*, 45 (3), pp. 201–210

[65] EDGE M., et al. (1990), Mechanisms of deterioration in cellulose nitrate base archival cinematographic film. *European Polymer Journal*, 26 (6), pp. 623–630

[66] EDGE M., et al. (1992), Methods for predictive stability testing of archival polymers: a preliminary assessment of cellulose triacetate based motion picture film. *Polymer Degradation and Stability,* 35 (2), pp. 147–155

[67] EGERTON G.S. (1948), Some aspects of the photochemical degradation of nylon, silk, and viscose rayon. *Textile Research Journal*, 18(11), pp. 659–669

[68] EIBL M. and A. BURMESTER. (2013), Learning from History: Historic Indoor Climate Conditions and Climate Control Strategies. In: ASHLEY-SMITH J., A. BURMESTER & M. EIBL, eds. *Climate for Collections: Standards and Uncertainties.* London: Archetype in association with Doerner Institut, Munich, pp. 217–32

[69] ERHARDT D. and M. MECKLENBURG. (1994), Relative Humidity Re-examined. In ROY A. and P. SMITH, eds. *Preventive Conservation: Practice, Theory and Research.* London: IIC, pp. 32–8

[70] ERHARDT D. and M. MECKLENBURG. (1995), Accelerated vs Natural Aging: Effect of Aging Conditions on the Aging Process of Cellulose. In: VANDIVER P.B., J.R. DRUZIK, J.L. GALVAN-MADRID, I.C. FREESTONE & G.S. WHEELER, eds. *Materials Issues in Art and Archaeology IV*. Pittsburgh: Materials Research Society, pp. 247–70

[71] FARMER R.H. (1967), *Chemistry in the utilization of wood.* Oxford: Pergamon Press

[72] FENECH A., et al. (2010), Stability of chromogenic colour prints in polluted indoor environments. *Polymer Degradation and Stability*, 95, pp. 2481–2485

[73] FITZHUGH E.W. and R. GETTENS (1971), Calcite and other efflorescent salts on objects stored in wooden museum cases. In: Brill R.H. (ed.) *Science and archaeology*, pp. 91-102. Cambridge, Mass.: MIT Press

[74] FRANEY J.P., G.W. KAMMLOTT and T.E. GRAEDEL (1985), The corrosion of silver by atmospheric sulfurous gases. *Corrosion Science*, 25 (2), pp. 133–143

[75] GARSIDE P., KNIGHT B. (2011), The Behaviour of Books in Changing Environmental Conditions and the Implications for Collections Storage. In: BRIDGLAND J. (ed). ICOM-CC 16th Triennial Conference Lisbon Preprints. Feijó,Almada: Critério-Produçáo Gráfica, Lda, Paper 605 [CD publication]

[76] GIBSON L.T. and C.M. WATT (2010), Acetic and formic acids emitted from wood samples and their effect on selected materials in museum environments. *Corrosion Science*, 52 (1), pp. 172–178

[77] GILES C.H. and R.B. MCKAY (1963), The lightfastness of dyes: a review. *Textile Research Journal*, 33 (7), pp. 527–577

[78] GRAEDEL T.E. (1992), Corrosion mechanisms for silver exposed to the atmosphere. *Journal of the Electrochemical Society*, 139 (7), pp. 1963–1970

[79] GRASSIE N. (1952), The thermal degradation of polyvinyl acetate. I. Products and reaction mechanism at low temperatures. *Transactions of the Faraday Society*, 48, pp. 379–387

[80] GRASSIE N. (1953), The thermal degradation of polyvinyl acetate. 2. Determination of the rate constants of the primary processes involved in the elimination of acetic acid. *Transactions of the Faraday Society*, 49, pp. 835–842

[81] GREEN L.R. and D. THICKETT, (1993), *Inter-laboratory comparison of the Oddy test. Conservation Science in the U.K., preprints of the meeting held in Glasgow, May 1993*, pp. 111–116. London: James and James

[82] GROSJEAN D., et al. (1988), Ozone fading of organic colorants: products and mechanism of the reaction of ozone with curcumin. *Environmental Science and Technology*, 22 (11), pp. 1357–1361

[83] GROSJEAN D., E. GROSJEAN and E.L. WILLIAMS (1993), Fading of artists' colorants by a mixture of photochemical oxidants. *Atmospheric Environment*, 27 (5), pp. 765–772

[84] GRZESKOWIAK R., G.D. JONES and A. PIDDUCK (1988), Identification and determination of volatiles derived from phenol-formaldehyde materials. *Talanta*, 35 (10), pp. 775–782

[85] GRZYWACZ C.M. and D.C. STULIK (1993), Carbonyl pollutants in the museum environment. *Scottish Society for Conservation and Restoration Journal*, 4 (1), pp. 16–19

[86] GRZYWACZ C.M. (2006), *Monitoring for gaseous pollutants in museum environments.* Los Angeles: Getty Publications

[87] HANSEN E.F., S.N. LEE and H. SOBEL (1991), The effects of relative humidity on some physical properties of modern vellum: implications for the optimum relative humidity for the display and storage of parchment. *Journal of American Institute of Conservation*, 31, pp. 325–342

[88] HATCHFIELD P.B. (2002), *Pollutants in the museum environment: practical strategies for problem solving in design, exhibition and storage.* London: Archetype Publications

[89] HATCHFIELD P.B. and J.M. CARPENTER (1986), The problem of formaldehyde in museum collections. *International Journal of Museum Management and Curatorship*, 5 (2), pp. 183–188

[90] HILL P., SUITOR K., ARTZ P. (2000), Measurement of humidity effects on the dark keeping properties of inkjet photographic prints. IS&T's NIP16: international conference on digital printing technologies and digital fabrication, Vancouver, 15.–20. Oktober 2000, pp. 70–73. Springfield: Society of Imaging Science and Technology.

[91] HIOKI K. (2008), From Japanese Tradition. Is Kura a Model for a Sustainable Preservation Environment? *Studies in Conservation*, 53:131-5

[92] HONG S.H., et al. (2011), Climate change mitigation strategies for mechanically controlled repositories: the case of The National Archives, Kew. In: Preprints of the 16th ICOM-CC triennial, Lissabon, 2011

[93] Illuminating Engineering Society of North America (IESNA) (1996), *Museum and art gallery lighting: a recommended practice.* New York: IESNA

[94] Image Permanence Institute (IPI), (2013), *Image Permanence Institute's Guide to Sustainable Preservation Practices for Managing Storage Environments.* Image Permanence Institute

[95] Image Permanence Institute (IPI). (2005), Step-by-Step Workbook: Achieving a Preservation Environment for Collections (Rochester, NY: Image Permanence Institute, Rochester Institute of Technology)

[96] International Federation of Library Associations and Institutions (IFLA) Core activity on Preservation and Conservation. (PAC), (2011), Energy savings and preservation in archives and libraries, International Preservation News 55 (December 2011). Verfügbar unter: www.ifla.org/files/assets/pac/ipn/IPN 55 web 6 megas.pdf

[97] International Federation of Library Associations and Institutions (IFLA) Core activity on Preservation and Conservation. (PAC), (2011), Preservation in tropical climates: International Preservation News 54 (August 2011). Verfügbar unter: www.ifla.org/files/assets/pac/ipn/IPN 54def.pdf

[98] International Institute for Conservation (IIC). (2010), Dialogues for the New Century: The Plus/Minus Dilemma: A Way Forward in Environmental Guidelines, a Discussion held on 13 May 2010, Milwaukee, Wisconsin, USA, in collaboration with the American Institute for Conservation and its annual meeting, bearbeitete Abschrift. IIC.

[99] International Institute for Conservation (IIC)/ICOM-CC (2014), Declaration on environmental guidelines. Verfügbar unter: https://www.iiconservation.org/node/5168

[100] JABLONSKI E., et al. 2004, *Conservation concerns for acrylic emulsion paints: a literature review.* London: Tate Gallery.

[101] JOHANSSON A. and H. LENNHOLM (2000), Influences of SO_2 and O_3 on the ageing of paper investigated by in situ diffuse reflectance FTIR and time-resolved trace gas analysis. *Applied Surface Science*, 161 (1-2), pp. 163–169

[102] JUTIER J-J., et al. (1987), A nonisothermal Fourier transform infrared degradation study of nitrocelluloses derived from wood and cotton. *Journal of Applied Polymer Science*, 33 (4), pp. 1359–1375

[103] KAIMOTO H. and Y. SHIBAHARA (2007), Test methods of humidity fastness of inkjet printing materials. IS&T's NIP23 international conference on digital printing technologies, Anchorage, Alaska, 16.–21. September 2007, pp. 728–731. Springfield: Society of Imaging Science and Technology

[104] KAMATH Y.K., S.B. HORNBY and H-D. WEIGMANN (1985), Irreversible chemisorption of formaldehyde on cotton cellulose. *Textile Research Journal*, 55 (11), pp. 663–666

[105] KELEN T. (1983), *Polymer degradation.* New York: Van Nostrand Reinhold Company Inc.

[106] Kere Architecture. Verfügbar unter:
http://www.kerearchitecture.com/projects/schoollibrarygando/and
https://divisare.com/projects/242936kere%20architecture%20gando%20library

[107] KERSCHNER R.L. (1992), A Practical Approach to Environmental Requirements for Collections in Historic Buildings. *Journal of the American Institute of Conservation*, 31:65–76

[108] KIM H., PAYER J.H. (1999), Tarnish process of silver in 100ppb H2S containing environments. Journal of Corrosion Science and Engineering, 1, paper 14.

[109] KIRBY ATKINSON J. (2014), Environmental Conditions for the Safeguarding of Collections: A Background to the Current Debate on the Control of Relative Humidity and Temperature. *Studies in Conservation*, 59, pp. 205–12

[110] KLEMM L. (2013), Passively Conditioned Zero-Energy Storage for Cultural Properties and Archival Materials. In: Ashley-Smith, J, A. Burmester & M. Eibl, eds. *Climate for Collections: Standards and Uncertainties.* London: Archetype in association with Doerner Institut, München, pp. 151–61

[111] KNOTKOVÁ-ČERMÁKOVÁ D. and J. VLČKOVÁ (1971), Corrosive effect of plastics, rubber and wood on metal in confined spaces. *British Corrosion Journal*, 6, pp. 17–22

[112] KOLAR J. and M. STRLIČ (2006), *Iron gall inks: on manufacture, characterisation, degradation and stabilisation.* Ljubljana, Slovenia: National and University Library

[113] KRUEGER E., QUESTER DE PAULA VARVALHO S. S. (2005), Analysis of the Potential of Using Forced Ventilation for Environmental Control in Museological Spaces in Tropical Conditions. In: BRIDGLAND J., ed. ICOM-CC 14th Triennial Meeting The Hague Preprints. London: James & James, pp. 655–61

[114] KUHN S. (2012), L'intégration de la conservation préventive dans les phases de la programmation architecturale, In Situ, 19 | 2012, http://insitu.revues.org/9980

[115] Lafontaine H. and P.A. Wood (1982), The stabilization of ivory against relative humidity fluctuations. *Studies in Conservation*, 27 (3), pp. 109–117

[116] LAMBERT S. (2014), The Early History of Preventative Conservation in Great Britain and the United States (1850-1950). CeROArt [online], 9. Verfügbar unter: http://ceroart.revues.org/3765

[117] LARSEN R. (2002), *Microanalysis of parchment.* London: Archetype Publications

[118] LAVÉDRINE B. et al. (2009), *A guide to the preventive conservation of photograph collections.* Los Angeles: Getty Publications

[119] LEBEL A., BIGEARD V. (2011), Construction of an Archive Building in a Tropical Climate: the Saint Martin Media Library and Territorial Archives, International Preservation News 55 (Dezember 2011) pp. 27-30, http://www.ifla.org/files/assets/pac/ipn/IPN%2055%20web%206%20megas.pdf

[120] LEHMANN W.F. (1987), Effect of ventilation and loading in large chamber testing of formaldehyde emissions from composite panels. *Forest Products Journal*, 37 (4), pp. 31–37

[121] LEVASHOVA S.V. and V.I. KOBYAKOVA (1997), *Dust in the storages of cultural property (10).* Brussels: European Commission — Environment and Climate Research Programme 1997

DIN/TR 67702:2020-12

[122] LEYGRAF C. and T.E. GRAEDEL (2000), *Atmospheric corrosion.* New York: Wiley-Interscience

[123] LIGOCKI M.P. et al. (1990), Measurements of particle deposition rates inside Southern California museums. *Aerosol Science and Technology*, 13, pp. 85–101

[124] LINDEN J. (2012), Getting greener and creating the optimal: the state of sustainability research and the preservation environment, in AIC News, 372, pp. 1–4

[125] LLOYD H., et al. (2002), The effects of visitor activity on dust in historic collections. *The Conservator*, 26, pp. 72–84

[126] LLOYD H., C.M. GROSSI and P. BRIMBLECOMBE (2011), Low technology dust monitoring for historic collections. *The Conservator*, 34 (1), pp. 104–114

[127] LUXFORD N. (2009), *Reducing the risk of open display: optimising the preventive conservation of historic silks. Ph.D.,* University of Southampton.

[128] MADSEN C.N., JANSEN G., HOLMBERG J. (2005), Hypoxic air venting, Fire protection for library collections. IFLA, Oslo, 2005.

[129] MAEKAWA S. (2009), Investigations of Climate Control Alternatives for Cultural Institutions in Hot and Humid Climates. In: Boersma F., ed. Proceedings of Experts' Roundtable on Sustainable Climate Management Strategies, Tenerife, 2007. Los Angeles: Getty Conservation Institute [Zugriff am 4. Januar 2014]. Verfügbar unter: http://www.getty.edu/conservation/our_projects/science/climate/climate_experts_roundtable.html

[130] MAEKAWA S., V.L. BELTRAN, M.C. HENRY. (2015), *Environmental management for collections: alternative conservation strategies for hot and humid climates.* Los Angeles: Getty Conservation Institute

[131] MALLINSON J.C. (1994), Preservation of video recorded images. Environnement et conservation de l'écrit, de l'image et du son: actes des deuxièmes journées internationales d'études de l'ARSAG, Paris, 16 au 20 Mai 1994 (Environment and conservation of writing, images and sound: proceedings of ARSAG's second international study days, Paris, 16.–20. Mai 1994.) Paris: Association pour la recherche scientifique sur les arts graphiques

[132] MATTHEWS T.G. et al. (1986), Surface emission monitoring of pressed-wood products containing urea-formaldehyde resins. Environment International, 12 (1–4), pp. 301–309

[133] MCCORMICK-GOODHART M.H. (1996), The allowable temperature and relative humidity range for the safe use and storage of photographic materials. *Journal of the Society of Archivists* 17 (1), pp. 7–21

[134] MCCORMICK-GOODHART M.H., WILHELM H. (2000), Humidity-induced color changes and ink migration effects in inkjet photographs in real-world environmental conditions. IS&T's NIP16: international conference on digital printing technologies, Vancouver, 15.–20. Oktober 2000, pp. 74–77. Springfield: Society of Imaging Science and Technology. Verfügbar unter: http://www.wilhelm-research.com/ist/WIR_ISTpaper_2000_10_MMG_HW.pdf

[135] MECKLENBURG M. (2007), Determining the acceptable ranges of relative humidity and temperature in museums and galleries: Part 1, Structural response to relative humidity. Washington DC: Smithsonian Conservation Institute. Verfügbar unter: http://hdl. handle.net/10088/7056. Part 2, Structural response to temperature. Washington DC: Smithsonian Conservation Institute. Verfügbar unter: http://hdl.handle.net/10088/7055

[136] MECKLENBURG M., C.S. TUMOSA and D. ERHARDT (1998), Structural response of painted wood surfaces to changes in ambient relative humidity. In: *Painted wood: history and conservation, proceedings of a symposium organized by the Wooden Artifacts Group of the American Institute for*

Conservation of Historic and Artistic Works, Williamsburg, Va., November 1994, 6, pp. 464–483. Los Angeles: Getty Publications.

[137] MECKLENBURG M.F. and TUMOSA, C.S. (1999), Temperature and relative humidity effects on the mechanical and chemical stability of collections, *ASHRAE Journal*, April 1999, 69–74

[138] MENART E., G. DE BRUIN and M. STRLIČ (2011), Dose-response functions for historic paper. *Polymer Degradation and Stability*, 96, pp. 2029–2039

[139] MEYER B., K. HERMANNS and D.C. SMITH (1985), Formaldehyde release from urea-formaldehyde bonded wood products. *The Journal of Adhesion*, 17 (4), pp. 297-308

[140] MICHALSKI S. (1987), Damage to museum objects by visible radiation (light) and ultraviolet radiation (UV). In: Lighting: a conference on lighting in museums, galleries and historical houses, preprints of a seminar, Bristol, 9.–10. April 1987, pp. 3–16. London: Museums Association, United Kingdom Institute for Conservation (UKIC) and Group of Designers and Interpreters for Museums

[141] MICHALSKI S. (1993), Relative humidity in museums, galleries and archives: specification and control. In: *Bugs, mold and rot II: a workshop on control of humidity for health, artifacts and buildings*, pp. 51–62. Washington, D.C.: The National Institute of Building Sciences

[142] MICHALSKI S. (1993), Relative Humidity: A Discussion of Correct/Incorrect Values. In: Bridgland, J, ed. *ICOM-CC 10th Triennial Washington DC Preprints.* London: James & James, pp. 624–9

[143] MICHALSKI S. (1997), The lighting decision. In: Fabric of an exhibition: preprints of textile symposium 97, Ottawa, 22.–25. September 1997, pp. 97–104. Ottawa: Canadian Conservation Institute

[144] MICHALSKI S. (2000), Guidelines for humidity and temperature in Canadian archives. (CCI Technical Bulletin no. 23) Ottawa: Canadian Conservation Institute

[145] MICHALSKI S. (2002), Double the life for each five-degree drop, more than double the life for each halving of relative humidity. In: Preprints of the ICOM-CC triennial, Rio, 2002, pp. 66–72

[146] MICHALSKI S. (2009a), The ideal climate, risk management, the ASHRAE chapter, proofed fluctuations, and toward a full risk analysis model. In: *Proceedings of experts' roundtable on sustainable climate management strategies*, Teneriffa, 2007. Los Angeles: Getty Publications. Verfügbar unter: http://www.getty.edu/conservation/our_projects/science/climate/climate_experts_roundtable.html

[147] MICHALSKI S. (2016), Ten agents of deterioration, Canadian Conservation Institute.

[148] MICHALSKI S. (2016b), Agent of Deterioration: Incorrect Temperature.

[149] MICHALSKI S. (2016c), Agent of Deterioration: Incorrect Relative Humidity.

[150] MICHALSKI S. (2016d), Agent of deterioration: Light, ultraviolet and infrared.

[151] MILES F.D. (1955), *Cellulose nitrate.* London: Oliver and Boyd

[152] Ministere De La Culture Service Du Livre Et De La Lecture. (2016) *Concevoir et construire une bibliothèque du projet à la réalisation*, 2nd ed. Paris: Editions du Moniteurs. ISBN 978228111929

[153] Moniteur. (2013), Archives sous haute protection thermique, 4. Januar 2013. http://www.itaq.fr/offres/doc_inline_src/17/Article_moniteur_archives_4_janvier_2013.pdf

[154] MURRELL V.J. (1977). A discussion of some methods of wax conservation and their application to recent conservation problems. In: International congress on wax modelling in science and art, Juni 1975, Florenz, 1-2, pp. 715-718. Florence: L. S. Olschki

DIN/TR 67702:2020-12

[155] Museums & Galleries of Queensland. (2015), A Practical Guide For Sustainable Climate Control and Lighting in Museums and Galleries, Museums & Galleries Queensland, 2nd ed., ISBN 978-0-646-93687-1.

[156] MYERS G.E. (1984), Effect of ventilation rate and board loading on formaldehyde concentration: a critical review of literature. *Forest Products Journal*, 34, pp. 59–68

[157] MYERS G.E. and M. NAGAOKA (1981), Formaldehyde emission: methods of measurement and effects of several particleboard variables. *Wood Science*, 13, pp. 140–150

[158] MYRBAKK G. (2005), Mountain Vaults: a thousand years perspective, IFLA Congress 2005, Oslo, Norway, paper 153-E. Verfügbar unter: http://archive.ifla.org/IV/ifla71/papers/153e-Myrbakk.pdf

[159] National Museum Directors' Conference (NMDC). (2009), Guiding principles for reducing museums' carbon footprint. London: NMDC, 2009. Verfügbar unter: http://www.nationalmuseums.org.uk/media/documents/what_we_do_documents/guiding_principles_reducing_carbon_footprint.pdf

[160] NAZAROFF W.W. and G.R. CASS (1991), Protecting museum collections from soiling due to the deposition of airborne particles. *Atmospheric Environment, Part A, General Topics*, 25 (5-6), pp. 841–852

[161] NOCKERT M. and T. WADSTEN (1978), Storage of archaeological textile finds in sealed boxes. *Studies in Conservation*, 23 (1), pp. 38–41

[162] NOVOTNÁ P. and J. DURNOVŠKOVÁ (2002), Surface crystallisation on beeswax seals. *Restaurator*, 23 (4), pp. 256–269

[163] ODDY W.A. (1973), An unsuspected danger in display. *Museums Journal*, 73, pp. 27–28

[164] Oxford University Press. (2007), *Shorter Oxford English Dictionary.* Sechste Auflage. Oxford: Oxford University Press. ISBN 978-0-19-920688-9

[165] PACIFICO M.F., WILSTED T.P. (2009), *Archival and special collections facilities: guidelines for archivists, librarians, architects, and engineers*. Chicago: Society of American Archivists, (Society of American Archivists approved standard)

[166] PADFIELD T. (2002), Condensation in film containers during cooling and warming. In: *Preserve, then show, The Danish Film Institute*, Dezember 2001, pp. 67–77. Kopenhagen: Danish Film Institute. Verfügbar unter: http://www.conservationphysics.org/coolfilm/coolingfilm.pdf

[167] PADFIELD T. (2007), Why keep climate records — and how to keep them. In: *Museum microclimates*, pp. 157–163. Kopenhagen: The National Museum of Denmark. Verfügbar unter: http://www.conservationphysics.org/datalog/climaterecords.pdf

[168] PADFIELD T. (2016), Conservation Physics. http://www.conservationphysics.org/

[169] PADFIELD T. and S. LANDI (1966), The light-fastness of the natural dyes. *Studies in Conservation*, 11, pp. 181–196. Verfügbar unter: http://www.conservationphysics.org/fading/fade.pdf

[170] Padfield T. and P.K. Larsen. (2004), How to Design Museums with a Naturally Stable Climate. *Studies in Conservation*, 49:131-7

[171] PADFIELD T., S. VANDYKE and D. CARR. (2013), Improving our *Environment* [online] März 2013. Verfügbar unter: http://nationalgallery.org.uk/paintings/reach/improving-our-environment

[172] PADFIELD T., LARSEN P.K., RYHL-SVENDSEN M., JENSEN L.A. (2013), Low Energy Museum Storage [online]. Verfügbar unter: http://www.conservationphysics.org/storage/low-energy-museum-storage.php

[173] PADFIELD T. et al. (2007), The potential and limits for passive air conditioning of museums, stores and archives. In: Museum microclimates: conference on preventive conservation held in Copenhagen 19-23 November 2007, pp. 191–198. Kopenhagen: National Museum of Denmark. Verfügbar unter: http://www.conservationphysics.org/musmic/musmicbuf.pdf

[174] PADFIELD T., RYHL-SVENDSEN M., LARSEN P.K., JAKOBSEN M., JENSEN L.A. (2016), Climate control in the archive of the Arnamagnæan Institute. Verfügbar unter: www.conservationphysics.org/arna/arnamagnaean-CC16.pdf

[175] Pedregal P.D. (2009), Climat des Magasins d'archives: Objectifs, Moyens, Méthodes — Petit Manuel de Climatologie Appliquée À la Conception des Bâtiments d'archives. Direction des Archive de France

[176] PHILLIPS R.W., C.A. ORLICK and R. STEINBERGER (1955), The kinetics of the thermal decomposition of nitro-cellulose. Journal of Physical Chemistry, 59, pp. 1034–1043

[177] PLENDERLEITH H.J. and A.E.A. WERNER (1971), The conservation of antiquities and works of art: treatment, repair and restoration. London: OUP

[178] POPE D., H.R. GIBBENS and R.L. MOSS (1968), The tarnishing of silver at naturally-occurring H2S and SO 2 levels. Corrosion Science, 8 (2), pp. 883–887

[179] PRETZEL B. (2011), Predicting risks to artefacts from indoor climates. In: Preprints of the ICOM-CC triennial, Lissabon

[180] PRITCHARD D. and TWINN C., An integrated design: the Jersey Archive, Architectural Research Quarterly 5 (2001) pp. 210-228. Verfügbar unter: https://www.researchgate.net/profile/Chris_Twinn/publication/231781867_An_integrated_design_the_Jersey_Archive/links/55e96d1308ae21d099c2ecb9.pdf

[181] QUYE A. (1998), Saving our polyester days: historical plastics research. *Chemistry & Industry*, 15, pp. 599–603

[182] QUYE A. and C. WILLIAMSON (2009), *Plastics: collecting and conserving.* Edinburgh: National Museums of Scotland

[183] RAM A.T., et al. (1994), The effects and prevention of the vinegar syndrome. *Journal of Imaging Science and Technology*, 38 (3), pp. 249–261

[184] REID OF ROBERTLAND, D. and A. ROSS (1970), The conservation of non-metallic seals. *Studies in Conservation*, 15, pp. 51–62

[185] RYHL-SVENDSEN M., et al. (2010), Does a standard temperature need to be constant? Meddelelser om konservering, 1, pp. 13–20. Verfügbar unter: http://www.conservationphysics.org/ppubs/standard_temperature.pdf

[186] RYHL-SVENDSEN M., JENSEN L.A., LARSEN P.K., BOEHM B., PADFIELD T. (2011), Ultra-Low-Energy Museum Storage. In: BRIDGLAND, J. ed. ICOM-CC 16th Triennial Conference Lisbon Preprints. Paper 1514 [CD-Veröffentlichung]

[187] RYHL-SVENDSEN M., L.A. JENSEN, P.K. LARSEN, B. BOEHM, & PADFIELD, T. (2013), A Museum Storage Facility controlled by Solar Energy. In: ASHLEY-SMITH, J, A. BURMESTER & M. EIBL, eds. *Climate for Collections: Standards and Uncertainties. London: Archetype in association with Doerner Institut*, Munich, pp. 141–9

DIN/TR 67702:2020-12

[188] RICHARD M., M.F. MECKLENBURG and R.M. MERRILL (1991), *Art in transit: handbook for packing and transporting paintings.* Washington DC: National Gallery of Art. Verfügbar unter: http://si-pddr.si.edu/jspui/bitstream/10088/8127/1/ mci_Art_in_Transit_Handbook_for _Packing_and_Transporting_Paintings.pdf

[189] RUSSELL R., WINKWORTH K. (2009), Significance 2.0: a guide to assessing the significance of collections. Canberra: Commonwealth of Australia.

[190] RUSSELL W.J. and W. DE W. ABNEY (1888), The action of light on watercolours. London: HMSO

[191] Saechsische Staatsarchiv Hauptstaatsarchiv D.R.E.S.D.E.N. Erweiterungsneubau, Umbau und Sanierung. https://publikationen.sachsen.de/bdb/artikel/12199/documents/13101

[192] SALMON L.G. and G.R. CASS (1993), The fading of artists' colorants by exposure to atmospheric nitric acid. *Studies in Conservation*, 38, pp. 73–91

[193] SAUNDERS D. (1993), The environment and lighting in the Sainsbury wing of the National Gallery. In: Preprints of the ICOM-CC triennial, Washington D.C., 1993, pp. 630–635

[194] SAUNDERS D. (2008), Climate Change and Museum Collections [Summary of Dialogue for the New Century: Climate Change and Museum Galleries, 17. September 2008, The National Gallery London]. Studies in Conservation, 53-287-97

[195] SAUNDERS D. and J. KIRBY (1994), Wavelength- dependent fading of artists' pigments. In: Preventive conservation: practice, theory and research, preprints of the contributions to the Ottawa Congress, 12.–16. September 1994, pp. 190–194. London: ICC

[196] SCHILLING M.R. and W.S. GINELL (1993), The effects of relative humidity changes on Dead Sea Scrolls parchment samples. In: Preprints of the ICOM-CC triennial, Washington D.C., 1993, pp. 50–56

[197] SCHULZE A. (2013), How the Usual Museum Climate Recommendations Endanger our Cultural Heritage. In: ASHLEY-SMITH, J, A. BURMESTER & M. EIBL, eds. *Climate for Collections: Standards and Uncertainties.* London: Archetype in association with Doerner Institut, München, pp. 81–92

[198] SEBERA D.K. (1994), *Isoperms: An environmental management tool.* Washington: Commission on Preservation and Access.

[199] SEDLBAUER K. and M. KRUS (2003), A new model for mold prediction and its application in practice. In: *Research in Building Physics*, pp. 921–928. Lisse, NL: Balkema

[200] SERVOTTE A. and V. DESREUX (1968), Thermal degradation of some vinyl polymers. I. Poly(vinyl acetate), Journal of Polymer Science Part C: Polymer symposia, special issue: international symposium on macromolecular chemistry, Brussels-Louvain, 1967, Part 1, pp. 367–376

[201] SHASHOUA Y. (2008), *Conservation of plastics: materials science, degradation and preservation.* Oxford: Butterworth-Heinemann

[202] SPEDDING D.J., R.P. ROWLANDS and J.E. TAYLOR (1971), Sorption of sulphur dioxide by indoor surfaces III.—Leather. *Journal of Applied Chemistry and Biotechnology*, 21 (3), pp. 68–70

[203] STANIFORTH S., B. HAYES and L. BULLOCK. (1994), Appropriate Technologies for Relative Humidity Control for Museum Collections Housed in Historic Buildings. In: A. ROY & P. SMITH, eds. *Preventive Conservation: Practice Theory and Research.* London: IIC, pp. 123–8

[204] STANIFORTH S. (2006), Relative Humidity as an Agent of Deterioration. In: LITHGOW K, H. LLOYD, J. PARRY, S. STANIFORTH & N. SEELEY, eds. *The National Trust Manual of Housekeeping: The Care of Collections in Historic Houses open to the Public.* Oxford: Butterworth-Heinemann, pp. 103–13

[205] STANIFORTH S. ed. (2013), *Historical Perspectives on Preventive Conservation.* Los Angeles: Getty Conservation Institute

[206] STAUDERMAN S. and W.G. TOMPKINS, (eds). (2016), *Summit on the Museum Preservation Environment.* Washington: Smithsonian Institution. 2016. ISBN 9781935623861. Verfügbar unter: http://opensi.si.edu/index.php/smithsonian/catalog/book/111

[207] STRLIČ M. and J. KOLAR, (eds.) (2005), *Ageing and stabilisation of paper.* Ljubljana, Slovenia: National and University Library

[208] STRLIČ M., et al. (2010), Test for compatibility with organic heritage materials — a proposed procedure. e-Preservation Science, 7 (2010), pp. 78–86.

[209] STRLIČ M., et al. (2011), The effect of volatile organic compounds and hypoxia on paper degradation. *Polymer Degradation and Stability*, 96, pp. 608–615

[210] TÉTREAULT J. (1992), La mesure de l'acidité des produits volatils. Journal of the International Institute for Conservation — Canadian Group (IIC-CG), 17, pp. 17–25. Verfügbar unter: http://www.cci-icc.gc.ca/crc/cidb/document-eng.aspxDocument_ID=81

[211] TÉTREAULT J. (2003a), *Airborne pollutants in museums, galleries and archives: risk assessment, control strategies and preservation management.* Ottawa: Canadian Conservation Institute

[212] TÉTREAULT J. (2003b), Guidelines for pollutant concentrations in museums. (CCI Newsletter 31).

[213] TÉTREAULT J. and E. STAMATOPOULOU (1997), Determination of concentration of acetic acid emitted from wood coatings in enclosures. *Studies in Conservation*, 42 (3), pp. 141–156

[214] TÉTREAULT J., J. SIROIS and E. STAMATOPOULOU (1998), Studies of lead corrosion in acetic acid environments. *Studies in Conservation*, 43, pp. 17–32

[215] The National Library of Singapore. (2010), Online-Blog unter http://docslide.us/documents/passive-design-strategies-national-library-singapore and https://unfcccecosingapore.wordpress.com/2010/01/26/did-you-know/

[216] THICKETT D. (1997), *Relative effects of formaldehyde, formic and acetic acids on lead, copper and silver.*

[217] THOMSON G. (1986), *The museum environment*/2nd ed. London: Butterworth-Heinemann

[218] TIMÁR-BALÁZSY Á. and D. EASTOP (1998), *Chemical principles of textile conservation.* Oxford: Butterworth-Heinemann

[219] TWINN C.D.A. (1997), Passive control of relative humidity to ±5 %, CIBSE National Conference 1997.

[220] WALLER R. (1994), Conservation Risk Assessment: A Strategy for Managing Resources for Preventive Conservation. In: ROY A. & P. SMITH, eds. *Preventive Conservation: Practice Theory and Research.* London: IIC, pp. 12–16

[221] WALLER R. (1995), Risk management applied to preventive conservation. In: Rose C.L., C.A. Hawks and H.H. Genoways (eds.) Storage of natural history collections: a preventive conservation approach, pp. 21-28. Iowa City: Society for the preservation of natural history. Verfügbar unter: http://www.museum-sos.org/docs/WallerSPNHC1995.pdf

[222] WALLER R. (1999), Internal pollutants, risk assessment and conservation priorities. In: Preprints of the ICOM-CC triennial, Lyon, 1999, pp. 113–118

DIN/TR 67702:2020-12

[223] WALLER R. (2003), *Cultural property risk analysis model: development and application to preventive conservation at the Canadian Museum of Nature.* Göteborg, Sweden: Actas Universitatis Gothoburgensis

[224] WATKINSON D. & TANNER M. (2008), SS Great Britain: Conservation and Access – Synergy and Cost. In: SAUNDERS D., J.H. TOWNSEND & S. WOODCOCK (eds). Conservation and Access. London: IIC, pp. 109–14

[225] WHITMORE P.M. and G.R. CASS (1988), The ozone fading of traditional Japanese colorants. *Studies in Conservation*, 33, pp. 29–40

[226] WHITMORE P.M. and G.R. CASS (1989), The fading of artists' colorants by exposure to atmospheric nitrogen dioxide. *Studies in Conservation*, 34, pp. 85–97

[227] WHITMORE P.M., G.R. CASS and J.R. DRUZIK (1987), The ozone fading of traditional natural organic colorants on paper. *Journal of the American Institute for Conservation*, 26 (1), pp. 45–58

[228] Wilhelm H. (2005), *Yellowish stain formation in inkjet prints and traditional silver-halide color photographs. IS&T's NIP19: 2003 international conference on digital printing technologies,* New Orleans, 28. September — 3. Oktober 2003, pp. 444-449. Springfield: Society of Imaging Science and Technology. Verfügbar unter: http://www.wilhelm-research.com/ist/WIR_ISTpaper_2003_09_HW.pdf

[229] WILLIAMS E.L., E. GROSJEAN and D. GROSJEAN (1992), Exposure of artists' colorants to airborne formaldehyde. *Studies in Conservation*, 37, pp. 201–210

[230] WILSON W.K. and E.J. PARKS (1983), Historical survey of research at the National Bureau of Standards and Materials for Archival Records. *Restaurator*, 5 (3–4), pp. 191–241

[231] WOLFROM M.L., et al. (1955), The controlled thermal decomposition of cellulose nitrate. I. *Journal of the American Chemical Society*, 77 (24), pp. 6573–6580

[232] YARSLEY V.E. et al. (1964), *Cellulosic plastics.* London: Iliffe Books

[233] YOON Y.H. and P. BRIMBLECOMBE (2000a), Clothing as a source of fibres within museums. *Journal of Cultural Heritage,* 1, pp. 445–454

[234] YOON Y.H. and P. BRIMBLECOMBE (2000b), Contribution of dust at floor level to particle deposit within the Sainsbury Centre for Visual Arts. *Studies in Conservation*, 45 (2), pp. 127–137

[235] ZEREK B. (2014), *The Preservation and Protection of Library Collections, A Practical Guide to Microbiological Controls,* Chandos Publications, UK

[236] ICOM-CC, Verfügbar unter: http://www.icom-cc.org/332/-icom-cc-documents/declaration-on-environmental-guidelines/#.WsXaNy5uZaQ

[237] BS 1153, *Recommendations for processing and storage of silver-gelatine-type microfilm*

[238] BS 5454[1], *Guide for the storage and exhibition of archival materials*

[239] ISO 105-B08, *Textiles — Tests for colour fastness — Part B08: Quality control of blue wool reference materials 1 to 7*

1 BS 5454[238] ist ein zurückgezogenes Dokument und wurde ersetzt durch BS 4971:2017.

[240] Di Pietro, Giovanna; Ligterink, Frank; Porck, Henk; and de Bruin, Gerrit Chemical air filtration in archives and libraries reconsidered. *Studies in conservation* 61, no. 5 (2016 Sep), pp. 245–254

[241] University College of London, Institute for Sustainable Heritage. Verfügbar unter: URL: https://www.ucl.ac.uk/bartlett/heritage/

[242] DONOVAN, P.D. and T.M. MOYNEHAN (1965), The corrosion of metals by vapours from air-drying paints. *Corrosion Science*, 5 (12), pp. 803–814

[243] EDWARDS, H.G. et al. (1993), Raman spectroscopic studies of Pedigree Doll disease. *Polymer Degradation and Stability*, 41 (3), pp. 257–264

[244] QUYE, A. (1998), Saving our polyesterdays: historical plastics research. *Chemistry & Industry*, 15, pp. 599–603

[245] BRIMBLECOMBE, P., D. SHOOTER and A. KAUR (1992), Wool and reduced sulphur gases in museum air. *Studies in Conservation*, 37 (1), pp. 53–60

[246] SEASE, C. et al. (1997), Problems with coated silver: whisker formation and possible filiform corrosion. *Studies in Conservation*, 42 (1), pp. 1–10

[247] BUDD, M.K. (1965), Corrosion of metals in association with wood. *Applied Materials Research*, 4, pp. 124–125

[248] CLARKE, S.G. and E.E. LONGHURST (1961), The corrosion of metals by acid vapours from wood. *Journal of Applied Chemistry*, 11, pp. 435–443

[249] WOHLERS, H.C. and M. FELDSTEIN (1966), Hydrogen sulfide darkening of exterior paint. *Journal of the Air Pollution Control Association*, 16, pp. 19–21

[250] ALLEN, G.C. and L. BLACK (2000), Role of organic acids in lead patination. *British Corrosion Journal*, 35, pp. 39–42

[251] COLES, E.L., J.G. GIBSON and R.M. HINDE (1958), The corrosion of lead by dilute aqueous organic acids. *Journal of Applied Chemistry*, 8 (5), pp. 341–348

[252] EDWARDS, R., W. BORDASS and D. FARRELL (1997), Determination of acetic and formic acid in lead corrosion products by ion-exchange chromatography. *Analyst*, 122, pp. 1517–1520

[253] RAYCHAUDHURI, M.R. and P. BRIMBLECOMBE (2000), Formaldehyde oxidation and lead corrosion. *Studies in Conservation*, 45 (4), pp. 226–232

[254] STREIGEL, M. (1992), The effects of gas phase formaldehyde on selected inorganic materials found in museums. In: *Postprints of the AIC Objects Specialty Group Meeting, Albuquerque, New Mexico, 8. Juni 1991*, pp. 1–12. Washington: American Institute for Conservation of Historic and Artistic Works (AIC)

[255] TENNENT, N.H. and L. CANNON (1993), The corrosion of lead artifacts in wooden storage cabinets. *Scottish Society for Conservation and Restoration Jour*

[256] DIN EN 779, *Partikel-Luftfilter für die allgemeine Raumlufttechnik — Bestimmung der Filterleistung*

[257] ISO/TR 19815 *Information and documentation - Management of the environmental conditions for archive and library collections*

März 2013

	DIN EN 16242	

ICS 97.195

Erhaltung des kulturellen Erbes – Verfahren und Geräte zur Messung der Luftfeuchte und des Austausches von Feuchtigkeit zwischen Luft und Kulturgut; Deutsche Fassung EN 16242:2012

Conservation of cultural heritage –
Procedures and instruments for measuring humidity in the air and moisture exchanges between air and cultural property;
German version EN 16242:2012

Conservation des biens culturels –
Modes opératoires et instruments de mesure de l'humidité de l'air et des échanges d'humidité entre l'air et les biens culturels;
Version allemande EN 16242:2012

Gesamtumfang 30 Seiten

Normenausschuss Bauwesen (NABau) im DIN

Nationales Vorwort

Dieses Dokument (EN 16242:2012) wurde vom Technischen Komitee CEN/TC 346 „Erhaltung des kulturellen Erbes" erarbeitet, dessen Sekretariat von UNI (Italien) gehalten wird.

Der für die deutsche Mitarbeit zuständige Arbeitsausschuss im DIN Deutsches Institut für Normung e. V. ist der als Spiegelausschuss zum CEN/TC 346 eingesetzte Arbeitsausschuss NA 005-01-36 AA „Erhaltung des kulturellen Erbes" des Normenausschusses Bauwesen (NABau).

EUROPÄISCHE NORM
EUROPEAN STANDARD
NORME EUROPÉENNE

EN 16242

November 2012

ICS 97.195

Deutsche Fassung

Erhaltung des kulturellen Erbes - Verfahren und Geräte zur Messung der Luftfeuchte und des Austausches von Feuchtigkeit zwischen Luft und Kulturgut

Conservation of cultural heritage - Procedures and instruments for measuring humidity in the air and moisture exchanges between air and cultural property

Conservation des biens culturels - Modes opératoires et instruments de mesure de l'humidité de l'air et des échanges d'humidité entre l'air et les biens culturels

Diese Europäische Norm wurde vom CEN am 8. September 2012 angenommen.

Die CEN-Mitglieder sind gehalten, die CEN/CENELEC-Geschäftsordnung zu erfüllen, in der die Bedingungen festgelegt sind, unter denen dieser Europäischen Norm ohne jede Änderung der Status einer nationalen Norm zu geben ist. Auf dem letzten Stand befindliche Listen dieser nationalen Normen mit ihren bibliographischen Angaben sind beim Management-Zentrum des CEN-CENELEC oder bei jedem CEN-Mitglied auf Anfrage erhältlich.

Diese Europäische Norm besteht in drei offiziellen Fassungen (Deutsch, Englisch, Französisch). Eine Fassung in einer anderen Sprache, die von einem CEN-Mitglied in eigener Verantwortung durch Übersetzung in seine Landessprache gemacht und dem Management-Zentrum mitgeteilt worden ist, hat den gleichen Status wie die offiziellen Fassungen.

CEN-Mitglieder sind die nationalen Normungsinstitute von Belgien, Bulgarien, Dänemark, Deutschland, der ehemaligen jugoslawischen Republik Mazedonien, Estland, Finnland, Frankreich, Griechenland, Irland, Island, Italien, Kroatien, Lettland, Litauen, Luxemburg, Malta, den Niederlanden, Norwegen, Österreich, Polen, Portugal, Rumänien, Schweden, der Schweiz, der Slowakei, Slowenien, Spanien, der Tschechischen Republik, der Türkei, Ungarn, dem Vereinigten Königreich und Zypern.

EUROPÄISCHES KOMITEE FÜR NORMUNG
EUROPEAN COMMITTEE FOR STANDARDIZATION
COMITÉ EUROPÉEN DE NORMALISATION

Management-Zentrum: Avenue Marnix 17, B-1000 Brüssel

Ref. Nr. EN 16242:2012 D

Inhalt

Seite

Vorwort

Dieses Dokument (EN 16242:2012) wurde vom Technischen Komitee CEN/TC 346 „Erhaltung des kulturellen Erbes" erarbeitet, dessen Sekretariat vom UNI gehalten wird.

Diese Europäische Norm muss den Status einer nationalen Norm erhalten, entweder durch Veröffentlichung eines identischen Textes oder durch Anerkennung bis Mai 2013, und etwaige entgegenstehende nationale Normen müssen bis Mai 2013 zurückgezogen werden.

Es wird auf die Möglichkeit hingewiesen, dass einige Texte dieses Dokuments Patentrechte berühren können. CEN [und/oder CENELEC] sind nicht dafür verantwortlich, einige oder alle diesbezüglichen Patentrechte zu identifizieren.

Entsprechend der CEN/CENELEC-Geschäftsordnung sind die nationalen Normungsinstitute der folgenden Länder gehalten, diese Europäische Norm zu übernehmen: Belgien, Bulgarien, Dänemark, Deutschland, die ehemalige jugoslawische Republik Mazedonien, Estland, Finnland, Frankreich, Griechenland, Irland, Island, Italien, Kroatien, Lettland, Litauen, Luxemburg, Malta, Niederlande, Norwegen, Österreich, Polen, Portugal, Rumänien, Schweden, Schweiz, Slowakei, Slowenien, Spanien, Tschechische Republik, Türkei, Ungarn, Vereinigtes Königreich und Zypern.

Einleitung

Feuchtigkeit spielt bei den Bemühungen um den Erhalt von Kulturerbe eine Schlüsselrolle, denn die meisten Materialien und/oder Zerfallsmechanismen werden direkt oder indirekt vom Feuchteniveau oder dessen Schwankungen beeinflusst. Diese Europäische Norm stellt eine Leitlinie dar, die dazu beitragen soll, für Gegenstände des kulturellen Erbes eine geeignete Umgebung zu schaffen. Der Feuchtegehalt der Luft, der auf verschiedene Weise angegeben sein kann, ist ein wichtiger Gesichtspunkt bei dieser Umgebung. Daher verringert die Begrenzung der Luftfeuchtepegel und ihrer Schwankungen das Schadensrisiko und ist eine wichtige vorbeugende Maßnahme, die den Bedarf an zukünftigen Eingriffen zur Erhaltung verringert.

Diese Europäische Norm ist ein Leitfaden, der geeignete Verfahren zur Messung des Feuchte-gehalts der Luft sowie die Mindestanforderungen an Geräte für solche Messungen beschreibt, so dass diese mit einem angemessenen Grad an Genauigkeit vorgenommen werden können. Obwohl es in anderen Bereichen wie der Meteorologie oder der Ergonomie der thermischen Umgebung bereits Normen für die Messung der Luftfeuchte gibt, konzentriert sich diese Norm auf die besonderen Erfordernisse von Kulturgütern.

Dieses Dokument gehört zu einer Reihe Europäischer Normen, die zur Anwendung vorgesehen sind bei der Betrachtung von Umgebungen, in denen Kulturgüter aufbewahrt werden.

DIN EN 16242:2013-03
EN 16242:2012 (D)

1 Anwendungsbereich

Diese Europäische Norm gibt Richtlinien und legt Verfahren und Geräte zur Messung der relativen Luftfeuchte (RH) in Außen- oder Innenraumumgebungen fest. Sie gibt an, wie RH direkt gemessen oder aus der Lufttemperatur, der Feuchtkugeltemperatur und der Taupunkttemperatur berechnet werden kann. Diese Norm enthält Empfehlungen für genaue Messungen der Umgebungsbedingungen und des Feuchtigkeitsaustausches zwischen der Luft und Kulturgütern. Sie richtet sich an alle, die für Klimauntersuchungen, Maßnahmen zur Erhaltung oder den laufenden Unterhalt von Gebäuden, Sammlungen oder Einzelobjekten zuständig sind.

2 Normative Verweisungen

Die folgenden Dokumente, die in diesem Dokument teilweise oder als Ganzes zitiert werden, sind für die Anwendung dieses Dokuments erforderlich. Bei datierten Verweisungen gilt nur die in Bezug genommene Ausgabe. Bei undatierten Verweisungen gilt die letzte Ausgabe des in Bezug genommenen Dokuments (einschließlich aller Änderungen).

EN 15757:2010, *Erhaltung des kulturellen Erbes — Festlegungen für Temperatur und relative Luftfeuchte zur Begrenzung klimabedingter mechanischer Beschädigungen an organischen hygroskopischen Materialien*

EN 15758:2010, *Erhaltung des kulturellen Erbes — Verfahren und Geräte zur Messung der Temperatur der Luft und der Oberflächen von Objekten*

EN 60751, *Industrielle Platin-Widerstandsthermometer und Platin-Sensoren (IEC 60751)*

EN ISO/IEC 17025, *Allgemeine Anforderungen an die Kompetenz von Prüf- und Kalibrierlaboratorien (ISO/IEC 17025)*

ISO/IEC-Guide 98-3, *Uncertainty of measurement — Part 3: Guide to the expression of uncertainty in measurement (GUM)*

3 Begriffe

Für die Anwendung dieses Dokuments gelten die Begriffe nach EN 15758:2010 und die folgenden Begriffe.

3.1
absolute Luftfeuchte
(AH)
(en: absolute humidity)
Volumendichte von Wasserdampf, d.h. die Masse an Wasserdampf, die in einer bestimmten Volumeneinheit von feuchter Luft enthalten ist $AH = \frac{m_v}{V}$, angegeben in g/m^3

Anmerkung 1 zum Begriff: Diese Volumendichte wird auch mit ρ_v bezeichnet (wobei v für das Volumen steht).

3.2
atmosphärischer (oder barometrischer) Luftdruck
(p)
Druck ist die Kraft je Flächeneinheit, die von der Luftsäule über der Messstelle auf die Unterlage ausgeübt wird, ausgedrückt in hPa (Hektopascal)

Anmerkung 1 zum Begriff: 1 hPa = 1 mbar (Millibar)

3.3
Barometer
Gerät zur Messung des atmosphärischen Luftdrucks

3.4
Taupunkt-Hygrometer
Gerät zur Messung der Temperatur, bei der für ein gekühltes Volumen feuchter Luft die Sättigung mit Wasserdampf erreicht wird

3.5
Taupunkttemperatur
(DP)
(en: dew-point temperature)
Temperatur, auf die ein Volumen Luft bei gleichbleibendem Druck und gleichbleibendem Gehalt an Wasserdampf abgekühlt werden muss, damit Sättigung eintritt

Anmerkung 1 zum Begriff: Wird angegeben in Grad Celsius (°C). [EN 15758: 2010]

3.6
Trockenluft
atmosphärische Luft ohne Wasserdampf

3.7
Trockenkugeltemperatur
(T, t)
tatsächliche Lufttemperatur. Bei einem Psychrometer die Temperatur, die von dem Thermometer mit dem trockenen Kolben erreicht wird

Anmerkung 1 zum Begriff: Großes T wird verwendet für Temperaturmessungen in Kelvin (K), kleines t bei Temperaturangabe in Grad Celsius (°C).

3.8
Gleichgewichtsfeuchtegehalt
(EMC)
(en: equilibrium moisture content)
Feuchtegehalt, bei dem ein Material Feuchtigkeit an die Umgebung mit gegebener Temperatur und relativer Luftfeuchte weder abgibt noch aus ihr aufnimmt. Angegeben in g/kg als Verhältnis der in dem Material enthaltenen Masse an Wasser m_{w} zur Trockenmasse desselben Materials m_{dm}, d. h.: $EMC = \frac{m_{\text{w}}}{m_{\text{dm}}}$

3.9
Frostpunkttemperatur
Temperatur, auf die feuchte Luft bei konstantem Druck und Mischungsverhältnis abgekühlt werden muss, so dass sie in Bezug auf Eis gesättigt wird, ausgedrückt in Grad Celsius (°C)

3.10
Hygrograph
Gerät zur Messung der relativen Luftfeuchte (siehe auch Hygrometer) und zu ihrer Aufzeichnung über einen Zeitraum

Anmerkung 1 zum Begriff: Im Allgemeinen eine mechanisch oder elektrisch angetriebene Trommel, auf der ein Papierstreifen mit einer *RH*-Einteilung angebracht ist. Ein Tintenstift zeichnet den Verlauf der umgebenden relativen Luftfeuchte zeitabhängig auf.

3.11
Hygrometer
Gerät zur Messung der relativen Luftfeuchte

Anmerkung 1 zum Begriff: Es enthält im Allgemeinen einen Sensor, der einen Gleichgewichtszustand mit der Luft erlangt, und ein System, das das von dem Sensor empfangene Signal in einen Ausgabewert für die Feuchte umwandelt.

3.12
Mischungsverhältnis oder Luftfeuchte-Mischungsverhältnis
(MR)
(en: mixing ratio or humidity mixing ratio)

Verhältnis der Masse an Wasserdampf m_v zur Masse der Trockenluft m_a, d. h. $MR = \frac{m_\mathrm{v}}{m_\mathrm{a}}$, angegeben in g/kg

3.13
Feuchtluft
Mischung aus Trockenluft und Wasserdampf

3.14
Psychrometer
Gerät zur Messung der Trocken- und Feuchtkugeltemperatur zur Berechnung der relativen Luftfeuchte und anderer verwandter Größen

Anmerkung 1 zum Begriff: Es besteht aus zwei identischen Thermometern, wovon das eine mit einem feuchten Gewebeschlauch umhüllt ist, sowie einem Gebläse, um deren Belüftung mit gleichbleibender Geschwindigkeit zu sicherzustellen, so dass sie mit der Luft ins Gleichgewicht kommen. Ablesewerte der Thermometer werden in Grad Celsius (°C) angegeben. Einige elektronische Geräte liefern Messwerte für relative Luftfeuchte (%), Taupunkt (°C) und andere verwandte Größen.

3.15
relative Luftfeuchte
(RH)
(en: relative humidity)
Verhältnis des tatsächlichen Wasserdampfdruckes der Luft zum Sättigungsdampfdruck

[QUELLE: EN 15757:2010]

3.16
Messbereich
ein Bereich an Werten, die zu messen beabsichtigt oder potentiell messbar sind, oder die gemessen wurden, und der durch eine Ober- und eine Untergrenze festgelegt ist

3.17
Reproduzierbarkeit
Fähigkeit eines Messgeräts, bei aufeinander folgenden Messungen derselben Messgröße unter gleichen Bedingungen innerhalb gewisser Grenzen den gleichen Messwert erneut zu erzielen

Anmerkung 1 zum Begriff: Diese wird als ± Prozent des Messbereichs angegeben.

[QUELLE: EN 15758:2010]

3.18
Auflösung
kleinste sinnvoll unterscheidbare Differenz von Anzeigewerten auf der Anzeigevorrichtung eines Messgeräts

3.19
Antwortzeit
Zeitintervall zwischen dem Moment, an dem die zu untersuchende Messgröße einer bestimmten sprunghaften Änderung unterworfen wird und dem Moment, an dem die Antwort innerhalb bestimmter Grenzen ihren stabilen Endwert erreicht

Anmerkung 1 zum Begriff: Die Antwortzeit wird üblicherweise angegeben als die Zeit, die benötigt wird, um 63,2 % des Endwertes – sie wird in diesem Fall auch als Zeitkonstante bezeichnet – oder aber 90 % oder 95 % des Endwertes zu erreichen. Die Antwortzeit für 90 % beträgt das 2,3-fache der Zeitkonstante, die Antwortzeit für 95 % ist dreimal so lang. Die Antwortzeit ist von der absoluten Größe der Messwertveränderung unabhängig.

[QUELLE: EN 15758:2010]

3.20
Sättigungsdampfdruck
($e_{sat}(t)$)
maximaler Dampfdruck des Wasserdampfes im Gleichgewicht mit einer glatten Oberfläche reinen Wassers, angegeben in hPa (Hektopascal)

3.21
Sensor
Vorrichtung, die entweder den Absolutwert oder die Veränderung einer physikalischen Größe feststellt und in ein nutzbares Eingangssignal für ein Datenerfassungssystem umwandelt

3.22
Thermometer
Gerät zur Messung der Temperatur, bestehend aus einem Sensor, der in thermisches Gleichgewicht mit der Luft (wenn es eine Lufttemperatur misst) oder mit einer Oberfläche gebracht wird, manchmal einem Messfühler, der den Sensor umgibt und schützt, und einem System, dass das Eingangssignal des Sensors in ein Ausgangssignal umwandelt, das in Grad Celsius (°C) angegeben wird

[QUELLE: EN 15758:2010]

3.23
Zeitkonstante
Zeitintervall zwischen dem Moment, an dem die Luft- oder die Oberflächentemperatur einer bestimmten sprunghaften Änderung unterworfen wird und dem Moment, an dem der Ausgabewert (1 − 1/e) × 100 = 63,2 % des stabilen Endwerts erreicht

Anmerkung 1 zum Begriff: Siehe auch unter Antwortzeit.

[QUELLE: EN 15758:2010]

3.24
zeitliche Stabilität
Rate, mit der die Eigenschaften eines Messgeräts sich im Laufe der Zeit verändern

Anmerkung 1 zum Begriff: Sie wird oft als prozentuale Veränderung des Ausgabewertes je Jahr (%/Jahr) angegeben.

3.25
Oberflächentemperatur
(t_s)
Temperatur einer bestimmten Oberfläche eines Objekts

Anmerkung 1 zum Begriff: Sie kann mit Kontaktthermometern, Gesamtstrahlungsthermometern oder Infrarotthermometern gemessen werden. Die Oberflächentemperatur ist im Allgemeinen von der Lufttemperatur verschieden, und sie variiert bei unterschiedlichen Objekten und an unterschiedlichen Stellen des gleichen Objekts. Sie wird in Grad Celsius (°C) angegeben. Im Allgemeinen ist die gemessene Oberflächentemperatur nicht repräsentativ für das gesamte Objekt.

[QUELLE: EN 15758:2010]

3.26
Messunsicherheit
die Messunsicherheit ist eine nicht-negative Größe, welche die Streuung von Werten beschreibt, die einer bestimmten Messgröße zugeschrieben wird

[QUELLE: EN 15758:2010]

3.27
Feuchtkugeltemperatur
(t_W)
bei einem Psychrometer diejenige Temperatur, die sich an dem Thermometer mit der feuchten Gewebeschlauch-Umhüllung einstellt, angegeben in Grad Celsius (°C)

4 Größen zur Beschreibung der Luftfeuchte

4.1 Allgemeines

Die Luftfeuchte kann auf mehrere Arten ausgedrückt werden. In dieser Norm beziehen wir uns auf vier Grundgrößen, die für die Zwecke der Klimamessung zum Erhalt von Kulturerbe den Feuchtegehalt der Luft beschreiben: die relative Luftfeuchte, das Luftfeuchte-Mischungsverhältnis, die absolute Luftfeuchte und die Taupunkt-Temperatur.

4.2 Relative Luftfeuchte

Die relative Luftfeuchte (*RH*) ist verantwortlich für viele Zerfallsmechanismen, die dem Erhalt von Kulturgut entgegenstehen, oder sie steht damit zumindest in Verbindung. Trockene Umgebungen werden staubig und elektrostatische Ablagerung wird verstärkt. Feuchte Umgebungen erhöhen die chemische Reaktionsfähigkeit gasförmiger Schadstoffe. Hygroskopische Materialien wie Holz, Papier, Textilien, Leder oder Knochen nehmen in Reaktion auf Veränderungen der relativen Luftfeuchte Feuchtigkeit auf, oder sie geben welche ab, um bei einer bestimmten Temperatur und Luftfeuchte schließlich einen bleibenden Feuchtegehalt zu erreichen, genannt Gleichgewichtsfeuchtegehalt (*EMC*). Schwankungen des *EMC* führen zu Maß- und Formänderungen von Materialien, nämlich zu Ausdehnung, wenn *EMC* sich erhöht und zu Schrumpfung bei Abnahme. Dies kann zu hohen Spannungen und physikalischen Schäden wie Bruch und Verformung führen. Ein hoher *EMC* begünstigt Schimmelwachstum sowie auch Hydrolyse, Oxidation, Korrosion und andere chemische Reaktionen.

RH wirkt in Synergie mit Licht, hohen Temperaturen, Luftverschmutzung und anderen Umweltfaktoren beschleunigend auf Prozesse wie Ausbleichen, Verfärbung und Versprödung.

4.3 Luftfeuchte-Mischungsverhältnis

Das Luftfeuchte-Mischungsverhältnis (*MR*) wird verwendet, um zu erkennen, ob Wassermoleküle an die Atmosphäre abgegeben oder dieser entzogen werden, also z. B. um Verdunstung, Kondensation oder die Mischung zweier Luftmassen zu beobachten. Es ist zweckmäßig bei Klimauntersuchungen, um die Auswirkungen von Heizung, Lüftung und Klimatisierung (Klimaanlagen), aber auch die von Wechselwirkungen zwischen Luft und Oberflächen nachzuweisen. Bestimmt man diese Größe über den horizontalen Querschnitt eines Raumes, so wird es möglich zu zeigen, ob durch Öffnungen Außenluft eindringt, ob Besucher Feuchtigkeit abgeben, oder wann und wo Feuchtigkeit aus Mauerwerk verdunstet (erhöhtes *MR* in der Nähe der Wand) oder vom Mauerwerk aufgenommen wird (erniedrigtes *MR* in der Nähe der Wand).

4.4 Absolute Luftfeuchte

Die absolute Luftfeuchte (*AH*) ist nützlich, um die maximale Menge an Wasserdampf zu ermitteln, die ein vorgegebenes Luftvolumen bei einer bestimmten Temperatur enthalten kann. Wenn *AH* das Sättigungsniveau der Luft übersteigt, dann wird die überschüssige Feuchtigkeit kondensieren. Ist das Volumen eines abgeschlossenen Raumes bekannt, so kann man errechnen, wie viel Wasser auf Gegenstände und Wände kondensieren kann. Solche Daten können z. B. dazu verwendet werden, die maximal erlaubte Zahl von Besuchern eines geschlossenen Raumes zu bestimmen, will man hohe Feuchtewerte vermeiden.

4.5 Taupunkt-Temperatur

Durch einen Vergleich des Taupunkts (*DP*) der Luft mit der Oberflächentemperatur (T_S) eines Bauwerks oder eines Gegenstandes kann das Risiko von Wasserdampfkondensation auf dieser Oberfläche beurteilt werden, d. h. Kondensation tritt auf, wenn T_S kleiner ist als *DP* und tritt nicht auf, wenn T_S größer ist als *DP*.

Gleichungen zur Berechnung der oben genannten Größen sind in Anhang A aufgeführt. Beispiele von Klimauntersuchungen, die von diesen Größen Gebrauch machen, finden sich in Anhang B.

5 Überlegungen und Empfehlungen im Zusammenhang mit den Messverfahren

5.1 Überlegungen

Eine genaue Ermittlung der relativen Luftfeuchte (*RH*) erfordert besondere Sorgfalt, da die Messung von der Temperatur der Luft sowie der des Messgeräts abhängig ist, die im Gleichgewicht miteinander sein sollten.

Die Empfehlungen aus EN 15757 sollten im Rahmen dieser Norm beachtet werden. Sie sollten ebenfalls beachtet werden, wenn es darum geht, spezielle Klimaüberwachungsaktionen durchzuführen, bei denen nicht nur diese Messgröße, sondern auch die thermische – und Feuchteverteilung sowohl im Umfeld als auch in allernächster Nähe zu einem Objekt erfasst werden sollen.

Die Lage der Messstellen sollte so gewählt werden, dass sie für die zu untersuchende Umgebung repräsentativ sind. Im Allgemeinen gibt es in jedem Raum Unterschiede in Temperatur und *RH* von einer Stelle zur anderen. Deshalb sollten die Temperatur und *RH* der Luft, die auf ein Objekt Einfluss nehmen, in nächster Nähe zu dessen Oberfläche gemessen werden. *RH* sollte zusätzlich an einer freien Stelle gemessen werden, also an einem Ort, der nicht unter dem Einfluss der fraglichen Oberfläche steht (vorzugsweise auf einem Meter Abstand davon, oder in der Mitte des Raumes). Mit diesen zwei Messungen ist es möglich festzustellen, ob die Oberfläche mit der Raumluft Feuchtigkeit austauscht oder nicht.

Wenn die Oberflächentemperatur von der Lufttemperatur abweicht, dann erreicht die Luftschicht, die sich in direktem Kontakt mit der Oberfläche befindet, eine unterschiedliche relative Luftfeuchte gegenüber der Luft, die weiter vom Objekt entfernt ist, und diese abweichende Luftfeuchte ist schwierig zu messen. Der tatsächliche Wert von *RH* an der Berührungsfläche zwischen Luft und Oberfläche sollte rechnerisch ermittelt werden aus der tatsächlichen Oberflächentemperatur und dem Luftfeuchte-Mischungsverhältnis in nächster Nähe, wobei letzteres aus den Werten der Lufttemperatur und *RH* oder der Feuchtkugeltemperatur oder der Taupunkttemperatur abgeleitet werden kann. Für den Fall, dass einige Teile eines Gebäudes (insbesondere Außenwände) eine andere Temperatur aufweisen, sollte eine Reihe von *RH*-Messungen durchgeführt werden, um zu belegen, wie *RH* über den Raum/das Gebäude variiert.

Messungen an Stellen, die von Störfaktoren wie Heizkörpern, Lüftungsgittern, Fenstern oder Türen betroffen sind oder in der Nähe von Oberflächen mit abweichender Temperatur liegen, sollten vermieden werden. Messgeräte sollten auf der Höhe des Objekts angeordnet werden, falls eine Luftschichtung vorhanden ist.

Wenn die Temperatur des Messinstruments von der Lufttemperatur abweicht, werden die gemessenen *RH*-Werte fehlerbehaftet sein. Das Problem der thermischen Trägheit muss verringert werden, indem man Sensoren verwendet, die von außen an das Messinstrument angeschlossen sind.

Die relative Luftfeuchte kann entweder mit Hilfe von Sensoren gemessen werden, deren Ausgangsgröße direkt proportional zu *RH* ist, oder sie kann aus Messungen der Lufttemperatur in Kombination mit dem Taupunkt oder der Feuchtkugeltemperatur errechnet werden. Im letzteren Fall muss der Luftdruck mit berücksichtigt werden, besonders bei Messungen, die in den Bergen auf großen Höhenlagen durchgeführt werden.

5.2 Empfehlungen

Im Rahmen dieser Europäischen Norm gelten die folgenden Empfehlungen:

- das Taupunkthygrometer wird als Referenzinstrument empfohlen, um im Labor andere Hygrometer zu kalibrieren;
- das elektronische Psychrometer wird empfohlen für Vor-Ort-Überprüfungen der Kalibrierung anderer Hygrometer und/oder für punktuelle Messungen
- elektronische kapazitive und/oder Widerstands-Hygrometer werden empfohlen für punktuelle oder Routine-Messungen und/oder für Datenerhebungen für statistische Auswertung;
- Haarhygrometer/-hygrographen sollten nur in besonderen Fällen für visuelle Kontrollen in Betracht gezogen werden.

Die für Geräte oder Systeme zur Messung der Luftfeuchte geforderten Leistungsmerkmale sind in Tabelle 1 zusammengefasst. Dies gilt nicht für Sensoren, welche getrennt betrachtet werden. Die aufgeführten Leistungsmerkmale sind Minimalanforderungen für die empfohlene Anwendung. Jedes Messsystem, das die Anforderungen dieser Europäischen Norm erfüllt oder übertrifft, kann verwendet werden.

Die Antwortzeit eines *RH*-Hygrometers ist zu beachten. Aussagekräftige Ergebnisse können erzielt werden, nachdem der Sensor sein Gleichgewicht mit der entsprechenden Temperatur und relativen Luftfeuchte erreicht hat, wofür eine Zeitspanne von etwa der zweifachen Antwortzeit erforderlich ist. Wenn die Chance besteht, dass ein Messfühler der Sonneneinstrahlung, starker Beleuchtung oder der Infrarotstrahlung von Heizgeräten ausgesetzt ist, dann sollte er abgeschirmt werden.

Qualifiziertes Personal sollte in Kenntnis der empfohlenen Vorgehensweisen zur Messung sein und kalibrierte Messgeräte benutzen, die den Leistungsmerkmalen gemäß Tabelle 1 entsprechen.

Tabelle 1 — Mindestanforderungen an Messgeräte

	Taupunkt-hygrometer [a]	**Elektronisches Psychrometer**	**Elektronisches kapazitives Hygrometer**	**Elektronisches Impedanz-hygrometer**	**Haar-hygrometer**
Genauigkeitsgrad	1: sehr hoch	2: hoch	3: mittel	3: mittel	4: niedrig
Messbereich	−20 °C bis 50 °C	5 % bis 95 % 10 °C bis 50 °C	5 % bis 95 % −10 °C bis 50 °C	5 % bis 95 % −10 °C bis 50 °C	35 % bis 95 % −10 °C bis 50 °C
Messunsicherheit [b]	0,5 °C	2 %	3 %	3 %	10 %
Reproduzierbarkeit	0,2 °C	1 %	2 %	2 %	5 %
Auflösung	0,1 °C	1 %	1 %	1 %	2,5 %
Geräte-Zeitkonstante (63 %) in stehender Luft	nicht zutreffend	gefordert: ≤ 2 min wünschenswert [c]: ≤ 1 min	gefordert: ≤ 5 min wünschenswert: ≤ 2 min	gefordert: ≤ 5 min wünschenswert: ≤ 2 min	10 min
Stabilität	≤ 0,2 °C/Jahr	≤ 2 %/Jahr	≤ 2 %/Jahr	≤ 2 %/Jahr	5 %/Monat
Regelmäßige Überprüfung und Wartung [d]	6 Monate	Kalibrierung: 1 Jahr Gewebe: täglich, oder wenn das Gerät in Gebrauch ist	1 Jahr	1 Jahr	3 Monate
Empfohlener Einsatz	Labor, Kalibrierung	1) Überprüfung der Kalibrierung anderer Hygrometer 2) punktuelle Feldmessungen	Punktuelle oder Routine-Messungen; Datensammlung für statistische Auswertung	Punktuelle oder Routine-Messungen; Datensammlung für statistische Auswertung	Nur in Ausnahme-fällen für visuelle Kontrollen

[a] Die Angaben beziehen sich ausschließlich auf Taupunktmessgeräte nach dem Spiegelprinzip. Es gibt andere Hygrometer, die mit Temperatur- und (kapazitiven oder Widerstands-) *RH*-Sensoren arbeiten, errechnete Taupunkt-Werte ausgeben und daher fälschlicherweise ebenfalls als „Taupunkt-Hygrometer" bezeichnet werden. Für diese Geräte beziehe man sich auf die Angaben für „kapazitive" oder „Widerstands-" elektronische Hygrometer in dieser Tabelle.

[b] Die Messunsicherheit umfasst alles, was unter den Nutzungsbedingungen, wie sie vom Lieferanten/Hersteller angegeben sind, eine Rolle spielt, d. h. Anzeigeauflösung und Kurzzeit-Wiederholbarkeit, Kalibrierung, turnusmäßige Wartung, Luftqualität, usw. siehe ISO/IEC Leitfaden 98-3.

[c] Die „wünschenswerte" Antwortzeit wäre für punktuelle Messungen oder für die fortlaufende Überwachung von Kurzzeiteffekten von beträchtlichem Nutzen.

[d] Bei starker Luftverschmutzung oder in Seeluft-Umgebung sind kürzere Wartungsintervalle einzuhalten.

6 Wesentliche Merkmale der Hygrometer

6.1 Taupunktspiegel-Hygrometer

Funktionsprinzip: Dieses Hygrometer beruht auf der Messung der Temperatur eines gekühlten Spiegels an dem Punkt, an dem Kondensation einsetzt. Die Temperatur des Spiegels ist elektronisch geregelt, um ihn im dynamischen Gleichgewicht zwischen Kondensation und Verdunstung zu halten, so dass das Gerät den Veränderungen der Taupunkttemperatur dicht zu folgen vermag.

ANMERKUNG Das Spiegel-Hygrometer ist genauer als andere Hygrometer, da seine Messung auf nur einem einzigen Temperatursensor beruht, und da Temperatursensoren genauer sind als Feuchtesensoren. Es sind andere Geräte mit der Bezeichnung "Taupunkt-Hygrometer" im Handel, die aber mit einer Kombination aus Temperatur- und *RH*-Sensoren (im Allgemeinen kapazitive oder Widerstands-*RH*-Sensoren) arbeiten und den Taupunkt aus diesen Eingangsgrößen errechnen. Diese Geräte sind normale kapazitive oder Widerstands-Hygrometer, die aber in der Lage sind, einen oder mehrere hygrometrische Größen zu errechnen, darunter den Taupunkt.

Empfohlener Einsatz: Das Gerät liefert die genauesten Feuchtemessungen. Es ist für Labortests und Kalibrierungen geeignet; es ist ein stabiles und zuverlässiges Gerät und deckt einen sehr weiten Bereich von *RH*-Werten ab. Aus diesem Grund kann es als Standard für die Kalibrierung anderer Hygrometer dienen.

Die Laborkalibrierung wird unter stationären Bedingungen in geregelten Mikroklima-Zellen durchgeführt. Die Zeit, welche das Gerät benötigt, um seinen Gleichgewichtszustand zu erreichen ist unerheblich, und sie ist in jedem Fall viel kürzer als die Zeit, die erforderlich ist, um Gleichgewicht innerhalb der Zelle zu erreichen.

Es kann auch dazu benutzt werden, den Frostpunkt zu bestimmen.

Sein Einsatz erfordert gut geschultes Personal.

Wesentliche Einschränkungen und Schlüsselfaktoren:

— Das Gerät arbeitet im gesamten *RH*-Bereich zwischen etwa 0 % und 100 %.

— Wegen seiner Größe wird es selten für Vor-Ort-Überwachungen eingesetzt.

— Die hohe Präzision macht regelmäßige Überprüfung und Reinigung der optischen Bauteile erforderlich.

6.2 Elektronische Psychrometer

Funktionsprinzip: Das Psychrometer besteht aus zwei Thermometern und einem Gebläse, um sicherzustellen, dass beide Thermometer mit ausreichender Geschwindigkeit belüftet werden. Das erste Thermometer ist ein gewöhnliches Thermometer, das die Lufttemperatur misst. Diese wird als „Trockenkugel"-Temperatur bezeichnet zur Unterscheidung von der „Feuchtkugel"-Temperatur, die vom zweiten Thermometer angezeigt wird. Bei letzterem ist der Kolben mit einem feuchten Gewebeschlauch umhüllt, also mit einem Stück saugfähigen Gewebes, welches durch Kapillarwirkung destilliertes Wasser von einem Reservoir zum Sensor transportiert. Verdunstung von dem feuchten Kolben verringert dessen Temperatur, so dass das Feuchtkugel-Thermometer kälter wird als das Trockenkugel-Thermometer. Die Temperaturdifferenz ist proportional zum Sättigungsgrad feuchter Luft.

ANMERKUNG Das Psychrometer ist genauer als andere Hygrometer, da sich die Messung auf zwei Temperatursensoren stützt und Temperatursensoren genauer sind als Feuchtesensoren. Wegen der geringen Unsicherheit, die durch die Geschwindigkeit des Luftstroms bedingt wird, ist es ist jedoch weniger präzise als das Spiegelhygrometer.

Empfohlener Einsatz: Bei entsprechender Anwendung liefert dieses Gerät genaue Feuchtigkeitsmesswerte.

Es kann auch für eine einfache Vor-Oft-Prüfung anderer Hygrometer verwendet werden. In einem solchen Fall und immer dann, wenn exakte *RH*-Bestimmungen benötigt werden, sollte *RH* rechnerisch ermittelt werden unter Benutzung der Formel, die den barometrischen Druck mit berücksichtigt (Anhang A, Gleichung A.4).

Wenn es für Routinemessungen eingesetzt wird, erfordert das Psychrometer regelmäßige Überprüfung und Wartung. Sein Einsatz erfordert geschultes Personal.

Wesentliche Einschränkungen: Bei niedrigem *RH* kann der Gewebeschlauch bei Umgebungstemperaturen bis zu 10 °C einfrieren. Fällt die Umgebungstemperatur unter 0 °C, dann gefriert das Wasser im Reservoir.

Das Fassungsvermögen des Wasserreservoirs begrenzt die Dauer unbeaufsichtigter Klimaüberwachung.

Der Gewebeschlauch sollte sauber sein und die Strömungsgeschwindigkeit der Luft regelmäßig überprüft werden.

In kleinen, abgeschlossenen Örtlichkeiten (z. B. Vitrinen, kleinen Hohlräumen) können der Luftstrom des Gebläses und die von dem Gewebeschlauch ausgehende Verdunstung das Mikroklima leicht verändern.

Exakte Werte relativer Luftfeuchte sollten mit Formeln errechnet werden, die den barometrischen Druck berücksichtigen (Anhang A). Sofern er sich deutlich von dem auf Meereshöhe unterscheidet (z. B. bei Einsatzorten im Gebirge), sollte der barometrische Druck unabhängig ermittelt werden, Die Veränderung des barometrischen Druckes mit der Höhe über Meeresniveau und ein graphisches Beispiel der damit verbundenen Fehler sind in Anhang C.2 angegeben. An nicht höher gelegenen Orten, bei üblichen Luftdruckwerten und fehlenden barometrischen Messwerten ist es jedoch übliche Praxis, den Druck als 1 000 hPa anzunehmen, was einen Fehler von ± 2 % bewirkt.

Schlüsselfaktoren:

— Das Gerät arbeitet in einem großen Bereich der relativen Luftfeuchte von 20 % bis 100 %.

— Die Geschwindigkeit des Luftstroms sollte in einem Bereich zwischen 2,5 m/s und 6 m/s konstant gehalten werden. Das Gebläse sollte einige Zeit zuvor eingeschaltet werden, so dass die beiden Sensoren und der feuchte Gewebeschlauch den Gleichgewichtszustand erreichen. Dieses Leistungsmerkmal wird durch ein elektronisches Psychrometer mit elektrisch angetriebenem Gebläse in angemessener Weise gewährleistet. Bei mechanischen Psychrometern alter Bauart mit einem durch Federkraft angetriebenen Gebläse ändert sich die Belüftungsgeschwindigkeit mit der Federspannung, was zu ungenauen Mess-werten führen kann. Die Verwendung mechanischer Geräte wird nicht empfohlen.

— Temperatursensoren sollten der EN 60751 entsprechen und eine Auflösung kleiner oder gleich 0,1 °C besitzen; Temperatursensoren müssen kalibriert werden und sollten, wenn beide trocken sind, den selben Temperaturwert anzeigen.

— Temperatursensoren sollten mit einem Metallschirm gegen Strahlung abgeschirmt werden.

— Der Gewebeschlauch sollte sauber sein; dies ist besonders wichtig in Küstengebieten (Salzwasser-Sprühnebel) oder an Orten mit hoher Luftverschmutzung.

— Das Wasserreservoir sollte sauber und mit reinem destilliertem Wasser gefüllt sein.

6.3 Elektronisches Hygrometer mit kapazitivem Sensor

Funktionsprinzip: Der Sensor besteht aus einem polymeren Material, das sich in einen Gleichgewichtszustand mit der relativen Luftfeuchte der Umgebung einstellt; der Gleichgewichtsfeuchtegehalt verändert infolge des absorbierten Wasserdampfes die Dielektrizitätskonstante des Materials.

Empfohlener Einsatz: Abgesehen von extremen Klimabedingungen und bei normalem Gebrauch ist der Sensor in der Regel stabil und genau und kann zur Langzeit-Überwachung vor Ort eingesetzt werden. Die geringe Größe des Sensors macht seine Verwendung in kleinen Volumina möglich. Er ist einfach anzuwenden und flexibel.

Wesentliche Einschränkungen und Schlüsselfaktoren:

— Der Sensor arbeitet im Bereich relativer Luftfeuchten von 15 % bis 95 %.

— Die Sensoren sind normalerweise durch eine Abdeckung geschützt, die oft aus einem Kunststoffmaterial besteht und eine thermische Trägheit hervorruft. In Fällen von rascher Temperatur- oder Feuchtigkeitsveränderung kann dies zu erheblichen Messfehlern führen (Anhang C.3). Das Problem thermischer Trägheit wird verringert, indem man Sensoren verwendet, die von außen mit dem Messgerät verbunden sind.

— Für Messungen im Freien sollte der Feuchtesensor mit einem Metallschirm gegen Strahlung abgeschirmt werden.

— Der Sensor kann durch Langzeiteinsatz in Umgebungen hoher Luftverschmutzung unbrauchbar werden.

6.4 Elektronisches Hygrometer mit Widerstandssensor

Funktionsprinzip: Der Sensor ist ein hydrophiles Bauteil, das rasch ins Gleichgewicht mit der umgebenden relativen Luftfeuchte kommt; sein elektrischer Widerstand ist durch den Gleichgewichtsfeuchtegehalt bestimmt.

Empfohlener Einsatz: Abgesehen von extremen Klimabedingungen und bei normalem Gebrauch ist der Sensor in der Regel stabil und genau und kann zur Langzeit-Überwachung vor Ort eingesetzt werden. Die geringe Größe des Sensors macht seine Verwendung in kleinen Volumina möglich. Er ist einfach anzuwenden und flexibel.

Wesentliche Einschränkungen und Schlüsselfaktoren: Siehe kapazitive Sensoren. Zusätzlich ist zu beachten: Falls der Sensor ein Elektrolyt ist, so kann er durch eine lange Zeit in sehr hoher Feuchtigkeit oder unter nassen Bedingungen Schaden nehmen.

6.5 Haarhygrometer/-hygrograph

Funktionsprinzip: Bei diesem Gerät dient ein menschliches Haar oder Tierhaar als *RH*-Sensor. Dieser Sensor wird entweder in nicht-aufzeichnenden Geräten (z. B. Zeigerhygrometer) oder in aufzeichnenden Geräten (z. B. Hygrograph oder Thermohygrograph, wenn ein Temperatursensor mit dazu gehört) verwendet. Um den zeitlichen Verlauf der Luftfeuchte aufzuzeichnen, verwendet man eine mechanisch oder elektrisch angetriebene Trommel, auf der ein Registrierstreifen mit *RH*-Einteilung aufgespannt ist, wobei ein Tintenschreiber den zeitlichen Verlauf der Umgebungsluftfeuchte grafisch aufzeichnet.

Empfohlener Einsatz: Das Haar-Hygrometer ist als Standardgerät zur Feuchtemessung ungeeignet. Andere Arten von Klimamessgeräten sind billiger und erwiesenermaßen zuverlässiger. Die Anschaffung von Haarhygrometern/-hygrographen sollte nur noch in Ausnahmefällen für visuelle Kontrollen in Betracht gezogen werden.

Wesentliche Einschränkungen: Der Hygrograph liefert die Aufzeichnung eines Tintenstifts auf einem Registrierstreifen und ist damit geeignet für visuelle Kontrollen. Er liefert keine Messdaten in digitaler Form, die statistisch ausgewertet werden könnten, z. B. um Mittelwerte und Abweichungen, Bereiche, prozentuale Verteilungen zu errechnen und das historische Klima (EN 15757:2010) festzulegen oder zu überwachen, oder um Klimaklassen in Museen zu ermitteln.

Das Gerät erfordert fortwährende Wartung und häufige Kalibrierung. Die Apparatur neigt dazu, große Messfehler aufzuweisen.

Schlüsselfaktoren:

— Die Reaktion des Haares ist üblicherweise auf einen Bereich der relativen Luftfeuchte zwischen 35 % und 95 % beschränkt.

— Die Reaktion des Haares ist nicht linear (Abweichungen bis zu 20 % wurden beobachtet). Die Abweichung von der Linearität ist im nassen Zustand am größten. Allerdings ist ein trockenes Haar weniger empfindlich und muss befeuchtet werden. Das Anfeuchten des Haares ist Teil der regelmäßigen Wartung, wobei die Häufigkeit von der Trockenheit des Raumes abhängt.

— Die Reaktion des Haares kann eine beträchtliche Hysterese von bis zu 20 % aufweisen (Anhang C.2).

— Das Haar unterliegt der Alterung und wird durch die Absorption von Gasen und die Ablagerung von Partikeln beeinträchtigt. Es benötigt regelmäßige Reinigung, die von gut geschultem Personal auszuführen ist. Das Wartungsintervall hängt von Luftverschmutzung und Staubigkeit ab und beträgt z. B. einmal in 6 Monaten, sofern die Luft nicht von Staub, Schadstoffen oder marinen Sprühnebeln belastet ist, oder einmal monatlich bei verschmutzter Luft.

— Die Kalibrierung sollte durch Vergleich mit einem Primärgerät an wenigstens einem oder zwei Messpunkten regelmäßig überprüft werden. Die Häufigkeit der Kalibrierung hängt von der Trockenheit und Verschmutzung der Luft ab; z. B. einmal in 6 Monaten in mittelfeuchter bis feuchter Umgebung und reiner Luft; in mit Luftverschmutzung oder Seeklima belastetem oder sehr trockenem Umfeld einmal monatlich.

— Die Reibung des Schreibers auf dem Papier und die Maßänderungen des Registrierstreifens können den Messfehler weiter erhöhen (um bis zu 10 %).

7 Kalibrierung der Geräte

Die Geräte sollten regelmäßig kalibriert werden, damit sie ein hohes Maß an Messgenauigkeit bei der Bestimmung der Luftfeuchte erreichen, um so das Raumklima zum Zweck der Erhaltung von Kulturgütern entsprechend einstellen zu können.

Um dieses Ziel zu erreichen, ist eine der folgenden Bedingungen zu erfüllen:

— alle Messgeräte müssen über ein Kalibrierzertifikat verfügen, das von einem zugelassenen Laboratorium in Übereinstimmung mit EN ISO/IEC 17025 ausgestellt wurde; oder

— wenigstens ein Bezugsgerät muss über ein von einem zugelassenen Laboratorium nach EN ISO/IEC 17025 ausgestelltes Kalibrierzertifikat verfügen. Ein solches Gerät wird zur Kalibrierung verwendet, indem andere Geräte damit verglichen werden.

In diesem Fall muss die Genauigkeitsklasse des Bezugsgerätes höher sein als die des zu kalibrierenden Gerätes.

Die Kalibrierung der Geräte sollte häufig überprüft werden. Wird festgestellt, dass ein Gerät sich außerhalb der Herstellerspezifikationen bewegt, dann sollte es neu kalibriert werden.

Im Kalibrierzertifikat muss für jeden Feuchtewert die Korrektur gegenüber der Anzeige des zu kalibrierenden Gerätes angegeben werden, sowie die zugehörige Unsicherheit entsprechend ISO/IEC-Leitfaden 98-3.

ANMERKUNG 1 Es wird empfohlen, Ablesungen punktuell zu überprüfen, aber dies ist keine Kalibrierung.

ANMERKUNG 2 Vor Ort ist es möglich, die Zuverlässigkeit von Messwerten eines Geräts durch Vergleich mit einem anderen kürzlich kalibrierten Gerät zu überprüfen, aber dies ersetzt nicht die Kalibrierung.

Anhang A
(informativ)

Gleichungen zur Berechnung der relativen Luftfeuchte und damit verbundener Größen

Die folgenden Gleichungen (nach Camuffo, 1998) ermöglichen die Berechnung der relativen Luftfeuchte und weiterer damit verbundener Größen auf der Grundlage von drei Hauptparametern, darunter des atmosphärischen Druckes p. Bei Näherungsberechnungen, und wenn kein Luftdruckmesswert vorliegt, darf p durch 1 013 hPa ersetzt werden.

A.1 Geräte: Psychrometer, Barometer – Parameter: Lufttemperatur t (°C), Feuchtkugeltemperatur t_W (°C), p (hPa)

Wasserdampfdruck e

$$e = 6{,}112 \times \left(10^{\frac{7{,}65 t_W}{243{,}12 + t_W}} - 1{,}068 \times 10^{-4}\, p(t - t_W) \right) \text{ (hPa)} \qquad \text{(A.1)}$$

Mischungsverhältnis

$$MR = 3\,801{,}5 \times \frac{10^{\frac{7{,}65 t_W}{243{,}12 + t_W}} - 1{,}068 \times 10^{-4}\, p(t - t_W)}{p - 6{,}112 \times \left(10^{\frac{7{,}65 t_W}{243{,}12 + t_W}} - 1{,}068 \times 10^{-4}\, p(t - t_W) \right)} \text{ (g/kg)} \qquad \text{(A.2)}$$

Absolute Luftfeuchte

$$AH = 1\,344{,}6 \times \frac{10^{\frac{7{,}65 t_W}{243{,}12 + t_W}} - 1{,}068 \times 10^{-4}\, p(t - t_W)}{273{,}15 + t} \text{ (g/m}^3\text{)} \qquad \text{(A.3)}$$

Prozentuale relative Luftfeuchte

$$RH = 100 \times \frac{10^{\frac{7{,}65 t_W}{243{,}12 + t_W}} - 1{,}068 \times 10^{-4}\, p(t - t_W)}{10^{\frac{7{,}65 t}{243{,}12 + t}}} \text{ (\%)} \qquad \text{(A.4)}$$

Taupunkttemperatur

$$DP = \frac{243{,}12 \times \ln \left(10^{\frac{7{,}65 t_W}{243{,}12 + t_W}} - 1{,}068 \times 10^{-4}\, p(t - t_W) \right)}{17{,}62 - \ln \left(10^{\frac{7{,}65 t_W}{243{,}12 + t_W}} - 1{,}068 \times 10^{-4}\, p(t - t_W) \right)} \text{ (°C)} \qquad \text{(A.5)}$$

A.2 Geräte: RH-Hygrometer, Thermometer, Barometer – Parameter: t, RH, p

Wasserdampfdruck

$$e = 0{,}06112 \times 10^{\frac{7{,}65t}{243{,}12+t}} \times RH \text{ (hPa)} \tag{A.6}$$

Mischungsverhältnis

$$MR = 38{,}015 \times \frac{10^{\frac{7{,}65t}{243{,}12+t}} \times RH}{p - \left(0{,}06112 \times 10^{\frac{7{,}65t}{243{,}12+t}} \times RH\right)} \text{ (g/kg)} \tag{A.7}$$

Absolute Luftfeuchte

$$AH = 13{,}44 \times \frac{10^{\frac{7{,}65t}{243{,}12+t}}}{273{,}15+t} \times RH \text{ (g/m}^3\text{)} \tag{A.8}$$

Taupunkttemperatur

$$DP = \frac{243{,}12 \times \ln\left(10^{\frac{7{,}65t}{243{,}12+t}} \times \frac{RH}{100}\right)}{17{,}62 - \ln\left(10^{\frac{7{,}65t}{243{,}12+t}} \times \frac{RH}{100}\right)} \text{ (°C)} \tag{A.9}$$

A.3 Geräte: Taupunkt-Hygrometer, Thermometer, Barometer – Parameter: t, t_d, p

Das Symbol t_d wird gebraucht, um den Wert von DP auszudrücken, gemessen in °C.

Wasserdampfdruck

$$e = 6{,}112 \times 10^{\frac{7{,}65t_d}{243{,}12+t_d}} \text{ (hPa)} \tag{A.10}$$

Mischungsverhältnis

$$MR = 3\,801{,}5 \times \frac{10^{\frac{7{,}65t_d}{243{,}12+t_d}}}{p - 6{,}112 \times 10^{\frac{7{,}65t_d}{243{,}12+t_d}}} \text{ (g/kg)} \tag{A.11}$$

Absolute Luftfeuchte

$$AH = 1\,344{,}6 \times \frac{10^{\frac{7{,}65t_d}{243{,}12+t_d}}}{273{,}15+t} \text{ (g/m}^3\text{)} \tag{A.12}$$

Prozentuale relative Luftfeuchte

$$RH = 100 \times 10^{\frac{7{,}65t_d}{243{,}12+t_d} - \frac{7{,}65t}{243{,}12+t}} \text{ (\%)} \tag{A.13}$$

Anhang B
(informativ)

Beispiele für Raumklimamessungen

B.1 Untersuchung eindringender Außenluft und deren Ausbreitung in einem Raum

Das Luftfeuchte-Mischungsverhältnis *MR* dient als Indikator, um das Eindringen von Außenluft, ihren Weg und ihre Verteilung nachzuweisen. Bild B.1 zeigt die Verteilung von *MR* über einen horizontalen Querschnitt eines Museumsraumes, mit Probenahme 1 m über dem Fußboden. Die Verteilung wird aus einer Anzahl von psychrometrischen oder Temperatur- und *RH*-Messungen ermittelt, die in gleichmäßigen Abständen entlang eines Rasters in einer horizontalen Ebene in einigem Abstand vom Fußboden vorgenommen werden. *MR* wird dann für jeden Messpunkt errechnet, und die Linien gleicher Werte durch ein Computer-Grafikprogramm aufgezeichnet. Die Darstellung zeigt, dass trockenere Luft durch die Tür eindringt und quer durch den Raum zieht, wobei sie sich etwas verteilt.

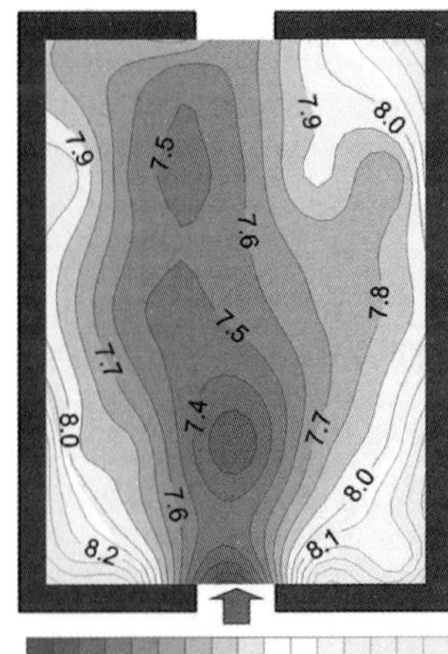

7.0 7.2 7.4 7.6 7.8 8.0 8.2 8.4

Legende

Zahlen und Skala beziehen sich auf das Luftfeuchte-Mischungsverhältnis (g/kg)

Bild B.1 — Eindringen und Ausbreitung von Außenluft, dargestellt durch eine Kartierung des Luftfeuchte-Mischungsverhältnisses

B.2 Untersuchung, ob die Feuchte einer Wand mit Kondensation oder mit Verdunstung einhergeht

In diesem Raum eines historischen Bauwerks war die Außenwand kalt und feucht. Die Herkunft des Wassers war unklar und die Frage war, ob das Problem in Kondensation an einer kalten Wand, oder aber in Verdunstung von einer feuchten Wand bestand. Im ersteren Fall wäre eine Wandheizung vorteilhaft, im letzteren Fall gefährlich, da sie Salzausblühungen verstärken könnte. Mithilfe desselben Verfahrens wie in B.1 wird ein Gefälle von MR vor der kalten Wand erkennbar (Bild B.2). Der Maximalwert von MR befindet sich direkt an der Wandoberfläche, was anzeigt, dass die Luft hier örtlich mit Feuchtigkeit angereichert wird, die durch Verdunstung aus der Wand entweicht. Die Wand war feucht, weil durch einen durchlässigen Außenputz Regenwasser eindrang.

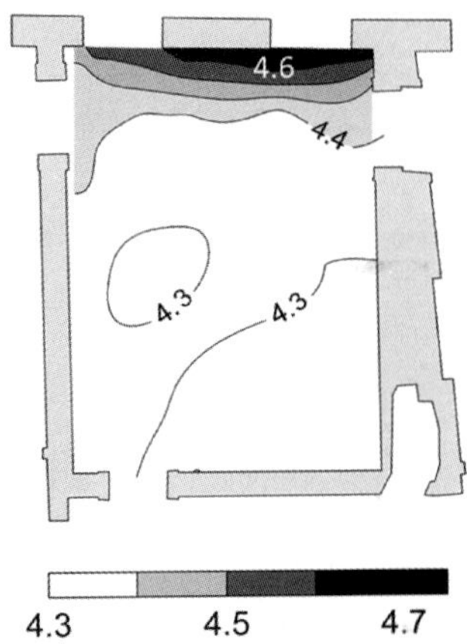

Legende

Zahlen und Skala beziehen sich auf das Luftfeuchte-Mischungsverhältnis (g/kg)

Bild B.2 — Verdunstung von einer Wand, dargestellt durch eine Kartierung des Luftfeuchte-Mischungsverhältnisses

Allgemein gesehen ist ein Gradient im Luftfeuchte-Mischungsverhältnis nahe einer Wand ein Anzeichen für Kondensation oder Verdunstung, je nachdem, ob MR sich nahe der Wand erhöht oder erniedrigt. Der Unterschied zwischen Innen- und Außen-MR-Werten zeigt an, dass Feuchtigkeit in dem Raum freigesetzt oder aus ihm aufgenommen wird.

B.3 In einen Raum eindringende Außenfeuchte, sichtbar gemacht durch eine graphische Darstellung des Mischungsverhältnisses

Bild B.3 zeigt das Mikroklima innerhalb eines Raumes. Auf den ersten Blick weist weder der Verlauf der Temperatur *T* noch der von *RH* irgendwelche Besonderheiten auf. Andererseits zeigt der Verlauf von *MR*, der aus den gezeigten Messungen von Temperatur und relativer Luftfeuchte errechnet wurde, dass *MR* anfangs mehr oder weniger konstant war und dann ab einem bestimmten Datum (siehe Pfeil) anzusteigen begann. Der Anstieg von *MR* bedeutet, dass die Raumluft mit Feuchtigkeit angereichert wird, und an dem Tag, der mit dem Pfeil gekennzeichnet ist, hat es stark geregnet. Die Wand absorbierte einiges Regenwasser und ein Teil davon wanderte nach innen und reicherte die Raumluft mit Feuchtigkeit an, die durch Verdunstung freigesetzt wurde. Die Schwankungen der darauffolgenden Tage wurden durch Wind verursacht, der mehr Außenluft in den Raum drückte (große Schwankungen) und durch den Betrieb eines Entfeuchtungsgerätes (Kurzzeitschwankungen).

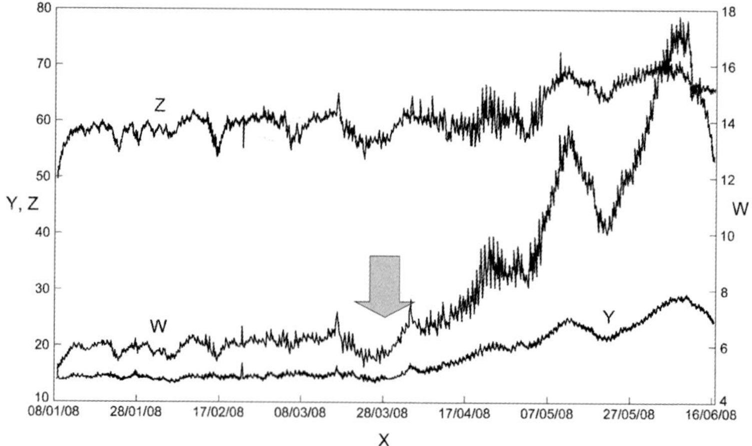

Legende

X = Datum (TT/MM/JJ)
Y = Temperatur (°C)
Z = relative Luftfeuchte (%)
W = Mischungsverhältnis (g/kg)

Bild B.3 — Zunahme der Luftfeuchte aus feuchter Wand nach einem Regen

Anhang C
(informativ)

Gerätefehler

C.1 Psychrometer: Fehler in den verschiedenen hygrometrischen Variablen, die sich aus einer Messabweichung von 0,1 °C in der Temperaturmessung ergeben.

Bei einem Psychrometer werden alle hygrometrischen Variablen aus zwei Temperaturmessungen abgeleitet, nämlich der Trockenkugel- und der Feuchtkugel-Temperatur. Ein Fehler in einer davon oder in beiden spiegelt sich in den errechneten Werten wider. Die Unsicherheit aufgrund eines unterschiedlichen Ansprechens beider Thermometer ist ebenso bedeutsam wie der Absolutfehler in der Temperaturmessung. Aus diesem Grund ist es eine entscheidende Vorsichtsmaßnahme, sicherzugehen, dass beide Thermometer genau den gleichen Wert anzeigen, wenn beide Kolben trocken sind.

Bild C.1 stellt ein Beispiel einer Fehlerfortpflanzung dar, die sich aus einer gemessenen Differenz von 0,1 °C zwischen den beiden Thermometern ergibt, oder wenn die Trockenkugel- oder die Feuchtkugeltemperatur um 0,1 °C unter- oder überbewertet werden. Die Umgebungstemperatur liegt zwischen 0 °C und 50 °C und *RH* bei 50 %.

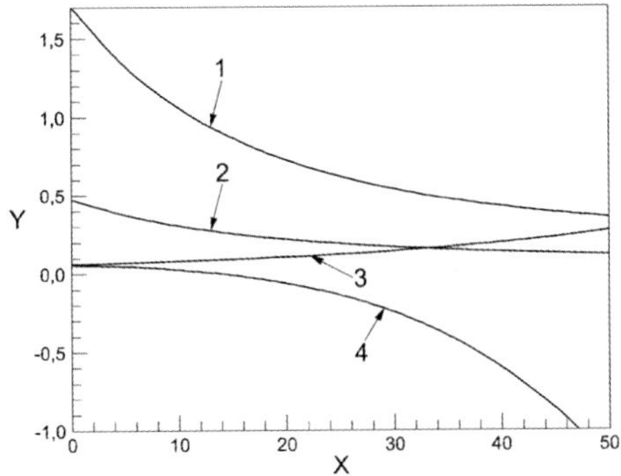

Legende

Y Fehler in der relativen Luftfeuchte (%), dem Mischungsverhältnis (g/kg), der absoluten Luftfeuchte (g/m^3) sowie der Taupunkttemperatur (°C)

X Temperatur (°C)

1 relative Luftfeuchte (%)

2 Taupunkt (°C)

3 Mischungsverhältnis (g/kg)

4 absolute Luftfeuchte (g/m^3)

Bild C.1 — Beispielhafte Darstellung des Fehlers in den hygrometrischen Variablen, der entsteht, wenn eine Psychrometer-Ablesung um -0,1°C abweicht, bei einer relativen Umgebungs-Luftfeuchte von *RH* = 50%

C.2 Psychrometer: Fehler in der Bestimmung der relativen Luftfeuchte aufgrund von Druckänderung

Die Formeln zur Berechnung der relativen Luftfeuchte enthalten den atmosphärischen Druck. Auf Meereshöhe liegt der atmosphärische Druck im Allgemeinen im Bereich von 960 hPa bis 1 040 hPa, in Abhängigkeit von der Wetterlage. Der barometrische Druck nimmt jedoch mit der Höhe sehr stark ab, wie Tabelle C.1 zeigt, ein Umstand, der für Gebirgslagen nicht vernachlässigt werden kann.

Tabelle C.1 — Veränderung des barometrischen Druckes mit der Höhe über NN. in Normalatmosphäre

Höhe über NN (m)	0	500	1 000	1 500	2 000	2 500	3 000	3 500
Druck (hPa)	1 013	955	899	846	795	747	701	658

Ein Beispiel für den Fehler, der sich aus einer Vernachlässigung des Einflusses des barometrischen Druckes ergibt (was bei psychrometrischen Diagrammen passiert, die für Meereshöhe gezeichnet wurden, oder bei elektronischen Psychrometern, die die hygrometrischen Variablen berechnen, aber keinen Drucksensor besitzen), wird für einige ausgewählte barometrische Drücke in Bild C.2 dargestellt.

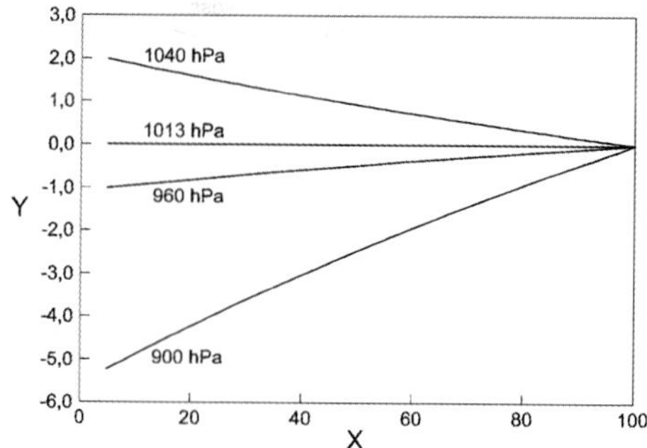

Legende

X relative Luftfeuchte (%)

Y Fehler in den Ablesungen der relativen Luftfeuchte (%)

Die Kurven entsprechen einigen ausgewählten Werten des barometrischen Druckes, angegeben in hPa

Bild C.2 — Fehler, der sich aus der Vernachlässigung des Einflusses des barometrischen Druckes ergibt, für einige ausgewählte Werte des barometrischen Druckes

C.3 Fehler aufgrund der thermischen Trägheit eines Gehäuses, eines Messfühlers oder einer Abschirmung

Bei manchen Geräten reagiert der Sensor schnell auf Veränderungen der Temperatur oder der Luftfeuchte. Allerdings befindet sich der Sensor nicht in freier Luft, sondern ist an einer Halterung oder einem Messfühler befestigt, oder er ist durch eine Abdeckung geschützt oder innerhalb eines Gehäuses montiert. Diese Elemente benötigen längere Zeit, um auf Temperaturänderungen zu reagieren, besonders dann, wenn sie aus Kunststoff gefertigt sind. Daher wird der Sensor durch die relative Luftfeuchte seiner unmittelbaren Umgebung konditioniert, die durch den Feuchtegehalt der Luft und die Temperatur innerhalb des Gehäuses bestimmt ist, und die von den Werten in freier Luft verschieden sein können. Das bedeutet, dass die *RH*-Messung immer dann fehlerhaft sein wird, wenn rasche Temperaturänderungen auftreten. Wenn die Temperatur fortwährend schwankt, dann wird auch die *RH*-Messung davon fortgesetzt beeinflusst, und in einigen Fällen, wenn sowohl die Temperatur als auch *MR* sich verändern, kann der Fehler sehr groß und offensichtlich unvorhersehbar werden, wie in Bild C.3 für einen kompakten Datenlogger mit einer Plastikabdeckung für den Temperatur- und den *RH*-Sensor gezeigt wird.

In Bild C.3 steigt bei X = 20 min die Temperatur schlagartig vom Anfangswert auf den Endwert an, während *RH* plötzlich vom Anfangswert auf den Endwert abfällt. Die Aufzeichnung der Ausgabewerte des Messgeräts für Temperatur und *RH*, in dem Schaubild mit Y und Z gekennzeichnet, zeigt allerdings, dass die Ablesewerte Y für die Temperatur nur langsam und allmählich vom Anfangswert aus ansteigen, um sich dem höheren Endwert asymptotisch anzunähern. Demgegenüber zeigt der Messwert für *RH* einen sofortigen Anstieg mit einem überhöhten Spitzenwert als Folge der Kühlung der Luft in dem noch kalten Gehäuse, um dann mit der allmählichen Erwärmung des Gehäuses wieder abzunehmen, bis er schließlich seinen Endwert erreicht, wenn die Temperatur der Kunststoffabdeckung ins Gleichgewicht mit der Umgebung gekommen ist.

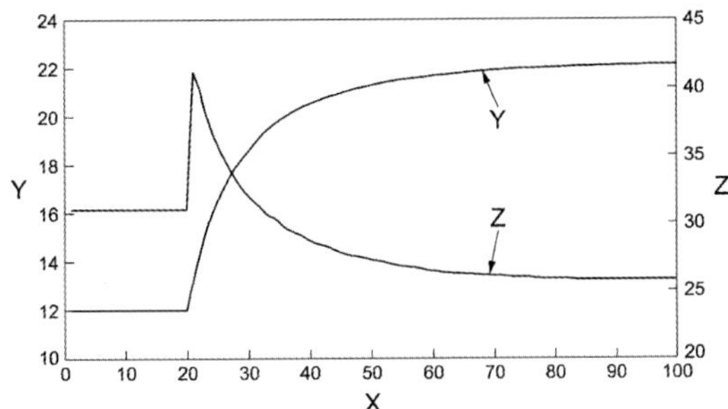

Legende

X Zeit (min)
Y Temperatur (°C)
Z relative Feuchte (%)

Bild C.3 — Verzerrung der Messwerte von Temperaturen und *RH* als Folge eines plötzlichen Sprungs in der Umgebungstemperatur und der thermischen Trägheit der Schutzhülle

C.4 Typische Nichtlinearität und Hysterese des Haarhygrometers

C.4.1 Nichtlinearität und Hysterese des Haares

Das Ansprechverhalten von Haar ist nicht linear, und es weist Hysterese auf. Bild C.4 zeigt den Einfluss früherer Feuchtigkeitseinwirkung auf die Kalibrierkurve eines Haares. In der Praxis wird der Teilbereich dehydrierten Haares (unterer Teilbereich, von trocken bis nass) vermieden, und nur der Teilbereich hydrierten Haares (obere Linien) wird benutzt. Der Teilbereich hydrierten Haares kann verschiedene Werte annehmen, abhängig von Hydratation und eventueller Verunreinigung. Im Bereich von 35 % bis 90 % kann derselbe Messwert für verschiedene tatsächliche *RH*-Werte der Umgebung auftreten, die Variationsbreite beträgt 15 % des gesamten Messbereichs. Die Abweichungen des Haares von der Linearität sind erheblich, sie können in der Mitte des Messbereichs bis zu 30 % betragen.

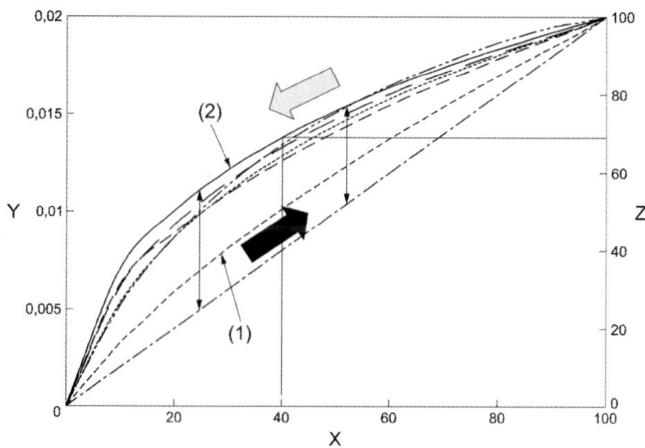

Legende

X relative Feuchte (%) in der Kalibrierkammer (Eingangswert)
Y Längenzunahme des Haares (%)
Z Ablesung der relativen Feuchte (%) (Messwert)

(1) gestrichelte Linien: das Ansprechverhalten eines dehydrierten Haares
(2) durchgehende Linien: das Ansprechverhalten eines befeuchteten Haares

Der senkrechte Pfeil zeigt die gesamte Unsicherheit der Ablesungen
Schwarzer, dicker Pfeil: der Teil des Hysteresezyklus, der für Befeuchtung steht
Grauer dicker Pfeil: der Teil des Hysteresezyklus, der den Vorgang der Trocknung darstellt

Bild C.4 — Abweichungen des Haarsensors von der Linearität

C.4.2 Lineare und nichtlineare Maßstäbe

Ein weiteres Problem stellt die Linearisierung der Ausgabewerte dar. Bei einigen Geräten wird ein linearer, aber komprimierter Maßstab dadurch erreicht, dass man das Haar bei 100 % und im mittleren Skalenbereich, z. B. bei 40 % kalibriert und dann auf eine interpolierende Ausgleichskurve zurückgreift, wie in Bild C.5 gezeigt. Die Messunsicherheit wird so für mittlere und hohe *RH*-Werte verringert, ist aber für niedrige *RH*-Werte sehr hoch. Niedrige *RH*-Werte kommen im Außenbereich relativ selten, in geheizten Räumen dagegen sehr häufig vor, und sie sind äußerst schädlich für die Erhaltung von Gegenständen, die organische hygroskopische Materialien wie beispielsweise Holz enthalten. Die Skala der Kalibrierung ist willkürlich und folgt nicht einer wirklichen Kalibrierung über den gesamten Messbereich.

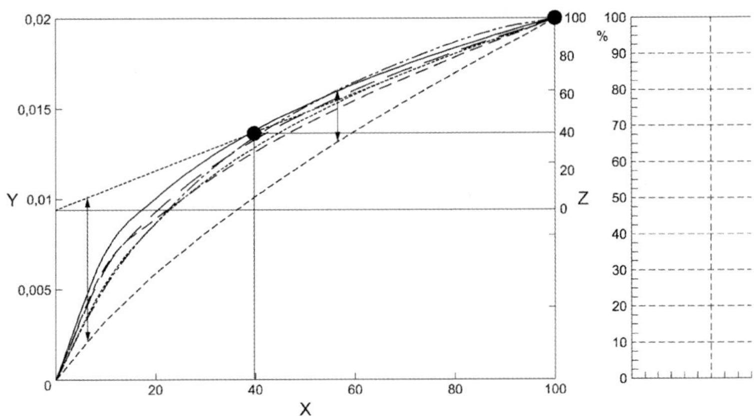

Legende

X relative Luftfeuchte (%) in der Kalibrierungskammer (Eingangswert)

Y Längenzunahme des Haares (%)

Z Ablesewert der relativen Luftfeuchte (%) (Messwert) nach Kalibrierung anhand von ausgewählten Referenzpunkten (schwarze Punkte)

Symbole wie in Bild C.4.

Ganz rechts: Die lineare *RH*-Skala eines Thermohygrographen-Schreibers.

Bild C.5 — Lineare Kalibrierung eines Haarsensors (links) und lineare Skala eines Messschreibers (rechts)

DIN EN 16242:2013-03
EN 16242:2012 (D)

Bei manchen Geräten ist die Skala nichtlinear und folgt der Bogenlinie durch eine veränderliche Auflösung (siehe Bild C.6). Manchmal ist dies ein angepasstes Diagramm, das nicht einer wirklichen Kalibrierung über den gesamten Messbereich folgt.

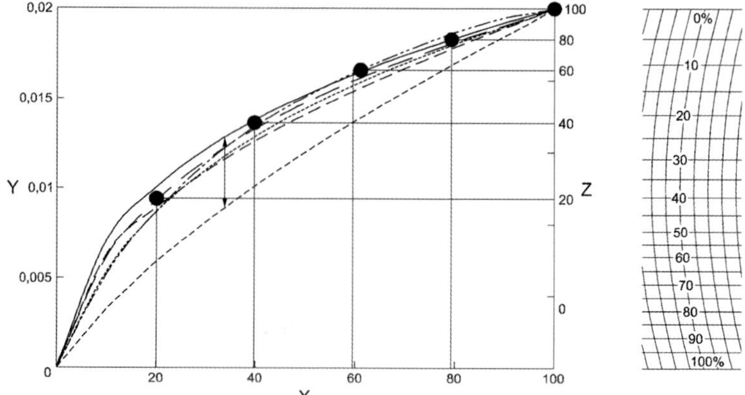

Legende

X relative Luftfeuchte (%) in der Kalibrierungskammer (Eingangswert)

Y Längenzunahme des Haares (%)

Z Ablesewert der relativen Luftfeuchte (%) (Messwert) nach Kalibrierung anhand von ausgewählten Referenzpunkten (schwarze Punkte)

Symbole wie in Bild C.4.

Ganz rechts: Die nichtlineare RH-Skala auf einem Thermohygrographen-Schreiber.

Bild C.6 — Nichtlineare Kalibrierung eines Haarsensors (links) und nichtlineare Skala eines Messschreibers (rechts)

Literaturhinweise

[1] ASHRAE, 1996, Humidification and dehumidification control strategies. *Technical Data Bulletin* **12**(3). American Society of Heating, Refrigerating and Air-Conditioning Engineers. www.ashrae.org

[2] ASHRAE, 2007, Museums, galleries, archives and libraries, Chapter 21. In: *Handbook-HVAC Applications*, American Society of Heating, Refrigerating and Air-Conditioning Engineers. www.ashrae.org

[3] ASTM D4230-02 *Standard Test Method of Measuring Humidity with Cooled-Surface Condensation (Dew-Point) Hygrometer*

[4] ASTM E337-02 *Standard Test Method for Measuring Humidity with a Psychrometer (the Measurement of Wet- and Dry-Bulb Temperatures)*

[5] BELL, S., *Measurement Good Practice Guide No. 11. A Beginner's Guide to Uncertainty of Measurement, Issue 2.* Teddington, UK: National Physical Laboratory, 2001

[6] BENTLEY, R.E., *Handbook of Temperature Measurement: Temperature and humidity measurement.* Berlin: Springer Verlag, 1998

[7] BS 1339-1:2002 *Humidity — Part 1: Terms, definitions and formulae.* British Standards Institute

[8] BS 1339-2:2009 (CD-ROM) *Part 2: Humidity calculation and tables. User Guide.* British Standards Institute

[9] BS 1339-3:2004 *Humidity — Part 3: Guide to the measurement of humidity.* British Standards Institute.

[10] CAMUFFO, D., *Microclimate for Cultural Heritage.* Amsterdam: Elsevier, 1998

[11] CAMUFFO, D., Thermodynamics for Cultural Heritage, 2004. In: M. Martini, M., Milazzo, M., and Piacentini, M. (eds.): *Physics Methods in Archaeometry.* International School of Physics 'Enrico Fermi', Varenna. Amsterdam: IOS Press, 2004, pp. 37–98

[12] CAMUFFO, D. and FERNICOLA, V., How to measure temperature and relative humidity. Instruments and instrumental problems, 2010. In: Camuffo, D., Fassina, V., and Havermans, J. (eds): *Basic Environmental Mechanisms affecting Cultural Property - Understanding Deterioration Mechanisms for Preventive Conservation Purposes.* COST Action D42 "Enviart". Florence: Nardini, 2010

[13] CARR-BRION K., *Moisture Sensors in Process Control.* Amsterdam: Elsevier Applied Science, 1986

[14] DAVEY, F.K., Hair Humidity Elements, 1965. In: A. Wexler., A. (ed.): *Humidity and Moisture* Vol. 1: *Principles and Methods of Measuring Humidity in Gases.* New York: Rehinold, 1965, pp. 571–573.

[15] DIN 50012-1, *Klimate und ihre technische Anwendung — Luftfeuchte-Meßverfahren — Allgemeines*

[16] DIN 50012-2, *Klimate und ihre technische Anwendung — Luftfeuchte-Meßverfahren — Psychrometer*

[17] HUSCHKE, R.E., *Glossary of Meteorology.* Boston: American Meteorological Society, 1959, p. 638

[18] ISO 4677-1:1998 *Atmospheres for conditioning and testing — Determination of relative humidity — Part 1: Aspirated psychrometer method*

[19] ISO 7726:1998 *Ergonomics of the thermal environment — Instruments for measuring physical quantities*

[20] ISO/IEC Guide 99:2007 *International vocabulary of metrology — Basic and general concepts and associated terms (VIM)*

[21] ISO/TR 18931:2001 *Imaging materials — Recommendations for humidity measurement and control*

[22] ISO 2533:1975, *Standard Atmosphere*

[23] LIPTÁK, B.G., *Instrument Engineers' Handbook: Process measurement and analysis. Vol.1- The Instrumentation System and Analysis (ISA)*. Boca Raton, Florida: CRC Press, 2003

[24] LIST, R.J., *Smithsonian Meteorological Tables*. Washington DC: Smithsonian Institution, 1971, p. 527

[25] MACLEOD, K.J., *Relative Humidity: Its Importance, Measurement and Control in Museums*. Ottawa: Canadian Conservation Institute, 1983

[26] MICHALSKI, S., *Guidelines for humidity and temperature in Canadian archives*. Ottawa: Canadian Conservation Institute, 2000, p. 15

[27] NF X15-117 *Measurement of air moisture. Mechanical hygrometers*

[28] NF X15-119 *Measurement of air moisture. Salt solution humid air generators for the calibration of hygrometers*

[29] NF X20-521 *Gas analysis. Determination of the water dew point of natural gas. Cooled surface condensation hygrometers*

[30] PANDE, A., *Handbook of Moisture Determination and Control*. New York: Marcel Dekker Inc., 1975

[31] SAUCIER, W.J., *Principles of Meteorological Analysis*. New York: Dover, 1989

[32] THOMSON, G., *The Museum Environment*. London: Butterworths, 1986

[33] UK Meteorological Office, *Handbook of Meteorological Instruments - Vol.3 Measurement of Humidity*. London: Her Majesty's Stationary Office, 1981

[34] UNI 11131, 2005. *Cultural heritage - Field measurement of the air humidity*. Milan: UNI, 2005

[35] WEXLER, A., and Ruskin, R.E., *Humidity and Moisture, Measurement and Control in Science and Industry, Vol 3: Fundamentals and Standards*. New York: Rehinold, 1965

[36] WIEDERHOLD, P.W., *Water Vapour Measurement: Methods and Instrumentation*. New York: Marcel Dekker Inc., 1997

[37] WYLIE, R.G., and LALAS, T., *Measurement of temperature and humidity*. WMO 759, Geneva: Secretariat of the World Meteorological Organization, 1992

März 2018

	DIN EN 15759-2	

ICS 97.195

Erhaltung des kulturellen Erbes – Raumklima – Teil 2: Lüftung für den Schutz von Gebäuden und Sammlungen des kulturellen Erbes; Deutsche Fassung EN 15759-2:2018

Conservation of cultural heritage –
Indoor climate –
Part 2: Ventilation management for the protection of cultural heritage buildings and collections;
German version EN 15759-2:2018

Conservation du patrimoine culturel –
Climat intérieur –
Partie 2: Ventilation destinée à protéger les bâtiments et les collections appartenant au patrimoine;
Version allemande EN 15759-2:2018

Gesamtumfang 25 Seiten

DIN-Normenausschuss Bauwesen (NABau)

Nationales Vorwort

Dieses Dokument (EN 15759-2:2018) wurde vom Technischen Komitee CEN/TC 346 „Erhaltung des kulturellen Erbes" erarbeitet, dessen Sekretariat von UNI (Italien) gehalten wird.

Für die deutsche Mitarbeit ist der Arbeitsausschuss NA 005-01-36 AA „Erhaltung des kulturellen Erbes, SpA zu CEN/TC 346" im DIN-Normenausschuss Bauwesen verantwortlich.

Für die in diesem Dokument zitierten internationalen Dokumente wird im Folgenden auf die entsprechenden deutschen Normen hingewiesen:

ISO 7730 siehe DIN EN ISO 7730
ISO 16000-8 siehe DIN ISO 16000-8

Nationaler Anhang NA
(informativ)

Literaturhinweise

DIN EN ISO 7730, *Ergonomie der thermischen Umgebung — Analytische Bestimmung und Interpretation der thermischen Behaglichkeit durch Berechnung des PMV- und des PPD-Indexes und Kriterien der lokalen thermischen Behaglichkeit (ISO 7730:2005)*

DIN ISO 16000-8, *Innenraumluftverunreinigungen — Teil 8: Bestimmung des lokalen Alters der Luft in Gebäuden zur Charakterisierung der Lüftungsbedingungen (ISO 16000-8:2007)*

EUROPÄISCHE NORM
EUROPEAN STANDARD
NORME EUROPÉENNE

EN 15759-2

Januar 2018

ICS 97.195

Deutsche Fassung

Erhaltung des kulturellen Erbes — Raumklima — Teil 2: Lüftung für den Schutz von Gebäuden und Sammlungen des kulturellen Erbes

Conservation of cultural heritage — Indoor climate — Part 2: Ventilation management for the protection of cultural heritage buildings and collections

Conservation du patrimoine culturel — Climat intérieur — Partie 2: Ventilation destinée à protéger les bâtiments et les collections appartenant au patrimoine

Diese Europäische Norm wurde vom CEN am 20. November 2017 angenommen.

Die CEN-Mitglieder sind gehalten, die CEN/CENELEC-Geschäftsordnung zu erfüllen, in der die Bedingungen festgelegt sind, unter denen dieser Europäischen Norm ohne jede Änderung der Status einer nationalen Norm zu geben ist. Auf dem letzten Stand befindliche Listen dieser nationalen Normen mit ihren bibliographischen Angaben sind beim CEN-CENELEC-Management-Zentrum oder bei jedem CEN-Mitglied auf Anfrage erhältlich.

Diese Europäische Norm besteht in drei offiziellen Fassungen (Deutsch, Englisch, Französisch). Eine Fassung in einer anderen Sprache, die von einem CEN-Mitglied in eigener Verantwortung durch Übersetzung in seine Landessprache gemacht und dem Management-Zentrum mitgeteilt worden ist, hat den gleichen Status wie die offiziellen Fassungen.

CEN-Mitglieder sind die nationalen Normungsinstitute von Belgien, Bulgarien, Dänemark, Deutschland, der ehemaligen jugoslawischen Republik Mazedonien, Estland, Finnland, Frankreich, Griechenland, Irland, Island, Italien, Kroatien, Lettland, Litauen, Luxemburg, Malta, den Niederlanden, Norwegen, Österreich, Polen, Portugal, Rumänien, Schweden, der Schweiz, Serbien, der Slowakei, Slowenien, Spanien, der Tschechischen Republik, der Türkei, Ungarn, dem Vereinigten Königreich und Zypern.

EUROPÄISCHES KOMITEE FÜR NORMUNG
EUROPEAN COMMITTEE FOR STANDARDIZATION
COMITÉ EUROPÉEN DE NORMALISATION

CEN-CENELEC Management-Zentrum: Rue de la Science 23, B-1040 Brüssel

Ref. Nr. EN 15759-2:2018 D

DIN EN 15759-2:2018-03
EN 15759-2:2018 (D)

Inhalt

DIN EN 15759-2:2018-03
EN 15759-2:2018 (D)

Europäisches Vorwort

Dieses Dokument (EN 15759-2:2018) wurde vom Technischen Komitee CEN/TC 346 „Erhaltung des kulturellen Erbes" erarbeitet, dessen Sekretariat von UNI gehalten wird.

Diese Europäische Norm muss den Status einer nationalen Norm erhalten, entweder durch Veröffentlichung eines identischen Textes oder durch Anerkennung bis Juli 2018, und etwaige entgegenstehende nationale Normen müssen bis Juli 2018 zurückgezogen werden.

Es wird auf die Möglichkeit hingewiesen, dass einige Elemente dieses Dokuments Patentrechte berühren können. CEN ist nicht dafür verantwortlich, einige oder alle diesbezüglichen Patentrechte zu identifizieren.

Entsprechend der CEN-CENELEC-Geschäftsordnung sind die nationalen Normungsinstitute der folgenden Länder gehalten, diese Europäische Norm zu übernehmen: Belgien, Bulgarien, Dänemark, Deutschland, die ehemalige jugoslawische Republik Mazedonien, Estland, Finnland, Frankreich, Griechenland, Irland, Island, Italien, Kroatien, Lettland, Litauen, Luxemburg, Malta, Niederlande, Norwegen, Österreich, Polen, Portugal, Rumänien, Schweden, Schweiz, Serbien, Slowakei, Slowenien, Spanien, Tschechische Republik, Türkei, Ungarn, Vereinigtes Königreich und Zypern.

DIN EN 15759-2:2018-03
EN 15759-2:2018 (D)

Einleitung

Das Ziel der Lüftungsregelung ist es, die optimale Erhaltung von Gebäuden und Sammlungen des kulturellen Erbes sicherzustellen und Behaglichkeit für Menschen zu bieten.

Das Raumklima wird durch die Veränderungen des Außenklimas und die Eigenschaften der Gebäudehülle beeinflusst: Luftdichtheit, Dämmung und hygrothermische Pufferung. Ein ungeeignetes Raumklima kann zu erheblichen Schäden an Gebäuden und ihren Sammlungen führen. Der Betrieb des Gebäudes, z. B. das Öffnen von Türen und Fenstern, die Anwesenheit von Besuchern, das Heizen oder Kühlen für die Sicherstellung der Behaglichkeit für Menschen oder die Beleuchtung mit Glühlampen beeinflussen ebenfalls das Raumklima. Die Regelung des Niveaus von extern und intern erzeugten Schadstoffen könnte die Raumluftqualität weiter verbessern.

Luftaustausch in Form von aktiver Lüftung, natürlicher Lüftung und Infiltration sowie interne Luftzirkulation sind nur zwei der vielen Faktoren, deren komplexe Interaktion das Raumklima bestimmt; sie sind jedoch von grundlegender Bedeutung eines für die Erhaltung sicheren Raumklimas. Das Ziel dieser Norm ist die Beschreibung von Verfahren für die Lüftungsregelung zum Schutz kulturellen Erbes. Umgebungsbedingte Risiken können jedoch nur mit einem integrierten Risikomanagementplan, mit Lüftung als eines seiner Elemente, vermindert werden.

Diese Norm richtet sich an Gebäudeeigentümer, Behörden und Fachleute, die an der Erhaltung und Modernisierung von Gebäuden des kulturellen Erbes und deren Ausstattung oder von modernen Gebäuden, die Sammlungen beherbergen, beteiligt sind. Sie zielt auf eine Erleichterung des nachhaltigen Managements dieser Gebäude ab, indem sie Maßnahmen für die energiebezogene Leistung und die Verringerung der Treibhausgasemissionen einbezieht.

1 Anwendungsbereich

Diese Europäische Norm enthält Richtlinien für die Lüftungsregelung, um die Erhaltungsbedingungen von Gebäuden des kulturellen Erbes und ihren Sammlungen zu verbessern. Gleichzeitig zielt sie darauf ab, ein Raumklima zu schaffen, das eine nachhaltige Nutzung dieser Gebäude und ihrer Sammlungen ermöglicht. Diese Norm ist eine Ergänzung bestehender allgemeiner Normen zur Lüftung, die den Schwerpunkt auf die Behaglichkeit für Menschen legen.

Diese Europäische Norm ist der zweite Teil einer Norm über Raumklima in Gebäuden des kulturellen Erbes, d. h. EN 15759-1:2011. Sie sollte zusammen mit dem ersten Teil bei der Wahl von Beheizungsarten und Heizungssystemen für Gebäude des kulturellen Erbes, oder von Gebäuden, die Sammlungen beherbergen, angewendet werden. Sie kann außerdem bei anderen Themen angewendet werden, z. B. bei der Bewertung von Gebäuden, Innenräumen und der Ausstattung, oder Verbesserungen der energiebezogenen Leistung.

Die Europäische Norm befasst sich mit dem Raumklima, mit Lüftungsstrategien und allgemeinen technischen Lösungen für deren Umsetzung, aber nicht mit den technischen Anlagen und Geräten selbst.

2 Normative Verweisungen

Die folgenden Dokumente, die in diesem Dokument teilweise oder als Ganzes zitiert werden, sind für die Anwendung dieses Dokuments erforderlich. Bei datierten Verweisungen gilt nur die in Bezug genommene Ausgabe. Bei undatierten Verweisungen gilt die letzte Ausgabe des in Bezug genommenen Dokuments (einschließlich aller Änderungen).

EN 15757:2010, *Erhaltung des kulturellen Erbes — Festlegungen für Temperatur und relative Luftfeuchte zur Begrenzung klimabedingter mechanischer Beschädigungen an organischen hygroskopischen Materialien*

EN 15758:2010, *Erhaltung des kulturellen Erbes — Verfahren und Geräte zur Messung der Temperatur der Luft und der Oberflächen von Objekten*

EN 15759-1:2011, *Erhaltung des kulturellen Erbes — Raumklima — Teil 1: Leitfäden für die Beheizung von Andachtsstätten*

EN 15898:2011, *Erhaltung des kulturellen Erbes — Allgemeine Begriffe*

EN 16095, *Erhaltung des kulturellen Erbes — Zustandsaufnahme an beweglichem Kulturerbe*

EN 16096, *Erhaltung des kulturellen Erbes — Zustandserhebung und Bericht für das gebaute Kulturerbe*

EN 16242:2012, *Erhaltung des kulturellen Erbes — Verfahren und Geräte zur Messung der Luftfeuchte und des Austausches von Feuchtigkeit zwischen Luft und Kulturgut*

EN ISO 12569, *Wärmetechnisches Verhalten von Gebäuden und Werkstoffen — Bestimmung des spezifischen Luftvolumenstroms in Gebäuden — Indikatorgasverfahren (ISO 12569)*

EN ISO 16000-1, *Innenraumluftverunreinigungen — Teil 1: Allgemeine Aspekte der Probenahmestrategie (ISO 16000-1)*

ISO 16000-8, *Indoor air — Part 8: Determination of local mean ages of air in buildings for characterizing ventilation conditions*

3 Begriffe

Für die Anwendung dieses Dokuments gelten die Begriffe bezüglich der Erhaltung des kulturellen Erbes nach EN 15898:2011 und die folgenden Begriffe.

3.1
Luftzirkulation
Bewegung der Luft in einem gegebenen Raum oder durch eine Öffnung

3.2
Luftaustausch
einem Raum zu- oder abgeführtes Luftvolumen

Anmerkung 1 zum Begriff: Dies kann durch Lüftung oder Infiltration erfolgen.

Anmerkung 2 zum Begriff: Der Luftaustausch wird in m^3 angegeben.

3.3
Luftaustauschrate
Rate, mit der Luft in das Gebäude eintritt oder daraus austritt

Anmerkung 1 zum Begriff: Sie wird angegeben als das Volumen der Außenluft, das einen Innenraum je Stunde durchströmt, dividiert durch das Volumen des Raumes, in Luftwechsel je Stunde, h^{-1}.

3.4
luftverunreinigender Stoff
Stoff, der entweder aufgrund menschlicher Tätigkeit oder durch natürliche Vorgänge bedingt in die Luft emittiert wird und nachteilige Wirkungen auf den Menschen oder die Umwelt hat

[QUELLE: ISO 18158:2016, 2.1.2.1]

Anmerkung 1 zum Begriff: In dieser Norm sind vor allem die nachteiligen Auswirkungen auf das kulturelle Erbe relevant.

3.5
Lufttemperatur
T
Temperatur, die an einem Thermometer abgelesen wird, das an einer Stelle der Luft ausgesetzt ist, an der es vor direkter Sonnenstrahlung und sonstigen Energiequellen geschützt ist

Anmerkung 1 zum Begriff: Sie wird in Grad Celsius (°C) angegeben.

[QUELLE: EN 15758:2010, 3.1]

3.6
luftgetragene Partikel
in Luft dispergierte fein verteilte Stoffe in fester oder flüssiger Form

[QUELLE: ISO 18158:2016, 2.1.2.3]

3.7
Bausubstanz
Grundstruktur eines Gebäudes

3.8
Konservierung
Vorkehrungen und Maßnahmen, die auf die Bewahrung des Kulturerbes bei gleichzeitiger Respektierung der Bedeutung abzielen, einschließlich der Zugänglichkeit für gegenwärtige und zukünftige Generationen

Anmerkung 1 zum Begriff: Konservierung umfasst „Präventive Konservierung", „Stabilisierende Konservierung" und „Restaurierung".

Anmerkung 2 zum Begriff: Abgeleitet aus IC OM-CC 2008 New Delhi Resolution.

Anmerkung 3 zum Begriff: Das Ziel besteht im Allgemeinen darin, den Zugang sicherzustellen, geistig und/oder physisch, jetzt und/oder in Zukunft.

[QUELLE: EN 15898:2011, 3.3.1]

3.9
Kulturerbe
materielle und immaterielle Dinge, die für gegenwärtige und künftige Generationen Bedeutung besitzen

Anmerkung 1 zum Begriff: Die Bedeutung kann – unter anderem – von künstlerischen, symbolischen, historischen, sozialen, wissenschaftlichen oder technologischen Faktoren abgeleitet werden.

[QUELLE: EN 15898:2011, 3.1.1]

3.10
Taupunkttemperatur
Temperatur, auf die ein Volumen Luft bei gleichbleibendem Druck und gleichbleibendem Gehalt an Wasserdampf abgekühlt werden muss, damit Sättigung eintritt

Anmerkung 1 zum Begriff: Sie wird in Grad Celsius (°C) angegeben.

[QUELLE: EN 15758:2010, 3.6]

3.11
Heizungs-, Lüftungs- und Klimaanlagen
HVAC
(en: heating, ventilation or air conditioning)
aktive Anlagen, die betrieben werden, um die Lufttemperatur (Beheizung), die Lufttemperatur und -feuchte (Klimatisierung) oder die Lüftung in einem Gebäude zu regeln

[QUELLE: EN 15757:2010, 3.4]

3.12
Raumklima
Klima in einem Raum oder Gebäude

[QUELLE: EN 15759-1:2011, 3.8]

3.13
Infiltration
unbeabsichtigter oder versehentlicher Eintritt von Außenluft in ein Gebäude durch Spalten in der Gebäudehülle, die sich häufig bei Zargen und Beschlägen von Türen oder Fenstern befinden

3.14
Mikroklima
Klima in einem Gebäudeteil oder Raum, welches vom Klima in der Umgebung abweicht

[QUELLE: EN 15759-1:2011, 3.11]

3.15
Mischungsverhältnis oder Luftfeuchte-Mischungsverhältnis
MR
(en: mixing ratio)
Verhältnis der Masse an Wasserdampf m_v zur Masse der Trockenluft m_a, d. h. $MR = \frac{m_v}{m_a}$, angegeben in g/kg

[QUELLE: EN 16242:2012, 3.12]

3.16
natürliche Belüftung
Belüftung durch Umweltfaktoren, z. B. Wind, Temperatur und Druckdifferenzen, Verteilung durch Türen, Fenster oder andere beabsichtigte Öffnungen in einem Gebäude

3.17
Außenklima
Klima außerhalb eines Gebäudes

[QUELLE: EN 15759-1:2011, 3.14]

3.18
konservatorisches Heizen
Beheizung eines Gebäudes zur Verbesserung des Raumklimas zu konservatorischen Zwecken

[QUELLE: EN 15759-1:2011, 3.1]

3.19
programmierbares Regelsystem
System, das kontinuierlich Klimaparameter misst und automatisch technische Geräte steuert, um Abweichungen von voreingestellten Werten anhand einzelner Algorithmen zu korrigieren

3.20
relative Luftfeuchte
RH
(en: relative humidity)
Verhältnis des tatsächlichen Dampfdrucks zum Sättigungsdampfdruck

[QUELLE: EN 15757:2010, 3.9]

3.21
Oberflächentemperatur
TS
(en: surface temperatur)
Temperatur einer bestimmten Oberfläche eines Objekts

[QUELLE: EN 15758:2010, 3.18]

Anmerkung 1 zum Begriff: Sie kann mit Kontaktthermometern, Gesamtstrahlungsthermometern oder Infrarotthermometern gemessen werden. Die Oberflächentemperatur ist im Allgemeinen von der Lufttemperatur verschieden, und sie variiert bei unterschiedlichen Objekten und an unterschiedlichen Stellen des gleichen Objekts. Sie wird in Grad Celsius (°C) angegeben. Im Allgemeinen ist die gemessene Oberflächentemperatur nicht repräsentativ für das gesamte Objekt.

3.22
Lüftung
Vorgang des Zuführens oder Ableitens von Luft in oder aus einem Raum oder einem Gebäude durch natürliche oder mechanische Mittel

4 Schrittweiser Ansatz zur Lüftungsregelung

Jedes Gebäude des kulturellen Erbes besitzt spezielle individuelle Merkmale. Daher sollten Risikofaktoren und -bereiche sowie Maßnahmen zum Umgang mit diesen Risiken durch ein Team mit Fachleuten aus den Bereichen Bauausführung und Bauphysik, Luftreinhaltung und präventive Konservierung festgestellt werden.

Die folgenden Schritte müssen in der angegebenen Reihenfolge durchgeführt werden:

a) Analyse der vorhandenen Lüftung und Feststellung der Risiken in Bezug auf das Gebäude sowie die Ausstattung einschließlich der Sammlungen;

b) Bestimmung des Gesamtziels des Eingriffs;

c) Festlegung von Anforderungen an die Raumlufttemperatur und die Luftfeuchte;

d) Festlegung von Anforderungen zur Begrenzung von gasförmigen und luftverunreinigenden Stoffen in Innenräumen, die menschlichen oder natürlichen Ursprungs sind;

e) Vorbereitung von Empfehlungen für die Lüftungsregelung;

f) Umsetzung der empfohlenen Maßnahmen;

g) Bewertung ihrer Wirksamkeit;

h) Bewertung der Auswirkung des Eingriffs am Gebäude und, falls erforderlich, Anpassung seines Einsatzes.

Eine Zusammenfassung des Verfahrens für die Lüftungsregelung in Gebäuden des kulturellen Erbes oder Gebäuden, die Sammlungen beherbergen, ist in Tabelle 1 angegeben.

Tabelle 1 — Zusammenfassung des Verfahrens für die Regelung der Lüftung in Gebäuden des kulturellen Erbes oder Gebäuden, die Sammlungen beherbergen

Erforderliche Schritte	Zweck	Tätigkeiten
Schritt a Analyse der vorhandenen Lüftung und Feststellung der Risiken in Bezug auf das Gebäude sowie die Ausstattung einschließlich der Sammlungen	Feststellung eines oder mehrerer Risiken aufgrund übermäßiger oder unzureichender Lüftung: — übermäßige Schwankungen der relativen Luftfeuchte (siehe 5.2.2) — hohe relative Luftfeuchte (siehe 5.2.3) — niedrige relative Luftfeuchte (siehe 5.2.4) — Feuchtigkeitsniederschlag (siehe 5.2.5) — Verdunstung von Wasser und Salzschaden (siehe 5.2.6) — Transport und Ablagerung von luftverunreinigenden Stoffen (siehe 5.2.7)	1) Zustandserhebung (siehe 5.3.2) 2) Bestimmung der Luftaustauschrate (siehe 5.3.3) 3) Beurteilung der Raumluftbeschaffenheit (siehe 5.3.4)

Erforderliche Schritte	Zweck	Tätigkeiten
Schritt b Bestimmung des Gesamtziels des Eingriffs	Genaue Festlegung des Grundes für den vorgeschlagenen Eingriff in Hinsicht auf die Nutzung und Erhaltung des Gebäudes sowie der darin enthaltenen Objekte und Sammlungen.	Bewertung der Bedeutung eines Gebäudes, seiner Innenräume sowie seiner Schadensanfälligkeit bei Änderungen. Entscheidung, ob eine Änderung der Lüftung im Gebäude erforderlich ist oder nicht (siehe Abschnitt 6)
Schritt c Festlegung von Anforderungen an die Raumlufttemperatur und die Luftfeuchte	Angemessener Umgang mit festgestellten lüftungsbezogenen Bedrohungen	Festlegung der Strategie zur Verbesserung des Raumklimas (siehe 7.2) Anhang A – Beispiele für Anforderungen an die Raumlufttemperatur und die Luftfeuchte
Schritt d Festlegung von Anforderungen zur Begrenzung der Raumluftverunreinigung		Festlegung der Strategie zur Verringerung der Auswirkung der Raumluftverunreinigung (siehe 7.3)
Schritt e Vorbereitung von Empfehlungen für die Lüftungsregelung	Angemessener Umgang mit festgestellten lüftungsbezogenen Bedrohungen	Festlegung der folgenden Maßnahmen: 1) Einfache Anpassungen zur Verbesserung des Raumklimas (siehe 8.2) 2) Technische Geräte (siehe 8.3) 3) Programmierbare Regelungssysteme (siehe 8.4) 4) Überwachungssysteme (siehe 8.5) 5) Ergänzende Maßnahmen (siehe 8.6) Anhang A – Beispiele für Empfehlungen für die Lüftungsregelung
Schritt f Umsetzung der empfohlenen Maßnahmen	Erreichen der erforderlichen Lüftungsstrategie	1) Analyse der Auswirkung auf das Gebäude (siehe Abschnitt 9) 2) Erwägung der technischen Aspekte (siehe Anhang B) 3) Analyse der Kosten, der Energieeffizienz und der Nachhaltigkeit
Schritte g und h Bewertung des Eingriffs	Bewertung der Wirksamkeit der umgesetzten Maßnahmen und ihrer Auswirkung auf das Gebäude	Siehe Abschnitt 10 zum Erstellen einer Bewertung

5 Analyse von lüftungsbezogenen Risiken

5.1 Allgemeines

Die Lüftung stellt einen wirksamen Mechanismus der Verteilung, Abführung oder Zufuhr von Wärme, Feuchte und luftverunreinigenden Stoffen dar. Das bedeutet, dass die Folgen der Lüftung positiv oder negativ sein können und der Einsatz der Lüftung sorgfältig untersucht, umgesetzt, gesteuert und verifiziert werden sollte, um die Vorteile als präventive Konservierungsmaßnahme zu nutzen.

5.2 Lüftungsbezogene Risiken

5.2.1 Allgemeines

Risiken können durch übermäßige oder unzureichende Lüftung verursacht werden. Die am häufigsten auftretenden Risiken sind in 5.2.2 bis 5.2.7 abgedeckt.

5.2.2 Übermäßige Schwankungen der relativen Luftfeuchte

Eine ungeregelte natürliche Belüftung kann zu Schwankungen der relativen Luftfeuchte in Räumen in zu starkem Ausmaß und/oder Häufigkeit führen (siehe EN 15757:2010 als Leitfaden für Festlegungen zur Temperatur und relativen Luftfeuchte und deren Schwankungen zur Begrenzung klimabedingter physischer Beschädigungen an Objekten, die feuchteempfindliche Materialien enthalten).

5.2.3 Hohe relative Luftfeuchte

In Gebäuden mit erheblichen inneren Feuchtequellen, einschließlich großer Besucherströme, kann geringer Luftaustausch zu einer hohen relativen Luftfeuchte führen. Feuchte Luft, die in ein Gebäude eindringt, kann außerdem eine hohe relative Luftfeuchte verursachen, in Abhängigkeit von der Innentemperatur. Dieses Problem tritt vor allem in Gebäuden mit kalten Wänden auf, und führt häufig zu der in 5.2.5 beschriebenen Kondensation von Feuchte. Eine hohe relative Luftfeuchte erhöht das Risiko von Schimmelpilzwachstum, Salzdeliqueszenz und -hydratation, hydrolysedominiertem Abbau von organischen Materialien, Metalloxidation und -korrosion oder von anderen Mechanismen des Abbaus.

5.2.4 Niedrige relative Luftfeuchte

Das Einströmen kalter Luft in ein beheiztes Gebäude führt zum Absinken der relativen Luftfeuchte in Innenräumen. Eine niedrige relative Luftfeuchte ist für mehrere Mechanismen des Abbaus, die Objekte des kulturellen Erbes beeinträchtigen, verantwortlich oder steht mit diesen in Zusammenhang. Trockene Umgebungen werden staubig und elektrostatische Ablagerung wird verstärkt. Hygroskopische Materialien (wie z. B. Holz, Papier, Textilien, Leder oder Knochen) setzen als Reaktion auf ein Absinken der relativen Luftfeuchte Feuchte frei, was die Schrumpfung der Materialien hervorruft, die zu Spannungen und physischen Schäden wie Bruch oder Verformung führt.

5.2.5 Kondensation von Feuchte

Die Kondensation von Feuchte tritt aufgrund des Zusammentreffens zweier Faktoren auf: niedrige Oberflächentemperaturen und ein hohes Luftfeuchte-Mischungsverhältnis der Luft. Dies tritt üblicherweise im Frühling auf, wenn warme (und feuchte) Außenluft in ein Stein- oder Backsteingebäude mit signifikanter thermischer Trägheit einströmt. Die Kondensation von Feuchte verstärkt in beträchtlichem Maße die durch hohe relative Luftfeuchte verursachten Risiken, wie in 5.2.3 beschrieben.

ANMERKUNG Siehe EN ISO 13788 für die Berechnung der raumseitigen Oberflächentemperatur von Bauteilen oder Bauelementen, unterhalb der ein Befall durch Schimmel bei der gegebenen Innentemperatur und relativer Luftfeuchte wahrscheinlich ist.

5.2.6 Verdunstung von Wasser und Salzschaden

Durch übermäßige Lüftung erzeugte hohe Temperaturen und/oder Luftströmungen über Wandoberflächen können die Verdunstung erhöhen und dadurch den kapillaren Aufstieg und die Kristallisation von Salzen begünstigen.

5.2.7 Transport und Ablagerung von luftverunreinigenden Stoffen

Die Quellen der vom Menschen verursachten gasförmigen luftverunreinigenden Stoffe können sowohl im Außen- als auch im Innenbereich oder bei beiden liegen. Eine schlecht gesteuerte Lüftung kann ein ungeregeltes Einströmen von Schadstoffen aus der Außenumgebung verursachen und/oder in der Innenumgebung erzeugte Partikel unwirksam abführen. Die Außenluft kann außerdem natürliche Aerosole, wie z. B. Gischt, und Organismen, wie z. B. Sporen und Pollen, enthalten. Hohe Konzentrationen an Sporen können auch in feuchten Innenumgebungen auftreten. Demzufolge kann die Lüftung, je nach spezifischen Bedingungen, den Grad an luftverunreinigenden Stoffen verringern oder erhöhen.

Abhängig von den physikalischen Eigenschaften der Luft und der Gebäudeoberflächen können Luftströme die Ablagerung von luftverunreinigenden Stoffen erhöhen und auf diese Weise den Abbau der Oberflächen, wie z. B. Korrosion, Verfärbung oder Ablagerungen fördern.

5.3 Bewertung der lüftungsbezogenen Risiken

5.3.1 Allgemeines

Risiken, denen durch verbesserte Lüftung begegnet werden kann, müssen durch Bewertung der Ergebnisse der Zustandserhebung, Messungen der Luftaustauschraten und Bewertung der Raumluftbeschaffenheit festgestellt werden.

5.3.2 Zustandserhebung

Eine Zustandserhebung für die Aufzeichnung von Beschädigungen, die am Gebäude einschließlich darin enthaltener Einrichtungen oder Objekte aufgetreten sind, muss nach EN 16095 und EN 16096 umgesetzt werden. Die Ursachen der überwiegenden Beschädigungsarten, insbesondere derjenigen, die mit den Bedingungen der gegenwärtigen Innenraumumgebung zusammenhängen, müssen sorgfältig bestimmt werden.

5.3.3 Bestimmung der Luftaustauschrate

Die Luftaustauschrate muss unter Verwendung des Indikatorgasverfahrens eingeschätzt werden: für einen Raum eines Gebäudes, der als ein einzelner Bereich betrachtet wird, wird auf EN ISO 12569 verwiesen; für einen Raum eines Gebäudes mit mehreren Bereichen, die untereinander Luft austauschen können, wird auf ISO 16000-8 verwiesen. Kohlenstoffdioxid, das durch Besucher erzeugt wird, kann als ein Indikatorgas verwendet werden und die Messungen sollten durchgeführt werden, wenn die Besucher das Gebäude verlassen.

5.3.4 Beurteilung der Raumluftbeschaffenheit

5.3.4.1 Allgemeines

Bei gleichzeitigem Vorhandensein von Feuchte und Schadstoffen, entweder in Luft dispergiert oder auf der Oberfläche abgelagert, können chemische Reaktionen erfolgen. Sowohl das Raumklima als auch die Schadstoffe tragen zu diesem Synergismus bei. Außerdem können manche Bedingungen des Raumklimas eine Umgebung schaffen, die eine biologische Besiedlung begünstigt. Raumklima und Schadstoffe müssen an repräsentativen Stellen über einen Zeitraum von mindestens einem Jahr (EN 15757:2010) nach einem genauen Plan überwacht werden, der Risikobereiche berücksichtigt, die während der Zustandserhebung festgestellt wurden. Speziell zu untersuchende Probleme sollten festgelegt und in die Auswahl der Aspekte der untersuchten Raumluftbeschaffenheit einbezogen werden.

5.3.4.2 Raumklima

Das Raumklima muss basierend auf Messungen der Lufttemperatur, der relativen Luftfeuchte und der Oberflächentemperaturen bestimmt werden. Im Fall von Feuchtigkeit sollte ebenfalls der Feuchtegehalt in Materialien gemessen werden. Das Außenklima (insbesondere die Lufttemperatur und die relative Luftfeuchte) sollte zur Dateninterpretation der Innenraumumgebung bestimmt werden. Messverfahren sind EN 15758:2010 und EN 16242:2012 zu entnehmen.

5.3.4.3 Luftverunreinigende Stoffe

Wenn der Abbau der Oberflächen von Gebäuden oder von Sammlungsmaterial als Risiko festgestellt wird, sollten die Konzentration von luftverunreinigenden Stoffen und die Verbreitungswege von Schadstoffen in einem Gebäude bestimmt werden. Die Probenahmestrategie für Raumluftschadstoffe ist EN ISO 16000-1 zu entnehmen.

Alternativ dazu sollte die Auswirkung von luftverunreinigenden Stoffen auf Gebäude und Sammlungsmaterial bestimmt werden. Zur Frühwarnung sollten Dosimeter aus empfindlichen Materialien, wie z. B. Metalle, Glas oder Polymere, in einer geeigneten Weise für die festgestellten spezifischen Probleme gewählt werden. Die gemessene atmosphärische Auswirkung auf diese Materialien kann von Schwellenwerten für die Umgebungseinflüsse abhängig sein, und ist kennzeichnend für erwartete Veränderungen der interessierenden Materialien des kulturellen Erbes.

Wenn die Verfärbung der Oberfläche oder Ablagerungen als Risiko festgestellt werden, sollte die Ablagerung von luftgetragenen Partikeln (biologisch oder nicht) auf waagerechten und senkrechten Oberflächen überwacht werden. Dies sollte unter Verwendung geeigneter Sammelsubstrate erfolgen, die zur Quantifizierung und Identifizierung mithilfe von Kolorimetrie, chemischen Analysen und Mikroskopie oder bei biologischen Partikeln durch Kultivierung von Luftproben analysiert werden.

6 Ziel der Lüftung

Das Gesamtziel der Lüftung besteht darin, Außenluft für die Behaglichkeit von Menschen zu- oder Innenluft abzuführen und Gebäude und Sammlungen des kulturellen Erbes zu schützen. Die raumseitige Luftzirkulation kann der Luftschichtung oder stehenden Lufttaschen entgegenwirken.

Der Grund für eine beabsichtigte Maßnahme muss im Hinblick auf die Nutzung des Gebäudes und seiner Erhaltung klar definiert sein.

Solange das frühere Raumklima keine Beschädigungen verursacht und ein annehmbares Maß an Behaglichkeit für Besucher und Bewohner besteht, muss die Lüftung nicht unbedingt geändert werden, sofern keine Änderungen bei der Nutzung oder andere Anforderungen, z. B. die Verbesserung der Energieeffizienz, dies erforderlich machen.

ANMERKUNG Für Hinweise zur Bereitstellung einer annehmbaren Innenraumumgebung für Menschen in belüfteten Gebäuden siehe EN 15251.

7 Anforderungen an die Raumluftbeschaffenheit

7.1 Allgemeines

Es müssen die Anforderungen an die Raumluftbeschaffenheit, einschließlich Raumklima, sowie zulässige Schadstoffniveaus, die entweder im Außen- oder Innenbereich erzeugt werden, ausgearbeitet werden, durch die die festgestellten lüftungsbezogenen Bedrohungen angemessen berücksichtigt würden. Strategien zur Verbesserung des Raumklimas und zur Verringerung der Auswirkung von Schadstoffen müssen festgelegt werden.

7.2 Raumklima

Die Anforderungen an das Raumklima müssen unter Verwendung der Verfahrensweise nach EN 15759-1:2011, Abschnitt 6, festgelegt werden.

Sofern möglich, sollte die Klimastabilität mit minimal technisch ausgerüsteten Anlagen und minimaler Energienutzung wie folgt verbessert werden:

— Nutzung der hygrothermischen Trägheit von Gebäuden des kulturellen Erbes;

— Erhöhung der Luftdichtheit von Gebäuden zur Verringerung der Luftaustauschrate auf die erforderlichen Niveaus, wodurch ebenfalls eine niedrige Infiltration von Schadstoffen aus der Außenumgebung sichergestellt wird.

7.3 Luftverunreinigende Stoffe

Die Strategie zur Verringerung der luftverunreinigenden Stoffe sollte sich konzentrieren auf:

— die Verringerung der Quellen im Innenbereich;

— die Verbesserung der passiven Sorption durch Wände, wenn die Erhaltung von Sammlungen eine Rolle spielt;

— die interne Zirkulation und Filtrierung der Raumluft;

— die Lüftungsregelung hinsichtlich der Schadstoffniveaus der Außenluft;

— die Verringerung des Eintritts von Schadstoffen, die im Außenbereich erzeugt werden, indem die Außenluft gefiltert wird, vor allem, wenn die Analyse der Partikelquellen zeigt, dass die Menge an Partikeln aus der Außenumgebung im Vergleich zu den von Besuchern freigesetzten hoch ist;

— das Gebäude unter einem leichten Überdruck zu halten, um den Eintritt von Schadstoffen zu verhindern.

8 Empfehlungen zur Regelung der Lüftung

8.1 Allgemeines

Empfehlungen für die Lüftungsregelung, einschließlich Entwurf, Inbetriebnahme, Betrieb und Wartung von Lüftungsanlagen, um die erforderliche Raumluftbeschaffenheit in geeigneter Weise bereitzustellen, müssen erstellt werden.

Die Empfehlungen müssen Maßnahmen für die Regelung der Raumluftbeschaffenheit festlegen, einschließlich einfacher Anpassungen an ein Gebäude, technischer Geräte für die Lüftungsregelung, programmierbarer Regelungssysteme sowie ergänzender Maßnahmen für den Umgang mit den lüftungsbedingten Problemen.

8.2 Einfache Anpassungen zur Verbesserung des Raumklimas

Folgendes sollte in Betracht gezogen werden:

— das Begrenzen von Glühlichtquellen und Regelung der Sonnenstrahlung durch Öffnungen;

— Verbesserungen bei dem Einbau von Fenstern, Rollläden und Türen, um die Außenluftinfiltration zu verringern;

— Anleitungen, nach denen Fenster und Türen geschlossen oder geöffnet gehalten werden, so dass der Luftaustausch in Abhängigkeit sowohl der Anforderungen im Innenraum als auch der Beschaffenheit/Niveaus der Außenluftvariablen verringert oder erhöht wird;

— Verbesserungen bei der raumseitigen Luftzirkulation, so dass Luftschichtung und Mikroklimata in stehenden Lufttaschen vermieden werden.

8.3 Technische Geräte

Folgendes sollte in Betracht gezogen werden:

— automatische Tür- oder Fensterschließmittel, um die Lüftung in Abhängigkeit von den Innen-/Außenbedingungen zu verringern oder zu erhöhen;

— Abschlüsse und andere Geräte, die das Effizienz- und Regelungsniveau natürlicher Lüftungsanlagen verbessern;

— automatisch aktivierte Ventilatoren, die abhängig von den Innen- und Außenbedingungen geregelt werden;

— HVAC-Anlagen, einschließlich Heizung und Regelung der Luftfeuchte, um dem Innenraum oder einigen ausgewählten Räumen klimatisierte Luft zuzuführen.

Wesentliche Veränderungen an der Bausubstanz von Gebäuden des kulturellen Erbes durch die Installation technischer Geräte und Lüftungsleitungen müssen vermieden werden, sofern sie nicht absolut notwendig sind und von der zuständigen Behörde zugelassen wurden. Es muss darauf geachtet werden, dass Luftbefeuchter die Gefährdung von Kondensation auf kälteren Oberflächen erhöhen. Ein wichtiger Aspekt dabei ist die Umkehrbarkeit von Installationen, da veraltete oder fehlerhafte technische Systeme ausgetauscht werden müssen. Das Risiko von Fehlfunktion und Fehlgebrauch erhöht sich mit der Komplexität des Systems.

8.4 Programmierbare Regelsysteme

Programmierbare Regelsysteme, die Signale von Sensoren empfangen, speichern und verarbeiten und die technische Geräte für die Lüftungsregelung betätigen oder ausschalten, sowie ein Satz von Bedingungen, die den Betrieb der Anlage steuern, einschließlich der Sicherheitsvorkehrungen, müssen festgelegt werden. Beispiele für derartige aktiv geregelte Lüftungen sind:

— das Betätigen der Lüftung, wenn das Luftfeuchte-Mischungsverhältnis im Innenraum über dem der Außenumgebung liegt und gleichzeitig das relative Luftfeuchteniveau des Innenraums den angestrebten Zielwert überschreitet;

— das Verringern der Lüftung, wenn das Luftfeuchte-Mischungsverhältnis der Außenumgebung über dem des Innenraums liegt und gleichzeitig das relative Luftfeuchteniveau des Innenraums sich im Zielbereich befindet;

— das Betätigen der Lüftung, wenn die Innentemperatur über der Außentemperatur liegt und gleichzeitig die Innentemperatur den angestrebten Zielwert überschreitet;

— das Verringern der Lüftung, um Temperaturunterschiede im Innenraum zu vermeiden, wenn die Innentemperatur unter einen bestimmten Schwellenwert sinkt oder der Unterschied zwischen Außen- und Innentemperatur einen bestimmten kritischen Wert überschreitet;

— das Betätigen der Lüftung, um das überschüssige Kohlenstoffdioxid, das durch Bewohner oder Besucher freigesetzt wird, innerhalb einer ausgewählten Schwelle oberhalb des Niveaus der Außenumgebung zu halten, so dass die Raumluftbeschaffenheit auf einem annehmbaren Niveau gehalten wird.

Mehr Beispiele für Bedingungen, die den Betrieb von Lüftungsanlagen steuern, sind in Anhang A enthalten.

8.5 Überwachungssysteme

Messungen der Lufttemperatur, der relativen Luftfeuchte und der Oberflächentemperaturen sind zur Regelung der Lüftungsanlage und zur Bewertung des Raumklimas notwendig. Die Messorte sowie Verfahren und Messgeräte (Sensoren) müssen festgelegt werden. Örtliche Bedingungen können von durchschnittlichen Raumbedingungen abweichen. Die Messorte sollten die Komplexität des belüfteten Raums widerspiegeln und nach den schlechtesten Bedingungen, vom Standpunkt der Erhaltung aus gesehen, an den anfälligsten Oberflächen ausgewählt werden, wie nach den Empfehlungen für die Regelung der Lüftung festgestellt. Die Messverfahren und die Mindestmerkmale von Geräten für die Messung der Temperatur und der relativen Luftfeuchte sollten den Anforderungen nach EN 15758:2010 und EN 16242:2012 entsprechen.

8.6 Ergänzende Maßnahmen

8.6.1 Allgemeines

Ergänzende Maßnahmen zum Umgang mit lüftungsbedingten Problemen müssen festgelegt werden. Beispiele derartiger Maßnahmen umfassen konservatorisches Heizen, Be- oder Entfeuchtung und Schauvitrinen.

8.6.2 Konservatorisches Heizen

Zwei Arten des konservatorischen Heizens sollten in Betracht gezogen werden:

— allgemeines konservatorisches Heizen, wobei ein kühles feuchtes Gebäude durch Erhöhen der Wärme ausgetrocknet wird, oder, im umgekehrten Fall, einem Gebäude ermöglicht wird, bei kaltem Wetter abzukühlen, indem die Wärmezufuhr reduziert wird, um die relative Luftfeuchte auf einem für die dort befindlichen, empfindlichen Objekte ausreichend hohen Niveau zu halten;

— kurzfristiges konservatorisches Heizen, bei dem die Oberflächentemperatur von Objekten (z. B. durch Verwendung von Fern-Infrarotstrahlern) direkt erhöht wird, um Kondensation zu verhindern.

8.6.3 Befeuchtung, Entfeuchtung

Die Be- oder Entfeuchtung kann in einen bestimmten Lüftungsplan integriert werden, um das ganze Gebäude oder bestimmte Räume genau zu regeln, die in einem Gebäude oder Raum für die Ausstellung von besonders feuchteempfindlichen Objekten bestehen oder speziell geschaffen werden. Bei Befeuchtung muss aber auf die Möglichkeit der Kondensation geachtet werden, wenn die befeuchtete Luft Oberflächen erreicht, in denen die Temperatur unter der Taupunkttemperatur der Luft liegt.

8.6.4 Schauvitrinen

Schauvitrinen oder mikroklimatische Rahmen können eingesetzt werden, um besonders anfällige Ausstellungsstücke vor Umweltrisiken zu schützen.

9 Umsetzung der Maßnahmen zur Regelung der Lüftung

Folgendes muss in Betracht gezogen werden:

— jede aktive Lüftungsanlage muss so ausgelegt und ausgeführt sein, dass sie den maßgeblichen technischen Regelwerken entspricht (siehe Anhang B), und so, dass keine ästhetischen Veränderungen erfolgt sind und die Auswirkung auf die Bausubstanz von Gebäuden des Kulturerbes auf ein Mindestmaß beschränkt wird;

— eine erhöhte Lüftung muss im Fall von Wandfeuchtigkeit aufgrund von steigendem Grundwasser oder der Durchsickerung von Wasser mit Vorsicht in Betracht gezogen werden, da es wahrscheinlich ist, dass sie die Verdunstung aus der feuchten Wand, die Migration von löslichen Salzen an die Wandoberfläche, Salzausblühung und den Verfall von Mauerwerk beschleunigt.

10 Bewertung der Maßnahmen zur Regelung der Lüftung

Die Überwachung von beschädigten Bereichen, Luftaustauschraten, der Raumluftbeschaffenheit und den Klimabedingungen muss über einen Zeitabschnitt fortgeführt werden, der für die Verifizierung der Wirksamkeit der umgesetzten Maßnahmen ausreichend ist. Vorgeschlagen wird eine 13-monatige Überwachung, um EN 15757:2010 und EN 15759-1:2011 zu entsprechen.

Die Auswirkung des Eingriffs auf das Gebäude muss von der zuständigen Behörde bewertet werden und seine Anwendung muss, falls nötig, verbessert und angepasst werden.

DIN EN 15759-2:2018-03
EN 15759-2:2018 (D)

Anhang A
(informativ)

Beispiele

A.1 Allgemeines

Die Anwendung dieser Europäischen Norm wird durch zwei Praxisbeispiele veranschaulicht: anhand eines Gebäudes des kulturellen Erbes, das ein Museum mit einer gemischten Sammlung beherbergt, und einer modernen Lagereinrichtung für Archiv- und Bibliotheksmaterialien, die eine passive Klimaregelung verwendet.

A.2 Ein Gebäude des kulturellen Erbes, das ein Museum mit einer gemischten Sammlung beherbergt

Für ein Museum wurde entschieden, eine mit Heizschlangen ausgerüstete mechanische Lüftungsanlage einzubauen, um die Behaglichkeit für Besucher und das Museumspersonal zu verbessern, basierend auf Beschwerden bezüglich der Geruchsqualität der Luft während des Sommers – wenn die Besucherdichte hoch ist – sowie bezüglich niedriger Temperaturen während des Winters.

Da die Erhaltung der Museumssammlung ein wichtiges Ziel ist, wurde die Konservierungsabteilung aufgefordert, die Hauptrisiken für die Sammlung sowie mögliche Verbesserungen in Zusammenhang mit dem Einbau einer Lüftungsanlage festzustellen und geeignete Lösungen vorzuschlagen.

Eine Zustandserhebung, begleitet durch eine eingehende Analyse, die in dem Museum durchgeführt wurde, ermöglichte die Feststellung und Priorisierung der lüftungsbezogenen Risiken für das Gebäude sowie für die Objekte und Sammlungen. Unter Anwendung von EN 15757:2010 wurden Schwankungen der relativen Luftfeuchte in den Innenräumen in zu starkem Ausmaß und Häufigkeit festgestellt, die das Risiko von mechanischer Beschädigung von Gemälden und Einrichtung bewirken. Ebenfalls wurde eine zu hohe relative Luftfeuchte, die das Risiko von Schimmelpilzwachstum bewirkt, als wichtige Gefährdung festgestellt. In diesem besonders einfachen Fall wurden sämtliche anderen Risiken, wie Kondensation von Feuchte, Salzkristallisation oder Anstieg des Schadstoffniveaus aus konservatorischer Sicht als weniger wichtig beurteilt und deshalb wurden Maßnahmen, die auf die Verringerung ihres Einflusses abzielen, bei dem Anlagenentwurf ausgespart.

Von den vorstehend beschriebenen Annahmen ausgehend wurden die folgenden, die Regelung der Lüftung betreffenden Empfehlungen formuliert, um mit den beschriebenen Risiken umzugehen, und gleichzeitig eine Innenraumumgebung zu schaffen, die eine nachhaltige Nutzung des Museums ermöglicht:

a) Die Lüftung wird betätigt, um das überschüssige, von Besuchern freigesetzte Kohlenstoffdioxid innerhalb eines gewählten Schwellenwerts (X) oberhalb des Niveaus der Außenumgebung zu begrenzen, so dass die Raumluftbeschaffenheit auf einem annehmbaren Niveau gehalten wird.

b) Wenn die Kohlenstoffdioxidkonzentration der Raumluft annehmbar wird, wird die Lüftung ausschließlich zur Regelung der relativen Luftfeuchte in den Innenräumen aktiviert, damit diese im Bereich der zulässigen Schwankungen nach EN 15757:2010 bleibt. Bleibt die relative Luftfeuchte im zulässigen Bereich, wird die Lüftung ferner für die Temperaturregelung für die menschliche Behaglichkeit, z. B. 18 °C bis 26 °C, verwendet. Ein Mindesttemperaturunterschied von 2 °C zwischen Außen- und Innenluft wird hergestellt, um die Stabilität des Regelsystems und der Energieeffizienz sicherzustellen.

c) Es werden zwei Alarmgrenzen für die Schwankungen der relativen Luftfeuchte ausgewählt, in diesem Fall 35 % und 75 %. Die Heizung wird aktiviert, um die Regelung der relativen Luftfeuchte zu unterstützen, wenn die obere Alarmgrenze von 75 % relativer Luftfeuchte überschritten wird. Allerdings kann die Heizung nur dann für die Stabilisierung der relativen Luftfeuchte aktiviert werden, wenn die Raumtemperatur unterhalb von 26 °C liegt. Die Heizung wird ausgeschaltet, wenn die relative Luftfeuchte unter die untere Alarmgrenze von 35 % relativer Luftfeuchte sinkt. Allerdings darf die Temperatur nicht unter die untere Alarmgrenze von 13 °C sinken, um die geplante Behaglichkeit für Menschen sicherzustellen.

d) Der Energieverbrauch wird auf ein Mindestmaß verringert, indem die Lüftungsanlage gestoppt wird, wenn die Luftbeschaffenheit zufriedenstellend ist. Im Fall, dass die Erwärmung der Luft für die menschliche Behaglichkeit erforderlich ist, wird die Luft nur in Innenräumen zirkuliert, um eine einheitliche Temperatur und Feuchtigkeit sicherzustellen.

Alle Elemente des Steuerungsalgorithmus sind in Tabelle A.1 angegeben.

Tabelle A.1 — Steuerungsalgorithmus für die Lüftungsanlage in Beispiel A.2

$(CO_2)_{in} - (CO_2)_{out}$	**Relative Luftfeuchte** [%]; $RH_{L/H}$ **untere und obere festgelegte Punkte**	**Luftfeuchte-Mischungsverhältnis** [g /kg]; **innen** (MR_{in}); **außen** (MR_{out})	**Temperatur** [°C]; **innen** (T_{in}); **außen** (T_{out})	**Betriebsart der Lüftungsanlage**
$(CO_2)_{in} - (CO_2)_{out} < X$	$RH_L < RH < RH_H$		$18 > T_{in}$	Zirkulation der Raumluft; Erwärmen der Luft bis auf erforderliches Niveau
$(CO_2)_{in} - (CO_2)_{out} < X$	$RH_L < RH < RH_H$		$18 < T_{in} < 26$	Lüftungsanlage ist nicht in Betrieb
$(CO_2)_{in} - (CO_2)_{out} < X$	$RH_L < RH < RH_H$		$T_{in} > 26$ und $T_{in} < T_{out} - 2$	Zirkulation der Raumluft
$(CO_2)_{in} - (CO_2)_{out} < X$	$RH_L < RH < RH_H$		$T_{in} > 26$ und $T_{in} > T_{out} + 2$	Lüftungsanlage in Betrieb
$(CO_2)_{in} - (CO_2)_{out} < X$	$RH_L > RH$	$MR_{in} < MR_{out}$		Lüftungsanlage in Betrieb; wenn die relative Luftfeuchte unterhalb 35 % liegt, wird die Heizung ausgeschaltet, so dass die Temperatur auf 13 °C sinken kann
$(CO_2)_{in} - (CO_2)_{out} < X$	$RH_L > RH$	$MR_{in} > MR_{out}$		Zirkulation der Raumluft; Heizung ist ausgeschaltet, so dass die Temperatur auf 13 °C sinken kann
$(CO_2)_{in} - (CO_2)_{out} < X$	$RH > RH_H$	$MR_{in} > MR_{out}$		Lüftungsanlage ist in Betrieb; wenn die relative Luftfeuchte 75 % überschreitet, wird die Heizung eingeschaltet, um die Temperatur auf 26 °C zu erhöhen
$(CO_2)_{in} - (CO_2)_{out} < X$	$RH > RH_H$	$MR_{in} < MR_{out}$		Zirkulation der Raumluft; wenn die relative Luftfeuchte 75 % überschreitet, wird die Heizung eingeschaltet, um die Temperatur auf 26 °C zu erhöhen
$(CO_2)_{in} - (CO_2)_{out} > X$				Lüftungsanlage in Betrieb

A.3 Moderne Lagereinrichtung für Archiv- und Bibliotheksmaterialien, die eine passive Klimaregelung verwendet

Eine Lagereinrichtung wurde gebaut, um eine passive Klimaregelung sicherzustellen und ein hohes Maß der Sammlungspflege und Energieeffizienz miteinander zu verbinden. Wände, Böden und Decken bilden eine Masse mit einer hohen thermischen und hygroskopischen Kapazität und guter Wärmedämmung. Das Gebäude ist luftdicht, z. B. Fenster entfallen und die erforderlichen Öffnungen sind auf ein Mindestmaß beschränkt. Sämtlicher Personenverkehr und Arbeiten werden auf ein Mindestmaß beschränkt. Die folgenden Spezifikationen für die Lüftungsstrategie und -anlagen zur Unterstützung der Klimaregelung wurden formuliert:

a) Maximale Luftaustauschrate: 0,04 h^{-1} oder 1 je Tag.

b) Es wird erwartet, dass die Temperatur zwischen 7 °C und 22 °C schwankt, was den jahreszeitlichen Temperaturzyklus widerspiegelt. Die natürliche Abkühlung in kalten Zeitabschnitten verbessert die Konservierung durch Begrenzung des chemischen Abbaus der Materialien.

c) Die relative Luftfeuchte sollte 50 % nicht überschreiten, sie darf jedoch im Winter bis auf 30 % absinken, wenn das Lager geheizt wird, um die Mindesttemperatur von 7 °C aufrechtzuerhalten. In gleicher Weise wie die niedrige Temperatur begrenzt eine niedrige relative Luftfeuchte den chemischen Abbau und verhindert mikrobiologische Risiken.

d) Die Lüftungsanlage:

   1) stellt die Rezirkulation der Luft sicher, bei bis zu 1 Raumvolumen je Stunde;

   2) ist verbunden mit einem Entfeuchter, der eingeschaltet wird, wenn die relative Luftfeuchte in den Innenräumen 50 % überschreitet; sie ist außerdem mit einer Heizung verbunden, die heizt, wenn die Lufttemperatur unter 7 °C sinkt, das entspricht dem speziellen Schwellenwert dieses Beispiels;

   3) ist mit einem Kohlefilter ausgestattet, um im Außen- und/oder Innenraum erzeugte Schadstoffe zu entfernen.

Anhang B
(informativ)

Technische Aspekte

Die folgenden Aspekte sollten berücksichtigt werden:

— die Luftaustauschrate und die Höchstleistung der aktiven Lüftungsgeräte sollten an die gewählte Strategie der Raumklimaregelung angepasst werden. Sie sollten (bei Bedarf) eine wirksame Ableitung von luftverunreinigenden Stoffen oder eine Regelung nach den empfohlenen Niveaus, oder die Zufuhr von Außenluft sicherstellen, damit die Raumluftbeschaffenheit für die Behaglichkeit für Menschen aufrechterhalten wird;

— für die Behaglichkeit von Menschen sollte die durch die Lüftungsanlage angeregte Luftbewegung in Bereichen, in denen sich Personen aufhalten, ISO 7730 entsprechen, sofern kein spezifisches Risiko besteht, dass eine stärkere Lüftung die Luftbewegung verringert;

— für die Behaglichkeit von Menschen sollte der von den Besuchern wahrgenommene Lärm keine signifikante Belästigung verursachen. Angaben zu Lärmkriterien sind in EN 15251 enthalten;

— Angaben zu Entwurf und Leistung von mechanischen Lüftungs- und Klimaanlagen und Raumkühlsystemen sind in EN 16798-3 enthalten;

— Prüfverfahren und Messgeräte für die Verifizierung der Zweckeignung von eingebauten, mechanisch betriebenen Lüftungsanlagen sollten EN 12599 entsprechen.

DIN EN 15759-2:2018-03
EN 15759-2:2018 (D)

Literaturhinweise

[1] EN 12599, *Lüftung von Gebäuden — Prüf- und Messverfahren für die Übergabe raumlufttechnischer Anlagen*

[2] EN 14412, *Innenraumluftqualität — Passivsammler zur Bestimmung der Konzentrationen von Gasen und Dämpfen — Anleitung zur Auswahl, Anwendung und Handhabung*

[3] EN 15251, *Eingangsparameter für das Raumklima zur Auslegung und Bewertung der Energieeffizienz von Gebäuden — Raumluftqualität, Temperatur, Licht und Akustik*

[4] EN 15999-1, *Erhaltung des kulturellen Erbes — Leitfaden für die Konstruktion von Schauvitrinen zur Ausstellung und Erhaltung von Objekten — Teil 1: Allgemeine Anforderungen*

[5] EN 16798-3, *Energetische Bewertung von Gebäuden — Lüftung von Gebäuden — Teil 3: Lüftung von Nichtwohngebäuden — Leistungsanforderungen an Lüftungs- und Klimaanlagen und Raumkühlsysteme (Module M5-1, M5-4)*

[6] EN ISO 9225, *Korrosion von Metallen und Legierungen — Korrosivität von Atmosphären — Messung der die Korrosivität von Atmosphären beeinflussenden Umweltparameter (ISO 9225)*

[7] EN ISO 13788, *Wärme- und feuchtetechnisches Verhalten von Bauteilen und Bauelementen — Raumseitige Oberflächentemperatur zur Vermeidung kritischer Oberflächenfeuchte und Tauwasserbildung im Bauteilinneren — Berechnungsverfahren (ISO 13788)*

[8] EN ISO 16000-2, *Innenraumluftverunreinigungen — Teil 2: Probenahmestrategie für Formaldehyd (ISO 16000-2)*

[9] EN ISO 16000-5, *Innenraumluftverunreinigungen — Teil 5: Probenahmestrategie für flüchtige organische Verbindungen (VOC) (ISO 16000-5)*

[10] EN ISO 16000-15, *Innenraumluftverunreinigungen — Teil 15: Probenahmestrategie für Stickstoffdioxid (NO_2) (ISO 16000-15)*

[11] EN ISO 16000-19, *Innenraumluftverunreinigungen — Teil 19: Probenahmestrategie für Schimmelpilze (ISO 16000-19)*

[12] EN ISO 16017-1, *Innenraumluft, Außenluft und Luft am Arbeitsplatz — Probenahme und Analyse flüchtiger organischer Verbindungen durch Sorptionsröhrchen/thermische Desorption/Kapillar-Gaschromatographie — Teil 1: Probenahme mit einer Pumpe (ISO 16017-1)*

[13] EN ISO 16017-2, *Innenraumluft, Außenluft und Luft am Arbeitsplatz — Probenahme und Analyse flüchtiger organischer Verbindungen durch Sorptionsröhrchen/thermische Desorption/Kapillar-Gaschromatographie — Teil 2: Probenahme mit Passivsammlern (ISO 16017-2)*

[14] ISO 7730, *Ergonomics of the thermal environment — Analytical determination and interpretation of thermal comfort using calculation of the PMV and PPD indices and local thermal comfort criteria*

[15] ISO 18158:2016, *Workplace air — Terminology*

Schutzhüllen und Transport

Mai 2012

DIN ISO 16245

ICS 85.080.30; 97.180

Information und Dokumentation – Schachteln, Archivmappen und andere Umhüllungen aus zellulosehaltigem Material für die Lagerung von Schrift- und Druckgut aus Papier und Pergament (ISO 16245:2009)

Information and documentation –
Boxes, file covers and other enclosures, made from cellulosic materials, for storage of paper and parchment documents (ISO 16245:2009)

Information et documentation –
Boîtes, chemises et autres contenants en matériaux cellulosiques, pour le stockage des documents sur papier et parchemin (ISO 16245:2009)

Gesamtumfang 12 Seiten

Normenausschuss Bibliotheks- und Dokumentationswesen (NABD) im DIN

DIN ISO 16245:2012-05

Inhalt

DIN ISO 16245:2012-05

Nationales Vorwort

Dieses Dokument wurde vom NA 009-00-14 AA, Arbeitsausschuss „Bestandserhaltung in Archiven und Bibliotheken" im Normenausschuss Bibliotheks- und Dokumentationswesen (NABD) im DIN e. V. erarbeitet.

Es enthält die deutsche Übersetzung der Internationalen Norm ISO 16245:2009 „Information and documentation — Boxes, file covers and other enclosures, made from cellulose materials, for storage of paper and parchment documents", die vom Technischen Komitee ISO/TC 46 „Information and documentation" erarbeitet wurde.

Es wird auf die Möglichkeit hingewiesen, dass einige Texte dieses Dokuments Patentrechte berühren können. Das DIN ist nicht dafür verantwortlich, einige oder alle diesbezüglichen Patentrechte zu identifizieren.

Diese Norm ist nicht zuletzt deshalb in das Deutsche Normenwerk übernommen worden, weil dadurch Erkenntnis und Einsicht der Notwendigkeit zur sachgerechten Verpackung von Archiv- und Bibliotheksgut erleichtert werden sollen und die technischen Voraussetzungen für eine Umsetzung dieser Notwendigkeit allgemeinzugänglich definiert sein müssen.

Der Einsturz des Kölner Stadtarchivs hat in seiner Auswirkung auf das Schadensausmaß der einzelnen Archivalien erneut deutlich gemacht, was eigentlich von vornherein evident sein sollte: Dass Archivalien und Bücher vor äußeren Einwirkungen erheblich besser geschützt sind, wenn sie von einer Verpackung umhüllt werden. Das ursprüngliche Prinzip des Schutzumschlags und des Pappschubers von Büchern wird übertragen auf die Lagerung von Archiv- und Bibliotheksgut und dabei unter deutlicher Gewichtung auf die Schutzfunktion präzisiert und verbessert. Ob Feuer, Wasser oder physischer Stoß und Druck – Karton, Pappe und selbst Papier verhüten, mindern oder verzögern die Schadenseinwirkungen auf schriftliches Kulturgut, und selbst schädliche Einflüsse des Klimas und von Schadstoffen aus der Luft können durch eine entsprechende Verpackung gemildert werden.

Die Verpackung von Archiv- und Bibliotheksgut ist nicht nur ein probates, sondern auch ein vergleichsweise preisgünstiges Mittel der Bestandserhaltung, preisgünstiger allemal als Maßnahmen späterer Schadensbehebung wie z. B. die einer manuellen Restaurierung. Sie ist aber auch ein nachhaltiges Mittel, denn obwohl die Verpackungen Verbrauchsmaterial sind, müssen sie doch in aller Regel viele Jahre und Jahrzehnte ihren Dienst tun und ihre Schutzfunktion erfüllen, ohne sich schon nach kurzem Gebrauch in ihre Bestandteile aufzulösen. Es darf natürlich auch nicht sein, dass die Verpackungen Materialien beinhalten, die ihrerseits für Archiv- und Bibliotheksgut schädlich sind.

Gerade um dies sicherzustellen, müssen die technischen Gegebenheiten der Verpackung in einer Norm standardisiert werden. Die Anwendung der Norm garantiert somit nicht nur die Schutzfunktion, sondern auch deren Nachhaltigkeit. Sie muss dabei freilich auch die Verhältnismäßigkeit berücksichtigen, d.h. die Verpackung von Archiv- und Bibliotheksgut muss ihren Vorteil der Erschwinglichkeit gegenüber anderen Maßnahmen der Bestandserhaltung auch bei Einhaltung hoher Qualitätsstandards behalten.

Die Prüfungen dieser Norm beziehen sich zunächst auf das Material, die Farbe, den Bezug und die Kaschierung, die Klebstoffe, die Verbindungs- und Befestigungselemente, Komponenten also, die von der Konstruktion weitgehend unberührt bleiben, und sodann auf die Gestaltung, d.h. auf die Konstruktion, vor allem die der Schachteln. Während die erstgenannten Prüfungen in der Regel nur einmalig durchzuführen wären, liegt die Sache bei den Prüfungen der Gestaltung anders. Die Varianten der Schachtelkonstruktionen sind sowohl hinsichtlich ihrer verschiedenen Größen als auch hinsichtlich ihrer Ausgestaltung fast so vielfältig wie das von ihnen zu schützende Archiv- und Bibliotheksgut, und so wären im Grundsatz die für die Funktionsfähigkeit der jeweiligen Konstruktion vorgeschriebenen Prüfungen – ganz konkret die Prüfungen zum wiederholten Öffnen und Schließen der Schachteln und vor allem die zur Belastbarkeit, der „Stauchtest" - für jede einzelne nur denkbare Konstruktion auch durchzuführen. Bei Bestellungen einer größeren Anzahl von Schachteln unterschiedlicher Konstruktion könnte dies zu einer erheblichen Steigerung der Kosten führen, denn gerade die Belastungsprüfungen sind zumindest derzeit noch kostspielig. Es ist nämlich zu befürchten, dass derartige Prüfungskosten in die Produktkosten eingerechnet werden, wodurch ein großer Vorzug der Verpackung, ihre relativ kostengünstige Durchführung, in Frage gestellt würde.

Andererseits sind gerade die genannten Belastungsprüfungen für die Archive- und Bibliotheken unverzichtbar. Schachteln mit Archiv- und Bibliotheksgut stehen meist übereinander, und es darf nicht geschehen, dass die unteren infolge der Belastung der darüber liegenden einknicken und das Schriftgut aufgrund einer Unzulänglichkeit der Verpackung beschädigt wird. Es darf auch nicht vorkommen, dass häufigeres Öffnen und Schließen der Schachteln zur Unbrauchbarkeit der Schachteln, z. B. durch Verlust der Schließklappe führt.

Um dieses Dilemma zu lösen, wird vorgeschlagen, die Prüfungen zur Gestaltung der Schachteln nur für eine Reihe bestimmter Standardformate durchzuführen. Dabei sollten tunlichst als Standardformate diejenigen gewählt werden, die am häufigsten verlangt werden. Bei einem Angebot für andere, speziellere Formate wäre dann auf diese Standardformate hinzuweisen. Gibt sich allerdings der Kunde damit nicht zufrieden, sondern wünscht gezielt eine Durchführung der Prüfungen für alle ausgeschriebenen Formate, müsste die daraus resultierende Verteuerung in Kauf genommen werden.

Da die maximale Druckbelastung einer Schachtel mit kleinerer Grundfläche steigt, ist es für Anbieter unterschiedlicher Schachtelformate möglich, nur ein eher großes Format auf 4.10 (Festigkeit) prüfen zu lassen. Beim Bestehen des Tests ergibt sich automatisch, dass alle nach Länge, Breite und Höhe kleineren Schachteln des gleichen Designs aus dem identischen Material ebenfalls diesen Test bestehen würden. Diese kleineren Modelle sind daher ebenfalls normgerecht, auch ohne separate Prüfung von 4.10. Die Maße der getesteten Schachteln sind dem Prüfbericht zu entnehmen.

Sollte sich im Laufe der Jahre erweisen, dass die Kosten für die Belastungsprüfungen deutlich sinken, wäre das Nationale Vorwort dieser Norm entsprechend zu überarbeiten.

Für die in diesem Dokument zitierten internationalen Normen wird im Folgenden auf die entsprechenden Deutschen Normen hingewiesen:

EN 923	siehe	DIN EN 923
ISO 536	siehe	DIN EN ISO 536
ISO 9706:1994	siehe	DIN EN ISO 9706
ISO 12048:1994	siehe	DIN EN ISO 12048
ISO 18902	siehe	DIN ISO 18902

DIN ISO 16245:2012-05

Information und Dokumentation — Schachteln, Archivmappen und andere Umhüllungen aus zellulosehaltigem Material für die Lagerung von Schrift- und Druckgut aus Papier und Pergament

Einleitung

Schachteln und Archivmappen sind in einigen unterschiedlichen Materialien erhältlich. Diejenigen aus zellulosehaltigen Materialien sind die üblicherweise am häufigsten verwendeten Umhüllungen für die Langzeitlagerung von Schrift- und Druckgut aus Papier und Pergament. Die Erfahrung hat gezeigt, dass die Eigenschaften der Umhüllung von großer Wichtigkeit für den Schutz, die Alterungsbeständigkeit und die Haltbarkeit von Schrift- und Druckgut sind. Diese Internationale Norm beschreibt eine Anzahl grundsätzlicher Anforderungen, die für die Materialzusammensetzung und die Konstruktion von Schachteln und Archivmappen auf Zellulosebasis relevant sind.

Der Zweck von Schachteln und Archivmappen ist, Schrift- und Druckgut in vorgegebenem Ordnungszustand oder Verbund beieinander zu halten und zu bewahren, eine schützendes Behältnis zu bilden und die Identifizierung, den Transport und die Lagerung zu erleichtern. Es ist vorteilhaft, wenn dieselben Mappen und Schachteln von der Lagerung am Arbeitsplatz bis zur archivischen Endlagerung benutzt werden können. Darüber hinaus ist es möglich, Zusammengehöriges als eine Einheit zu transportieren, zu handhaben und auszuleihen.

Schachteln schützen Schrift- und Druckgut durch ihre Gestaltung und Konstruktion vor Umweltrisiken wie Licht, starke Temperatur- und Feuchtigkeitsschwankungen und Staub, aber auch vor denen der Handhabung. Archivmappen schützen Schrift- und Druckgut außerdem, indem sie es mit Materialien umhüllen, die sich durch besondere Qualität für die Erhaltung auszeichnen. Dennoch können auch Schachteln und Archivmappen von besonders hoher Qualität ungenügende Lagerungsbedingungen nicht ausgleichen.

Diese Norm kann als technische Vorschrift genutzt werden. Sie kann ebenso als Bestandteil in andere Vorschriften für den Handel oder in andere nationale oder Internationale Normen für noch speziellere Zwecke inkorporiert werden.

1 Anwendungsbereich

Diese Norm legt Anforderungen an Schachteln und Archivmappen aus zellulosehaltigem Material fest, die für die Langzeitlagerung von Schrift- und Druckgut aus Papier oder Pergament genutzt werden sollen.

Diese Norm ist für Schachteln aus Voll- oder Wellpappe und für Archivmappen aus Papier oder Karton anzuwenden.

Diese Norm kann ebenso für andere Arten von Umhüllungen für die Langzeitlagerung angewendet werden, z. B. für Kassetten, Mappen, Röhren und Umschläge aus zellulosehaltigem Material.

Diese Norm gilt nicht für die Lagerung fotografischen Materials.

ANMERKUNG ISO 18902 beinhaltet die Anforderungen an die Materialien für die Lagerung von Fotografien.

2 Normative Verweisungen

Die folgenden zitierten Dokumente sind für die Anwendung dieses Dokuments erforderlich. Bei datierten Verweisungen gilt nur die in Bezug genommene Ausgabe. Bei undatierten Verweisungen gilt die letzte Ausgabe des in Bezug genommenen Dokuments (einschließlich aller Änderungen).

ISO 5-3, *Photography and geographic technology — Density measurements — Part 3: Spectral conditions*

ISO 5-4, *Photography and graphic technology — Density measurement — Part 4: Geometric conditions for reflection density*

ISO 535, *Paper and board — Determination of water absorptiveness — Cobb method*

ISO 536, *Paper and board — Determination of grammage*

ISO 4046-3:2002, *Paper, board, pulps and related terms — Vocabulary — Part 3: Paper-making terminology*

ISO 5626:1993, *Paper — Determination of folding endurance*

ISO 9706:1994, *Information and documentation — Paper for documents — Requirements for permanence*

ISO 12048:1994, *Packaging — Complete, filled transport packages —Compression and stacking tests using a compression tester*

3 Begriffe und Symbole

3.1 Begriffe

Für die Anwendung dieser Dokuments gelten die Begriffe nach ISO 4046-3 zu den Eigenschaften bei der Papierherstellung und die folgenden Begriffe.

3.1.1
Schachtel
Aufbewahrungsbehälter zum Schutz von Schrift- und Druckgut und zur Erleichterung der Magazinierung und Handhabung

3.1.2
Archivmappe
gefalztes Stück Papier oder Karton zur Umhüllung und zum Voneinander-Trennen von Schrift- und Druckgut

DIN ISO 16245:2012-05

3.2 Symbole

$Cobb_{60}$ berechnete Wassermenge, die in 60 s von 1 m^2 Papier oder Pappe unter speziellen Bedingungen aufgenommen wird

D_R Reflexionsdichte

S_A spektrale Leistungsdichte, Reflexion

s_V sichtbare spektrale Empfindlichkeit

V spektraler Lichtempfindlichkeitsgrad

p_{max} maximale Druckbelastung

4 Anforderungen an Schachteln

4.1 Allgemeines

Die verwendeten Materialien dürfen keine Bestandteile enthalten oder erzeugen und keine physikalischen Eigenschaften besitzen, durch die das einzulagernde Schrift- und Druckgut geschädigt werden kann.

4.2 Pappe

Für die Schachteln sind zwei Typen von Pappe zu unterscheiden:

— Typ A;

— Typ B.

Pappe vom Typ A muss die Anforderungen nach ISO 9706:1994, 5.3 (für die alkalische Reserve), 5.4 (für die Kappa-Zahl), 5.5 (für den pH-Wert) erfüllen und neutral oder alkalisch geleimt sein. Alle Schichten der Pappe müssen diese Anforderungen erfüllen. Schichten von Wellpappe müssen einzeln gemessen werden. Vollpappe braucht nicht separiert zu werden. Die Prüfwerte nicht getrennter Vollpappe sind zusammen mit der Herstellergarantie eines alkalischen Herstellungsprozesses und des Gebrauchs von Hadern oder gebleichtem Zellstoff für alle Schichten akzeptabel.

Pappe vom Typ B muss die Anforderungen nach ISO 9706:1994, 5.3 (für die alkalische Reserve), 5.5 (für den pH-Wert) erfüllen und neutral oder alkalisch geleimt sein. Pappe vom Typ B unterliegt keinen Beschränkungen hinsichtlich der Kappa-Zahl und des Anteils an Lignin. Schichten von Karton und Wellpappe müssen einzeln gemessen werden. Alle Schichten der Pappe müssen diese Anforderungen erfüllen. Massive Pappe braucht nicht separiert zu werden. Die Prüfwerte nicht getrennter Vollpappe sind zusammen mit der Herstellergarantie eines alkalischen Herstellungsprozesses für alle Schichten akzeptabel.

Wenn Pappe, die für Schachteln verwendet wird, aus zwei oder mehr Schichten verschiedenen Typs besteht, wobei mindestens eine Schicht nicht die Anforderungen für Pappe vom Typ A erfüllt, dann muss die Pappe als Typ B eingestuft werden.

Schachteln vom Typ A dürfen ohne Archivmappen verwendet werden. Schachteln vom Typ B sind dafür gedacht, zusammen mit Archivmappen, wie sie in Abschnitt 5 beschrieben werden, eingesetzt zu werden.

Die Schachtel muss außen gekennzeichnet werden entweder mit

a) „Pappe ISO 16245–A", für Schachteln, hergestellt aus Pappe vom Typ A, oder

b) „Pappe ISO 16245–B", für Schachteln, hergestellt aus Pappe vom Typ B.

4.3 Gewebezug

Eine Schachtel kann mit Gewebe bezogen sein. Das genutzte Gewebe, auch vorgedrucktes, muss mit einer nicht migrierenden harzigen Substanz überzogen oder imprägniert sein, z. B. Acrylharz. Das Gewebe muss extrem widerstandsfähig gegen Falzen, Risse und Abrieb sein. Es muss lichtbeständig und geeignet für direktes Beschriften sein. Die Oberfläche muss durch eine vollständige Beschichtung der Oberflächenfasern abriebfest sein.

4.4 Kaschierung

Eine Schachtel darf mit Papier kaschiert sein. Das dafür genutzte Papier muss die Anforderungen aus 5.2 mit Ausnahme der Grammatur erfüllen.

4.5 Farbe

Die Pappe und die Kaschierung sollten nach Möglichkeit keine optischen Aufheller, Farbstoffe oder Pigmente enthalten.

Wenn dennoch Pappe oder Kaschierung dieser Art verwendet wird, dann sollte es kein Ausbluten von optischen Aufhellern, Farbstoffen oder Pigmenten geben, wenn mit dem Verfahren nach 5.8 geprüft wird.

Der Bezug kann farbig sein, muss aber dann den Anforderungen nach 5.8 genügen.

4.6 Oberfläche

Der $Cobb_{60}$-Wert muss nach ISO 535 bestimmt werden. Der $Cobb_{60}$-Wert für das Äußere von nicht bezogenen Schachteln darf nicht höher als 25 sein.

Die Oberfläche muss gekennzeichnet werden können.

4.7 Klebstoffe

Die für die Herstellung von Schachteln oder Archivmappen verwendeten Klebstoffe dürfen keine externen Weichmacher enthalten. Der Hersteller muss den Typ des verwendeten Klebstoffs angeben und bestätigen, dass kein Weichmacher enthalten ist.

ANMERKUNG Die Erfahrung hat gezeigt, dass Stärke oder Co-Polymere von Ethen (Ethylen) oder Vinylacetat (EVA) ohne externe Weichmacher akzeptabel sind. Eine alkalische Puffersubstanz, z. B. Kalziumkarbonat, kann einem EVA-Klebstoff zugefügt werden, um die gegenteiligen Wirkungen eines der Beimengung folgenden möglichen Austretens von Essigsäure zu neutralisieren.

4.8 Mechanische Verbindungelemente

Der Gebrauch von mechanischen Verbindungselementen für den Aufbau der Schachtel wie Nieten, Drahtheftungen oder Klammern sollte vermieden werden. Wenn dennoch Verbindungselemente aus Metall benötigt werden, dann müssen sie aus nichtrostendem Material bestehen, z. B. Edelstahl.

Wenn Befestiger genutzt werden, müssen sie aus nichtrostendem Material bestehen, z. B. Edelstahl.

4.9 Gestaltung

Die Schachtel muss derart gestaltet sein, dass sie die Archivmappen und das Schrift- und Druckgut so umschließt, dass alles leicht eingebracht und wieder herausgenommen werden kann. Die Schachtel darf nicht luftdicht sein.

DIN ISO 16245:2012-05

Durch Nieten, Klammern usw., die für den Aufbau der Schachtel verwendet wurden, darf kein Schaden an Schrift- und Druckgut verursacht werden. Wenn die Schachtel mit einer Vorrichtung versehen ist, mit der sie aus dem Regal genommen werden kann, darf deren Konstruktion nicht derart sein, dass das Schrift- und Druckgut beschädigt werden kann. Die Schachtelöffnung muss so gestaltet sein, dass jede Beschädigung von Schrift- und Druckgut vermieden wird, wenn man es aus der Schachtel nimmt.

Die Schachtel muss einem dreihundertfachen wiederholten Öffnen und Schließen standhalten. Die Gestaltung sollte sowohl eine vertikale als auch eine horizontale Lagerung ermöglichen, bei der vertikalen Lagerung sowohl mit der kurzen als auch der langen Seite nach unten. Wenn die Schachtel für nur eine Position optimiert ist, dann muss dies außen auf der Schachtel vermerkt sein.

4.10 Festigkeit

Die Schachtel muss mindestens einem Druck von 20 kPa standhalten.

Die Festigkeit der Schachtel ist wie folgt zu prüfen: Man nehme fünf leere Schachteln und prüfe jede für sich. Wenn sie vom Hersteller montiert sind, dann prüfe man sie so, wie sie sind. Wenn sie nicht montiert sind, montiere man sie entsprechend der Anleitung des Herstellers. Man benutze einen Kompressionstester nach ISO 12048:1994, Abschnitt 4. Man konditioniere die Schachteln bei (23 ± 2) °C und (50 ± 5) % relativer Luftfeuchte und führe die Prüfung unter denselben klimatischen Verhältnissen durch. Man bringe die Schachtel in die Position(en), für die sie zum Gebrauch oder zum Transport gestaltet wurde. Man steigere die Last durch Bewegen der Druckplatten mit einer relativen Geschwindigkeit von (10 ± 3) mm/min, bis der Kompressionstest zum Bruch führt. Die maximale Druckbelastung p_{max} ist zu notieren und zu bestimmen. Der Durchschnittswert der maximalen Druckbelastung aller fünf Prüfungen darf nicht weniger als 20 kPa betragen.

ANMERKUNG Für eine Fläche von 320 mm × 245 mm entspricht der Druck von 20 kPa annähernd einer Last von 160 kg.

4.11 Maße

Die inneren Maße der Schachteln müssen größer sein als die Maße der Archivmappen und des Schrift- und Druckguts, das sie beinhalten, und sie müssen ein leichtes Herausnehmen ermöglichen.

ANMERKUNG Die Maße der Schachteln unter Einschluss der Toleranzen werden vom Nutzer üblicherweise bei der Auftragsvergabe bestimmt.

5 Anforderungen für Archivmappen

5.1 Allgemeines

Die verwendeten Materialien dürfen keine Bestandteile enthalten oder erzeugen und keine physikalischen Eigenschaften besitzen, durch die das einzulagernde Schrift- und Druckgut geschädigt werden kann.

5.2 Papier und Karton

Papier und Karton müssen neutral oder alkalisch geleimt sein und den Anforderungen nach ISO 9706:1994, 5.3, 5.4 und 5.5, entsprechen.

Die Grammatur des Papiers und des Kartons muss nach ISO 536 bestimmt werden. Die Grammatur muss mindestens 100 g/m^2 betragen.

Papier und Karton dürfen keine optischen Aufheller enthalten.

Papier für archivische Zwecke, wie in ISO 11108 definiert und festgelegt, entspricht ebenfalls den Anforderungen nach ISO 9706, hat aber im Allgemeinen eine höhere Haltbarkeit.

5.3 Farbe

Papier und Karton sollten nach Möglichkeit keine Farbstoffe und Pigmente enthalten. Wenn dennoch farbiges Papier oder farbiger Karton benutzt wird, dann darf es nicht zum Ausbluten von Farbstoffen oder Pigmenten kommen, wenn nach dem Verfahren, wie in 5.8 beschrieben, geprüft wird.

Farbige Archivmappen müssen einen Farbton und eine Farbintensität haben, die ein leichtes Lesen mit dem Auge, beim Kopieren, Mikroverfilmen oder Scannen ermöglichen. Die optische Dichte der Archivmappe (ISO 5, sichtbare Dichte), $D_{\mathrm{R}}(S_{\mathrm{A}}{:}s_{\mathrm{V}})$, darf nicht höher sein als 0,20, wenn sie so bestimmt wird, wie in ISO 5-3 und ISO 5-4 festgelegt.

ANMERKUNG Die Wiedergabe der Information beim Kopieren, Mikroverfilmen und beim Scannen hängt sowohl von der Dichte der Archivmappe als auch der Dichte des Bildes ab.

5.4 Klebstoffe

Klebstoffe sollten vermieden werden. Wenn dennoch Klebstoffe notwendig werden, dürfen sie keine externen Weichmacher enthalten. Der Hersteller muss den Typ des verwendeten Klebstoffs angeben und bestätigen, dass kein Weichmacher enthalten ist.

ANMERKUNG Die Erfahrung hat gezeigt, dass Stärke oder Co-Polymere von Ethen (Ethylen) und Vinylazetat (EVA) ohne externe Weichmacher akzeptabel sind. Eine alkalische Puffersubstanz, z. B. Kalziumkarbonat, kann einem EVA-Klebstoff zugefügt werden, um die gegenteiligen Wirkungen eines der Beimengung folgenden möglichen Austretens von Essigsäure zu neutralisieren.

5.5 Mechanische Verbindungselemente

Der Gebrauch von mechanischen Verbindungselementen wie Nieten, Drahtheftungen oder Klammern sollte vermieden werden. Wenn dennoch Verbindungselemente aus Metall benötigt werden, dann sollten sie aus nichtrostendem Material bestehen, z. B. Edelstahl.

5.6 Festigkeit

Der Falzwiderstand des Papiers muss nach ISO 5626 bestimmt werden. Papier mit einer Dicke bis 0,25 mm muss einen Falzwiderstand in jede Richtung (Maschinenlaufrichtung und quer) von mindestens 1,9 haben, wenn er mit dem Apparat nach ISO 5626:1993, A.1, bestimmt wird, oder mindestens 1,7, wenn er mit einem der Apparate nach ISO 5626:1993, A.2, A.3 oder A.4, bestimmt wird.

Papier und Karton mit einer Dicke von mehr als 0,25 mm muss eingeritzt werden, d. h. ein gerader Kanal muss in die Oberfläche des Papiers eingepresst werden, um das Falzen des Papiers zu ermöglichen oder zu erleichtern.

5.7 Maße

Die Maße der Archivmappen müssen größer als die Maße des Schrift- und Druckguts, das sie beinhalten, und kompatibel mit den Maßen der Schachtel sein.

ANMERKUNG Die Maße der Archivmappen unter Einschluss der Toleranzen werden vom Nutzer üblicherweise bei der Auftragsvergabe bestimmt.

DIN ISO 16245:2012-05

5.8 Ausbluten

Die Prüfung von Material, das optische Aufheller, Farbstoffe oder Pigmente enthält, muss wie folgt durchgeführt werden.

Tränke zwei Stück Filterpapier Whatman Nr. 1[N1] von etwa der Größe 80 mm × 80 mm in entionisiertem Wasser von 20 °C bis 25 °C. Lege eines der Stücke auf eine flache Platte aus z. B. Aluminium oder inertem Glas. Schneide ein Stück des zu prüfenden Materials von der Größe 40 mm × 40 mm ab und lege es auf das Filterpapier. Bedecke es mit dem anderen Filterpapier und lege eine flache Platte aus Aluminium oder inertem Glas darauf. Belaste dies mit 12 kPa (dies entspricht einem Gewicht von ungefähr 2 kg). Entferne die Last und die Probe nach 20 min und trockne die beiden Filterpapiere in einer hängenden Position.

Prüfe die Filterpapiere mit dem Auge unter Tageslichtbedingungen. Es darf keine Farbe auf das Filterpapier übergehen.

Prüfe die Filterpapiere und ein Stück Filterpapier, das nicht in Kontakt mit der Probe kam, gleichzeitig unter einer UV-Lampe. Die geprüften Filterpapiere dürfen nicht fluoreszieren.

6 Prüfbericht

Der Prüfbericht muss Folgendes enthalten:

a) eine Verweisung auf diese Internationale Norm, ISO 16245:2009;

b) die Kennzeichnung des geprüften Materials;

c) Datum und Ort der Prüfung;

d) irgendwelche sonstige Beobachtungen, die für die Eignung der Schachteln oder der Archivmappen für den Schutz des innen liegenden Schrift- und Druckguts von Bedeutung sein können;

e) irgendwelche Abweichungen von dieser Internationalen Norm und irgendwelche Umstände, die auf die Ergebnisse Einfluss haben könnten;

f) die erhaltenen Prüfergebnisse bei der Prüfung nach

   1) 4.2, 4.6, 4.9 und 4.10 für alle Archivschachteln,

   2) 4.2, 4.5, 4.6, 4.9 und 4.10 für farbige Archivschachteln,

   3) 5.2 und 5.6 für alle Archivmappen,

   4) 5.2, 5.3 und 5.6 für farbige Archivmappen;

g) eine Feststellung, dass das Ergebnis die Anforderungen dieser Internationalen Norm erfüllt oder verfehlt; in letztgenanntem Fall muss der genaue Grund genannt werden.

[N1] Nationale Fußnote: Filterpapier Whatman Nr. 1 ist die Herstellerbezeichnung des Produkts, geliefert von Whatman. Diese Angabe dient nur zur Unterrichtung der Anwender dieser Internationalen Norm und bedeutet keine Anerkennung des genannten Produkts durch ISO oder DIN. Gleichwertige Produkte dürfen verwendet werden, wenn sie nachweisbar zu identischen Ergebnissen führen.

Literaturhinweise

[1] EN 923, *Klebstoffe — Benennungen und Definitionen*

[2] ISO 5127, *Information and documentation — Vocabulary*

[3] ISO 11108, *Information and documentation — Archival paper — Requirements for permanence and durability*

[4] ISO 18902, *Imaging materials — Processed imaging materials — Albums, framing and storage materials*

April 2016

DIN 15549

DIN

ICS 37.040.99

Ersatz für
DIN ISO 18902:2010-05

Bild-Aufzeichnungsmaterialien – Materialien für Fotografien – Beschaffenheit von Aufbewahrungsmitteln

Imaging materials –
Material for photographs –
Composition of storage materials

Matériaux pour image –
Matériaux pour photo –
Constitution des matériaux d'archivage

Gesamtumfang 20 Seiten

DIN-Normenausschuss Veranstaltungstechnik, Bild und Film (NVBF)

DIN 15549:2016-04

Inhalt

DIN 15549:2016-04

Vorwort

Diese Norm wurde im DIN-Normenausschuss Veranstaltungstechnik, Bild und Film (NVBF) vom zuständigen Arbeitsausschuss NA 149-00-01 AA „Fotografische Medien" erarbeitet.

Es wird auf die Möglichkeit hingewiesen, dass einige Elemente dieses Dokuments Patentrechte berühren können. DIN [und/oder DKE] sind nicht dafür verantwortlich, einige oder alle diesbezüglichen Patentrechte zu identifizieren.

In diese Norm ist ISO 18902:2013 teilweise übernommen worden.

Dass zur Beschaffenheit von Aufbewahrungsmitteln für traditionelle Fotografien nach langen Jahren der Übernahme Internationaler Normen in das Deutsche Normenwerk nunmehr eine formal eigenständige deutsche Norm erscheint, hat einen triftigen Grund. Während es sich in früheren Jahren durchaus bewährt hat, die jeweils neueste ISO 18902 als DIN zu übernehmen, ist dies bei der ISO 18902:2013 nach Auffassung des zuständigen nationalen Arbeitsausschusses NA 149-00-01 AA bedauerlicherweise nicht mehr der Fall.

In ISO 18902:2013 wurden umfangreiche Änderungen und vor allem Kürzungen vorgenommen, die nicht immer zur Verbesserung der Norm beigetragen haben. Es sind im Gegenteil die Anforderungen für zahlreiche Materialien und Produkte, mit oder in denen fotografisches Material gelagert werden kann, ersatzlos weggefallen, obwohl sie – zumindest in Mitteleuropa – noch in Gebrauch und zum Teil käuflich zu erwerben sind. Auch die durchaus probate Unterscheidung zwischen Nutzungs- und Archivstücken (siehe informativer Anhang A) ist weggefallen, obwohl sie nicht zuletzt zur Kostenersparnis bei der Fotoarchivierung beigetragen hat. Damit geht ISO 18902:2013 an der Realität der in Archiven und Bibliotheken bereits vorhandenen Fotoüberlieferung vorbei.

Daher wurde beschlossen, auf der Basis v. a. der vorherigen DIN ISO 18902:2010-05 eine deutsche Norm zu erarbeiten, die primär dem großen Bestand an traditionellen Fotografien in den Fotoarchiven und allenfalls daneben auch den neuen Zugängen am ehesten gerecht werden kann. Es ist also inhaltlich keine völlig neue Norm entstanden, sondern eine teilweise Übernahme früherer Normen. Sollten sich spätere Ausgaben der ISO 18902 wieder stärker an der Realität in den Fotoarchiven orientieren, wofür leider derzeit keine Anhaltspunkte erkennbar sind, müsste über eine Ablösung der vorliegenden Norm und eine neuerliche Übernahme der ISO-Norm nachgedacht werden.

Im Folgenden wird aus Gründen der sprachlichen Vereinfachung der Begriff „Fotografie" durchgängig in einem sehr weitgehenden Sinne verwendet (siehe Definition bei „Begriffe"). Die Fotografien auf der Basis des Silberhalogenidverfahrens stellen nach wie vor den größten Anteil in den traditionellen Fotoarchiven dar und man darf davon ausgehen, dass fotografische Überlieferungsvarianten nur in Ausnahmefällen andere Aufbewahrungsmittel beanspruchen.

DIN 15549:2016-04

Änderungen

Gegenüber DIN ISO 18902:2010-05 wurden folgende Änderungen vorgenommen:

a) Inhalt der DIN ISO 18902:2010-05 weitgehend übernommen, weil in der neuen ISO 18902:2013 umfangreiche Änderungen und vor allem Streichungen zu Definitionen sowie zu Materialien, Produkten und Maßnahmen vorgenommen wurden, welche zumindest in Mitteleuropa noch Anwendung finden, beispielsweise die kostenersparende Unterscheidung zwischen Nutzungs- und Archivstücken;

b) Inhalt redaktionell überarbeitet.

Frühere Ausgaben

DIN ISO 10214: 1994-11
DIN ISO 18902: 2010-05

DIN 15549:2016-04

Einleitung

Fotografien sind von erheblicher Bedeutung als dokumentarische, bildhafte Belege unserer Geschichte und unseres Lebens. Der so oft zitierte Satz „Ein Bild sagt mehr als tausend Worte" hat nichts an Bedeutung und Aussagekraft eingebüßt. Ohne die Fotografien und Filme der letzten 175 Jahre wäre unsere Vorstellung und Kenntnis der jüngeren Vergangenheit ganz erheblich ärmer und unwissender. Visuelle Zeugnisse potenzieren die Erinnerungsfähigkeit. Damit auch künftige Generationen „sich ein Bild machen können" von vergangenen Zeiten, ist die Erhaltung fotografischer Überlieferungsformen zwingend.

Es sei an dieser Stelle vorsorglich darauf hingewiesen, dass die Annahme, eine Digitalisierung der traditionellen Fotografien würde die Probleme ihrer Erhaltung lösen und damit auch besondere Anforderungen an ihre Aufbewahrungsmittel obsolet werden lassen, angesichts der Flüchtigkeit digitaler Überlieferung und der noch immer nicht gelösten Frage einer wirklich dauerhaften, sich also über viele Jahrzehnte und Jahrhunderte erstreckenden Erhaltung digitaler Überlieferung, ein fataler und folgenschwerer Trugschluss wäre.

Stabilität, Haltbarkeit und damit auch bleibende Aussagefähigkeit von Fotografien hängen von vielerlei Faktoren ab – von ihren physikalischen und chemischen Eigenschaften, von der Intensität und Art ihrer Benutzung und natürlich gerade auch von den Umständen ihrer Lagerung.

Besonders wesentlich sind dabei

a) die sachgerechte Verarbeitung bereits bei der Entstehung,

b) die klimatischen Lagerungsbedingungen wie Luftfeuchte und Temperatur,

c) die Gefahren durch Feuer, Wasser und Lichteinwirkung,

d) ein Befall durch Insekten oder durch Mikroorganismen, insbesondere Pilze,

e) der Kontakt mit bestimmten festen, flüssigen oder gasförmigen Chemikalien,

f) physische Beschädigung,

g) die sachgerechte Benutzung,

h) die Verpackung, d. h. die Hüllen und Behältnisse.

Dem letztgenannten Punkt, der dauerhaften Erhaltung von Fotografien durch sachgerechte Aufbewahrungsmittel in Archiven, Bibliotheken, Verwaltung, Wirtschaft, aber auch im privaten Bereich soll die vorliegende Norm dienen. Ob Feuer, Wasser oder physischer Stoß oder Druck – Verpackungen verhüten, vermindern oder verzögern die Schadenseinwirkungen und selbst schädliche Einflüsse des Klimas oder aus der Luft können durch entsprechende Verpackung gemildert werden.

Lagerungsbedingungen für Fotografien können für eine Lagerung auf Dauer oder für eine Lagerung auf begrenzte Zeit festgelegt werden. Der Schutz der Fotografien ist in beiden Fällen erforderlich, er unterscheidet sich jedoch graduell und hängt von der inhärenten Stabilität der visuellen Unterlagen, von den Kosten der vorgesehenen Lagermodalitäten, von der angestrebten Nutzungsdauer und von der Häufigkeit der Nutzung ab. Dabei muss auch ein angemessener Kompromiss zwischen dem erforderlichen Grad des Schutzes und praktischen Überlegungen der Benutzung gefunden werden.

DIN 15549:2016-04

Eine sachgerechte Verpackung von Fotografien ist nicht nur ein erprobtes, sondern auch ein verhältnismäßig preisgünstiges Mittel zur Erhaltung dieser Überlieferung. Sie trägt, vielen Schäden vorbeugend, ganz wesentlich dazu bei, dass teure und aufwändige Restaurierungen und andere Maßnahmen der Schadensbehebung gar nicht erst erforderlich werden und ist selbst viele Jahre dauerhaft, sofern die nachstehend genannten Materialien und Konstruktionen verwendet werden.

Für neue Alben – heute Fotobücher genannt – wird auf internationaler Ebene eine Norm erarbeitet, die Prüfverfahren für Haltbarkeit und Alterungsbeständigkeit festlegt (ISO/NP 18948, *Imaging Materials — Photo Books — Test Methods for Permanence and Durability*).

DIN 15549:2016-04

1 Anwendungsbereich

Diese Norm legt Anforderungen an Materialien fest, die für Aufbewahrungsmittel und -behältnisse für fotografische Medien verwendet werden und in einigen Fällen auch Anforderungen an deren Konstruktion.

In wesentlicher Ergänzung dazu spezifiziert ISO 18916 das Prüfverfahren zur Bewertung der fotografischen Reaktivität für die Materialien, auf die sich diese Norm bezieht.

ANMERKUNG 1 DIN ISO 16245 nennt die Voraussetzungen für sachgerechte Schachteln und Boxen. Auch wenn diese Norm primär für Schrift- und Druckgut konzipiert wurde und Fotografien - womöglich zur Vermeidung von Zuständigkeitskonflikten - ausdrücklich ausgeschlossen werden, ist sie gleichwohl hinsichtlich der Anforderungen für die Konstruktion von Schachteln des Typs A auch für Fotografien unter der Voraussetzung gut brauchbar, dass die Fotografien in der Schachtel nochmals gesondert umhüllt sind.

ANMERKUNG 2 Zur Kennzeichnung der Haltbarkeitsanforderungen an Fotografien bestehen zum Beispiel nachstehende nationale bzw. Internationale Normen: DIN ISO 18901, ISO 18905, ISO 18912 und ISO 18919.

ANMERKUNG 3 Empfehlungen für die Lagerungsbedingungen für Fotografien werden zum Beispiel in den folgenden Normen gegeben: ISO 18911, ISO 18918 und ISO 18920.

Für die Alterungsbeständigkeit von Schriften, Drucken und Kopien auf Papier gelten die Festlegungen nach DIN ISO 11798.

Diese Norm ist ausdrücklich nicht auf Unterlagen anzuwenden, die Fotografien als Kontext beigegeben worden sind und mit ihnen zusammen gelagert werden, wie etwa Aufzeichnungen, Bildunterschriften oder Ephemera.

Für die Alterungsbeständigkeit von Papier gelten die Festlegungen nach DIN EN ISO 9706.

Auch Aufbewahrungsmittel für Fotografien, die als Kunstwerke anzusehen sind (Fine Art Photographs), werden von dieser Norm nicht erfasst.

2 Normative Verweisungen

Die folgenden Dokumente, die in diesem Dokument teilweise oder als Ganzes zitiert werden, sind für die Anwendung dieses Dokuments erforderlich. Bei datierten Verweisungen gilt nur die in Bezug genommene Ausgabe. Bei undatierten Verweisungen gilt die letzte Ausgabe des in Bezug genommenen Dokuments (einschließlich aller Änderungen).

DIN EN ISO 9706, *Information und Dokumentation — Papier für Schriftgut und Druckerzeugnisse — Voraussetzungen für die Alterungsbeständigkeit*

DIN ISO 11798, *Information und Dokumentation — Alterungsbeständigkeit von Schriften, Drucken und Kopien auf Papier — Anforderungen und Prüfverfahren*

ISO 18916, *Imaging materials — Processed imaging materials — Photographic activity test for enclosure materials*

ISO 18932, *Imaging materials — Adhesive mounting systems — Specifications*

3 Begriffe

Für die Anwendung dieses Dokuments gelten die folgenden Begriffe.

3.1
Fotografie
Lichtzeichnung
durch Strahlen, insbesondere durch sichtbares Licht mit Hilfe optischer Systeme auf entsprechend sensibilisierten Flächen erzeugte bleibende Abbildung, vor allem im Silberhalogenid-, im Silberfarbbleich- und im Silbersalzdiffusionsverfahren

Anmerkung 1 zum Begriff: Zur sprachlichen Vereinfachung umfasst der Begriff in dieser Norm auch Abbildungen aus Trockenverfahren, aus elektrofotografischen Verfahren, Tintenstrahldrucke und aus anderen analogen und digitalen Druckprozessen. Genuin digitale Fotografien sind nicht impliziert.

3.2
säurefreies Papier und säurefreie Pappe
Papier oder Pappe mit einem pH-Wert zwischen 7,0 ± 0,2 und 9,5 ± 0,2 aus einem säurefreien Herstellungsprozess und neutral oder alkalisch geleimt

Anmerkung 1 zum Begriff: Bestimmung des pH-Wertes durch Kaltextraktion, z. B. nach DIN 53124.

3.3
Pufferung
Erdalkalireserve in Papier oder Pappe zur Neutralisierung von evtl. hinzutretender Säure

Anmerkung 1 zum Begriff: Normalerweise wird zur Pufferung Magnesiumcarbonat oder Calciumcarbonat verwendet.

3.4
ligninfrei
Eigenschaft von Papier oder Pappe mit keinem oder einem sehr geringen Anteil an Lignin, gemessen mit der Kappa-Zahl von 5,0 oder weniger

3.5
säurefreier Klebstoff
neutraler oder leicht alkalischer Befestigungskleber mit einem pH-Wert zwischen 7,0 ± 0,2 und 9,5 ± 0,2

3.6
Antiblockiermittel
Material, das auf Oberflächen aufgebracht wird und dort eine Verminderung der Kontaktfläche bewirkt, um den Reibungskoeffizienten zu verringern

BEISPIEL Talkum und andere Silikate.

3.7
Gleitmittel
Material, das Kunststofffolien beigegeben wird, um den Reibungskoeffizienten zu verringern, wobei die Transparenz erhalten bleibt

Anmerkung 1 zum Begriff: Gleitmittel sind meist Amidverbindungen.

3.8
Glanzbildung
visuelle Änderung der Oberfläche durch Quellung fotografischer Schichten (Gelatine), meist infolge hoher Luftfeuchte und direkten Kontakt mit einer anderen Oberfläche

DIN 15549:2016-04

3.9
Newtonsche Ringe
schwach farbige Ringe oder streifige Muster infolge einer Interferenz zwischen einem direkten und einem reflektierten Lichtstrahl bei engem Kontakt zweier durchsichtiger Oberflächen

3.10
archivsicher
Eigenschaft von Material, die den Anforderungen dieser Norm entspricht, so dass sie die natürliche Alterung von Fotografien nicht beschleunigt und diese über sehr lange Zeiträume chemisch, physikalisch und physisch stabil bleiben

Anmerkung 1 zum Begriff: Material, das nur den geforderten pH-Wert aufweist oder den Test zur fotografischen Aktivität nach ISO 18916 besteht, ist nicht zwingend archivsicher, da es andere Faktoren geben mag, die für Bilder oder Bildträger schädlich sind. Diese Faktoren können mangelhafte handwerkliche Arbeit, schlechte Konstruktionsgestaltung oder schädliche chemische Reaktionen, die vom pH-Wert oder dem Test auf fotografische Aktivität alleine nicht bestimmbar sind, einschließen. Dazu kommt, dass manche Materialien selbst physikalisch und chemisch instabil und deshalb nicht dauerhaft sind, obwohl sie selbst nicht mit den zu schützenden Objekten reagieren.

4 Aufbewahrungsbehältnisse und deren Konstruktion

4.1 Allgemeines

Fotografien gelangen oft in ihren ursprünglichen Aufbewahrungsbehältnissen in die Archive, z. B. in alten Alben oder Rahmen. Es ist eine schwierige und in jedem Einzelfall erneut zu treffende Entscheidung, diese Fotografien daraus zu entnehmen und in neue, sachgerechte Verpackungen zu verbringen oder sie in ihrem bisherigen Aufbewahrungszustand zu belassen, denn es kann sein, dass die alten Aufbewahrungsmittel und die Fotografien zusammen als ein Ganzes von besonderem historischem Wert sind – man denke dabei z. B. an die oft handwerklich aufwändigen und kunstvollen Fotoalben oder Rahmen des 19. Jahrhunderts. Auch die Trennung von dem im Anwendungsbereich erwähnten Kontextmaterial ist ggf. unter diesem Blickwinkel zu betrachten.

Entscheidend muss dabei sein, ob die alte Aufbewahrung für die Fotografien schädlich ist oder noch werden könnte und andere Möglichkeiten der Bewahrung – z. B. die Restaurierung des ganzen Ensembles und die Herstellung von Masterkopien der darin enthaltenen Fotografien – nicht gegeben sind. Wenn dem so ist, hilft auch keine Nostalgie, dann muss trotz einer möglichen Beeinträchtigung des intrinsischen Wertes oder einer engen inhaltlichen Verbindung eine neue Unterbringung der Fotografien in sachgerechten Aufbewahrungsbehältnissen oder zumindest eine zusätzliche Schutzmaßnahme z. B. durch sachgerechte Einlegeblätter oder gesonderte Hüllen o. ä. vorgenommen werden. Dabei ist strikt darauf zu achten, dass die verwendeten Materialien den Anforderungen dieser Norm entsprechen.

Nachstehend werden die normalerweise anzutreffenden Aufbewahrungsbehältnisse kurz vorgestellt und dort, wo erforderlich, Erläuterungen und Hinweise gemacht. Dies bedeutet nicht von vornherein, dass sie alle als archivsicher bezeichnet werden können oder überhaupt besonders geeignet für die Lagerung von Fotografien wären.

Vorab sei die nur scheinbare Selbstverständlichkeit angemerkt, dass die Maße der Aufbewahrungsbehältnisse bestimmt sein müssen von den Maßen und der Dicke der einzubringenden Fotografien und von deren Menge. Die Aufbewahrungsbehältnissen müssen also groß genug sein, um die gewünschte Anzahl von Stücken ohne Abrieb einführen und herausziehen zu können, und zugleich eng genug, um eine allzu große Bewegung innerhalb der Aufbewahrungsbehältnisse zu verhindern. Damit wird mechanischen Beschädigungen vorgebeugt.

4.2 Album

Ein Album ist ein Einband oder Buch mit einer Vorder- und Rückseite (normalerweise opak und steif), in das entlang einer Seite Blätter eingebunden sind, die entweder mit Kunststoffbändern, Leim, Nähten oder durch Metallösen oder -ringe befestigt sind.

Fotografien, die in Alben aufbewahrt werden, können in Ordnerhüllen oder Umschlägen eingefügt oder auf Papier- oder Kartonseiten befestigt werden.

Um die drei offenen Seiten eines Albums vor Licht und Staub zu schützen, sollte ein Schuber benutzt werden (eine schmale Schachtel mit einer offenen Seite, in die das Album eingeführt wird) oder vollständig in einen Karton oder eine Schachtel gelegt werden (siehe auch DIN ISO 16245).

Vorsicht ist jedoch geboten bei eingeklebten Fotografien, sei es, dass sie unmittelbar eingeklebt wurden oder mit klebenden Fotoecken befestigt wurden. Der ausgetrocknete Klebstoff kann seine Klebewirkung verlieren, die Fotografien damit ihren Halt und die Klebstoffreste können die Fotografien mechanisch oder auch chemisch schädigen. Sind die Fotografien innerhalb der Alben in Passepartouts eingefügt und sind diese so beschädigt, dass die Fotografien den Halt verloren haben, sollten die Passepartouts repariert werden. Es ist wichtig, herab- oder herausgefallene Fotografien wieder zu befestigen, wobei ausschließlich Materialien nach den Vorgaben dieser Norm verwendet werden müssen.

Sofern Zwischenblätter, durch die die Fotografien gegenüberliegender Albumseiten voneinander getrennt werden, entfallen oder beschädigt oder aus schädigendem Material sind, so dass Emulsion auf Emulsion zu liegen kommen kann oder die Emulsionen beschädigt werden, müssen neue Zwischenblätter nach den Vorgaben dieser Norm eingelegt werden.

Alben sind für die Lagerung und das Betrachten von Fotografien normalerweise gut geeignet und sorgen für einen einigermaßen festen physischen Schutz.

4.3 Schachtel

Eine Schachtel ist ein äußerer Behälter, der ein oder mehrere Fotografien beinhalten kann und der in der Regel aus Pappe hergestellt ist (zur Beschaffenheit der Schachteln siehe auch DIN ISO 16245:2012-05, Schachteltyp A). Die einzelnen Fotografien müssen ihrerseits nochmals in Hüllen o. ä. untergebracht sein.

Besonders wichtig ist, dass die Schachteln beim Übereinanderstellen den Druck des Gewichts der darüber liegenden Schachteln aushalten ohne ihn an den Inhalt weiter zu geben. Mehr als drei Schachteln sollten nicht übereinander gelagert werden. Schachteln, die an der Vorderseite einen Klappdeckel zum Öffnen haben, sind einfacher handzuhaben als Stülpdeckelkartons und daher auch für den Inhalt schonender, weil die innen lagernden Fotografien leichter und schonender entnommen werden können.

Holzkisten oder alte Kartons wie z. B. Schuhschachteln sind ungeeignet und dürfen nicht verwendet werden.

ANMERKUNG Schuhschachteln bestehen aus säurehaltigem Material.

Schachteln eignen sich gut für die Lagerung und bieten einen guten Schutz vor Licht, Staub und physischer Beschädigung. Dass mit ihrer Hilfe auch größere Ordnungszusammenhänge gewahrt bleiben, ist ein willkommener Nebeneffekt.

4.4 Faltdeckel/Einlegemappe

Ein Faltdeckel besteht aus einem einzigen Blatt, das gefaltet ist. Er hat keine Kleberänder und kann aus Papier, Pappe oder aus Kunststoff bestehen. Einlegemappen haben zusätzlich Einschläge an allen drei offenen Seiten, die das Herausrutschen verhindern.

DIN 15549:2016-04

Faltdeckel und Einlegemappen sind einfach handzuhaben, verringern die Möglichkeit des Abriebs fotografischen Materials, wenn es eingelegt oder herausgezogen wird, aber sie bieten nur relativ wenig Schutz gegen Staub und gegen gasförmige Verunreinigungen. Sie eignen sich daher besonders für Benutzungskopien.

4.5 Mikrofilmkarte

Eine Mikrofilmkarte ist eine Karte mit standardisierten Maßen (normalerweise 82,5 mm × 187 mm) mit einer oder mehreren Öffnungen, in denen ein Mikrofilmbild oder -streifen befestigt oder in die er eingefügt werden kann.

Mikrofilmkarten beinhalten wie Dia-Rahmen nur relativ kleine Filmstücke, wobei der Film bei Benutzung mit der Karte verbunden bleibt. Dies ist von Vorteil für fotografische Materialien mit hohen Zugriffsraten wegen der vereinfachten Handhabung. Allerdings bietet diese offene Struktur wenig Schutz vor physischen oder natürlichen Schädigungen.

4.6 Jacket

Ein Jacket besteht aus zwei durchsichtigen Kunststofffolien unterschiedlicher Formate, die durch Streifen mit einem oder mehreren Führungsrinnen (Streifbänder) getrennt sind, damit ein oder mehrere Mikrofilmbilder darin aufbewahrt werden. Die Führungsrinnen können sowohl durch Heißversiegeln, Ultraschallschweißung oder einen Fleck Klebstoff gebildet werden. Die Führungsrinnen müssen so gestaltet sein, dass die Einführung von verarbeitetem fotografischem Material ohne Abrieb erfolgen kann. Am oberen Rand befindet sich ein Titelstreifen zur Beschriftung.

Jackets bieten wie alle Kunststoffhüllen wenig Schutz vor Licht, aber guten Schutz vor Staub und Abrieb. Das Bild ist einfach zu identifizieren und kann betrachtet werden, ohne es aus dem Jacket herauszunehmen. Zudem sind etwaige Ergänzungen mit zugehörigen Fotografien leicht möglich.

4.7 Büchse

Eine Büchse ist ein Behälter aus Metall oder Kunststoff für eine Rolle Aufnahmematerial, z. B. fotografischer Film oder Magnetband. Da diese Behältnisse relativ dicht sind, kann sich in ihnen infolge möglicher Zersetzung des Inhalts ein Mikroklima bilden, das bei der Zersetzung katalytisch wirkt. Es empfehlen sich hier häufigere Kontrollen.

4.8 Patrone

Eine Patrone ist ein Behälter aus Metall oder Kunststoff für eine Rolle Aufnahmematerial, z. B. fotografischer Film oder Magnetband, die um einen einzigen Kern oder eine Spule gewunden ist.

4.9 Spule (Rolle)

Eine Spule ist eine Nabe oder ein Kern aus Metall oder Kunststoff mit seitlichen Flanschen, auf der Aufnahmematerial aufgerollt ist.

4.10 Kassette

Eine Kassette ist ein Behälter aus Metall oder Kunststoff für eine Rolle Aufnahmematerial, z. B. fotografischer Film oder Magnetband, dessen Enden an zwei Kernen oder Spulen befestigt sind.

4.11 Einkapselung

Eine Einkapselung ist ein schützendes Sandwich aus Polyesterfilm oder u. U. aus Glas, das an den Rändern aller vier Seiten verschlossen ist. Die verschlossene Packung ist vor Berührung geschützt und kann ggf. zwischen ein Passepartout und den Befestigungskarton für die Einbringung in einen Rahmen platziert werden. Eine Einkapselung ist infolge fehlender Belüftungsmöglichkeiten vor allem bei Schwankungen der relativen Luftfeuchte problematisch, weil sich innen Kondenswasser niederschlagen kann mit der Folge eventueller Schimmelbildung.

Andererseits bietet sie einen guten Schutz insbesondere für bereits geschädigte Fotografien, z. B. für gebrochene Glasnegative.

ANMERKUNG Laminierung unterscheidet sich von der Einkapselung dadurch, dass der verschließende Klebstoff über die gesamte Oberfläche des Films und nicht nur an den Rändern verteilt ist. Laminierung kann als einseitige Laminierung nur auf der Vorderseite der Fotografie zur Verwendung kommen oder als doppelseitige Laminierung für die Vorder- und Rückseite einer Fotografie. Laminierung wird in dieser Norm nicht empfohlen, weil der Klebstoff in direkten Kontakt mit der Oberfläche der Fotografie gelangt.

4.12 Diarahmen

Ein Diarahmen ist eine Konstruktion, um eine Fotografie für die Diaprojektion bereitzuhalten. Er kann aus Pappe, Kunststoff oder Metall gearbeitet sein und hält durch Klebstoff oder ineinandergreifende Teile zusammen. Die Fotografie kann zwischen zwei Glasplatten eingeschlossen sein. Das Glas kann einen Spezialüberzug haben, um die Tendenz zur Bildung von Newtonschen Ringen zu vermindern.

Dia-Rahmen sind ein zweckmäßiges Mittel, Fotografien zu lagern, die häufig für die Projektion bestimmt sind.

Offene Rahmen bieten keinen Schutz gegen Licht, Feuchte oder gasförmige Verunreinigungen, lassen aber eine Belüftung zu.

Glasrahmen schützen den Film vor Abrieb und verbessern das Verhalten bei der Projektion. Wenn das Glas allerdings keine matte Oberfläche hat, können Glanzbildung oder Newtonsche Ringe auftreten. Darüber hinaus kann Glas bei erhöhter Temperatur und relativer Luftfeuchte angegriffen werden, wobei eine ätzende Schicht entsteht, die für die Fotografie schädlich ist. Treten Temperaturschwankungen auf, z. B. bei der Benutzung, kann Feuchtigkeit am Glas kondensieren und wegen unzureichender Belüftung später Schimmel auftreten.

Monoglasrahmen, die nur auf einer Seite des Rahmens verglast sind, bieten die Vor- und Nachteile sowohl der beidseitigen Diarahmen wie der offenen Rahmen.

4.13 Umschlag (Tasche)

Ein Umschlag ist eine Hülle aus Papier oder Kunststoff, die an drei Seiten geschlossen und an einer Seite offen ist. Der Umschlag kann an der offenen Seite eine Verschlussklappe als zusätzlichen Schutz haben.

Umschläge aus Papier haben den Vorteil, dass die Luft besser zirkulieren kann. Allerdings sind sie nicht durchsichtig und die Fotografien müssen zum Betrachten entnommen werden. Kunststoffumschläge sind in der Regel transparent und lassen das Betrachten der Fotografien ohne Entnahme zu, sind aber luftundurchlässiger und insofern besteht die Gefahr von Kondensation oder sogar Schimmelbildung bei Temperaturschwankungen. Es besteht zudem die Gefahr, dass die Fotografie mit der Hülle verklebt, wenn die Luftfeuchte besonders hoch ist.

Es wird empfohlen, dass die verschlossenen Seiten durch Pressbindung (Rändelung) oder durch Schweißung zusammengehalten werden und nicht durch Klebstoff. Wenn jedoch Klebstoff eingesetzt wird, sollen die Haftverbindungen so schmal wie möglich und außen angebracht sein und dürfen nicht ins Innere des Umschlags hineinreichen. Haftverbindungen müssen zudem frei von Knitter- und Druckstellen sein, da diese sich bei der Lagerung auf die innen verwahrte Fotografie übertragen können.

Herkömmliche Briefumschläge mit gekreuzten Klebungen oder unten waagrecht verlaufenden Klebungen auf der Rückseite wirkend zerstörend auf die Fotografien, weil erfahrungsgemäß der Klebstoff im Laufe der Jahre nach innen durchschlägt. Deshalb sind derartige Umschläge nicht zu verwenden.

DIN 15549:2016-04

Umschläge bzw. Taschen gibt es in zahlreichen Varianten, die sich insbesondere durch ihre Größe bzw. die Zahl der Räume für aufzunehmende Fotografien unterscheiden. Nur eine davon, die besonders häufig anzutreffen ist, wird nachstehend gesondert beschrieben.

4.14 Ordnerhüllen

Die Ordnerhülle, eine Sonderform des Umschlags, ist eine Hülle aus Kunststofffolie, die mehreren Fotografien, voneinander getrennt, Platz bietet. Es gibt Ordnerhüllen für zwei, für vier oder noch mehr Fotografien. Dabei wird normalerweise eine Seite für die Entnahme der Fotografien offen gelassen. Die Ordnerhülle hat in der Regel Lochungen an einer Seite, damit sie in einem Ringordner oder einem Album verwendet werden kann.

4.15 Rahmen

Ein Rahmen ist eine feste äußere Einheit aus Holz, Kunststoff oder Metall, mit der eine Fotografie besonders hervorgehoben werden soll. Die Funktion eines Rahmens ist sowohl dekorativ als auch zusammenhaltend, wobei meist Verglasung, Passepartout und Abstandhalter, Fotografie und ggf. Befestigungspappe eine Einheit bilden.

In dieser Einheit sind Fotografien quasi eingekapselt mit allen Vor- und Nachteilen, die diese Aufbewahrungsform mit sich bringt. Ein Staubschutz muss auf der abgewandten Seite des Rahmens angebracht sein, damit die Fotografie vor Verunreinigungen, Staub und Insekten geschützt ist.

Alte Rahmen enthalten oft Lignin, alte Klebstoffe, unbestimmbare Farbstoffe und Formaldehyd, alles Substanzen, die jede für sich auf die Erhaltung der Fotografien schädlich auswirken können.

4.16 Befestigungspappe

Eine Befestigungspappe ist eine mattierte Pappe oder ein mit Papier überzogenes Material, das als Stütze zum Befestigen eines Bildes für Lagerung oder Rahmung dient.

ANMERKUNG 1 Ehemals gerollte Fotografien – etwa Panoramafotografien – können durch eine Befestigungspappe plan gehalten werden.

ANMERKUNG 2 Thermoplastschaum ist spröde und kann wegen seiner Neigung zu Spannungsrissen für Fotografien schädlich sein. Metallpaneele können aufgrund ihrer Wärmeausdehnung die Maße der Fotografie beeinflussen, so dass sich die Haftung lösen oder eine Ecke mit der Zeit abheben kann.

4.17 Passepartout

Ein Passepartout besteht aus zwei Blättern von meist mehrlagigem Karton, der den Vorgaben der DIN EN ISO 9706 entsprechen sollte. Die Blätter sind zusammengeklappt und haben einen Ausschnitt an der Vorderseite, um das innen befindliche Bild zu zeigen. Passepartouts werden vor allem bei der Rahmung von Fotografien verwendet, wobei diese u. U. zusätzlich von einer Befestigungspappe gehalten werden können.

Passepartouts bieten bereits für sich genommen einen guten Schutz bei der Handhabung und Vorführung. Allerdings sollte das Passepartout mit einer Rahmung und Verglasung versehen werden, damit Schädigungen durch Luftverunreinigung, UV-Licht, Feuchte und Insekten besser vermieden werden. Dabei ist auf einen ausreichenden Abstand zwischen Fotografie und Glas zu achten, eventuell durch Abstandshalter, damit Newtonsche Ringe, Glanzbildung, das Ankleben der Fotografie am Glas und vor allem Feuchtigkeitsschäden durch Kondensation an der Glasplatte verhütet werden.

4.18 Schrank

Vor allem für größere Fotosammlungen und für schwere Fotografien wie z. B. Glasnegative sind als äußeres Unterbringungsbehältnis Stahlschränke die richtige Wahl. Dabei muss besonders auf die Stabilität und Tragfähigkeit geachtet werden. Ganzstahlkonstruktionen, u. U. mit Einbrennlackierung bzw. Pulverbeschichtung, mit mehreren Schubladen (Hängeregistraturschränke) eignen sich gut. Die Schubladen mit meist mehreren Bahnen nebeneinander sollten laufruhig konstruiert sein (z. B. auf Kugelrollen-Teleskopschienen), wobei das gleichzeitige Herausziehen mehrerer Schubladen durch eine geeignete Sperre verhindert werden sollte, um ein Umkippen des Schrankes zu verhüten. Die Böden der Schubladen sollten zur Vermeidung des Durchfallens von Fotografien geschlossen sein. Es empfiehlt sich, in den einzelnen Schubladenbahnen Pendelbleche vorzusehen, um das Gewicht der senkrecht stehenden Fotografien beim Kippen aufzufangen und so Druckschäden vorzubeugen.

Holzschränke sind nicht geeignet.

Bei besonders gewichtigen Fotosammlungen muss die Tragfähigkeit der Bodenfläche, auf der der Schrank steht, berücksichtigt werden.

5 Materialien

5.1 Allgemeines

Generell muss das Material der Aufbewahrungsmittel frei sein von schädlichen Bestandteilen, die im Laufe der Zeit freigesetzt werden und eine Schädigung der Fotografie oder des Trägermaterials bewirken können.

ACHTUNG — Alle Materialien, die für Aufbewahrungsbehältnisse vorgesehen sind und in unmittelbarem Kontakt zu Fotografien stehen oder geraten könnten, müssen die fotografische Aktivitätsprüfung nach ISO 18916 bestehen, soweit sie auf das betreffende Material anwendbar ist.

Diese Inkubationsprüfung ermittelt, ob eine chemische wechselseitige Beeinflussung zwischen diesen Materialien und den Fotografien besteht, die für die Fotografien schädlich ist.

Das Aufbewahrungsbehältnis selbst muss chemisch und physikalisch stabil sein. Andernfalls können die Zersetzungsprodukte schädlich für das fotografische Material sein, Schmutz oder Staub können entstehen und die Bildschicht verkratzen oder in sie eingelagert werden.

Cellulosenitrat, Polyvinylchloride und Pergaminpapiere sind Beispiele für Aufbewahrungsmaterialien, die entweder chemisch oder physikalisch instabil sind und daher nicht verwendet werden dürfen.

Die Oberfläche des Aufbewahrungsmaterials darf die Fotografie nicht anrauen. Während eine leicht strukturierte oder matte Oberfläche für die Aufbewahrungsmittel empfohlen wird, um die Glanzbildung zu minimieren, kann eine raue Oberfläche Abriebprobleme schaffen. Es mag auch noch andere schädliche physikalische Eigenschaften der Aufbewahrungsmittel geben, die sich unter widrigen Umweltbedingungen entwickeln, z. B. bei erhöhter relativer Luftfeuchte. Diese schließen Schrumpfung und Zerstörungen ein wie bei Pergamin-Papieren, oder Glanzbildung auf der Oberfläche, d. h. lokales oder vollständiges Glänzen, hervorgerufen vom Kontakt mit glatten, glänzenden Plastikhüllen unter Druck. Schließlich müssen die Aufbewahrungsbehältnisse von einer unversehrten und festen Konstruktion sein, so dass die Behältnisse während des Gebrauchs gut funktionieren, ohne dass Haftverbindungen oder andere Teile der Konstruktion versagen oder Beschädigungen der Fotografien auf andere Weise während der Lagerung oder Benutzung entstehen.

Wie jede industrielle Produktion unterliegen auch die Lieferungen der Aufbewahrungsmaterialien für Fotografien gelegentlichen Qualitätsschwankungen. Dies heißt, dass selbst dann, wenn ein bestimmtes Material gemäß den Vorgaben dieser Norm eingesetzt wird, künftige Lieferungen dieses Materials nicht zwingend dieselben positiven Eigenschaften haben müssen. Alle neuen Lieferungen müssen daher erneut auf Übereinstimmung mit den Anforderungen dieser Norm und der ISO 18916 geprüft werden. Dies muss

DIN 15549:2016-04

selbstverständlich auch dann geschehen, wenn sich die Zusammensetzung ändert oder der Lieferant wechselt.

5.2 Papier und Pappe

Papier und Pappe müssen den Anforderungen nach DIN EN ISO 9706 entsprechen, das heißt vor allem, sie müssen säure- und ligninfrei sowie gepuffert sein. Das häufig anzutreffende säurehaltige Pergaminpapier ist deshalb nicht für eine dauerhafte Lagerung geeignet.

Für Cyanotypien, Albuminpapiere und Farbfotografien darf kein gepuffertes Papier als Hüllmaterial verwendet werden, da die Gefahr besteht, dass diese durch den Kontakt mit alkalischen Substanzen verbleichen oder vergilben. Für diese Fotografien sind Papiere aus reiner Alphacellulose („Silversafe“: Alphacellulosemassenanteil von mehr als 87%, ligninfrei, ohne Chlorid und ohne Harz-Alaun-Leimung) geeignet.

Unbedrucktes, pre-consumer Recyclingmaterial, das die Anforderungen nach DIN EN ISO 9706 erfüllt, kann benutzt werden, jedoch nicht post-consumer Recyclingmaterial.

ANMERKUNG Unter pre-consumer RC-Papier wird Papier verstanden, das aus den Papierresten hergestellt wurde, die bei der Papierproduktion von Papier nach DIN EN ISO 9706 anfallen (z. B. Randbeschnitt, Stanzreste) und wieder in den Papierherstellungsprozess zurückgeführt wird. Es handelt sich also um Papier guter Qualität, das allenfalls durch das erneute Durchlaufen der Walzen und das dadurch bewirkte nochmalige Brechen der Fasern eine etwas geringere Festigkeit aufweisen kann. Post-consumer Recyclingmaterial ist das „klassische“ Recyclingmaterial minderer Qualität, das den Verbraucher wenigstens einmal erreicht hat und in der Regel auch bedruckt worden ist.

Papier und Pappe sollten keine Farbstoffe oder Pigmente enthalten. Sind sie dennoch vorhanden, dürfen sie nicht ausbluten oder migrieren, wenn sie für 24 h in destilliertem Wasser eingeweicht und in direktem Kontakt mit weißem Papier aus Alphacellulose gebracht werden. Bei mehreren Farben muss jede Farbe des Papiers oder der Pappe für sich geprüft werden, um allen Anforderungen dieser Norm zu entsprechen.

Die Oberfläche des Papiers muss frei sein von Knoten, Splittern und anderen aufrauenden Teilchen. Oberflächenfasern, die sich in die Bildschicht einprägen könnten, dürfen nicht vorhanden sein.

5.3 Kunststoff

Kunststoffe müssen weichmacherfrei und chemisch inaktiv sein. Ein geeignetes Kunststoffmaterial für die Aufbewahrungsmittel ist Polyester (z. B. Polyethylenterephthalat). Auch Polystyrol, Polyethylen, Polypropylen, vliesstoffähnliche Polyolefine haben sich als geeignet erwiesen. Am häufigsten sind heute Kunststofffolien aus Polypropylen oder Polyester anzutreffen, wobei Polypropylen meist etwas kräftiger und klarer ausfällt.

Chlorierte, nitrierte oder Kunststoffe mit Acetatbestandteil wie z. B. Polyvinylchlorid, Cellulosenitrat und Celluloseacetat dürfen ebenso wenig verwendet werden wie Kunststoffe unbekannter Beschaffenheit.

Feuerhemmende Kunststoffe für äußere Behälter müssen Antioxidantien und nichthalogenhaltige feuerhemmende Mittel enthalten, z. B. Antimonoxid.

Die meisten Kunststofffolien, die für Hüllen verwendet werden, enthalten Gleitmittel, um den Reibungskoeffizienten auf der Oberfläche zu verringern und damit das Blockieren der Folien zu verhindern. Bei Polyethylen geringer Dichte und bei gegossenem Polypropylen können diese Bestandteile u. U. vom Inneren der Folie zur Oberfläche wandern, wo sie als wächserner Niederschlag zum Film oder zum Fotopapier, die in der Hülle aufbewahrt werden, migrieren. Dann kann dieser wächserne Film zusätzlich Staub und andere fremde Teile, die einen Abrieb oder sonstige Zerstörungen an der Fotografie anrichten können, anziehen.

ANMERKUNG Es gibt derzeit noch kein genormtes Prüfverfahren, mit dessen Hilfe die Eignung von Gleit- und Antiblockiermitteln für eine Langzeitlagerung von Fotografien oder Filmen geprüft werden könnte.

5.4 Metall

Metalle, die für Wickelkerne, Spulen, Behälter und Rahmen verwendet werden, müssen korrosionsfest sein, wie zum Beispiel anodisiertes Aluminium oder nichtrostender Stahl. Die Verwendung von normalem Stahl ist zulässig, vorausgesetzt, die Oberfläche ist gut geschützt durch Einbrennlackierung bzw. Pulverbeschichtung, Verzinnen, Galvanisierung oder irgendeine andere korrosionsfeste Oberflächenbehandlung.

Lack oder Email, die reaktionsfähige Dämpfe, Peroxide oder Ausschwitzungen während der Lagerung abgeben können, dürfen nicht verwendet werden. Lacke, die eingebrannt wurden (Einbrennlackierung, Pulverbeschichtung) können jedoch verwendet werden.

Metall als Oberfläche muss die Anforderungen des fotografischen Aktivitätstests nach ISO 18916 erfüllen.

Büro- oder Heftklammern eignen sich nicht als Aufbewahrungs- oder Verbindungsmittel, da sie in aller Regel mechanisch und chemisch zerstörend wirken.

ANMERKUNG Zink und andere potentiell reaktionsfähige Metalle können Silber im Beisein mit atmosphärischem Sauerstoff oxidieren, was zur Zerstörung des Silberbilds in schwarz-weiß Silberfilmen und Papieren führt. Eisen, Zink und andere potentiell reaktionsfähige Metalle können zudem Cyanfarben verändern, die in Farbnegativen, -dias, -kinofilmen und -bildern von den 1940er Jahren bis zu den frühen 1980er Jahren verwendet wurden. Aluminium, nichtrostender Stahl und Gold sind im Allgemeinen archivsicher.

5.5 Verglasungen

Verglasungen von Fotografien stehen meist im Zusammenhang mit der Rahmung. Eine Verglasung muss aus Glas, Acrylglas oder aus Polycarbonat bestehen und einen UV-Schutz mindestens gegen 97 % des UV-Lichts im Bereich zwischen 300 nm bis 380 nm bieten.

Da Glas ein schlechter Isolator ist, kann es an der Innenseite bei plötzlichem oder erheblichem Wechsel der Temperatur oder Luftfeuchte zu Kondensation kommen, wobei die Gefahr der Schimmelbildung besteht. Glas kann auch brechen oder zersplittern und dadurch die Fotografien beschädigen.

Acrylglas bricht nicht, ist ein guter Wärmeisolator und damit ein Schutz gegen Kondensation, aber es neigt zu statischer Aufladung und zum Verkratzen. Die statische Aufladung kann nicht nur Staub anziehen, sondern auch Fotografien, die nicht gleichmäßig befestigt sind, an die Innenseite der Verglasung ziehen.

Man beachte, dass die Verglasungen nur mit tensidfreien Mitteln gereinigt werden, weil sonst Reaktionen mit dem Bildsilber der Fotografie zu befürchten sind.

5.6 Klebstoffe

Grundsätzlich sollten Klebstoffe bei den Aufbewahrungsmitteln für Fotografien vermieden werden. Wann immer möglich, sollten mechanische Verbindungen durch Pressverbindung (Rändelung wie z. B. bei Kaffeefiltern) bevorzugt werden. Wenn dies nicht machbar ist, z. B. aus konstruktionstechnischen Gründen, sollte pH-neutraler Kleister auf der Basis reiner Methylcellulose verwendet werden. Kommen wegen der erforderlichen Klebekraft dennoch andere Klebstoffe zum Einsatz, müssen sie nicht nur den Anforderungen des fotografischen Aktivitätstests nach ISO 18916, sondern auch den Anforderungen der ISO 18932 entsprechen. Dass die verwendeten Klebstoffe weichmacherfrei sind, ist vom Hersteller zu bestätigen.

Fotografien können auch durch Klebstoffe beschädigt werden, die Verunreinigungen durch Schwefel, Eisen, Kupfer oder andere Bestandteile beinhalten.

Manche Klebstoffe sind wasseranziehend, so dass die Möglichkeit lokaler chemischer Reaktionen wächst. Viele Klebstoffe entfärben sich bei Alterung, wobei sie jedes Material, mit dem sie in Kontakt kommen, beflecken oder sie werden mit der Zeit wirkungslos, so dass sich die Klebestellen öffnen.

DIN 15549:2016-04

Produkte auf Kautschukbasis wie z. B. Gummilösung sind nicht zu verwenden. Sie können nicht nur schädliche Lösungsmittel oder Weichmacher enthalten, sondern auch mit fotografisch schädlichem Schwefel versetzt sein, gewöhnlich als Vulkanisierungsmittel, Beschleuniger oder Stabilisator. Sogar manche als „gering desensibilisiert" oder „schwefelfrei" bezeichnete Gummilösungen enthalten Schwefel.

Von Aufklebeetiketten, die in unmittelbaren Kontakt mit Fotografien kommen können, wird abgeraten. Für die Außenbeschriftung von Schachteln können Aufklebeetiketten verwendet werden, wenn sichergestellt ist, dass sie nicht in unmittelbaren Kontakt mit Fotografien treten können und die innen lagernden Fotografien gesondert umhüllt sind.

5.7 Schreib-, Kennzeichnungs- und Druckmaterialien

Grundsätzlich wird empfohlen, erforderliche Beschriftungen, die in Verbindung mit Fotografien kommen könnten, nur mit weichem Bleistift (Graphitmine) der in Europa üblichen Härtegrade B, 2B oder 3B vorzunehmen. Damit werden nicht nur mögliche Beschädigungen durch Aufdrücken vermieden, sondern auch eventuelle Reaktionen mit der Emulsionsseite der Fotografien. Es wird geraten, Hüllen vor dem Einfügen der Fotografien zu beschriften und nicht, wenn die Fotografien bereits eingetascht sind.

Kommt dennoch Tinte zur Verwendung, z. B. im Druck, darf sie nicht ausbluten, verlaufen oder migrieren, weil sie sonst die Fotografie schädigen könnte. Das entsprechende Verhalten der Tinte kann man testen, indem man ein tintenbedrucktes Blatt für 24 h in direktem Kontakt mit weißem Papier aus Alphacellulose in destilliertes Wasser legt. Die Tintenbestandteile sollten zudem nicht verblassen, da ihr dauerhafter Nutzen sonst gefährdet wäre.

Auch wenn die Tinte den beschriebenen Test bestanden hat, sollte die bedruckte Seite eines Textblattes nicht in direktem Kontakt mit der Bildschicht eines Tintenstrahldruckes stehen.

Jede Tintenfarbe muss für sich geprüft werden, ob sie alle Erfordernisse dieser Norm erfüllt.

Von der Verwendung von Kugelschreibern, Filzschreibern und von farbigen Schreibmaterialien und ähnlichem wird abgeraten. Für die Außenbeschriftung von Schachteln können diese Schreibmaterialien verwendet werden, wenn sichergestellt ist, dass sie nicht in unmittelbaren Kontakt mit Fotografien treten können und die innen lagernden Fotografien gesondert umhüllt sind.

Im Übrigen sind die primär für Schrift- und Druckgut geltenden Anforderungen nach DIN ISO 11798 auch hier zu beachten.

5.8 Stempel

Von der Verwendung von Stempeln, die in unmittelbaren Kontakt mit Fotografien kommen können, wird generell nicht zuletzt wegen der häufig beigemischten Lösemittel abgeraten. Darüber hinaus gilt, dass Stempel v. a. wegen der darin enthaltenen Harze auch keinen natürlichen Kautschuk enthalten dürfen (siehe auch 5.6).

Zur Außenbeschriftung bzw. -signierung von Kartons oder Schachteln können Stempel jedoch verwendet werden, wenn sichergestellt ist, dass sie nicht in unmittelbaren Kontakt mit Fotografien treten können und die innen lagernden Fotografien gesondert umhüllt sind.

Anhang A
(informativ)

Unterscheidung zwischen Originalfotos und Arbeitskopien

Ein wesentliches Dilemma der Erhaltung von Fotografien liegt darin, dass einerseits jede Benutzung den Zustand der Fotografien in irgendeiner Weise beeinträchtigt und andererseits ein dauerhaftes Bewahren ohne Zugang zu diesem Kulturgut und damit ohne seine Benutzung keinen Sinn hat. Dieser Zielkonflikt zwischen Bewahren und Benutzung darf jedoch nicht zu Lasten der Originalfotografien gehen.

Durch und während der Nutzung sind Fotografien physischen und physikalischen Beschädigungsrisiken ausgesetzt wie Einreißen, Verknittern, Brechen, Abrieb, Fingerabdrücken, Verunreinigung mit fremdem Material und Einfluss zu starker Lichtstrahlen, Schwankungen der Temperatur oder Luftfeuchte. Zwar sollte die Nutzung der Fotografien nicht in den Räumen stattfinden, in denen sie gelagert werden, sondern in gesonderten Benutzungsräumen, dort sind sie aber oft genug nicht hinreichend observiert und werden von den Benutzern häufig ohne Handschuhe angefasst oder auch sonst unsachgemäß behandelt.

Dieses Dilemma zwischen Erhaltung und Nutzung kann bei größeren Sammlungen etwas gelindert werden, sofern sich feststellen lässt, welche Fotografien häufiger als andere benutzt werden. Es wäre anzuraten, von diesen häufiger benutzten Fotografien Kopien herzustellen und nur noch diese Benutzerkopien dem Stress einer Benutzung auszusetzen, die ursprünglichen Fotografien jedoch nicht mehr in die Benutzung zu geben. Diese Benutzungskopien benötigen dann natürlich auch nicht mehr den lagerungstechnischen Aufwand wie die ursprünglichen.

Von allen Fotografien, die häufiger für Prüfung, Suche oder Vorführung gebraucht werden, sollten für diese Zwecke analoge oder digitale Kopien hergestellt werden, damit die Originale von dauerhaftem Wert in ihrer vorschriftsmäßigen Lagerung verbleiben können und dadurch ihre Lebenserwartung maximieren und ihre physischen Schäden minimieren. Allerdings können auch Fotografien, die häufig zur Herstellung zusätzlicher Benutzerkopien herangezogen werden, einen übermäßigen und irreversiblen Verschleiß erleiden. Von diesen Stücken sollte eine Masterkopie hergestellt werden, von der alle weiteren künftigen Kopien gemacht werden können. Es empfiehlt sich, die Benutzungskopien getrennt von den ursprünglichen Fotografien zu lagern. Dadurch wird erreicht:

a) eine strategische Verteilung der Sammlungen, damit bei einer Katastrophe die Chance des Erhalts wenigstens einer Version bleibt;

b) eine bessere Effizienz der Lagerungskosten, weil sachgerechte Klimabedingungen und Hüllen, die aufgrund der Kosten nur eingeschränkt verfügbar sein könnten, auf die Lagerung der Originale konzentriert werden können;

c) eine Zeitersparnis bei der Benutzung, wenn die Benutzungskopien nahe bei den Benutzungsräumen gelagert werden können;

d) die Sicherheit vor Diebstahl der dauerhaft aufzubewahrenden Fotografien durch Zugangsbeschränkung;

e) die Vermeidung einer Verwechslung von Originalen und Duplikaten.

Auch wenn der Umgang mit Fotografien nicht Gegenstand dieser Norm ist, so sei doch an dieser Stelle auf die Notwendigkeit hingewiesen, dabei Handschuhe (z. B. Baumwolle oder Nylon) zu tragen, da v. a. das Salz im Handschweiß die fotografische Schicht nicht unerheblich beeinträchtigen kann.

Es wird zudem dringend empfohlen, die Lagerung der Fotografien regelmäßig zu überprüfen. Diese Routinekontrollen sollten sich nicht nur auf das Lagerungsklima erstrecken, sondern durch Stichproben

DIN 15549:2016-04

auch auf die Aufbewahrungsmaterialien und die Fotografien selbst, um mögliche Schädigungen frühzeitig erkennen und so beizeiten sachgerecht reagieren zu können.

DIN 15549:2016-04

Literaturhinweise

DIN ISO 16245:2012-05, *Information und Dokumentation — Schachteln, Archivmappen und andere Umhüllungen aus zellulosehaltigem Material für die Lagerung von Schrift- und Druckgut aus Papier und Pergament (ISO 16245:2009)*

DIN ISO 18901, *Bild-Aufzeichnungsmaterialien — Verarbeitete Schwarzweiß-Filme vom Silber-Gelatine-Typ — Festlegungen für die Haltbarkeit*

ISO 18905, *Imaging materials — Ammonia-processed diazo photographic film — Specifications for stability*

ISO 18911, *Imaging materials — Processed safety photographic films — Storage practices*

ISO 18912, *Imaging materials — Processed vesicular photographic film — Specifications for stability*

ISO 18918, *Imaging materials — Processed photographic plates — Storage practices*

ISO 18919, *Imaging materials — Thermally processed silver microfilm — Specifications for stability*

ISO 18920, *Imaging materials — Processed photographic reflection prints — Storage practices*

BURGE, D.M. U.A., Effects of Enclosure Papers and Paperboards Containing Lignins on Photographic Image Stability, Journal of the American Institute for Conservation, 41, S. 279-290, 2002

DOBRUSSKIN, Sebastian u.a., Faustregeln für die Fotoarchivierung. Ein Leitfaden, Göppingen 2001

HABERDITZL, Anna: Kleine Mühen - große Wirkung. Maßnahmen der passiven Konservierung bei der Lagerung, Verpackung und Nutzung von Archiv- und Bibliotheksgut, in: Hartmut Weber, Bestandserhaltung in Archiven und Bibliotheken, Stuttgart 1992

HENDRIKS, Klaus B. u. a., Fundamentals of Photograph Conservation. A Study Guide, Toronto 1991

Kunsthistorisches Institut in Florenz, Florence Declaration. Empfehlungen zum Erhalt analoger Fotoarchive, Florenz 2009

REILLY, J.M. u. a., Photograph enclosures: Research and specifications, Restaurator 10, S. 102-111, 1989

RITZENTHALER, Mary Lynn u. a., Administration of Photographic Collections, Society of American Archivists, Chicago 1984

SCHMIDT, Marjen, Fotografien in Museen, Archiven und Sammlungen. Konservieren, Archivieren, Präsentieren, München 1994

INTERNATIONAL STANDARD

ISO 18916

First edition
2007-06-15

Corrected version
2007-11-01

Imaging materials — Processed imaging materials — Photographic activity test for enclosure materials

Matériaux pour l'image — Matériaux pour l'image traités — Essai d'activité photographique pour les matériaux de fermeture

Reference number
ISO 18916:2007(E)

ISO copyright office
Case postale 56 • CH-1211 Geneva 20
Tel. + 41 22 749 01 11
Fax + 41 22 749 09 47
E-mail copyright@iso.org
Web www.iso.org

Published in Switzerland

Contents

Page

Foreword

ISO (the International Organization for Standardization) is a worldwide federation of national standards bodies (ISO member bodies). The work of preparing International Standards is normally carried out through ISO technical committees. Each member body interested in a subject for which a technical committee has been established has the right to be represented on that committee. International organizations, governmental and non-governmental, in liaison with ISO, also take part in the work. ISO collaborates closely with the International Electrotechnical Commission (IEC) on all matters of electrotechnical standardization.

International Standards are drafted in accordance with the rules given in the ISO/IEC Directives, Part 2.

The main task of technical committees is to prepare International Standards. Draft International Standards adopted by the technical committees are circulated to the member bodies for voting. Publication as an International Standard requires approval by at least 75 % of the member bodies casting a vote.

Attention is drawn to the possibility that some of the elements of this document may be the subject of patent rights. ISO shall not be held responsible for identifying any or all such patent rights.

ISO 18916 was prepared by Technical Committee ISO/TC 42, *Photography*.

This first edition cancels and replaces ISO 14523:1999, which has been technically revised.

This corrected version incorporates corrections to 4.2.2 and 4.2.3, which in this corrected version have been combined into 4.2.2 because there is only one stain detector required for testing, not two.

Introduction

The use of photographic materials for the storage of records having a long-term value has necessitated the development of International Standards to specify important considerations in this field. The important elements affecting the useful life of imaging materials are as follows:

a) humidity and temperature of the storage environment;

b) hazards of fire, water, and light exposure;

c) fungal growth;

d) contact with certain chemicals in solid, liquid or gaseous form;

e) physical damage;

f) proper processing;

g) enclosures and containers in contact with the imaging material.

International Standards have been published which specify the material requirements for silver-gelatin type film (ISO 18901), diazo film (ISO 18905), and vesicular film (ISO 18912). Specifications for proper processing are also included in these documents. ISO 18918, ISO 18911, and ISO 18920 specify the storage conditions for photographic plates, films, and paper prints, respectively.

In addition to the storage conditions, the filing materials used are extremely important. Processed photographic materials in archival collections require a high degree of individual packaging to protect them from atmospheric influences, dust, and handling damage, and also to keep them from contaminating each other. For this purpose, a wide variety of paper and plastic materials is commercially available, fabricated into albums, boxes, sleeves, envelopes, folders, mat boards, and interleaving tissues. However, it is absolutely essential that these storage enclosures not cause harm to the photographic image. For optimum stability, it is necessary that storage enclosures and their components meet the requirements in ISO 18902, which includes passing the criteria of the photographic activity test.

The photographic activity test described in this International Standard is a predictive test of interactions between the storage enclosure and the photographic image. It can also be used to evaluate possible photographic activity caused by components of enclosures such as adhesives, inks, paints, labels, and tape.

This page is intentionally blank.

Imaging materials — Processed imaging materials — Photographic activity test for enclosure materials

1 Scope

This International Standard specifies the procedure for the photographic activity and dye coupler reactivity tests.

This International Standard is applicable to general photographic enclosure materials such as paper, tissue, cardboard, mat board and plastics. It is also applicable to components of photographic enclosure materials such as adhesives, inks, paints, labels, and tape.

This International Standard evaluates possible chemical interactions between enclosures with processed silver-gelatin, colour (dye-gelatin), inkjet prints made with dye-based and pigment-based inks, thermal dye diffusion transfer ("dye sub") prints, digitally printed dye-diffusion-transfer prints, liquid- and dry-toner xerographic prints, liquid-toner electrostatic prints, and diazo images after long-term storage. It does not pertain to harmful physical interactions such as blocking (sticking together), dye bleed, adhesive migration, or plasticizer exudation. It does not pertain to important criteria of enclosures such as their inherent chemical stability, physical integrity, and workmanship. Passing the photographic activity test (PAT) does not indicate that a material is archival. This term has no clear definition and is not used in this standard. Photo-safe, storage enclosures and their components are covered in ISO 18902, which includes passing the criteria of the photographic activity test.

If a particular brand of commercially made enclosure materials is found to be safe for long-term storage purposes, there is no assurance that subsequent batches will contain the same ingredients of the same purity, chemical inertness, concentrations, or sound and sturdy construction. For this reason, materials are tested annually or upon each formulation or supplier change. For materials which are manufactured in a variety of colours, such as papers and inks, each colour is evaluated and reported separately.

For enclosures intended for use with any of the above imaging processes, only the black-and-white PAT described in Clauses 4 to 7 are applicable. The dye coupler reactivity test is optional as the results are valid only for the specific colour print product being investigated. Different colour print products can have different staining sensitivities.

For enclosures intended for use with diazo images, only the diazo PAT described in 8.5 is applicable.

2 Normative references

The following referenced documents are indispensable for the application of this document. For dated references, only the edition cited applies. For undated references, the latest edition of the referenced document (including any amendments) applies.

ISO 5-2:2001, *Photography — Density measurements — Part 2: Geometric conditions for transmission density*

ISO 5-3:1995, *Photography — Density measurements — Part 3: Spectral conditions*

ISO 5-4:1995, *Photography — Density measurements — Part 4: Geometric conditions for reflection density*

3 Terms and definitions

For the purposes of this document, the following terms and definitions apply.

3.1
image interaction
measurable density change in the image interaction

3.2
mottle
localized non-uniform visual density variation in the image interaction detector

3.3
stain
measurable density increase in the stain detector

3.4
blocking
sticking together of similar or dissimilar materials in physical contact

4 Test conditions

4.1 Principle

The photographic activity test applies to processed silver-gelatin, colour (dye-gelatin), inkjet prints made with dye-based and pigment-based inks, thermal dye diffusion transfer ("dye sub") prints, digitally printed dye-diffusion-transfer prints, liquid- and dry-toner xerographic prints, liquid-toner electrostatic prints, and diazo images. The test consists of incubating the enclosure material or its component against the surfaces of two sensitive detectors [1]. The photographic density of these detectors is measured both before and after incubation and the density changes compared with those obtained when the detectors are incubated against a filter paper control. Three criteria are used to evaluate an enclosure, i.e. its tendencies to cause image interaction, stain, and mottle on the detectors. Specific details for each property are given in Clauses 5 to 7. The test conditions described in Clauses 4 to 7 pertain to paper and plastic enclosures. Modifications of the photographic activity test for enclosure components or interactions with diazo images or the residual dye couplers in colour photographic prints are given in Clause 8.

4.2 Apparatus and materials

4.2.1 Image interaction detector, consisting of unprocessed colloidal silver (i.e. Carey Lea silver) in gelatin on a polyester base [1)].

4.2.2 Stain detector, consisting of a conventional non-resin-coated premium-grade black-and-white photographic paper having a relatively thick emulsion layer, processed to minimum density (D_{min}) according to the manufacturer's instructions. (A warm-tone paper base shall not be used.) The paper shall be processed without development, using a fix, wash, hypo-clearing agent and wash stages.

4.2.3 Fix solution, consisting of 240 g of sodium thiosulfate pentahydrate and 15 g of anhydrous sodium sulfite added to 1 l of water at 50 °C.

---

1) The sensitivity of the colloidal silver detector is dependent upon the silver grain size and the degree of hardness. To ensure test sensitivity and reliability, the colloidal silver detector can be obtained from the Image Permanence Institute, Rochester Institute of Technology, 70 Lomb Memorial Dr., Rochester, NY 14623-5604, USA, or equivalent. This information is given for the convenience of users of this International Standard and does not constitute an endorsement by ISO of the product named. Equivalent products may be used if they can be shown to lead to the same results.

4.2.4 Hypo-clearing agent, consisting of 5 g of anhydrous sodium sulfite and 26 g of sodium hydrogen sulfite per litre of water.

It is recommended that the final washing be for 0,5 h with good agitation. This will avoid uneven leaching of brightener.

NOTE Longer wash times can cause physical distortion. The uniformity of the fluorescent brightener can be checked by examination using a UV lamp.

4.3 Incubation

Subject sandwiches of the detectors and enclosure material to an accelerated ageing test of 70 °C ± 1 °C and 86 % RH ± 3 % RH for 15 days. Exposure to these temperature and humidity conditions may be provided by means of a conditioned air cabinet that provides 70 °C ± 1 °C and 86 % RH ± 3 % RH relative humidity.

To minimize moisture condensation when placing the sandwiches in the oven, put the sandwiches in the oven when it is at 70 °C ± 1 °C and 40 % RH ± 3 % RH. After the samples have equilibrated to test temperature (approximately one hour) the humidity can then be brought to 86 % RH ± 3 % RH.

Pull the sandwiches apart immediately after they are removed from the humidity chamber. Failure to do so may result in the adhering of adjacent layers and detectors.

4.4 Measurement

Measure the Status A blue diffuse density of the detector strips both before and after incubation at four locations for each strip. Make the after-incubation measurements at approximately the same locations as the before-incubation measurements. Measurements shall not be made at the edges of the strip. After incubation of highly mottled or unevenly stained samples, it may be necessary to take density readings at different locations on the same detector than the readings taken before incubation to ensure the reacted areas on the detector are measured. Use a densitometer having spectral conformance to ISO 5-3, and geometric conformance to ISO 5-2 and ISO 5-4 for the measurements. Determine the transmission density on the colloidal silver detector and reflection density on the photographic paper stain detector.

5 Image interaction test

5.1 Procedure

Make a stack of two image interaction test sandwiches of the enclosure material and the colloidal silver image interaction detector. Construct a sandwich so that the emulsion side of each image interaction detector strip faces a filter paper separator as shown in Figure 1. These two sandwiches shall consist of two strips of the image interaction detector, two strips of the enclosure material, two strips of a filter paper separator (see Note), and two pieces of glass. The glass shall be clean and shall be discarded if there are any signs of corrosion. Apply a pressure of 500 Pa to the enclosure materials and detectors in the sandwich (including the mass of glass), which can be obtained by adding weight pieces to the sandwich surface. Cut the enclosure material, filter paper separators, detectors and glass into strips having the same dimension, being at least 30 mm × 20 mm. Sandwich construction is facilitated by using a specimen jig (see Figure 2) to hold the materials in place.

NOTE The filter paper separator is used to prevent any physical interactions between smooth impermeable enclosures and the detector, as well as any fibre transfer, enclosure sticking, ink transfer, or adhesive sticking to the detector surface.

Make two control sandwiches using filter paper 2) instead of the enclosure material.

Within any single evaluation, use the same batch of materials for the detectors as well as for the filter paper for both the sample and the controls.

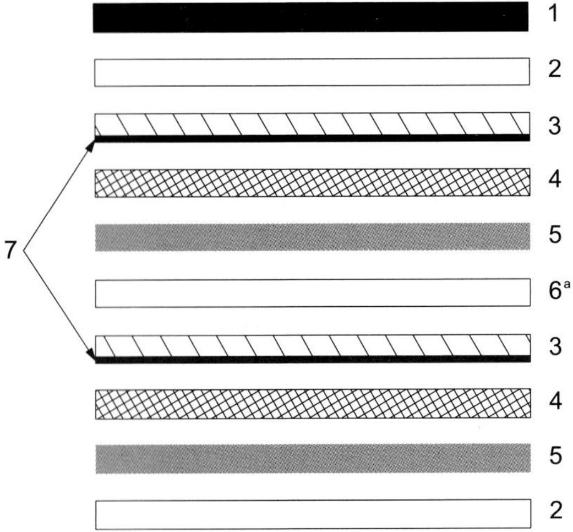

Key

1 weight piece to provide 500 Pa (including top glass)
2 glass
3 image interaction or stain detector
4 filter paper separator
5 enclosure material
6 uncoated polyester
7 colloidal silver of D_{min} silver-gelatin layer

a Required as an impermeable separator between sandwiches for the stain test only. For the image interaction test, the polyester base of the detector acts as an impermeable separator between sandwiches.

Figure 1 — A stack of two image interaction or stain test sandwiches

2) Whatman Number 1 filter paper has proven suitable. This information is given for the convenience of users of this International Standard and does not constitute an endorsement by ISO of the product named. Equivalent products may be used if they can be shown to lead to the same results.

Figure 2 — Specimen jig to hold sandwiches

5.2 Calculation

Calculate the image interaction of the colloidal silver detector by subtracting the final Status A blue diffuse transmission density from the initial blue density for each of the four locations on each of the two image interaction detector strips. Calculate the mean image interaction from these eight density changes. Also calculate the mean of the image interaction values produced by the filter paper controls.

Ignore any fibre pickoff from the filter paper separators or filter paper controls on the detector in the evaluation.

Calculate the density change of the detector in contact with the enclosure material as a percentage of the change shown by the detector in contact with the filter paper control using the following equation:

$$X = \frac{\Delta D_e - \Delta D_f}{\Delta D_f} \times 100$$

where

X is the image interaction difference, expressed as a percentage;

ΔD_e is the density change of the enclosure detector;

ΔD_f is the density change of the filter paper control detector.

5.3 Requirements

The enclosure material shall not produce a percentage image interaction effect in the colloidal silver fade detectors greater than a relative difference of more than $\pm$ 20 % compared to the control.

NOTE A large percent image interaction difference indicates a chemical effect of the enclosure (see Annex A).

6 Stain test

6.1 Procedure

Make a stack of two stain test sandwiches of the enclosure materials and the D_{min} processed photographic paper stain detector. Construct a sandwich so that the emulsion side of each stain detector strip faces a filter paper separator as shown in Figure 1. These two sandwiches shall consist of two strips of the stain detector, two strips of the enclosure material, two strips of filter paper separator, one strip of uncoated polyester and two pieces of glass. Use the uncoated polyester strip as shown in Figure 1 to act as an impermeable separator between sandwiches within the stack.

Make two control sandwiches using filter paper [3] instead of the enclosure material.

Within any single evaluation, use the same batch of materials for the detectors as well as for the filter paper for both the sample and the controls.

6.2 Calculation

Calculate the stain by subtracting the initial Status A blue reflection density from the final blue reflection density for each of the four locations on each of the two stain detector strips. Calculate the mean stain from these eight density changes. Also calculate the mean of the stain values produced by the filter paper controls.

6.3 Requirements

The enclosure material shall not produce a mean stain in the photographic paper stain detector that is greater than the mean stain produced by the filter paper controls plus 0,08 density units.

7 Mottle test

7.1 Procedure

Determine the mottling on the colloidal silver image interaction detector for samples subjected to the incubation and image interaction test described in 4.3 and 5.1. Perform a visual evaluation of the image interaction detector at a distance of approximately 50 cm for the presence of mottling by transmitting light using a light table or other even light source.

7.2 Requirements

The enclosure material shall not produce *easily recognizable* mottling (see Annex B).

8 Specific procedures

8.1 General

The test conditions described in Clauses 5, 6 and 7 pertain to general enclosure materials such as paper, cardboard, mat board, interleaving tissue, and plastic sheeting. Modifications to this procedure are required for specific materials and applications.

8.2 Adhesives, inks, and paints

Test adhesives, inks, and paints by applying these materials to filter paper (see Figure 3). After the adhesive, ink, or paint is dried, place this surface of the filter paper in contact with a filter paper separator (see Note) which shall be adjacent to the detector.

NOTE The filter paper separator is used to prevent any physical interactions between smooth impermeable enclosures and the detector, as well as any fibre transfer, enclosure sticking, ink transfer, or adhesive sticking to the detector surface.

---

3) Whatman Number 1 filter paper has proven suitable. This information is given for the convenience of users of this International Standard and does not constitute an endorsement by ISO of the product named. Equivalent products may be used if they can be shown to lead to the same results.

Apply adhesives, inks, and paints to the filter paper according to the manufacturer's published recommendations using the final dispensing mechanism and using approximately the same coverage as intended in the final application. Pen inks should be applied in non-overlapping lines. Allow these materials to dry for 48 h prior to assembling the test sandwiches.

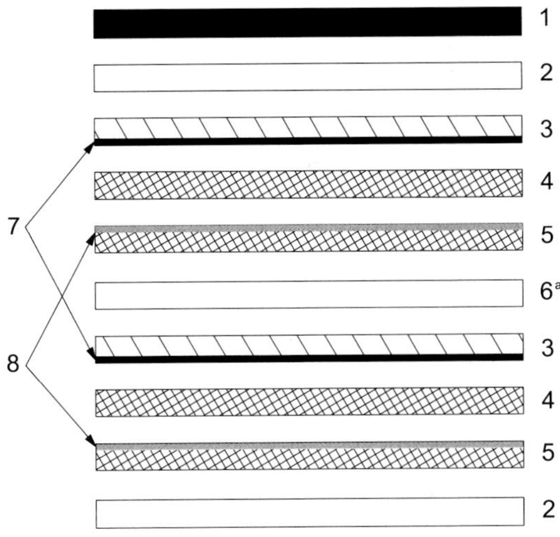

Key

1 weight to provide 500 Pa (including top glass)

2 glass

3 image interaction or stain detector

4 filter paper separator

5 filter paper

6 uncoated polyester

7 colloidal silver or D_{min} silver-gelatin layer

8 adhesive, ink or paint layer

[a] Required as an impermeable separator between sandwiches for the stain test only. For the image interaction test, the polyester base of the detector acts as an impermeable separator between sandwiches.

Figure 3 — A stack of two image interaction or stain test sandwiches for adhesives, inks, or paints

8.3 Labels and tape

Test labels and tape by applying these materials to filter paper. Test both the adhesive and carrier surfaces. Place the double-sided tapes and transfer adhesives between two strips of filter paper. If doubled-sided tapes have different adhesives on each side, then evaluate and report each side separately.

Test the adhesive as described in Clauses 5 to 7 and as illustrated in Figure 4. A filter paper separator shall not be used, since the filter paper support for the label or tape acts as a separator.

Also test the carrier surface (with any printing) as described in Clauses 5 to 7. Use a filter paper separator as illustrated in Figure 5.

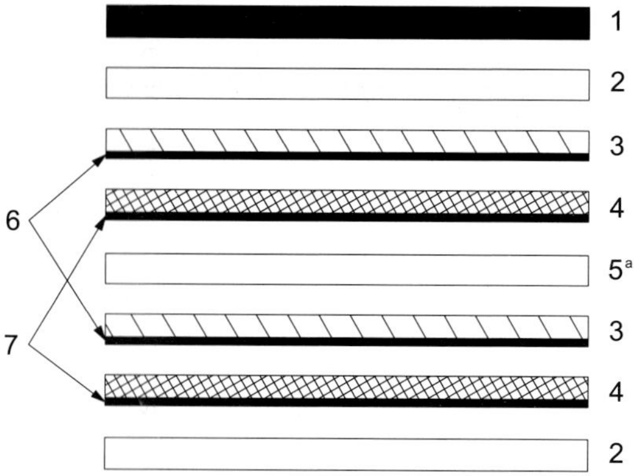

Key

1 weight to provide 500 Pa (including top glass)

2 glass

3 image interaction or stain detector

4 filter paper

5 uncoated polyester

6 colloidal silver or D_{min} silver-gelatin layer

7 label or tape on filter paper

[a] Required as an impermeable separator between sandwiches for the stain test only. For the image interaction test, the polyester base of the detector acts as an impermeable separator between sandwiches.

Figure 4 — A stack of two image interaction or stain test sandwiches for labels and tape (adhesive side)

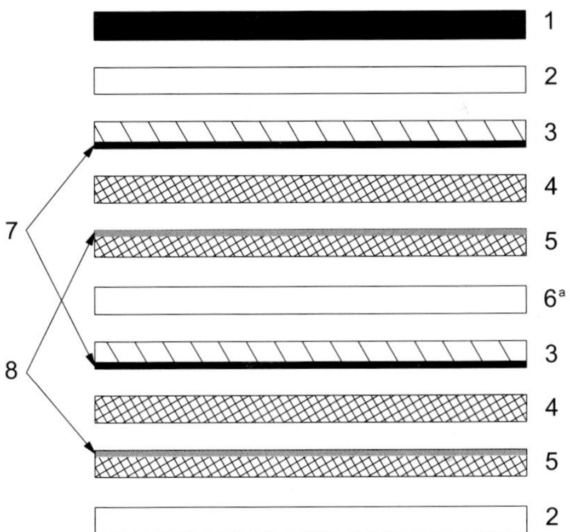

Key

1 weight to provide 500 Pa (including top glass)

2 glass

3 image interaction or stain detector

4 filter paper separator

5 filter paper

6 uncoated polyester

7 colloidal silver or D_{min} silver-gelatin layer

8 label or tape on filter paper

[a] Required as an impermeable separator between sandwiches for the stain test only. For the image interaction test, the polyester base of the detector acts as an impermeable separator between sandwiches.

Figure 5 — A stack of two image interaction or stain test sandwiches for labels and tape (carrier side)

8.4 Dye coupler reactivity test

8.4.1 Detectors

The dye coupler reactivity detector shall be a processed D_{min} specimen of the reflection chromogenic print material of interest.

NOTE This test is very product-specific. It cannot be assumed that all types of chromogenic dye couplers will react similarly to an enclosure.

8.4.2 Incubation

Incubate the dye coupler reactivity detectors for 15 days at 60 °C ± 1 °C and 86 % RH ± 3 % RH (see Note) in accordance with the procedure given in 4.3. Construct the sandwiches as shown in Figure 1.

NOTE The lower incubation temperature for the chromogenic detectors is to reduce the level of staining that can occur at 70 °C by the chromogenic images themselves. These could mask the effects of the enclosure.

8.4.3 Measurement

Use a densitometer using red, green, and blue Status A filters to make measurements on the dye coupler reactivity detector. Make eight measurements for each colour, making a total of 24 measurements for the dye coupler reactivity detector.

8.4.4 Requirements

The dye coupler reactivity detector shall pass the criteria given in 6.3.

8.5 Diazo images

8.5.1 Detectors

The image interaction detector shall be processed samples of the diazo material of interest with a visual diffuse density of 1,0 ± 0,2. The stain detector is not required since staining is not a problem with diazo films.

8.5.2 Incubation

Incubate the diazo image interaction detectors for 15 days at 70 °C ± 1 °C and 86 % RH ± 3 % RH, as described in 4.3. Construct the sandwiches as shown in Figure 1.

8.5.3 Measurement

Measure the visual diffuse density of the diazo image interaction detector.

8.5.4 Requirements

The detectors shall meet the requirements for image interaction as specified in 5.3 and for mottle as specified in 7.2.

Many diazo detectors show a density change of less than 0,5 when incubated against the filter paper control. In such cases, the acceptable density difference from the filter paper control shall not be greater than 0,10.

The enclosure material shall not produce *easily recognizable* discolouration, mottle, or deposition on the diazo detector greater than that found with the filter paper control when evaluated visually using both transmitted and reflected light.

9 Test report

The test report shall contain the following information:

a) a reference to this International Standard, ISO 18916:2007;

b) all enclosure material identification;

c) the test date;

d) whether the enclosure material passes or fails the image interaction test;

e) the percent image interaction difference from the filter paper control;

f) whether the enclosure material passes or fails the stain test;

g) the mean stain in the stain detector caused by the enclosure material and by the filter paper control;

h) whether the enclosure material passes the mottle test;

i) if detectors, in addition to the colloidal silver image interaction and the paper stain detectors, were used in the image interaction, stain, and mottle results.

Annex A
(informative)

Colloidal silver image interaction detector

For accurate detection of potential image degradation, the most important attribute of a detector is the microstructure of its silver image. The size, shape, and spacing of the individual silver particles determine, to a great extent, how susceptible the detector is to density change. Those silver materials that show the greatest change in response to the incubation conditions are likely to be the best detectors of image attack. Incubation tests [1] have shown that the most sensitive material to this incubation was colloidal (Carey Lea) silver in gelatin on a polyester film base. Coatings of this type were described in 1972 [4].

Colloidal silver coatings showed large density changes when incubated in contact with known harmful materials. In addition to overall density changes, they also became mottled in the presence of reactive substances. These materials were found to be much more sensitive to image interaction and mottle than conventional silver images. Consequently, colloidal silver is very suitable as an image interaction detector in the photographic activity test where maximum sensitivity is desired.

When colloidal silver is incubated at 70 °C and 86 % RH, some of the visible metallic silver is oxidized to invisible ionic silver. This generally results in a density decrease. Moreover, when colloidal silver is incubated in the presence of oxidizing agents, increased oxidation and consequently a greater density decrease is obtained. Therefore, if colloidal silver incubated in contact with an enclosure material shows a greater density decrease than when incubated in contact with a filter paper control, it indicates the presence of oxidizing agents in the enclosure; that is, after incubation, the detector density with the enclosure is less than the detector density with the filter paper control. This is reflected in a positive value for the percent image interaction difference (see 5.3).

However, incubation in the photographic activity test can also cause an increase in density of the colloidal silver detector. This may reflect reduction of any ionic silver that is present. Alternatively, it can also reflect oxidation since the density can either increase or decrease depending upon the size of the original colloidal silver particles [5].

In either case, a density change caused by the enclosure which is significantly greater than that found with filter paper indicates an objectionable degree of chemical activity of the former.

Annex B
(informative)

Description of mottling

Mottling is defined as localized, non-uniform visual density variation in the image interaction detectors. It is determined by holding up the detectors at arm's length to an even light source. If easily recognizable areas of light and dark are observed on the detectors, then the material is considered to have failed the mottling portion of the photographic activity test.

Mottling can and does appear in many forms. The following are only a few examples and should not be viewed as the only possible manifestations of mottling:

— blotchy areas of light and dark;

— random small to large dark spots;

— embedded filter paper fibres that have turned brown (embedded fibres which have not discoloured shall be ignored);

— pin holes in the gelatin;

— patterns that match features of the material being tested (such as glue lines on a magnetic album page).

Very light examples of mottling may be visible upon close scrutiny of the detectors, but not easily recognizable when held at arm's length to an even light source. Such detectors should not be considered mottled. Holding detectors above a white sheet of paper as opposed to up to an even light source exaggerates mottling effects as light needs to travel through the detector twice. This method should not be used.

Sometimes there may be mottling on one detector but not on the second in the same material test. If the mottling on the one detector is severe, the test should be repeated. If there are only one or two small spots on one detector, the spots may be assumed to be defects in the detector or contamination introduced in the test preparation process.

Mottling is a qualitative assessment. It is therefore dependent on the visual acuity of the evaluator, as well as their experience with the test method. Ultimately, it is up to the evaluator to judge whether the material passes or fails mottling.

Bibliography

[1] NISHIMURA, D.W., REILLY, J. and ADELSTEIN, P. Improvements to the photographic activity test in ANSI Standard IT9.2, *Journal of Imaging Technology* **17** (6), December 1991, pp. 245-252

[2] HUANG, P.H. and WHETSTONE, J.R. *Evaluation of Relative Humidity Values for Saturated Aqueous Salt Solutions Using Osmotic Coefficients Between 50 °C and 100 °C*, Proceedings of the 1985 International Symposium on Moisture and Humidity, Washington, D.C., April 15-18, 1985, Instrument Society of America, Research Triangle Park, NC 27709, USA

[3] WEXLER, A. and HASEGAWA, S. Relative humidity-temperature relationship of some saturated salt solutions, in the temperature range 0 °C to 50 °C. *Journal of Research of the National Bureau of Standards*, **53** (1), July 1954, pp. 19-26

[4] WEYDE, E. A simple test to identify gases which harm silver images, *Photographic Science and Engineering*, **16**, July-August 1972, pp. 283-286

[5] IWANO, H. Covering power of image forming substances and their efficiency of attenuation in image layer, *Journal of Society of Photographic Science and Technology of Japan*, **515**, 1988, pp 402-410

[6] ISO 18901:2002, *Imaging materials — Processed silver-gelatin type black-and-white films — Specifications for stability*

[7] ISO 18902:—[4]), *Imaging materials — Processed photographic films, plates and papers — Albums, framing and storage materials*

[8] ISO 18905:2002, *Imaging materials — Ammonia-processed diazo photographic film — Specifications for stability*

[9] ISO 18911:2000, *Imaging materials — Processed safety photographic films — Storage practices*

[10] ISO 18912:2002, *Imaging materials — Processed vesicular photographic film — Specifications for stability*

[11] ISO 18918:2000, *Imaging materials — Processed photographic plates — Storage practices*

[12] ISO 18920:2000, *Imaging materials — Processed photographic reflection prints — Storage practices*

4) To be published. (Revision of ISO 18902:2001)

This page is intentionally blank.

This page is intentionally blank.

This page is intentionally blank.

ICS 37.040.99

Price based on 14 pages

INTERNATIONAL STANDARD

ISO 23404

First edition
2020-08

Information and documentation — Papers and boards used for conservation — Measurement of impact of volatiles on cellulose in paper

Information et documentation — Papiers et cartons utilisés pour la conservation — Mesure de l'impact des substances volatiles sur la cellulose du papier

Reference number
ISO 23404:2020(E)

ISO copyright office
CP 401 • Ch. de Blandonnet 8
CH-1214 Vernier, Geneva
Phone: +41 22 749 01 11
Email: copyright@iso.org
Website: www.iso.org

Published in Switzerland

Contents

Page

Foreword

ISO (the International Organization for Standardization) is a worldwide federation of national standards bodies (ISO member bodies). The work of preparing International Standards is normally carried out through ISO technical committees. Each member body interested in a subject for which a technical committee has been established has the right to be represented on that committee. International organizations, governmental and non-governmental, in liaison with ISO, also take part in the work. ISO collaborates closely with the International Electrotechnical Commission (IEC) on all matters of electrotechnical standardization.

The procedures used to develop this document and those intended for its further maintenance are described in the ISO/IEC Directives, Part 1. In particular, the different approval criteria needed for the different types of ISO documents should be noted. This document was drafted in accordance with the editorial rules of the ISO/IEC Directives, Part 2 (see www.iso.org/directives).

Attention is drawn to the possibility that some of the elements of this document may be the subject of patent rights. ISO shall not be held responsible for identifying any or all such patent rights. Details of any patent rights identified during the development of the document will be in the Introduction and/or on the ISO list of patent declarations received (see www.iso.org/patents).

Any trade name used in this document is information given for the convenience of users and does not constitute an endorsement.

For an explanation of the voluntary nature of standards, the meaning of ISO specific terms and expressions related to conformity assessment, as well as information about ISO's adherence to the World Trade Organization (WTO) principles in the Technical Barriers to Trade (TBT), see www.iso.org/iso/foreword.html.

This document was prepared by Technical Committee ISO/TC 46, *Information and documentation*, Subcommittee SC 10, *Requirements for document storage and conditions for preservation*.

Any feedback or questions on this document should be directed to the user's national standards body. A complete listing of these bodies can be found at www.iso.org/members.html.

Introduction

According to ISO 16245[1], materials used for storage boxes and file covers in archives and libraries *"shall not contain or form any substances which may be harmful to the documents being stored"*. Although ISO 16245 specifies important material properties as alkalinity and resistance to oxidation, as well as absence of, for example, optical brighteners and plasticizers, it does not provide a suitable method for evaluating potential effects of volatiles formed and emitted by the specific material which are the subject of this document.

This document can serve as a suitable tool for a completion of ISO 16245.

Information and documentation — Papers and boards used for conservation — Measurement of impact of volatiles on cellulose in paper

1 Scope

This document describes a test method for conservation materials which can evaluate their impact on cellulose as the main constituent of paper-based collections caused by emission of their volatile compounds.

NOTE This test can be extended to museum artefacts.

This document is applicable to papers and boards used for conservation and storage of cellulose based items.

It is not applicable to parchment-based items.

It does not evaluate the effects due to direct contact between the papers and boards used for conservation and the collections.

2 Normative references

The following documents are referred to in the text in such a way that some or all of their content constitutes requirements of this document. For dated references, only the edition cited applies. For undated references, the latest edition of the referenced document (including any amendments) applies.

ISO 186, *Paper and board — Sampling to determine average quality*

ISO 187, *Paper, board and pulps — Standard atmosphere for conditioning and testing and procedure for monitoring the atmosphere and conditioning of samples*

ISO 638, *Paper, board and pulps — Determination of dry matter content — Oven-drying method*

ISO 5351, *Pulps — Determination of limiting viscosity number in cupri-ethylenediamine (CED) solution*

ISO 14487, *Pulps — Standard water for physical testing*

3 Terms and definitions

For the purposes of this document, the following terms and definitions apply.

ISO and IEC maintain terminological databases for use in standardization at the following addresses:

— ISO Online browsing platform: available at https://www.iso.org/obp

— IEC Electropedia: available at http://www.electropedia.org/

3.1
conservation
preservation measures and action applied to prevent, arrest or delay deterioration of a document or other material object

[SOURCE: ISO 5127:2017, 3.12.1.01]

3.2
reference paper
specified material used for the evaluation of the impact of boards and papers on cellulose

3.3
lot
aggregate of paper or board of a single kind with specified characteristics produced under conditions that are presumed uniform, and available for sampling at one time

Note 1 to entry: A lot comprises one or more nominally identical units. Where the material to be tested has already been incorporated into a manufactured article (for example a packing case), the lot is the aggregate of such articles of a single kind, of specified characteristics.

[SOURCE: ISO 186:2002, 3.1]

3.4
standard water
water purified to electrical conductivity ≤0,25 mS/m at 25 °C

[SOURCE: ISO 14487:1997, 3.1]

3.5
viscosity-average degree of polymerization
DP_v
average number of anhydroglucose units (monomers of cellulose) in the cellulose macromolecule, determined by measuring the viscosity of solutions in cupri-ethylenediamine (CED)

[SOURCE: ISO/TS 18344:2016, 3.3, modified — "Viscosity" has been added to the term, and the determination process has been added to the definition.]

3.6
limiting viscosity number
$[\eta]$
limiting value of the viscosity number at infinite dilution

$$[\eta]=\lim_{\rho\to 0}\left(\frac{\eta-\eta_0}{\eta_0-\rho}\right)$$

Note 1 to entry: Limiting viscosity number is measured in millilitres per gram.

Note 2 to entry: In the literature, the term intrinsic viscosity is often used and is equal to the limiting viscosity number. There is no general conversion factor between the limiting viscosity number in ml/g and other viscosities, determined by other methods and expressed in millipascal seconds (mPa·s).

[SOURCE: ISO 5351:2010, 3.5]

3.7
loss of *DP*v
arithmetic mean of the *viscosity-average degree of polymerization* (3.5) of an exposed sample of reference paper against the viscosity-average degree of polymerization of an unexposed sample of same paper

4 Principle

Studies have shown that neutral or alkaline papers and boards can emit volatiles (such as acids, aldehydes, sulfur-containing compounds, etc.) that may depolymerize paper cellulose and therefore weaken it[2][3][4].

This test method consists of measuring the impact of volatile compounds emitted by the tested material on a reference paper made of pure cellulose. These volatile compounds are developed by exposure at elevated temperature in closed vessels[5][6].

The impact of the volatiles emitted by the test material on the reference paper is evaluated by comparing its degree of polymerization after a given exposure time in specific conditions to that of an unexposed control sample.

NOTE 1 The determining degree of polymerization has been proven to be a reliable analytical method for describing the condition of cellulose[7].

5 Apparatus

5.1 Vials.

The vials shall be of borosilicate glass. Each vial shall be equipped with a screw cap and a gasket which ensures an airtight sealing during the accelerated ageing.

The materials (such as glass, caps and gaskets) shall be stable. They shall not emit volatile compounds when heated at 105 °C and shall be resistant to acidic corrosion.

The internal height of the vials shall be high enough to contain the samples and their opening shall be wide enough to insert the microtube and additional vessel described in 5.2 and 5.7.

NOTE Caps of polybutylene terephthalate (PBT) and polytetrafluoroethylene (PTFE) linings were found to be most suitable[8].

All materials in contact with samples and reference papers shall be inert.

5.2 Vessels.

If an additional vessel is used in the vial, this shall be made of borosilicate glass.

5.3 Viscometer.

The viscometer used to determine the degree of polymerization of cellulose shall comply with the equipment described in ISO 5351.

5.4 Ageing chamber.

Fan forced air circulation ageing chamber, thermostatically controlled at (100,0 ± 1,0) °C.

5.5 Reference paper.

Cellulose filter paper manufactured from cotton linter. It shall contain a minimum of 98 % alpha cellulose, have grammage of (90,0 ± 0,9) g/m^2 and a thickness of (180 ± 18) µm[1].

5.6 Wire, made of galvanized steel, 1 mm diameter.

5.7 Microtube, made of borosilicate glass, 0,5 ml.

5.8 Carded cotton.

1) Whatman© filter paper grade 1 is an example of a suitable product available commercially. This information is given for the convenience of users of this document and does not constitute an endorsement by ISO of this product.

6 Preparation of apparatus

6.1 Glass vials and vessels

Both vials and vessels new from the factory and already used shall be carefully cleaned according to the following protocol:

— wash vials and vessels meticulously with tap water and non-ionic detergent;

— rinse vials and vessels meticulously with tap water for the removal of detergent residues;

— rinse vials and vessels three times with standard water (with a conductivity ≤ 0,25 mS/m at 25 °C, in accordance with ISO 14487) and let them drain;

— dry vials and vessels in an oven at 105 °C;

— condition all the vial and vessel components at least 24 h in the same atmosphere as the one used to condition the samples directly prior to experimental use (see Clause 8).

If vials or vessels are overly scratched or cannot be cleaned, they shall not be used.

6.2 Vial storage

After conditioning, close vials and keep them closed until needed for testing. At this stage, an airtight sealing is not required.

7 Sampling

If the average quality of a lot shall be determined, the sampling shall be carried out according to ISO 186.

Ensure that the samples taken are representative of the material to be tested.

The paper or board samples shall be handled with disposable synthetic polymer laboratory gloves. They shall be cut with clean and dry scissors or cutting devices, the cutting edge of which shall be cleaned with ethanol or acetone.

If metal instruments are used, they shall be free of traces of oxidation.

8 Conditioning

The samples and reference paper shall be conditioned at (23 ± 1) °C and at (50 ± 2) % RH according to ISO 187.

To avoid cross contamination the samples and reference paper shall not be conditioned in contact with each other.

The unexposed sheets of reference paper shall be stored in the standard atmosphere until needed for testing.

9 Determination of the dry matter content

The dry matter content of the samples and the reference paper is determined according to ISO 638.

10 Preparation of the samples

10.1 Test vial

Cut a piece of conditioned sample with dry matter corresponding to 0,027 8 g ± 0,000 7 g per ml of internal vial volume. If the calculation does not result in a whole number, round up to the next higher whole number.

NOTE If a 100 ml vial is used, the mass of piece of conditioned sample with dry matter to be cut is 2,78 g ± 0,07 g.

Insert the specimen in the vial.

This vial is called the test vial.

10.2 Control vial

Repeat the procedure described in 10.1, but instead replace the sample by the reference paper.

10.3 Sealing leak indicator

For each vial prepare a microtube containing 2 cm of galvanized steel wire and closed with a piece of carded cotton. This sealing leak indicator is placed at the bottom of each vial (see Figure 1).

NOTE If the vial is well sealed, the moisture emitted by the testing materials and the reference paper in the vial when heating the vial at 100 °C promotes the oxidation of the indicator (zinc layer). This oxidation is visible in the form of a white deposit of ZnO which does not appear if there is a leak.

10.4 Reference paper

For each vial, test vial and control vial, cut two 1,5 cm × 2 cm pieces of reference paper. These test pieces shall be handled and cut according to the specifications of Clause 7. During accelerated ageing, the test pieces shall not be in contact either with each other or with the sample.

NOTE In order to achieve this, the reference paper test pieces can be placed next to each other (side by side) in a borosilicate glass vessel placed at the bottom of the vial. The sample is placed outside the vessel (see Figure 1).

Two additional reference paper test pieces are stored at (23 ± 1) °C and (50 ± 2) % RH. They do not undergo accelerated ageing and are used for the determination of $DP_v t_0$ (viscosity-average degree of polymerization of unaged reference paper test pieces) for the validation of the control (see 12.2.1) and the calculation of ωDP_v, the DP loss of the reference paper test pieces aged with the samples (see 12.3).

All the test pieces (aged and unaged) shall be taken from the same sheet of reference paper.

If the testing set-up used is different from the one of Figure 1, it should be documented and illustrated by a figure or photo.

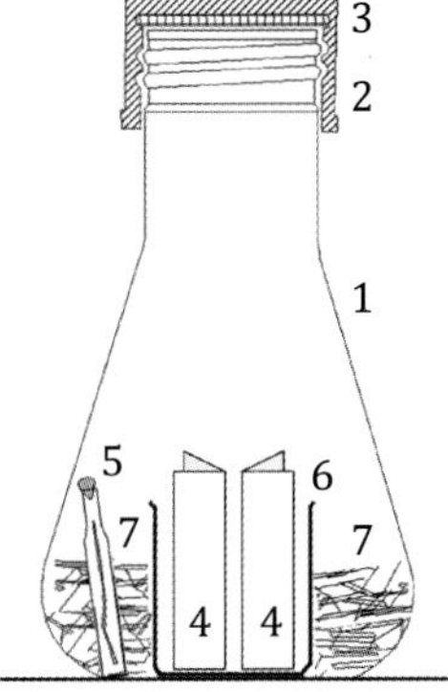

Key

1 vial
2 cap
3 gasket
4 reference paper test pieces
5 sealing leak indicator
6 vessel
7 sample (test vial) or reference paper (control vial)

Figure 1 — Example of testing set-up

10.5 Vial sealing

To ensure a high sealing efficiency tighten the cap and its gasket properly. The validity of the test depends strictly on the vial's airtightness. Before each test, it is necessary to make sure that the gaskets show no visible defect and to replace them regularly.

11 Procedure

11.1 Number of vials

For each testing, three test vials per sample and two control vials shall be prepared.

11.2 Accelerated ageing

The test vials and the two control vials shall be placed in an ageing chamber heated to a temperature of (100 ± 1) °C for 5 days.

The cap tightness shall be checked after a few hours of heating. It shall be tightened again if necessary.

11.3 Reference paper test pieces removal and reconditioning

After ageing, the closed vials are kept at ambient temperature for at least 1 h. The reference paper test pieces are taken out of the vial and allowed to equilibrate for at least 12 h in the same standard atmosphere as the one used for the conditioning.

11.4 Measurements of the limiting viscosity number of reference paper test pieces

The limiting viscosity number of the reference paper test pieces is determined by means of a cupri-ethylenediamine (CED) solution, according to ISO 5351. The limiting viscosity number is determined first for the reference paper test pieces of:

— one control vial;

— two test vials.

If for these vials, conditions set out in 12.2.1 (control vial), and/or 12.2.2 (test vial) are not fulfilled, then the limiting viscosity number of the test pieces aged in the second control vial and/or the third test vial shall be determined. In this case, the limiting viscosity number is compared to the lowest limiting viscosity number of the two first test vials.

The mass concentrations of reference paper in CED solutions shall obey the range specified in ISO 5351 between 2,5 g/l and 3 g/l. Thus, the volume of the CED solution used to dilute each piece of reference paper shall be adjusted accordingly. As a 1,5 cm × 2 cm piece of reference paper weighs approximately 28 mg, the volume of CED solution used shall be approximately 10 ml.

NOTE ISO 5351 is primarily applicable to CED-soluble samples of bleached chemical pulps but can also be applied to any kind of pulp that dissolves completely in CED solution.

12 Calculations

12.1 Calculation of viscosity-average degree of polymerization (DP_v) of the reference paper test pieces

On the basis of the limiting viscosity number (η), calculate the viscosity-average degree of polymerization DP_v of the reference paper test pieces by using the Mark-Houwink-Sakurada formula as shown in Formula (1)[2][4][8][9][10].

$$DP_v^{\ 0,85} = 1,1[\eta] \qquad (1)$$

12.2 Test validation

12.2.1 Validation of the control

The control is validated if all of the following conditions are satisfied.

a) A white oxidation, visible to the naked eye, is present on the surface of the leak indicator.

b) The coefficient of variation of the $DP_v t_0$ is below 5 %.

c) The coefficient of variation of the $DP_v t$ is below 10 %.

d) $0,3 < 1 - (DP_v t / DP_v t_0) < 0,5$.

$DP_v t$: arithmetic mean of the viscosity-average degree of polymerization of the aged reference paper test pieces.

$DP_v t_0$: arithmetic mean of the viscosity-average degree of polymerization of the unaged reference paper test pieces.

At least one of the two control vials shall meet this condition. If not, the test shall be repeated.

12.2.2 Validation of the test

The test is validated if for two test vials, both of the following conditions are satisfied.

a) A white oxidation, visible to the naked eye, is present on the surface of the leak indicator.

b) The coefficient of variation of the 4 reference paper test pieces (2 per test vial) DP_vx is below 10 %.

DP_vx: arithmetic mean of the viscosity-average degree of polymerization of the exposed reference paper test pieces.

Should this not be the case, measurements shall be performed on the reference paper test pieces of the third test vial. The results are compared to the lowest DP_v between the two first vials.

If the (a) and (b) conditions still are not satisfied with the third test vial, the test shall be repeated.

12.3 Expression of results

To determine the impact of the sample on the reference paper test pieces, the loss of DP_v of the reference paper test pieces is calculated using the Formula (2):

$$\omega DP_v = 1 - (DP_vx / DP_vt_0) \quad (2)$$

where

ωDP_v is the loss of DP_v of the reference paper test pieces;

DP_vx is the arithmetic mean of the exposed reference paper test pieces viscosity-average degree of polymerization;

DP_vt_0 is the arithmetic mean of the unaged reference paper test pieces viscosity-average degree of polymerization.

13 Report

The test report shall include the following information:

a) a reference to this document, i.e. ISO 23404:2020;

b) the date and place of testing;

c) a precise identification of the material tested;

d) the procedures that have been followed;

e) if a visible oxidation on the sealing leak indicator is noticed;

f) test result: loss of DP_v as specified in 12.3;

g) any deviations from the test method specified in this document, or any circumstances that may have affected the results, or any recommendations on changes that need to be made.

Bibliography

[1] ISO 16245, *Information and documentation — Boxes, file covers and other enclosures, made from cellulosic materials, for storage of paper and parchment documents*

[2] Strlič M., Kralj Cigič I., Možir A. et al. , The effect of volatile or compounds and hypoxia on paper degradation, *Polymer degradation and stability*, 2011, **96**, 608–6156

[3] Nguyen T.P., Duranton M., Pellizzi E., Rouchon V. Cartons utilisés pour la reliure et l'archivage: qualité et teneurs en soufre, *Support/Tracé*, 2009, **9**, 102–111

[4] Tétreault J., Dupont A.-L., Paris S., The impact of volatile compounds released by paper on cellulose degradation in ambient hygrothermal conditions, *Polymer Degradation and Stability*, 2013, **98**, 1827–1837

[5] Ramalho O., Dupont A.L., Egasse C., Lattuati-Derieux A. Emission rates of volatile organic compounds from paper, *e-Preservation Science*, 2009, **6**, 53–59

[6] Sawoszczuk T., Barański A., Łagan J. M., Łojewski T., Zięba K., On the use of ASTM closed vessel tests in accelerated ageing research, *J. of Cultural Heritage*, 2008, **9**, 401–441

[7] Ahn K., Zaccaron S., Rosenau T., Potthast A., How alkaline solvents in viscosity measurements affect data for oxidatively damaged celluloses: cupri-ehylenediamine, *Biomacromolecules*, 2019, **20**(11), 4117–4125

[8] Strlič M., Kralj Cigič I., Možir A. et al. Test for compatibility with organic materials. A proposed procedure, *e-Preservation Science*, 2010, **7**, 78–86

[9] Coppola F., Modelli A., Strlič M et al. , Kinetics of degradation of non-recycled and recycled contemporary paper, *Cellulose*, 2018, **25**, 5337–5347

[10] Wallis A.F.A., Evans R., Comparison of cellulose molecular weights determined by high performance size exclusion chromatography and viscometry, Proceedings of the Fourth International Symposium on Wood and Pulping Chemistry, April 27–30, 1987, Palais des Congrès, Vol.1: Oral presentations, 201–206

ISO 23404:2020(E)

ICS 85.060; 01.140.20

Price based on 9 pages

November 2011

	DIN EN 15946	

ICS 55.040; 97.195

Erhaltung des kulturellen Erbes – Verpackungsverfahren für den Transport; Deutsche Fassung EN 15946:2011

Conservation of cultural property – Packing principles for transport; German version EN 15946:2011

Conservation des biens culturels – Principes d'emballage pour le transport; Version allemande EN 15946:2011

Gesamtumfang 27 Seiten

Normenausschuss Bauwesen (NABau) im DIN

DIN EN 15946:2011-11

Nationales Vorwort

Dieses Dokument (EN 15946:2011) wurde vom Technischen Komitee CEN/TC 346 „Erhaltung des kulturellen Erbes“ erarbeitet, dessen Sekretariat von UNI (Italien) gehalten wird.

Der für die deutsche Mitarbeit zuständige Arbeitsausschuss im DIN Deutsches Institut für Normung e. V. ist der als Spiegelausschuss zum CEN/TC 346 eingesetzte Arbeitsausschuss NA 005-01-36 AA „Erhaltung des kulturellen Erbes“ des Normenausschusses Bauwesen (NABau).

Dem Anwender des Formblattes im Anhang C der EN 15946:2011 ist unbeschadet der Rechte des DIN an der Gesamtheit des Dokumentes die Vervielfältigung des Formblattes gestattet.

EUROPÄISCHE NORM
EUROPEAN STANDARD
NORME EUROPÉENNE

EN 15946

August 2011

ICS 55.040; 97.195

Deutsche Fassung

Erhaltung des kulturellen Erbes — Verpackungsverfahren für den Transport

Conservation of cultural property — Packing principles for transport

Conservation des biens culturels — Principes d'emballage pour le transport

Diese Europäische Norm wurde vom CEN am 29. Juli 2011 angenommen.

Die CEN-Mitglieder sind gehalten, die CEN/CENELEC-Geschäftsordnung zu erfüllen, in der die Bedingungen festgelegt sind, unter denen dieser Europäischen Norm ohne jede Änderung der Status einer nationalen Norm zu geben ist. Auf dem letzten Stand befindliche Listen dieser nationalen Normen mit ihren bibliographischen Angaben sind beim Management-Zentrum des CEN-CENELEC oder bei jedem CEN-Mitglied auf Anfrage erhältlich.

Diese Europäische Norm besteht in drei offiziellen Fassungen (Deutsch, Englisch, Französisch). Eine Fassung in einer anderen Sprache, die von einem CEN-Mitglied in eigener Verantwortung durch Übersetzung in seine Landessprache gemacht und dem Management-Zentrum mitgeteilt worden ist, hat den gleichen Status wie die offiziellen Fassungen.

CEN-Mitglieder sind die nationalen Normungsinstitute von Belgien, Bulgarien, Dänemark, Deutschland, Estland, Finnland, Frankreich, Griechenland, Irland, Island, Italien, Kroatien, Lettland, Litauen, Luxemburg, Malta, den Niederlanden, Norwegen, Österreich, Polen, Portugal, Rumänien, Schweden, der Schweiz, der Slowakei, Slowenien, Spanien, der Tschechischen Republik, Ungarn, dem Vereinigten Königreich und Zypern.

EUROPÄISCHES KOMITEE FÜR NORMUNG
EUROPEAN COMMITTEE FOR STANDARDIZATION
COMITÉ EUROPÉEN DE NORMALISATION

Management-Zentrum: Avenue Marnix 17, B-1000 Brüssel

Ref. Nr. EN 15946:2011 D

DIN EN 15946:2011-11
EN 15946:2011 (D)

Inhalt

Seite

DIN EN 15946:2011-11
EN 15946:2011 (D)

Vorwort

Dieses Dokument (EN 15946:2011) wurde vom Technischen Komitee CEN/TC 346 „Erhaltung des kulturellen Erbes" erarbeitet, dessen Sekretariat vom UNI gehalten wird.

Diese Europäische Norm muss den Status einer nationalen Norm erhalten, entweder durch Veröffentlichung eines identischen Textes oder durch Anerkennung bis Februar 2012, und etwaige entgegenstehende nationale Normen müssen bis Februar 2012 zurückgezogen werden.

Es wird auf die Möglichkeit hingewiesen, dass einige Texte dieses Dokuments Patentrechte berühren können. CEN [und/oder CENELEC] sind nicht dafür verantwortlich, einige oder alle diesbezüglichen Patentrechte zu identifizieren.

Entsprechend der CEN/CENELEC-Geschäftsordnung sind die nationalen Normungsinstitute der folgenden Länder gehalten, diese Europäische Norm zu übernehmen: Belgien, Bulgarien, Dänemark, Deutschland, Estland, Finnland, Frankreich, Griechenland, Irland, Island, Italien, Kroatien, Lettland, Litauen, Luxemburg, Malta, Niederlande, Norwegen, Österreich, Polen, Portugal, Rumänien, Schweden, Schweiz, Slowakei, Slowenien, Spanien, Tschechische Republik, Ungarn, Vereinigtes Königreich und Zypern.

Einleitung

Diese Europäische Norm enthält Empfehlungen („Soll"-Festlegungen) und Anforderungen („Muss"-Festlegungen) bezüglich der sicheren Verpackung von Kulturerbe (Kulturgütern) für den Transport.

Die Norm richtet sich an Einzelpersonen oder Unternehmen, die sich mit der Erhaltung des kulturellen Erbes beschäftigen, mit dem Ziel, die Gefahr von Schäden zu verringern.

In dieser Norm werden allgemeine Begriffe und Verpackungsverfahren vorgeschlagen.

Alle, die an der Verpackung von Kulturgütern für den Transport beteiligt sind, müssen die entsprechenden Fachkenntnisse, Fähigkeiten und Qualifikationen vorweisen.

DIN EN 15946:2011-11
EN 15946:2011 (D)

1 Anwendungsbereich

Diese Europäische Norm legt das Verfahren für die Verpackung von Objekten, die vom Eigentümer bzw. Betreuer als transportbereit betrachtet werden, fest.

2 Normative Verweisungen

Die folgenden zitierten Dokumente sind für die Anwendung dieses Dokuments erforderlich. Bei datierten Verweisungen gilt nur die in Bezug genommene Ausgabe. Bei undatierten Verweisungen gilt die letzte Ausgabe des in Bezug genommenen Dokuments (einschließlich aller Änderungen).

EN 15898:2011, *Erhaltung des kulturellen Erbes — Allgemeine Begriffe zur Erhaltung des kulturellen Erbes*

EN ISO 780, *Verpackung — Bildzeichen für die Handhabung von Gütern (ISO 780:1997)*

3 Begriffe

Für die Anwendung dieses Dokuments gelten die Begriffe nach EN 15898:2011 und die folgenden Begriffe.

3.1
Transport-Zustandsbericht
Dokument, das den gegenwärtigen Zustand eines Objekts beschreibt und eventuelle Veränderungen während des Transports festhält

3.2
Begleitpapiere
Dokumente, die während des Transports der Kulturgüter mitgeführt werden

3.3
Empfänger
Person oder Unternehmen, an die/das die Lieferung der Kulturgüter erfolgen soll

ANMERKUNG Der letzte Empfänger wird als Endempfänger bezeichnet.

3.4
Kurier
vom Eigentümer/Betreuer bevollmächtigte Person mit ausreichender Ausbildung/Erfahrung, die die Lieferung der Kulturgüter vom Abholungsort bis zum Endempfänger begleitet

3.5
Kiste
fester Behälter, der eine Verpackungsschicht um ein Objekt bildet

3.6
Polsterung
in das Verpackungssystem eingegliederte Materialien oder Vorrichtungen, um die Unversehrtheit der Kulturgüter aufrechtzuerhalten

ANMERKUNG In Anlehnung an EN 14182:2002.

3.7
Betreuer
Person oder Unternehmen, der/dem das Kulturerbe (die Kulturgüter) vom Eigentümer zur Bewahrung übergeben wurde(n)

3.8
Sicherheitstechnischer Bericht
Dokument, das Angaben zu den Räumlichkeiten sowie zu deren materiellen, technischen, umwelt- und sicherheitsbezogenen Einzelheiten enthält

3.9
Eigentümer
Person oder Unternehmen, die/das den Rechtsanspruch auf die Eigentümerschaft hat

3.10
Verpackung
Materialien oder Konstruktionen, die zum Verpacken des Kulturerbes (der Kulturgüter) benutzt werden

3.11
Packliste
Liste der Packstücke in einer einzelnen Lieferung, die jeweils dem Versand-, Liefer- und Empfangsschein beigefügt wird

3.12
Bevollmächtigter
jede Person, die mit Vollmacht im Namen des Eigentümers oder Betreuers des Kulturerbes (der Kulturgüter) handelt

3.13
Ortsbegehung
technische Überprüfung eines Objekts und dessen Aufstellung/Unterbringung vor der Verpackung und dem Transport

4 Symbole und Abkürzungen

CITES Washingtoner Artenschutzübereinkommen (en: Convention on International Trade in Endangered Species of Wild Fauna and Flora)

5 Vor dem Verpacken

5.1 Risikobeurteilung

5.1.1 Allgemeine Grundsätze

Die Verpackung, Materialien und Art des Transports sind auf der Grundlage einer Risikobeurteilung auszuwählen. Alle beteiligten Parteien sollten die maßgeblichen Informationen teilen.

Das Ergebnis sollte einvernehmlich sein.

Die endgültige Entscheidung ist vom Eigentümer/Betreuer zu treffen.

Je nach Risiko werden einige Verpackungslösungen in Anhang A vorgeschlagen. Für die Erstellung der Risikobeurteilung ist Folgendes zu berücksichtigen: das Objekt selbst, Anzahl, Größe und Gewicht aller Objekte in der Sendung und alles, was im Zusammenhang mit deren Versand steht.

5.1.2 Risiken des Objekts

Risiken, die das Objekt selbst betreffen, sind abhängig von seiner Beschaffenheit, seiner Herstellungstechnik, seinem Zustand, jeglichem vorherigen Eingriff und den Umgebungsbedingungen.

Das Objekt sollte von einem Konservator-Restaurator untersucht werden, um entscheiden zu können, ob das Objekt versendet werden kann und um Angaben zur Fragilität und zu den Schwachstellen des Objekts zu machen. Empfehlungen für die vorbeugende Erhaltung, die Ausstellung (Aufhängung, Rahmen, Fuß usw.), Restaurierung sowie für die Handhabung, die Verpackung und den Transport sollten gegeben werden.

5.1.3 Transportrisiken des kulturellen Erbes

Mehrere Faktoren sind bei der Wahl der Verpackung zu berücksichtigen:

a) Internationale Arbeitsbedingungen und Vorschriften, Sicherheitsrisiken;

b) die Verfügbarkeit kompetenter Verpackungs- und Transportunternehmen mit Erfahrung in der Handhabung von Kulturerbe (Kulturgütern);

c) Lage und Zugänglichkeit am Abholungsort und Anlieferungsort (Zugangswege, Art des Weges, Etage, Lastenaufzug, Fahrstuhl, Beleuchtung, Sicherheit usw.); mit Bezugnahme auf den sicherheitstechnischen Bericht des Endempfängers;

d) Handhabung (von Hand oder mechanisch);

e) Transportmittel (mit Lastkraftwagen, Flugzeug, Schiff oder Bahn; Einzel- oder Sammeltransport, persönlich übergeben oder als Fracht, direkte Reise oder nicht, Transport mit oder ohne Umladung);

f) Logistik, Gesamtreisezeit und sämtliche Übernachtungsaufenthalte;

g) äußere Einflüsse während des Transports (Straßenzustand, Wetter usw.);

h) Kurierbegleitung oder nicht.

5.1.4 Angaben über den Versand des Objekts für den Packer/das Transportunternehmen

Der Auftrag für die Dienstleistung sollte entsprechend dem Umfang und Aufwand etwa zwei bis vier Monate vor dem geplanten Verpackungsdatum ankommen und muss die folgenden Angaben für jedes Objekt enthalten:

a) Grund des Transports;

b) Eigentümer/Betreuer (Name, Stellung, Kontaktdaten);

c) Termine, Name(n) und genaue Adresse(n) (Straßenname, Hausnummer oder Name des Gebäudes, Ort, Verwaltungsbezirk, Land) des Abholungsortes, des Anlieferungsortes und des Rückgabeortes, falls dieser vom Abholungsort abweicht;

d) nähere Angaben zum Abholungsort, Anlieferungsort und Rückgabeort, falls notwendig (Etage, Lastenaufzug, Zugang usw.);

e) Name des Urhebers des Objekts, falls bekannt;

f) Titel oder Name des Objekts;

g) Bestandsnummer oder jede kennzeichnende Nummer;

h) Herstellungsdatum des Objekts, falls bekannt;

i) Beschaffenheit des Objekts (Techniken, Werkstoffe);

j) Abmessungen (Höhe, Länge, Tiefe, Durchmesser) und Gewicht des Objekts, mit oder ohne Rahmen, Fuß oder Aufhängung; für eine Installation oder ein mehrteiliges Objekt sind die Maße und das Gewicht jedes Teils sowie die Anzahl der Teile anzugeben;

k) ggf. besondere Bedingungen, unter denen das Objekt aufbewahrt oder transportiert wird (z. B. Umwelt, Sicherheit, Gefährdung, gesetzliche Anforderungen oder Genehmigungen);

l) ggf. Farbfotos;

m) ggf. Versicherungswert des Objekts;

n) Versicherung durch;

o) Versicherungszeitraum;

p) ggf. Zollstatus des Objekts am Abholungsort;

q) ggf. Ausfuhrgenehmigung und CITES-Zertifikate;

r) Anforderungen des Eigentümer/Betreuers (Anwesenheit eines Kuriers (bzw. von Kurieren), Verpackungsart und Art des Transports).

Die Vertraulichkeit der Informationen ist zu berücksichtigen.

Ein Beispiel für ein vom Eigentümer/Betreuer und vom Endempfänger ausgefülltes Formular mit Angaben für den Packer/das Transportunternehmen ist in Anhang B gegeben. Dieses Formular ist frei gestaltbar (z. B. eine Tabelle).

5.1.5 Ortsbegehung

Um das Objekt auszumessen und dessen Zustand sowie die Transportrisiken zu beurteilen, sollte vor dem Verpacken eine Ortsbegehung durch den Packer oder das Transportunternehmen erfolgen.

Bei dieser Ortsbegehung müssen der Packer oder das Transportunternehmen Zugang zum Objekt haben und einen Bevollmächtigten des Eigentümers/Betreuers treffen, der über vollständige Kenntnis der Akte des Objekts verfügt. Ein Konservator-Restaurator sollte während der Begehung anwesend sein.

Im Anschluss an die Begehung können der Packer/das Transportunternehmen und der Konservator-Restaurator Vorschläge machen, den der Eigentümer/Betreuer zustimmen muss. Es kann auch erforderlich sein, den Anlieferungsort zu besichtigen.

5.2 Auswahl der Verpackung

5.2.1 Allgemeine Grundsätze

Die Verpackung muss in Übereinstimmung mit der Risikobeurteilung einen angemessenen Schutz für das Objekt bieten. Sie sollte aus Materialien bestehen, die bei Kontakt mit dem Objekt keine Reibung oder sonstigen Schaden verursachen, sowie eine Polsterung und Schutz gegen Stöße, Erschütterungen und Änderungen der Umwelteinflüsse umfassen.

Die Verpackung muss all ihre schützenden Eigenschaften während der Verwendung beibehalten. Es ist zu berücksichtigen, dass die Verpackung für den Transport gedacht ist und daher nicht unbedingt für eine dauerhafte Lagerung geeignet ist.

Falls Überwachungseinrichtungen oder Kontrollanzeigen dem Objekt beigefügt sind, muss die Verpackung dies berücksichtigen.

Die Verpackung muss so bemessen sein, dass sie eine von Hand ausgeführte oder mechanische Handhabung ermöglicht, und sie sollte frei stehend sein. Die Maße müssen denen des Objekts angepasst sein und die Bedingungen des ausgewählten Transportmittels (Lastkraftwagen, Flugzeug usw.) berücksichtigen. Die äußeren Maße müssen kleiner sein als die der engsten Stelle, die während des Transports durchquert werden muss. Kleine Objekte sollten gemeinsam verpackt werden, wenn sie zusammenpassen und denselben Zielort haben.

Sofern möglich, sollte bei der Wahl der Materialien und der Transportmittel auf die Nachhaltigkeit geachtet werden.

5.2.2 Oberflächenschutz

Der Oberflächenschutz des Objekts sollte diesen hauptsächlich vor Ablagerungen und Abrieb schützen. Er muss chemisch so reaktionsträge wie möglich sein.

Um Beschädigungen zu vermeiden, darf bei bestimmten Objekten deren Oberfläche nicht direkt mit der Verpackung in Berührung kommen.

5.2.3 Polsterung

Die Polsterung wird nach ihrer Wirksamkeit ausgewählt, um Stöße und Erschütterungen abzudämpfen.

Die Art, Dichte, Dicke, Menge und Lage der Polsterung ist abhängig vom Transportmittel, von der Umgebung, dem Gewicht des Objekts, dem Gewicht der Verpackung, der Oberfläche, die mit der Polsterung in Berührung kommt, und der Empfindlichkeit des Objekts auszuwählen.

Das Polsterungsmaterial sollte so beschaffen sein, dass es bei Stößen keine bleibende Verformung aufweist.

5.2.4 Äußerer Schutz

Verpackungsmaterialien für den äußeren Schutz sollten fest sein, um das Objekt vor Stößen zu bewahren.

Sie müssen zudem das Objekt vor Nässe unter normalen Gegebenheiten schützen.

Isoliermaterialien sollten Schwankungen von Feuchtigkeit und Temperatur während des Transports einschränken.

5.3 Transport-Zustandsbericht

Um sämtliche möglichen Veränderungen am Objekt festzuhalten, ist ein Transport-Zustandsbericht mit Bildmaterial zu erstellen und vom Bevollmächtigten des Eigentümers/Betreuers des Objekts zu unterschreiben. Dies muss durch den Konservator-Restaurator oder einen Bevollmächtigten des Eigentümers/ Betreuers erfolgen.

Zweck des Transport-Zustandsberichts ist es, das Objekt zu beschreiben und sämtliche Veränderungen aufzulisten, die als Folge dieser besonderen Unternehmung auftreten.

Der Transport-Zustandsbericht ist am Abholungsort vor dem Verpacken zu vervollständigen; er muss Teil der Akte sein, die für diese besondere Unternehmung angefertigt wurde und muss dem Objekt durchgehend beigefügt sein.

Der Eigentümer/Betreuer ist von allen Änderungen des Objekts sofort zu unterrichten. Der Transport-Zustandsbericht ist einer der Referenzbelege, die im Fall eines Schadenersatzanspruchs vorgelegt werden können.

Bei jeder Etappe ist der Transport-Zustandsbericht von einem Bevollmächtigten des Empfängers sowie ggf. vom Kurier zu prüfen, zu kommentieren und gegenzuzeichnen. Eine letzte Prüfung ist vom Eigentümer/Betreuer ggf. gemeinsam mit dem letzten Kurier beim Empfang des Objekts an seinem endgültigen Ablieferungsort durchzuführen.

Die Beschaffenheitsprüfung ist an einem sauberen und sicheren Ort durchzuführen. Die Untersuchung ist unter Lichtverhältnissen durchzuführen, die Tageslichtqualität haben müssen. Wenn spezielle Untersuchungsbedingungen notwendig sind, um besondere Eigenschaften zu sehen, sind diese Anforderungen im Transport-Zustandsbericht zu vermerken, so dass die Überprüfung unter ähnlichen Bedingungen erfolgen kann.

Die im Transport-Zustandsbericht benutzte Terminologie muss genau und eindeutig sein. Die Verfasser des Transport-Zustandsberichts sollten in der Lage sein, diesen mit einer vorgefertigten Liste mit einem festgelegten Glossar zu vergleichen.

Der Transport-Zustandsbericht sollte die folgenden Angaben enthalten:

a) Angaben zum Objekt:
   1) Titel oder Name des Objekts;
   2) Name des Urhebers des Objekts, falls bekannt;
   3) Bestandsnummer oder jede Nummer, die die Identifizierung des Objekts ermöglicht;
   4) Maße und Gewicht des Objekts;
   5) Materialien;
   6) Herstellungsverfahren;
   7) Anzahl der Teile;
   8) Umgebungsbedingungen, unter denen das Objekt gewöhnlich aufbewahrt wird;

b) den Versand des Objekts betreffende Angaben:
   1) Name des Abholungsortes;
   2) Name des/der Empfangsort(e)s;
   3) Name des Rückgabeortes, falls er vom Abholungsort abweicht;
   4) Daten der Ausstellungen oder Veranstaltungen;

c) Protokoll der Veränderungen des Objekts:
   1) allgemeiner Zustand des Objekts. Die Angaben über den Zustand müssen zur Beurteilung der Risiken beitragen, denen das Objekt während des Transports ausgesetzt werden könnte: Schwachstellen, Beschreibung und Lage bruchempfindlicher Bereiche und/oder deren Entwicklungsgeschichte, die bei jedem Transportabschnitt zu prüfen sind;
   2) Zustand des Objekts (Zusammenhalt, Aufbau, frühere Einwirkungen usw.);
   3) Oberflächenzustand des Objekts;
   4) Zustand von Aufhängung/Rahmen/Fuß;
   5) datierte Bilder jeweils mit der Bestandsnummer oder jeder anderen Kennzeichnungsnummer des Objekts;
   6) Bilder, mit denen etwaige Änderungen dokumentiert werden;
   7) alle ungewöhnlichen Vorkommnisse, die zu einer Veränderung des Objekts führen könnten.

d) Anforderungen bezüglich:
   1) Handhabung;
   2) Auf- und Zusammenbau des Objekts;
   3) Umgebungsbedingungen, falls notwendig;
   4) Art und Beschreibung der Verpackung sowie Empfehlungen für deren Lagerung;
   5) Auspacken.

e) Daten und Unterschriften
   1) vor dem Verpacken: Datum, an dem der Transport-Zustandsbericht angefertigt wurde, Name und Stellung des Verfassers des Berichts;
   2) bei jeder Transportetappe des Objekts: Datum, an dem der Transport-Zustandsbericht geprüft wird; Name und Stellung der verschiedenen Unterzeichner des Transport-Zustandsberichts.

6 Verpackung

6.1 Allgemeine Grundsätze

Das Verpacken muss in Gegenwart und unter der Aufsicht eines Bevollmächtigten des Eigentümers/Betreuers ausgeführt werden. Es sollte gleich nach der Erstellung des Transport-Zustandsberichtes von einer entsprechenden Anzahl qualifizierter Mitarbeiter vorgenommen werden, die in das Projekt eingewiesen sind. Es ist nach einer vorher vereinbarten und beschlossenen Verfahrensweise in einem Arbeitsablauf auszuführen. Falls es eine(n) Kurier(in) gibt, so muss er/sie beim Verpacken anwesend sein.

Das Verpacken sollte an einem sicheren, geschützten, sauberen und gut beleuchteten Ort durchgeführt werden, dessen Umgebungsbedingungen denen am Abholungsort ähneln. Ist dies nicht das Fall, ist das Packmaterial vorher zu akklimatisieren.

Der Ort, an dem das Verpacken ausgeführt wird, muss über genug Platz für eine sichere Handhabung des Objekts, der Verpackung und der entsprechenden Einrichtung verfügen, falls notwendig.

Das Verpacken und die Handhabung sind entsprechend der Risikobeurteilung durchzuführen, und jegliche Veränderungen dürfen nur mit Erlaubnis des Eigentümers/Betreuers ausgeführt werden.

Objekte sollten nur dann angefasst oder bewegt werden, wenn es absolut notwendig ist.

6.2 Verpackungsvorbereitung

Vor der Handhabung oder dem Bewegen eines Objekts muss jeder Schritt des Ablaufs vorher geplant und allen Beteiligten mitgeteilt werden. Eine Verfahrensweise sollte festgelegt werden.

Bevor mit dem Verpacken begonnen wird, sind die folgenden Vorkehrungen zu treffen:

a) Die leere Verpackung ist mindestens 24 h vor dem Verpacken an den Verpackungsort zu liefern und zu öffnen, außer es wird vom Eigentümer/Betreuer anders entschieden;

b) Überprüfen der Verpackung und deren Zustand;

c) Überprüfen der Ausmaße der Verpackung hinsichtlich der Maße des Objekts;

d) die hausinternen Transportwege sind frei zu räumen, bevor das Objekt bewegt wird;

e) der Zustand des Objekts ist mit dem Transport-Zustandsbericht abzugleichen.

6.3 Handhabung

Die Handhabung ist entsprechend den Empfehlungen, die nach der Risikobeurteilung gemacht wurden, auszuführen.

Technische Geräte dürfen nur von qualifiziertem Personal benutzt werden.

Es ist geeignete Kleidung zu tragen; Zubehör und Werkzeuge, die das Objekt beschädigen könnten, sind zu entfernen.

Für die Sicherheit der Objekte ist geeignete Schutzkleidung zu tragen, wie z. B. Handschuhe (siehe Anhang C) bei direkter Berührung des Objekts.

Die Mitarbeiter sind vor Gefährdungen zu schützen.

6.4 Verpackungsablauf

6.4.1 Anordnen der Objekte in der Verpackung

Die Objekte müssen innerhalb der Kiste entsprechend ihrer Eigenschaften und der Risikobeurteilung gesichert werden.

Die Polsterung muss das Objekt zwar umhüllen und abstützen, darf es aber nicht zusammendrücken.

Für schwere Teile des Objekts sollte eine angemessene Abstützung bereitgestellt werden.

Innerhalb der Kiste und der Polsterung sind Markierungen anzubringen, um das Verpacken, Auspacken und erneutes Verpacken zu erleichtern.

6.4.2 Begleitpapiere

Während des Transports sollten folgende Dokumente dem Objekt bzw. der Gruppe von Objekten beigefügt sein:

a) Original des Transport-Zustandsberichtes, das bei der Abreise vom Abholungsort erstellt wird. Es ist zu jeder Phase des Transports zu prüfen und zu kommentieren;

b) Packliste;

c) Ausfuhrgenehmigung, d.h. ein Dokument, das durch die für die Ausfuhr des Objekts zuständige Behörde ausgestellt wurde, sofern erforderlich;

d) Zollerklärung, sofern erforderlich.

Der Eigentümer/Betreuer muss ein Exemplar aller Dokumente, die die Transportakte bilden, einschließlich der aktuellen Ergänzungen aufbewahren. Alle Änderungen des Objekts sind dem Eigentümer/Betreuer sofort mitzuteilen.

Die Vertraulichkeit der Informationen ist zu berücksichtigen.

Gegebenfalls sollten auch Hinweise für das Auspacken beigefügt werden.

6.5 Externe Kennzeichnung

Die Kennzeichnung muss so erfolgen, dass die Sicherheit des Objekts und des Transports nicht gefährdet werden.

Die Kennzeichnung muss nach EN ISO 780 mit dauerhaften Materialien erfolgen.

Jegliche rechtsverbindliche gesetzliche Kennzeichnung muss sich auf der Verpackung befinden.

Gepackte Kisten sollten deutlich als „gepackt" oder „voll" gekennzeichnet sein. Leere Kisten sollten deutlich als „ausgepackt" oder „leer" gekennzeichnet sein.

7 Abladen und Empfang

Das Abladen und der Empfang sind im Voraus zu planen. Das entsprechende Personal und die entsprechenden Einrichtungen müssen verfügbar sein.

Beim Empfang der Verpackungen ist jedes Objekt mit der Packliste zu vergleichen.

Bevor die Verpackung zum Akklimatisieren gelagert wird, sollte die Außenseite überprüft werden, um jegliche Beschädigungen oder Auffälligkeiten der Verpackung sowie der äußeren Kontrollanzeigen zu erkennen, die während des Transports aufgetreten sind. Alle beobachteten Veränderungen oder Auffälligkeiten sind sofort im geeigneten Dokument festzuhalten (Lieferschein, Transport-Zustandsbericht usw.).

Wenn der Verdacht auf parasitären Befall besteht oder dieser festgestellt wird, ist die Lieferung zu isolieren, und der Eigentümer/Betreuer ist sofort zu verständigen.

8 Auspacken

8.1 Allgemeine Grundsätze

Das Auspacken ist unter der Aufsicht des Empfängers und, falls erforderlich, von einem Bevollmächtigten des Eigentümers/Betreuers, vorzugsweise durch einen Konservator-Restaurator, auszuführen. Es ist nach einer vorher vereinbarten und beschlossenen Verfahrensweise in einem Arbeitsablauf von einer ausreichenden Anzahl qualifizierter Mitarbeiter durchzuführen, die in das Projekt eingewiesen sind. Das Auspacken ist an einem sicheren, geschützten, sauberen und gut beleuchteten Ort, dessen Umgebungsbedingungen denen am Zielort des Objekts ähneln, entsprechend den vom Eigentümer/Betreuer festgelegten Anforderungen durchzuführen.

8.2 Auspackvorbereitungen

Vor dem Auspacken ist ein Platz zu bestimmen, an den die Objekte zur Prüfung hingestellt werden.

Der Ort, an dem das Objekt ausgepackt werden soll, muss groß genug sein, um die sichere Handhabung des Objekts, der Verpackung und der entsprechenden Einrichtungen, sofern erforderlich, zu ermöglichen.

Vor dem Öffnen der Verpackung sollte diese sich über einen Zeitraum, der durch den Eigentümer/Betreuer — möglichst nach Rücksprache mit einem Konservator-Restaurator — festgelegt wurde, an die Bedingungen des Zielortes akklimatisieren können.

Es ist zu prüfen, ob die geeignete Einrichtung und/oder menschliche Hilfestellung zur Verfügung steht und ggf. für die Handhabung von schweren oder empfindlichen Objekten angepasst wurde.

8.3 Auspacken

Die vom Eigentümer/Betreuer bzw. von dessen Bevollmächtigten gegebenen Anweisungen zum Auspacken sind zu befolgen.

Um das Wiederverpacken zu erleichtern, kann eine Dokumentation über die Auspackabfolge, das Packverfahren und die Lage des Objekts hinzugefügt werden.

Der Inhalt jeder Verpackung ist mit der Liste der Objekte und/oder Bestandteile zu vergleichen.

Nach dem Herausnehmen der Objekte ist zu prüfen, ob Teile in der Verpackung zurückgeblieben sind.

Im Fall des Verdachts auf parasitären Befall sind sowohl die Verpackung als auch der gesamte Inhalt der Verpackung zu isolieren, und der Eigentümer/Betreuer ist sofort zu verständigen.

Der Zustand der Objekte ist unmittelbar nach dem Auspacken von einem Bevollmächtigtem des Empfängers und, sofern verfügbar, von einem Bevollmächtigten des Eigentümers/Betreuers zu prüfen und zu dokumentieren, wobei einer der Prüfer ein Konservator-Restaurator sein sollte.

8.4 Lagerung der Verpackung

Wenn nicht anders bestimmt, sollte die ursprüngliche Verpackung zusammen gelassen werden. Wenn es eine Kiste gibt, ist das Packmaterial dort unterzubringen.

Die inneren Teile der Kiste dürfen nicht entfernt werden.

Leere Verpackungen, die für erneutes Verpacken wieder benutzt werden, sollten in einem sauberen, geschützten Lagerbereich gelagert werden, vorzugsweise zu Bedingungen (Temperatur und relative Luftfeuchte), die denen des Gebiets, in dem die Objekte wieder abgeholt werden, am ähnlichsten sind. Wenn das nicht möglich ist, sollten diese Packmaterialien vor dem Wiederverpacken an diese Bedingungen angeglichen werden, bis sie im klimatischen Ausgleich mit den Objekten stehen.

Die Verpackung ist zu kennzeichnen, und es ist anzugeben, ob sie voll oder leer ist.

9 Wiederverpacken

Alle Festlegungen gelten ebenfalls für das Wiederverpacken.

Unmittelbar vor dem Wiederverpacken ist der Zustand der Objekte von einem Bevollmächtigtem des Empfängers und, sofern vom Eigentümer/Betreuer festgelegt, von einem Bevollmächtigten des Eigentümers/Betreuers zu prüfen und zu dokumentieren, wobei einer der Prüfer ein Konservator-Restaurator sein sollte.

Das Wiederverpacken ist unter der Aufsicht des Empfängers und, falls erforderlich, des Eigentümers/Betreuers oder seines Bevollmächtigten auszuführen. Es ist nach einer vorher vereinbarten und beschlossenen Verfahrensweise in einem Arbeitsablauf von einer ausreichenden Anzahl qualifizierter Mitarbeiter durchzuführen, die in das Projekt eingewiesen sind.

Das Wiederverpacken ist an einem sicheren, geschützten, sauberen und gut beleuchteten Ort durchzuführen, dessen Umgebungsbedingungen denen ähnlich sind, unter denen das Objekt aufbewahrt wurde.

Das Wiederverpacken mit ursprünglichen Packmaterialien darf nur dann stattfinden, wenn keine Veränderungen am Objekt, an den Packmaterialien oder am Ergebnis der Risikobeurteilung erfolgt sind. Falls sich Änderungen in einem dieser Faktoren ergeben haben, ist das Verpackungsverfahren erneut zu beurteilen.

Wenn die Verpackung während ihrer ersten Verwendung stark beschädigt wurde, ist sie durch gleiche oder gleichwertige Materialien zu ersetzen.

Anhang A
(informativ)

Verpackungslösungen in Abhängigkeit von den Risiken

Verschiedene, mit dem gesamten Transportprozess verbundene Risikokategorien sind in Tabelle A.1 festgelegt. Die Risikokategorien sind nach der Häufigkeit des Vorkommens klassifiziert.

Tabelle A.1 — Verpackungslösungen in Abhängigkeit von den Risiken

Risikokategorien	Erkannte Ursachen	Verpackungslösung
1. Äußerliche Kräfte	Objekt (d. h. die dem infrage kommenden Objekt innewohnende Empfindlichkeit) Stöße und Erschütterungen, die möglicherweise während des Transports oder der Handhabung auftreten (d. h. das mit der Art des Transports und der Ausführung der Verpackung verbundene Risiko, z. B. Größe, Gewicht) Risiko der Verbeulens/der Verformung des Objekts Risiko des Kippens	Verwendung von Schutzmaterialien für die Oberfläche, der Beschaffenheit des Objekts angepasst Verwendung von Schutzmaterialien gegen Durchbohren und Durchstoßen Verwendung von dämpfenden Materialien gegen Stöße, Beschleunigung und Erschütterung Verwendung von geeigneten Packmaterialien (z. B. doppelte Behälter) und Montage Angemessene Handhabung
2. Ungeeignete Temperaturen	Veränderungen oder falsche Temperaturwerte	Wärmedämmung (einschließlich einer anfänglichen Zeitspanne der Akklimatisierung, bevor die Verpackung geöffnet wird) Schutz des direkten Umkreises oder der Umgebung des Objekts
3. Ungeeignete relative Luftfeuchte	Abweichungen der Temperatur, der relativen Luftfeuchte oder des Luftdrucks falsche Werte der relativen Luftfeuchte	Verwendung einer Dampfsperre Verwendung von Puffermaterialien Akklimatisierung vor dem Öffnen der Verpackung
4. Trennung der verschiedenen Teile, aus denen das Objekt besteht	unvollständige Packliste fehlende Kennzeichnung der verschiedenen Teile keine oder unzureichende Installations- und Deinstallationsverfahren	Kennzeichnung der verschiedenen Teile des Objekts oder der Verpackung, wenn Teile nicht selbst gekennzeichnet werden können Installations- und Deinstallationsverfahren Packliste

Tabelle A.1 *(fortgesetzt)*

Risikokategorien	Erkannte Ursachen	Verpackungslösung
5. Schadstoffbelastung	Ausstoß von schädlichen Substanzen durch ungeeignete Verpackungs- oder Aufhängungs- oder Rahmen- oder Fußmaterialien oder durch das Objekt selbst direkte Berührung mit dem Objekt während der Handhabung (d. h. Hautkontakt, Verwendung von für die Beschaffenheit des Objekts ungeeigneter Handschuhe)	Isolierung von Objekten/Teilen, die schädliche Gase freisetzen Verwendung geeigneter Materialien (d. h. keine, die Flüssigkeit oder Staub usw. erzeugen) Verwendung einer Anti-Dampffolie Tragen von Handschuhen, die für die Beschaffenheit des Objekts geeignet sind
6. Wasser und andere Flüssigkeiten	Niederschläge, Regen Hochwasser Rohrbruch	Anbringung einer äußeren wasserdichten Folie (z. B. Kunststofffolie, Farbe) Die Verpackung ist vom Boden abzuheben (durch Verwendung von Paletten, Regalen, Gestellen, Latten usw.)
7. Parasitärer Befall	parasitärer Befall des Objekts bereits bei der Abreise vorhanden parasitärer Befall der Umgebung des Objekts parasitärer Befall der Verpackung	Objekt oder Verpackung ist zu isolieren Desinfektion des Objekts Desinfektion der Betriebsgebäude bzw. des Lagerbereichs und der Verpackung Anwendung von besonders behandelten Materialien, zertifiziert
8. Diebstahl und Vandalismus	mangelnde Aufsicht während des Transports ungeeignete Verpackung	keine Angaben auf der Verpackung zum Eigentümer/Betreuer, zum Endempfänger des Objekts oder zur Beschaffenheit des enthaltenen Objekts Vermeidung von zu kleiner Verpackung Ein Schraubsystem mit Beilagscheiben ist einem Stecksystem vorzuziehen Sicherheitssiegel können verwendet werden

Anhang B
(informativ)

Formularbeispiel der Angaben für den Packer/das Transportunternehmen

1 ANGABEN ZUM EIGENTÜMER/BETREUER

Stellung des Eigentümers/Betreuers:

Museum

Galerie

Privat

Andere — Angabe:

Name des Eigentümers/Betreuers:

Kontakt	Nachname:	Vorname:
	Tel:	Fax:
	E-Mail:	

2 DATEN UND ORT DER ABHOLUNG, ANLIEFERUNG UND RÜCKGABE

Datum der Abholung beim Eigentümer/Betreuer: TTMMJJJJ

Name des Abholungsortes:

Adresse des Abholungsortes:

Straßennummer und Straßenname:

Hausnummer und Name des Gebäudes:

Ort: Verwaltungsbezirk: Land:

Datum der Anlieferung: TTMMJJJJ

Name des Anlieferungsortes:

Adresse des Anlieferungsortes:

Straßennummer und Straßenname:

Hausnummer und Name des Gebäudes:

Ort: Verwaltungsbezirk: Land:

Datum der Abholung beim Endempfänger: TTMMJJJJ

Datum der Rückgabe an den Eigentümer/Betreuer: TTMMJJJJ

Name des Rückgabeortes (falls abweichend vom Abholungsort):

Adresse des Rückgabeortes (falls abweichend vom Abholungsort):

Straßennummer und Straßenname:

Hausnummer und Name des Gebäudes:

Ort: Verwaltungsbezirk: Land:

Eigenschaften des Abholungsortes:

Zugangsweg: Höhe: Breite: Art des Bodens:

Etage: Lastenaufzug: ja nein

Eigenschaften des Anlieferungsortes:

Zugangsweg: Höhe: Breite: Art des Bodens:

Etage: Lastenaufzug: ja nein

Eigenschaften des Rückgabeortes (falls abweichend vom Abholungsort):

Zugangsweg: Höhe: Breite: Art des Bodens:
Etage: Lastenaufzug : ja nein

3 INFORMATION ÜBER DAS ZU VERPACKENDE OBJEKT

Name des Urhebers des Objekts (falls bekannt):

Titel oder Name des Objekts:

Datum der Erstellung des Objekts (falls bekannt):

Beschaffenheit des Objekts:

Techniken:
Werkstoffe:
besondere gesetzliche Anforderungen und Genehmigungen:

Bestandsnummer oder jegliche Kennnummer:

Farbfotos vom Objekt, falls erforderlich:

Versicherungsnehmer: Eigentümer/Betreuer Empfänger Transportunternehmen

Versicherungsmakler/-unternehmen, sofern bekannt:

Staatshaftung:

Versicherungswert, falls erforderlich:

Versicherungszeitraum:

Zollstatus des Objekts am Abholungsort:

Maße des Objekts mit Rahmen mit Fuß mit Aufhängung

Höhe:	Höhe:
Länge:	Länge:
Tiefe/Dicke:	Tiefe/Dicke:
Durchmesser:	Durchmesser:
Masse:	Masse:

(für eine Installation oder ein mehrteiliges Objekt sind die Maße aller Teile und die Anzahl der Teile anzugeben)

Zugang zum Objekt, falls dies besondere Schwierigkeiten aufweist:

Besondere Bedingungen, unter denen das Objekt aufbewahrt wird, falls erforderlich:

Umgebung:

Sicherheit:

Gefährdung:

Andere:

4 ANFORDERUNGEN DES EIGENTÜMERS/BETREUERS

Art der Verpackung:

Art des Transports: LKW Flugzeug Schiff

Anwesenheit von Kurieren: ja nein

Wenn ja, wie viele:

Anhang C
(normativ)

Unterschiedliche Handschuharten für die Handhabung verschiedener Objekte

C.1 Allgemeine Grundsätze für die Auswahl der Handschuhe

Bei der Handhabung von Objekten sollten Handschuhe getragen werden, um die Objekte vor chemischen Reaktionen mit Hautabsonderungen zu schützen und in einigen Fällen auch zum Schutz des Benutzers vor schädigenden Chemikalien des Objekts.

Die Handschuhe sollten sauber sein, regelmäßig gewechselt werden und die richtige Größe für die Hand des Benutzers haben.

Vor dem Wechseln der Handschuhe sollten die Hände gewaschen und abgespült werden.

Handschuhe, die Chlorverbindungen wie Polychloropren enthalten, sollten nicht benutzt werden.

Handschuhe sollten gewaschen und gründlich gespült werden (sie können nach dem Waschen Waschmittelrückstände enthalten). Alternativ könnten Einmalhandschuhe verwendet werden.

Es gibt eine große Auswahl hochwertiger Handschuhe in vielen verschiedenen Ausführungen, die auf dem Markt erhältlich sind. Es wird empfohlen, bei der Auswahl der Handschuhe sich auf die Angaben der Hersteller zu beziehen.

Die von den Herstellern bezogenen Angaben sollten nach den in C.2 festgelegten Kriterien geprüft werden, um zu beurteilen, ob die Handschuhe für die Handhabung des Objekts geeignet sind (siehe Tabelle C.1).

C.2 Kriterien für die Auswahl der Handschuhe

C.2.1 Gesetzlich vorgeschriebene Anforderungen hinsichtlich der Anwendung von Handschuhen

Bei der Handhabung von Objekten sollten Handschuhe benutzt werden, die eigens für die folgenden Anwendungen angefertigt wurden:

a) persönliche Schutzausrüstung

Die folgenden Angaben sollten in der Anleitung des Herstellers zu finden sein:

— der Zweck der Schutzhandschuhe nach EN 420, in der allgemeine Anforderungen an die Handschuhausführung und Herstellung, Prüfverfahren zur Bestimmung der Widerstandsfähigkeit der Handschuhwerkstoffe gegen das Eindringen von Wasser, der Unbedenklichkeit, des Komforts und der Wirksamkeit sowie Anforderungen an die Kennzeichnung festgelegt sind;

— Schutz vor mechanischen Risiken nach EN 388, in der vier Stufen der Abriebfestigkeit, Schnittfestigkeit, Weiterreißkraft und Durchstichkraft festgelegt sind, die gemeinsam mit dem in Bild C.1 gezeigten Bildzeichen in der CE-Kennzeichnung auf dem Produkt oder einer beigefügten Halterung anzugeben sind;

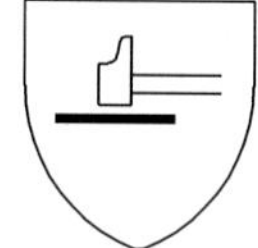

Bild C.1 — Bildzeichen „Mechanische Risken" (EN 388)

b) Kontakt mit Lebensmitteln

Das Bildzeichen in Bild C.2 sollte in den Angaben des Herstellers zu finden sein.

Bild C.2 — Bildzeichen „Kontakt mit Lebensmitteln"

c) medizinische Anwendung

Betrifft medizinische Handschuhe für den Einmalgebrauch, wie in EN 455-3 festgelegt.

C.2.2 Fehlen von Produkten, die dazu bestimmt sind, den Hautkontakt zu verbessern

Das Handschuhinnere sollte frei von pulverigen und cremigen Materialien sein, die beim Ausziehen oder infolge von Einstichen Rückstände übertragen können.

C.2.3 Undurchlässigkeit

Die Handhabung von bestimmten Arten von Objekten erfordert das Tragen von Handschuhen, die keinerlei Austausch zwischen der Haut und der Oberfläche des Objekts zulassen.

BEISPIEL 1 Naturgeschichtliche Proben sind in der Vergangenheit häufig mit Arsen oder Schädlingsbekämpfungsmitteln wie DDT behandelt worden.

BEISPIEL 2 Es kann eine chemische Veränderung auf Kupferobjekten erfolgen, wenn das Kupfer bei manchen Handschuharten in Berührung mit Hautabsonderungen kommt.

C.2.4 Sichere Handhabung

Die Handschuhe sollten einen sicheren Griff des Objekts sicherstellen. Dies kann durch ein geformtes Profil oder eine strukturierte Appretur erreicht werden.

Die Anwendung von Handschuhen mit Gumminoppen stellt eine mögliche Gefährdung für manche Objekte dar.

C.2.5 Festigkeit

Handschuhe sollten widerstandsfähig gegen Risse, Stiche und Schnitte sein. Festigkeit ist ein wichtiges Kriterium für die Handhabung schwerer und/oder großer Objekte.

C.2.6 Dünnheit

Die Dünnheit von Handschuhen ist erforderlich für die Handhabung kleiner oder sehr zerbrechlicher Objekte.

C.2.7 Beweglichkeit und Bequemlichkeit

Diese sind wichtige Kriterien für die Handhabung von empfindlichen und zerbrechlichen Objekten.

Tabelle C.1 – Empfehlungen für die Verwendung von Handschuhen bei der Handhabung von Objekten

Werkstoff oder Art der Oberfläche[a]	Handschuhausführungen									
	Mit bloßen Händen	Nicht-flockige Baumwolle[c]	Natürlicher Kautschuk[d]	Leder[e]	Polyamid[f]	Polyethylen[g]	Vinyl[h]	Nitrilkautschuk[i]	Handschuhe mit Gumminoppen	Dünn strukturierte beschichtete Handschuhe
Metalle: Eisen, Kupfer, Messing, Silber usw.	N	J	J	J	J	J	J	I	N	J
Metalle: Blei, Zinn	N	N	N	J	N	N	N	J	N	J
Metalle: Gold, vergoldete Oberflächen	N	N	J	N	N	N	J	J	N	N
Steine: Kalkstein, Diorit (Grünstein), Granit, Marmor usw.	I	J	J	J	J	J	J	J	I	J
Anorganische Stoffe mit zerbrechlicher Oberfläche: Alabaster, Gips, ungebrannter Ton usw.	N	J	J	J	N	N	J	J	N	I
Keramik, Glas	J	J	J	J	J	J	J	J	N	J
Unbehandeltes Holz	N	J	J	J	J	J	J	J	J	J
Behandeltes Holz	N	N	J	N	N	N	J	J	N	N
Wachs, Knetmasse usw.	N	N	J	N	N	N	J	J	N	N
Naturgeschichtliche Proben	N	N	N	N	N	N	N	J	N	N
Horn, Zähne, Elfenbein, Knochen	I	J	J	I	N	N	J	J	N	J
Werke auf Papier	I	J	J	N	N	N	J	J	N	N
Fotografien	N	J	J	N	N	N	J	N	N	N
Textilen	I	I	J	N	N	N	J	J	N	N
Cellulosenitrat	N	N	N	N	N	N	N	J	N	N
Synthetische Polymere: Acryl, Polyester usw.	I	J	J	N	N	I	J	J	N	I
Farbschichten	N	I	J	N	N	N	J	J	N	N

Tabelle C.1 *(fortgesetzt)*

Werkstoff oder Art der Oberfläche[a]	Handschuhausführungen									
	Mit bloßen Händen	Nicht-flockige Baum wolle [c]	Natürlicher Kautschuk[d]	Leder[e]	Poly-amid[f]	Poly-ethy-len[g]	Vinyl[h]	Nitril-kautschuk[i]	Hand-schuhe mit Gummi-noppen	Dünn strukturierte beschich-tete Hand-schuhe
Zusammen-gesetzte und ethno-grafische Objekte	I	I	I	I	I	I	I	I	I	I
Andere Medien[b] (Video, DVD, CD usw.)	I	J	J	N	I	I	J	I	I	I

Legende

J = ja

N = nein

I = einzeln betrachtet, d. h., von Fall zu Fall entsprechend der Situation

ANMERKUNG 1 Die Auswahl der Handschuhe, die für die Handhabung sehr kleiner, großer und/oder schwerer Objekte geeignet sind, wird auf der Grundlage der einzelnen Fälle getroffen.

ANMERKUNG 2 Handschuhe aus Naturgummi, Neopren, synthetischem Gummi, Polyvinylacetat und/oder Polytetrafluorethylen (PTFE) werden gegenwärtig nicht für die Handhabung von Kunstobjekten benutzt.

[a] Bei Rahmen gelten die Angaben zur betreffenden Oberfläche.

[b] Diese Objekte sind aus verschiedenen Werkstoffen angefertigt. Die meisten werden in Behältern gehandhabt.

[c] Baumwollhandschuhe können bei der Handhabung von sehr brüchigen Textilien, Gold oder vergoldeten Flächen und Metallflächen scheuern. Sie sollten nicht bei der Handhabung von rauen und strukturierten Flächen benutzt werden, wo Fasern an der Oberfläche des Objekts hängen bleiben könnten. Sie sollten nicht zur Handhabung von Objekten aus Wachs oder Knetmasse verwendet werden. Die Verwendung von Baumwollhandschuhen sollte bei der Handhabung schwerer und/oder großer Objekte vermieden werden.

[d] Handschuhe aus natürlichem Kautschuk haben eine gute Zerreißfestigkeit, aber eine eingeschränkte Einstichfestigkeit. Sie verfügen über die beste Beweglichkeit und eine gute Tastempfindlichkeit, aber sie können Allergien hervorrufen.

[e] Dicke Lederhandschuhe haben keine gute Beweglichkeit, aber sie bieten eine gute Griffigkeit bei sehr schweren Objekten.

[f] Handschuhe aus Polyamid sind nicht immer beweglich. Wenn sie dünn und nahtlos und mit einer Polyurethanbeschichtung versehen sind, bieten sie eine gute Griffigkeit bei schweren Objekten. Sie sind wasserdicht und verhältnismäßig beweglich.

[g] Handschuhe aus Polyethylen sind im Allgemeinen wenig beweglich, auch wenn sie dünn sind, und sie bilden Falten, die sich auf den Objekten abzeichnen können.

[h] Die dünnsten Handschuhe aus Vinyl haben eine höhere Empfindlichkeit und Fingerfertigkeit sowie eine bessere Griffigkeit als Handschuhe aus Baumwolle.

[i] Handschuhe aus Nitrilkautschuk bieten einen guten Hautschutz, sollten jedoch nicht zur Handhabung von Silber, Objekten, die Silber enthalten, oder von Fotografiesammlungen verwendet werden (sie können Schwefelrückstände aufgrund des Vulkanisierungsprozesses enthalten).

Literaturhinweise

[1] EN 14182:2002, *Verpackung — Terminologie — Grundbegriffe und Definitionen*

[2] EN 388, *Schutzhandschuhe gegen mechanische Risiken*

[3] EN 420, *Schutzhandschuhe — Allgemeine Anforderungen und Prüfverfahren*

[4] EN 455-3, *Medizinische Handschuhe zum einmaligen Gebrauch — Teil 3: Anforderungen und Prüfung für die biologische Bewertung*

[5] ÖNORM D 1000:1999, *Transportdienstleistungen — Kunsttransporte — Anforderungen an die Dienstleistung und die Bereitstellung der Dienstleistung*

[6] *Art in transit: handbook for packing and transporting paintings*, edited by Richard, M., Mecklenburg, MF, Mervill, RM. Washington, DC : National Gallery of Art, 1991, 372 p.

[7] DUBUS, M., SARRAILH, S., WALLENS, A. de. Transports et climat : l'expérience de dix ans de collaboration avec le département des peintures du musée du Louvre. *Technè : la science au service de l'histoire de l'art et des civilisations*, 2005, n° 21, p. 117-120

[8] ISPM n° 15. *Regulation of wood packaging material in international trade*. Rome : FAO, 2009

[9] KAMBA, N., NISHIURA, T. Measurement of the dimensional change of wood in a closed case. In ICOM Committee for conservation. *10th Triennial meeting Washington, DC, 22-27 August 1993: preprints*. London : James & James, 1993, p. 406-409

[10] KAMBA, N. Rh-temperature variation in a transport package. In *Cultural property and its environment, October 11 - October 13, 1990, 14th International symposium on the conservation and restoration of cultural property*. Tokyo : Tokyo National Research Institute of Cultural Properties, 1995, p. 119-129

[11] *Loans between national and non-national museums: new standards and practical guidelines*. London : National Museum Directors'Conference, 2003, 22 p

[12] MARCON, P., MICHALSKI, S. Mechanical risks to large paintings such as *Guernica* during transit. In Fundación Marcelino Botín. *El Guernica y los problemas éticos y técnicos de la manipulación de obras de arte*. Santander : Fundación Marcelino Botín, 2002, p. 87-98

[13] NEHER, A. Can it go? *V&A conservation journal*, 1998, n° 26, p. 14-15

[14] RICHARD, M. The benefits and disadvantages of adding silica gel to microclimate packages for panel paintings. In *Museum microclimates: contributions to the Copenhagen conference, 19-23 November 2007*, edited by Padfield, T., Borchensen, K., Christensen, MC. Copenhagen : National Museum of Denmark, 2007, p. 237-243

[15] SAUNDERS, D. Monitoring shock and vibration during the transportation of paintings. *National Gallery technical bulletin*, 1998, vol. 19, p. 64-73

[16] SAUNDERS, D., SLATTERY, M., GODDARD, P. Packing case design and testing for the transportation of pastels. In ICOM Committee for conservation. *12th Triennial meeting, Lyon, 29 August-3 September 1999: preprints*. London : James & James, 1999, p. 100-105

[17] SAUNDERS, D. The effect of painting orientation during air transportation. In ICOM Committee for conservation. *14th Triennial meeting, The Hague, 12-16 September 2005: preprints*. London : James & James, 2005, p. 700-707

[18] SOFER, P. The traveling technician: the role of a technician as courier. *V & A conservation journal*, 2006, n° 53, p. 6-8

[19] *Standards for touring exhibitions*. London : Museums & Galleries Commission, 1995, 124 p

[20] TOISHI, K., GOTOH, T. A note on the movement of moisture between the components in a sealed package. *Studies in conservation*, 1994, vol. 39, n° 4, p. 265- 271

November 2015

	DIN EN 16648	

ICS 97.195; 55.180.99

Erhaltung des kulturellen Erbes – Transportmethoden; Deutsche Fassung EN 16648:2015

Conservation of cultural heritage –
Transport methods;
German version EN 16648:2015

Conservation du patrimoine culturel –
Méthodes de transport;
Version allemande EN 16648:2015

Gesamtumfang 24 Seiten

DIN-Normenausschuss Bauwesen (NABau)

Nationales Vorwort

Dieses Dokument (EN 16648:2015) wurde vom Technischen Komitee CEN/TC 346 „Erhaltung des kulturellen Erbes" erarbeitet, dessen Sekretariat vom UNI (Italien) gehalten wird.

Für die deutsche Mitarbeit ist der Arbeitsausschuss NA 005-01-36 AA „Erhaltung des kulturellen Erbes, SpA zu CEN/TC 346" im DIN-Normenausschuss Bauwesen (NABau) verantwortlich.

EUROPÄISCHE NORM
EUROPEAN STANDARD
NORME EUROPÉENNE

EN 16648

August 2015

ICS 55.180.99; 97.195

Deutsche Fassung

Erhaltung des kulturellen Erbes — Transportmethoden

Conservation of cultural heritage — Transport methods

Conservation du patrimoine culturel — Méthodes de transport

Diese Europäische Norm wurde vom CEN am 10. Juli 2015 angenommen.

Die CEN-Mitglieder sind gehalten, die CEN/CENELEC-Geschäftsordnung zu erfüllen, in der die Bedingungen festgelegt sind, unter denen dieser Europäischen Norm ohne jede Änderung der Status einer nationalen Norm zu geben ist. Auf dem letzten Stand befindliche Listen dieser nationalen Normen mit ihren bibliographischen Angaben sind beim Management-Zentrum des CEN-CENELEC oder bei jedem CEN-Mitglied auf Anfrage erhältlich.

Diese Europäische Norm besteht in drei offiziellen Fassungen (Deutsch, Englisch, Französisch). Eine Fassung in einer anderen Sprache, die von einem CEN-Mitglied in eigener Verantwortung durch Übersetzung in seine Landessprache gemacht und dem Management-Zentrum mitgeteilt worden ist, hat den gleichen Status wie die offiziellen Fassungen.

CEN-Mitglieder sind die nationalen Normungsinstitute von Belgien, Bulgarien, Dänemark, Deutschland, der ehemaligen jugoslawischen Republik Mazedonien, Estland, Finnland, Frankreich, Griechenland, Irland, Island, Italien, Kroatien, Lettland, Litauen, Luxemburg, Malta, den Niederlanden, Norwegen, Österreich, Polen, Portugal, Rumänien, Schweden, der Schweiz, der Slowakei, Slowenien, Spanien, der Tschechischen Republik, der Türkei, Ungarn, dem Vereinigten Königreich und Zypern.

EUROPÄISCHES KOMITEE FÜR NORMUNG
EUROPEAN COMMITTEE FOR STANDARDIZATION
COMITÉ EUROPÉEN DE NORMALISATION

CEN-CENELEC Management-Zentrum: Avenue Marnix 17, B-1000 Brüssel

Ref. Nr. EN 16648:2015 D

DIN EN 16648:2015-11
EN 16648:2015 (D)

Inhalt

Europäisches Vorwort

Dieses Dokument (EN 16648:2015) wurde vom Technischen Komitee CEN/TC 346 „Erhaltung des kulturellen Erbes“ erarbeitet, dessen Sekretariat vom UNI gehalten wird.

Diese Europäische Norm muss den Status einer nationalen Norm erhalten, entweder durch Veröffentlichung eines identischen Textes oder durch Anerkennung bis Februar 2016, und etwaige entgegenstehende nationale Normen müssen bis Februar 2016 zurückgezogen werden.

Es wird auf die Möglichkeit hingewiesen, dass einige Elemente dieses Dokuments Patentrechte berühren können. CEN [und/oder CENELEC] sind nicht dafür verantwortlich, einige oder alle diesbezüglichen Patentrechte zu identifizieren.

Entsprechend der CEN-CENELEC-Geschäftsordnung sind die nationalen Normungsinstitute der folgenden Länder gehalten, diese Europäische Norm zu übernehmen: Belgien, Bulgarien, Dänemark, Deutschland, die ehemalige jugoslawische Republik Mazedonien, Estland, Finnland, Frankreich, Griechenland, Irland, Island, Italien, Kroatien, Lettland, Litauen, Luxemburg, Malta, Niederlande, Norwegen, Österreich, Polen, Portugal, Rumänien, Schweden, Schweiz, Slowakei, Slowenien, Spanien, Tschechische Republik, Türkei, Ungarn, Vereinigtes Königreich und Zypern.

Einleitung

Die zunehmende weltweite Mobilität kulturellen Erbes sowie das Auftreten neuer Beteiligter haben erhebliche Auswirkungen auf Verpackung und Transport. In den vergangenen Jahren hat es verschiedene Initiativen zur Regulierung sämtlicher Aspekte der Sammlungsmobilität gegeben. Deshalb ist es wichtiger denn je, die Verpackungs- und Transportpraxis zu strukturieren und zu harmonisieren sowie die Verantwortlichkeiten festzulegen.

Der Transport kulturellen Erbes erfordert entsprechende Fachkenntnisse, Fähigkeiten und Qualifikationen der am Ablauf Beteiligten.

Diese Europäische Norm ist das Ergebnis der Zusammenarbeit von Experten aus den unterschiedlichsten Bereichen und aus einem Großteil der europäischen Staaten. Sie richtet sich an alle Parteien, die am Transport kulturellen Erbes beteiligt sind.

Diese Europäische Norm legt Schritt für Schritt fest, wie der Transport von Objekten mit den jeweiligen Transportmitteln zu erfolgen hat.

Diese Europäische Norm enthält Anforderungen („Muss"-Bestimmungen) und Empfehlungen („Soll"-Bestimmungen) für den sicheren Transport von kulturellem Erbe.

1 Anwendungsbereich

Diese Europäische Norm legt Grundsätze fest, die beim Transport von beweglichem kulturellen Erbe nach EN 15946 zu beachten sind.

2 Normative Verweisungen

Die folgenden Dokumente, die in diesem Dokument teilweise oder als Ganzes zitiert werden, sind für die Anwendung dieses Dokuments erforderlich. Bei datierten Verweisungen gilt nur die in Bezug genommene Ausgabe. Bei undatierten Verweisungen gilt die letzte Ausgabe des in Bezug genommenen Dokuments (einschließlich aller Änderungen).

EN 15898:2011, *Erhaltung des kulturellen Erbes — Allgemeine Begriffe*

EN 15946:2011, *Erhaltung des kulturellen Erbes — Verpackungsverfahren für den Transport*

3 Begriffe

Für die Anwendung dieses Dokuments gelten die Begriffe nach EN 15898:2011 und EN 15946:2011 sowie die folgenden Begriffe.

3.1
Projektbeauftragter
Person oder Organisation, die den Transport von kulturellem Erbe in Auftrag gibt

3.2
Empfänger
Person oder Organisation, an die das kulturelle Erbe geliefert werden soll

[QUELLE: EN 15946:2011, 3.3, geändert – Die Anmerkung wurde gestrichen und „Unternehmen, an die/das die Lieferung der Kulturgüter erfolgen soll“ durch „Organisation, an die das kulturelle Erbe geliefert werden soll“ ersetzt.]

3.3
Absender
Person oder Organisation, bei der das kulturelle Erbe abgeholt wird

3.4
Sammeltransport
Transport von Packstücken in beliebiger Zusammenstellung von einem oder mehreren Versandorten zu einem oder mehreren Bestimmungsorten für einen oder mehrere Projektbeauftragte/ Eigentümer/Bevollmächtigte (Organisatoren)

3.5
Direkttransport
Transport von Packstücken vom Versandort zum Bestimmungsort ohne Unterbrechungen; während des Transports werden weitere Packstücke weder geladen noch geliefert

3.6
Einzeltransport
Verwendung einer einzigen Transporteinheit für den direkten Transport vom Versandort zum Bestimmungsort für einen einzelnen Projektbeauftragen/Eigentümer/Bevollmächtigten (Organisator)

3.7
Ladeplan
Dokument, das die Anordnung der Packstücke innerhalb einer bestimmten Transporteinheit darstellt

3.8
Objekt
einzelne Ausdrucksform des materiellen Kulturerbes

Anmerkung 1 zum Begriff: In dieser Norm wird die Bezeichnung „Objekt" für bewegliches und ortsfestes **Kulturerbe** verwendet. In bestimmten fachlichen Zusammenhängen werden andere Bezeichnungen benutzt: z. B. „Artefakt", „Kulturgut", „Gegenstand" („item" im Englischen), „Ensemble", „Stätte"/„Flächendenkmal" („site" im Englischen), „Gebäude", „Erzeugnis"/„Stoffaufbau" („fabric" im Englischen).

[QUELLE: EN 15989:2011, 3.1.3]

3.9
Packstück
Objekt(e), die nach EN 15946 vorbereitet und verpackt wurden und transportbereit sind

3.10
Packliste
Liste der Packstücke in einer einzelnen Lieferung, die jeweils dem Versand-, Liefer- und Empfangsschein beigefügt wird

[QUELLE: EN 15946:2011, 3.11]

3.11
Sicherheitszone
mechanisch und/oder elektronisch gesicherte Zone gegen zufällig und/oder absichtlich herbeigeführte Ereignisse

[QUELLE: EN 14383-1:2006, 3.38]

3.12
Bedeutung
Kombination aller Werte, die einem Objekt zugeschrieben werden

[QUELLE: EN 15898:2011, 3.1.6]

3.13
Durchfahrt
Transit
Vorgang des Durchfahrens oder Beförderns durch einen Ort oder über eine Fläche

[QUELLE: EN 14943:2005, 3.1155, geändert – nur Definition 1 (allgemein) wurde beibehalten.]

3.14
Umschlag
Handlung, durch die Waren von einem Transportmittel zu einem anderen im Verlauf von einem Transportvorgang umgelagert werden

[QUELLE: EN 14943:2005, 3.1154, geändert – nur Definition 1 (im Transportwesen) wurde beibehalten.]

DIN EN 16648:2015-11

4 Symbole und Abkürzungen

CCTV Videoüberwachungssystem (en: Closed circuit television)

CITES Washingtoner Artenschutzübereinkommen (Übereinkommen über den internationalen Handel mit gefährdeten Arten freilebender Tiere und Pflanzen) (en: Convention on International Trade in Endangered Species of Wild Fauna and Flora)

IATA Internationale Luftverkehrs-Vereinigung (en: International Air Transport Association)

ISPM Internationale Standards für Pflanzenschutzmaßnahmen (en: International Standards for Phytosanitary Measures)

ULD Luftfrachtcontainer (en: Unit Load Device)

5 Allgemeine Grundsätze

An der Organisation des Transports eines Objekts können mehrere Parteien beteiligt sein, von denen folgende eine Schlüsselrolle einnehmen:

— der Eigentümer/Bevollmächtigte (Organisator) und/oder dessen Repräsentant;

— der Absender;

— der Projektbeauftragte;

— der Transporteur;

— der Empfänger.

In einigen Fällen kann eine einzelne Partei verschiedene Aufgaben in der Transportkette übernehmen.

Alle beteiligten Parteien müssen die nationalen und internationalen Gesetze und Vorschriften einhalten.

Bei Anwendung der vorliegenden Norm sollte das Gebot der Nachhaltigkeit berücksichtigt werden.

Der Transport darf nur infolge einer schriftlichen Vereinbarung zwischen dem Eigentümer/Bevollmächtigten (Organisator), dem Projektbeauftragten und dem Transporteur stattfinden.

An der Organisation und Durchführung eines Transports können viele verschiedene Parteien beteiligt sein. Die Rolle und Verantwortung einer jeden Partei sind vorab zu klären und jede Partei muss ein klares Verständnis der Rolle der jeweils anderen Parteien haben. Für jeden Transportabschnitt muss klar sein, wer für das Objekt bzw. die Objekte in welcher Form verantwortlich ist.

Die Auswahl des Transporteurs und seiner Subunternehmen muss vom Eigentümer/Bevollmächtigten (Organisator) genehmigt werden. Weitere beteiligte Parteien (z. B. Versicherer) können verlangen, an der Entscheidung beteiligt zu werden.

Der Projektbeauftragte muss sicherstellen, dass der Transporteur Zugang zu allen Informationen und Unterlagen erhält, die für die Durchführung der gewünschten Dienstleistung erforderlich sind.

Alle am Transport beteiligten Parteien müssen sich gegenseitig über den gesamten Transportverlauf auf dem Laufenden halten. Schäden und Vorfälle jeglicher Art sind zu protokollieren und die erforderlichen Dokumente sind auszustellen. Alle beteiligten Parteien sind umgehend zu benachrichtigen.

In allen Phasen haben alle beteiligten Parteien für einen vertraulichen Umgang mit Informationen zu sorgen.

Die Auswertung des Transports darf sowohl während als auch am Ende des Transports erfolgen.

Alle erforderlichen Dokumente sind entsprechend den gesetzlichen Anforderungen aufzubewahren.

6 Vor dem Transport

6.1 Risikoanalyse

Jeder Transport eines Objekts birgt Risiken. Die Planung des Transports muss mit der Bewertung dieser Risiken beginnen, um die für die jeweilige Situation angemessene Transportart zu wählen, die notwendigen Maßnahmen zur Vermeidung von Schäden am Objekt/ an den Objekten zu ergreifen und um zu entscheiden, ob der Einsatz eines Kuriers erforderlich ist (siehe Anhang A).

Die Risikoanalyse für einen Transport basiert auf den Eigenschaften des Objekts (siehe EN 15946:2011, 5.1.2 „Risiken des Objekts") und auf transportbezogenen Aspekten (siehe EN 15946:2011, 5.1.3 „Transportrisiken des kulturellen Erbes").

Die Wahl der Transportart muss sämtliche Anforderungen berücksichtigen. Der Entscheidung sollten alle beteiligten Parteien zugestimmt haben.

Bei der Planung eines Transports ist die Bedeutung des Objekts/der Objekte zu berücksichtigen. Der Eigentümer/Bevollmächtigte (Organisator) kann verlangen, dass Objekte getrennt voneinander transportiert werden.

Falls Versicherungs- oder Staatshaftungsbedingungen eine Obergrenze für den Wert einer einzelnen Sendung festlegen, ist diese einzuhalten.

6.2 Qualifikationen des Transporteurs

Der Transporteur muss über die Bonität, Ressourcen, Kapazität, Fachkenntnis, Ausbildung, Qualifikationen, den technischen Sachverstand sowie die Managementfähigkeiten verfügen, die für die Erbringung einer sicheren, hochwertigen und spezialisierten Transportdienstleistung für kulturelles Erbe erforderlich sind.

Der Transporteur muss in der Lage sein, einen detaillierten Kostenvoranschlag zu erstellen. Je vollständiger die Angaben sind, die dem Transporteur zur Verfügung gestellt werden, desto detaillierter kann der Kostenvoranschlag ausfallen (siehe Anhang B).

6.3 Anforderungen des Eigentümers/Bevollmächtigten (Organisators)

Der Transporteur muss die für den Transport geltenden Bedingungen und Bestimmungen erfüllen, die zwischen dem Projektbeauftragten und dem Eigentümer/Bevollmächtigten (Organisator) vereinbart wurden.

6.4 Planung und Koordination des Transports

Die Planung des Transports, die sowohl alle Transportphasen als auch die Erteilung der Aufträge beinhaltet, ist möglichst früh im Voraus zu erledigen. Die Transportplanung muss in Übereinstimmung mit den Spezifikationen erfolgen, die der Projektbeauftragte vorgegeben hat.

Bei der Planung von Transporten ist Folgendes zu berücksichtigen:

a) die Routenplanung (z. B. Zugang zu Versand- oder Bestimmungsorten, Fahrzeuggröße, Ladepläne);

b) Versicherungs- bzw. Staatshaftungsbedingungen und -bestimmungen;

c) alle nötigen personellen und materiellen Ressourcen in jeder Phase des Transports;

d) Umladungen und geplante Aufenthalte.

Der Transporteur sollte einen Koordinator mit entsprechender Erfahrung benennen und bei Bedarf für Ersatz sorgen.

Der Transporteur und der Projektbeauftragte müssen in regelmäßigem Informationsaustausch stehen und einander vollständig über wichtige Aspekte auf dem Laufenden halten.

6.5 Versicherungsschutz/Staatshaftungsbedingungen

Der Projektbeauftragte und der Eigentümer/Bevollmächtigte (Organisator) müssen den Transporteur über Beginn und Ende des Versicherungsschutzes sowie über sämtliche für den Versand relevanten Versicherungs- bzw. Staatshaftungsbedingungen informieren. Der Transporteur muss den Transport innerhalb dieser Rahmenbedingungen organisieren. Die Versicherungs- bzw. Staatshaftungsdeckung muss vor dem Transportbeginn in Kraft sein.

Der Versicherer hat das Recht, den Namen des Transporteurs sowie die gewählten Transportverfahren zu erfahren.

6.6 Ausfertigung eines Vertrags

Zwischen dem Transporteur und dem Projektbeauftragten ist ein Vertrag entsprechend den Transportvereinbarungen abzuschließen. Der Vertrag sollte vor Beginn der Dienstleistung in schriftlicher Form und unterschrieben vorliegen.

6.7 Inhalt der Transport- und Kurierunterlagen

6.7.1 Dokumente, die vom Eigentümer/Bevollmächtigten (Organisator) zusammenzustellen sind

Die folgenden Dokumente sind vom Eigentümer/Bevollmächtigten (Organisator) zusammenzustellen:

a) ein Zustandsbericht, der bei der Abholung vom Versandort erstellt wurde. Er ist bei jedem Packvorgang (Ver-/Auspacken) (siehe EN 15946:2011, 5.3 und Abschnitt 7) zu überprüfen und ggf. mit Anmerkungen zu versehen;

b) eine Kopie der Vorgaben des Eigentümers/Bevollmächtigten (Organisators) bezüglich der Betreuung des Objekts während seines Transports;

c) eine Liste mit den Telefonnummern/Kontaktdaten, unter denen Absender, Transporteur und Empfänger während und außerhalb ihrer Geschäftszeiten zu erreichen sind.

6.7.2 Dokumente, die vom Transporteur zusammenzustellen sind

Die folgenden Dokumente sind vom Transporteur zusammenzustellen:

a) Packliste;

b) Zolldokumente, sofern erforderlich;

c) erforderliche Dokumentation entsprechend den nationalen und internationalen Vorschriften für den Transport von kulturellem Erbe, z. B. CITES, Ausfuhr/Einfuhrgenehmigungen, falls erforderlich;

d) ausführlicher Ablaufplan für den Transport des Objekts und sämtliche anzuwendenden Sicherheitsvorkehrungen.

6.7.3 Dokumente für den Transport per Kurier

Die folgenden Dokumente sind zusammenzustellen, wenn das Objekt per Kurier transportiert wird:

a) Anweisungen an den Kurier;

b) Reiseplan;

c) Kopie der Vereinbarung über den Verleih des Objekts bzw. der Objekte, falls vorhanden;

d) Kontaktdaten für alle beteiligten Parteien.

Eine Kopie des Versicherungszertifikats kann beigefügt werden.

7 Transportmittel und Umwelt

7.1 Wahl der Transportart

Die Wahl der Transportart muss in Abhängigkeit von dem Ergebnis der Risikoanalyse erfolgen und Folgendes berücksichtigen:

a) Art und Zustand des Objekts;

b) Abmessungen und Gewicht des Objekts;

c) Anzahl, Art, Abmessungen und Gewicht der Packstücke;

d) Transportmittel zwischen Ausgangsort und Bestimmungsort;

e) Alternative zur vorgesehenen Route;

f) Zeitplan;

g) ggf. Anwesenheit eines Kuriers;

h) alle Anforderungen des Eigentümers/Bevollmächtigten (Organisators) und des Projektbeauftragten;

i) die nötigen Vollmachten und Genehmigungen für die vorgesehenen Routen (z. B. Straßensperrungen).

Die Art des Transports (z. B. Sammel-, Einzel-, Direkttransport) muss allen Parteien klar sein und von ihnen vereinbart worden sein.

7.2 Vorbereitung des Transports

Das Beladen ist im Voraus zu planen.

Bevor die verpackten Objekte bewegt werden, sind die folgenden Vorkehrungen zu treffen:

a) Überprüfen der Verpackung und ihrer Beschaffenheit;

b) alle Transportwege müssen vor dem Beladen frei von Hindernissen und für den Transport der Objekte vorbereitet sein;

c) es ist sicherstellen, dass das erforderliche Personal sowie alle Förder- und Hebevorrichtungen verfügbar sind;

d) Überprüfen des Ladeplans, sofern vorhanden.

Sofern von einer der Parteien verlangt, ist die Verpackung und/oder die Transporteinheit zu versiegeln.

7.3 Straßentransporte

7.3.1 Allgemeine Grundsätze

Der Transporteur muss nationale und internationale Gesetze und Vorschriften beachten.

Die Eigenschaften des Fahrzeugs und die Anzahl des Personals sind entsprechend der Risikoanalyse, den Anforderungen des Eigentümers/Bevollmächtigen (Organisators) und den Versicherungs- bzw. Staatshaftungsbedingungen zu wählen.

7.3.2 Fahrzeuge

Optimalen Schutz bietet ein Fahrzeug mit den folgenden Spezifikationen:

a) feste Seitenwände und festes Dach;

b) aus Beschriftungen/Markierungen ist nicht ersichtlich, dass kulturelles Erbe transportiert wird;

c) Luftfederung zum Schutz vor Vibrationen und Stößen;

d) separates Fahrerhaus, wobei die Anzahl der Sitze mindestens der Anzahl der im Fahrzeug mitfahrenden Personen entsprechen muss;

e) in sich geschlossener fensterloser Laderaum;

f) Fahrerhaus und Laderaum müssen einzeln verschließbar und alarmgesichert sein, und das Fahrzeug muss mit einer Wegfahrsperre ausgestattet sein;

g) Heiz- und Kühlsystem im Laderaum zur Aufrechterhaltung der erforderlichen Temperatur mit einer Kontrollanzeige im Fahrerhaus. Der Transporteur muss sicherstellen, dass die Temperaturbedingungen für die Dauer des Transports überwacht werden;

h) eine ausreichende Anzahl sicher verankerter Zurrösen an allen Wänden und auf dem Boden;

i) Boden mit glatter Oberfläche;

j) Innenbeleuchtung;

k) Brandschutzsysteme in Übereinstimmung mit den nationalen und internationalen Vorschriften;

l) hydraulische Hubladebühne mit geeigneter Mindesthubkapazität;

m) mindestens ein Mobiltelefon einschließlich Auflademöglichkeit;

n) GPS-Ortungssystem;

o) eigenständiges Alarmsystem/GPS-/GSM-Ortungssystem.

Unter Umständen verlangt die Beschaffenheit des Objekts und des Transportwegs nach anderen, geeigneteren Fahrzeugen. Bei Verwendung dieser Fahrzeuge müssen so viele der obenstehend aufgeführten Eigenschaften zutreffen, wie auf Grund der Risikoanalyse erforderlich sind.

7.3.3 Routenplanung

Die Route sowie der Zeitplan des Transports sind im Voraus zwischen allen Beteiligten zu vereinbaren; dabei sind mehrere Faktoren zu berücksichtigen:

a) die Route, die am direktesten und sichersten ist;

b) der Transporteur muss sicherstellen, dass während des Transports alle erforderlichen Sicherheitsvorkehrungen getroffen werden.

   Falls das Fahrzeug von Behörden zu Inspektionszwecken angehalten wird, muss jedes Öffnen des Fahrzeugs im Beisein des Fahrers und/oder des Kuriers erfolgen. Der Transporteur muss sofort den Eigentümer/Bevollmächtigten (Organisator) und den Projektbeauftragten benachrichtigen und sie, sofern möglich, hinzuziehen.

   Es muss jederzeit mindestens eine Person beim Fahrzeug bleiben, es sei denn, das Fahrzeug hält in einem geschlossenen und entsprechend gesicherten Bereich.

   Übernachtungsaufenthalte oder lange Aufenthalte sind im Voraus durch alle Parteien in Übereinstimmung mit der Risikoanalyse zu planen und zu vereinbaren. Sie müssen in einem angemessen geschützten Gebäude (siehe Anhang C) und/oder Bereich stattfinden.

   Übernachtungsaufenthalte oder geplante lange Aufenthalte in nicht ausreichend gesicherten Gebäuden und/oder Bereichen dürfen nur in Ausnahmesituationen stattfinden. Wenn dies geschieht, muss jederzeit mindestens ein Fahrer beim Fahrzeug bleiben. Fahrzeuge sind so abzustellen, dass ein unbefugtes Öffnen der Türen verhindert wird (z. B. mit den Türen gegen eine Mauer/Wand);

c) während aller Aufenthalte ist die Temperatur im Fahrzeuginneren den Anforderungen entsprechend aufrechtzuerhalten;

d) beinhaltet die Route den Transport mit einer Fähre oder mit der Bahn, ist die Fähigkeit, die Temperatur und die Sicherheit jederzeit aufrechtzuerhalten, zu berücksichtigen. Heiz- und Kühlsysteme sollten in Betrieb bleiben.

7.3.4 Beladen und Entladen des Fahrzeugs

Das Be- und Entladen ist zwischen dem Eigentümer/Bevollmächtigten (Organisator) oder dessen Repräsentanten und/oder dem Projektbeauftragten sowie dem Fahrer des Fahrzeugs zu vereinbaren. Die endgültige Verantwortung für die Ladungssicherheit liegt beim Fahrer.

Das Be- und Entladen sollte an einem gesicherten und geschützten Ort durchgeführt werden. Das Öffnen der Türen ist auf ein Mindestmaß zu begrenzen.

Das Fahrzeug muss während des Be-/Entladens stets beaufsichtigt bleiben.

Das Fahrzeug muss unmittelbar nach Abschluss des Beladens verschlossen und alarmgesichert werden.

Vor Beginn des Beladens muss die erforderliche Temperatur im Laderaum erreicht worden sein.

Das Stapeln von Packstücken übereinander ist ausschließlich nach vorheriger Vereinbarung mit dem Eigentümer/Bevollmächtigten (Organisator) und dem Projektbeauftragten zulässig; dabei sind die Abmessungen, das Gewicht sowie die Beschaffenheit des Objekts bzw. der Objekte und der Verpackung zu berücksichtigen.

Jedes Packstück sowie sämtliche Ausrüstungsgegenstände und Materialien sind sicher im Fahrzeuginneren zu befestigen.

Der Umgang mit dem Packstück/den Packstücken muss den Anweisungen entsprechen.

Die Abhol-/Lieferscheine müssen mit der Sendung übereinstimmen und seitens des Versenders und des Empfängers genehmigt und unterschrieben werden; jegliche Unstimmigkeiten sind zu protokollieren.

DIN EN 16648:2015-11

7.4 Lufttransporte

7.4.1 Allgemeine Grundsätze

Luftfracht ist möglichst mit Direktflügen durch Fluggesellschaften zu transportieren, die der IATA angehören.

Transporteure müssen die Anforderungen eines „Reglementierten Beauftragten" entsprechend den gültigen nationalen und europäischen Vorschriften erfüllen.

7.4.2 Organisation des Transports

Die Routenplanung, der Zeitplan und die Auswahl der Flughäfen/Fluggesellschaft sind von allen beteiligten Parteien im Voraus zu vereinbaren.

Gewicht und Abmessungen der Packstücke sind zu berücksichtigen.

Zustellung und Abholung sollten unter minimaler Einwirkung auf das Objekt möglichst zeitnah zu Abflug oder Ankunft des Fluges stattfinden.

Falls ein Kurier eingesetzt wird, sollte er mit demselben Flug reisen wie die Sendung.

In allen Phasen des Transports — von der Anlieferung am Flughafen bis zum Verlassen des Flughafens — muss sich der Transporteur um die Ausfuhrpapiere sowie die Zoll-, Flug- und Sicherheitsformalitäten kümmern.

Falls die Route eine planmäßige Zwischenlandung vorsieht, muss der Transporteur dafür sorgen, dass ein Vertreter vor Ort die Aufsicht über die Fracht übernimmt bzw. die Aufsicht durch den Flugsicherheitsdienst übernommen wird und ggf. der Kurier unterstützt wird.

7.4.3 Aufsicht am Flughafen

Sofern gefordert und in Übereinstimmung mit örtlichen Vorschriften muss der Transporteur:

a) den Umgang mit der Sendung und ihre Sicherung in jeder Phase einschließlich der (De-)Palettierung und des Umschlags auf dem Rollfeld beaufsichtigen;

b) für die Beaufsichtigung des (De-)Palettierens sowie der Ladevorgänge den Zutritt des Kuriers zum Frachtbereich organisieren;

c) sicherstellen, dass das kulturelle Erbe nicht zusammen mit Gütern, die es gefährden könnten, auf/in ULDs verladen wird;

d) alle Anforderungen bezüglich des Stapelns durchsetzen;

e) sicherstellen, dass die Sendung auf/in den ULDs sicher befestigt (z. B. durch Festschnallen) und vor Witterungseinflüssen geschützt ist;

f) sicherstellen, dass die Sendung an Bord ist, und dem Empfangsbevollmächtigten und dem Kurier die Nummer der ULD und die Ladeposition mitteilen;

g) bis zum Abflug am Flughafen bleiben. Anschließend muss der Transporteur den Flugverlauf überwachen.

7.4.4 Beförderung durch einen Kurier (en: Hand-carry)

Ein Kuriertransport ist je nach den Abmessungen und dem Gewicht des Packstücks, der Sicherheit des Objekts, den Vorschriften der Flughäfen und der Fluggesellschaften sowie den technischen Eigenschaften des Flugzeugs sorgfältig abzuwägen.

Der Transporteur muss im Voraus besondere Sicherheitsprozeduren in Übereinstimmung mit den Anweisungen des Eigentümers/Bevollmächtigten (Organisators) oder des Projektbeauftragten vereinbaren (um möglichst ein Öffnen des Packstücks in der Öffentlichkeit und/oder eine Durchleuchtung zu vermeiden).

Falls auf Grund der Risikoanalyse erforderlich, muss ein Kurier mit einem handbeförderten Objekt vom Transporteur oder dessen Repräsentanten vom Abholungsort bis zum Flugzeug begleitet werden, und der Transporteur oder dessen Repräsentant sollte bis zum Abflug am Flugsteig bleiben.

Der Kurier muss alle erforderlichen Begleitpapiere mit sich führen.

7.5 Bahntransport

7.5.1 Allgemeine Grundsätze

Bevor ein Bahntransport in Betracht gezogen wird, ist eine Risikoanalyse durchzuführen. Aus Sicherheitsgründen und Gründen des Objektschutzes ist ein Bahntransport nicht zu empfehlen.

7.5.2 Beförderung durch einen Kurier

Ein Kuriertransport ist je nach den Abmessungen, dem Gewicht und der Sicherheit des Packstücks sorgfältig abzuwägen.

Für handbeförderte Objekte sollten zwei Kuriere eingesetzt werden.

Die Kuriere (der Kurier) sollte(n) vom Abholungsort bis zu ihren Sitzen (seinem Sitz) im Zug begleitet werden.

Der Transporteur muss im Voraus besondere Sicherheitsprozeduren in Übereinstimmung mit den Anweisungen des Eigentümers/Bevollmächtigten (Organisators) oder des Projektbeauftragten vereinbaren (um möglichst ein Öffnen in der Öffentlichkeit und/oder eine Durchleuchtung zu vermeiden).

Kuriere müssen alle erforderlichen Begleitpapiere mit sich führen.

7.6 Seetransport

7.6.1 Allgemeine Grundsätze

Vor einem Seetransport ist eine Risikoanalyse durchzuführen. Aus Sicherheitsgründen, konservatorischen Gründen und/oder auf Grund von finanziellen Risiken im Fall einer Havarie-grosse[1)] kann der Seeweg ungeeignet sein.

7.6.2 Faktoren, die zu berücksichtigen sind

Der Seeweg kann für schwere, übergroße und unzerbrechliche Gegenstände in Betracht gezogen werden.

Folgendes ist zu berücksichtigen:

a) Dauer des Transports und Mehrfachaufenthalte;

b) grober mechanischer Umgang mit Containern;

c) Schwierigkeiten beim Überwachen des Be-/Entladens;

d) allgemeine Sicherheitsvorkehrungen;

e) Art und Zustand der Container/Gehäuse bzw. des Schutzes und Lage an Bord.

Insbesondere sind die unterschiedlichen Arten von Schiffen und Ausrüstung zu berücksichtigen.

Ausrüstung und Sicherheitsbestimmungen können sich bei Schiffen verschiedener Reedereien stark unterscheiden.

7.6.3 Organisation des Transports

Die Beladung des Containers ist ausschließlich nach vorheriger Vereinbarung mit dem Eigentümer/Bevollmächtigten (Organisator) und dem Projektbeauftragten zulässig. Abmessungen und Beschaffenheit des Objekts sowie der Verpackung sind zu berücksichtigen.

Packstücke müssen innerhalb des Containers gesichert werden. Staumaterial zur Sicherung der Packstücke innerhalb des Containers muss der Vorschrift ISPM 15 genügen und entsprechend gekennzeichnet sein.

Ein Repräsentant des Eigentümers/Bevollmächtigten (Organisators) kann beim Be-/Entladen der Packstücke und, falls möglich, beim Be-/Entladen des Containers anwesend sein.

8 Transportbedingte Lagerung der Objekte

Der Transporteur muss für gesicherte Lager (siehe Anhang C) sorgen. Wenn möglich, sind Temperatur und relative Luftfeuchte entsprechend den Anforderungen aufrechtzuerhalten.

Für vorübergehende Lagerungen ist vor Transportbeginn die Anschrift zu ermitteln.

Die Lagerhausgesellschaft muss auf Anfrage einen sicherheitstechnischen Bericht zur Verfügung stellen können. Der sicherheitstechnische Bericht ist vertraulich zu behandeln.

Alle Lagerhäuser müssen über ein Risikomanagement und einen Notfallplan verfügen.

---

1) Die Havarie-grosse im Seerecht schreibt vor, dass im Falle einer Bergung/Rettung alle an der Seereise Beteiligten (Schiffseigner, Empfänger der Fracht und Ladungseigentümer) anteilig entsprechend dem Wert des Schiffes, der Fracht und der Ladung die angefallenen Kosten tragen müssen.

Anhang A
(informativ)

Rolle des Kuriers

A.1 Einleitung

Ein Kurier ist ein Repräsentant des Eigentümers/Bevollmächtigten (Organisators), der das Objekt begleitet und/oder den Umgang mit dem Objekt während des Transports und bis zu dessen sicheren Empfang und/oder Auf-/Abbau überwacht. Aufgabe des Kuriers ist es, einen sorgsamen Umgang mit dem Objekt und dessen Sicherheit in Übereinstimmung mit den Anforderungen sicherzustellen.

Der Kurier sollte mit dem Transporteur und mit den Mitarbeitern des Endempfängers zusammenarbeiten.

Im gegenseitigen Einvernehmen kann ein Kurier Objekte mehrerer Eigentümer/Bevollmächtigten (Organisatoren) begleiten.

A.2 Einsatz eines Kuriers

Die Entscheidung über den Einsatz eines Kuriers sollte auf der Grundlage der Ergebnisse der Risikoanalyse getroffen werden.

Bei der Risikoanalyse sollten folgende Punkte berücksichtigt werden:

a) das Objekt ist fragil oder kompliziert zu handhaben oder zu installieren und kann besondere Kenntnisse erfordern;

b) das Objekt muss per Hand befördert werden;

c) ein langer oder schwieriger Transport mit Umladungen, Aufenthalten über Nacht oder einem nicht bekannten Transporteur;

d) der Endempfänger/Veranstaltungsort kann dem Eigentümer/Bevollmächtigten (Organisator) unbekannt sein oder der Empfänger kann über mangelnde Kenntnisse beim Umgang oder beim Auf-/Abbau des Objekts verfügen.

Die Bedingungen für den Einsatz eines Kuriers und dessen Aufgaben sollten zwischen Eigentümer/Bevollmächtigtem (Organisator) und Endempfänger vereinbart werden.

Gelegentlich kann ein Kurier im Auftrag des Projektbeauftragten die Objekte begleiten. Der Kurier hat die gleichen Verantwortlichkeiten wie ein Kurier des Eigentümers/Bevollmächtigten (Organisators). Sie sollten über die gleiche Erfahrung, Ausbildung und Fachkenntnisse verfügen und auf die gleiche Art und Weise auf den Transport vorbereitet werden. Sie sollten ebenfalls gute Kenntnisse über die Anforderungen des Eigentümers/Bevollmächtigten (Organisators) haben.

Die Versicherungs- oder Staatshaftungsbedingungen schreiben einen Kurier vor.

A.3 Verantwortlichkeiten des Eigentümers/Bevollmächtigten (Organisators)

Der Eigentümer/Bevollmächtigte (Organisator) sollte sicherstellen, dass der Kurier über die nötige Erfahrung, Ausbildung und Fachkenntnis verfügt. Im Falle eines Rücktransports wird der Einsatz desselben Kuriers empfohlen.

Der Eigentümer/Bevollmächtigte (Organisator) hat dafür zu sorgen, dass für den Einsatz des Kuriers alle besonderen Reisevorbereitungen getroffen werden, d. h. Visa, Impfungen und eine persönliche Reiseversicherung sowie eine Kreditkarte/Landeswährung für Notfälle.

Der Eigentümer/Bevollmächtigte (Organisator) sollte den Kurier in seine Aufgabe einweisen und sicherstellen, dass dieser gute Kenntnisse über den Zustand des Objekts, seine Verpackung und den Transport besitzt. Der Eigentümer/Bevollmächtigte (Organisator) sollte dem Kurier die erforderlichen Unterlagen sowie die Kontaktdaten sämtlicher Parteien zur Verfügung stellen (siehe 6.7.1).

A.4 Verantwortlichkeiten des Endempfängers

Der Endempfänger sollte sicherstellen, dass der Kurier seine Aufgabe entsprechend der Vereinbarung zwischen den Parteien erfüllen kann.

A.5 Pflichten des Kuriers

Der Kurier sollte das nötige Fachwissen und die Fähigkeiten besitzen, um entsprechend den Anforderungen und Vereinbarungen Folgendes durchzuführen:

a) Prüfung, ob alle Anforderungen erfüllt sind;

b) Berichterstattung über den Zustand des Objekts;

c) Überwachung des Ver-/Auspackens;

d) Überwachung des Umgangs mit dem Objekt sowie des Auf-/Abbaus;

e) Überwachung aller Transportphasen;

f) Kommunikation mit allen betroffenen Parteien;

g) Bewertung und Berichterstattung;

h) Entscheidungen über das Ergreifen von Notfallmaßnahmen.

Der Kurier sollte alle notwendigen Dokumente mit sich führen und mit seiner Aufgabe vertraut sein.

Der Kurier sollte Objekte nicht unbeaufsichtigt lassen, es sei denn, es bestehen gesetzliche Einschränkungen oder die Objekte befinden sich in einem geschützten Gebäude (siehe Anhang C) und/oder in einem gesicherten Bereich.

Anhang B
(informativ)

Notwendige Angaben für den Transporteur

B.1 Angaben, die der Transporteur für die Erstellung eines Kostenvoranschlags benötigt

Der Projektbeauftragte sollte dem Transporteur vorzugsweise zwei bis vier Monate vor dem Transport alle zur Erbringung der geforderten Dienstleistungen notwendigen Informationen zur Verfügung stellen. Dadurch kann dafür gesorgt werden, dass bewährte Praktiken eingehalten werden und das Gebot der Nachhaltigkeit berücksichtigt wird:

a) eine Objektliste mit Angaben zu Beschaffenheit, Gewicht und Abmessungen (geschätzt, sofern noch nicht bekannt) sowie mit dem Namen des Eigentümers/Bevollmächtigten (Organisators) (sofern nicht vertraulich), dem Wert der Objekte und Angaben zum Zustand, sofern erforderlich;

b) Beschaffenheit, Abmessungen und Gewicht vorhandener Packstücke;

c) Anforderungen des Eigentümers/Bevollmächtigten (Organisators) an den Transporteur, den Umgang mit den Objekten, die Verpackungen, Routen und Kurier(e);

d) Daten der Abholung und Zustellung;

e) Name und Anschrift der Versand- und Bestimmungsorte sowie ihre Besonderheiten;

f) Angabe, ob an den Versand- und Bestimmungsorten Personal und die für die Handhabung erforderlichen Ausrüstungen zur Verfügung stehen oder nicht;

g) Versicherungs- und Staatshaftungsbedingungen, Beginn und Ende der Deckung;

h) alle weiteren Anforderungen des Projektbeauftragten.

B.2 Dienstleistungen des Transporteurs

B.2.1 Liste der Dienstleistungen, die vom Transporteur verlangt werden können

Die folgenden Dienstleistungen können vom Transporteur verlangt werden:

a) Ver-/Auspacken (siehe EN 15946:2011);

b) Packliste(n);

c) Organisation und Planung des Transports – Routen, Fahrzeugarten, Parkmöglichkeiten über Nacht;

d) Reservierung für Luftfracht, Seefracht oder Bahnfracht;

e) Abholung der verpackten Objekte bei der vom Projektbeauftragten angegebenen Anschrift mit geeignetem Personal und geeigneter Ausrüstung;

f) bei Sammeltransporten: Sammeln der verpackten Objekte an einem zwischen dem Transporteur und dem Projektbeauftragten vereinbarten Ort;

g) Sicherheitsdienstleistungen;

h) im Falle von Lufttransport in Übereinstimmung mit den Sicherheitsvorschriften für Luftfracht: Zustellung/Abholung der verpackten Objekte zum/vom Lagerhaus der Fluggesellschaft, Überwachung der (De-)Palettierung sowie Überwachung des Be-/Entladens der verpackten Objekte in das oder aus dem Flugzeug einschließlich Transit;

i) Vorbereitung der Zoll-, Einfuhr- und Ausfuhrpapiere sowie der erforderlichen Genehmigungen;

j) Zustellung und Entladen am Bestimmungsort mit geeignetem Personal und geeigneter Ausrüstung;

k) Entfernen und Aufbewahrung oder Entsorgung der leeren Verpackungen;

l) Zustellung der verpackten Objekte an eine Rücksendeanschrift zu den geforderten Bedingungen.

B.2.2 Liste der Dienstleistungen, die vom Transporteur verlangt werden können, wenn Objekte per Kurier transportiert werden

Wenn Objekte per Kurier transportiert werden, können folgende Dienstleistungen gefordert werden:

a) Buchung der Reisetickets, Reiseversicherung;

b) Organisation des Zugangs zum Lager der Fluggesellschaft;

c) Buchung einer Unterkunft;

d) Vereinbarung der Tagespauschale;

e) Unterstützung des Kuriers bzw. der Kuriere.

Anhang C
(informativ)

Spezifikationen für sichere Gebäude/Lagerhäuser für die vorübergehende Lagerung von Objekten während des Transports

C.1 Einleitung

Für die vorübergehende Lagerung von Objekten während des Transports oder bei Umladungen können sichere Gebäude/Lagerhäuser erforderlich sein.

C.2 Gebäudekonstruktion

Optimalen Schutz bieten Gebäude mit den folgenden Spezifikationen:

a) massive Bauart, die unberechtigten Zutritt verhindert;

b) Einstufung des Gebäudes in Übereinstimmung mit örtlichen Brandschutz-/Bauvorschriften als feuerbeständig oder nichtbrennbar;

c) in Übereinstimmung mit örtlichen Erdbebenvorschriften errichtet;

d) Minimierung von Überschwemmungsrisiken;

e) keine wasserführenden Rohrleitungen in den Lagerbereichen;

f) Regelung von Temperatur und relativer Luftfeuchte;

g) Anschlussmöglichkeit für die Stromversorgung des Heiz- und Kühlsystems des Fahrzeugs.

C.3 Sicherheit

Optimalen Schutz bieten folgende Sicherheitsspezifikationen:

a) sichere Umzäunung mit ausreichend heller Sicherheitsbeleuchtung;

b) Außentüren mit Metallzargen und zugriffsgeschützten Türbändern;

c) Sicherung aller Glastüren durch Rollläden, Metallgitter oder andere mechanische Methoden;

d) einbruchhemmende Glasfenster;

e) Sicherheitsschlösser an Fenstern und Türen oder andere Vorkehrungen gegen unbefugten Zutritt;

f) Stahlkammer;

g) Videoüberwachungssystem mit Speicherung der Aufzeichnungen in Übereinstimmung mit den örtlichen Vorschriften;

h) zertifizierte Alarmanlage (Bewegungsmelder, Glasbruchmelder, usw.) mit ständiger Verbindung zu einem bemannten Polizeirevier/Sicherheitsunternehmen;

i) Präsenz von Sicherheitspersonal 24 Stunden/7 Tage;

j) gesicherter Zugang und Be-/Entladebereich.

C.4 Brandmelde- und Feuerlöschanlagen

Optimalen Schutz bieten folgende Spezifikationen für die Brandmelde- und Feuerlöschanlagen:

a) automatische Brandmeldeanlage (Hitze und/oder Rauch) mit ständiger Verbindung zur Feuerwehr;

b) in den Feuer-Notfallplan eingewiesenes Personal;

c) ausreichende Hydranten und Wasserversorgung;

d) ausreichende Feuerlöscher/andere ausreichende Feuerlöschanlagen.

C.5 Zugangskontrollen

Optimalen Schutz bieten die folgenden Spezifikationen für die Zugangskontrollen:

a) strenge Schlüsselkontrolle (aktuelle Listen der Schlüsselinhaber);

b) Zugang zum Lager ausschließlich für befugtes Personal;

c) Zugang für Besucher ausschließlich in Anwesenheit des befugten Personals;

d) Videoüberwachung sämtlicher Zugänge.

C.6 Inventar/Umgang mit den Objekten/Lagerung

Optimalen Schutz bieten folgende Spezifikationen für Inventar/Umgang mit den Objekten/Lagerung:

a) ausgebildetes Fachpersonal;

b) Kontrolle und Dokumentation jeder Bewegung des Objekts;

c) schriftliche Bestimmungen zum Umgang mit den Objekten;

d) geeignete Ausrüstung;

e) keine direkte Lagerung von Objekten auf dem Boden.

C.7 Notfallplan

Optimalen Schutz bieten folgende Spezifikationen für den Notfallplan:

a) schriftlicher Notfallplan, der alle Risiken, Kontrollen und Notfallmaßnahmen für alle vorhersehbaren Verlust- und Schadensrisiken aufführt (z. B. Verlust, Diebstahl, Feuer, Überschwemmung, Vandalismus, Unfallschäden, Betrug, gefährliche Stoffe);

b) der Notfallplan beinhaltet Verfahren zur Wiederherstellung von elektronischen Informationen und IT-Systemen.

C.8 Allgemeine Grundsätze

Optimalen Schutz bietet die Befolgung folgender allgemeiner Grundsätze:

a) Rauchverbot;

b) keine Speisen oder Getränke;

c) keine betriebsfremde Ausrüstung und/oder elektrische Geräte ohne Genehmigung;

d) integrierte Schädlingsbekämpfung (IPM, en: Integrated Pest Management).

Literaturhinweise

[1] EN 1143-1:2012, *Wertbehältnisse — Anforderungen, Klassifizierung und Methoden zur Prüfung des Widerstandes gegen Einbruchdiebstahl — Teil 1: Wertschutzschränke, Wertschutzschränke für Geldautomaten, Wertschutzraumtüren und Wertschutzräume*

[2] EN 14383-1:2006, *Vorbeugende Kriminalitätsbekämpfung — Stadt- und Gebäudeplanung — Teil 1: Begriffe*

[3] EN 14943:2005, *Transportdienstleistungen — Logistik — Glossar*

[4] EN16095:2012, *Erhaltung des kulturellen Erbes — Zustandsaufnahme an beweglichem Kulturerbe*

[5] EN 16141:2012, *Erhaltung des kulturellen Erbes — Richtlinien für den Umgang mit Umwelt- und Umgebungsbedingungen — Schaudepots: Definitionen und Merkmale von Sammlungszentren bestimmt für die Bewahrung und Pflege des kulturellen Erbes*

[6] ÖNORM D 1000:1999, *Transportdienstleistungen — Anforderungen an Kunsttransporte — Anforderungen an die Dienstleistung und die Bereitstellung der Dienstleistung*

[7] Art in transit: handbook for packing and transporting paintings, edited by Richard, M., Mecklenburg, MF, Mervill, RM. Washington, DC: National Gallery of Art, 1991, 372 p

[8] Verordnung (EG) Nr. 116/2009 des Rates vom 18. Dezember 2008 über die Ausfuhr von Kulturgütern (kodifizierter Text)

[9] ISPM n° 15. *Regulation of wood packaging material in international trade.* FAO, Rome, 2009

[10] Verordnung (EG) Nr. 300/2008 des Europäischen Parlaments und des Rates vom 11. März 2008 über gemeinsame Vorschriften für die Sicherheit in der Zivilluftfahrt und zur Aufhebung der Verordnung (EG) Nr. 2320/2002

Papier und Karton

Februar 2010

	DIN EN ISO 9706	

ICS 01.140.40; 85.080.10

Ersatz für
DIN ISO 9706:1995-10

Information und Dokumentation – Papier für Schriftgut und Druckerzeugnisse – Voraussetzungen für die Alterungsbeständigkeit (ISO 9706:1994); Deutsche Fassung EN ISO 9706:1998

Information and documentation –
Paper for documents –
Requirements for permanence (ISO 9706:1994);
German version EN ISO 9706:1998

Information et documentation –
Papier pour documents –
Prescriptions pour la permanence (ISO 9706:1994);
Version allemande EN ISO 9706:1998

Gesamtumfang 15 Seiten

Normenausschuss Bibliotheks- und Dokumentationswesen (NABD) im DIN

Nationales Vorwort

Die Internationale Norm ISO 9706:1994 wurde vom Technischen Komitee ISO/TC 46 „Information and documentation" unter Mitwirkung deutscher Experten erarbeitet. Im ISO/TC 46 und seinen Unterkomitees werden die deutschen Interessen im Auftrag des DIN Deutsches Institut für Normung e. V. durch den Normenausschuss Bibliotheks- und Dokumentationswesen wahrgenommen. Die Übernahme dieser ISO-Norm als Europäische Norm wurde vom CEN/TC 172 „Papierhalbstoff, Papier und Pappe" beantragt.

Der Inhalt der o. g. Internationalen Norm wurde ohne Abweichungen, sachlich und redaktionell unverändert, in die vorliegende Norm übernommen. Schriftgut und Druckerzeugnisse im Sinne dieser Norm sind Bücher, Akten, Schriftstücke und sonstige Unterlagen wie Karten, Pläne, Karteien usw.

DIN 6738 und die vorliegende, auf internationaler Ebene erarbeitete ISO 9706 sind weder im Ansatz noch in der Methode vergleichbar. In DIN 6738 ist der Rückgang der mechanisch-physikalischen Festigkeit, die ein Papier erleidet, wenn es bis zu 24 Tagen einer Feuchtwärmebehandlung unterzogen wird, die Grundlage für die Definition der Lebensdauer. ISO 9706 beruht dagegen auf der Tatsache, dass die Ursache des Abbaus des dem Papier die Festigkeit gebenden Stoffes — der Cellulose — die von Säure katalysierte Hydrolyse ist, und dass dieser chemische Vorgang nicht oder stark gehemmt abläuft, wenn im Papier ein alkalischer Puffer und keine Säure bildenden Substanzen vorhanden sind. In der Intention von ISO 9706 liegt es, ein Papier zu definieren, das für die Aufbewahrung von unbegrenzter Zeitdauer in Archiven, Bibliotheken und Museen am besten geeignet ist. DIN 6738 definiert Lebensdauerklassen für ein breites Spektrum von Papieren. Daraus ergeben sich unterschiedlich breite Anwendungsbereiche beider Normen.

Alterungsbeständiges Papier ist bei Büchern sowie bei Akten, Schriftstücken und sonstigen Unterlagen anzuwenden, die aus rechtlichen, kulturpolitischen oder sonstigen Gründen auf Dauer aufbewahrt werden sollen.

Archive, Bibliotheken, Museen und sonstige Sammlungen haben den kulturpolitischen und gegebenenfalls den gesetzlichen Auftrag, Schriftgut und Drucke solcher Art auf Dauer zu verwahren, zu erhalten und zur Nutzung als Studienobjekt oder als authentischen Nachweis von Rechten langfristig bereitzustellen. Daher sollen Druckereien, Verlage, Stellen der öffentlichen Verwaltung, der Wirtschaft und wo sonstige Schriftstücke entstehen, die für eine dauernde Aufbewahrung in Archiven, Bibliotheken, Museen und sonstigen Sammlungen infrage kommen, auf die Erfüllung der Normanforderungen nach DIN ISO 9706 (Festigkeit, Alkalireserve, Oxidationsbeständigkeit und pH-Wert, jeweils gemessen im Herstellungszustand) achten. Mit dem Auftrag von Archiven, Bibliotheken und Museen wäre es nicht vereinbar, wenn bereits zum Zeitpunkt der Herstellung des Papiers für Bücher, Akten oder andere Unterlagen von bleibendem Wert, deren begrenzte Lebensdauer, und sei es auch in der Größenordnung einiger hundert Jahre, feststehen würde.

Papiere der höchsten Lebensdauerklasse nach DIN 6738 erheben aufgrund des Verhaltens bei beschleunigter Alterung den Anspruch auf die Bezeichnung „alterungsbeständig" ohne Festlegung auf die Kriterien nach ISO 9706.

Die anderen Lebensdauerklassen nach DIN 6738 können angewendet werden und als Entscheidungshilfe dienen, wenn bei Büchern, Akten oder anderen Unterlagen aus Papier eine dauernde Aufbewahrung in Archiv oder Bibliothek nicht in Betracht kommt und bereits bei der Herstellung der genannten Unterlagen festgelegt oder absehbar ist, dass sie nach zeitlich beschränktem Gebrauch und gegebenenfalls nach Ablauf gesetzlicher Aufbewahrungsfristen vernichtet, kompostiert oder wiederverwertet werden können. Im Falle von Akten, Schriftstücken oder anderen Verwaltungsunterlagen trifft diese Feststellung das zuständige Archiv, gegebenenfalls auf der Grundlage archivgesetzlicher Regelungen.

DIN EN ISO 9706:2010-02

Änderungen

Gegenüber DIN ISO 9706:1995-10 wurden folgende Änderungen vorgenommen:

a) nationales Vorwort geändert und an aktuelle Rahmenbedingungen angepasst;

b) Anerkennungsnotiz als europäische Norm führte zur Änderung der Bezeichnung in DIN EN ISO 9706.

Frühere Ausgaben

DIN ISO 9706: 1995-10

Nationaler Anhang NA
(informativ)

Literaturhinweise in nationalen Zusätzen

DIN 6730, *Papier und Pappe — Begriffe*

DIN 6738, *Papier und Karton — Lebensdauer-Klassen*

DIN 53124, *Papier, Pappe und Zellstoff — Bestimmung des pH-Wertes in wäßrigen Extrakten*

DIN 54357, *Prüfung von Zellstoff — Bestimmung der Kappa-Zahl*

DIN EN ISO 186, *Papier und Pappe — Probenahme zur Bestimmung der Durchschnittsqualität*

DIN EN ISO 536, *Papier und Pappe — Bestimmung der flächenbezogenen Masse*

DIN ISO 5630-3, *Papier und Pappe — Beschleunigte Alterung — Teil 3: Feuchtwärmebehandlung bei 80 °C und 65 % relativer Luftfeuchte*

DIN ISO 11799, *Information und Dokumentation — Anforderungen an die Aufbewahrung von Archiv- und Bibliotheksgut*

ANSI/NISO Z39.48:1992, *American National Standard for Permanence of Paper for Publications and Documents in Libraries and Archives*

EUROPÄISCHE NORM
EUROPEAN STANDARD
NORME EUROPÉENNE

EN ISO 9706

Juni 1998

ICS 01.140.40; 85.060

Deskriptoren: Dokumentation, Information, Dokument, Papier, Schreibpapier, Dauerhaftigkeit, Eigenschaft, Reißfestigkeit, Kappazahl, ph, Konformitätsbescheinigung, Bildzeichen

Deutsche Fassung

Information und Dokumentation — Papier für Schriftgut und Druckerzeugnisse — Voraussetzungen für die Alterungsbeständigkeit (ISO 9706:1994)

Information and documentation —
Paper for documents —
Requirements for permanence
(ISO 9706:1994)

Information et documentation —
Papier pour documents —
Prescriptions pour la permanence
(ISO 9706:1994)

Diese Europäische Norm wurde vom CEN am 4. Juni 1998 angenommen.

Die CEN-Mitglieder sind gehalten, die CEN/CENELEC-Geschäftsordnung zu erfüllen, in der die Bedingungen festgelegt sind, unter denen dieser Europäischen Norm ohne jede Änderung der Status einer nationalen Norm zu geben ist. Auf dem letzten Stand befindliche Listen dieser nationalen Normen mit ihren bibliographischen Angaben sind beim Zentralsekretariat oder bei jedem CEN-Mitglied auf Anfrage erhältlich.

Diese Europäische Norm besteht in drei offiziellen Fassungen (Deutsch, Englisch, Französisch). Eine Fassung in einer anderen Sprache, die von einem CEN-Mitglied in eigener Verantwortung durch Übersetzung in seine Landessprache gemacht und dem Zentralsekretariat mitgeteilt worden ist, hat den gleichen Status wie die offiziellen Fassungen.

CEN-Mitglieder sind die nationalen Normungsinstitute von Belgien, Dänemark, Deutschland, Finnland, Frankreich, Griechenland, Irland, Island, Italien, Luxemburg, Niederlande, Norwegen, Österreich, Portugal, Schweden, Schweiz, Spanien, der Tschechischen Republik und dem Vereinigten Königreich.

EUROPÄISCHES KOMITEE FÜR NORMUNG
EUROPEAN COMMITTEE FOR STANDARDIZATION
COMITÉ EUROPÉEN DE NORMALISATION

Management-Zentrum: rue de Stassart, 36 B- 1050 Brüssel

Ref. Nr. EN ISO 9706:1998 D

DIN EN ISO 9706:2010-02
EN ISO 9706:1998 (D)

Inhalt

Seite

DIN EN ISO 9706:2010-02

Vorwort

Der Text Internationalen Norm von vom Technischen Komitee ISO/TC 46 „Information and documentation" „Internationalen Organisation für Normung" (ISO) wurde als Europäische Norm durch das Technische Komitee CEN/TC 172 „Halbstoff, Papier und Pappe" übernommen, dessen Sekretariat vom DIN gehalten wird.

Diese Europäische Norm muss den Status einer nationalen Norm erhalten, entweder durch Veröffentlichung eines identischen Textes oder durch Anerkennung bis Dezember 1998, und etwaige entgegenstehende nationale Normen müssen bis Dezember 1998 zurückgezogen werden.

Entsprechend der CEN/CENELEC-Geschäftsordnung sind die nationalen Normungsinstitute der folgenden Länder gehalten, diese Europäische Norm zu übernehmen: Belgien, Dänemark, Deutschland, Finnland, Frankreich, Griechenland, Irland, Island, Italien, Luxemburg, Niederlande, Norwegen, Österreich, Portugal, Schweden, Schweiz, Spanien, die Tschechische Republik und das Vereinigte Königreich.

Anerkennungsnotiz

Der Text Internationalen Norm ISO 9706:1998 wurde von CEN als Europäische Norm ohne irgendeine Abänderung genehmigt.

Einleitung

Bibliothekare und Archivare haben festgestellt, dass Papierdokumente, die erst vor 50 Jahren hergestellt wurden, unter typischen Bibliotheks- und Archivlagerungsbedingungen bereits schwere Zerfallserscheinungen zu zeigen beginnen. Die Geschichte der letzten 1 500 Jahre zeigt, dass Fasern aus reiner Cellulose eine beträchtliche Dauerhaftigkeit aufweisen. Die moderne Forschung gibt Hinweise darauf, dass die Zersetzung durch die Anwesenheit von celluloseabbauenden Verbindungen im Stoffeintrag und durch während der Herstellung in das Papier gelangende Stoffe, beispielsweise saure Materialien wie Harz-Alaun-Leim, verursacht wird.

Der Zweck dieser Internationalen Norm ist es, eine Methode zur Verfügung zu stellen, die es gestattet, Papier zu spezifizieren und zu identifizieren, welches nach dem gegenwärtigen Kenntnisstand einen hohen Grad an Dauerhaftigkeit aufweist und gleichzeitig keine oder nur geringe Änderungen in den Eigenschaften zeigt, welche einen Einfluss auf die Lesbarkeit und Handhabbarkeit haben, wenn dieses über einen langen Zeitraum in einer geschützten Umgebung aufbewahrt wird. Ein Normungsvorhaben für die Anforderungen an die Lagerung von Dokumenten ist innerhalb von ISO/TC 46/SC 10/WG 3 in Vorbereitung (zurzeit ISO/WD 11799, Schriftstücke ISO/46/10/3 N 1 bis 5).

Diese Internationale Norm basiert auf einer begrenzten Anzahl quantitativer Untersuchungen. Für jede Untersuchung sind Grenzwerte festgelegt worden. Papier, welches entsprechend dieser Internationalen Norm als geeignet für langlebiges Schriftgut und Druckerzeugnisse, wie Akten und Aufzeichnungen oder Veröffentlichungen, klassifiziert wurde, muss Messergebnisse innerhalb der angegebenen Grenzen für alle vorgeschriebenen Untersuchungen zeigen.

Die Grenzwerte sind so gewählt, dass Papier, das dieser Internationalen Norm entspricht, in großen Mengen zu vertretbaren Preisen hergestellt werden kann. Dies gestattet es Buchdruckereien, Verlagen, Verwaltungsstellen und anderen, dieses Papier für alle Arten von Schriftgut und Druckerzeugnissen, von Akten und Aufzeichnungen oder Veröffentlichungen zu verwenden, die aus irgendeinem Grund über einen unbegrenzten Zeitraum in Bibliotheken oder Archiven aufbewahrt werden sollen.

Kommerziell erhältliches Papier, welches die Anforderungen dieser Internationalen Norm erfüllt, und Schriftgut und Druckerzeugnisse, welche damit erstellt wurden, können anhand eines Symbols und einer Konformitätsbestätigung identifiziert werden. Das Symbol und die Bestätigung sind im Anhang B beschrieben.

Eine begründete Erklärung zum Ausschluss einiger gebräuchlicher Papierprüfverfahren wird in Anhang C beschrieben.

Diese Internationale Norm kann als eigenständige Spezifikation benutzt werden. Sie kann aber auch als Bestandteil in andere Spezifikationen eingefügt werden, welche im Warenverkehr oder als nationale oder internationale Normen für speziellere Zwecke verwendet werden.

DIN EN ISO 9706:2010-02
EN ISO 9706:1998 (D)

1 Anwendungsbereich

Diese Internationale Norm legt die Anforderungen an alterungsbeständiges Papier für Schriftgut und Druckerzeugnisse fest. Sie ist für unbedruckte Papiere anwendbar. Sie ist nicht für Pappen anwendbar.

ANMERKUNG Die Begriffe Papier und Pappe sind in ISO 4046 definiert.

2 Normative Verweisungen

Die folgenden zitierten Dokumente sind für die Anwendung dieses Dokuments erforderlich. Bei datierten Verweisungen gilt nur die in Bezug genommene Ausgabe. Bei undatierten Verweisungen gilt die letzte Ausgabe des in Bezug genommenen Dokuments (einschließlich aller Änderungen).

ISO 186:1985, *Paper and board — Sampling to determine average quality*

ISO 187:1990, *Paper, board and pulps — Standard atmosphere for conditioning and testing and procedure for monitoring the atmosphere and conditioning of samples*

ISO 302:1981, *Pulps — Determination of Kappa number*

ISO 536:1976, *Paper and board — Determination of grammage*

ISO 1974:1990, *Paper — Determination of tearing resistance (Elmendorf method)*

ISO 4046:1978, *Paper, board, pulp and related terms — Vocabulary*

ISO 5127-1:1983, *Documentation and information — Vocabulary — Part 1: Basic concepts*

ISO 6588:1981, *Paper, board and pulps — Determination of pH of aqueous extracts*

ISO 10716[1)], *Paper and board — Determination of alkali reserve*

3 Begriffe

Für die Anwendung dieses Dokuments gelten die folgenden Begriffe.

3.1
Schriftgut und Druckerzeugnisse
Papier, auf dem Informationen aufgezeichnet sind (siehe auch ISO 5127-1)

3.2
Alterungsbeständigkeit
die Fähigkeit, über lange Zeiträume chemisch und physikalisch stabil zu bleiben

3.3
alterungsbeständiges Papier
Papier, das während langfristiger Lagerung in Bibliotheken, Archiven und anderer geschützter Umgebung keine oder nur geringe Veränderungen in den Eigenschaften erfährt, welche die Gebrauchsfähigkeit beeinträchtigen

ANMERKUNG Beispiele für den Gebrauch sind, ohne darauf beschränkt zu sein, die Möglichkeiten, das Dokument zu handhaben, zu lesen, zu untersuchen oder zum Zwecke der Verbreitung oder der Übertragung auf ein anderes Medium zu kopieren.

---

1) Veröffentlichung in Vorbereitung.

3.4
Alkalireserve (von Papier)
eine Verbindung (wie Calciumcarbonat), die Säure neutralisiert, welche als ein Ergebnis der natürlichen Alterung oder aus atmosphärischen Verunreinigungen gebildet wird, wie in ISO 10716 beschrieben

4 Prinzip

Genau genommen besteht der einzige Weg, die Alterungsbeständigkeit von Papier zu testen, darin, dieses über einen langen Zeitraum, vielleicht für einige hundert Jahre, unter den entsprechenden Bedingungen zu lagern. In der Praxis muss man sich jedoch auf Beobachtungen beziehen, die an historischen Dokumenten gemacht wurden, und auf das verfügbare Wissen über Faktoren, ausgedrückt in Form von Papiereigenschaften und Papierzusammensetzungen, welche einen hohen Grad von Alterungsbeständigkeit bewirken.

In dieser Internationalen Norm sind Anforderungen hinsichtlich folgender Faktoren gegeben:

— Mindestfestigkeit, bestimmt mit einer Prüfung des Durchreißwiderstandes;

— minimaler Gehalt an Substanzen (beispielsweise Calciumcarbonat), welche die Säureeinwirkung neutralisieren, bestimmt als Alkalireserve;

— maximaler Gehalt an leicht oxidierbaren Materialien, bestimmt als Kappa-Zahl;

— maximaler und minimaler pH-Wert eines Kaltwasserextraktes des Papiers.

5 Erforderliche Eigenschaften

5.1 Allgemeines

Eine Probe des zu untersuchenden Lieferpostens ist, wie in ISO 186 beschrieben, zu entnehmen. Das zu untersuchende Papier muss frei von offensichtlichen Fehlern, wie großen Flecken, Löchern und Falten, sein. Das Vorhandensein von Wasserzeichen wird nicht als Fehler angesehen.

5.2 Festigkeitseigenschaften

Für Papier mit einer flächenbezogenen Masse von 70 g/m^2 oder mehr muss der Durchreißwiderstand in jeder Richtung (in Maschinen- oder Querrichtung) mindestens 350 mN betragen. Für Papier mit einer flächenbezogenen Masse im Bereich von 25 g/m^2 bis 70 g/m^2 muss der Durchreißwiderstand r, ausgedrückt in mN, mindestens so groß sein wie der Wert, der aus folgender Gleichung errechnet wird:

$$r = 6\,\text{g} - 70$$

Dabei ist g die flächenbezogene Masse des Papiers in g/m^2 und die Konstanten 6 und 70 haben die Einheiten mNm^2/g bzw. mN.

Die Proben müssen bei 23 °C und 50 % relativer Luftfeuchte, wie in ISO 187 beschrieben, konditioniert werden. Die Prüfung des Durchreißwiderstandes muss, wie in ISO 1974 beschrieben, durchgeführt werden.

5.3 Alkalireserve

Das Papier muss eine Alkalireserve aufweisen, die mindestens 0,4 mol Säure je kg entspricht, bestimmt in der Art, wie in ISO 10716 beschrieben.

ANMERKUNG Für den Fall, dass Calciumcarbonat verwendet wurde, um die Alkalireserve zu bilden, sind die Anforderungen erfüllt, wenn das Papier je kg etwa 20 g $CaCO_3$ enthält.

5.4 Oxidationsbeständigkeit

Das Papier muss eine Kappa-Zahl von weniger als 5,0 aufweisen, gemessen wie in ISO 302 beschrieben, mit den Modifikationen, die im Anhang A dieser Internationalen Norm angegeben sind.

5.5 pH-Wert des Kaltwasserextraktes

Der pH-Wert eines Kaltwasserextraktes, hergestellt mit kaltem Wasser und bestimmt wie in ISO 6588 beschrieben, muss im Bereich zwischen 7,5 und 10 liegen.

ANMERKUNG Diese Prüfung liefert einen mittleren pH-Wert des Papiers. Jedoch sollte in einem alterungsbeständigen Papier keine Schicht einen pH-Wert unterhalb 7,5 aufweisen. Um dies sicherzustellen, kann auch die Garantie des Herstellers, dass dieser einen alkalischen Prozess verwendet, als Anzeichen dafür gewertet werden, dass das Papier diese Anforderung erfüllt.

6 Bericht

Das prüfende Labor muss in seinem Bericht Folgendes aufführen:

a) eine genaue Identifikation des geprüften Papier-Lieferpostens;

b) Datum und Ort der Untersuchung;

c) die visuellen Beobachtungen während der Untersuchung der Durchschnittsprobe;

d) die flächenbezogene Masse des Papiers, bestimmt nach ISO 536;

e) die nach 5.2 bis 5.5 erhaltenen Prüfergebnisse in der Form, wie sie nach den jeweiligen ISO-Normen vorgegeben sind;

f) alle übrigen Beobachtungen, die für die Alterungsbeständigkeit des Papiers von Bedeutung sein können;

g) eine Beurteilung, ob das Papier die Anforderungen dieser Internationalen Norm erfüllt oder verfehlt; im letzteren Fall muss der spezifische Grund angegeben werden.

7 Zusätzliche Informationen

Diese Internationale Norm sollte als eine orientierende Prüfung zur allgemeinen Verwendung angesehen werden. Entsprechend dem gegenwärtigen Wissensstand über die Alterungsbeständigkeit von Papier erleiden Papiere, welche die gegebenen Anforderungen erfüllen, geringe oder keine Änderungen der Eigenschaften, welche Einfluss auf die Lesbarkeit und die Handhabbarkeit in Bibliotheken, Archiven und anderen geschützten Umgebungen haben.

Diese Internationale Norm ist vorrangig für Schreib-, Druck- und reprographische Papiere vorgesehen. Einige Papiere für spezielle Zwecke erfüllen nicht alle Anforderungen, obwohl sie einen hohen Grad an Alterungsbeständigkeit haben. Dies gilt für einige stark beschichtete Druckpapiere, beispielsweise Kunstdruckpapier, und auch für einige Papiere, die von Künstlern verwendet werden.

Diese Internationale Norm ist nicht für die Beurteilung der Alterungsbeständigkeit von Papieren vorgesehen, die unter schädlichen Bedingungen, wie hoher Luftfeuchte, welche den mikrobiologischen Angriff begünstigen kann, starker Hitze, Strahlung (Licht oder andere), hohen Konzentrationen an atmosphärischen Schadstoffen oder Einfluss von Wasser, aufbewahrt werden.

Anhang A
(normativ)

Besondere Hinweise für die Bestimmung der Kappa-Zahl

Da die Bestimmung der Kappa-Zahl einzig dazu dient, festzustellen, ob die Kappa-Zahl kleiner als 5,0 ist oder nicht, ist es angebracht, die Masse der Probe so zu wählen, dass die Empfindlichkeit der Methode im Bereich der Kappa-Zahl 5 ein Maximum hat. Für ofentrockenen Zellstoff beträgt die Masse der Probe etwa 10 g. Für Papier sollte die Masse der Durchschnittsprobe ebenfalls 10 g betragen. Die Bestimmung ist dann exakt, wenn das Papier eine Kappa-Zahl im Bereich von 3 bis 7 aufweist, denn ISO 302 fordert, dass zwischen 30 % und 70 % des hinzugefügten Permanganats verbraucht werden sollten. Werden mehr als 70 % oder weniger als 30 % des Permanganats verbraucht, ist es für den Zweck dieser Internationalen Norm ausreichend, wenn die Kappa-Zahl größer als 7 bzw. kleiner als 3 angegeben wird.

ANMERKUNG ISO 302 ist für die Untersuchung von Zellstoff vorgesehen. Für den Zweck dieser Internationalen Norm wird das Verfahren, wie in ISO 302 beschrieben, ohne Änderungen verwendet. Jedoch kann es bei einigen Stärke enthaltenden, gestrichenen Papieren zu Schwierigkeiten bei der visuellen Erkennung des Endpunktes der Titration kommen. In diesen Fällen darf auch eine elektrometrische Endpunktbestimmung verwendet werden.

Wird die Kappa-Zahl kleiner als 3 oder größer als 7 bestimmt, dann ist diese Bestimmung nicht exakt, aber dennoch für den vorliegenden Zweck ausreichend. Sollte in diesen Fällen eine genaue Bestimmung gefordert werden, so muss eine neue Bestimmung mit einer angepassten Masse der Probe durchgeführt werden.

DIN EN ISO 9706:2010-02
EN ISO 9706:1998 (D)

Anhang B
(normativ)

Konformitätsbestätigung und Symbol

Alle Hersteller und Verwender von Papier werden aufgefordert, die Verwendung und Verbreitung der Verwendung eines Symbols und einer Konformitätsbestätigung für das Papier zu fördern, dem durch ein anerkanntes Labor bestätigt wurde, dass es den Anforderungen dieser Internationalen Norm entspricht.

Als Symbol wird das mathematische Zeichen für „unendlich" verwendet, welches sich in einem Kreis befindet, der oberhalb der Nummer dieser Internationalen Norm angeordnet ist (siehe Bild B.1).

Bild B.1 — Konformitätssymbol

Als Konformitätsbestätigung ist Folgendes zu verwenden: „Das Papier/Dieses Papier erfüllt die Anforderungen nach ISO 9706:1998, *Information and documentation — Paper for documents — Requirements for permanence.*"

Das Symbol, die Bestätigung oder beides sollten in Anzeigen, Verpackung, Werbung, Übersichten und Publikationskatalogen verwendet werden.

Als Hinweis für Verleger und andere, die Papier für Schriftgut und Druckerzeugnisse auswählen, sollten solche Papiere, aus denen sich langlebige Dokumente, Aufzeichnungen und Veröffentlichungen herstellen lassen, in den Katalogen des Papierhandels mit dem Symbol oder der Bestätigung oder beidem gekennzeichnet werden.

Das Symbol mit der dazugehörigen Bestätigung sollte entsprechend den nationalen Gepflogenheiten für die Anbringung von technischen Informationen betreffend das Papier für Schriftgut und Druckerzeugnisse angebracht werden. Zusätzlich darf das Symbol oder die Bestätigung oder beides an jedweder Stelle des Produktes angebracht werden.

ANMERKUNG Wenn Kopien von Schriftgut und Druckerzeugnissen angefertigt werden, welche das Symbol und/oder die Konformitätsbestätigung tragen, sollte darauf geachtet werden, dass keine Falschinformationen erfolgen, wenn die Kopie nicht auf solchem Papier angefertigt wird, welches dieser Internationalen Norm entspricht.

Anhang C
(informativ)

Anmerkungen zu Untersuchungen unter den Bedingungen der beschleunigten Alterung und zu optischen Eigenschaften

C.1 Beschleunigte Alterung

Die mögliche Verwendungsdauer von alterungsbeständigem Papier durch seine natürliche Alterung zu ermitteln ist offensichtlich nicht durchführbar, da Papier des durch diese Internationale Norm beschriebenen Typs erwartungsgemäß im Wesentlichen über einen Zeitraum von einigen hundert Jahren unverändert bleibt. Daher werden häufig Verfahren zur beschleunigten Alterung angewendet, welche die Einwirkung von erhöhten Temperaturen bei definierten Werten der relativen Luftfeuchte beinhalten.

Während der Erstellung dieser Internationalen Norm wurde vielfach die Frage erörtert, ob eine solche Untersuchung der beschleunigten Alterung mit dem gleichen Stellenwert wie die anderen Untersuchungen eingeführt werden sollte. Es wurde gefolgert, dass dies aus folgenden Gründen nicht angebracht sei:

a) Eine Alterungsuntersuchung kann bei der Herstellung von Papier nicht als Mittel zur Qualitätslenkung verwendet werden, da diese zu lange dauert; typischerweise 24 Tage (siehe b)). Es kann vorgebracht werden, dass diese Untersuchung nur gelegentlich durchgeführt werden muss, so lange das Herstellungsverfahren überwacht wird und positive Ergebnisse in den anderen Untersuchungen liefert; dies aber vermindert die Bedeutung der Alterungsuntersuchung. In jedem Falle kann der Kunde durchaus die Durchführung verlangen, wenn der Hersteller behauptet, diese Internationale Norm zu erfüllen.

b) Während der Erstellung dieser Internationalen Norm durchgeführte Ringversuche haben gezeigt, dass Papier, welches die anderen Prüfungen hinsichtlich seiner mechanischen Festigkeit bestanden hatte, die vorgeschlagene Untersuchung unter den Bedingungen der beschleunigten Alterung ebenfalls besteht (24 Tage bei 80 °C und einer relativen Luftfeuchte $f = 65$ % nach ISO 5630-3, mit einem Durchreißwiderstand in Maschinen- und Querrichtung mit mindestens 80 % des ursprünglichen Wertes).

c) Viele Papiere, welche die Untersuchung unter den Bedingungen der beschleunigten Alterung bestanden hatten, enthielten erhebliche Mengen holzhaltiger Faserstoffe verschiedenster Art, einschließlich des modernen Typs wie chemi-thermomechanischen Zellstoffs (CTMP). Dennoch wurden diese Zellstoffe wegen der fehlenden wissenschaftlichen Sicherheit als gegenwärtig nicht zur Herstellung solchen Papiers geeignet erachtet, das durch diese Internationale Norm beschrieben wird. Beispielsweise konnte bisher nicht gezeigt werden, dass Schwefel- und Stickoxide nicht leichter mit lignifizierten Fasern unter Bildung von sauren Rückständen, welche die Zersetzung der Cellulose fördern, reagieren. Diese Quelle der Zersetzung wird nicht durch die herkömmlichen Untersuchungen unter den Bedingungen der beschleunigten Alterung erfasst.

Dennoch besteht kein Zweifel daran, dass Untersuchungen unter den Bedingungen der beschleunigten Alterung gegebenenfalls ein sehr hilfreiches Verfahren im geeigneten Fall sein können und dass deren Anwendung stets in Betracht gezogen werden sollte. Insbesondere ist diese Untersuchung angezeigt, wenn bestimmte Veränderungen in der Zusammensetzung des Papiers, welches den Anforderungen dieser Internationalen Norm entspricht, durchgeführt werden. In diesem Fall können die Papiere gleichzeitig nebeneinander untersucht werden, um die Probleme zu verringern, welche durch die präzise Einhaltung der Alterungsbedingungen entstehen.

Da für den Ausgangswert des Durchreißwiderstandes in dieser Internationalen Norm ein Minimum definiert ist, erscheint es angebracht, den Durchreißwiderstand als einen Indikator für die Alterung zu verwenden. Unter Verwendung der oben erwähnten Bedingungen nach ISO 5630-3 wird als Mindestanforderung eine Verringerung des Durchreißwiderstandes um weniger als 20 % empfohlen. Jedoch können auch andere mechanische Eigenschaften verwendet werden, wie beispielsweise der Falzwiderstand oder die Zugarbeit. Die Genauigkeit wird erhöht, wenn Proben unterschiedlich lang gealtert werden und die Untersuchungsgebnisse als graphische Darstellung der Abnahme der untersuchten Eigenschaften über die Zeit dargestellt werden.

C.2 Optische Eigenschaften

Diese Internationale Norm beinhaltet keine Untersuchungen der optischen Eigenschaften, wie Weißgrad, Reflektionsfaktor (Y-Wert), Glanz oder Fluoreszenz. Der Grund hierfür ist, dass für die gewünschte Verwendung des Papiers (siehe Abschnitt 7) der Weißgradverlust oder leichtes Vergilben weniger wichtig ist als der Verlust an mechanischer Festigkeit; ein gewisses Maß an Farbveränderungen kann bei den meisten Druckerzeugnissen toleriert werden, bevor sie unlesbar werden. Es wurde daher beschlossen, dass die weitere Komplizierung durch die Festlegung optischer Prüfverfahren unnötig ist, insbesondere deshalb, weil Untersuchungen unter den Bedingungen der beschleunigten Alterung, einschließlich solcher unter Lichteinwirkung, ohnehin im Allgemeinen erforderlich wären.

Sollten die Verwender es für notwendig erachten, dass das Papier seine optischen Eigenschaften beibehält, so können Vereinbarungen mit dem Papierhersteller getroffen werden, um die Eigenschaften und die Prüf- und Messverfahren festzulegen.

INTERNATIONAL STANDARD

ISO 20494

First edition
2017-12

Paper — Requirements for stability for general graphic applications

Papier — Exigences pour évaluer la stabilité pour les applications graphiques générales

Reference number
ISO 20494:2017(E)

Contents

Foreword

ISO (the International Organization for Standardization) is a worldwide federation of national standards bodies (ISO member bodies). The work of preparing International Standards is normally carried out through ISO technical committees. Each member body interested in a subject for which a technical committee has been established has the right to be represented on that committee. International organizations, governmental and non-governmental, in liaison with ISO, also take part in the work. ISO collaborates closely with the International Electrotechnical Commission (IEC) on all matters of electrotechnical standardization.

The procedures used to develop this document and those intended for its further maintenance are described in the ISO/IEC Directives, Part 1. In particular the different approval criteria needed for the different types of ISO documents should be noted. This document was drafted in accordance with the editorial rules of the ISO/IEC Directives, Part 2 (see www.iso.org/directives).

Attention is drawn to the possibility that some of the elements of this document may be the subject of patent rights. ISO shall not be held responsible for identifying any or all such patent rights. Details of any patent rights identified during the development of the document will be in the Introduction and/or on the ISO list of patent declarations received (see www.iso.org/patents).

Any trade name used in this document is information given for the convenience of users and does not constitute an endorsement.

For an explanation on the voluntary nature of standards, the meaning of ISO specific terms and expressions related to conformity assessment, as well as information about ISO's adherence to the World Trade Organization (WTO) principles in the Technical Barriers to Trade (TBT), see the following URL: www.iso.org/iso/foreword.html.

This document was prepared by Technical Committee ISO/TC 6, *Paper, board and pulps*, Subcommittee SC 2, *Test methods and quality specifications for paper and board.*

Introduction

This document is intended for papers used for general graphic applications. Paper meeting the requirements of this document will not undergo any significant loss of mechanical properties under normal use and storage conditions. Typical applications include paper products, such as copy paper, brochures, maps and books, which can tolerate some changes in optical properties over time, the magnitude of which may vary with the type of paper and papermaking conditions. Such changes, if any, will not affect the legibility or reproducibility of the information.

This document effectively responds to market needs and environmental requirements. In recent years, there have been an increased trend and interest worldwide in the use of bleached chemithermomechanical pulp (BCTMP), alkaline peroxide mechanical pulp (APMP) and secondary fibre pulp for general applications, such as copy paper, brochures, maps and books which are not intended for permanent storage. Thus, this document will open up opportunities for high-yield pulp producers and paper manufacturers to develop and market a wide range of products containing mechanical fibre, as well as most types of recycled fibre. In particular, coated and uncoated printing and writing papers containing high-yield pulps, such as BCTMP or most types of recycled fibre, can be classified as stable paper, as long as they meet the specifications described in this document. This document will also be of benefit to paper customers and consumers as it provides them with options depending on their end-use applications.

The benefits of using mechanical fibre and/or most types of recycled fibre in paper products may range from improvement in some paper attributes, such as opacity, and lower production costs, to higher sustainability and a greatly reduced environmental footprint. In particular, the amount of virgin fibre, energy consumption, use of water resources, levels of greenhouse gas and other emissions, and solid discharge are significantly lower with the utilization of high-yield pulp and/or most types of recycled pulp in paper production.

Paper — Requirements for stability for general graphic applications

1 Scope

This document specifies the requirements for the stability of paper for general graphic applications. It is applicable to all types of uncoated, coated and filled papers.

NOTE For information on International Standards on paper permanence (see ISO 9706), archival paper permanence and durability (see ISO 11108) and on paper stability for general graphic applications (see ISO 20494), refer to Annex C.

2 Normative references

The following documents are referred to in the text in such a way that some or all of their content constitutes requirements of this document. For dated references, only the edition cited applies. For undated references, the latest edition of the referenced document (including any amendments) applies.

ISO 186, *Paper and board — Sampling to determine average quality*

ISO 187, *Paper, board and pulps — Standard atmosphere for conditioning and testing and procedure for monitoring the atmosphere and conditioning of samples*

ISO 536, *Paper and board — Determination of grammage*

ISO 1974, *Paper — Determination of tearing resistance — Elmendorf method*

ISO 5630-3, *Paper and board — Accelerated ageing — Part 3: Moist heat treatment at 80 degrees C and 65 % relative humidity*

ISO 6588-1, *Paper, board and pulps — Determination of pH of aqueous extracts — Part 1: Cold extraction*

ISO 10716, *Paper and board — Determination of alkali reserve*

3 Terms and definitions

For the purposes of this document, the following terms and definitions apply.

ISO and IEC maintain terminological databases for use in standardization at the following addresses:

— ISO Online browsing platform: available at https://www.iso.org/obp

— IEC Electropedia: available at http://www.electropedia.org/

3.1
paper stability
ability of paper to retain its intended functionality for *general graphic applications* (3.2), under normal use and storage conditions

Note 1 to entry: Stability for the purpose of this document differs from permanence which is required for paper used for documents to be stored over long periods of time, as in libraries, archives and other protected environments (see ISO 9706).

3.2
general graphic applications
printing and writing on graphic paper for all applications not intended for permanent storage

Note 1 to entry: Typical products used for general graphic applications include newspapers, magazines, catalogues, books, office printouts and copies.

3.3
alkali reserve
compound (such as calcium carbonate) that neutralizes acid that might be generated as a result of natural ageing or from atmospheric pollutants

Note 1 to entry: Determined as specified in ISO 10716.

4 Principle

In this document, the requirements for the stability of paper for general graphic applications are given in terms of

— minimum tearing resistance prior to accelerated ageing,

— retention of tearing resistance after accelerated ageing,

— minimum content of a substance (such as calcium carbonate) that neutralizes acid action, measured by the alkali reserve test, and

— maximum and minimum pH values of a cold water extract of the paper.

5 Sampling

Always handle the paper sample with clean cotton gloves.

If the average quality of a lot is to be determined, sampling shall be carried out in accordance with ISO 186. Where possible, test specimens shall not include areas containing watermarks, creases or visible damage. If another type of sample is to be tested, make sure that the specimens taken are representative of the sample received. Select sufficient sheets of adequate size for performing the tests required in this document.

6 Requirements for paper stability

6.1 Tearing resistance

6.1.1 Conditioning

The sheets shall be conditioned at 23 °C and 50 % relative humidity in accordance with ISO 187 prior to testing.

6.1.2 Tear testing

The tear test shall be performed as described in ISO 1974, and the grammage shall be determined according to ISO 536.

For papers of grammage 70 g/m^2 or higher, the tearing resistance in any direction (machine and cross), before ageing, shall be at least 350 mN. For papers of grammage below 70 g/m^2, the tearing resistance, before ageing, expressed in millinewtons, shall be at least r as calculated from Formula (1):

$$r = 6g - 70 \quad (1)$$

where

g is the grammage of the paper, in g/m^2;

6 is a constant with dimension $mN \cdot m^2/g$;

70 is a constant with dimension mN.

6.2 Retention of tearing resistance

Accelerated ageing tests at 80 °C and 65 % relative humidity shall be conducted on the paper for a period of 12 d (288 h) as described in ISO 5630-3 (see Annex D). Prior to, and upon completion of, the accelerated ageing tests, the paper shall be tested for tearing resistance as described in 6.1. In order to be classified as stable paper for general graphic applications, the tearing resistance after accelerated ageing shall be at least 80 % of that measured prior to ageing.

6.3 Alkali reserve

The paper shall have an amount of alkali reserve corresponding to at least 0,8 mol of acid per kilogram, determined as specified in ISO 10716.

NOTE 1 An alkali reserve of at least 0,8 mol/kg is typical of levels commonly used in the alkaline papermaking industry.

NOTE 2 When calcium carbonate is used to create the alkali reserve, the requirement is met if the paper contains a minimum of 40 g $CaCO_3$ per kilogram of paper.

6.4 pH value of aqueous extract

The pH value of an aqueous extract, prepared with cold water and determined as specified in ISO 6588-1, shall be in the range of 7,5 to 10,0.

7 Precision

The reproducibility of the retention of MD (machine direction) and CD (cross direction) tear resistance after accelerated ageing was determined by conducting a round robin study with several virgin and recycled papers. A description of the samples used in this study and the reproducibility results are presented in Annex A. The effect of accelerated ageing on optical properties was determined as part of the round robin study and the results are shown in Annex B.

8 Test report

The test report shall include the following information:

a) a reference to this document, i.e. ISO 20494;

b) all information necessary for complete identification of the sample;

c) the date and place of testing;

d) the temperature and relative humidity of the atmosphere used to condition the sample;

e) the test results obtained when testing as specified in 6.1 to 6.4, expressed as stated in the relevant International Standards;

f) any deviations from the International Standards used, and any circumstances and influence which might have affected the test results.

9 Statement of compliance

Provided that the paper meets all the requirements of this document, manufacturers can use a statement of compliance, as described in Annex E.

10 Related information

Information on International Standards on paper permanence (see ISO 9706), archival paper permanence and durability (see ISO 11108) and on paper stability for general graphic applications (see ISO 20494) are provided in Annex C.

Annex A
(informative)

Precision

In May 2016, an international round robin study was performed in which seven laboratories from six different countries, Belgium, Brazil, Canada, France, Japan and Italy (two laboratories), participated. Six of the seven laboratories conducted both accelerated ageing and testing and one laboratory conducted testing on paper samples that had already been subjected to accelerated ageing in one of the six laboratories.

A total of 17 paper samples representing the most common types of printing and graphic paper applications, including copy/office paper, lightweight coated (LWC) paper, coated offset and coated/uncoated high basis weight paper, were included in the study. The papers were virgin or recycled, and covered a broad range of mechanical fibre content. They were obtained from paper producers in Brazil, Canada, China, France, Germany, Japan and the US.

Brief descriptions of the virgin and recycled papers are given in Tables A.1 and A.2, respectively. In the case of recycled fibre, the mechanical fibre content was estimated by microscopic analysis. As indicated, all samples complied with the pH of cold water extracts and alkali reserve requirements, as specified in this standard.

Each sample was subjected to accelerated ageing for 12 d at 80 °C and 65 % relative humidity, according to ISO 5630-3. Samples before and after ageing were tested at the same time to ensure that the only changes in properties were due to accelerated ageing, not to natural ageing.

Table A.1 — Description of samples — Virgin papers

Sample	Grammage g/m²	MD tear resistance before accelerated ageing mN	CD tear resistance before accelerated ageing mN	Mechanical pulp %	pH cold water extracts	Alkali reserve mol/kg
Copy paper	77,4	490	540	0	9,5	2,9
Offset paper	73,8	504	534	0	9,6	3,7
Copy paper, uncoated (I)	79,8	428	548	5	9,6	5,0
Reply card, uncoated	170,2	1252	1440	10	9,2	0,82
Copy paper, uncoated (II)	71,1	370	425	17	9,4	4,2
Printing paper	70,4	349	528	30	9,3	0,83
Offset paper, coated	89,5	561	635	40	9,6	3,7
Reply paper, coated	151,5	753	789	60	9,0	3,2
LWC paper	57,4	169	275	>70	8,4	0,96

Table A.2 — Description of samples — Recycled papers

Sample	Grammage g/m²	MD tear resistance before accelerated ageing mN	CD tear resistance before accelerated ageing mN	Mechanical pulp %	pH cold water extracts	Alkali reserve mol/kg
Copy paper (I)	73,6	457	546	0	8,7	3,6
Office paper (I)	79,3	529	612	14	9,3	4,2
Copy paper (II)	64,0	492	497	14	8,4	1,3
Pre- and post-consumer recycled paper	75,1	468	480	22	8,7	3,1
Office paper (II)	83,5	588	653	39	9,1	2,8
Office paper (III)	79,8	449	566	54	9,1	3,1
Office paper (IV)	78,0	422	525	62	8,6	3,2
Office paper (V)	78,4	383	510	76	8,6	3,2

The precision data reported in Tables A.3 to A.6 reflect the variability, among participating laboratories, of tear retention as a result of possible differences in design and/or fluctuations in temperature or relative humidity of the climate-controlled chambers used for accelerated ageing. Tear retention is expressed as a percentage of tear resistance after accelerated ageing compared with that before ageing.

Only reproducibility data are reported; no repeatability data are available since each laboratory conducted only one round of accelerated ageing for each sample.

The calculations have been made according to ISO/TR 24498[4].

The reproducibility limits reported in Tables A.3 to A.6 are estimates of the maximum difference which would be expected in 19 of 20 instances, when comparing two test results for material similar to those described under similar test conditions. These estimates may not be valid for different materials or different test conditions.

NOTE Reproducibility limits are calculated by multiplying the reproducibility standard deviation by 2,77, where $2,77 = 1,96\sqrt{2}$.

Table A.3 — Estimation of the reproducibility of the retention of MD tear resistance after accelerated ageing — Virgin papers

Sample	Number of laboratories	Mean MD tear retention %	Standard deviation s_R %	Coefficient of variation C_{VR} %	Reproducibility limit R %
Copy paper	7	98,6	2,6	2,6	7,2
Offset paper	7	95,9	3,8	4,0	10,5
Copy paper, uncoated (I)	7	96,6	6,0	6,2	16,6
Reply card, uncoated	5	99,4	6,1	6,1	16,9
Copy paper, uncoated (II)	7	98,6	3,5	3,6	9,7
Printing paper	5	92,6	6,0	6,5	16,6

Table A.3 *(continued)*

Sample	Number of laboratories	Mean MD tear retention %	Standard deviation s_R %	Coefficient of variation C_{VR} %	Reproducibility limit R %
Offset paper, coated	7	97,1	5,2	5,4	14,4
Reply paper, coated	5	98,1	7,9	8,0	21,9
LWC paper	7	101	7,4	7,3	20,5

Table A.4 — Estimation of the reproducibility of the retention of MD tear resistance after accelerated ageing — Recycled papers

Sample	Number of laboratories	Mean MD tear retention %	Standard deviation s_R %	Coefficient of variation C_{VR} %	Reproducibility limit R %
Copy paper (I)	6	97,9	3,9	4,0	10,8
Office paper (I)	6	93,3	7,1	7,6	19,7
Copy paper (II)	5	96,9	2,6	2,7	7,2
Pre- and post-consumer recycled paper	7	97,6	2,1	2,2	5,8
Office paper (II)	6	97,7	3,4	3,5	9,4
Office paper (III)	6	96,8	4,9	5,1	14,1
Office paper (IV)	5	95,6	2,4	2,5	6,6
Office paper (V)	5	99,5	3,4	3,4	9,4

Table A.5 — Estimation of the reproducibility of the retention of CD tear resistance after accelerated ageing — Virgin papers

Sample	Number of laboratories	Mean MD tear retention %	Standard deviation s_R %	Coefficient of variation C_{VR} %	Reproducibility limit R %
Copy paper	7	99,6	3,3	3,3	9,1
Offset paper	7	97,0	3,9	4,0	10,8
Copy paper, uncoated (I)	7	93,8	7,5	8,0	20,8
Reply card, uncoated	5	97,9	4,6	4,7	12,7
Copy paper, uncoated (II)	7	99,5	2,0	2,0	5,5
Printing paper	5	97,1	2,4	2,5	6,9

Table A.5 *(continued)*

Sample	Number of laboratories	Mean MD tear retention %	Standard deviation s_R %	Coefficient of variation C_{VR} %	Reproducibility limit R %
Offset paper, coated	7	97,2	4,2	4,3	11,9
Reply paper, coated	5	101,1	3,9	3,9	10,8
LWC paper	7	103,8	11,8	11,4	32,7

Table A.6 — Estimation of the reproducibility of the retention of CD tear resistance after accelerated ageing — Recycled papers

Sample	Number of laboratories	Mean MD tear retention %	Standard deviation s_R %	Coefficient of variation C_{VR} %	Reproducibility limit R %
Copy paper (I)	6	96,7	1,6	1,6	4,4
Office paper (I)	6	103,5	7,5	7,2	19,9
Copy paper (II)	5	97,2	1,5	1,5	4,2
Pre- and post-consumer recycled paper	7	96,4	2,3	2,4	6,4
Office paper (II)	6	95,9	3,0	3,1	8,3
Office paper (III)	6	94,8	2,8	3,0	7,8
Office paper (IV)	5	97,5	3,8	3,9	10,5
Office paper (V)	5	97,6	3,2	3,3	8,9

Annex B
(informative)

Effect of accelerated ageing on optical properties

In order to assess the effect of accelerated ageing on the optical properties of the paper samples used in the round robin study (see Annex A), most of the common optical properties [brightness (see ISO 2470-1 and ISO 2470-2), colour (see ISO 5631-1 and ISO 5631-2) and opacity (see ISO 2471)] were measured before and after accelerated ageing. Tables B.1 and B.2 show average values of D65 brightness, D65 b* (as an indication of yellowing) and opacity, for information purposes. A complete report of all data, including C brightness, and C and D65 colour (L*, a*, b*), is available from Reference [14].

Table B.1 — D65 brightness, D65 b* and opacity before and after accelerated ageing — Virgin papers

Sample	D65 brightness		D65 b*		Opacity	
	Before	After	Before	After	Before	After
Copy paper	103,6	95,8	−12,0	−7,9	90,7	91,5
Offset paper	108,1	101,4	−16,6	−13,2	91,4	92,0
Copy paper, uncoated (I)	107,1	97,4	−15,3	−10,4	94,6	95,5
Reply card, uncoated	99,6	89,3	−7,8	−2,5	97,3	98,1
Copy paper, uncoated (II)	105,0	93,7	−14,3	−8,7	92,5	93,7
Printing paper	81,1	66,9	−1,3	6,8	94,1	95,7
Offset paper, coated	71,7	65,0	11,9	13,9	91,7	94,6
Reply paper, coated	91,6	79,4	−3,9	2,8	97,3	98,3
LWC paper	81,0	68,9	−4,0	3,6	92,4	94,5

Table B.2 — D65 brightness, D65 b* and opacity before and after accelerated ageing — Recycled papers

Sample	D65 brightness		D65 b*		Opacity	
	Before	After	Before	After	Before	After
Copy paper (I)	109,9	99,4	−18,0	−11,8	93,6	94,4
Office paper (I)	102,2	94,7	−15,3	−10,8	94,0	94,7
Copy paper (II)	72,3	68,2	1,8	4,4	92,4	92,9
Pre- and post-consumer recycled paper	59,0	57,3	5,2	6,9	98,3	98,2
Office paper (II)	100,2	86,7	−10,8	−4,2	93,0	94,6
Office paper (III)	87,9	75,9	−7,6	−0,96	96,7	97,5
Office paper (IV)	79,7	66,5	−0,93	6,24	95,8	97,2
Office paper (V)	69,3	61,0	3,9	8,7	98,0	98,6

Annex C
(informative)

International Standards on paper permanence, archival paper permanence and durability, and on stability for general graphic applications

International Standards on paper permanence (see ISO 9706[2]) and archival paper permanence and durability (ISO 11108[3]) are primarily intended for archival and library documents, stored in protected environments, that are expected to remain substantially unchanged over time. According to ISO 9706, in order for paper to be classified as permanent it shall have a minimum tear resistance, a minimum alkali reserve, an alkaline pH of aqueous extracts, as well as a resistance to oxidation which requires the paper to have a Kappa number of less than 5, corresponding to about 1 % lignin. ISO 11108, which provides specifications for both permanence and durability of archival paper, requires, in addition, the predominant use of non-wood fibres.

At the time when ISO 9706 was developed, in 1994, the presence of lignin was suspected to have a negative influence on paper stability. However, since then several research projects involving laboratories in the US, Canada and Europe have been conducted under the auspices of ASTM[9] and the Canadian General Standard Board (CGSB)[10][11]. One of the key findings was that in alkaline papers buffered with calcium carbonate, the presence of lignin has no negative impact on mechanical permanence. Lignin-free papers also require an alkaline buffer in order to retain their mechanical permanence. An alkali reserve is also highly effective in reducing the negative impact of airborne pollutants in both lignin-containing and lignin-free sheets. However, for lignin-containing papers, the loss of brightness (yellowing) occurs faster than for lignin-free papers.

The limitation on Kappa number in ISO 9706 excludes the presence of modern pulps with higher lignin content, such as high-yield chemical pulps, BCTMP, APMP and most recycled pulps, in paper products classified as "permanent" according to the requirements of ISO 9706. Such pulps can be used in a wide range of paper products intended for general graphic applications with no significant loss of mechanical properties.

Table C.1 outlines the main differences in applications and furnish requirements between ISO 9706 on paper permanence, ISO 11108 on archival paper permanence and durability, and ISO 20494 on paper stability for general graphic applications. None of these standards specifies any requirements for optical stability.

ISO 20494 is mostly based on the mechanical permanence requirements of Canadian Standard CAN/CGSB-9.70-2016[5], German standard DIN 6738[6] and Dutch standard, NEN 2728[7].

Table C.1 — Differences in applications, and furnish requirements among International Standards

International Standard	Application	Paper furnish requirement
ISO 9706	Paper documents stored in libraries, archives and other protected environments	Restricted to paper with a Kappa number of less than 5,0 (about 1 % lignin content)
ISO 11108	Archival paper with the same permanence requirements as for ISO 9706 and with high durability (able to withstand the effects of wear and tear during use)	Cotton, cotton linters, hemp, flax, or mixtures thereof. If a minor fraction of fully bleached chemical pulp is used to reach a desirable performance, the amount shall be specified.
ISO 20494	Graphic paper for general applications, not intended for permanent storage, including newspapers, magazines, catalogues, books, office printouts and copies with some tolerance to small changes in optical properties over time	No restrictions with regard to cotton, linen or wood fibre type or lignin content

Annex D
(informative)

Accelerated ageing tests

The behaviour of a paper product over time can be demonstrated by conducting accelerated ageing tests using one of several International Standards (e.g. the ISO 5630 series) on accelerated ageing to evaluate the effect of thermal treatment, atmospheric pollutants or exposure to light.

The commonly accepted practice of assessing paper stability upon ageing is to measure tear and tensile properties before and after accelerated ageing at 80 °C and 65 % relative humidity (as in NEN 2728 or DIN 6738). The accelerated ageing test is conducted according to ISO 5630-3. The method consists of heating a paper specimen in a vessel for a specified time at 80 °C and 65 % relative humidity. The temperature and humidity may be maintained either by the use of climate-controlled cabinets and automatic control of temperature and humidity or by the use of constant temperature baths. In ISO 5630-3, samples are exposed to this heat treatment for 24 h, 48 h, 72 h or 144 h. However, exposure times used in NEN 2728 or DIN 6738 range from 144 h to 576 h. Several research and commercial laboratories are equipped with facilities to conduct this type of testing.

For the purpose of this document, accelerated ageing tests on the paper shall be performed at 80 °C and 65 % relative humidity for a period of 12 d (288 h). At the end of this period, the tearing resistance of the paper shall be determined as described in 6.1. In spite of the fact that there is no strict requirement with regard to the frequency for conducting accelerating ageing tests, it is recommended to perform such tests when specific changes are made to papermaking chemistry, furnish composition or in situations for which confirmation of paper stability is required by the purchaser. In such cases, accelerated ageing tests can be particularly useful for comparing papers side by side and for ranking them based on their level of stability. Otherwise, no changes in paper stability are expected during periods of stable papermaking operation.

For all applications which this document is intended for, papers are expected to remain usable for several hundred years, and to retain their legibility, provided that they meet the requirements of this document. This projected lifespan can be obtained from a kinetic analysis of the ageing process, based on which it is estimated that 12 d (288 h) of accelerated ageing at 80 °C and 65 % relative humidity corresponds to 35 years of natural ageing (see NOTE). Since, according to this document, a paper has retained at least 80 % of its mechanical properties after this period, extrapolation of this relationship (see NOTE) results in an estimated lifespan of more than 500 years.

NOTE This estimate is only intended as a general guideline for relating accelerated ageing to natural ageing. It is based on the relationship between the rate constant of cellulose degradation and temperature, and relative humidity, and also on the exponential relationship between accelerated ageing time and degree of polymerization of cellulose, as has been determined on bleached chemical pulps produced under acidic conditions[12].

Further work in this area has shown that the kinetic model developed on the basis of these accelerated ageing results can predict very well the natural ageing behaviour of lignin-free sheets[13]. However, due to the fact that changes in mechanical properties are not directly related to cellulose degradation, and that this kinetic model may not be entirely applicable to lignin-containing and/or alkaline-buffered paper, the estimated relationship between accelerated and natural ageing shall be considered as highly approximate.

In DIN 6738[6], papers with a minimum 80 % retention of strength properties after accelerated ageing of 12 d at 80 °C and 65 % relative humidity, may be expected to have a lifespan of several hundred years.

Annex E
(informative)

Statement of compliance

Manufacturers can declare self-compliance for paper that meets the requirements of this document by using the following declaration:

"This paper meets the requirements of ISO 20494".

Bibliography

[1] ISO 5725-1, *Accuracy (trueness and precision) of measurement methods and results — Part 1: General principles and definitions*

[2] ISO 9706, *Information and documentation — Paper for documents — Requirements for permanence*

[3] ISO 11108, *Information and documentation — Archival paper — Requirements for permanence and durability*

[4] ISO/TR 24498, *Paper, board and pulps — Estimation of uncertainty for test methods*

[5] CAN/CGSB-9.70-2016, *Permanence of Paper for Records, Books and Other Documents*

[6] DIN 6738, *Paper and paper board — Lifespan classes*

[7] NEN 2728, *Permanent paper — Requirements and test methods*

[8] TAPPI T 1200, *Interlaboratory evaluation of test methods to determine TAPPI repeatability and reproducibility*

[9] ARNOLD R.B. ASTM's Paper Aging Research Program: URL: http://cool.conservation-us.org/byauth/arnold/astm-aging-research/

[10] BEGIN P., DESCHATELETS S., GRATTAN D., GURNAGUL N., IRACI J., KAMINSKA E. The Impact of Lignin on Paper Permanence, A Comprehensive Study of the Ageing Behaviour of Handsheets and Commercial Paper Samples. *Restaurator (Copenh.)*. 1998, **19** pp. 135–154

[11] BEGIN P., DESCHATELETS S., GRATTAN D., GURNAGUL N., IRACI J., KAMINSKA E. The Effect of Air Pollutants on Paper Stability. *Restaurator (Copenh.)*. 1999, **20** pp. 1–21

[12] ZOU X., UESAKA T., GURNAGUL N. Prediction of Paper Permanence by Accelerated Aging. I. Kinetic analysis of the aging process. *Cellulose*. 1996, **3** pp. 243–267

[13] ZOU X., UESAKA T., GURNAGUL N. Prediction of Paper Permanence by Accelerated Aging. II. Comparison of the predictions with natural aging results. *Cellulose*. 1996, **3** pp. 269–279

[14] HEANEY Stephen FPInnovations, Pointe Claire, QC, Canada: stephen.heaney@fpinnovations.ca

This page is intentionally blank.

This page is intentionally blank.

This page is intentionally blank.

ICS 85.060

Price based on 14 pages

März 2007

DIN 6738

DIN

ICS 85.060

Ersatz für
DIN 6738:2005-05

Papier und Karton – Lebensdauer-Klassen

Paper and paper board – Lifespan classes

Papier et cartons – Classifications de durée

Gesamtumfang 8 Seiten

Normenausschuss Papier und Pappe (NPa) im DIN
Normenausschuss Materialprüfung (NMP) im DIN

Vorwort

Diese Norm wurde vom Arbeitsausschuss NA 074-00-21 AA (vormals NPa-AA 21) „Alterungsbeständigkeit von Papier und Pappe" im Normenausschuss Papier und Pappe (NPa) ausgearbeitet.

Immer wieder auftretende verschiedene Interpretationen des Abschnittes „Einleitung" in DIN 6738:2005-05 haben zu dem Beschluss geführt, den Abschnitt „Einleitung" neu zu formulieren.

Hierbei waren Experten des Normenausschusses Bibliotheks- und Dokumentationswesen eingebunden, die an den Formulierungen mitgearbeitet haben.

Des Weiteren gab es immer wieder mal Unsicherheiten bei der Bestimmung der Lebensdauer-Klassen, so dass zum besseren Verständnis ein Abschnitt „Kurzbeschreibung" sowie ein Berechnungsbeispiel ergänzt werden.

Änderungen

Gegenüber DIN 6738:2005-05 wurden folgende Änderungen vorgenommen:

a) Abschnitt „Einleitung" klarer und verständlicher formuliert;

b) zum besseren Verständnis der Bestimmung der Lebensdauer-Klassen wurde der Abschnitt „Kurzbeschreibung" ergänzt;

c) redaktionelle Überarbeitung.

Frühere Ausgaben

DIN 6738: 1992-04, 1999-01, 2005-05

DIN 6738:2007-03

Einleitung

Die Lebensdauer eines Papiers ist von mehreren Faktoren abhängig. Forschungsarbeiten der letzten Jahre haben sowohl die wesentlichen Einflussfaktoren ermittelt, als auch die beschleunigte Alterung als geeignetes Verfahren zur Charakterisierung des Alterungsverhaltens bestätigt.

Nach dem derzeitigen Stand des Wissens ist es nicht möglich, die Lebensdauer eines Papiers mit definierter Stoffzusammensetzung gesichert vorherzusagen oder die Dauer einer beschleunigten Alterung gesichert in die Lebensdauer des Papiers in Jahren umzurechnen; deshalb werden für die Lebensdauer-Klassen nur vorsichtig geschätzte Mindest-Lebensdauern angegeben. Beim Vergleich von Ergebnissen aus Alterungstests wird ein besseres Abschneiden auch eine längere Lebensdauer zur Folge haben. Die vorliegende Norm verwendet eine Feuchtwärmebehandlung zur Simulation von Alterungsvorgängen mit Einfluss auf mechanische Eigenschaften. Für die Bewertung anderer Parameter sind ggf. andere Alterungsverfahren anzuwenden.

Angewendet werden soll diese Norm vor allem für Papiere und Kartons, die als Informationsträger – z. B. in Form von Schriftstücken und Büchern – nach langer sachgerechter Lagerung noch benutzbar sein müssen. Die Lebensdauer-Klasse von Papieren, die nach dieser Norm als alterungsbeständig bezeichnet werden dürfen, ist besonders hervorgehoben. Darüber hinaus will diese Norm die Herstellung und Verwendung von Papieren mit langer Lebensdauer insgesamt fördern. Auf die Festlegung der stofflichen Zusammensetzung der Papiere wurde bewusst verzichtet, um für ein breites Spektrum an Papieren anwendbar zu sein.

Die auf internationaler Ebene im Bereich des Archiv-, Bibliothek- und Dokumentationswesens erarbeitete ISO 9706 „Information und Dokumentation – Papier für Schriftgut und Druckerzeugnisse – Voraussetzung für die Alterungsbeständigkeit“ und die vorliegende DIN 6738 sind weder im Ansatz noch in der Methode vergleichbar.

Die Norm ISO 9706 definiert Alterungsbeständigkeit über Festigkeit, Alkalireserve, Oxidationsbeständigkeit und pH-Wert gemessen im Herstellungszustand. Ihre Festlegungen sind aus der Bewertung des Zustands historischer Dokumente abgeleitet.

Das Prinzip der DIN 6738 besteht darin, die Ergebnisse von mechanischen Prüfungen vor und nach Feuchtwärmebehandlungen in ein Rest-Festigkeits-Potenzial umzurechnen.

Bis zum Erreichen ihrer Mindest-Lebensdauer werden die Papiere nach heutiger Erkenntnis über Resteigenschaften verfügen, die die Anwendung üblicher Konservierungsverfahren zur Verlängerung der Lebensdauer erlauben.

Für Verpackungspapiere und Spezialpapiere können andere – den jeweiligen Verarbeitungs- und Verwendungs-Bedingungen angepasste – Verfahren der beschleunigten Alterung geeigneter sein.

Wenn für einzelne Papiersorten eigene Normen die Anforderungen an ihre Lebensdauer-Klassen definieren, können diese Sorten aus dem Anwendungsbereich dieser Norm ausgeschlossen werden.

1 Anwendungsbereich

In dieser Norm wird die Lebensdauer von Papier und Karton bei langjähriger Lagerung in nicht klimatisierten Räumen klassifiziert. Diese Norm gilt für ungestrichene und gestrichene Papier und Kartons mit einer flächenbezogenen Masse von 40 g/m^2 bis 400 g/m^2 und legt insbesondere die Lebensdauer-Klassen der Papiere und Kartons für Druck-, Büro-, Datenverarbeitungs-, Schreib- und Zeichenzwecke fest.

ANMERKUNG Zur endgültigen Festlegung der Lebensdauer-Klassen für Papiere mit einer flächenbezogenen Masse unter 40 g/m^2 und Karton über 400 g/m^2 müssen weitere Untersuchungen durchgeführt werden, nach deren Abschluss eine entsprechende Erweiterung des Anwendungsbereiches dieser Norm vorgesehen ist (siehe Vorwort).

2 Normative Verweisungen

Die folgenden zitierten Dokumente sind für die Anwendung dieses Dokuments erforderlich. Bei datierten Verweisungen gilt nur die in Bezug genommene Ausgabe. Bei undatierten Verweisungen gilt die letzte Ausgabe des in Bezug genommenen Dokuments (einschließlich aller Änderungen).

DIN 53124, *Papier, Pappe und Zellstoff — Bestimmung des pH-Wertes in wässrigen Extrakten*

DIN EN 20187, *Papier, Pappe und Zellstoff — Normalklima für die Vorbehandlung und Prüfung und Verfahren zur Überwachung des Klimas und der Probenvorbehandlung*

DIN EN 21974, *Papier — Durchreißversuch (Elmendorf Methode)*

DIN EN ISO 186, *Papier und Pappe — Probenahme zur Bestimmung der Durchschnittsqualität*

DIN EN ISO 1924-2, *Papier und Pappe — Bestimmung von Eigenschaften bei zugförmiger Belastung — Teil 2: Verfahren mit konstanter Dehngeschwindigkeit*

DIN ISO 5630-3, *Papier und Pappe — Beschleunigte Alterung — Teil 3: Feuchtwärmebehandlung bei 80 °C und 65 % relativer Luftfeuchte*

3 Kurzbeschreibung

Die stoffliche Zusammensetzung von Papieren und Kartons weist neben Fasermaterial und Pigmenten auch natürliche und synthetische Additive wie Stärke, Bindemittel, Leimungsmittel, Aufheller usw. aus. Aus Fasermaterial und Pigmentbestandteilen kann daher nicht alleine eine ausreichende Garantie für hohe Lebensdauer abgeleitet werden. Papier muss als Ganzes einer Überprüfung unterzogen werden, da eventuell schädliche Reaktionen der Komponenten untereinander nicht vorhersehbar sind. Des Weiteren kann bei zukünftigen Entwicklungen in der Papierherstellung relativ leicht überprüft werden, ob sich diese schädlich auf die Lebensdauer auswirken.

In Frage kommende Papiere und Kartons werden deshalb nach DIN ISO 5630-3 bei einer Temperatur von 80 °C sowie einer relativen Luftfeuchte von 65 % beschleunigt gealtert. Dieses feucht-heiße Klima wird gewählt, um chemische Vorgänge nicht nur durch Temperatur, sondern auch durch die Anwesenheit von ausreichend Wasser zu unterstützen.

Um ein großes Spektrum von Papieren und Kartons in verschiedene Klassen einteilen zu können, werden dabei drei Verweilzeiten, nämlich 144 h (6 Tage), 288 h (12 Tage) und 576 h (24 Tage), zur Differenzierung angewandt.

Üblicherweise folgt der Festigkeitsverlust von Papier über der Lagerzeit einer typischen Kurve, die sich asymptotisch der Nulllinie nähert.

DIN 6738:2007-03

Um eine konservatorische Behandlung noch zu ermöglichen, wird nicht gewartet, bis die „Null-Festigkeiten" erreicht sind, sondern das Lebensdauerende wird durch das Erreichen der Mindestfestigkeit (Mindestanforderung) festgelegt und bei der Berechnung berücksichtigt. Diese Mindestanforderungen sind durch praktische Versuche mit künstlich geschädigtem Papier ermittelt worden.

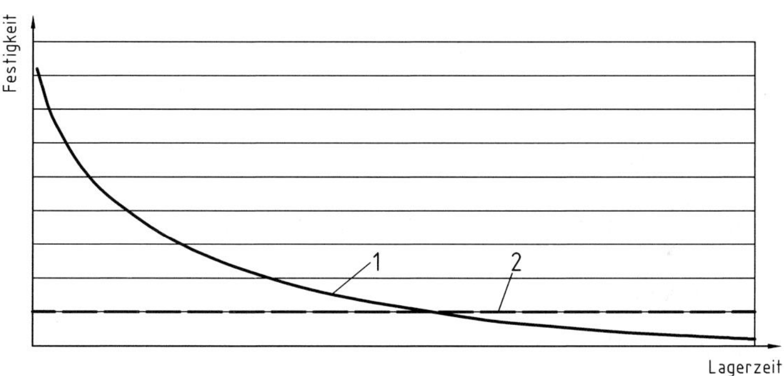

Legende

1 Festigkeit
2 Mindesteigenschaft

Bild 1 — Grundsätzlicher Verlauf der Festigkeit

4 Bezeichnung

Bezeichnung der Lebensdauer-Klasse (LDK) eines Papiers oder Kartons nach einer beschleunigten Alterung von 6 Tagen und mit einem Lebensdauerfaktor von 0,70:

Lebensdauer-Klasse DIN 6738-LDK 6-70

Bezeichnung der Lebensdauer-Klasse (LDK) eines Papiers oder Kartons nach einer beschleunigten Alterung von 24 Tagen und mit einem Lebensdauerfaktor von 0,85 als alterungsbeständiges Papier (0,85):

Lebensdauer-Klasse DIN 6738-LDK 24-85

5 Anforderungen

5.1 Mindestanforderungen

Die Mindestanforderungen (MA) sind:

— breitenbezogene Bruchkraft quer zur Maschinenrichtung nach DIN EN ISO 1924-2

$F_B = 5$ N

— Bruchdehnung in Maschinenrichtung nach DIN EN ISO 1924-2

$e_B = 0{,}5$ %

— Durchreißwiderstand in Maschinenrichtung nach DIN EN 21974

$F = 50$ mN

ANMERKUNG Die aufgeführten Mindestanforderungen müsste beispielsweise ein Archivar oder Bibliothekar an das Papier alter Schriftstücke stellen, damit diese noch bestimmungsgemäß benutzt werden können. Diese Mindestanforderungen sind deshalb Absolutwerte, also weder auf die Eigenschaft des nicht gealterten Papiers oder Kartons bezogen, noch in Abhängigkeit von seiner Dicke oder flächenbezogenen Masse gestaffelt.

5.2 Resteigenschaften

Das Papier muss nach beschleunigter Alterung und anschließender Klimatisierung für jede unter 5.1 aufgeführte Eigenschaft mindestens folgende Resteigenschaft (RE) besitzen:

$$RE \geq MA + f_L\,(AE - MA) \quad (1)$$

Dabei ist

MA die Mindestanforderung nach 5.1;

AE die Ausgangs-Eigenschaft; das ist der jeweilige Eigenschaftswert des nicht beschleunigt gealterten klimatisierten Papiers;

f_L der Lebensdauerfaktor.

5.3 Lebensdauer-Klassen

Das beschleunigt gealterte und anschließend klimatisierte Papier muss für jede der drei in 5.1 genannten Eigenschaften mindestens den angegebenen Lebensdauerfaktor nach Abschnitt 7 besitzen.

Tabelle 1

	Alterungsbeständiges Papier
Lebensdauer-Klasse (LDK)	24-85
Alterungsdauer d	24
Lebensdauerfaktor $f_L \geq$	0,85

DIN 6738:2007-03

ANMERKUNG 1 **LDK 24-85:** Papiere dieser LDK dürfen „alterungsbeständig“ genannt werden, da sie nach heutigem Erkenntnisstand bei schonender Behandlung und Lagerung voraussichtlich eine Lebensdauer haben, an die höchste Anforderungen gestellt werden können.

Als Beispiel für den Stand der Technik sei darauf hingewiesen, dass Papiere mit der nachstehenden Spezifikation in der Regel den Anforderungen der höchsten Lebensdauer-Klasse genügen: ungestrichene Papiere mit einem pH-Wert nach DIN 53124 zwischen 7,5 und 9,5, die nur aus gebleichten Zellstoffen und/oder Hadern hergestellt werden sowie einen Calciumcarbonatgehalt von mindestens 2 % aufweisen.

Tabelle 2

Lebensdauer-Klasse (LDK)	**12-80**	**6-70**	**6-40**
Alterungsdauer d	12	6	6
Lebensdauerfaktor $f_L \geq$	0,80	0,70	0,40

ANMERKUNG 2 **LDK 12-80:** Papiere dieser LDK werden nach heutigem Erkenntnisstand bei schonender Behandlung und Lagerung voraussichtlich eine Lebensdauer von einigen 100 Jahren haben.

ANMERKUNG 3 **LDK 6-70:** Papiere dieser LDK werden nach heutigem Erkenntnisstand bei schonender Behandlung und Lagerung voraussichtlich eine Lebensdauer von mindestens 100 Jahren haben.

ANMERKUNG 4 **LDK 6-40:** Papiere dieser LDK werden nach heutigem Erkenntnisstand bei schonender Behandlung und Lagerung voraussichtlich eine Lebensdauer von mindestens 50 Jahren haben.

6 Prüfung

6.1 Probenahme

Probenahme nach DIN EN ISO 186.

6.2 Beschleunigte Alterung

Ein Teil der Proben wird nach DIN ISO 5630-3 bei einer Temperatur von (80 ± 0,5) °C sowie einer relativen Luftfeuchte von (65 ± 2) % beschleunigt gealtert. Die Alterungsdauer beträgt (144 ± 1,5) h ≈ 6 d, (288 ± 2) h ≈ 12 d oder (576 ± 2) h ≈ 24 d.

6.3 Probenvorbehandlung und Prüfklima

Die Vorbehandlung nach DIN EN 20187 der beschleunigt gealterten Proben sowie der nicht beschleunigt gealterten Proben und ihre Prüfung erfolgen im Normalklima 23/50.

6.4 Messungen

An den klimatisierten Proben werden die breitenbezogene Bruchkraft nach DIN EN ISO 1924-2 quer zur Maschinenrichtung, die Bruchdehnung nach DIN EN ISO 1924-2 in Maschinenrichtung sowie der Durchreißwiderstand nach DIN EN 21974 in Maschinenrichtung gemessen.

7 Auswertung

Die Ausgangs-Eigenschaften (AE) der nicht beschleunigt gealterten Proben und die Resteigenschaften (RE) der beschleunigt gealterten Proben werden als arithmetische Mittelwerte aus den gemessenen Einzelwerten errechnet. Für jede der drei Eigenschaften wird mithilfe der Mindestanforderungen (MA) der Lebensdauerfaktor f_L berechnet:

$$f_L = (RE - MA) : (AE - MA) \qquad (2)$$

Berechnungsbeispiel

Ein Papier hat einen Durchreißwiderstand von 250 mN (Ausgangseigenschaft).

Nach 24 Tagen beschleunigter Alterung bei 80 °C und 65 % relativer Luftfeuchte sind noch 200 mN vorhanden, nach 12 Tagen wurden 210 mN ermittelt.

Für das Erreichen der LDK 24-85 wäre ein Lebensdauerfaktor f_L von mindestens 0,85 erforderlich.

$$f_{L24\text{-}85} = \frac{RE_{24} - MA}{AE - MA} = \frac{200 - 50}{250 - 50} = \frac{150}{200} = 0{,}75$$

Dabei ist

RE_{24} die Resteigenschaft nach 24 Tagen;

MA die Mindestanforderung;

AE die Ausgangseigenschaft.

Obiges Papier mit 200 mN erreicht in diesem Punkt die LDK 24-85, also die höchste Lebensdauer-Klasse, nicht.

$$f_{L12\text{-}80} = \frac{RE_{12} - MA}{AE - MA} = \frac{210 - 50}{250 - 50} = \frac{160}{200} = 0{,}8$$

Dabei ist

RE_{12} die Resteigenschaft nach 12 Tagen.

Mit $f_{L12\text{-}80} = 0{,}8$ erfüllt das Papier die Anforderungen bezüglich Durchreißwiderstand für die LDK 12-80.

Sofern dieser Faktor auch für die Bruchkraft und die Bruchdehnung erreicht wird, kann das Papier in diese LDK eingestuft werden.

8 Kennzeichnung

Papier und Karton nach dieser Norm müssen mit der Bezeichnung nach Abschnitt 4 und mit dem Herstellerzeichen versehen sein.

BEISPIEL Herstellerzeichen
Lebensdauer-Klasse DIN 6738-LDK 6-70

November 2018

DIN 32701

DIN

ICS 01.140.20

Information und Dokumentation – Prüfung der Wirksamkeit von Mengenverfahren zur Papierentsäuerung anhand eines Testpapiers

Information and Documentation –
Determination of the effectiveness of paper deacidification processes by means of a test paper

Information et documentation –
Méthode d'essai permettant de déterminer l'efficacité des procédés de la désacidification du papier en masse à l'aide d'un papier test

Gesamtumfang 24 Seiten

DIN-Normenausschuss Information und Dokumentation (NID)

DIN 32701:2018-11

Inhalt

DIN 32701:2018-11

Vorwort

Diese Norm wurde vom Arbeitsausschuss NA 009-00-14 AA „Bestandserhaltung in Archiven und Bibliotheken" im DIN-Normenausschuss Information und Dokumentation (NID) erarbeitet.

DIN 32701:2018-11 wurde auf Grundlage der ISO/TS 18344:2016 [1] neu erarbeitet.

Es wird auf die Möglichkeit hingewiesen, dass einige Elemente dieses Dokuments Patentrechte berühren können. DIN ist nicht dafür verantwortlich, einige oder alle diesbezüglichen Patentrechte zu identifizieren.

Einleitung

Archive, Bibliotheken und vergleichbare Einrichtungen verwahren Schriftgut und Druckerzeugnisse, das bzw. die sie aus kulturellen Gründen und in einigen Fällen zur Einhaltung gesetzlicher Vorschriften dauerhaft aufbewahren müssen.

Oft ist die Erhaltung dieser Dokumente aus einer Reihe von Gründen gefährdet. Einer dieser Gründe hängt mit der Umstellung der Herstellungsprozesse ab 1850 für modernere Papierarten zusammen.

Im Industriezeitalter haben die Papierherstellungsprozesse erhebliche Änderungen durchlaufen. Eine der betroffenen Komponenten war die Leimung, die im Rahmen der industriellen Papierproduktion durch das Zumischen von Zusätzen in die Fasersuspension vor der Blattbildung erreicht wurde. Diese Zusätze umfassen säurehaltige Stoffe wie Aluminiumsulfat. Die Reaktion des Leimungsmittels führt letztendlich zur Bildung freier Säuren. Diese Säuren katalysieren die Hydrolyse der Cellulose, wodurch das Material brüchig wird. Ungeeignete Klimabedingungen verstärken diesen Prozess. Schadstoffe durch Luftverschmutzung und Abbauprozesse der Cellulose sind zusätzliche Säurequellen im Papier.

Ein weiterer Faktor für die Papierstabilität ist der Rohstoff an sich. Jahrhundertelang wurde Papier aus Textilfasern wie Leinen, Hanf oder Baumwolle hergestellt, die relativ stabile langkettige Cellulose zuführen. Die Suche nach einem besser verfügbaren Rohstoff hat zu einer Erfindung geführt, bei der mittels eines Mahlprozesses ein Faserstoff aus Holz erzeugt wird. Das daraus resultierende Holzschliffpapier enthält neben Cellulose immer noch einen Großteil des Lignins und der Hemicellulosen. Diese Zusammensetzung des Faserstoffes und der mechanische Prozess, der zu einer Kürzung der Fasern führt, ergeben ein weitaus schwächeres Papier. Im Vergleich zu den älteren Hadernpapieren ist Holzschliffpapier auch langfristig weniger stabil.

Der säurebedingte Abbau des Papiers hat sich für Archive und Bibliotheken zu einem erheblichen Problem entwickelt. Neben den Verfahren zur Entsäuerung einzelner Blätter, die seit langer Zeit bei der Restaurierung zur Anwendung kommen, gibt es in den letzten Jahrzehnten neue Entwicklungen bei technischen Verfahren, die in großem Maßstab dazu verwendet werden können, den weiteren säurebedingten Abbau von Kulturgütern, die als Bücher, gebundene oder geheftete Akten oder auch als Einzelblätter vorliegen, hinauszuzögern („Massenentsäuerung").

Ziel der Entsäuerung ist die nennenswerte Verlängerung der Lebensdauer von Papier. Dies wird durch den Einsatz eines alkalischen Reagenzes erreicht, das die vorhandene Säure neutralisiert und den künftigen säurebedingten Abbau zumindest über eine gewisse Zeitdauer verlangsamen soll (Puffern, Alkalireserve). Die Entsäuerung kann die tatsächlichen physikalischen Eigenschaften des Papiers nicht verbessern, aber zusammen mit der richtigen Lagerung kann sie einen weiteren Abbau verlangsamen.

Daher ist eine Norm notwendig, die einen Validierungsprozess zur Wirksamkeit und Prozessstabilität und damit auch zur Gleichmäßigkeit von Mengenverfahren zur Papierentsäuerung beschreibt.

DIN 32701:2018-11

1 Anwendungsbereich

Diese Norm legt Prüfverfahren und Mindestanforderungen für Mengenverfahren zur Papierentsäuerung in Bezug auf ihre Wirksamkeit und deren gleichbleibende Zuverlässigkeit bezogen auf ein ligninfreies Testpapier fest.

Sie gilt für alle Mengenverfahren, die eine Entsäuerung von säurehaltigem gedrucktem oder handschriftlichem Schriftgut zum Ziel haben.

Nicht Gegenstand dieser Norm sind weitere Elemente der Qualitätskontrolle, insbesondere Kontrollmessungen an Originalobjekten, auch in Bezug auf eventuelle Nebenwirkungen.

2 Normative Verweisungen

Die folgenden Dokumente, die in diesem Dokument teilweise oder als Ganzes zitiert werden, sind für die Anwendung dieses Dokuments erforderlich. Bei datierten Verweisungen gilt nur die in Bezug genommene Ausgabe. Bei undatierten Verweisungen gilt die letzte Ausgabe des in Bezug genommenen Dokuments (einschließlich aller Änderungen).

DIN EN 20187, *Papier, Pappe und Zellstoff; Normalklima für die Vorbehandlung und Prüfung und Verfahren zur Überwachung des Klimas und der Probenvorbehandlung*

DIN EN ISO 535, *Papier und Pappe — Bestimmung des Wasserabsorptionsvermögens — Cobb-Verfahren*

DIN EN ISO 536, *Papier und Pappe — Bestimmung der flächenbezogenen Masse*

DIN EN ISO 1924-2:2009-05, *Papier und Pappe — Bestimmung von Eigenschaften bei Zugbeanspruchung — Teil 2: Verfahren mit konstanter Dehngeschwindigkeit (20 mm/min) (ISO 1924-2:2008); Deutsche Fassung EN ISO 1924-2:2008*

DIN ISO 5630-5:2017-03, *Papier und Pappe — Beschleunigte Alterung — Teil 5: Beanspruchung bei einer erhöhten Temperatur von 100 °C (ISO 5630-5:2008)*

ISO 1762, *Paper, board and pulps — Determination of residue (ash) on ignition at 525 degrees C*

ISO 2144, *Paper, board and pulps — Determination of residue (ash) on ignition at 900 degrees C*

ISO 5351:2010, *Pulps — Determination of limiting viscosity number in cupri-ethylenediamine (CED) solution*

ISO 6588-1, *Paper, board and pulps — Determination of pH of aqueous extracts — Part 1: Cold extraction*

ISO 9184-1, *Paper, board and pulps — Fibre furnish analysis — Part 1: General method*

ISO 9184-4, *Paper, board and pulps — Fibre furnish analysis — Part 4: Graff "C" staining test*

ISO 10716, *Paper and board — Determination of alkali reserve*

3 Begriffe

Für die Anwendung dieses Dokuments gelten die folgenden Begriffe.

3.1
Mengenverfahren
maschinelles Verfahren, mit dem große Mengen in relativ kurzer Zeit bewältigt werden können

3.2
Papierentsäuerung
Neutralisierung organischer und anorganischer Säuren im Papier und Einlagerung einer Alkalireserve

3.3
Massenentsäuerung
Prozess der Papierentsäuerung in großem Maßstab

Anmerkung 1 zum Begriff: Die Begriffe „Massenentsäuerung" und „Mengenverfahren zur Papierentsäuerung" sind Synonyme.

3.4
Testpapier
Papier mit definierten Eigenschaften zur Überprüfung der Entsäuerungswirksamkeit

3.5
Prüfblatt
Blatt des Testpapiers, das zusammen mit den Originalobjekten entsäuert und anschließend analysiert wird

3.6
Extrakt-pH-Wert
Wert, der aus einem wässrigen Extrakt gewonnen wird, nachdem das Papier unter festgelegten Bedingungen extrahiert wurde

Anmerkung 1 zum Begriff: Der Wert wird mit einer Glaselektrode gemessen, die in eine bestimmte Menge Wasser getaucht wird, in der Papier in kleinen Stücken verteilt ist

3.7
Alkalireserve
Verbindung (wie Calciumcarbonat), die wie in ISO 10716 beschriebenen Säure neutralisiert, welche nach erfolgter Papierentsäuerung im Laufe der natürlichen Alterung oder aus atmosphärischen Verunreinigungen gebildet wird

3.8
Charge
definierte Menge an Behandlungsgut, das unter den gleichen Bedingungen zusammen entsäuert wird

3.9
Behandlungsvorrichtung
Anlage oder Maschine, mit der die Papierentsäuerung im Mengenverfahren durchgeführt wird

3.10
Verfahrensvalidierung
Überprüfung eines Mengenverfahrens zur Papierentsäuerung nach vorgegebenen Parametern

3.11
Routinekontrolle
regelmäßige Prüfung eines Mengenverfahrens zur Papierentsäuerung in Bezug auf die bei der Verfahrensvalidierung ermittelten Werte

3.12
beschleunigte Alterung
künstlich erzeugte Alterung von Papier wie in DIN ISO 5630-5:2017-03 beschrieben

3.13
Probensatz
vorgegebene Anzahl von Prüfblättern, die bezüglich Entsäuerung und beschleunigter Alterung im gleichen Zustand vorliegen

3.14
Chargenverfahren
Mengenverfahren zur Papierentsäuerung, bei dem das Behandlungsgut in Chargen entsäuert wird

DIN 32701:2018-11

3.15
kontinuierliches Verfahren
Mengenverfahren zur Papierentsäuerung, bei dem das Behandlungsgut fortlaufend behandelt wird

3.16
Gleichmäßigkeit der Entsäuerung
einheitliche Verteilung der Alkalireserve und des pH-Wertes über das gesamte Blatt und innerhalb des gesamten Buchblocks

3.17
durchschnittlicher Polymerisationsgrad
durchschnittliche Anzahl von Anhydroglucoseeinheiten (Cellulosemonomere) im Cellulosemakromolekül

3.18
Zugbeanspruchung
mechanisches Prüfverfahren für Papier, beschrieben in DIN EN ISO 1924-2:2009-05

4 Kurzbeschreibung

Prüfblätter eines einheitlichen, genau definierten ligninfreien Testpapiers werden zusammen mit dem Behandlungsgut einem Mengenverfahren zur Papierentsäuerung unterzogen. Anschließend werden die Prüfblätter unter Anwendung genormter Prüfverfahren untersucht. Das Testpapier weist einen sauren pH-Wert sowie eine negative Alkalireserve auf wie Papier, das im Zeitraum ab etwa 1870 produziert wurde und seit der Herstellung einer natürlichen Alterung unterlag.

ANMERKUNG 1 Das ligninfreie Testpapier ähnelt typischen Papieren durch die Verwendung von Sulfitzellstoff, Harz-Alaun-Leimung und Füllmaterial sowie in der flächenbezogenen Masse. Jedoch weist das neu gefertigte Papier im Gegensatz zum typischen Behandlungsgut keine bereits angegriffenen Celluloseketten und keine eingelagerten Abbauprodukte auf.

Die Anwendung des Testpapiers sichert zuverlässige Ergebnisse und ermöglicht den Vergleich verschiedener Chargen, Behandlungsvorrichtungen und –varianten. Verschiedene Mengenverfahren zur Papierentsäuerung können in Bezug auf den Extrakt-pH-Wert (5.3.3.2), die Alkalireserve (5.3.3.3), die Gleichmäßigkeit der Entsäuerung (5.3.3.4) und die Eigenschaften bei Zugbeanspruchung (5.3.3.6) verglichen werden, wenn zur Prüfung nach dieser Norm ein identisches Testpapier aus derselben Produktionscharge verwendet wird.

ANMERKUNG 2 Es ist zu betonen, dass erfolgreiche Prüfungen nach dieser Norm nicht garantieren können, dass alle im Rahmen des Verfahrens behandelten Originalobjekte gleich erfolgreich wie die Prüfblätter entsäuert wurden. Das Ergebnis eines Mengenverfahrens zur Papierentsäuerung ist stark von den Eigenschaften des Originalobjekts abhängig, z. B von dem Säure- und Ligningehalt, der Porosität, der Dicke, der Leimung, der Beschichtung des Papiers usw. Daher kann nicht garantiert werden, dass bei jedem Objekt im Rahmen des Mengenverfahrens zur Papierentsäuerung bestimmte pH-Werte und Mengen der Alkalireserve erreicht werden. Eine bestandene Prüfung bedeutet allerdings, dass eine hohe Prozentzahl der Objekte erfolgreich behandelt wurde.

5 Anforderungen

5.1 Allgemeines

Diese Norm legt Prüfverfahren zur Verfahrensvalidierung und zur Routinekontrolle fest. Die Verfahrensvalidierung dient der Prüfung, ob ein Mengenverfahren zur Papierentsäuerung seinen festgelegten Zweck erfüllt. Die Routinekontrolle dient der Prüfung, ob die durch die Verfahrensvalidierung bestimmte Wirksamkeit in gleichbleibender Qualität erreicht wird. Daher basiert die Routinekontrolle auf der Verfahrensvalidierung.

5.2 Probenahme

5.2.1 Material

Sowohl die Verfahrensvalidierung als auch die Routinekontrolle werden unter Verwendung von Prüfblättern durchgeführt, von denen einige als Referenz dienen, indem sie dem Mengenverfahren zur Papierentsäuerung nicht unterzogen wurden.

Die Anforderungen an das Testpapier werden in Tabelle 1 definiert.

ANMERKUNG Vgl. zu den Anforderungen an geeignete Testpapiere: Potthast, A., Henniges, U. Vertrauen ist gut, Kontrolle ist besser – Kriterien für Testpapiere zur Qualitätskontrolle in der Mengenentsäuerung nach der neuen ISO/TS 18344. In: ABI-Technik (2016) 2, S. 68-77 [3]. Die Autoren kommen zum Schluss, dass es, um die Wirksamkeit einer Papierentsäuerung verlässlich messen zu können, erforderlich ist, ein Testpapier einzusetzen, das einerseits typische Eigenschaften historischer Papiere besitzt (saure Zellstoffkochung, saure Leimung), andererseits im Hinblick auf den Papierzerfall noch nicht hinreichend erforschte Einflussfaktoren wie z. B. das Lignin ausschließt. Auch Eigenschaften des Testpapiers, die die Messung des Entsäuerungserfolgs beeinflussen (z. B. eine originäre Alkalireserve durch Füllstoffe oder Inhomogenitäten aus der Produktion), seien möglichst auszuschließen.

Tabelle 1 — Anforderungen an das Testpapier

	Testpapier (ligninfrei)	**Nach Norm**
Faserstoff	Mindestens 65 % gebleichter Sulfitfaserstoff (Laub- oder Nadelholz) mit Hemicellulosen, bis zu 35 % anderer gebleichter Faserstoff (z. B. Kraftzellstoff) möglich	ISO 9184-1; ISO 9184-4
Kaolinfüllstoff	10 % bis 15 % Kaolin	ISO 1762; ISO 2144
Flächenbezogene Masse	80 g/m^2	DIN EN ISO 536
Oberflächenbehandlung	keine, maschinenglatt	keine
Leimung	$Cobb_{60'}$ 20 ± 2 g/m^2	DIN EN ISO 535
Leimungsart (Basis)	Harz-Alaun-Leimung	keine
Oberflächenleimung	keine	keine
Optische Aufheller	keine	keine
Säuregehalt, angegeben als negative Alkalireserve	−0,3 ± 0,1 Ma-% $MgCO_3$	ISO 10716
Extrakt-pH-Wert	keine Vorgabe, muss nach der Produktion bestimmt und dokumentiert werden	ISO 6588-1

5.2.2 Verfahren

Alle Proben sind innerhalb von vier Wochen nach Abschluss der Behandlung (einschließlich Nachbehandlungsmaßnahmen) zu untersuchen.

Bevor die Prüfblätter untersucht werden, müssen ggf. alle infolge des Mengenverfahrens zur Papierentsäuerung auftretenden losen Rückstände durch Ausfegen entfernt werden.

Zum Ausfegen sollten konservatorisch geeignete, weiche Handbesen und Pinsel verwendet werden. Das Ausfegen sollte unter moderatem Druck erfolgen, um die noch nicht an das Material gebundene Alkalireserve nicht übermäßig zu reduzieren.

DIN 32701:2018-11

5.3 Verfahrensvalidierung

5.3.1 Probenhäufigkeit

Eine vollständige Verfahrensvalidierung ist alle drei Jahre und zusätzlich nach Folgendem erforderlich:

— Änderungen der Verfahrenstechnologie,

— Änderungen der chemischen Komponenten oder Wechsel des Lieferanten oder

— Änderungen des Testpapiers für die Routinekontrolle.

Die Verfahrensvalidierung gilt für alle Behandlungsvorrichtungen eines Standorts, die auf demselben Verfahren und derselben Technologie basieren.

5.3.2 Probenmengen und Probenvorbereitung

Die Verfahrensvalidierung wird mit Prüfblättern aus einer einzigen Produktionscharge des Testpapiers durchgeführt. Eine Menge von 36 bzw. 38 Prüfblättern mindestens der Größe A5 ist für die erforderlichen Prüfungen (siehe Tabelle 2) eines behandelten Probensatzes notwendig. Vier behandelte Probensätze sind für die Verfahrensvalidierung erforderlich.

Die 12 Prüfblätter zur Messung der Gleichmäßigkeit der Alkalireserve sind schon vor der Behandlung nach dem Schneidmuster in Bild 1 zu markieren und einzulegen, damit nach der Behandlung eine eindeutige Zuordnung der Segmente möglich ist. Es empfiehlt sich eine Markierung nach „Stapeln" zu je drei Blättern, also z.B. I/1, I/2, I/3, II/1, II/2, II/3, usw.

Einschließlich des unbehandelten Probensatzes beträgt die Summe der Prüfblätter für eine vollständige Verfahrensvalidierung daher 168 bzw. 176.

Bei Chargenverfahren werden die Prüfblätter in Originalobjekte mit einer Dicke ab 3 cm und einer Größe von mindestens DIN A5 eingelegt. Bei allen Probensätzen sind 36 bzw. 38 Prüfblätter ausgehend von Seite 10 gleichmäßig in einem Originalobjekt zu verteilen.

Tabelle 2 — Geprüfte Eigenschaften und erforderliche Anzahl der Prüfblätter

Geprüfte Eigenschaft	**unbehandeltes Testpapier (ein unbehandelter Probensatz)**		**behandeltes Testpapier (ein behandelter Probensatz)**	
	nicht gealtert	gealtert	nicht gealtert	gealtert
pH-Wert (Kaltextraktion)	4	4	4	4
Alkalireserve	4	4	4	4
Gleichmäßigkeit der Entsäuerung			12	—
Polymerisationsgrad der Cellulose	2	2	2	2
Zugbeanspruchung[a]	2 oder 3	2 oder 3	2 oder 3	2 oder 3

[a] Da die Prüfung der Zugbeanspruchung nach DIN EN ISO 1924-2:2009-05 in Maschinenlaufrichtung des Testpapiers durchgeführt werden muss, ist die Zahl der benötigten Prüfblätter von der Laufrichtung abhängig. Aus einem DIN A5-Blatt (148 × 210 mm) können 12 Prüfstreifen, wenn die Laufrichtung quer zur DIN A5-Seite verläuft und 8 Prüfstreifen, wenn die Laufrichtung längs zur DIN A5-Seite verläuft, gewonnen werden.

Bei Chargenverfahren werden die Prüfblätter vertikal zentriert und so nah wie möglich am Buchrücken eingelegt. Die Blätter dürfen nicht über den Buchblock hinausragen. Die ersten beiden Probensätze werden an verschiedenen Stellen der Behandlungsvorrichtung platziert. Der dritte und vierte Probensatz werden an einem anderen Tag und gegebenenfalls mit einer anderen Behandlungsvorrichtung behandelt. Die Positionen der Proben in der Behandlungsvorrichtung sind eindeutig und anschaulich zu dokumentieren.

Mit dem Bericht sollte eine maßstabsgetreue bildliche Darstellung der Behandlungsvorrichtung zur Verfügung gestellt werden, in der die Positionen der Originalobjekte, die die Prüfblätter enthalten, gekennzeichnet werden.

Bei kontinuierlichen Verfahren werden die Prüfblätter eines Probensatzes abwechselnd mit Blättern von Originalobjekten behandelt. Nach der weiteren Behandlung von 100 Blättern der Originalobjekte wird der zweite Probensatz nach demselben Muster wie der erste behandelt. Der dritte und der vierte Probensatz werden wie die ersten beiden Probensätze, jedoch an einem anderen Tag und gegebenenfalls mit einer anderen Behandlungsvorrichtung behandelt.

5.3.3 Prüfverfahren und Mindestanforderungen

5.3.3.1 Beschleunigte Alterung

Für 12 oder 13 Prüfblätter aus jedem der vier Probensätze und aus einem unbehandelten Probensatz ist nach DIN ISO 5630-5:2017-03, Abschnitte 4 bis 9.2, eine beschleunigte Alterung durchzuführen. Die Anweisungen in ISO 1974 und ISO 5626 für die Probenvorbereitung finden keine Anwendung, da die mechanische Prüfung nach DIN EN ISO 1924-2 erfolgt. Die Klimakonditionierung aller Proben, auch der nicht zu alternden, sowie der offenen Prüfröhrchen erfolgt nach DIN EN 20187 bei 23 °C und 50 % relativer Luftfeuchte (siehe DIN ISO 5630-5:2017-03, Abschnitt 7).

Die für diese Untersuchung ausgewählten Prüfröhrchen müssen völlig gasdicht und groß genug sein, um vorgeschnittene Papierstreifen für weitere Messungen aufnehmen zu können. Es ist erforderlich, alle Proben gleichzeitig im selben Trockenschrank unter Verwendung einer Glasröhrchenart für alle Proben zu altern.

Zur Sicherstellung der Luftdichtheit der Prüfröhrchen müssen die folgenden Schritte befolgt werden:

a) Die originalen Röhrchenverschlüsse, die mit den Glasröhrchen geliefert werden, müssen gegen Verschlüsse aus einem Material mit höherem Widerstand gegenüber mechanischen und thermischen Belastungen (z. B. Polyphenylsiloxan) ausgetauscht werden. Dichtungsmaterial wie PTFE- oder Silikondichtungen und O-Ringe müssen vermieden werden, Fluoroelastomere werden empfohlen (z. B. Viton).

b) Die Röhrchen müssen gleichmässig fest verschlossen werden. Dies muss zur Sicherstellung einer guten Wiederholgenauigkeit der sich ergebenden Abdichtung mittels eines Drehmomentschlüssels erfolgen, der mit einem Röhrchenverschlusshalter ausgerüstet wurde.

5.3.3.2 pH-Wert

Der pH-Wert muss nach ISO 6588-1 in einem wässrigen Extrakt gemessen werden.

Die Ergebnisse, die Mittelwerte und die relativen Standardabweichungen sind für behandeltes Papier mit und ohne Alterung zu nennen, und die Ergebnisse sind mit zwei signifikanten Stellen anzugeben.

Der gemessene pH-Wert des Papiers muss nach der Entsäuerung (und vor der beschleunigten Alterung) höher als 7,0 sein. Grundsätzlich sollte die Entsäuerung zu einer deutlichen Erhöhung des pH-Wertes führen.

ANMERKUNG Der pH-Wert einer gealterten Probe ist üblicherweise geringer als der Wert einer nicht gealterten Probe. Für ein gegebenes Papier führt die Alterung nach der Entsäuerung im Allgemeinen nur zu einer leichten Verringerung von dessen pH-Wert. Es ist möglich, dass sich der nach der beschleunigten Alterung gemessene pH-Wert bei etwa 6,5 einstellt, obwohl noch eine Alkalireserve vorhanden ist. Dies gilt insbesondere für den pH-Wert an der Papieroberfläche, der üblicherweise geringer ausfällt als der pH-Wert des Kaltextraktes. Unter diesen Bedingungen kann dieses spezielle Papier allerdings noch als neutral bezeichnet werden.

DIN 32701:2018-11

Der hier betrachtete pH-Wert gilt ausschließlich für die beschriebenen Prüfblätter. Falls auch die Originalobjekte untersucht werden sollen, sollten spezielle Vereinbarungen hinsichtlich eines akzeptablen zu erreichenden pH-Werts getroffen werden, da der zu erreichende pH-Wert stark von der ursprünglichen Zusammensetzung des Papiers abhängig ist.

5.3.3.3 Alkalireserve

Die Alkalireserve ist für jeden der vier Probensätze nach ISO 10716 zu bestimmen. Abweichend von ISO 10716 ist es für die Anwendung dieser Norm ausreichend, zur Bestimmung des Trockenmasseanteils 1 g bis auf 0,001 g genau zu wiegen.

Die Ergebnisse, der Mittelwert und die relative Standardabweichung sind für behandeltes Papier mit und ohne Alterung zu nennen. Die Ergebnisse sind mit zwei signifikanten Stellen anzugeben. Abweichend von ISO 10716 ist die Alkalireserve in der Einheit Massenprozent Magnesiumcarbonat (Ma-% $MgCO_3$) anzugeben.

Die Mindestalkalireserve jedes Probensatzes beträgt im Mittelwert 0,5 Ma-% $MgCO_3$. Grundsätzlich ist eine deutlich höhere Alkalireserve anzustreben.

ANMERKUNG 1 Nach ISO 10716 wird die alkalische Reserve in mol/kg (monovalentes) Alkali angegeben. Da bei den marktgängigen Mengenverfahren zur Papierentsäuerung meist mit Magnesiumcarbonat (wie Calciumcarbonat ein bivalentes Alkali, bzw. Erdalkali) gearbeitet wird, hat sich die Angabe der Alkalireserve in Ma-% $MgCO_3$ eingebürgert und bewährt. Ein mol/kg Alkali entspricht 4,17 Ma-% $MgCO_3$. Ein Ma-% $MgCO_3$ entspricht 0,24 mol/kg Alkali. Die geforderte Mindestalkalireserve von 0,5 Ma-% $MgCO_3$ entspricht also 0,12 mol/kg Alkali bzw. 0,06 mol/kg Erdalkali.

ANMERKUNG 2 Ein Teil der Gesamtmenge der Alkalisubstanz, die im Rahmen des Mengenverfahrens zur Papierentsäuerung in das Papier gebracht wird, wird durch die Neutralisierungsreaktion chemisch umgewandelt („verbraucht"). Der Rest stellt die „Alkalireserve" dar. Die Alkalireserve stellt sicher, dass das Papier Säuren gegenüber widerstandsfähig ist, die aufgrund von Umwelteinflüssen oder nach dem Entsäuerungsprozess auftretenden Zerfallsreaktionen auf das Papier einwirken.

5.3.3.4 Gleichmäßigkeit der Entsäuerung

Die Gleichmäßigkeit der Entsäuerung wird durch die quantitative Bestimmung der als Ma-% $MgCO_3$ ausgedrückten Alkalireserve an sechs verschiedenen Segmenten einer behandelten Probe gemessen.

Bild 1 zeigt das Schneidmuster für die Segmente.

1	2
3	4
5	6

Bild 1 — Segmente zur Bestimmung der Gleichmäßigkeit der Alkalireserve im Rahmen der Gleichmäßigkeitsprüfung

Da ein A5-Blatt des Testpapiers für eine Analyse der Gleichmäßigkeit aufgrund der eingeschränkten Probenmenge (für die Alkalireserve ist 1 g der Probe pro Datenpunkt erforderlich) nicht ausreichend ist, ist die Messung der Alkalireserve nach ISO 10716 mit der folgenden Änderung durchzuführen: Drei DIN A5-Prüfblätter sind nach dem in Bild 1 dargestellten Muster in sechs rechteckige, nummerierte Segmente gleicher Größe zu schneiden. Für den zweiten Messwert jedes Probensatzes ist ein zweiter "Stapel" von drei DIN A5-Blättern erforderlich. Anschließend sind drei Stücke mit denselben Nummern zusammenzulegen und nach ISO 10716 in kleine Stücke zu schneiden Die entstandenen Teilstücke sind gut zu mischen. Etwa 1 g der Stücke ist zu wiegen und nach ISO 10716 zu behandeln.

Die für jeden Abschnitt gemessene Alkalireserve muss mindestens 0,5 Ma-% $MgCO_3$ betragen. Zusätzlich ist der Mittelwert für alle sechs Segmente (jeweils zwei Messungen) pro Probensatz zu berechnen. Die relative Standardabweichung der zwölf einzelnen gemessenen Werte eines Probensatzes darf höchstens 30 % betragen. Je geringer die so gemessene Abweichung ist, desto besser ist die Einheitlichkeit der Entsäuerung.

Auch die relative Standardabweichung der auf diese Weise ermittelten vier Mittelwerte der Alkalireserve aller vier Probensätze darf höchstens 30% betragen.

ANMERKUNG 1 Die Ergebnisse dieser Messungen beschreiben die Verteilung der hinzugefügten Alkalisubstanz über die gesamte Oberfläche eines Papierblatts und nicht deren einheitliche Verteilung über dessen Dicke/Querschnitt. Für letzteres stehen keine genormten Routineverfahren zur Verfügung.

ANMERKUNG 2 Es gibt einige alternative Verfahren, mit denen die Aufnahme des Entsäuerungsreagenz bestimmt werden kann. In den meisten Fällen wird die Konzentration der Kationen analysiert. Allerdings sind diese Methoden nicht als umfassender Ersatz der Bestimmung der Alkalireserve geeignet, da die meisten von ihnen nicht komplett mit der tatsächlichen Menge der Alkalireserve vergleichbar sind. Um abzuschätzen, ob die Massenentsäuerung einheitlich war, können sie als Alternative dienen, werden aber in dieser Norm nicht berücksichtigt. Sie basieren etwa auf der optischen Emissionsspektrometrie mit induktiv gekoppeltem Plasma (ICP/OES) nach der Extraktion der Alkalireserve aus den Papiersegmenten durch die Säure, der Röntgen-Fluoreszenzabtastung oder Fourier-Transformations-Infrarot-, bzw. Nah-Infrarot-Spektroskopie (FTIR/NIR).

5.3.3.5 Polymerisationsgrad

Der Polymerisationsgrad wird durch Bestimmung der Grenzviskositätszahl (GVZ) nach ISO 5351:2010 ermittelt.

ANMERKUNG 1 Der Vergleich des Polymerisationsgrads nicht entsäuerter und entsäuerter Papiere vor und nach künstlicher Alterung gibt einen Hinweis auf deren chemische Stabilität. Die Messergebnisse sind nicht zum Vergleich von Mengenverfahren zur Papierentsäuerung geeignet.

Zur Entfernung der übermäßigen Alkalireserve in der Probe ist wie folgt eine Vorbehandlung durchzuführen:

In einem Mixer oder mit einem Flügelrührer (z. B. vier Flügel mit 4 cm Länge) sind mindestens 1 g, besser aber 3 g der Papierprobe, die dafür in kleine Stücke zerrissen wird, direkt in 1,5l 0,1 M HCl bei Raumtemperatur zu zerkleinern.

ANMERKUNG 2 Bei 3 g einer Papierprobe mit einer Alkalireserve von 2 % entspricht dies einem > 200-fachen Überschuss an Säure, wenn 1,5 l verwendet werden.

Im Mixer darf die Probe höchstens 30 s lang zerkleinert werden, um eine Verringerung des Polymerisationsgrads durch die Homogenisierung zu vermeiden.

Die Probe ist gründlich mit destilliertem Wasser über einem Schwarzbandfilter mit 110 mm Durchmesser zu waschen, bis das Waschwasser neutral ist. Die Probe ist nach ISO 5351:2010, Abschnitt 8, zu trocknen. Bei der Vorbereitung der Probe sollte das Ziel sein, nur die Fasern zur Messung heranzuziehen. Füllstoffe sollen möglichst nicht in die Messung gelangen, da sie die Bestimmung der Grenzviskositätszahl beeinträchtigen.

DIN 32701:2018-11

ANMERKUNG 3 Beim Vergleich nicht entsäuerter und entsäuerter Papiere vor und nach künstlicher Alterung, wie in der Norm vorgesehen, ist der durch mitgeschleppte Füllstoffe verursachte systematische Fehler vernachlässigbar.

ANMERKUNG 4 Abweichend von ISO 5351:2010, die im Abschnitt 8 eine Probe von ca. 10 g ofentrockenem Faserstoff fordert, ist hier eine Probenmenge von 2g bis 3 g ofentrockenem Faserstoff für die Bestimmung der GVZ und des Trockengehalts ausreichend.

Die Bestimmung der GVZ erfolgt vor und nach der beschleunigten Alterung. Es ist für die Bestimmung des Trockengehaltes ausreichend, 1 g mit einer Genauigkeit von 0,001 g einzuwiegen. Die Mittelwerte der GVZ sind für behandeltes und unbehandeltes Papier mit und ohne Alterung zu bestimmen. Wenn die erhaltene GVZ nicht innerhalb des in der ISO 5351:2010 für diese Konzentration festgelegten Wertebereichs liegt, ist die Konzentration in einem neuen Ansatz entsprechend anzupassen. Die Einzelwerte der Doppelbestimmung dürfen entgegen der Normforderung um nicht mehr als 1,5 % voneinander abweichen, ansonsten ist die Prüfung zu wiederholen. Die Ergebnisse werden in Milliliter pro Gramm angegeben.

Nach der beschleunigten Alterung muss die Grenzviskositätszahl des behandelten Papiers höher sein als die des unbehandelten Papiers.

ANMERKUNG 5 Bei der Messung des Polymerisationsgrads wird die Viskosität des aufgelösten Zellverbands gemessen. Daraus wird auf die Kettenlänge der Cellulose und den Degenerationsgrad geschlossen. Da es eine Reihe von weiteren Einflüssen auf die Viskosität geben kann, sind die so ermittelten Polymerisationsgrade für verschiedene Mengenverfahren zur Papierentsäuerung nicht miteinander vergleichbar.

Zur Berechnung des Polymerisationsgrades kann die folgende Formel für das [η]-Polymerisationsgradverhältnis für in CED (Kupfer(II)-ethylendiamin) aufgelöste Cellulose angewendet werden. Die Grenzviskositätszahl wird durch die Gleichung: $\text{Polymerisationsgrad} = \sqrt[0,9]{(1{,}65 \times [\eta])}$ in den Polymerisationsgrad umgewandelt (siehe Literaturhinweis [4]).

ANMERKUNG 6 Der Polymerisationsgrad beschreibt die durchschnittliche Kettenlänge eines Polymers. Im Fall von Papier ist dies die Mischung von Cellulose und Hemicellulosen. Da die Papierstabilität im Wesentlichen mit der Kettenlänge der (Hemi-)Cellulose korreliert (längere Polymerketten ergeben üblicherweise stärkeres Papier), ist dieser Parameter für die gesamte Integrität des Papiers von besonderer Wichtigkeit. Zudem ist er ein sehr genaues Maß für den Celluloseabbau und für die Betrachtung von Veränderungen bei der Alterung vor und nach der Entsäuerung. Der Polymerisationsgrad ist ein deutlich genauerer Indikator zur Hydrolyse der Cellulose als dies mechanische Tests nachweisen könnten. Die nötige Probenmenge für die Analyse liegt je nach dem Polymerisationsgrad der Probe (Proben mit niedrigerem Polymerisationsgrad benötigen größere Probenmengen) bei einer dreifachen Bestimmung zwischen 75 mg und 750 mg. Die Polymerisationsgradanalyse mittels CED ist auf Proben mit geringem Ligningehalt oder ohne Ligningehalt beschränkt. Übermäßige Alkalireserve wird vor der Polymerisationsgradanalyse mittels eines HCl-Behandlungsschrittes entfernt. Diese HCl-Behandlung entfernt nur die Alkalireserve, die in einigen Fällen die Messung des Polymerisationsgrades stören kann. Die Behandlung führt nicht zu einem Abbau der Cellulose [5].

ANMERKUNG 7 Für die Bestimmung des Polymerisationsgrades stehen auch noch andere Prüfverfahren (Cadoxen, Cuoxam, siehe Literaturhinweis [2]) und weiter entwickelte Methoden, wie zum Beispiel die mit Lichtstreuung gekoppelte Größenausschluss-Chromatographie (SEC), zur Verfügung. Diese werden entweder seltener angewendet/angeboten oder sind teurer, wie etwa die SEC. Obwohl sie daher in dieser Norm nicht berücksichtigt sind, ergeben auch sie zuverlässige Daten zum Polymerisationsgrad der Cellulose.

5.3.3.6 Zugbeanspruchung

Die Zugbeanspruchung in Laufrichtung des Prüfpapiers muss nach DIN EN ISO 1924-2:2009-05 vor und nach der beschleunigten Alterung bestimmt werden. Abweichend von DIN EN ISO 1924-2:2009-05 beträgt die Einspannlänge, d.h. der Abstand zwischen den Einspannklemmen, (100 ± 1) mm. Von den Prüfblättern wird umlaufend mindestens ein Rand von 10 mm verworfen, bevor die Probenstücke mit einer Länge von etwa 12 cm und einer Breite von $(15 \pm 0{,}1)$ mm aus den Prüfblättern geschnitten werden. Es sind mindestens 10 gültige Ergebnisse in Maschinenlaufrichtung des Testpapiers zu ermitteln.

Die Ergebnisse für breitenbezogene Bruchkraft und Bruchdehnung und die jeweiligen relativen Standardabweichungen sind für behandeltes Papier mit und ohne Alterung zu nennen, und die Ergebnisse sind mit drei signifikanten Stellen anzugeben. Nach der beschleunigten Alterung müssen die gemessenen Werte des behandelten Papiers höher sein als die des unbehandelten Papiers.

5.4 Routinekontrolle

5.4.1 Probenhäufigkeit und Probenmengen

Für die Routinekontrolle muss Testpapier aus derselben Produktionscharge verwendet werden, die in der Verfahrensvalidierung verwendet wurde.

Bei Chargenverfahren besteht ein Probensatz aus vier Prüfblättern mindestens der Größe A5, die, wie in 5.3.2 beschrieben, vor der Entsäuerung in Originalobjekte möglichst mit einer Dicke ab 3 cm und einer Größe von mindestens A5 eingelegt werden. Die Originalobjekte mit den Probensätzen sind zufällig über den gesamten Innenraum der Behandlungsvorrichtung zu verteilen, aber ihre Position muss eindeutig dokumentiert werden. Pro 300 kg fortlaufendem Behandlungsgut ist ein Probensatz zu behandeln und zu untersuchen. Die Maximalzahl der dabei zu behandelnden Probensätze pro Charge beträgt drei Probensätze. Bei Chargen kleiner als 300 kg sind dem Auftraggeber die Ergebnisse aus der zeitlich nächstliegenden Routinemessung mitzuteilen. Die Probensätze werden gleichmäßig auf alle Chargen, die zum Auftrag gehören, verteilt.

ANMERKUNG 1 Bei Aufträgen, die mehr als 300 kg umfassen, ergibt sich damit bei Annahme einer Durchschnittsmasse von 600 g pro Originalobjekt eine Probenhäufigkeit von 0,2 %, bezogen auf die Gesamtzahl der Originalobjekte.

Bei kontinuierlichen Verfahren ist fortlaufend nach jedem 100 000sten entsäuerten Blatt ein Probensatz zu behandeln. Die Prüfblätter eines Probensatzes müssen analog zur Verfahrensvalidierung (5.3.2) abwechselnd mit Blättern von Originalobjekten behandelt werden. Bei kleineren Aufträgen unter 100 000 Blatt sind dem Kunden die Ergebnisse aus der zeitlich nächstliegenden Routinemessung mitzuteilen.

ANMERKUNG 2 Bei Aufträgen, die mehr als 100 000 Blatt umfassen, ergibt sich damit eine Probenhäufigkeit von 0,001 %, bezogen auf die Gesamtzahl der Blätter. Bei Annahme einer Durchschnittsblattzahl von 200 Blatt pro Originalobjekt wären die Probenhäufigkeiten bei Chargenverfahren und kontinuierlichen Verfahren bezüglich der Blattzahl in etwa vergleichbar. Die vordergründige Ansicht, bei kontinuierlichen Verfahren würde eher heterogenes Material, bei den Chargenverfahren eher homogenes Papier behandelt, trifft nicht grundsätzlich zu, da es nicht nur gebundene Akten mit heterogenen Papieren gibt, sondern die Papierqualität auch zwischen den einzelnen Originalobjekten erheblich schwankt. Insofern ist eine strengere Prüfvorschrift durch häufigere Proben für kontinuierliche Verfahren nicht gerechtfertigt.

5.4.2 Prüfverfahren und Mindestanforderungen

5.4.2.1 Alkalireserve

Die Menge der Alkalireserve muss wie in 5.3.3.3 festgelegt nach ISO 10716 bestimmt werden.

Die Mindestanforderung für die Alkalireserve beträgt 0,5 Ma.-% Magnesiumcarbonat. Grundsätzlich ist eine deutlich höhere Alkalireserve anzustreben. Die Alkalireserve der Routinekontrollen muss zu mindestens 80 % bezogen auf die Verfahrensvalidierung nach 5.3.3.3 erreicht werden.

5.4.2.2 Messung des pH-Wertes

Der pH-Wert des wässrigen Extrakts ist nach ISO 6588-1 zu bestimmen. Die Probenvorbereitung ist nach ISO 10716 durchzuführen.

Der gemessene pH-Wert des Testpapiers muss nach der Entsäuerung höher als 7,0 sein. Zusätzlich muss er abzüglich von 0,5 pH-Einheiten mindestens so hoch sein wie der im Rahmen der Verfahrensvalidierung gemessene pH-Wert (5.3.3.2).

DIN 32701:2018-11

6 Bericht

Sowohl während der Verfahrensvalidierung als auch während der Routinekontrolle sind die Daten auf eine für den Kunden verständliche Weise zu dokumentieren. Das Prüflabor muss die folgenden Informationen im schriftlichen Bericht in Form der in Anhang A, Tabelle A.1 bis A.16 enthaltenen Musterformulare[1)] angeben:

a) die Auftragsnummer (nennt der Anbieter).

b) der Zeitpunkt der Behandlung sowie ggfs. die Dauer und das Abschlussdatum der Rekonditionierung (nennt der Anbieter).

c) das Datum und den Ort der Prüfung.

d) jegliche weiteren Beobachtungen in direktem Zusammenhang mit dem Behandlungsgut (z. B. gleiche Charge oder letzte Untersuchung vor der Behandlung für den jeweiligen Kunden), die im Hinblick auf die Entsäuerungsbehandlung von Bedeutung sein können (nennt der Anbieter).

e) jegliche Abweichungen von dieser Norm und jegliche Umstände, die Einfluss auf die Ergebnisse gehabt haben können.

f) ein Datenblatt für das verwendete Testpapier, das alle Eigenschaften des Testpapiers nach Tabelle 1 in 5.2.1 inklusive dem Extrakt-pH-Wert nach ISO 6588-1 in Form dieser Tabelle enthält und bestätigt, dass das Testpapier den Anforderungen der DIN 32701 genügt.

g) bei der Verfahrensvalidierung: Prüfergebnisse aus der Prüfung nach 5.3.3.2, 5.3.3.3, 5.3.3.4, 5.3.3.5 und 5.3.3.6, sowohl für unbehandelte Prüfblätter als auch für behandelte Prüfblätter. Zudem: Prüfergebnisse aus der Prüfung nach 5.3.3.2, 5.3.33, 5.3.3.5 und 5.3.3.6, sowohl für unbehandelte Prüfblätter als auch für behandelte Prüfblätter, die alle einer beschleunigten Alterung (in Übereinstimmung mit 5.3.3.1) unterzogen wurden. Alle Daten müssen wie in dieser Norm oder den entsprechenden in den oben genannten Abschnitten zitierten Normen angegeben, dargestellt werden.

h) bei der Routinekontrolle: Prüfergebnisse aus den Prüfungen nach 5.4.2.1 und 5.4.2.2, sowohl für unbehandelte Prüfblätter als auch für behandelte Prüfblätter. Die während der Verfahrensvalidierung erreichten Ergebnisse müssen als Referenzdaten verwendet werden. Alle Daten müssen, wie in dieser Norm oder den entsprechenden in den oben genannten Abschnitten zitierten Normen angegeben, dargestellt werden.

i) bei der Verfahrensvalidierung: Eine Mitteilung, dass das geprüfte Mengenverfahren zur Papierentsäuerung den Anforderungen dieser Norm entspricht oder ihnen nicht entspricht. Im letztgenannten Fall muss der spezifische Grund angegeben werden.

j) bei der Routinekontrolle: Eine Mitteilung, dass der geprüfte Routineauftrag den Anforderungen dieser Norm entspricht oder ihnen nicht entspricht. Im letztgenannten Fall muss der spezifische Grund angegeben werden.

1) Die Berechnung aller in den Tabellen A.1 bis A.16 geforderten relativen Standardabweichungen vom Mittelwert erfolgt als Standardabweichung der Stichprobe (n-1).

Anhang A
(normativ)

Musterformulare für die Dokumentation

Dem Anwender der folgenden Formblätter ist unbeschadet der Rechte von DIN an der Gesamtheit des Dokuments die Vervielfältigung der Formblätter gestattet.

A.1 Musterformulare für die Dokumentation — Prüfprotokoll für die Verfahrensvalidierung

A.1.1 Allgemeines

Tabelle A.1 — Allgemeine Daten

Auftragnehmer				
Verfahren				
Verfahrensvariante				
Art und Menge des Behandlungsguts				
(Ggf.) Chargennummer(n)				
Datum der Behandlung (Probensatz 1 und 2)				
Datum der Behandlung (Probensatz 3 und 4)				
Position der Probensätze (nur für Chargenverfahren)	Probensatz 1	Probensatz 2	Probensatz 3	Probensatz 4
(Ggf.) Abschlussdatum der Rekonditionierung				
Testpapier[a]				
Produktionsjahr/Chargennummer des Testpapiers				
Verfahrensvalidierung durchgeführt von (Labor, Standort)				

[a] Es muss nach 6 f) ein Prüfprotokoll für das verwendete Testpapier vorliegen, das alle Eigenschaften des Testpapiers nach Tabelle 1 in 5.2.1 inklusive dem Extrakt-pH-Wert nach ISO 6588-1 in Form dieser Tabelle enthält und bestätigt, dass das Testpapier den Anforderungen der DIN 32701 genügt.

DIN 32701:2018-11

Tabelle A.2 — pH-Wert (Kaltextraktion) (5.3.3.2)

Extrakt-pH-Wert	Ohne beschleunigte Alterung		Mit beschleunigter Alterung	
	Wert 1	**Wert 2**	**Wert 1**	**Wert 2**
	Unbehandelt			
Testpapier				
	Entsäuert			
Probensatz 1				
Probensatz 2				
Probensatz 3				
Probensatz 4				

Tabelle A.3 — Messung des pH-Wertes: Mittelwert und relative Standardabweichung von vier gültigen Probensätzen

Extrakt-pH-Wert	Ohne beschleunigte Alterung		Mit beschleunigter Alterung	
	Unbehandelt	**Entsäuert**	**Unbehandelt**	**Entsäuert**
Kleinster Wert				
Größter Wert				
Mittelwert				
Relative Standardabweichung in %				

Tabelle A.4 — Alkalireserve (5.3.3.3)

Alkalireserve in Ma-% $MgCO_3$	Ohne beschleunigte Alterung		Mit beschleunigter Alterung	
	Wert 1	**Wert 2**	**Wert 1**	**Wert 2**
	Unbehandelt			
Testpapier				
	Entsäuert			
Probensatz 1				
Probensatz 2				
Probensatz 3				
Probensatz 4				

Tabelle A.5 — Messung der Alkalireserve: Mittelwert und relative Standardabweichung von vier gültigen Probensätzen

Alkalireserve in Ma-% $MgCO_3$	**Ohne beschleunigte Alterung**		**Mit beschleunigter Alterung**	
	Unbehandelt	**Entsäuert**	**Unbehandelt**	**Entsäuert**
Kleinster Wert				
Größter Wert				
Mittelwert				
Relative Standardabweichung in %				

Tabelle A.6 — Gleichmäßigkeit der Entsäuerung (5.3.3.4)

Alkalireserve in Ma-% $MgCO_3$	**Ohne beschleunigte Alterung Entsäuert**							
	Probensatz 1		**Probensatz 2**		**Probensatz 3**		**Probensatz 4**	
	Wert 1	**Wert 2**	**Wert 1**	**Wert 2**	**Wert 1**	**Wert 2**	**Wert 1**	**Wert 2**
Segment 1								
Segment 2								
Segment 3								
Segment 4								
Segment 5								
Segment 6								
Mittelwert aller Segmente								
relative Standardabweichung vom Mittelwert aller Segmente in %								

Tabelle A.7 — Messung der Gleichmäßigkeit: Mittelwert und relative Standardabweichung von vier gültigen Probensätzen

Alkalireserve in Ma-% $MgCO_3$	**Ohne beschleunigte Alterung Entsäuert**
Kleinster Wert aus allen vier Probensätzen	
Größter Wert aus allen vier Probensätzen	
Mittelwert über die Mittelwerte der vier Probensätze aus Tabelle A.6	
Relative Standardabweichung in %	

DIN 32701:2018-11

Tabelle A.8 — Polymerisationsgrad (5.3.3.5)

Grenzviskositätszahl [η] in ml/g	Ohne beschleunigte Alterung		Mit beschleunigter Alterung	
	Wert 1	Wert 2	Wert 1	Wert 2
	Unbehandelt			
Testpapier				
	Entsäuert			
Probensatz 1				
Probensatz 2				
Probensatz 3				
Probensatz 4				
Polymerisationsgrad	**Ohne beschleunigte Alterung**		**Mit beschleunigter Alterung**	
	Wert 1	**Wert 2**	**Wert 1**	**Wert 2**
	Unbehandelt			
Testpapier				
	Entsäuert			
Probensatz 1				
Probensatz 2				
Probensatz 3				
Probensatz 4				

Tabelle A.9 — Messung des Polymerisationsgrades: Mittelwert und Standardabweichung von vier gültigen Probensätzen

Polymerisationsgrad	Ohne beschleunigte Alterung		Mit beschleunigter Alterung	
	Unbehandelt	Entsäuert	Unbehandelt	Entsäuert
Kleinster Wert				
Größter Wert				
Mittelwert				
Relative Standardabweichung in %				

Tabelle A.10 — Messung unter Zugbeanspruchung - Breitenbezogene Bruchkraft (5.3.3.6)

	Ohne beschleunigte Alterung		Mit beschleunigter Alterung	
	Breitenbezogene Bruchkraft kN/m	**Relative Standardabweichung** %	**Breitenbezogene Bruchkraft** kN/m	**Relative Standardabweichung** %
	Unbehandelt			
Testpapier				
	Entsäuert			
Probensatz 1				
Probensatz 2				
Probensatz 3				
Probensatz 4				

Tabelle A.11 — Messung unter Zugbeanspruchung: Mittelwert und relative Standardabweichung der breitenbezogenen Bruchkraft von vier gültigen Probensätzen

Breitenbezogene Bruchkraft kN/m	**Ohne beschleunigte Alterung** **Unbehandelt**	**Entsäuert**	**Mit beschleunigter Alterung** **Unbehandelt**	**Entsäuert**
Kleinster Wert				
Größter Wert				
Mittelwert				
Relative Standardabweichung in %				

Tabelle A.12 — Messung unter Zugbeanspruchung – Bruchdehnung (5.3.3.6)

	Ohne beschleunigte Alterung		Mit beschleunigter Alterung	
	Bruchdehnung in % der Anfangsprüflänge	**Relative Standardabweichung** %	**Bruchdehnung in % der Anfangsprüflänge**	**Relative Standardabweichung** %
	Unbehandelt			
Testpapier				
	Entsäuert			
Probensatz 1				
Probensatz 2				
Probensatz 3				
Probensatz 4				

DIN 32701:2018-11

Tabelle A.13 — Messung unter Zugbeanspruchung: Mittelwert und relative Standardabweichung der Bruchdehnung von vier gültigen Probensätzen

Bruchdehnung in % der Anfangsprüflänge	Ohne beschleunigte Alterung		Mit beschleunigter Alterung	
	Unbehandelt	Entsäuert	Unbehandelt	Entsäuert
Kleinster Wert				
Größter Wert				
Mittelwert				
Relative Standardabweichung in %				

A.1.2 Erklärung zur Verfahrensvalidierung

Es muss eine Mitteilung angegeben werden, dass die Verfahrensvalidierung den Anforderungen dieser Norm entspricht oder den Anforderungen dieser Norm nicht entspricht. Im letztgenannten Fall muss der spezifische Grund angegeben werden.

A.2 Musterformulare für die Dokumentation — Prüfprotokoll für die Routinekontrolle

A.2.1 Allgemeines

Tabelle A.14 — Allgemeine Daten

Auftragnehmer	
Kunde	
Verfahren	
Verfahrensvariante	
Auftragsnummer(n)	
Art und Menge des Behandlungsguts	
Datum der Übernahme	
Datum der Behandlung	
(Ggf.) Abschlussdatum der Rekonditionierung	
Datum der Übergabe	
Prüfdatum	
Prüfchargennummer	
Position der Probe (nur für Chargenverfahren)	
Routinekontrolle durchgeführt von (Labor, Standort)	
Testpapier[a]	
Produktionsjahr/Chargennummer des Testpapiers	
Datum der letzten Verfahrensvalidierung	
Ergebnisse der letzten Verfahrensvalidierung	

[a] Es muss nach Abschnitt 6 f) ein Prüfprotokoll für das verwendete Testpapier vorliegen, das alle Eigenschaften des Testpapiers nach Tabelle 1 in 5.2.1 inklusive dem Extrakt-pH-Wert nach ISO 6588-1 in Form dieser Tabelle enthält und bestätigt, dass das Testpapier den Anforderungen der DIN 32701 genügt.

Tabelle A.15 — Ergebnisse der Routinekontrolle im Vergleich mit der letzten Verfahrensvalidierung

Merkmal	Kleinster Wert	Größter Wert	Kleinster Wert letzte Verfahrens-validierung	Größter Wert letzte Verfahrens-validierung
Alkalireserve (5.4.2.1) (Ma-% $MgCO_3$ im Testpapier)				
unbehandelt				
behandelt				
Extrakt-pH-Wert (5.4.2.2)				
unbehandelt				
behandelt				

Tabelle A.16 — Ergebnisse der Routinekontrolle: Mittelwert und Standardabweichung im Vergleich mit der letzten Verfahrensvalidierung

Merkmal	Mittelwert	Relative Standard-abweichung	Mittelwert letzte Verfahrens-validierung	Relative Standard-abweichung letzte Verfahrens-validierung	Anforderung an den Mittelwert (Spalte 2)
Alkalireserve (5.4.2.1) (Ma-% $MgCO_3$ im Testpapier)					
unbehandelt					
behandelt					> 0,5 % und > 80 % des Mittelwertes der letzten Verfahrensvali-dierung (Spalte 4)
Extrakt-pH-Wert (5.4.2.2)					
unbehandelt					
behandelt					> 7,0 und abzüglich von 0,5 pH-Einheiten mindestens so hoch wie der im Rahmen der letztenVerfahrensv alidierung gemessene Wert (Spalte 4)

A.2.2 Erklärung zur Routinekontrolle

Es muss eine Mitteilung angegeben werden, dass der geprüfte Routineauftrag den Anforderungen dieser Norm entspricht oder ihnen nicht entspricht. Im letztgenannten Fall muss der spezifische Grund angegeben werden.

DIN 32701:2018-11

Literaturhinweise

Technische Regeln

[1] ISO/TS 18344:2016, *Effectiveness of paper deacidification processes*

[2] ZELLCHEMING IV/30/62:1962-02, Schnellbestimmung der Kupferviskosität von Zellstoffen (Betriebsmethode), Verein der Zellstoff- und Papier-Chemiker und -ingenieure (ZELLCHEMING)

In diesem Text erwähnte Artikel

[3] POTTHAST, A., HENNIGES, U.: Vertrauen ist gut, Kontrolle ist besser - Kriterien für Testpapiere zur Qualitätskontrolle in der Mengenentsäuerung nach der neuen ISO/TS 18344. In: ABI-Technik (2016) 2, S. 68-77

[4] EVANS, R., WALLIS, A.F.A.: Cellulose molecular weights determined by viscosimetry. In: Journal of Applied Polymer Science (1989), 37, S. 2331-2340

[5] BOHRN, R., POTTHAST, A., SCHIEHSER, S., ROSENAU, T., SIXTA, H., KOSMA, P.: The FDAM method: determination of carboxyl profiles in cellulosic materials by combining group-selective fluorescence labeling with GPC. In: Biomacromolecules (2006), 7(6), S. 1743-1750

Artikel und Bücher zur Massenentsäuerung seit 2010

AHN, K., HENNIGES, U., BLÜHER, A., BANIK, G., POTTHAST, A.: Sustainability of Mass Deacidification: Part I. Concept, Selection of Sample Books and pH Determination. In: Restaurator (2011) 32(3), S. 193-222

AHN, K., BANIK, G., POTTHAST, A.: Sustainability of Mass Deacidification: Part II: Evaluation of Alkaline Reserve. In: Restaurator (2012) 33 (1), S. 48-73

AHN, K., HENNIGES, U., BANIK, G., POTTHAST, A.: Is cellulose degradation due to β-elimination processes a threat in mass deacidification of library books? In: Cellulose (2012) 19, S. 1149-1159

AHN, K., ROSENAU, T., POTTHAST, A.: The influence of alkaline reserve on the aging behavior of book papers. In: Cellulose (2013) 20, S. 1989-2001

ALLSCHER, T., CEYNOWA, I.: Mengenentsäuerung – Verfahrensvalidierung, Evaluierung und Qualitätssicherung. Neue Einsichten und bleibende Fragen. In: ABI Technik (2018) 38(1), S. 16-28

ALLSCHER, T., HABERDITZL, A.: Effektivität der Papierentsäuerung - International normiert: Zum Erscheinen der neuen ISO/TS 18344. In: Zeitschrift für Bibliothekswesen und Bibliographie (2016) 63(2), S. 79-81

ALTENHÖNER, R., BLÜHER, A., MÄLCK, A., NIGGEMANN, E., POTTHAST, A., SCHNEIDER-KEMPF, B.: Eine Zukunft für saures Papier. Frankfurt: Vittorio Klostermann, 2012

HOFMANN, R., WIESNER H.-J.: Empfehlung zur Prüfung des Behandlungserfolgs von Entsäuerungsverfahren für säurehaltige Druck- und Schreibpapiere. In: Bestandserhaltung in Archiven und Bibliotheken. Berlin: Beuth Verlag, 2015, 5. Aufl., S. 15-34

HOFMANN, R., WIESNER H.-J.: Recommendation on methods of validating the success of deacidification processes for printed and handwritten documents. In: Bestandserhaltung in Archiven und Bibliotheken. Berlin: Beuth Verlag, 2015, 5. Aufl., S. 39-58

DIN 32701:2018-11

HUBBE, M. A.: Oops, I thought that those books had been deacidified. In: BioResources (2015)10(4), S. 6305-6309. DOI: 10.15376/biores.10.4.6305-6309

HUBBE, M. A., SMITH, R. D., ZOU, X. J., KATUSCAK, S., POTTHAST, A., AHN, K. J.: Deacidification of acidic books and paper by means of non-aqueous dispersions of alkaline particles: A review focusing on completeness of the reaction. In: *BioResources* (2017) 12(2), S. 4410-4477

HUBBE, M. A., HENNIGES, U., POTTHAST, A., AHN, K., and SMITH, R.: Nonaqueous solution deacidification treatments to prolong the storage life of acidic books: A review of mechanistic and process aspects. In: BioResources (2018) 13(3), S. 7096-7136

ISCA, C., D'AVORGNA, S., GRAIFF, C., MONTANARI, M., UGOZZOLI, F., PREDIERI, G.: Paper preservation with polyamidoamines: a preliminary study. In: Cellulose (2016) 23 (2), S. 1415-1432

KLEIFELD, H.: Massenentsäuerung — Theorie und Praxis. In: Archive in Bayern (2012) 7, S. 209-228

KLEIFELD, H.: Bemerkungen zur Technical Specification ISO/TS 18344: Effectiveness of paper deacidification processes, in: Masse und Qualität. Standardisierte Verfahren der Bestandserhaltung in der Diskussion. Hrsg. Neuheuser, Hanns Peter / Weber, Peter K., Bonn 2016, S. 100-103

NABRINGS, A. (Hrsg.): Von der Hand zur Maschine. In: Sachstand und Perspektiven moderner Konservierungsmöglichkeiten von Archiv- und Bibliotheksgut. Bonn: Habelt, 2011

NOBÉCOURT-MUTARELLI, M. D.: Bibliothèque littéraire Jacques Doucet: première campagne de désacidification, 19 - 22 avril 2010, La désacidification de masse. In: Journée d'étude (2011)

POTTHAST, A., AHN, K.: Critical evaluation of approaches toward mass deacidification of paper by dispersed particles. In: Cellulose (2017) 24 (1), S. 323-332

SMITH, A.W.: 12. Aqueous deacidification of Paper. In: Paper and water: A Guide for Conservators. Oxford: Butterworth-Heinemann, 2011, S. 341–388

Bibliographien zur Massenentsäuerung

CONNELLY Ryan. Cindy.: Mass Deacidification, a Selective Bibliography, 1990 – 2009. http://www.loc.gov/preservation/resources/rt/massdeacbib.html [Stand: 2018-08-02]

Library of Congress. Preservation Directorate. Preservation Resource and Testing Division. Mass Deacidification Annotated Bibliography 1990 – 2010. http://www.loc.gov/preservation/resources/rt/deacid_bib2011.pdf [Stand: 2018-08-02]

Mai 2020

DIN EN ISO 536

ICS 85.060

Ersatz für
DIN EN ISO 536:2012-11

Papier und Pappe – Bestimmung der flächenbezogenen Masse (ISO 536:2019); Deutsche Fassung EN ISO 536:2020

Paper and board –
Determination of grammage (ISO 536:2019);
German version EN ISO 536:2020

Papier et carton –
Détermination du grammage (ISO 536:2019);
Version allemande EN ISO 536:2020

Gesamtumfang 16 Seiten

DIN-Normenausschuss Papier, Pappe und Faserstoff (NPa)

Nationales Vorwort

Dieses Dokument (EN ISO 536:2020) wurde vom Technischen Komitee ISO/TC 6 „Paper, board and pulps" in Zusammenarbeit mit dem Technischen Komitee CEN/TC 172 „Faserstoff, Papier und Pappe" erarbeitet, dessen Sekretariat von DIN (Deutschland) gehalten wird.

Das zuständige deutsche/nationale Normungsgremium ist der Arbeitsausschuss NA 074-02-03 AA „Physikalisch-technische Prüfverfahren für Papier und Pappe" im DIN-Normenausschuss Papier, Pappe und Faserstoff (NPa).

Für die in diesem Dokument zitierten internationalen Dokumente wird im Folgenden auf die entsprechenden deutschen Dokumente hingewiesen:

ISO 186	siehe	DIN EN ISO 186
ISO 187	siehe	DIN EN 20187
ISO 287	siehe	DIN EN ISO 287
ISO 5725-1:1994	siehe	DIN ISO 5725-1:1997-11

Änderungen

Gegenüber DIN EN ISO 536:2012-11 wurden folgende Änderungen vorgenommen:

a) mehrere Inkonsistenzen und Ungenauigkeiten wurden behoben;

b) genauere Beschreibung in Abschnitt 8, für den Fall, dass eine kleinere Probenfläche verwendet wird;

c) in Abschnitt 10 werden zusätzliche Angaben gefordert;

d) Angabe der flächenbezogenen Masse in der Nähe der Spitze einer Rolle in A.2.

Frühere Ausgaben

DIN DVM 3411 = DIN 53411: 1938-05
DIN 53111: 1954-04
DIN 53104-1: 1971-09
DIN ISO 536: 1985-02
DIN EN ISO 536: 1996-08, 2012-11

DIN EN ISO 536:2020-05

Nationaler Anhang NA
(informativ)

Literaturhinweise

DIN EN 20187, *Papier, Pappe und Zellstoff — Normalklima für die Vorbehandlung und Prüfung und Verfahren zur Überwachung des Klimas und der Probenvorbehandlung*

DIN EN ISO 186, *Papier und Pappe — Probenahme zur Bestimmung der Durchschnittsqualität*

DIN EN ISO 287, *Papier und Pappe — Bestimmung des Feuchtegehaltes eines Lieferpostens — Wärmeschrankverfahren*

DIN ISO 5725-1:1997-11, *Genauigkeit (Richtigkeit und Präzision) von Meßverfahren und Meßergebnissen — Teil 1: Allgemeine Grundlagen und Begriffe (ISO 5725-1:1994)*

— Leerseite —

EUROPÄISCHE NORM
EUROPEAN STANDARD
NORME EUROPÉENNE

EN ISO 536

Februar 2020

ICS 85.060

Ersetzt EN ISO 536:2012

Deutsche Fassung

Papier und Pappe — Bestimmung der flächenbezogenen Masse (ISO 536:2019)

Paper and board —
Determination of grammage (ISO 536:2019)

Papier et carton —
Détermination du grammage (ISO 536:2019)

Diese Europäische Norm wurde vom CEN am 30. November 2019 angenommen.

Die CEN-Mitglieder sind gehalten, die CEN/CENELEC-Geschäftsordnung zu erfüllen, in der die Bedingungen festgelegt sind, unter denen dieser Europäischen Norm ohne jede Änderung der Status einer nationalen Norm zu geben ist. Auf dem letzten Stand befindliche Listen dieser nationalen Normen mit ihren bibliographischen Angaben sind beim CEN-CENELEC-Management-Zentrum oder bei jedem CEN-Mitglied auf Anfrage erhältlich.

Diese Europäische Norm besteht in drei offiziellen Fassungen (Deutsch, Englisch, Französisch). Eine Fassung in einer anderen Sprache, die von einem CEN-Mitglied in eigener Verantwortung durch Übersetzung in seine Landessprache gemacht und dem Management-Zentrum mitgeteilt worden ist, hat den gleichen Status wie die offiziellen Fassungen.

CEN-Mitglieder sind die nationalen Normungsinstitute von Belgien, Bulgarien, Dänemark, Deutschland, Estland, Finnland, Frankreich, Griechenland, Irland, Island, Italien, Kroatien, Lettland, Litauen, Luxemburg, Malta, den Niederlanden, Norwegen, Österreich, Polen, Portugal, der Republik Nordmazedonien, Rumänien, Schweden, der Schweiz, Serbien, der Slowakei, Slowenien, Spanien, der Tschechischen Republik, der Türkei, Ungarn, dem Vereinigten Königreich und Zypern.

EUROPÄISCHES KOMITEE FÜR NORMUNG
EUROPEAN COMMITTEE FOR STANDARDIZATION
COMITÉ EUROPÉEN DE NORMALISATION

CEN-CENELEC Management-Zentrum: Rue de la Science 23, B-1040 Brüssel

Ref. Nr. EN ISO 536:2020 D

Inhalt

Europäisches Vorwort

Dieses Dokument (EN ISO 536:2020) wurde vom Technischen Komitee ISO/TC 6 „Paper, board and pulps" in Zusammenarbeit mit dem Technischen Komitee CEN/TC 172 „Faserstoff, Papier und Pappe" erarbeitet, dessen Sekretariat von DIN gehalten wird.

Diese Europäische Norm muss den Status einer nationalen Norm erhalten, entweder durch Veröffentlichung eines identischen Textes oder durch Anerkennung bis August 2020, und etwaige entgegenstehende nationale Normen müssen bis August 2020 zurückgezogen werden.

Es wird auf die Möglichkeit hingewiesen, dass einige Elemente dieses Dokuments Patentrechte berühren können. CEN ist nicht dafür verantwortlich, einige oder alle diesbezüglichen Patentrechte zu identifizieren.

Dieses Dokument ersetzt EN ISO 536:2012.

Entsprechend der CEN-CENELEC-Geschäftsordnung sind die nationalen Normungsinstitute der folgenden Länder gehalten, diese Europäische Norm zu übernehmen: Belgien, Bulgarien, Dänemark, Deutschland, die Republik Nordmazedonien, Estland, Finnland, Frankreich, Griechenland, Irland, Island, Italien, Kroatien, Lettland, Litauen, Luxemburg, Malta, Niederlande, Norwegen, Österreich, Polen, Portugal, Rumänien, Schweden, Schweiz, Serbien, Slowakei, Slowenien, Spanien, Tschechische Republik, Türkei, Ungarn, Vereinigtes Königreich und Zypern.

Anerkennungsnotiz

Der Text von ISO 536:2019 wurde von CEN als EN ISO 536:2020 ohne irgendeine Abänderung genehmigt.

Vorwort

ISO (die Internationale Organisation für Normung) ist eine weltweite Vereinigung nationaler Normungsorganisationen (ISO-Mitgliedsorganisationen). Die Erstellung von Internationalen Normen wird üblicherweise von Technischen Komitees von ISO durchgeführt. Jede Mitgliedsorganisation, die Interesse an einem Thema hat, für welches ein Technisches Komitee gegründet wurde, hat das Recht, in diesem Komitee vertreten zu sein. Internationale staatliche und nichtstaatliche Organisationen, die in engem Kontakt mit ISO stehen, nehmen ebenfalls an der Arbeit teil. ISO arbeitet bei allen elektrotechnischen Themen eng mit der Internationalen Elektrotechnischen Kommission (IEC) zusammen.

Die Verfahren, die bei der Entwicklung dieses Dokuments angewendet wurden und die für die weitere Pflege vorgesehen sind, werden in den ISO/IEC-Direktiven, Teil 1 beschrieben. Es sollten insbesondere die unterschiedlichen Annahmekriterien für die verschiedenen ISO-Dokumentenarten beachtet werden. Dieses Dokument wurde in Übereinstimmung mit den Gestaltungsregeln der ISO/IEC-Direktiven, Teil 2 erarbeitet (siehe www.iso.org/directives).

Es wird auf die Möglichkeit hingewiesen, dass einige Elemente dieses Dokuments Patentrechte berühren können. ISO ist nicht dafür verantwortlich, einige oder alle diesbezüglichen Patentrechte zu identifizieren. Details zu allen während der Entwicklung des Dokuments identifizierten Patentrechten finden sich in der Einleitung und/oder in der ISO-Liste der erhaltenen Patenterklärungen (siehe www.iso.org/patents).

Jeder in diesem Dokument verwendete Handelsname dient nur zur Unterrichtung der Anwender und bedeutet keine Anerkennung.

Für eine Erläuterung des freiwilligen Charakters von Normen, der Bedeutung ISO-spezifischer Begriffe und Ausdrücke in Bezug auf Konformitätsbewertungen sowie Informationen darüber, wie ISO die Grundsätze der Welthandelsorganisation (WTO, en: World Trade Organization) hinsichtlich technischer Handelshemmnisse (TBT, en: Technical Barriers to Trade) berücksichtigt, siehe www.iso.org/iso/foreword.html.

Dieses Dokument wurde vom Technischen Komitee ISO/TC 6 *Paper, board and pulps*, Unterkomitee SC 2, *Test methods and quality specifications for paper and board*, erarbeitet.

Diese vierte Ausgabe ersetzt die dritte Ausgabe (ISO 536:2012), die technisch überarbeitet wurde. Die wesentlichen Änderungen im Vergleich zur Vorgängerausgabe sind folgende:

— mehrere Unstimmigkeiten und Ungenauigkeiten wurden behoben; zum Beispiel ist es in 5.1 zulässig, unter bestimmten Umständen die nominelle Fläche der mit der Schneidevorrichtung geschnittenen Proben zur Berechnung der flächenbezogenen Masse zu verwenden, statt die Fläche jeder Probe zu bestimmen, doch wurde dies in nachfolgenden Abschnitten nicht berücksichtigt;

— die Formulierung in Abschnitt 8 zur Verwendung einer verringerten Prüffläche wird verschärft;

— in Abschnitt 10 sind zusätzliche Angaben gefordert;

— zur Bestimmung flächenbezogenen Masse im „Zustand der Probenahme" im Bereich der Oberseite einer Rolle erfolgt in A.2 eine präzisere Beschreibung.

Rückmeldungen oder Fragen zu diesem Dokument sollten an das jeweilige nationale Normungsinstitut des Anwenders gerichtet werden. Eine vollständige Auflistung dieser Institute ist unter www.iso.org/members.html zu finden.

DIN EN ISO 536:2020-05
EN ISO 536:2020 (D)

1 Anwendungsbereich

Dieses Dokument legt ein Verfahren zur Bestimmung der flächenbezogenen Masse von Papier und Pappe fest.

2 Normative Verweisungen

Die folgenden Dokumente werden im Text in solcher Weise in Bezug genommen, dass einige Teile davon oder ihr gesamter Inhalt Anforderungen des vorliegenden Dokuments darstellen. Bei datierten Verweisungen gilt nur die in Bezug genommene Ausgabe. Bei undatierten Verweisungen gilt die letzte Ausgabe des in Bezug genommenen Dokuments (einschließlich aller Änderungen).

ISO 186, *Paper and board — Sampling to determine average quality*

ISO 187, *Paper, board and pulps — Standard atmosphere for conditioning and testing and procedure for monitoring the atmosphere and conditioning of samples*

ISO 287, *Paper and board — Determination of moisture content of a lot — Oven-drying method*

3 Begriffe

Für die Anwendung dieses Dokuments gelten die folgenden Begriffe.

ISO und IEC stellen terminologische Datenbanken für die Verwendung in der Normung unter den folgenden Adressen bereit:

— ISO Online Browsing Platform: verfügbar unter http://www.iso.org/obp

— IEC Electropedia: verfügbar unter http://www.electropedia.org/

3.1
flächenbezogene Masse
Masse je Flächeneinheit
Masse einer Flächeneinheit von Papier oder Pappe, bestimmt durch ein spezielles Prüfverfahren

Anmerkung 1 zum Begriff: Die flächenbezogene Masse wird ausgedrückt in g/m^2.

4 Kurzbeschreibung

Die Fläche der Proben und ihre Massen sind zu bestimmen, und ihre flächenbezogene Masse ist zu berechnen.

Zu Einzelheiten hinsichtlich der Präzision des Prüfverfahrens siehe Anhang B.

5 Geräte

5.1 Schneidevorrichtung, die in der Lage ist, wiederholt Proben aus den meisten Papier- und Pappe-Produkten sauber auf ±1,0 % derselben nominellen Fläche zu schneiden. Dies muss in regelmäßigen Abständen durch Messungen überprüft werden. Unter der Voraussetzung, dass die geforderte Genauigkeit erreicht wurde, muss die nominelle Fläche zur Berechnung der flächenbezogenen Masse verwendet werden.

Nach dieser Bestimmung der Fläche wird sich herausstellen, dass die Proben bestimmter Papier- bzw. Pappetypen nicht auf ±1,0 % der nominellen Fläche zugeschnitten werden können. In solchen Fällen müssen die Maße jeder Probe auf 0,5 mm genau bestimmt und die Fläche jeder Probe berechnet werden.

5.2 Waage, mit ausreichender Messunsicherheit in dem Massebereich, für den sie eingesetzt wird, um die Masse der Probe auf 0,5 % der tatsächlichen Masse zu messen. Sie muss so empfindlich sein, dass eine Änderung der zu wägenden Masse von ±0,2 % festgestellt werden kann und falls es eine Analogwaage ist, muss diese so unterteilt sein, dass Ablesungen mit dieser Messunsicherheit erfolgen können.

5.3 Spezielle Einzelblatt-Waagen, die für die Wägung von Proben einer vorgegebenen Größe ausgelegt sind und die flächenbezogenen Masse direkt angeben, dürfen ebenfalls benutzt werden, sofern die oben beschriebenen Voraussetzungen zur Bestimmung der Masse erfüllt sind und die Fläche jeder Probe in einer Einzelwägung nicht kleiner als 50 000 mm^2 (500 cm^2) und nicht größer als 100 000 mm^2 (1 000 cm^2) ist (siehe Abschnitt 8 und 9.2).

Die Waage muss während des Gebrauchs vor Zugluft geschützt werden.

6 Probenahme

Die Auswahl der Einheiten und Bögen sowie die Entnahme der Probestücke müssen nach ISO 186 erfolgen. Falls die Prüfungen an anderen Querschnittsproben durchgeführt werden, ist sicherzustellen, dass die entnommenen Proben repräsentativ für die vorliegende Probe sind. Wenn möglich, sind mindestens fünf Probestücke zu verwenden, deren Fläche für mindestens 20 Proben ausreicht.

Wenn die flächenbezogene Masse im „Zustand der Probenahme" zu bestimmen ist, muss der Einfluss der Umgebungsatmosphäre auf den Feuchtegehalt der Probestücke minimiert werden (siehe A.2).

7 Probenvorbereitung

Für die Bestimmung der vorbehandelten flächenbezogenen Masse und der „ofentrockenen" flächenbezogenen Masse müssen die Probestücke nach ISO 187 vorbehandelt sein.

8 Durchführung

Für die Bestimmung der vorbehandelten flächenbezogenen Masse werden die Proben unter den gleichen atmosphärischen Bedingungen vorbereitet und gewägt wie bei der Vorbereitung der Probestücke.

Für die Bestimmung der vorbehandelten flächenbezogenen Masse und der ofentrockenen (siehe A.1) flächenbezogenen Masse sind mithilfe der Schneidevorrichtung (5.1) Proben aus den vorbehandelten Probestücken auszuschneiden. Wenn möglich, sind mindestens 20 Proben aus mindestens fünf Probestücken zu schneiden, wobei aus jedem Probestück die gleiche Anzahl Proben zu entnehmen ist. Für die Bestimmung der flächenbezogenen Masse im „Zustand der Probenahme" ist nach demselben Verfahren vorzugehen, wobei der Einfluss der Umgebungsatmosphäre auf den Feuchtegehalt der Proben zu minimieren ist (siehe A.2).

Jede Probe muss nach Möglichkeit eine Fläche von mindestens 50 000 mm^2 (vorzugsweise mit den Maßen 200 mm × 250 mm), jedoch nicht mehr als 100 000 mm^2 aufweisen. Sie darf, falls notwendig, aus mehreren kleineren Einzelstücken zusammengesetzt werden.

In den Fällen, in denen nur eine begrenzte Fläche der Probe zur Verfügung steht und es nicht möglich ist, eine Probe anzufertigen, die aus mehreren kleineren Einzelstücken zusammengesetzt ist, darf eine Prüffläche von mindestens 10 000 mm^2 (100 cm^2) verwendet werden. Dies muss als Abweichung von dem in diesem Dokument als bevorzugt festgelegten Bereich von 50 000 mm^2 bis 100 000 mm^2 protokolliert werden.

Wenn die Schwankung der Probenflächen des zu prüfenden Papier- oder Pappetyps die in Abschnitt 5.1 festgelegten Grenzabmaße hinsichtlich des Feuchtegehalts, bei dem die flächenbezogene Masse bestimmt wird, überschreitet oder wenn diese unbekannt sind, sind die Abmessungen jeder Probe auf 0,5 mm zu bestimmen, und die jeweilige Fläche zu berechnen.

Jede Probe ist auf der Waage (5.2) zu wägen, und ihre Masse – oder bei Verwendung einer Einzelblatt-Waage (5.3) die angezeigte flächenbezogene Masse – auf drei wertanzeigende Stellen anzugeben.

Es wird empfohlen, besonders bei Verwendung kleiner Einzelstücke, die Proben nicht mit bloßen Händen zu berühren.

9 Berechnung und Angabe der Ergebnisse

9.1 Wenn der von der Waage abgelesene Wert die Masse der Probe ist, wird mithilfe der Gleichung (1) aus jeder Probe die flächenbezogene Masse g auf drei wertanzeigende Stellen in Gramm je Quadratmeter berechnet:

$$g = \frac{m}{A} \times 10^6 \tag{1}$$

Dabei ist

m die Masse der Probe in Gramm;

A die Fläche der Probe in Quadratmillimeter oder die durch die Schneidevorrichtung bestimmte Fläche, wenn die Vorgabe für die Schwankung der Probenfläche eingehalten wird (siehe 5.1).

9.2 Wenn eine Einzelblatt-Waage, wie in 5.2 beschrieben, verwendet wird, wird mithilfe der Gleichung (2) die flächenbezogene Masse g jeder Probe in Gramm je Quadratmeter auf drei wertanzeigende Stellen berechnet:

$$g = \frac{A_1}{A} \times g_1 \tag{2}$$

Dabei ist

g_1 die angezeigte flächenbezogene Masse der Probe in Gramm je Quadratmeter;

A_1 die Fläche der Probe, für die die Waage kalibriert ist, in Quadratmillimeter;

A die Fläche der abgewogenen Probe in Quadratmillimeter oder die durch die Schneidevorrichtung bestimmte Fläche, wenn die Vorgabe für die Schwankung der Probenfläche eingehalten wird (siehe 5.1).

9.3 Der Mittelwert der Ergebnisse und die Standardabweichung sind auf drei wertanzeigende Stellen zu berechnen und anzugeben.

10 Prüfbericht

Der Prüfbericht muss folgende Angaben enthalten:

a) eine Verweisung auf dieses Dokument, d. h. ISO 536;

b) Datum und Ort der Prüfung;

c) alle für die Identifizierung der Probe erforderlichen Informationen;

d) die verwendete klimatisierte Atmosphäre, falls nicht die flächenbezogene Masse im „Zustand der Probenahme" bestimmt wird;

e) den Zustand der Proben zum Zeitpunkt des Wägens (vorbehandelt, ofentrocken oder im „Zustand der Probenahme");

f) die Probenfläche. Eine Unter- oder Überschreitung des Bereichs von 50 000 mm^2 bis 100 000 mm^2 muss als Abweichung von dem in diesem Dokument als bevorzugt festgelegten Bereich protokolliert werden;

g) die Anzahl der Einzelprüfungen;

h) Mittelwert und Standardabweichung der Ergebnisse;

i) falls die Probestücke an mehreren Stellen verteilt über eine Rolle oder eines Formatstapels entnommen wurden und Informationen über Schwankungen der flächenbezogenen Masse erforderlich sind, müssen die Angaben zu c), d), e) und f) getrennt für jede Stelle gemacht werden;

j) jede Abweichung von dem in diesem Dokument festgelegten Verfahren sowie alle Umstände, die die Ergebnisse beeinflusst haben könnten.

Anhang A
(normativ)

Bestimmung der flächenbezogenen Masse „ofentrocken" und im „Zustand der Probenahme"

A.1 Bestimmung der flächenbezogenen Masse „ofentrocken"

Falls notwendig (siehe 5.1), wird die Fläche jeder Probe nach der Vorbehandlung nach Abschnitt 7 bestimmt. Die Proben werden nach ISO 287 getrocknet, und ihre Masse oder flächenbezogene Masse (bei Verwendung einer Einzelblatt-Waage) bestimmt. Die flächenbezogene Masse wird nach 9.1 beziehungsweise nach 9.2 berechnet.

A.2 Bestimmung der flächenbezogenen Masse im „Zustand der Probenahme"

Diese Bestimmung wird an Material durchgeführt, das sich im gleichen Zustand befindet wie zum Zeitpunkt der Probenahme. Es werden Probestücke ausgewählt und Proben ausgeschnitten, und anschließend wird so schnell, wie die erforderliche Genauigkeit es zulässt, ihre Masse oder – bei Verwendung einer Einzelblatt-Waage – die flächenbezogene Masse bestimmt. Wenn die flächenbezogene Masse im „Zustand der Probenahme" im Bereich der Oberseite der Rolle zu bestimmen ist, werden die Proben in einer solchen Tiefe ausgeschnitten, dass ihr Feuchtegehalt unbeeinflusst von der Umgebungsatmosphäre geblieben ist. Die flächenbezogene Masse wird nach 9.1 beziehungsweise nach 9.2 berechnet.

Anhang B
(informativ)

Präzision

Die in Tabelle B.1 und Tabelle B.2 angegebenen Präzisionsdaten wurden von CEPI-CTS (en: Comparative Testing Service of the Confederation of European Paper Industries) ermittelt. Die Abschätzungen der Wiederholpräzision und Vergleichpräzision durch das CEPI-CTS-Programm basieren auf Ringversuchen aus dem Jahr 2011, an denen 17 Laboratorien aus elf europäischen Ländern teilgenommen haben, die drei verschiedene Probenmaterialien geprüft haben. Die Fläche der in dem oben genannten Testing Service verwendeten Proben ist kleiner als das bevorzugte Minimum von 50 000 mm^{2}.

Die Berechnungen wurden nach ISO/TR 24498 [1] und TAPPI T 1200 [2] durchgeführt.

Die in Tabelle B.1 festgehaltene Standardabweichung für die Wiederholpräzision ist eine zusammengefasste Standardabweichung für die Wiederholpräzision. Sie ist aus dem Effektivwert der Standardabweichung der teilnehmenden Laboratorien errechnet. Dies weicht von der herkömmlichen Definition der Wiederholpräzision nach ISO 5725-1 [3] ab.

Die berichteten Grenzen für die Wiederholpräzision und Vergleichpräzision sind Abschätzungen der maximalen Differenz, welche in 19 von 20 Fällen erwartet werden sollten, bei Vergleich von zwei Prüfergebnissen für ähnliches Material, wie es unter ähnlichen Prüfbedingungen beschrieben ist. Diese Abschätzungen können für verschiedene Materialien oder verschiedene Prüfbedingungen nicht gültig sein.

Wiederholpräzisions- und Vergleichpräzisionsgrenzen werden berechnet, indem die Standardabweichungen der Wiederholpräzision und Vergleichpräzision mit 2,77 multipliziert werden.

ANMERKUNG 1 Die Standardabweichung für die Wiederholpräzision und die Standardabweichung innerhalb der Laboratorien sind identisch. Die Standardabweichung für die Vergleichpräzision ist jedoch nicht die gleiche wie die Standardabweichung zwischen den Laboratorien. Die Standardabweichung für die Vergleichpräzision beinhaltet beide, die Standardabweichung innerhalb und zwischen den Laboratorien, nämlich:

$s^2_{\text{Wiederholpräzision}} = s^2_{\text{innerhalb des Laboratoriums}}$ aber $s^2_{\text{Vergleichpräzision}} = s^2_{\text{innerhalb des Laboratoriums}} + s^2_{\text{zwischen den Laboratorien}}$

ANMERKUNG 2 $2{,}77 = 1{,}96 \times \sqrt{2}$, unter der Voraussetzung, dass die Prüfergebnisse einer Normalverteilung unterliegen und dass die Standardabweichung s auf einer hohen Anzahl von Prüfungen basiert.

Tabelle B.1 — Abschätzung der Wiederholpräzision eines Prüfverfahrens mithilfe von CEPI-CTS

Probe	Anzahl der Laboratorien	Mittelwert	Wiederholpräzision Std.-Abw. s_r	Variationskoeffizient $C_{V,r}$	Wiederholgrenze r
		g/m^2	g/m^2	%	g/m^2
Level 1	17	51,0	0,51	1,00	1,41
Level 2	16[a]	94,6	1,04	1,10	2,88
Level 3	17	281	1,60	0,57	4,44

[a] Ausreißer nicht eingeschlossen.

Tabelle B.2 — Abschätzung der Vergleichpräzision eines Prüfverfahrens mithilfe von CEPI-CTS

Probe	Anzahl der Laboratorien	Mittelwert	Vergleichpräzision Std.-Abw. s_R	Variationskoeffizient $C_{V,R}$	Vergleichgrenze R
		g/m^2	g/m^2	%	g/m^2
Level 1	17	51,0	0,65	1,27	1,80
Level 2	16[a]	94,6	1,47	1,56	4,08
Level 3	17	281	3,67	1,31	10,2

[a] Ausreißer nicht eingeschlossen.

Literaturhinweise

[1] ISO/TR 24498:2019, *Paper, board and pulps — Estimation of uncertainty for test methods by interlaboratory comparisons*

[2] TAPPI Test method T 1200 sp-07, *Interlaboratory evaluation of test methods to determine TAPPI repeatability and reproducibility*

[3] ISO 5725-1:1994/Cor 1:1998, *Accuracy (trueness and precision) of measurement methods and results — Part 1: General principles and definitions*

INTERNATIONAL STANDARD

ISO 6588-1

Third edition
2020-02

Paper, board and pulps — Determination of pH of aqueous extracts —

Part 1: Cold extraction

Papier, carton et pâtes — Détermination du pH des extraits aqueux —

Partie 1: Extraction à froid

Reference number
ISO 6588-1:2020(E)

ISO copyright office
CP 401 • Ch. de Blandonnet 8
CH-1214 Vernier, Geneva
Phone: +41 22 749 01 11
Fax: +41 22 749 09 47
Email: copyright@iso.org
Website: www.iso.org

Published in Switzerland

Contents

Page

Foreword

ISO (the International Organization for Standardization) is a worldwide federation of national standards bodies (ISO member bodies). The work of preparing International Standards is normally carried out through ISO technical committees. Each member body interested in a subject for which a technical committee has been established has the right to be represented on that committee. International organizations, governmental and non-governmental, in liaison with ISO, also take part in the work. ISO collaborates closely with the International Electrotechnical Commission (IEC) on all matters of electrotechnical standardization.

The procedures used to develop this document and those intended for its further maintenance are described in the ISO/IEC Directives, Part 1. In particular, the different approval criteria needed for the different types of ISO documents should be noted. This document was drafted in accordance with the editorial rules of the ISO/IEC Directives, Part 2 (see www.iso.org/directives).

Attention is drawn to the possibility that some of the elements of this document may be the subject of patent rights. ISO shall not be held responsible for identifying any or all such patent rights. Details of any patent rights identified during the development of the document will be in the Introduction and/or on the ISO list of patent declarations received (see www.iso.org/patents).

Any trade name used in this document is information given for the convenience of users and does not constitute an endorsement.

For an explanation of the voluntary nature of standards, the meaning of ISO specific terms and expressions related to conformity assessment, as well as information about ISO's adherence to the World Trade Organization (WTO) principles in the Technical Barriers to Trade (TBT), see www.iso.org/iso/foreword.html.

This document was prepared by Technical Committee ISO/TC 6, *Paper, board and pulps.*

This third edition cancels and replaces the second edition (ISO 6588-1:2012), which has been technically revised. The main changes compared to the previous edition are as follows:

— addition of the last four paragraphs in the Introduction to clarify the differences, in the role and mode of addition of a salt solution, between this document and ISO 29681[5].

A list of all parts in the ISO 6588 series can be found on the ISO website.

Any feedback or questions on this document should be directed to the user's national standards body. A complete listing of these bodies can be found at www.iso.org/members.html.

Introduction

Kraft fibre is well known to contain ionisable groups that are fixed to or in the fibre wall. In order to fulfil the electro-neutrality, these groups are balanced by an equivalent number of positive charges, which can be either protons or various metal ions. Especially in pulp suspensions at low ionic strengths, this can give rise to a marked uneven distribution of mobile ions between the volume held by the fibre wall and the bulk suspension liquor. This means that the fibre acts as an ion exchanger. These ion-exchange phenomena can be modelled very well with the Donnan theory[2][3].

If a relatively clean pulp fibre sample, for example bleached dried pulp, is diluted in deionised water, the result will be a pulp suspension with a very low ionic strength. In such a system, most of the cations present, including protons, will be concentrated in the water volume held by the fibre wall. If the pH is measured, it will be measured in the bulk suspension liquor. By adding salt to this kind of system, the ion exchange phenomena will be decreased, and the concentration of different cations will be the same in the water held by the fibre wall and in the bulk suspension liquor. Since the process waters always contain a certain amount of ions, such a salt addition will give a more realistic environment when measuring the pH of relatively clean pulp samples.

Based on the foregoing, two ISO Standards, ISO 6588-1 and ISO 29681, are available for determination of the pH of cold aqueous extracts of paper, board, or pulps. In ISO 29681, a salt solution is added prior to extraction; however, in ISO 6588-1, the extraction is carried out with distilled or deionized water. ISO 29681 is specifically applicable to bleached pulps from virgin fibres and to pulp samples having a low ionic strength for which the pH-value will give more realistic results related to mill conditions than those obtained with ISO 6588-1.

It is necessary to be aware that the results will not be the same when measuring pH according to ISO 6588-1 and to ISO 29681. The difference can be significant especially when measuring pulps having a low ionic strength.

ISO 6588-2 differs from this document only as regards the extraction conditions. No general guidance can be given as to which of the two procedures (hot or cold) is best suited in a particular situation.

It should be noted that in ISO 6588-1, addition of a salt solution is performed after extraction and filtration only for the purpose of obtaining a more stable and accurate pH measurement.

Paper, board and pulps — Determination of pH of aqueous extracts —

Part 1: Cold extraction

1 Scope

This document specifies a method for the determination of the pH-value defined by the electrolytes extractable by cold water from a sample of paper, board or pulp.

This document is applicable to all types of paper, board and pulp.

As the quantity of extractable ionic material approaches zero, as in the case of highly purified pulps, the precision of the method becomes poor because of the difficulties encountered in making pH measurements on water containing little electrolytic material.

Since the extraction in this document is performed with distilled or deionised water, the pH-value measured will sometimes be different (e.g. for fully bleached pulp) from the pH-value measured under mill process conditions in which various types of process waters, e.g. chemically treated river water containing electrolytes, are used. In such cases, ISO 29681 should be used instead, as it is specifically applicable to bleached pulps from virgin fibres and to pulp samples having a low ionic strength for which the pH value will give more realistic results related to mill conditions than those obtained with this document.

For cellulosic papers used for electrical purposes, the method used should be that given in IEC 60554-2[4].

2 Normative references

The following documents are referred to in the text in such a way that some or all of their content constitutes requirements of this document. For dated references, only the edition cited applies. For undated references, the latest edition of the referenced document (including any amendments) applies.

ISO 186, *Paper and board — Sampling to determine average quality*

ISO 7213, *Pulps — Sampling for testing*

3 Terms and definitions

No terms and definitions are listed in this document.

ISO and IEC maintain terminological databases for use in standardization at the following addresses:

— ISO Online browsing platform: available at https://www.iso.org/obp

— IEC Electropedia: available at http://www.electropedia.org/

4 Principle

Extraction of a sample of 2 g for 1 h with 100 ml of cold water of high purity. Filtration of the extract and addition of a salt solution. Measurement of the pH-value of the extract at a temperature between 20 °C and 25 °C.

5 Reagents

5.1 Water, distilled or deionised water shall be used throughout the test. The conductivity of the water shall not exceed 0,1 mS/m, after boiling for 1 h and cooling in an acid-free atmosphere (e.g. free of CO_2, SO_2, H_2S) to a temperature between 20 °C and 25 °C. The pH of the water should be in the range of 6,8 to 7,3. Instructions for the determination of conductivity are specified in ISO 3696.

5.2 Standard buffer solutions, with known pH-values of about 4, 7 and 9. Such buffer solutions are commercially available. Some examples of suitable buffer solutions are given, and their preparation is described, in Annex A.

5.3 Potassium chloride solution, 1M. Dissolve 7,4 g of KCl, analytical grade, into 100 ml of freshly boiled, distilled water. Prepare a fresh solution every week.

6 Apparatus and equipment

Use the following, in addition to ordinary laboratory apparatus and equipment.

6.1 Glassware of chemically resistant glass, flasks with ground-glass joints, stoppers, beakers and fritted glass filter. All glassware shall be cleaned with an acid cleaning solution, without the use of soap or detergent, and they shall be carefully rinsed with water (5.1) and allowed to dry before use.

6.2 pH-meter, fitted with glass and calomel electrodes or with a combined electrode, capable of being read to at least 0,05 pH-unit.

7 Sampling and preparation of sample

7.1 Sampling

The sampling procedure to be followed depends on the particular circumstances in each case. If the analysis is being made to evaluate a lot or a consignment of pulp, paper or board, the sample shall be taken in accordance with ISO 7213 or ISO 186, as relevant. If the analysis is made on another type of sample, report the origin of the sample and, if possible, the sampling procedure, and ensure that the specimen taken in 7.1 is representative of the sample received.

Wear clean protective gloves when handling the sample.

NOTE Some gloves are powdered to prevent them from sticking to one another, and this powder can cause contamination of the sample.

7.2 Preparation of sample

Do not touch the sample with bare hands and ensure that it has been placed only on clean surfaces. Cut the sample with a knife or cutter, or tear it, into pieces approximately 1 cm^2 in size. Split samples of heavy board.

Mix the pieces thoroughly. Store the pieces in clean, covered containers.

8 Procedure

Run the procedure in duplicate.

8.1 Weighing

Weigh 2,0 g ± 0,1 g of air-dry sample (6.2) in a 250 ml flask (5.1).

NOTE Since the amount of sample is not critical, there is no need to determine the dry matter content to adjust for minor differences in moisture content.

8.2 Extraction

Add 100 ml of water (5.1) to the flask (6.1) containing the sample pieces. Check that all pieces are soaked. Seal the flask with its ground-glass stopper and leave it to stand for 1 h at a temperature between 20 °C and 25 °C. Shake the flask at least once during this time.

Filter the extract through a coarse, fritted glass filter into a small beaker (6.1). Immediately add 2 ml of potassium chloride solution (5.3) and continue with the measurement.

8.3 Determination of pH

Operate the pH-meter in accordance with the manufacturer's instruction. Wash the electrodes with water (5.1); allow the water to drain from the electrodes, but do not wipe them. Calibrate the pH-meter (5.2), at a temperature between 20 °C and 25 °C, with two different buffer solutions (5.2) having pH-values such that the pH of the extract is between the pH-values of the buffer solutions. The first buffer solution shall be chosen so that the pH-value of the buffer solution is in the same region as the electric zero point of the pH-meter (usually = 7). The reading for the second buffer solution should agree with its correct value to within 0,1 pH-unit.

If the pH-meter fails to show the correct pH-value for the second buffer solution, consult the manufacturer's manual. A deviation of, or exceeding, 0,2 pH-units, rounded to the nearest 0,1 pH unit, indicates a faulty electrode. In addition, a slow but continuous increase or decrease in the reading indicates a faulty electrode.

After calibration, rinse the electrodes several times with water (5.1) and once in a small quantity of the extract. Check that the temperature of the extract is between 20 °C and 25 °C. Immerse the electrodes in the extract. Record the pH when there is no measurable drift, within 30 s.

Before measuring the next sample, rinse the electrodes carefully with water (5.1) to remove any traces of sample or buffer solution.

At the end of a series of measurements, check the electrodes with the same buffer solutions. The results for both solutions should agree with their correct value to within 0,1 pH unit. Otherwise repeat the procedure in 8.3.

9 Calculation

Calculate the mean of the duplicate determinations.

Report the pH-value to the nearest 0,1 pH-unit. The individual results should not differ by more than 0,2 pH-unit; if they do, repeat the determination with two additional extracts, and report the mean and the range of all measurements.

NOTE See Annex B for precision.

10 Test report

The test report shall include the following information:

a) a reference to this document, i.e. ISO 6588-1;

b) the date and place of testing;

c) all the information necessary for complete identification of the sample;

d) the result, expressed as indicated in Clause 8;

e) any unusual features observed in the course of the test;

f) any departure from the procedure described in this document, or any other circumstances which may have affected the result.

Annex A
(informative)

Preparation of some standard buffer solutions

All the reagents used shall be of recognized reagent grade. The buffer solutions shall be renewed at least once a month. The anhydrous salts in A.1 and A.2 shall be dried at 120 °C.

A.1 Buffer solution pH 4,0: Potassium hydrogen phthalate, 0,05 mol/l solution

Dissolve 10,21 g of potassium hydrogen phthalate ($KHC_8H_4O_4$) in water (5.1) in a 1 litre volumetric flask and dilute to the mark.

The pH-value of this solution is 4,00 at 20 °C and 4,01 at 25 °C.

A.2 Buffer solution pH 6,9: Potassium dihydrogen phosphate and disodium hydrogen phosphate solution

Dissolve 3,39 g of potassium dihydrogen phosphate (KH_2PO_4) and 3,54 g disodium hydrogen phosphate (Na_2HPO_4) in water (5.1) in a 1 litre volumetric flask and dilute to the mark.

The pH-value of this solution is 6,87 at 20 °C and 6,86 at 25 °C.

A.3 Buffer solution pH 9,2: Disodium tetraborate solution

Dissolve 3,80 g of disodium tetraborate decahydrate ($Na_2B_4O_7 \cdot 10H_2O$) in water (5.1) in a 1 litre volumetric flask and dilute to the mark.

The pH-value of this solution is 9,23 at 20 °C and 9,18 at 25 °C.

Annex B
(informative)

Precision

B.1 General

In February 2002, an international round-robin was performed in which 5 laboratories from different countries participated.

The calculations have been made according to ISO/TR 24498[6].

The repeatability and reproducibility limits reported are estimates of the maximum difference which should be expected in 19 of 20 instances, when comparing two test results for material similar to those described under similar test conditions. These estimates may not be valid for different materials or different test conditions.

NOTE Repeatability and reproducibility limits are calculated by multiplying the repeatability and reproducibility standard deviations by 2,77, where $2{,}77 = 1{,}96\sqrt{2}$.

B.2 Repeatability

The pH-values of four different samples were determined in one laboratory according to this document. Ten determinations were made in each case. Mean values, standard deviations and coefficients of variations as well as repeatability limits for each type of sample are shown in Table B.1.

Table B.1 — Repeatability

Sample	Mean value pH	Standard deviation s_r	Coefficient of variation $C_{V,r}$ (%)	Repeatability limit r
Copy paper	9,9	0,01	0,07	0,03
Paperboard	7,8	0,07	0,84	0,19
Bleached pulp	5,2	0,02	0,42	0,06
Unbleached pulp	7,4	0,03	0,46	0,08

B.3 Reproducibility

The pH-values of four different samples were determined in five different laboratories according to this document. Mean values, standard deviations and coefficients of variations, as well as reproducibility limits, for each type of sample, based on the results of five laboratories, are shown in Table B.2.

Table B.2 — Reproducibility

Sample	Mean value pH	Standard deviation s_R	Coefficient of variation $C_{V,R}$ (%)	Reproducibility limit R
Copy paper	9,8	0,22	2,2	0,61
Paperboard	7,8	0,34	4,4	0,94
Bleached pulp	5,7	0,73	12,8	2,02
Unbleached pulp	7,3	0,26	3,6	0,72

Bibliography

[1] ISO 6588-2, *Paper, board and pulps — Determination of pH of aqueous extracts — Part 2: Hot extraction*

[2] SCALLAN A.M., In: The pH inside the fibre wall. Cellulose Sources and Exploitation. (KENNEDY J.F., PHILIPS G.O., WILLIAMS P.A., eds.). Eric Horwood, London, 1990, pp. 211

[3] SCALLAN A.M., Predicting the Ion-Exchange of Kraft Pulp Using Donnan Theory. *Journal of Pulp and Paper Science*. 1996, **22** (9) pp. J332–J337

[4] IEC 60554-2, *Cellulosic papers for electrical purposes — Part 2: Methods of test*

[5] ISO 29681, *Paper, board and pulps — Determination of pH of salted water extracts*

[6] ISO/TR 24498, *Paper, board and pulps — Estimation of uncertainty for test methods by interlaboratory comparisons*

[7] ISO 3696, *Water for analytical laboratory use — Specification and test methods*

This page is intentionally blank.

This page is intentionally blank.

ISO 6588-1:2020(E)

ICS 85.060; 85.040
Price based on 7 pages

INTERNATIONAL STANDARD

ISO 10716

First edition
1994-12-15

Paper and board — Determination of alkali reserve

Papier et carton — Détermination de la réserve alcaline

Reference number
ISO 10716:1994(E)

Foreword

ISO (the International Organization for Standardization) is a worldwide federation of national standards bodies (ISO member bodies). The work of preparing International Standards is normally carried out through ISO technical committees. Each member body interested in a subject for which a technical committee has been established has the right to be represented on that committee. International organizations, governmental and non-governmental, in liaison with ISO, also take part in the work. ISO collaborates closely with the International Electrotechnical Commission (IEC) on all matters of electrotechnical standardization.

Draft International Standards adopted by the technical committees are circulated to the member bodies for voting. Publication as an International Standard requires approval by at least 75 % of the member bodies casting a vote.

International Standard ISO 10716 was prepared by Technical Committee ISO/TC 6, *Paper, board and pulps.*

International Organization for Standardization
Case postale 56 • CH-1211 Genève 20 • Switzerland

Printed in Switzerland

Introduction

Papers produced to be stable for long time periods normally contain some alkaline filler, such as calcium carbonate, as an alkali reserve to prevent attack from acid substances in ambient air or formed by deterioration of substances in the paper. Specifications for paper permeance may require a minimum alkali reserve. This ISO Standard is intended for checking the amount of alkali reserve present.

Normally, the required alkali reserve is obtained by adding some form of calcium carbonate to the paper furnish, but other substances can also be used for the purpose. By expressing the test result in moles per kilogram of alkaline substances and not as a calcium carbonate content, no confusion arises when alkaline substances other than calcium carbonate are used.

This page intentionally left blank

Paper and board — Determination of alkali reserve

1 Scope

This International Standard specifies a method for the determination of the alkali reserve of papers and boards. It is intended for products that contain alkaline pigments or other alkaline material, added in order to improve their resistance to acid attack (degradation).

This International Standard is not applicable to laminated, printed or otherwise processed grades that will not disintegrate completely by the procedure described.

The result obtained will include alkaline pigments contained in the coating of a coated paper.

NOTE 1 Such alkaline coating will protect the core of the paper from acid substances in ambient air, but its effect on acid substances generated in the base paper itself is uncertain.

2 Normative references

The following standards contain provisions which, through reference in this text, constitute provisions of this part of ISO 10716. At the time of publication, the editions indicated were valid. All standards are subject to revision, and parties to agreements based on this part of ISO 10716 are encouraged to investigate the possibility of applying the most recent editions of the standards indicated below. Members of IEC and ISO maintain registers of currently valid International Standards.

ISO 186:—[1], *Paper and board — Sampling to determine average quality.*

ISO 287:1985, *Paper and board — Determination of moisture content — Oven drying method.*

3 Definitions

For the purposes of this International Standard, the following definition applies.

3.1 alkali reserve (in paper and board): Compound, such as calcium carbonate, that neutralizes acid that might be generated as a result of natural ageing or from atmospheric pollution, determined as specified in this International Standard.

4 Principle

Digestion of the sample in water containing a measured amount of hydrochloric acid. Heating of the slurry to boiling and titration of unreacted hydrochloric acid with sodium hydroxide solution.

5 Reagents

During analysis, use only reagents of recognized analytical grade, and freshly distilled water or water of equivalent purity.

5.1 Hydrochloric acid, standard reference solution, $c(HCl) = 0{,}10$ mol/l ± 0,001 mol/l.

5.2 Sodium hydroxide solution, titrant, $c(NaOH) = 0{,}1$ mol/l.

5.3 Methyl red, indicator solution for acidometric titration.

Dissolve 0,2 g of methyl red {2-[4-(dimethylamino)-phenylazo]benzoic acid} in 100 ml of ethanol.

6 Apparatus

Ordinary laboratory equipment.

7 Sampling and preparation of sample

Ensure that the sample is representative of the lot to be tested. Where applicable, follow the instructions given in ISO 186.

Select from the sample enough test pieces to provide for the testing to be done, ensuring that these pieces are representative of the whole sample. Tear the

1) To be published. (Revision of ISO 186:1985)

pieces into smaller pieces, about 15 mm × 15 mm, and split thick board pieces. Wear protective gloves when handling the sample.

8 Test procedure

Carry out this procedure in duplicate.

Weigh about 1 g of sample to the nearest 0,001 g. At the same time weigh a separate sample portion for dry matter content determination in accordance with ISO 287.

Transfer the test portion to a clean 250 ml or 300 ml conical flask. Add about 100 ml of distilled water (or more if required to soak the sample portion) and boil the mixture gently for 5 min. Allow the mixture to cool somewhat. With a pipette, add 20,0 ml of hydrochloric acid (5.1).

NOTE 2 The amount of acid, 20 ml or 2 mmol, is sufficient to neutralize an alkali reserve of up to 2 mol/kg [10 % (*m/m*) $CaCO_3$]. If the paper contains more than 1,5 mol/kg alkali reserve [7,5 % (*m/m*) $CaCO_3$], use a smaller test sample or a larger volume of hydrochloric acid.

Bring the mixture to boiling again and allow it to cool for at least 15 min. Titrate with the sodium hydroxide solution (5.2) to the first lemon-yellow, using three drops of the methyl red solution (5.3) as the indicator.

If less than 5 ml of the sodium hydroxide solution are required to reach the end-point, repeat the procedure with a smaller test sample or with a larger volume of hydrochloric acid.

If a trace of pink indicator remains adsorbed in the surface of the fibres, boil the slurry briefly to desorb the pink colour. Usually a further drop of sodium hydroxide solution will restore the lemon-yellow colour.

Carry out a blank determination by the same procedure, but omit the sample.

NOTE 3 If the sample is dyed so that the end-point cannot readily be detected, an electrometric titration may be used. However, glass electrodes are sensitive to the presence of suspended matter. If interference from suspended matter is observed, the suspension should be filtered before titration. If such a modification to the test procedure has been carried out, this shall be stated in the test report.

9 Calculation

Calculate the alkali reserve, X, expressed in moles per kilogram, from the expression

$$X = \frac{V_0 - V_1}{V_0} \times \frac{V_2 \cdot c(\mathrm{HCl})}{m}$$

where

V_0 is the volume, in millilitres, of sodium hydroxide solution used in the blank titration;

V_1 is the volume, in millilitres, of sodium hydroxide solution used in the sample titration;

V_2 is the volume, in millilitres, of hydrochloric acid used (normally 20 ml);

$c(\mathrm{HCl})$ is the concentration of the hydrochloric acid solution (5.1), in moles per litre;

m is the mass, in grams, of the oven-dry sample.

NOTE 4 The expression above is obtained by combining the equation for the blank titration

$$V_0 \cdot c(\mathrm{NaOH}) = V_2 \cdot c(\mathrm{HCl})$$

with that for the sample titration

$$V_1 \cdot c(\mathrm{NaOH}) = V_2 \cdot c(\mathrm{HCl}) - Xm$$

and solving for X.

Duplicate determinations should agree within 0,07 mol/kg. If this is not the case, repeat the procedure with two more sample portions.

Calculate the mean result and round it off to the first decimal place.

NOTE 5 The alkali reserve, as defined by this International Standard, represents moles per kilogram of an alkali in which the cation is monovalent. One mole of acid is equivalent to 0,5 mol of calcium carbonate, or 50 g of $CACO_3$. One per cent of calcium carbonate thus gives an alkali reserve of 0,2 mol/kg.

10 Precision

In an interlaboratory study conducted within ISO TC 46/SC 10/WG 1, the alkali reserve of a range of printing and writing papers was tested by laboratories in different countries. The procedure used was similar to that described in this International Standard. Some of the results (in moles per kilogram) are quoted in table 1. The data were obtained under reproducibility conditions.

Table 1 — Precision data

Sample No.	Number of participating laboratories	Mean of the results	Standard deviation of repro-ducibility
1	12	3,48	0,54
2	12	3,18	0,18
3	12	2,81	0,17
4	12	1,85	0,07
5	12	0,50	0,06
6	12	0,27	0,06
7	11	0,36	0,06
8	9	0,08	0,02
9	9	0,04	0,03

11 Test report

The test report shall include the following particulars:

a) a reference to this International Standard;

b) date and place of test;

c) all information necessary for complete identification of the sample tested;

d) the mean alkali reserve, expressed in moles per kilogram to the nearest 0,1 mol/kg;

e) any departure from the procedure described in this International Standard, or any other circumstances that may have affected the test results.

This page intentionally left blank

This page intentionally left blank

This page intentionally left blank

This page intentionally left blank

ICS 85.060.00

Descriptors: paper, paperboards, chemical analysis, determination, alkalinity, volumetric analysis.

Price based on 3 pages

Titelliste anderer relevanter Normen über Mikroverfilmung, Foto/Film, Papier/Pappe und Erhaltung des kulturellen Erbes

Dokument	Ausgabe	Titel
		Mikroverfilmung
DIN 4512-7	1993-01	Photographische Sensitometrie; Bestimmung der optischen Dichte; Begriffe, Symbole und Kennzeichnungen
DIN 4512-8	1993-01	Photographische Sensitometrie; Bestimmung der optischen Dichte; Geometrische Bedingungen für Messungen bei Transmission
DIN 4512-9	1993-01	Photographische Sensitometrie; Bestimmung der optischen Dichte; Spektrale Bedingungen
DIN 4512-10	1993-01	Photographische Sensitometrie; Bestimmung der optischen Dichte; Geometrische Bedingungen für Messungen bei Reflexion
DIN 4518-1	1988-07	Strahlungsempfindliche Materialien für die Reprographie und Mikrographie; Silberhalogenidmaterialien; Maße
DIN 4518-2	1988-07	Strahlungsempfindliche Materialien für die Reprographie und Mikrographie; Diazomaterialien; Maße
DIN 19051-2	2013-03	Testvorlagen für die Mikrographie – Teil 2: Testfelder zum Prüfen der Lesbarkeit und Messung des Auflösungsvermögens
DIN 19051-2 Bbl 1	2013-03	Beiblatt 1: Testblatt zur praktischen Anwendung
DIN 19051-2 Bbl 2	2013-03	Beiblatt 2: Testblatt zur praktischen Anwendung bei (Mikrofilm) Durchlaufkameras
DIN 19051-3	2013-03	Testvorlagen für die Mikrographie – Teil 3: Testanordnung (Testtafel) zur Prüfung der Mikroverfilmung mit Schrittschaltkamera von technischen Zeichnungen
DIN 19051-3 Bbl 1	2013-03	Beiblatt 1: Graufelder zur praktischen Anwendung

Dokument	Ausgabe	Titel
DIN 19051-4	2013-03	Testvorlagen für die Mikrographie – Teil 4: Testblatt B zum Prüfen der optischen Dichte und zum Ermitteln des Abbildungsmaßstabes der Aufnahme
DIN 19051-4 Bbl 1	2013-03	Beiblatt 1: Testtafel mit Graufeldern zur praktischen Anwendung
DIN 19051-4 Beiblatt 2	2013-03	Beiblatt 2: Testblatt B (Format A4) zur praktischen Anwendung
DIN 19052-1	1979-10	Mikrofilmtechnik, Zeichnungsverfilmung; Mikrofilm 35 mm, Maße
DIN 19052-2	1979-10	Mikrofilmtechnik, Zeichnungsverfilmung; Mikrofilm 35 mm, Aufnahmetechnik
DIN 19052-3	1980-03	Mikrofilmtechnik, Zeichnungsverfilmung; Mikrofilm 35 mm, Verkleinerungs- und Vergrößerungsfaktoren
DIN 19052-4	1979-10	Mikrofilmtechnik, Zeichnungsverfilmung; Aufnahme in Teilen auf Mikrofilm 35 mm
DIN 19052-6	1986-04	Mikrofilmtechnik, Zeichnungsverfilmung; Mikrofilm 35 mm; Mindestanforderungen an Vergrößerungen
DIN 19053	1991-01	Mikrofilmkarte für Film 35 mm
DIN 19057	1985-07	Mikrofilmtechnik; Verfilmung von Zeitungen; Aufnahme auf Film 35 mm
DIN 19058	1995-02	Farbmikrofilm – Aufnahmetechnik, Herstellen von Original-Strichvorlagen und Halbton-Vorlagen, Bewertung
DIN 19059-2	1985-11	Mikrofilme; Bildzeichen für die Mikroverfilmung; Anwendung und Übersicht
DIN 19059-2 Bbl 1	1985-11	Mikrofilme; Bildzeichen für die Mikroverfilmung; Vorlagen für die praktische Anwendung
DIN ISO 5800	2003-11	Fotografie – Farb-Negativfilme für Stehbildfotografie – Bestimmung der ISO-Empfindlichkeit
DIN ISO 6199	2008–12	Mikrographie – Verfilmung von Schriftgut auf 16-mm- und 35-mm-Mikrofilm vom Silber-Gelatine-Typ – Verfahrensweisen
DIN ISO 9923	1999-09	Mikrographie – Mikroplanfilm, Format A6 – Bildanordnungen

Dokument	Ausgabe	Titel
ISO 446	2004-03	Micrographics – ISO character and ISO test chart No. 1 – Description and use
ISO 3272-1	2003-03	Microfilming of technical drawings and other drawing office documents – Part 1: Operating procedures
ISO 3272-1 Technical Corrigendum 1	2009-06	Microfilming of technical drawings and other drawing office documents – Part 1: Operating procedures; Technical Corrigendum 1
ISO 3272-2	1994-02	Microfilming of technical drawings and other drawing office documents; Part 2: Quality criteria and control of 35 mm silver gelatin microfilms
ISO 3272-3	2001-11	Microfilming of technical drawings and other drawing office documents – Part 3: Aperture card for 35 mm microfilm
ISO 3272-4	1994-02	Microfilming of technical drawings and other drawing office documents; Part 4: Microfilming of drawings of special and exceptional elongated sizes
ISO 3272-6	2000-03	Microfilming of technical drawings and other drawing office documents – Part 6: Quality criteria and control of systems for enlargements from 35 mm microfilm
ISO 3334	2006-01	Micrographics – ISO resolution test chart No. 2 – Description and use
ISO 4087	2005-04	Micrographics – Microfilming of newspapers for archival purposes on 35 mm microfilm
ISO 6148	2001-04	Photography – Micrographic films, spools and cores – Dimensions
ISO 6196-1	1993-10	Micrographics; Vocabulary; Part 1: General terms
ISO 6196-2	1993-10	Micrographics; Vocabulary; Part 2: Image positions and methods of recording
ISO 6196-3	1997-08	Micrographics – Vocabulary – Part 3: Film processing
ISO 6196-4	1998-11	Micrographics – Vocabulary – Part 4: Materials and packaging

Dokument	Ausgabe	Titel
ISO 6196-5	1987-09	Micrographics; Vocabulary; Part 5: Quality of images, legibility, inspection Trilingual edition
ISO 6196-6	1992-02	Micrographics; vocabulary; Part 6: Equipment
ISO 6196-7	1992-02	Micrographics; Vocabulary; Part 7: Computer micro- graphics
ISO 6196-8	1998-06	Micrographics – Vocabulary – Part 8: Use
ISO 6196-10	1999-10	Micrographics – Vocabulary – Part 10: Index
ISO 6196-10 Technical Corrigendum 1	2004-11	Micrographics – Vocabulary – Part 10: Index; Technical Corrigendum 1
ISO 6200	1999–10	Micrographics – First generation silver-gelatin microforms of source documents – Density specifications and method of measurement
ISO 7761	2004-10	Micrographics – Single-core cartridge for 16 mm processed microfilm – Dimensions and operational constraints
ISO 8126	2019-01	Micrographics – Duplicating film, silver, diazo and vesicular – Specifications and measurement for visual density
ISO 9848	2003-12	Photography – Source document microfilms – Deter- mination of ISO speed and ISO average gradient
ISO 9878	1990-04	Micrographics; graphical symbols for use in microfilming
ISO 9923	1994-05	Micrographics; transparent A6 microfiche; image arrangements
ISO 10550	1994-02	Micrographics; planetary camera systems; test target for checking performance
ISO 10594	2006-09	Micrographics – Rotary camera systems – Test target for checking performance
ISO 11962	2002-08	Micrographics – Image mark (blip) used with 16 mm and 35 mm roll microfilm
ISO 11962 Technical Corrigendum 1	2006-12	Micrographics – Image mark (blip) used with 16 mm and 35 mm roll microfilm; Technical Corrigendum 1

Dokument	Ausgabe	Titel
ISO/TR 12031	2000-04	Micrographics – Inspection of silver-gelatin microforms for evidence of deterioration
ISO/TR 12036	2000-08	Micrographics – Expungement, deletion, correction or amendment of records on microforms
ISO 12650	1999-06	Document imaging applications – Microfilming of achromatic maps on 35 mm microfilm
ISO/TR 18159	2015-08	Document management – Environmental and work place safety regulations affecting microfilm processors
ISO/TR 18160	2014-09	Document management – Digital preservation – Analog recording to silver-gelatin microform
ISO 18905	2002-11	Imaging materials – Ammonia-processed diazo photographic film – Specifications for stability
ISO 18919	1999-08	Imaging materials – Thermally processed silver microfilm – Specifications for stability
ISO 24537	2007-04	Micrographics – Dimensions for reels used for 16 mm and 35 mm microfilm
		Foto/Film
DIN 15551-3	2013-12	Strahlungsempfindliche Filme – Zellhornfilm – Teil 3: Begriffe, Eigenschaften, Handhabung und Lagerung
DIN ISO 18901	2012-07	Bild-Aufzeichnungsmaterialien – Verarbeitete Schwarzweiß-Filme vom Silber-Gelatine-Typ – Festlegungen für die Haltbarkeit
DIN ISO 18906	2004-09	Bild-Aufzeichnungsmaterialien – Fotografische Filme – Festlegungen für den Sicherheitsfilm
DIN ISO 18928	2015-09	Bild-Aufzeichnungsmaterialien – Unentwickelte fotografische Filme und Papiere – Lagerungsbedingungen
ISO 5-2	2009-12	Photography and graphic technology – Density measurements – Part 2: Geometric conditions for transmittance density
ISO 5-3	2009-12	Photography and graphic technology – Density measurements – Part 3: Spectral conditions

Dokument	Ausgabe	Titel
ISO 5-4	2009-12	Photography and graphic technology – Density measurements – Part 4: Geometric conditions for reflection density
ISO 10356	1996-11	Cinematography – Storage and handling of nitrate-base motion-picture films
ISO 18907	2013-02	Imaging materials – Photographic films and papers – Wedge test for brittleness
ISO 18908	2000-05	Imaging materials – Photographic film – Determination of folding endurance
ISO 18909	2006-07	Photography – Processed photographic colour films and paper prints – Methods for measuring image stability
ISO 18909 Technical Corrigendum 1	2006-12	Photography – Processed photographic colour films and paper prints – Methods for measuring image stability; Technical Corrigendum 1
ISO 18911	2010-09	Imaging materials – Processed safety photographic films – Storage practices
ISO 18912	2002-11	Imaging materials – Processed vesicular photographic film – Specifications for stability
ISO 18913	2012-06	Imaging materials – Permanence – Vocabulary
ISO 18914	2013-02	Imaging materials – Photographic film and papers – Method for determining the resistance of photographic emulsions to wet abrasion
ISO 18915	2000-12	Imaging materials – Methods for the evaluation of the effectiveness of chemical conversion of silver images against oxidation
ISO 18918	2000-03	Imaging materials – Processed photographic plates – Storage practices
ISO 18920	2011-10	Imaging materials – Reflection prints – Storage practices
ISO 18923	2000-06	Imaging materials – Polyester-base magnetic tape – Storage practices
ISO 18925	2013-02	Imaging materials – Optical disc media – Storage practices

Dokument	Ausgabe	Titel
ISO 18929	2012-04	Imaging materials – Wet-processed silver-gelatin type black-and-white photographic reflection prints – Specifications for dark storage
ISO/TR 18931	2001-06	Imaging materials – Recommendations for humidity measurement and control
ISO 18933	2012-05	Imaging materials – Magnetic tape – Care and handling practices for extended usage
ISO 18935	2018-09	Imaging materials – Colour images – Determination of water resistance of printed colour images
ISO 18936	2020-08	Imaging materials – Processed colour photographs – Methods for measuring thermal stability
ISO 18938	2014-09	Imaging materials – Optical discs – Care and handling for extended storage
ISO 18946	2011-12	Imaging materials – Reflection colour photographic prints – Method for testing humidity fastness
ISO 18947	2013-05	Imaging materials – Photographic reflection prints – Determination of abrasion resistance of photographic images
ISO 19262	2015-11	Photography – Archiving Systems – Vocabulary
		Papier/Pappe
DIN ISO 5630-3	1997-06	Papier und Pappe – Beschleunigte Alterung – Teil 3: Feuchtwärmebehandlung bei 80 °C und 65 % relativer Luftfeuchte
DIN ISO 5630-5	2017-03	Papier und Pappe – Beschleunigte Alterung – Teil 5: Beanspruchung bei einer erhöhten Temperatur von 100 °C
DIN EN 20187	1993–11	Papier, Pappe und Zellstoff; Normalklima für die Vorbehandlung und Prüfung und Verfahren zur Überwachung des Klimas und der Probenvorbehandlung
		Erhaltung des kulturellen Erbes
DIN EN 15757	2010-12	Erhaltung des kulturellen Erbes – Festlegungen für Temperatur und relative Luftfeuchte zur Begrenzung klimabedingter mechanischer Beschädigungen an organischen hygroskopischen Materialien

Dokument	Ausgabe	Titel
DIN EN 15758	2010-12	Erhaltung des kulturellen Erbes – Verfahren und Geräte zur Messung der Temperatur der Luft und der Oberflächen von Objekten
DIN EN 15999-1	2014-06	Erhaltung des kulturellen Erbes – Leitfaden für die Konstruktion von Schauvitrinen zur Ausstellung und Erhaltung von Objekten – Teil 1: Allgemeine Anforderungen
DIN EN 16095	2012-10	Erhaltung des kulturellen Erbes – Zustandsaufnahme an beweglichem Kulturerbe
DIN EN 16141	2013-01	Erhaltung des kulturellen Erbes – Richtlinien für den Umgang mit Umwelt- und Umgebungsbedingungen – Schaudepots: Definitionen und Merkmale von Sammlungszentren bestimmt für die Bewahrung und Pflege des kulturellen Erbes
DIN CEN/TS 16163	2014-07	Erhaltung des kulturellen Erbes – Leitlinien und Verfahren für die Auswahl geeigneter Beleuchtung für Innenausstellungen
DIN EN 16322	2013-12	Erhaltung des kulturellen Erbes – Prüfverfahren – Trocknungsverhalten

Inserentenverzeichnis

Die inserierenden Firmen und die Aussagen in Inseraten stehen nicht notwendigerweise in einem Zusammenhang mit den in diesem Buch abgedruckten Normen. Aus dem Nebeneinander von Inseraten und redaktionellem Teil kann weder auf die Normgerechtheit der beworbenen Produkte oder Verfahren geschlossen werden, noch stehen die Inserenten notwendigerweise in einem besonderen Zusammenhang mit den wiedergegebenen Normen. Die Inserenten dieses Buches müssen auch nicht Mitarbeiter eines Normenausschusses oder Mitglied von DIN sein. Inhalt und Gestaltung der Inserate liegen außerhalb der Verantwortung von DIN.

Zuschriften bezüglich des Anzeigenteils werden erbeten an:

Beuth Verlag GmbH
Anzeigenverwaltung
Saatwinkler Damm 42/43
13627 Berlin